APR 7 2009

The Gaelic–English Diction...

This book fulfils a keenly-felt need for a modern, comprehensive dictionary of Scottish Gaelic into English. The numerous examples of usage and idiom in this work have been modelled on examples culled from modern literature, and encompass many registers ranging from modern colloquial speech, to more elaborate literary constructions. The main contemporary terms and idiomatic phraseology, often not available in other dictionaries, provide excellent models for easier language learning. In addition to the main dictionary, the volume contains introductory material, providing guidance on using the dictionary, spelling and pronunciation. There are also twelve useful appendices which cover not only the various parts of speech, lenition and proper nouns, but also address the more difficult issues of expressing time, direction and numerals. The clarity of the design and layout of the volume will greatly ease the process of attaining mastery of the Gaelic language.

'This is the most useful Gaelic dictionary which will be invaluable to learners and to first-tongue speakers. It represents years of hard work by a compiler who knows what is needed to make the contemporary language readily accessible to a wide range of people. Its rich sampling of, and close links with, modern Gaelic writing give it an added value. I commend it most warmly.' *Donald E. Meek, Professor of Scottish and Gaelic Studies, University of Edinburgh.*

APR 7 2009

The Gaelic–English Dictionary

Colin Mark

Routledge
Taylor & Francis Group

LONDON AND NEW YORK

First published 2004 by Routledge
2 Park Square, Milton Park, Abingdon, Oxon, OX14 4RN

Simultaneously published in the USA and Canada
by Routledge
270 Madison Ave, New York, NY 10016

Routledge is an imprint of the Taylor & Francis Group

Transferred to Digital Printing 2006

© 2004 Colin Mark

Typeset in Times New Roman by
Newgen Imaging Systems (P) Ltd, Chennai, India

All rights reserved. No part of this book may be reprinted or
reproduced or utilised in any form or by any electronic, mechanical,
or other means, now known or hereafter invented, including
photocopying and recording, or in any information storage or
retrieval system, without permission in writing from the publishers.

British Library Cataloguing in Publication Data
A catalogue record for this book is available from the British Library

Library of Congress Cataloging in Publication Data
A catalog record for this book has been requested

ISBN 0-415-29761-3

Contents

Preface

This Dictionary is the result of many years of intensive study of modern Gaelic literature, and I offer it in the earnest hope that students of Gaelic at all levels will benefit from the extended explanatory sections and copious examples contained within it.

In the compiling of this work, clarity and ease of use have constantly been at the forefront of my mind, and several innovative layout features have been employed to achieve this aim. These are outlined in the section entitled *Using the Dictionary*, as are the conventions employed to supply essential grammatical information.

Where relevant, care has been taken, not simply to supply the bare meaning of the words and phrases, but to put flesh upon the bones, so to speak, by the explanatory sections and by showing the headwords in various contexts.

The twelve appendices contain not only essential information about the main parts of speech, but some of them deal with aspects of Gaelic, which to my knowledge, have never before been addressed in any work.

While devising the broad outline of pronunciation in this work, I leaned heavily for guidance on the use of I.P.A. symbols on Hugo's *Scottish Gaelic in Three Months* by Roibeard Ò Maolalaigh and Iain MacAonghuis, published by Dorling Kindersley, and have also been guided in some areas by the pronunciation guide in *Cothrom Ionnsachaidh* by Ronald Black, formerly in the Department of Celtic, University of Edinburgh, now retired, published by University of Edinburgh, Department of Celtic.

In preparing the final typescript, I was extremely fortunate in having the services of Murdo Macleod, retired HM Inspector of Schools, who not only acted as reader of the typescript in a very thorough and diligent manner, but also suggested numerous additional words, meanings and examples. There is no doubt that the work is much the richer for his efforts, and, needless to say, any remaining errors are mine.

For the wording of *The Points of the Compass*, which are shown in Appendix 9, and that, to the best of my knowledge, appear in print for the very first time, I also owe special thanks to John M. MacLeod of Balallan, Lewis. He acquired them over forty years ago from the late Col. John MacSween, the first Principal of Lews Castle College in Stornoway and the author of a textbook, in English, on Navigation.

I am also indebted to William Gillies, formerly Professor of Celtic Studies, University of Edinburgh, now Head of that University's new Department of Celtic and Scottish Studies; Donald Meek, formerly Professor of Celtic Studies, Aberdeen University, now holding the new Chair of Scottish and Gaelic Studies, University of Edinburgh; Kenneth MacDonald, formerly Department of Celtic Studies, Glasgow University, now retired; and Tony Dilworth, retired headteacher and researcher for the School of Scottish Studies, Edinburgh. These gentlemen's constructive criticism and helpful suggestions at an earlier stage of the typescript – before it was more finely tuned and polished – both encouraged me to persevere and helped to mould the Dictionary's final form.

Both for their encouragement and for the supplying to me of lists of Gaelic words used in schools, namely *Faclan Ùra Gàidhlig* and *Cruinn-eòlas – Faclair Gàidhlig gu Beurla*, I am indebted respectively to Dr Donald John Macleod, Gaelic Adviser of the then Highland Regional Council, now The Highland Council, and Catriona Dunn, then Gaelic Adviser, Western Islands Council, now Assistant Director of Education with that same body.

I must thank The Gaelic Books Council, The Royal Celtic Society and Catherine McCaig's Trust for their financial support at crucial times in the Dictionary's fortunes.

I also wish to thank Fred Bowden, Chief Executive of Tullis Russell Group for the good services of himself and company staff in printing and despatching several copies of the not-inconsiderable typescript on several occasions.

For the faith he has shown in this project, and for his tenacity in pursuing its publication, thereby bolstering my own determination, I heartily thank Jonathan Price, Chief Editor, first at Edinburgh University Press, then at Curzon Press, now at RoutledgeCurzon.

To my good friend Deborah White, of the Celtic & Early Music group Distant Oaks, and to her family, in Santa Rosa, California, for their keen interest in this work and for their frequent encouragement, I give heartfelt thanks, to which I would like to add a particular thanks to Jared for the fine website he constructed for me.

I am grateful, too, to our son Cliff and daughter-in-law Lesley for their unfailing interest and love, and to our lovely grandchildren Julia and Elliot for their constant love.

Finally, to my dear wife Jean, who has steadfastly stood by me during the many long years since the inception of this work, and has, on many, many occasions, raised my flagging spirits and restored my faith in what I was doing, I owe a debt of thanks which can never be adequately expressed.

Colin Mark
Buckie, Scotland

1. Symbols and Abbreviations used in the Dictionary

Symbols

&	and
/	or
+	along with, accompanied by
=	having the meaning, equivalent to
<	derived from

Abbreviations in brackets are labels

(abst.)	abstract
(agric.)	agriculture
(anat.)	anatomy
(Bibl.)	Biblical
(biol.)	biology
(bot.)	botany
(collect.)	collective
(colloq.)	colloquial
(Dw.)	quoted from Dwelly's Dictionary
(educ.)	education
(fin.)	financial
(geog.)	geography
(geol.)	geology
(gram.)	grammar
(lang.)	language
(ling.)	linguistics
(math.)	mathematics
(med.)	medicine/medical
(metaph.)	metaphorical
(mus.)	music(al)
(naut.)	nautical
(obs.)	obsolete
(photog.)	photography
(punct.)	punctuation
(relig.)	religious
(typ.)	typography

Abbreviations in italics are grammatical labels

a	adjective – after a headword to indicate which part of speech
abbr	abbreviation
adj	adjective – in explanatory text
adv	adverb
aux	auxiliary
comp	comparative

compd	compound
compd prep(s)	compound preposition(s)
conj(s)	conjunction(s)
dat	dative
def	definite
def art	definite article
emph	emphatic
exclam	exclamation
fem	feminine
fut	future
gen	genitive
imp	imperative
impers	impersonal
indep	independent
infin	infinitive
interj	interjection
interr	interrogative
interr part	interrogative particle
interr prons	interrogative pronouns
intrans	intransitive
len	lenition
len(s)	lenite(s)
masc	masculine
neg	negative
nf	noun feminine
nm	noun masculine
nm/f	a noun which may be masculine or feminine acc. to dialect
nom	nominative
part	particle
pers pron	personal pronoun
pl	plural
poss pron(s)	possessive pronoun
pref	prefix
prep poss adj(s)	prepositional possessive adjective(s)
prep(s)	preposition(s)
reg.	regular
rel fut	relative future
rel pron(s)	relative pronoun(s)
sing	singular
subj	subject
trans	transitive
v	verb
vn(s)	verbal noun(s)
var	variation
voc	vocative

General abbreviations

acc.	according
App	Appendix
cf.	compare
e.g.	for example
i.e.	that is
dicts.	dictionaries
fig.	figure, figuratively
q.v.	which see

2. Using the Dictionary

General

Alphabetical order is used throughout except within 'boxes' (see Layout) where the alphabetical order may be suspended because of the particular grouping of the material within the 'box'. Abbreviations and acronyms are shown in the correct alphabetical position.

Nouns which are always in the plural are shown under that form.

Variant spellings are shown as headwords, but are cross-referenced to a main form.

Lenition

Lenition (where the letter **h** is inserted after certain first letters – see Appendix 8) is a common feature of Gaelic. In most cases, the **h** should be removed before searching the dictionary. Thus:

> **thilg** will be found under **tilg**,
> **dhearg** under **dearg**,
> **chuileag** under **cuileag** etc.

However, a few words are always found in the lenited form, and are shown thus in the dictionary. This fact should be borne in mind should a search for an unlenited form prove fruitless, e.g. **chunnaic, fhathast, chun** etc.

Single letter prefixes

Many adverbs may be prefixed by **a-**, and are shown in that form under the letter **a**. However, students may well come across examples in their reading where the **a-** has been omitted.

Words prefixed by **t-, h-** or **n-**, however, are shown under the main element. Thus:

> **an t-eilean** under **eilean**,
> **a h-urnaigh** under **urnaigh**,
> **ar n-athair** under **athair** etc.

Dh'

Dh' frequently precedes some Gaelic verbs, adverbs or nouns. This should be ignored. Thus:

> **a dh'aithghearr** under **aithghearr**

Apostrophes

The apostrophe is also a common feature of Gaelic, but many have now been dropped due to spelling reform. Generally, the abbreviated form is shown in the dictionary with a cross-reference to the full form. Watch out particularly for these examples from older texts:

de'n, do'n, mu'n, fo'n, sa', 'san

Now written as:

den, don, mun, fon, sa, san

eu and *ia*

Generally, the dialectal variants **eu** and **ia** are shown, but if a search for a word containing these letters fails, the alternative form should be tried. Thus:

feur/fiar

Spelling reform

By and large, the recommendations made by the management group of *Faclair na Pàrlamaid* (publ. the Scottish Parliament 2001) – which reinstate/enlarge upon those made by Gaelic Orthographic Conventions (GOC), publ. 1981 – have been followed. These are summarised below:

- The grave accent alone is used to denote a lengthened vowel sound, and is also used to denote the 'open' sound of **à/às**.
- Accents are used on capital vowels.
- The use of **na h-Alba** in preference to **na h-Albann**.
- Hyphenation should strictly follow GOC recommendations, and should be retained in compounds beginning with **fear-**, **neach-** etc., but not in **an-sin**, **an seo**, and **an siud**.
- **Carson** and **airson** should be kept as single words.
- The use of the apostrophe and spacing is as GOC recommended, though the use of the apostrophe to reflect dialect (in this dictionary) occurs, for the most part, only incidentally in the examples.
- **st** or **sd**, **sc** or **sd**, **sp** or **sb?**

In line with recommendations made by GOC.

> **st:** should be used in initial, internal and final positions
> **sg:** should be used in initial, internal and final positions
> **sp:** should be used in initial and final positions, with **sp/sb** as alternatives in internal positions
>
> – except with regard to personal names where the spelling is a matter of individual choice.

In addition, students may encounter, in older texts, the terminations **–uinn** and **-us**. These are now spelt **–ainn** and **-as**. Similarly, the prefixes **comh-** and **coimh-** are now to be found under **co-**.

Forms

The various forms of any particular word i.e. tenses, plurals, cases, comparatives etc. are not shown as separate headwords unless there is a special reason for doing so, which is usually when the form is too irregular to be easily matched with its basic form. The forms of regular verbs and nouns may be deduced according to the outlines laid down in the appropriate appendices.

Capital letters

Capitals are used at the beginning of an example only when direct speech is employed, when the word would invariably have a capital letter or (occasionally) to avoid confusion.

> *a bheil a' bhùth fosgailte? chan eil an-diugh* is the shop open? not today
> *but:*
> *A! Sin e!* Ah! There it is!
> *"Tha eagal ort," thuirt e*

Square brackets

Square brackets are used to show that the word in brackets may / may not be required in the English version

1. *talla a' bhaile* the town hall (lit. [the] hall of the town)
    – where the word in square brackets has no counterpart in the Gaelic version.
2. *... is e na shuidhe air mullach a' bhalla* [and he] sitting on the top of the wall / as he sat etc.

    – where the words in square brackets would not normally appear in the English version, but provide a more literal translation.

Round brackets

Round brackets are used:

1. to qualify a meaning; in further explanation; to add information or avoid ambiguity e.g.

    asaideachadh, -aidh *nm & vn* of **asaidich** delivering (child)
    asal, -aile, -ailean *nf (nm* in some places) ass, donkey
    what could be easier than to have a word with (lit. say a word to)

2. to indicate that the Gaelic word is frequently omitted, particularly in speech

    a' frithealadh do àireamh (a) tha (a') fàs de luchd ceannaich attending to a growing number of customers
    cha robh cothrom agam (a) ath-leughadh I had no opportunity to reread it *masc*

3. to show alternative forms where there is only one letter of a difference

    bris(t)eadh
    indoor(s)

4. used round single letters where these separate sections e.g. (a), (b) etc.

5. to show that the word in question may translate differently according to context:

    spasmodic(ally)

6. to extend an example:

    a bheil e fhèin a-staigh (an-dràsta)? is he home (at the moment)?

Grammar

Adjectives

Adjectives are given with the basic form and the comparative-superlative form, the latter being shown, for the most part, as a change in, and augment to, the termination (see Appendix 3 – Adjectives):

> **gabhaltach, -aiche** *a*
> where the full comparative-superlative form is **gabhaltaiche**

Where there is simply an augment, this alone is shown along with the basic form:

> **gàbhaidh, -e** *a*
> **meanbh, -a** *a*
> where the full comparative-superlative forms are **gàbhaidhe** and **meanbha** respectively.

Where no change takes place, or where a comparative form is unlikely, the basic form alone is shown:

> **ceàrr** *a*

Adverbs

Adverbs, where simple, are given as follows:

> **caran** *adv*
> **còmhla** *adv*

Where it consists of a phrase, the adverb is shown under the main element:

> **air a cheann-dìreach** *adv* is given under compounds beginning with **ceann-**
> **an còmhnaidh** is given under **còmhnaidh** thus: **còmhnaidh, an còmhnaidh** *adv*

Compound words

Compound words with a hyphen are shown under the first element, the first example being shown in full, and subsequent examples being abbreviated as follows:

> **eàrr-bhruich** *v* seethe, simmer, stew **e.-dhubh** *nf* wane (of the moon) □ *tha a' ghealach san eàrr-dhubh* the moon is on the wane **e.-dhubh** *a* waning etc.
>
> Such entries are generally given without the *genitive, plural, comparative, verbal noun* or *tenses* (whichever may apply) unless this is felt to be necessary.

Conjunctions

Conjunctions, if simple, are given as follows:

> **ma** *conj*
> **nam** / **nan** *conj*

Where a conjunction consists of a phrase, it is shown under the main element:

> **air neo** is shown under **neo** thus: **neo, air neo** *conj*

Emphatic particles

Words with emphatic particles attached are generally not shown separately. It is appreciated that beginner learners will find these puzzling, and it is recommended that the student familiarise himself / herself with their appearance by studying Appendix 6 Section 1.0 and Appendix 3 Section 4.2.

Nouns

Nouns are normally shown in the nominative singular, the genitive singular and the nominative plural only:

A.   Forms in the *gen sing* will normally be indicated only as:

  1.   the insertion in the final / only syllable of an extra letter:

      cadal, -ail *nm*

      – where the *gen sing* would be **cadail**

  2.   a vowel change in the final / only syllable when minor:

      grinneal, -eil *nm*

      But, when major, the whole word is given:

      falt, fuilt *nm*

      – where the *gen sings* are, respectively, **grinneil** and **fuilt**

  3.   the addition of a letter to the *nom sing* form:
       Either **-a**

      ciont, -a *nm*

      or **-e**

      cailc, -e *nf*

      – with the **–e** being added after a minor vowel change in the final / only syllable as described in 2. above:

      fòd, fòide *nf*

      Where the addition / change is more complicated, uncommon or irregular, the form is shown in full:

      feòil, feòla *nf*
      peasair, peasrach *nf*
      dìle, dìleann *nf*

  4.   In many cases more than one *gen sing* may be shown:

      luath, -aithe/-a *nf*

      – where the *gen sing* could be **luaithe** or **luatha** according to dialect
      Note that these variations are always separated by /

      It should be noted that most polysyllabic feminine nouns with an **–e** increase drop the increase in practice, e.g. **air bonn na h-uinneig(e)** on the window-sill

B.   Forms in the nominative plural will normally be indicated only as:

  1.   a change in the final vowel identical to the change in the *gen sing*:

      amadan, -ain, -ain *nm*
      botal, -ail, -ail *nm*

      – where the full forms would be:

      amadan, amadain, amadain *nm*
      botal, botail, botail *nm*

But in short words, this will be written in full:

bàrd, bàird, bàird *nm*
ball, buill, buill *nm* member

2. Where an ending is added to form the plural, these will normally be shown with the hyphen only, according to the Spelling Rule.
So:

annas, -ais, -an *nm*
copan, -ain, -an cup
leòn, -òin, -tan *nm*
ugan, -ain, -nan *nm/f*
beathach, -aich, -aichean, *nm*

– but

taigh, -e, -ean *nm*
lòn, -òin, -tean *nm*
soitheach, -ich, -ichean, *nm/f*
claban, -ain, -ainean, mill-clapper

– where the plurals are **annasan, copanan, leòntan, ugannan, beathaichean, taighean, lòintean, soithichean** and **clabainean** respectively

Where a nominative singular ends in a vowel, the vowel is repeated in the abbreviated plural form:

cala, -achan *nm* **paca, -annan** *nm*

– where the plurals are **calachan** and **pacannan** respectively

Alternative forms of the plural are separated by /:

stac, -aic/-a, -an/-annan *nm*
bàbhan, -ain, -ain/-ainean, rampart

Where these are unusual, or might otherwise be confusing, they are shown in full:

leathad, -aid/leòthaid, leòidean *nm*
aiseal, -eil, aislean

In some cases all forms are shown in full:

ceàrd, ceàird, ceàrdan/ceàrdaichean *nm*
giall, gialla/gèille, giallan/gèillean, *nf*
talamh, talmhainn, talamhan/talmhainnean, *nm* (but *nf* in *gen sing*)
uamh, uaimhe/uamha, uaimhean/uamhan *nf*

Past participles

Past participles are given simply, thus:

rùisgte *pp*
biadhta *pp*

By their very nature, these are always situated fairly close to the verb from which they are derived, but the verb root may be found by removing the suffix **–te** / **-ta**.

Prepositions

Prepositions are shown as follows, indicating the case of a following noun:

aig *prep + dat*
air *prep + dat*
ri taobh *prep + gen*

Prepositional possessive adjectives

Prepositional possessive adjectives are shown under their own headings, but with a reference to the appropriate preposition:

bhon 1. *prep poss adj* formed from **bho** (q.v.)

Pronouns

Pronouns always indicate the type of pronoun.

cuideigin *indef pron*
dam *prep pron*
ud *dem pron*

Verbs

Verbs are shown with their root / basic form and their verbal noun, the two parts being separated by a comma.

Where –**adh** or –**eadh** is added to the root according to the Spelling Rule, the verb is shown thus:

mag, -adh
guin, -eadh *v*

– where the verbal noun would be **magadh** and **guineadh** respectively.

In the case of verbs ending in –**aich** or –**ich**, the verbs are shown thus:

ionnsaich, -achadh *v*
tòisich, -eachadh *v*

– where the verbal noun would be **ionnsachadh** and **tòiseachadh** respectively.

Where a vowel change takes place before –**adh** is added, the verb is shown in full

buail, bualadh *v*

All other verbs are shown in full.

caidil, cadal *v*
tuig, tuigsinn *v*
tilg, tilgeil *v*
seas, seasamh *v*
laigh, laighe *v*
rach, dol *irreg v*

Alternative forms of the verbal noun are shown separated by /:

gèill, -eadh / gèilltinn / gèilleachdainn *v*

Verbal noun

When a *verbal noun* is also used as a *noun*, <u>one</u> meaning as a *verb* is given first, then the meanings which translate as *nouns*.

> **aslachadh, -aidh, -aidhean** *nm & vn* of **aslaich** petitioning etc., petition, solicitation, supplication

– where **aslachadh** may translate as the present participle 'petitioning' (or any other meaning the root verb may have) or as the nouns (in this case) 'petition', 'solicitation', 'supplication'.

Layout

The main aims in the layout of this dictionary have been clarity and ease of use. The employment of different font styles for the different sections of each entry, the separation of explanatory text from meanings, and examples from translation, all serve to achieve this end. In addition, the separation of lengthy sections from the rest of the text by means of 'boxes', and the further division of these 'compartments' into areas of usage, makes scannning for a particular word or phrase quicker and easier. It should be noted, however, that the layout within 'boxes' varies in accordance with the nature and compexity of the material.

On the facing page is a typical, single column sample, showing the key features of the layout.

Headwords are shown in bold type.

Parts of speech are shown in italics.

'Dividers' are used to separate meaning from explanation, and explanation from examples.

Square brackets show words which are in the Gaelic version, but not the English – or vice versa.

Gaelic examples shown in italics.

Translations shown in plain text.

All essential forms of a word are shown.

Long or complicated entries are contained within 'boxes'.

Useful information is provided.

Strict alphabetical order suspended within 'boxes'.

Important expressions / idioms etc. dealt with in their own sections.

Detailed explanation where necessary.

Round brackets are used to give further information or avoid ambiguity.

Compounds beginning with the main headword are shown at the end of the section, the first being shown in full, the others being abbreviated.

Strict alphabetic order is resumed after the 'box' entry.

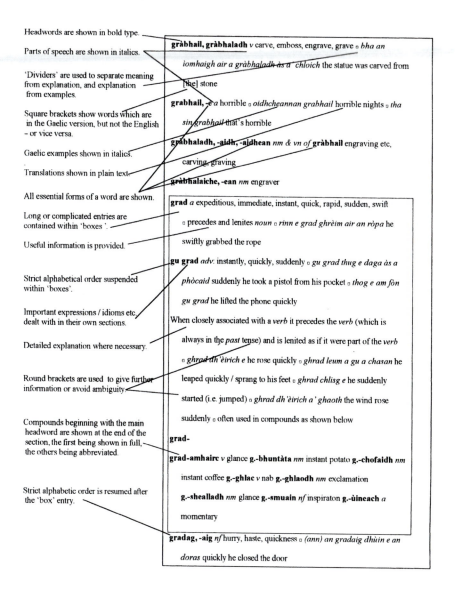

gràbhail, gràbhaladh v carve, emboss, engrave, grave □ *bha an iomhaigh air a gràbhaladh às a chloich* the statue was carved from [the] stone

grabhail, -e a horrible □ *oidhcheannan grabhail* horrible nights □ *tha sin grabhail* that's horrible

gràbhaladh, -aidh, -aidhean nm & vn of **gràbhail** engraving etc, carving, graving

gràbhalaiche, -ean nm engraver

grad a expeditious, immediate, instant, quick, rapid, sudden, swift □ precedes and lenites noun □ *rinn e grad ghrèim air an ròpa* he swiftly grabbed the rope

gu grad adv. instantly, quickly, suddenly □ *gu grad thug e daga às a phòcaid* suddenly he took a pistol from his pocket □ *thog e am fòn gu grad* he lifted the phone quickly

When closely associated with a *verb* it precedes the *verb* (which is always in the *past* tense) and is lenited as if it were part of the *verb* □ *ghrad dh'èirich e* he rose quickly □ *ghrad leum e gu a chasan* he leaped quickly / sprang to his feet □ *ghrad chlisg e* he suddenly started (i.e. jumped) □ *ghrad dh'èirich a' ghaoth* the wind rose suddenly □ often used in compounds as shown below

grad-

grad-amhairc v glance **g.-bhuntàta** nm instant potato **g.-chofaidh** nm instant coffee **g.-ghlac** v nab **g.-ghlaodh** nm exclamation **g.-shealladh** nm glance **g.-smuain** nf inspiraton **g.-ùineach** a momentary

gradag, -aig nf hurry, haste, quickness □ *(ann) an gradaig dhùin e an doras* quickly he closed the door

3. Spelling and Pronunciation

The alphabet and the accented letters

The Gaelic alphabet has eighteen letters:

a, b, c, d, e, f, g, h, i, l, m, n, o, p, r, s, t, u

The sounds indicated by **j, k, q, v** and **w** in English are indicated in a different way in Gaelic, but loan words with the sounds indicated by **x, y** and **z** cause some difficulty – see the section **W, X, Y** and **Z** at the end of the dictionary.

Besides the five vowels – **a, e, i, o, u** – found in the Roman alphabet, diacritics are used to show long vowels:

à, è, é, ì, ò, ó, ù

Recent spelling reform has discontinued the use of the acute accent in modern Gaelic, with the grave accent being used for both. For the sake of clarity they have been retained *in this pronunciation guide only*.

It should be noted that the difference between the letters **a, o, u, i, e** and **à, ò, ù, ì, è** respectively is one of length only. On the other hand, the difference between **è, ò** and **é, ó** respectively is one of quality. The sound **è** is like the *ai* in 'p*ai*r'; while **é** sounds like the *ay* in 'm*ay*'. The sound of **ò** is like *au* in 't*au*ght', while **ó** is like *o* in 'cr*o*w'; the lips being more rounded for **ó** than for **ò**.

However, the grave accent may be used to differentiate between unclear and clear vowels as in the words **a** and **as** which are unclear (/ə/and /əs/ respectively), and **à** and **às** which are clear (/a/ and /as/ respectively). With regard to this last example, you may come across it in the literature as **a(s), à(s)** or **á(s)**, with the recommended written form now being **à(s)**.

Difficult as it may be for the learner to believe, Gaelic spelling is more regular than English, though it should be noted that the eighteen letters are used to portray *more individual sounds* than in English.

Lenition

In Gaelic, a number of consonants at the beginning of words may be lenited or 'softened'. Lenition is usually shown by the insertion of '**h**' after the consonant. The lenitable consonants are **b, c, d, f, g, m, p, s** and **t**, which become **bh, ch, dh, fh, gh, mh, ph** and **th** respectively. In addition, the letters **l, n** and **r** are lenited in sound, but do not have the **h** attached. These sounds are all shown in the pronunciation table, e.g.

cas	/kas/	foot	**a chas**	/ə xas/	his foot

The subject of lenition is fully treated in Appendix 8 – Lenition, and in all the appendices dealing with parts of speech.

The sound represented by each letter is not constant, but may vary according to the position in the word, and according to the letter or letter combination preceding or following it.

Slenderisation / palatalisation

One important factor is the effect known as slenderisation, or palatalisation, where an **i** is introduced into the last vowel of a word to indicate that the final consonant is slender.

There is often also a change in the vowel preceding this consonant, e.g.

laochan	/ɫɤːxan/	a lad	**a laochain!**	/ə lɤːxaɲ/	lad!
ionnsachadh	/ju̯n̪sɘxəɣ/	learning	**ionnsachaidh**	/ju̯n̪sɘxi/	of learning

Note that slenderisation occurs only at the *end of words*.

The spelling rule

Consonants in Gaelic may be broad or slender. This is indicated by whether they are preceded or followed by a broad or slender vowel. The broad vowels are **a, o** and **u**, while the slender ones are **e**, and **i**. Since they cannot be both broad and slender, consonants are flanked by vowels of the same quality. Thus we have **mara** and **cuideachd** on the one hand and **mairsinn** and **cupa** on the other. It should noted that the **a** of **mairsinn** and the first **a** of **mara** have the same sound. The **i** has made no difference to the vowel, which is pronounced /a/ in both cases. It is the **r** which is different in each word, being /r/ in **mara** and /rʲ/ in **mairsinn**. Similarly, the **ea** of **cuideachd** and the **a** of **cupa** both have the sound /ə/. The Spelling Rule is expressed in Gaelic as **caol ri caol is leathann ri leathann** 'narrow to narrow and broad to broad'. There are some recognised exceptions to the Spelling Rule, e.g. **esan, leònte** etc.

The stress in Scottish Gaelic nearly always falls on the first syllable of a word. Some words with a short prefix joined to the main word by a hyphen, have the stress on the second element e.g. **a-staigh, a-steach, a-muigh** etc. There are also a few common exceptions e.g. **airson** and **carson** (which are really **air son** and **car son** – see the appropriate dictionary entries).

Though the following tables show the various sounds using International Phonetics Association (IPA) notation, the guide can only be an approximate one as, among other factors, pronunciation may vary from district to district.

The 'schwa'

You will notice that, in the pronunciation guide, certain words (usually containing **l, n** or **r**) appear to have an extra vowel. This vowel is known variously as the 'svarabhakti vowel', the 'epenthetic vowel' or simply the 'schwa'. It will be noted that the extra vowel is always a 'twin' of the preceding vowel, e.g.

gorm	/gɔrɔm/	blue	**dearg**	/dʲarak/	red

Pre-aspiration

You may also notice, in the IPA representation of some words, the letters /h/, /ç/ or /x/ which do not appear to correspond to any letter in the Gaelic word. These indicate what is known as *pre-aspiration*, i.e. a voiceless breathing sound before certain consonants, particularly **c, p** and **t**. The /h/ is most usual, but /ç/ or /x/ may be found in some words, particularly before a **c**, e.g.

pàipear	/pɛːhpərʲ/	paper	**bàta**	/baːht̪ə/	a boat
siùcar	/ʃuːhkər/	sugar	**gu tric**	/gə triçkʲ/	often
cnoc	/krɔ̃xk/	a hill	**sloc**	/sɫɔxk/	a pit

Rd and rt

Some dialects introduce an **s** between **r** and following **d** or **t** in stressed syllables. This is shown in the pronunciation guide as /ʀsd̪/, /ʀst̪/ e.g.

ceart	/kʲaʀst̪/	right	**àrd**	/aːʀsd̪/	high

Hiatus

Hiatus is a gap between vowels (usually where there is a mute **bh, dh, gh mh** and, occasionally, **th**. This is shown in the pronunciation tables by the symbol / – /:

saoghal   /sɯː-a ɫ/   world

It is important to realise, when studying the following Pronunciation Guide, that, in certain vowel groups, some of the vowels *may not be pronounced*, but are there simply to indicate whether a preceding or following consonant is *broad* or *slender*. See the Spelling Rule above.

Key to symbols and letters used in the pronunciation guide

IPA Symbol	Explanation
ˌ	A subscript arch indicates that the consonant is dental, e.g. d̪ t̪ l̪ n̪ – see **d, t, l** and **n**.
j	This shows that the consonant is palatal i.e. having a 'y' like quality, e.g. dʲ, tʲ, kʲ – see **c, d, f, g, l, m, n, p, r, s** and **t**.
~	a superimposed tilde indicates a nasal quality in a consonant e.g. ɫ n̪ ɾ – see **l, n** and **r**.
~	a superscript tilde indicates a nasal quality in a vowel e.g. ã ɔ̃ ũ ĩ ɔ̃ – see under **ài** (/ai/) and various examples throughout the table
/ /	These mark the confines of the IPA script, e.g. /kaht̪/
ː	This indicates a long vowel e.g. aː – see **à, ì, ò** and **ù**.

IPA Letter

For:	See:
ə	**a** and **e**
ɯ	**ao**
v	**bh** and **mh**
k	**c**
ç	**ch**
x	**ch**
ɣ	**dh** and **gh**
ɛ	**e**
j	**dh** and **gh**
ʎ	**l**
n̪	**n**
ɲ	**n**
ŋ	**ng**
ɔ	**o**
ɣ	**oi** and **u**
ʃ	**s**

Guide to pronunciation

Pronunciation of vowels

Gaelic Letter	IPA Symbol	Comments and examples	
a	/a/	When stressed, like *a* in 'mat'.	
		cas /kas/	foot, leg
		cat /kaht̪/	a cat

When unstressed, it may be:

1. as **a** above, i.e. 'open', not obscure, as in /ə/ below.

| **Mórag** | /moːrak/ | Morag |
| **sporan** | /spɔran/ | purse |

/ə/   2. an obscure sound like the *e* in butt*er*.

doras	/dɔrəs/	a door
fada	/faʈə/	long
a-staigh	/ə sʈɣj/	inside

ai   /a/   As in **a** above, stressed and unstressed.

caileag	/kalak/	a girl
aiseag	/aʃək/	a ferry
cofhurtail	/kɔ-ərsʈal/	comfortable

/ə/   As in **a** above when unstressed and obscure.

iuchair	/juxərʲ/	a key
cosgais	/kɔskəʃ/	cost
uair	/uərʲ/	hour

/ɛ/   Like *e* in 'm*e*t'.

geamair	/gɛmɛrʲ/	gamekeeper
naidheachd	/ɳɛ-əxk/	news
an comain	/aŋ komɛŋ/	obliged

/i/   Like *ee* in 'd*ee*p'.

dùthaich	/duː-iç/	country
eachdraidh	/ɛxḍri/	history
madainn	/mãʈiɲ/	morning

à   /aː/   Like *a* in 'c*a*lves'.

càr	/kaːr/	a car
bàta	/baːʈə/	a boat
càraid	/kaːrɛtʲ/	couple

See also **eà** and **ài**.

ài   /aː/   Like **à** above.

àite	/aːhtʲə/	a place
a' Ghàidhlig	/ə ɣaːhlikʲ/	Gaelic
sràid	/sʈraːhtʲ/	a street*

*also /sraːhtʲ/ but the sound **t** is commonly inserted between **s** and **r**. See **sr** below.

/ɛː/   Like *e* in 'm*e*t'.

ràimh	/ɾɛːv/	oars
pàipear	/pɛːhpərʲ/	paper*
pàigheadh	/pɛː-əɣ/	paying

*But see also below.

/ai/   This is very like the *i* of 'dr*i*ver'.

dràibhear	/ḍrãiːvərʲ/	driver
bara-làimhe	/bara ɫãiːvə/	hand-barrow
pàipear	/pãiːhpərʲ/	paper*

*But see also above.

ao	/ɯː/	This is pronounced like the *oo* of c*oo*l, but with the corners of the lips drawn back.

caol	/kɯːl̩/	slender
saor	/sɯːɾ/	cheap, free
taobh	/t̪ɯːv/	a side

aoi	/ɯː/	Usually the same as **ao** /ɯː/.

daoine	/d̪ɯːɲə/	men/people
aoir	/ɯːrʲ/	satire

	əi	Has no English equivalent, but rather similar to 'uh-ee', with *uh* a very obscure sound like the *e* of butt*e*r or the *a* of dist*a*nt.

laoidh	/l̪əi/	a hymn
naoi	/n̥əi/	nine

But note:

an-raoir	/əɲ ɾɤirʲ/	last night

e	/ɛ/	The letter **e** is used alone only in monosyllabic words, being, usually, like *e* in 'm*e*t'.

le	/lɛ/	with
ged	/gɛt̪/	though
e	/ɛ/	he, him, it
teth	/tʲɛh/	hot

But note:

ge-tà	/gə t̪aː/	however

ea	/e/	Often like the *a* in 'f*a*te':

deas	/dʲes/	right (hand etc.)
beagan	/bekan/	a little
beag	/bek/	small

	/ɛ/	– but also like *e* in 'm*e*t':

bean	/bɛn/	a wife
peacadh	/pɛxkəɣ/	sin
dìnnear	/dʲiːɲɛrʲ/	dinner

	/a/	– and also like *a* in 'm*a*t'.

geal	/gʲal̪/	white
fileanta	/filant̪ə/	fluent
oileanaich	/ɤlaniç/	students

eà	/aː/	Here the **e** indicates a preceding slender consonant, and the vowel is pronounced simply as **à** /aː/.

ceàrr	/kʲaːɾ/	wrong
is fheàrr leam	/ʃaːɾ ləm/	I prefer
meàirlich	/mʲaːɾ l̪iç/	thieves, robbers

ei		For the most part, **ei** is like **e** alone or **ea**.

	/e/	Often like the *a* in 'f*a*te':

eile	/elə/	other
eich	/eç/	horses
reic	/ɾeck/	sell

	/ɛ/	– but also like *e* in 'm*e*t'.

sgeilp	/skʲɛl̪p/	a shelf
ainmeil	/ɛnɛmɛl/	famous
a bheil thu?	/ə vɛl u/	are you?

But note also:

Fraingeis	/fraŋkʲəʃ/	French
cuideigin	/kutʲikʲin/	somebody

See also **einn**.

eo /ɔ/

This is usually pronounced simply as **o** /ɔ/.

deoch	/dʲɔx/	a drink
an seo	/əɲ ʃɔ/	here

eò/ eòi /ɔː/

This is pronounced simply as **ò** /ɔː/.

ceòl	/kʲɔːɫ/	music
feòil	/fʲɔːl̂/	meat

But note also:

jɔː   **eòlach**   /jɔː l̥əx/   knowledgeable

eu /eː/

Sometimes the same as **é** /eː/.

ceum	/keːm/	step
feum	/feːm/	step
Seumas	/ʃeːməs/	James

/ia/

Often 'broken' into the sound of *ia* as in Mar*ia*.

leudaich	/ʎiaḍiç/	widen
feuch	/fiax/	try
feur	/fiar/	grass

See **ia**

èi /eː/

Somewhat like '*ai*' in 'p*ai*r' (though closer to *è* of French *père*).

tè	/tʲɛː/	a woman
stèisean*	/stɛːʃən/	station
cèilidh	/kɛːli/	ceilidh

*note English **t** (see **trèan** below and section **t**).

èa /ɛː/

As for **è** above.

plèan	/plɛːn/	plane
trèan	/trɛːn/	train
nèamh	/ɲɛːv/	heaven

But note:

/ia/   **brèagha**   /brʲia-ə/   pretty

é / éi /eː/

Like '*ay*' in 'd*ay*'.

an-dé	/əɲ dʲeː/	yesterday
fhéin	/heːn/	self
le chéile	/lɛ çeːlə/	both, together

i /i/

Like *ee* in 'k*ee*p'.

idir	/itʲirʲ/	at all
an sin	/əɲʃin/	there
a-nis	/ə niʃ/	now

ia /iə/

Has the 'split e' sound of *ee* in 's*ee*r'.

liath	/ʎiə/	(pale) blue, grey
fiadh	/fiəɣ/	deer
biadh	/biəɣ/	food

	/ia/	Often 'broken' into the sound of *ia* as in Mar*ia*, as happens with **eu**. A number of words may have the alternative **eu** / **ia** form e.g. **ceud** / **ciad** (see **eu**).	
		dian /dʲian/	intensive(ly)
		iad /iaṯ/	they, them
		ciad /kʲiaṯ/	first
		But note also:	
		Iain /i-aɲ/	Ian, John
io	/i/	This is the same as **i** above.	
		fios /fis/	knowledge
		miosail /misal/	fond of
		sgioba /skʲibə/	a team
ì	/iː/	Like *ea* in 'l*ea*n'.	
		sìde /ʃiːtʲə/	weather
		clì /kliː/	left (hand etc.)
		fìrinn /fiːrʲiɲ/	truth
ìo	/iː/	Sometimes this is like **ì** above, i.e. like *ea* in 'l*ea*n'.	
		pìos /piːs/	a piece
		sgrìob /skrʲiːp/	a trip
		prìosan /prʲiːsan/	prison
	/ia/, /iə/	In some words, however, the vowels are separate.	
		mìos /mĩãs/, /mĩə̃s/	a month
		sìon /ʃĩãn/, /ʃĩə̃n/	a particle
		lìon /ʎĩãn/, /ʎĩə̃n/	fill
iu	/ju/	After a slender consonant, like *u* in English *u*nit.	
		an-diugh /əɲ dʲu/	today
		có dhiubh? /koː juː/	whether?
		piuthar /pʲu-ər/	sister
iù /iùi	/juː/	Pronounced like the English word '*you*'.	
		siùcar /ʃuːhkər/	sugar
		diùlt /dʲuːʈ/	deny
		ciùin /kʲuːɲ/	calm
o	/o/	Like *o* in 'g*oa*t'.	
		obair /opərʲ/	work
		an comhnaidh /əŋ koːni/	always
		modh /moɣ/	mode
	/ɔ/	Like *o* in 'h*o*t'.	
		loch /ɫɔx/	loch, lake
		no /nɔ/	or
		cofaidh /cɔfi/	coffee
	/ə/	When unstressed, like *e* in butt*e*r.	
		sìon /ʃĩãn/, /ʃĩə̃n/	particle
		cothrom /kɔ-rəm/	opportunity
		mìos /mĩãs/, /mĩə̃s/	month
		– but see also **ìo**.	

oi	/ɔ/	Often as **o** /ɔ/ above, i.e. like *o* in 'h*o*t'.		
		boireannach	/bɔrʲən̪ən̪əx/	woman
		croitear	/krɔtʲɛrʲ/	crofter
		sgoil	/skɔl/	school
	/ɤ/	But also often like *u* in 'g*u*t'.		
		oidhche	/ɤiçə/	night
		goirid	/gɤrʲətʲ/	short
		goid	/gɤtʲ/	steal
ò	/ɔː/	Like *au* in 't*au*ght'.		
		ceòl	/kʲɔː ɫ/	music
		bòrd	/bɔːr̥st̪/, /bɔːr̥t̪/	table
		bròg	/brɔːk/	shoe
ó / ói	/oː/	Like *o* in 'cr*o*w', with the lips more rounded than for **ò**.		
		bó	/boː/	a cow
		mór	/moːr/	big
		có?	/kɔː/	who?
		cóig	/kɔːikʲ/	five
u	/u/	Like *oo* in 'r*oo*k'.		
		ugh	/u/	an egg
		dubh	d̪u	black
		guth	/gu/	voice
	/ɤ/	Like *u* in 'g*u*t'.		
		nurs	/n̪ɤr̥s/	a nurse
		siuga	/ʃɤgə/	a jug
		Beurla	/bjɤːr̥ɫə/	English
ua	/uə/	Usually like the sound heard in the *ewe* of 'br*ewe*r'.		
		fuar	/fuər/	cold
		ruadh	/ruəɣ/	dark red
		suas	/suəs/	up
	/ua/	But note also:		
		uan	/uan/	a lamb
		uabhasach	/ũãvasəx/	terrible
uai	/uə/	Usually as for **ua** /uə/ as in the *ewe* of 'br*ewe*r'.		
		uair	/uərʲ/	an hour
		duais	/d̪uəʃ/	a prize
		fhuair	/huərʲ/	got
ui	/u/	Same as **u** /u/.		
		muir	/murʲ/	sea
		duine	/d̪un̪ə/	a man
		fuireach	/furʲəx/	living, staying
	/ɯ/	Like '*oo*' in 'p*oo*l', but with lips drawn back at the corners.		
		uighean	/ɯjan/	eggs
		suidh	/sɯj/	sit
		bruidhinn	/brɯ-iɲ/	speak

ù	/uː/	Like '*oo*' in 'p*oo*l'.		
		cù	/kuː/	a dog
		bùth	/buː/	a shop
		siùcar	/ʃuːhkər/	sugar

ùi	/uː/	Normally the same as **ù** /uː/.		
		dùin	/ḓuːɲ/	close, shut
		dùisg	/ḓuːʃkʲ/	wake up
		cùil	/ḵuːl/	a corner

Pronunciation of consonants

b	/b/	At the beginning of a word, broad **b** is like *b* in '*b*at':		
		balach	/baɫəx/	a boy
		blàth	/bɫaː/	warm
		bàta	/baːhṯə/	a boat

	/p/	– otherwise like *p* in 'ta*p*'.		
		Alba	/aɫapə/	Scotland
		obair	/opərʲ/	work
		lùb	/ɫuːp/	bend

	/b/	Before a slender vowel, **b** may be like broad **b** /b/.		
		beatha	/bɛhə/	life
		bean	/bɛn/	a wife
		beagan	/bekan/	a little

	/bʲ/	But, if slender, **b**, at the beginning some words, is like *b* in '*a*buse'.		
		beannachd	/bʲaṉəxk/	a blessing
		beò	/bʲɔː/	alive
		beanntan	/bʲauṉṯən/	mountains

bh	/v/	Broad **bh** is like *v* in '*v*ast'.		
		taobh	/ṯɯːv/	a side
		adhbhar	/ɯːvər/	a reason
		a' bhasgaid	/ə vaskɛtʲ/	a basket

	/f/, /-/	In the middle or at the end of a Gaelic word it may be reduced to the sound of **f** /f/ or to nothing.		
		co-dhiùbh	/ko juː/	anyway
		dubh	/ḓu/	black
		leabhar	/ʎɔ-ər/	book
		gabh	/gav/, /gaf/	take

	/v/	Before a slender vowel, **bh** may be like broad **bh** above.		
		telebhisean*	/tɛləviʃən/	television
		a bheatha	/ə vɛhə/	his life
		a bheil thu?	/ə vɛl u/	are you?

*note the English **t** (see **t** section).

	/vʲ/	But, if slender, it is like *v* in *v*iew.		
		a' bheannachd	/ə vʲaṉəxk/	the blessing
		feòil bheò	/fʲɔːl vʲɔː/	living flesh

It is important to realise that this applies only when the **e** is there to show that the **b** is slender. Cf:

a' bhean	/ə vɛn/	the wife

c /k/

When broad, like *c* in '*c*at'.

càil	/kaːl/	anything
coimhead	/kɔ̃jəṱ/, /kəjəṱ/	watching
cuideam	/kuṱʲəm/	weight

/k/

Before a slender vowel, it is like broad **c** above.

cead	/keṱ/	permission
ceasnaich	/kesn̩iç/	question
ceist	/keʃtʲ/	a question

/kʲ/

But slender **c** is like *c* in 'cute'.

ceòl	/kʲɔːl/	music
ceann	/kʲaun̩/	head, end
ciùin	/kʲuːɲ/	calm

ch /x/

Broad **ch** is like *ch* in Scottish '*loch*'.

ach	/ax/	but
a' chas	/ə xas/	the foot, leg
chuir mi	/xurʲ mi/	I put

/ç/

Slender **ch** is like *h* in '*h*ew'.

timcheall air	/tʲimiçəl ɛrʲ/	about
dìcheall	/dʲiːçəl/	utmost
a chiall!	/ə çiəl̩/	oh dear!

chd /xk/

The combination **chd** is pronounced as the *ch k* in Lo*ch K*atrine.

beannachd	/bʲaṉəxk/	a blessing
cuideachd	/kuṱʲəxk/	too, also
a-nochd	/ə n̩ɔxk/	tonight

But note the exception:

/xd̪/

eachdraidh	/ɛxd̪ri/	history

cn /kr/

Found at the beginning of a word only, **cn** is usually pronounced as **cr**.

cnoc	/krɔ̃xk/	a hill
cnò	/krɔː/	a nut
cnàmh	/kraːv/	a bone

d /d̪/

At the beginning of a word, broad **d** is like *d* in '*d*oe':

dad	/d̪aṱ/	anything
dràibh	/d̪rãiv/	drive
duine	/d̪uɲə/	a man

/t̪/

– otherwise it is pronounced like *t* in 'ha*t*', with the tongue touching the upper teeth.

có mheud?	/koː vĩãt̪/	how many?
cadal	/kat̪əl/	sleeping
fada	/fat̪ə/	long

	/dʲ/	At the beginning of a word, slender **d** is like *j* in '*j*ug':		
		an-diugh	/əɲdʲu/	today
		an-dé	/əɲdʲe/	yesterday
		dearg	/dʲarak/	red

	/tʲ/	– otherwise it is pronounced like *ch* in '*ch*ew'.		
		càirdean	/kaːɾstʲən/	friends, kin
		pàrlamaid	/paːɾɫəmɛtʲ/	parliament
		cuideigin	/kutʲikʲin/	somebody

	/d/	Note that some recent loan-words from English, beginning with **d**, are pronounced as in English, e.g: **dola** /dɔla/ doll. Cf **t**.

dh | /ɣ/ | Broad **dh** is the same as broad **gh** i.e. a 'voiced' **ch**.

		a dh'aithghearr	/ə ɣaiçəɾ/	soon
		mas urrainn dhut	/mas uɾiɲ ɣut̪/	if you can
		taghadh	/t̪ ɣ-əɣ/	choosing

	/-/	Broad **dh** is weak or silent in the middle of a word.		
		naidheachd	/ n̪ɛ-əxk/	news
		adhbhar	/ɯːvəɾ/	a reason
		an fheadhainn	/əɲ joː-iɲ/	the ones, those

	/j/	Slender **dh** is the same as slender **gh**, i.e. like *y* as in '*y*es'.		
		buidhe	/bɯjə/	yellow
		mu dheidhinn	/mu je-iɲ/	about
		có dhiubh	/koː juː/	whether?

	/-/	Slender **dh** disappears after an unstressed vowel.		
		cruaidh	/kruəj/	hard
		suidh	/sɯj/	sit down
		bòidheach	/bɔːjəx/	beautiful

f | /f/ | Broad **f** is as *f* in English '*f*ast':

		fosgladh	/fɔskɫəɣ/	opening
		fàg	/faːk/	leave
		fuireach	/fuɾʲəx/	living

	/fʲ/	– while slender **f** (which occasionally occurs at the beginning of words) is like *f* in '*f*ew'.		
		feadhainn	/fʲoː-iɲ/	some
		feòil	/fʲɔːl/	meat
		fiughar	/fʲu-əɾ/	expectation

fh | /-/ | Broad **fh** is generally not pronounced:

		dh' fhairich e	/ɣaɾʲiç ɛ/	he felt
		(a) fhacal	[ə] axkəɫ/	his word
		glé fhada	/gleː at̪ə/	very long

	/h/	– except in the following, where **fh** is pronounced as **h**.		
		fhathast	/ha-əst̪/	yet, still
		fhuair	/huəɾʲ/	got

/-/	Likewise, slender **fh** is generally not pronounced:	

an fheadhainn	/ən jɔː-iɲ/	the ones
an fheòil	/ən jɔːl/	the meat
is fheàrr leam	/ʃaːr ləːm	I prefer

/h/   – except in the following, where **fh** is pronounced as **h**.

fhéin	/heːn/	self

g   /g/   Broad **g** at the beginning of a word is like *g* in 'gone':

goirt	/gɔʀstʲ/	sore
glan	/gɫan/	clean
gorm	/gɔrɔm/	blue

/k/   – otherwise it is pronounced like *k* in 'too*k*'.

agam	/akəm/	at me
basgaid	/baskɛtʲ/	a basket
beag	/bek/	small

/g/   Before a slender vowel **g** may be like broad *g* above, i.e. like *g* in 'gone'.

geata	/geht̪ə/	a gate
gearan	/geran/	a complaint
ginealach	/ginəɫəx/	a generation

/gʲ/   Slender **g** is like *g* in 'argue' at the beginning of a word.

geal	/gʲaɫ/	white
gearradh	/gʲarəɣ/	a cut
giuthas	/gʲu-əs/	fir, pine

/kʲ/   Elsewhere it is pronounced like *c* in 'se*c*ure'. But note that the *y* sound is not evident when not followed by a vowel.

sgeilp	/skʲɛɫp/	a shelf
thig	/hikʲ/	come
aig	/əkʲ/	at

gh   /ɣ/   Broad **gh** is a 'voiced' **ch**.

lagh	/ɫɣɣ/	law
o chionn ghoirid	/ɔ çuːɲ ɣɣrʲətʲ/	recently
ghabh mi	/ɣav mi/	I took

/j/   Slender **gh** is like the *y* of '*y*es'.

gheall mi	/jauɫ mi/	I promised
a' ghealach	/jaɫəx/	the moon
a' ghinealach	/ə jʲinəɫəx/	the generation

/-/   In the middle, or at the end of a word, both broad and slender **gh** may be silent.

taghta	/t̪ɣːt̪ə/	fine
deagh	/dʲɔː/	good
nigh	/ɲi/	wash

l   /ɫ/   Broad **l** is like a hollow *ll* as in 'fu*ll*' with the tongue touching the upper teeth.

loch	/ɫɔx/	loch, lake
latha	/ɫa-ə/	a day
cùl	/kuːɫ/	a back

	/ʎ/	Slender **l** is like *ll* in 'mi*ll*ion' at the beginning* of a word (*except when lenited – see below).		
		litir	/ʎihtʲərʲ/	letter
		liath	/ʎiə/	blue, grey
		gu leòr	/gə ʎɔːr/	plenty

	/l/	Elsewhere slender **l** is pronounced like *ll* in 'hi*ll*y'.		
		bliadhna	/bliəɲə/	a year
		céilidh	/keːli/	ceilidh
		a litir	/ə lihtʲərʲ/	his letter*

*This is lenited **l**.

ll	/ɬ̬/	Broad **ll** in the middle or end of a word is the same as broad **l** above.		
		Galldachd	/gauɬ̬axk/	Lowlands
		ball	/bauɬ̬/	ball
		sealladh	/ʃauɬ̬əɣ/	a view

	/ʎ/	Slender **ll** is like *ll* in 'mi*ll*ion'.		
		till	/tʲiːʎ/	return
		caill	/kaiʎ/	lose
		foillsich	/fɤiʎʃiç/	publish

m	/m/	Broad **m** is pronounced as in English.		
		móran	/moːran/	much
		muir	/murʲ/	sea
		math	/ma/	good

	/m/	Before a slender vowel, **m** may also be pronounced like *m* in English:		
		mear	/mɛr/	merry
		caismeachd	/kaʃmaxk/	alarm
		ainmeil	/ɛnɛmɛl/	famous

	/mʲ/	– but, when slender, it is pronounced like *m* in '*m*use'.		
		meal	/mʲaɬ̬/	enjoy
		meàirleach	/mʲaːrɬ̬əx/	thief, robber
		meann	/mʲaun̠/	kid (goat)

mh	/v/	Broad **mh** is like broad **bh** (i.e. like *v* in '*v*ery').		
		làmh	/ɬ̬ãːv/	a hand
		sàmhach	/sãːvəx/	quiet
		a' phìob-mhór	/ə fiːb voːr/	the bagpipes

	/vʲ/	Slender **mh** may be like slender **bh** (i.e. like *v* in *v*iew).		
		caileag mheallta	/kalak vʲauɬ̬tə/	a deceitful girl
		air a' mheann	/ɛrʲ ə vʲaun̠/	on the kid
		a' mhealag	/ə vʲaɬ̬ak/	the milt

	/-/, /j/	Broad or slender **mh** may disappear or leave the sound of *y* in '*y*es'.		
		roimhe	/rõjə/	before
		an comhnaidh	/aŋ koːni/	always
		coimhead	/kõjət̠/, /kõjət̠/	looking

n	/n̪/	Broad **n** at the beginning of a word is produced rather like the hollow **l** described above i.e. with the tongue pressed against the upper teeth:		

nochd	/n̪ɔxk/	appear, show
naidheachd	/n̪ɛ-əxk/	news
nurs	/n̪ʏɾs/	a nurse

/n/ — otherwise it is like the **n** of English, e.g. '*n*arrow'.

bean	/bɛn/	a wife
sporan	/spɔran/	purse
glanadh	/gɫanəɣ/	cleaning

/ɲ/ Slender **n**, when used initially, is like the *n* in '*n*ew':

nigh	/ɲi/	wash
Niall	/ɲiəɫ̪/	Neil
air neo	/əɾ ɲɔː/	or

n — otherwise slender **n** may be like *n* in '*n*eed'.

fhéin	/heːn/	self
cuideigin	/kutʲikʲin/	somebody
seachdain	/ʃɛxkɛn/, /ʃaxkɛn/	a week

This is also the lenited **n**:

nigh sinn	/ni ʃiɲ/	we washed

/ɲ/ — or, in other instances, it may be like /ɲ/ above.

slàinte	/sʰ ɫaːɲtʲə/	health
duine	/d̪uɲə/	a man
ciùin	/kʲuːɲ/	calm

ng	/ŋ/, /ŋg/, /ŋk/	Broad **ng** may be like *ng* in 'so*ng*' or *ng* in 'lo*ng*er', often tending towards *nk* of 'pi*nk*'.

long	/ɫ̪ouŋ/	ship*
pong	/pouŋ/	point*
brangas	/braŋkas/	pillory

*also /ɫ̪ouŋk/ or /ɫ̪ouŋg/ and/pouŋk/ or /pouŋg/

/ŋʲ/, /ŋk/ Slender **ng** is like *ng* in 'si*ng*', tending towards *nk* in 'pi*nk*'.

cuingichte	/kuiŋʲgiçtʲə/	restricted
an Fhraing	/ən raiŋkʲ/	France
puingean	/pəŋʲkʲən/	points

/~ -/ Both broad and slender **ng** may be silent in the middle of a word, leaving nasalisation.

iongantach	/jũənt̪əx/	surprising
ingnean	/ĩːnən/	(finger)nails

nn	/n̪/	Broad **nn** is produced in the same way as the hollow **n** /n̪/described above.

ionnsaich	/jũːn̪siç/	learn
ceannach	/kʲan̪ əx/	buying
amannan	/aman̪ən/	times

/ɲ/ Slender **nn** is like /ɲ/ above.

seinn	/ʃeiɲ/	sing, singing
uinneag	/uɲəg/	window
beinn	/beiɲ/	mountain

p   /p/   Broad **p** is like *p* in '*p*at'.

ròpa	/rɔːhpə/	a rope
pòg	/pɔːk/	a kiss
port	/pɔrst̪/	a port; a tune

/p/   Before a slender vowel, **p** may be like *p* in '*p*et'.

peacadh	/pɛxkəɣ/	sin
pìob	/piːb/	pipe
pinc	/piŋʲkʲ/	pink

/pʲ/   But, when slender, is like *p* in '*p*ew'.

peann	/pʲaun̪/	a pen
piuthar	/pʲu-ər/	sister

ph   /f/   When broad, and often before a slender vowel, **ph** is like the *ph* of '*ph*one'.

a' phòg	/ə fɔk/	the kiss
a pheacadh	/ə fɛxkəɣ/	his sin
oifis a' phuist	/ɔfiʃ ə fuʃtʲ/	post office

/fʲ/   Slender **ph** is like the *f* of '*f*ew'.

a pheann	/ə fʲau~n̪/	his pen
do phiuthar	/d̪ə fʲu-ər/	your sister

r   /ɾ/   Broad **r**, used initially*, is a strongly rolled **r** which gives the following vowel a hollow sound.

rathad	/ɾa-əd̪/	road
ruadh	ɾuəɣ/	dark red
ràdh	/ɾaː/	saying

*But broad rolled **r** /ɾ/ may be used medially before a broad **s** sound, or before **l**.

seòrsa	/ʃɾɔːɾsə/	sort, kind
cùrsa	/kuːɾsə/	a course
bàrdachd	/baːɾsd̪əxk/	poetry*
meàirleach	/mʲaːɾɫəx/	thief, robber
pàrlamaid	/paːɾɫəmɛtʲ/	parliament
Beurla	/bjɤːɾɫə/	English

*See **rd** / **rt** in introduction to *Spelling and Pronunciation*.

r   Elsewhere broad **r** is pronounced like *r* in '*r*ed'.

craobh	/kruːv/	a tree
seòmar	/ʃɔːmər/	a room
grunn	/gruːn̪/	a lot

/ɾ/   Before a slender vowel, **r** may be like broad rolled **r** /ɾ/ above.

reic	/ɾeçk/	sell
rìgh	/ɾiː/	a king
rionnag	/ɾuːn̪ak/	a star

/rʲ/	When slender **r** may be similar to the English *r* in t*r*ee. This may vary from dialect to dialect.		
	muir	/murʲ/	sea
	riamh	/rʲiəv/	ever
	a-màireach	/ə maːrʲəx/	tomorrow

rr	/ɼ/	This is the same as broad **r** /ɼ/ above.		
		freagarrach	/fregərəx/	suitable
		iarr	/iərɼ/	ask
		comharradh	/kɔ̃hərəɣ/	sign

s	s	Broad **s** is pronounced as in English.		
		sona	/sɔnə/	happy
		cùrsa	/kuːɼsə/	a course
		suidh	/suɪj/	sit

/ʃ/	Slender **s** is the same as *sh* in English '*sh*eep'.		
	sin	/ʃin/	that
	toiseach	/t̪ɔʃəx/	a beginning
	creidsinn	/krʲedʲʃiɲ/	believing

sh	/h/	When broad, and usually before a slender vowel, **sh** is like *h* in English '*h*at'.		
		shreap e	/hrehp ɛ/	he climbed
		shuas	/huəs/	up
		sheinn i	/heiɲ i/	she sang

/ç/	But slender **sh** is like slender **ch** /ç/ i.e. like *h* in '*h*ew'.		
	sheall iad	/çauɫ iat̪/	they looked
	mo shiùcar	/mə çuːhkər/	my sugar
	a Sheònaid!	/ə çɔːnat̪ʲ/	Janet!

sr	/str/, /sr/	In most dialects initial **sr** is pronounced as *str* in *str*eet, but it may also be **sr**.		
		sràid	/st̪raːht̪ʲ/	a street
		sreap	/strehp/	climb
		sròn	/strɔːn/	a nose

t	/t̪/	Broad **t** is like *t* in '*t*ar'. As with broad **d**, the tongue touches the upper teeth.		
		coltas	/kɔɫt̪əs/	appearance*
		tog	/t̪ɔk/	lift, raise
		turas	/t̪urəs/	journey, trip
		*often /kɔɫəs/		

/t̪ʲ/	Slender **t** is like *ch* in '*ch*ew'.		
	àite	/aːht̪ʲə/	a place
	teaghlach	/t̪ʲɤːɫəx/	a family
	tighinn	/t̪ʲi-iɲ/, /t̪ʲi-ən/	coming

t		Recent borrowings from English may retain the English **t** before a slender vowel.		
		tidsear	/tit^jʃɛr^j/	teacher
		tiocaid	/tɤɡʲəd^j/	ticket
		telebhisean	/tɛləviʃən/	television

th	/h/	When broad, or before a slender vowel, **th** may be like broad **sh** i.e. like *h* in English '*h*at'.		
		tha mi	/ha mi/	I am
		beatha	/bɛhə/	life
		thoir dhomh	/hɔr^j ɣɔ̃/	give (to) me
		thig	/hik^j/	come

	/ç/	Slender **th** is often like slender **ch** /ç/ i.e. like the *h* of '*h*ew':		
		thionndaidh mi	/çun̪t̪i mi/	I turned
		thilg e	/çilik^j ɛ/	he threw
		a theaghlach	/çɤː ɫ̪əx/	his family

	/-/	– but **th** may be silent in the middle or at the end of a word.		
		dùthaich	/d̪uː-iç/	country
		liath	/ʎiə/	(pale) blue, grey
		fhathast	/ha-əst̪/	yet, still

But note also:

		thu	/u/	you

t-	t̪	Before a broad vowel **t-**is like *t* in '*t*ar', i.e. just as if the word began with broad **t**.		
		an t-aran	/ən̪ t̪aran/	the bread
		an t-airgead	/ən̪ t̪ɛrɛɡət̪/	the money
		an t-acras	/ən̪ t̪axkrəs/	the hunger

	/t^j/	Before a slender vowel **t-**is like *ch* in '*ch*ew', i.e. just as if the word began with slender **t**.		
		an t-eun	/ən̪ t^jian/, /ən̪ t^jeːn/	the bird
		an t-eagal	/ən̪ t^jekəɫ/	the fear
		an t-ìm	/ən̪ t^jiːm̥/	the butter

t–s	/t̪/	When **t-s** precedes a broad vowel, the **s** is mute and the **t** is pronounced like *t* in '*t*ar'.		
		an t-sùil	/ən̪ t̪uːl/	the eye
		fad an t-samhraidh	/fat̪ ən̪ t̪aũri/	all summer

	/t^j/	When it precedes a slender vowel, the **s** is also mute and the **t** is like *ch* in '*ch*ew'.		
		an t-seachdain seo	/ən̪ t^jɛxkɛn ʃɔ/	this week*
		fad an t-siubhail	/fat̪ ən t^ju-əl/	all the time
			*also /t^jaxkɛn/	

	/- /	Before **l**, **n** and **r**, however, the **s** is mute.		
		air an t-slighe	/ɛr^j ən̪ tli-ə/	on the way
		san t-sloc	/sən t̪ɫ̪ɔxk/	in the pit

The combination **t-sn**, however, is pronounced as /trʲ/ with nasalisation of the vowel.

san t-sneachda	/sən trʲ āxkə/	in the snow

In addition to the vowel sounds shown in the table above, certain combinations of consonants may indicate that a preceding short (and stressed) vowel is dipthongised.

all, ann, amh

/au/   Has the sound of *ow* in 'h**ow**'.

seall	/ʃauɫ/	show
Galldachd	/gauɫtaxk/	Lowlands
ball	/bauɫ/	ball
ann	/auṉ/	in it
meann	/mʲauṉ/	kid (goat)
peann	/pʲauṉ/	a pen
ceann	/kʲauṉ/	head, end
samhradh	/saūrəɣ/	summer
geamhradh	/gʲaūrəɣ/	winter

oll, onn, om

/ou/   Has a sound like that of *o* in 'n**o**'.

toll	/t̪ouɫ/	a hole
poll	/pouɫ/	a bog
tom	/t̪oum/	a hillock
tonn	/t̪ouṉ/	a wave
donn	/d̪ouṉ/	brown
bonn	/bouṉ/	a base
companach	/koumpanəx/	companion

aill, aibh, aimh

/ai/   Like the *y* of 'm**y**'.

caill	/kaiʎ/	lose
taibhse	/t̪aiʃə/	a ghost
dhaibh	/ɣaiv/	to, for them
aibhne	/aiɲə/	of a river
aimhleas	/ailəs/	mischief
aimhreit	/airʲitʲ/	discord

einn, eim

/ei/   Like the *ay* of 'd**ay**'.

seinn	/ʃeiɲ/	sing
beinn	/beiɲ/	mountain
greim	/grʲeim/	bite

oill, aidh, aigh, oigh

/ɤi/, /ɤj/   Has no English equivalent. Somewhat like *y* in 'm**y**', but tending towards *oy* of 't**oy**'. Try saying 'fuggy' without the *f* or *gg*!

foillsich	/fɤiʎʃiç/	publish
faighneachd	/fɤiɲəxk/ /fəiɲəxk/	asking

taigh	/t̪ɤj/, /t̪əj/	(a) house
oighre	/ɤirʲə/	an heir
saidhbhir	/sɤivər/	rich

uigh, uill, uinn, uim

/ui, ɯi/   Has no English equivalent, and may be either like the *oo* sound in 'p*oo*l' followed by a very short *ee* sound (as in 'c*oo-ee*', but *short*), or like the sound of **ao** described above followed by a very short *ee* sound.

ruigheachd	/rɯjəxk/	reaching
duilleach	/d̪uiʎəx/, /d̪uiʎəx/	foliage
dhuinn	/ɣuiɲ/, /ɣuiɲ/	to, for us
suim	/suim/	regard

See also **ui** /ɯ/

It should be noted that a preceding **i** or a following vowel leave such vowels unchanged:

	lionn	/ʎũːn̪/	beer
	o chionn	/ɔ çũːn̪/	recently
	donn	/d̪oun̪/	brown *sing*
but	**donna**	/d̪on̪ə/	brown *plural*
	ceannach	/kʲan̪əx/	buying
	an taighe	/ən t̪ɛhə/	of the house

4. Contents of Appendices

article: **de, do, fo, mu, roimh** (now **ro**), **troimh** (now **tro**), **bho**   1.2 **mar**, like **gu /gus**, takes an indefinite noun in the dative case, but a definite noun in the accusative case.   1.3 **gun** used with the dative case or accusative case 1.4 **seach** and **eadar** take the accusative case   1.4.1 **eadar** has two separate meanings a) between – no lenition b) **eadar ... agus ...** both ... and ... with lenition.   1.5 prepositions followed by the genitive case: **rè** (causes lenition), **thar, trìd, chun** (used only with a definite noun)

a chum, a dh' ionnsaigh, a rèir, a thaobh, air cùlaibh, air feadh, air muin, air sgàth, air son, air tòir, am fianais, am measg, an aghaidh, an àite, an ceann, an coinneamh, an dèidh, an làthair, às aonais, às eugmhais, às leth, còmhla ri(s), cuide ri(s), mu choinneamh, mu chomhair, mu dheidhinn, mu thimcheall, mun cuairt, os cionn, gu ruige
4.1 use of possessive adjective with compound prepositions (see Appendix 3 Adjectives)

Appendix 8: Lenition   **687**

1.0   Lenition a change in the sound of a consonant shown by the insertion of **h**   687

1.1 the letters of the Gaelic alphabet, excluding **h**, may be divided into four groups a) **a, e, i, o** and **u** and the consonant pairs **sg, sm, sp** and **st** which never lenite b) **b, c, f, g, m, p** and **s** which lenite with some exceptions c) **d** and **t** are not lenited after **cha** or **bu** and traditionally do not lenite each other d) **l, n,** and **r** do not show lenition in writing, but do alter in sound

Appendix 9: The Points of the Compass   **688**

1.0   In Fig. 8 compass rose showing the main cardinal points   688

1.1 the cardinal points constructed upon the word **àird**   1.2 **an àird tuath** and **an àird deas** become **an àirde tuath** and **an àirde deas** 1.3 **an àirde an ear an àirde an iar**   1.4 four main points frequently shortened to **tuath, deas, an ear an iar**   1.5 the expressions **an taobh tuath, an taobh deas, an taobh an ear** and **an taobh an iar**, commonly used   1.6 **an ceann-a-tuath** and **an ceann-a-deas** also common 1.7 different meanings of **an** in these expressions   1.8 adverbs of rest and motion also show considerable variation. **mu thuath, mu dheas, chun na h-àirde an ear, san (àirde an) ear, chun na h-àirde an iar, san (àirde an) iar**   1.9 **gu** may be used instead of **chun**   1.10 all prepositions implying movement may be found **à /às, (bh)o, ri, a dh'ionnsaigh, do**   1.11 **ann an / anns** (often abbreviated to **an** and **san**) is also common   1.12 **air** used only with **taobh**   1.13 no preposition in certain circumstances   1.14 positions 'north of', 'south of' etc.

      1.1 **àm** period of time never defined in terms of length, but otherwise
made specific: 1) by the use of **aig** 'at' followed by: a) the definite article
or a definite pronoun. b) an indefinite noun accompanied by an indefinite
pronoun   2) by the use of **àm** followed by a noun in the genitive case
(with or without **aig**)   3) by the use of **àm** followed by **de** 'of' and a noun,
when the time is considered as part of a larger unit of time   4) by the use
of a limiting or specifying adjective such as **sònraichte, àraidh** and
freagarrach, iomchaidh   5) by the use of the definite article followed by
construction involving verbal noun phrase, **aig** or **ann; àm** may also be
associated with a verb meaning 'come, approach' etc.   6) by the use of
descriptive adjectives (not specifying length / duration)   7) by the use
of phrases meaning 'such a time' or 'a time like this'   8) by the use of
adjectives meaning 'the same' or 'the very same'   9) by describing the time
period with a relative clause, **àm** being definite or indefinite as required.
1.2 **uair** in its usage as a word denoting 'time(s)' when the time mentioned
is considered as part of a series or of a repetition – shown in a number of
ways: 1) by the use of ordinal adjectives   2) by the use of numerical
adjectives   3) by any other means which express or imply a series, repetition
or contrast   1.3 **ùine** used for a space of time or for time as a usable
commodity, defined only in terms of quantity or duration, and never
of quality.   1) as a space of time   2) as a commodity which one may have,
give, take, need, spend, waste, etc. (or where such usefulness is implied)
3) as something which passes   4) 'in time' with the meaning 'in course of
time'   1.4 **tìde** used, for the most part, in the same circumstances as the
word **ùine**   1) as a space of time   2) as a commodity to be spent, wasted,
passed etc.   3) as something which passes   4) **tìde** like **àm**,may be used
to imply 'high' time   5) some other usages   6) to stipulate the meaning
'hours' or 'o'clock' when using **uair**   1.5 **tìm** less frequently used than the
previous four – main use as a word meaning time as a dimension, or
personification of time.   1) as usable time or a period of time   2) as abstract
or personified time.   3) occasionally used in a historical sense

Contents of appendices

A, a

A! *interj* Ah! □ *A! Sin e!* Ah! There it is!
a *part* used before *nouns* in the vocative
case i.e. when someone, an animal or
something – the last usually only in
poetry – is being addressed, either directly
or in correspondence □ *a Mhairead!*
Margaret! □ *a charaid (chòir)* dear friend /
dear sir (in letters) □ *a-mach a seo a choin!*
out of here, dog! □ *a Sheumais, am faca tu
a' chìr agam?* James, have you seen my
comb? □ for further information on the
Voc. Case, see App. 2 Sect. 2.1.2
a *poss adj* 1. her, its *fem* □ becomes **a h-**
before vowels □ *a màthair* her mother □ *a
h-athair* her father 2. his, its *masc* □ lenites
the following consonant if possible and is
omitted before vowels □ *a mhàthair* his
mother □ *sheall e air (a) athair* he looked
at his father □ often combined with *simple
preps* ending in a vowel e.g. **da** to his / to
its (see **do**)
a *prep* of (*abbr form* of **de** – also found in
the form **a dh'**)
a *part* used with *vns*, with the force of the
English 'to' with an *infin* □ *thàinig e a
shealltainn orm* he came to see me
a' *def art* the □ used: 1. with *nom & dat*
cases of *fem nouns* beginning with **b, m, p,
c** and **g** □ *a' bhròg* the shoe □ *air a' bhròig*
on the shoe □ *a' mhàthair* the mother □ *a'
bruidhinn ris a' mhàthair* talking to the
mother □ *a' phìob* the pipe □ *anns a' phìob*
in the pipe □ *a' chathair* the chair □ *anns
a' chathair* in the chair □ *a' ghealach* the
moon □ *air a' ghealaich* on the moon 2.
with the *gen & dat* cases of *sing masc
nouns* beginning with the same letters □
am baile the town □ *talla a' bhaile* the
town hall (lit. [the] hall of the town) □ *am
maighstir* the master □ *taigh a' mhaighstir*
the master's house □ *a' bruidhinn ris a'
mhaighstir* talking to the master □ *am
prìosan* the prison □ *doras a' phrìosain* the
door of the prison □ *anns a' phrìosan* in
the prison □ *an cat* the cat □ *earball a'
chait* the tail of the cat / the cat's tail □
leis a' chat with / by the cat □ *an gàradh* the
garden □ *geata a' ghàraidh* the gate of the
garden / the garden gate □ *anns a' ghàradh*
in the garden 3. to show elision of the **n** (in
informal speech) before any of the conso-
nants not mentioned above □ *bidh iad a'*
cumail a' leth eile they will be retaining
the other half.
a' *abbr form* of **ag** used before *vns* begin-
ning with a consonant □ *tha e a' coiseachd*
he is walking □ though it should be noted
that **ag** is frequently used with **ràdh** say-
ing □ *dè tha e ag ràdh?* what is he saying?
a *abbr form* of *interr part* **an / am** used with
bheil □ *a bheil thu sgìth?* are you tired? □
also used between a *prep* and the *verb*,
with the force of the English *rel prons*
'which / that' □ *seo an taigh anns a bheil
sinn a' fuireach an-dràsta* this is the house
in which we are living just now □ further
examples of this usage may be found
under the relevant *prep*.
a *prep* □ 1. reduced *form* of *prep* **do** (q.v.) □
chaidh e a Chanada he went to Canada
□ *an rathad a Steòrnabhagh* the road to
Stornoway 2. reduced *form* of *prep* **de**
(q.v.) □ *chan eil dad a thìde agam* I don't
have any time at all.

---

a *rel pron* who, which, that □ followed
by the *indep form* of the verb, except in
the *fut* tense, when a special *rel fut
form* is used □ see App. 1 for Verb
Outlines □ *sin a' bhean a bha an seo a-
raoir* that's the woman who was here
last night □ *sin an duine a rinn e* that's
the man who did it □ *tilg a-mach na
leabhraichean a tha salach* throw out
the books which are dirty □ *tilgidh
sinn a-mach na leabhraichean a bhith-
eas salach* we'll throw out the books
which are (lit. will be) dirty □ *bhithea-
maid a' toirt cuideachadh don fhead-
hainn a bhitheadh bochd* we used to
give help to those who were needy
Note how 'whose' preceded by a *prep*
(e.g. 'in whose') is expressed □ *sin an
duine a bha sinn a' fuireach san taigh
aige* that's the man in whose house we
were staying (lit. that's the man who
we were staying in the house at him)
Note also that most *interr prons* are
followed by **a** and the construction
shown above e.g. **cò?** who? **dè?** what?
ciamar? how? **carson?** why? **cuine?**
when? (q.v.) □ when an *interr pron*

ends in a vowel, the *rel pron* is usually suppressed □ *cò (a) bhitheas aig a' choinneimh?* who'll be at the meeting? □ note that, in Gaelic, the *rel pron* is repeated where, in English, it is not: *'s ann anns a' bhliadhna sin a chaidh iad a dh'fhuireach sna taighean 's a ghabh iad sealbh orra* it was in that year that they went to live in the houses and [that they] took possession of them □ note the following usages: *latha a bh'ann* one day □ *oidhche a bh'ann* one night etc. □ *bha an duine a bha seo…* a certain man was…□ *a' frithealadh do àireamh (a) tha (a') fàs de luchd-ceannaich* attending to a growing number of customers

---

à *prep* from, of, off, out of □ the form **às** is used before a *def noun* □ they are written with the accent, to show the open nature of the vowel which is not long □ not used with people with the meaning 'from' (except when this means 'out of') □ the **às** form is also often found before a vowel e.g. *às àite* out of place □ you may also encounter the spellings **á** / **ás**, or even **a** / **as**, but the form given here is recommended
The *prep prons* have no accent (with the exception of the *3rd person masc* as shown) and are formed as follows:
asam from me **asad** from you **às** from him / it *masc* **aiste** from her / it *fem* **asainn** from us **asaibh** from you *pl & polite* **asta** from them
The *emph forms* of the above are:
asamsa, asadsa, às-san, aistese, asainne, asaibhse, astasan □ there are no contracted forms for *prep poss adjs* e.g. **à mo** from my, **à do** from your etc.
Examples: *às a seo* hence □ *à fasan / às an fhasan* out-of-date □ *à measg* from among □ *thàinig iad a-mach à measg nan craobh* they came out from among the trees □ *cha robh iad fada à cala nuair a dh'èirich a' ghaoth gu gailinn* they weren't far out of harbour when the wind rose to a gale □ *Co às a tha thu? Tha à Glaschu* Where are you from? From Glasgow □ *bha i cinnteach aiste fhèin* she was sure of herself □ *bha iad a' tarraing às* they were teasing him □ *bha i a' tarraing asam* she was teasing me □ see **às** for further examples.

a- *pref* □ all words beginning with this prefix have been grouped together below. Strict alphabetical order is resumed after the **a-** entries. If a word with **a-** is not to be found here, try under the second element e.g. for **a-seo**, look under **seo**. the recommended spelling
a-bhàn *adv* down, downwards □ *chaidh sinn uile a-bhàn chun a'chladaich* we all went down to the beach
a-bhos *adv* here, over here, down here, below (when at rest) □ *thall 's a-bhos* here and there / hither and thither □ *aig seirbhisean thall 's a-bhos air feadh Bhreatainn* at services here and there throughout Britain □ sometimes loosely used for 'anywhere', 'everywhere' □ *cha robh duine thall 's a-bhos nach cuala mu a dheidhinn* there wasn't a person anywhere who hadn't heard about it □ *thachair dha a bhith air chuairt a-bhos anns a' bhaile againn* he happened to be on a trip down in our township □ *tha (a) inntinn ceangailte ris an t-saoghal seo a-bhos* his mind is bound to this world below / down here □ *tha atharrachadh mòr air tighinn air an t-suidheachadh a-bhos an seo* there has been a great change in the situation over here □ *uaireannan tha taobh a bhos na gealaich dorcha* sometimes this side of the moon is dark (i.e. the side nearer us)
a-chaoidh □ see **chaoidh**
a-cheana □ see **cheana**
a-chum □ see **chum**
a-ghnàth *adv* continually, habitually, always □ *tha àil òga a -ghnàth a' feitheamh riutha anns an nead* young offspring are always waiting for them in the nest
a-mach *adv* forth, forward(s), out (motion towards), outer (motion) □ see App. 4 Sect 10.0 for further details about this and other *adverbs of motion*
Examples: *o seo a-mach* from now on, from this time forth, evermore, henceforth □ *bhon iris seo a-mach* from this issue (of the magazine) onwards □ *o sin a-mach* thenceforward □ *mìle a-mach bhon chladach* a mile offshore □ *as fhaide (a-)mach* outermost □ *a-mach leat!* off you go! (encouragingly)

□ *a-mach thu!* out! get out! □ *a-mach leis!* away with it!, I wouldn't have anything to do with it! □ *is iomadh rud inntinneach a chitheadh i a-mach air an uinneig bhig ud* many an interesting thing would she see out of that little window □ *a chum mèirlich na h-oidhche a chumail a-mach* (in order) to keep out the thieves of the night

a-mach is sometimes placed in a stressed position for dramatic effect e.g. *a-mach gun do ghabh e* out he went … □ *agus a-mach air an doras gun tug i* … and out of the door she went □ *a-mach air a' mhuir gun do leum iad* out into the sea they leapt

The phrase *a-mach air uairean na h-obrach* outwith working hours carries an idea of 'except from' / 'apart from', and this can be seen in the following examples: *a-mach air na h-eòlaich a bha anns a' bhaile* except for [the] aquaintances (who were) in the town □ note the use of the *def art* in this last (cf **càirdean**) □ also *a-mach o* except for … □ *a-mach o chorra thaigh* … except for a few houses

a-mach air 1. *bi a-mach air* (a) talk about, be on about, discuss □ *bha e an còmhnaidh a-mach air a' mhasladh a chaidh a dhèanamh air fhèin* he was always on about the affront that was inflicted on himself □ *tha e a-mach air ceathrar bhàrd* he is discussing four poets □ *'s e a' phuing a tha mi a-mach air: tha sinn uile nar n-Albannaich* the point I am making is: we are all Scots (b) be on bad terms with, be at variance with □ *bha e fhèin is na riagh-ladairean eile a-mach air a-chèile riamh on uair sin* he [himself] and the other governors were on bad terms from then on 2. *rach a-mach air* fall out with □ *bha e gus a dhol a-mach air a' chuid bu mhò dhiubh* he was about to fall out with most of them □ *chaidh iad a-mach air a-chèile* they fell out with each other □ *thòisich iad air a dhol a-mach air a-chèile* they began to fall out with each other □ *is dòcha gun deach e fhèin agus Seonag a-mach air a-chèile* perhaps he and Janet fell out with each other □ but **dol a-mach** (q.v.) may also mean 'carry-on', 'behaviour'

For further idioms using **a-mach** see **bris, bris(t)eadh, brùchd, lorg, leig, coimhead, comharraich, cuir, cùm, dèan, dol, druid, dubh, dùin, fad, fàg, faigh, gabh, leig, fiathaich, rach, ruaig, sàth, seall, seas, sgaoil, sgeids, sìn, sìneadh, snàig, sruth, tarraing, thig, thoir, tionndaidh, tog, treòirich**

a-màireach *adv* on the morrow, tomorrow, the next / following day □ *sa mhadainn a-màireach* tomorrow morning □ *tràth sa mhadainn a-màireach* early the following / next morning □ *chì mi thu a-màireach* I'll see you tomorrow

a-meadhan *prep + gen* □ see **meadhan, am meadhan**

a-measg *prep + gen* □ see **measg, am measg**

a-mhàin *adv* alone, mere, merely, only, solely □ *cha b'e a-mhàin gun deach iad don sgoil còmhla* it wasn't only that they'd gone to school together □ … *a' toirt seachad chan e a-mhàin cofhurtachd ach airgead agus biadh* … giving not only comfort but money and food □ *tha trì dhiubh ann an Alba a-mhàin* there are three of them in Scotland alone □ *ach a-mhàin nach* … except that … not … *conj* □ …*ach a-mhàin nach urrainn dha duine ain-meachadh na àite* … except that he cannot nominate someone in his place □ *'s e Seumas a-mhàin a mhair beò* James was the sole survivor (lit. it was only James who remained alive) □ … *is chan ann a-mhàin an sin ach* … … and not only there but … □ … … *gu sònraichte (ach chan ann a-mhàin) annta sin airson sgaoileadh poblach* … especially (but not exclusively) in those intended for public distribution

a-muigh *adv* outside, out (at rest), outer, without, forward (of football) □ see App. 4 Sect 10.0 for further details about this and other *adverbs of motion* **a-muigh** often translates as an *adj / adv* meaning 'exterior', 'outer', 'outside', 'outwith' □ *na h-Eileanan-a-Muigh* the Outer Isles □ … *a tha faisg air oir a-muigh Sgrìob Chloinn Uisnigh* which is near the Galaxy's outer rim □ *air a' bhlàr a-muigh* outdoors, out of doors, al fresco □ *an taobh a-muigh* outside, exterior *noun* □ *air an / bhon taobh a-muigh* external □ *chun / a chum an* *taobh a-muigh* outwards □ *air taobh a-muigh uairean sgoile* outwith school hours

a-muigh is sometimes placed in a stressed position □ *a-muigh bhon a' bhàgh chithinn am bàta mòr* out from the bay I could see the great ship Other idioms: *cha robh an tuathanach air a shon a-muigh no a-mach* the farmer wasn't for it at all □ *cha leigeadh a mhàthair leis a bhrògan a chur dheth a-muigh no a-mach* his mother wouldn't let him take off his shoes under any circumstances

a-nall *adv* over (from yonder), hither □ *a-null 's a-nall* hither and thither (lit. thither and hither) □ *bha iad a' ruith a-null is a-nall* they were running hither and thither / to and fro □ *a-nall thairis* from overseas / from abroad *adv* □ *b'ann a-nall thairis a thàinig e* he had come from overseas / from abroad □ *an cuir thu a-nall an salann?* will you (please) pass the salt? □ see App. 4 Sect 10.0 for further details about this and other *adverbs of motion*

a-nìos *adv* up (motion from below) □ *thig a-nìos an seo* come up here □ *trobhad a-nìos an seo* come on up here □ for more detail about this and similar *advs of rest / motion* see App. 4 Sect 10.0 □ some dialects use **a-nuas** for both 'down from above' and 'up from below'

a-nis(e) *adv* now, next □ *dè nis!* what now / what next! □ *a-nis! a-nis!* now! now! / come now! □ also found with the forms **a-nist** and (formerly) **a-nisd**

a-nochd *adv* tonight □ *chì mi thu a-nochd* I'll see you tonight

a-nuas *adv* down (lit. 'from up') □ indicates movement from above down towards the narrator / subject of the action □ *thàinig an claidheamh a-nuas air ceann a nàmhaid* the sword came down on his enemy's head □ *bithidh Donnchadh a-nuas an ceartuair* Duncan will be down presently □ *a-nuas tro na bliadhnachan* down through the years □ *mas e mac Dhè, thigeadh e a-nuas on chrann* if he is the son of God, let him come down from the cross □ some dialects use **a-nuas** for both 'down from above' and 'up from below' □ for more detail about the usage of this and similar *advs of rest / motion* see App. 4 Sect 10.0

an-uiridh *adv* last year □ *thàinig e a-nall thairis an-uiridh* he came back from overseas last year □ *tha a' chuid mhòr dhe na bha againn san amharc an uiridh air a dhèanamh a-nise* the majority of what we had in view last year has now been done

a-null *adv* across, over (thither) □ *thoir a-null gu* hand (to), hand over (to) □ *thug e an daga a-null thuige* he handed the pistol over to him □ *cuir a-null* hand *v*, pass (away from the subject) □ *a-null 's a-nall* to and fro, hither and thither (lit. thither and hither) □ *bha iad a' ruith a-null is a-nall* they were running hither and thither / to and fro □ *thug ise sùil a-null chun an rubha* she looked across to the headland □ ... *a tha a' sealltainn a-null gu Peairt* ... which looks across to Perth □ *bha sinn a' coimhead a-null air an eilean* we were looking over to the island □ *chaidh mi a-null chun na h-uinneig* I went over to the window □ *a-null thairis* abroad / overseas (going there) *adv* □ *tha mo bhràthair a' dol a-null thairis* my brother's going abroad / overseas □ *cha chuireadh deich mìle mise a-null no a-nall* ten miles wouldn't bother me at all □ for more information about the use of **a-null** and similar *advs of rest / motion* see App. 4 Sect 10.0

a-raoir (also **an-raoir**) *adv* last night □ *am faca tu e a-raoir?* did you see him last night? □ *feasgar a-raoir* yesterday evening □ *feasgar an-dè* yesterday afternoon

a-rèir □ see **rèir, a rèir**

a-rèist *adv* then (= in that case) □ *is beag an t-iongnadh a-rèist gu bheil e* ... it's little wonder then that he's ...

a-riamh *adv* ever, never (referring backwards in time) □ *cha chuala mi a-riamh a leithid* I have never heard its like □ *chan fhaca mi e (a-)riamh roimhe* I had never seen him before

a-rìs □ see **a-rithist**

a-rithist *adv* 1. afresh, again, anew, next □ *a-rithist!* encore! □ *an-dràsta 's a-rithist* now and again, occasionally, spasmodic(ally) □ *tachair a-rithist* recur □ *ach cha do thachair e a-rithist* but it never recurred □ *an can thu sin a-rithist?* will you say that again? will you repeat that? □ *mar a thuirt mi* *a-rithist is a-rithist…* as I've said again and again… □ *Albannach an toiseach, Breatannach a-rithist mar gum bitheadh* a Scot first, a Briton next as it were 2. later □ *chì mi thu a-rithist* I'll see you later □ *chan eil iad seo air am mìneachadh gus a-rithist* these aren't explained until later 3. then again, furthermore

a-staigh *adv* in, indoor(s), inside, inward, within (at rest), inward □ *a bheil thu a-staigh, Ealasaid?* are you in, Elizabeth? □ *cha robh duine a-staigh* there was nobody in / within / inside □ in some areas may mean 'at home' (e.g. on holiday) □ *a bheil e fhèin a-staigh (an-dràsta)?* is he home (at the moment)? □ *air an taobh a-staigh* inside □ *a-staigh san tìr* inland □ *as fhaide a-staigh* inner, innermost, inmost □ *an leth a-staigh* the interior □ *san leth a-staigh* internal(ly) □ *na h-Eileanan a-staigh* the Inner Hebrides □ *bi a-staigh air* be in with (i.e. be on good terms with), like □ *cùm a-staigh air* keep in with (i.e. stay on good terms with) □ *faigh a-staigh air* get in with (get on good terms with) □ *bha e air a bhith a' cumail cuideachd ris a chum 's gum faigheadh e a-staigh air a phiuthair* he had been keeping his company (in order) to get in with his sister □ note that many people use **a-staigh** instead of **a-steach** (below) even when motion is implied □ *thig a-staigh!* come in! □ for more detail about this and similar *advs of rest / motion* see App. 4 Sect 10.0

a-steach *adv* in, inwards, inside (motion inwards) □ *chaidh e a-steach* he went in □ *(a-) steach leat!* inside with you!, in you go! □ for more detail about this and similar *advs of rest / motion* see App. 4 Sect 10.0

a-steach do *prep* into □ *chaidh iad a-steach don uaimh* they went into / entered the cave

a-steach air *prep* (in) through (a door / window) □ *chuir i a ceann a-steach air doras seòmar Iain* she put her head in through the door of John's room

For other idioms using **a-steach** see **bris, bris(t)eadh, brùth, cuir, cur, dol, gabh, gabhail, leig, rach, sàth, spàrr, teachd, thig, thoir, tighinn, toirt**

aba, -achan *nm* abbot

abachadh, -aidh *nm & vn* of **abaich** ripening etc. □ *gealach an abachaidh* harvest moon (also referred to as *gealach bhuidhe an abachaidh*)

abaich, -e *a* mature, ripe □ *làn abaich* mellow □ *mheas e gun robh an t-àm abaich airson gluasad* he judged that the time was ripe for moving

abaich, -achadh *v* ripen, mature, mellow

abaichead, -eid *nm* maturity, ripeness □ *tha e a' sgrìobhadh le earbsa agus abaichead ùr* he is writing with a new confidence and a new maturity

abaid, -e, -ean *nf* abbey

---

abair, ràdh *irreg v* say, speak, tell, predicate, tell, utter □ in addition to having an irregular Verbal Noun, this verb is irregular in the Active and Passive Voices of the Past Tense, Future Independent, the Relative Future and the Imperfect / Conditional Tense Independent

ACTIVE VOICE:

Past tense

1. Indep. **thuirt mi** I said **thuirt thu** you said etc.(the stressed forms being **thubhairt** and **tubhairt** respectively, though some people use these latter forms consistently in writing, whether stressed or not)
2. Dep.: **an tuirt thu?** did you say? **cha tuirt e** he didn't say **nach tuirt thu?** didn't you say? etc.

Future tense

1. Indep.: **their mi** I shall say **their thu** you shall say etc.
2. Dep. (reg.): **an abair thu?** shall you say? **chan abair mi** I shan't say **nach abair iad?** won't they say? etc.

Relative Future □ note that there is no special *rel fut tense*: **ma their e** if he says (will say)

Imperfect / conditional tense

1. Indep.: **theirinn** I would say **theireadh tu** you would say etc.

2. Dep. (reg.): **an abairinn?** would I say? **an abaireadh tu?** would you say? etc.

Note that **abairinn** & **abaireadh** are usually shortened to **abrainn** & **abradh** respectively

PASSIVE VOICE:

Past tense

1. Indep.: **thuirteadh** (it) was said etc.
2. Dep.: **an tuirteadh?** was (it) said? **cha tuirteadh** (it) was not said **nach tuirteadh?** was (it) not said?

Future tense

1. Indep. **theirear** (it) will be said etc.

   Note that, as with all verbs, there is no special Relative Future in the Passive Voice

2. Dep. (reg.): **an abrar?** will (it) be said? **nach abrar?** won't (it) be said? etc.

Imperfect / conditional tense

1. Indep.: **theirteadh** (it) would be said
2. Dep. (reg.) **an abairteadh?** would (it) be said? **nach abairteadh?** wouldn't (it) be said?

Imperative mood (reg.)

abaiream (usually shortened to **abram**) let me say **abair** say *sing* **abaireadh e, i, iad** (usually shortened to **abradh e** etc.) let him / it *masc*, her / it *fem*, them say **abramaid** let us say **abraibh** say *pl & polite*

Verbal noun

ràdh is commonly preceded by **ag** rather than **a'** when in use as a present participle □ *dè tha thu ag ràdh?* what are you saying? – though the other form is also very common □ *dè tha i a' ràdh?* what is she saying? □ *tha sin duilich a ràdh* that is difficult to say

Basic Examples: *thuirt e gun robh e a' dol dhachaigh* he said that he was going home □ *an tuirt e gun robh e deiseil? cha tubhairt* did he say he was ready? no □ *nach tuirt e càil? thubhairt* didn't he say anything? yes □ *their cuid gu bheil thu nad ghealtaire* some (will) say that you are a coward □ *an abair iad sin?* will they say that? □ *nach abair iad gu bheil sinn gan trèigsinn?* won't they say that we are deserting them? □ *ma their iad sin, bithidh iad ceàrr* if they say that, they'll be wrong □ *cha robh fhiosam dè theirinn* I didn't know what to say (lit. what I might say – note that the infinitive cannot be used in this situation in gaelic) □ *theireadh e gun robh mi ceart* he would say that I was right □ *mun abradh tu "slige chreachainn"* before you could say "Jack Robinson" (lit. "scallop shell") □ *abradh sibhse* you might say (so) □ *thuirteadh gun robh e breugach* it was said that he was deceitful □ *nach tuirteadh gun robh e na bhrathadair?* wasn't it said that he was a traitor? □ *theirear gun robh e na thìr-ghràdhaiche* it will be said that he was a patriot □ *nach abrar gu bheil sinn a' feuchainn ri am mealladh?* won't it be said that we are trying to deceive them? *nach abairteadh gun robh iad nam mèirlich?* wouldn't it be said that they were thieves? □ *abram an toiseach gu bheil e …* let me first say that it is … □ *abradh e na thogras e, ach …* let him say what he likes, but … □ *bhathas ag ràdh gun robh Iain…* it was said that John was … (see **bhathas**) □ *chan eil thu fhèin ag ràdh / bheil thu 'g ràdh (rium)?* you don't say? □ *dè a b'fhasa dhi na facal a ràdh ris an ath thuras a thachradh i ris?* what would be easier (for her) than to have a word with (lit. say a word to) him the next time she met (i.e. would meet) him? □ *shaoileadh duine bho na chaidh a ràdh gu ruige seo gu …* one would think from what has been said so far that … □ *dh'fhaodadh tu sin a ràdh / is tu dh'fhaodadh a ràdh* you might say that / you could afford to say that □ *cha bhiodh agam ri ràdh tuilleadh nach fhaca mi e* I would no longer have to say that I had not seen it □ … *air neo bithidh rudeigin* *agam ri ràdh riut!*...or I will have something to say to you! □ *chan eil sin ri ràdh gu / nach*...that is not to say that... / that...not...□ *chan eil cuimhne agam a-nis dè thuirt Màiri a thachair* I don't remember now what Mary said happened.

Further idioms: *abair ri* call, give a name to □ *bha duine ann ris an abradh iad 'an Caiptean'* there was a man there whom they called 'the Captain' □ *theirear 'Donaidh' ris* he is called 'Donny' □...*baile bòidheach ris an abrar*...... a beautiful town which is called...□ *is e Calum Dubh a theirteadh ris* he was called Calum Dubh (dark-haired Malcolm) □ *'s e mo nàire gum feum mi mèirleach a ràdh ri mo bhràthair* it's my shame that I must call my brother a thief □ *'s ann a tha againn rud ris am faodamaid seòrsa de staidhre a ràdh* we have what we might call a sort of stairway

The imperative mood is unusual in that it has meanings other than the basic one of 'say', often having the force of the English exclamation 'what ...!' □ *abair sluagh!* what a crowd! □ *abair duine!* what a man! □ *abair guth binn!* what a sweet voice! □ *abair e!* indeed! yes indeed! you don't say! □ rather similar to the English 'speak about ...!' □ *abair cèilidh math!* speak about a good ceilidh! □ Note also: *abair thusa gun do rinn e air an taigh an uairsin* you may be sure / certain that he made for the house then □ *abair gun robh e air a dhòigh!* wasn't he pleased! □ *nan robh daoine air innse dhomh o chionn, abair deich bliadhna, gum bithinn*...if people had told me, say ten years ago, that I would be...□ *a bheil e cho math sin? abair fhèin e!* is it as good as that? it certainly is! □ note also: *abair rud!* that's nothing! (contemptuously)

abairt, -e, -ean *nf* comment, phrase
abairt-gun-smuain *nf* platitude
àbhacas, -ais *nm* □ see **àbhachd**
àbhachd *nf* humour □ *sin an seòrsa àbhachd a thuigeas iad* that's the kind of humour that they understand □ *duine gun àbhachd* a humourless individual

àbhachdach, -aiche *a* comic, humorous □ *fear àbhachdach* humorist □ *sgrìobhadh àbhachdach* humorous writing
àbhachdas, -ais *nm* □ see **àbhachd**
abhag, -aige, -an *nf* terrier
abhainn, aibhne, aibhnichean *nf* river □ *air bruaich na h-aibhne* on the bank of the river □ *amar na h-aibhne* the bed / channel of the river □ *srath aibhne* river basin □ *tha an abhainn a' ruith ann an amar domhain* the river runs in a deep channel □ *ri taobh na h-aibhne* beside the river □ *ri taobh nan aibhnichean* by the rivers
àbhaist, -e *nf* custom, habit, practice, usage, use □ *bidh dà cheud uair a thìde a bharrachd air an àbhaist de phrògraman Gàidhlig ann* there will be two hundred hours more than [the] usual of Gaelic programmes □ *às an àbhaist* out of the ordinary □ *is àbhaist dhomh* I am accustomed / it is usual for me / it is my custom / habit etc. □ *chan àbhaist dhuinn a bhith cho fadalach anns a' mhadainn* it's not usual for us to be so late in the morning □ *mar a b'àbhaist dha* as he was accustomed / as was his custom / as was customary for him / as usual (for him) □ *is àbhaist dhomh seo a dhèanamh* I am used / accustomed to doing this □ *b'àbhaist do Phàdraig a' bhùth fhosgladh aig seachd uairean* it was Patrick's habit to open the shop at seven o'clock □ *an àbhaist dhut a bhith snàmh an seo? 's àbhaist / chan àbhaist* do you usually swim here? yes / no □ *am b'àbhaist dhut a bhith snàmh an sin? b'àbhaist / cha b'àbhaist* did you usually swim there? yes / no □ *chuala mi gum b'àbhaist dha sin a dhèanamh* I heard that he used to do that □ *tha sinn uile san àbhaist / mar as àbhaist* we are in our normal state of health / we're the same as usual □ *bha e na bu ghile na b'àbhaist dha* he was whiter than usual / he was unusually white
àbhaisteach, -iche *a* customary, ordinary, prevailing, usual □ *bha iad a' leantainn an cleachdaidh àbhaistich* they were following their customary practice □ *bha an sgraing àbhaisteach air aodann* the usual scowl was on his face □ *dh'fhalbh e aig an àm àbhaisteach* he left at the usual time
abharsaic, -e, -ean *nf* haversack □ *bha abharsaic aige air a dhruim* he had a haversack on his back
abhcaid, -e, -ean *nf* humorism, joke. joking, jest, witticism, pleasantry □ *a' gàireachdaich air abhcaid air choreigin* laughing at some joke or other

abhcaideach, -iche *a* humorous, jocular

abhlan, -ain, -an *nm* wafer

abhras, -ais *nm* worsted, yarn (wool)

abhsadh, -aidh *nm* lull, let-up, cessation □ *uair sam bith a bhiodh abhsadh sa chogadh* ... any time there was a lull in the fighting... □ *shil an sneachda gun abhsadh* the snow fell without let-up □ also **allsadh**

ablach, -aich, -aichean *nm* 1. carrion, mangled carcase 2. wreck, poor thing (person / animal / article) □ *cheannaich e ablach càir* ... he bought a wreck of a car

abstol, -oil, -oil *nm* apostle □ *litrichean nan abstol* the letters of the apostles

aca *prep pron* of **aig** (q.v.) at them

Acadamaidh, -ean *nf* Academy (school)

Acadamh, -aimh *nf* Academy (learned body)

acaid, -e, -ean *nf* pain, hurt, stitch

acain, -e *nf* moaning, sighing □ *an dèidh mòran osnaich is acain* after much sighing and moaning

acainn, -e *nf* 1. apparatus, equipment, tackle, harness, machinery, plant (= machinery) □ *acainn beul mèinne* mine head gear □ *each ann an acainn* a horse in harness 2. salve, ointment □ *chuir i acainn air an lot* she applied ointment to the wound

acainn-glanaidh *nf* cleaning plant **a.-suathaidh** *nf* embrocation

acainneach, -iche *a* 1. enegetic, lively 2. fully equipped

acair, acrach, acraichean *nf* anchor □ *air acair* anchored, at anchor □ *bha soitheach mhòr air acair anns a' bhàgh* there was a large vessel anchored in the bay □ *tilg acair* moor *v* □ *leag acair* drop anchor □ *leag iad acair an sin* they anchored there □ *bha iad air acair a leagail* they had dropped anchor

acaire, -ean *nf* acre

acarsaid, -e, -ean *nf* anchorage, harbour, haven □ *aig acarsaid* anchored

acfhainn, -e *nf* same as **acainn** □ *acfhainn beul mèinne* minehead gear

acfhainneach *a* □ same as **acainneach**

---

ach *conj*
1. but □ *bha e blàth an-dè ach tha e fuar an-diugh* it was warm yesterday, but it is cold today □ *tha Sìne mòr ach tha Màiri beag* Jean is big, but Mary's small

2. rather (in phr. 'rather than'), other than, unless, yet □ *ach (a-mhàin)* ... except, with the exception of ... □ *bha e air a h-uile spaid a bhriseadh ach an tè aige fhèin* he had broken every spade but / except his own one □ *bha e an sin sona ach a bhith na shuidhe ri blàths na grèine* there he was, happy just to be sitting in the warmth of the sun □ *a bheil e ach na amaideas a bhith a' smaoineachadh air a leithid?* is it just foolishness to be thinking about such a thing? □ note also: *bha iad beò ach beag air na bheireadh iad às an talamh* they barely existed on what they could get from the earth

3. after a *neg verb* it may have one of the following meanings: except, with the exception of, beyond, just, simply, mere(ly), only □ *chan eil e ach a' tòiseachadh* it's just beginning □ *chan eil agadsa a dhèanamh ach an luamhan seo a tharraing* you have just to pull this lever / all you have to do is pull this lever (lit. there is not at you to do but etc.) □ *cha robh an còrr air ach sin* that's all there was to it (lit. there was not the rest on it but that) □ *chan eil agaibh ach coimhead air* you have only to look at it □ *ach an-diugh chan eil ann ach gann fichead* but nowadays there are a mere twenty □ *"Cha do rinn e ach bàsachadh," thuirt esan* "It (e.g. an animal) just died," he said (lit. it didn't do [anything] but die i.e. for no apparent reason) □ *cha d'fhuair e ach beagan sgoile* he received only a little schooling (lit. a little of school) □ *thuirt iad nach bitheadh de bhathais ach aige fhèin sin fhaighneachd* they said that none but he would have the cheek to ask that □ *mura robh esan ach dà bhliadhna air fhichead gu dè nach dèanadh e?* if he were only twenty-two what wouldn't he do? □ *chan urrainn dhut cànan a bhruidhinn gu math ach nuair a chluinneas tu gu math e* you can only speak a language well when you hear it well □ but note also: *cha robh an t-àite ach*

gann space was scarce (lit. space was not but scarce – an emphatic way of expressing this. Cf. the use of 'just' / 'simply' in English: it was just beautiful, it's simply gorgeous)
4. **ach** accompanied by **gun** means 'with only' □ *gun ach sgoil thruagh na òige* with only a poor education in his youth (lit. without but a poor schooling etc.) □ *gun ùidh aige ach na ghnothaichean fhèin* with interest only in his own affairs

Other idioms: (a) before a *vn* it may also mean 'if' / 'provided that' □ *bha e air òrd a chleachdadh ach òrd a bhith aige* he would have used a hammer if he had had a hammer / provided he had had a hammer (lit. but a hammer to be at him) (b) before an *interr part* it may mean 'so that' / 'so that… not', but note that, in this meaning, **ach** is a *reduced form* of **feuch** (q.v.) □ note also that **dh'fheuch** is used in some places □ *rinn e mòran ach am biodh / dh'fheuch am biodh airgead air a chruinneachadh airson nam bochd* he did much so that money might be collected for the poor □ *phàigh iad prìs mhòr ach am biodh sìth agus saorsa againne* they paid a great price so that we might have peace and freedom □ … *ach an tuig iad dè tha aca ri dhèanamh* … so that they (will) understand what they have to do (c) note also: … *ged nach biodh ann ach nach robh dòigh eile air a dhearbhadh* … if only because there was no other way of proving it (lit. though there would not be in it but that there wasn't etc.) □ *smaoinich e ach* am bu chòir dha cogadh an aghaidh na breith seo* he wondered if he should fight against this verdict □ *feumaidh sinn ar n-inntinn a dhèanamh suas ach* dè na seòrsaichean sgoiltean a tha (a) dhìth oirnn* we must make up our minds what kinds of schools we need □ *'s e a th'againn an seo ach* sgeulachdan mun luchd-àiteachaidh ann an Canada* what we have here are stories about the settlers in Canada □ in the three examples marked* the **ach** could easily be omitted, but with a loss of emphasis.

achadh, -aidh, -aidhean *nm* field, meadow □ *bha iad ag obair anns an achadh* they were working in the field □ *bha iad ag obair anns na h-achaidhean* they were working in the fields
achadh-buana *nm* harvest field **a.-feòir** *nm* seeding park **a.-dearbhaidh** *nm* experimental field
achanaich, -e, -ean *nf* invocation, entreaty, supplication
achd, -an / -annan *nm/f* act (legal) □ *achd ghairmeil* declaration □ *Achd Ghairmeil Obar Bhrothaig* the Declaration of Arbroath □ *Achd Pàrlamaid* Act of Parliament
achlais, -e, -ean *nf* armpit (also **lag na h-achlaise**) □ translates simply as 'arm(s)' in phrases of the following sort: *chaidh iad a-mach (ann) an achlais a chèile* they exited with their arms round each other □ *chaidh e seachad le gunna fo a achlais* he passed with a gun under his arm □ *chaidh e a chadal na h-achlais* he went to sleep in her arms □ *chàirich e an leabhar na achlais* he tucked the book under his arm
achlasan, -ain *nm* armful
achmhasan, ain *nm* censure, scolding, invective, rebuke, reprimand □ *thoir achmhasan (do)* rebuke *v* □ *le achmhasan mì-chothromach* with unjust rebuke
achrannach, -aiche *a* intricate, entangled, complicated □ *bha e achrannach doirbh a dhealbh* it was complicatedly difficult to devise □ *uidheam achrannach* an intricate mechanism
acrach, -aiche *a* hungry
acrachadh, -aidh *nm & vn* of **acraich** anchoring etc.
acraich, -achadh *v* anchor
acras, -ais *nm* hunger □ *tha an t-acras orm* I'm hungry □ *stailc acrais* hunger strike □ *co air a bheil acras? tha ormsa* who's hungry? I am □ *bàsaichidh sinn leis an acras* we shall die of hunger (lit. with the etc.)
acrasach, -aiche *a* □ same as **acrach**
acriolaic / acriolaig *nf* acrylic *snàidhleach acriolaig* acrylic fibre
actair, -ean *nm* □ see **actar**
actar, -air, -an *nm* actor □ *prìomh actar* (dramatic) star
'ad *abbr form* of **iad**
ad, aide, adan / adaichean *nf* hat □ *ad ghlas* a grey hat □ *seo bùth nan adan* this is the hat shop □ *bior aide* hatpin
adag, -aige, -an *nf* 1. haddock □ *adagan sgaoilte* filleted haddocks 2. stook, shock (of corn) □ *is cho math sguab ri adaig*

dheth (lit. it is as well a sheaf as a stook of it) a little goes a long way (of people / things)

adagachadh, -aidh *nm & vn* of **adagaich** stooking

adagaich, -achadh *v* stook

adenin *nm* adenine

adha, adhaichean / àinean *nm* liver *adha 's àra eòin* giblets

adhaltraiche, -ean *nm* adulterer

adhaltranaiche, -ean *nm* adulterer

adhaltranas, -ais *nm* adultery, adulteration (sexual) *am boireannach a ghlacadh ann an adhaltranas* the woman (who had been) caught in adultery

adhar, -air *nm* air, heaven, sky □ *tha an t-adhar a' coimhead dorcha* the sky looks dark □ *adhar culmach* hazy, heavy sky

adhar-fhànas *nm* aerospace **a.-luingeas** *nm* airline *Adhar-Luingeas Bhreatainn* British Airways **a.-striop** *nm* airstrip

adharc, -airce, -an *nf* horn □ *Rubha na h-Adhairc* Cape Horn □ *chuir e Rubha na h-Adhairc fodha iomadh uair* he weathered Cape Horn many a time (see **cuir fodha**) □ *spàin adhairc(e)* a horn spoon

adharc-fhùdair *nf* powder-horn **a.-shaidhbhreis** *nf* cornucopia

adharcach *a* horned, horny

adharcan-luachrach *nm* lapwing, peewit

adharspeurach *a* aerospace

adhart, -airt *nm* progress, advance □ now used only in the foll. idioms

adhart, air adhart *adv* forward(s), onward(s), on(ward), forth □ *cuir air adhart* further, promote, propel □ *cur air adhart* promotion (incl. comm. promotion) □ *rach air adhart* go ahead, advance, progress □ *bha iad a' dol air adhart* they were advancing / going ahead □ *cha robh cùisean a' dol air adhart mar bu mhiann leo* matters were not progressing as they wished □ *thoir air adhart* advance, bring on, induce □ *...airson leughadh a thoirt air adhart* (in order) to bring on / advance reading □ *dol air adhart* 1. advance *noun* 2. goings-on, carry-on □ *dh'innis mi dhut gun toireadh an dol air adhart seo agad dunaidh oirnn uile* I told you that this carry-on of yours would bring misfortune to us all □ *agus mar sin air adhart* and so on, etc.

adhart, -airt, -an *nm* 1. pillow 2. linen – seldom seen now in either meaning, but see **ceann-adhart**

adhartach, -aiche *a* advanced, progressive, pushing, pushy

adhartachadh, -aidh *nm & vn* of **adhartaich** promoting (pushing forward) etc., promotion (of a product, idea etc.)

adhartachaidh *a* promotional □ *filmichean adhartachaidh* promotional films

adhartaich, -achadh *v* advance, promote □ *poileasaidhean airson a' Ghàidhlig adhartachadh* policies for the promotion of Gaelic

adhartas, -ais, -an *nm* headway, progress, advance □ *chan eil fhios nach tig an t-adhartas seo ri tìde* perhaps this progress / advance etc. will come in (course of) time □ *'s e fìor adhartas mòr a bhitheas ann do chuid ma thèid aca air sin a dhèanamh* it will be a major progress for some if they manage to do that

adhbhar, -air, -air / -an *nm* 1. cause, reason, motive, occasion, object, purpose, topic, source (i.e. cause) □ *adhbhar tàlaidh* a / the (cause of) attraction □ *adhbhar bith* raison d'être □ *bidh an t-adhbhar bith againn air a choileanadh* our raison d'être will be fulfilled □ *gun adhbhar* causeless, without reason □ *...agus chan ann gun adhbhar* and not without cause □ *dìleas dhan adhbhar* faithful to the cause i.e. God's work

Further examples: *bha iad gnìomhach ann a bhith a' cuideachadh an adhbhair aige* they were active in helping his cause □ *nuair a chuala sinn adhbhar an aigheir ...* when we heard the reason for / the cause of the merriment ... □ *a bheil adhbhar agad a chreidsinn gu bheil cùisean mar sin?* do you have reason to believe that that is how matters stand? □ *tha adhbhair ann a bhith toilichte* there are reasons to be pleased □ *na h-adhbhair a tha co-cheangailte riutha* their associated purposes

adhbhar is used with the *prep* **air** in two ways: 1. *...agus sin air dà adhbhar ...* and (that) for two reasons □ *air bheagan adhbhair* for little reason □ *air an adhbhar sin* for that reason, hence, therefore 2. *chan eil adhbhar sam bith air sin* there is no reason for that □ but note that **do** is also used – see below

adhbhar is often used with the assertive verb □ *'s e fìor adhbhar* *toileachais is moit a th'ann gu bheil an togalach air a chrìochnachadh* it is a real source of pleasure and pride that the building is completed □ *rinn seo soilleir do Chalum dè a b'adhbhar air na thachair* this made clear to Calum the reason for what happened □ *their mi gun sòradh gur e Adhbhar an Tighearna anns a bheil mi an sàs* I will state without hesitation that it is the Lord's Work in which I am engaged □ *is adhbhar do* causes, is the cause of / the reason for □ *dè as adhbhar don àrdachadh mhòr?* what is the reason for / the cause of the great increase? But **tha** and the *prep prons* of **ann** are also commonly used □ *... is tha e na adhbhar toileachais gun do thill e gu sàbhailte ...* and it is a cause of satisfaction that he has returned safely □ *chan eil e na adhbhar iongnaidh gum bi mòran ...* it's no (reason for) wonder that many will be / are ... □ *dè tha na adhbhar air am feur a bhith cho gorm?* why is the grass so green? Other examples: *dè na h-adhbhair a bheireadh tu seachad airson sin a dhèanamh?* what reasons would you give for doing that? □ *na h-adhbhair a tha air an cùl* their underlying purposes □ *dè na prìomh adhbhair a bha air chùl nam fuadaichean?* what were the principal reasons behind the clearances? □: *'s e an t-adhbhar air a sin gu bheil e ...* the reason for that is that he is ... □ *tha iad air deagh adhbhar a thoirt seachad don t-sluagh a bhith teagmhach* they have given the people good reason to be suspicious □ *tha a h-uile adhbhar airson a nochdadh anns gach baile* there's every reason for showing it in every town 2. material □ *adhbhar còta* the material for a coat □ *adhbhar bhròg* the material for shoes □ but note also: *adhbhar coillteir / sagairt / ministeir* etc. 'the makings of' a forester / a priest / a minister etc. – i.e. an apprentice / student forester etc.

adhbharach *a* causal
adhbharachadh, -aidh *nm & vn* of **adhbharaich** causing etc.

adhbharaich, -achadh *v* cause, occasion □ *is iad a'ghrian agus a'ghealach a tha ag adhbharachadh nan seòl-mara* it is the sun and the moon which cause the tides (lit. it is they the sun and etc.) □ *dh'adhbharaich seo mì-chòrdadh eadar e fhèin agus na tidsearan eile* this caused discord between himself and the other teachers □ *'s e truailleadh na h-àrainneachd a tha ag adhbharachadh uallach* it's the pollution of the environment that's causing worry
adhbrann, -ainn, -ean *nm* ankle □ *shnìomh e (a) adhbrann* he sprained his ankle □ *chaidh mi thar an adhbrainn / chuir mi car nam adhbrann* I twisted my ankle
adhlacadh, -aidh *nm & vn* of **adhlaic** burying etc., burial, funeral, inhumation, interment
adhlaic, -acadh *v* bury, inter
adhnadh, -aidh *nm* ignition (of a car etc.)
adhradh, -aidh *nm* worship □ *adhradh maidne* morning worship, matins □ *dèan adhradh (do)* worship *v* □ *rinn iad adhradh don leanabh* they worshipped the child □ note that **adhradh** may be used as a *vn* though the original root is no longer used in Scottish Gaelic □ *tha daoine ag adhradh do Chrìost nan dòigh fhèin* people worship Christ in their own way □ *a chionn 's nach b'urrainn dhaibh adhradh ann* since they could not worship there
adhradh-teaghlaich *nm* family worship □ *bhitheadh adhradh-teaghlaich air a chuairteachadh moch is anmoch* family worship was (used to be) conducted morning and evening (lit. early and late) □ see *a'gabhail an leabhair* under **gabh**
aer-ghath *nm* aerial
aerial, -an *nm* aerial
aerosol, -oil, -an *nm* aerosol
aesteataiceach, -iche *a* aesthetic
Afganach, -aich, -aich *nm* Afghan
Afganach *a* Afghan
Afracanach, -aich, -aich *nm* African
Afracanach *a* African
ag a form of **aig** used before *verbal nouns* beginning with a vowel □ *bha iad ag èigheach gu h-àrd* they were shouting loudly □ but note that **ag** is also frequently used before **ràdh** saying □ *bha e ag ràdh gun robh e sgìth* he was saying that he was tired
agad / agadsa *prep pron / emph prep pron* of **aig** (q.v.) at you *sing*
agaibh / agaibhse *prep pron / emph prep pron* of **aig** (q.v.) at you *pl polite*
agaid, -e, -ean *nf* agate

againn / againne *prep pron / emph prep pron* of **aig** (q.v.) at us

agallachadh, -aidh *nm & vn* of **agallaich** interviewing

agallaich, -achadh *v* interview

agallaiche, -ean *nm* interviewer

agallamh, -aimh, -an *nm* interview, speech, conversation

agallamhair, -ean *nm* interviewer

agair, -airt *v* (also **tagair**) claim, postulate □ *agair lagh air* litigate □ *dh'agair e còir air an Iarlachd* he claimed the right to the Earldom □ *cha robh e ag agairt tuigse dhomhainn air a' chuspair idir* in no way did he claim a deep understanding of the subject (see **idir**) □ *thòisich Sasainn ag agairt còir air rìoghachd Alba* England began to claim a right over the kingdom of Scotland

agam / agamsa *prep pron / emph prep pron* of **aig** (q.v.) at me etc.

agartas, -ais *nm* claim, plea, prosecution □ *bha agartas air a cogais* she felt remorse (but see following entry)

agartas-cogais *nm* remorse □ *bha agartas-cogais na laighe gu trom air* remorse lay heavily upon him

àgh, àigh *nm* fortune, happiness, joy, luck, providence □ *an ainm an àigh* in the name of goodness / fortune / glory etc. □ *thuirt e gu tric an dèidh sin gum b'e an t-àgh a chuir an rathad sin e* he often stated afterwards that it was providence that sent him that way □ *...is e a' toirt leis teachdaireachd an àigh...* (and he) bringing tidings of joy

agh, aighe, -ean *nf* heifer

---

aghaidh, -e, -ean *nf* 1. face, facade, facing, front, visage □ *shuath e (a) aghaidh* he wiped his face □ *tha aghaidh an taighe ris an àirde deas* the house faces south (lit. the front of the house is towards the south) □ *aghaidh choimheach* mask □ *bha e a' cosg aghaidh choimheach* he was wearing a mask □ *aghaidh bhuailidh* striking face (of a hammer etc.) □ *aghaidh bhlàth* warm front (weather) □ *aghaidh guail* coal face □ *aghaidhean laighe* bedding planes (geol.) 2. cheek, impudence, effrontery □ *'s ann ort a tha an aghaidh* you are (very) cheeky □ *nach ann air a tha an aghaidh!* isn't he

---

cheeky! what a cheek (he has)! □ *chan eil thu gun aghaidh ort!* what a cheek you have!

Further idioms: *cuir / thoir aghaidh air* face *v* □ *bhitheadh aca ri aghaidh thoirt an uairsin air an fhìrinn gur iad na daoine a dh'adhbharaich an suidheachadh seo* they would have to face (up to) the fact that they are the people who brought about this situation □ but note: *cuir (do) aghaidh air* set out for, head for (lit. set (your) face on) □ *chuir e (a) aghaidh air an Fhraing* he set out for France □ *chuir i a h-aghaidh air an taigh* she headed for the house □ *b'fheudar dhaibh an aghaidh a chur air a' bhaile* they had to make for the town □ *an àite an aghaidh a chur gu tuath* instead of (them) going north □ *thoir an aghaidh air* face *v*, confront *thug e an aghaidh orra* he confronted them

aghaidh, an aghaidh *prep + gen* case against, versus, in the face of, confronted by, adverse, contra, contrary, counter, to □ *an aghaidh an t-srutha* against the odds □ *an aghaidh an ranna* □ contrariwise □ *thèid dualchas an aghaidh nan creag* heritage will out (proverb) □ *bha e an aghaidh an lagha* it was against the law □ *tha e duilich a chreidsinn an aghaidh a leithid de fhianais gun robh e...* it is difficult to believe in the face of / when confronted by such evidence that he was ...□ *thuirt e nach robh dad aige an aghaidh ceistean a fhreagairt* he said (that) he had nothing against answering questions □ *dè tha agad an aghaidh an fhir seo?* what have you against this man? □ *an aghaidh nan nàimhdean a bha gan claoidh* against the enemies who were oppressing them □ *triùir an aghaidh aoin* three to one □ but it may also be used with *conjs*: *an aghaidh na shaoileadh neach...* contrary to what one might think ...□ and note also: *cha robh fios aca cò an aghaidh a bhitheadh iad a cathachadh* they did not know against whom they would be fighting

As with all *compd preps* involving **ann**, the *prep prons* formed from **ann** are used when a *pers pron* follows the *prep* in English: **nam aghaidh** against me **nad aghaidh** against you *sing* **na**

aghaidh against him / it *masc* **na h-aghaidh** against her / it *fem* **nar n-aghaidh** against us **'nur n-aghaidh** against you *pl & polite* **nan aghaidh** against them
Examples: *dè tha aca na aghaidh / na h-aghaidh?* what do they have against him / her? □ *chan eil mi a' tuigsinn carson a tha iad nad aghaidh* I don't understand why they're against you □ *ma bha fàrdach riamh roinnte na h-aghaidh fhèin*... if ever a house was divided against itself...□ *cha tuirt duine riamh dad na h-aghaidh* nobody ever said anything against her □ *bha cùisean a' dol na aghaidh* things were going against him
aghaidh, an aghaidh is used with various verbs to construct a variety of phrases □ *bi an aghaidh* thwart, be against, be opposed □ *bi an aghaidh a chèile* be mutually opposed □ for further idioms using **aghaidh** see the following: **comhairlich, cuir, cur, rach, thig, thoir**
aghaidh, air aghaidh (sometimes **an aghaidh**) *adv* forward, ahead □ *dol air aghaidh* see **dol-air-aghaidh** □ *cuir air aghaidh* impel □ *rach air aghaidh* advance □ *cha b'fhada a chaidh e air aghaidh nuair a*... he had not advanced far when...□ *agus mar sin air aghaidh* and so on, etc.
aghaidh ri aghaidh *adv* face to face □ *thàinig e aghaidh ri aghaidh ri neach a b'aithne dha* he came face to face with someone he knew

aghann, aighne, -an *nf* frying-pan, pan
aghastar, -air, -an *nm* halter
àghmhor, -oire *a* magnificent, happy, glorious, joyful □ *aig toiseach na seachdain àghmhoir ud* at the beginning of that joyful week

agus *conj* and, plus □ *siùcar agus bainne* sugar and milk □ note that, unlike 'and' in the English idiom, **agus** is repeated in lists: *tì agus siùcar agus bainne* tea, sugar and milk – though the English version is becoming more common

agus is frequently used in a shortened form **is / 's**, and in all the examples given here, they are all interchangeable
agus is also frequently used in idiomatic constructions in which it is untranslatable (or at least does not translate as 'and') □ *ionnan agus* like □ *ionnan agus muinntir a' bhaile mhòir* like the city folk □ *chan ionnan agus muinntir a' bhaile mhòir* it's not the same with the city folk □ *beag agus gun robh e bha e glè làidir* □ small though he was he was very strong □ *tha e agam fhathast, luideagach 's gu bheil e* I have it still, ragged though it is □ *tràth agus mar a bha e*... early as it was...□ *bha agus cù is cat* there were also a dog and a cat □...*is e na shuidhe air mullach a' bhalla* [and he] sitting on the top of the wall / as he sat etc.
Further examples: *cha rachainn cho fada agus sin a ràdh* I wouldn't go so far as to say that □ *tha an t-Eilean Sgitheanach air àite cho àlainn agus a tha (ann) an Albainn* the Isle of Skye is as beautiful a place as there is in Scotland (see **air**) □ *fhritheil i dha cho coibhneil is ged b'ann do a h-athair fhèin* she attended to him as kindly as if it were to her own father □ *ach faodaidh agus daoine eile* but so may others
Note also: *Tha mi sgìth. Tha agus mise / Tha 's mi fhèin / fhìn* I'm tired. So am I / Me too / And I □ *Bha na dealbhan glè thlachdmhor. Bha agus an leabhar air fad* The pictures were very pleasing. So was the whole book □ *chaidh mi a-mach agus dòrtadh uisge ann* I went out in the pouring rain

aibheis, -e, -ean *nf* abyss
aibheiseach, -iche *a* □ see **aibhseach**
aibhiseachadh, -aidh *nm & vn* of **aibhisich** exaggerating greatly, hyperbole
aibhisich, -eachadh *v* greatly exaggerate
aibhseach, -iche *a* huge, immense, great, vast □ *tha seo aibhseach!* this is great! □ *na h-astaran aibhseach ud* those vast / immense distances □...*agus gach tè dhiubh nas aibhsiche na an tè roimpe*... and each one more huge than the one before (*fem subj*)
aibhne *gen sing form* of **abhainn**

aibhnichean *nom, gen* and *dat pl forms* of **abhainn**

aibidil, -e, -ean *nf* alphabet □ *a rèir òrdugh na h-aibidil* in alphabetical order

aibidileach *a* alphabetical

aice / aicese *prep pron / emph prep pron* of **aig** (q.v.) at her / it *fem* □ *an t-airgead aice* her money

aiceid, -e, -ean *nf* □ see **acaid**

àicheadh, -eidh *nm & vn* of **àicheidh** denying etc, denial, negation, negative, recantation □ *chan eil àicheadh air* there's no denying it □ *ghabh e taobh an àicheidh anns an deasbad* he spoke against the motion in the debate □ *cha dèan mi àicheadh nach do smaoinich mi ...* I won't deny that I thought ... □ *an do rinn sinn àicheadh air ar toil fhèin airson a thoilsan a dhèanamh?* did we deny our own will in order to do His will? □ may also be accompanied by **às** and the verb **rach** 'go' e.g. *cha b'urrainn do dhuine dol às àicheadh gun robh e ...* one couldn't deny that it was □ *... chan eil mi dol às àicheadh* I'm not going to deny it □ *cha deach i às àicheadh* she didn't deny it □ *... is riamh cha deach e às àicheadh ...* and never did he deny it

aicheamhail *nf* reprisal(s), vengeance (far less common than **dìoghaltas**) □ *tha aicheamhail ghoirt agam ri thoirt a-mach air an duine sin* I must exact grievous vengeance upon that man

àicheanach, -aiche *a* negative

àicheamhas, -ais *nm* litotes

àichear, -eir *nm* negative (gram.)

àicheidh, àicheadh *v* deny, disclaim, disown □ *chan eil mi ag àicheadh nach robh mi ...* I don't deny that I was ... □ *... an àite a bhith na ghealtaire ag àicheadh Chrìost ... ...* instead of [his] being a coward denying Christ ... □ *... a' bheatha a bha air a h-àicheadh dha ...* the life which had been denied to him □ *... a tha ag àicheadh air an duine aon de na toileachaidhean as mò ...* which denies man(kind) one of the greatest pleasures □ *ach aon rud a tha mi ag àicheadh dhuibh ...* but one thing which I am refusing from you ...

àicheil, -e *a* negative □ *an cruth àicheil* negative form □ *am mìrean àicheil* negative particle □ *ro-leasachan àicheil* negative prefix

aicinn, -e *nf* accent (mus.) □ *dèan aicinn* accent *v* (music)

aideachadh, -aidh *nm & vn* of **aidich** admitting etc., acknowledgment, admission, confession, recognition, profession of faith

aidh! *exclam* yes! right! (Scots 'aye')

aidhiodain *nm* iodine

aidich, -eachadh *v* acknowledge, admit, confess, concede, own, profess, avow, recognise (= admit) □ *dh'aidich e* he professed his faith □ *dh'aidich e dhomh gun robh e ceàrr* he admitted to me that he was wrong □ *nach aidich thu gu bheil mi ceart?* won't you admit that I am right? □ *bha e ag aideachadh a chuid pheacaidhean* he was confessing his sins □ *... eadar 's gu bheil iad ag aideachadh an t-suidheachaidh no nach eil ...* whether they acknowledge / admit the situation or not □ *feumaidh mi aideachadh gu bheil thu ceart* I must admit etc. that you're right

aidmheil, -e, -ean *nf* confession, persuasion (relig.), religious belief □ *... a bha na chomharradh air an aidmheil dom buineadh iad ...* which was a sign of the religious persuasion to which they belonged

Aifreann, -inn *nm/f* mass (relig.) □ all dicts. give as *masc* though it is *fem* in Scottish Catholic areas □ **Aifhreann** is more common on the mainland □ *bha an t-Aifreann ga chuairteachadh air a' bhlàr-a-muigh* the Mass was being conducted in the open air

Aifhreann □ see **Aifreann**

---

aig *prep + dat* at, from, to

The *prep prons* of **aig** are: **agam** at me **agad** at you *sing* **aige** at him / it *masc* **aice** at her / it *fem* **againn** at us **agaibh** at you *pl & polite* **aca** at them

The *emph forms* are: **agamsa, agadsa, aigesan, aicese, againne, agaibhse, acasan**

The *prep poss adjs* are formed as follows: **gam** at my, **gad** at your *sing*, **ga** (with *len*) at his / its *masc*, **ga** (without *len* – also **ga h-** before vowels) at her / its *fem*, **gar**, at our **gur** at your *pl. & polite* **gan** (**gam** before **b, f, m, p**) at their

Basic examples: *aig an taigh* at home □ *aig deireadh an latha* at the end of the day □ *aig seachd uairean* at seven o'clock □ *bha iad nan suidhe aig bòrd mòr* they were sitting at a large table With **bi** it is used to show possession □ *bi aig* have □ *tha bàta agam* I have a boat □ *tha càr aig Dòmhnall* Donald has a car □ *a bheil sgian aig Calum?* does Calum have a knife? □ *bha airgead gu leòr aige* he had plenty of money □ *cha robh airgead gu leòr aig Màiri* Mary didn't have enough money □ *chan eil aig an iasgair air fhàgail ach lìontan sracte* the fisherman is left with nothing but torn nets / has nothing left etc. □ *gach nì a tha agam* all I have, possess □ *tha Gàidhlig aige* he knows / can speak Gaelic □ ... *a chionn 's gu bheil an oifis aige a tha aige* ... because he has the office (that) he has ... □ *thàinig i a-steach agus biadh is deoch aice air sgàl* she entered with food and drink on a tray □ *bha boireannach an sin agus naoidhean aice na h-achlais* there was a woman there with a baby in her arms □ *'s aithne dhuinn uile fir aig a bheil comasan sònraichte* we all know men who possess special abilities □ *aig a bheil smachd air sporan nan oilthighean* ... who have control over the universities' budgets / finances □ *tha àite aig gach aon ann* there 's a place for everyone in it / there □ *an t-àite a tha aig Alba anns an 'Nàisean Eòrpach'* the place Scotland occupies in the 'European Nation' □ *chan eil rud againn a sheallamaid dhaibh* we don't have anything to show them (lit. that we might show to them) □ *bha dà mhinistear aig eaglais na h-Alba aig a' choinneimh* there were two ministers of the Church of Scotland at the meeting / the Church of Scotland had two ministers at the meeting

Note also: *bha còig notaichean aig mo bhràthair orm* I owed / was due my brother five pounds □ *chan eil agam air* I don't like him □ *chan eil agam ort!* you're a rogue! □ *chan eil agam air a bhith a' dèanamh sin* I can't be bothered doing that □ *cha robh agamsa a-riamh mu dheidhinn smocadh* I never did like smoking

The *prep prons* are used with *def nouns* to show possession (instead of *poss adjs*, or to perform the function of a *poss adj*) □ *an sgoil againne* our school □ *dè 'n sgoil? an sgoil againne* which school? ours □ *an cù seo againn* this dog of ours □ *lèigh aig a' Bhanrìgh* physician to the Queen / the Queen's physician □ ... *agus a' ghaoth na chùl aige* ... and (having) the wind in his back □ but see also further idioms below:

tha agam ri + *vn* I have to (do something) □ *tha agam ri sìol a cheannach* I have to buy seed □ *bha againn ri tuilleadh airgid a thogail* we had to raise more money □ *seach gun robh aige ri dhol a dh'obair* because he had to go to work □ ... *agus agam ri leantainn ann an cas-cheumannan an duine mhòir seo* ... (and I) having to follow in the footsteps of this great man □ but note: *tha cearc agam ri a bruich* I have a hen to cook □ and *tha bradan agam ri a bhruich* I have a salmon to cook

chan eil agam air + *noun* I dislike / do not like (something) □ note that this is generally not used in the positive □ *cha robh aice air na rudan grànnda sin* she did not like those ugly things

The forms **againn, agaibh** and **aca** may be used after **dithis** and similar words with the meaning 'of us', 'of you' or 'of them' □ *chaidh an dithis aca a-mach* both of them went out □ *lean an triùir againn air adhart* the three of us carried on (i.e. kept on going) □ *feadhainn againn* some of us

Further idioms: *cha robh e aige fhèin idir* he wasn't at all himself □ *sin agad Dòmhnall!* that's Donald for you! □ *sin agad e!* that's him for you! □ *siud agad e, nach e?* that's it, isn't it? (when guessing someones motives etc.) □ *cò th'agam?* who am I speaking to? (on the phone or in conversation) □ *cò th'agad an seo?* who's this (with you)? □ *an e am maighstir-sgoile a th'agam an seo?* is this the head-teacher I'm speaking to? □ *chan eil agaibh ach coimhead air* you have only to look at it (see **ach** for further exs) □ ... *'s gun aige ach tuagh agus spaid* ... (and he) having only / nothing but an axe and a spade □ note also: *'s e creachadairean a bha aig Seumas Moireastan orra* James Morrison called them robbers □ *bha e na chùis-mhagaidh aig càch* others regarded him as a laughing stock □ *bha e mòr-chòrdte aig an t-sluagh* he was very popular with the people □ *bha Seumas aige mar a mhac fhèin* he looked upon James as his own son □ *choisich e sìos an staidhre, agus* *màileid aige anns gach làimh* he walked down the stairs, holding a suitcase in each hand □ ... *airson an deagh theagaisg a fhuair e aige* ... for the fine teaching which he received from (lit. at) him □ *nuair a chuala e an òraid seo aig Calum* when he heard this speech from Calum

Further idioms using **aig** will be found under the following words: **cluinn, fàg, faigh, feabhas, feum** *nm*, **fios, iarraidh, ìobairt, ionnsaich, ith, meall, measail, mòr, obair, pòsta, taing, tog**

aige / **aigesan** *prep pron* / *emph prep pron* of **aig** (q.v.) at him / it *masc*

àigeach, -ich, -ich *nm* stallion

aigeal, -eil, -an *nm* sea-bed □ same as **aigeann**

aigeallan, -ain, -an *nm* 1. tag, tassel □ *tha aigeallan beag air a chur am broinn gach ball aodaich* a small tag is placed inside each garment 2. pendant □ *choisinn e an t-aigeallan airgid aig a' Mhòd* he won the silver pendant at the Mod □ also **aigilean**

aigeann, -inn *nm* (usually *def*) **an aigeann** the abyss, the deep

aigeannach, -aich, -aichean *nf* minx

aigeannach, -aiche *a* 1. oceanic 2. vivacious □ see **aigneach**

aigesan □ see **aige**

àigh *nm* □ same as **àgh** *nm* □ *taing don Àigh* thanks be to Providence

aigh-bàn, aigh -bhàin *nm* box (bush)

aigheannach, -aich, -aich *nm* corn thistle

aighear, -ir *nm* delight, jollity, gladness, joy, merriment, mirth □ *nuair a chuala sinn adhbhar a' chiùil agus an aighir* ... when we heard the cause of the music and the merriment ...

aighearach, -aiche *a* cheerful, gay, glad, happy, jocund, jolly, merry, mirthful, sportive □ *gu h-aighearach thog e am pàiste* joyfully he lifted up the child □ *bha feasgar sona aighearach againn an sin* we had a happy, merry evening there □ *'s e duine cuideachail aighearach a bh'ann* he was a friendly, cheerful man

aigilean, -ein, -an *nm* tag, tassel □ *bha e a' cosg sporan le aigileanan leathrach* he was wearing a sporran with leather tassels □ also **aigeallan**

aigileanach, -aiche *a* tasselled, betasselled, hung with tassels (and thence gaudy) □ *bha i cho aigileanach ri craoibh Nollaige* she was as gaudy as a Christmas tree / she was as betasseled as etc.

aigne *nf* mind, temper, (natural) disposition, spirit, thought □ *a' dùsgadh m' aigne gu cianalas* arousing my thoughts to nostalgia □ *an aigne fheumachail* the utilitarian spirit

aigneach, -iche *a* boisterous, brisk, lively, spirited, sprightly, vivacious □ *chan eil mo chas cho aigneach 's a bha i* my foot is not so sprightly as it was □ *rinn an cù comhart aigneach* the dog gave a lively bark

aigneadh, -idh, -idhean *nm* same as **aigne**

ailbheag, -eige, -an *nf* □ same as **failbheag**

ailbhean, -ein, -an *nm* elephant

ailbhinn, -e *nf* flint, rock, precipice □ ... *agus mun do thuig sinn dè bha a' tachairt bha e seachad air an ailbhinn* ...and before we realised what was happening he was over the precipice

ailbhinneach, -iche *a* flinty

ailbineach, -ich, -ich *nm* albino

ailbineach *a* albino

ailbineachd *nf* albinism

àile *nm* air, atmosphere □ *leig an t-àile gu* air *v* □ *cudrom an àile* atmospheric pressure

àileach, -iche *a* airy

aileag, -eige *nf* hiccups / hiccoughs (always preceded by the *def art*) □ *tha an aileag orm* I have the hiccups □ *ghàir e gus an tug e an aileag air fhèin* he laughed until he took the hiccups [on himself]

àilean, -ein, -an *nm* 1. meadow, esplanade □ *choinnich iad air àilean bòidheach sàmhach* they met upon a beautiful, peaceful meadow 2. oasis

ailearan, -ain, -an *nm* aileron

aileasach *a* □ see **ailleasach**

ailebeart, -eairt, -an *nm* halbert

ailgeabra *nf* algebra

àilgheas, -eis *nm* □ see **àilleas**

àilgheasach *a* □ see **àilleasach**

ailigeutair, -ean *nm* alligator

àill *nf indec* will, desire, pleasure most often used with assertive verb in the following way: *thuirt e gun dèanadh i mar a b'àill leis air a' cheann thall* he said that she would do as he wanted in the long run □ *bha e làn di-beathte tadhal nuair a b'àill leis* he was heartily welcome to visit when he liked □ *b'àill leibh?*(for *dè b'àill leibh?*) pardon? / excuse me (I didn't hear)

aill, -e. -ean *nf* precipice

àille *nf* □ same as **àilleachd**

àille *comp* of **àlainn** *a*

àilleachd *nf* beauty □ *boireannach aig an robh àilleachd gun choimeas* a woman who possessed a peerless beauty □ *bha cuimhne aige air àilleachd bhorb an fhàsaich* he remembered the fierce beauty of the desert

àilleag, -eige, -an *nf* 1. jewel 2. pretty girl

àilleas, -eis, -an *nm* desire, fad, will □ ... *far am faigheadh iad biadh gu an àilleas* ... where they could find food to their hearts' content

àilleasach, -aiche *a* fastidious, fussy, haughty □ *tha e car àilleasach mu bhiadh* he is somewhat fastidious about his food □ *saoilidh mi gur h-e duine glè àilleasach a bhiodh* ... I think it is a very fussy person who would ...

àillidh, -e *a* lovely, picturesque □ *sealladh àillidh* a lovely view

aillse *nf indec* cancer □ *aillse craicinn* skin cancer

aillseach, -iche *a* cancerous, malignant (med.)

ailm, -e, -ean *nf* helm, tiller (naut.)

àil-mheidh, -e, -ean *nf* anemometer

ailpeach *a* alpine

ailtire, -ean *nm* architect

ailtireachd *nf* architecture

aimbeart, -eirt, -an *nf* need, necessity, necessitude □ *na h-aimbeartan corpora* the bodily needs

aimbeartach, -aiche *a* necessitous, needy, poor

aimheal, -eil *nm* vexation □ *bha e a-nis fo aimheal is fo sgìos* he was now vexed and wearied (lit. under vexation and weariness)

aimhleas, -eis *nm* mischief

aimhleasach, -aiche *a* mischievous

aimhleathan, -aine *a* narrow □ *sràid aimhleathan dhorcha* a narrow, dark street

aimh-rèir *nm* inconsistency

aimhreit, -e, -ean *nf* commotion, contention, discord, dissension, confusion, disturbance, quarrel, riot, unrest, disorder □ ... *mar gun robh e airson aimhreit a sheachnadh* ... as if he wanted to avoid contention □ *thug e an t-òrdugh an aimhreit a chìosnachadh* he gave the order to quell the riot / disturbance □ *cuir air aimhreit* put / throw into disorder / confusion □ *chuir na daoine sin an dùthaich air aimhreit* those people threw the country into a state of disturbance / disorder □ 's *e seo a bhitheas a' togail na h-aimhreit*

it's this which causes / will cause the contention

aimhreiteach, -iche *a* riotous, contentious, quarrelsome, unruly, (en)tangled □ *bha e na laighe an sin na thòrr aimhreiteach* it was lying there in a tangled mass □ *bha na treubhan a' bagradh a bhith aimhreiteach* the tribes were threatening to be contentious

aimhreiteachadh, -aidh *nm & vn* of **aimhreitich** embroiling

aimhreitich, -eachadh *v* embroil

aimlisg, -e, -ean *nf* accident, calamity, confusion, disorder □ *nuair a dh'èirich an aimlisg seo dhomh* when this calamity befell me □ ... *anns a' chabhaig agus an aimlisg a bha ann* ... in the haste and confusion (which existed) □ ... *mar gum bitheadh iad a' fulang aimlisg* ... as if they were suffering [from] confusion

aimlisgeach, -iche *a* mischievous, quarrelsome

aimrid, -e *a* barren, infertile, sterile □ *anns a' cheàrn gharbh aimrid seo* in this rough, barren region

aimsir, -e *nf* 1. epoch, season, tense, time □ *anns an aimsir a chaidh seachad* in the past □ *tha aimsir ann airson subhachais* there is a time for rejoicing □ *[ann] an aimsirean cèine* in far off times □ see App. 10 Sects.1.0 & 2.0 for further examples of this and other words meaning 'time' 2. climate, weather □ *atharrachadh aimsir* climate change □ *thuirt e gum feumadh iad cothrom a ghabhail air an aimsir* he said that they must take advantage of the weather □ *bha an aimsir cho dona 's a ghabhadh i bhith* the weather was as bad as (it) could be □ *tha dùil againn ri aimsir bhlàth* we expect warm weather □ *lean droch aimsir fad na bliadhna* bad weather continued all (the) year □ *ri droch aimsir* in bad weather □ *ri aimsir reòta* in freezing weather (lit. in frozen weather)

aimsireil, -e *a* temporal □ *chum leas aimsireil is sìorraidh an trèid* for the temporal and eternal benefit of the flock (the congregation)

àin, -e *nf* heat (of the day) □ *aig àin a' mheadhan-latha* at the heat of midday □ *b'èiginn dhuinn fasgadh a ghabhail bho àine an là* we were compelled to take shelter from the heat of the day

ain- *neg pref* corresponding to un- / in-

ain-diadhachd *nf* impiety, irreligion, ungodliness **a.-diadhaidh, -e** *a* godless, impious, irreligious, ungodly **a.-dligheach** *a* illegitimate, unlawful

ain-mèinn see ainmein
ain-riaghailt *nf* anarchy
ain-riaghailtiche, -ean *nm* anarchist
aincheardach, -aiche *a* like a buffoon, witty, merry, sportive
aincheist, -ean *nf* puzzle, riddle
ainchinealtach, -aich, -aich *nm* racist
ainchinealtas, -ais *nm* racism
aindeoin, a dh'aindeoin *prep + gen* despite, in spite of, irrespective of, perforce □ *a dh'aindeoin sin* notwithstanding, still □ *a dh'aindeoin sin uile* in spite of all that □ *a dh'aindeoin m'fhaicill* in spite of my caution □ *a dh'aindeoin 's cho iosal 's a bhruidhinn i chuala mi dè thuirt i* in spite of how quietly she spoke I heard what she said □ *a dh'aindeoin na bhios iad ag ràdh* in spite of what they say □ *a dheòin no dh'aindeoin* willy-nilly □ *dh'fheumadh e a dhol air ais a dheòin no a dh'aindeoin* he had to go back whether he wished to or not □ *cha mhòr dha m'aindeòin* almost despite myself □ as with all *compd preps*, a *pers pron* in the English version is incorporated into the phrase, in this case as a *prep poss adj* □ the modern forms of these are: **dham aindeoin** in spite of me **dhad aindeoin** in spite of you *sing* **dha aindeoin** in spite of him / it *masc* **dha h-aindeoin** in spite of her / it *fem* **dhar n-aindeoin** in spite of us **dhur n-aindeoin** in spite of you *pl and polite* **dhan aindeoin** in spite of them □ but note that the older forms **gam, gad** etc. may still be encountered occasionally
aindeònach, -aiche *a* loath, reluctant, unwilling
aindeònachd *nf* unwillingness, reluctance
aindlighe *nf* injustice
aineol, -oil, -oil *nm* 1. foreigner, stranger 2. strangeness, unfamiliarity □ *bha e air aineol ann an dùthaich chèin* he was a stranger in a foreign land □ *tha thu air d' aineol an seo, nach eil?* you're a stranger here aren't you?
aineolach, -aiche *a* ignorant, illiterate, unacquainted, uncouth, uninformed, unlearned □ *bha e cho aineolach air a' bhaile is ged a b'e cùl na gealaich a bh'ann* he was as ignorant of the town as if it were the back of the moon
aineolas, -ais *nm* ignorance, rawness, greenness □ *is trom an t-eallach an t-aineolas* ignorance is a heavy burden (proverb)
ainfhiach, -eich, -an *nm* debt (less common than **fiach**) □ *feumaidh an dùthaich a*

cuid ainfhiachan a phàigheadh the country must pay (off) its debts (see **cuid**)
ainfhios, -a *nm* ignorance □ *chaidh mòran daoine a ghabhail an ainfhios* many people were caught unawares
aingeal, -il, -il / ainglean *nm* angel □ *mar aingeal* angelic □ *cò bha anns na coigrich ach triùir aingeal* who were the strangers but three angels (see **triùir**) □ *guidheam sìth nan naomh is nan ainglean dha anam* may I wish the peace of the saints and the angels to his soul
aingealachd *nf* chilliness, numbness □ *dh'fhairich mi aingealachd air cùl m'amhaich* I felt a chilliness at the back of my neck
aingidh, -e *a* evil, iniquitous, vicious, wicked □ *bha iad anabarrach aingidh* they were exceedingly wicked □ *anns an t-saoghal aingidh seo* in this wicked world
aingidheachd *nf* evil, iniquity, wickedness □ *aingidheachd nan eucoireach ud* the wickedness of those sinners
ainglis, -e *nf* goitre
ainle *nf* greenfly

---

ainm, -e, -ean / ainmeannan *nm* name, denomination, fame, figurehead, reputation (good or bad), signature, substantive, title □ *ainm àite* place name □ *ainm sràide* street name □ *fo ainm / anns an ainm* nominal □ *fo ainm eile* alias □ *gun ainm* anonymous, nameless □ *san ainm* titular □ *ainm sinnsireil* patronymic □ *tha ainmean sràide sa Gaidhlig a' gabhail àite nan ainmean Beurla* street names in Gaelic are replacing the English names □ *carson a tha thu a' cleith an ainme?* why are you hiding the name? □ *leac air an robh ainmean muinntir a' bhaile a chaill am beatha anns a' chogadh* a plaque on which were the names of the townspeople who lost their lives in the war □ *b'e Deirdre ainm na h-inghinn* Deirdre was the daughter's name (for **h-inghinn** see **nighean**) □ *bha cuideigin a' glaodhaich an ainm* somebody was calling their names □ *dè an t-ainm a th'orra?* what are their names? (note the use of the *sing* rather than the *pl* in the last two exs.) □ *fhuair iad ainm gun robh iad fialaidh* they got a name for being hospitable (lit. they got a name that they were etc.) □ *agus is ann* *uaithe a fhuair e an t-ainm* and it is from him that it got the name

ainm is frequently used with the *prep* **air** thus: *dè an t-ainm a th'ort?* what is your name? (lit. what [is] the name that is on you?) □ *thoir ainm Gàidhlig air …* give a Gaelic name for …□ *cha robh ainm againn orra seo* we had no name for these □ *… air an robh Zeus mar ainm aig na Greugaich o shean …* who was called Zeus by the Greeks of old / whom the Greeks of old called Zeus □ *thug e ainm ùr air fhèin* he assumed a new name □ *'s e ainm a sheanar a tha air Ruaraidh* Roderick has his grandfather's name / Roderick is named after his grandfather

ainm is also frequently used with the *prep* **do** and the assertive verb □ *b'e Ceiteag a b'ainm dhise* Katy was her name (lit. it was Kate that was a name to her) □ *cha b'e sin a b'ainm dhi* that was not her name □ *oir b'e sin a b'ainm dha* for that was his name (but note also: *'s e Ceiteag a h-ainm* Katie's her name □ *… oir b'e sin a h-ainm …* for that was her name) □ *bha baile beag d'am b'ainm …* there was a little town which was called … (lit. to which there was a name …) □ *tha cat againn d'an ainm Clìo* we have a cat called Cleo

Other idioms: *dèan ainm dhut fhèin* make a name for yourself □ *rinn e ainm dha fhèin* he made a name for himself□ *tha iad air ainm a dhèanamh dhaibh fhèin ann an eachdraidh* they have made a name for themselves in history □ *bha fìor dhroch ainm aige* he had a very bad reputation □ similarly: *tha e air ainm a chosnadh dha fhèin mar sgrìobhaiche* he has earned a name for himself as a writer □ *cuir ainm ri* sign, countersign, put / add one's signature to □ *chuir i a h-ainm ris an sgrìobhainn* she signed / countersigned the document □ *chuir e ainm ri …* he added his signature to …□ *goir air ainm* name, call by name □ *gabh ainmean poll* v □ *sgrìobh d'ainm* sign your name

ainm-baistidh *nm* Christian name **a.-brèige** *nm* pseudonym **a.-chlàr** *nm* catalogue, poll **a.-pinn** *nm* pen-name

ainmeach *a* nominal

ainmeachadh, -aidh *nm & vn* of **ainmich** naming etc., designation, nomenclature, nomination

ainmeachas, -ais *nm* an uncommon word meaning 1. 'nothing but the name', 'only the name' □ *cha do dh'fhàg an sluagh seo ach ainmeachas* this people left nothing but the name 2. as an extension of the previous meaning = nominal thing, mere trifle □ *chan eil feum againn air ainmeachas den t-seòrsa sin* we have no need of trifles of that sort

ainmear, -eir, -an *nm* noun, substantive □ *ainmear àireamhach* numerical noun □ *ainmear easchruthach* abstract noun □ *ainmear fillte* compound noun □ *ainmear gnàthach* common noun □ *ainmear gnìomhaireach* verbal noun □ *ainmear obrach / ainmear obraiche / ainmear oibriche* agent noun □ *ainmear sònrachaidh* proper noun □ *ainmear trusaidh / ainmear truisidh* collective noun

ainmearach *a* noun □ *roimhear ainmearach* a noun preposition

ainmeil, -e *a* famed, famous, illustrious, memorable, notable, noted, renowned, notorious □ *ainmeil airson uisge-beatha* famous for whisky □ *tha e ainmeil airson dreach na tìre* it is renowned for the beauty of the countryside □ *dh'fhàs e ainmeil air sgàth a chiùil mhaisich* he became famous on account of / because of his beautiful music

ainmein, -e *nf* fury, rage □ *ghabh e an ainmein airson gun do rinn Alasdair a' chùis air* he flew in a rage because Alasdair had bested him □ *bha 'n ainmein air, ainmein riumsa* he was furious, furious at me □ *bha 'n ainmein gus a thachdadh* rage was almost choking him

ainmeineach, -iche *a* furious, full of fury / rage

ainmh- *pref* zoo-

ainmh-chruthach *a* zoomorphic **a.-eòlach** *a* zoological **a.-eòlaiche** *nm* zoologist **a.-eòlas** *nm* zoology

ainmhidh, -ean *nm* animal, beast *pl* also = fauna

ainmhidh-seacharain *nm* a stray (animal)

ainmich, -eachadh *v* announce, call, denominate, designate, label, identify, name, mention, nominate □ *… mar a tha e air ainmeachadh an-diugh* as it is called today / nowadays □ *is gann gun robh e air a h-ainmeachadh nuair a …* he had scarcely announced her when … □ … *mar a dh'ainmich mi gu h-àrd* … as I mentioned above □ *ainmich dà eun mara* name two seabirds □ *tha iad ag ainmeachadh comas bruidhinn mar a' phrìomh amas* they identify speaking ability as the primary aim □ *ainmich air* dedicate to, name after □ *bha an eaglais air a h-ainmeachadh air* the church was dedicated to / named after him □ *bha e air ainmeachadh air a sheanair* he was named after his grandfather

ainmichte *pp* named, mentioned etc. □ *duine ainmichte* nominee

ainmig, -e *a* infrequent, rare, unfrequent □ *gu h-ainmig* seldom □ *tha an t-eun seo cho ainmig ra fhaicinn* this bird is so seldom seen

ainmigeas, -eis *nm* infrequency

ainmneach *a* nominative □ *tuiseal / cùis ainmneach* nominative case

ainneamh, -eimhe *a* few, scarce, rare, unusual, fine, excellent, uncommon □ *tha sin ainneamh* that's fine, excellent □ when used with the assertive verb usually translates as an *adv* scarcely, seldom, rarely, unusually etc. □ *is ainneamh sionnach a tha air fhàgail* there are few foxes left □ *is ainneamh am fear anns a' bhaile seo nach do ghabh bradan aig àm air choreigin* there is scarcely a man in this township who has not taken a salmon at some time or other □ *is ainneamh a thàinig e* he seldom came □ *agus 's ann glè ainneamh a bhiodh sin* and it's very rarely that that would be (the case)

ainneamhag, -aige, -an *nf* phoenix □ *mar ainneamhag ag èirigh bhon luaithre* like a phoenix rising from the ashes

ainneart, -eirt *nm* violence, force, oppression

ainneartach, -aiche *a* violent, oppressive □ *cha ghabhadh e ris na cumhachan ainneartach sin* he would not accept those oppressive conditions (i.e. stipulations)

ainneoin, a dh'ainneoin □ same as **a dh'aindeoin** – see **aindeoin**

ainnir, -e, -ean *nf* nymph, maiden, virgin

ainnis, -e *nf* poverty

ainniseach, -iche *a* indigent, needful, needy

ainniseachd *nf* indigence

ainteas, -eis *nm* 1. excessive heat, inflammation 2. fervour, zeal 3. cold sore, herpes

ainteasach, -aiche *a* 1. excessively hot, fiery 2. fervent, zealous

aintighearna, -an *nm* despot, tyrant

aintighearnail, -e *a* tyrannical, despotic □ *fo smachd oifigeach aintighearnail* under the control of tyrannical officers

aintighearnas, -ais *nm* despotism, tyranny

aipeandaig, -ean *nf* appendix (anat.)

---

air *prep* □ this *prep* is derived from three different Irish words, one of which *lenited* its *noun*, which explains why some words following **air** are lenited and others are not. However, even taking this fact into consideration, this word is found in a vast number of idioms

The *prep prons* of **air** are formed thus: **orm** on me **ort** on you *sing* **air** on him / it *masc* **oirre** on her / it *fem* **oirnn** on us **oirbh** on you *pl & polite* **orra** on them

The *emph forms* of these are: **ormsa, ortsa, airsan, oirrese, oirnne, oirbhse, orrasan** respectively

There are no special *poss adj forms* □ *air mo cheann* on my head □ *air do chois* on your foot etc. □ but note the syncopated form **orra = air do** □ *orra shocair!(= air do socair!)* take it easy! □ *gabh sinn orra chùram (= air do chùram)* take us into your care (in prayer)

Below is given only a small selection of examples which show the basic meanings, or at least reflect them. Compound adverbs, conjunctions or prepositions having **air** as an element will be found under the word following **air** e.g. **air feadh** *prep* is given under **feadh** while **air seachran** *adv* is given under **seachran**. Where **air** is closely associated with a verb / noun, examples of usage are given under that word

1. on, upon + *dat* □ though, in some of the examples given, **air** does not translate as 'on, upon', this is the meaning which is inherent in the phrase used e.g. *cha d'fhuair mi càil air* I got nothing for it – where the underlying meaning is of a price / value being *on* something □ *tha an leabhar air a'*

bhòrd the book is on the table □ *bha a' bhiodag na laighe air an làr* the dagger was lying on the floor □ *tha ceann math air a' bhalach* the boy has a good head □ *cha bu chòir dhuinn breith a thoirt air duine air (a) aodach* we should not judge a man by his clothes □ *bhitheadh e a' tomhas luach a shearmoin air (a) fhaide* he used to estimate the worth of his sermon by its length □ *shaoileadh tu air Daibhidh gur h-esan am maraiche as fheàrr air an t-saoghal* you would think by (looking at / listening to) David that he was the best seaman in the world □ *boinne air bhoinne* drop by drop □ *thoir buille air a' bhuille* retaliate □ *chaochail e na bu tràithe air a' bhliadhna seo* he died earlier this year □ *bha e air rathad air nach b'urrainn dha tionndadh air ais* he was upon a road upon which he could not turn back □ *air an ceann bha Calum Domhnallach* at their head was Calum MacDonald □ *bha e gu bhith na iasgair air daoine* he was going to be a fisher of men □ *tha eagal orm nach eil air ach fuireach gu là* I'm afraid there's nothing for it but to wait until daylight □ *air an dòigh seo* thus, so, in this way □ *mharbh iad triùir dhaoine air a h-aon* they killed three men for every one □ *cheannaich mi seo air sia sgillinn* I bought this for six pence □ *cha d'fhuair mi nì air* I didn't get anything for it / I got nothing for it □ *phàigh mi leth-cheud sgillinn air* I paid 50p for it (i.e. exchanged money for it) □ note that, with **pàigh**, the amount must be specified □ *bhiodh iad riaraichte leis na gheibheadh iad air an cuid airgid* they would be satisfied with what they got for their money □ *reic e iad agus rinn e glè mhath orra* he sold them and did very well on them □ *bha còig notaichean aig mo bhràthair orm* I owed / was due my brother five pounds □ *bha e an dùil (a) fhortan a dhèanamh air buntàta* he expected to make his fortune in potatoes □ *ar n-athair a tha air nèamh* our father

who are in heaven □ *tha toll air* there's a hole in it □ *air halldachd is air Ghaidhealtachd* in the Lowlands and in the Highlands □ *sgrìobh e mu dheidhinn cuairt air an deach e* he wrote about a journey on which he went □ *rinn iad a leithid ceudna air na tuathanaich* they did the same kind of thing to the farmers □ *thoir (ainm) air (cuideigin)* give (someone) (a name) / call □ *'s e Mairead a thug iad oirre* they called her Margaret □ but note also: *'s e 'an Leadaidh' a bha aca oirre* they called her 'the Lady' / the name they had for her was etc. (lit. it was 'the Lady' that was at them on her) □ *'s e creachadairean a bha aig Seumas Moireastan orra* James Morrison called them robbers □ and: *'s e Mòrag a th'oirre* she's called Morag □ *'s e meud a' bhogsa ceithir òirlich air leud agus sia òirlich air faid* the size of the box is four inches by six □ *bha e na ghafair air na nàbhaidhean a bha togail an rèile* he was a gaffer over the navvies building the railway

2. In the following examples **air** is used when one thing / person is said to be another, a situation which normally employs a construction involving either the assertive verb or the *prep prons of* **ann** □ *air fear de na daoine air an do chuir e fàilte bha…* one of the people whom he welcomed was… □ *bha ise air aon dhiubh* she was one of them □ *bha ainm aige a bhith air fear de na sgoilearan a b'fheàrr* he had a reputation for being one of the best scholars □ … *agus bha Seumas air fear dhiubh sin…* and Seumas was one of those □ also: *air fear aca* one of them *masc* □ *air tè aca* one of them *fem* □ *tha an t-Eilean Sgitheanach air àite cho àlainn is a tha (ann) an Alba* the Isle of Skye is as beautiful a place as there is in Scotland □ *air leabaidh a bhàis bha seo air na faclan mu dheireadh a labhair e* on his deathbed these were the last words he spoke

3.   **air** is also often associated with illness or trouble □ *dè tha ceàrr ort?* what's wrong with you? □ more simply: *dè tha a' cur air?* what ails him? □ *tha an cnatan orm* I have a cold □ *bha am fiabhras air* he had a fever (lit. the fever was on him) □ *thuirt iad gur e a chridhe a bha air* they said that it was his heart (that was troubling him / that was wrong with him) □ *bha eagal air gun tigeadh e air ais air* he was afraid it (e.g. the cold) would come back □ *tha an t-acras airsan* he is hungry □ *co air a bheil acras? tha ormsa* who's hungry? I am □ *bha cur na mara oirre / chuir a 'mhuir oirre* she was seasick □ this usage is extended to such expressions as: *theich an cù orm* the dog has run off [on me] □ *dh'fhàillig an càr air* the car broke down with him □ *mharbh iad tunnag orm* they killed one of my ducks □ *bha e anns an rathad orm* he was in my way □ *tha mi duilich, ach tha thu anns an t-solas orm* I'm sorry, but you're in my light

4.   **air** often translates into English as 'about' □ *tha e a'sgrìobhadh leabhair air giseagan* he is writing a book about spells □ *thòisich i a' gearan air prìs an arain* she began to complain about the price of bread □ *cha ghabh e seachnadh gun lean neo-shuim air a' chùis it* cannot be avoided that indifference about the matter will continue □ *cha chòir dhut a bhith a' bruidhinn air cho toibheumach ri sin* you oughtn't to be talking about it as blasphemously as that □ *co air a tha thu a'togail sgainneal a-nis?* about whom are you spreading scandal now? (lit. on whom are you raising etc.) □ *sgrìobh air an acfhainn a bha iad a' cur gu feum* write about the equipment they were using □ *co air a bha e a' smaoineachadh?* who / what was he thinking about?
It should be noted that, although **air** is not used with days of the week e.g. **Diciadain,** Wednesday (q.v.), except to particularise it in some way, it is used with **là / latha** □ *air latha àraidh* on a certain day □ *air an latha mu dheireadh den bhliadhna* on the last day of the year

5.   **air** is used along with *vn's* to form compound tenses □ *tha iad air tighinn dhachaigh* they have come home (lit. they are after coming home) □ properly should be **a thighinn,** but the *len* is often omitted when the *vn* immediately follows **air** □ a *noun* governed by the *vn* comes between **air** and the *vn* which is normally lenited □ *a bheil thu air an iuchair a bhriseadh?* have you broken the key?
When the object of the verb is a *pers pron* the following construction is used: *tha e air a bhriseadh* he has broken it *masc obj* (lit. he is after its breaking) □ *tha e air a briseadh* he has broken it *fem obj* (lit. he is after its breaking) □ *tha e air mo shàbhaladh a-rithist* he has saved me again (lit. he is after my saving again) □ when, however, the *pers pron* refers to the subject of the verb, the verbal construction may have a passive meaning □ *bha iad uile air an sàbhaladh* they were all saved / they had all been saved (lit. they were all after their saving)

6.   **air do** (or the *prep prons* of **do**) + the *vn* may be translated in a number of ways □ *air do Sheumas a thilleadh dhachaigh thug e a leabaidh air* when James returned home, he went to bed □ *air dhi an litir a shìneadh dha dh'fhalbh i* after handing the letter to him, she left □ *air dhomh an doras a ghlasadh chuir mi an iuchair nam phòcaid* having locked the door, I put the key in my pocket

7.   **air** with abstract nouns ending in **-ad** or **-as** are fairly common in proverbs, but uncommon in everyday speech □ *air ghlainead an tobair bidh salachar ann* however clean the well is, there is dirt in it (proverb) □ *air a luathas* for all his / her speed □ note also the following: *chan fhaca mi riamh an samhail air olcas* I have never seen their like for evil 8. **air cho** □ see **cho, air cho**

airc, -e *nf* destitution, distress, necessity, need (poverty) □ *bha iad [ann] an dearbh airc* they were in real distress / in dire straits □ *nì airc innleachd* necessity is the mother of invention

àirc, -e, -ean *nf* ark □ *bha a dhà de gach seòrsa beathaich anns an àirc* there were two of every kind of animal in the ark

airchealladh, -aidh *nm* sacrilege

àird, -e, -ean *nf* direction, compass point, airt □ *na h-àirdean* the points of the compass □ *an àirde an ear* the east □ *an àirde tuath* the north □ *an àirde a deas* the south □ *an àirde an iar* the west □ *àird na gaoithe* wind direction □ *chan eil e gu diofar cò an àird om bi a' ghaoth a' sèideadh* it makes no difference from which direction the wind is blowing □ *cha robh beachd aca dè an àird an robh an dachaigh* they had no idea in which direction their home was □ *ceud mìle anns gach àird* a hundred miles in every direction □ *nuair a thigeadh a' ghaoth o àirde eadar an ear-thuath 's an ear-dheas …* when the wind came (i.e. used to come) from an airt between north-east and south-east … □ note also: *cuir àird air* take steps towards, set about □ *chuir i àird air biadh a dheasachadh* she set about preparing food □ for more information about points of the compass see App. 9 □ note also that **àird** is often used as an *abbr form* of **àirde** *nf* – see following

---

àirde *comp form* of **àrd** as in **as àirde / nas àirde** upmost, upper, utmost □ see **àrd**

àirde *nf* □ often shortened to **àird** before vowels □ altitude, climax, degree, (state of) elevation, eminence, height, highness, loftiness, meridian (met.), pitch (mus.), stature, tallness **àirde** is used in a number of common phrases □ *àirde fuaim* pitch (sound) □ *àirde sgòthan* cloud level □ *àirde os cionn fairge* altitude, height above sea-level □ *àirde na mara* sea level □ *àirde sgòthan* cloud level □ *dhìrich an t-itealan gu àirde 3000 troigh* the plane climbed to a height of 3000 ft □ *tha e glè fhuar aig àirde mhòir* it's very cold at high altitude □ *àirde an làin* water-mark □ *àirde an uisge* water-level □ *loidhne àirde* contour □ *dè an àirde a th'ann?* how high / tall is he / it? □

---

dè an àirde a tha anns a' bhalla sin? how high is that wall? □ *tha e seachd troighean an àirde / a dh'àirde* it's seven feet in height □ also followed by **de** or its derivatives □ *bha am balla seachd troigh de dh'àirde / a dh'àirde* the wall was seven feet high … □ *'s tha troigh de dh'àirde / a dh'àirde ann …* and it's a foot high (lit. and there's a foot of height in it) □ note also: *mu chòig troighean is deich òirlich a dh'àirde* about five feet [and] ten inches in height □ *thig gu àirde* come to a head □ *thàinig cùisean gu àirde* matters came to a head □ *bha e aig àird(e) a threise / a neirt* he was in his heyday □ *nuair a bha na Ceiltich aig àirde an neirt* when the Celts were in their heyday □ *nuair a bha an dannsa aig àirde* when the dance was at its height □ *bha a' ghrian na h-àirde* the sun was at its meridian □ *aig àird a' mheadhan-latha* at high noon □ *an àirde an latha* in broad daylight

an àird(e) *adv* up (motion to, but note that the **e** is frequently omitted) □ *bha builgeanan a' tighinn an àirde tron uisge* bubbles were coming up through the water □ *tharraing e coilear a chòta an àirde mu a chluasan* he drew up the collar of his coat around his ears □ *thilg e a làmhan an àirde san adhar* he threw his hands up in the air □ *cuir an àird(e)* set up, mount (a picture, statue etc.) □ *suidh an àirde!* sit up! □ *chuir an riaghaltas an àirde sgoiltean* the government put up schools □ *sheas e an àirde* he stood up □ *leum a dhà dhiubh an àirde* two of them jumped up □ *chaidh e an àird an staidhre* he went upstairs □ but note also: *tha an uair an àirde* the time is up □ *dèan an àird* make up, concoct □ *dèan an àird cungaidh* dispense (medicine)

àirde-mara *nf* sea level

àirdeach *a* directional □ *bha iad a' dèanamh feum de dh'aer-ghath àirdeach* they were using a directional aerial

àirdead, -eid *nm* degree of highness, greatness □ *tha na beanntan a dhà àirdead ris na beanntan ann an Alba* the mountains are twice as high as the mountains in Scotland

aire *nf* attention, heed, intention, observation, regard, thought
Basic examples: *chan eil cron sam bith air m'aire* I intend / mean no harm □ *cha chreid mi gun robh cron cho mòr sin air (a) aire* I don't believe that he intended so much harm as that (for the omission of **ri** see **cho**) □ *bha aire uairean air an leabhar aige agus uairean eile air an doras* his attention was sometimes on his book and at other times on the door □ *cia mheud dhiubh nach tàinig fo ar n-aire uair air choreigin?* how many of them have not come to our attention at some time or other? (lit. under our attention) □ *'n aire! / 'n aire ort fhéin!* look out! / watch yourself! etc. □ see **thoir (an) aire (do)** below
aire is often used with verbs of catching, keeping etc. □ *cha do ghlèidh an leabhar seo m'aire-sa* this book did not hold / keep *my* attention □ *dè a' bhàrdachd bu mhotha a ghlac d'aire?* which poetry most caught your attention?
aire, thoir (an) aire (do) attend (to), beware (of), detect, give / pay attention (to), heed, listen (to), mind, notice, observe, pay heed (to), regard, take care □ *thoir an aire dhut fhéin* watch yourself □ note that, in Uist, the *fut tense* is used in this idiom: *bheir an aire dhuit fhèin* □ in other areas this might be: *bheir an aire ort fhein* □ *thoir an aire!* take care! / look out etc. □ *nach toir thu an aire!* watch where you're going! □ *thug e aire shònraichte do na nithean sin* he gave special attention to those things / he particularly noticed those things etc. □ *nuair a thug iad an aire dha* ...when they noticed him... □ *thug i an aire do ghobhar le a meann* she noticed a goat with her kid □ *'s e a' chiad nì a bheir sinn an aire dha gu bheil* ... the first thing we notice is that ... is ... □ *toirt aire mhath* observant □ *ma bhitheas sinn a' toirt aire mhath* if we are observant □ but note also: *an robh e a' smaoineachadh nach b'aithne dhi an aire a toirt oirre fhéin?* did he think that she didn't know how to look after herself? □ *bidh tuilleadh aire ga thoirt anns an ath chaibidil do na cùisean sin* more attention will be given in the next chapter to these

matters □ *thugadh an aire do na freagairtean a fhuaras do ar ceistean* ... account has been taken of the responses received to our questions ... □ and also: *tha sinn a' toirt gu ur n-aire an raitheachain ùir seo* we bring to your attention this new magazine □ *feumaidh iad an aire a thoirt gu dè a bhios iad a' dèanamh* they must watch what they are doing
aire is used with **tarraing** in two ways: 1. *tarraing aire o* distract from □ *cha do leig e le rud sam bith (a) aire a tharraing o (a) obair* he allowed nothing to distract him from his work □ but note also: *feuch nach dèan thu dad a thogas (a) aire bhon obair aige* see that you do nothing to distract him from his work (lit. that will lift his attention from etc.) 2. *tarraing aire* + various *preps* □ *chaidh aige a dhol a-steach don taigh gun cus aire a tharraing air fhèin* he managed to enter the house without drawing too much attention to himself (lit. upon himself) □ *chaidh aire an t-saoghail a tharraing a dh'ionnsaigh an cor* the attention of the world was drawn to their plight □ *tharraing e an aire do neul mòr ceòtha* he drew their attention to a great cloud of smoke □ *bha rudeigin a' tarraing m'aire thuige* something was drawing my attention to it
aire, cuir an aire suggest □ *am faod mi rudeigin a chur nad aire?* may I suggest something (to you)?

àireach, -ich, -ich *nm* cattleman, cowman □ *thàinig an tuathanach agus an t-àireach a-steach* the farmer and the cattleman entered
aireachail, -e *a* attentive, watchful, observant
aireil, -e *a* observant

àireamh, -eimh, -an *nf & vn* of **àireamh** counting etc., computation, enumeration, number, sum, tally □ *còd àireamh* number code □ *àireamh a h-aon* number one □ *gun àireamh* numberless, countless □ *tro bhliadhnachan gun àireamh* through countless years □

thar àireamh beyond number, astronomical (fig.) □ *cuir an àireamh* list □ *cuir an àireamh nan naomh* canonize □ *cur an àireamh nan naomh* canonization □ *dèan àireamh* compute, count □ *ruig an aon àireamh* equalize (in sport) □ *ach a-nis tha àireamh cheudan againn* but now we have (some) hundreds □ *àireamh mhòr* a great number □ *airson àireamh bhliadhnachan* for a number of years □ *cha mhòr an àireamh* the number is not large / it is not a great / large number □ *bha e air ceann àireimh mhòir de na daoine (a) bu trèine* he was at the head of a number of the bravest men □ *tha iad ag ràdh gun èireadh an àireamh de luchd-coimhid* they say that the number of viewers would rise □ *tha iad a'feuchainn ri rian a chumail air àireamh nan gèadh* they are trying to control the number(s) of geese
The following are mathematical terms: *àireamh àrdail* cardinal number □ *àireamh òrdail* ordinal number □ *àireamh chothromach* even number □ *àireamh mhionaideach* exact number □ *àireamh chòrr* odd number □ *prìomh àireamh* prime number □ *àireamh cheàrnagach* square number □ *àireamh shlàn* whole number □ *loidhne àireimh* number line □ *ruith nan àireamhan* number sequence □ *ceàrnag àireamhan* number square □ *srianag àireamhan* number strip □ *àireamhan measgaichte* mixed numbers □ *àireamh às a'cheud/àireamh sa cheud* percentage
The following are grammatical terms: *an àireamh dhùbailte* dual □ *an àireamh shingilte* singular □ *an àireamh iomarra* plural
àireamh, àiream *v* count □ shortened in the Future Tenses thus: **àirmhidh** *fut*, **àirmheas** *rel fut* and in the *imperf / cond tense* thus: **àirmhinn** and **àirmheadh** □ *...is cò a dh'àirmheadh iad?* ... and who would count them?
àireamh-bhòtaidh *nf* (electoral) turnout **à.-oileanaichte** *a* numerate **à.-riaghailteach** *nf* quorum **à.-sluaigh** *nf* population (no. of people) □ *tha àireamh-sluaigh a' bhaile mun cuairt air 23,000* the population of the town is round about 23,000

àireamhach *a* numerical □ *buadhair àireamhach* numerical adjective □ *ainmear àireamhach* numerical noun
àireamhachadh, -aidh *nm* & *vn* of **àireamhaich** enumerating etc., calculation, numeration, enumeration
àireamhachd *nf* arithmetic, number system
àireamhaich, -achadh *v* enumerate, quantify
àireamhaiche, -ean *nm* numerator
àireamhail, -e *a* numerical, statistical
àireamhair, -ean *nm* calculator (machine)
aireobach *a* aerobic □ *seòl aireobach* aerobic system
airgead, airgid *nm* money, cash, currency, silver, lucre □ *airgead niceal* nickel silver □ *airgead sgaraidh* alimony □ *airgead ullamh* ready money, loose change □ *airgead briste / airgead pronn* loose change □ *airgead tioram* cash, hard cash □ *airgead pòcaid* pocket money □ *bha an cosnadh agus an t-airgead fìor ghann* employment and money were really scarce □ *cuir airgead air (each)* back, put money on (a horse) □ *faigh airgead air* encash □ *cuir airgead sa mhargaid* speculate □ *cha robh a leòr airgid aige* he didn't have enough money i.e. to satisfy him – cf. the following □ *tha airgead gu leòr agam* I have plenty of money / enough money (to do / buy something) □ *suim airgid* remittance
airgead-beò *nm* mercury, quicksilver **a.-pòcaid** *nm* pocket money **a.-puinnd** *nm* poundage **a.-seilbh** *nm* investment **a.-tasgaidh** *nm* investment **a.-urrais** *nm* insurance □ *bha e air a chur fo airgead-urrais airson a luach* it was insured for its value □ *airgead-urrais beatha* life insurance □ *airgead-urrais càir* car insurance □ *buidheann an airgid-urrais* insurance company
airgeadach, -aiche *a* 1. moneyed, well-off, pecuniary 2. lucrative □ *bha an obair seo glè airgeadach* this work was very lucrative 3. silver(y) □ *braiste airgeadach* a silver brooch
airgeadachadh, -aidh *nm* & *vn* of **airgeadaich** silvering etc.
airgeadaich, -achadh *v* silver, plate (with silver), silver-plate
airgeadaichte *pp* silver-plated, silvered
airgeadas, -ais *nm* finance □ same as **maoineachas**, but less common
airgid *a* silver(y) □ *dealbh ann an cèis airgid* a picture in a silver frame
àiridh, -e, -ean *nf* □ see **àirigh**

airidh, -e *a* meritorious, worth, worthy □ *airidh air* worth, worthy of □ *airidh air farmad* enviable □ *bi airidh air* deserve □ *mheasadh fichead dhiubh sin airidh air foillseachadh* twenty of those were considered worth publishing □ *chan airidh mi air mo shùilean a thogail na làthair* I am not worthy to raise my eyes in his presence □ *... co-dhiù b'airidh iad air gus nach b'airidh ...* whether they deserved it or not (see **gu / gus**)

airidh *nf indec* desert, merit, worth □ *is math an airidh* it is well deserved, it serves (somebody) right □ *thuirt iad rithe gum bu mhath an airidh* they said to her that it was well deserved / it served her right □ *is olc an airidh* it is a pity □ *thuirt iad gum b'olc an airidh nach d'fhuair e an duais* they said that it was a pity that he hadn't got the prize

airidheachd *nf* worthiness □ *... mar neach aig nach eil airidheachd* like a man who has no worthiness

àirigh, -e, -ean *nf* sheiling (summer residence for herdsmen)

àirleas, -eis *nm* arles, earnest, advance (of money) □ *bha clann-nighean an sgadain a' faighinn còig tastan de dh'àirleas* the herring girls received arles of five shillings (lit. five shillings of arles)

àirleiseachadh, -aidh *nm & vn* of **àirleisich** booking etc.

àirleisich, -eachadh *v* book, engage, put a deposit on □ *bu toigh leam suidheachan àirleiseachadh* I would like to book a seat

airm *pl* of **arm** arms, weapons

airm *a* army, belonging to / of the army □ *oifigich airm* army officers

airm-cheard *nm* armourer **a.-theine** *n pl* fire-arms

àirmheachail, -e *a* quantitative

àirmheachadh □ see **àireamhachadh**

àirmhich, -eachadh *v* □ see **àireamhaich** □ *àirmhichear a h-uile rud* everything is quantified

àirne *nf* 1. sloe □ also **àirneag** 2. (for **àirnean**) *pl* of **àra** kidney □ *adha 's àirne* offal (of animal)

àirneach *a* renal

àirneag, -eige, -an *nf* □ same as **àirne** sloe □ *bha na sùilean aice cho dubh ris na h-àirneagan* her eyes were as black as [the] sloes

àirneis, -e *nf* furniture, gear, moveables □ *seann àirneis* lumber □ *cuir àirneis ann* furnish □ *gun àirneis* unfurnished □ *àirneis taighe* (house) furniture

àirneiseachadh, -aidh *nm & vn* of **àirneisich** replenishing

àirneisich, -eachadh *v* replenish

airsan *emph form* of **air** (q.v.)

airsneag, -eige *nf* arsenic

airsneal, -eil *nm* □ see **airtneal**

airson *prep + gen* for, for the sake of, on behalf of □ composed of the prep **air** + **son** (q.v.) □ note that the pronunciation reflects this derivation, and the stress is on the second syllable – cf. **carson**

airson is often used with expressions of time □ *airson greis* for a while □ *bha e air falbh airson latha agus bliadhna* he was gone for a year and a day □ *chan fhaca mi e airson dà latha eile* I didn't see him for two more days

airson (+ *gen* where approp.) because of, on account of etc. □ *tapadh leat airson do chaoibhneis* thank you for your kindness □ *tha mi fada nad chomain airson do chuideachaidh* I am much obliged to you for your assistance □ *carson a tha thu a' faighneachd?* o, *chan eil airson càil* why are you asking? oh, no reason (lit. it is not for anything) □ *... a' toirt taing dha airson na rinn e as leth a dhùthcha ...* thanking him for what he had done for his country □ *tha mi taingeil airson na tha thu a' dèanamh dhomh* I am thankful for what you are doing for me □ often used in the construction "too (something) to be / do (something) □ *tha mi ro aost airson a bhith nam shaighdear ...* I am too old to be a soldier ... □ *bha e ro thrang airson cus dragh a bhith aige mu a dheidhinn* he was too busy to be bothered too much about it □ *bha iad ro lag eadhon airson èirigh* they were too weak even to rise

airson ... dheth as for ... □ *airson sin dheth* as a matter of fact / in fact / for that matter □ *cha do phòs e a-riamh airson sin dheth* he never married as a matter of fact etc. □ *airson am bogsa dheth ...* as for the box ...

Before a *vn* **airson** may have the meaning 'like to / want to' □ *... ach nam biodh sibh airson tiodhlac a thoirt don mhaoin seo ...* but if you'd like to make a donation to this fund ... (lit. give a gift) □ *cha robh e ach airson faigh-inn cuidhteas iad* he only wanted to get rid of them □ *am biodh sibh airson a dhol a-mach?* would you like to go out? □ otherwise it may have the meaning 'to / in order to' □ *shìn e a-mach a làmh airson grèim fhaighinn air* he stretched out his hand to get a hold of it *masc* □ *an do rinn sinn àicheadh air ar toil fhèin airson a thoil-san a dhèanamh?* did we deny our own will in order to do His will?

airson is often combined with **gu** or **nach** to make a *conj* □ *airson gu* so that □ *airson gum bitheadh e furasta a ghlanadh*... so that it would be easy to clean...□ *airson gu*... because ... *airson nach*... because... not ...
Note also: *airson Sheumais*... as for James ...

---

airteagal / **airtigeal** *nm* □ see **artaigil**
airtneal, -eil *nm* depression (of spirits), dumps, ennui, lassitude, heaviness (of spirits) □ *bha mi air mo lìonadh le airtneal nuair a chunnaic mi dè thachair* I was filled with depression when I saw what had happened □ *bhitheadh airtneal gun chomas gam lìonadh* a powerless depression would fill me
airtnealach, -aiche *a* heavy (of spirits etc.)
airtneul □ see **airtneal**
ais, air ais *adv* ago, back, fro □ *air ais is air adhart* to and fro, back and forth □ *bha na balaich a' leum air ais is air adhart thar shrutha* the boys were jumping to and fro over a stream □ *fad air ais* backward *tha iad ag ràdh gu bheil sinn fad air ais* they say that we are backward
ais, air ais is used with many verbs to form the equivalent of English verbs beginning with 're-' □ *cuir air ais* inhibit, remand, remit, repeal □ *cha do chuir seo air ais e* this did not inhibit him □ *cuiridh mi an t-airgead air ais air ball* I shall remit the money at once □ *chaidh an lagh a chur air ais* the law was repealed □ *cùm air ais* detain, withhold □ *faigh air ais* retrieve □ *rach air ais* recede □ *tarraing air ais* retract □ *thoir air ais* reclaim, restore, withdraw □ *tilg air ais* reflect, retort □ *sealltainn air ais* retrospect □ *sùil air ais* retrospect

ais-amharc *nm* retrospection **a.-ghairm** *nf* abrogation, repeal **a.-ghoir** *v* abrogate **a.-tharraing** *nf* retraction, withdrawal
aisead, -eid *nf & vn* of **aiseid** delivering (a child), delivery (of a child)
aiseag, -eig, -an *nm & vn* of **aisig** ferrying etc., crossing (of sea), ferry □ *thar an aiseig* over the ferry □ *le rathaidean matha agus aiseagan goireasach* with good roads and convenient ferries □ *aiseag teas* heat transfer
aiseal, -eil / **aisle, aislean** *nf* axle
aiseal, -eil, aislean *nf* (*nm* in some places) □ same as **asal**
aisean, aisne, aisnean *nf* rib □ *eadar dà aisne* between two ribs
aiseid, aisead *v* deliver (a child) □ in the passive with **air** it means to be delivered of (a child) □ *dh'aiseideadh i air balach fallain* she was delivered of a healthy boy (also **asaidich**)
aiseid, -ean *nf* ashet
aiseirigh *nf* resurrection
Àsianach, -aich, -aich *nm* Asian
Àsianach *a* Asian
aisig, aiseag *v* ferry, restore □ *chaidh an aiseag o àite gu àite* they were ferried from place to place □ *dh'aisig iad e gu slàinte* they restored him to health □ *aisig air ais* refund, restore
aisigeach *a* transitive (gram.)
aisir, aisre, aisrean *nf* passage, pass, path, defile
aisith, -e *nf* wrangling, strife, quarrelling □...*a bhàrr air an aisith a bha aig an taigh*...in addition to the wrangling there was at home
aisling, -e, -ean *nf* dream, vision □ *faic aisling v* dream, have a dream / vision □ *mar fhear a bha air dùsgadh à droch aisling* like a man who has awakened from a bad dream □ *bha iad a' guidhe aislingean sona dhi* they were wishing her happy dreams □ *mar gum biodh [ann] an aisling chuala e guth ag èigheach ris* as if (it were) in a dream he heard a voice crying to him □...*le aislingean buaireasach*...with disturbing dreams
aislingiche, -ean *nm* dreamer
aisneis, -e, -ean *nf* 1. account, narration 2. predicate (gram.)
aisneiseach *a* predicative (gram.)
aispeist *nm* asbestos
aisridh, -ean *nf* (uncommon) path □ *bha m'inntinn air an aisridh dhuirch a bha romham* my mind was on the dark path that lay before me

aiste *prep pron* formed from the *prep* **à** (q.v.) from her / it *fem*

aiste, -ean *nf* composition, essay □ *aiste dhealbhach* descriptive essay

aiste-beòil *nf* oral composition **a.-mholaidh** *nf* eulogy

aistear, -eir, -an *nm* essayist

aistreach *a* transitive (gram.)

ait, -e *a* 1. blithe, cheerful, cheery, droll, funny, gay, joyful □ *gu h-ait* gaily, joyfully etc. □ *bhruidhinn e gu h-ait* he spoke cheerfully 2. funny, odd, peculiar, strange □ *'s e duine caran ait a bh'ann* he was rather an odd fellow

---

àite, -can / -cachan *nm* instance, lieu, locality, location, place, position, post (position), room (space), scope, situation, space, spot, stead

àite is often used to form *pron & adv phrases* □ *àite sam bith* anywhere □ *an àite sam bith* (with preceding *neg*) nowhere □ *don àite sin* thither □ *san àite* where *rel pron* □ *anns an àite sin / san àite sin* in that place, there

àite, an àite *prep + gen* for, instead (of), in place (of), in lieu (of) rather than □ *fear a thig an àite* ... successor to ... □ *am fear a thàinig nam àite* my successor □ *dhà an àite aon* two for one □ *an àite sneachd bha clachan-meallain ann* instead of snow there was hail

àite is also frequently used with *verbs* and *preps* □ *cuir à àite* dislocate, dislodge, displace, supersede, supplant, unseat □ *cur à àite* dislocation, dislodgment □ *cuir na àite* locate, put in (its) place *cuir an àite (+ gen)* replace (i.e. to put in place of), substitute □ *rach an àite (+ gen)* replace (i.e. go in place of), supply

As with all *compound preps* containing **an** (= **ann**), a *prep pron* of **ann** is used where a *pers pron* is used in English □ *chaidh e don choinneimh na h-àite* he went to the meeting instead of her □ *bha am post ùr air a chur na àite* the new post was put in its place which, as in English, may have two meanings according to context: 'the new post was located' or 'the new post replaced it' □ similarly, with a *fem noun* □ *chuir iad an uinneag ùr na*

---

h-àite 'they put the new window in (its) place' or 'they replaced it with the new window'

àite, an àite sin *adv* instead □ *an àite sin chaidh mi sìos don chala* instead (of that / of which) I went down to the harbour

àite, an àite *prep + vn* instead of (doing something), rather than (doing something) □ *chaidh e a-mach don bhùth-obrach an àite a bhith na shuidhe anns an taigh* he went out to the workshop rather than be sitting in the house □ *an àite an aghaidh a chur gu tuath* instead of (them) going north

àite may be used with ordinal adjectives to form ordinal adverbs / adverbial phrases □ *anns a' chiad àite* first, first of all, firstly, in the first instance □ *anns an dara h-àite* secondly □ *anns an t-seachdamh àite* seventhly □ for examples of the other ordinal adverbs see under the appropriate *ordinal adjective*

Further examples: ... *ann an àitean cho fada bho chèile ri A is B.* ... in places as far apart as A and B. □ *cha bhuin e don àite seo idir* he does not belong to this place / he does not belong here at all □ *tha ceithir cheud troigh de dhoimhne (ann) an àitean dheth* it is four hundred feet deep in places (lit. there are 400 feet of depth in places of it) □ for the *len* of **ceud** after **ceithir** see **ceud** / **ceithir** □ *ainmean nan àiteachan* the place names □ *dh'fhuadaicheadh iad airson àite a dhèanamh do na caoraich* they were driven out to make room for the sheep □ *cha robh an t-àite ach gann* space was scarce (lit. the space was not but scarce □ an emphatic way of expressing this – cf. the use of 'just / simply' in English: it was just beautiful, it's simply gorgeous) □ *...far am bitheadh am blàr a' gabhail àite...* where the battle would be taking place □ *bha iad air an cumail nan àite leis a' phoileas* they were kept in their place by the police □ *tha àite aig gach aon ann* there's a place for everyone in it / there □ *an t-àite a tha aig Alba anns an 'Nàisean Eòrpach'* the place Scotland occupies in the 'European Nation' □ *chuala mi mun chaileig òig a bha a' siubhal àite* I heard about the young girl who was looking for a position □ *bha iad a' gabhail an àite thoisich* they were taking up the vanguard □ *sheas iad an àite fhèin nan aghaidh* they stood up to them □ *nuair a bhitheas àite freagarrach againn* when we have suitable space □ *bha e an dòchas gun rachadh a' chànain dhùthchasach aca an àite na Beurla* he hoped that their native language would replace English □ *choisinn Caitrìona, agus fhuair Ealasaid an dàrna àite* Catherine won and Elizabeth got second place □ *ach chan e m'àite-sa a bhith a' bruidhinn riut mar seo* but it's not my place to be talking to you like this □ *an t-àite bu chòir a bhith aig a' Mhòd* the position the Mod ought to have

àite may be used with many adjectives or nouns of description to denote particular kinds of places □ *àite adhraidh* a place of worship □ *…togalach a nì feum mar àite adhraidh…* a building which will serve as a place of worship □ *àite amhairc* observatory, viewpoint □ *…far an robh àite amhairc nan eun* … where the bird observatory was □ *bho chaochladh àitean amhairc* from various viewpoints □ *àite breith* birthplace □ *o Bhetlehem, àite breith an t Slànaigheir* from Bethlehem, the birthplace of the Saviour □ *àite campachaidh* campsite □ *àite còmhnaidh* abode, habitation, dwelling place □ *àite cruinneachaidh / àite shaorlàithean* (holiday) resort □ *àite dìon* asylum, place of refuge □ *àite dol a-mach* exit □ *àite falaich* hiding place □ *àite falamh* vacancy □ *àite feuraich* pastureland □ *àite fuirich* accommodation, quarters □ *bha aca ri àite fuirich a phàigheadh iad fhèin* they had to pay for accommodation themselves □ *àite glaiste* locker □ *àite margaidh* marketplace, mart □ *àite pàighidh* check out (till) □ *àite seasamh* footing □ *àite stada* halt, stopping place, stop (on a journey) □ *aig na h-àiteachan stada* at the stops □ *àite suidhe* seat □ *àite tàimh* resting place □ *àite tasgaidh* depository □ *àite tathaich* haunt

àite- □ these should be written without the hyphen □ see above

àiteach, -ich *nm & vn* of **àitich** cultivating etc., cultivation, agriculture □ *air àiteach* under cultivation □ *fear àiteach nan crìoch* borderer □ *àiteach gluasadach* shifting cultivation (geog.)

àiteach-gàrraidh *nm* horticulture

àiteachadh, -aidh, -aidhean *nm & vn* of **àitich** cultivating etc., plantation

àiteachail, -e *a* agricultural

àiteachas, -ais *nm* agriculture □ *Roinn an Àiteachais* Department of Agriculture □ *Tionndadh an Àiteachais* Agrarian Revolution

àiteachd *nf* agriculture

aiteal, -eil, -an *nm* 1. glimpse □ *fhuair mi aiteal de bhoireannach beag bòidheach* I caught a glimpse of a small, pretty woman □ *thug e dhuinn aiteal den latha a bh'ann* he gave us a glimpse of the past / of former days 2. breeze □ *thàinig aiteal làidir* there came a strong breeze

aiteal, -eil *nm* juniper (also **aiteann**)

aiteam, -eim *nm* folks, people □ *bha e den aiteam sin* he was of that kind / sort

aiteamh, -eimh *nm* thaw □ *dèan aiteamh* thaw *v*

aiteann, -inn *nm* juniper

aiteas, -eis *nm* gaiety

àiteigin, an àiteigin *adv* somewhere □ *tha mi cinnteach gu bheil e an àiteigin faisg air a' chraoibh seo* I am certain that it is somewhere near this tree

aitgheal, -il *a* bright, joyous □ *chluich sinn cleas aitgheal orra* we played a joyous prank on them

aitheamh, -eimh, -an *nf* fathom □ *aitheamhan de ròpa làidir* fathoms of strong rope □ *bha dà aitheamh de dhoimhne fon eathar* there were two fathoms of depth under the boat

aitheasach, -aiche *a* □ see **athaiseach**

aithghearr, -iorra *nf* shortcut □ *tha sinn a' gabhail aithghearr* we are taking a shortcut

aithghearr, -a / -ghiorra *a* abrupt, sudden, summary, brief □ *sin cho aithghearr 's a bha e* that's how sudden / quick it was / it was as sudden as that □ *gu h-aithghearr dh'innis mi dha mar a thachair* briefly I told him what had happened (see **mar** and **thachair**) □ *a dh'aithghearr* anon, by and by, presently, soon, shortly (generally with reference to the future) □ *an aithghearr* in a short time, soon □ *bithidh iad an seo a dh'aithghearr* they'll be here presently

aithghearrachd *nf* briefness, shortness, short period of time □ *[ann] an aithghearrachd* in brief □ *an aithghearrachd, lorg sinn dòigh air seo a dhèanamh* in short, we found a way of doing this

aithinne, -ean *nm* firebrand, brand □ *bha aithinne aige na làimh* he had a firebrand in his hand

aithiseachadh, -aidh *nm* vituperation

aithisg, -e, -ean *nf* report, statement (= report) □ *chuir e thugam leth-bhreac na h-aithisg* he sent me a copy of the report □ *aithisg eadarach* an interim statement / report □ *cha robh guth orra anns an aithisg* there was no mention of them in the report

aithlis, -e *nf* disgrace, reproach □ *dèan aithlis air* malign

àithn, àithne(adh) *v* order, command □ *"Cuairtichibh am bad," dh'àithn e dhaibh* "Surround the spot," he commanded them □ *chaidh àithne leis an riaghaltas gum feumadh* ... the government commanded that ... must ... (lit. it was ordered by etc.)

àithne, àitheantan *nf & vn* of **àithn** ordering etc., commandment (Bibl.), injunction, order, precept, rule □ *fhuair Maois na h-àitheantan* Moses received the commandments □ *chaidh àithne a thoirt dhomh gun bhuntainn ris na breacagan* I was ordered not to touch the cakes □ ... *nach tug ùmhlachd don àithne seo* ...who did not heed / obey this injunction □ *fhuair an lobhar àithne e fhèin a shealltainn don t-sagart* the leper was ordered to show himself to the priest

---

aithne *nf* 1. acquaintance, discernment, ken, knowledge □ *is aithne dhomh (rudeigin / cuideigin)* I know (something / somone) □ *is aithne dhomh e* I know him □ *b'aithne dhomh duine a bha* ... I knew a man who was ... □ *tha an fheadhainn don aithne ag innse* ...those who know say ... □ *air a chòmhdach le stuth air choreigin nach b'aithne dhomhsa* ... covered by some substance or other I didn't know □ *deireadh an t-saoghail mar as aithne dhuinn e* the end of the world as we know it □ *an aithne dhut ainm an àite seo?* do you know the name of this place? □ *chan aithne dhutsa e* you don't know him □ *'s aithne dhuinn uile fir aig a bheil comasan sònraichte* we all know men who possess special

abilities □ *bha mi diombach dheth nach do leig e dad air mu na b'aithne dha* I was displeased with him because he didn't reveal anything about what he knew □ *mar a b'fheàrr a b'aithne dhuinn e* as he was better known to us □ *a' faicinn daoine as aithne dhomh is nach aithne* seeing people I know and don't know

tha aithne agam air I have knowledge about (him / it) □ ... *air nach eil mòran aithne againn* ... about which / whom we don't have much knowledge / we don't know much □ *mar a b'fheàrr a bha aithne air* as he was better known

cuir an aithne introduce □ *cur an aithne* introduction □ *cuir an aithne a-chèile sinn* introduce us □ ... *agus gan cur an aithne na comhairle* ... and introducing them to the council

is aithne dhomh + *vn* I know how to / I can □ *chan aithne dha dràibheadh ged is aithne do (a) phiuthair* he doesn't know how to drive though his sister does □ *an robh e a' smaoineachadh nach b'aithne dhi an aire a thoirt oirre fhèin?* did he think that she didn't know how to look after herself? □ *an aithne dhut spèileadh?* can you skate? (lit. do you know how?) □ *duine nach aithne dha a chlann a cheannsachadh* a man who does not know how to discipline his children 2. recognition □ *an toirear aithne cheart do fheumannan foghlaim na Gàidhlig?* will proper recognition be given to the educational needs of Gaelic? / will the educational needs of Gaelic be properly recognised?

àithneach, -iche *a* imperative □ *[ann] am modh àithneach* in imperative mood

aithneachadh, -aidh *nm & vn* of **aithnich** recognising etc. 1. identification, recognition □ ... *a chum aithneachadh fhaotainn* ... to gain recognition 2. an appreciable / noticeable amount □ ... *aig an robh aithneachadh de bhuaidh air mo bheatha* who / which had an appreciable effect / some noticeable effect on my life 3. a slight degree □ *aithneachadh de leathad* a slight incline

àithneadh, -eidh *nm* and *alt vn* of **àithn** commanding etc. □ see **àithne**

aithnich, -eachadh *v* 1. know, recognise □ *'s cinnteach gun aithnich thu e* you must know him □ *dh'aithnich mi e anns a'bhad* I recognised him on the spot / at once □ *nach do dh'aithnich thu iad air an trusgan?* didn't you recognise them by their clothing? □ *dh'aithnichte(adh) iad air an adaichean* they could be recognised by their hats □ *cha do leig e air gun do dh'aithnich e mi* he didn't show that he recognised me ... □ *rudan nach deach aige air an aithneachadh* things which he couldn't recognise (lit. which did not go at him on their recognising – see **rach agad air**) □ *mar as fheàrr a dh'aithnichear e* as he is best known □ note the use of the *fut tense* and the *imperf / cond tense* in the following examples: *chan aithnich mi mòran dhaoine an seo* I don't know many people here □ *an aithnicheadh tu e?* did you know him? □ *chan aithnichinn i* I didn't know her 2. discern, perceive, tell (i.e. perceive etc.) □ *dh'aithnich e air a h-aghaidh gun robh seo a' còrdadh rithe* he knew by her face that this pleased her □ *cha do dh'aithnich e air a guth gun robh dad ceàrr* he did not perceive by her voice that anything was wrong □ *tha mi ag aithneachadh air do ghuth gu bheil...* I can tell by your voice that ... □ *nam b'urrainn dhomh aon fhailinn aithneachadh air b'i gun robh e ...* if I could discern one failing in him it was that he was ... □ *dh'aithnich e dè an tac a bha i a' dol a ghabhail* he perceived what tack she was going to take □ *dh'aithnicheadh duine gun robh e beartach* one could tell that he was rich □ *dh'aithnicheadh lethchiallach sam bith othaisg o reithe* any halfwit could tell a ewe from a ram □ *Bha e a' feuchainn ri taing a thoirt dhomh. Dh'aithnich mi sin* He was trying to thank me. I knew that.

aithnichte *pp* known, familiar, manifest, evident □ *cha robh dòigh air an uireasbhaidh a dhèanamh aithnichte* there was no way to make their want known □ *bha sin glè aithnichte* that was very obvious / evident □ *dh'fhairich mi gun robh mi air talamh aithnichte* I felt I was on familiar ground

àithnteil, -e *a* mandatory

aithreach, -iche *a* penitent, sorry, regretful (rather old-fashioned and less commonly used than **aithreachas**) □ used with assertive verb **is** and the *prep* **do** with the sense 'be a cause of regret to' □ *cha b'aithreach leinn riamh gun do dh'fhàg*

sinn an t-àite sin it has never been a cause of regret to us that we left that place

aithreachail, -e *a* contrite, penitent, repentant

aithreachas, -ais *nm* penitence, regret, repentance □ *gabh / dèan aithreachas* regret, repent, rue □ *bha aithreachas air* he was filled with regret / he was regretful □ *is ann orm a tha an t-aithreachas nach do phòs mi i* it's my regret that I didn't marry her □ *... is e na shuidhe air stòl an aithreachais* [and he] sitting on the stool of repentance / as he sat etc. □ *...a bheir ort aithreachas a ghabhail...* which will cause you to repent

aithrichean □ same as **athraichean** □ see **athair**

aithridh, -e *nf* penance

aithris, aithris *v* communicate, enunciate, echo, narrate, predicate, quote, relate, repeat, recite □ *aithrisidh iad an uair sin an rann a leanas* they will then recite the following verse □ *tha e air aithris air Dòmhnall nach robh eagal aige ro dhuine sam bith* it is related of Donald that he was afraid of no one

aithris, -e *nf & vn* of **aithris** communicating etc., enunciation, imitation, narration, recitation, recital, relation (telling), report □ *a-rèir aithris* according to (oral) tradition

aithris-sgoile *nf* school report

aithriseach, -iche *a* documentary, imitative, narrative □ *prògram aithriseach na dhà earrann* a two-part documentary

aithrisiche, -ean *nm* reciter

àitich, àiteach / -eachadh *v* cultivate, delve, inhabit, settle, till □ *ag àiteachadh na tìre* cultivating the land □ *tha an gleann air àiteachadh bho a bhun gu a bhràighe* the glen is cultivated / inhabited from top to bottom

àitich *a* arable □ *talamh àitich* arable land

aitidh, e *a* damp □ *bha an taigh fuar aitidh* the house was cold and damp

aitreabh, -eibh, -an *nm/f* building, edifice, premises □ *chì thu na h-aitreabhan aig bun an deilbh* you will see the buildings at the bottom of the picture

àl, àil, àil *nm* brood, generation, offspring, young (sometimes **àl òg** young), litter (of young) □ *tha inntinn na circe uile air leas agus sonas a h-àil* the hen's whole mind is on the benefit and happiness of her brood / offspring etc. □ *tha trì àil aca anns a' bhliadhna* they have three litters per year □ *leigidh a' chuthag le eòin eile a h-àl* *àrach* the cuckoo lets other birds rear her young

àlaich, -achadh *v* breed, brood, multiply

àlainn, -e / **àille** / **àilne** *a* beautiful, lovely □ *ghabh e beachd air cho àlainn glan 's a bha na sràidean* he noted how beautiful and clean (or how beautifully clean) the streets were □ *feumaidh gur e seo an seal-ladh as àille air an t-saoghal* this must be the most beautiful sight / scene in the world

Albàinianach, -aich, -aich *nm* Albanian

Albàinianach *a* Albanian

Albainn *dat* case of **Alba**

Albais *nf* Scots (lang.)

Albann *gen* case of **Alba**

Albannach, -aich, -aich *nm* Caledonian, Scot, Scotsman

Albannach *a* Caledonian, Scottish

albhon, -oin, -an *nm* elevon

alcalaidh *nm* alkali

alcol, -oil, *nm* alcohol

alcolachd *nf* alcoholism

algach *a* algal

allaban, -ain *nm* wandering(s) □ *an dèidh a h-allabain* after her wanderings □ *air allaban* wandering *adv* □ *bha e fad dà bhliadhna air allaban air feadh na Roinn-Eòrpa* he was [the length of] two years wandering throughout Europe

allabanach, -aiche *a* wandering

alladh, -aidh *nm* fame, renown

allaidh, -e *a* savage, wild

allail, -e *a* famed, prominent

all(a)mhara *a* exotic

all(a)mharach, -aiche *a* same as **all(a)mhara** □ *a' cath an aghaidh fiath-bheathaichean almharrach* fighting against exotic wild beasts

allamharach, -aich, -aich *nm* foreigner, stranger

allsadh, -aidh *nm* easing, slackening □ *cha robh allsadh air a' ghaoith* there was no slackening of the wind / the wind did not ease off □ *gun allsadh* ceaseless □ *cha robh ann ach gleadhar gun allsadh* there was / it was nothing but a ceaseless uproar □ also **abhsadh**

allt, uillt, uillt *nm* burn, brook, streamlet □ *na h-uillt bheaga* the tiny streams

allta *a* wild, savage □ *làn de bheathaichean allta* full of savage beasts

alltan, -ain, -an *nm* brook, burn, stream, streamlet (dim. of **allt**)

almain *nm* aluminium

almanac, -an *nm* almanac

almon, -oin, -an *nm* almond

alp, ailp, ailp *nm* alp

alùbhium, -iuim *nm* alluvium

alt, uilt, -an *nm* 1. joint □ *tinneas nan alt* arthritis, gout □ *alt na h-uilne* elbow-joint □ *alt na glùine* knee-joint □ *alt cuach is ubhal* ball and socket joint □ *alt lùdagach* hinge joint □ *cuir às an alt / à alt* disjoint, dislocate, splay □ *cur às an alt / à alt* dis-location 2. art, knack □ *bha e glè ealamh ann a bhith a' togail alt na h-obrach* he was very quick in picking up the knack of the work 3. article (gram.) □ *an t-alt* comharrachaidh the definite article 4. arti-cle (prose) □ *anns an alt seo* in this article 5. manner, method, way □ *air an alt cheudna* in the same way

altach *a* jointed

altachadh, -aidh *nm & vn* of **altaich** joint-ing etc., articulation, grace (before meals etc.) □ *chrom sinn ar ceann ris an altachadh* we bent our heads for the grace □ *gabh / dèan altachadh* say grace □ *bha e a' gabhail an altachaidh* he was saying grace

altaich, -achadh *v* join, joint

altair, altarach, altraichean *nf* altar

altrachas, -ais *nm* altruism

altraim, altram (less commonly **altra-madh**) *v* nurse, foster, cherish, nourish □ *chaill e gach dùil a dh'altraim e a-riamh* he lost every hope he ever cherished □ *mur eil a' bhàrdachd ag altram sonais…* unless poetry fosters happiness …

altram, -aim *nm & vn* of **altraim** nursing etc. □ *… a' cur feum air bàidh agus altram* … needing affection and nursing

altramachadh, -aidh *nm & vn* of **altra-maich** nursing □ *… a bhitheas fad am beatha feumach air altramachadh* … who will require nursing all their lives

altramadh, -aidh *nm* □ same as, but less common than, **altram**

altramaich, -achadh *v* □ same as, but less common than, **altram**

altramas, -ais *nm* nursing □ *cùm altrumas ri* attend to, look after, tend

altruim & altrum see **altraim & altram**

am a form of the *def art* 'the' used with *nom masc nouns* beginning with the letters **b, f, m** and **p** □ *am balach* the boy □ *am peann* the pen □ *am maighstir* the master □ *am fear* the man

am *prep* a form of the **an** in **ann an** used with *nouns* beginning with **b, f, m** and **p** e.g. *ann am bogsa* in a box □ *ann am faing* in a sheep-pen □ *ann am maraig* in a pud-ding □ *ann am poca* in a bag □ the **ann** is frequently omitted, particularly in commonly used phrases □ *am meadhan a' bhaile* in the centre of the town □ *am mearachd* in error

am *poss adj* their – a form of **an** 'their' used before *nouns* beginning with **b, f, m** and **p** e.g. *am bothan* their hut □ *am pàiste* their child □ *am màthair* their mother □ *am fiodh* their timber

am *interr part* preceding verbs beginning with the letters **b, f, m** and **p** □ *am faca tu e?* did you see it? □ *am bi iad a' tighinn dhachaidh?* will they be coming home? □ *am marbh thu e?* will you kill it? □ but note that **am bheil** is now more usually **a bheil?** □ *a bheil thu sgìth?* are you tired? □ also used between a *prep* and a *verb*, with the force of the English *rel prons* who / which □ *seo an taigh anns am bi sinn a' fuireach* this is the house in which we will be living □ further examples of this usage may be found under the relevant *prep*

àm, ama, amannan *nm* time, occasion □ for a full description of the use of this word and other words for 'time' see App. 10 Sects. 1.0 & 2.0 □ *àm na h-inbhidheachd* puberty □ *tha an t-àm air tighinn airson seirbhisean mar seo a thoirt gu ceann* the time has come to bring services like this to an end □ *tha àm gu curachd agus àm gu buain* there is a time to sow and a time to reap □ *àm cur an t-sìl* seedtime □ *aig àm trioblaid* in time of trouble (lit. at a time etc.) □ *aig àm dol an clò* at the time of going to press □ *tha e soilleir gun deach an t-eilean tro amannan anns an robh mòran cruaidh-chàs* it is clear that the island went through periods in which there was much hardship □ *'s e àm dorcha den bhliadhna a tha seo* this is a dark time of the year □ *aig àm Càisge* at Eastertime □ *aig àm sam bith* at any time, ever □ *(bh)o àm gu àm* from time to time, intermittent(ly) □ *freagarrach airson an ama seo den bhliadhna* suitable for this time of (the) year □ *an t-àm ri teachd* the future, the hereafter □ *san àm ri teachd* in the hereafter / in the future (also *san àm a tha tighinn* in the future) □ *sa cheart àm* instantaneous(ly), just in time, in the nick of time □ *san àm (seo)* now □ *an t-àm a dh'fhalbh* the past □ *on àm sin* thenceforth □ *bho àm Choinnich MhicAilpein anns an naoidheamh linn* from the time of Kenneth MacAlpine in the ninth century □ *ri àm a' gheamhraidh* during the wintertime □ *an t-àm a tha làthair* the present

□ *a dh'aon àm* simultaneous □ *[ann] an deagh àm* timely □ *àm air bith* whenever □ *bidh iad a' bruidhinn air cuspairean an ama* they will be speaking about current affairs □ *àm ruighinn* arrival time □ *àm fàgail* departure time □ *bha e a' tighinn faisg air an àm a dh'fheumadh e fàgail* it was getting near the time he had to leave

amadan, -ain, -ain *nm* clown, fool, humbug, idiot, loony, mug (fool) □ *dearg amadan* maniac, madman □ *nì thu amadain dhinn* you'll make fools of us □ *coltach ri gàire nan amadan* like the laughter of [the] madmen □ *amadain!* fool! □ *thalla, amadain* go on with you, you fool

amadan-mòintich *nm* dotterel

amaideach, -iche *a* absurd, fond, foolish, inept, ludicrous, nonsensical, ridiculous

amaideachd *nf* folly

amaideas, -eis *nm* absurdity, foolishness, humbug, nonsense □ *a bheil e na amaideas a bhith …?* is it foolishness to be …? □ *gun amaideas* without [any] nonsense

amail, amaladh *v* entangle

amais, amas *v* (with *prep* **air** + *dat*) aim, chance (upon), light on, putt (golf) □ *chan ann air luchd na Gàidhlig a tha na sgrìobhaichean ag amas* it isn't at Gaelic speakers that the writers are aiming □ *tha an dà nobhail air an amas air an aon mhargaidh 's a tha …* the two novels are aimed at the same market as …□ *… agus dh'amais gur e m'athair a fhuair e* and it chanced that it was my father who got it

amaladh, -aidh, -aidhean *nm & vn* of **amail** entangling etc. 1. hitch, impediment, setback, obstruction □ *a dh'aindeoin gach amalaidh* despite every obstruction □ *… le sin agus gach amaladh eile …* with that and every other setback 2. dovetail(ing)

amaladh-cainnte *nm* tongue-twister

amall, -aill *nm* swingle-tree

amallach, -aiche *a* complicated □ *tha seo uabhasach amallach* this is dreadfully complicated

amar, -air, -an *nm* basin, channel, font, tank (for liquid), trough □ *amar na h-aibhne* the bed of the river □ *tha an abhainn a' ruith ann an amar domhainn* the river runs in a deep bed

amar-*pref* indicating basin-shaped items / features

amar-baistidh *nm* (baptismal) font **a.-brùthaidh** *nm* wine press **a.-fuine** *nm* kneading-trough **a.-ionnlaid** *nm* bath **a.-muillinn** *nm* mill-dam **a.-mùin** *nm* chamber pot **a.-snàimh** *nm* swimming pool **a.-uisge** *nm* aqueduct

amas, -ais, -an *nm & vn* of **amais** aiming etc., aim, assonance, chance □ *le amasan ath-nuadhaichte* with revised aims □ *tha dà amas fa-near dhuinne* we have two aims in view □ *seo prìomh amas a' chùrsa* this is the main aim of the course □ *ma dh'fhaoidte nach robh ann ach amas gun robh e a' bruidhinn ri Seumas aig an àm àraidh sin* perhaps it was only chance that he was speaking to James at that particular time □ *deasaichear seòlaidhean is amasan* guidelines and aims will be formulated □ *a' cur amasan ro ...* setting targets for ...

ambaileans, -an *nf indec in sing* ambulance

Ameireaganach, -aich, -aich *nm* American

Ameireaganach *a* American

amen *interj* amen

ametist, -ean *nf* amethyst

amh, aimhe *a* crude, raw, uncooked □ *... gus an robh (a) fheòil amh* until his flesh was raw □ *...làn de dh'fhìorachas amh ...* full of raw realism

amhach, -aich, -aichean *nf* neck, throat (also has *nom* **amhaich** and *gen* **amhach**) □ *bha iad uile a' dèanamh amhach fhada gus am prìosanach fhaicinn* they were all craning their necks to see the prisoner □ *a bheil thu a' feuchainn ris an dul a chur air m'amhaich?* are you trying to put the noose around (lit. on) my neck? □ *bha iad daonnan (ann) an amhaichean a chèile* they were always at each other's throats □ *bha stoc buidhe mu a h-amhaich* there was a yellow scarf about her neck

amhachd *nf* rawness

amhaidh, -e *a* surly

amhail *adv* like, just like, as, even as □ accompanied by **mar** (except before **sin**) □ obsolete now except in Bible contexts □ *amhail mar Nimrod an sealgair* even as Nimrod the hunter □ *amhail mar seo* just like this *amhail sin* just like that

àmhainn, -e, -ean *nf* oven □ *... agus chuir i nan àmhainn e ga fhuineadh ...* and she put it into the oven to bake □ *bruich ann an àmhainn* bake

amhairc, amharc *v* look, observe, see, spectate □ *bha e ag amharc orm gu dìl* he was looking at me closely / keenly □ *dh'amhairc e suas oirre* he looked up at her □ *nuair a dh'amhairceadh i air leis an dà shùil mhòir ghuirm aice ...* when she looked (i.e. used to look) at him with her two large, blue eyes ... □ *tha iad eu-coltach gu*

leòr ri amharc orra they are dissimilar enough to look at [them]

amharas, -ais *nm* diffidence, doubt, qualm, question, suspicion □ *cuir an amharas* suspect □ *tha amharas agam* I suspect □ *fo amharas* under suspicion, suspected □ *bha e fo amharas gun do rinn e eucoir* he was suspected of having commited a crime □ *gun amharas* unequivocal, unsuspecting / without a qualm etc. □ *ghiùlain e e fhèin mar nach robh amharas aige air neach* he conducted himself / behaved as if didn't suspect anybody □ *airson nach biodh amharas aice orm ...* so that she wouldn't suspect me / be suspicious of me ...

amharasach, -aiche *a* diffident, doubtful, suspicious □ *bha na sùilean aige amharasach* his eyes were suspicious

amharc, -airc, -an *nm & vn* of **amhairc** looking etc., view, aim, gun-sight □ *'s e Lunnainn an ceann-uidhe a bh'aca nan amharc* London was the destination they were aiming for / they had in view / their intended destination □ *dè tha san amharc agaibh a thaobh an eilein?* what are your aims with regard to the island?

amharc-lann *nf* observatory

amhasg, -aisg, -aisg *nm* boor, mercenary (soldier)

amhasgachd *nf* boorishness

amhasgail, -e *a* boorish

àmhghar, -air, -an / -airean *nm* affliction, anguish, distress, tribulation □ *fo amhghar* in anguish □ *chan fhaic sinn a bheag romhainn ach àmhghar* we see little before us but tribulation (lit. we do not see its little before us but tribulation)

àmhgharach, -aiche *a* afflicted, anguished, distressed □ *a' dèanamh crònan àmhgharach* making a distressed murmuring / murmuring in a distressed manner

amhlaidh, guma h-amhlaidh (bhitheas) so may it be, amen

amhlaig, -eadh *v* □ see **adhlaic**

amhlair, -ean *nm* idiot

amhran □ same as **òran**

amhranaiche □ same as **òranaiche**

amladh □ see **amaladh**

---

an *interr part* preceding verbs not beginning with the letters **b, f, m,** and **p** □ *an robh e aig an taigh?* was he at home? □ *an do rinn thusa seo?* did you do this? □ *an toir thu dhomh an salainn?* will you give me the salt? □

also used between a *prep* and a *verb*, with the force of the English *rel prons* whom / which □ *seo an taigh anns an robh sinn a' fuireach* this is the house in which we were living □ *sin am bata leis an do bhuail e mi* that's the stick with which he struck me □ *sin an duine ris an robh sinn a' bruidhinn* that's the man to whom we were talking □ further examples of this usage may be found under the relevant *prep*

an *abbr form* of **ann an** – see **ann** □ also forms part of many *compd preps* and *advs* e.g. **an aghaidh** □ for such compounds see the main word, in this case **aghaidh**

an *poss adj* their □ *chuir iad na pocannan air an druim* they placed the sacks on their backs □ when made emphatic, the emph. part. **-san** is attached to the accompanying noun □ *an taigh-san their* house □ becomes **am** before **b, f, m, p** □ see **am** *poss adj*

an *def art* the □ this form is used before: 1. the *nom sing of masc nouns* beginning with **c, g,** or **sa, se, si, so, su, sl, sn,** and **sr** e.g. *an cat* the cat □ *an gàradh* the garden □ *an saighdear* the soldier □ *an searrach* the foal □ *an sionnach* the fox □ *an solas* the light □ *an sloc* the pit □ *an sneachd* the snow □ *an sruth* the stream 2. all cases of *sing masc nouns* beginning with **d, l, r, sg, sm, sp, st** and **t** e.g. *an duine* the man □ *ceann an duine* the man's head □ *ris an duine* to the man □ *an làr* the floor □ *uachdar an làir* the surface of the floor □ *air an làr* on the floor □ *an ròn* the seal □ *ceann an ròin* the seal's head □ *air an ròn* on the seal □ *an sgarbh* the cormorant □ *sgiath an sgairbh* the cormorant's wing □ *air an sgarbh* on the cormorant □ *an smodan* the drizzle □ *air sgàth an smodain* on account of the drizzle □ *leis an smodan* because of the drizzle □ *an spàl* the spool □ *meud an spàil* the size of the spool □ *air an spàl* on the spool □ *an stòl* the stool □ *àirde an stùil* the height of the stool □ *air an stòl* on the stool □ *an toll* the hole □ *meud an tuill* the size of the hole □ *anns an toll* in the hole 3. the *nom and dat* cases of *sing fem nouns* beginning with **d, l, r, sg, sm, sp, st** and a vowel e.g. *an dearc* the berry □ *anns an dearc*

in the berry □ *an làmh* the hand □ *leis an làimh* with the hand □ *an rong* the rung □ *air an roing* on the rung □ *an sgeir* the rock □ *air an sgeir* on the rock □ *an smeòrach* the thrush □ *air an smeòraich* on the thrush □ *an spòg* the paw □ *leis an spòig* by the paw □ *an stiùir* the rudder □ *air an stiùir* at the helm (lit on the rudder) □ *an abhainn* the river □ *anns an abhainn* in the river □ *an eaglais* the church □ *anns an eaglais* in the church □ *an iolair* the eagle □ *leis an iolair* by the eagle □ *an uamh* the cave □ *anns an uaimh* in the cave

an t- is the form of the *def art* used before: 1. *sing masc nouns* in the *nom* case beginning with a vowel e.g. *an t-ainm* the name □ *an t-eilean* the island □ *an t-iasg* the fish □ *an t-òr* the gold □ *an t-uisge* the water 2. *masc nouns* in the *gen and dat sing.* when the *nouns* begin with **sa, se, si, su, sl, sn** and **sr** e.g. *ad an t-saighdeir* the soldier's hat □ *air an t-saighdear* on the soldier □ *earball an t-sionnaich* the fox's tail □ *leis an t-sionnach* by the fox □ *casan an t-suidheachain* the legs of the pew □ *air an t-suidheachan* on the pew □ *doimhne an t-sluic* the depth of the pit □ *fad an t-snàtha* the length of the thread □ *leis an t-snàth* with the thread □ *leud an t-sruth* the width of the stream □ *anns an t-sruth* in the stream 3. *nom and dat sing of fem nouns* beginning with **sa, se, si, so, su, sl, sn** and **sr** e.g. *an t-sàil* the heel □ *air an t-sàil* on the heel □ *an t-searrag* the flask □ *anns an t-searraig* in the flask □ *an t-sìth* the peace □ *anns an t-sìth* in the peace □ *an t-sòbhrach* the primrose □ *air an t-sòbhraich* on the primrose □ *an t-sùil* the eye □ *anns an t-sùil* in the eye □ *an t-slige* the shell □ *anns an t-slige* in the shell □ *an t-snàthad* the needle □ *leis an t-snàthaid* with the needle □ *an t-sràid* the street □ *anns an t-sràid* in the street

an- first element of many adverbs (usually representing the *def art*)
an-dè *adv* yesterday □ *nam b'e an-dè an-diugh* if yesterday were today □

an-dè anns a' mhadainn / na mhadainn an dè yesterday morning □ *feasgar an dè* yesterday afternoon / evening
an-diugh *adv* today, nowadays □ *an là an-diugh* nowadays □ *clann an là an-diugh!* children nowadays! / the children of today! □ *a bheil a' bhuth fosgailte? chan eil an-diugh* is the shop open? not today □ *na mhadainn an diugh* this morning
an-dràsta *adv* now, just now, at the / this moment, meantime, at present □ *càite (a) bheil e ag obair an-dràsta?* where is he working just now? □ *an-dràsta is a-rithist* now and again, occasionally, spasmodic, sporadic □ *an-dràsta fhèin* right now
an-earar *adv* the day after tomorrow
an-raoir □ see **a-raoir**
an-uiridh *adv* last year □ *thàinig e a-nall thairis an-uiridh* he came back from overseas last year □ *tha a' chuid mhòr dhe na bha againn san amharc an uiridh air a dhèanamh a-nise* the majority of what we had in view last year has now been done

---

an- / ana- 1. *intensifying pref* indicating 'super' etc. 2. *neg pref* 'un-', 'in-' etc.

1. *intensifying pref* 'super' etc.

   (a) **an-**

   an-cheairdeach, -iche *a* waggish □ *fear an-cheairdeach* wag **a.-luchdaich** *v* overburden, overload **a.-mhòr** *a* huge, immense, enormous □ also **ana-mhòr**

   (b) **ana-**

   ana-bhiorach, -aich, -aich *nm* centipede **a.-bhlasta** *a* delicious **a.-bhuille** *nf* syncopation **a.-cainnt** *nf* abuse (verbal) □ *dèan ana-cainnt* abuse (verbally) **a.-caiteach** *a* extravagant **a.-caitheamh** *nm* dissipation, extravagance, prodigality, waste □ *dèan ana-caitheamh* be lavish □ *dèan ana-caitheamh air* be lavish with, mis-spend, squander □ *rinn e ana-caitheamh air (a) airgead* he squandered his money **a.-caithteach** □ (see **a.-caiteach**)

a.-cleas *nm* wicked deed □ *am feadh 's a bha an ana-cleas oillteil seo ga chur an gnìomh* while this wicked deed was being performed **a.-cothrom** *nm* □ see **anacothram** **a.-mhòr** *a* huge, immense, enormous **a.-miann** *nm* lust □ *ana-miannan na feòla* the lusts of the flesh **a.-miannach** *a* libidinous, lustful

2. *neg. pref* un-, in- etc.

   (a) **an-** lenites only **f** and lenitable compounds of **s**

   an-abaich *a* abortive, immature, premature, raw, unripe □ *breith anabaich* abortion □ *asaid an-abaich* miscarriage □ *bha asaid an-abaich aice* she miscarried / had a miscarriage **a.-abaichead** *nm* greenness, immaturity, unripeness **a.-altaichte** *pp* disjointed **a.-earbsa** *nf* distrust, mistrust **a.-earbsach** *a* distrustful **a.-eirmseachd** *nf* malapropism **a.-fhaireachdair** *nm* anaesthetic **a.-fhios** *nm* ignorance □ *ann an an-fhios dhut* unknown to you **a.-iochd** *nf* cruelty, hardness (of heart), inclemency, rigour □ *thugadh an-iochd an fhuachd dhachaigh ormsa anns an dòigh seo* the cruelty of the cold was brought home to me in this way **a.-iochdmhor** *a* cruel, inclement, merciless, pitiless **a.-iochdmhorachd** *nf* cruelty **a.-shocair** *nf* discomfort **a.-tràthach** *a* unseasonable, untimely □ *ro a bhàs antràthach* prior to his untimely death **a.-tròcaireach** *a* merciless, pitiless, unmerciful **a.-uair, -e** *nf* storm □ *cha robh mòran a b'urrainn dhuinn a dhèanamh ri a leithid de dh'an-uair* there was not much that we could do in such a storm **a.-uasal, a.-uaisle** *a* ignoble

   (b) **ana-** generally does not lenite

   ana-ceartas *nm* injustice **a.-cleachdadh** *nm* desuetude **a.-cothrom** *nm* (see **anacothram**) **a.-creideach** *nm* infidel, unbeliever **a.-creideamh** *nm* infidelity, unbelief **a.-crìost, -a** *nm* antichrist **a.-crìostachd** *nf* paganism **a.-crìostaidh** *nm* heathen, pagan

a.-crìostail *a* unchristian **a.-cuimse** *nf* immensity **a.-cuimseach** *a* exhorbitant, inordinate, immoderate □ *bha am màl ana-cuimseach* the rent was exorbitant **a.-cuimseachd** *nf* immoderation **a.-measarra** *a* excessive, immoderate, intemperate **a.-measarrachd** *nf* extravagance, immoderation, insobriety, intemperance

anabarr, -a *nm* □ see **anabharr**
anabarrach, -aiche *a + adv* exceedingly, excessive(ly), extraordinar(il)y, extreme(ly), exceptional(ly), prodigious(ly), stupendous(ly), over- □ *anabarrach daor* steep (in price), extremely expensive etc. □ *anabarrach pailt* superabundant □ *bha iad anabarrach aingidh* they were exceedingly wicked □ *bha e anabarrach duilich* he was extremely sorry □ *bha i anabarrach diùid* she was exceedingly shy □ *bha i cho anabarrach bòidheach* she was so exceptionally beautiful □ *anabarrach fìreanta* excessively righteous / over-righteous etc.
anabharr(a), -a *nm* excess, redundancy, superfluity □ *cha robh anabharr bòidhchid aice* she did not have an excess of beauty
anabharrach *a* redundant
anacothram, -aim, -an adversity, disadvantage, unfairness □ *bha anacothram air a spiorad a bhriseadh* adversity had broken his spirit □ *chan fhuiling sgoilearan anacothram sam bith* pupils will suffer no disadvantage
anagram, -aim, -an *nm* anagram
anail, analach, anailean *nf* breath, pause, respite, rest, wind (i.e.breath) □ *leig anail* 1. breathe out, exhale 2. rest, take a breather (see below) □ *tarraing anail* breathe in, inhale □ *gabh a-steach leis an anail* inhale (something) □ *goirid san anail* breathless □ *"An donas," ars esan fo a anail* "The devil," he said under his breath □ *chan fhaigheadh i air a h-anail a tharraing* she couldn't manage to breathe □ *bha mi a-nis is m'anail nam uchd* I was now breathless (lit. I was now and my breath in my chest) □ *nuair a bha i a' dol suas a' bhruthach bha a h-anail na h-uchd* as she went up the brae she was breathless □ *a' sèideadh le a anail theth* blowing with

his hot breath □ *an dèidh na h-analach seo* □ after this rest / respite □ *anail a' Ghaidheil am mullach* the Gael's rest – the summit (proverb) □ *leig d' anail* take a breather / break (command) □ *bha iad a' leigeil an anail* they were taking a break / breather / a rest □ *chaidh e air m'anail* I had a frog in my throat
anailich □ see **analaich**
anailis, -ean *nf* analysis □ *anailis shaidhantach* scientific analysis
anainn, -e.-ean *nf* eaves
anaireobach *a* anaerobic □ *analachadh anaireobach* anaerobic respiration
analach *gen sing* of **anail**
analachadh, -aidh *nm & vn* of **analaich** aspirating etc., aspiration, breathing, respiration □ *analachadh anaireobach* anaerobic respiration
analaich, -achadh *v* aspirate, expire (breathe out) □ *... cho nàdarrach ri bhith ag analachadh ...* as natural as breathing
anam, -a, anman *nm* soul, mind □ *gun anam* inanimate, soulless □ *cha robh anam beò ri fhaicinn* there was not a living soul to be seen
anamanta *a* psychic
anann, -ainn, -an *nm* pineapple
anarag, -aige, -an *nf* anorak
anart, -airt, -an *nm* linen, felt, shroud (naut. / metaph. for death-shroud i.e. *anart bàis*) □ *stiall de anart geal* a strip of white linen
anart-bùird *nm* tablecloth **a.-grinn** *nm* muslin
anastachd *nf* stormy weather, storminess
anatomach a, anatomical
anbharra *nm* redundancy, superfluity
anbharra *a* redundant
anfhann *a* feeble, frail, infirm
anfhannachd *nf* debility, feebleness, frailty, infirmity, langour, weakness □ *bha i mothachail air a h-anfhannachd fhèin* she was aware of her own weakness
Anglach, -aich, -aich *nm* Angle
Anglach *a* Anglian
anmainn *nf* anger □ *bha e air e fhèin a chall gu tur leis an anmainn* he had completely lost [control of] himself with [the] anger □ also **ainmein**
anmhainn(eachd) □ see **anfhann(achd)**
anmoch, -oiche *a* late □ *gu h-anmoch* late *adv* □ *bha e anmoch air an rathad* he was late on the road □ *bha e anmoch air an oidhche* it was late at night □ *b'àbhaist dha a bhith na b'anmoiche na seo* he was accustomed to being later than this □ *tràth*

sa mhadainn is anmoch air an fheasgar early in the morning and late in the evening □ *aig a' char as anmoiche* at the latest □ *nas anmoiche san t-seachdain* later in the week □ *gu ruige an t-siathamh linn no na b'anmoiche* up to the sixth century or later □ *bhitheadh adhradh-teaghlaich air a chuairteachadh moch is anmoch* family worship was (used to be) conducted morning and evening (lit. early and late)

anmoch, -oich *nm* evening □ *nuair a thigeadh an t-anmoch* when evening came □ *tràth den anmoch* early in the evening (lit. of)

---

ann *prep* in, into □ accompanied by **an** (**am** before *nouns* beginning with **b, f, m, p**) when the *noun* following it is *indef* □ *ann an toll* in a hole □ *ann am baile* in a town □ *ann an uaimh* in a cave □ *ann an eilean Eige* on (lit. in) the island of Eigg □ *ann an Glaschu* in Glasgow □ *shrac e a' bhileag na pìosan* he tore the leaflet into pieces (for **na** see below)

When followed by a *def noun* the form is **anns** □ *tha e anns an taigh-òsta* he is in the hotel □ *bha piseag anns a' bhogsa* there was a kitten in the box □ *tha sinn a' fuireach anns an t-sialaidh* we are staying in the chalet □ *gun a dhol ro dhomhainn anns a' cheist ...* without going too deeply into the question ... □ *thuit e anns an abhainn* he fell into the river □ *cuir uisge anns a' ghlainne* put water into the glass □ *cuir (misneachd) ann* infuse (with courage) □ *bha sinn pàighte anns an uair airson a dhèanamh* we were paid by the hour for doing it □ note: *anns an eilean sin* on (lit. in) that island □ similarly □ *anns a' mhonadh* on the moor, on the hills □ *anns a' bheinn* on the hills

anns is also used before an *interr part* with the meaning 'in which / wherein' □ *anns na bailtean anns an do rugadh iad ...* in the townships in which they were born □ *bha an leabaidh anns an do chaidil mi glè chruaidh* the bed in which I slept was very hard □ the *rel pron* **na** may also be used □ *na h-achaidhean anns na chleachd ise agus Iain a bhith ag obair* the fields in

which she and John used to labour □ note how the phrase 'in whose' is translated: *sin an duine a bha sinn a' fuireach anns an taigh aige* that's the man in whose house we were staying (lit. that's the man who we were staying in his house) □ note also: *na tha ann ...* the contents of ... □ *thaom e na bha anns a' bhogsa* he tipped out the contents of the box

The *prep prons* are formed as follows: **annam** in me **annad** in you *sing* **ann** in him / it *masc* **innte** in her / it *fem* **annainn** in us **annaibh** in you *pl & polite* **annta** in them

The *emph forms* of these are: **annamsa, annadsa, annsan, inntese, annainne, annaibhse, anntasan** respectively

Some examples of the *prep prons* are: *tha inntinn mhath ann* he has a good head on him (lit. a good mind in him) □ *aig aon àm bha sluagh annta uile* at one time there were people on them all (i.e. the islands)

These *prep prons* are often used to indicate a class or occupation:

1. with the verb **bi** □ *dè tha gu bhith annad nuair a dh'fhàsas tu suas?* what are you going to be when you grow up? □ *cha robh annta ach brùidean na machrach* they were but beasts of the field

2. with the verb **bi**, but in a relative clause introduced by the assertive verb □ *'s e banaltram a bha innte* she was a nurse (lit. it's a nurse that was in her) □ *an e saor a tha ann?* is he a joiner? □ *is e duine tapaidh a th'ann* he's a clever man □ *'s e cànainean Ceilteach a tha annta le chèile* they are both Celtic languages □ see also *prep poss adjs* below

The *prep pron* **ann**, though meaning 'in it / him' is often untranslatable, though usually indicating a state of existence □ *'s e sin a th'ann* that's what it consists of □ *'s e a th'ann nach robh ach triùir dhaoine air am fàgail* the fact is that there were only three people left □ *tha an t-uisge ann* it's raining □ *a bheil càise ann?* is there [any] cheese? □ *'s e a bha ann gun robh e sàbhailte* the fact was that he was safe □ ... *a bha ann (roimhe)* former ... □ ... *Rìgh na Grèige a bha ann (roimhe)* the former King of Greece □ *tha cèilidh ann a-nochd* there's a ceilidh on tonight □ *bha e cho soirbheachail agus gu bheil e a-nis ann a h-uile bliadhna* it was so successful that it is now on every year

ann combines with *poss adjs* to form *prep poss adjs* as follows: **nam** in my **nad** in your *sing* **na** in his (lenites following consonant) **na** in her (does not lenite, but followed by **h-** before vowels) **nar** in our (followed by **n-** before vowels) **'nur** in your *pl & polite* **nan** in their (**nam** before **b, f, m** and **p**) □ *bha e mar gun cuireadh duine sgian na chridhe* it was as if someone were to / had put a knife in his heart □ *dh'fhairich i pian geur na cois* she felt a sharp pain in her foot □ *ghlac i an t-ubhal na h-uchd* she caught the apple in her lap □ *seall dhomh na tha nad phòcaidean* show me the contents of your pockets (lit. what is in your pockets) □ *thuirt e gun robh e nar comain* he said that he was obliged to us (lit. in our obligation) □ *tha mi fada 'nur comain* I am greatly obliged to you □ *bha a' ghaoth nar n-aghaidh* the wind was against us □ *bha iad uile nan cabhaig* they were all in a hurry (lit. in their hurry)

These *prep poss adjs* are frequently employed to postulate a state or position, or to state a person's occupation □ *bha e na shaighdear* he was a soldier □ *bha e ag obair na shaor* he was working as a joiner □ *nach robh i na banaltram?* wasn't she a nurse? □ *bha mi nam sheòladair aig an àm sin* I was a sailor at that time □ ... *nuair a bha e na dhuine òg* ... when he was a young man □ *cha robh fhios aca co ris a bha e coltach a bhith nad bhoireannach* they didn't know what it was like (for you) to be a woman □ *bha e ag obair na thidsear* he was working as a teacher □ *bha i air a fàgail an sin na h-òinsich* she was left there like a fool □ *tha cuimhne agam nam phàiste bhith* ... I remember as a child being ... □ *bha e soirbh dhuinn nar cloinn a chreidsinn* ... it was easy for us as children to believe ... □ note also: *ann(ta) fhèin*

as such □ *chan eil e dona ann fhèin* it isn't bad as such / in itself □ *chan eil iad dona annta fhèin* they aren't bad as such / in themselves

A small number of *vn's* are preceded by these *prep poss adjs* instead of **a'** □ *bha mi nam shuidhe* I was sitting □ *bha e na chadal* he was sleeping □ *bha i na seasamh aig an doras* she was standing at the door □ *bha na duilleagan nan laighe air an làr* the leaves were lying on the ground □ *bha a' chlann nan ruith anns a' phàirc* the children were running in the park □ this usage is not obligatory in the last example □ see **ruith**

ann is often used with **bhith** before a *vn* with the meaning 'in being (doing something)' □ *bha iad gnìomhach ann a bhith a' cuideachadh an adhbhair aige* they were active in helping his cause □ *bha e glè ealamh ann a bhith a' togail alt na h-obrach* he was very quick in picking up the knack of the work □ *agus ann a bhith a' toirt sùil air a' cheist seo* ... and, in looking at this problem, ...

ann is frequently used with the assertive verb **is** to make a phrase emphatic □ *is ann air oidhche fhuar gheamhraidh a thàinig e don bhaile* it was on a cold winter's night that he came to the township □ *'s ann à Dùn Èideann a tha e* he's from Edinburgh □ *feumaidh gur ann mun àm sin a thogadh an dealbh* it must be about that time that the picture was taken □ *feumaidh iad a bhith ag obair do dhaoine 's chan ann nan aghaidh* they have to work for people and not against them □ *mas ann mar sin a bhitheas* if that's how its going to be (lit. if it's like that that it will be) □ ... *agus 's ann acasan a bhitheadh* ... and they *would* have (where 'have' = possess) □ note also: *co-dhiù, comas sgrìobhaidh ann no às* anyway, writing ability or not ... □ see **is** (assertive verb) for more detail

ann- a small number of compound words have this prefix

ann-leag *v* inlay **a.-leagadh** *nm & vn* inlay □ *le ann-leagadh de òr is de airgead* with an inlay of gold and silver **a.-stealladh** *nm* injection **a.-steallaich** *v* inject

annas, -ais, -an *nm* novelty, oddity, rarity, surprise □ *bha e na annas mòr don mhòr-shluagh* it was a novelty to the multitude □ *chan eil e na annas an-diugh a bhith faicinn* ... it is no rarity nowadays to see ... □ *cha robh e na annas dha a bhith* ... it was not unusual for him to be ... □ *chuir seo annas mòr orra* this surprised them greatly □ *annas na làimhe* the / a masterpiece □ *annas mo làimhe* my masterpiece □ *annas do làimhe* your masterpiece etc. □ *tha feadhainn ann nach fhacas annas an làimhe cho tric* there are some whose masterpieces have not been seen so frequently (lit. there are some that has not been seen the wonder of their hand so often)

annasach, -aiche *a* new-fangled, novel, rare, strange, uncommon, unusual □ *carson a bha an tachartas seo cho annasach?* why was this event so unusual? □ *gu h-annasach, ma thèid leis, their iad gu bheil e uaibhreach* strangely, if he succeeds, they (will) say that he is proud

annlag, -aige, -an *nf* storm-petrel □ see **luaireag**

annlan, -ain *nm* 1. accompaniment (to a meal), condiment, dressing, 'kitchen' in Scots □ *is math an t-annlan an t-acras* hunger is a good sauce □ *annlan sailead* salad dressing □ *tha meas agus miadh mòr aig sluagh an t-saoghail air an sgadan mar bhiadh agus mar annlan* the people of the world have great respect and approbation for the herring as a meal and as an accompaniment 2. the main constituent of the meal, such as meat, fish, eggs etc. 3. idiom □ *dèan annlan air sin* eke that out, don't take / spend too much of it together □ *canadh gach fear a thoil ach 's e an sgadan annlan a' bhuntàta* let each man say what he likes, but herring is *the* accompaniment to potatoes

annradh □ see **ànradh**

annsa *comp* of **toigh** more / most dear, more / most beloved favourite □ *b'e an cuspair a b'annsa leis ball-coise* his favourite subject was football

annsachd *nf* darling, favourite □ ... *agus b'i annsachd a h-athar* ... and she was her father's favourite

anns *prep* □ a form of the *prep* **ann an** □ see **ann**

ànradh, -aidh, -aidhean *nm* storm, tempest, distress, trouble □ ... *agus is an sin a thòisich an t-ànradh* ... and it was there that the trouble began

ànradhach.-aiche *a* stormy, troubled, distressed □ *fhuair iad turas ànradhach* they got a stormy passage □ *bha an t-àm seo den bhliadhna gu tric ànradhach* this time of the year was frequently stormy

anshocair, -e *nf* discomfort, uneasiness

anshocrach, -aiche *a* uneasy, restless, uncomfortable □ *bha i a' tionndadh gu h-anshocrach o thaobh gu taobh* she was moving restlessly from side to side

antaidh, -ean *nf* auntie

antalop, -an *nm indec in sing* antelope

antibiotaig, -ean *nf* antibiotic

anticorp, -cuirp *nm* antibody

anti-oilltealachd *nf* anti-terrorism

antrasait *nm* anthracite

ao- *neg pref* = un- etc. □ see also **eu-**

ao-coltach *a* unlike □ *bha na bràithrean glè ao-coltach ri chèile* the brothers differed greatly (also **aocoltach**)

ao-dìon *nm* leak □ also used as a *vn* □ *bha i ag ao-dìon* she was leaking □ also **aoidean**

ao-dìonach *a* leaky □ *bha a chasan fliuch sna botannan ao-dìonach* his feet were wet in the leaky boots □ *bi ao-dìonach* leak □ *bha an t-eathar ao-dìonach* the boat was leaky / the boat leaked □ also **aoideanach**

ao-domhainn *a* facile, shallow, superficial

ao-leasachadh *a* irreparable

aobhar □ older spelling of **adhbhar** (q.v.)

aobrann, -ainn, -ean □ older spelling of **adhbrann** (q.v.)

aocoltach □ see **ao-coltach**

aodach, -aich *nm* 1. apparel, attire, cloth, clothes, clothing, dress, fabric, outfit, raiment, vestment, wear (clothes) □ *aodach brèige* fancy dress □ *aodach cnis* lingerie □ *aodach leapa* bed-clothes □ *aodach oidhche* night-clothes □ *aodach fighte* textile □ *aodach obrach* working clothes □ *bruis aodaich* clothes brush □ *ceannaiche aodaich* draper □ *bad aodaich* garment □ *cuir (aodach) dheth* disrobe, undress □ *cuir aodach air / uime* dress / get dressed □ *chuir i aodach uimpe* she got dressed □ *chuir e aodach uime* he got dressed □ *cuir aodach umad* get (yourself) dressed □ *bha i air a còmhdach le aodach soilleir dathte* she was dressed in (lit. covered with) brightly coloured clothes / clothing □ in Lewis **cuid aodaich** is used for clothes generally 2. sails □ *dh'fheumadh sinn a h-aodach a thoirt uaipe gun dàil* we had to to take her sails off (her) without delay □

bha long fo a cuid aodaich a' dèanamh dìreach air a' chala a ship under [her] sail was making straight for the harbour

aodann, -ainn, -ainnean / aodainn *nm* dial, face, front □ *pùdar aodainn* face-powder □ *tubhailt aodainn* face-towel □ *thraoigh an fhuil às (a) aodann* the blood drained from his face □ *... agus aodainn eile nach fhaca esan riamh roimhe ...* and other faces he had never seen before □ *an clàr an aodainn* straight in the face, to one's face □ *... 's ise a' coimhead orm an clàr an aodainn ...* [and she] looking me straight in the face □ *'s e Mghr. MacAlasdair a chanadh iad ris an clàr an aodainn, ach ...* it was Mr. McAlastair they would call him to his face, but ... □ *dheàrrs e solas an lainntir air aodann an dithis aca* he shone the light of the lantern on both their faces (note use of the *sing*) □ *mhaisich i a h-aodann aig an sgàthan* she made up her face at the mirror □ the following are mathematical terms: *aodann cearcaill* circle face □ *aodann còmhnard* flat face □ *aodann ceart-cheàrnach* rectangle face □ *aodann claon* sloping face □ *aodainn chlaona* sloping faces □ *aodann ceàrnaig* square face

aodhair, -ean *nm* pastor (also **aodhaire**) □ *... far an do shaothair e mar aodhair ...* where he laboured as a pastor

aodhaireil, -e *a* pastoral

aodomhainn □ see **ao-domhainn**

aog, aoig *nm* death (**bàs** is far more common) □ *chan eil tilleadh air aog* there is no turning aside death

aog-neulach, -aiche *a* deathlike

aogas, -ais *nm* air, appearance, aspect, feature, guise, image, likeness, look, mien, presence □ *thàinig aogas eile air* his face / countenance changed

aogasg, -aisg *nm* □ see **aogas**

aoghair, -ean *nm* □ see **aodhair**

aognaidh. -e *a* 1. pale □ *bha e fuar fliuch is aognaidh* he was cold, wet and pale 2. frightful, ugly □ *chunnaic mi am muir aognaidh fada fodham* I saw the frightful sea far below me □ *is e sin sealladh gu math aognaidh air beatha an duine* that is quite an ugly view of man's life

aognaidheachd *nf* dismal appearance □ *aognaidheachd an latha* the dismal appearance of the day

aoibh, -e *nf* cheerfulness (of countenance) □ *air am biodh aoibh an còmhnaidh* who always had a cheerful countenance / face / expression etc.

aoibheil, -e *a* kindly, cheerful □ *duine aoibheil* a cheerful man (also **aoigheil**)

aoibhinn, -e *a* blithe, glad, joyful □ *gu h-aoibhinn* joyfully □ *teachdaire aoibhinn* a joyful messenger

aoibhneach, -iche *a* blissful, cheery, delightful, happy, joyful, rapturous □ *dèan aoibhneach* delight *v*, elate, gladden □ *O, nach sinn a bhitheas aoibhneach an sin* Oh, how happy we shall be there! (lit. is it not we who shall be etc.) □ *dè a dh'fhàg cho aoibhneach e?* what caused him to be so happy? / why was he so happy? (see **fàg**) □ *nach aoibhneach an sgeul gu bheil ...?* isn't it a delightful story that ...?

aoibhneachadh, -aidh *nm* & *vn* of **aoibhnich** exhilarating

aoibhneas, -eis *nm* bliss, delight, enchantment, gladness, joy, joyfulness □ *dèan aoibhneas* rejoice □ may be used as a *vn* □ *na cairtean Nollaige ag aoibhneas ris* the Christmas cards looking cheerfully at him

aoibhnich, -eachadh *v* exhilarate

aoidean, -ein, aoideanan *nm* leak

aoideanach, -aiche *a* leaky

aoidh, -e, -ean *nf* isthmus

aoidh... □ see **aoibh...** or **aoigh...**

aodion, an *nm* □ see **aoidean**

aodionach *a* □ see **aoideanach**

aoigh, -ean *nm* guest, visitor □ *... a chum 's nach èireadh beud do a h-aoigh rìoghail ...* so that no harm would come to her royal guest

aoigh-bainnse *nm* wedding guest □ *mar aoighean-bainnse a' dol do chuirm* like wedding guests going to a feast

aoigheachd *nf* entertainment, hospitality □ *thoir aoigheachd do* entertain (domestically), treat, give hospitality to □ *thug iad dhuinn aoigheachd* they gave us hospitality □ *bi air aoigheachd aig* be a guest at □ *air aoigheachd* as guests □ *fhuair sinn cuireadh gu oidhche a chur seachad air aoigheachd anns a' chaisteal* we were invited to spend the night as guests at the castle □ *... a bha air aoigheachd aig na coinneamhan ...* who was a guest / were guests at the meetings □ *cuir cuideigin air aoigheachd* lodge someone / put someone in a lodging / put someone up □ *chuireadh A air aoigheachd maille ri B.* A was lodged along with B.

aoigheil, -e *a* cheerful, hospitable □ *nach aoigheil a' chuideachd sibh!* what a cheerful company you are! (in sarcasm – lit. aren't you the cheerful company!) □ *bha*

Anna aoigheil ris na h-uile Anna was hospitable to all (also **aoibheil**)

aoin, aonadh *v* unite, join

aoine *nf* fast (obs.) found as an element of **Dihaoine** Friday (lit. fast day) and **Oidhche h aoine** Friday night □ *a h-uile Oidhche-haoine* every Friday night □ *aig cuirm-chiùil Oidhche-haoine* at the Friday night concert

aoir, -e *nf* lampoon, satire, sarcasm □ *rinn e aoirean a bha sgaiteach agus beurra* he composed satires which were biting and sarcastic □ *thuig e gun robh i ri aoir* he realized she was being sarcastic (lit. was engaging in sarcasm)

aoir, -eadh *v* satirize

aoireadh, -idh *nm & vn* of **aoir** satirizing etc. □ *dèan aoireadh* satirize

aoireil, -e *a* satirical, sarcastic □ *"Tha eagal ort," thuirt e gu h-aoireil* "You're scared," he said sarcastically

aois, -e, -ean *nf* age □ *aig aois pòsaidh* marriageable, nubile □ *leanabachd na h-aoise* dotage, second childhood □ *na h-Aoisean Meadhanach* the Middle Ages □ *tha Sine deich bliadhna a dh'aois* Jean is ten years of age / years old □ *freagraidh a' chluiche seo air cloinn de gach aois bho cheithir gu ceithir fichead* this game will suit children of every age from four to eighty □ *chunnaic mi boireannach agus leanabh aois shia mìosan aice* I saw a woman with a six month old baby (lit. and a baby an age of six months at her) □ *giullan aois choig bliadhna deug* a lad aged fifteen □ *chan eil bliadhnachan no tìm a' toirt na h-aois(e) air* neither years nor time are ageing it □ *bha gràdh aig an òige agus aig an aois air* young and old loved him □ *chan eil iad cho fileanta anns a' Ghàidhlig 's a bha clann den aon aois o chionn beagan bhliadhnachan* they aren't as fluent in (the) Gaelic as children of the same age were a few years ago □ *sa bhliadhna-sa de aois Chrìost 1534* in this year of our Lord 1534 (lit. in this year of the age of Christ) □ *dh'fhàs e dall leis an aois* he became blind with age □ *...nuair a thig e gu aois...* when he comes of age

aol, aoil *nm* lime □ *bha a' mhòinteach air a mathachadh le lagas agus aol* the moorland was fertilized with marl and lime

aol-beò *nm* quicklime **a.-chlach** *nf* limestone **a.-charragh** *nf* stalagmite **a.-chluigean** *nm* stalactite **a.-tàthaidh** *nm* mortar **a.-uisge** *nm* whitewash

aolach, -aiche *a* limy

aolach, -aich *nm* dung, manure □ *bha an nead air a phlàstadh na bhroinn le aolach* the nest was plastered on the inside with manure

aolachadh, -aidh *nm & vn* of **aolaich** liming etc.

aolaich, -achadh *v* lime, manure with lime, cover with lime

aom, -adh *v* bend, decline, deflect, droop, heel, incline, nod, side, slope, tend, tilt, verge □ *na làithean a dh'aom* bygone days □ *na linntean a dh'aom* the centuries that have passed, the past centuries □ *tha mi mean air mhean ag aomadh chun a' bheachd a tha agad fhèin* I am gradually inclining to *your* opinion

aomach, -aiche *a* sloping □ *le sliosan nas aomaiche* with more sloping sides

aomadh, -aidh, -aidhean *nm & vn* of **aom** inclining etc., decline, deflection, inclination, ply, propensity, ramp, tendency, tenor

---

aon *a* 1. one, only, sole (before a *noun*) □ *lens* all possible consonants except **d, t, s** □ *bha aon rud air an robh iad gu lèir air an aon fhacal* there was one thing about which they were in complete agreement / agreed completely (for *aon fhacal* see 2. below) □ *dh'fhàisg e aon de na putanan* he pressed one of the buttons □ *aon latha fhuair e cha b'e aon ach dà chlaidheamh* one day he found not one but two swords □ *aon rathad no an dà rathad?* an aon rathad mas e do thoil e single or return? single, please □ *aon ... deug* eleven □ *aon duine deug* eleven men □ *aon a chèile* one another □ *cha b'aithne dhuinn aon a chèile idir* we didn't know each other at all □ *choimhead sinn air aon a chèile* we looked at one another □ *aon rud nach eil a dhìth oirnn, 's e uisge* one thing we don't lack is water □ *b'e aon de na rudan a thug orra sin a dhèanamh...* one of the factors in their decision to do that was ...□ *a' chiad uair bho dh'fhalbh e, agus gu mì-fhortanach an aon uair* the first time since he left, and unfortunately the only time 2. same □ *aig an aon àm agus a bha na h-atharraichean sin a' gabhail àite* at the same time as these changes were taking place □ *aig an aon àm 's a tha iad* *a' fàs nas eòlaiche air teicneolas* at the same time as they are becoming more familiar with technology □ *is aon nì e* it's all the same □ *an aon … ri … the same … as …* □ *buinidh e don aon teaghlach ris a' choileach ruadh* it belongs to the same family as the red grouse □ *tha na seilcheagan den aon teaghlach ris an fhaochaig* the snails are of the same family as the whelk □ *an aon nì ri … / an aon rud ri …* the same thing as □ *… chan eil iad a' ciallachadh an aon rud dhuinn* they don't mean the same (thing) to us □ *cha b'e an aon duine idir a bh'ann* he wasn't the same man at all (i.e. that he used to be) □ *air an aon chroit riutha* on the same croft as they □ *mhothaich sinn do na h-aon daoine a h-uile feasgar shìos air a' chladach* we noticed the same people every evening down on the beach 3. **aon** *adv* some, about, approximately, fully □ *aon ochd bliadhna mun tàinig e an seo* some eight years before he came here 4. **aon** is also used in a number of adverbial constructions □ *a dh'aon àm* simultaneous(ly) □ *a dh'aon bheum* expressly, all at once □ *cha tàinig an caochladh seo a dh'aon bheum* this change didn't come all at once □ *a dh'aon bhàgh* (Lewis) on purpose, deliberately □ *a dh'aon(a) chrìch* expressly, for the sole purpose □ note that the Svarabhakti vowel is often <u>shown</u> in these expressions □ *bha e air tighinn a dh'aona chrìch airson a' choinneamh seo a fhrithealadh* he had come for the sole purpose of attending this meeting □ *a dh'aon chuid … no … neither … nor …* □ *dhealbh e bàta nach rachadh a dh'aon chuid fodha no air a druim* he designed a boat that would neither sink nor overturn □ *a dh'aon(a) ghnotha(i)ch* deliberate(ly), by design, expressly, purposely, on purpose □ *… a tha air an dèanamh a dh'aon ghnothaich do chloinn …* which are expressly made for children □ *is ann a dh'aona ghnothach a tha e* it's deliberate, on purpose □ *a dh'aon nì bha barrachd shaighdearan ann* for one thing there were more soldiers (present) □ *… a dh'aon oidhche* in (the course of) one night □ *tha e air a ràdh gun do dh'ionnsaich e an ealain a dh'aon*

oidhche it is said that he learned the art in one night □ *a dh'aon rud chan eil a leithid a nì a dhìth orm* for one thing I don't need such a thing (see **leithid**) □ *a dh'aon ruith* at once, immediately □ *fhreagair e a dh'aon ruith* he answered at once / immediately □ *a dh'aon rùn* by design, designedly, intentional(ly) □ also: *aon uair* once (often **uair** by itself) □ *thàinig a' bhochdainn orra aon uair eile* poverty afflicted (lit. came upon) them once again 5. **aon uair agus gu / aon uair 's gu** *conj* once (= when, after) □ *aon uair 's gun do thòisich mi air am balla (a)* once I had begun to build the wall … 6. As a pronoun: a) *aon (duine)* anybody, somebody □ *aon (sam bith)* any □ *bha e na fhasgadh cho sàbhailte ri aon (sam bith) san dùthaich* it was a refuge as safe as any in the country □ *… cho maiseach ri aon a tha againn …* as lovely as any we have □ *… rathad a bha cho garbh ri aon air an robh sinn …* a road which was as rough as any we've been on b) no, nobody, none (with preceding *neg* or implied *neg*) □ *chan eil aon duine an sin* there is nobody there □ *cha tàinig aon (duine)* none came / nobody came / no one came / not one came 7. **aon, aoin** *nm* 1. unit, one person / thing □ *aon an dèidh aoin* one after another (lit. one after one) □ *chan eil ann ach aon a-nis* there is only one there now □ *aon eile* one more □ *aon ma seach chaidh na treubhan a cheannsachadh* one by one the tribes were subjugated □ *a h-aon* one (the number without an accompanying noun – but with preceding *neg* = nobody, none etc.) □ *co mheud duine a tha ag àiteachadh a' ghlinne an-diugh? chan eil a h-aon!* how many people inhabit the glen nowadays? there isn't even one! / Not even one! / None! □ *Seumas a Sia is a h-Aon* James the Sixth and First □ *Tearlach a h-Aon* Charles the First □ *rach an aon* merge □ *thig gu h-aon 's gu dhà* come to a head, come to the bit □ *ma thig e gu h-aon is gu dhà* if it comes to the bit / to the crunch □ *nuair a thig e gu h-aon is gu dhà* at the end of the day (= when all's said and done etc.) □ *an t-aon / gach aon* apiece, each □ *thug am*

màthair basgaid an t-aon dhaibh their mother gave them a basket each □ *tha mac an t-aon aca* they have a son each **2.** *an t-aon* the / an ace in cards
aon- *pref* mono-, uni- etc.
aon-adharcach *nm* unicorn **a.-cheallach** *a* uni-cellular **a.-chiallach** *a* unambiguous □ *ann an dòigh aon-chiallach* in an unambiguous manner **a.-dath** *nm* monochrome **a.-dathach** *a* monochrome **a.-dealbhach** *a* uniform **a.-deug, a h-a.-deug** *a* eleven (when not accompanied by a *noun*, or when not preceding the *noun* □ for the difference, see **aon … deug** above) □ *ann an sgeulachd a h-aon-deug* in story eleven □ *a h-aon-deug dhiubh* eleven of them **a.-dhearc** *nf* paris (herb) **a.-fhillte** *pp* simple (not complex) simple-minded, innocent, single (of a road), uniform □ *ghrad-tharraing e sgeuma aon-fhillte* he sketched out a simple scheme □ *air rathad dùbailte no air rathad aon-fhilte* on a dual carriageway or a single carriageway **a.-fhillteachd** *nf* simpleness, singleness **a.-fhir** *a* □ same as **a.-neach** **a.-fhoghair** *nm* monophthong **a.-ghnèitheach** *a* homogeneous, uniform **a.-ghuthach** *a* monotonous, unanimous □ *bhruidhinn iad gu h-aon-ghuthach* they spoke unanimously □ *seinn aon-ghuthach* unison □ *dh'èigh iad gu h-aon-ghuthach* they shouted in unison **a.-ghuthachd** *nf* monotony **a.-inntinn** *nf* unanimity **a.-inntinneach** *a* unanimous **a.-làir** *compd adj* (of) one-storey, single-storey □ *togalach aon-làir* a single-storey building **a.-lide** *nm* monosyllable **a.-lideach** a, monosyllabic **a.-mheadhanach** *a* concentric **a.-neach** *a* of / by one person, solo □ *òran / cluich aon-neach* solo □ *iteal aon-neach* a solo flight □ *còmhrag aon-neach* single combat □ *chaidh a mharbhadh ann an còmhraig aon-neach* he was killed in single combat **a.-phòsadh** *nm* monogamy **a.-rathad** *a* one-way □ *'s e sràid aon-rathad a bh'ann* it was a one-way street **a.-riochd** *a* uniform □ *aon-riochd donn* of a uniform brown colour **a.-shealbhachadh** *nm & vn* collectivizing, collectivization **a.-shealbhaich** *v* collectivize □ *chaidh na tuathanasan aon-shealbhachadh* the farms were

collectivized **a.-shligeach, -ich, -ich** *nm* univalve □ *'s e aon-shligeach a tha anns a' bhàirnich* the limpet is a univalve (lit. it is a univalve that's in the limpet) **a.-shligeach** *a* univalve □ *maorach aon-shligeach* univalves **a.-shlighe** *a* single (fare, ticket etc.) □ *cheannaich mi faradh aon-shlighe* I bought a single fare **a.-shligheach** *a* one-way **a.-taobhach** *a* partisan, unilateral

aona, an t-aona (a shortened form of **aonamh -** no longer used) is used along with **deug** and **fichead** to form certain ordinal numbers □ *an t-aona … ar fhichead* twenty-first □ *aona … d(h)eug* eleventh □ *anns an aona linn deug* in the eleventh century □ also see **aon** (section 4.)
aona □ a form of **aon** used in certain expressions for emphasis (see **aon** above), and in compounds (see below) □ *'s e piobaire an aona phuirt a th'ann* he's always on about the one thing (lit. he's a piper of the single tune)
aona-lideach *a* monosyllabic
aonach, -aich, -aichean *nm* upland, moorland
aonach, -aich *nm* breathlessness, panting □ *bha aonach air nuair a dh'èigh e riutha* he was breathless when he shouted to them □ *dè chuir aonach mar sin ort?* what made you so breathless? □ *bha an t-aonach orm fhathast* I was still breathless / panting □ *bha a ghuailnean ag èirigh 's a' tuiteam leis an aonach a bha air* his shoulders were rising and falling with his panting
aonachadh, -aidh, -aidhean *nm & vn* of **aonaich** uniting etc., coalition, incorporation, integration
aonachd *nf* unity
aonad, -aid, -an *nm* unit (all senses) □ *an t-Aonad Rannsachaidh* the Research Unit □ *chun an aonaid as fhaisge* to the nearest unit (maths.)
aonadair, -ean *nm* unionist
aonadh, -aidh, -aidhean *nm & vn* of **aoin** uniting etc., merger, union □ *Seoc an Aonaidh* Union Jack □ *'s e rùnaire an aonaidh a th'ann* he's the secretary of the union
aonadh-ceirde *nm* trade-union
aonagraich *nf & vn* of **aonagraich** wallowing □ *dèan aonagraich* wallow

aonagraich, aonagraich *v* wallow □ *bha iad uile ag aonagraich san làthaich* they were all wallowing in the mud

aonaich, -achadh *v* coalesce, incorporate, integrate, join, joint, unite

aonaichte *pp* united, integrated □ *tha an t-aonad aonaichte mar phàirt den àrdsgoil* the unit is integrated with the secondary school □ *na Stàitean Aonaichte* the United States □ *riaghaltas aonaichte* coalition government □ *muileann-stàilinn aonaichte* integrated steelworks

aonais, às aonais *prep* + *gen* lacking, minus, without □ *dèan às aonais* do without, dispense with □ as with all *compd preps*, where a *pers pron* is required in English, the *poss adj* is employed in Gaelic and is incorporated into the *prep* □ **às m'aonais** without me □ **às d'aonais** without you *sing* **às (a) aonais** without him / it *masc* **às a h-aonais** without her / it *fem* **às ar n-aonais** without us **às ur n-aonais** without you *pl* & *polite* **às an aonais** without them □ *na daoine sin nach dèan sinn às an aonais* these people that we cannot do without (lit. that we cannot do without them) □ *bha an taigh lom às a h-aonais* the house was bleak without her □ *às aonais an cuideachaidh 's am mìsneachaidh* without their help and encouragement

aonan, -ain *nm* one thing, item □ *nach eil agad ach aonan?* have you only one?

aonar *nm* one person □ usually used as follows: *bha e na aonar* he was alone □ *bha i na h-aonar* she was alone □ *tha mi nam aonar an seo* I'm alone here etc. □ *cha tu nad aonar anns an t-suidheachadh sin* you're not the only one in that situation

aonarach -aiche *a* alone, forlorn, lone, lonely, solitary

aonarachd *nf* loneliness □ *bha i cho sgìth den aonarachd* she was so tired of the loneliness

aonaran, -ain, -ain *nm* hermit, anchorite, recluse

aonaranach, -aich, -aich *nm* □ same as **aonaran**

aonaranach *a* □ see **aonarach**

aonaranachd *nf* loneliness

aonarothaire, -ean *nm* unicycle

aoncheallach *a* unicellular

aonranach— □ see **aonarach—**

aonta *nm* accord, agreement, assent, consent, acquiescence, lease □ *… le fios agus aonta a fir-chèile …* with the knowledge and consent etc. of her husband □ *tha mi*

a' toirt aonta do na tha thu ag ràdh (Dw.) I agree with what you say □ *air a thoirt seachad air aonta airson croitearachd* leased for crofting □ *thug e na còirichean seilg dhaibh air aonta* he leased the hunting rights to them □ *chrom e a cheann mar gum b'ann an aonta ris* he inclined his head as if in agreement with him / in assent with him □ *nach cuireadh tu d'aonta ris a sin?* wouldn't you agree with that? □ *cha do mhair an t-aonta glè fhada* the accord didn't last very long □ *tha mi a' toirt taing dhaibh airson an aonta a thoirt seachad a chum an sgeulachd seo fhoillseachadh* I thank them for giving their permission to publish this story

aontach, -aiche *a* affirmative, compliant, agreeable, acquiescent □ *cha robh e idir aontach* he was by no means agreeable

aontachadh, -aidh, -aidhean *nm* & *vn* of **aontaich** agreeing etc., agreement, assent, sanction

aontachail, -e *a* mutual, tractable

aontaich, -achadh *v* agree, concede, concur, consent, unite □ *dh'aontaich e* he agreed □ *dh'aontaich sinn mun phrìs* we agreed about the price □ *dh'aontaich càch leis* the others agreed with him □ *dh'aontaicheadh leatha sa spot* she had his / their etc. immediate agreement (lit. it was agreed with her at once) □ *tha iad air aontachadh ann am prionnsabal gum bi …* they have agreed in principle that … will be … □ *cha robh e a' dol a dh'aontachadh leotha* he wasn't going to agree with them □ *a bheil thu ag aontachadh, agus carson?* do you agree, and why? □ *chaidh aontachadh leantainn le farpais bàrdachd aig a' Mhòd* it was agreed to continue with a poetry competition at the Mod □ *thòisich càch air aontachadh leis* others started to agree with him □ *chan aontaicheadh iad fiù 's dè an latha a th'ann* they wouldn't even agree what day it is □ *cha robh an còrr air ach aontachadh an toirt leam* there was nothing else for it but to agree to take them with me □ *tha e glè choltach gun aontaichear leis a' chiad cheist* it is very likely that the first question will get the affirmative □ note that **ri** is often used instead of **le**

aontaichte *pp* agreed □ *rè ùine aontaichte* over an agreed period

aontamhach *a* celibate

aontamhachd *nf* celibacy

aorabh, -aibh *nm* constitution (mental or bodily), make-up, nature □ *bha e riamh* *neo-fhallain na aorabh* he was ever unhealthy in his constitution □ *theagamh gur ann na aorabh a tha an t-eòlas sin* perhaps that knowledge is in his make-up □ *bha mi a' beachdachadh air aorabh an duine* I was contemplating the nature of man

aoradh *nm* □ see **adhradh**

aosmhor, -oire *a* aged, elderly

aosta *a* aged, old (frequently shortened to **aost** before a vowel) □ *tha mi ro aost airson a bhith nam shaighdear* I am too old to be a soldier □ *bha am bàta seo aosta* this boat was old □ *fàs aosta* age *v*

aostachd *nf* oldness

aotraman, -ain, -an *nm* □ see **aotroman**

aotrom, -oime *a* light (in weight / manner / tone), buoyant, light-headed, slight, wanton, weightless □ *aotrom (a thaobh luchd-obrach, sgioba, shaighdearan* etc.) undermanned, understaffed (lit. light – with regard to workers, crew, soldiers etc.) □ *bha e aotrom dibhearsaineach* it was light and entertaining □ *ann an dòigh aotrom* in a light(hearted) manner □ *tha an leabhar seo nas aotroime na leigeadh e leas a bhith* this book is lighter (in tone) than it needs to be

aotromachadh, -aidh *nm & vn* of **aotromaich** alleviating etc., alleviation

aotromachd *nf* buoyancy, levity, lightness

aotromaich, -achadh *v* alleviate, lighten (in weight), make / become less heavy, unload □ *dh'aotromaich iad an long le bhith a' tilgeil a' bhathair a-mach air a' mhuir* they lightened the ship by throwing the cargo into the sea

aotroman, -ain, -ain / -an *nm* bladder (organ)

aotromas, -ais *nm* lightness □ *'s e aotromas na stoighle a bhuail orm* it was the lightness of the style which struck me

apa, apaichean *nm* ape

aparan, -ain, -ain / -an *nm* apron □ *chroch i a h-aparan ri cùl an dorais* she hung her apron on the back of the door

aparsaig, -e, -ean *nf* haversack

apragod, -oid, -an *nm* apricot

ar form of prep **air** used before **fichead** (twenty) in the traditional Gaelic counting system – usually now **air** (see App. 11 Sect. 2.1 c)

àr *nm indec* tillage

àr, àir *nm* carnage, slaughter

ar *poss adj* our (**ar n-** before vowels) □ *ar dachaigh* our home □ *ar dùthaich* our country □ *ar n-athair* our father □ the emphatic suffix *-ne* may be added to the accompanying *noun* □ *ar gàrradh-ne* **our** garden □ or **ours** as in the following: *ged tha gàrradh bòidheach aig ar nàbaidh chan eil ar gàrradh-ne cho bòidheach* though our neighbour has a beautiful garden, **ours** isn't so beautiful □ *dè 'n gàrradh? ar gàrradh-ne* which garden? ours

ar, ar leam *def v* I think, I thought, methinks □ *ar leam gun robh i cho bòidheach ris a' ghrèin* I thought she was as beautiful as the sun □ *ar leatha gun robh rudeigin fada ceàrr* she thought there was something far wrong □ may also be used with a *noun subj* □ *ar le mòran nach fhaod seo a bhith* many thought that this can not be (so / the case)

àra, àrann, àirne / àirnean *nf* kidney □ *adha 's àirne* offal (of animal) *adha 's àra eòin* giblets

Arabach, -aich, -aich *nm* Arab

Arabach *a* Arabic, Arabian □ *figearan Arabach* Arabic numerals

àrach, -aich *nm & vn* of **àraich** nurturing, nurture, rearing □ *fhuair e àrach na fhògarrach fada bho thìr a dhùthchais* he was reared as an exile, far from his native land □ *thill e gu baile àraich* he returned to the town where he had been brought up

àrachas, -ais *nm* insurance □ *àrachas an aghaidh tubaist* insurance against (an) accident

àradh, -aidh, -aidhean *nm* ladder □ *chrom e an àradh* he descended the ladder □ *àradh ròpa* rope ladder □ also **fàradh**

àraich, àrach *v* foster, nourish, nurture, rear, secrete, tend, train □ *leigidh a' chuthag le eun eile a h-àl àrach* the cuckoo lets another bird rear its young □ *àraich tionnsgal* industrialize □ *tha an dùthaich ag iarraidh tionnsgal àrach* the country wants to industrialize

àraid, -e *a* peculiar, strange, singular, specific □ *bha e a-mach gu h-àraid air triùir bhàrd* he was dealing with / talking / writing about three poets in particular □ *greiseag an dèidh sin thachair nì àraid* shortly after that a peculiar thing happened □ *bha i (a') coimhead àraid anns an t-solas shoilleir ud* she looked peculiar in that bright light

àraidh, -e *a* certain, especial, particular, respective, special □ *air là àraidh* on a certain day □ *crìoch àraidh an duine* man's chief end □ *gu h-àraidh* especially, above all □ *gu seachd àraidh* most particularly

àraidheachadh, -aidh *nm & vn* of **àraidhich** specializing

àraidheachd *nf* peculiarity □ *cha robh duine ann a-riamh gun àraidheachd sam bith* there never was a man without any peculiarity

àraidhich, -eachadh *v* specialize

àraidhichte *pp* specialized □ *ann an irisean àraidhichte* in specialized magazines

àrainn, -e *nf* area, habitat, vicinity, locality □ *chan fhaca mi a-riamh iad anns an àrainn seo* I've never seen them in this area, vicinity etc. □ *air an comharrachadh a-mach nan àrainn clàr-teagaisg* marked out as a curricular area □ **air àrainn** *prep + gen* in the vicinity of, near to, within □ *air àrainn an taighe* in the vicinity of the house □ *sgrùd mi gach nì a bha air àrainn an t-seòmair* I examined everything [which was] (with)in the room □ **air àrainn** may have the force of an adverb □ *nuair nach robh am fear eile air àrainn* when the other (man / one) was not in the vicinity / around

àrainn-choisichean *nm* pedestrian precinct

Arainneach, -ich, ich *nm* inhabitant of Arran

Arainneach *a* of, belonging to or pertaining to Arran

àrainneachd *nf* environment □ *chan fhuiling an àrainneachd an truailleadh a tha i a'faighinn* the environment will not withstand the pollution it is receiving □ *tha truailleadh san àrainneachd a tha eagalach* there is fearful pollution of (lit. in) the environment

ar-a-mach *nm* □ see **aramach**

aramach *nm indec* insurrection, mutiny, rebellion, revolt, rising, up-rising □ *dèan aramach* mutiny, rebel, rise (in rebellion) □ *fad an aramach* all during the rebellion □ *Aramach nan Seumasach* The Jacobite Uprising

aran, -ain *nm* bread □ *aran goirid* shortbread □ *aran taisbeanta* shewbread □ *aran làitheil* daily bread

aran-coirce *nm* oatcake **a.-crì** *nm* gingerbread (also **a.-cridhe**) **a.-eòrna** n.m barley bread **a.-milis** *nm* bun, cake, sweetbread □ *cho daor ris an aran-mhilis* as expensive as cake

araon *adv* both □ *bha e araon na stàitire agus na sgoilear* he was both a statesman and a scholar □ *araon am bochd agus am beartach* both the poor man and the rich man □ *... gus an robh sinn araon sgith den t-seòrsa cleasachd seo ...* until we were both tired of this kind of sport □ *bha iad a' sgrìobhadh araon nan cànain fhèin*

agus anns a' Bheurla they were writing both in their own language and in English

àras, -ais, -an *nm* (also **àros**) habitation, house, dwelling □ *'s e àras rumail cofhurtail a bha sin* that was a roomy, comfortable dwelling

arbhar, -air *nm* corn (growing or in sheaf) □ *tha an t-arbhar a' fàs* the corn is growing □ *tha iad a' buain an arbhair* they are harvesting the corn □ *... is iad nan suidhe ri fasgadh sguab arbhair ...* as they sat in the shelter of a sheaf of corn

àrc, àirce, -an *nf* bung, cork (the substance or stopper), stopper □ *sgriubha àrc* corkscrew □ *bha e a' tarraing na h-àirce à botal fìona* he was drawing the cork from a bottle of wine □ *cuir àrc ann* cork *v*

Arcach *a* Orcadian

Arcach, -aich, -aich *nm* Orcadian

àrcan, -ain, -an *nm* cork, stopper

àrd, àirde *a* chief, eminent, great, high, lofty, loud, superior, supreme, tall, treble (of voice) □ *bha e na dhuine àrd cnàmhach* he was a tall, bony man □ *na beanntan àrda* the high mountains □ *aig ceann àrd an locha* at the top end of the loch □ *tha an rèidio ro àrd* the radio is too loud

gu h-àrd *adv* above, aloft, aloud, high, overhead, up (rest in) □ *... a chì sibh anns an dealbh gu h-àrd ...* whom you see in the above picture / in the picture above □ *air an ceangal gu h-àrd is gu h-ìosal le gadan* fastened top and bottom by withes (of a plural subject) □ *thoir àrd urram do* revere □ used in many place names e.g. *Àrd Bhearaig* Berwick Law □ *see* App. 12 Sect. 4.0

The *comp form* is **nas àirde / as àirde** (**na b'àirde / a b'àirde** in the *imperf / cond tense*) which, as well as meaning 'higher' etc., can also mean 'upper', 'uppermost', 'utmost' □ *air a' mheangan as àirde* on the upmost branch □ *bho thè de na h-uinneagan a b'àirde* from one of the upper windows □ *bha a bhathais a' sìor fhàs na b'àirde* his effrontery was continually becoming greater □ note also the use as an adverb: *thuirt e gum bu chòir an t-urram a thoirt don fhear a b'àirde a dhìreadh a' chreag* he said that the honour should go to the one who highest climbed the cliff

àrd- *pref* denoting high, chief etc.
àrd-aigne *nf* magnanimity **à.-amasach** *a* ambitious □ *'s e pròiseact àrd-amasach a tha seo* this is an ambitious project **à.-aoibhneas** *nm* exultation □ *le measgachadh de àrd-aoibhneas is anshocair* with a blend of exultation and unease **à.-bhaile** *nm* metropolis **à.-bhàillidh** *nm* mayor **à.-bheachdaich** pontificate *v* **à.-cheannach** *a* lofty □ *cho àrd-cheannach ris na beanntan as àirde* as lofty as the highest hills **à.-chlàr** *nm* plateau **à.-chliù** *nm* laudation **à.-doras** *nm* lintel □ *uinneag àrd-dorais* fanlight **à.-eaglais** *nf* cathedral **à.-easbaig** *nm* archbishop **à.-èibhneach** *a* ecstatic **à.-èibhneas** *nm* ecstacy **à.-fhear-stiùiridh** *nm* chief executive **À.-Fhear-Tagraidh, an t-À.-Fhear-Tagraidh** *nm* the Lord Advocate **à.-fhèill** *nf* jubilee **à.-fhoghlam** *nm* erudition **à.-fhuaimneach** *a* loud □ *le ospaig àrd-fhuaimneach* with a loud sob **à.-ghlòir** *nf* grandiloquence **à.-ghlòrach** *a* sonorous **à.-ghuthach** *a* audible, loud, loud-voiced □ *gu h-àrd-ghuthach* loudly, aloud, audibly □ *dh'èigh e gu h-àrd-ghuthach* he shouted aloud / loudly **à.-innleadair** *nm* chief engineer (also **prìomh-innleadair**) **à.-inntinneach** *a* high-minded **à.-inntleachdail** *a* high-brow **à.-inntleachdair** *nm* high-brow **à.-iolach** *nf* acclamation, loud shout □ *le àrd-iolach* with a loud shout □ *thogadh am bratach ri crann ri àrd-iolach nan Gaidheal* the banner was raised to the mast to the acclamation of the Gaels **à.-ìre** *nf* high-level, high standard □ *àrd-ìre dòigh-beatha* high standard of living (see also the following) **à.-ìre** *a* high-level, higher, advanced □ *dòigh-beatha àrd-ìre* high standard of living □ *cumaidh seo daoine bho fhoghlam àrd-ìre* this will keep people away from higher education **à.-mhaighstir** *nm* headmaster □ *...far an robh e na àrd-mhaighstir sgoile* where he was a [school] headmaster **à.-mhanach** *nm* prior **à.-mhol** *v* extol, laud **à.-mholadh** *nm* applause **à.-ollamh** *nm* professor (in the U.K. this means head of a department, not a reader / lecturer as it may elsewhere) **à.-rathad** *nm* major road **à.-sgoil** *nf* academy, high-school, secondary school □ *chaidh e*

do àrd-sgoil Chinn a' Ghiuthsaich he went to Kingussie secondary school **à.-sgoile** *a* secondary (of education) □ *foghlam àrd-sgoile* secondary education **à.-shagart** *nm* high-priest, pontiff **à.-sheanadh** *nm* assembly (of Presbyterian Church) **à.-stiùbhard** *nm* chief steward **à.-theicneolach** *a* high technology □ *bathar àrd-theicneolach* high technology goods / products **à.-thir** *nm* highland (geog.) **à.-thireach** *a* highland (geog.) **à.-uachdaran** *nm* overlord, potentate **à.-ùrlar** *nm* dais, hustings, platform, stage **à.-urram** *nm* veneration

àrdachadh, -aidh, -aidhean *nm & vn* of **àrdaich** promoting etc., advancement, (process of) elevation, ennoblement, exaltation, gradient, preferment, promotion, raise □ *tha iad a' faighinn àrdachadh naoi sa cheud* they are getting a raise of nine percent
àrdachadh-chàirdean *nm* nepotism
àrdachair, -ean *nm* □ see **àrdaichear**
àrdaich, -achadh *v* advance (of rank), dignify, elevate, ennoble, exalt, heighten, honour, magnify, prefer, promote, raise, uplift, upraise □ *àrdaich (an luach)* appreciate *intrans* (fin.)
àrdaichear, -eir, -an *nm* elevator, lift (e.g. in a building)
àrdaichear-sgi *nm* ski-lift
àrdail *a* cardinal (of numbers) □ *àireamh àrdail* cardinal number □ *figear àrdail* cardinal figure
àrdan, -ain *nm* arrogance, haughtiness, (mental) loftiness, pride, proud anger, wrath □ *...leis an àrdan a bha air...* because of the proud anger he had □ *ghabh e a leithid de dh'àrdan is gun...* he became so angry that ...
àrdanach, -aiche *a* arrogant, haughty, lofty, supercilious
àrdchlar, -air, -an *nm* plateau
arfuntachadh, -aidh *nm & vn* of **arfuntaich** confiscating etc., confiscation
arfuntaich, -achadh *v* confiscate □ *dh'arfuntaich am poileas an lìn* the police confiscated their nets
arfuntaichte *pp* confiscated, forfeited □ *na h-oighreachdan arfuntaichte* the forfeited estates

argamaid, -e, -ean *nf* argument, thesis □ *chan eil fhiosam dè as adhbhar don argamaid* I don't know what the reason for the argument is □ *bha e a' faighinn a' chuid a b'fheàrr den argamaid* he was getting the best of the argument

argamaideach, -iche *a* argumentative

aristocratachd *nf* aristocracy

arm, airm, airm *nm* arm, army, weapon □ *duine nach eil san arm* civilian □ *ghabh e san arm* he enlisted in / joined the army □ *thilg iad bhuapa na h-airm aca* they threw away their arms *Arm an t-Saoraidh / Arm na Slàinte* Salvation Army

arm-ghille *nm* arm-bearer **a.-lann** *nf* arsenal, magazine (for weapons)

armachadh, -aidh *nm & vn* of **armaich** arming

armachd *nf* arms, armour □ *bha 15000 duine fo armachd* 15000 men were under arms □ *gairm gu armachd* a call to arms

armaich, -achadh *v* arm

armailt.-ean *nm* army □ *bha iad de na daoine (a) bu trèine a bha anns an armailt* they were among the strongest men in the army

armailteach, -iche *a* military

Armainis *nf* Armenian (lang.)

àros, -ois, -an *nm* habitation, house, dwelling, seat (= habitation) □ see **àras**

arpag, -aige, -an *nf* harpy

arrabhaig, -ean *nf* skirmish

arsa *def v* said □ has the past tense only, and is used only in reported speech □ *"Chan eil sin ceart," arsa mise rithe* "That's not correct," I said to her □ the last vowel is invariably omitted before a following vowel, and *pers prons* are always *emphatic* □ *ars' esan* he said □ *ars' ise* she said etc.

àrsaidh, -e *a* ancient, archaic, primeval □ *chunnaic sinn ballachan a' bhaile àrsaidh* we saw the walls of the ancient city □ *… mar a theireadh na daoine àrsaidh …* as the ancients used to say

àrsaidheachd *nf* archaeology

àrsair, -ean *nm* antiquary, archaeologist

artaigil, -ean *nm* article (in magazine etc.) □ *tapadh leibh airson an artaigil a chuir sibh thugainn* thank you for the article which you sent to us □ *bhitheadh sinn glè thoilichte an aon seòrsa artaigil fhaighinn uaibh a-rithist* we would be pleased to receive the same type of article from you again

Artach *a* Arctic

as *abbr form* of **anns** used in some areas e.g. *as an drabhair sin* in that drawer □ *bha*

sinn a' fuireach as an taigh sin we were staying in that house □ *as a' chùbaid* in the pulpit □ *as na seòmraichean* in the rooms

as *rel form* of the assertive verb i.e. **a** + **is** that / who / which is □ *as ùr* afresh, anew □ *tòisich as ùr* resume □ *tha e ga fhaicinn fhèin as ùr* he sees himself afresh / anew □ used with the *comp form* of the *adj* e.g. *as fheàrr* best □ see **feàrr**

as bith *pron* whatever, whatsoever □ *tha seo nas cumanta am measg nan Sìneach, as bith carson* this is more common among the Chinese, for whatever reason (lit. whatever why) □ *glacaidh sinn an duine seo, as bith cò e* we shall catch this man, whoever he is

a / as *prep + dat* □ these are now shown with an accent to show the open nature of the vowel which is not long □ see **às** *prep* below

---

às *prep + dat* off, out, out of □ this is the form of the *prep* **à** (q.v.) used before a *def noun*, **à** being used with *indef nouns* □ *bha e a' tighinn a-mach às an taigh* he was coming out of the house □ *às a sin / às an àite sin* thence □ *às an t-sreath* exceptional □ *às an fhasan* out of fashion, out of date □ *às a' chumantas* out of the usual, abnormal □ *às an rathad* esoteric □ *thoir an car às* cheat, outwit, trick □ *thug e an car asam* he cheated / tricked me

This is also the form of the *prep* **à** used with *interr parts* □ *chaidh e a-steach don togalach às an robh an t-seinn a' tighinn* he entered the building from which the singing was coming □ *thuit e anns a' chadal às nach tig dùsgadh* he fell into the sleep from which comes no awakening □ the **às** form is also often found before a vowel e.g. *às àite* out of place

às is also used as an *adv* = off, out □ *chaidh a' mhaidse às na mheòirean* the match went out in his fingers □ *bha an teine air a dhol às* the fire had gone out □ *às a chèile* asunder, apart □ *dèan às* escape, cut and run □ for other idioms see **fàg, cuir, cur, dubh, car, thoir, rach**

às leth *prep + gen pro* □ see **leth, às leth**

às aonais *prep + gen* minus, without □ see **aonais** above

às eugmhais *prep* + *gen* devoid of, without □ for examples see **eugmhais**
às- (sometimes written á-/ ás-, though this is not now recommended) *pref* = an-, ex-, in-, un- etc.
às-abhainn *nf* distributary (geog.)
à.-aimsireachd *nf* anachronism
à.-aimsireil *a* anachronistic à.-aithris *nf* quotation (lit.) à.-àrcaich *v* uncork
à.-bhathar *nm* export (product)
à.-creideach *nm* sceptic à.-creideach *a* incredulous, sceptical à.-creideamh *nm* disbelief, incredulity, scepticism □ *dh'èirich a ghuth le às-creideamh* his voice rose with incredulity à.-creideas *nm* incredulity à.-creidmheach *nm* disbeliever à.-dhùthchach *a* expatriate à.-innleachd *nf* plot, scheme, weapon (of destruction) □ *tha às-innleachdan mòra aca a chuireas às dhuinn* they have mighty weapons which will annihilate us □ *fhad 's a bha sinn a' dèanamh às-innleachd …* while we were devising a scheme… à.-mhalairt *nf* export (process) à.-mhalairtear *nm* exporter à.-tharraing *nf* abstract à.-tharraing *v* abstract à.-tharraingeach *a* abstractive, extractive à.-tharraingeachd *nf* abstraction à.-tharraingte *pp* abstract(ed) □ *ann an domhain às-tharraingte* in an abstract universe □ *'s e gnìomhachd gu math às-tharraingte a tha seo* this is quite an abstract activity

asad *prep pron* of the *prep* à (q.v.) from you / of you *sing*
asad, -aid, -an *nm* acid (also **searbhag**)
asaibh *prep pron* of the *prep* à (q.v.) from you / of you *pl & polite*
asaid, -e *nf* deliverance, delivery (childbirth) □ *asaid anabaich* miscarriage (med.) □ *bha asaid anabaich aice* she miscarried / had a miscarriage
asaideachadh, -aidh *nm & vn* of **asaidich** delivering (child)
asaidich, -eachadh *v* deliver (child)
asail □ see **asal**
asainn *prep pron* of the *prep* à (q.v.) from us / of us □ *chan eil sinn cinnteach gu leòr asainn fhèin* we aren't sure enough of ourselves
asair, -ean *nm* harness

asair, -ean *nm* asarum (plant)
asal, -aile, -ean *nf* (*nm* in some places) ass, donkey
asal-stiallach *nf* zebra
asam *prep pron* of the *prep* à (q.v.) from me / of me
asbhuain, -e *nf* stubble
ascaoin, -e *a* harsh, inclement, unkind □ *tha taobh ascaoin na mara a' nochdadh* the harsh aspect of the sea shows
asgaidh, an asgaidh *adv* free, gratis, for nothing, without payment □ *thug e dhomh an leabhar an asgaidh* he gave me the book free □ *tha e ri fhaotainn air 75sg. post an asgaidh* it can be obtained for 75p post free
asgail / asgaill, -ean *nf* armpit □ *na asgail* under his arm □ less common than **achlais**
asgair, -ean *nm* apostrophe
Asirianach, -aich, -aich *nm* Assyrian
Asirianach *a* Assyrian
aslach, -aich, -aichean *nm* □ same as **aslachadh**
aslachadh, -aidh, -aidhean *nm & vn* of **aslaich** petitioning etc., petition, solicitation, supplication
aslaich, -achadh *v* implore, petition, solicit, supplicate, request □ *bha iad ag aslachadh air neach sam bith cobhair a thoirt dhaibh* they were imploring anyone to help them
asparag, -aige, -an *nf* asparagus
asta *prep pron* of *prep* à (q.v.) from them / of them
Astaigeach, -ich, -ich *nm* Aztec □ *na h-Astaigich* the Aztecs
Astaigeach *a* Aztec
astar, -air, -an *nm* 1. distance □ *de astar / de dh'astar / a dh'astar* distant *adv* □ *mu sheachd mìle de dh'astar* about seven miles' distance / distant □ *mu mhìle gu leth a dh'astar bhuam* about a mile and a half away from me / in distance from me □ *astar mhìltean* mileage □ *astar math bhon taigh* a good distance from the house □ *na h-astaran aibhseach ud* those immense distances □ *aig astar* at a distance, at a remove □ *barrachd air leth an astair a bha againn ri dhol* more than half the distance we had to go 2. speed □ *bha an sgiobair ag iarraidh tuilleadh astair* the skipper wanted more speed 3. journey □ *cha do stad sinn ach aon uair air an astar* we stopped only once on the journey □ *thuirt e nach cha b'e droch astar a bh'ann* he said it hadn't been a bad journey

air astar *adv* a distance, a way □ *fada air astar* far off, far away □ *tha aca ri dhol air astar fada mus ruig iad an taigh* they have a long way to go before they reach the house □ *dh'fheumadh e a dhol air astar bho a dhachaigh* he had to go some distance from his home

astar-chleoc *nm* speedometer **a.-chrìoch** *nf* speed-limit **a.-mheud** *nm* momentum

astarach, -aiche *a* speedy

astas, -ais, -an *nm* missile

at *nm & vn* of **at** festering etc., expansion, inflammation (med.), protuberance, swelling, tumour □ *at(-cùinnidh)* (monetary) inflation

at, at *v* fester, surge, swell □ *dh'at a ghàirdean gu h-eagalach* his arm swelled dreadfully □ *air at* swollen, turgid □ *bha a h-aodann air at* her face was swollen / had swollen

at-bràghad *nm* quinsy **a.-busach** *nm* mumps **a.-cùinnidh** *nm* inflation (fin.) □ *tha iad air fàs sgìth den at-chùinnidh a tha a' sìor àrdachadh phrìsean* they have grown tired of the inflation which is continually raising prices

atachadh, -aidh *nm & vn* of **ataich** expanding etc., expansion

atachas, -ais *nm* inflation (fin.)

ataich, -achadh *v* expand

atam, -aim, -an *nm* atom

atamach *a* atomic

àth, -a, -an(nan) *nf* kiln

àth-aoil *nf* lime-kiln **à-cheilpe** *nf* kelp-kiln

àth, -an *nm indec* ford □ *Àth Tharracail* Acharacle □ *àthan Iòrdain* the fords of Jordan

---

ath, an ath *a* (*lens* following *noun*) next □ *an ath sheachdain* next week, the following week □ *an ath fhear* the next one □ *an ath shaoghal* the hereafter □ *an ath bhliadhna* next year □ *ro cheann na h-ath bhliadhna* before the end of the following year □ *chan eil fhios agam dè an ath cheum a bu chòir dhuinn a ghabhail* I don't know what's the next step we should take □ *anns an ath thaigh* in the next house □ *an ath thuras a chunnaic mi e …* the next time I saw him … □ *an ath fhaireachdainn a bha aige bha e …* the next thing he knew he was … □ *cha robh coltas na gòraiche air an ath*

---

ghnìomh a rinn e there was no appearance of folly on the next act he performed □ *airson faighinn air adhart chun na h-ath ìre* for (the purpose of) proceeding to the next stage

ath occasionally means 'another / second' as in *cha do dh'iarr ise an ath chuireadh* she didn't need another / second invitation □ *tha iad am beachd ath shùil a thoirt air an t-suidheachadh* they intend to review the situation □ *nuair a thug e an ath shùil air …* when he looked at it again …

ath- *pref* frequently used with the same meaning as 're-' in English □ note that in the verbs that follow with this prefix, only the root is given, and not the *vn*, though in many cases these are given separately when they have a meaning one step removed from the *vn* (i.e. when the meaning does not end in '-ing'). Please note that, for ease of reference, all compounds of **ath-** have been grouped together. Words which would normally have been placed alphabetically within this range will be found after this section. It should also be noted that many of these compounds may now be found written as one word.

ath-agair *v* appeal (legal) **a.-agairt** *nf & vn* appealing, appeal (legal) **a.-aiseag** *nm & vn* restoration **a.-aisig** *v* restore **a.-àiteachadh** *nm & vn* resettling etc., resettlement **a.-aithris** *nf & vn* repeating etc., iteration, rehearsal, reiteration, repetition □ *ath-aithris aodaich* dress rehearsal **a.-aithris** *v* echo, repeat, rehearse, reiterate □ *le bhith ga ath-aithris* by dint of repeating it **a.-aithriseach** *a* iterative **a.-àitich** *v* resettle **a.-aonadh** *nm* reunion **a.-armadh** *nm* rearmament **a.-bheachd** *nf* after-thought, reconsideration, retrospect **a.-bheachdachadh** *nm & vn* reviewing etc., review **a.-bheachdaich** *v* review, reconsider **a.-bheothachadh** *nm & vn* re-animating etc., renaissance, resurgence, revival □ *thug an t-Ath-bheothachadh iomadh fear-ealain gu cinneas* the Rennaissance produced many artists **a.-bheothaich** *v* re-animate, recreate, rekindle, revive **a.-bhriathrachas** *nm* tautology **a.-bhrosnaich** *v* rally **a.-bhuail** *v* strike /

hit again **a.-bhuailte** *pp* reflex **a.-bhualadh** *nm & vn* restriking etc., reprint □ note that **a.-bhuail** does not mean reprint *v* (see **a.-chlò-bhuail**) **a.-bhuannachd** *nm & vn* reclaiming etc., reclamation (of land) **a.-bhuannaich** *v* reclaim (of land). **a.-bhuidhinn** *v* retrieve **a.-bhuidhinn** *nf & vn* retrieving etc., retrieval **a.-chàirich** *v* refit **a.-chaithte** *a* recycled □ *bha e clò-bhuailte air pàipear ath-chaithte* it was printed on recycled paper **a.-chàradh** *nm & vn* refitting etc., refit □ *bha an long a' feitheamh ri ath-chàradh* the ship was awaiting a refit **a.-ceannach** *nm & vn* redeeming, repurchasing **a.-cheannaich** *v* redeem, repurchase **a.-cheannsaich** *v* reconquer **a.-cheannsachadh** *nm & vn* reconquering **a.-cheasnachadh** *nm & vn* cross-examining etc., cross-examination, re-examination **a.-cheasnaich** *v* cross-examine, re-examine **a.-chladhachadh** *nm & vn* disinterring etc., disinterment **a.-chladhaich** *v* disinter **a.-chleachd** *v* re-use, recycle **a.-chleachdadh** *nm & vn* recycling etc. **a.-chlò-bhuail** *v* reprint **a.-chluich** *nf & vn* replaying, replay **a.-chluich** *v* replay **a.-chluinn** *v* rehear **a.-chluinntinn** *nf & vn* rehearing **a.-choillteireachd** *nf* reafforestation **a.-chòireachadh** *nm* reform, reorganization **a.-chòirich** *v* reform, reorganize **a.-choisinn** *v* regain **a.-cholainneadh** *nm* reincarnation **a.-chòmhdachadh** *nm & vn* rebinding, reaffirming **a.-chòmhdaich** *v* rebind, reaffirm **a.-chonnachadh** *nm & vn* refuelling **a.-chonnaich** *v* refuel **a.-chosnadh** *nm & vn* regaining **a.-chraol** *v* repeat (broadcast) **a.-chraoladh** *nm* repeat (broadcast) **a.-chruinneachadh** *nm & vn* reassembling, reassembly **a.-chruinnich** *v* reassemble **a.-chruthachadh** *nm & vn* recreating, recreation **a.chruthaich** *v* recreate **a.-chuairteachadh** *nm* recycling **a.-chuairtich** *v* recycle **a.-chuinge** *nf* petition, request, entreaty, supplication **a.-chuir** *v* replant, transplant **a.-chum** *v* distort, reconstruct, recreate, reshape **a.-chumadh** *nm & vn* reconstruction, distortion **a.-chùnnt** *v* recount **a.-chùnntadh** *nm &*

vn recounting **a.-chur** *nm & vn* re-planting, transplant **a.-chur-a-mach** *nm* reissue **a.-dhearbh** *v* re-affirm, reassert **a.-dhearbhadh** *nm & vn* re-affirming, reasserting, re-affirmation, reassertion **a.-dhìol** *v* recompense, refund, repay, requite **a.-dhìoladh** *nm & vn* refunding etc., recompense, refund, retribution **a.-dhìolte** *pp* repaid **a.-dhìrich** *v* remount **a.-dhìreadh** *nm & vn* remounting **a.-dhoras, an a.-dhoras** *adv* next door □ *an duine an ath-dhoras* the man next door **a.-dhreachd** *v* redraft **a.-dhreachdadh** *nm & vn* redrafting, redraft **a.-dhùblachadh** *nm & vn* reduplicating, reduplication **a.-dhùblaich** *v* reduplicate **a.-dhùisg** *v* re-awaken, resuscitate **a.-dhùthchachadh** *nm & vn* repatriating, repatriation **a.-dhùthchaich** *v* repatriate **a.-èisteachd** *nf* rehearing □ *thoir ath-èisteachd do* rehear **a.-fhathann** *nm* counter rumour □ *bha fathann is ath-fhathann a' dol* rumour and counter rumour were going (about) **a.-fheum** *nm* re-use □ *cuir gu ath-fheum* re-use, recycle □ *nach bu chòir dhuinn an stuth seo a chur gu ath-fheum?* ought we not to recycle this material? **a.-fhosgail** *v* reopen **a.-fhosgladh** *nm & vn* reopening **a.-fhreagair** *v* respond **a.-fhreagairt** *nf & vn* responding **a.-fhuaimneach** *a* resonant **a.-fhuaimneachadh** *nm & vn* echoing, resounding **a.-fhuaimneachd** *nf* resonance **a.-fhuaimnich** *v* echo, resound □ *dh'ath-fhuaimnich an glaodh o cheann gu ceann den ghleann* the cry echoed / resounded from end to end of the valley **a.-ghabh** *v* resume, retake, take again □ *ath-ghabh a-steach* re-admit **a.-ghabhail** *nf & vn* resuming, retaking, taking again □ *ath-ghabhail a-steach* re-admitting, re-admission **a.-ghairm** *v* reverberate **a.-ghairm** *nf & vn* reverberating etc., reverberation **a.-ghin** *v* regenerate **a.-ghineamhainn** *nm & vn* regenerating etc., regeneration **a.-ghnàthaichte** *pp* rehabilitated **a.-ghoirid** *nf* shortcut □ *ghabh iad ath-ghoirid a' tilleadh* they took a shortcut coming back **a.-innis** *v* recapitulate **a.-innse** *nf & vn* recapitulating etc., paraphrase, recapitulation **a.-inntrig** *v* re-enter **a.-inntrigeadh** *nm & vn-* re-entering etc., re-entry **a.-ìomhaigh** *nf* reflection □ ... *a bhiodh na ath-ìomhaigh de thachartasan eaconomach* ... which would be a reflection of economic events **a.-leagh** *v* refine **a.-leaghadh** *nm & vn* refining **a.-leasachadh** *nm & vn* reforming etc., reformation □ *tha ath-leasachadh susbainteach ga thoirt air* a substantial reformation is being wrought upon it **a.-leasaich** *v* reclaim, reform **a.-leasaichte** *pp* reclaimed, reformed □ *an Eaglais Ath-leasaichte* the Reformed Church **a.-leig** *v* allow again □ *ath-leig a-steach* re-admit **a.-leigeil** *nm & vn* allowing again etc. □ *ath-leigeil a-steach* re-admission **a.-leugh** *v* reread, read again □ *cha robh cothrom agam (a) ath-leughadh* I had no opportunity to reread it *masc* **a.-leughadh** *nm & vn* rereading, reading again **a.-leum** *v* rebound, spring or leap again **a.-leumachd** *nf* resilience **a.-leumadh** *nm & vn* rebounding, springing or leaping again **a.-lìon** *v* refill **a.-lìonadh** *nm & vn* refilling, refill **a.-lorg** *v* rediscover **a.-lorg** *nf & vn* rediscovering etc., rediscovery **a.-lorgachadh** *nm & vn* retracing **a.-lorgaich** *v* retrace **a.-mhìneachadh** *nm & vn* redefining, redefinition **a.-mhìnich** *v* redefine □ *chaidh raon obrach na Comhairle ath-mhìneachadh* the Committee's role has been redefined **a.-neartachadh** *nm & vn* reinforcing etc., reinforcement **a.-neartaich** *v* reinforce **a.-nochd** *v* reappear □ ... *a' sìor ath-nochdadh ann an aislingean* continually reappearing in dreams **a.-nochdadh** *nm & vn* re-appearing etc., re-appearance **a.-nuadhachadh** *nm & vn* renewing etc., rebirth, regeneration, renewal □ *ath-nuadhachadh baile* urban renewal **a.-nuadhaich** *v* regenerate, renew, revise **a.-nuadhaichte** *pp* renewed, revised □ *le amasan ath-nuadhaichte* with revised aims **a.-obair** *nf* revision **a.-oidhche, an a.-oidhche** 1. the next night 2. tomorrow night (in which case it is often *abbr* to **an ath-oidhch' / an athoidhch** and pronounced roughly as '*nathich*' without pause or emphasis) □ *bithidh leasan againn an ath-oidhch'* we will have a lesson tomorrow night

a.-òrdachadh *nm* reorganisation, reordination **a.-òrdaich** *v* reordain **a.-phàigh** *v* reimburse **a.-phàigheadh** *nm & vn* re-imbursing etc., re-imbursement **a.-phiantan** *n pl* after-pains **a.-raon** *v* refract **a.-raonach** *a* refracting □ *gloinne-amhairc ath-raonach* refracting telescope **a.-raonadh** *nm & vn* refracting, refraction **a.-reic** *v* resell **a.-reic** *nm & vn* reselling etc., resale **a.-riochdachadh** *nm & vn* reproducing etc., adaptation, reproduction **a.-riochdaich** *v* reproduce □ *chan fhaodar pàirt sam bith den leabhar seo ath-riochdachadh an cruth sam bith* no part of this book may be reproduced in any form **a.-sgrìobh** *v* copy (rewrite), transcribe □ *bha iad ag ath-sgrìobhadh nan seann leabhraichean* they were transcribing the old books **a.-sgrìobhadh** *nm & vn* rewriting etc., appendix (book), copy, fair copy, transcript, transcription **a.-sgrìobhair** *nm* transcriber **a.-sgrùd** *v* re-examine, revise **a.-sgrùdadh** *nm & vn* checking up, re-examining etc., re-examination, revision **a.-shealbhachadh** *nm & vn* repossessing etc., repossession, reversion **a.-shealbhaich** *v* regain, repossess **a.-sheall** *v* repeat (showing) **a.-shealladh** *nm* repeat (showing) □ *chan fhacas an còrr ach ath-sheallaidhean* nothing else but repeats has been seen (lit. has not been seen the rest but repeats) **a.-sheòl** *v* redirect **a.-sheòladh** *nm & vn* redirecting, redirection **a.-shuidheachadh** *nm & vn* re-appointing, resetting, re-appointment, reset **a.-shuidhich** *v* re-appoint, reset □ *chaidh a ath-shuidheachadh mar rùnaire* he was re-appointed as secretary **a.-shùil** *nf* recap **a.-smuain** *nf* after-thought □ *mar gun robh e air a dhèanamh mar ath-smuain* as if he had made it as an after-thought **a.-stèid-heachadh** *nm & vn* reconstituting etc., reconstitution **a.-stèidhich** *v* reconstitute □ *thèid a' chomhairle ath-stèid-heachadh* the council will be reconstituted **a.-stoc** *v* re-stock (shelves) **a.-stocadh** *nm & vn* re-stocking (shelves) **a.-thagh** *v* re-elect **a.-thaghadh** *nm & vn* re-electing etc., re-election **a.-thaigh** *nm* annexe

a.-tharraing *v* redraw □ *dh'ath-tharraingeadh map an t-saoghail* the map of the world was redrawn **a.-tharraing** *nf & vn* redrawing **a.-thathaich** *v* revisit **a.-thathaich** *nf & vn* revisiting, revisit **a.-theòdh** *v* reheat **a.-thill** *v* return, turn again **a.-thilleadh** *nm & vn* returning etc., return □ *aththilleadh tinneis* relapse **a.-thog** *v* rebuild, reconstruct □ *… an àite a bhith ag ath-thogail* … instead of rebuilding **a.-thogail** *nf & vn* rebuilding, reconstructing, reconstruction

---

athach, -aich, -aich *nm* giant
athadh, -aidh *nm* timidity, bashfulness, modesty □ *gun athadh* fearless, without timidity / bashfulness □ *bhruidhinn i gun athadh* she spoke without bashfulness □ *gun athadh air m'aodann* with no timidity on my face □ *mnathan gun nàire gun athadh* women without shame or modesty □ *cha robh athadh idir air tadhal anns an taigh òsta* he was in no way abashed to visit the inn
athair, athar, athraichean *nm* father, progenitor, sire □ *pl* **athraichean** often means 'elders' while **na h-athraichean** often means 'forefathers' □ *bi mar athair air sire v* □ *bi mar athair / gabh ri mar athair* father *v* □ *gun athair* fatherless □ *tha a h-athair tinn* her father is unwell □ *cha robh e ag aideachadh gum b'e a b'athair dha idir* he wasn't admitting that he was his father at all (lit. that it was he that was father to him) □ *an t-Athair Urramach Dòmhnall MacDhòmhnaill* the Reverend Father Donald MacDonald
athair-cèile *nm* father-in-law **a.-faoisid** *nm* confessor **a.-liath** *nm* sage (plant), plantain **a.-mhort** *nm* parricide (the crime) **a.-mhortair** *nm* parricide (the perpetrator) **a. thalmhainn** *nf* yarrow, milfoil
athaireachd *nf* paternity
athaireil, -e *a* fatherly, paternal
athaireachadh, -aidh *nm & vn* of **athairich-** fathering
athairich, -eachadh *v* father □ *chuir e roimhe gun athairicheadh e oighre an oidhche sin fhein!* he made up his mind that he would father an heir that very night!
athais *nf* leisure
athaiseach, -iche *a* leisurely, tardy, slow □ *bha an triall athaiseach* the journey was slow □ *gu h-athaiseach shrac e a' bhileag na piosan* leisurely he tore the leaflet in pieces (lit. in its pieces) □ *tha a' bheatha*

an seo nas athaisiche na tha i ann an àite sam bith eile air an t-saoghal life is slower here than it is anywhere else in the world
athaisich, -eachadh *v* abate □ *bha na frasan geamhraidh ag athaiseachadh* the wintry showers were abating / becoming less severe
athar *gen sing* of **athair**
atharrachadh, -aidh, -aidhean *nm & vn* changing etc., alteration, change, conversion (of building etc.), fluctuation, modification, mutation, variety, variation, modification, difference □ *atharrachadh aimsire / atharrachadh gnàth-shìde* climate change *atharrachadh roinneil* □ regional variation □ *thàinig atharrachadh snuaidh air aodann* his face changed colour (lit. a change of hue came upon his face) □ *gun atharrachadh* unvaried □ *tha cuid de na h-atharrachaidhean nach robhas a' rùnachadh* some of the changes were not wanted (lit. there are some of the changes which were not being desired) □ for **robhas** see **bi** □ *is iomadh atharrachadh a thàinig air an t-saoghal on uair sin* the world has undergone many a change since then □ *tha iad air caochladh atharrachaidhean a thoirt air* they have imposed a variety of changes on it □ *is mòr an t-atharrachadh a thàinig air* it has changed greatly (lit. it is great the change that has come upon it) □ *a' dèanamh atharrachadh obraichean* doing a variety of jobs / various jobs
atharraich, -achadh *v* alter, amend, change, convert, fluctuate, modify, translate, transpose, vary □ *atharraich (gleus)* modulate (key) □ *dh'atharraich e a bheachd* he changed his opinion □ *dh'atharraich iad an aodach* they changed their clothes
atharraichte *pp* changed, modified etc. □ *tagradh atharraichte* a modified proposal
atharrais, -e *nf & vn* mimicking etc., imitation, mimicry, parody □ *dèan atharrais air* ape, copy, imitate, mimic, recount, retell □ *fear-* / *bean-atharrais* mimic
atharrais, atharrais *v* (+ **air**) □ same as **dèan atharrais** above □ *bha iad ag atharrais air na faclan aige* they were imitating / mimicking his words □ *tha an sgeulachd air a h-atharrais an ceann a h-uile greis* the story is retold every so often (lit. at the end of every while) □ *… eisimpleirean Gàidhlig a dh'fhaodas iad atharrais orra* … Gaelic models which they may copy (lit. may mimic on them)

atharrais-aineolais *nf* feigned ignorance
athraichean *pl* of **athair**
atlas, -ais, -an *nm* atlas
atmhor, -oire *a* bombastic □ *dh'èist sinn ris is e a' labhairt nam briathran atmhor sin*

we listened to him as he spoke those bombastic words
atmhorachd *nf* inflation □ *tha eagal orra mun atmhorachd* they are fearful about the inflation

B, b

b' shortened form of **bu** (q.v.) used before vowels
babag, -aige, -an *nf* tuft
babagach, -aiche *a* tasselled □ *bha bonaid bhabagach air* he wore a tasselled bonnet
babaid, -e, -ean *nf* tassel
bàbhan, -ain, -ain / -ean *nm* rampart
babhstair, -ean *nm* bolster
babht(a), -aichean *nm indec* in *sing* bar, bolt □ *bha babhtaichean air an uinneig* there were bars on the window
babhta-stiùiridh *nm* joy-stick
babhta-tarsaing *nm* cross-bar
bac, -aic, -an / annan *nm* 1. hollow □ *bac na h-iosgaid* hollow at the back of the knee, hough, hock (often simply **iosgaid**) 2. thowl / thole pin, rowlock □ *bha an sàl a' ruith geal mu na bacan aice* the sea was flowing white about her rowlocks 3. sand-bar 4. peat-bank
bac, -adh *v* ban, bar, check, clog, curb, debar, detain, deter, disallow, foil, frustrate, hinder, hold back, impede, inhibit, interdict, keep back, preclude, prevent, prohibit, restrain, retard, stop (only in the sense of 'prevent') □ *am bac sin sinn o bhith a' faighinn sonas?* will that prevent us from finding happiness? □ *cha bhac mise thu* I won't stop / hinder you □ *chan e dìth dìorrais a chuireas bacadh oirnn* it's not lack of zeal that will hold us back □ *bha e air a bhacadh o dhol don choinneimh* he was prevented from going to the meeting □ *bha e air a bhacadh bho dhraibheadh airson ochd mìosan deug* he was banned from driving for eighteen months
bac-fhiacail *nf* ratchet
bacach, -aiche *a* 1. cripple, lame □ *dèan bacach* lame *v* □ *bi bacach* limp *v* 2. preventive
bacach, -aich, -aich *nm* cripple □ *na bacaich ag imeachd* the lame walking
bacadh, -aidh, -aidhean *nm & vn* of **bac** hindering etc., ban, barrier, check, embargo,

handicap, hindrance, impediment, inhibition, interdict, let, limitation, obstacle, prevention, restraint, restriction, stint, suspension □ *bacadh cadail* insomnia □ *bacadh siubhail* traffic restriction □ *gun bhacadh* unrestricted □ *cuir bacadh air* counteract, discomfit, hinder, impede, restrict □ *tha seo a' cur bacadh air beatha shòisealta a' cheàrna* this restricts the social life of the district □ *chuir an t-astar seo bacadh cho mòr air 's nach b'urrainn dha dol don sgoil* this distance placed such an impediment on him that he was unable to go to school □ *cha do chuir e bacadh orra nuair a ...* he did not hinder them when ... □ *chaidh bacaidhean a sguabadh air falbh* obstacles were swept away
bacadh-dealain *nm* electrical resistance
b.-èadhair *nm* air resistance
bacaiche *nf* lameness □ *bha e glè sgileil air a bhacaiche fhalach* he was very skilful at hiding his lameness
bacan, -ain, -ain *nm* stake
bachall, -aill, -aill / -an *nm* 1. crozier, staff □ *thug e buille le a bhachall don fhòid* he gave the turf a blow with his staff / he struck the turf etc. 2. old shoe, slipper
bachar, -air, -an *nm* acorn
bachlach, -aiche *a* curled, curly □ *bha falt bachlach bàn air* he had fair, curly hair
bachlag, -aige, -an *nf* 1. curl, lock (of hair), ringlet, tress 2. shoot / sprout on a seed potato □ *gabh cùram nach bi thu a' briseadh dheth na bachlagan* take care not to break off the shoots (lit. that you will not be breaking ...)
bachlachadh, -aidh *nm & vn* of **bachlaich** curling
bachlaich, -achadh *v* curl
bacteria *n pl* bacteria □ *marbhaidh seo na bacteria* this kills the bacteria
bacteridheach *a* bacterial
bad, -aid, -an *nm* 1. bunch, bush, clump, patch, thicket, tuft □ *bad fraoich* a bunch / tuft of heather □ *thiormaich e e fhèin le*

badan feòir he dried himself with tufts of grass □ *bad ceò* patch of mist □ but note also □ *bad aodaich* garment 2. by extension of the foregoing = forelock, now no longer used except occasionally in the expression *[ann] am badaibh a chèile* at loggerheads (lit. at each other's scalplocks) □ a shorter form is used in the following: *chan e sùgradh e dhol am bad duine mar sin* it's no joke tackling a fellow like that 3. place, spot □ *tha iad pailt ann am badan* they are plentiful in places □ *anns a' bhad / sa bhad* on the spot, at once, immediately, instantly □ *dh'aithnich mi e anns a' bhad* I recognized him immediately □ *gheibhear freagairt sa bhad* an answer will be received instantly

badaibh poetic *dat pl* of **bad** □ see **bad** 2.

badan, -ain, -ain / -an *nm* 1. grove, tuft 2. nappy (baby wear)

badanach, -aiche *a* tufty

badhar □ see **bathar**

badeigin *indef pron* some *place* □ *chuala mi e ann am badeigin (air choreigin)* I heard it somewhere (or other)

badhbh, baidhbhe, -an *nf* evil woman, hag, witch □ seldom used except occasionally in the expression: *tha e eadar a' bhadhbh 's a' bhuarach* he is between the devil and the deep blue sea (lit. between the witch and the cowfetter – from the tradition that a blow from a cowfetter could cause childlessness)

badmantan, -ain *nm* badminton

baga, -aichean *nm* bag, handbag, suit-case □ *càit an do dh'fhàg mi mo bhaga?* where did I leave my (hand)bag?

baga-dìona *nm* survival bag □ *chuir iad an duine ciùrrte ann am baga-dìona* they put the injured man in a survival bag **b.-guailne** *nm* shoulder bag

bagaid, -ean *nf* bunch, cluster, knot (bunch)

bagaideach, -iche *a* bunchy, in clusters / bunches

bagair, bagairt / bagradh *v* bluster, menace, threaten □ *tha cunnart eile a' bagradh oirnn* another danger is threatening us

bagairt *nf* and *alt vn* of **bagair** boasting etc., bluster, menace, threat, threatening □ *cha tèid plàst air bagairt* threatening does no harm (proverb – lit. a plaster won't go on a threat) □ *tha sinn uile fo bhagairt ùir* we are all under a new threat

baganta *a* stylish

bagarrach, -aiche *a* minatory, threatening □ *bha neòil bhagarrach air fàire* there were threatening clouds on the horizon □

is e feasgar colgarra bagarrach a bha ann it was a wild, threatening evening □ *thug e sealladh bagarrach oirre* he gave her a threatening look

bàgh, bàigh, -an *nm* bay, cove □ *bha long mhòr air acair anns a' bhàgh* a large ship was anchored in the bay □ *bàgh fasgach* a sheltered bay

bagrach □ same as **bagarrach**

bagradh, -aidh *nm & vn* □ same as **bagairt**

bàic, -ichean *nm* bike (informal)

bàidh, -e *nf* affection, commiseration, favour, fondness, ruth □ *a' cur feum air bàidh* needing affection

bàidheil, -e *a* (+ **ri**) affectionate, favourably inclined (towards), friendly, indulgent, kind, kindly, partial □ *bha e bàidheil ri Alba* he was affectionate towards Scotland

baidhsagail, -ail, -an *nm* (bi)cycle □ *bha baidhsagail aige an iasad* he had a bicycle on loan

bàigh, -e *nf* □ see **bàidh**

bàigheil, -e *a* □ see **bàidheil**

bail' □ see **baile** below

bailc, -e, -ean *nf* sudden shower

baile, bailtean *nm* town, township, village □ *baile Ghlaschu* the town of Glasgow □ *baile coisrigte* holy city □ *baile seantaidh* shanty town □ *a bheil thu a' dol don bhaile?* are you going to [the] town? □ *bha mi anns a' bhaile an-dè* I was in [the] town yesterday □ *fear às a' bhaile* villager □ note that, like **eaglais** church and **sgoil** school, **baile** always takes the *def* form when not speaking about *a* town □ *aig baile* at home (in town) □ *tha e bho bhaile an-dràsta* he's away (from home) at present □ *bha an armailt a' creachadh bailtean beaga ann an ceann a-tuath na dùthcha* the army was plundering small towns / villages in the north of the country

baile is frequently found in place names e.g. *Bail' a' Chaolais* Ballachulish □ see App. 12 Sect. 4.0 List of place-names – Scotland

baile-beag *nm* village **b.-dùthchail** *nm* village **b.-fearainn** *nm* farm □ ... *bailtean-fearainn bho am faigh iad bith-beò math* ... farms from which they get a good living **b.-margaid** *nm* market town **b.-mòir** *a* municipal **b.-mòr** *nm* city, town □ ... *a bhuineas do bhaile-mòr* municipal □ *anns na bailtean-mòra* in the cities □ *ann an cùlshràidean nam bailtean-mòra* in the back streets of the cities **b.-puirt** *nm* port **b.-spatha** *nm* spa **b.-turasachd** *nm* resort

bailead, -eid, -an *nm* ballad
bailiùn, -iùin, -aichean *nm* balloon □ *bailiùn èadhair theth* hot air balloon
bailleag, -eige, -an *nf* sucker (of a plant)
bàillidh, -ean *nm* bailiff, baillie, factor, magistrate
bailtean *pl* of **baile**
bàine *nf* whiteness
baineach, -ich, -ichean *nf* pronounced and now often written form of **ban-fhigheach** female weaver
bàinead, -eid *nf* fairness (of hue)
baineann *a* female, feminine (gram.)
bàinidh *nf* fury □ *air bhàinidh* furious
bainndidh, -e *a* ladylike
bainne *nm* milk □ *a bheil bainne air a' bhòrd?* is there milk on the table? □ *bainne nan gobhar* goats' milk
bainne *a* milk, of milk □ *glainne bhainne* a glass of milk □ *a' giùlan nan cuman bainne* carrying the milkpails □ *na botail bhainne* the milk bottles □ *bò bhainne* milch cow
bainneach, -iche *a* lacteous, milky
bainnse □ *gen sing* of **banais**
bainnsean *pl* of **banais**
bainsio, -othan *nm* banjo
baintighearna, -an *nf* dame, lady
bàir, -e, -ean *nf* 1. goal 2. path, beaten path
bàirleigeadh □ see **bàirlinn**
bàirlinn, -ean *nf* 1. summons, summons of removal, warning □ *mhaoidheadh e a' bhàirlinn orra* he used to threaten them with a summons of removal (lit. threaten the summons on them) 2. billow, breaker
bàrnaigeadh □ see **bàirlinn** 1.
bàirneach, -ich, -ich *nf* limpet □ *cha tusa an aon bhàirneach a tha air creig* you're not the only fish in the sea (lit. the only limpet on [the] rock) □ *a' togail bhàirneach* gathering limpets □ *tha iad seo na b'fheàrr na bàirnich* these are better than limpets
bàirseach, -ich, -ichean *nf* virago
baist, -eadh *v* baptise, christen
Baisteach, -ich, -ich *nm* Baptist

baisteadh, -idh, -idhean *nm & vn* of **baistich** baptising etc., baptism, christening □ *ainm baistidh* Christian name
bàite *pp* □ see **bàthte**
bàl, bàil, bàil / -aichean *nm* ball (dance)
balach, -aich, -aich *nm* boy, lad, jack (in cards) □ *bidh balaich nam balaich* boys will be boys □ *nuair a bha mi nam bhalach ann an Leòdhas* when I was a boy in Lewis □ *sin thu fhèin, a bhalaich!* that's the stuff, lad / bravo etc. □ *a bhalaich ort!* lad!, boy! (in friendly address), old chap! etc., great! hurray!
balachail, -e *a* boyish
balachan, -ain, -ain *nm* little boy □ *mar bhalachain eile* like other little boys
balachan-sgoile *nm* schoolboy □ *nuair a bha mi nam bhalachan-sgoile* when I was a schoolboy
balaclàbha, -an *nm* balaclava (headgear)
balaiste *nf* ballast
balaisteach, -iche *a* ballasted, balanced □ *chan e sealladh balaisteach a tha sin air na tachartasan* that is not a balanced view of the events
balaisteachadh, -aidh *nm & vn* of **balaistich** ballasting
balaistich, -eachadh *v* ballast
balan, -ain, -an *nm* tub
bàlanaich *nm* emergency
balbh, bailbhe *a* dumb, mute, speechless, quiet □ *bha sàmhchair bhalbh ann airson mòmaid no dhà* there was a quiet tranquility for a moment or two □ *choimhead iad air gu balbh* they looked at him dumbly / mutely
balbh-bhodhar *a* deaf-mute **b.-chluich** *nm* mime
balbhachd *nf* dumbness, muteness
balbhag, -aig, -an *nf* pebble
balbhan, -ain, -ain *nm* dumb person, mute □ *thug E cainnt do na balbhain* He gave speech to the dumb
balbhanachd *nf* sign language, dumb show □ *bha iad ri balbhanachd* they were communicating by sign language
balg, builg, builg *nm* abdomen, bladder (inflatable bag), blister □ *balg fala* blood vessel
balg-chreag *nf* mushroom rock (geol.) **b.-lìon** *nm* seine net **b.-sèididh** *nm* bellows **b.-shaighead** *nm* quiver
balgachadh, -aidh *nm & vn* of **balgaich** bellying (as of a sail) etc.
balgaich, -achadh *v* belly (as of a sail), billow □ *bhalgaich na siùil* the sails bellied / billowed

balgaire, -ean *nm* 1. mastiff 2. cunning fellow, rogue

balgam, -aim, -an(nan) *nm* mouthful (of liquid), sip □ *balgam uisge* a mouthful of water □ *gabh balgam* sip, sup

balgan, -ain, -an *nm* small bag, wallet, satchel □ not very common except in compounds as shown here and below □ *balgan clì* left ventricle (of the heart)

balgan-buacharach *nm* mushroom, toadstool **b.-losgainn** *nm* truffle **b.-uisge** *nm* blister □ *bha balgan-uisge air a bhois* there was a blister on his palm

---

ball, buill, buill *nm* 1. article □ *ball aodaich* an article of clothing □ *ball airneis* an article of furniture 2. ball (largely replaced in Lewis by **bàlla** below in this meaning) 3. limb, member (limb / person), organ □ *buill a' chuirp* parts of the body □ *buill gineamhainn* genitals □ *tha trì buill dheug air fhichead againn a-nise* we have thirty-three members now □ *gabh mar bhall* matriculate 4. rope, cord □ *buill is acainn luinge* rigging 5. spot □ *bha buill dhubha air aodann* there were black spots on his face □ *air ball* at once, directly, immediately, on the spot □ *dh'fhalbh e air ball* he left at once

ball- with the meaning 'article' as shown above, may be used to indicate a single item of something that is normally thought of collectively – thus *ball-acainn* a tool, where **acainn** would be used for tools collectively – though this does not preclude the use of the *plural form* **buill-** as indicated in the examples below:

ball-acainn / **b.-acfhainn** *nm* tool, utensil □ *chuir e ainm air a bhuill-acainn* he put his name on his tools **b.-airm** *nm* weapon □ *tha a làmhan mar bhuill-airm dha* his hands are like weapons to him **b.-beatha** life member (of an organization) □ note that the *pl* **buill-bheatha** may mean vitals **b.-basgaid** *nm* basketball **b.-bhreac** *a* dappled **b.-chrith** *nf* shivering, shudder, tremor □ *dèan ball-chrith* quiver *v* **b.-coimeis** *nm* control (in experiment) **b.-coise** *nm* soccer, football □ *bidh e a' dol don bhall-coise a h-uile seachdain*

---

he goes to [the] football every week **b.-deise** *nm* weapon **b.-dòrain** *nm* mole (on skin) **b.-dubh** *nm* blemish, blot □ *thachair nì a chuir ball-dubh air làithean [a] òige* something occurred which cast a blemish on the days of his youth **b.-fuadain** *nm* prosthesis **b.-langais** *nm* towing rope **b.-maise** *nm* ornament □ *bha ball-maise beag air a' bhòrd* there was a small ornament on the table □ *buill-mhaise phearsanta* personal ornaments **b.-mhaiseach** *a* ornamental **b.-nasg** *nm* ligament **B.-Pàrlamaid** *nm* Member of Parliament □ *is esan am Ball-Pàrlamaid airson nan Eileanan an Iar* he is the Member of Parliament for the Western Isles (abbr. to **B.P.** = M.P.) **b.-sampaill** *nm* example, guinea-pig (metaph.), pattern, specimen □ *chan eil ann ach ball-sampaill* it is only an example **b.-seirce** / **b.-sgèimhe** *nm* beauty-spot (on the face) **b.-sinnsearachd** *nm* heirloom **b.-sneachda** *nm* snowball □ *thòisich iad air buill-shneachda a thilgeil air a chèile* they began throwing snowballs at each other **b.-stagha** *nm* guy rope □ *ball-stagha teanta* guy rope of a tent **b.-stèidhe** *nm* baseball **b.-thaghadh** *nm* ballot

---

bàlla, -aichean *nm* ball (for play – more common in Lewis now than **ball** above, in this meaning) □ *bha bàll' a' bhalaich air mullach an taighe* the boy's ball was on the roof of the house

balla, -achan *nm* wall □ *balla cloiche* a stone wall □ *bha iad a' sgriobadh nam ballachan* they were scraping the walls □ *air a' bhalla / a bhuineas do bhalla* mural *adj*

balla *a* wall, mural □ *bha sinn a' coimhead air na dealbhan brèagha balla* we were looking at the beautiful wall paintings / the beautiful murals

balla-bacaidh *nm* bulwark, barricade, barrier, barrier wall □ *balla-bacaidh dìle / tuile* flood barrier □ *mar bhalla-bhacaidh a' toirt dìon bho stoirmean a' gheamhraidh* like a bulwark giving protection from the storms of winter □ *bha an sluagh a' brùthadh ris na ballachan-bacaidh* the crowd was pressing against the barriers **b.-bhioran** *nm* wattle and daub

b.-casg *nm* dam **b.-dìon** *nm* protective wall □ *air taobh a-staigh a' bhalla-dìon* within the protective wall **b.-taice** *nm* buttress

ballach, -aiche *a* speckled, spotted, variegated

ballachadh, -aidh *nm* & *vn* of **ballaich** spotting (making spots on)

ballaich, -achadh *v* spot (make spots on)

ballan, -ain, -an *nm* bucket, tub, any wooden vessel

ballrachd *nf* membership

balt, built, -an *nm* selvage / selvedge, welt

balùn, ùin, -aichean □ see **bailiùn**

bambù *nm* bamboo □ *air cùl cùirtear a' bhambù* behind the bamboo curtain

bàn, bàine *a* 1. white (of animals) □ *bò bhàn* a white cow □ *air muin eich bhàin* on the back of a white horse □ *an eala bhàn* the white swan 2. fair, fair-haired □ *thàinig nighean àrd bhàn a-steach* a tall, fair-haired girl entered □ *Màiri Bhàn* Fair-haired Mary □ *tè bhàn* a blonde 3. pale, pallid □ *ann an teis-meadhan a h-aodainn bhàin* in the very centre of her pale face □ *fàs bàn* pale (grow pale) □ *dèan bàn* pale (make pale) 4. fallow (a field which is unploughed is pale in contrast to the dark ground of a ploughed field) 5. – as an extension of the previous meaning – blank, empty, unoccupied, and (of a church) without a minister □ *…nuair a tha an inntinn bàn…* when the mind is clear / unoccupied □ *tha an eaglais seo air a bhith bàn iomadh bliadhna* this church has been without a minister for many years □ *duilleag bhàn* a blank page □ *dèan bàn* depopulate

---

ban *gen pl* of **bean** □ *triùir bhan* three women

ban- / **bana-** *pref* formed from **bean**, woman denoting the female of a nationality, occupation etc. e.g. *ban-adair* milliner □ not normally used for animals except for **ban-leòghann** lioness □ *'se ban-Dòmhnallach a bh' innte* she was a MacDonald □ note that according to Dwelly **bana-** is used before **b, m, p, c** and **g** and these letters are lenited, while **ban-** is used before **l, n, r, d, t** and **s** which are not lenited, and **f** which is, though this is not always strictly adhered to □ see below for further examples □ note

---

also that, in order to keep those words prefixed by **ban-** / **bana-** together, strict alphabetical order has been dropped, but is resumed at the end of the section □ words which are prefixed by **ban-** without the hyphen (e.g. **banarach**) are in strict alphabetical order □ all the *nouns* shown are, of course, *fem*

ban-aba abbess **b.-actair** □ see **b.-actar b.-actar** *nf* actress **b.-adair** milliner **b.-adhaltraiche** adultress **B.-Albannach** Scotswoman **b.-dia** (*gen* **b.-dè**, *pl* **b.-diathan**) goddess □ *ban-dia coille* nymph **b.-diabhal** she-devil **b.-diùc** duchess **b.-draoidh** sorceress **b.-dubharaiche** dowager **b.-Eireannach** Irishwoman **b.-fhàidh** prophetess **b.-fhigheach** (pronounced and now often written as **baineach**) female weaver **b.-Fhrangach** Frenchwoman **b.-iarla** countess **b.-ìompaire** empress **b.-Iùdhach** Jewess **b.-leòghann** lioness **b.-Innseanach** squaw **b.-nàbaidh** female neighbour, woman neighbour **b.-ogha** granddaughter **b.-oid-ionnsachaidh** governess **b.-oighre** heiress **b.-rìdire** baroness **b.-rìgh** queen □ the spelling **banrigh** is now recommended **b.-righinn** – also **bànrighinn** – an older form of **b.-rìgh** / **bànrigh** □ *Port na bàn-righinn* Queensferry **b.-sagart** priestess **b.-Sgitheanach** Skyewoman **b.-sglamhaire** harpy **b.-sheinneadair** singer **b.-sìth** □ see **bean sìdhe b.-stiùbhard** (see **bana-stiùbhard**) **b.-suathadair** masseuse **b.-tighearna** (see **baintighearna**)

bana-bhàrd poetess **bana-bhiocais** viscountess **bana-bhuachaille** shepherdess **bana-bhuidseach** witch **bana-chliamhain** daughter-in-law **bana-chòcaire** (female) cook **bana-Chuimreach** Welshwoman **bana charaid** kinswoman, (female) friend / relative **bana-cheannaiche** saleslady **bana-cheàrd** tinker woman **bana-chleasaiche** actress **bana-chliamhain** daughter in law **bana-chompanach** (female) friend, companion **bana-churaidh** amazon **bana-Ghaidheal** Highland woman **bana-ghaisgeach** heroine □ *bana-ghaisgeach film* (female) film star **bana-mhaighstir** mistress (of a household, school etc.)

bana-mhaighstir-sgoile headmistress **bana-mhanaidsear** manageress **bana-mharcas** marchioness **bana-phrionnsa** princess **bana-rùnaire** secretary **bana-Shasannach** Englishwoman **bana-Sgitheanach** Skyewoman **bana-stiùbhard** stewardess
Some examples: *Ban-diùc Chataibh* the Duchess of Sutherland □ *bha eagal orm ro cheasnachadh na bansglamhaire sin* I feared the questioning of that harpy □ *bha i na ban-suathadair* she was a masseuse

---

banachag / banachaig *nf* milkmaid □ see **banchaig**
banachagach / banachrach *nf* both with *def art* **a' bhanachagach / a' bhanachrach** smallpox □ *cur na banachagaich* vaccination against smallpox □ see also **breac** *nf*
bànachd *nf* paleness
banachdach, a' bhanachdach *nf* vaccination □ *gen* = **na banachdaich**
bànag, -aige, -an *nf* grilse, salmon-trout, sea-trout
bànachadh, -aidh *nm & vn* of **bànaich** paling etc.
bànachadh-fala *nm* leukaemia
bànaich, -achadh *v* pale, make / grow pale
banail, -e *a* feminine, modest, virginal, womanly □ *bu mhìn banail i* she was delicate and feminine □ *bha na boireannaich an sin gu math nas banaile* the women there were rather more modest
banais, bainnse, bainnsean *nf* nuptials, wedding □ *culaidh bainnse* wedding dress □ *rud a thachras tric air banais* (something) which often happens at a wedding □ *cha robh mòran dhaoine air a' bhanais aig Màiri agus Calum* there weren't many people at Mary and Calum's wedding
banalachd *nf* femininity □ *cha bu mhò a bòidhchead na a banalachd* her beauty was no greater than her femininity
banaltram, -aim, -an *nf* nurse □ *banaltram sgìreachd* district nurse
banaltramachd *nf* nursing
banàna, -athan *nm* banana
banarach, -aich, -ean *nf* dairymaid, milkmaid
banas-glùine *nm* midwifery **b.-taighe** *nm* economy, housekeeping

banca, -aichean *nm* 1. bank (fin.) □ *chan eil cùnntas agam sa bhanca seo* I don't have an account in this bank □ *banca bhotal* bottle bank □ *tha bancaichean bhotal anns gach baile* there are bottle banks in every town □ *Banca na h-Alba* Bank of Scotland □ *Banca Rìoghail na h-Alba* Royal Bank of Scotland □ *Banca Dhail-Chluaidh* Clydesdale Bank □ *banca rèitich* clearing bank □ *cuir sa bhanca* bank *v* 2. bank, as in *banca gainmhich* sand bank □ *banca grinneil* gravel bank
banca-rèidh *nm* clearing bank
bancadh, -aidh *nm* banking *seirbheisean bancaidh* banking services
bancair, -ean *nm* banker
bancaireachd *nf* banking
banchaig, -e, -ean *nf* milkmaid
bang, a' bhang *nf* marijuana (slang)
bann, bainne / banna, bannan / banntan *nm* band, bandage, belt, bond, hinge, sash, tie, waveband / wavelength, zone □ *bann (airgid)* draft (payment) □ *bann an speactraim shoillsich* the band of the light spectrum □ *graf bann* bar graph □ *bann fearainn* (geog.) belt of land □ *Bann Arbhair* Corn Belt □ *bann meadhanach* medium wave □ *bann rubair* rubber band
bann-dùirn *nm* cuff (of sleeve), wristband **b.-gàirdein** *nm* armband **b.-làimhe** *nm* bracelet **b.-sgrìobhaidh** *nm* debenture **b.-sgrìobhte** *nm* (legal) instrument
bannag, -aig *nf* □ a bye-form of **bonnach**, Scots bannock □ *Oidhche nam Bannag* Christmas Eve New Year's Eve □ the gift e.g. bread or cheese, offered to young lads carrying out the ritual of **Callainn**, the old New Year celebrations
bannaichte *pp* bonded □ *taigh-bathair bannaichte* – a bonded warehouse
bannas, -ais *nm* gum (mouth)
bannta, -aichean *nf* hinge
banntach, -aich, -aichean *nf* hinge
banntrach, -aich, -aichean *nf* widow *nm* widower □ *bu bhanntrach i* she was a widow □ *bu bhanntrach e* he was a widower □ *bha am muir air a fàgail na banntraich* the sea had left her a widow
banntrachas, -ais *nm* widowhood
bànrigh, -e, bànrighrean *nf* queen □ also **ban-righ** □ *Bànrigh na Bòidhchid* Beauty Queen
bantrach, -aich, -aichean *nf* □ see **banntrach**
baobh, baoibh, -an *nf* □ see **badhbh**
baobh-leomann *nf* carlin moth
baobhail, -e *a* fierce, savage □ *le spàirn bhaobhail* with a fierce struggle

baoghalta *a* foolish, idiotic, simple (-minded), stupid, wrongheaded

baoghaltachd *nf* idiocy, stupidity

baoit, -e *nf* bait

baoiteag, -eige, -an *nf* □ see **boiteag** earthworm, worm

baoth, baoithe *a* fatuous, foolish, inept, simple, stupid □ *bha am balach car baoth* the boy was somewhat simple □ *bha gach fear na bu bhaoithe na 'm fear eile* each man was more simple than the other □ *an robh nì cho baoth sin?* was there anything as stupid as that?

baoth-chòmhradh *nm* waffle **b.-chreideamh** *nm* superstition

baothair(e), -ean *nm* simpleton, fool

bàr, bàir, -aichean *nm* 1. bar (legal and hotel bar) 2. bar in a bar graph 3. bar of sand □ also *bàr gainmhich* sandbar

bàr-fìon *nm* wine bar □ *bàraichean-fìon* wine bars

bara, -aichean *nm* barrow, wheelbarrow

bara-cuibhle *nm* wheelbarrow

bara-làimhe *nm* hand-barrow **b.-rotha** *nm* wheelbarrow

barail, -e / baralach, -ean *nf* conjecture, estimation, opinion, persuasion, surmise □ *barail gun dearbhadh* unproven assumption □ *thoir barail* conjecture, give an opinion □ *thoir do bharail fhèin air* give your own opinion of it □ *deagh bharail* approbation, good opinion □ *bha deagh bharail aige air fhèin* he had a good opinion / conceit of himself □ *chan eil barail aca dhaibh fhèin* they don't have an opinion of their own □ *chan eil mi ach a' cur an cèill baralach* I am only expressing an opinion □ *dè a' bharail a bha e air a ghabhail orm?* what opinion had he formed (lit. taken) of me? □ *chualas barailean de gach seòrsa* opinions of every kind were heard □ *na barailean a tha e a' cur air adhart* the opinions he is putting forward □ *bha iad uile den bharail gun robh sinn...* they were all of the opinion that we were... □ *eadar dà bharail* of two minds, in a quandary

barail-ghabhail *nf* opinion poll **b.-fhuasgladh** *nm* referendum

baraileachadh, -aidh *nm & vn* of **barailich** hypothesizing

barailich, -eachadh *v* hypothesize

baraille, -ean *nm/f* barrel, cask, butt (cask), calibre (of gun) □ *leann baraille* draught-beer □ *baraill ann am broinn baraill, baraill ann am Bail' Ailein* a barrel within a barrel, a barrel in Balallan (tongue-twister)

baralach, -aiche *a* 1. conceited □ *duine spaideil baralach* a smart, conceited man 2. conjectural, hypothetical

barantachadh, -aidh *nm* □ see **barrantachadh**

barantaich, -achadh *v* □ see **barrantaich**

barantas, -ais, -an *nm* □ see **barrantas**

barbrag, -aige, -an *nf* barberry

bàrc, bàirc / -a, -annan *nf* barge, bark (boat)

bàrd, bàird, bàird *nm* bard, versifier, poet □ *bàrd cùirt* laureate

bàrdachd *nf* poetry, verse (poetry) □ *na bàrdachd* bardic □ *bàrdachd liriceach* lyrical poetry □ *bàrdachd mholaidh* panegyric

bàrdail, -e *a* bardic, poetic

bargan, -ain, -ain / -an *nm* bargain □ *shaoil leam gun d'fhuair mi a' chuid a b'fheàrr den bhargan* I thought I had got the best of the bargain □ *dèan bargan* bargain

barpa, -annan *nm* barrow (archaeology)

bàrr, barra, barran *nm* (note that the accent is dropped when the root is increased) 1. apex, crest, crown, summit, surface, tip, top, zenith □ *aig bàrr a shròin bioraich* at the tip of his pointed nose □ *barran mo mheuran* the tips of my fingers □ *cha robh e a' dèanamh bun no bàrr dheth an toiseach* he wasn't making head or tail of it at first □ *dh'èigh i bho bhàrr na staidhre* she shouted from the top of the stairs □ *is ann a-nise a tha ceistean mar iad seo a' tighinn am bàrr* it is now that questions like these are coming to the surface □ *thàinig an sgrìobhainn am bàrr a-rithist an 1891* the manuscript surfaced again in 1891 □ *bàrr a sgèithe* the tip of his wing □ *air barran nan sgiath* on the tips of the wings □ *air bàrr nan tonn* on the crest of the waves □ *bàrr na snàthaid* the point of the needle □ note also: *bha a h-uile ball aodaich am bàrr an fhasain* every article of clothing was at the height of fashion □ *thoir bàrr air* beat, be better than, cap, excel over, outdo, outshine, surpass, top, transcend □ *chan eil dùthaich a bheir bàrr air tìr nam beann* there is no country to beat (lit. that will beat) the land of the mountains □ *ach thug an dàn seo bàrr* *air càch* but this poem outshone the others (see **càch**) □ *chan eil a h-aon a tha a' toirt bàrr air an eilean seo (ann) am maise* there is not one that surpasses this island in beauty □ *chan eil teagamh nach toireadh e bàrr air càch (ann) an tuigse* there's no doubt that he would excel over others in intelligence 2. crop □ *tha e doirbh am bàrr a chaoineadh* it's difficult to dry the crop □ *bha iad uile gu lèir an eisimeil na chuireadh an t-eilean dheth de bhàrr* they were entirely dependent on what crop the island produced (lit. what the island put from it of a crop) 3. cream (milk product) □ *bàrr reòta* ice cream

a bhàrr *adv* besides, over □ *a bhàrr (air seo)* moreover □ *a bhàrr air sin* besides that, furthermore □ *a bhàrr air beagan an siud 's an seo* except for a little here and there □ *a bhàrr air gur e Raibeart a b'ainm dha* ... apart from / other than (the fact that) his name was Robert ...□ *a bhàrr air oibreachadh an croitean* besides working their crofts ...□ see also **bhàrr**

bàrr-airgid *nm* cash crop **b.-bìdh** *nm* food crop **b.-a' mhilltich** *nm* arrow-grass **b.-bhalla** *nm* □ see **barrabhalla** *nm* **b.-gùc** / **b.-gùg** *nf* blossom on potatoes □ *bha a' ghrian a' deàlradh air duilleach a' bhuntàta leis a' bhàrr-gùc* the sun was shining on the foliage of the flowering potatoes **b.-mhais** *nm* cornice **b.-throm** *a* top-heavy **b.-urram** *nm* in such phrases as: *a' toirt bàrr-urraim thar gach bàrdachd eile a sgrìobh e* excelling over / outshining every other (piece of) poetry that he wrote □ *cha robh aon ann a bheireadh bàrr-urram oirre* there wasn't one that could outshine her

---

barra-bhailc *nm* □ see **barrabhailc** *nm* **b.-chaol** *a* conical, tapering □ *fàs barra-chaol* taper *v* **b.-mhìslein** *nm* bird's foot trefoil
barrabhailc, -ean *nm* cornice
barrabhalla *nm* parapet, battlement
Barrach, -aich, -aich *nm* native of Barra, a person from Barra
Barrach *a* of, belonging to or pertaining to Barra

barrach, -aich *nm* brushwood, top branches of trees
barrachan, air na barrachan *adv* high and dry □ *tha coltas ann gum bi iad air na barrachan a dh'aithghearr* it seems that they will be high and dry soon

---

barrachd *nf* more, predominance, preponderance
barrachd is often followed by a *noun* in the *gen* case □ *tha fada barrachd eòlais againn mu an deidhinn a-nise* we have far more knowledge about them now □ *tha feum againn air barrachd sreinge* we need more string
barrachd may also be followed by **de** and a *noun* in the *dat* case □ *bha barrachd de dhaoine a' fuireach ann aig an àm sin na bha ann am Peairt* there were more people living in it at that time than there were in Perth □ *bha iad a' toirt orra barrachd is barrachd de bhàrr a thogail* they were making them raise more and more [of] crops □ sometimes **barrachd** becomes **a bharrachd** □ *thuirt e gun d'fhuair e a bharrachd de mhisneachadh bhon leabhar seo na fhuair e bho ghin sam bith eile* he said that he got more encouragement from this book than he got from any other □ *tha fada a bharrachd de oileanaich a' dèanamh Gàidhlig a-nise* there are far more students doing Gaelic now
barrachd aca more of them □ ... *agus barrachd aca ag obair air na bàtaichean iasgaich* ... and more of them working on the fishing boats
barrachd may also be accompanied by the *verbal noun* □ *chì sibh gu bheil barrachd ri dhèanamh na nuair a thòisich sinn* you will see that there is more to do than when we began
barrachd agus / air more than □ *barrachd air deich* more than ten □ *feumaidh sinn barrachd air sin an-diugh* we need more than that nowadays □ *fhuair e barrachd ormsa* he got more than I □ *bha barrachd air sin ann* there was more than that to it (lit. in it) □ *ma dh'fhaoite gum bu chòir do bharrachd airsan sin a dhèanamh* perhaps more than he ought to do that □ *barrachd air aon* more than one □ *mar a thachair*

barrachd air aon uair as happened more than once □ *tha barrachd, is fada a bharrachd, ann na tha daoine a' tuigsinn* there is more, [and] far more in it / him than people realise
a bharrachd air *prep* in addition to, besides □ *a bharrachd air sin* in addition to that □ *a bharrachd air a bhith sgìth bha an t-acras orm* in addition to being tired, I was hungry □ *tha sin aon a bharrachd air an àireamh a bha ann an-uiridh* that is one more than the number there was last year □ *tha còig no sia a bharrachd air an-uiridh* there are five or six more than last year
a bharrachd *adv* over – which often translates as an *adj* = additional, extra, surplus □ *fear a bharrachd* an additional one □ *fear-aisig a bharrachd* an additional passenger □ *bidh dà dhuilleig a bharrachd againn ann an iris an Òg-mhìos* we will have an additional two pages / two extra pages in the June magazine □ *nuair a bhios stuth a bharrachd againn* when we have surplus material □ *bu mhath leinn fada bharrachd a dhèanamh* we would like to do far more
Note: *cha robh e an sin a bharrachd* he wasn't there either □ *chan fhaca e a' chiad luch no an dara tè a bharrachd* he didn't see the first mouse or the second one either □ note also that **thoir barrachd air** is sometimes used for **thoir bàrr air** (see **bàrr**)

barrag-ruadh *nf* yellow horned poppy
b.-uaine *nf* □ see **barraig-uaine**
barragach, -aiche *a* creamy
barraichte *a* outstanding, superb, superlative □ *bha na dealbhan barraichte* the pictures were outstanding □ *bha e na sgoilear cho barraichte 's a bha ri fhaotainn na linn* he was a scholar as outstanding as any that was to be found in his time / day □ *bàrdachd bharraichte* outstanding / superlative poetry
barraid, -e, -ean *nf* terrace □ *taigh barraide* terraced house
barraig-uaine *nf* algae
barrail, -e *a* eminent, excellent, excelling, ideal, surpassing □ *buaidh bharrail nan*

con seo the surpassing quality of these dogs □ *tha iad barrail air a h-uile dòigh airson uallaichean troma a ghiùlan* they are excellent in every way for carrying heavy loads □ *chan eil mòran dhùthchannan eile a tha cho barrail rithe* there aren't many other countries that are as excellent as it
barraist, -e *nm* borage
barrall, -aill, -an *nf* lace (of a shoe), shoe-lace (from older **barr-iall**) □ *dh'fhuasgail mi barrallan mo bhrògan* I untied my shoelaces
barrantach, -aiche *a* warrantable
barrantachadh, -aidh *nm & vn* of **barrantaich** commissioning etc.
barrantaich, -achadh *v* commission, guarantee, warrant □ *chaidh an rannsachadh seo a bharrantachadh le ...* this study was commissioned by ...
barrantas, -ais, -an *nm* authority, commission, guarantee, pledge, warrant(y) □ *barrantas bàis* death-warrant □ *tha barrantas anns an sgrìobhainn seo* there is a guarantee in this document □ *bheir na h-innealan seo barrantas de bheatha nas fallaine don chinne-daonna* these machines will guarantee a healthier life for mankind □ *thug iad barrantas don ùghdar* they gave the author a commission / they commissioned the author □ *ciamar as e barrantas bàis a tha seo don chànain?* how is this a death warrant for the language?
barras, -ais, -an *nm* surplus □ *barras malairt* trade surplus
bàs, -àis, -an *nm* death, decease, demise □ *leabaidh bhàis* death-bed □ *an dèidh bàis* posthumous □ *an dèidh a bhàis* after his death, posthumously □ *thugadh bonn dha an dèidh a bhàis* he was awarded a medal posthumously □ *o bhàis, càit a bheil do ghàth?* o death, where is thy sting? □ *ag adhbharachadh am bàs* causing their deaths (note the *sing*) □ *cuir gu bàs* kill, put to death □ *cur gu bàs* execution □ *chaidh a chur gu bàs ann an Dun Èideann* he was put to death in Edinburgh □ *loisgeadh gu bàs iad uile* they were all burned to death □ *ma leigeas sinn leis a' chleachdadh seo a dhol bàs ...* if we allow this custom to die ... □ *tha na bàsan a' dol am meud air an rathad seo* deaths are increasing on this road □ *faigh bàs* to die, perish (lit. find death) □ *... a fhuair bàs ann an 1949 ...* who died in 1949 □ *ma gheàrrar na freumhan gheibh a' chraobh bàs* if the roots are severed the tree will die □ *fhuair*

e bàs ann an Dun Phris air a' mhìos seo chaidh he died in Dumfries last month □ *their iad gur e gaol a thug bàs dha* they say that it is love that caused his death (lit. gave death to him)
bàs-bhuille *nm* coup-de-grace, death-blow **b.-cot** *nm* cot death
bas, boise, -an *nf* palm (of the hand) □ *tha an t-saoghal na bhois* the world is in his palm □ *làn na boise* a palmful (lit. a fill of the palm) □ *le bualadh bhas* with a beating of palms
bas-bhuail *v* applaud, clap **b.-bhualadh** *nm & vn* of **b.-bhuail** clapping etc., applause, clap
bàsachadh, -aidh *nm & vn* of **bàsaich** dying etc.
bàsaich, -achadh *v* die, expire □ *bha iad a' bàsachadh le acras* they were dying of hunger □ *bha i a' bàsachadh den chaithimh* she was dying of consumption □ *bhàsaich an duine aice* her husband died □ *...far an do bhàsaich e de a chreuchdan* ... where he died of his wounds □ *bàsaichidh sinn leis an acras* we shall die of hunger (in some areas **bàsaich** is rarely, if ever, used for people, euphemisms such as **caochail** or **siubhail** being used instead)
bastalach, -aiche *a* gallant, flashy, gaudy, showy □ *le a bhrògan bastalach* with his flashy shoes
bastalachd *nf* gallantry
Basgach, -aich, -aich *nm* Basque
Basgach *a* Basque
basgaid, -e, -ean *nf* basket □ *basgaid bidhe* □ hamper □ *basgaid truileis* waste-paper-basket
Basgais *nf* Basque (lang.)
bàsmhor *a* fatal, lethal, mortal □ *duine bàsmhor* mortal □ *thug e buille bhàsmhor do gach aon a thigeadh dlùth* he delivered a fatal blow to everyone who came near
bàsmhorachd *nf* mortality □ *bha mi a' meòrachadh air bàsmhorachd an duine* I was contemplating man's mortality
bàt' – a shortened form of **bàta** used in compounds where the second element begins with a vowel to show the elision of the vowel which takes place in speech e.g. *bat'-aiseig* ferry-boat – this is not obligatory in the written form
bata, -aichean *nm* bat, cane, cudgel, staff, stick, walking stick or any long, thin stick
bàta, -aichean *nm* boat, craft □ note that, as in English, all boats are referred to as 'she' □ *nuair a bha am bàta a' dlùthachadh ris*

an tìr bhuail i air crèig as the boat was nearing the land she struck a rock □ *rach air a' bhàta* go by boat
bàta-aigil *nm* submarine □ *air bord a' bhàt'-aigil* on board the submarine (see **bat'-** above) **b.-aiseig** *nm* ferry-boat □ *tè de na bàtaichean-aiseig aig Mac a' Bhruthainn* one of MacBrayne's ferry-boats (**tè** is *fem* though **bàta** is *masc* – see **bàta**) **b.-athais** *nm* pleasure boat **b.-foluaimein** *nm* hovercraft **b.-giomaich** *nm* lobster boat **b.-iasgaich** *nm* fishing boat **b.-itealaich** *nm* hovercraft **b.-saoraidh** *nm* rescue ship **b.-seilg na muice** whaler **b.-sgrìobaidh** *nm* trawler **b.-smùide** *nm* steamboat □ *bàta-smùide le rothan pleadhanach* a steamboat with paddle wheels / a paddle steamer **b.-teasairginn** *nm* lifeboat, rescue ship □ *bidh na bàtaichean-teasairginn a' sàbhaladh beatha dhaoine air a' mhuir* the lifeboats save people's lives on the sea **b.-tumaidh** *nm* submarine
batail, -e, -ean *nf* battle
batal, -ail, -ail *nm* battle
batan, -ain, -an *nm* baton
bataraidh, -aidhean *nm* battery
bàth, -adh *v* drown, quench, saturate, submerge (note that this verb may be used transitively only i.e. one cannot say as in English 'he drowned', but must say 'he was drowned' i.e. *bha e air a bhàthadh / chaidh a bhàthadh* □ similarly: *bha i air a bàthadh / chaidh a bàthadh* she was drowned □ *bhàth e e fhèin* he drowned himself □ *bàth (fuaim)* muffle □ *bhàth iad fuaim nan ràmh le luideagan* they muffled the sound of the oars with rags
bàthach, bàthcha, bàthaichean / bàthchannan *nf* byre, cowshed
bàthadh, -aidh *nm & vn* of **bàth** drowning etc. elision (gram.), extinction
bathais, -ean *nf* brow, forehead □ often used like the English 'cheek' and hence: audacity, effrontery, impudence □ *chan eil cion bathais orra* they don't lack cheek □ *thuirt e nach bitheadh de bhathais ach aige fhèin sin fhaighneachd* he said that none but he would have the effrontery to ask that □ *'s ann ort a tha a' bhathais!* you have a cheek!
bathar, -air *nm* (also **badhar**) commodity, goods (for sale), merchandise, product(s), wares □ *bathar àrd-theicneolach* high technology products / goods □ *bathar bainne* dairy products □ *bathar grosaireach* groceries □ *bathar truiste* bale □ *bathar aotrom* fancy goods □ *thàinig iad*

gu bathar de gach seòrsa a cheannach they came to buy goods of every kind □ *a' reic bathar* selling merchandise □ *bathar o thall thairis / bathar o chèin* import(s) □ *thoir a-steach bathar* import *v* □ *bha iad a' dèiligeadh ann an toirt a-steach bathar o thall thairis* they were dealing in importation

bathar-amh *nm* commodity, commodities **b.-bog** *nm* software □ *bathar-bog choimpiutair* computer software □ *bha e a' reic bathair-bhuig airson companaidh Ameireaganach* he was selling software for an American company **b.-cruaidh** *nm* hardware **b.-iarainn** *nm* ironmongery **b.-luach** *nm* turn-over

batharnach, -aich, -aich *nm* warehouse
bàthte *pp* drowned, extinct, sunk etc.
beach, -a, -an *nm* bee
beach-lann *nf* beehive, hive □ *na beach-lannan* the beehives

---

beachd, -a, -an *nm* 1.attitude, conception (of thought), hunch, idea, impression, judgment, notion, opinion, survey, tenet, theory, view □ *beachd cothromach* objective view □ *beachd (math)* conceit □ *bha beachd aige air a sin* he had an idea of that □ *an robh iad uile den bheachd gun robh mi …?* were they all of the opinion that I was …? □ *cha tug e aire do bheachdan chàich* he paid no attention to the opinions of others (see **càch**) □ *beachdan breithnichte na comhairle* the considered views of the council □ *dè do bheachd (air)?* what's your opinion / impression (of it)? □ *tha mi eadar dà bheachd* I can't make up my mind, I'm in two minds □ *bha e làidir den bheachd gun robh …* he was strongly of the opinion that … was …□ *tha mi cinnteach gur e droch bheachd a tha aca orm* I'm sure it is a poor opinion they have of me □ *nam bheachd fhèin* in my opinion □ *chuir iad [ann] an cèill beachd gun …* they expressed the (lit. a) view that …□ *… airson beachd fhaighinn air mar a tha muinntir nan eilean a' gleidheadh na Sàbaid …* to get some idea / an impression of how the people of the islands keep the Sabbath □ *gabh beachd air* examine, note, observe, pay particular attention to, refer to,

size up, study, survey, view □ *ghabh e beachd air cho àlainn glan 's a bha na sràidean* he observed how beautiful and clean / how beautifully clean the streets were □ *… a' gabhail beachd air cùisean a bhuineas ri…… * paying particular attention to matters which relate to …□ *a bharrachd air a bhith a' gabhail beachd air cia mheud duine a bha anns an talla…* apart from noting how many men were in the hall □ *tha iad a' gabhail beachd air stuth a bhiodh freagarrach airson nan sgoiltean* they are examining material which would be suitable for (the) schools □ *nuair a ghabhas sinn beachd air mar a thatar a' sgrios na h-àrainneachd* when we consider how the environment is being destroyed □ *gabh beachd math air* approve □ *bi den bheachd* be of the view / opinion □ *bha iad uile den aon bheachd* they were all of one accord / of the same opinion □ *chualas beachdan de gach seòrsa* opinions of every kind were heard □ *bha cothrom agam beachd a ghabhail air* I had a chance to study him □ *thoir (seachad) beachd* give an opinion □ *thug seo cothrom do na h-oileanaich am beachd a thoirt seachad* this gave [to] the students an opportunity to give their opinions 2. intention □ *mu thuathanas-èisg a tha iad am beachd a chur air chois* about a fish-farm they intend to set up □ *'s e [a] tha nar beachd cuairt-litir a chur a-mach ceithir uairean sa bhliadhna* it's our intention to put out a circular four times a year (lit. it is what is in our intention etc.)

beachd-bharail *nf* hypothesis **b.-rannsaich** *v* canvass **b.-smaoin** *nf* idea, theory □ *beachd-smaointean soilleir* clear ideas **b.-smaoineachadh** *nm* consideration, meditation, musing □ *tha e an urra ruinne beachd-smaoineachadh a dhèanamh air a' chuspair* it is up to us to meditate on the subject **b.-smaoinealach** *a* ideological **b.-smaoinealas** *nm* ideology □ *cha do lean e am beachd-smaoinealas seo* he didn't follow this ideology **b.-smaoinich** *v* contemplate, meditate, muse, ponder **b.-smuain—** □ see **b.-smaoin—**

beachdach, -aiche *a* notional

beachdachadh, -aidh *nm & vn* of **beachdaich** considering etc., cogitation, speculation, thought (the process) □ *is fhiach e beagan beachdachaidh* it's worth a little thought

beachdachail, -e *a* speculative

beachdaich, -achadh *v* consider, discuss, eye, fancy, imagine, observe, speculate, study, think about, view □ *agus nuair a bheachdaicheas sinn air* ... and when we think about it ...□ *cha robh iad a' beachdachadh air dè a' bhuaidh a bhiodh aig na gnìomhan sin* they weren't thinking of the effect these actions would have □ *thathas a' beachdachadh air a' cheist* the matter is under consideration

beachdaichte *pp* considered etc. □ *comhairle bheachdaichte* considered advice

beachdail, -e *a* 1. abstract, theoretical 2. discerning, observant □ *bha a shùilean gu beachdail a' lorg comharradh* his eyes were observantly looking for a sign 3. opinionated

beachdair, -ean *nm* scout, speculator, spy, theorist

beachdte *a* certain, sure, accurate

beadaidh, -e *a* flippant, forward, impertinent, impudent, insolent, pert, saucy

beadaidheachd *nf* flippancy, impudence, insolence, pertness

beadarrach □ see **beadrach**

beadrach, -aiche *a* playful

beadradh, -aidh *nm* dalliance, frolic

---

beag, lugha / bige *a* light (of import), little, minor, petty, puny, slender, slight, small, trifling, wee □ *duine beag ruamhar* a little fat man □ *rud beag* a little / somewhat *adv* □ see under **rud**

is beag agam / leam I care little for / it is of little concern to me □ *is beag agam iad* I care little for them □ *bu bheag leo na dhòirteadh iad de fhuil* they cared little how much blood they spilled

is beag orm I dislike *bu bheag oirnn iad* we disliked them □ *is beag orm an fheadhinn sin* I dislike those (ones) □ see also **lugha**

ach beag almost □ *tha e a' tighinn beò ach beag gu buileach air iasg* he lives almost completely on fish

---

is beag nach ... almost... □ *is beag nach eil mi cinnteach gu* ... I am almost certain that ...

Further examples: *bha iad ann an cunnart nach bu bheag* they were in no little danger □ *is beag a bha fhios aige dè* ... little did he know what ...□ *car beag 's a' chòir* ... a little too ...□ *tha thu car beag 's a' chòir earbsach asta* you are a little too trusting of them □ *is beag an t-iongnadh gun robh an fhearg air / is beag an t-iongnadh ged bha an fhearg air* it's little wonder that he was angry

beag, big, big *nm* little one, few, small amount □ *an nì a chì na big, is e a nì na big* what the little ones see the little ones do (proverb) □ *le làithean grianach is glè bheag de dh'uisge* with sunny days and very little [of] rain □ *'s e glè bheag obrach a thatar a' dèanamh air an diugh* (or *glè bheag a dh'obair*) very little work is done on it today □ *bha ro bheag de dh'airgead aca* they had an insufficient amount of money □ *tha e coltach gur e cho beag 's a thàinig de luchd-turais a rinn am milleadh* it seems that it's so few tourists coming that did the damage (lit. so little that came of tourists etc.)

a bheag (lit. its little) is used as follows: *chan fhaic sinn a bheag romhainn ach àmhghar* we see little before us but tribulation (lit. we do not see its little before us but tribulation) □ *cha do lorg e a bheag ach pìosan fiodha is glainne bhriste* he found little but pieces of wood and broken glass □ *cha robh seo a' cur a bheag de dhragh oirnn* this wasn't bothering us one little bit □ *'se glè bheag de litreachas Gàidhlig a tha air a chur gu Beurla* very little Gaelic literature is translated into English □ *cha robh duine againn nach do dh'fhairich a bheag no a mhòr de chianalas* there wasn't one of us who didn't feel *some* homesickness (lit. its big or its little of)

beag is beag / beag air bheag *adv* little by little, gradually, by degrees □ *is ann beag air bheag a thig atharrachadh* change comes gradually

air bheag *prep + gen* for little □ *air bheag prìs* cheap(ly) □ *bha iad ag* *obair gu cruaidh agus sin air bheag thaing* they were working hard and that for little thanks □ *air bheag stàth* to little purpose / end □ *bha e air a bhith a' bualadh air an doras fad deich mionaidean air bheag stàth* he had been knocking on the door for ten minutes to little purpose

beag-aigneach *a* narrow-minded **b.-airgead** *nm* petty-cash **b.-amar** *nm* hod **b.-bìodach** *a* infinitesimal **b.-chogach** *a* guerilla **b.-chuid** *nf* minority □ *bidh a' mhòr-chuid daonnan a' sparradh an cànain fhèin air a' bheag-chuid* the majority are always thrusting their language upon the minority □ *bidh sinn tric a' cluinntinn an-diugh mu dheidhinn bheag-chodaichean cànanach* we often hear nowadays about linguistic minorities □ *cànainean nam beag-chodaichean* the languages of the minorities **b.-fhaclair** *nm* glossary **b.-nàrach** *a* impertinent, impudent, shameless **b.-nàraich** *v* embarrass **b.-nàire** *a* impertinent, impudent, shameless □ *nach tu tha beag-nàire!* how shameless you are! **b.-nobhail** *nf* novella **b.-sgèile** *a* small scale □ *map beag-sgèile* small scale map **b.-shaoghal** *nm* microcosm **b.-shileadh** *nm* dribble, trickle **b.-shluagh** *nm* ethnic minority □ *cànainean nam beag-shluaghan* the languages of the ethnic minorities **b.-uaill** *nf* indignity, shame □ *chuir iad cùl ris a' bheag-uaill a bha sin* they turned their backs on that indignity

beagachadh, -aidh, -aidhean *nm & vn* of **beagaich** decreasing etc., deduction, reduction □ *aig amannan faodar beagachadh a dhèanamh* occasionally a reduction may be made
beagaich, -achadh *v* decrease, deduct, diminish, reduce □ *beagaich (coire)* extenuate □ *tha àireamh nam ball a' sìor bheagachadh* the number of members is continually decreasing □ *beagaich air* cut down on □ *bidh sinn a' beagachadh air foillseachadh* we will be cutting down on publishing

beagan, -ain *nm* few, little, modicum, small amount, some (= a little), touch □ *beagan ro àm an Dealachaidh* a little before the time of the Schism □ *tha beagan eadar do ghul agus do ghàire* there is little between [your] crying and [your] laughing □ may be foll. by a *noun* in the *gen* □ *le beagan saothrach* with a little labour □ *cha d'fhuair e ach beagan sgoile* he received but little schooling (lit. of school) □ *beagan dhaoine* a few people □ *ann am beagan mhionaidean* in a few minutes □ *ann am beagan bhriathran* in a few words □ *thug e am beagan a bha aige fhèin seachad do chàch* he gave the little [that] he had himself to others □ *cha do choinnich sinn ach fìor bheagan de mhuinntir a' bhaile* we met but very few of the townspeople (lit. we didn't meet but truly few of (the) people of the town) □ *agus beagan ceò ag èirigh aiste fhathast* and a little / some smoke still rising from it *fem*
The *noun* may be in the *dat* case preceded by **de** □ *cha bu mhiste seo beagan eile de chùram* this would be none the worse of a little more care (lit. another little of etc.)
beagan *adv* a little, somewhat □ followed by an adjective or adjectival phrase □ *bha e a' faireachadh beagan na b'fheàrr* he was feeling a little better / somewhat better □ *tha mi a' faireachdainn beagan sgìth ma dh'fhaodte* I am feeling a little [bit] tired perhaps □ *beagan shìos fodham* a little below me (lit. a little down below me □ see **sìos** and App. 4 Sect. 10.0 Adverbs of Motion and Rest) □ *beagan os cionn* a cut above
beagan agus / is / 's a little more than □ *bha am balla beagan is còig troighean* the wall was a little more than five feet □ *chan eil ach beagan is seachdain bhon d'fhuair iad e* it's only a little over a week since they got it
a lìon beagan is beagan little by little – uncommon now except in the saying: *a lìon beagan is beagan mar a dh'ith an cat an sgadan* little by little as the cat ate the herring (proverb)
air bheagan (followed by a *noun* in the *gen*) having little (of something) □ *bha feadhainn a bha air bheagan Gàidhlig*

there were some who had little Gaelic □ *bha iad air bheagan bidh(e)* they had little food □ *tha mi coma ged a bhithinn air bheagan bìdh* I don't care if I would have little food □ *bha e air bheagan maith* it was worth little / of little worth □ *duine air bheagan tuaireim / air bheagan cèille* a man of little sense □ *air bheagan adhbhair* for little reason

beairt, *pl* **beairt** *nf* engine, hand-loom, proposal (also **beart** in *nom sing*)
beairt-fhuaigheil *nf* sewing machine **b.-ghunna** *nm* machine-gun **b.-thuairnearachd** *nf* lathe
beairteach, -iche *a* affluent, rich, wealthy □ also **beartach**
beairteas, -eis *nm* affluence, riches, wealth □ *beairteas neo-chrìochnach an t-saoghail* the boundless riches of the world □ *cuid den bheairteas òran a tha againn* some of the wealth of song that we possess □ also **beartas**
bealach, -aich, -aichean *nm* access, breach, detour, gangway, gap, inlet, opening, pass (e.g. mountain pass), tract (anat.) *bealach caoch* cul-de-sac *dèan bealach* breach *v ghabh sinn bealach* we made a detour *thàinig e thar a' bhealaich* he came over the pass
bealaidh *nm* broom (plant) □ *bealaidh Frangach* laburnum
Bealltainn, Là Bealltainn Beltane, May-Day (often referred to as *Là Buidhe Bealltainn*), a Celtic fire festival marking the start of Summer
bean, beantainn *v* (+ **do**) touch □ this verb and **buin, buntainn** belong (q.v.) have become inextricably confused, even to the *preps* used with them □ *cho luath 's a bhean e dha* as soon as he touched it □ *bean ri* tamper with

bean, *gen sing* **mnatha** *dat* **mnaoi** *nom & dat pl* **mnathan** *gen pl* **bhan** *irreg nf* female, matron, wife, woman □ *bean nuadh-phòsta / bean-na-bainnse* bride □ *bean cluiche* (female) performer □ *bean seinn* (female) performer (i.e. singer) □...*a tha cho speiseil do chridhe nam ban* ... which is so dear to

the hearts of women / to women's hearts □ *còignear bhan* five women □ *a' Bhean-phòsta Nic a' Phearsain* (abbr. to *a' Bh. Nic a' Phearsain*) Mrs. MacPherson □ *a' Bh. Màiri Nic Labhrainn* Mrs. Mary McLaren □ *leis a' Mhnaoi-phòsta NicDhòmhnaill* (abbr. *leis a' Mhn. NicDhòmhnaill*) by Mrs. MacDonald □ *thugadh bràiste do mhnaoi a' mhinisteir mar thiodhlac* □ a brooch was given to the minister's wife as a gift □ *seo mo bhean* this is my wife
bean *pref* denoting woman / female agent □ note that the *pref* **ban-** is used to make a *masc* agent *fem* e.g. **stiùbhard** *nm* steward, but **ban-stiùbhard** *nf* stewardess, while **bean** (formerly usually accomp. by a hyphen) is used to denote the *fem* equivalent of **fear** e.g. *fear-teagaisg* (male) teacher, but *bean-teagaisg* (female) teacher, or to denote an occupation which does not (or traditionally did not) have a *masc* equivalent e.g. *bean-chìche* wet nurse
bean-àiteachaidh (female) inmate **b.-an-taighe** landlady, 'lady of the house' **b.-atharrais** female mimic **b.-chìche** wet nurse **b.-chomanachaidh** (female) communicant **b.-chomhairle** (female) counsellor **b.-chuidich** helper **b.-chùraim tiomnaidh** executrix **b.-diùraidh** (female) juror **b.-eiridinn** (female) nurse **b.-èisteachd** (female) listener **b.-eisimeil** (female) dependent **b.-ghlanaidh** cleaning woman **b.-ghlùine** midwife □ *chuireadh i air chùram na mna-glùine* she was put in the care of the midwife / in the midwife's care **b.-iùil** conductress **b.-na bainnse** bride **b.-phòsta** wife **b.-sgùraidh** scrubbing woman **b.-shìdh** fairy woman, banshee **b.-shnìomh** spinner **b.-sholair** procuress **b.-taighe** hostess, housewife, matron **b.-teagaisg** mistress, (female) teacher □ *tha an dithis bhan-teagaisg a-nise nan dreuchd* the two teachers are now in their post **b.-uasal** lady, madam

beann *gen pl* of **beinn**
beannachadh, -aidh, -aidhean *nm & vn* of **beannaich** blessing etc., benediction, blessing (the act of blessing), greeting □

rinn am Moderàtor am beannachadh ann an Gàidhlig the Moderator gave the blessing in Gaelic

beannachd, -an *nf* blessing □ *goireasan a bhitheadh nam beannachd do mhòran* conveniences that would be a blessing to many □ ... *ach faodaidh e bhith na bheannachd dhuinn* ... but it may be a blessing to us □ *gun robh beannachd Dhè air* may God's blessing be upon him □ *beannachd (le)* farewell (to), goodbye to □ *beannachd leat / leibh* goodbye to you (*sing / pl* resp.) □ *cha do ghabh i beannachd leis* she did not say goodbye to him □ *nuair a bha e a' leigeil beannachd leatha* when he was saying goodbye to her □ *leig e beannachd leatha* he said goodbye to her □ but note also: *dh'fhàg e beannachd aig a chàirdean* he said goodbye to his friends □ *mo bheannachd aig na bodaich sin* my blessings on these old men □ and also: *bu toigh leam beannachdan na Bliadhna Ùire a ghuidhe do na h-uile* I would like to wish New Year greetings to everybody □ *leis na beannachdan / leis gach beannachd* with best wishes

beannag, -aige, -an *nf* coif, kerchief; a square of cloth folded into a triangle and worn on the shoulders or head

beannaich, -achadh *v* bless, greet □ *beannaich mise!* bless me! □ *beannaich sinn* bless us

beannaichte *pp* blessed □ *chaidh an t-sìth bheannaichte a bhriseadh* the blessed peace was shattered

beanntach, -aiche *a* mountainous

beanntan *pl* of **beinn**

beantainn *nm & vn* of **bean** touching etc., a touch □ *gun bheantainn ri* untouched

bèan-uiridh, a' bhèan-uiridh *nf* the year before last □ also **a' bhòn-uiridh**

bearbhain *nf* vervain

beàrn, -àirn / bèirn, -an / -aichean *nf* breach, fissure, gap, hiatus, lacuna, vacancy □ *dèan beàrn* breach *v* *beàrnan a tha feumach air an lìonadh* gaps which must be filled □ *a' bheàrn a tha eadar na ginealaichean* the generation gap (lit. the gap which is between ... etc.) □ *a' lìonadh na beàirn / bèirn* filling the gap □ *tro bheàirn / bhèirn* through a gap □ *tha corra bheàrn ann* there are a few gaps in it □ *le beàrnan co-ionnan* equally spaced

beàrn-mhìol *nf* hare-lip

beàrnach, -aiche *a* fissured, jagged, jaggy □ *na creagan beàrnach* the jagged rocks

beàrnan-Brìde *nm* dandelion

Beàrnarach, -aich, -aich *nm* a native of Bernera(y)

Beàrnarach *a* of, belonging to or pertaining to Bernera(y)

beàrr, bearradh *v* (N.B. accent on root, but not on *vn*) clip, crop, pare, poll, prune, shave, shear □ *air a bhearradh* clean-shaven

bearradair, -ean *nm* barber, clipper

bearradh, -aidh, -aidhean *nm & vn* of **beàrr** 1. clipping etc., crop (haircut), shave, shaving, shearing, tonsure □ *bearradh fuilt* hair-cut 2. brow / slope of a hill, crest (geol.), escarpment *dhìrich e gu bearradh a' chladaich* he ascended to the brow of the shore

bearraideach, -iche *a* light, nimble, active □ *chan eil mi cho bearraideach 's a bha mi* I'm not as active as I was

beàrrte *pp* cropped, shorn etc.

beart, beairt, beairt *nf* 1. contrivance, instrument, loom 2. fact □ also **beairt** in *nom*

beart-dhìridh *nf* chairlift **b.-ola** *nf* (oil) rig

beartach, -aiche *a* rich, wealthy □ *duine beartach* a rich man □ *na daoine beartach* the rich □ also **beairteach**

beartachadh, -aidh *nm & vn* of **beartaich** brandishing etc.

beartaich, -achadh *v* brandish, flourish, harness, yoke □ *bheartaich e an t-each* he harnessed the horse □ *bha e a' bruidhinn ris na h-eich fhad 's a bha e gam beartachadh* he was speaking to the horses while / all the time he was harnessing them

beartas, -ais *nm* riches, wealth □ see **beairteas**

beath □ see **beatha-** below

beatha *nf* life, existence □ *tha rudeigin a' tachairt nar beatha uile aig a bheil buaidh mhòr oirnn* something happens in all our lives which has a great effect on us (note the use of the *sing* of **beatha** – see following & notes under **ceann** and **làmh**) □ *bha iad gu bhith còmhla fad a' chòrr de am beatha* they were (going) to be together the whole of the rest of their lives □ *bha e a' spleuchdadh orm mar nach robh e air m'fhaicinn na bheatha* he was staring at me as if he hadn't seen me in his life □ *thug e a bheatha gu lèir do dh'obair na h-eaglaise* he gave his life completely to the work of the church □

fhuair iad às le am beatha they escaped with their lives □ *bha e a' ruith aig peilear (dearg) a bheatha* he was running for dear life □ *bidh na bàtaichean-teasargainn a' sàbhaladh beatha dhaoine air a' mhuir* the lifeboats save people's lives on the sea □ *chaith e a bheatha gu stuama* he spent his life temperately □ *chan innseadh iad air am beatha* they would not tell on their lives □ *'s e do bheatha* you are welcome (lit. he (God) is your life) □ the *pl form* is **'s ur beatha** □ an extension of this is found in such phrases as: *ur beatha dhan dùthaich* you are welcome to the country (meaning the local area) □ see also **di-beathte**
beatha-aisneis *nf* memoir (autob.) **b.-shàbhaladh** *nm* life-saving **b.-eachdraiche** *nm* biographer **beath-eachdraidh** *nf* □ see **eachdraidh beatha**

beathach, **-aich**, **-aichean** *nm* animal, beast, brute □ *beathaichean na macharach* the beasts of the field □ *a' coimhead an dèidh nam beathaichean* looking after the beasts / animals □ *bha e a' feuchainn ri dealbhannnan bheathaichean a thogail* he was trying to take photographs of animals □ in some areas e.g. Uist and Barra, **beathach** is used in the specialised sense of 'head of cattle' □ also commonly used as follows: *beathach eich* a horse □ *beathach mairt* a cow □ *beathach caorach* a sheep □ *beathach coin* a dog
beathach-mara *nm* sea creature
beathachadh, **-aidh** *nm & vn* of **beathaich** nourishing etc., living, maintenance, nourishment, nutriment, nutrients, sustenance
beathachail, **-e** *a* nourishing, nutritious
beathaich, **-achadh** *v* feed, nourish, maintain □ *cha bheathaicheadh seo luch* this wouldn't feed a mouse
beathail, **-e** *a* 1. vital, pertaining to life 2. lively
beathalachd *nf* vitality
beathadach, **-aich**, **-aich** *nm* beaver
beic, **-e**, **-eannan** *nf* curtsey □ *rinn i beic do na h-uaislean* she curtseyed to the gentlemen / gentlefolk
bèicear, **-eir**, **-an** *nm* baker
beil □ see **bi**
bèile, **bèilichean** *nf* bale

beilear / beileas □ see **bi**
Beilgeach, **-ich**, **-ich** *nm* Belgian
Beilgeach *a* Belgian
beilleag, **-eige**, **-an** *nf* lip
bèin & bèine □ *nom & dat pl and gen sing* respectively of **bian**
being, **-e**, **-ean** *nf* bench, form □ *bha i na suidhe air being* she was sitting on a bench
being-obrach *nf* work bench
beinn, **-e**, **beanntan** *nf* (*gen pl* **bheann / nam beann**) hill (high), mount, mountain □ *a' streap nam beann* climbing (the) mountains, mountain climbing □ *bha e ag ionndrainn beanntan mòra an eilein* he was missing the island's great mountains □ *am measg nam beanntan iomallach* □ amidst the lonely mountains □ *am measg beanntan binneanach na Gaidhealtachd* among the pinnacled mountains of the Highlands □ *tìr nam beann is nan gleann* the land of mountains and glens □ for the different forms of the *gen pl* used here see App. 3. Sect. 2.2 (f) □ *sa bheinn* on the mountain / in the mountains □ *latha a bh'ann 's mi sa bheinn ...* one day, as I was in the mountains ... □ common in place names – see App. 12 Sect. 4.0
beinn-theine *nf* volcano

beir, **beirsinn / breith** *irreg v* bear (children, young etc.), give birth to, bring forth, drop (give birth to), lay (of eggs), litter (of animal giving birth – also *beir àl*) pup, whelp, kitten etc., produce □ this verb is *irreg* in the past tense (active & passive) only

ACTIVE VOICE:

Past tense

Indep. & Dep. **rug i** she bore **an do rug i** did she bear? **cha do rug i** she didn't bear **nach do rug i?** didn't she bear? □ note that these are often written as **an d'rug i** etc. in poetry or representation of speech

Future tense (reg.)

1. Indep. **beiridh i** she shall bear etc.
2. Dep. **am beir i?** shall she bear? **cha bheir iad** they will not bear **nach beir iad?** will they not bear? etc.

Imperfect / Conditional tense (reg.)

1. Indep. **bheirinn** I would bear
   bheireadh tu you would bear etc.
2. Dep. **am beirinn?** would I bear?

PASSIVE VOICE:

Past tense

Indep. & Dep. **rugadh mi** I was born **an
do rugadh e?** was he born? **cha do
rugadh e** he wasn't born **nach do
rugadh e** wasn't he born?

Future tense (reg.)

1. Indep. & Dep. (reg.) **beirear** will
   be born **am beirear?** will … be
   born? **cha bheirear** will not be
   born **nach beirear?** will … not
   be born?

Imperfect / conditional tense (reg.)

1. Indep. & Dep. **bheirteadh** would
   have been born **am beirteadh**
   would … have been born? **nach
   beirteadh** would … have not have
   been born?

Basic examples: *beir ugh* lay an egg □
*bidh a' chuthag a' breith an uighe aice
anns an nead aig eun eile* the cuckoo
lays her egg in another bird's nest □
beir laogh calf □ *beiridh i mac* she
shall bear a son □ *beirear e anns an
ospadal* it'll be born in hospital □
thuirt i gum beirteadh e aig an taigh
she said that it would be born at home
□ *rug an làir searrach* the mare had /
produced etc. a foal □ *rugadh is
thogadh mi ann an Alba* I was born and
raised in Scotland □ *'s binn guth an
eòin far am beirear e* sweet is the bird's
voice where he is born (proverb)
Idioms: *beir air* lay hold of, catch
hold of, catch, snatch, overtake □
*dh'fheumainn breith air na bùthan
mus dùineadh iad* I had to catch the
shops before they closed (lit. would
need to … before they would close) □
beiridh e air bileig feòir he catches /
will catch hold of a blade of grass □
rug e air mus do ràinig e an geata he
caught him before he reached the gate

□ *thilgeadh e na glainneachan anns an
adhair agus bheireadh e orra a-rithist*
he would throw the glasses in the air
and (he would) catch them again □ *ma
bheireas tu air innis dha gu bheil mi
ag iarraidh [a] fhaicinn* if you catch
him up, tell him I want to see him □
rug e air mo mhuinichill he caught my
sleeve □ *beir a thaobh* persuade *bheir
seo duine a thaobh mar as trice* this
will usually persuade one □ *nach ann
dhut a rug an cat an cuilean?* (lit.
didn't the cat give birth to the pup for
you?) lucky you! □ *an latha (a)
bheireas an cuilean an t-ugh!* (lit. the
day the pup lays the egg!) never!
Note the idiom often used when refer-
ring to parts of the body: *a' breith air
làimh orm* catching me by the hand /
shaking hands with me □ *rug iad air
làimh air a chèile* they shook each
other by the hand □ *rug e air cluais a'
bhalaich* he seized the boy's ear
It should be noted that parts of this verb
are very similar to / identical to parts
of the verb **thoir** (q.v.)

beirsinn *alt vn* of **beir** bearing etc.
beirm, -e *nf* barm, yeast
beirmeach *a* yeasty
beirmear, -eir, -an *nm* enzyme
beirn □ *gen sing* of **beàrn** gap
bèis *nm* beige
bèis *a* beige
bèist, -e, -ean *nf* beast □ see **biast**
bèist-dà-leann *nf* tapeworm
beitein *nm* mat-grass
beithe *nf* birch (tree) □ *beithe gheal* silver
birch □ *am measg nan doireachan beithe*
amidst the birch groves □ *an siud 's an seo
bha bad de choille bheithe* here and there
was a clump of birch wood
beithir, beathrach, beathraichean *nm*
thunderbolt

beò, beòtha *a* alive, live, lively, living,
quick, vital, vivid □ note that the *pl
form* of the *adj* may be **beò / beòtha** □
iasg beò live fish □ *gach creutair beò*
every living creature □ *bi beò* live, be
alive, exist □ *bi beò le* coexist □ *mair
beò* live, survive □ *bi / fan beò nas*

fhaide na ... outlive ... □ *tha e beò fhathast* he is still alive □ *sinne an dithis mu dheireadh [a] tha beò* we are the last two [who are] alive □ *tha sinn ag ionnsachadh ciamar a bha iad beò* we learn how they lived □ *bi beò air* live upon / exist on □ *bha e beò air measan* he was living / existing on fruits □ *tha iad a' creidsinn gum bi an gobhar beò air seann phàipearannaidheachd!* they believe that goats live on old newspapers! (for the use of the *def art* here see App. 2 Sect. 4.3) □ *thig beò air* live upon / exist upon □ *tha iad a' tighinn beò air duilleagan is cuileagan* they live on leaves and flies □ *cha robh duine beò an làthair* not a living soul was present

beò *nm* 1. life, lifetime □ *ri a bheò* during his lifetime □ *ri mo bheò* during my lifetime etc. □ *cha do dh'fhiosraich mi ri mo bheò fuachd cho dona sin* I had never experienced in my lifetime (a degree of) cold as bad as that □ *(sin) rud nach dìochuimhnich mi ri mo bheò* (that is) something that I shall not forget for the rest of my life / as long as I live □ note also: *dè do bheò?* how are you? □ *chaill daoine am beatha anns an doininn* people lost their lives in the storm (note the use of the *sing.*, each person having only one life) 2. a living man / person □ *na beò* the living □ *dh'fhàg iad tìr nam beò o chionn mòran bhliadhnachan* they departed the land of the living many years ago □ *bu chòir urram a bhith agad don duine, na beò 's na marbh* you should have respect for a man, living and dead (lit. in his living man and in his dead man) □ *gheibh sinn e na bheò no na mharbh* we will get / find him alive or dead (i.e. as a living man or as a dead man) **b.-airgeadach** *a* mercurial **b.-eòlas** *nm* physiology **b.-fheòil** *nf* quick (flesh) **b.-ghainmheach** *nf* quicksands **b.-ghearradh** *nm* vivisection **b.-ghlac** *v* capture, captivate, take prisoner □ *bha iad air am beò-ghlacadh leis na Ròmanaich* they were captured by the Romans **b.-ghlacadh** *nm & vn* capturing etc., fascination, obsession **b.-ghlacail, -e** *a* captivating □ *làn iomhaighean beò-ghlacail* full of captivating images **b.-shlàint(e)** *nf*

livelihood, living □ *dh'fheumadh e a bheò-shlàint a chosnadh* he had to earn his living □ *dè an t-àite a tha aig croitearachd ann am beò-shlàint na Gaidhealtachd?* what place does crofting have in the livelihood of the Highlands? □ *tha iad a' dèanamh beò-shlàint air iasgach* they make a livelihood from (lit. on) fishing □ *thòisich e air a beò-shlàint a dhèanamh air sgrìobhadh* he began to make his living by writing □ *tha iad a' dèanamh am beò-shlàint air turasachd* they make their living from tourism (also **bith-beò** q.v.)

beòil 1. *a* oral □ *teachdaireachd bheòil* an oral message 2. *gen sing* and *nom & dat pl* of **beul** mouth

beòshlaint, -e *nf* □ see **beò-shlaint**

beòtha *comp* of **beò**

beothachadh, -aidh *nm & vn* of **beothaich** animating etc, animation (the act of making animated films)

beòthachd *nf* living, livelihood □ *rinn iad deagh bheòthachd* they made a fine living

beothaich, -achadh *v* animate, arouse, enkindle, enliven, freshen (of wind), kindle, quicken, re-animate, stir, vitalize, vivify □ *bheothaich a' ghaoth* the wind freshened □ *tha i a' beothachadh* it (the wind) is freshening

beothaichear, -eir, -an *nm* animator □ *tha beothaichear proifeasanta ag obrachadh le gach aonad* a professional animator works with each unit

beothaichte *pp* animated □ *film beothaichte* animated film □ *dealbhan beothaichte* animated pictures

beothail, -e *a* alive, animated, brisk, live, lively, vivacious, volatile □ *b'esan bu bheothaile den dithis* he was the livelier of the two (people)

beothalachd *nf* animation, briskness, life (= liveliness), liveliness, vitality, vivacity, volatility

beothalachd-oidhche *nf* night-life

beothalas, -ais *nm* vivacity

beotham, -aim, -an *nm* vitamin

beubanaich, -achadh *v* treat badly, maltreat, mangle, bad-use □ *chan fhaca mi riamh fear a bhitheas a' beubanachadh a chuid aodaich mar a tha thusa* I have never seen anyone who bad-uses his clothes like you do □ *chaidh am beubanachadh gu math goirt* they were quite severely mangled

beuc *nm indec* bellow, bray, roar □ *le beuc uabhasach dh'èirich an rocaid bhon talamh* with an awful roar the rocket rose from the earth □ *dèan beuc* bellow *v*

beuc, beucaich / beucail *v* bellow, roar □ *dùisgidh tu na nàbaidhean ma bheucas tu mar sin* you'll waken the neighbours if you bellow like that

beucach *a* roaring □ *leòghann beucach* a roaring lion

beucaich *nf & vn* of **beuc** bellowing, roaring etc., roar

beucail *nf & vn* of **beuc** roaring etc. □ *cha robh fuaim ri a cluinntinn ach beucail na mara* there was no sound to be heard but the roaring of the sea

beud *nm indec* damage, harm □ *gun bheud* unhurt □ *tha mi an dòchas nach èirich beud dhaibh* I hope (that) no harm will come to them (lit. rise to them) □ *is mòr am beud gun / nach do rinn e sin* it's a great pity that he did / didn't do that □ *bu mhòr am beud gun do mhill e an cothrom a fhuair e* it was a great pity that he spoiled the chance [that] he got

beugaileid, -ean *nf* bayonet □ *dè nì bodaich an aghaidh beugaileidean nan saighdearan?* what shall old men do against the soldiers' bayonets?

beul, beòil, beòil *nm* 1. mouth □ *làn beòil* a mouthful □ *cha leigeadh e leam fiù 's aon làn beòil a thogail* he would not even allow me to take (lit. raise) one mouthful □ *bhitheadh e a cheart cho math dhaibh am beul a chumail dùinte* it would be just as well for them to keep their mouths shut (note the *sing* – see notes under **ceann** and **làmh**) □ *tron bheul* oral □ *"Am faigh sinne còmhla ruibh?" arsa na balaich am beul a chèile* "Shall we get with you?" the boys asked together / at the same time 2. edge, beginning □ *[ann] am beul na mara* at the edge of the sea □ *[ann] am beul na tuinne* at the wave's edge □ *ràinig e beul a' chladaich* he reached the edge of the shore □ *[ann] am beul na h-oidhche* in the twilight / in the dusk of evening □ *[ann] am beul an latha* at dawn □ *beul*

a' chaolain duodenum 3. gunwale □ *chaidh i fodha chun a' bheòil* she went under / sank to the gunwales □ *bha na bàtaichean fodha gu am beòil* the boats were under to their gunwales

air mo bheul fodham face down, prone (lit. on my mouth under me) □ *shìn mi air mo bheul fodham* I stretched out face down / prone □ *bha i na laighe an sin air a beul foidhpe* she was lying there face down / prone □ *bha an duine air a bheul fodha air a' chreig* the man was face down on the rock □ *chaidh e air a bheul fodha* he lay face down / prone □ but note also: *bha e gus a bheul a bhualadh fodha* he was on the point of collapse □ *chan eil do bheul agad ri fhosgladh* you are very lucky e.g. to have escaped

beul-aithris *nf* folklore, oral tradition, tradition □ *tro bheul-aithris* through oral tradition **b.-aithriseach** *a* traditional **b.-bòidheach** *nm* compliment, flattery, lip-service □ *dèan beul-bòidheach ri* compliment, flatter **b.-mòr** *nm* gunwale □ *bha iad nan seasamh aig a beul-mòr* they were standing at her gunwale **b.-oideas** *nm* folklore **b.-snaoisein** *nm* decoy **b.-stoc** *nm* gunwale

beulach, -aiche *a* plausible, talkative, two-faced

beulaibh *nm* originally **beul-thaobh**, front □ *tha thu air a chur cùlaibh air beulaibh* you have placed it back to front **air beulaibh** *prep + gen* before, in front of □ *air beulaibh an taighe* in front of the house □ *chùm i an dreasa rithe fhèin air beulaibh an sgàthain* she held the dress against herself in front of the mirror

As with most *compd preps*, a *poss adj* in used in Gaelic where a *pers pron* is used in English **air mo bheulaibh** before me **air do bheulaibh** before you *sing* **air a bheulaibh** before him **air a beulaibh** before her **air ar beulaibh** before us **air ur beulaibh** before you *pl & polite* **air am beulaibh** before them □ *chì thu, dìreach air do bheulaibh, ...* you will see, directly in front of you, ...

beulchar, -aire *a* plausible
beum, -adh *v* taunt
beum, -a, -annan *nm* 1. blow, quip □ *thoir beum sìos do* debunk □ *a dh'aon bheum* expressly □ □ *gun bheum do* without prejudice to 2. sheaf of corn □ *beum eòrna* barley sheaf
beum-ceòl *nm* percussion □ *cluicheadair beum chiùil* percussionist **b.-grèine** *nm* sunstroke **b.-cluig** *nm* knell **b.-slèibhe** *nm* torrent, spate □ □ *thuit beum-slèibhe on bheinn* a spate came down from the hill
beumadh, -aidh *nm & vn* of **beum** taunting etc., taunt
beumail, -e *a* reproachful
beumnach, -aiche *a* sarcastic □ *"Tha mi cinnteach às a sin," ars esan gu beumnach* "I'm sure of that," he said sarcastically
beur, bèire *a* caustic (of wit), sarcastic □ *rinn e aoirean a bha sgaiteach agus beur* he composed satires that were biting and sarcastic
Beurla *nf* (sometimes **Beurla Shasannach**) English (lang.) □ *Beurla Ghallda* Scots (lang.) □ *is ann am Beurla a bha e a' bruidhinn* he was speaking in English (lit. it was in English that he was speaking) □ *chuireadh am Beurla iad* they were put into English
Beurla *a* English (in / concerning the English language) □ *tha e air fear de na bàird Bheurla as fheàrr air an t-saoghal* he is one of the best English poets in the world
Beurlachd, -an *nf* Anglicism □ *Beurlachd ghrànnda* an ugly Anglicism
beus *a* bass
beus-fhidheall *nf* cello, violoncello
beus, -a, -an *nf* character, demeanour, moral, virtue □ *modhannan / lagh nam beus* ethics
beus-eòlas *nm* ethics
beusach, -aiche *a* decent, decorous, mannerly, moral, virtuous
beusachd *nf* decency, modesty □ *deagh bheusachd* morality
beusail, -e *a* □ see **beusach**
bh' a shortened form of **bha** coming before vowels e.g. ... **a bh' ann** ... who was there In formal work it should be written as **a bha ann** etc.
Bh, A' Bh. Mrs as in: *a' Bh. Nic a' Phearsain* (= *a' Bhean-phòsta Nic a' Phearsain*) Mrs McPherson
bha past tense *indep* of the verb **bi** (q.v.) was, were
bhàn *adv* down □ see **a-bhàn**
bhana, -aichean *nf* van

bhàrr *prep + gen* from, down from, off □ *bhàrr na sgeilpe* off the shelf *thug e an tuagh mhòr bhàrr a ghuailne* he took the great axe down from his shoulder
bhàsa, -aichean *nm* vase
bhatar *past tense indep* of the *impers form* of **bi** (q.v.) it was being
Bhatarsach, -aich, -aich *nm* native of Vatersay
Bhatarsach *a* of, belonging to or pertaining to Vatersay
bhathas *past tense indep* of the *impers form* of the verb **bi** (q.v.)
bheil *present tense dep* of the verb **bi** (q.v.) □ *a bheil thu?* are you...? □ *a bheil e ...?* is he / it ...? etc.
bheilear *present tense dep* of the *impers form* of the verb **bi** (q.v.)
Bheiniseach *a* Venetian
bheir 1. *fut tense indep* of **thoir** *irreg v* (q.v.) 2. see also **beir, beirsinn / breith** *irreg v*
bheireadh 1. *2nd & 3rd pers* imperf / cond tense of **thoir** (q.v.) 2. *2nd & 3rd pers imperf / cond tense* of **beir** (q.v.)
bheirear *fut pass* of **thoir** (q.v.) shall / will be given
bheirinn 1. *1st pers imperf / cond tense act* of **thoir** (q.v.) 2. *1st pers imperf / cond tense act* of **beir** (q.v.)
bhermilean, -ein *nm* vermilion
bhidio, -othan *nm* video □ *bidh bhidiothan an lùib a' phrògraim* there will be videos associated with the programme
bhiocùna *nm* vicuna
bhite *alt form* of *imperf / cond tense* of the *impers form* of **bi** (q.v.)
bhith, a bhith *inf form* of **bi** (q.v.) to be
bhithear *fut pass* of the *impers form* of **bi** (q.v.) will / shall be being
bhithist *alt form* of *imperf / cond tense* of the *impers form* of **bi** (q.v.)

---

bho *prep + dat + len* from □ also found in the form **o** (q.v.)
The *prep prons* are formed thus: **bhuam** from me **bhuat** from you **bhuaithe** from him / it *masc* **bhuaipe** from her / it *fem* **bhuainn** from us **bhuaibh** from you *pl & polite* **bhuapa** from them
The *emph forms* of these are: **bhuamsa, bhuatsa, bhuaithe-san, bhuaipse, bhuainne, bhuaibhse, bhuapasan**

The *prep poss adjs* are usually used in uncontracted form: **bho mo** from my **bho do** from your etc. – though a contracted form may be employed (though not recommended in writing) □ *mar gum bitheadh cudrom air èirigh bhom fheòil* as if a weight had risen from my flesh

Examples: *bho muigh* extraneous □ *bho dhoras gu doras* from door to door □ note also: *bha companaidh bho chompanaidh a' tuiteam* company after company was falling □ *... bailtean-fearainn a gheibh iad bith-beò math bhuapa* ... farms from which they get a good living □ *... mu mhìle gu leth a dh'astar bhuam* ... about a mile and a half [of distance] from me □ *bidh iongantas ort litir fhaighinn bhuamsa* you will be surprised to get a letter from me □ *bha mi eòlach gu leòr air fhaicinn bhuam* I knew him well enough by sight (lit. I was sufficiently acquainted on him to see from me) □ *bhiodh e a' faicinn Màiri bhuaithe uaireannan* he would sometimes see Mary at a distance □ *chan fhairich sinn bhuainn nì nach robh againn* we shall not miss what we did not have (lit. feel from us a thing that was not at us) □ *co bhuaithe?* from whom? □ *cò shùilicheadh an fhreagairt seo bhuaithe?* who would have expected this reply from him? □ *... mar a shùilicheadh sinn bhuaithe* ... as we would expect from it / him □ *tha mi an dòchas gun cluinn mi bhuaibh a dh'aithghearr* I hope I hear from you soon (i.e. hoping to hear etc.) □ but note also: *ge air bith a bha aige no a bha bhuaithe* whatever he had or didn't have □ *chan fhairicheadh e an t-airgead bhuaithe* he wouldn't miss the money

bhuaithe is also used frequently as an *adv* □ *tha na bailtean seo air a dhol bhuaithe* these townships have declined □ *bha i air a dhol bhuaithe / bha i air tuiteam bhuaithe* she had declined, gone downhill □ *thuige 's bhuaithe* off and on □ but note also: *bhuaithe sin* from that (see App. 6 Pronouns Sect. 7.0)

bho is also used as an *adv, conj* and *prep* all meaning 'since' □ see **o**

bhod *prep poss adj* formed from **bho** (q.v.) from your *sing*

bhòidse, -ean *nf* voyage

bholcànach *a* volcanic

bholcàno, -othan *nm* volcano

bhom *prep poss adj* formed from **bho** (q.v.) 1. (+ *len*) from my 2. without *len* and before **b, f, m, p** from their

bhon 1. *prep poss adj* formed from **bho** (q.v.) from their 2. a combination of **bho** (q.v.) and the *def art* from the

bhos □ see **a-bhos** *adv*

bhos □ see **os** *prep*

bhòta, -aichean *nf* vote □ *thoir bhòta* vote *v* □ *iarr bhòtaichean* canvass □ also **bhòt**

bhòtadh, -aidh *nm* ballot, polling □ *dèan bhòtadh* vote *v* □ *pàipear bhòtaidh* a voting paper □ *stèisean bhòtaidh* a polling station

bhòt-misneachd *nm* a vote of confidence □ *fhuair sinn bhòt-misneachd cudthromach bho* ... we received an important vote of confidence from ...

bhuaibh / bhuainn / bhuaipe / bhuaithe / bhuam / bhuapa / bhuat □ *pers prons* formed from **bho** (q.v.)

bhur *poss adj* your *pl & polite* □ foll. by **n-** before a vowel □ *bhur n-aodach* your clothes (also **ur**)

bhuruca, -an *nm* verruca

---

bi *irreg v* be, exist □ this verb is *irreg* in the present and past tenses and is the only Gaelic verb to have a true present tense

ACTIVE VOICE:

Present tense

1. Indep.: **tha mi** I am **tha thu** you are **tha e** he is etc.
2. Dep.: **a bheil thu?** are you? **a bheil i** is she? etc.

Past tense

1. Indep.: **bha mi** I was **bha iad** they were **bha sibh** you *pl & polite* were etc.
2. Dep.: **an robh e?** was he **an robh thu?** were you? **an robh sinn** were we? etc.

Future tense

1. Indep.: **bithidh mi** I shall / will be **bithidh thu** you shall / will

be etc. □ note that some people use the form **bidh** when the verb is accompanied by a *pron* e.g. **bidh mi** I shall be, and **bithidh** only when indicating 'yes' □ *am bi thu aig a'chèilidh? bithidh* will you be at the ceilidh? yes

2. Dep.: **am bi thu?** will you be? **cha bhi iad** they won't be **nach bi sinn?** won't we be? etc.

Relative Future **ma bhitheas tu** if you will be **ged bhitheas e** though he will be etc.

Imperfect / conditional tense

1. Indep.: **bhithinn** I would be **bhitheadh tu** you would be **bhitheadh e / i** he / she would be **bhitheamaid / bhitheadh sinn** we would be **bhitheadh sibh** you *pl & polite* would be **bhitheadh iad** they would be □ □ note that neither **bhithinn** nor **bhitheamaid** require *pers prons* 2. Dep.: **am bithinn?** would I be? **am bitheadh tu?** would you be? **cha bhitheadh i** she wouldn't be **nach bitheadh e?** wouldn't he be? etc. Note that **bhitheamaid / bitheamaid** may be found as **bhiomaid / biomaid**

Imperative mood

bitheam let me be **bi** be **bitheadh e / i** let him / her / it be **bitheamaid / biomaid** let us be **bithibh** be *pl & polite* **bitheadh iad** let them be
Verbal Noun **bhith** to be (always lenited)
In addition, the verb **bi** has a special form called the Impersonal Form which is used as a kind of Passive Voice. The Impersonal Forms, unfortunately, have three versions, but are generally given as follows:

IMPERSONAL FORM:

Present tense

1. Indep.: **thatar / thathar / thathas** it is being
2. Dep.: **am beilear? / am beileas?** (also **a bheilear? / a bheileas?**) is it being? **chan eilear / chan eileas**

it isn't being **nach eilear? / nach eileas?** isn't it being?

Past tense

1. Indep.: **bhatar / bhathar / bhathas** it was being
2. Dep.: **an robhas? / an robhar?** was it being? **cha robhas / cha robhar** it wasn't being **nach robhas? / nach robhar** wasn't it being? □ of these, **robhas** appears to be much the commoner

Future tense

1. Indep.: **bithear / bitheas / bitear** it will be
2. Dep.: **am bithear? am biteas? / am bitear?** / will it be? **cha bhithear / cha bhiteas / cha bhitear** it won't be **nach bithear? / nach biteas? / nach bitear?** won't it be? □ unlike **robhas** etc. above, the form **bithear** appears to be most common

Imperfect / conditional tense

1. Indep.:**bhit(eadh)** would be
2. Dep.: **am bite(adh)?** would … be? **cha bhite(adh)** would not be
The verb **bi** is used:
3. to make simple, direct, positive or negative statements, or to ask simple, direct, positive or negative questions □ *tha mi sgìth* I'm tired □ *a bheil an tì fuar?* tha is the tea cold? yes □ *chan eil e math idir* he's not well at all / not at all well □ *nach eil thu sgìth a-nise?* chan eil □ aren't you tired now? no □ *bha am brot ro theth* the broth was too hot □ *an robh iad aig a' chèilidh?* were they at the ceilidh? □ *cha robh duine ann* there was nobody there □ *nach robh iad aig an taigh?* bha weren't they at home? yes □ *bithidh mi air ais a dh'aithghearr* I'll be back soon □ *am bi e ag obair a-màireach? bithidh* will he be working tomorrow? yes □ *nach bi e anns an t-sabhal? cha bhi* won't he be in the barn? no 2. to make indirect, positive or negative statements, or to

ask indirect, positive or negative questions □ *tha e ag ràdh gum bi e air ais a dh'aithghearr* he says he will be back soon □ *tha i a' smaoineachadh gun robh e ag obair ann an Sasainn* she thinks (that) he was working in England □ *cha do smaoinich mi gum bitheadh e deònach sin a dhèanamh* I didn't think he would be willing to do that □ *dh'fhaighnich e dhiom an robh mi trang* he asked me if I was busy □ *seo far am bi sinn a' fuireach* this is where we shall be staying □ *a bheil fhios agad càit[e] a bheil oifis a' phuist?* do you know where the post office is? □ *fhreagair mi nach robh mi eòlach oirre* I replied that I was not acquainted with her □ *ghluais mi a' chathair a chum 's nach biodh duine sam bith a' tuiteam thairis oirre* I moved the chair so that nobody would fall over it

4. to postulate a state or condition, in which case it is accompanied by the *prep pron* **ann** □ *tha an t-uisge ann* it's raining □ *a bheil càise ann?* is there any cheese? □ *cha robh ìm no càise ann* there was no butter or cheese

5. to state that someone or something belongs to an occupation or class, in which case it is accompanied by the appropriate *prep poss adj* formed from the *prep* **ann** □ *bha e na shaighdear* he was a soldier □ *tha e na sgoilear math* he's a good scholar □ *dè tha gu bhith annad nuair a dh'fhàsas tu suas?* what are you going to be when you grow up? □ *tha mise gu bhith nam sheòladair* I'm going to be a sailor □ *bha i na banaltram* she was a nurse

6. to form compound tenses indicating continuous action, by being linked to an appropriate *verbal noun*: (a) the *vn* is preceded by **a'** (an abbr. form of **ag**, which is, in turn, a shortened form of **aig**, at) or **ag** before vowels or (commonly) before **ràdh** saying □ *tha iad a' coiseachd* they are walking □ *bha sinn ag obair* we were working □ *dè bha e ag ràdh?* what was he saying? □ *bithidh iad a' tighinn air ais*

a dh'aithghearr they'll be coming back soon □ *bhitheadh e daonnan a'gearan* he used to be (lit. would be) always complaining □ *càit[e] a bheil iad a' dol?* where are they going? (b) a few *vn's* indicating continuous / sustained action are preceded by a *prep pron* formed from **ann** instead of **a'** □ *a bheil e na chadal?* is he sleeping? (lit. is he in his sleeping) □ *bha i na suidhe aig an doras* she was sitting at the door □ *bidh e na shìneadh* he'll be lying down □ *bha sinn uile nar seasamh air an rathad* we were all standing on the road □ *bha a' chlann nan ruith* the children were running (**ruith** is the only instance where this usage is not obligatory i.e. you could have: *bha a' chlann a' ruith* the children were running) (c) nouns governed by the *vn* are traditionally in the *gen* case, but, in practice, nowadays only *def nouns* are in the *gen* case, *indef nouns* being in the *nom* case □ *tha e a' leagail na craoibhe* he is cutting down the tree □ *bha e a' leagail craobh* he was cutting down a tree □ *tha i a' glanadh na h-uinneig[e]* she is cleaning the window □ *bha i a' glanadh uinneag* she was cleaning a window

Verbal noun: *feumaidh mi [a] bhith dhachaigh aig lethuair an dèidh deich* I must be home at half past ten □ ... *airson na molaidhean sin a thoirt gu bith* ... to bring these recommendations into being □ *'s e obair luachmhor a tha iad a' dèanamh ann a bhith a' clò-bhualadh an stuth seo* they are doing valuable work in printing this material □ *an dèidh do leanabh a bhith aca* after they had a child / after [they] having a child □ *le bhith ga ath-aithris* by dint of repeating it □ *bha seo tòrr na b'fheàrr na bhith aig an taigh* this was a lot better than being at home

gu bhith almost □ *tha mi gu bhith deiseil* I am almost finished □ *tha e gu bhith lethuair an dèidh [a] dhà* it is almost half past two

Impersonal form: *tha e a' cur iomagain orra mar a thatar a' sìor fhalbh le talamh na mòintich* the way in which moorland is continually being eroded is causing them anxiety (lit. it is putting anxiety on them how is continually being gone away with [the] land of the moor) □ *thathar a' coimhead airson neach-teagaisg Gàidhlig* a Gaelic teacher is being sought (lit. is being looked for a Gaelic teacher) □ *thathar a' cur às leth na turasachd gu bheil i a' truailleadh na h-àrainneachd* tourism is accused of polluting the environment □ *thathar a' dèanamh obair ionmholta a-cheana* praiseworthy work is already being done □ *am feum a thatar a' dèanamh dhith* the use that is being made of it *fem* □ *an e gu bheilear an dòchas gu mair seo deich no fichead bliadhna?* is it hoped that this will last for ten or twenty years? □ *mòran nithean ris a bheilear a' gabhail gu nàdarrach* many things which are taken for granted (lit. taken naturally) □ ... *anns a bheilear ga chumail* ... in which it *masc* is being kept □ *na sgoiltean anns a bheilear ga teasgasg* the schools in which it *fem* is [being] taught □ *chan eileas ag ràdh càit an d'fhuair iad e* it isn't stated where they got them □ *nuair a bhathas ag ullachadh an leabhair seo* ... when this book was being prepared ... □ *innis dè am feum a bhatar no a bhithear a' dèanamh dhiubh* say what use was or is (will be) made of them □ *chuala mi gun robhar a' dol a ghairm a' phoileis* I heard that the police were going to be called □ *bhiodhtar ga fhaicinn sa mhonadh* he used to be seen on, (lit. in) the moor □ *thuirt e gun robhas a' dol ga mhort* he said that he was going to be murdered

biadh, -adh *v* bait (lines etc.), feed, nourish □ *a' biadhadh nan cearc* feeding the hens □ *bhiadhadh na boireannaich na lìn an oidhche roimhe le feusgain* the women used to bait the lines the previous night with mussels □ *feuch gum biadh thu an cat* see that you feed the cat □ *a' biadhadh nam freumhan* nourishing the roots
biadh, bidhe / bìdh *nm* food, fare, feed, meal, menu, provender, repast, viand, victual □ *clàr bìdh* buffet □ *bha / dh'fhan e gun bhiadh* he went hungry □ *biadh*

meadhan-latha lunch □ *biadh is deoch* refreshment □ *gabh do bhiadh* take your food / meal □ *fhad 's a bha e a' gabhail a bhiadh* while he was having his meal □ *bha sinn nar suidhe mu thimcheall bòrd a' bhidhe* we were sitting round the meal table □ *nuair a bha am biadh gann* when food was scarce □ *tha iad ag ithe cus den bhiadh cheàrr* they eat too much of the wrong food □ *tha cion an uisge agus a' bhidhe ann* there is a lack of [the] water and [the] food □ for the use of the *def art* in the foregoing, see App. 2 Sect. 4.3
biadh-an-t-sionaidh *nm* sedum **b.-eòinein** *nm* wood sorrel **b.-maidne** *nm* breakfast **b.-roinn** *nf* commissariat
biadhadh, -aidh *nm & vn* of **biadh** feeding etc., bait □ *cuir biadhadh air* bait *v*
biadhchar, -aire *a* fruitful, productive
biadhlann, -ainn, -an *nf* canteen, refectory
biadhta *pp* 1.fatted □ *laogh biadhta* a fatted calf 2. baited □ *lìon biadhta* a baited line
bian, bèine, bèin *nm* fur, pelt, skin (of animals) □ *bian coinein* a rabbit's skin □ *bian fèidh* deerskin □ *fo na bèin troma* under the heavy furs □ *bha e na laighe air bian a' mhath-ghamhainn* he was lying on the bearskin
bian-cheannaiche *nm* furrier
biast, bèist, -an *nf* beast **biastan** *pl* also = pests □ see also **bèist** *nf*
biast-dhubh *nf* otter
biastail, -e bestial
biathte □ see **biadhta**
bìd, bìdil *v* chirp □ *bha na h-eoin a' bìdil anns na preasan* the birds were chirping in the bushes □ *rinn e seòrsa de bhìdil* he made a sort of chirping noise
bìd, -eadh *v* bite □ *cha bhìd e thu* he won't bite you
bìdeach, -iche *a* biting, snapping □ *thàinig i a-steach, is coin bhìdeach ga leanntainn* she entered, followed by snapping dogs
bìdeadh, -idh *nm & vn* of **bìd** biting, bite
bìdeag, -eige, -an *nf* bit, morsel, shred, scrap, small piece
bidean, -ein, -an *nm* pinnacle, point, summit
bìdeil □ see **bìdil**
bidhe / bìdh □ *gen sing* of **biadh** food
bìdil, -e *nf & vn* of **bìd** chirping
bidse, -eachan *nf* bitch (used pejoratively)
big 1. *gen sing* and *nom & dat pl* of **beag** *nm* 2. (lenited) *dat fem form* of **beag**
big! big! chick! chick! (a call to hens)
bige 1. *nf* pettiness 2. *comp* of **beag** (also **lugha**)

bigead, -eid *nm* littleness
bìgeil □ see **bìdil**
bigein *nm* any small bird □ usually used in names as follows:
bigein-Brìghde *nm* linnet
bigein-mòr *nm* black shore lark
bigein-sneachda *nm* little snow bunting
bil *nf* □ see **bile** *nf*
bile, -ean *nf* brim, lip, rim
bile-bhuidhe *nf* corn marigold □ ... *far an robh a' bhile-bhuidhe a' fàs gu lìonmhor ...* where the corn marigold was growing prolificly
bile, -ean *nm* bill (Parl.) □ *tha bile a' dol tron Phàrlamaid* a bill is going through Parliament
bileach *a* lipped
bileach-losgainn, a'bhileach-losgainn *nf* burnet (plant)
bileag, -eige, -an *nf* 1. blade (of grass etc.) 2. bill, account, label, leaflet, pamphlet, ticket □ *bidh iad a' foillseachadh leabhraichean is bhileagan* they publish books and leaflets □ *bileag iarrtais* demand notice □ *fear togail bhileagan* ticket-collector □ *bileag tuarastail* wages slip □ *bileag stiallach* tear-off slip □ *cuir bileag air* label *v*
bileag-cead *nf* permit **b.-ceusa** *nf* luggage label **b.-bhàite** *nf* water-lily (see **duilleag-bhàite** *nf*) **b.-fiosrachaidh** *nf* label **b.-phàrcaidh** *nf* parking-ticket □ *bidh e a' faighinn bileagan-pàrcaidh a h-uile seachdain* he gets parking tickets every week
bileagadh, -aidh *nm* labelling □ *is ann an seo a nì sinn am bileagadh* it's here we do the labelling
bilearach, -aich *nm* sweet sea-grass
billean, -ein, -an *nm* billion
bine, -eachan *nf* bin □ *a' togail nam bineachan* lifting the bins □ also **biona**
binid, -e *nf* rennet
binn, -e *nf* award (legal), decision, doom, judgment (jud.), sentence □ *thoir binn* sentence □ *thoir a-mach binn* judge □ *thug iad seachad am binn* they gave their judgement / decision / verdict □ *is ann oirnn a thàinig a' bhinn a thoirt gu buil* it fell to us to carry out the sentence □ *thoir binn a-mach air* pronounce judgement on □ *faigh binn* receive judgement
binn, -e *a* dulcet, melodious, musical, sweet (of sound), tuneful
binndeachadh, -aidh *nm* & *vn* of **binndich** coagulating etc., coagulation
binndich, -eachadh *v* coagulate, curdle

binnean, -ein, -an *nm* (also **binnein** in *nom*) apex, height, peak, pinnacle, point (of hill), spire, vertex
binneanach *a* peaked, pinnacled □ *am measg beanntan binneanach na Gaidhealtachd* among the pinnacled mountains of the Highlands □ for the use of **beanntan** here rather than **beann** see App. 3 Sect. 2.3 (f)
binneas, -eis *nm* melody, sweetness (of sound)
Bìoball, -aill, -aill *nm* Bible □ *am Bìoball Laidinn* the Vulgate □ *leugh e rudeigin às a' Bhìoball* he read something from the Bible
biocair, -ean *nm* vicar
biocant, -aint, -aint *nm* viscount
biocar, -air-an *nm* beaker
biod, air bhiod *adv* agog, full of excitement, on tenterhooks □ *bha a h-uile duine air bhiod gu faighinn air ais* everyone was on tenterhooks to get back
bìodach, -aiche *a* diminutive, tiny
biodag, -aige, -an *nf* dagger, dirk
bìog, -a, -an *nm* chirp, squeak
bìogail, -e *nf* chirp, chirping □ *dèan bìogail* chirp *v*
bìogarra *a* churlish, mean
bìogarrachd *nf* churlishness, meanness
biolair, -e *nf* cress, watercress
biomaid / bhiomaid □ see **bitheamaid / bhitheamaid** under **bi**
biona, -achan *nm* bin □ also **bine**
biona-stùir *nm* dustbin
bior, -adh *v* prick, sting
bior, -a, -an *nm* cusp (of a tooth), pin (knitting pin), prick, prickle, prong, skewer, spike, spit (for roasting) □ *faigh bior ann* prick □ *fhuair e bior na mheòir* he got a splinter / thorn in his finger □ also see **bioran**
bior, air bhior *adv* on tenterhooks □ *cumaidh an sgeulachd seo air bhior thu* this story will keep you on tenterhooks
bior-fhiacal *nm* toothpick **b.-greasaidh** *nm* goad **b.-ròstaidh** *nm* spit (for roasting) □ *bha damh mòr ga thionndadh air bior-ròstaidh* a huge ox was being turned on a spit **b.-tomhais** *nm* probe
biorach, -aich, -aichean *nf* dogfish □ *tha a' bhiorach dèidheil air an rionnach* the dogfish is fond of mackerel
biorach, -aiche *a* piercing, pointed, prickly, sharp □ *aig bàrr a shròin bioraich* at the tip of his pointed nose □ *bha iad a' casadh am fiaclan biorach* they were gnashing their pointed teeth □ *bha a' ghaoth biorach*

the wind was piercing □ *bha sùilean beaga biorach aige* he had sharp little eyes □ *duilleagan biorach cuillinn* prickly holly leaves

bioradh, -aidh *nm & vn* of **bior** stinging etc.

biorag-lodain *nf* stickleback

---

bioran, -ain, -ain / -an *nm* anything small and pointed such as a goad etc. *bioran (fuilt)* hairpin □ *bioran aide* hatpin □ *bioran fhiaclan* toothpick □ *bha bioran laiste aige na làimh* he had a lighted stick in his hand

air bhioran *adv* on tenterhooks □ *bha an dithis aca air bhioran gu falbh* the two of them were on tenterhooks to leave □ also **air bhior**

bioran-druma *nm* drumstick **b.-fuilt** *nm* hairpin **b.-grìosaich** *nm* poker

---

biorg, -adh *v* twitch *bha a làmhan a' biorgadh gu luasganach* his hands were twitching unsteadily

biorgadh, -aidh, -aidhean *nm & vn* of **biorg** twitching, twinge, twitch

biorra-crùidein *nm* kingfisher

biorramaid, -ean *nf* pyramid

biorramaideach *a* pyramidical

biorsamaid, -ean *nf* steelyard (for weighing)

biota *nf* churn, wooden pail, pitcher

biota-bhùirn *nf* water-pitcher

biotailt *nm* victuals

biotais *nm* beet *biotais siùcair* sugar-beet

biotas, -ais *nm* □ see **biotais**

birlinn, -ean *nf* galley, rowing barge

birtich, -eachadh *v.* excite

bìth, -e *nf* bitumen, gum, pitch, tar □ *bha i (an oidhche) cho dorcha ris a' bhìth* it (the night) was as dark as pitch

bith *nf* hatred □ *bha bith aca dha airson na rinn e* they hated him for what he did / had done □ *le bith na chridhe dh'fhàg e am baile* with hatred in his heart he left the town

bith *a* quiet □ *bha iad cho bith* they were so quiet

---

bith, ean *nf* being, creature, entity, existence □ *à bith* extinct □ *cuir à bith* abolish, do away with □ *am bu chòir a' chroich a chur à bith* ought the gallows be abolished / done away with? □ *rach à bith* go out of existence, cease to exist □ *ach rachadh na creutairean sin ri tìm à bith* but these creatures would in time cease to exist □ *... a tha a-nise air a dhol à bith* which has now gone out of existence □ *tha buidheann ùr air tighinn am bith* a new group has come into being □ *thoir gu bith* evolve *trans* □ *... na bithean oillteil a bha nan dèidh* ... the dreadful beings that were after them

sam bith / air bith any □ the phrases **air bith / sam bith**, and the similar ones following, are from the word **bith** 'existence' – thus the real meaning is 'in existence / in the world' – these are used to form *indef prons*, but please note also that many variations / combinations exist, and not all may be shown here □ *àm air bith* whenever □ *cò air bith* whoever, whoever in the world □ *cò air bith a rinn seo, tha e gòrach* whoever did this [he] is silly □ *ciod / cia air bith* whatever / whichever □ *ge be air bith* whatever □ *ge be air bith càite* wherever □ *ge be air bith an e iasgair no tuathanach a th'ann* whether he is a fisherman or a farmer □ *aon / fear sam bith* □ any □ *duine / fear / neach sam bith* anyone □ *àite sam bith* anywhere

as bith *indef pron* whatever, whatsoever □ *tha seo nas cumanta am measg nan Sìneach, as bith carson* this is more common among the Chinese, for whatever reason (lit. whatever why) □ see **as bith** under **as**

When **bith** is used with preceding *neg* or implied *neg* it may mean 'no, nobody', nothing' thus: *rud sam bith* anything □ *chan eil rud sam bith agam* I haven't anything (at all) / I have nothing (at all) □ *chan eil feum air bith ...* there is no use ...

bith-beò *nf* livelihood, subsistence **b.-bhuan** *a* eternal, everlasting **b.-bhuantachd** *nf* eternity □ *bha an t-seachdain a' sìneadh roimhe mar bhith-bhuantachd* the week was stretching before him like an eternity **b.-cheimiceach** *a* biochemical **b.-cheimiceachd** *nf* biochemistry **b.-cheimicear** *nm* biochemist **b.-chruinne** *nm* biosphere **b.-eòlaiche** *a* biologist **b.-eòlas** *nm* biology **b.-eòlasach** *a* biological **b.-ghnìomhair** *nm* substantive verb

bìtheach *a* bituminous

bìtheachadh, -aidh *nm* & *vn* of **bìthich** gumming

bitheadh *nm* tarring (also **tearradh** *nm*)

bitheadh 1. *3rd pers sing & pl imp mood of* **bi** the verb 'be' (q.v.) □ *bitheadh i / e* may he / she / it be, let him / her / it be □ *bitheadh sin mar a dh'fhaodas e* be that as it may 2. *3rd pers sing & pl dep form of* the *imperf / cond tense* of **bi** the verb 'be' (q.v.) □ *mur bitheadh iad air am faiceall* if they were not careful

bitheag, -eige, -an *nf* germ, microbe

bitheanta *a* common □ *cha robh fhios agam gun robh an cleachdadh seo cho bitheanta* I didn't know that this usage was so common □ *bha iad gu math na bu bhitheanta na tha iad an-diugh* they were rather more common than they are today □ *...ach mar a thachras gu bitheanta...* but, as frequently / commonly happens...□...*mar as bitheanta an seo* as is common here

bitheantas, -ais *nm* frequency, commonness □ *am bitheantas* frequently, commonly, generally

bithear *fut tense* of the *impers form* of **bi** (q.v.) □ *bithear gan cur air chois air feadh Alba* they will be set up throughout Scotland

bitheil *a* existential □ *bha e a' cnuasachd air na h-imcheistean bitheil as doimhne* he was pondering the most profound existential problems

bìthich, -eachadh *v* gum

biùc / biùchd □ same as **biùg** □ *cha robh Murchadh a' faighinn biùchd aiste* Murdo wasn't getting a cheep from it

biùg *nm indec* very small sound, cheep, squeak □ *dh'fheuch mi an dùdach ach aon bhiùg cha tigeadh aiste* I tried the horn, but not one cheep would come from it □ also **bìog** and **bìd**

biùgan, -ain, -ain / -an *nm* small lamp, torch *ri solas a' bhiùgain* in the light of the lamp

biùro, -othan *nm* bureau □ *thàinig duine bhon bhiùro* a man from the bureau came

biurògrasaidh *nm* bureaucracy □ *gheibhear seo ann am biurògrasaidh sam bith* this will be found in any bureaucracy

blabar, -air *nm* broken sea, wavelets continually breaking

blad, -aid, -aid *nm* mouth, face

blaghastair, -ean *nm* blockhead, dolt, half-wit

blaigeard, -aird, -an *nm* blackguard

blais, blasad / blasadh *v* taste □ *...mun do bhlaiseadh air greim bidhe...* before a bite of food was tasted (lit. before was tasted on a bite of food) □ *sin a' chiad uair riamh a bhlais mi air a' mheas seo* this was the first time ever that I had tasted this fruit

blaiseag, -eige, -an *nf* sip □ *thug e blaiseag às* he took a sip out of it

blaiseamachd *nf* & *vn* of **blaiseamaich** smacking the lips

blaiseamaich, blaiseamachd *v* smack the lips

blaomadaich *nf* ranting

blaomaire, -ean *nm* blusterer

blaomastair, -ean *nm* □ same as **blaghastair**

blàr, -air, -air / -an *nm* earlier meaning was field, now usually field of battle / battlefield and hence battle □ *Blàr Chùil-lodair* the Battle of Culloden □ *Blàr Allt nam Bonnach* the Battle of Bannockburn □ *Blàr a'Bhraighe* Battle of the Braes □ *Blàr na h-Eaglaise Brice* the Battle of Falkirk □ *an dèidh a bhith ri uchd a' bhlàir* after being in the thick of battle □ *blàr fuilteach* a bloody battle □ *cuir blàr ri cuideigin* engage somebody in battle □ *...los blàr a chur ri Tearlach...* (in order) to engage Charles in battle □ common in place names □ see App. 12 Sect.4.0 List of placenames – Scotland

blàr-a-muigh, air a' bhlàr-a-muigh *adv* outdoor(s), al fresco □ *bha an linne-snàimh air a'bhlàr-a-muigh* the swimming pool was out of doors □ *an linne-snàimh a bha air a'bhlàr-a-muigh* the outdoor swimming pool □ *chum iad seirbhis air a' bhlàr-a-muigh* they held a service in the open air / an open-air service

blàr, -air, -air / -an *nm* blaze (on animal's face or on a tree)

blàr, -adh *v* blaze (roughly hew a tree)

blàradh, -aidh *nm* & *vn* of **blàr** blazing, blaze (on a tree etc.)

blàran, -ain, -an *nm* open space

blàran-coille *nm* glade

blas, -ais *nm* accent (ling.- in speech), flavour, gusto, relish, savour, taste □ *feuch blas* savour □ *gun bhlas* uninspired □ *dh'aithnich mi blas nan Eilean air a theanga* I recognised the accent of the Islands on his tongue □ *bha blas Sasannach orra uile* they all had an English accent □ *droch bhlas* distaste □ *blas geur* tang □ *ghabh sinn blas a' chnagain / chrogain dhiubh* we felt a distaste for them □ *tha blas neònach air a'bhainne seo* this milk has a funny taste □ *dè am*

blas a bha air? what did it taste like? □ *tha blas an t-siùcair air* it tastes of sugar
blasachadh, -aidh *nm & vn* of **blasaich** flavouring
blasad, -aid *nm & vn* of **blais** tasting, taste (= small amount), taste □ *blasad bìdh* snack
blasaich, -achadh *v* flavour
blasta *a* 1. palatable, savoury, succulent, tasty □ *'s e [a] bha blasta* it *was* tasty! □ *dèan blasta* season 2. agreeable, eloquent, tasteful □ *sgrìobh e laoidh bhlasta* he wrote a tasteful hymn □ *briathran blasta* agreeable / eloquent words □ *Gàidhlig sheirmeach bhlasta* melodious, eloquent Gaelic
blàth, -àith, -an *nm* 1. bloom, blossom, flower □ *tighinn fo bhlàth* efflorescent □ *fo làn bhlàth* in full bloom, full-blown □ *bha na sòbhraichean fo làn bhlàth* the primroses were in full bloom □ *thàinig e fo bhlàth* it bloomed / blossomed □ *blàth na brice* pock (mark) 2. heydey 3. consequence(s), effect □ *tha a bhlàth air sin nuair a chì thu…* the consequences are evident when you see ..note also: *bha [a] bhlàth sin air an obair seo* the effect is to be seen on this work □ *tha bhlàth 's a bhuil air…* it's well seen…
blàth, -àithe *a* warm □ *fhuair sinn fàilte cho blàth ri teine mònach* we received a welcome as warm as a peat fire □ *faodaidh sibh a bhith cinnteach à fàilte a bhios blàth* you may be certain of a welcome that is (lit. will be) warm □ *nach ann ann a tha an latha blàth?* isn't the day warm?
blàthach, -aich *nf* buttermilk
blàthachadh, -aidh *nm & vn* of **blàthaich** warming etc., glow □ *le blàthachadh smùide* mellow (slightly intoxicated)
blàthachadh-cruinne *nm* global warming
blàthaich, -achadh *v* warm (up) □ *blàthaich ri(s)* (a) warm at □ *bha e a' miannachadh a chasan fuara a bhlàthachadh ris an teine* he wanted to warm his cold feet at the fire (b) warm to(wards) □ *bha iad a' blàthachadh ris an duine seo* they were warming towards this man
blàth-chridheach *a* affectionate, warmhearted **b.-fhleasg** *nf* garland, floral wreath, wreath (of flowers)
blàths, -àiths *nm* warmth □ *shìn e a làmhan ri blàths an teine* he stretched his hands towards the warmth of the fire
bleadraig, -eadh *v* blether, yap (slang) □ *bha cuideigin a' bleadraigeadh air an*

rèidio someone was blethering / yapping on the radio
bleid, bleid *v* carp
bleid, -e *nf* impertinence, importunity
bleideag, -eige, -an *nf* flake □ *bleideagan siabainn* soap flakes □ *bleideagan coirce / bleideagan arbhair* cornflakes □ *bleideagan sneachda* snowflakes
bleidealachd *nf* officiousness
bleideil *a* officious, petulant
bleith, bleith *v* erode, grind, mill
bleith, -e *nf & vn* of **bleith** grinding etc., attrition, erosion □ *bleith talmhainn* soil erosion
bleitheadair, -ean *nm* agent of erosion (geol.)
bleoghain, bleoghan *v* milk □ *a' bleoghan a' chruidh* milking the cattle
bliadhna, -achan / -aichean *nf* year □ *gach bliadhna* annually, yearly □ *am bliadhna* this year □ *an ath bhliadhna* next year □ *anns a' bhliadhna a dh'fhalbh* during the last year i.e. over the last twelve months – note that 'last year' i.e. 'last calendar year' is **an-uiridh** (q.v.), while 'the year before last' is **a' bhòn-uiridh** (see **bòn-uiridh**) □ *anns a' bhliadhna roimhe sin* in the year before that □ *cuimhneachan nan ceud bliadhna* centenary □ *na bu tràithe air a' bhliadhna seo* earlier this year □ *anns na bliadhnachan tràtha sin* in those early years □ *a chionn gun robh e cho tràth den bhliadhna* because it was so early in the year (lit. of the year) □ *anns a' bhliadhna ionmhais seo* in this financial year □ *… an uair a bha e na cheithir bliadhna deug…* when he was fourteen (years old) □ *balach aois chòig bliadhna deug* a fifteen-year-old boy (lit. a boy an age of fifteen years) □ *nighean aois sheachd bliadhna deug* a seventeen-year-old girl □ *airson bliadhnachan ri tighinn* for years to come □ *bha e còig bliadhna thall thairis* he was abroad for five years
bliadhna-leum *nf* leapyear □ *bha 1988 na bliadhna-leum* 1988 was a leapyear
bliadhnach, -aich, -aich *nm* yearling
bliadhnail *a* annual, yearly □ *iomradh bliadhnail* annual report
blian, -a *a* scraggy
blian, blèin *nm* loin
blian, -adh *v* bask, sunbathe □ *bha iad gam blianadh ann an teas na grèine* they were basking in the heat of the sun
blianag, -aige, -an *nf* green, level piece of land □ *air a' bhlianaig ghuirm* on the greensward

blianna / **bliannach** / **bliannail** □ see
bliadhna / **bliadhnach** / **bliadhnail**
bliochan, -ain *nm* bog asphodel
bliotsan, -ain *nm* wall lettuce
blobhsa, -aichean *nf* blouse
bloc(a), -aichean *nm* block □ *graf bloc*
block graph
bloigh, -e, -ean *nf* fraction, particle, piece,
pinch (small quantity) □ *bloighean òrain*
snatches of a song □ *bloigh eòlais* smat-
tering □ *cha bhi sinn a' tàladh daoine le*
bloigh de sheirbhis we shan't attract peo-
ple with scrappy service □ the following
are mathematical terms: *bòrd bhloighean*
fraction board □ *bloigh anabharr* improper
fraction □ *bloigh chumanta* vulgar fraction
□ *bloigh dheicheach* decimal fraction □
bloigh cho-ionnan equivalent fraction
bloighdeachadh □ see **bloigheachadh**
bloighdich, -eachadh *v* □ see **bloighich,
-eachadh** *v*
bloigheachadh, -aidh *nm* & *vn* of
bloighich fracturing etc.
bloigheachaidh *a* fractioning □ *tùr*
bloigheachaidh fractioning tower
bloigheachas, -ais *nm* fragment, 'an apol-
ogy for'
bloigheadh, -idh, -idhean *nm* smash
bloigheag, -eige, -an *nf* particle
bloighich, -eachadh *v* fractionate, fracture,
shatter
bloinigean-gàrraidh *nm* spinach
blonag, -aige *nf* fat, lard, suet, tallow □ also
blonaig
blosg, -adh *v* blast (with explosives)
blosgadh, -aidh *nm* & *vn* of **blosg** blasting
(with explosives)
bò, bà, bà *nf* cow *dat sing* **boin** *gen pl indef*
bhò *gen pl def* **nam bò** □ *tha barrachd*
uachdair ann am bainne na bà bàine the
white cow's milk is creamier □ *ladhran*
bhò cows' hoofs □ *adharcan nam bò* the
horns of the cows / the cows' horns □ *chan*
eil ann ach bò odhar mhaol agus bò mhaol
odhar it's six of one and half a dozen of
the other (lit. there isn't in it but a dun,
polled cow and a polled, dun cow)
bò-bhainne *nf* milch cow
boban, -ain, -an *nm* 1. daddy, papa 2. bobbin
bobhla, -achan *nm* bowl (receptacle &
wooden ball) □ *bobhla siùcair* sugar-bowl
bobhlaireachd *nf* bowling, bowls
bòc, -adh *v* bloat, puff, surge, swell
boc, bocadh / **bocadaich** / **bocail** *v* bounce,
flutter, frisk, jump, prance, skip □ *bha iad a'*
bocadaich is ag eubhach mu choinneimh
they were skipping and shouting in front

of him □ *na brataichean a' danns 's a'*
bocail the flags dancing and fluttering
boc, buic, buic *nm* buck
boc- *pref* denoting male animal e.g.
boc-earba *nm* roebuck **b.-goibhre** *nm*
billy-goat **b.-maighich** *nm* buck-hare
bòcadh, -aidh *nm* & *vn* of **bòc** swelling
bocadh, -aidh *nm* & *vn* of **boc** skipping etc.
bocail *nf* & *vn* of **boc** skipping etc.
bòcan, -ain, -ain *nm* apparition, bogey-
man, ghost, goblin, hobgoblin, sprite,
spectre □ *bha iad a' dèanamh bhòcan de*
gach creig is preas they were making
bogeymen of every rock and bush
bochd, bochda *a* □ note that the *pl form* is
bochda 1. impecunious, needy, penurious,
poor (in material wealth, quality or condi-
tion), shoddy □ *dèan bochd* impoverish /
empoverish □ *faodaidh cridhe beartach*
a bhith fo chòta bochd a rich heart may lie
(lit. be) under a poor coat □ *is sinne nas*
bochda dheth sin we are the poorer of that
□ *sin an dùthaich bu bhochda a chunnaic*
mi riamh that was the poorest country
I ever saw □ *bha na daoine mòran na bu*
bhochda na bha sinne the people were
much poorer than we were □ *air cho bochd*
's am bi an talamh … however poor the
soil is … 2. ill, poorly, sick, unfit □ *bha a*
mhàthair tinn bochd his mother was sick
and poorly 3. poor (meriting sympathy) □
an duine bochd! the poor man! □ *is bochd*
sin that's a pity □ *nach bochd sin* what
a pity / isn't that a pity? □ *na cuirp*
bhochda aca their poor bodies
bochd, -an *nm indec* in *sing* pauper □ *na*
bochdaibh / *na bochdan* the poor □ staid
nam bochd the condition of the poor
bochd *v* □ see **boc**
bòchd *v* □ see **bòc**
bochdadaich □ see **bocadaich**
bochdainn *nf* penury, poverty, want □ *cò a*
b'urrainn dol na b'ìsle ann am bochdainn
na esan? who could descend further (lit.
go lower) into poverty than he?
bocs … □ see **bogs …**
bod, boid, boid *nm* penis
bodach, -aich, -aich *nm* old man, oldster □
bodach na Nollaige Santa Claus □ *bodach*
sneachda snowman □ *bhiodh sinn a'*
dèanamh bodaich shneachda we used to
make snowmen
bodach-ròcais / **b.-feannaig** / **b.-chearc**
nm scarecrow □ *cha robh eagal air na*
h-eòin ron bhodach-ròcais the birds
weren't afraid of the scarecrow (see **eagal**)
b.-ruadh *nm* codling

bodachail, -e *a* boorish, churlish
bodail *a* phallic
bodha, -aichean *nm* □ see **bogha**
bodhaig, -e, -ean *nf* 1. body, anatomy (bodily structure), bodily size / structure, physique □ *beag 's gun robh Calum na bhodhaig*… small as Calum was in physique… □ *cànain bhodhaig* body language
bodhaigeach *a* anatomical
bodhaigeil *a* somatic
bodhair, bodhradh *v* deafen, make deaf □ *smaoinich e gum bitheadh e air a bhodhradh* he thought that he would be deafened
bodhar, buidhre *a* deaf □ *an ann bodhar a tha thu?* are you *deaf*? (note the use of **ann** in emphasis -see **ann**) □ *dèan bodhar* deafen □ *cho bodhar ris an talamh* as deaf as the earth □ *tha e bodhar air a' chluais as giorra dhut* (lit. he's deaf in the ear closest to you) i.e. he's not inclined to listen to you □ *bha e bodhar air a' chluais dheis* he was deaf in the right ear
bodhar, -air, -air *nm* deaf person □ *mar fhuaim ciùil don bhodhar* like the sound of music to the deaf man
bòdhran, -ain, -an *nm* bodhran (a kind of drum favoured by modern Celtic musical groups)
bodraig, -eadh *v* bother □ *cha do bhodraig e Gàidhlig ionnsachadh* he didn't bother learning Gaelic (also **buadraig**)
bodraigeadh, -idh *nm & vn* of **bodraig** bothering, bother
bog, -adh / bogadan *v* 1. dip, steep □ *bha e air a bhogadh anns an t-Seann Tiomnadh* he was steeped in the Old Testament 2. bob, wag □ *bha e a' bogadh a mheòir rium* he was wagging his finger at me

---

bog, buige *a* flabby, foolish, humid, indulgent, limp, marshy, moist, pulpy, simple, sloppy, soft, spiritless □ *phòg e na bilean boga dearga* he kissed the soft red lips □ *solas blàth bog* warm, soft light □ *am bog* steeped □ *tha am baile seo am bog ann an eachdraidh* this town is steeped in history
bog is commonly used to intensify a following *adj* □ *bog fliuch* drenched, sloppy, soaking wet / dripping wet, sodden, soggy, wringing wet □ *dèan bog-fliuch* drench, soak □ *bog balbh*

---

speechless □ *bha iad bog balbh* they were speechless □ *bog pailt* complete, more than enough □ *chuir e an t-suim bog pailt air falbh* he posted off the complete amount
air bhog *adv* afloat, floating □ *cuir air bhog* launch □ *thèid an fhèill a chur air bhog Diluain* the festival will be launched on Monday
bog-chridheach *a* faint-hearted **b.-ghiogan** *nm* sow thistle, milk-thistle **b.-lus** *nm* ox-tongue (plant) **b.-uisge** *nm* yellow flag / iris (a corruption of **bogh'-uisge**)

---

bogachadh, -aidh *nm & vn* of **bogaich** softening □ *tha e duilich am bogachadh seo ann an cridhe ar nàimhdean a mhìneachadh* it is difficult to explain this softening in our enemies' hearts
bogadan, -ain *alt nm & vn* of **bog** wagging etc. □ *bi / cuir air bhogadan* bob, dangle, wag
bogadh, -aidh *nm & vn* of **bog** steeping etc., *cuir am bogadh* immerse, soak (of setting clothes to soak), steep □ *thuirt e gun cuireadh e am bogadh e* he said that he would steep it
bogaich, -achadh *v* moisten, soften, swill
bogaidh *a* immersion □ *dòighean bogaidh* immersion techniques (in education) □ *tha iad a' feuchainn ri cùrsa bogaidh ann an Gàidhlig a stèidheachadh* they are trying to set up an immersion course in Gaelic
bògaidh, -aidhean *nm* bogie □ *bha na h-eich a' tarraing bògaidhean* the horses were pulling bogies
boganach, -aich, -aich *nm* booby, bumpkin, simpleton □ *thuirt e nach robh annta ach boganaich* he said they were just bumpkins
bogas, -ais *nm* timber moth, woodworm
bogha, -achan / -annan *nm* 1. bow (generally e.g. curve, looped knot, fiddle bow, archery bow) □ *le bogha is saighdean* with bow and arrows 2. submerged rock, rock over which waves break □ *làn de bhoghachan meallta* full of treacherous rocks
bogha-frois *nm* rainbow □ *dathan a' bhogha-fhrois* (the) colours of the rainbow □ but note the idiom used if *something* is said to be the colours of the rainbow: *bha an t-aodach air dhath a'*

bhogha-fhrois the cloth was [all the] the colours of the rainbow **b.-mucag** *nm* blue hyacinth **b.-nìos** *nm* up-bow (in fiddling) □ *bidh buille air a cur air na pongan leis a' bhogha-nìos* a beat is put on the notes with the up-bow **b.-saighde** *nm* (archery) bow **bogh'-taidh** bow-tie

boghadair, -ean *nm* archer, bowman

boghadaireachd *nf* archery

boglach, -aiche, -ean *nf* bog, fen, marsh, morass, quagmire, swamp □ *thuit e ann am boglaich* he fell in a bog

bogsa, -aichean *nm* box, frame □ *cuir [ann] am bogsa* box (put in a box) □ *bogsa mhaidseachan* match-box □ *bogsa sgeadachaidh* dressing-up box (in schools, playgroups etc.) □ *bogsa stòraidh* container, storage bin

bogsa -ciùil *nm* accordeon **b.-fòn** *nm* call-box, phone-box **b.-nam-mionnan** *nm* witness box **b.-litrichean** *nm* pillar-box

bogsaig, -eadh *v* box

bogsaigeadh, -idh *nm* & *vn* of **bogsaig** boxing

bogsair, -ean *nm* boxer, pugilist

bòid, -e, -ean *nf* vow

Bòideach, -ich, -ich *nm* native of Bute

Bòideach *a* of, belonging to or pertaining to Bute

bòidhchead, -eid *nf* beauty

bòidheach, bòidhche *a* beautiful □ *nighean bhòidheach* a beautiful girl □ *sin an t-eilean as bòidhche leam an Alba* I think that is the most beautiful island in Scotland (lit. that is the island that is most beautiful with me etc.) □ *anns a' mhadainn bhòidhich* in the beautiful morning

bòidich, -eachadh *v* swear, vow □ *bhòidich e gur e an fhìrinn a bha e a' labhairt* he swore that he was speaking the truth (lit. that it was the truth he was speaking) □ *bhòidich e leigheas fhaighinn* he vowed to find a cure

boil *nf* dementia, frenzy, passion, rage □ *am boil* excited □ *air bhoil* demented, distracted (of wits), frantic, frenetic, raging □ *bi air bhoil* rave *cuir air bhoil* infuriate

boil-aighir *nm* excitement **b.-cuthaich** (also **boile-cuthaich**) *nf* mania

boile *nf* □ same as **boil**

bòilich *nf* boasting, bluster, blustering □ may be used as a *vn* □ *bi a' bòilich* boast, bluster

boillsg, -eadh *v* flare, flash, gleam, glisten, glister, shine

boillsgeach, -iche *a* brilliant, dazzling, gleaming, radiant □ *tha gob mòr boillsgeach air a' bhuthaid* the puffin has a large, dazzing beak

boillsgeachadh, -aidh *nm* & *vn* of **boillsgich** dazzling

boillsgeadh, -idh, -idhean *nm* & *vn* of **boillsg** beam (of light), clue, flash, gleam, glimpse □ *tha e a' toirt seachad boillsgidhean de bheatha nan daoine inntinneach seo* he gives glimpses of the life of these interesting people

boillsgeanta *a* vivid

boillsgeil, -e *a* □ same as **boillsgeach**

boillsgich, -eachadh *v* dazzle

boinne, -ean *nm/f* drop (small amount) □ *bha boinnean fallais air a mhala* there were drops of sweat on his forehead □ *boinne air bhoinne* drop by drop □ ... *gus gach boinne luach fhasgadh asta* ... (in order) to wring / squeeze every drop of value from them □ *cha do thuit boinne uisge* not a drop of rain fell

boinneag, -eige, -an *nf* drop (small amount) □ *mar bhoinneig dealta* like a drop of dew □ *boinneag uisge* water droplet

boinnealaich *nf* drops of rain previous to a shower (Dw.) □ *boinnealaich gharbh uisge* large raindrops

boireann *a* feminine, female □ *bha beul boireann aige* he had a feminine mouth □ *laogh brèagha boireann* a lovely female calf

boireannach, -aich, -aich *nm* female, woman □ note that this is the only *masc noun* in Gaelic with a *fem* meaning □ accompanying *adjs* are *masc* but *prons* remain *fem* □ *'s e boireannach math a th'innte* she is a good woman (lit. it's a good woman that's in her) □ *boireannach trom* expectant mother □ *boireannach is dùil aice ri paiste* an expectant mother

boireann-dhlighiche *nm* feminist

boireannta *a* effeminate

boireanntachd *nf* effeminacy

bois and **boise** *dat sing* of **bas** (used as *nom sing nf* in most areas) and *gen sing* respectively

boiseag, -eige, -an *nf* 1. slap with the palm 2. palmful of water □ *bu toigh leam boiseag a chur air m'aodann* I'd like to give my face a splash

boisteadh, -idh, -idhean *nm* tincture

boiteag, -eige, -an *nf* earth-worm, worm

boitean, -ein, -an *nm* bundle □ *boitean beag fraoich* a small bundle of heather

bòla, -achan *nm* □ see **bobhla** *nm*
boladh, -aidh, -aidhean *nm* odour, scent, smell, sniff, stench □ *gabh boladh* smell, sniff
bolcànach *a* volcanic □ also **bholcànach**
bolcanachadh, -aidh *nm* & *vn* of **bolcanaich** vulcanizing, vulcanisation
bolcanaich, -achadh *v* vulcanize
bolcàno, -othan *nm* volcano □ also **bholcàno**
bolg, builg, builg *nm* 1. blister, bulge □ *dèan bolg* bulge *v* 2. womb
bolgach, -aiche *a* bulging
bolgan, -ain, -an *nm* bulb, ventricle
bolla, -achan *nm* boll □ *bolla mine* a boll of meal
bolta, -aichean *nm* bolt (for fixing)
boltaig, -eadh *v* paper (Lewis)
boltaigeadh *nm* & *vn* of **boltaig** papering, wallpapering (Lewis)
boltrach, -aich *nm* odour, smell, stink, perfume, scent
boltradh, -aidh, aidhean *nm* odour
boma, -a, -aichean *nm* bomb □ *bha na bomaichean a' tuiteam gun sgur* the bombs were falling unceasingly □ *leag boma air* drop a bomb on, bomb *v* □ *boma niùclasach* nuclear bomb
bonaid, -e, -ean *nf* bonnet, cap □ *bonaid bhiorach* Glengarry bonnet
bòn-dè, a' bhòn-dè the day before yesterday

bonn, buinn, buinn / -an *nm* 1. base, bottom, foot (hill etc.), tails (of a coin) □ *aig bonn crèige* at the foot of a cliff □ *aig bonn an leathaid* at the foot of the slope □ *bho bhonn na staidhre* from the bottom of the stairs □ *air bonn na h-uinneig(e)* on the window-sill □ *o mhullach gu bonn* from top to bottom, cap-à-pie □ *ceann no bonn?* heads or tails? (when tossing a coin) 2. sole (often *bonn na coise* sole of the foot) □ *thoir do bhuinn às* take to your heels (lit. take your soles out of it) □ *thug mi mo bhuinn às* I took to my heels □ *an làrach nam bonn* on the spot (lit. in the impression of the soles) □ *cuir bonn air* sole *v* 3. **bonn (airgid)** coin □ *ceud bonn òir* a hundred gold coins □ *bonn dà thastan* florin □ *bonn chòig tastain* crown (coin) 4. **bonn (-cuimhne)** medal □ *fhuair iad le chèile bonn òir aig a' Mhòd* they both

received a gold medal at the Mod □ **bonn-cuimhne** is used for medal and **bonn airgid** for coin only when it is necessary to differentiate between these last two
air bhonn / air bonn *adv* afoot □ *cuir air bhonn* instigate, set up, establish □ *a' cur chlasaichean air bhonn* setting up classes □ *chuir iad sgoil Ghàidhlig air bhonn* they established a Gaelic school □ *cur air bhonn* instigation
bonn-a-h-ochd *nm* piece of eight **b.-a-sia** *nm* halfpenny **b.-bog** *nm* tyre (soft – as on cycles) **b.-cruaidh** *nm* tyre (hard – as on tricycles etc.) **b.-cuimhne** *nm* medal **b.-eòlas** *nm* numismatics **b.-nota** *nf* footnote **b.-stèidh** *nm* constitution (pol.), ground (foundation), foundation □ *is e sin bonn-stèidh ar creideimh* that is the foundation of our creed □ *a-rèir bonn-stèidh na dùthcha...* according to the country's constitution... **b.-shuidhich** *v* found, establish **b.-shuidhichte** *pp* well-established, well-founded

bonnach, -aich, -aich *nm* bannock, cake, bun, scone □ *Blàr Allt nam Bonnach* the Battle of Bannockburn □ *bonnach coirce* oatcake □ *bonnaich choirce* oatcakes
bonnach-èisg *nm* fish-cake **b.-grùdhain** (fish) liver cake **b.-uighe** *nm* omelette
bonnag, -aige, -an *nf* knitted slipper; sole end of a stocking; sole-less stocking
bonntaich, -achadh *v* base, establish □ *bhonntaich e a nobhail air...* he based his novel upon... □ *gus dàimh a bhonntachadh* to establish relationships
bonntaichte *pp* based □ *bonntaichte air* based upon
bòn-raoir, a' bhòn-raoir *adv* the night before last
bòn-uiridh, a' bhòn-uiridh *adv* the year before last □ also **a' bhèan-uiridh** □ *fhuair i bonn òir aig a' Mhòd Nàiseanta a' bhòn-uiridh* she got a gold medal at the National Mod the year before last
borb, buirbe *a* barbaric, brutish, harsh, rude, savage, uncivil, uncivilized □ *duine borb* barbarian
borbair, -ean *nm* barber
borbhan, -ain *nm* murmur □ *chuala mi borbhan an t-sruthain* I heard the murmur of the stream

bòrd, bùird, bùird *nm* board, table, deck (where the context makes it unambiguous – otherwise **bòrd-luinge**) □ *bha e na sheasamh air a' bhòrd* he was standing on the deck □ *bòrd bhiorain* pegboard □ *bòrd bhloighean* fraction board (primary school maths) □ *bòrd thàirgnean* nail board (primary school maths) □ *bòrd clì* port (naut.) □ *Bòrd Turasachd Alba* Scottish Tourist Board
air bòrd *adv* 1. on board, aboard □ *rach air bòrd* board, go on board / aboard, embark *intrans* □ *chaidh iad air bòrd* they went aboard / on board □ *cuir air bòrd* embark *trans*, put on board / aboard 2. boarded (as a boarder) □ *bha e a' fuireach anns an taigh air bhòrd* he was living in the house as a boarder **air bòrd** *prep + gen* aboard / on board □ *bha e air bòrd a' bhàta* he was aboard / on board the boat □ *nuair a chaidh sinn air bòrd an itealain …* when we went aboard / boarded the plane … □ *cuir air bòrd luinge* ship *v* □ *chuir iad am bathar air bòrd luinge* they shipped the cargo □ *thuirt e gum biodh e air a bòrd* he said that he would be on board her (note that ships are referred to as 'she' or 'her')
bòrd-dàmais *nm* draught-board **b.-dubh** *nm* blackboard □ *bha e a' sgrìobhadh air a' bhòrd-dhubh* he was writing on the blackboard **b.-iarnaigidh** *nm* ironing board **b.-iochdair** *nm* skirting board **b.-luinge** *nm* deck **b.-obrach** *nm* work table □ *bha e na sheasamh aig a' bhòrd-obrach* he was standing at the work table **b.-sgàthain** *nm* dressing-table **b.-sgeadachaidh** *nm* dressing-table **b.-sglàib** *nm* plaster-board **b.-sgrùdaidh** *nm* interviewing board □ *bha aige a-nise aghaidh a chur ris a' bhòrd-sgrùdaidh* he now had to face the interviewing board **b.-slisnich** *nm* chipboard

borgh, buirgh, buirgh *nm* burgh
borgh-fhear *nm* burgher
bos, -aichean *nm* boss (head of a firm etc. -informal)
bòst, -adh *v* boast
bòst, -a *nm* boast, brag □ *dèan bòst* boast, brag, glory, vaunt

bòstadh, -aidh *nm & vn* of **bòst** boasting
bòstail, -e *a* boastful □ *bha e bòstail uaibhreach* he was boastful and haughty □ *bha e bòstail às a sin* he was boastful of that
bòstair, ean *nm* boaster
bòsun, -uin, -uin *nm* bosun
botal, -ail, -ail *nm* bottle □ *botal bainne* a bottle of milk □ *botal uisge-bheatha* a bottle of whisky
botal-gleidhidh *nm* collecting bottle (in a rain gauge) **b.-teth** *nm* hot water bottle □ *chuir e a bhuinn air a' bhotal-theth* he put his soles on the hot water bottle
botalaich, -achadh *v* bottle
bòtann, -ainn, -an *nm* gum-boot, wellington or other long boot □ *bha bòtannan mòra air* he wore gum-boots / wellingtons
both *nm indec* perturbation, agitation, vehement action □ *a' cur nam both dheth* in great agitation / hard at it etc. (of *masc subj*) □ *bha na boireannaich a' cur nam both dhiubh a' fighe* the women were hard at it knitting □ *air an teine bha an coire a' cur nam both dheth* on the fire the kettle was in great agitation
bothag, -aige, -an *nf* 1. ringed plover 2. hut (more usually **bothan** in this meaning) □ *bothag coinein* hutch □ *bothag-chearc* hen-house
bothan, -ain, -an *nm* booth, cottage, hovel, hut, shed
bothan-faire *nm* sentry-box
B.P. *abbr* for **Ball-Pàrlamaid** Member of Parliament, M.P.
brà, bràthan, bràthntan *nf* quern
bràc *nm indec* curve, curve of a wave before breaking
bracaist, -e, -ean *nf* breakfast
bràch, gu bràch □ see **bràth**
brach, -adh *v* ferment, malt
bracha □ *gen sing* of **braich**
brachadair, -ean *nm* maltster
brachadh, -aidh *nm & vn* of **brach** fermenting, fermentation, pus □ *… anns a' bhrachadh chulturach seo …* in this cultural fermentation
bradach, -aiche *a* light-fingered, thievish, thieving □ *an cealgaire bradach breun sin!* that thieving, loathsome swindler!
bradan, -ain, -ain *nm* salmon □ *trì bradain air an ùr ghlacadh* three newly-caught salmon
bradan-leathann *nm* halibut, turbot **b.-sligeach** *nm* mullet
brag, braig *nm* bang, clap, collision, pop □ *thug an gunna brag eile* the gun banged again

brag, -adh *v* crack, make a snapping noise □ *'s e a' bragadh a dhà chorraig* [and he] snapping his [two] fingers

bragadaich *nf* crackling □ as with many *nouns* denoting sounds, it may be used as a *vn*: *bha sgonn fiodha a' bragadaich air an teine* a log of wood was crackling on the fire

bragail, -e *a* 1. boastful □ *'s e duine beag bragail a bh'ann* he was a small, boastful man □ *bha mi ag èisteachd ris na facail bhragail aige* I was listening to his boastful words 2. brazen, bold □ *bha Calum tuilleadh is bragail uaireannan* Malcolm was sometimes too bold (see **tuilleadh**)

bragaire, ean *nm* an exceptional animal, a 'topper'

braich, bracha *nf* malt

braide *nf* larceny, theft □ *dèan braide* pilfer

bràigh, -ean *nm/f* captive, hostage

bràigh, -e / bràghad, bràigheachan *nf* – also **bràighe** in the *nom* and *dat sing*) head, top end (of places), bridge (of the nose) □ *bràigh a' ghlinne* head of the glen □ *bha speuclairean air bràigh na sròine aige* there were spectacles on the bridge of his nose □ *bràigh (an) sgòrnain* larynx □ *bha e aig bràigh an achaidh* he was at the top end of the field □ *aig an àm ud bha an gleann air àiteachadh bho a bhun gu a bhràighe* at that time the glen was inhabited / cultivated from top to bottom (lit. its bottom to its top)

bràigh-beòil *nm* palate **b.-ghill** *nf* ascendant, pre-eminence □ *tha sin a' toirt bràigh-ghill air a h-uile nì* that surpasses everything (uncommon)

braighdean, -ein, -an *nm* horse-collar

braighdeanas, -ais *nm* bondage, captivity, confinement, imprisonment □ *threòirich Maois an sluagh a-mach à braighdeanas gu saorsa* Moses led the people out of captivity to freedom □ *bha e ann am braighdeanas ann an Sasainn* he was in captivity in England

bràighe □ see **bràigh**

braigheadh, -idh, -idhean *nm* explosion, report

braim, brama, bramannan *nm* fart □ *leig e braim* he farted

brais, -e, -ean *nf* fit, convulsion

braise *nf* exuberance, impetuosity, rapidity □ *air bhraise (adv)* agog

braisead, -eid *nm* rashness, impetuousness

braisiche, -ean *nm* a sprightly old man □ *bha Seumas na dheagh bhraisiche* James was a fine sprightly old man

bràiste, -ean *nm/f* brooch □ *bràiste airgeadach / bràiste airgid* a silver brooch

bràithreachas, -ais *nm* brotherhood, fraternity

bràithrean *pl* of **bràthair** brothers, brethren

bràithreil *a* brotherly, fraternal

bramadaich *nf* swelling up

bràmair, -ean *nm* good-looking person, 'pin-up', 'smasher'

braman, -ain, -ain *nm* crupper

bran, -ain *nm* bran

brangas, -ais, -an *nm* pillory

branndaidh *nm/f* brandy □ *thug e dhomh glainne anns an robh steall math branndaidh* he gave me a glass in which there was a good splash of brandy

braoileag, -eige, -an *nf* bilberry, whortleberry

braoisg, -e *nf* grin □ *cuir braoisg air* grin *v* □ *le braoisg mhòir* with a big grin

braoisgeach *a* grinning

braoisgeil, -e *nf* giggle

braon, braoin, braoin *nm* drop

braonan, -ain, -ain *nm* bud

bras, -aise *a* exuberant, hasty, headlong, heady, impetuous, rapid, rash □ *duine bras* an impetuous man □ *gu bras* headlong *adv*

bras-shruth *nm* torrent □ *leum e thairis air a' bhras-shruth chas* he leapt across the rapid torrent

brat, -a, -an *nm* cloak, cover, covering, mantle, mat, sheet □ *cuir brat air coat* *v* □ *bha am feasgar a' cur a bhrata mun talamh* the evening was casting his mantle about the earth

brat-dìona *nm* awning **b.-dubhar** *nm* awning **b.-gnùise** *nm* veil □ *bha brat-gnùise oirre* she was wearing a veil **b.-leapach** *nm* counterpane, coverlet **b.-mairbh** *nm* pall **b.-uachdair** *nm* coverlet **b.-ùrlair** *nm* carpet, rug □ *bha eabar air a' bhrat-ùrlair* there was mud on the carpet

bratach, -aich, -aichean *nf* banner, colours, ensign, flag □ *bratach chorrach* pennant, pennon □ *bratach na croise* saltire □ *thog iad bratach rìoghail nan Stiùbhartach* they hoisted the royal banner of the Stuarts □ *a' Bhratach Shìthe* the Fairy Flag (in Dunvegan Castle)

bratag, -aige, -an *nf* the hairy caterpillar

bràth, -a *nm* judgement □ *gu là (a') bhràth* until the day of judgement i.e. for ever / never – and hence: *gu bràth (adv)* aye, for ever, evermore, never (after a *neg* verb and

pronounced, in this phrase only, as **bràch**)
□ *Alba gu bràth!* Scotland for ever! □
*cumaidh sinn (a) ainm air chuimhne gu
bràth* we shall remember his name for ever
brath, brath / -adh *v* 1. betray, give away □
cha bhrathainn-sa don fhear seo e I wouldn't
betray him to this man □ *tha do chainnt
gad bhrath* your speech betrays you / gives
you away 2. have designs / intentions
upon, make for with intention □ *bha na
ròin a' brath air na lìn* the seals were
heading for the nets □ *tha mi a' brath air
sin a dhèanamh* I've a good mind to do
that
brath, -a *nm* 1. advantage □ *gabh brath air*
take advantage of □ *tha e a'gabhail brath
ort* he is taking advantage of you □ *a'gab-
hail brath air sìde mhath* taking advantage
of good weather □ *tha iad a'gabhail brath
air an fheadhainn a tha coltach riutsa* they
are taking advantage of people like you □
bha iad a'gabhail brath air a chaoibhneas
they were taking advantage of his kind-
ness 2. information, reference □ *thoir
brath* inform □ *thuirt e gun tugadh e brath
far an robh iad am falach* he said that he
would reveal / give information about
where they were hidden □ *chuir e brath gu
robh e a' tighinn* he sent word he was
coming
brath-ghoid *nf* mugging
brathach, -aiche *a* traitorous
brathadair, -ean *nm* betrayer, incendiary,
informer, traitor
brathadh, -aidh *nm & vn* of **brath** betray-
ing etc.(often simply **brath**)
bràthair, bràthar, bràithrean *nm* brother
□ *pl* may mean 'brethren' □ *bràthair athar*
(paternal) uncle □ *bràthair màthar* (mater-
nal) uncle □ *bràthair m'athar* my (pater-
nal) uncle □ *bràthair mo mhàthar* my
(maternal) uncle □ *bràthair mo sheanar /
mo sheanmhar* my great uncle (lit. [the]
brother of my grandfather / grandmother)
□ *bha mi càirdeach do na bràithrean* I was
related to the brothers
bràthair-bochd *nm* friar **b.-cèile** *nm*
brother-in-law
breab, -adh *v* kick □ *bhreab e an doras* he
kicked the door
breab, -a, -an *nm* kick
breabadair, -ean *nm* 1. weaver 2. daddy-
longlegs
breabadair-ladhrach *nm* spider
breabadh, -aidh *nm & vn* of **breab**
kicking

breac □ note that, though the groups
below show widely differing mean-
ings, they are all connected by the idea
of spots / spottiness:
breac, -adh *v* 1. speckle, sprinkle, scat-
ter 2. break ground by cutting the turf
with a spade □ *feumar talamh glas
a bhreacadh le spaid* green ground
must be broken with a spade.
breac, brice *a* speckled, spotted, varie-
gated □ *each breac* a spotted horse □
am measg nan clachan breaca among
the speckled stones □ *an Eaglais
Bhreac* Falkirk □ *Blàr na h-Eaglaise
Brice* the Battle of Falkirk □ *an cuala
tu mun Eaglais Bhric?* have you heard
of Falkirk?
breac-a-mhuiltein *nm* cirro-cumulus
b.-an-t-sìl *nm* 1. pied wagtail
2. chaffinch □ see **breacan-beithe** *nm*
b.-bhallach *a* freckled **b.-dhualadh**
nm mosaic
breac, brice *nf* smallpox (always prec.
by *def art* – **a' bhreac, na brice** etc.)
cowpox □ *a' bhreac Fhrangach* pox □
cuir a' bhreac air inoculate □ *cur na
brice* inoculation
breac-a' chruidh *nf* cowpox □
cuir breac-a-chruidh air vaccinate □
cur breac-a-chruidh air vaccination
b.-òtraich *nf* □ normally preceded
by the *def art*: **a' bhreac-òtraich**
chicken-pox
breac, bric, bric *nm* trout □ *cho fallain
ri breac* as healthy as a trout
breac-beadaidh *nm* loach **b.-feusagach**
nm barbel

breacadh, -aidh *nm & vn* of **breac** speck-
ling, fleck, scattering, sprinkling □ *le brea-
cadh math de chlasaichean Gàidhlig* with
a good sprinkling of Gaelic classes □ *'s e
breacadh glè thana dhiubh a bh'ann*
there was a very thin sprinkling of them
(lit. it's a very thin sprinkling of them that
was in it)
breacadh-rionnaich *nm* (**air an adhar**)
mackerel-sky □ *breacadh-rionnaich air an
adhar latha math a-màireach* a mackerel
sky – a fine day tomorrow **b.-seunain** *nm*
freckles
breacag, -aige, -an *nf* bannock, cake □
breacagan neo-ghoirtichte unleavened
cakes

breacaireachd *nf* checker-work □ … *seòrsa de bhreacaireachd de fhraoch is de rainich* … a sort of checker-work of heather and bracken

breacan, -ain, -ain / -an *nm* plaid, tartan □ *thugadh breacan an Earachd mar ainm air a' bhreacan seo* this tartan was called the Erracht tartan (lit. was given [the] tartan of Erracht as a name on this tartan) □ *bha e air a dhèanamh de bhreacan nan Dòmhnallach* it was made of MacDonald tartan □ *breacan nan Stiùbhartach* Stuart tartan □ note also the idiom: *rinn e breacan à baile* he left, departed, took off

breacan-beithe *nm* 1. chaffinch 2. linnet (see **gealan-lìn** *nm*) **b.-buidhe** *nm* (yellow) wagtail **b.-caorainn** *nm* brambling

breacte *pp* speckled □ *bha an t-adhar breacte le reultan* the sky was speckled with stars

brèagha *a* fine (of weather), good-looking, lovely, pretty □ *tha an dreas ùr sin brèagha* that new dress is pretty □ *latha brèagha samhraidh* a fine summer's day □ *'s e latha brèagha a th'ann* it's a fine day

brèaghachadh, -aidh, -aidhean *nm* & *vn* of **brèaghaich** embellishing, embellishment

brèaghachd *nf* prettiness □ *cha bhruich a' bhrèaghachd a' phoit* prettiness isn't everything (proverb- lit. prettiness won't boil the pot)

brèaghaich, -achadh *v* embellish

Breatannach *a* British

Breatannach, -aich, -aich *nm* Briton

breath, -an *nf* layer, stratum

breathal, -ail *nm* confusion of mind, distraction

breathalach, -aiche *a* confused, distracted (of wits)

breathas, -ais *nm* frenzy, extreme fury □ *am breathas* fanatical □ *bha e am breathas mu a dheidhinn* he was fanatical about it

Breatnach *a* Brythonic □ *na cànanan Breatnach* the Brythonic languages

Breatnais *nf* Breton (lang.)

breic, -e, -ichean *nf* brake

breice, -ean *nf* brick □ *bha e air a dhèanamh de bhreice* it was made of brick

breicire, -ean *nm* bricklayer

brèid, -e, -ean *nm* kerchief, patch □ *lèine le brèidean* a patched shirt

brèid-air-tòin *nf* hen-harrier **b.-gobhail** *nm* loin-cloth **b.-uchd** *nm* bib

brèige *a* artificial □ *rud brèige* fake *noun* □ *aodach brèige* fancy dress □ see **fear**

brèige and **na Fir-bhrèige** under **fear** – also **ainm-brèige**)

brèine *nf* putrefaction

breisleach, -ich *nf* confusion, delirium, derangement, excitement □ *cuir am breislich* to confuse / throw into confusion □ *chaidh mo chur am breislich* I was thrown into confusion □ *bha na margaidhean am breislich* the markets were in confusion □ *a chur ris a' bhreislich* … to add to the confusion … □ *chuir e an cèill a'bhreisleach is an t-so-leòntachd a bha aige* he expressed his confusion and vulnerability

breisleachail, -e *a* delirious

breith *nf* row (uncommon) □ *chitheadh tu breith chraobhan air gach taobh* you would see a row of trees on each side

---

breith *nf* & *vn* of **beir** bearing etc., birth, nativity □ *na bhreith* at his birth □ *nam breith* at their birth □ *breith an-abaich* abortion □ *teist a bhreith* his birth certificate □ *àite a bhreith* his birthplace □ *co-latha a bhreith* his birthday □ *air co-latha mo bhreith mu dheireadh* on my last birthday □ *nuair a bhios cuimhne air a cumail air breith an t-Slànaigheir* when the Saviour's birth is remembered □ *air a bhreith* born *masc* □ *air a breith* born *fem* etc. □ … *air a bhreith a-steach don t-saoghal mar leanabh* … born into the world as a baby □ … *nuair a chaidh mac a bhreith dhaibh* … when a son was born to them □ … *gu bhith air a bhreith le Òigh fhìorghlain* … (in order) to be brought forth by a pure Virgin □ *aig àm breith nan uan* at lambing time □ *gun a bhreith* unborn *masc* □ *gun a breith* unborn *fem* □ *naoidhein gun am breith* unborn babies

breith-cloinne *nf* childbirth □ *bhith ri breith-cloinne* confinement (of pregnancy) □ … *nuair a bha i ri breith-cloinne* … when she was in confinement

---

breith *nf* decision, decree, discrimination, estimation, judgment, sentence (judicial), verdict □ *thoir breith (air)* decide, decree, judge, pass judgement (on), sentence □ *na toir breith air duine air a thrusgan* do not judge

a man by his clothes □ *na toir breith a rèir coltais* do not judge by appearance(s) □ *tha e a' toirt a bhreith fhèin air luach na bàrdachd* he passes his own judgement on the value of the poetry □ *thoir breith an aghaidh* discriminate against
breith-bhriathran *n pl* dictum
b.-buidheachais *nf* thank-offering etc. □ same as **buidheachas**

***

breitheach, -iche *a* critical, judicial
breitheamh, -eimh, -an *nm* judge, umpire
breitheamhnas □ see **breitheanas**
breitheanas, -ais *nm* adjudication, judgement □ *thig teine is breitheanas oirbh às na speuran* fire and judgement will come upon you from the skies □ *bha iad a' sealltainn orm ann am breitheanas* they were looking at me in judgement □ *Là a' Bhreitheanais* the Day of Judgement
breithneachadh, -aidh *nm & vn* of **breithnich** considering etc., criticism, foresight, judgment □ *breithneachadh litreachais* literary criticism □ *breithneachadh(-lèigh)* diagnosis □ *breithneachadh teacsail* textual criticism □ *thoir breithneachadh* criticize
breithneachadh-lèigh *nm* diagnosis
breithneachaidh *a* critical □ *buadhan breithneachaidh* critical faculties
breithnich, -eachadh *v + air* conceive, apprehend, consider, determine, diagnose, evaluate, judge, make a judgement, weigh □ *chan urrainn dhuinn breithneachadh air freagarrachd an stuith seo* we cannot evaluate / make a judgement on the suitability of this material
breithniche, -ean *nm* critic
breithnichte *pp* considered □ *seo beachdan breithnichte na comhairle* here are the considered views of the council
breòite *a* decrepit, infirm, rotten, weak □ *thig an latha sam bi thu aosta breòite mar esan* the day will come in which you will be old and infirm like him □ *choimhead mi air an duine bhreòite san leabaidh* I looked at the infirm man in the bed □ *bhris an ròpa breòite a bha ga cheangal* the rotten rope which tied it broke
breòiteachd *nf* decrepitude, fragility, infirmity

breòth, breothadh *v* rot □ *bha am buntàta a' breothadh anns an talamh* the potatoes were rotting in the earth
breug, -adh *v* 1. pacify, soothe □ *bha i a' feuchainn ris an gille a bhreugadh cho math 's a ghabhadh a dhèanamh* she was trying to pacify the boy as much as possible (lit. as well as could be done □ see **gabh**) 2. beguile, cajole, coax, deceive
breug, brèige, -an *nf* (*gen pl* may be *nam breug / nam breug*an) falsehood, fib, lie, untruth □ *innis / dèan breug* lie v (tell untruth), prevaricate □ *dèanamh / innse bhreug* lying □ *carson a tha thu a' leughadh nam breugan sin?* why are you reading those lies? □ often in the *def* form: *ged is e a' bhreug a bh'agam ... though* I was lying ... □ *bha e ag innse na brèige / nam breug* he was telling a lie / lies □ *gun fhacal brèige* without a word of a lie □ *mas breug bhuam e, 's breug thugam e* if I am telling a lie, it's because I was told a lie (proverb – lit. if it's a lie from me, it's a lie to me)
breug-chràbhach *nm* hypocritical
b.-chràbhadh *nm* hypocrisy □ *tha iad làn breug-chràbhaidh* they are full of hypocrisy **b.-chràbhaiche** *nm* hypocrite
b.-riochd *nm* camouflage, disguise □ *cuir breug-riochd air* camouflage v, disguise v □ *dèan breug-riochd* masquerade v
b.-shamhail *nm* imitation
breugach, -aiche *a* deceitful, false, untruthful □ *tha thusa nas breugaiche na ise* you are more deceitful than she (is) □ *"Tha," arsa mise ris gu breugach* "Yes," I said to him, untruthfully
breugachadh, -aidh *nm & vn* of **breugaich** belying etc.
breugadair, -ean *nm* liar
breugag, -aige, -an *nf* (female) dummy
breugaich, -achadh *v* belie etc. □ same as **breugnaich**
breugaire, -ean *nm* liar
breugaireachd *nf* mendacity
breugnachadh, -aidh, -aidhean *nm & vn* of **breugnaich** disproving etc., contradiction, confutation, disproof, prevarication, refutation
breugnaich, -achadh *v* belie, confute, contradict, disprove, fabricate, falsify, gainsay, refute □ *'s ainneamh a bha a dhùil air a bhreugnachadh* seldom had his expectation been belied □ *bhreugnaich mi e* I disproved him □ *cha bhreugnaichear an seanfhacal* the proverb cannot be

contradicted (proverb) □ *cha bhi 'n fhìrinn air a breugnachadh* truth (i.e. the scriptures) cannot be contradicted

breun, brèine *a* corrupt, foul, loathsome, nasty, rancid, rank □ *na luibhean breuna* the nasty / loathsome weeds

breun, -adh *v* become corrupt / putrid, stink

breunag, -aige, -an *nf* drab, slattern, slut

breuntas, -ais *nm* putridness, putrefaction, stench □ *bha an corp a' dol am breuntas* the body was becoming putrid / putrefying

briantadh, -aidh, -aidhean *nm* bream

breus, -a, -an *nm* mantelpiece

briathar, -air, briathran *nm* term (expression), word □ **briathran** *pl* may = wording □ *leugh e na briathran* he read the words / wording □ *chuir e a smaointean ann am briathran* he put his thoughts into words □ *bidh seo a' gabhail a-steach faclan is briathran de dh'iomadh cuspair* this will include words and terms from many subjects

briathrach, -aiche *a* wordy, talkative, verbose, loquacious

briathrachas, -ais, -an *nm* phraseology, terminology, verbosity, vocabulary □ *briathrachas teicneolais* technical terminology □ *bha clas eile ann far an do thog sinn briathrachas proifeiseanta* there was another class where we learned a professional vocabulary

briathrail.-e *a* □ same as **briathrach**

bric □ *gen sing* and *nom & dat pl* of **breac** trout

brice □ *gen sing* of **breac** smallpox

brìb, -e, -ean *nf* bribe

brìb, -eadh *v* bribe

brìbeadh, -idh *nm & vn* of **brìb** bribing

brìbeireachd *nf* bribery

brid, -eadh *v* □ see **briod**

brideadh, -idh *nm & vn* of **brid** □ see **briodadh**

brìdean, -ein, -an *nm* □ see **brìd-eun**

brìd-eun, brìd-eoin, brìd-eoin *nm* oystercatcher, sea-piet □ also **gille-brìde**

bridich, -eachadh *v* □ same as **brid** □ *rinneadh oidhirp air na beathaichean seo a bhrìdeachadh* an attempt was made to breed these animals

brìg, e, -ean *nf* pile, heap, store e.g. of potatoes □ *bha e a' càrnadh nan clach nam brìg* he was gathering up the stones in a (lit. in their) heap

brìg, -eadh *v* pile, stack

brìgeadh, -idh *nm & vn* of **brìg** piling etc.

brìgh *nf indec* drift (of argument etc.), energy, epitome, essence, force, gist, import, juice, matter, meaning, moment (of import), pith (metaph), point (in argument), purport, sense, significance, substance, tenor □ *tha brìgh anns an leabhar sin* there is substance in that book □ *tha brìgh ann am feadhainn de na gearainean a rinn iad* there is substance in some of the complaints they made □ *cuir brìgh ann* energize □ *thoir brìgh às* exploit

do bhrìgh *(prep + gen)* because of, on account of, by virtue of – rather archaic nowadays – used in 'biblical' contexts □ *do bhrìgh do sheòrsa feall-sanachd ...* because of your brand of philosophy ... □ *do bhrìgh sin* because of that, on that account □ *do bhrìgh cion cleachdaidh* because of / through lack of use □ *do bhrìgh agus / is / 's conj* because, for, seeing that □ *do bhrìgh 's nach robh e air a bhaisteadh* ... because he was not baptised

do bhrìgh gu / gum / gun / gur *conj* because □ *cha do nochd e do bhrìgh gun robh an tinneas-mara air* he didn't make an appearance because he was suffering from sea-sickness

brìgheil, -e *a* meaningful, significant

brillean, -ein *nm* clitoris

briod, -adh *v* breed

briodadh, -aidh *nm & vn* of **briod** breeding

brìodail, brìodal *v* 1. caress, flatter, court, coax 2. chat, chatter, gossip, make small talk, talk □ *bha iad a' brìodal nam measg fhèin* they were chatting among themselves

brìodal, -ail *nm & vn* of **brìodail** courting etc.

briog, -adh *v* jab, prick

briogadh, -aidh *nm & vn* of **briog** jabbing etc., jab, prick

briogais, -e, -ean *nf* breeches, trousers □ the *pl* means many pairs of trousers (as in a shop)

briogais-shnàimh *nf* swimming shorts

brìogh *nf indec* □ see **brìgh**

brìoghmhor, -oire *a* energetic, expressive, juicy, important, meaningful, racy, full of substance, substantial, succulent □ *bha ise fada na bu bhrìoghmhoire na esan* she was

far more energetic than he □ *tha sinn a'*
sireadh cuideachaidh nas brìoghmhoire
na sin we are looking for more substantial /
meaningful assistance than that □ *colu-*
adair brìoghmhor saor an energetic, free
society
brìoghmhorachd *nf* juiciness, meaningful-
ness, substantialness, vigorousness
brìoghor, -oire *a* □ same as **brìoghmhor**
brìoghorachd *nf* □ same as
brìoghmhorachd
briosg, -adh / -ail *v* start, jump suddenly,
quicken, come alive
briosgadh, -aidh *nm & vn* of **briosg** start-
ing etc., briskness, liveliness, spurt □ *bha*
briosgadh na sùilean there was a liveli-
ness in her eyes □ *thàinig briosgadh na*
cheum a briskness came into his step
briosgaid, -e, -ean *nf* biscuit □ *cheannaich*
e pacaid bhriosgaidean he bought a packet
of biscuits
briosgaid-uisge *nf* water-biscuit □ *bha e*
glè dhèidheil air briosgaidean-uisge he
was very fond of water-biscuits
bris, -eadh *v* break, go bankrupt, contra-
vene, disrupt, fracture, rupture, snap, stave
(stave in), violate □ note that the *vn* is
often **bristeadh** □ *bris a-mach* erupt, issue
(intrans.) □ *bris a-steach* invade □ *bris*
(a-steach air) infringe □ *bris na mhìrean*
shatter □ *bris sìos* analyse (gram.) □ *fear*
a bhris bankrupt □ *bhris e an uinneag* he
broke the window □ *chaidh an uinneag*
a bhriseadh the window was broken (at that
moment) □ *bha an uinneag air a briseadh*
the window was broken (had been broken)
□ *chaidh briseadh a-steach a dhèanamh*
air an taigh the house was broken into □
b'fheudar dha briseadh air gàire he had to
break out into a laugh / burst out laughing
□ *bha e air a chronachadh airson an*
riaghailt seo a bhriseadh he was chided
for breaking this rule □ *tha na goireasan*
ionadail gu briseadh mar thà the local
facilities are already at breaking point □
bhris air a shlàinte his health failed
briseadh, -idh, -idhean *nm & vn* of **bris**
breaking etc., bankruptcy, breach, break,
disruption, fracture, infraction, infringe-
ment, interruption, smash, violation □
briseadh a-mach eruption □ *briseadh*
a-steach invasion □ *Briseadh na*
h-Eaglaise the Disruption □ *briseadh*
(creideis) insolvency □ *briseadh sìos*
decomposition □ *briseadh a' ghutha*
breaking of the voice □ *briseadh prìomh*
phìob burst main □ *dèan briseadh* breach

v □ *briseadh ìomhaighean* iconoclasm
briseadh a-steach □ irruption □ *thàinig*
briseadh air a shlàinte his health broke
down (lit. there came a breaking upon his
health) □ *gun bhriseadh* unbroken □ *a'*
ruith is a' leum mar loth gun bhriseadh
running and leaping like an unbroken filly
briseadh-cridhe *nm* heartbreak, grief
b.-chrìochan *nm* trespass **b.-dùil** *nm* dis-
appointment □ *ma tha sùil aige ri prothaid*
mhòir gheibh e briseadh-dùil if he expects
a large profit he will get a disappointment
□ *bha feadhainn a' gabhail briseadh-dùil*
nach do rinn na h-ùghdarasan seo some
were disappointed that the authorities
didn't do this **b.-latha / b.-là** *nm* dawn,
daybreak **b.-pòsaidh** *nm* divorce
brisg, -e *a* brittle, crisp (of edibles), fragile,
frangible
brisg, -e, -ean *nf* crisp □ *bha e a' criomadh*
bhrisgean buntàta he was nibbling potato
crisps □ *bha pacaid bhrisgean aige* he had
a packet of crisps
brisgead, -eid *nm* fragility
brisgealachd *nf* brittleness
brisgean, -ein *nm* 1. gristle 2. silverweed,
white tansy
brisgean-milis, am brisgean-milis *nm*
pancreas, sweetbread
brist, -eadh *v* □ see **bris, -eadh**
briste *pp* broken, bankrupt, insolvent
bristeadh □ see **briseadh**
britheamh, -eimh, -an *nm* □ same as
breitheamh
broc, bruic, bruic *nm* badger
broc-lann *nm* badger's den, sett
brochan, -ain *nm* gruel, porridge □ *... gus*
càl no brochan a dhèanamh dheth / dhiubh
... to make a kirk or a mill of it / them / to
make the best of it / them □ *bha e togail*
bothan ach rinn e brochan dheth he was
building a shed, but he made a mess of it
□ *tha mo cheann na bhrochan* my head is
in a muddle / all mixed up
brochanach *a* well supplied with porridge
or gruel □ uncommon, but found in the
proverb: *bi gu curraiceach, brògach,*
brochanach sa gheamhradh be well
capped, well shod, and well supplied with
gruel in winter
broclach, -aich, -aichean *nf* warren
brod, -adh *v* goad, poke, stir up, stimulate
brod, bruid, -an *nm* 1. something sharp
and pointed like a goad 2. the best / choice
of anything □ used in set phrases such as:
brod na croit a choice croft *brod an taighe*
a choice house

brod-griasaich *nm* poker **b.-teine** *nm* poker

brodadh, -aidh *nm & vn* of **brod** goading etc., prick, stimulation, stimulus

brodag, -aige, -an *nf* hormone □ *brodag an fhàis* growth hormone □ *brodag nan clach* testosterone

brodaich, -achadh *v* poke

brodanaich, -achadh *v* poke □ *bhrodanaich e an teine* he poked the fire

bròg, -oige, -an *nf* boot, shoe □ *cha bhithinn na bhrògan airson dad a chunnaic mi* I wouldn't be in his shoes for anything [I have seen] □ see **faic** for a similar idiom

bròg-dannsa *nf* pump **b.-èille** *nf* brogue **b.-fhiodha** *nf* clog, sabot **b.-na-cuthaig** *nf* heartsease **b.-sheòmair** *nf* slipper □ *bha brògan-seòmair air a chasan* he had slippers on his feet **b.-spèilidh** *nf* skating boot

broga, -an *nm* awl

brogach, -aiche *a* sturdy □ *treud de chaoraich bhrogach* a flock of sturdy sheep

brogach, -aich, -aich *nm* sturdy little boy

brògach *a* well shod (of a person) □ uncommon, but found in the proverb: *bi gu curraiceach, brògach, brochanach sa gheamhradh* be well capped, well shod, and well fed with gruel in winter

brogail, -e *a* hale and hearty, sprightly

broighlich *nf* noise, tumult, confusion □ *bha mo cheann na bhroighlich* my head was in confusion

broilein *nm* manyplies, omasum (the 3rd stomach of a ruminant)

broilisg *nf* fuss

broilleach, -ich, -ichean *nm* bosom, breast, bust, chest □ *bha trì buinn air a bhroilleach* there were three medals on his chest □ *bha suaicheantas beag airgid air taobh deas a bhroillich* there was a small silver badge on the right side of his chest

bròinean, -ein, -an *nm* poor fellow, chap, man etc. *"Och, am bròinean,"* ars ise *"Och, the poor man,"* she said □ *a bhròinein!* poor fellow! (in address)

---

broinn *dat* case of **brù** belly, stomach □ also used as *nom nf*

am broinn *prep + gen* case inside, within □ *am broinn taighe* within a house □ *am broinn bogsa* inside a box □ *tuit am broinn a chèile* collapse, fall in(wards) □ *thuit an taigh*

---

am broinn a chèile the house collapsed □ *tha an suidheachadh am broinn na Frainge a' leasachadh aig làn astar* the situation within France is improving at full speed □ *na tha am broinn (an taighe)* the contents (of the house) In common with other *compd preps* where the first element is **an / am**, when **am broinn** is used with a *pers pron* **am** becomes a *prep poss adj* of **ann** i.e. **nam bhroinn** within me □ **nad bhroinn** within you *sing* □ **na bhroinn** within him / it *masc* □ **na broinn** within her / it *fem* □ **nar broinn** within us □ **'nur broinn** within you *pl & polite* □ **nam broinn** within them □ *am bogsa agus na tha na bhroinn* the box and its contents □ *thuit mullach na bàthcha na broinn* the roof of the byre fell in (lit. inside it)

---

broinneag, -aige, -an *nf* scrap, shred, snatch (of a song) □ *bha broinneagan de sheann òrain a' ruith trom inntinn* scraps / snatches of old songs were running through my head

broman, -ain, -ain *nm* boor, booby

bromanach, -aiche *a* boorish □ *duine brùideil bromanach* a brutal, boorish individual

bròn, -òin *nm* mourning, sadness, sorrow □ *bha e a' cur bròn orm an rud a rinn iad* I deplored what they did □ *fo bhròn* dejected □ *bha bròn oirre* she was sad (lit. sadness was on her)

brònach, -aiche *a* disconsolate, doleful, miserable, rueful, sad, sorrowful □ *dèan brònach* sadden

bròn-chluich *nf* tragedy (tragic play) □ *sgrìobh e bròn-chluich* he wrote a tragedy

bronn, -adh *v* bestow, endow, grant □ *seo an dìleab a bhronn a shaothair oirnn* this is the legacy that his labour(s) bestowed upon us

bronn □ *gen sing* and *gen pl* of **brù** stomach

bronnach, -aiche *a* pot-bellied □ *stòbha bheag bhronnach* a little pot-bellied stove

bronnadh, -aidh *nm & vn* of **bronn** bestowing etc., bestowal, endowment

bronnag, -aige, -an *nf* gudgeon

bronnaichean / bronnan *pl* of **brù**

brosgail, brosgal *v* flatter

brosgal, -ail *nm & vn* of **brosgail** flattering, flattery

brosgalach, -aiche *a* flattering □ *le briathran brosgalach* with flattering words
brosnachadh, -aidh, -aidhean *nm & vn* of **brosnaich** encouragement, excitement, inducement, incentive, incitement, instigation, stimulus □ *bha am brosnachadh gabhaltach* the excitement was catching □ *cha robh an cadal aca ach mì-fhoiseil an oidhche sin leis a' bhrosnachadh* their sleep was but restless that night with the excitement
brosnachail, -e *a* encouraging, rousing □ *bha an toradh seo brosnachail* this outcome was encouraging
brosnaich, -achadh *v* abet, cheer, encourage, excite, incite, inspire, instigate, kindle, prod, rally, rouse, stimulate, stir, urge □ *a' feuchainn ri a bhrosnachadh gu Gàidhlig a bhruidhinn* trying to encourage him to speak Gaelic □ *ma bhrosnaicheas iad an clann gu sin a dhèanamh* if they encourage their children to do that □ *bhrosnaich e iad gus barrachd chaorach a ghleidheadh* he encouraged them to keep more sheep
brot,(-a) *nm* broth, soup □ *brot air ceann caorach* broth made of a sheep's head, sheep's head broth □ *dè ghabhas tu? gabhaidh mi brot* what will you have? I'll have broth / soup
broth, -a *nm* eruption (on skin), rash □ *bha a chom uile còmhdaichte le broth* his body was all covered by a rash □ *bha broth air a chom* there was a rash on his body
brothach, -aiche *a* 1. sullen, full of sullen anger □ *bha e caran brothach* he was somewhat sullen □ *chaidh e gu brothach gu taigh a bhràthar* he went angrily to his brother's house 2. mangy □ *cù brothach* a mangy dog
brothall □ in the phrase **bi am brothall** swelter
brothlainn, -ean *nf* agitation, confusion
brù, bronn, bronnaichean / bronnan (*dat* **broinn**) *nf* belly, stomach, womb □ *bha brù mhòr air* he had a big stomach
brù-chainnt *nf* ventriloquism □ *dèan brù-chainnt* perform ventriloquism **b.-chainntear** *nm* ventriloquist **b.-dhearg**, *gen* **b.-dheirge** *nm* redbreast, robin, robin redbreast □ *fhuair mi nead brù-dheirge* I found a robin's nest (**brù-dhearg** is really an *adj* meaning red-bellied and was originally accompanied by the word **eun** bird which explains why it is *masc* though **brù** is *fem*) **b.-gheal**, *gen* **b.-ghil** *nm* wheatear (bird) □ for explanation of gender see **brù-dhearg** above □ also **clacharan** (q.v.)

bruach, -aich, -aichean *nf* bank, border, brink, edge □ *air bruaich na h-aibhne* on the bank of the river, on the river bank □ *Bruach Chluaidh* Clydebank
bruadair, bruadar *v* dream □ *bha mi a' bruadar nam dhùisg* I was daydreaming □ *... 's ise a' bruadar air a leannan ...* as she dreamed of her lover
bruadar, -air, -an *nm & vn* of **bruadair** dreaming, dream, vision □ *chunnaic e mar gum b'ann ann am bruadar ...* he saw, as if in a dream ... □ *bha a bhruadar air a choilionadh* his dream was fulfilled □ *ann am bruadar luaineach* in a fitful dream
bruadarach, -aiche *a* visionary
bruadaraiche, -ean *nm* dreamer, visionary
bruaillean, -ein *nm* 1. annoyance, bother, trouble □ *sheall e orm gun bhruaillean* he looked at me without annoyance □ *dhùisg e bho chadal trom gun bhruaillean* he awoke from a heavy, untroubled sleep □ *cha robh de bhruaillean orm ach gun robh agamsa ri ...* I wasn't bothered except that I had to .. 2. confusion of mind, delirium *bruaillean trom-laighe* confusion of mind as in a nightmare
bruailleanach, -aiche *a* disturbed □ *bha a chadal briste bruailleanach* his sleep was broken and disturbed □ *tha e nàdarra gu leòr boireannaich a bhith car bruailleanach san t-suidheachadh seo* it's natural enough for women to be somewhat disturbed in this situation
brucach *a* basically means 'speckled' (uncommon in this sense), but in connection with sheep means 'black-faced' □ *caora bhrucach* a black-faced sheep □ *na caoraich bhrucach* the black-faced sheep (*pl*) □ note also: *bha pat brucach air a ghruaidh* he had a discoloured / black-and-blue bruise on his cheek
brùchd, brùchdail / brùchdadh *v* belch (pour out / break wind), burst, erupt, gush, rush □ *brùchd (a-mach)* belch □ *bhrùchd e a-steach* he burst in □ *bhrùchd sgal oillteil de chràdh bhuaipe* a dreadful cry of pain burst from her
brùchd, -a, -an *nm & vn* of **brùchd** eructation, gush
brùchdach *a* irruptive
brùchdadh, -aidh, -aidhean *nm & vn* of **brùchd** belching etc., eruption
brùchdaire, -ean *nm* gusher
brugh, bruighne, bruighnean *nm* broch
bruic □ *gen sing* and *nom & dat pl* of **broc** badger

bruich, bruich *v* boil (of food), broil, cook □ note that **bruich** is only used when the food being cooked is mentioned e.g. *bha poit brot a' bruich air an stòbha* a pot of broth was boiling / cooking on the stove □ *bha i a' bruich na circe* she was boiling / cooking the hen – if you wished to say e.g. she was busy cooking you would have to say: *bha i trang a' còcaireachd* □ *bruich ann an àmhainn* bake □ *nuair a bhruichear an giomach tha e dearg* when the lobster is boiled it is red

bruicheil, -e *a* sultry, hot □ *nach i tha bruicheil!* isn't it sultry!

bruichneach, -iche *a* effervescent

bruid □ *gen sing* of **brod** goad

bruid, -e, -ean *nf* animal, beast, brute, ruffian □ *mar nach biodh annta ach bruidean na machrach* as if they were only beasts of the field

bruideil, -e *a* bestial, brutal, brutish

bruideileachd *nf* bestiality, brutishness, brutality

bruidheann □ see **bruidhinn**

bruidhinn, bruidhinn (also **bruidheann**) *v* speak, talk □ *bruidhnidh e a' Ghàidhlig gu fileanta* he speaks Gaelic fluently □ *cha bhruidhneadh e ach Gàidhlig* he would speak only Gaelic □ *bha i a' bruidhinn ort* she was speaking about you □ *bha iad uile a' bruidhinn air an tachartas seo* they were all talking about this event □ *tha mi a' creidsinn gu bheil iad a' bruidhinn ormsa cuideachd* I believe that they are talking about me too □ *bhruidhinn iad mu dheidhinn dealan a chur a-steach don taigh* they talked about putting electricity into the house □ *bruidhinn gu gagach* stammer □ *bruidhinn ri* address □ *bruidhinn ris fhèin* etc. soliloquize □ *bruidhinn mu* discuss

bruidhinn, bruidhne *nf & vn* of **bruidhinn** talking etc., talk □ *bha fios agam nach dèanadh bruidhinn feum* I knew that talking would do no good □ *tha bruidhinn ann air drochaid ùr a thogail* there is talk of building a new bridge □ *… mas e sin an seòrsa bruidhne a tha thu gu bhith a' cleachdadh …* if that's the kind of talk you're going to be using □ *bha bruidhinn nam boireannach gam bhuaireadh* the women's talk(ing) was annoying me *gun bhruidhinn* tacit

bruidhneach, -iche *a* loquacious, talkative □ *bha e glè bhruidhneach* he was very talkative

bruis, -e, -eachan *nf* brush **b.-aodaich** *nf* clothes brush **b.-bhròg** *nf* shoe brush

b.-fhiaclan *nf* toothbrush **b.-fuilt** *nf* hairbrush **b.-pheantaidh** *nf* paint-brush

bruisig, -eadh *v* brush

bruisigeadh *nm & vn* of **bruisig** brushing

brùite *pp* of **brùth** □ bruised, crushed □ *bha a chridhe briste, brùite* his heart was broken and crushed

brùnaidh, -ean *nm* brownie (traditional)

brunndail, dèan brunndail mumble *v*

brusgar, -air *nm* rubbish

brùth, bruthadh *v* bruise, crush, jam, pinch, press, push, squash, squeeze □ *brùth (a-null 's a-nall)* jostle □ *brùth a-steach* intrude □ *brùth sìos* depress □ *bha an cudthrom ga bhruthadh* the weight was crushing him □ *bha an sluagh a' bruthadh ris na ballachan-bacaidh* the crowd was pressing against the barriers

bruthach, -aich, -aichean *nm/f* brae, slope □ *le bruthach* downward □ *leis a' bhruthach* downhill □ *ri bruthach* uphill

bruthadair, -ean *nm* crusher

bruthadh, -aidh, -aidhean *nm & vn* of **brùth** pressing etc., bruise, contusion, pressure, push

bruthadh-fala *nm* blood pressure □ *bruthadh-fala àrd / ìosal / cothromach* high / low / normal blood pressure

bruthaiche-steach *nm* intruder

bruthainn *nf* sultriness

bruthainneach, -iche *a* sultry, sweltry □ *bha an latha bruthainneach* the day was sultry

bruthainneachd *nf* sultriness

bruthaist, -e *nf* brose, farrago

BTA = **Bòrd Turasachd Alba** Scottish Tourist Board

bu past tense of the assertive verb **is** (q.v.) – used for emphasis □ *b'e sin am marbhadh!* what a killing that was!

buabhall, -aill, -an *nm* 1. buffalo (in older writings is used for unicorn, but **aonadharcach** is better and unambiguous) 2. stall (for cows)

buachaille, -ean *nm* cowherd, herd, herdsman □ *dh'fhastaidh an tuathanach e na bhuachaille* the farmer engaged him as a cowherd

buachaille-ghobhar *nm* goatherd

buachailleachd *nf & vn* of **buachaillich** herding □ *buachailleachd ghluasadachd* nomadic herding

buachallach, -aiche *a* melodious □ *na h-eòin bhuachallach* the melodious birds

buachaillich , buachailleachd *v* herd □ *a' buachailleachd sprèidhe* herding cattle

buachar, -air *nm* dung, cow-dung, cowpat, muck (manure), ordure □ *bha buachar mòr mairt na laighe an sin* there was a large cowpat lying there

buadh, -aidh, *pl* **-an & -annan** *gen pl* **buadh** *nf* attribute, endowment, faculty, virtue, qualification, talent □ *buadh air leth* peculiarity □ *buadh ceimiceach* chemical property □ *buadhan breithneachaidh* critical faculties □ *chuir sinn urram air a bhuadhan ceòlmhor* we paid reverence to his musical talents □ *bha e mar neach a bha air a bhuadhan a chall* he was like one who had lost his faculties □ **buadhan** *pl* may also = 'parts' as in: *fear nam buadh* the man of accomplishments, the 'lad o' pairts', though the *gen pl* is now more usually **bhuadhan / nam buadhan** □ *seo stuth aig a bheil mòran bhuadhan feumail* this is a material which has many useful properties

buadh-èadhair *nf* pneumatics

buadhach, -aiche *a* 1. gifted □ *pàiste buadhach* a gifted child 2. effective, influential, predominant, prevailing, prevalent, victorious □ *na cànainean buadhach mar a' Bheurla* the predominant languages like [the] English

buadhachadh, -aidh *nm & vn* of **buadhaich** conquering etc.

buadhaich, -achadh *v* (+ **air** where required) conquer, outdo, overcome, predominate, prevail, subdue, vanquish □ *bhuadhaich iad air gach taobh* they prevailed on every side

buadhaichte *pp* of **buadhaich** subdued, conquered etc.

buadhair, -ean *nm* 1. victor 2. adjective, epithet □ *buadhair àireamhach* numerical adjective □ *buadhair sònrachaidh / comharrachaidh* demonstrative adjective □ *buadhair seilbheach* possessive adjective □ *buadhair cunntair* numeral adjective

buadhmhor, -oire *a* successful, triumphant, victorious □ *bratach bhuadhmhor a shinnsre* the victorious banner of his ancestors □ *agus bheir seo cothrom dhaibh tomhas nas buadhmhoire a dhèanamh air an adhartas a rinn iad* this allows them to gauge more successfully the progress they have made

buadraig / buadraigeadh *v* □ see **bodraig / bodraigeadh**

buaghallan, -ain *nm* ragwort / ragweed

buaic, -e, -ean *nf* wick

buaidh, -e, -ean *nf* 1. conquest, mastery, predominance, success, victory □ *o uaigh, càit a bheil do bhuaidh?* o grave, where is thy victory? □ *chaidh buaidh an latha leis na h-Albannaich* the [victory of the] day went with the Scots □ *cha robh buaidh leis mar cheannaiche* he had no success as a merchant □ *thoir / faigh buaidh (air)* beat, confound, defeat, excel (over), gain victory (over), triumph (over), be victorious (over)—but see also sect. 2—□ *thug iad a-mach a' bhuaidh* they triumphed □ *thug sinn buaidh orra* we triumphed over them □ *thug Uilleam Ceannsaiche buaidh air Sasann* William the Conqueror gained a victory over England 2. consequence, effect, influence □ *buaidh an taigh-ghlainne* greenhouse effect □ *tha buaidh aig (rudeigin) air (rudeigin eile)* (something) has an effect on (something else) or (something) has a knock-on effect on (something else) □ *b'e sin a' bhuaidh a bha aig an duine orm* that was the effect the man had on me □ ...*aig a bheil buaidh mhòr oirnn*... which has a great effect on us / which affects us greatly □ *bha buaidh mhòr aige orra* he influenced them greatly □ *chan eil fhios agam dè a' bhuaidh a bha aig na thachair air* I don't know what effect what happened had on him (lit. there is not knowledge at me what the effect that was at what chanced on him) □ *bha buaidh air aig na h-argamaidean a chaidh a chur roimhe* the arguments laid before him influenced him □ *cha robh iad a' beachdachadh air dè a' bhuaidh a bhiodh aig na gnìomhan sin* they weren't thinking of the effect of these actions / the effect these actions would have □ *tha e iongantach a' bhuaidh a tha aca air daoine* it's amazing the effect (that) they have on people □ *tha a' chànain ga cnàmh le buaidhean cèine* the language is being eroded by outside influences □ *thoir / faigh buaidh air* affect, have an effect upon,—but see also sect. 1,—□ *thug an litir seo buaidh air m'inntinn* this letter had an effect on my mind □ *tha e neònach nach tug e buaidh sam bith ort* it's strange that it didn't have any effect on you □ *beag air bheag bha seo*

a' toirt buaidh orra this was gradually having an effect on them □ *fo bhuaidh* addicted □ *bi fo bhuaidh + gen* (a) be addicted to □ *tha e fo bhuaidh a' hearoin / an tombaca* he is addicted to / under the influence of heroin / tobacco (b) be subject to □ *bha iad fo bhuaidh deachdaireachd an airm* they were subject to the dictatorship of the army 3. see **buadh**
buaidh-aithriseach *a* attributive **b. chairt** *nf* trump (in cards) **b.-chaithream** *nm* triumph □ *dèan buaidh-chaithream* triumph **b.-chraobh** *nf* spurge laurel

---

buail, bualadh *v* bang, beat, coin, hit, impinge, knock, pelt, rap, ring, smite, strike, tap, thrash / thresh (of grain), thump □ *buail ri chèile* clap □ *buail clag* toll
Examples: *bha an gleoc gus bualadh* the clock was about to strike □ *bhuail e an uinneag* he struck the window □ also used with *prep* **air** *bhuail e air a' phost-lampa* he struck the lamp-post □ *bhuail e a cheann air cloich* he struck his head on a stone □ *bha na tunnagan a' bualadh air an uinneig le an gob* the ducks were tapping on the window with their beaks □ note also: *bhuail thu air, a Dhòmhnaill* you hit the nail on the head, Donald □ *ma dh'fhaoite gum buaileamaid air an fhìrinn* perhaps we would hit upon the truth □ and: *bha na fir òga a' bualadh ceapaichean nam poileasman dhiubh* the young men were knocking the policemen's hats off [them]
buail air strike one (= suddenly realise) □ *bhuail e orm gun robh deich bliadhna ann bhon a thòisich mi air an obair seo* it struck me that it was ten years since I had begun this task □ sometimes in this last sense **buail a-steach air** is used □ *seo rud a bhuaileas a-steach air luchd-tadhail gu math tric* this is something that strikes visitors quite often
buail ann collide with, bump into, touch upon □ *bhuail e ann an duine mòr* he collided with a large man □ *tha e a' bualadh ann an cuspairean eile* he is touching upon other subjects

buaile, buailtean *nf* circle, enclosure, fold, pen, ring
buaileag, -eige, -an *nf* small circle, circlet, halo □ *bha buaileagan mun lampa* there were haloes round the lamp
buailte *pp* stricken
buailteach, -iche *a* 1. apt, inclined, liable, prone (to), subject (to) □ the *prep* **air** is usually used before a *vn* and **do** before a *noun* □ *tha sinn an còmhnaidh buailteach air a bhith a' gearan mu a dheidhinn* we are always inclined to be complaining about it □ *chan eil nì nas buailtiche air fearg a dhùsgadh* there is nothing more likely to arouse anger □ *tha e buailteach gum bi beàrn eadar na ginealaichean* there is inclined to be a generation gap (lit. a gap between the generations) □ *buailteach do chìs* excisable, liable to tax, taxable □ *tha seo buailteach do chìs* this is liable to tax □ the *vn* may be used without a *prep* □ *bha e buailteach a dhol na theine* it was inclined / liable / prone to go on fire □ *chan eil iad cho buailteach siubhal gu meadhan a' bhaile* they aren't so inclined to travel to the centre of the town □ *tha iad buailteach do iomadh galar* they are subject to many diseases □ *bi buailteach do* incur 2. apt to strike
buailteachd *nf* aptitude, liability, tendency □ *sgrìobhaidhean a nochd buailteachd do chùisean-bheachd* writings which showed a tendency towards abstractions
buailtean, -ein, buailteinean *nm* swiple; part of a flail that threshed the corn
buain, buain *v* crop, harvest, mow, pluck, reap
buain, buana *nf* harvest, reaping □ *a' dol chun na buana* going to the reaping □ *laigh iad anns an achadh bhuana* they alighted in the harvest field
buair, -eadh *v* 1. allure, embroil, tempt, lure 2. annoy, molest, pester, provoke □ *bu tric a bha mi ga bhuaireadh* I was frequently pestering him □ *bu tric a bhuaireadh sin mi* that would often annoy me 3. disconcert, distract, disturb, perturb, trouble, vex, worry □ *air a bhuaireadh* distracted, troubled etc.
buaireadair, -ean *nm* tempter
buaireadh, -idh *nm & vn* of **buair** pestering etc. and 1. temptation □ *bha e na bhuaireadh dhomh* it was a temptation etc. to me □ *na leig ann am buaireadh sinn* lead us not into temptation 2. annoyance, distraction, disturbance, provocation, vexation □ *tog buaireadh* make a scene □ *chan*

eil seo a' cur cus buairidh oirnn this doesn't annoy us too much

buaireanta *a* 1. tempting, seditious 2. annoying, disturbing □ *dealbhan neònach buaireanta* strange, disturbing pictures □ *dh'èirich dealbhan buaireanta anns an inntinn aige* disturbing images rose in his mind

buaireas, -eis *nm* annoyance, disorder, misrule, sedition, trouble, turbulence *dh'èirich buaireas is ceannairc as ùr mu thuath* disorder and rebellion arose anew in the north

buaireasach, -aiche *a* annoying, inflammatory, irksome, provoking, troublesome, turbulent □ *rè nam mìosan buaireasach ud* during those turbulent months □ *bha e beò ann an làithean garbha buaireasach* he was living in wild, turbulent times

buaireasachd *nf* turbulence □ *seo àite buaireasachd anns an abhainn* this is a place of turbulence in the river

bualadh, -aidh, -aidhean *nm & vn* of **buail** hitting etc., bang, blow, bump, crash, hit, peal, percussion

bualadh-dhòrn *nm* fisticuffs

buamastair, -ean *nm* dolt

buan, buaine *a* durable, hardy, lasting, livelong, long (esp. of time, effort), long-lasting, permanent, tedious, tough □ *dh'fheumadh sinn a bhith righinn agus buan* we had to be tough and hardy □ *bidh an cruinneachadh seo a' faighinn dachaigh bhuan anns a' Ghaidhealtachd* this collection will be getting a permanent home in the Highlands □ *is buaine aon diùltadh na dà thabhartas deug* a refusal is more lasting than twelve offerings (proverb)

buan-leanaltas *nm* perseverance **b.-mhaireannach** *a* durable, long-lasting, enduring □ *tha an cinneach seo buanmhaireannach* this race (of people) is long-lasting

buana □ *gen. sing.* of **buain** (q.v.) of harvest, reaping etc. □ *anns an achadh bhuana* in the harvest field

buanachadh, -aidh *nm & vn* of **buanaich** enduring etc.

buanaich, -achadh *v* endure, last, persevere

buanaiche, -ean *nm* reaper (person) □ *cha d'fhuair droch bhuanaiche riamh deagh chorran* a bad reaper never got a good sickle (proverb meaning that a bad workman always blames his tools □ *see also* **iomramhaiche**)

buanna, -achan *nm* 1. mercenary (soldier) 2. big, idling fellow

buannachail, -e *a* see **buannachdail**

buannachd, -an *nf* asset, advantage, gain, profit □ *is beag a' bhuannachd* the gain is small □ *dè a' bhuannachd a bhios ann dhomhsa?* what profit will there be in it for me? □ *co dha a bha e na bhuannachd?* to whom was it an advantage? □ *seo aon dòigh air buannachd fhaighinn às an fhearann* this is one way of getting profit from / profiting from the land □ *bha e na bhuannachd Beurla a bhith aca* it was an asset (for them) to be able to speak English

buannachdail, -e *a* advantageous, beneficial, gainful, lucrative, profitable □ *chan eil e buannachdail dhuinn a bhith…* it isn't advantageous for us to be…□ *bidh seo buannachdail don t-sluagh* this will be advantageous to / beneficial for the people □ *bidh clas mar seo buannachdail dhaibhsan* a class of this kind will be beneficial for them

buannaich, -achadh / **buannachd** *v* acquire, attain, gain, gain a victory, win □ *buannaich puing* carry a point □ *ma bhuannaicheas sinn* if we win □ *bhuannaich aon duine air an fhear eile* one man gained a victory over the other □ *seach gun do bhuannaich thu ormsa* because you beat me

buar, -air, -air *nm* herd

buarach, -aich, -aichean *nf* fetter □ *tha buarach mu mo chridhe* there's a fetter round my heart

bùb, bùbail *v* blubber

bucaid, -e, -ean *nf* bucket

bucall, -aill, -aill / **-an** *nm* buckle

bucas, -ais, -ais *nm* box (Lewis) □ commonly **bogsa** *nm* □ *bha iad a' pasgadh nan ciopairean ann am bucais* they were packing the kippers in boxes

bucram, -aim *nm* buckram

buic □ *gen sing* and *nom & dat pl* of **boc** buck

buiceil *nf* var. of **bocail** fluttering briskly, frisking, gambolling, prancing (often used of lambs)

buicean-darach, am buicean-darach *nm* nut-gall, oak apple, oak-gall

buideal, -eil, -eil / **-an** *nm* bottle, cask, keg □ *buideal leann(a)* a cask of beer □ *buideal naoi galain* firkin □ *leig e am buideal* he broached / tapped the barrel

buideal-vacuum *nm* □ see **searrag vacuum**

buidealair, -ean *nm* butler

buidhe *nm* yellow, the colour yellow

buidhe *a* 1. yellow □ *na flùraichean buidhe* the yellow flowers □ *dreasa bhuidhe*

a yellow dress □ *Na Duilleagan Buidhe*
The Yellow Pages *Là Buidhe Bealltainn*
May-Day (see **Bealltainn**) □ *am mìos
buidhe* July □ *fad a' mhìos bhuidhe*
the whole of July 2. fortunate, lucky □
is buidhe dhut! lucky for you! □ *nach
buidhe dhuinn is ar n-athair cho
beartach?* isn't it lucky for us that our
father is so rich? (lit. and our father so
rich) □ ... *ach dh'fhalbh an là buidhe sin*
but that fortunate day has gone □ *là buidhe
air choreigin* some fine day 3. grateful,
glad □ *is buidhe leam* (with *inf*) I am glad
to (this is really the meaning given
above i.e. I consider myself fortunate) □
bu bhuidhe leinn fasgadh fhaighinn we
were glad / grateful to find shelter □
*dh'fhalbh a' chearc bhuidhe a bhitheadh
a' breith nan uighean mòra* the lucky hen
which used to lay the big eggs has gone
(cf. we've etc. lost the goose that laid the
golden eggs)
buidhe-bhàn *a* buff **b.-nan-in(g)ean** (see
buidhean-nan-ingean) **b.-phronnasg** *nm*
yellow brimstone **b.-ruadh** *a* auburn
buidheach, -ich *nf* (always with the *def art*
a' bhuidheach) jaundice □ *fon bhuidhich*
jaundiced □ *chuir e a' bhuidheach oirre*
she took a jaundiced view of it
buidheach, -iche *a* □ it should be noted that
the examples given below, though sepa-
rated for convenience, really all show the
same basic meaning:
   1. grateful, thankful □ *bu chòir dhut a
bhith buidheach (dhaibh)* you ought to be
thankful (to them) 2. content, pleased,
satisfied □ *bhiodh iad buidheach no
diombach* whether they were pleased or
displeased □ *dh'innis mi dha nach robh mi
buidheach dheth* I told him I was not
pleased with him 3. as an extension of 2.
above, it may also mean sated, 'fed-up' □
bha e buidheach den chòmhradh he was
fed-up of the conversation □ *am feasgar
sin 's e buidheach de bhith ag amharc air
an telebhisean ...* that evening, (and he)
fed-up of watching the television ... □ *là
de na làithean, 's e buidheach de dh'obair
gun toradh ...* one day, [and he] fed-up /
having had his fill of fruitless labour ...
buidheachas, -ais *nm* gratitude, thanks,
thanksgiving □ *iobairt bhuidheachais*
thankoffering □ *thugadh dha tiodhlac
spèis ann am buidheachas airson na rinn
e* a presentation was made (lit. given) to
him in gratitude for what he had done □
buidheachas dhut a Dhè ar n-Athair

thanks be to you God our Father □ *thoir
buidheachas do* thank □ *thug i buidheachas
dha* she thanked him □ *buidheachas
don fhreastal* thank goodness *interj*
(taing don / dhan fhreastal is probably
commoner)
buidheag, -eige, -an *nf* used for
various yellow flowers / birds as shown
below
buidheag-an-arbhair *nf* scentless may-
weed **b.-an-t-samhraidh** *nf* buttercup
b.-bhealaidh *nf* yellow hammer
buidheagan, -ain, -ain *nm* yolk
buidhean-nan-ingean *nm* sea-spurge

**buidheann, buidhne, buidhnean /
buidhnichean** *nf* band, body (of men
etc.), class, company, denomination
(relig.), faction, firm, gang, group,
organisation, party, set, staff (e.g. of
office staff), troop □ *buidheann airm*
corps □ *buidheann tagraidh* deputation
□ *buidheann sgrùdaidh* a review group
□ *cuir am buidhnean* group *v*
Further examples: *bidh sinn a' sgrìob-
hadh do bhuidhnean ùidheil* we shall
be writing to interested bodies □
thàinig buidheann shaighdearan
a company / troop of soldiers arrived
□ *bha e a' treòrachadh buidheann
phrìosanach* he was leading a party
of prisoners □ *bidh an seòmar seo
air a chur gu feum leis na buidhnean
fo aois a còig* this room is used by
the under-five groups □ *taobh a-staigh
na buidhne* within the organisation
□ *Buidhnean Gàidhlig* Gaelic
Organisations □ *tha buidheann ùr air
tighinn am bith* a new organisation
has come into being □ *bidh dreuchd
bhunaiteach aig a' bhuidhinn seo*
this organisation will have a funda-
mental role □ *tha mòran bhuidhnean
ag obrachadh airson leasachadh
a dhèanamh* many groups are working
to bring about an improvement
buidheann-gnothaich *nf* syndicate
b.-obrach *nf* 1. working-party □
mar bhall buidhne-obrach as a mem-
ber of a working party 2. workshop
(staff training etc.) **b.-rannsachaidh**
nf working-party **b.-teagaisg** *nf*
tutorial

buidheannach, -aiche *a* sectarian
buidhinn, buidhinn *v* achieve, win, gain □
a' siubhal às an dèidh is a' buidhinn orra
travelling after them and gaining on them
□ *bhuidhinn thu an geall* you won the bet
□ *...nuair a bhuidhneadh na balaich aig*
ball-coise ... when the lads won (i.e. used
to win) at football □ see also **buinnig**
buidhinn *nf* & *vn* of **buidhinn** winning
buidhneachd *nf* yellowness
buidhre *nf* deafness
buidseach, -ich, -ichean *nm* wizard / *nf*
witch
buidseachd *nf* witchery, witchcraft, wizardry
buidsead, -eid, -an *nm* budget □ *buidsead*
bliadhnail annual budget □ *thèid buidsead*
a thoirt do na sgìrean a rèir cia mheud
neach a tha annta a budget will be given
to the parishes according to how many
people are in them □ *tha trì millean sa*
bhuidsead gu lèir there is three million in
the budget altogether
buidsear, -eir, -an *nm* butcher (also **bùid-**
sear etc.)
buidsearachd *nf* butchery □ *dèan buid-*
searachd butcher *v*
buidseat, -eit, -an *nm* □ see **buidsead**
buidsidh, -ean -an *nm* budgie, budgerigar
buige *nf* leniency, moistness, softness

---

buil, -e *nf* conclusion, consequence,
effect, outcome, result □ *b'e a' bhuil*
a bha ann dhomhsa gun do dh'fhàgadh
mi nam aonar the consequence for me
was that I was left on my own □ *bha*
a bhuil air a bhodhaig it affected his
body / it had an effect on his body □
builean coileanaidh attainment out-
comes (in education) □ *tha a bhuil ann*
it has an effect / it has a knock-on effect
thoir gu buil accomplish, achieve,
bring about, bring to completion, carry
out, effect, enforce, implement, realize
□ *is ann airsan a thàinig a' bhinn a*
thoirt gu buil it fell upon him to carry
out the sentence □ *...nan toireadh iad*
gu buil an rùintean ... if they were to
achieve their wishes □ *...a chum*
poileasaidhean an ùghdarais a thoirt
gu buil ... to carry out the authority's
policies □ *toirt gu buil* accomplish-
ment, achievement
thig gu buil come to completion, come
to fruition

---

buileach *a* complete □ *gu buileach*
altogether, completely, entirely, outright,
quite, thoroughly, wholly (often used as an
adv without **gu**) □ *thòisich e air a beòsh-*
laint a dhèanamh gu buileach air sgrìob-
hadh he began to make his living entirely
by writing □ *cha bhiodh e buileach fìor*
a ràdh gu bheil e ... it wouldn't be com-
pletely true to say that it is ... □ *cha robh*
e cho buileach coirbte 's a shaoileadh tu
he wasn't as completely corrupt as you
might think □ *ghabh iad an cuthach gu*
buileach they went completely mad /
berserk □ *bithidh e a' cur na feirge*
buileach orm nuair a chì mi ... it makes
me thoroughly angry when I see ...
buileach *adv* (in *neg* context), just, quite □
cha do rinn sinn a' chùis air buileach we
haven't just / quite managed it □ *chan eil*
na gaothan buileach cho làidir 's a tha iad
aig an taigh the winds aren't quite as
strong as they are at home □ *a bheil e*
deiseil fhathast? chan eil buileach is it
ready yet? not quite
buileach is sometimes used simply as an
intensifier □ *'s e an rud as fheàrr buileach*
a bhith a' faicinn na cloinne a' gabhail
pàirt ann the very best thing is to be see-
ing the children taking part in it □ *dh'fhàs*
gnothaichean na bu mhiosa buileach mat-
ters became far, far worse / much worse
etc. □ *bithidh seo buileach feumail do*
luchd-ionnsachaidh this will be invaluable
to learners □ *...airson an dèanamh*
nas fheumaile buileach ... to make them
far / much more useful □ *ach b'e na*
h-oidhcheannan a b'fheàrr buileach but it
was the nights that were by far the best □
note also: *buileach glan* absolutely, com-
pletely □ *mhill thu orm e buileach glan*
you absolutely spoiled it for me
buileachadh, -aidh *nm* & *vn* of **builich**
bestowing etc. (with *prep* **air**)
buileann, -inn, -an *nf* loaf
builg □ *gen sing* and *nom* & *dat pl* of **balg** /
bolg bulge
builgean, -ein, -an *nm* 1. pimple 2. bubble
□ *bha builgeanan a' tighinn air an uisge a*
bha anns a' phoit the water in the pot was
bubbling (lit. there were bubbles coming
on the water which was in the pot)
builgeanach, -aiche *a* 1. pimply □ *aodann*
beag builgeanach a small pimply face
2. bubbly, full of bubbles
builich, -eachadh *v* 1. with *prep* **air** bestow
(upon), confer, grant (to) □ *...a*
bhuileachadh air na bhreith ... which

were bestowed upon him at (his) birth (lit. in his birth) □ *chaidh sochair eile a bhuileachadh oirnn* another privelege was bestowed upon us / granted to us □ *tha iad gu bhith a' buileacheadh ceum onorach Ollamh an Litreachais air* they are going to be bestowing the honorary degree of Doctor of Literature on him 2. produce 3. make the most of □ *bha iad a' buileachadh an latha mhaith* they were making the most of the good day □ *'s fhiach an latha math a bhuileachadh* it's worthwhile making the best of the day

builichear, -eir, -an *nm* producer

buill □ *gen sing* and *nom & dat pl* of **ball**

buill-bheatha *n pl* vitals, life-members (of an organisation)

buille, -ean / -eachan *nf* accent (stress), beat (of a drum, heart, etc.), blow, box, clap, dint, hit, knock, punch (of fist), rap, stroke, swipe, thump, tick □ *thoir buille* beat, deliver a blow □ *thoir buille air a' bhuille* retaliate □ *bha buillean mo chridhe coltach ri buillean druma* my heartbeats were like the beats of a drum / like drumbeats □ *'s e fìor dhroch bhuille a bhiodh ann dhaibh* it would be a really bad blow for them (lit. it is a really bad blow that would be in it for them) □ *le gach buille den t-slinn* with every stroke of the (weaver's) reed □ *is mòr a' bhuille a thàinig air a' choithional* a great blow has fallen upon the congregation (lit. great is the blow that has come upon etc.) □ ... *a fhuair iomadh buille chruaidh thar nam bliadhnachan* ... who has received many cruel blows over the years □ *'s iomadh bliadhna bho nach do rinn mi buille snàmh* it's many years since I swam a stroke (lit. did not swim etc.)

buille-bàis *nf* death-blow **b.-cinn** *nf* header (football) **b.-cridhe** *nf* heartbeat **b.-coise** *nf* kick **b.-cuisle** *nf* pulse □ *bha e a' cumail meur air buille-cuisle na dùthcha* he was keeping a finger on the country's pulse

buillsgean, -ein, -an *nm* core, centre □ *'s e a' Ghàidhlig buillsgean ar dualchais* Gaelic is the core of our heritage

built □ *gen sing* of **balt** welt

---

buin, buntainn *v* (with *prep* **do**) belong (to), pertain (to), be related (to) □ *a bhuineas do dh'Ìle* who belongs to Islay □ *is ann do Leòdhas*

---

a bhuineas e he belongs to Lewis □ *tha a' mhuinntir d'am buin e a' fuireach ann an* ... the people to whom he is related live in ... □ *bhuineadh i don teaghlach rìoghail* she was related to the royal family □ *cha bhuin e don àite seo idir* he does not belong to this place at all □ ... *a bhuineas do bhaile-mòr* municipal □ ... *a bhuineas do bhalla* mural □ *an rud nach buin dhut, na buin dha* lit. the thing which does not belong to you, do not touch it, a proverb meaning don't touch what doesn't belong to you (The verbs **bean, beantainn** touch (q.v.), and **buin, buntainn** from the same source which means 'touch', but which also carries the meaning 'belong', seem to be inextricably confused, even to the *preps* used with them as is shown with this last example)

buin ri / ris (a) deal (with), be concerned (with) □ *tha na molaidhean a' buntainn ri* ... the recommendations are concerned with ... / dealing with ... □ *carson a tha thu a' buntainn ris an duine seo?* why are you dealing with this man? □ *tha an earrann seo a' buntainn ri ceannach na croite* this section deals with the buying of the croft □ *a' buntainn ri* ... relevant to ... □ *gach fiosrachadh a tha a' buntainn ris a' chùis* all relevant information □ *nach buin ri— / ris a' ghnothach* irrelevant □ *faclan a bhuineas ri marachd* words which pertain to seamanship (b) touch, meddle (with) □ *chan eil an ola a thaom às an tancair a' dol a bhuntainn ris na cladaichean againne* the oil which poured from the tanker is not going to touch our shores □ *na buin ri* abstain from

buin used with the following prepositions means 'take' □ *buin bho* exact □ *buin còir-bhreith o* disinherit □ *buin às* gouge

---

buinn □ *gen sing* and *nom & dat pl* of **bonn** base

buinne, -eachan *nf* rapid current / stream

buinneach, a' bhuinneach *nf* diarrhoea, dysentry (*gen* **na buinnich**)

buinneag, -eige, -an *nf* sprout □ *buinneagan Bruisealach* brussel sprouts

buinnig, buinnig *v* win, gain (used in the same way as **buidhinn**) □ *tha e na amas againn Ìnbhe Thèarainte a bhuinnig dhan Ghàidhlig* we aim to achieve Secure Status for Gaelic

buinnseal, -eil, -an *nm* ream

buinteanas, -ais *nm* relevance, connection(s) by family / blood □ *tha buinteanas aige don Eilean Sgitheanach* he has connections with the Isle of Skye □ *thuirt e gun robh buinteanas aig a' chùis ris an rannsachadh aige* he said that the matter had relevance to his enquiry □ *tachartas aig an robh buinteanas ri Albainn* an occurrence which had relevance to Scotland

buintinneas, -eis *nm* □ see **buinteanas**

bùir, bùirich / bùireadh *v* roar, bellow (as a stag, deer etc.)

buirbe *nf* atrocity, barbarism, ferocity, harshness, rudeness, savageness

bùird □ *gen sing* and *nom & dat pl* of **bòrd** table

bùirdeasach, -aich, -aich *nm* denizen, burgess, freeman

bùirdeasach, -aiche *a* bourgeoise

bùirdeasachd *nf* bourgeoisie

bùireadh, -idh *nm & vn* of **bùir** roaring etc., rutting □ *ri àm dol anns a' bhùireadh* at the time of going into rutting

bùirean, -ein *nm* snorting, murmuring noise, hiss □ *bha sròn an tairbh ri làr 's e a' bùirean* the bull's nose was to the ground as he snorted □ *... agus bùirean socair aig an làmpa* with a murmur / hiss from the oil lamp

buirgh □ *gen sing* and *nom & dat pl* of .**borgh** burgh

bùirich *nf* and *vn* of **bùir** bellowing etc.

buisneachd *nf* witchcraft □ see **buidseachd**

buitìc, -ean *nm* boutique

bulgach □ see **bolgach**

Bulgairianach, -ich, -ich *nm* Bulgarian

Bulgairianach *a* Bulgarian

Bulgairis *nf* Bulgarian (lang.)

bumailear, -eir, -an *nm* blockhead, bungler, dolt □ *'s e bumailearan a th'annta* they're blockheads

bumpair, -ean *nm* bumper

---

bun, buin / -an *nm* base, basis, butt (end), derivation (ling.), end, foot (of hill etc.), mouth of a river / loch, origin, principle, root, source, stub,

stump □ *pl* **bunan** may = stubble □ *bun lùth* energy source □ *bun stòr* primary source □ *bun na cùise* the germ of the matter □ *bun os cionn* – see **bun-os-cionn** □ *shad e am bun air falbh* he threw away the butt (of the cigarette) □ *aig bun nan Andes* at the foot of the Andes □ *cha robh e a' dèanamh bun no bàrr dheth an toiseach* he wasn't making head or tail of it at first □ *bha an cùnntas seo air a tharraing a trì buin* this account was drawn from three sources □ *bha iad aig bun an loch* they were at the mouth of the loch □ *aig bun na h-aibhne* at the mouth of the river

bun- *pref* meaning basic, elementary, original e.g. *is e an t-iasgach bun-bheairteas a' bhaile* fishing is the basic wealth of the town □ also see following:

bun-bheachd *nm* concept □ *tha e doirbh am bun-bheachd seo a thuigsinn* it is difficult to understand this concept **b.-bhrìogh** *nf* essence **b.-bhuachaill** *nm* northern diver **b.-carraigh** *nm* pedestal **b.-chiall** *nf* basic meaning □ *bheir sinn a bhun-chiall dha* we shall give it (i.e. the word) its basic meaning **b.-craoibhe** *nm* stump, (tree-)trunk **b.-dealain** *nm* (electrical) socket **b.-dùirn** *nm* cuff (of sleeve – also **bann-dùirn**) **b.-dubh** *nm* part of the root of a plant which comes up by pulling □ *bun-dubh an rainich* bracken roots **b.-eòlas** *nm* basic knowledge **b.-ghnìomhachas** *nm* primary industry **b.-ionnsaich** *v* ground **b.-ìre** *nf* 1. elementary level □ *... gus am faigh iad greim air a' chànan aig bun-ire ...* until they grasp the language at an elementary level 2. *a' bhun-ìre* positive (degree of adjective) **b.-loidhne** *nf* y-axis on a graph (math.) **b.-mhèinn** *nf* originality **b.-obair** *nf* core work **b.-os-cionn** *nm* revolution □ also *adv* head over heels, topsy-turvy, upside-down □ *cuir bun-os-cionn* capsize, overturn, subvert, turn topsy-turvy □ *bha an taigh bun-os-cionn* the house was topsy-turvy □ *bha inntinn bun-os-cionn* his mind was topsy-turvy □ *bha an saoghal air dol bun-os-cionn* the world had turned upside down □ *thuit e bun-os-cionn* he fell head over heels **b.-sgoil** *nf* elementary school, primary school **b.-sgoile** *a* primary, elementary (of education) □ *ann am foghlam* *bun-sgoile* in primary education **b.-sgòth** *nm* horizon, skyline **b.-sheòrsa** *nm* basic type □ *de dhà bhun-sheòrsa* of two basic types **b.-smaoin / b.-smuain** *nf* motif **b.-speur** *nm* horizon, skyline **b.-stèidh** *nf* 1. origin 2. basis, foundation □ *... gus am bi bun-stèidh nas fallaine aig Gaidheil òga ...* until young Gaels [will] have a healthier foundation □ *bheir seo bun-stèidh dhuinn de ghinealach ùr innleadairean* this will give us a new generation of engineers **b.-stuth** *nm* essence □ *bun-stuth nithean* the essence of things **b.-toitein** *nm* cigarette butt □ *bha bun-toitein aige na làimh* he had a cigarette butt in his hand **b.-tomhas** *nm* standard (of values etc.) □ *thoir gu bun-tomhas* standardise **b.-tomhasach** *a* standard **b.-tomhasaich** *v* standardise **b.-tomhasaichte** *pp* standardised □ *dòigh sgrìobhaidh bun-tomhasaichte* a standardised way of writing

buna, -aichean *nm* bun
bunach, -aiche *a* stubby, stumpy
bunachadh, -aidh *nm & vn* of **bunaich** deriving etc
bunadas, -ais, -an *nm* origin
bunaich *v* 1. found, establish, institute, make firm, root *trans* 2. derive (ling.)
bunaichte *pp* founded, established, rooted □ *feumaidh freumhan a' chànain a bhith bunaichte ann an coimhearsnachd bheò* the roots of the language must be established in a living environment
bunailt, -e, -ean *nf* sure foundation □ same as **bunailt** *nm/f* □ *cùm air bhunailt* stabilize
bunailteach, -iche *a* stable, steady
bunailteachd *nf* stability □ *bhuilich seo tomhas de bhunailteachd air an dùthaich* this bestowed a measure of stability on the country
bunait, -e, -ean *nm/f* base, basis, foundation □ *gun bhunait* unfounded
bunaiteach, -iche *a* basic, fundamental □ *tha còir bhunaiteach aig pàrantan sam bith ...* any parents have a basic / fundamental right ... □ *a dhèanamh an diofair bhunaitich seo eatorra* to make this fundamental difference between them □ *bidh dreuchd bhunaiteach aig a' bhuidhinn seo* this organisation will have a fundamental role □ *rinneadh co-dhùnaidhean*

bunaiteach tràth sa bhliadhna fundamental decisions were taken early in the year
bunanta *a* sturdy
bunasach, -aiche *a* basic, elementary, radical □ *bha a bhun-bheachd air an domhan air atharrachadh gu bunasach* his concept of the universe was changed radically
bunc,(-a), -aichean *nm* bunk □ *bha e na laighe ann am bunc* he was lying in a bunk
bungaid, -e, -ean *nf* a clumsy fat woman, a hussy
bungalo, -othan *nm* bungalow
buns *nm indec* bounce
bunstructar, -air, -an *nm* infrastructure □ *tha iad ag ràdh gun tèid am bunstructar ùrachadh* they state that the infrastructure will be renewed
buntainn *nf & vn* of **buin** touching, relating etc. □ *gun bhuntainn do* unrelated to □ *gan toirt gu aire nan ùghdarrasan aig a bheil buntainn ris a' chùis* bringing them to the attention of the relevant authorities (lit. the authorities who have dealing with the matter)
buntàta *nm* potato, potatoes □ *bha iad a' cur a' bhuntàta* they were planting the potatoes □ *thàinig an gaiseadh air a' bhuntàta* blight affected (the) potatoes □ *buntàta pronn* mashed potatoes □ *poit bhuntàta* a pot of potatoes / a potato pot □ *... an dèidh gort uabhasach a' bhuntàta ...* after the dreadful potato famine
bùrach, -aich *nm* confusion, disorder, shambles □ *tha mi ann am bùrach an-dràsta* I'm all at sea / I'm in utter confusion just now
burbanaich, -achadh *v* irritate a sore / a wound □ *chaidh an lot a bhurbanachadh leis an t-salann* the wound was irritated by the salt
burgair, ean *nm* burger (as in beefburger etc.)
burmaid, -e *nf* vermouth, wormwood
bùrn, -ùirn *nm* water □ *bùrn briste* broken water, white water
bùrn-aiteimh *nm* meltwater
burraghlas, -ais *nm* rubbish □ *burraghlas den t-seòrsa sin* rubbish of that kind
burraidh, -ean *nm* 1. blockhead, dolt, lout 2. surly man, bully
burraidheachd *nf* bullying
burral, -ail *nm* roar
burralaich *nf* howling, loud crying / weeping □ may be used like a *vn* □ *bha e a' burralaich a-rithist* he was howling again □ *rinn i beagan burralaich* she cried loudly for a little

burras, -ais, -ais *nm* caterpillar
burrasach *a* caterpillar □ *tractar burrasach*
caterpillar tractor
bursaraidh, -ean *nm* bursary □ *fhuair*
ceathrar bursaraidh bhon chomann seo four
people received a bursary from this society
bus, -uis, uis / -an *nm* 1. wry face, pouting
lips □ *cuir bus air* pout □ *chaidh e a-mach*
is bus air he went out pouting □ *chuir e*
bus air he pouted 2. snout, muzzle 3. *bus*
bròige the cap of a shoe 4. cheek □ *bus ri*
bus ri alongside *prep*
bus, -aichean *nm* bus □ *ruith iad an dèidh*
a' bhus they ran after the bus □ *air a' bhus*
on the bus, by bus □ *chaidh sinn an sin air*
a' bhus we went there by bus □ *fhuair sinn*
bus uaine is dearg we got (i.e. caught)
a green and red bus □ *ruith iad a ghlacadh*
bus they ran to catch a bus □ *stèisean nam*
busaichean bus station
bus-cluich *nm* playbus □ *tha bus-cluich aca*
a-nis they have a playbus now **b.-oidhche**
nm night-bus □ *ghabh sinn am bus-*
oidhche do Lunnainn we took the night-
bus to London **b.-stad** *nm* bus stop
bùt, -a, -aichean *nm* boot (of a car) □ *bùt*
a' chàir the boot of the car

butarrais *nf* confusion, hotch-potch, mess
□ *tha rianachd a' ghnìomhachais na butar-*
rais an-dràsta the administration of the
industry is a hotch-potch at the moment □
tha iad air butarrais a dhèanamh den
t-suidheachadh they have made a mess of
the situation
bùth, bùth(a), bùthannan / bùthainnean /
bùthan / bùithtean *nf* booth, shop □
bùthan bìdh ullaimh fast food shops □
a' tadhal air na bùthannan visiting the
shops □ *dh'iarr i air Màiri a dhol don*
bhùth she asked Mary to go to the shop □
fear / bean na bùtha shopkeeper (*nm/f*
respectively)
bùth-bhòtaidh *nf* polling booth
b.-ceimigeir *nf* chemist's shop **b.-èisg** *nf*
fish-shop **b.-gheall** *nf* pawnbroker's shop
b.-grosaireachd *nf* grocery **bùth phai-**
pearan *nf* newsagents, paper shop **b.-**
obrach / b.-oibre *nf* workshop □ *bha sinn*
a' tadhal air a' bhùth-obrach aca we were
visiting their workshop
bùtha *a* retail
buthaid, -e, -ean *nf* puffin
buthaigre, -ean *nm* puffin
bùthal, -ail *nm* fulcrum

C, c

cab, caib *nm* gab □ *dùin do chab* shut
your gab
cabach, -aiche *a* garrulous
cabadaich *nf* blethering □ as with many
nouns denoting sounds, **cabadaich** may
also be used as if it were a *vn* □ *bidh iad*
a' cabadaich gun sgur they are incessantly
blethering
càbag, -aige, -an *nf* a cheese (Scots
kebbuck)
cabaireachd *nf* chatter, tattle, sustained
blethering
càball, -aill, -aill / -an *nm* cable, hawser □
slighe càbaill cable way
cabanat, -ait, -an *nm* cabinet
cabanta *a* glib
cabar, -air, -air *nm* 1. horn □ *cabar (fèidh)*
(deer) antlers 2. caber, pole, rafter □ *bha*
e air a dhèanamh air cabair it was made
of poles □ *dìreach fo na cabair* right under
the rafters □ *fo na h-aon chabair* under the
same rafters (i.e. roof)
cabar-droma *nm* ridgepole (also
gath-droma *nm*)

cabhadh / cabhadh- □ see **cathadh /**
cathadh-
cabhadh *nm* change (of money) *thug*
e dhomh an cabhadh he gave me the
change (see **iomlaid**)
cabhag, -aige *nf* despatch, expedition,
haste, hastiness, hurry, spurt, urgency □
cha robh cabhag ann there was no hurry □
(ann) an cabhaig hurriedly, in a hurry,
apace □ *chan eil e a' dol a dh'fhaighinn*
cuideachadh bhuamsa ann an cabhaig
he's not going to get help from me in
a hurry □ *dèan ann an cabhaig* skimp (of
work) □ *tha mi ann an cabhaig + v.n.* I am
in a hurry to… □ *bha iad ann an cabhaig*
gus fasgadh fhaighinn they were in a hurry
to find shelter □ *dèan cabhag* hasten
intrans, make haste, hurry *rinn sinn cab-*
hag a dh'ionnsaigh an dorais we hurried
towards the door □ *dh'fheuch i ri cabhag*
a dhèanamh, ach cha b' urrainn dhi she
tried to make haste, but she couldn't □
tha cabhag orm I am in a hurry □ … *leis*
a' chabhaig a bh' orra … (because) they

were in such a hurry □ *bha cabhag air gus am faigheadh e air ais a-rithist* he was in a hurry to get back again □ but note also: *bha ceud cabhag orra gus am faigheadh iad a-mach a-rithist* they were in a tearing hurry to get out again □ *na bitheadh cabhag sam bith oirbh, fhearaibh* don't be in any hurry, men □ *tha mi nam chabhaig* I am in a hurry □ *bha iad nan ceud cabhaig airson an obair a chrìochnachadh* □ they were in a tearing hurry to finish the job □ *theab e tuiteam agus e na chabhaig* in his haste, he almost fell □ *le cabhaig* with dispatch, posthaste □ *cuir gu cabhaig* fluster □ *cuir cabhag air* hasten *trans*, hustle, hurry *trans*

cabhagach, -aiche *a* abrupt, expeditious, hasty, precipitate, sudden, urgent □ *thàinig bàs cabhagach air* he died suddenly

cabhagachadh, -aidh *nm & vn* of **cabhagaich** precipitating

cabhagaich, -achadh *v* precipitate

cabhlach, -aich, -aichean *nm* fleet, navy □ *cabhlach bhusaichean* a fleet of buses □ *An Cabhlach Rìoghail* The Royal Navy

cabhlachail *a* naval

cabhraich *nf* flummery, sowens (the boiled and filtered juice of corn seeds)

cabhsair, -ean *nm* causeway, kerb, pavement □ *leag cabhsair* pave

càblach *a* funicular

cabstair, -ean *nm* bit (for a horse), gag

cac, -a *nm* excrement, droppings, filth, ordure □ *bha na creagan air an gànrachadh le an cuid cac* the rocks were bespattered by their droppings

cac, cac *v* excrete, empty the bowels

cac, -a *a* dirty, filthy, foul

càch, càich *indef pron* the rest, the others □ *dh'fhalbh càch* the others left / went away □ *càch a chèile* each other □ *bha iad trang a' bruidhinn ri càch a chèile* they were busy talking to each other □ note that the *gen* is treated as if it were *pl* i.e. it is lenited □ *shaothraich iad airson chàich* they laboured on behalf of others □ *am measg chàich* among others □ *cha tug e an aire do bheachdan chàich* he paid no attention to the opinions of others □ *cho dona ri càch* as bad as the rest □ *rinneadh e ro fhear sam bith de chàch* it was made before any [one] of the others □ *còmhla ri càch* along with the rest

cachaileith, -e, -ean *nf* gate, gateway □ *choisich e tro chachaileith chaoil* he walked through a narrow gate

cadadh, -aidh *nm* tartan

cadal, -ail *nm & vn* of **caidil** sleeping etc., sleep □ *cadal deilgneach* pins and needles □ *àm cadail* bedtime □ *an cadal* asleep □ used with the *prep prons* of **ann an** thus: *bha e na chadal* he was asleep / sleeping / dormant *masc* □ *bha i na cadal* she was asleep / sleeping / dormant *fem* etc. □ *bha e eadar a chadal 's a dhùisg* he was between sleeping and waking □ *bhitheadh e a' coiseachd na chadal* he used to walk in his sleep □ *an neach nach cinn na chadal, cha chinn e na dhùisg* he who will not prosper in his sleep will not prosper when awake □ *nuair a thàinig àm cadail* when bedtime came □ *chan fhaigh i cadal gus an tèid mi dhachaigh* she won't get any sleep until I get home □ *gun chadal* sleepless □ *cuir a chadal* lull *v*

cadal-geamhraidh *nm* hibernation

cadalach, -aiche *a* dozy, drowsy, sleepy, soporific □ *dh'èist sinn ri torman cadalach nan calman* we listened to the drowsy / soporific murmur of the doves *'s ann cadalach a bha a' chlann* the children were sleepy □ *bha an cat na shìneadh gu cadalach anns a' bhlàths* the cat was stretched out sleepily in the warmth

cadalan, -ain, -ain *nm* poppy

cadaltach, -aiche *a* □ see **cadalach**

cadha *nm* ravine □ *dhìrich sinn tro chadha* we climbed through a ravine

cadhan, -ain, -ain *nm* wild-goose, barnacle-goose

cafaidh, cafaidhean *nm* café □ *bha sinn nar suidh anns a' chafaidh* we were sitting in the café

cagailt, -e, -ean *nf* fireplace, hearth □ *bha sinn nar suidhe mun chagailt* we were sitting around the hearth □ *bha cat dubh na laighe air oir na cagailt* a black cat was lying on the edge of the hearth

cagainn, cagnadh *v* chew, gnaw, masticate, munch □ note that the *fut tenses* and the *impf / cond tense* usually suffer syncope □ *cagnaidh iad an stuth seo fad an latha* they chew this stuff / substance all day long

cagair, cagair *v* whisper

cagar, -air, -ean *nm* 1. whisper 2. dear, darling (usually in voc. case **a chagair**) □ *an dèan thu sin dhomh, a chagair?* will you do that for me, dear? □ *trobhad, a chagair* come along, darling

cagarsaich *nf* whispering

cagnadh, -aidh *nm & vn* of **cagainn** chewing etc., mastication

caibe, -eannan / -eachan *nm* 1. spade 2. the iron part of digging implements such as the **cas-chrom**

caibe-làir *nm pl* **caibeachan-làir** flauchter spade (for cutting turf)

caibeal, -eil, -an *nm* chapel *an Caibeal Rìoghail* the Chapel Royal

caibideil, -e, -ean *nm/f* chapter □ *bha e air an t-ochdamh caibideil deug a ruigsinn* he had reached the eighteenth chapter

caidil, cadal *v* sleep □ *na caidil an sin* don't sleep there □ note that the *fut tenses* and the *impf / cond tense* usually suffer syncope □ *caidlidh mise an seo* I'll sleep here □ *cò a chaidleas anns an leabaidh seo?* who shall sleep in this bed? □ *thuirt e gun caidleadh e anns a' chùil* he said that he would sleep in the corner □ *nuair a bha e ga cur a chadal an oidhche sin …* when he was putting her to sleep that night … □ the *vn*, in common with a small number of *vn's*, is preceded by a *prep pron* of **anns** instead of the normal **a'** □ *bha e na chadal air an langasaid* he was sleeping on the sofa (lit. he was in his sleeping etc.) □ *bha mi nam chadal anns a' chathair* I was sleeping in the chair

caidreabh— □ see **caidreamh—**

caidreachadh, -aidh *nm & vn* of **caidrich** dandling etc.

caidreachas, -ais *nm* alliance, association, fellowship

caidreamh, -eibh *nm* alliance, association, companionship, fellowship, friendship □ *caidreamh sgaoilte a thigeadh cruinn airson …* a broad alliance that would come together for …

caidreamhach, -aiche *a* companionable, friendly, social □ *tha rudeigin caidreamhach anns a' chànain agad fhèin* there's something companionable in your own language

caidrich, -eachadh *v* dandle

caigeann, -inn, -an *nf* brace, couple, pair □ *cheannaich e caigeann eisir* he bought a couple of oysters □ note that nouns following this word are in the *nom sing*

caigneachadh, -aidh *nm & vn* of **caignich** coupling etc.

caignich, -eachadh *v* couple, join (in pairs) □ *tha seo a' caigneachadh dà leth an rainn ri chèile* this is coupling the two halves of the verse together

cà'il □ see **càite**

càil, -e *nf* 1. thing (abstract i.e. not a tangible object – usually used with *neg* verbs) □ *chan eil gu bheil mi a' faireachdainn*

càil nas fheàrr not that I am feeling any / a bit [the] better (note missing *pron*) □ *chan eil mi ag ràdh càil den t-seòrsa* I'm not saying anything of the kind □ *a bheil sibh ag iarraidh càil tuilleadh?* do you want anything else? □ *lean i oirre gun chàil a dh'fhios aice càit an robh i a' dol* she carried on with no idea / having no idea where she was going (lit. without a bit of knowledge etc.) □ *cha robh càil a dh' fhios againn càit an robh e fad na seachdain ud* we hadn't the slightest idea where he was all that week □ *chan eil càil a mhath a bhith liugach* there's not the slightest good in being hang-dog □ *dè tha (a') dol? chan eil càil as ùr* what's doing? nothing new □ *carson? o, chan eil airson càil* why? oh, no reason (lit. it isn't for anything) □ *chan eil iad càil nas mìthaitniche airson sin* they aren't a bit more unpleasant for that □ *bha aige ris a h-uile càil obrach a dhèanamh e fhèin* he had to do every bit of work himself □ *chan eil mi a' faicinn càil ceàrr air a sin* I see nothing wrong with that 2. affection, appetite (sometimes **càil bidhe** in this meaning), taste □ *… a thug air a chàil airson a' bhidhe a chall …* which caused him to lose his appetite for the food □ *cha robh seo idir ri càil mo charaid* this was not at all to my friend's taste □ *thig seo ri càil iomadach duine* this will suit many a person's taste □ *chan eil càil agam idir don obair seo* I don't have a taste for this work at all □ *fhuair e obair a b' fheàrr a thigeadh ri a chàil* he found employment which would suit his taste better 3. humour, quality, temperament □ *tha rudeigin de chàil bhog na h-Eadailtis aig a' chànain seo* this language has something of the soft quality of Italian 4. strength, vigour, energy □ *làn càil agus treòir* full of strength and vigour □ *far am bi càil bi cothrom* where there's a will there's a way

cailideasgop, -oip, -an *nf* kaleidoscope

cailbhe, -ean *nm* partition

cailc, -e *nf* chalk □ *cailc dhathte* crayon

cailc, -eadh *v* chalk

cailc-chlach *nf* chalk (geol.)

cailceach *a* calcareous, chalky

cailceadh, -idh *nm & vn* of **cailc** chalking

caile *nf* jade (girl), wench

caile-bhalach *nm* tomboy

càileachd, -an *nf* character, temperament, quality □ *ghabhadh an leudachadh gun chall air càileachd* they could be enlarged without loss of quality

càileachdail, -e *a* qualitative □ *is e saoghal càileachdail a bha anns an fhear seo* this world was a qualitative one (lit. it is a qualitative world that was in this one)

caileag, -eige, -an *nf* girl, lass □ *froca na caileige* the girl's frock □ *caileag trusgain* (fashion) model

caileag-fhrithealaidh *nf* waitress □ *thàinig caileag-fhrithealaidh a-nall* a waitress came over

càilear *a* pleasant, good-looking □ *chan e sgeulachd chàilear a tha seo* this isn't a pleasant tale □ *duine càilear* a pleasant / good-looking man □ *là càilear* a fine / pleasant day

cailebianach *a* fluorescent

cailèideasgop *nf* □ see **cailideasgop**

cailin, -e *nf* damsel, maid(en), girl

cailis, -e, -ean *nf* chalice, calyx

cailise *nf* kail

caill, call *v* lose, miss (bus etc.) □ *caill (còir air)* forfeit □ *fear a chaill* loser □ *caill sealladh air* mislay □ *caill cothrom* overbalance □ *chaill e a mhisneachd* he lost his courage □ *greas ort no caillidh tu am bus* hurry or you'll miss the bus □ *cha bhi i a' call nan òrduighean uair sam bith* she never misses the communion celebrations (see **òrdugh**) □ *nuair a chaill e inbhe…* when he lost his rank □ *…bha e air tòiseachadh air am falt a chall* he had begun to lose his (lit. the) hair □ *bha e air leth an fhuilt a chall* he had lost half of his (lit. the) hair □ *a' call cuideim* losing weight

cailleach, -iche, cailleachan *nf* hag, old woman □ the meaning 'hag' is seldom found now, nor does the word necessarily imply very old. In some ways it resembles the English expressions 'old woman' or 'old lady' etc. This is shown in the following expressions: *a'chailleach* the landlady (of a boarding-house), 'the wife', 'the good lady' □ *cailleach(-dhubh)* nun □ *cailleach nan cearc* the hen-wife i.e. poultry adviser

cailleach-dhubh *nf* nun **c.-oidhche** *nf* owl **c.-oidhche-mhòr** *nf* eagleowl **c.-spuinge** *nf* tinder, touchwood

cailleachag, -aige, -an *nf* little old woman

cailleachag-cheann-dubh *nf* coaltit **c.-cheann-gorm** *nf* blue tit

cailleachaile, -e *a* old-womanish □ *bha e uabhasach cailleachail* he was awfully old-womanish

caillte *pp* lost, undone □ *bhitheadh e air a' chùis a leigeil às mar nì caillte* he would

have given the matter up for lost (lit. as a lost thing)

caillteach, -iche *a* losing, apt to lose □ *'s fheàrr a bhith cinnteach na bhith caillteach* better safe than sorry (lit. better to certain than be losing)

caillteanach, -aich, -aich *nm* eunuch

cailpear, -eir, -an *nm* calliper

caime *nf* crookedness, curve, curvature, indirectness

caimhil, caimhleachadh *v* guddle □ *bha iad a' caimhleachadh bhreac* they were guddling trout

caimhleachadh, -aidh *nm & vn* of **caimhil** guddling

càin, càine / cànach, càintean *nf* fine, impost, tariff, tax, toll, tribute □ *chaidh càin air an-uiridh airson a bhith …* he was fined last year for being … □ *gun roghainn càin* without the option of a fine

càin-aisneis *nf* budget (fin.)

càin-teachd-a-steach *nf* income-tax

càin, -eadh *v* abuse (verbally), decry, denounce, revile, vilify

cainb, -e *nf* hemp

cainb-lus *nm* cannabis

cainb-theàrra *nf* tarpaulin

cainbe *a* hempen

càineadh, -idh *nm & vn* of **càin** abusing (verbally), abuse (verbal), denunciation

caineal, -eil *nm* cinnamon

Caingis, a' Chaingis *nf* Pentecost, Whit, Whitsuntide □ *air Là na Caingis* on the Day of Pentecost

Caingiseach, -ich, -ich *nm* Pentecostal

Caingiseach *a* Pentecostal

cainnean, -ein, -an *nm* taper

cainneann, -inn *nm* leek

cainnt, -e *nf* language, lingo, speech, tongue □ *cainnt na dùthcha* vernacular □ *cainnt theicneolach* technical language □ *gun chainnt* speechless □ *cainnt Ghàrradh Eden* the language of the Garden of Eden □ *droch chainnt* cursing and swearing □ *cha chuala mi a-riamh a leithid de dhroch chainnt a bha aca* I have never before heard the likes of their cursing and swearing

cainnt-chluich *nm* pun **c.-lann** *nf* language laboratory **c.-mhire** *nf* pun

cainnteach, -iche *a* loquacious, talkative

cainntear, -eir, -an *nm* orator

caiptean, -ein, -an *nm* captain

càir, -e *nf* gum (of the mouth)

càir, càradh *v* mend, fix □ see **càirich**

cairbh, -e, -ean *nf* carcass

cairbh-theine *nm* pyre

cairbheach, -iche *a* cadaverous

càirde *nf* entente
càirdeach, -iche *a* 1. (+**do**) akin (to), kindred, related (to) □ *cha robh iad càirdeach dha chèile tro fhuil* they weren't related to each other by (lit. through) blood □ *... ged nach eil sinn càirdeach ... though we aren't related* 2. (+**ri**) friendly (to) □ *bi càirdeach ri* befriend
càirdean *pl* of **caraid** kinsfolk
càirdeas, -eis *nm* alliance, friendliness, friendship, kindred, rapport, relationship □ *an càirdeas (ri)* akin (to) □ *gun chàirdeas* unrelated □ *An Càirdeas Thriùir* The Triple Alliance
càirdeil, -e *a* (+**ri**) amiable, amicable, cordial, familiar, friendly, neighbourly, sociable
càirdineal, -eil, -an *nm* cardinal
càireadh, -idh, -idhean *nm* 1. repair 2. imposition (typog.)
càirean, -ein, -einean *nm* gum (of mouth)
cairgean, -ein *nm* sea-moss, Irish moss, carragheen
càirich, càradh / càireadh *v* 1. darn, mend, patch, repair □ *càirich (brògan)* cobble 2. impose (typog.), lay, lodge, place, lay, plot (in a graph), tuck □ *"Am faca tu iad seo riamh roimhe?" ars esan 's e gan càradh gu h-òrdail air a' bhord* "Have you ever seen these before?" he said, laying them neatly on the table □ *chàirich e an leabhar na achlais* he tucked the book under his arm (lit. in his armpit)
cairidh, -ean *nf* weir
cairt, cairteadh / cairteadh *v* bark (nets), purge, tan □ *bha an rùsg air a cur am feum gu bhith a' cairteadh leathrach* the bark was used for tanning leather □ *a' cartadh na bàthcha* cleaning the byre
cairt, -e / cairteach, -ean *nf* 1. card □ *cairt comharrachaidh* notation card (maths) 2. charter (legal) □ *cairt chòrach* title deed □ *na cairtean còrach* the title deeds □ *thug e na cairtean còrach seachad* he handed over the title deeds 3. cart, wagon / waggon □ *giùlain le cairt* cart *v* 4. chart – may be defined: *cairt (dùthcha / mara)* chart 5. bark, rind
cairt- the following prefixes are based on several of the meanings of **cairt** given above
cairt-amais *nf* index-card **c.-bhòrd** *nm* cardboard **c.-bhùird** *a* cardboard □ *bogsaichean cairt-bhùird* cardboard boxes **c.-bidhe** *nf* menu **c.-comharrachaidh** *nf* index-card **c.-chuiridh** *nf* invitation card **c.-fhiathachaidh** *nf* invitation card **c.-iùil**

nf chart, compass (naut.) **c.-iùiliche** *nm* cartographer **c.-luathaidh** *nf* dust-cart □ *bha fear a' putadh cairt-luathaidh sìos an t-sràid* a man was pushing a dust-cart down the street **c.-phost(achd)** *nf* postcard □ *fhuair me trì cairtean-phostachd an-dè* I received three postcards yesterday **c.-phuist** *nf* postcard **c.-rèile** *nf* railcard **c.-sheicichean** *nf* cheque-card **c.-tadhail** *nf* visiting card
cairteadh, -aidh *nm & vn* of **cairt** tanning
cairteal, -eil, -an *nm* quarter, quart □ *cairteal (pinnte)* gill □ **cairtealan** *pl* quarters □ *tha e cairteal an dèidh deich* it is quarter past ten □ *tha e cairteal gu aon uair deug* it is quarter to eleven □ *cha tug e ach cairteal na h-uarach faighinn deiseil* he only took quarter of an hour to get ready □ *cha robh ach cairteal na h-uarach bho thòisich e* it had just been quarter of an hour since he had started □ *cairteal na h-òirlich* quarter of an inch (lit. of the inch) □ *tha iad ag ràdh gun do sgriosadh cairteal a' mhillein neach* they say that a quarter of a million (lit. of the million) people have been destroyed
cairteal, -adh *v* quarter (divide by four / into four parts)
cairteal-meatair *nm* quarter metre
cairtear, -eir, -an *nm* carter
cairtidh *a* tan □ *cù dubh is cairtidh* a black and tan dog
cais *nf* annoyance, dislike □ *bidh e a' cur cais orm nuair a chì mi dè rinn iad* it annoys me when I see what they have done □ *na cuir cais orm* don't annoy me □ *carson a tha e a' cur uidhir de chais ort?* why does it annoy you so much?
caisbheart, -eairt *nf* footwear
càise *nm/f* cheese □ *càise dhearg is càise gheal* red cheese and white cheese
caise *nf* abruptness, impetuosity
caiseach, -iche *a* impetuous
caiseachadh, -aidh *nm & vn* of **caisich** curling etc.
caisead, -eid, -an *nm* gradient
caisean, -ein, -an *nm* dewlap □ not very common now except in the compounds shown below:
caisean-reòta *nm* icicle **c.-snighe** *nm* stalactite
caiseart, -eirt *nf* □ see **caisbheart, -eairt** *nf*
caisg, casg / casgadh (*vn* **casg** more common) *v* allay, assuage, block, check, censor, cease, contain (hold in), fend off, hold back, parry, prevent, proscribe, quash, repress, restrain, slake, stanch / staunch,

still, stop □ *cha deach aice air na deòir a chasg* she could not check the tears □ *chaidh aice air a dorran a chasg* she managed to contain her wrath

Càisg, a' Chàisg Easter □ *aig àm na Càisge / na Càsga* at Eastertime □ *Dihaoine na Càisge / na Càsga* Good Friday □ *Càisg nan Iùdhach* Passover □ *ugh na Càisge / na Càsga* the / a Easter egg

Càisgeach *a* Paschal

caisgeas, -eis *nm* impedance

caisgire, -ean *nm* censor

caisgireachd *nf* censorship

caisich, -eachadh *v* curl

caismeachd *nf* 1. alarm □ *cha robh e fada a' toirt caismeachd do chàch* he wasn't long in alerting the others 2. marching □ *cùm caismeachd ri* keep time to □ *bha iad a' cumail caismeachd ris a' cheòl* they were keeping time to the music

caismìr *nm* cashmere

caisteal, -eil, -an *nm* castle □ *Caisteal Dhun Èideann* Edinburgh Castle □ *ann an Caisteal DhunBheagain* in Dunvegan Castle

caisteal-gainmhich *nm* sandcastle

càite *interr pron* where? whither? □ *càit a bheil thu a' dol?* where are you going? □ note that some people spell this as **càite bheil** □ *càit eile am faighear biadh mar seo?* where else will food like this be found? – often shortened in speech to **cà'il?** □ *cà'il thu dol?* where are you going? □ *càite b'fheàrr, mar sin ...?* where better, therefore ...?

caiteachas, -ais *nm* expenditure

caiteagoiridh, -ean *nm* category □ *ann an caiteagoiridhean leathann* in broad categories

caitean, -ein *nm* nap (of cloth), ripple □ *thog seo caitean gàire am measg nan daoine* this raised a ripple of laughter among the people

caiteanach, -aiche *a* shaggy, having a nap (like cloth) □ *nochd ceann caiteanach aig an uinneig* a shaggy head appeared at the window

caiteas, -eis *nm* lint

caith, -eamh *v* 1. decay, dissipate, expend, spend, squander, waste, wear, wear out, consume □ *caith (airgead)* disburse □ *caith air falbh* dwindle □ *caith às* pine □ *chaith e a shaidhbhreas* he dissipated his wealth □ *tha sinn a' caitheamh ar n-ùine* we're wasting our time □ *chaith sinn dà uair an uaireadair* we spent two hours [of the clock] □ *deònaich gun caith sinn o seo*

suas beatha dhiadhaidh ionraic grant that we spend from now on devout and righteous lives (for the use of the *sing*, see notes under **beatha, ceann** and **làmh**) □ *chaith e glùinean na briogais aige* he wore out the knees of his trousers 2. cast, fling, throw □ *caith air* pelt □ *chaith iad cnòthan oirnn* they pelted us with nuts □ □ □ *bha duine ann a' caitheamh ùird* there was a man (there) throwing a hammer □ *caith dhe* flick off □ *caith air falbh* flick away, throw away □ *bithear gu tric gan caitheamh air falbh* they are often thrown away

caitheadair, -ean *nm* consumer

caitheamh *nf & vn* of **caith** spending etc., attrition, consumption, wear *caitheamh (ola)* consumption (e.g. oil) □ *a' chaitheamh* consumption (med.), tuberculosis □ *bha i a' bàsachadh leis a' chaitheimh* she was dying of consumption □ *caitheamh a' ghrùthain* cirrhosis of the liver

caitheamh-aimsire *nm* amusement

caitheamh-beatha *nm* deportment, conduct, life-style, mode of life, way of life □ *bha a chaitheamh-beatha a' dol am miosad* his life style was deteriorating □ *chunnaic iad cho bochd 's a bha an caitheamh-beatha taca ri feadhainn eile* they perceived how poor their way of life was compared to others

caithe-beatha □ see **caitheamh-beatha**

caithne *nf* strawberry tree

caithream, -eim *nm/f* joyful shouting, cheering

caithreamach, -aiche *a* triumphant □ *thàinig sgreuch chaithreamach aiste* she gave a triumphant screech (lit. a triumphant screech came from her)

caithris, caithris *v* watch, keep under surveillance

caithris *nf indec* and *vn* of **caithris** watching, watch □ *caithris na h-oidhche* nightwatch

caithriseach, -iche *a* wakeful, restless

caithte *pp* 1. past (gram.), preterite 2. squandered, used, used-up, wasted, worn

caithteach, -iche *a* wasteful

Caitligeach, -ich, -ich *nm* Catholic, Roman Catholic

Caitligeach *a* Catholic, Roman Catholic □ *an creideamh Caitligeach* Catholicism

càl, -àil, -àil *nm* cabbage, kail □ *bha e a' giùlan a-steach bogsaichean chàl* he was carrying in boxes of cabbages □ *... gus càl no brochan a dhèanamh dheth / dhiubh ...* to make a kirk or a mill of it / them / to make the best of it / them

càl-colaig *nm* cauliflower **c.-gruthach** *nm* cauliflower **c.-Phàdraig** *nm* London Pride
cala, -achan / -aichean *nm* harbour, haven, port □ *bha corra bhàta a' dlùthachadh air a' chala* a few boats were approaching the harbour □ *stiùir e am bàta gu cala* he steered the boat to harbour
calameilt *nf* calamint
calanas *nm/f* all processes of working with wool
calaraidh, -ean *nm* calorie
Calbhanach, -aich, -aich *nm* Calvinist
Calbhanachas, -ais *nm* Calvinism
calc, -adh *v* calk, caulk □ *chalc e am bàta* he caulked the boat □ *bha am bàta air a chalcadh* the boat was caulked
calcadh, -aidh *nm & vn* of **calc** calking etc.
caldara, -athan *nm* caldera (geol.)
Caldeanach, -aich, -aich *nm* Caldean
Caldeanach *a* Caldean
calg, cuilg, cuilg *nm* beard (of grain crops), bristle, hair (of animals), prickle □ *cuir calg air* bristle *v* □ *nuair a thuirt mi seo ris chuir e calg air* when I said this to him he bristled
calgach, -aiche *a* bristly
calg-dhìreach *a* direct □ *calg-dhìreach an aghaidh* (directly) opposite □ *sgrìobh sìos facal a tha calg-dhìreach na aghaidh ann am brìgh* write down a word which is (directly) opposite to it in meaning
call, -a *nm & vn* of **caill** losing etc., calamity, damage, defeat, detriment, disaster, loss □ *call misneachd* disillusion □ *dìon o chall* indemnify □ *feasgar calla* an evening of calamity □ *dèan call air* damage □ ... *'s iad a' dèanamh call mòr air an doras* ... (and they) causing great damage to the door □ *ghabhadh an leudachadh gun chall air càilleachd* they could be enlarged without loss of quality □ *seo call dhaibh fhèin agus don eaglais* this is a loss to themselves and to the church □ *'s e call mòr a th'ann dhomh nach urrainn dhomh* ... it's a great loss for me that I can't □ ... *gun cus calla* without too much loss □ *air chall* lost *adv* □ *chaidh e air chall* he became lost □ *chaidh i air chall air a dh'aithghearr* she soon became lost to him (lit. went lost on him) □ *tha mi an dòchas nach tèid an teachdaireachd seo air chall air* I hope this message won't be lost on him (lit. will not go etc.) □ *bha iad air droch chall fhulang* they had suffered a bad loss
calla *a* tame □ same as **callda**
callachadh, -aidh *nm & vn* of **callaich** taming etc.

callaich, -achadh *v* domesticate, tame
callaid, -e, -ean *nf* fence, hedge, hedgerow, paling, railing □ *druid le callaid* hedge *v* □ *chaidh an càr tro challaid sgithich* the car went through a hawthorn hedge
callaidheachd *nf* tameness
Callainn *nf* New Year's Day □ *Oidhche Challainn* Hogmanay, New Year's Eve – strictly speaking the old New Year's Day and Eve, the present Festivals often being referred to as **Là na Bliadhna Ùire** and **Oidhche na Bliadhna Ùire** respectively.
callda *a* tame □ *each callda* a tame horse
calldach, -aich, -aichean *nm* disaster, loss □ ... *a dh'aindeoin a' challdaich dho-leasachaidh a tha siud* ... despite the irreparable loss that represents (lit. that is there)
calldach, -aiche *a* ruinous, losing □ *ged a dh'fhaodadh e bhith calldach* though it might be ruinous □ *'s e sin an cleachdadh as calldaiche a chunnaic mi riamh* that is the most ruinous practice I ever saw
calltainn *nm* hazel tree □ *air dhath calltainn* hazel(-coloured) □ *bha am ball air a shnaigheadh à cnapan de fhreumh challtainn* the ball was hewn from a lump of hazel root
calma *a* brave, doughty, robust, stalwart, stout, strapping, strong, valiant, vigorous □ *duine mòr calma* a big, brave man
calmachd *nf* strength □ *chan ann a-mhàin airson calmachd inntinn* (it was) not only for his strength of mind
calman, -ain, -an *nm* dove, pigeon □ *dh'èist sinn ri torman cadaltach nan calman* we listened to the drowsy murmur of the doves
calman-cathaidh *nm* hoopoe **c.-coille** *nm* wood-pigeon **c.-creige** *nm* rock-dove
calpa, -annan *nm* 1. calf (of leg) □ *bha sgrìob fhada air mo chalpa* there was a long scratch on my calf 2. capital (fin.), principal (fin.) □ *calpa is riadh* capital and interest 2. rivet 3. shaft (of an oar) □ *bha calpa ràimh na laighe an sin* the shaft of an oar was lying there
calpach, -aiche *a* capitalistic
calpachas, -ais *nm* capitalism
calpachadh, -aidh *nm & vn* of **calpaich** rivetting
calpaich, -achadh *v* rivet
calpaire, -ean *nm* capitalist
cam, -adh *v* bend, curve
cam, caime *a* askew, awry, bent, crooked, wry
cam-dhubh *nf (pl* **cama-dhubha**) femur, thighbone **c.-ghlas** *nf* redshank **c.-ghob** *nf*

cross-bill **c.-lùb** *nf* curl **c.-sgrìobach** *a* curvilinear

camachasach, -aiche *a* bandy, bandy-legged, bowlegged

camadh, -aidh, -aidhean *nm & vn* of **cam** bending etc., bend, complexity, crook, curve, curvature, twist □ *bha camadh sa mhaide* there was a curve in the stick □ *ghabh a freastal camadh ris nach robh dùil aice* her fate took a twist that she did not expect

camadhubh / cam dubh □ see **cam-dhubh**

camag, -aige, -an *nf* 1. bracket □ *camagan ceàrnach* square brackets □ *camagan cruinne* round brackets □ *camagan biorach* angled brackets 2. curl, ringlet

camagach, -aiche *a* curly, crooked, twisted □ *falt camagach* curly hair □ *oir tha sruthan làidir, brasa, camagach an sin* for there are strong, swift, twisted currents there

caman, -ain, -ain / -an *nm* club, stick, shinty stick, quaver (mus.) □ *bha e a' giùlan màileid chaman* he was carrying a shinty stick bag / a bag of shinty sticks

camanachd *nf* shinty

camara, -athan *nm* camera □ *smèid sinn airson nan camarathan* we waved for the cameras

camara-làimhe *nm* hand-camera

camas, -ais, -an *nm* bay, cove, creek, gulf □ *Sruth a' Chamais* the Gulf Stream □ *Cogadh a' Chamais* the Gulf War

camas-mòr *nm* gulf

càmhal, -ail, -ail *nm* camel □ *càmhal Bactriach* Bactrian camel □ *bha a chulaidh de fhionnadh chàmhal* his attire was [made] of camel hair (lit. [the] hair of camels)

camhanach, -aich *nf* (also **camhanaich**) dawn, twilight

camomhail *nm* camomile

càmpa, -aichean *nm* camp

càmpachadh, -aidh *nm & vn* of **càmpaich** camping etc., encampment

càmpaich, -achadh *v* camp, encamp

campar, -air *nm* anger, annoyance, vexation □ *fo champar* vexed, in a vexed state □ *fo champar le mealladh dùil* vexed by disappointment

can, cantainn *v* say *can mar seo e* say it like this □ *tha e ro fhada, cha mhòr nach canainn* it's too long, I might almost say □ *can ri* (a) say to / tell □ *can ris gu bheil mi ga fhaighneachd* tell him (that) I'm asking for him (b) call, name □ *dè a chanas iad ris an inneal seo?* what do they call this

implement? □ *tha feadhainn ann a chanas eachdraiche riutha fhèin* there are some who call themselves historian □ *rugadh mac dhaibh ris an cante Ruaraidh* a son was born to them who was called Rory □ *canaidh sinn leth-cheud sgillin* we'll call it 50p □ *ann an ionad uaine ris an canamaid* ... in a green spot we called / used to call ...

cana, -achan *nm* grampus □ *bha na canachan a' sèideadh a-muigh anns an dorchadas* the grampuses were blowing out in the darkness

canabail, -ean *nm* cannibal

canabhas, -ais *nm* canvas

canach, -aich, -aichean *nm/f* bog cotton, cotton

cànain, -e, -ean *nf* (also **cànan** *nm*) language, tongue □ *cànain mhàthaireil* mother tongue

canàl, -àil, -àil *nm* canal □ *Canàl Spianaigh* Spynie Canal

cànan, -ain, -an *nm* (also **cànain** *nf*) language

canan, -ain, -ain *nm* cannon □ *bha na canain a' losgadh* the cannons were firing

cànanach *a* linguistic

cànanachas, -ais *nm* linguistics

cànanaiche, -ean *nm* linguist, philologist

canastair, -ean *nm* can, canister, tin, tin can □ *canastairean bìdh* cans of food □ *fosglair chanastair* tin-opener

candaidh *nm* candy

Canèideanach, -aich, -aich *nm* Canadian

Canèideanach *a* Canadian

canèiridh, -idhean *nf* canary

cangaru, -uthan *nm* kangaroo

cànran, -ain *nm* 1. moan (of complaint), moaning, muttering, murmuring □ *ràinig cànran tiamhaidh a chluasan* a plaintive moan reached his ears 2. bickering, wrangling □ *fàsaidh daoine sgìth den chànran seo* people will become tired of this wrangling

cànranach, -aiche *a* censorious, disgruntled

caoibhil, caoibhleadh *v* coil *bha e a' caoibhleadh an ròpa a-steach don bhàta* he was coiling the rope into the boat □ also **cuibhlich** and **cuidhil**

caoibhlear, eir, -an *nm* coiler, crewman who coils ropes on a fishing boat, a young fisherman in his first berth i.e. going to sea for the first time

caoiteag, -eige, -an *nf* whiting (also **cùiteag**)

caoch, caoiche *a* empty, hollow, blind □ *bealach caoch* cul-de-sac

caoch, caoich *nm* □ same as **cuthach**

caochail, caochladh *v* change, vary □ but also frequently used as a euphemism for 'die' □ *chaochail e an raoir* he passed away last night
caochan, -ain, -an *nm* streamlet □ *caochan na fala* blood vessel

caochladh, -aidh, -aidhean *nm & vn* of **caochail** changing etc., change, death, decease, difference, variety □ *cha tàinig an caochladh seo a dh'aon bheum* this change did not come all at once □ *nach ann air a' bhaile seo a thàinig an caochladh?* hasn't this town changed? **caochladh** is often used before another noun with the meaning variety etc., in which case the following noun is in the *gen* case □ *ann an caochladh dhòighean* in a variety of ways / in various ways □ *air caochladh adhbharan* for a variety of reasons □ *a' fuireach ann an caochladh dhachaighean* staying in various homes □ *le caochladh ràth* with varying success □ *tha an t-airgead a' tighinn bho chaochladh bhuidhnean* the money is coming from various bodies □ *fo chaochladh cheann* under various headings / subjects □ *caochladh sheòrsachan dhiubh* different kinds of them □ *a' cleachdadh caochladh sheòrsachan rannaigheachd* employing different kinds of metre □ *tro chaochladh thionnsgnaidhean ionadail* through a variety of local projects □ *caochladh gnè is cuspair* a variety of genre and subject □ *bha a' chuid eile a cheart cho daingeann sa chaochladh barail* the others were just as firmly of the opposite opinion (lit. just as firm in the opp. opinion)
air caochladh + *gen* in (a) different ..., having (a) different ..., of different ... etc. □ *air caochladh dreach anns gach àite am faighear iad* having a different form / appearance wherever they are found □ *tha iad air caochladh dhathan* they are of various colours
a chaochladh (lit. its opposite) is a phrase which translates as 'the opposite / otherwise' etc. □ *air (a) eadartheangachadh no (a) chaochladh* translated or not □ *chan eil sin ag àicheadh saor-thoil an duine ach*

a chaochladh that is not to deny the free-will of man but the opposite □ *tha mise a chaochladh* I'm the opposite □ *cha b' urrainn dhuinn a bhith air a chaochladh* we could not be otherwise □ *... mur a b' aithne dhomh fhìn a chaochladh ...* if I hadn't known otherwise □ *bu chòir fios a bhith agam air a chaochladh* I ought to know otherwise

caochlaideach, -iche *a* 1. changeable, fickle, mutable, variable, volatile □ *na cuir earbsa anns na beathaichean caochlaideach ud* do not trust those fickle animals 2. complicated
caochlaideachd *nf* fickleness, mutability, variableness, volatility □ *caochlaideachd gaoithe* wind variation
caochlaidheach, -iche *a* □ same as **caochlaideach**
caochlaidheachd *nf* □ same as **caochlaideachd**
caob, -aoib, -an *nm* lump, clod, bite, chunk, piece □ *chan eil e ceart dhuinn searmon a mheas mar chaob litreachais* it's not right for us to evaluate a sermon as a piece of literature □ *tha caob math dheth anns na facail aige fhèin* a large chunk of it is in his own words □ *sreath aithriseach le caoban dràma fillte a-staigh ann* a documentary series with drama inserts
caochan, -ain, -ain *nm* streamlet □ *caochan fala* blood vessel
caog, -adh *v* blink, connive, ogle, peep, wink
caogad, -aid, -an *nf* fifty in new style of counting
caogadh, -aidh *nm & vn* of **caog** ogling, peep, wink
caog-shealladh, -aidh *nm* leer
caoidh, -e *nf* lament, moan, mourning
caoidh, caoidh / caoidheadh *v* bewail, deplore, grieve, lament, moan, mourn
caoidhearan, -ain *nm* wailing □ *dèan caoidhearan* whine
caoile *nf* 1. leanness 2. starvation
caoilead, -eid *nm* thinness
caoin, caoineadh *v* moan, mourn, whine, weep □ *bha i a' caoineadh* she was weeping
caoin, -e *a* bland, clement, gentle, lenient, tender
caoin-bheusach *a* refined □ *ann an coluadair caoin-bheusach* in a refined society

caoin-ionnsaich *v* edify

caoin-shuarach *a* indifferent □ *bha e caoin-shuarach a thaobh call a leabhair* he was indifferent about the loss of his book □ *bha iad air fàs caoin-shuarach mu rudan spioradail* they had become indifferent about spiritual things

caoine *nf* leniency

caoineadh, -idh *nm & vn* of **caoin** weeping etc., wail, wailing □ *dèan caoineadh* wail, weep

caoinich, -eachadh *v* 1. toast, dry (crops fish etc.) □ *tha e doirbh am bàrr a chaoineachadh* it's difficult to dry the crop 2. weather (of stone etc.)

caointeach, -iche *a* elegiac

caoir, -e *nf* 1. foam □ *chunnaic iad strìochan mòra de chaoir ghil* they saw great streaks of white foam 2. blaze

caoir-bianag *nf* phosphorescence

caoireach, -iche *a* scintillating

caol, caoile *a* close-fitting, lank, lanky, lean, narrow, skinny, slim, thin □ *dèan caol* taper □ *claidheamh caol* rapier □ *a' coiseachd air frith-rathaidean caola* walking on narrow by-ways

caol, caoil, -tean *nm* firth, kyle, narrow, strait, willow, the narrow part of anything □ *caol an droma* the small of the back □ *caol an dùirn* the wrist □ common in place names: *Caol Acain* Kyleakin □ see App. 12 Sect. 4.0 for others □ *caol ri caol is leathann ri leathann* narrow to narrow and broad to broad – the Spelling Rule in Gaelic – see the section *Spelling and Pronunciation.*

caol-dhoras *nm* wicket (gate) **c.-ghaids** *a* narrow-gauge □ *shiubhail sinn air trèana chaol-ghaids* we travelled on a narrow-gauge train **c.-thearnadh** *nm* narrow escape, close shave □ *bu tric a bha caol-thearnadh aige o bhith a' tuiteam nan làmhan* he often narrowly escaped falling into their hands **c.-shràid** *nf* lane

caolach *a* wattle □ *ann am bothan caolach air oir na coille* in a wattle hut on the edge of the wood

caolan, -ain, -ain / -an *nm* entrail, gut(s), tripe □ *an caolan mòr* the colon (anat.), the large intestine □ *an caolan beag* the small intestine □ **caolain** *pl* entrails □ *bha an t-eagal a' snaidhmeadh mo chaolain* fear was tying my guts in knots

caolas, -ais, -an *nm* channel firth, inlet, kyle, narrows, sound (narrow sea channel), strait(s) □ *Caolas na Frainge* English Channel □ *fear de Eileanan a' Chaolais*

one of the Channel Islands □ *Baile' a' Chaolais* Ballachulish

caoldruim *nm* sirloin

caomh, -aoimhe *a* mild, gentle, gracious, humane □ often found in the phrase *is caomh leam* I like □ *is caomh leam buntàta* I like potatoes □ *cha chaomh leam e* I don't like it / him □ *bu chaomh leis a bhith a' coiseachd air an tràigh* he liked (to be) walking on the beach □ *bu chaomh leam facal no dhà a ràdh* I would like to say a word or two □ note that this usage is confined mostly to Lewis (see **toigh**)

caomh-ràdh *nm* euphemism

caomhail, -e *a* kind, friendly, gentle

caomhainn, caomhnadh *v* husband, preserve, reserve, save, spare □ note that, in common with many verbs ending in **-ainn**, **caomhainn** shows syncope in the *fut* tenses, the *impf / cond tense* and the *imp mood* □ *gun teagamh caomhnaidh sin airgead don chomann* doubtless that will save the society money □ ...*a chaomhnas beatha* which preserves / will preserve life □ ...*a chaomhnadh mòran airgid dhuinn* ... which would save us much money

caomhalachd *nf* gentleness, graciousness, kindness, tenderness

caomhan, -ain *nm* beloved person, friend □ *a chaomhain!* dear sir! dear friend!

caomh(a)ntach, -aiche *a* frugal

caomhnach, -aich *a* conservative □ *coluadair caomhnach* a conservative society

caomhnadh, -aidh *nm & vn* of **caomhainn** saving etc., conservation □ *caomhnadh cumhachd / lùth* energy conservation □ *dèan caomhnadh air* spare □ ...*duine nach d'rinn caomhnadh air fhèin* ... a man who didn't spare himself

caomhntach, -aiche *a* frugal

caonnag, -aige, -an *nf* broil, fray □ *chaidh a leònadh anns a' chaonnaig a bha ann* he was wounded in the fray [that there was]

caontachd *nf* economy

caor, -a, -an *nf* rowan berry

caor-chon *nf* dogberry

caora, caorach, caoraich (*gen pl* **chaorach**) *nf* sheep □ *chaidh na caoraich a lomadh an-dè* the sheep were sheared yesterday □ *feòil caorach* mutton □ *caora dhubh-cheannach / caora bhrucach* a black-faced sheep (*sing*) □ *caoraich dhubh-cheannach / caoraich bhrucach* black-faced sheep (*pl*)

caora- in the following is a form of **caor:**

caora-bada-miann *nf* stone-bramble

c.-dhromain *nf* elderberry

caorach *gen sing* and *unlenited form* of *gen pl* of **caora**

caoraich *nom & dat pl* of **caora**

caoraich-beinne *pl* hill sheep

caoraich-chnoc *pl* hill sheep

caoran, -ain, -ain / -an *nm* 1. third / bottom row of a peat-bank 2. small peat, peat fragment

caorann, -ainn *nm* rowan (tree)

capal □ see **capall**

capall, -aill, -aill *nm* one of these words of uncertain meaning and gender – mare, horse, colt, though now used mainly for a small horse □ *capall uallaich* horse broken into work □ often used in *compound nouns* as follows:

capall-coille *nm* capercailzie **c.-lìn** *nm* lint-beetle

capsail, -e, -ean *nf* capsule □ *cheangail iad a' chapsail ris an rocaid* they joined the capsule to the rocket

capsal, -ail, -an *nm* □ see **capsail** *nf*

capsalachadh, -aidh *nm & vn* of **capsalaich** capsulating

capsalaich, -achadh *v* capsulate

càr, -àir, càraichean *nm* car □ *pàirc chàraichean* a car park

càr-caoich *nm* dodgem car □ *air na càraichean-caoich* on the dodgems

---

car, cuir, cuir / caran *nm* 1. job □ *cha robh ann ach car a bha ri dhèanamh* it was just a job that had to be done □ *cha robh car nach cuireadh e a làmh ris* there was no job he wouldn't put his hand to 2. kink, quirk, round, turn, turning, twist, twisting □ *an car a bha san t-seana mhaide 's duilich a thoirt às* the twist [which is] in the old stick [it] is difficult to take out (i.e. it is difficult to change a person's nature, propensities or idiosyncracies (proverb)) □ *cuir car* rotate □ *cuir caran* spin (of a wheel) □ *tha car eile an adharc an daimh* (lit. there is another turn in the bullock's horn) said when anything unexpected happens □ a similar saying is *car eile an ridhil a' bhodaich* another turn in the old man's reel □ note also: *bha na sparran nan caran* the joists were twisted 3. small bit □ *tha car de thaobh agad ris* you have some little liking for him □ often used like the English *advs* somewhat, rather, quite □ *tha mi car sgìth* I'm

---

rather tired (lit. I'm a turn tired) □ *bha e cruinn, car coltach ri baraille* it was round, somewhat similar to a barrel □ *tha iad car an aon mheudachd ris a' Chuimrigh* they are somewhat the same size as Wales □ *bha an taghadh car beag is neònach* the selection was a little bit peculiar 4. trick, wile □ *thoir an car à / às* do (= cheat), dupe, fool, gull, outwit, swindle, trick □ *thug e an car asam* he tricked me / deceived me □ see **thoir** 5. way, course □ *...gus an tàinig e na car...* until he had come her way (uncommon)

car air char *adv phrase* rolling, tumbling (lit. turn upon turn) □ *cuir car air char* roll □ *thuit e car air char leis a 'chreig* he fell tumbling down the cliff □ also **car ma / mu char** □ *cuir car ma char* trundle □ *sìos gun deach e car mu char* down he went head over heels

cuir car de capsize *trans*, overturn, tweak □ *chuir e car dhith* he capsized it *fem* □ *tha iad a' smaoineachadh gun deach car dhith* they think that she capsized □ *chuir mi car den cupa làn tì* I overturned the cup full of tea □ *chan eil e furasta car a chur dhith* it isn't easy to overturn it *fem* □ *a' cur nan car dheth* dancing, leaping, rolling, tumbling □ *an seo tha an abhainn a' cur nan car dhith ann an amar domhainn* here the river is tumbling in a deep bed

car a' mhuiltein somersault □ *chuir e car a'mhuiltein* he turned a somersault □ *tha car a'mhuiltein air a dhol air na beachdan seo* these opinions have taken a somersault

aig a' char is used in a number of expressions □ *aig a' char as lugha* at least, at the very least □ *aig a'char as fhaide* at the longest, at the latest □ *aig a' char as anmoiche* at the latest □ also: □ *air a'char as giorra* at least (lit. at the shortest turn) □ *mairidh seo ceud bliadhna air a'char as giorra* this will last a hundred years at least □ *air a' char as fheàrr* at best

car-fhacal *nm* quibble **c.-fhaclachadh** *nm & vn* quibbling **c.-fhaclaich** *v* quibble **c.-fhaclaiche** *nm* quibbler **c.-ma-chnoc** *nm* circumventing, outflanking, 'one-up-manship' **c.-oibre** *nm* job **c.-thiormaichear** *nm* tumble-dryer

càra (*comp form* of **còir** *a* fitting – used only as follows) more fitting, better □ *bu chàra dhaibh an saoghal-sa fhèin a chur air dòigh* they would be better to put the world itself right (lit. it would be more fitting for them etc.)

carabhan, -ain, -aichean *nm* caravan □ *làrach charabhanaichean* caravan site

carabhanait, -ean *nf* caravanette

carach, -aiche *a* artful, crafty, cunning, deceitful, devious, disingenuous, fly, sly, tricky, wily

carachadh, -aidh *nm* & *vn* of **caraich** moving etc., movement, shifting

caractar, -air, -an *nm* character (in a book etc.) □ *caractaran uirsgeulach* fictitious characters

caractrachd *nf* characterisation

càradh, -aidh *nm* & *vn* of **càraich** mending etc., condition, plight, state □ *'s iomadh duine bochd a tha air càradh fada nas miosa* many a poor person is in a far worse plight / state □ ...*nuair a bu chianaile a chàradh* ... when his state was most melancholy □ *bha an dùthaich ann an droch chàradh* the country was in a poor state □ *tha feum aige air càradh / a chàradh* it needs mending

caraibh old poetic form of **car** used thus: *nad charaibh* at your disposal □ ... *a chuir am fortan na caraibh* ... which fortune put her way / at her disposal □ *bhiodh e nan caraibh* he would get to grips with them

càraich, càradh *v* mend □ see **càirich**

caraich, -achadh *v* budge, move, shift, stir □ *chan fhaigheadh e air carachadh* he could not stir (lit. he could not get on stirring)

caraiche, -ean *nm* wrestler

caraid, càirdean *nm* ally, friend, kinsman, relation, relative □ note that the *pl form* **caraidean** is now often used in place of **càirdean** except in the vocative, although this appears to be quite unnecessary □ *gun charaid* friendless □ *tha e na charaid dhomh* he is a relative / friend of mine □ *ach a charaid ort*...but dear friend □... *bha caraid do mhàthair Chaluim* ... there was a friend of Calum's mother □... *caraid dha* a friend of his □ *bidh sinn a' faighinn litrichean bho na càirdean* we receive letters from [the] relatives □ *anns a' ghnothach seo fhuair e caraid ann an Calum* in this affair he found an ally in Calum □ *gabh mar charaid* befriend

càraid, -e, -ean *nf* brace, couple, pair, twain, two (people / creatures), twins □

ghuidh iad uile sonas don chàraid they wished every happiness to the couple / they wished the couple every happiness □ *seo rudan a bhitheas càraidean pòsta ag argamaid mu an deidhinn* these are things that married couples will argue about (lit. about them) □ *bidh gu tric càraid no is dòcha trì uain còmhla aig caora* a sheep will often have two or, perhaps, three lambs together

càraideach *a* binary

càraideachadh, -aidh *nm* & *vn* of **càraidich** pairing

càraidich, -eachadh *v* pair

cara-mhil a' choin *nf* common tormentil

caran *adv* a little bit, rather, somewhat □ *bha iad caran na bu tràithe na bha sinn an dùil* they were rather earlier than we expected □ *bha iad caran fada gun gabhail ris a' chuireadh* they were rather long in accepting the invitation

carbad, -aid, -an *nm* 1. vehicle, carriage, car – sometimes 'coach' (modern or historical) but here **coidse** is less ambiguous) □ *slighe carbaid* carriageway 2. bier 3. jaw, jawbone (given by some as *fem* in this meaning)

carbad-eiridinn *nm* ambulance □ *chaidh e don ospadal ann an carbad-eiridinn* he went to hospital in an ambulance

c.-mharbh *nm* hearse

carbhaidh *nf* carraway

carbhanach, -aich, -aich *nm* carp

carbhanach-uisge *nm* carp

càrbradair, -ean *nm* carburettor

carcair, -ean *nm* jail (gaol)

càrd, -a / càird, -an *nf* card (for wool)

càrd *v* card (wool)

càrdagan, -ain, -an *nm* cardigan □ *bha càrdagan ùr uimpe a dh'fhigh i fhèin* she was wearing a new cardigan that she knitted herself □ *tron là bhiodh iad a' toirt dhiubh an càrdagain* during the day they would take off their cardigans (note use of *sing*)

Carghas, -ais *nm* Lent □ usually with the *def art* **an Carghas** □ *aig deireadh a' Charghais* at the end of Lent

cargo, -othan *nm* cargo □ *bàta cargo* cargo ship

cargu □ see **cargo**

càrn, -adh *v* accumulate, coin (wealth), dump, gather (up), heap (up), hoard, pile (up) □ *càrn air muin a chèile* huddle □ *a' càrnadh airgid* accumulating money □ *bha iad a' càrnadh chlach* they were piling up stones

càrn, cùirn, cùirn *nm* 1. cairn, heap □ *cuireamaid clach air a chàrn* let us put a stone on his cairn (i.e. let us keep his memory alive) 2. cart, sled

càrn-cuimhne *nm* monument **c.-motair** *nm* motor sled **c.-slaoid** *nm* sledge

càrnabhail, -ean *nm* carnival

càrnaid *nf* 1. cochineal 2. carnation

caroil, -ean *nm* carol

càrr *nf* dandruff, scab

carrach, -aiche *a* 1. scabby, mangy □ *bha am buntàta carrach* the potatoes were scabby 2. rough, rocky □ *air cladach carrach* on a rocky beach

carragh, -aigh, -an *nf* monument, pillar □ *carragh triantanachaidh* triangulation pillar

carragh-chuimhne *nf* memorial

carraid, -e *nf* distress, trouble □ *[ann] an aimsir carraid agus teinne* in time of trouble and distress

carraideach, -iche *a* distressful, troubled, turbulent □ *na h-amannan carraideach tron deach e* the turbulent times through which he had passed

carraig, -e / cairge, -ean *nf* crag, rock

carraigean, -ein *nm* carragheen, sea moss

carra-mheille / carra-meille *nm* caramel, liquorice, wild liquorice, wood pease

carran, -ain, -ain *nm* shrimp

carrmhogal, -ail, -an *nm* curbuncle (gem)

carson *interr pron* wherefore? why? what for? □ note that the stress is on the second syllable (often written as **car son** for this reason, but the form **carson** is now recommended – see **son**) □ foll. by the *rel pron* **a** and the *indep* or *rel form* of the verb □ *carson a tha thu a' dèanamh sin?* why are you doing that? □ *carson a bha e anns an t-seòmar agam?* why was he° in my room? □ *carson a bhitheas iad a' streap gu mullach a' chnuic a h-uile latha?* why do they climb to the summit of the hill every day? (lit. why will they be etc.) □ when foll. by a *neg verb* **nach** is used with all tenses (incl. the *future*) □ *carson nach eil thu ag obair an-diugh?* why aren't you working today? □ *carson nach reic thu e rium?* why won't you sell it to me? □ note also: *carson a tha an dà luamhan?* why the two levers? / why are there two levers? □ **carson** is also used in indirect questions □ *chan eil fhios agam carson a rinn e sin* I don't know why he did that □ *chan eil mi a' tuigsinn carson* I cannot conceive why

carthannach, -aiche *a* charitable

carthannas, -ais *nm* charity, cordiality, kindliness

càrt, -àirt, -an *nf* quart

cartùn, -ùin, -aichean *nm* cartoon

càs, -àis, -an *nm* difficulty, dilemma, hardship, predicament *bha muinntir na dùthcha [ann] an càs mòr* the people of the country were in great distress

cas, coise, -an *nf* 1. foot, leg □ *cas caorach* trotter □ *na casan toisich* the forefeet □ *bha e le cas a' falbh is cas a' fuireach / bha cas a' falbh is cas a' fuireach aige* he was indecisive / in two minds / dithering □ *thoir do chasan leat no caillidh tu am bus* get a move on or you'll miss the bus □ *thug e a chasan leis* he took off □ *thug i a casan leatha* she scampered □ *dh'fhalbh a chasan bhuaipe* she lost her footing (lit. her feet went from her) 2. haft, handle, hilt, shaft (of tool), shank, treadle □ *cas na spaide* the handle of the spade

cas-bheart *nf* footwear (see **caisbheart**) **c.-cheangal** *nm* joist **c.-cheum** *nm* footstep, pace □ *cas-cheuman troma* tramp of feet □ *tha sinn a' leantainn ann an cas-cheuman ar n-athraichean* we are following in the footsteps of our forefathers **c.-chorrach** *nf* stilt □ *chaidh iad thar na h-aibhne air casan-corrach* they crossed the river on stilts **c.-chrom** *nf* caschrom, foot-plough **c.-dhìreach** *nf* straight delving spade **c.-na-tunnaig** *nf* wild mustard, charlock **c.-rùisgte** barefoot

cas, caise *a* abrupt, impetuous, precipitous, rash, sheer, short (of temper), steep □ *chan eil a' bheinn seo cas ri a dìreadh* this hill isn't steep to climb

cas-chreag *nf* precipice **c.-shruth** *nm* cascade

cas, -adh *v* gnash □ *bidh iad a' casadh am fiaclan* they will be gnashing their teeth

casa- a *pl form* of **cas**, a foot used in some compounds:

casa-feannag *n pl* herring-boning (stitching on selvedge of a blanket – lit. crows' feet) **c.-gobhlach / c.-gobhlagan** *adv* astride □ *bha e casa-gobhlach air mullach a' bhalla* he was astride the top of the wall **c.-gobhlachan** *adv* cross-legged □ *shuidh iad casa-gobhlachan* they sat cross-legged

casach *a* legged

casachan, -ain, -an *nf* pedal

casad, -aid *nm* cough □ *dèan casad* cough *v leigheas chasad* cough mixture

casadaich *nf* coughing □ used as a *vn* □ *bha e a' casadaich am measg a' cheò* he was coughing among the smoke □ *thòisich e air casadaich* he began coughing

casag, -aige, -an *nf* cassock, tunic □ *bha casag ghlas air* he was wearing a grey cassock

casaid, -e, -ean *nf* & *vn* of **casaid** accusing etc., accusation, complaint, protest, protestation, reprimand □ *dèan casaid* accuse, complaint □ *thog iad casaid air / na aghaidh* they accused him / they brought a complaint against him

casaid, casaid *v* make a complaint, complain □ *chaidh casaid air ri Calum* a complaint was made against him to Calum

casaideach, -iche *a* complaining, accusing □ *"Tha thu air a bhith nam cheus," thuirt e caran casaideach* 'You've been in my case,' he said rather accusingly

casan- a *pl form* of **cas**, a foot used in some compounds

casan-cama *pl* bow legs **c.-lugach** *pl* knock knees

casaroil, -ean *nm* casserole

cast *nm indec* cough □ *dèan cast* cough *v* □ same as **casad**

casg, -aisg *nm* & *vn* of **caisg** stopping etc., check, deterrent, interruption, restraint, stop □ *cuir casg air* foil, interrupt, put a stop to, stop, restrain □ *cha do chuir sin casg air* that didn't stop him □ *feumaidh sinn casg a bhith againn* we need to have a deterrent

casg-fala *nm* tourniquet **c.-gineamhainn** *nm* contraception, contraceptive □ *tha casg-gineamhainn an aghaidh an lagha anns an dùthaich sin* contraception is against the law in that country **c.-gineamhainneach** *a* contraceptive

casgadh, -aidh *nm* and *alt vn* of **caisg** (*vn* **casg** is usual)

casgadh-teine *nm* fire-fighting

casgair, casgairt / casgradh *v* massacre

casgairt *nf* & *vn* of **casgair** massacring etc., carnage, massacre, slaughter

casgan, -ain, -ain / -an *nm* brake

casgradh, -aidh *nm* and *alt vn* of **casgair** □ see **casgairt**

caisreabhaiche, -ean *nm* juggler, conjurer

casruisgte *a* barefooted, barelegged

casta *a* complex

castan, -ain, -an *nm* chestnut

castearbhan, -ain *nm* chickory, succory

Castilianach, -aich, -aich *nm* Castilian

Castilianach *a* Castilian

Castilianais *nf* Castilian (lang.)

cat, cait, cait *nm* cat □ *earball a' chait* the cat's tail □ *cat fiadhaich* wild-cat □ *cat fireann* tomcat □ *cat stùthach* Manx cat (lit. stumpy cat) □ *mar chat* feline

cat-cnaige *nm* mouse-trap

Catalanach, -aich, -aich *nm* Catalan

Catalanach *a* Catalan

Catalanais *nf* Catalan (lang.)

catalog, -oig, -an *nm* catalogue

Catach *a* Sutherland □ *an Fhèis Chatach* the Sutherland Festival

càth, -a *nf* chaff □ *bha ciste mhòr aca le càth airson làghain* they had a large chest with chaff for sowens □ note the idiom: *cho mìn ris a' chàthainn* as fine as [the] chaff

càth, -adh *v* winnow

cath, -a, -an *nm* battle, warfare □ *cath mara* sea-battle □ *bhitheadh cathan mara ann* there would be / used to be sea battles

cath-bhuidheann *nf* battalion

cathach, -aiche *a* militant

cathachadh, -aidh *nm* & *vn* of **cathaich** contending etc.

càthadh, -aidh *nm* & *vn* of **càth** winnowing

cathadh, -aidh *nm* drift, drifting (of snow etc.)

cathadh-làir *nm* snowdrift **c.-mara** *nm* sea-spray, spindrift, spray, spume **c.-sneachda** *nm* snowdrift

cathag, -aige, -an *nf* jackdaw □ *chunnaic mi trì cathagan an-dè* I saw three jackdaws yesterday

cathag-dhearg-chasach *nf* chough

cathaich, -achadh *v* contend, fight, tilt, war □ *…a' cathachadh an aghaidh gach cunnairt* fighting against each danger

càthainn see **càth** *nf*

cathair, cathrach, cathraichean *nf* 1. chair, throne, seat □ *cuir bhàrr cathair* dethrone □ *cathair na tròcair* mercy-seat □ *fear-na-cathrach* chairman (also **cathraiche**) 2. city □ *bha e na chathair àlainn* it was a beautiful city 3. connected with the Latin word *cathedra* 'chair' from which comes cathedral – hence: *Cathair Ceann Tulaich* Kirkintilloch *Cathair Chaldaidh* Kirkcaldy

cathair-chuibhlichean *nf* wheel chair **c.-eaglais** *nf* cathedral **c.-ghàirdeanach** *nf* armchair **c.-iomchair** *nf* sedan chair **c.-tràghad** *nf* beach chair, deck chair □ *bha sinn nar suidhe ann an cathraichean-tràghad* we were sitting in beach chairs

cathaireach *a* civic

cathaireachadh, -aidh *nm* urbanization

cathaireil, -e *a* urban □ *leasachadh cathaireil* urban development

cathan, -ain, -ain *nm* □ see **cadhan**

cathod *a* cathode □ *gath cathod* cathode ray

cathraiche, -ean *nm* chairman, chairperson, the chair

catraiste *a* cartridge □ *bha e còmhdaichte le pàipear catraiste uaine* it was covered with green cartridge paper

C.C.G. = **an Comataidh Craolaidh Gàidhlig** the Gaelic Broadcasting Committee

ce ann? *interr pron* wherein?

cè, cèithe *nm* cream □ it has been suggested that this be used only for products such as *cè gnùise* face cream *cè làimhe* hand cream *cè maise* beauty cream etc. and that **bàrr** or **uachdar** be used for the milk product

cè *nm indec* world (uncommon now, except in compounds e.g. **cruinne-cè** □ see also below

cè-mheas, -a *nm* geometry

ceaban, -ain, -an *nm* cabin

ceaban-sgonn *nm* log cabin

ceacharra *a* mean □ *bu cheacharra dhuinn leantainn air an t-seirm seo* it would be mean of us to continue in this vein (lit. in this tune / melody)

cead, -an *nm indec* 1. freedom, immunity, indulgence, leave, liberty, licence (car, TV etc.), permission □ *cead dealbhachaidh* planning permission □ *cead tighinn a-steach* permission etc. to enter, admission □ *cead reic* agency □ *cead o* dispensation from □ *cead dol thairis* passport □ *cead coise* freedom to go one's way, full permission □ *cead telebhisein* television licence □ *feumaidh mi an cead telebhisein a phàigheadh* I must pay the television licence □ *thoir cead do / seachad* license □ *faigh cead* get / obtain / receive permission □ *'s dòcha nach dh' fhuaradh cead* perhaps permission was not obtained □ *gabh cead de* take leave of □ *ghabh e a chead dhith* he took his leave of her □ *gun chead am parantan iarraidh* without asking their parents' permission □ *mura toir e a chead* if he doesn't give his permission □ *chan eil mi a' dol a dh'iarraidh cead air* I'm not going to ask permission from him (lit. on him) □ *cò thug cead dhut tighinn an seo?* who gave you permission to come here? □ note also: *cha robh an cead aca gu buileach* they didn't have it all their own way 2. holiday, interval (at school), □ *cead samhraidh* summer holidays □ *fhuair an sgoil a-mach airson cead beag* the school got out for a short interval (note that *indec* nouns do not decline their *adjs*)

ceadach, -aiche *a* tolerant

ceadachadh, -aidh *nm & vn* of **ceadaich** allowing etc., concession, grant

ceadachail, -e *a* permissive

ceadachas, -ais *nm* tolerance, toleration

ceadaich, -achadh *v* (+ **do**) allow, grant, let, license, permit, suffer, tolerate □ *cha cheadaicheadh e dhomh sin a dhèanamh* he would not permit me to do that □ *... ma cheadaicheas an tìde dhomh* if time allows (me) □ *... nach ceadaicheadh dhut do gheallaidhean a choilionadh ...* which would not let you fulfil your promises

ceadaichte *pp* allowable, allowed, legal, lawful, permissible □ *cha robh e ceadaichte dham sheanmhair fuireach an sin tuilleadh* my grandmother wasn't allowed to stay there any more (lit. it wasn't allowed to my etc.) □ *... rud nach robh ceadaichte dha ...* something which was not permitted to him

ceadal, -ail, -ail / -an *nm* recital (mus.)

ceadha, -aichean *nm* see **cidhe**

ceàird, -e, -ean *nf* craft, function, handicraft, occupation, profession, trade, vocation □ *ceàird na clachaireachd* the stonemasonry trade □ *... ceàird a thug e a-mach air tìr-mòr ...* a trade he acquired on the mainland □ note that **tìr-mòr** (q.v.) requires no *def art* □ *chan eil thu gun cheàird agad!* you're wasting your time! / I wouldn't be bothered with it!

ceàird-chùmhnant *nm* indenture

ceàird-eòlas *nm* technique

ceàirdeach *a* vocational

ceal, -a *nm* end, finish, completion (rare) □ *cuir ceal air* finish off

ceala-deug (for **ceithir latha deug**) □ see **cola-deug**

cealg, ceilge *nf* □ see **ceilg**

cealgach, -aiche *a* deceitful, deceptive, guileful, hypocritical, underhand

cealgair(e), -ean *nm* deceiver, double-dealer, scoundrel, swindler

cealgaireachd *nf* corruption (crime), fraudulence

ceall, cille, cilltean (*dat* **cill**) *nf* (monastic) cell □ see **cill** *nf*

ceall-shlad, ceall-shlaid *nm* sacrilege

cealla, -an *nf* cell (biol.) □ *ceallan giùlain* conducting cells

cealla-roinn *nf* cell-division **c.-sìl** *nf* sperm-cell

ceallach *a* cellular

ceallafan, -ain *nm* cellophane

cealloid *nm* celluloid

ceallalos, -ois *nm* cellulose

ceallalosach *a* cellulose

ceanalta *a* affable, genteel, mild, docile □ *bha e air fàs cho stòlda ceanalta* he had become so staid and genteel

ceangail, ceangal *v* associate (ideas), attach, bind, connect, fasten, fix (dye), join, knit, lace, tie, truss, unite □ *ceangail (sgiathan)* pinion □ *...far a bheil rathaidean beaga a' ceangal ris an rathad mhòr* where minor roads join the main road □ *cheangail i rioban dearg uime* she tied a red ribbon round it *masc* □ *...a bha air an ceangal ri chèile ...* which were tied together

ceangail *a* connecting □ *'s e seo an snàithlean ceangail* this is the connecting thread □ *is i an t-saorsa an snàithlean ceangail a tha a' ruith tro na dàin seo* freedom is the connecting thread [which is] running through these poems

ceangailte *pp* attached, bound, connected, joined, tied □ *cumaidhean ceangailte* composite shapes □ *tha measgachadh de rudan eile ceangailte ris a' Ghàidhlig ri fhaotainn an sin cuideachd* an assortment of other items connected with Gaelic are available there too

ceangailteach, -iche *a* astringent

ceangal, -ail, ceanglaichean *nm & vn* of **ceangail** tying etc., association (of ideas), binding, bond, brace (incl. for teeth), connection, fastening, fixing, junction, knot, liaison, ligature, link (abstract), tie □ note that **ceanglaichean** *pl* may = shackles □ *ceanglaichean pàipeir* paper fasteners □ *ceanglaichean rathaid* road links □ *dèan ceangal* contract (legal) □ *ceangal pòsaidh* betrothal, engagement (to be married) □ *dèan ceangal pòsaidh* espouse □ *fo cheangal pòsaidh* betrothed, engaged □ *bha a' chàraid fo cheangal pòsaidh* the pair were engaged □ *bha ceangal oirre airson ùine mhòir* she was bonded for a long time (lit. there was a bond on her etc.) □ for **mòr** meaning 'long' see **ùine** in App. 10 Sect. 1.3 □ *tha e nàdarrach gum biodh ceangal dlùth aig duine ris an t-seann dachaigh aige* it's natural that a man should have a close bond to his old home □ *tha ceangal dlùth aige ris an eilean* he has a close bond with the island □ *dè an ceangal a tha eatorra?* what connection is there between them? □ *a' dèanamh cheanglaichean* making connections □ *...a bhith na ceangal eadar ... ...* to be a link between ... (of *fem subj*) □ *chuidicheadh ceangal na bu dlùithe eadar na buidhnean leis an duilgheadas seo* a closer liaison between the organisations would help with this difficulty □ *gun cheangal* loose □ *chan eil ceangal sam bith aig an duine sin ris a'*

bhuidhinn againn that man has no connection with our firm

ceangal-pòsaidh *nm* □ see *ceangal (pòsaidh)* above

ceanglachan, -ain, -ain *nm* ligament

ceangladair, -ean *nm* binder (agric.)

ceangladh, -aidh, -aidhean *nm* □ same as **ceangal** □ *leabhar le ceangladh de leathar* a book with a leather binding / a binding of leather

ceanglaiche, -ean *nm* binder (person), copula

ceann, cinn, cinn *nm* 1. head, lid, pate, poll, top □ *ceann is guaillean* bust (sculpture) □ *ceann daoraich* hangover (see **ceann-daoraich**) □ *nochd ceann aig an uinneig* a head appeared at the window □ *tha mo cheann goirt* my head's sore □ *bha na fuinn a' dol tro a ceann* the tunes were going through her head □ *thog iad an ceann* they raised their heads (note the use of the *sing* as each person has only one head! – also see notes under **beatha** and **làmh**) □ *tha ceann math air* he has a good head [on him] □ *gun cheann* headless (but see below) □ *a' dol sa cheann* heady □ *thug e an ceann às a' bhotal* he took the top out of the bottle □ *bha a' ghaoth an ceann* there was a headwind (lit. the wind was in head) □ *ceann staidhre* a (stair) landing □ *ceann na staidhre* the (stair) landing □ *ràinig e ceann na staidhre* he reached the landing □ *ceann na poite* the pot lid □ *thoir an ceann dheth* behead □ *bha e air a cheann dìreach / air a cheann caol ann an obair* he was up to his eyes / ears in work □ *cuir ceann is casan air* complete a task

an ceann *indef pron* each, the head □ *bidh sin còig notaichean an ceann* that will be £5 each / the head

tog ceann appear, crop up, pop up, raise its head □ *bidh feadhainn aca a' togail ceann a dh'aithghearr* some of them will be appearing / making an appearance soon □ *tha a' cheist seo air ceann a thogail a-rithist* this question has cropped up again □ *tha feadhainn aca a' togail ceann san leabhar seo* some of them are popping up in this book 2. boss, head (of any group / institution) principal □ *b' esan an ceathramh* *ceann deug air an fhine (an 14mh ceann air etc.)* he was the fourteenth head of the clan (the 14th head etc.) □ *bi an ceann (gnothaich)* command, preside **air ceann / an ceann** *prep + gen* at the head of, in charge of □ *bha e air ceann àireimh mhòir de na daoine [a] bu treuna* he was at the head of a number of the bravest men □ *thàinig e air ais air ceann nan ceudan a chaidh ga choinneachadh* he returned at the head of [the] hundreds who had gone to meet him □ *air ceann a leithid seo de chruinneachadh* presiding over such a meeting □ *cò tha an ceann na h-oifis?* who's in charge of the office? □ *chaidh e an ceann na seirbhis* he took charge of the service (lit. went in charge of) □ *bha e turas air ceann coitheanail ann an sgìre far...* he was once in charge of a congregation in a parish where...□ *bha e air ceann na seirbhis* he was conducting the service □... *a bha air ceann an adhraidh...* who was conducting the worship □ *air an ceann bha Dòmhnall MacDhòmhnaill* at their head was Donald MacDonald □ also **aig-** *bha am Prionnsa fhèin aig an ceann* the Prince himself was at their head

3. close, closing, closure, end, finish, sole (of a stocking), term (= end), terminus □ *ceann na bliadhna* the end of the year □ *ceann na seachdain* the end of the week / the weekend □ *chaidh cùrsa ceann seachdain a chumail* a weekend course was held □ *aig ceann gach seachdain* at the end of every week □ *aig dà cheann a' bhùird* at the two / both ends of the table □ *ceann an rathaid* the end of the road / the road end □ *ceann an taighe* the end of the house □ *o cheann gu ceann + gen* from end to end, throughout □ *o cheann gu ceann a' bhaile* from end to end of the township □ *an ceann thall* the far end, the extreme □ *aig a' cheann thall* in the long run, at the end of the day (fig.) □ *gun cheann* endless □ *mar rathad gun cheann* like an endless road □ *thoir gu ceann* end *v*, bring to an end □ *tha an t-àm air tighinn airson cleachdaidhean mar seo a thoirt gu ceann* the time has come to bring practices like this to an end □ *co aig tha fios ciamar a thig gnothaichean gu ceann?* who knows how matters will

end? □ *aig ceann shuas an loch / aig ceann àrd an loch* at the top end of the loch □ *an ceann trom* the brunt / the heavy end of the stick □ *thàinig ceann trom a' gnothaich orra* they got the heavy end of the stick / they bore the brunt □ *air ceann a dhà stocainn* in his stocking soles □ also *air a cheann stocainnean* □ *ceann finid* finale □ *cuir ceann finid air* bring matters to an end / close / finale □ *ceann sreath* in due course □ *tha sinn an dòchas seo a thoirt gu buil ceann sreath* we hope to effect this in due course

But notice also: *an ceann gach àma* every so often □ *an ceann greis* after a while □ *an ceann greis de cho-bhreithneachadh* after a period of consultation □ *an ceann mìos* after a month / within a month □ *an ceann latha no dhà* within two days

air cheann *prep + gen* engaged in □ *thàinig e don bhaile air cheann gnothaich* he came to [the] town on business □ also **an ceann** + *poss adj + gen* □ *bha e a' dol an ceann a chosnaidh* he was going to be working / he was going out to work i.e. he was starting off in work □ *an ceann an cosnaidh* going about their work (see also **cosnadh**)

air do cheann fhèin for yourself, left to your own devices □ *tha e ag obair air a cheann fhèin* he is in business / working for himself, he's his own boss, he's freelance

ceann with the meaning of 'end' is common in place-names: *Ceann Loch Biorbhaigh* Kinlochbervie (the end of Loch Bervie) □ see App. 12 Sect. 4.0 for others

4. category, heading, subject, topic □ *bu chòir do bharrachd fiosrachaidh a bhith againn air a' cheann seo* we ought to have more information about this subject □ *tha seo fo thrì cinn* this is under three headings □...*fo na còig cinn eadar-dhealaichte...* under the five different headings □ *bha na molaidhean fo cheithir cinn fharsainn* the recommendations were under four broad categories

an ceann a chèile mixed together □ *bha an cruithneachd is am moll fhathast an ceann a chèile* the wheat and the chaff were still mixed together □ *cuir an* *ceann a chèile* mingle □ *is a' mhin choirce na cheann* and [the] oatmeal mixed with it

ceann shuas / ceann shìos (of a house) the residential end of the house and the 'working' part respectively

ceann- / ceanna- 1st element of compounds containing the idea of 'head', 'end' or 'leader' □ **ceanna-** is used before nouns beginning with **b**

ceanna-bhaile *nm* capital (city)

ceanna-bhrat *nm* canopy □ *bha ceanna-bhrat air a' chreathaill* there was a canopy on the cradle

ceann-adhairt *nm* bed-head **c.-aodaich** *nm* head-dress **c.-bliadhna** *nm* date (year), anniversary, birthday **c.-cinnidh** *nm* chief, chieftain **c.-còmhraidh** *nm* topic **c.-crìche** *nm* destination (less common than **c.-uidhe**) **c.-cropaig** *nm* crappit heid (haddocks' heads stuffed with oatmeal etc.) **c.-dàna** *a* pigheaded **c.-daoraich** *nm* hangover □ *bha ceann-daoraich air* he had a hangover **c.-deargan** *nm* redstart **c.-deiridh** *nm* stern (of a ship) □ *bho cheann-toisich gu ceann-deiridh* from stem to stern □ **deireadh** alone is simpler **c.-dìreach, air a cheann-dìreach** *adv* headfirst (*masc subj*) □ *air a ceann-dìreach* headfirst (*fem subj*) □ *thuit i air a ceann-dìreach* she fell headlong □ *shleamhnaich e air a cheann-dìreach sìos a' bhruach* he slid headlong down the bank **c.-dubh** *nm* blackcap **c.-èideadh** *nm* head-dress □ *bha ceann-èideadh de dh'itean air* he was wearing a head-dress of feathers **c.-fàth** *nm* cause, grounds, motive, reason, purpose □ *bha deagh amharas agam air ceann-fàth a thurais* I had a good suspicion of the purpose of his journey □ *b' e sin ceann-fàth a dheuchainne* that was the cause of her distress **c.-feadhna** *nm* captain, chief, chieftain, leader **c.-gnothach** *nm* errand □ there are various spellings for this compound which does not appear in the major dictionaries e.g. **c.-ghnothaich / c.-gnothaich** □ most commonly found in the phrase **air cheann-ghnothaich** on an errand □ *chaidh i a-mach air cheann-ghnothaich* she went out on an errand □ *bha gach aon dhiubh air cheann-ghnothaich eadar-dhealaichte* each one of them

was on a different errand **c.-gràisge** *nm* ringleader **c.-làidir** *a* headstrong, wilful **c.-latha** *nm* closing date, date (temp.), deadline □ *taing do mo luchd-cuidich airson mar a fhreagair iad ri cinn-latha* thanks to my helpers for the way in which they responded to date-lines □ *tha leabhar ùr a' comharrachadh a' chinn-latha* a new book marks the date □ *gun cheann-latha* undated **c.-mèinne** *nm* pit head **c.-naidheachd** *nm* headline **c.-polla** *nm* tadpole **c.-phollan, -ain, -an** *nm* tadpole **c.-simid** *nm* tadpole **c.-sleagha** *nm* spear-head □ *bha co-chruinneachadh de chinn-sleagha aige* he had a collection of spear-heads **c.-suidhe** *nm* president **c.-taighe** *nm* householder **c.-teagaisg** *nm* subject, text (of a sermon / from scripture) □ *bha dealbh air a' bhalla le ceann-teagaisg sgrìobhte air* there was a picture on the wall with a text written on it **c.-teurma** *nm* accident (rare) □ *co-cheangailte ris a' cheann-teurma seo* connected with this accident **c.-toisich** *nm* stem, bow (of a ship) □ *bho cheann-toisich gu ceann-deiridh* from stem to stern **c.-uidhe** *nm* aim, destination, goal, objective, terminus □ *thug sinn a-mach ar ceann-uidhe* we reached our destination □ *bha a cheann-uidhe a' sìor fhàs na bu shoilleire* his goal was continually becoming clearer □ *'s e ceann-uidhe an aonaid … the aim of the unit is … □ note also: *cha b' fhada a bha sinn a' dèanamh a' chinn-uidhe dheth* we weren't long in reaching it (lit. making a destination of it) □ *ceann-uidhe bhusaichean* bus terminal

ceannach, -aich *nm & vn* of **ceannaich** buying etc., purchase □ also used in the following idiom: *bidh ceannach agaibh air* you will pay dearly for it

ceannach-iasaid *nm* hire-purchase

ceannachd *nf* commerce, trade □ *dèan ceannachd* trade

ceannaich, ceannach *v* buy, purchase □ *air a cheannach* bought □ *thug e dhi a h-uile ni a b' urrainn airgead a cheannach* he gave (to) her everything that money could buy □ *bha gach goireas aige a cheannaicheadh* *airgead* he had every convenience that money would buy □ *cheannaich e dhi e* he bought it for her

ceannaiche, -ean *nm* buyer, merchant, salesman □ *ceannaiche aodaich* draper □ *ceannaiche èisg* fishmonger □ *ceannaiche fhlùran* florist □ *ceannaiche glasraich* greengrocer *ceannaichecruadhach nm* ironmonger □ *ceannaiche seilbhe nm* estate agent □ *ceannaiche siubhail nm* pedlar, travelling salesman

ceannaichte *pp* bought □ *cha robh ach aon chàrn-slaoid ceannaichte nam measg* there was only one bought sledge among them

ceannairc, -e *nf* mutiny, rebellion, uprising

ceannaireach, -ich, -ich *nm* insurgent

ceannaireach, -iche *a* insurgent, mutinous, rebellious

ceannara *a* resolute □ *tha feum air a bhith ceannara innleachdach* there is a need to be resolute and resourceful

ceannard, -aird, -an *nm* boss, commander, chief, head, leader, principal, rector □ *bha e air fear de cheannardan nan Soisgeulach* he was one of the leaders of the Evangelists □ *chuireadh e na cheannard air a' ghearastan* he was made commander of the garrison / put in command of the garrison □ *gun cheannard* headless, leaderless

ceannard-gràisge *nm* demagogue **c.-puirt** *nm* harbour master

ceannardas, -ais *nm* □ see **ceannas**

ceannas, -ais *nm* command, control, leadership, rule, subjugation, superiority □ *bha iad deònach ceannas Chaluim a leantainn* they were willing to follow Calum's leadership □ … *los an saoghal a chur fo cheannas* … (in order) to subjugate the world

ceannasachd *nf* supremacy

ceannruisgte *a* bare-headed

ceannsa *a* docile, mild (of temperament)

ceannsachadh, -aidh *nm & vn* of **ceannsaich** coercing etc., coercion, conquest, discipline, domination, repression, subjection, subjugation □ *bu cheutach do d' athair beagan ceannsachaidh a dhèanamh ort* it would be a good thing for your father to practise a little discipline on you

ceannsachail, -e *a* dictatorial, imperious

ceannsaich, -achadh *v* bridle, coerce, conquer, control, crush (fig.), curb, discipline, discomfit, dominate, lower, master, overcome, quell, repress, subdue, subject, subjugate, tame, vanquish

ceannsaiche, -ean *nm* conqueror □ *Uilleam Ceannsaiche* William the Conqueror

ceannsaichte *pp* tamed, tame

ceannsal, -ail *nm* domination, hegemony, subjugation □ *dh'fheuch iad air an dùthaich a chur fo cheannsal* they tried to subjugate the country (also **ceannsail**)

ceannsalach, -aiche *a* authoritative □ *bha a h-athair uabhasach ceannsalach* her father was dreadfully authoritative

ceap, -adh *v* catch, intercept □ *chan eil e duilich a cheapadh* he isn't difficult to catch / it isn't difficult to catch him

ceap, cip, cip / ceapan *nm* 1. cap 2. block, pad □ *ceap (bhròg)* (shoemaker's) last □ *chuir e a' bhròg air a' cheap* he placed the shoe on the last 3. stocks 4. cape (land)

ceap-tuislidh *nm* stumbling-block

ceapach, -aich, -aichean *nm/f* plot of land □ *ceapach fhlùraichean* flowerbed

ceapaire, -ean *nm* sandwich

cearamaigeach *a* ceramic

cearb, cirbe -an *nf* fault, defect, imperfection □ *chithear cearb no dhà air an obair* a defect or two will be seen in (lit. on) the work

cearbach, -aiche *a* awkward, clumsy □ *chan fhaca mi riamh duine cho liobasta cearbach ris* I have never seen a man so awkward and clumsy as he □ … *rud a bha cearbach ri droch shìde* … something which was awkward in rough weather □ *dèan gu cearbach* bungle □ *gu cearbach* … unfortunately …

cearbachd *nf* clumsiness

cearbaire, -ean *nm* bungler

cearban, -ain, -an *nm* basking shark

cearban-feòir *nm* upright meadow crowfoot

cearbhanach, -aich, -aich *nm* mullet

cearc, circe, -an *nf* hen □ **cearcan** *pl* may mean poultry □ *bha i a' biadhadh nan cearc* she was feeding the hens

cearc-choille *nf* pheasant **c.-Fhrangach** *nf* turkey (hen) □ *chaidh e don bhaile a cheannach cearc-Fhrangach na Nollaige* he went into [the] town to buy the Christmas turkey **c.-fhraoich** *nf* grouse (hen) **c.-ghur** *nf* broody hen **c.-thomain** *nf* partridge **c.-uisge** *nf* moorhen

cearcall, -aill, -aill *nm* circle, gyre, hoop, ring, zone □ *cearcall bùirn* water cycle □ *cearcall èadhair theth* hot air cycle □ *cearcall dathte* iris (of the eye) □ *cearcall na beatha* life cycle □ *Cearcall na h-Antarctaic / na h-Arctaic* the Antarctic / Arctic Circle □ *cearcall òsoin* ozone layer □ *cearcall na sùla* iris (of the eye) □ *cearcall grian-stad* tropic □ *chunnaic e cearcaill dhearga mu choinneamh* *a shùilean* he saw red circles before his eyes □ *cuir cearcall air* circle (put a circle round) □ *aodainn cearcaill* circle faces

cearcall-bìdh *nm* food cycle **c.-thomhas** *nm* circumference

cearcallaiche, -ean *nm* compasses (*pl* = pairs of compasses)

cearclair, -ean *nm* gyroscope

cearclan, -ain, -an *nm* washer (mech.)

ceàrd, ceàird, -an / -aichean *nm* tinker □ *ceàrd airgid* silversmith □ *tha na ceàrdan fhathast air an t-siubhal* the tinkers are still travelling (lit. on the travel)

ceàrd-chomann *nm* trade-union **c.-clò** *nm* compositor **c.-copair** *nm* coppersmith **ceàrd-umha** *nm* □ see **c.-copair**

ceàrdach, -aich, -ean *nf* smithy, forge, smith's shop

ceàrn, -a, -an *nm/f* 1. area, district, quarter (place etc.), region, part (of a country) □ *ceàrn saothrachaidh* manufacturing region □ *ann an iomadh ceàrn den Ghaidhealtachd* in many areas (lit. many an area) of the Highlands □ *tha seo a' cur bacadh air beatha shòisealta a' cheàrna* this restricts the social life of the district (**ceàrnaidh** is also common) 2. angle □ *ceàrn chaol* acute angle □ *ceàrn fharsaing* obtuse angle □ *triantan le ceàrn fharsaing* obtuse angled triangle □ *ceàrn fhosgailte* reflex angle □ *ceàrn cheart* right angle

ceàrn-riaghailt *nf* set-square **c.-thomhas** *nm* angle measurer

ceàrnach, -aiche *a* square, quadratic □ *camagan ceàrnach* square brackets

ceàrnag, -aige, -an *nf* 1. square (shape & place) □ *ceàrnag àireamhan* number square □ *ceàrnag cho-shìnteach* parallelogram □ *ceàrnag iomadachaidh* multiplication square □ *ceàrnag sheunta* magic square (math.) □ *ceàrnag cleithe* grid square □ *bha ceàrnag ghrinn am meadhan a' bhaile* there was a nice square in the middle of the town 2. sturdily built person □ *ceàrnag de bhalach tapaidh* a clever lump of a lad

ceàrnag-chlèithe *nf* grid square (math.)

ceàrnagach *a* square

ceàrnagaichte *pp* squared (math.)

ceàrnaidh, -ean *nf* □ same as **ceàrn** □ *ann an ceàrnaidhean an ear na Roinn Eòrpa* in the eastern areas of Europe □ ... *a iomadh ceàrnaidh den Roinn Eòrpa* from many parts of Europe □ *dealbh ceàrnaidh* area drawing *iùil ceàrnaidh* area guide □ *ceàrnaidh tionail* catchment area

ceàrnan, -ain, -an *nm* cockroach

ceàrr *a* 1. amiss, false, wrong □ *dè tha ceàrr?* what's wrong? / what's the matter? □ *dè tha ceàrr air?* what's up with him? / what's amiss with him? □ *tha rudeigin ceàrr air a' bhrot seo* there's something wrong with this broth □ *chaidh rudeigin ceàrr air a' chàr* something went wrong with the car □ *thòisich rudan air a dhol ceàrr air* things started to go wrong for him □ *tha e a' ceartachadh corra bheachd mun duine seo a bha ceàrr aig luchd-eachdraidh* he is correcting a few opinions about this man that historians had wrong □ *ach dh'fhaodainn a bhith ceàrr!* but I may be wrong! □ *ceart no ceàrr mar a dh'fhaodas mi bhith* right or wrong as I may be □ *na tog ceàrr mi* don't get me wrong □ *rudeigin fada ceàrr* something far wrong 2. left (direction etc.) □ *an taobh ceàrr / an làmh cheàrr* the left □ *gabh an rathad gu do làimh cheàrr* take the road to your left

cèarrachas, -ais *nm* gaming, gambling □ *dèan cèarrachas* gamble

cèarrachd *nf* gaming

cearrag, -aige *nf* left hand □ *bhuail e air mo cheann le a chearraig* he struck me on the head with his left hand □ *'s e 'chearrag a th' aige* he's left-handed

cèarraiche, -ean *nm* gambler

cèarra-ghob *nm* avocet

ceart, ceirt *nm* 1. right, justice □ *is ann aige a bha ceart na cùise* he had the right of the matter 2. perspective

ceart, ceirte *a* accurate, correct, equitable, exact, fair, honourable, justifiable, proper, right, rightful, same, self-same, true, very

Examples: *a bheil sin ceart?* is that right / correct? □ *anns an dòigh cheirt* in the right way □ *cha robh an duine bochd ceart anns an inntinn* the poor fellow wasn't right in the mind □ *ach ceart no ceàrr thu ...* but [whether you are] right or wrong ... □ *ceart no ceàrr mar a dh'fhaodas mi bhith* right or wrong as I may be □ *cha tug iad oidhirp cheart air na treubhan seo a chur fo smachd* they didn't make a proper attempt to subjugate these tribes □ *cha robh e ceart dha a bhith ...* it wasn't right for him to be ... □ *ceart gu leòr* all right, right enough □ *o, dhèanadh e sin ceart gu leòr* oh, he would do that all right □ *ceart ma tha* (all) right then

□ *chuir e glasan cearta air na dorsan* he put proper locks on the doors 2. very, exact □ in this case precedes the noun, and, like **ciad** (q.v.), the def art is always **a**' e.g. *a'cheart duine* the very man □ *aig a'cheart àm thàinig an t-uisge* at that very moment the rain came □ *sa cheart àm* instantly, in the nick of time □ *ceart mheadhan* dead centre □ *ann an ceart mheadhan an làir* in the dead / very centre of the floor □ *an ceart uair* – see **ceartuair** □ *tha mi ceart coma* I couldn't care less! 3. right(hand), starboard □ *bha e còig puingean chun na làimh cheart bho a toiseach* it was five degrees off the starboard bow (lit. five points to the right hand from her bow) 4. **a cheart cho** ... just as ... □ *tha Gaidheil a cheart cho math ri Goill* ... Gaels as well as Lowlanders are ... (or: Gaels are just as good as Lowlanders!) □ *tha e a cheart cho math dhuinn* we might as well □ ... *agus, a cheart cho cudthromach* ... ... and, just as important / and, equally important ... □ *bha a dhol air ais a cheart cho cunnartach* to go back / going back was just as dangerous □ *tha e a cheart cho math gu bheil* ... it is just as well that ... □ also: *a cheart uimhir* just as many ... □ *agus tha a cheart uimhir de luchd-turais a'tadhal oirnn sa gheamhradh* ... and there are just as many tourists visiting us in the winter 5. **ceart** may also be used as an *adv* = just, plumb, very □ *ceart mar* just as, exactly as □ *bha e ceart mar a thuirt thu* it was exactly as you said 6. **cuir ceart** disabuse, rectify, [make] correct, right, put right, set right □ *cha chuirear sin ceart ann an ùine ghoirid* that won't be rectified in a short time **ceart-aghaidh** *nf* opposite **c.-bhreith** *nf* impartiality **c.-bhreitheach** *a* impartial **c.-bhrìgh** *nf* quintessence **c.-cheàrnach** *a* rectangular **c.-cheàrnach** *a* right-angled □ *triantan ceart-cheàrnach* right-angled triangle **c.-cheàrnag** *nf* rectangle **c.-chopaidh** *nm* fair copy **c.-chreideach** *a* orthodox **c.-chreideamh** *nm* orthodoxy **c.-chumadail** *a* symmetrical **c.-fhradharc** *nm* perspective **c.-ghnìomhachas** *nm* rectitude **ceart mionaideach** *a* accurate **c.-sgrìobhadh** *nm* orthography

ceartachadh, -aidh *nm & vn* of **ceartaich** adjusting etc., adjustment, correction, emendation, rectification
ceartachd *nf* correctness
ceartaich, -achadh *v* adjust, correct, rectify, put right, set to rights □ *cheartaich e an làmh-sgrìobhainn airson a' chlò-bhualaidh* he corrected the manuscript for [the] printing □ *rinn e bàta a cheartaicheadh i fhèin* he made a boat which would right itself
ceartaichte *pp* corrected, rectified etc. □ *clò-bhualadh ceartaichte* a corrected edition
ceartas, -ais *nm* equity, fairness, justice, justness, right
ceartuair, an ceartuair 1. now, right now, just now □ *ach coma dhethsan an ceartuair* but never mind it just now □ *ach an ceartuair faiceamaid cò e* but right now let's see who he is 2. presently
ceas, -a, -aichean *nm* case (luggage), suitcase □ *dh'fhosgail e an ceas* he opened the case □ *bha na ceasaichean agam nan laighe an sin* my cases were lying there
ceasnachadh, -aidh *nm & vn* of **ceasnaich** questioning etc., examination, inquiry, interrogation, quiz
ceasnachail, -e *a* inquisitive, interrogatory, quizzical
ceasnaich, -achadh *v* catechise, examine (by questioning), interrogate, question □ *cheasnaich e mi mun tachartas* he questioned me about the occurrence
ceathach, -aich *nm* mist □ *bha ceathach air na beanntan* there was a mist on the hills
ceatharnach, -aich, -aich *nm* 1. freebooter, cateran 2. hero
ceathrad, -aid, -an *nm* and *a* forty in new style of counting □ *ceathrad 's a naoi* forty-nine □ *ceathrad meatair 's a naoi / ceathrad 's naoi meatair* 49 m
ceathrach, -aich, -aich *nm* foursome
ceathrachadh, -aidh *nm & vn* of **ceathraich** quadrupling
ceathraich, -achadh *v* quadruple

---

ceathramh, -aimh, -an *nm* gigot haunch, quarter, quatrain, quadrant □ *ceathramh feòla* leg of meat □ *an Ceathramh Mòr* Kirriemuir
ceathramh *a* fourth □ unlike **ciad** and **ceart** above **ceathramh** is preceded by the appropriate form of the *def art* □ *an ceathramh fear* the fourth □ *a'*

cheathramh àithne the fourth commandment □ *sa cheathramh àite* fourthly □ *anns a' cheathramh cuairt dhen fharpais* in the fourth round of the competition □ *ceathramh deug* fourteenth □ *air a' cheathramh latha deug den Dàmhair* on the fourteenth of October

ceathramh-deiridh *nm* □ ham, hind-quarter(s) □ *thog e ceathramh-deiridh an laoigh* he raised the calf's hind-quarters

ceathramhan *nm* quadrant (instrument)
ceathrar *nm* num. noun four persons, quadruplets, quartette □ foll. by *gen pl* or **de** + *dat* or the relevant *prep prons* of **de** or **aig** □ *ceathrar mhac* four sons (lit. a foursome of sons) □ *a bheil clann agaibh? tha, tha ceathrar agam* do you have [any] children? yes, I have four □ *tha ceathrar de theaghlach agam* I have four of a family □ *thàinig ceathrar dhiubh a-steach* four of them came in □ *ceathrar no còignear de dhaoine pòsta* four or five married people
ceathrar-cheòl *nm* quartette
cèic, -e, -ean *nf* cake
cèic-mheasan *nf* fruit-cake
cèidse, -ichean *nf* cage □ *cuir an cèidse* encage
ceig, -ean *nm* keg
ceil, ceiltinn *v* conceal, hide, veil □ *cheil e an gnothach orm* he concealed the matter from me □ *thòisich a' bhean air rudan a cheiltinn air an duine* the wife began to hide things from the husband
cèile, -ean *nm* 1. spouse, consort, husband, mate, spouse, wife □ *seo mo chèile* this is my husband / wife / spouse □ note that *-cèile* is used as the 2nd element of compound nouns for '-in-law' e.g. **bràthair-cèile** brother in law (lit. spouse's brother) 2. match (now only used in certain fixed words / phrases e.g. **cèile-còmhraig** *nm* antagonist) □ see also **chèile**
cèile-còmhraig *nm* antagonist
ceilear, -eir *nm* twitter, twittering, warbling □ *is fhiach ceilear nan eun èisteachd ris* the singing of the birds is worth listening to (lit. it is worth [the] singing of the birds listening to it)
ceilearach *a* warbling □ *an t-eun ceilearach* the warbling bird

ceilearadh / ceileireadh, -idh *nm & vn* of **ceileir** singing, chirping, warbling (all of birds)
ceileir, ceileireadh / ceilearadh *v* warble, sing (usually of birds)
ceileireachadh, -aidh *nm & vn* of **ceileirich** warbling etc. (usually of birds)
ceileiriche, -ean *nm* warbler
ceileiriche-gàrraidh *nm* garden warbler
ceilg, -e *nf* deceit, finesse, hypocrisy, imposture, treachery
cèilidh, -e, -ean *nf* 1. visit □ *dèan cèilidh air* visit *v* □ *thig air chèilidh air* come to visit □ *rach air chèilidh air* go to visit □ *bi air chèilidh air* be visiting □ *bha dhà no trì balaich air chèilidh a-staigh againn fhèin* two or three lads were visiting [in on] us □ may also be used as if it were a *vn* □ *bhithinn a' cèilidh air gu math tric* I used to visit him quite often □ *thig a chèilidh oirnn uaireigin* come to visit us sometime □ *bha cuimhne aige a bhith tric a' cèilidh anns an taigh aca* he remembered being often visiting their house
cèill and **cèille** □ *dat sing & gen sing* respectively of **ciall** sense etc.
ceilp, -e *nf* kelp
ceilt *nf* concealment □ uncommon, except in standard phrases □ *an ceilt* in concealment □ *gun cheilt* unconcealed
Ceilteach, -ich, -ich *nm a* Celt
Ceilteach *a* Celtic
ceimig, -e *nf* 1. chemistry 2. chemical (*pl* **ceimigean**) □ *ceimigean gnìomhachasail* industial chemicals
ceimigeach *a* chemical □ *lùth ceimigeach* chemical energy
ceimigeachd *nf* chemistry
ceimigean-àitich *pl* agrochemicals
ceimigear, -eir, -an *nm* chemist
cèin, cèine *a* distant, far-off □ *an aimsirean cèine* in far-off times □ *anns na làithean cèine air na rinn e iomradh* in the far-off days of which he gave an account □ *gu dùthchannan cèine* to distant / far-off countries □ *tìrean cèine* far-off lands
cèin *s* a variation of **cian** used in some standard expressions as follows: *an cèin* overseas, abroad *adv* □ *o chèin* from abroad / from overseas □ *badhar o chèin* import □ also see **cian**
cèineach, -ich, -ich *nm* foreigner
cèir, -eadh *v* wax □ *bha a stais air a cèireadh* his mustache was waxed
cèir, -e *nf* wax □ *cèir na cluaise* ear wax □ also see **cèir-chluaise**

cèir-chluaise *nf* ear wax **c.-iocan** *nm* guilder rose **c.-sheillean** *nf* beeswax **c.-sheulachaidh** *nf* sealing-wax
cèireach *a* waxen
cèireachadh, -aidh *nm* & *vn* of **cèirich** waxing
ceirean, -ein, -an (also **cèirean** etc.) *nm* plaster (med.) □ *b' fheàirrde e an ceirean a thug i dha* he was better of the plaster she gave [to] him
cèirich, -eachadh *v* wax
ceirseach, -ich, -ichean *nm* old-fashioned candlestick / lightstand known as 'carle' / 'peerman'
ceirsle, -ean *nf* ball of wool / yarn, clew
ceirsleachadh, -aidh *nm* & *vn* of **ceirslich** winding etc.
ceirslich, -eachadh *v* wind (of yarn etc.), roll up
ceirtleachadh, -aidh *nm* & *vn* of **ceirtlich** conglomerating, conglomeration
ceirtlich, -eachadh *v* conglomerate
cèis, -e, -ean *nf* 1. frame □ *cèis na leapa* bed-frame □ *dealbh ann an cèis airgid* a picture in a silver frame 2. *cèis (litreach)* envelope 3. case (box-like structure) □ *(ann) an cèis phlastaic* in a plastic case
cèis-cèic *nf* baking case **c.-chluasaig** *nf* pillowcase (better **cuibhrig-cluasaig**) **c.-chuisein** *nf* cushion-cover
    In these two latter examples, **còmhdach** would probably better suit the purpose.
cèise-ball *nm* ball (Lewis)
cèiseag, -eige, -an *nf* tape cassette □ *cèiseagan claisneachd / èisteachd* audio cassettes □ *clàradh cèiseig* cassette recording
ceist, -e, -ean *nf* enquiry, issue (of law), problem, query, question □ *ceist reatoraigeach* rhetorical question □ *gun cheist* unquestionable □ *bha iad a' toirt seachad am beachd air ceistean a thog feadhainn a bha san èisteachd* they were giving their opinions on questions which some people in the audience raised □ *cuir ceist air* ask / pose (someone) a question □ *chuir iad mòran cheistean oirre* they asked her many questions □ *an e sin freagairt na ceist(e)?* is that the answer to (lit. of) the question? □ *bhitheadh ceistean ann an sin rim freagairt* there would be questions then to be answered □ ... *a chuir ceistean do nach robh freagairtean* ... who asked questions to which there were no answers □ *is cinnteach gu bheil iomadh ceist mhòr againn rin rèiteach* it's certain that we have many great problems to settle (lit. to their settling) □ ... *ach seo ceist*

gun fhuasgladh ... but this is an unsolved problem
ceisteach, -iche *a* 1. interrrogative 2. problematical
ceisteachan, -ain, -ain *nm* questionnaire □ *an co-obraich sibh leinn le bhith a' lìonadh a' cheisteachain seo?* will you co-operate with us in [being] filling [up] this questionnaire?
ceistear, -eir, -an *nm* 1. catechist □ *bha e na cheistear* he was a catechist 2. questioner
Cèitean, An Cèitean *nm* May *gen* = **a' Chèitein** □ *chì mi sibh a-rithist anns a' Chèitean* I'll see you again in May

---

ceithir s and *a* four □ *tha e air a roinn na cheithir earrainnean* it is divided into four sections □ *tha cùrsaichean cheithir bliadhna againn ann an Alba* we have four year courses in Scotland □ *a ceithir deug fourteen* (without accomp. noun) □ *co mheud each a tha aca? tha a ceithir deug* how many horses do they have? fourteen □ *tha ceithir eich dheug* they have fourteen horses □ *ceithir fichead* fourscore, eighty □ *ceithir fichead 's a deich* ninety □ *duine seachad air ceithir fichead* octogenarian □ *ann an trì no ceithir earrainnean* in three or four instalments
ceithir thimcheall air *prep* all around □ ... *agus ceithir thimcheall air bha achaidhean* ... and all around him were fields □ *bha gleadhraich a' bhaile mhòir ceithir thimcheall oirnn* the din of the city was all around us
ceithir-bhliannachail *a* quadrennial **c.-chasach** *nm* quadruped **c.-chasach** *a* four-footed, quadrupedal □ *beathaichean ceithir-chasach* quadrupeds **c.-cheàrnach** *a* 1. quadrilateral 2. square **c.-cheàrnag** *nf* quadrangle **c.-fillte** *a* fourfold, quadruple, quarto **c.-fillteach** *nm* quarto **c.-là-deug** □ see **cola-deug** **c.-shliosach** a quadrilateral **c.-shliosach** *nm* quadrilateral

---

ceò, ceò / ceòtha *nm/f* fog, haze, mist, smoke □ *meall ceò* fogbank, bank of fog □ *mill cheò* fogbanks, banks of fog □ *bha an gleann fo cheò* the glen was covered in mist □ *thuit ceò dùmhail mun cuairt orra* a dense mist fell around them □ *thog an*

ceò the mist cleared / lifted □ *gabh ceò* smoke (tobacco etc.) □ *ghabh e an dà cheò às a' phìob* he took two puffs from the pipe □ *bha ceò às an t-similear* there was smoke [coming] from the chimney / the chimney was smoking □ *guma fada beò sibh is ceò às ur taigh* may you live long, and smoke from your house i.e. may you have a long life and always have plenty of fuel to burn. Cf Scots 'lang may your lum reek' □ *bha e ann an ceò* he was confused
ceò-bhrat *nm* smoke-screen
ceòb, -a, -an *nm* 1. dark nook, corner 2. misty rain
ceòban, -ain *nm* misty rain
ceòis □ *gen sing* of **cias** fringe
ceòl, ciùil *nm* music □ *ceòl mòr* pibroch, classical pipe music □ *leabhar mu eachdraidh a' chiùil mhòir* a book about the history of the pibroch □ *thig crìoch air an t-saoghal ach mairidh gaol is ceòl* the world will end but love and music will endure □ *chaidh an ceòl air feadh na fìdhle* all hell broke loose (lit. the music went through the fiddle)
ceòl-bhodhar *a* tone-deaf **c.-eòlas** *nm* musicology **c.-leannanachd** *nm* serenade **c.-rèim** *v* harmonize **c.-rèimeadh** *nm* harmony □ *dèan ceòl-rèimeadh* harmonize **c.-triùir** *nm* trio (mus.)
ceòlmhor, -oire *a* musical
ceòlmhorachd *nf* musicality
Ceòlraidh, A' Cheòlraidh *nf* The Muses
ceòthach, -aiche *a* foggy, hazy, misty, smoky □ *bha an oidhche dorcha ceòthach* the night was dark and foggy
ceòthachd *nf* mistiness
ceòthar, -aire *a* misty, foggy

---

ceud *a* first □ now usually spelt **ciad** (q.v.)
ceud, -an *nm* and *a* 1. as a noun (a) hundred □ *bha ceudan eile ann* hundreds of others were there □ *ach a-nis tha àireamh cheudan againn* and now we have a number of hundreds (i.e. numbered in the hundreds) □ *fhuair e urram o na ceudan* he received honour from [the] hundreds □ *cha toireadh e na ceudan bliadhna* it wouldn't take hundreds of years □ *... far an do lean iad fad nan ceudan bliadhna* where they carried on for [the] hundreds of years □ *gar toirt air ais na ceudan de bhliadhnachan* taking us back hundreds of years □ *'s ann an seo a tha*

---

an àireamh as àirde às a' cheud de chloinn it's here that there is the highest percentage of children (lit. highest out of the hundred) □ *dh'èireadh an àireamh de luchd-coimhid gu 70 (a trì fichead 's a deich) às a' cheud* the number of viewers would rise to 70 percent □ *bha 35 (a còig air fhichead) às a' cheud de luchd-coimhid ag aontachadh ris a' bheachd seo* 35 percent of viewers agreed with this opinion □ note that 'percent' may also be expressed as **sa cheud /anns a' cheud** 'in the hundred' □ *air a' mhìos seo bidh na ceudan a' cur an aghaidh air a' bhaile seo* this month [the] hundreds will be heading for this town □ *thàinig e air ais air ceann nan ceudan a chaidh ga choinneachadh* he returned at the head of [the] hundreds who had gone to meet him □ *tha e air a bhith ann o chionn ceudan de bhliadhnachan* it has been there for hundreds of years (b) centenary, century (100 years of age / 100 runs in cricket) □ *ràinig e an ceud* he reached his (lit. the) century 2. as an adjective 'hundred' □ note that **ceud** precedes, but does not lenite a noun, though it is itself lenited after the numerals **aon, dà, trì, ceithir** and **còig** (1,2,3, 4 and 5 – though some people don't with the last) □ nouns are in the *nom sing* unlenited □ *airson còrr air ceud bliadhna* for more than a hundred years □ *... agus ann an ceud suidheachadh eile ...* and in a hundred other situations □ *rè nan ceud bliadhna mu dheireadh* during the last hundred years □ *tha ceithir cheud troigh de dhoimhne ann* it is four hundred feet deep (lit. there are 400 ft. of depth in it) □ *ceud bliadhna / cuimhneachan nan ceud bliadhna* centenary □ note also: *bha ceud cabhag orra gus am faigheadh iad a-mach a-rithist* they were in a tearing hurry to get out again
ceud-bhliadhnach *a* centennial **c.-chasach** *nm* centipede **c.-fàth, -an** □ see **ceudfath**

---

ceuda, -achan *nf* kit (pail)
ceudad, -aid *nm* percentage
ceudadach *a* percentage

ceudamh, -aimh, -an *nm* cent

ceudamh *a* hundredth □ *tha an comann a-nis a' tighinn dlùth air a' cheudamh bli-adhna aige* the society is now approaching its hundredth year □ ... *airson a' cheudamh uair* ... for the hundredth time

ceudfath, -an *nf* faculty (mental), sense □ *cho fad 's a ghleidheas mise mo cheud-fathan* as long as I retain my faculties □ *mealladh ar ceudfathan* the beguilement of our faculties □ **ceudfathan** *pl* also = parts (as in a lad o' parts) and: **na ceud-fathan** the (five) senses

ceudfaidheach, -iche *a* sensuous

ceudna *a* identical, same, very □ *an nì ceudna* ditto, the same thing □ *chan e sin an nì ceudna* that's not the same thing □ *an duine ceudna* the same man □ *air an t-slighe cheudna / air a' cheum-chois cheudna* on the same route □ *air an dòigh cheudna* in the same manner / way □ *rinn am fear eile an rud ceudna* the other did the same (thing) □ *mar an ceudna* also, likewise □ ... *agus nì sinn mar an ceudna* ... and we shall do likewise □ *a leithid cheudna dhut* the same to you (in reply to a greeting)

---

ceum, -a, -an(nan) *nm* 1. step (of a stair or 'a pace') □ **ceumannan** *pl* may = process □ *thoir ceum / gabh ceum* step, take a step □ *thug e ceum bhon rathad* he stepped off the road □ *ceum air cheum ris a sin* step by step with that □ *bha iad air ceumannan a ghabhail mu thràth* they had already taken steps □ *a' cumail an aon cheum* keeping in step □ *a' cumail ceum ri* ... □ keeping in step with ... □ *ceum air thoiseach* advance, superiority □ *tha againn ri bhith ceum air thoiseach orra* we have to be a step ahead of them / in advance of them / superior to them □ *chuala mi fuaim ceum coise* I heard the sound of a footstep □ *dèan ceum crùbach* hob-ble □ *tha ceum ann* he has a limp

ceum may also mean 'footstep', 'pace', 'step', 'tread' on its own □ *chuala i ceum a h-athar shuas an staidhre* she heard her father's footstep upstairs □ *chuala e ceumannan boireannaich air an t-sràid* he heard a woman's foot-steps on the street

gabh ceum walk, stroll □ *ghabh mi ceum sìos chun a' chala* I took a stroll

down to the harbour 2. path, track □ *bha bonn òir na laighe air a' cheum* a gold coin was lying on the path 3. degree (in a scale or educational or grammatical), gradation, grade □ *gabh ceum / thoir ceum a-mach* graduate □ *thug e a-mach ceum oilthighe* he gained (lit. took out) a university degree / he graduated □ *thoir ceum a-nuas do* demote

ceum-chaorach *nm* sheep-track **c.-coise** *nm* footpath **c.-slaodaidh** *nm* towpath

---

ceumadh-pònaidh *nm* pony-trekking □ *dèan ceumadh-pònaidh* go pony trekking

ceumnachadh, -aidh *nm & vn* of **ceum-naich** graduating etc., graduation

ceumnaich, -achadh *v* 1. graduate □ ... *nuair a cheumnaicheas iad 's a lorgas iad obair* ... when they graduate and find work 2. pace □ *bha e a' ceumnachadh air ais is air adhart air an làr* he was pacing to and fro on the floor

ceumnachd *nf* graduation □ *thug iad ceum a-mach aig Ceumnachd an t-Sabhail Mhòir* they graduated at the Sabhal Mòr Graduation (**Sabhal Mòr** is the Gaelic Medium College in Skye)

ceus, -a, -an / -aichean *nm* □ see **ceas**

ceus, -adh *v* crucify □ "*Ceus e*," *thuirt an sluagh.* "Crucify him," said the people □ *cheus iad ar Tighearna* they crucified our Lord

ceus-chrann *nm* passion flower

ceusadh, -aidh, -aidhean *nm & vn* of **ceus** crucifying etc., crucifixion □ *air latha a' cheusaidh* on the day of the crucifixion

ceusta old gen form crucifixion □ *Dihaoine na ceusta* Good Friday

ceutach, -aiche *a* □ same as **ciatach**

cha *adv* no, not □ lenites where possible except **d** and **t** (but note that, in some areas **d** *is* lenited) □ becomes **chan** before a vowel or **fh** foll. by a vowel □ *cha bhuail mi e* I shan't hit it □ *cha dùin mi an doras* I shan't close the door □ *cha tèid mi ann* I won't go there □ *chan fhaighnich mi dheth* I won't ask him □ *chan fhàg mi e* I will not leave it □ *am faca tu i? chan fhaca* have you seen her? no

chan □ a form of **cha** (q.v.) used before vowels or silent consonants before a vowel

chaoidh / a-chaoidh *adv* ever (with ref. to the *fut*), forever □ with a *neg* verb = never □ *cha dèanadh e a leithid a-chaoidh* he would never do such a thing □ *cha dìochuimhnich mi e a-chaoidh* I shall never forget him

cheana / a cheana *adv* already □ *bha iad air tòiseachadh air an obair cheana* they had already begun the task □ *bha sinn air a bhith thairis air seo cheana* we had been over this already □ *air a stèidheachadh air obair mhaith a tha a' dol a cheana* based on existing good practice

chèile *adv* & *indef pron* both, together, each other, one another □ the *lenition* is caused by the usually suppressed *poss adj* □ .... *'s iad a' leughadh aodann a chèile* .... [and they] reading each other's faces (for the use of the *sing*, see notes under **beatha, ceann** and **làmh**) □ *bha iad a' pògadh a chèile* they were kissing each other □ *bithibh an comain a chèile* be obligated to each other

Its meaning often depends on the preceding *prep* □ *cha robh iad pòsta aig a chèile* they weren't married to each other □ *cha robh na pàirtean a' tighinn gu chèile* the parts weren't coming together □ *bha iomadh rud gan tarraing gu chèile* many things attracted them to each other □ *an dèidh / às dèidh a chèile* after each other, successive, in succession □ *thàinig iad a-steach às dèidh a chèile* they entered one after the other / in succession □ *bha iad a' coiseachd ri taobh a chèile* they were walking side by side / abreast □ *o aon a chèile* from each other / from one another □ *fillte na chèile* folded together □ *biodh gràdh agaibh do chàch a chèile* love one another (lit. may there be love at you for each each other) □ *na bòidean a thug iad do chàch a chèile* the vows that they had given to each other □ *o chèile* apart *cuir o chèile* pry (open) *spìon o chèile* dismember □ *às a chèile* asunder *thoir às a chèile* dismantle □ *cuir tro chèile* jumble

le chèile *adv* both, jointly, together □ *thusa agus mise le chèile* both you and I □ *fhuair iad le chèile bonn òir* they both received a gold medal □

's e cànainean Ceilteach a tha annta le chèile they are both Celtic languages □ *tha na leabhraichean seo le chèile nan cruinneachadh bàrdachd* these books are both collections of poetry (for the use of the *sing*, see notes under **beatha, ceann** and **làmh**) □ *thug e pòg dhaibh le chèile* he gave them both a kiss □ *thug e orra le chèile de chofaidh làidir òl* he made them both drink strong coffee □ *tha earbaill dhosrach orra le chèile* (they) both have bushy tails □ *bha iad le chèile òg* they were both young □ *chaidh an triùir le chèile don mhuileann* the three went together to the mill

a-rèir a chèile as in: *chan eil iad a' tighinn a-rèir a chèile* they are at variance

càch a chèile is commonly used for 'each other' □ *cha robh iad a' bruidhinn ri càch a chèile* they weren't speaking to each other

ri chèile together □ *cuir ri chèile* amalgamate, assemble, build, cement, collate, compile, compose, construct, fabricate, join, joint put together □ *tha e dìreach an dèidh Gràmair Gàidhlig a chur ri chèile* he has just compiled a Gaelic Grammar □ *cur ri chèile* juxtaposition □ *thig ri chèile* click, get on together □ *cha tig iad ri chèile* they (will) jar (of feelings etc.) □ *bha iad a' tighinn ri chèile gu dòigheil* they were getting on together handsomely *cuir / tarraing ri chèile (a-rithist)* rejoin (i.e. put / pull together) □ *bidh seo gan cumail ri chèile* this keeps them together

chì *fut tense, indep* of *irreg v* **faic** (q.v.)

chionn, a chionn □ see **cionn**

chìte a shortened form of *impf / cond tense, pass indep* of *irreg v* **faic** (q.v.) – used impersonally

chithear *fut tense, indep pass* of *irreg v* **faic** (q.v.)

chithist an *alt form* of **chìte**

cho *adv* so, as, such (exclam.) □ *cha b' urrainn dhaibh rud fhaicinn 's an ceò cho dùmhail* they couldn't see a thing as the mist was so thick (lit. and the mist so thick) □ when qualifying an *adv*, the **gu** of the *adv* is dropped □ *gu daingeann* firmly – but: *bha seo air a thoirmeasg a cheart cho daingeann* this was just as firmly forbidden

cho … ri(s) as … as □ *cha robh duine eile ann a bha cho àrd ris* there was no other who was as tall as he □ *cho geal ris an t-sneachda* as white as snow (lit. the snow – see App. 2 Sect. 4.3 (d)) □ note that **ri** is usually omitted when the *dem pron* **sin** is used □ *cho mòr ri seo* as big as this □ *tha e cho sìmplidh ri siud* it's as simple as that □ but: *chan abradh e rud cho mì-mhodhail sin* he wouldn't say anything as rude as that □ *chan eil na sgeulachdan aige cho furasta sin an tuigsinn* his stories are not all that easy to understand, □ *cho math ri sin* furthermore *adv* □ *bha an samhradh cho fliuch ri gin a chunnaic mi riamh* the summer was as wet as any I ever saw / have ever seen

cho foll. by **agus / is / 's** and a *rel clause* means 'as … as' □ *cho luath 's a nochd sinn … as soon as we appeared …* □ *cho luath 's a tha i air crìochnachadh* as soon as she it / has finished □ *cho fad 's a tha thu toilichte* so long as you are pleased □ *cho fada is a thogras sibh* as long as you want / like / wish □ *tha an t-eilean seo air àite cho àlainn is a tha an Albainn* this island is as beautiful a place as there is in Scotland (for the use of **air** here, see **air** *prep* Sect. 2.) □ note that in the following **ri** accompanies **coibhneil** i.e. kind to: *bha e cho coibhneil rithe is ged b' ann ri a nighean fhèin a bha e a'bruidhinn* he was as kind to her as if he were talking to his own daughter

cho … 's gu … means 's o … that' … □ *bha am balla cho ìseal 's gum b' urrainn dhomh leum thairis air* the wall was so low that I could jump over it □ the *neg* construction uses **nach** □ *bha am balla cho àrd 's nach b'urrainn dhut faicinn thairis air / 's nach fhaiceadh tu thairis air* the wall was so high that you couldn't see over it □ *bha e cho soirbheachail agus gu bheil e a-nis ann a h-uile bliadhna* it was so successful that it is now on every year

air cho + *adj* however big / small etc. / no matter how big / small etc. … □ *air cho mòr agus gum bi e* however big it

is (will be habitually) □ *air cho geall-tanach 's gu bheil iad* no matter how promising they are □ sometimes **gu / gun** etc. is omitted: *air cho bochd 's am bi an talamh …* however poor the soil is … □ note that **air** may also be occasionally omitted: *(air) cho fad 's gum bi dual / duan, ruigear a cheann* however long a strand / poem is, its end will be reached

---

choreigin, air choreigin *adv* or other □ *a'gàireachdaich air abhcaid air choreigin* laughing at some joke or other □ *is ain-neamh am fear anns a'bhaile seo nach tug leis bradan aig àm air choreigin* there is scarcely a man in this township who has not taken a salmon at some time or other

chuala *past tense* of *irreg v* **cluinn** (q.v.)

chualar / chualas *past tense, pass* mood of *irreg v* **cluinn** (q.v.)

chuca □ see **thuca**

chugad / chugam / chugainn / chugaibh □ see **thugad / thugam / thugainn / thugaibh**

chuice / chuige □ see **thuice / thuige**

---

chum, a chum *prep* + *gen* for, towards, unto □ *gum biodh na h-uile air an dèanamh a chum do ghlòire* may all things be done for your glory □ *tha seo a chum do leas* this is for your benefit □ *bha e mall a chum feirge* he was slow to anger

a chum + *vn* (in order) to □ *… a chum an gnothach a mhìneachadh dhomh …* (in order) to explain the whole affair to me □ *… a chum aithneachadh fhaotainn …* to gain recognition

a chum 's *conj* so that, in order that, that … □ *a chum 's gun aithnicheadh iad a chèile anns a' cheò …* so that they would recognise each other in the mist … … … *a chum 's gum biodh sinn beò …* so that we might live

---

chun *prep* + *gen* to – variation of *prep* **gu** used with a *def noun* □ *chun na mara* to the sea □ *chaidh sinn chun na h-àirigh* we went to the sheiling □ *chaidh i suas chun an Taigh Mhòir* she went up to the Big

House □ *tha sùil againn tilleadh chun a' chuspair seo* we expect to return to this subject □ *sgrìobh e litir chun a' Bh.B.C.* he wrote a letter to the B.B.C. □ *na co-dhùnaidhean chun an tàinig an Coimisean* the conclusions to which the Commission came / which the Commission reached □ *chun nan glùinean ann an eabar* up to the knees in mud □ *chun na crìche sin* thitherto □ *chun a sin* thither □ the *prep prons* are as for **gu**

chunna a form of **chunnaic** (see **faic**), followed by **tu** in the 2nd person, which helps to differentiate between *subj* and *obj* e.g. *cò chunna tu?* whom did you see? – but *cò chunnaic thu?* who saw you? □ *dè chunna tu?* what did you see?

chunnaic *past tense* of **faic** (q.v.), see

cia *interr pron* who? what? how? which? □ rarely used now except in combination e.g. *cia mheud?* how many? (also **co mheud?**) □ *cia às* whence □ *cia 'n taobh?* whither? □ *cia uaithe* whence □ also *cia air bith pron* whichever □ *cia ta* = *ged tha*

ciabh, -a, -an *nf* lock, tress

ciabhag, -aige, -an *nf* 1. curl, ringlet, small lock 2. whisker

ciad *a* first, immediate, initial, primary, principal (precedes noun and lenites all consonants which can be lenited except **d, t, s**) □ traditionally, **an ciad** before a *masc* noun and **a' chiad** before a *fem* one, but now the latter is used before all nouns □ *a' chiad fhear* the first man □ *a' chiad àm* the first time □ *a' chiad duine / rud* the first (person / thing) □ *a' chiad rud anns a' mhadainn mhoich* the first thing in the early morning □ *air a' chiad Sàbaid den Dùbhlachd* on the first Sunday of December □ *air a' chiad seachdain den Ghiblean* in the first week of April □ *'s e a' chiad nì a bheir sinn an aire dha gu bheil ...* the first thing we notice is that ... is ... □ *airson a' chiad uair* for the first time □ but: *sgoilearan na ciad 's na dàrna bliadhna* first and second year pupils □ *airson nan ciad còig bliadhna* for the first five years □ *mo chiad chuimhne* my first memory □ *ciad thoradh* first-fruits □ *ciad litir* initial (letter) □ *ciad thaghadh* leet □ *a' chiad ionad deicheach* the 1st decimal place □ *a' chiad chruth* the original form

ciad-fhiaclan *pl* milkteeth **c.-fhuasgladh** *nm* first-aid **c.-ghin** *nm* first-born

ciada-chiùb *nm* centicube

ciadad *nm* □ same as **ceudad**

ciadadach *a* □ same as **ceudadach**

ciadain *nf* □ originally **a' chiad aoin** meaning 'first fast', the 2nd element of **Diciadain** Wednesday (day of the 1st fast) and **oidhche-chiadain** Wednesday night

ciadameatair, -ean *nm* centimetre □ *ciadameatair triobailte* centimetre cubed

ciadameatair *a* centimetre □ *ruilear ciadameatair* centimetre ruler □ *ciùb ciadameatair* centimetre cube □ *teip ciadameatair* centimetre tape

ciall, cèille *nf* connotation, gumption, implication (what is implied), import, meaning, mind, purport, reason (thought process), sanity, significance, sense, (artistic) taste, understanding
Some examples: *a rèir ciall eile an fhacail* according to the other sense / meaning of the word □ *gun chiall* senseless, lacking sense □ *chan e dìth na cèille a-mhàin a tha ga chumail air ais* it isn't only lack of [the] sense that's holding him back □ *biodh ciall agad* have some sense (lit. let there be sense at you) □ *cha b' urrainn dha mòran cèille fhaighinn aiste* he couldn't get much sense out of her

às a chiall *masc* / **às a ciall** *fem* etc. crazy, insane (note that the correct *dat* **cèill** is never used in this idiom) □ *tha e às a chiall* he is out of his mind □ *thuirt iad gu robh e às a chiall* they said that he was out of his senses / mind □ *an ann às do chiall a tha thu?* are you daft? etc. □ *cha mhòr nach deach i às a ciall* she almost went out of her mind □ *cuir às a chiall* craze, drive crazy / insane / out of one's mind etc. □ *an ann a' feuchainn ri mo chur às mo chiall a tha thu?* are you trying to drive me crazy?

is ciall dhomh I mean □ *thuirt e nach robh e a' tuigsinn dè bu chiall dhi* he said that he didn't understand what she meant □ *cha bu chiall dhomh le sin gur h-e duine spìocach a bh'ann* I didn't mean by that that he was a miserly man □ *dè as ciall dha?* what does it mean? (lit. what that is sense to it?) □ *'s e deuchainn a bu chiall dhan fhacal seo* this word meant a trial

cuir an cèill announce, broach (subject), declare, enunciate, express, notify, predicate, profess, relate, represent, state show (by actions or words), imply, suggest □ *chuireadh seo an cèill gu h-àraidh anns na dà rann mu dheireadh* this was particularly expressed in the last two verses □ *chuir iad an cèill co-fharpais* they announced a competition □ *mar a tha an tiotal a' cur an cèill* as the title implies / suggests □ *na beachdan a tha iad a' cur an cèill* the opinions they are expressing □ *na suidhichidhean anns a bheil a' chànain air a cur an cèill* the contexts in which the language is expressed □ *chaidh seo a chur an cèill ann an gnìomharan tròcaireach* this was expressed in merciful acts □ *chuireadh an cèill e aig an àm sin…* it was declared on that occasion … □ *gun chomas iad fhèin a chur an cèill gu poileataiceach* without the ability to express themselves politically □ *ciamar a tha iad a' cur an cèill gu bheil seo a' còrdadh riutha?* how do they show that this pleases them? □ *cleachd na faclan seo ann an dòigh a chuireas an cèill gu bheil fhios agad dè tha iad a' ciallachadh* use these words in a way which shows that you know what they mean

cur an cèill expression, declaration, enunciation, notification, profession □ *'s e cur an cèill a tha anns an ealain* art is an expression / declaration (lit. it's an expression that's in the art) □ *cur an cèill baralach* an expression of opinion

Note also: *a chiall! dè th'agad an seo?* goodness! what do you have here?

---

ciallach, -aiche *a* prudent, discreet, sane, sensible □ *duine car ciallach* a rather prudent man □ *… agus tha sin ciallach cuideachd…* and that's sensible too □ *dh'fhaodadh gum bitheadh e na bu chiallaiche sùil a dhùnadh riutha* perhaps it would be more sensible to shut ones eyes to them (lit. to shut an eye)

ciallachail *a* semantic

ciallaich, -achadh *v* have import, imply, import, intend, mean, signify □ *tha e air a chiallachadh airson daoine aig nach eil mòran Gàidhlig* it is intended for people who do not speak much Gaelic □ *dè tha thu a' ciallachadh le sin?* what do you mean by that? □ *dè tha iad a' ciallachadh*

dhutsa? what do they mean to you? / what import do they have for you? □ *bha againn ri gabhail ri na bha e a'ciallachadh a dhol air adhart* we had to accept the implications of going ahead □ *dè tha am facal sin a' ciallachadh?* what does that word mean?

ciamar *interr pron* how? □ followed by a relative construction □ *ciamar a tha thu?* how do you do? / how are you? □ *ciamar as e barantas bàis a tha seo don chànain?* how is this a death warrant for the language? □ *… ach chan fhaigh sinn treòrachadh a thaobh ciamar a bhios seo air a dhèanamh…* but we do not receive guidance regarding how this wll be done □ *agus seo agad ciamar…* and here's how / and this is how …

cian *nm* a long time □ usually now used in a few standard expressions □ *o chian* immemorial, of yore □ *o chionn cian nan cian* long, long ago □ *o chian nan cian* from time immemorial □ *is fhada is cian o nach fhaca mi e* it's ages since I last saw him

cian, cèine *a* far, far-off, distant, remote

cian-imrich *nf* transmigration

cianail, -e *a* melancholy, mournful, pathetic, sad, sorrowful □ *nuair a bu chianaile a càradh* when her condition was most melancholy □ *chuala sinn mèilich chianail nan caorach* we heard the melancholy bleating of the sheep □ often used with accompanying *adj* with the meaning 'exceedingly' / 'terribly' □ *bha an t-sìde cianail fuar* the weather was exceedingly cold □ sometimes has the meaning 'terrible' when used on its own □ *bha am fuachd cianail* the cold was terrible □ and, somewhat paradoxically: *tha mi cianail toilichte!* I'm terribly pleased!

cianalach, -aiche *a* homesick

cianalas, -ais *nm* homesickness, longing, nostalgia □ *gabh cianalas* yearn □ *tha an cianalas air* he is homesick □ *ghabh e cianalas airson an eilein* he became homesick for the island

cianda □ see **ceudna**

ciar, cèire *a* dark (in colour), dark grey, dim, dun, dusky, sable, swarthy, tawny □ *bha a chraiceann ciar* his skin was swarthy □ *bha e air a dhèanamh de chlachan ciara* it was made of dark stones

ciaradh, -aidh *nm* dusk, twilight □ *ann an ciaradh an fheasgair* in the evening twilight

Ciaraigheach *adj* Kerry *bha iad an dlùth dhàimh ris a' chrodh Chiarraigheach* they were closely connected to the Kerry cattle

cias, ceòis, -an *nm* 1. border, skirt, fringe 2. buttock, hip

ciatach, -aiche *a* agreeable, dainty, decent, pleasant, pleasing, becoming, seemly, goodly □ *aodann ciatach* a pleasant face □ *chan eil fhios agam cuin a thòisich an cleachdadh ciatach seo* I don't know when this agreeable custom started □ *bu chiatach dha sin a dhèanamh* it would be decent for him to do that

cìch and **cìche** dat sing & *gen sing* respectively of **cìoch** breast

cidhe, -eachan *nm* jetty, quay, pier

cidhis, -e, -ean *nf* mask

cidhis-ghas *nf* gas-mask *pl* **cidhisean-gas**

cidhisear, -eir, -an *nm* masquerader

cidhisearachd *nf* masquerade

cidsin, -ean *nm* kitchen □ *cidsin-dubh* scullery □ *bha i ag obair anns a' chidsin* she was working in the kitchen

cidsineach *a* culinary

cìl *nf* (also **cil**) ruddle – a red ochre used for marking sheep -Scots 'keel'

cìl, -eadh *v* (also **cil, -eadh**) to mark with ruddle, to 'keel' □ see above

cìleach *a* piebald *bha bò chìleach anns a' bhàthaich* there was a piebald cow in the byre

cileadair, -ean *nm* trustee

cìleadh, -idh *nm & vn* of **cìl** 'keeling' □ see above

cile-gram, -an *nm* □ see **cileagram**

cileabhat, -an *nm* kilowatt

cileagram, -an *nm* kilogram

cileliotair, -ean *nm* kilolitre

cilemeatair, -ean *nm* kilometre

cill, -e, cilltean / cillean *nf* churchyard, cell (church) □ *cill chailleacha-dubha* nunnery □ often found in place names □ *Cill Mheàrnag* Kilmarnock □ see App. 12 Sect. 4.0 for others

cilo, -othan *nm* kilo

cineal, -eil, -an *nm* 1. clan, race 2. offspring, progeny 3. sex, sort, species □ *an cineal boireann* the female sex

cinn, cinntinn *v* become, grow, spring, thrive, turn □ *cinnidh craobh ùr às an t-siol seo* a new tree will grow / spring from this seed □ *an neach nach cinn na chadal, cha chinn e na dhùisg* he who will not prosper in his sleep will not prosper when awake

cinn-chruidh *pl* head of cattle □ *miltean de chinn-chruidh* thousands of head of cattle

cinneach, -ich, -ich *nm* gentile, heathen □ *'s e cinneach neònach a th'ann* he's an odd customer □ sometimes the same as **cinneadh**, but less common in this meaning □ *bha cinnich mhòrail eile (ann) an eachdraidh* there have been other great races in history

cinneadachd *nf* racism

cinneadail *a* clannish, racial

cinneadas, -ais *nm* clanship

cinneadh, -idh, -idhean *nm* clan, kin, kindred, nation, race, surname □ *cinneadh treudach* pastoral tribe

cinneadh-chlaoidhteach *a* racialist **c.-daonna** *nm* □ see **cinne-daonna**

cinnealtas, -ais *nm* clannishness □ *claonadh cinnealtais* racial discrimination, racism □ *frionas cinnealtais* racial tension

cinneas, -eis *nm* growth, increase, produce, production □ *cinneas na cloinne* the production of [the] children □ *tha e coltach gur ann nas lugha a bhitheas cinneasan anns na bliadhnachan a tha romhainn* it seems that increases will be less in the years ahead [of us] □ *thoir gu cinneas* produce □ *...a thug iad gu cinneas...* which they produced

cinne-daonda *nm* □ see **cinne-daonna**

cinne-daonna, an cinne-daonna *nm* humankind, mankind □ *nàdar a' chinne-daonna* humanity, human nature

cinnidheach *a* ethnic

cinnt, -e *nf* certainty □ *le cinnt* with certainty □ *faigh cinnt air* check □ *chan urrainn dhomh a ràdh le cinnt* I can't say for certain / with certainty □ *chan eil cinnt idir gu bheil...* it is not at all certain that... / it is far from certain that... □ note that **ann** is not required in this *phr.*

---

cinnteach, -iche *a* accurate (e.g. in aiming), authentic, certain, confident, decisive, indisputable, positive, sure, undoubted, veritable

Examples: *'s fheàrr a bhith cinnteach na bhith caillteach* better safe than sorry (lit. better to be certain than be losing) □ *tha an comas agad a cheart cho cinnteach 's a tha e agam* you have the ability just as surely as I have it □ *faodaidh tu bhith cinnteach gu(n)...* you can depend on it that... □ *gu cinnteach* undoubtedly, verily □ *cinnteach*

gu leòr, bha e anns an t-sabhal sure enough, he was in the barn
dèan cinnteach ensure, make sure / certain, secure □ *feumaidh iad de airgead na nì cinnteach gun lean iad leis an obair seo* they need enough money to ensure that they continue with this work □ *ciamar a nithear cinnteach gun tachair seo?* how will it be ensured that this will happen? □ *dèan cinnteach do* assure
is cinnteach gu ... surely ... □ *is cinnteach gun aithnich thu e* you must know him / surely you know him
bi cinnteach à be confident / sure / certain of □ *'s ann a chionn nach eil sinn cinnteach gu leòr asainn fhèin a bhios sinn* ... it's because we're not confident enough of ourselves that we are ... □ *cha robh e cho cinnteach às fhèin is a b' àbhaist dha* he wasn't as sure of himself as usual □ *tha iad cinnteach asta fhèin* they are sure of themselves / confident of themselves □ *faodaidh iad a bhith cinnteach à fàilte a bhios blàth* they may be sure of a warm welcome (lit. a welcome which will be warm)

---

cinnteachadh *nm & vn* of **cinntich** taking aim
cinnteachas, -ais *nm* determinism
cinnteachd *nf* authenticity, positiveness
cinntich, -eachadh *v* take aim
cinntinn *nm & vn* of **cinn** growing etc., increase
cìobair, -ean *nm* shepherd
cìoch, cìche, -an *nf* breast □ *cìoch (cuibhle, rotha)* nave □ *thoir cìoch do* suckle □ *cuir bhàrr na cìche* wean □ *air a' chìch* breast-fed
cìoch-shlugain *nf* uvula □ *bha a chìoch-shlugain ga chràdh* his uvula was paining him
cìochach *a* mammary, papillary
cìochòiteach *a* quixotic
cìochran, -ain, -an *nm* suckling
cìocrach, -aiche *a* ravenous
cìocras, -ais *nm* great hunger, ravenousness, voracity □ *thàinig cìocras orm* I became ravenous (lit. ravenousness came upon me)
ciod *interr pron & rel pron* what?, which □ same as **gu dè / dè** (the last being now most common) □ *ciod às?* whereof? □ *ciod air bith* what(so)ever, whichever □

ciod e an aois a tha thu? how old are you? □ *ciod is fheàrr? ciod is miosa?* what is best? what is worst? □ *ciod air bith an seòrsa chon as fheàrr* .... whatever the best kind of dogs is ...
ciodhosg, -an *nf* kiosk □ *bha na balaich cruinn mun chiodhosg* the lads were gathered round the kiosk
ciodhsg *nf* □ same as **ciodhosg**
ciogailteach, -ich *a* □ same as **diogailteach**
ciomach, -aich, -aich *nm* captive, convict
ciomachas, -ais *nm* captivity, bondage
cion *nm indec* lack □ *cion ùidhe* apathy □ *nochd e cion foighidinn* he showed lack of patience □ *tha cion an uisge agus a' bhidhe ann* there is a lack of [the] water and [the] food
cion-fala *nm* anaemia **c.-fàth** *nm* occasion, cause, reason □ *seo cion-fàth an ràdha* this is the reason for the saying **c.-cnàmh** *nm* indigestion **c.-meirbhidh** *nm* indigestion
cionacraich, -achadh *v* caress, cuddle

---

cionn is found in four constructions:

1. **os cionn** *prep + gen* (old *dat* case of **ceann**) above □ *os cionn na mara* above the sea, above sea level □ *os mo chionn* overhead i.e. over my head □ *os ar cionn* overhead i.e. over our heads etc. □ *beagan os cionn* a cut above

2. **a chionn gu / gum / gun / gur ... / a chionn 's gu** etc. *conj* because, since, seeing that, whereas that □ *a chionn gun robh e sgìth thug e a leabaidh air* because he was tired he went to bed (lit. he took his bed on him) □ *cha b'ann idir a chionn gun robh e* ... it wasn't at all because he was ... □ the *neg* construction is *a chionn nach* ... because ... not etc. □ *a chionn nach robh airgead aige cha b' urrainn dha dol a-mach* because he didn't have [any] money, he couldn't go out

3. **(bh)o chionn** *adv* since, ago □ *bho chionn dà cheud bliadhna air a' mhìos seo* two hundred years ago this month □ *seo an taisbeanadh as fheàrr a chunnaic mi o chionn greis mhath* this is the best exhibition I've seen for a good while □ *o chionn fhada* long ago, a long time ago, for a long time □ *o chionn*

ghoirid a short time ago, lately, recently, recent □ *gu o chionn ghoirid* until recently □ *o chionn mòran bhliadhnachan* many years ago □ *o chionn iomadh linn* many centuries ago □ *o chionn seachdain* a week ago

4.   **air cionn** *prep* waiting for (not common) □ *air mo chionn* waiting for me □ *air a chionn* waiting for him □ *bha biadh deiseil air a cionn* there was food ready waiting for her

cionnas *conj* how □ *chan eil fhios againn fhathast cionnas a tha eòin air an treòrachadh* we don't know yet how birds are guided □ *bha deagh fhios aige cionnas a thòisicheadh e* he knew fine / very well how he would begin □ *cionnas a dh'aithnichinn thu?* how would I recognise you? □ *fhuair mi air ais, ach chan eil fhios agam cionnas* I got back, but I don't know how

ciont, -a *nm* blame, default, guilt, sin, transgression, trespass □ *duine gun chiont* a blameless man / a man without guilt □ *chan eil iad saor o chiont* they aren't free from blame □ *tha roinn mhath den chiont a' laighe air Breatann* a good part of the blame lies on Britain

cionta *nm alt nom form* and *gen sing* of **ciont**

ciontach, -aich, -aich *nm* culprit, defaulter, delinquent, offender sinner □ *dèan Thusa, a Thighearna, trocair oirnn, ciontaich thruagha mar tha sinn ann* have mercy, Lord, upon us, miserable sinners

ciontach, -aiche *a* blameable, culpable, guilty □ *fhuaradh ciontach e* he was found guilty □ *thug seo orm a bhith faireachdainn caran ciontach* this made me feel rather guilty □ *bha e ciontach de mhèirle agus de mhurt* he was guilty of theft and murder

ciontachadh, -aidh *nm* & *vn* of **ciontaich** incriminating etc.

ciontachd *nf* delinquency

ciontaich, -achadh *v* incriminate, sin, transgress □ *ciontaich an aghaidh* sin against, transgress □ *chiontaich sinn an aghaidh do laghannan naomha* we have sinned against your holy laws

ciopair, -ean *nm* kipper □ *bha iad a' pacaigeadh nan ciopairean ann am*

bogsaichean they were packing the kippers in boxes

ciopaireachd *nf* kippering □ *obair chiopaireachd* kippering work / the work of kippering

cìor *nf* jet (lignite)

ciora □ see **caora**

ciorasail *nm* simper □ *dèan ciorasail* simper

ciorram.-aim, -an *nm* fault, flaw, defect □ *gun chiorram* uninjured, without flaw / defect etc. □ *bha a shaoghal gun chiorram* his world was without flaw □ *… nam bitheadh ciorram na obair-làimhe …* if there should be a defect in his handiwork

ciorramach, -aiche *a* defective

ciorramachadh, -aidh *nm* & *vn* of **ciorramaich** mutilating, mutilation

ciorramaich, -achadh *v* mutilate

ciosan, -ain, -an *nm* a large wicker basket without handles

cìosnaich, -achadh *v* conquer, quell, subdue, put down, tame □ *thug e an t-òrdugh an aimhreit a chìosnachadh* he gave the order to quell the disturbance □ *… a chum nàdar a chìosnachadh …* in order to tame nature

cìosnaichte *pp* subdued

ciotach *a* left-handed

cip □ *gen sing* of **ceap** block

cipean, -ein, -an *nm* tether-stake □ *cuir air cipean* tether

cìr, -eadh *v* card (wool), comb, tease □ *bha a falt air a chìreadh air ais* her hair was combed back

cìr, -e, -ean *nf* comb, cud □ *bha i a' cnàmh a cìre gu ciùin* she was calmly chewing the cud (lit. her cud)

cìr-eich *nf* currycomb **c.-mheala** *nf* honeycomb **c.-mhìn** *nf* fine tooth-comb

cirb and **cirbe** *dat sing* & *gen sing* respectively of **cearb** fault

circ and **circe** *dat sing* & *gen sing* respectively of **cearc** hen

cire, -ean *nf* □ same as **caora**

cìrean, -ein, -an *nm* cockscomb, crest □ *tuinn le cìreanan geala* waves with white crests

cìrean-choilich *nm* red campion

cìreanach *a* crested

cìs, -e, -ean *nf* excise, tax, tribute, fine □ *chaidh cìs £150 a chur air* he was fined £150 □ *cìs air teachd-a-steach* income tax □ *cìs coimhearsnachd* poll-tax □ *cìs luach-leasaichte* value-added-tax □ *leag cìs* tax *v* □ *buailteach do chìs* excisable □ *cuir fo chìs* subdue

cìs-bhuailteach *a* taxable **c.-cheannach** *nm* hire-purchase **c.-fhear** *nm* taxman **c.-leagadh** *nm* taxation **c.-mhaor** *nm* exciseman, publican (biblical)

ciste, -eachan / -cistichean *nf* box, chest, coffer, coffin, kist, trunk (box) □ *ciste an ionmhais* treasury

ciste-acainneach *nf* toolbox **c.-laighe** *nf* coffin **c.-tasgaidh** *nf* safe

cith, -ean *nm* snowdrift

citoplasm *nm indec* cytoplasm

citosin *nm indec* cytosine

ciùb, -a, -aichean *nm* cube □ *ciùb ciadameatair* centimetre cube

ciùbach *a* cubic

ciùbaichte cubed

ciùbaid, e *nf* cuboid

ciudha, -aichean *nf* queue (line of persons etc. / bun, a hairstyle)

ciùil □ *gen sing* of **ceòl** music

ciùin, -e *a* calm, gentle, mild, pacific, peaceful, placid, restful, sedate, serene, soft (of the voice), still, tame, tranquil □ *air madainn chiùin shamhraidh* on a peaceful summer's morning

ciùine *nf* calmness, gentleness, mildness

ciùineachadh, -aidh *nm & vn* of **ciùinich** calming etc.

ciùineachd *nf* placidity, stillness

ciùineadair, -ean *nm* silencer, tranquillizer

ciùineas, -eis *nm* quiet, quietness, serenity, softness, tranquillity

ciùinich, -eachadh *v* allay, appease, calm, moderate, mollify, pacify, propitiate, quieten, soften, soothe, still, subside □ *ach cha robh seo ga chiùineachadh idir* but this did not appease him at all □ *dh'fheuch e ri e fhèin a chiùineachadh* he tried to calm himself

ciùird □ *var* of **ceàird**

ciùraig, -eadh *v* cure (fish, meat etc.)

ciùraigeadh, -idh *nm & vn* of **ciùraig** curing (fish, meat etc.)

ciùrair, -ean *nm* curer

ciùrr, -adh *v* harm, hurt, injure, maim, maul

ciùrradh, -aidh *nm & vn* of **ciùrr** hurting etc., hurt, injury

ciurramach, -aich, -aich *nm* disabled person □ *Bliadhna Eadar-nàiseanta nan Ciurramach* the International Year of the Disabled

ciutha □ see **ciudha**

ciutharan, -ain *nm* drizzle

ciutharanaich *nf* drizzle

ciuthran, -ain *nm* drizzle □ *bha ciuthran ann* there was drizzle / it was drizzling

ciuthranaich *nf* □ same as **ciuthran**

clabach, -aiche *a* wide-mouthed □ *bha dà bhròg chlabach air* he was wearing two wide-mouthed shoes

claban, -ain, -an *nm* brain-pan, top of the head □ *fhuair e sgailc air a'chlaban* he received a blow on the top of the head

claban, -ain, -ainean *nm* mill-clapper □ *claban an sgòrnain* epiglottis

clàbar, -air *nm* mire, mud, slime, slough □ *thuit e don chlàbar* he fell into the mud

clàbaraiche, -ean *nm* scavenger

clabhstair, -ean *nm* cloister □ also **clabhsair**

clach, -adh *v* stone □ *... nuair a bha iad air thuar am boireannach a ghlacadh ann an adhaltranas a chlachadh ...* when they were about to stone the woman (who had been) caught in adultery

clach, cloiche, -an *nf* stone, testicle, testis □ *bha iad nan suidhe timcheall air cloich an teintein* they were sitting round the hearthstone □ *clach air cudthrom* a stone in weight □ *clach na sùla* eyeball, pupil (of eye) □ *clach cuimhne* memorial □ *clach chruth-chaochlach* metamorphic rock □ *Clach-Chrùnaidh na h-Alba* Stone of Destiny □ also *Clach Sgàin* Stone of Scone and *Clach na Cineamhainn* Stone of Destiny □ *tilg clachan air* stone □ *mar chloich às an adhar* like a bolt from the blue (lit a stone from the sky) □ *mar chloich a' ruith le gleann, feasgar fann foghair* like a stone running down a glen, a languid autumn evening

clach-bhalg *nm* rattle, scrotum **c.-bhogha** *nm* catapult **c.-bhriseach** *nf* saxifrage **c.-cheirsleach** *nf* conglomerate **c.-chinn** *nf* headstone **c.-chluiche** curling stone **c.-chuimhne** *nf* memorial (stone) **c.-dhearbhaidh** *nf* touchstone **c.-ghainmhich** *nf* sandstone **c.-gheurachaidh** *nf* hone, grindstone, whetstone **c.-ghlasaidh** *nf* keystone □ *chuir e, mar gum biodh, clach-ghlasaidh air an argamaid* he put, as it were, a keystone on the argument **c.-ghuail** *nf* shale **c.-ghràin** *nf* granite **c.-iarainn** *nf* iron ore **c.-iùil** *nf* loadstone, magnet **c.-lìomhaidh** *nf* whetstone **c.-mhara** *nf* aquamarine **c.-mheallain** *nf* hailstone □ but also *coll* hail □ **clachan-meallain** *pl* hail, hailstones **c.-mhìle** *nf* milestone □

tha sinn a' coimhead air an latha sin mar chloich-mhìle ann an eachdraidh a' chinne-daonna we look upon that day as a milestone in the history of mankind □ *chumadh seirbhis a' comharrachadh na cloich-mhìle seo* a service marking this milestone was held **c.-mhuilinn** *nf* millstone **c.-mhullaich** *nf* coping **c.-na-cinneamhainn** *nf* The Stone of Destiny **c.-neart** *nf* putting-stone **c.-nianraidh** *nf* hone **c.-oisne** *nf* corner stone **c.-ola** *nf* shale **c.-stèidh** *nf* foundation-stone □ *chaidh a' chlach-stèidh a leagail* the foundation stone was laid **c.-ùrlair** *nf* paving stone

clachach, -aiche *a* stony □ *bha iad a' coiseachd air frith-rathad clachach* they were walking on a stony footpath □ *sùilean clachach* stony eyes
clachadh, -aidh *nm & vn* of **clach** stoning
clachair, -ean *nm* mason, stonemason
clachaireach *a* masonic
clachaireachd *nf* masonry
clachan, -ain, -an *nm* clachan, hamlet, small village
clacharan, -ain *nm* 1. stepping stones (across a river) 2. stonechat (also **cloichearan**) 3. wheatear (Lewis – see also **brù-gheal**)
cladach, -aich, -aichean *nm* beach, littoral, seabeach, shore □ *air a' chladach* on the shore □ *mu chladaichean Alba* around the shores of Scotland □ *mu mhìle gu leth (a-mach) on chladach* about a mile and a half offshore
cladaich *a* in-shore
cladh, -a, -an *nm* burial ground, churchyard, cemetery, graveyard □ *chaidh mi chun a' chladha* I went to the cemetery
cladh, -a *nm* spawn
cladh, cladh *v* spawn □ *tha na h-easgannan a' dol don chuan a chladh* the eels go to the sea to spawn
cladhach, -aich *nm & alt vn* of **cladhaich** digging etc., excavation
cladhachadh, -aidh *nm & alt vn* of **cladhaich** digging etc., excavation
cladhaich, -ach / -achadh *v* dig, delve, bore, burrow, dig, excavate, mine, quarry, scoop, trench □ *cladhaich fo* undermine □

tha an abhainn a' cladhach fon bhruaich the river is undermining the bank □ *bha na leacan air an cladhach fodhpa leis a' ghaoith* the slabs had been undermined by the wind
cladhaire, -ean *nm* coward
cladhaireachd *nf* cowardice
cladhan, -ain, -an *nm* (water) channel
cladhan-uisge *nm* canal
clag, cluig, cluig *nm* bell □ *'s e a bhuail an clag aig na seirbhisean* it was he who rang the bell at the services □ *sheirm an clag* the bell rang □ *chuala e fuaim a' chluig* he heard the sound of the bell □ *chuala sinn fuaim nan clag* we heard the sound of the bells □ *clag an dorais* the door bell
clag-smàlaidh *nm* curfew **c.-uaireadair** *nm* alarm clock
claidh *v* □ see **cladh**
claidheamh, -eimh, -an / claidhnean *nm* sword □ *le aon sgathadh d' a chlaidheimh* with one chop of his sword □ *claidheamh caol* rapier □ *claidheamh crom* sabre, scimitar □ *claidheamh cutach* cutlass □ *claidheamh leathann* broadsword □ *claidheamh mòr* claymore □ *bha an rum làn de chlaidhnean is de ghunnachan* the room was full of swords and guns □ *dh'aonaich e an dùthaich le neart a' chlaidhimh* he united the country by the power of the sword □ *danns a' chlaidheimh* sword-dance
claidheamhair, -ean *nm* swordsman □ *cha robh a choimeas ann mar chlaidheamhair* his equal as a swordsman did not exist
claigeann, -inn, claignean *nm* pate, skull □ *bhris e a chlaigeann* he fractured his skull □ *tha e ro chruaidh sa chlaigeann airson sin* he's too hard in the skull for that □ note the idiom: *dh'èigh i àrd a claiginn* she shouted [at the] top of her voice □ *bha iad ag eubhach àrd an claiginn* they were shouting [at the] tops of their voices □ note: **èigh** and **eubhach** are from two different verbs (for the use of the *sing*, see notes under **beatha, ceann** and **làmh**)
claimh -e *nf* mange
clàimhean, -ein, -an *nm* doorbolt, latch □ *tha an t-àm ann an clàimhean a chur air an doras* it's high time to bolt the door
clàireat *nm* claret
clàirneid, -ean *nf* clarinet
clais, -e, -ean *nf* channel, ditch, drain, furrow, groove, rut, trench □ *clais telebhisein*

television channel □ *fhuair iad an clais telebhisein fhèin* they got their own television channel □ *tha bàrdachd an latha an-diugh ann an clais* the poetry of today is in a rut

clais-fhionnarachaidh *nf* ventilator **c.-mhòr** *nf* gorge (geog.) **c.-uisge** *nf* canal

claiseach *a* grooved, ribbed (stockings etc.), striated □ *stocainnean claiseach* ribbed stockings

claisearachd *nf* ditching □ *bha iad ri claisearachd* they were (engaged in) digging ditches / they were ditching

claisneach *a* auditory, audio □ *cèiseag chlaisneach* an audio tape

claisneachd *nf* hearing □ *cùm cluas ri claisneachd* keep an ear open, listen intently □ *ma tha a chluas ri claisneachd agus a shùilean fosgailte* if he keeps his ears and eyes open □ *bha e a' cumail a chluais ri claisneachd airson fathann sam bith a bha dol* he kept an ear open for any rumour [that was] going □ *chaill e a chlaisneachd* he lost his (sense of) hearing □ *nam chlaisneachd* in my hearing

claistinn *nf* listening □ may be used as an equivalent to English 'audio-' e.g. *clò-sgrìobhaiche claistinn* audio-typist

clambar, -air *nm* wrangling □ *cha bu toigh leis clambar* he didn't like wrangling

clamhan, -ain, -an *nm* buzzard, kite (bird) **clamhan-lòin** *nm* marsh-harrier **c.-riabhach** *nm* honey buzzard **c.-ruadh** *nm* kestrel **c.-nan-cearc** *nm* hen harrier (Lewis)

clamhrach, -aiche *a* mangy

---

clann, cloinne *coll nf* 1. children, progeny □ *a bheil clann agaibh?* do you have children? □ *bha a' chlann nan ruith air ais is air adhart* the children were running to and fro □ *chan eil iad cho fileanta anns a' Ghàidhlig 's a bha clann den aon aois o chionn beagan bhliadhnachan* they aren't as fluent in [the] Gaelic as children of the same age were a few years ago □ *bha a' mhòr-chuid dhiubh nan cloinn* the majority of them were children □ *nuair a bha sinn nar cloinn* when we were children / in our childhood □ *am measg na cloinne as òige* among the youngest children

Though *sing*, **clann** is frequently accompanied by an *adj* in the *pl form*

□ *clann bheaga bhochda* poor, little children □ note the lenition of the *adj* appropriate to a *sing fem* noun, but an ending appropriate to a *pl* noun! □ *freagarrach do chloinn òga* suitable for young children

Similarly, when used with the numerical nouns **dithis, triùir** etc. and other nouns which require a *gen pl* after them, **clann** is frequently lenited as if it were in the *gen pl* rather than the *gen sing* □ *bha triùir chloinne aca* they had three children □ *dithis chloinne* a couple of children □ *bha dròbh mòr chloinne mun cuairt* there was a great drove of children about □ *chan eil mòran chloinne a' frithealadh na sgoile seo* there aren't many children attending this school □ *àireamh chloinne* a number of children □ but unlenited forms are also found: *àireamhan cloinne* numbers of children

Note also the following usage: *a h-aon duine cloinne* her only child □ *tha mu dhà cheud duine cloinne anns a' chlub* there are about two hundred children in the club □ *gheibh gach duine cloinne còig leasain an asgaidh* each child will receive five lessons free □ *clann nan daoine* mankind 2. Clan (when foll. by the name of the clan – the name being lenited where possible, with the exception of those beginning with **D** – *Clann Mhuirich* Macphersons (of Badenoch) *Clann Dòmhnaill* Clan Donald

clann-nighean *nf* girls, lasses □ *clann-nighean an sgadain* the herring girls □ appears to be *indec* □ *tha an dòighean fhèin aig a' chlann-nighean mhòr* the big girls have their own ways □ as with **clann** it is frequently accompanied by an *adj* in the *pl form* □ *clann-nighean bheaga* little girls

clann-sgoile *nf* schoolchildren □ *an sealladh chlann-sgoile* in the view of schoolchildren

---

claoidh, claoidh *v* distress, excruciate, exhaust, fatigue, harass, infest, oppress, pinch, rack, weary □ *bha e gu tur air a chlaoidh* he was completely exhausted □ *bha i air a claoidh* she was exhausted □ *bha iad ag iarraidh cuideachadh an* *aghaidh nan nàimhdean a bha gan claoidh cho mòr* they wanted help against the enemies who were harassing them so greatly

claoidh(e) *nf* weariness, (physical) exhaustion, oppression, travail

claoidheach, -iche *a* exhausting, fatiguing, overcoming, wearying

claoidhte *pp* exhausted, jaded, wearied, weary

claoidhteach □ same as **claoidheach**

claoin *v* □ see **claon** *v*

claon, -adh *v* decline (gram.), deflect, deviate, divert, heel, incline, lean, pervert, slant, slope, swerve, tilt, veer, verge, warp □ *bha an luidhear a' claonadh an dara taobh* the chimney was leaning to one side

claon, -aoine *a* askew, awry, perverse, squint, subjunctive, twisted, wry □ *is e nì grannda claon a tha ann* it's an ugly perverse thing □ *aodainn chlaona* sloping faces (math.)

claon-bhàidh *nf* bias, partiality, prejudice □ *cha robh ann an seo ach claon-bhàidh* this was nothing but prejudice □ *measgachadh de thocaidhean is de chlaon-bhàidhean* a mixture of emotions and prejudices **c.-bharaileach** *a* heterodox **c.-bharailich** *v* prejudice **c.-bhreith** *nf* bias, partiality, prejudice □ *tha claon-bhreithean ann cuideachd* there are prejudices too **c.-chlò** *nm* negative (photog.) **c.-iomradh** *nm* misrepresentation □ *thoir claon-iomradh* misrepresent **c.-ruathar** *nm* zoom **c.-thilgeil** *nf* misfire

claonadh, -aidh, -aidhean *nm & vn* of **claon** inclining etc., bias, cast (of the eye), decadence, deflection, degeneracy, deviation, digression, discrimination, diversion, perversion, predilection, proclivity, slant, squint, streak (leaning / inclination), trend □ *claonadh cinnealtais* racial discrimination □ *bha claonadh co-ionnanachail ann* he had an egalitarian streak □ *air claonadh* decadent *comhluadair a tha air claonadh* a decadent society □ *claonadh gnèitheil* sexist bias

claonair, -ean *nm* pervert

claonte *pp* susceptible

clap, an clap silteach *nm* gonorrhoea

clàr, -àir, -àir / -an *nm* board, agenda (more precisely **clàr-gnothaich**), chart (music – as in 'the charts'), contents (of a book – more precisely **clàr-innse**), disc / disk (incl. intervertebral disk), flap (of plane's wing), panel, plank, record (disk), register, schedule, sheet (of ice etc.), sign-board (more precisely **clàr-bùtha**), stave (of

a barrel / music), syllabus, table (also a statistical table etc.), tablet (block), tract (of country), spoke (more precisely **clàr-chuibhle**) □ *clàr bidh* buffet □ *clàr fìona* wine-list □ *clàr gnìomhair* verbal conjugation □ *clàr nan uiread an* times table □ *clàr nan 2 / 3 uiread* times tables 2 / 3 □ *clàr seirbheis* rota □ *clàr sgiorrte* slipped disc □ *clàr taisbeanaidh* display □ *clàr tonngheàrrta* wave-cut platform □ *bha clàr fiodha air an uinneig* there was a sheet of wood on the window □ *chuir e clàr air an inneal-chlàr* he put a record on the record player □ *rinn iad clàir bho na h-aon seinneadairean* they made recordings from the same singers □ *cuir na chlàraibh* stave (stave in) □ **clàraibh** is an old *dat pl* which still exists in a few set phrases

clàr-aghaidh *nm* frontispiece **c.-ainm** *nm* list **c.-ainme** *nm* nameplate, title-page **c.-ainmeir** *nm* declension (gram.) **c.-amais** *nm* index □ *gheibh thu e anns a' chlàr-amais* you will find it in the index □ *clàr-amais chairt* card index **c.-aodainn** *nf* forehead, face □ *clàr-aodainn bholgach* a bulging forehead **c.-bìdhe** *nm* menu **c.-bùtha** *nm* sign-board **c.-cuibhle** *nm* spoke **c.-cunntais** *nm* abacus □ *ag àireamh air clàr-cunntais* computing on an abacus **c.-eagair** *nm* syllabus **c.-fhiacail** *nm* incisor **c.-fuine** *nm* baking board **c.-gnothaich** *nm* agenda **c.-innse** *nm* contents (of a book) **c.-malairt** *nm* counter **c.-mìneachaidh** *nm* gloss **c.-obrach** *nm* syllabus **c.-oideachais** *nm* curriculum □ *air feadh chlàr-oideachais sgoile* throughout school curricula **c.-phrìs** *nm* tariff **c.-sgòraidh** *nm* scoring chart **c.-tarraing** *nm* drawing-board **c.-teagaisg** *nm* curriculum □ *seo an àrainn clàr-teagaisg as freagarraiche airson leudachadh* this is the curricular area most suitable for development **c.-tionndaidh** *nm* turn-table **c.-tollaidh** *nm* drilling platform **c.-tomhais** *nm* scale **c.-uachdair** *nm* deck **c.-uairean** *nm* timetable

clàrach *a* tabular

clàrachadh, -aidh *nm & vn* of **clàraich** registering etc., enrolment, entry (in ledger etc.), record

clàradair, -ean *nm* recorder (recording machine)

clàradh, -aidh *nm* registration, recording □ *aig àm clàraidh* at the time of registration □ *clàradh cèiseig* cassette recording □ *clàradh measaidh* assessment recording □ *clàradh teip* tape recording

clàradh-mapa *nm* map projection
clàraich, -achadh *v* index (a book etc.), record, register, schedule, tabulate □ ... *agus nuair a thèid an clàrachadh ......* and when they are tabulated ...
clàraichte *pp* recorded, registered, scheduled, tabulated □ *tha an t-ionad a-nis na làrach àrsaidh chlàraichte* the place is now a scheduled archaeological site
clàrsach, -aich, -aichean *nm* clarsach, Highland harp
clàrsair, -ean *nm* harper
clas, -aichean *nm (indec in sing)* class □ *an clas malairteach* the merchant class □ *tha iad a' cur chlasaichean air bhonn* they are setting up classes □ *bha e aig ceann a' chlas* he was at the top of the class □ *bhruidhinn e ri buill eile a' chlas* he spoke to the other members of the class □ *bha iad nan suidhe ri taobh a chèile anns a' chlas* they were sitting beside each other in the class □ *bha iad air an aon chlas* they were in the same class (school) □ ... *an coimeas ri càch air a' chlas* ... compared to others in the class □ *chithinn e a h-uile oidhche clas* I used to see him every class night
clas-obrach *nm* working class
clàs, -a, an *nm* clause □ *clàs cumhach* conditional clause □ *clàs fillte* compound clause
clasaiceach *a* □ see **clasaigeach**
clasaigeach *a* classic, classical □ *foghlam clasaigeach* a classical education
cleachd, -adh *v* be accustomed, exercise, habituate, practise, use □ *cha robh cùisean cho math 's a chleachd iad a bhith* things weren't as good as they used to be □ *tha e mòran nas motha na chleachd e [a] bhith* it's much bigger than it used to be □ *chan eil a h-uiread dheth ga oibreachadh is a chleachd* not so much of it is being worked as there used to be (lit. there isn't as much of it at its working and that was used) □ *chleachd e a thim ann a bhith ga dheasachadh fhèin* he used his time in [being] preparing himself □ *bha e cleachdte a bhith a' cur seachad na h-oidhche an sin* he was accustomed to [be] spending the night there □ ... *ris an robh mi air mo chleachdadh* ... to which I was accustomed
cleachdach, -aiche *a* customary, usual, habitual □ *dè an seòrsa adhraidh a bha cleachdach nam measg?* what kind of worship was customary among them?
cleachdadh, -aidh, -aidhean *nm & vn* of **cleachd** using etc., habit, custom,

experience, fashion, institution, practice, training, usage, use □ *cleachdadh cainnte* language practice □ *a' leantainn a' chleachdaidh àbhaisteach* following the usual practice □ *carson a thòisich sibh air a' chleachdadh seo an toiseach?* why did you start this custom to begin with? □ *bha e mar chleachdadh agam sgrìob a ghabhail mun cuairt air a' phàirc* it was [as a] habit of mine to take a walk round the park □ *cha bu chòir dhuinn seann chleachdaidhean a leigeil seachad* we ought not to give up old customs □ *is e an cleachdadh a nì teòma* practice makes perfect (lit. skilled) □ *a chur an cleachdadh* to put into practice □ *bha e a' bruidhinn mu dheidhinn cleachdadh na Gàidhlig ann an Albainn Nuaidh* he was talking about the usage of Gaelic in Nova Scotia □ *chaidh an togalach seo à cleachdadh* this building fell into disuse □ *dèan cleachdadh de* drop / fall into the habit of □ *nuair a bhios daoine air cleachdadh a dhèanamh de bhith a' fuireach air falbh on eaglais* ... when people have fallen into the habit of [being] staying away from church ... □ *cùm an gnàth chleachdadh* perpetuate □ *ann am pàtranan cleachdaidh na Gàidhlig* in Gaelic usage patterns
cleachdadh-cànain *nm* (linguistic) usage
cleachdadh-fearainn *nm* land-use
cleachdail *a* □ see **cleachdach** *a*
cleachdte *pp* accustomed, used □ *dh'fhàs sinn cleachdte ris an fhuaim* we became accustomed to the noise □ *tha sinn a' fàs cleachdte ri* ... we are becoming accustomed to ... □ *bha sinn cleachdte ri bhith a' faicinn iasgairean an sin* we were used to seeing fishermen there
cleamhna / cleamhnan □ see **cliamhainn**
cleamhnas, -ais *nm* affinity, kindred, relationship (usually by marriage) □ *tha cleamhnas aige ri* ... he is related by marriage to ... □ *bha cleamhnas eadar na daoine aice agus na Camshronaich* there was a relationship by marriage between her people and the Camerons
cleas, -a, -an *nm* act, device, dodge, feat, finesse, freak, lark, play, prank, shift, sleight, stunt, subterfuge, toy, trick □ *cuir air falbh na cleasan agad* put away your toys □ *chluich e cleas orm* he played a trick on me □ *cleasan* *pl* also = activities, sports □ *latha nan cleasan* sports day □ *choisich sinn gu faiche nan cleasan* we walked to the sports field

cleas *prep* + *gen* like □ *cleas a' choileachain san tàladh* like the little cock in the lullaby

cleas-chluich *nm* comedy

cleas-follaisidh *nm* publicity stunt □ *cleas-follaisidh dàna* a daring publicity stunt

cleasach, -aiche *a* full of tricks, tricky, zany

cleasachd *nf* recreation □ *dèan cleasachd* juggle, romp

cleasaiche, -ean *nm* actor, clown, comedian, jester, juggler, player □ *cleasaichean siubhail* travelling players

cleasaiche-bhall *nm* juggler

clèibh □ *gen sing* and *nom* & *dat pl* of **cliabh** creel

cleigeach, -iche *a* dishevelled □ *bha miallan na cheann cleigeach* there were lice in his dishevelled hair

clèimhnean □ see **cliamhainn**

clèir, -e *nf* 1. clergy 2. presbytery

clèireach, -ich, -ich *nm* clerk □ *clèireach an t-sèisein* session clerk □ *clèireach baile* townclerk

Clèireach, -ich, -ich *nm* Presbyterian

clèireachail *a* clerical, Presbyterial

clèireachd *nf* administration (Local Government)

clèirsneachd *nf* clerkship

cleite, -ean *nf* 1. quill 2. rocky outcrop (on land or under water), cliff 3. cleat

cleiteag, -eige, -an *nf* flake

cleitearnach -aich, -aich *nm* flap

cleith, cleith *v* cloak, conceal, hide □ *an cleitheadh tu seo air do chàirdean?* would you conceal this from your friends? □ *a bheil cuideigin a' cleith rudeigin oirnn?* is someone hiding something from us?

cleith *nm/f* & *vn* of **cleith** concealing etc., concealment, privacy, secrecy

clèith and **cleithe** □ *dat sing* & *gen sing* respectively of **cliath** harrow

cleithean, -ein, -an *nm* splint (*med*)

cleoc *nm* clock □ see **gleoc**

cleòc(a), -a, -an(nan) *nm* cloak, cape □ better **fallainn** *nf*

clì *a* 1. left, sinister (in heraldry) □ *an làmh chlì / an taobh clì* (the) left □ *chùm e e na làimh chlì* he held it in his left hand 2. larboard, port □ *bha e leth-phuing air an làimh chlì de a toiseach* it was a half degree off the port bow (lit. a half point to the left hand off her bow) □ also *am bòrd clì* port (naut.) 3. wrong □ *chuir e rud clì nan inntinn* he put a wrong thing in their minds

clì, clìthe *nf* vigour, strength, force □ *gun chlì* torpid

cliabh, clèibh, clèibh *nm* 1. large basket, creel, lobster pot 2. chest (anat.) □ *galar clèibh* chest complaint

cliabh-ghiomach *nm* lobster-pot

cliamhainn, cleamhna, cleamhnan / clèimhnean *nm* son-in-law – in the *pl* it often means 'in-laws'

cliata *nm* (also **cliatan**) burr □ used in Lewis

cliath *v* tread (copulate) □ *bha an coileach a' cliathadh nan cearc* the cockerel was treading the hens

cliath, clèithe, -an *nf* 1. casement, grating, grid, harrow, hoarding, hurdle, lattice, paling, stave (the five lines on which music is written) □ *bha oiteag bhlàth a' tighinn tro chleith* a warm breeze was coming through a grating 2. shoal (of fish) □ *... far an robh na bradain nan cliathan ...* where the salmon were in [their] shoals

cliath-bhogsa *nm* crate **c.-chliata** *nf* harrow **c.-luadhaidh** *nf* fuller's frame or hurdle, a waulking-board □ *aig a' chlèith-luadhaidh* at the waulking-board **c.-theine** *nf* grate **c.-uinneig** *nf* lattice

cliathach, -aich, -ean *nf* side □ *cliathach na luinge* the side of the ship □ *cliathach mairtfheoil* a side of beef □ *bha i air a cliathaich* she (the boat) was on her side □ note that **cliathaich** is often used as the *nom sing*

cliathaire, -ean *nm* hurdler

cliathan, -ain, -an *nm* breast bone, sternum

clib, -eadh □ see **cliob, -adh** *v*

clibean, -ein, -an *nm* any flabby appendage □ *clibean na cluaise* ear lobe

clìc, -e, -ean *nf* trick □ *bha e deiseil airson clìcean sam bith a dh'fhaodadh iad feuchainn air* he was ready for any tricks they might try on him

clìchd □ see **clìc**

cliob, -adh *v* nibble □ *bha na caoraich a' cliobadh an fheòir mhilis* the sheep were nibbling the sweet grass

cliobach, -aiche *a* clumsy

clìomaid, -e, -ean *nf* climate

clionaic, -ean *nf* clinic

clionaicail, -e *a* clinical

cliostar, -air, -an *nm* clyster, enema

clis, -e *a* clever, nimble, prompt, quick, rapid, swift □ *thachair e gu clis agus gu brùideil* it happened swiftly and brutally □ *na Fir Chlis* the Northern Dancers / Aurora Borealis

clis-phuing *nf* exclamation mark

clise *nf* □ see **cliseachd**

cliseachadh, -aidh *nm* & *vn* of **clisich** flinching

cliseachd *nf* cleverness, nimbleness
clisg, -eadh *v* start, startle, jump in surprise etc.
clisg, a chlisge *adv* □ see **clisgeadh**
clisg-phuing *nf* exclamation mark
clisge □ see **clisgeadh**
clisgeadh, -idh *nm* & *vn* of **clisg** starting etc., alarm, fright, panic, start, startling, surprise □ *cuir clisgeadh air* cause to start, startle, surprise □ *thug mi clisgeadh* I started, I gave a jump □ *chaidh a chlisgeadh air lughad* his alarm subsided □ *a chlisge(eadh)* suddenly (uncommon) □ *a chlisgeadh leum iad air on chùlaibh* suddenly they leapt upon him from behind
clisgeadh-cridhe *nm* heart attack
clisgear, -eir, -an *nm* interjection
clisgreadh, -idh, -idhean *nm* exclamation
clisich, -eachadh *v* flinch
clisteachd *nf* agility, dexterity, nimbleness
cliù *nf* character, commendation, credit (good name / opinion), distinction, fame, glory, name, praise, prestige, renown, repute, reputation □ *cliù stèidhichte* an established reputation □ *choisinn e cliù mar phìobaire* he earned fame as a piper □ *bha a chliù a' sìor fhàs* his fame was continually growing □ ... *a bhiodh a' cosnadh cliù dhaibh fhèin* ... who would earn fame / a reputation for themselves □ *choisinn e droch chliù dha fhèin* he earned a bad reputation for himself □ *bha e fo dheagh chliù mar fhìdhlear* he was famous as a fiddler
cliù-mhilleadh *nm* libel □ *dèan cliù-mhilleadh* libel *v*
cliù-mhillteach *a* libellous
cliùiteach, -iche *a* of good character, distinguished, famed, renowned, reputable □ *bean chliùiteach* a woman of good character / repute □ *caitheamh-beatha cliùiteach* a reputable lifestyle □ *is cliùitich' an onair na 'n t-òr* honour is more reputable than gold
cliùtaich, -achadh *v* □ see **cliùthaich**
cliùthaich, -achadh *v* eulogize, extol, laud, praise, recommend □ *a Dhè, tha mi gad chliùthachadh airson* ... God, I extol you for ...

---

clò, clò(tha), clòithean / clòitean *nm* cloth, tweed □ *clò na Hearadh* Harris tweed □ *bha an rum làn de chlòitean* the room was full of tweeds
clò *a* tweed, of tweed □ *bha e a' cosg ad chlò* he was wearing a tweed hat

---

clò-mòr *nm* Harris tweed, tweed □ *bhiodh e a' ceannach a' chlò-mhòir* he used to buy the tweed

clò, clò(dha) *nm* press (printing), print, type (typog.) □ *clò eadailteach* italics, italic type □ *clò trom* bold type □ *cuir clò an ordugh* compose (typog.) □ ... *nuair a bha dearbhaidhean a' chlò uile ri làimh* ... when the printing proofs were all at hand □ *tha e dìreach air tighinn bhon chlò* it has just come from the press / it's straight from the press
clò- *pref* (compounds connected with printing)
clò-bheart, clò-bheairt, clò-bheairt *nf* press, printing press □ ... *a chaidh a chur a-mach le Clò-bheairt Oilthigh Dhùn Eideann* ... which was published by Edinburgh University Press
c.-bhuail, c.-bhualadh *v* print, impress (typog.) **c.-bhuailteach** *a* typographical **c.-bhuailtear** *nm* typographer
c.-bhualadair *nm* printer □ *bha na clò-bhualadairean glè chuideachail* the printers were very helpful
c.-bhualadh *nm* & *vn* printing etc., edition, impression (typog.), letterpress, print, printing, typography □ *thàinig a' chiad chlò-bhualadh de a bhàrdachd am follais anns a' bhliadhna sin* the first edition of his poetry appeared in that year □ *thàinig clò-bhualadh ceartaichte a-mach* a corrected edition came out **c.-bhualaidh** *a* printing □ *tha taigh clò-bhualaidh aige* he has a printing house **c.-sgrìobhadair** *nm* typewriter **c.-sgrìobhadh** *nm* typescript **c.-sgrìobhaiche** *nm* typist □ *clò-sgrìobhaiche claistinn* audio-typist **c.-shuidhiche** *nm* typesetter

---

clò- *pref* from **clòth** *v* overwhelm
clò-chadal *nm* doze, dozing, slumber(s), slumbering □ *rach an clò-chadal* doze, doze off □ *chaidh e na chlò-chadal* he dozed off □ *thàinig clò-chadal oirre* she dozed off □ *roghnaich an cat a' chathair [a] bu chofhurtaile airson a chlò-chadail* the cat chose the most comfortable chair for his slumbers □ *cha b' urrainn dha fiù 's clò-chadal a dhèanamh* he couldn't even doze

clòbha, -an *nf* clove
clobha, -achan *nm* tongs
clobhach, -aiche *a* clumsy □ *bha e a'coim-head cho clobhach* he was looking so clumsy
clòbhar, -air *nm* clover
clobhdach, -aiche *a* clumsy *is esan an t-eun as clobhdaiche a chunnaic mi riamh* it's the clumsiest bird I ever saw
clobhsa, -achan *nm* alley, close (of a tenement), lane (between houses)
cloc *nm* clock □ see **gleoc**
clochar, -air, -air *nm* convent
clod, cluid / cloda, cluid / -an *nm* clod, turf, sod □ *na chlod* in a heap *masc subj* □ *siud e na chlod, sìnte fuar air an làr* there he was in a heap, stretched cold upon the ground □ *tuit (na chlod)* slump *v*
clogaid, -e, -ean *nf* helmet
clogaid-bualaidh *nf* crash-helmet
cloich *dat* of **clach**
cloiche *gen sing* of **clach** □ also *adj* stone, of stone *balla cloiche* a stone wall *iomhaigh chloiche* a stone statue / a statue of stone
cloichearan, -ain, -ain *nm* stonechat
clòimh, -e *nf* wool □ *mar chlòimh chaorach* like sheep's wool □ *de chlòimh* woollen
clòimh-chat *nm* catkin(s) **c.-chotain** *nf* cotton wool □ *tha an stuth seo coltach ri clòimh-chotain* this substance is like cotton wool **c.-iteach** *nm* down (on a bird) **c.-iteach** *a* downy **c.-liath** *nf* mildew, mould (bacterial etc.) **c.-stailinn** *nf* steel wool **c.-liathach** *a* mouldy
clòimheach, -iche *a* downy, woolly, fleecy, fluffy □ *bha a h-iseanan clòimheach air a druim* her downy chicks were on her back
clòirin *nm* chlorine
cloitheag, -eige, -an *nf* prawn
clorofail *nm* chlorophyll
cloroform *nm* chloroform
clos, -adh *v* still, be / become still □ *chlos a'ghàireachdaich* the laughter stilled
clos *nm indec* mate (chess), rest (mus.) □ *cuir clos air* mate (chess)
clos-bhuille *nf* knock-out
clos-cluiche *nm* stalemate
closach, -aich, -aichean *nf* carcass □ *closach caorach* a sheep's carcass
clòsaid, -e, -ean *nf* closet
clostar □ as in: *thuit e na chlostar* he fell with a crash / bang, he fell heavily
clòth, -adh *v* overwhelm
clòthadh, -aidh *nm & vn* of **clòth** - overwhelming etc.
CLSA = Comann Luchd Sgrìobhaidh na h-Alba The Scottish Writers' Association

cluain, -e, -ean / -tean *nf* 1. meadow 2. pacification, quietness □ *cuir cluain air* pacify
cluain, -e *nf* dissimulation, guile
cluaineachadh, -aidh *nm & vn* of **cluainich** dissembling
cluaineas, -eis *nm* retirement □ *guma fada mhealas e a chluaineas* long may he enjoy his retirement □ *air a chluaineas* in his retirement
cluaineireachd *nf* intrigue □ *dèan cluaineireachd* intrigue *v*
cluainich, -eachadh *v* dissemble
cluainidh, air chluainidh *adv* retired □ *rach air chluainidh* retire □ *...ged a tha e an-diugh air chluainidh* ... though he is nowadays retired
cluaintearachd / cluainteireachd □ see **cluaineireachd**
cluais-fhòn *nm* ear-phone, head-phone
cluan, -ain, -an / -tan *nf* □ see **cluain**
cluaran, -ain, -ain *nm* thistle
cluaran-deilgneach *nm* spear thistle
cluaran-leana *nm* marsh thistle
cluaran-òir *nm* carline thistle
cluas, cluaise, -an *nf* ear, handle, lug (ear) □ *cluas a'chupain* the handle of the cup □ *comharradh cluaise* ear-mark □ *a'cumail ar cluasan air faire* keeping our ears open □ *leig mu do chluais* ignore □ *...a leig e mu a chluais* ... which he had ignored □ *leigeadh e mu a chluasan e* he would (used to) ignore it
cluas-an-fhèidh *nf* melancholy thistle **c.-an-luch** *nf* chickweed **c.-chaoin** *nf* cuckoo-pint **c.-chiùil** *nf* ear for music, musical ear **c.-fhail** *nf* ear-ring **c.-liath** *nf* coltsfoot **c.-luch** *nf* hawksweed
cluasag, -aige, -an *nf* pillow □ *cluasag ghlùin* hassock
cluasan, -ain, -an *nm* ear-phone(s), headset
club, -aichean *nm* club (association)
clùd, -ùid, -an *nm* clout, cloth (as in dishcloth, floorcloth etc.), rag
clùdach, -aiche *a* ragged
cluich, cluich(e) *v* act (in a play), play (game / musical instument □ with *prep* air) □ *cluich le* toy with, play with □ *bha i ag iarraidh pàirt a chluich ann an dealbh-chluich* she wanted to act a part in a play □ *bha e a'cluich air an fhidhill* he was playing on the the fiddle □ *...far an do dh'ionnsaich e cluich air a'phìob mhòir ...* where he learnt pipe playing (lit. playing on the pipe) □ *chruthaich iad sgioba ball-coise a bhiodh a'cluich ri sgiobaidhean eile* they formed a football team that would

be playing against other teams □ *bha e a' cluich air ball-coise* he was playing at football □ *bha iad a' cluich air a bhith nan saighdearan* they were playing at [being] soldiers □ *tha pàirt againn uile ri a cluich ann* we all have a part to play in it □ *chuir iad romhpa an cluicheadair ùr a chluich* they decided to play the new player

cluich(e) *nm & vn* of **cluich** playing etc., game, play □ *là cluich* fixture (sport) □ *dèan cluich le* play □ *cluich aon-neach* solo □ *bha cluich ann a bha glè thlachdmhor ri fhaicinn* there was playing that was very pleasing to see (lit. to be seen / to its seeing)

cluich-cneutaig *nm* tennis

cluicheadair, -ean *nm* player □ *is esan an cluicheadair as fheàrr a chunnaic mi riamh* he's the best player I ever saw □ *reic an club an cluicheadair air dà mhillean* the club sold the player for two million □ *cluicheadair piàno* pianist □ *cluicheadair beum chiùil* percussionist

cluid □ *gen sing* and *nom & dat pl* of **clod** clod

cluig □ *gen sing* and *nom & dat pl* of **clag** bell

cluigean, -ein, -an *nm* anything dangling, catkin, cluster, tassel, wattle (on a hen)

---

cluinn, cluinntinn *v* (*irreg* in the *past tense, act & pass*) hear, hearken

ACTIVE VOICE:

Past tense

1) Indep.: **chuala mi** I heard, **chuala tu** you heard etc.
2) Dep.: **an cuala tu?** did you hear? **cha chuala e** he didn't hear **nach cuala iad?** didn't they hear?

Future tense (reg.)

1) Indep.: **cluinnidh mi** I shall hear **cluinnidh thu** you shall hear etc.
2) Dep.: **an cluinn thu?** will you hear? **cha chluinn iad** they shan't hear **nach cluinn e?** won't he hear? etc.

Relative future

(ma) **chluinneas tu** (if) you hear etc.

Imperfect / conditional tense (reg.)

1) Indep.: **chluinninn** I would hear **chluinneadh tu** you would hear etc.
2) Dep.: **an cluinninn?** would I hear? **cha chluinninn** I wouldn't hear **nach cluinninn?** wouldn't I hear? **an cluinneadh tu?** would you hear? **cha chluinneadh tu** you wouldn't hear **nach cluinneadh tu?** wouldn't you hear? etc.

PASSIVE VOICE:

Past tense

1) Indep.: **chualas mi** I was heard **chualas tu** you were heard etc.
2) Dep.: **an cualas e?** was he heard **cha chualas iad** they weren't heard **nach cualas tu?** weren't you heard? etc.

Future tense (reg.)

1) Indep.: **cluinnear mi** I shall be heard
2) Dep.: **an cluinnear sinn?** shall we be heard? **cha chluinnear e** It won't be heard **nach cluinnear iad?** won't they be heard? etc.

Relative future

As with all verbs, the Relative Future is the same as the Future Tense in the Passive Voice: **nuair a chluinnear an clag** when the bell is heard (will be heard)

Imperfect / conditional tense

1) Indep.: **chluinnte mi, thu, e** etc. I, you, he etc. would be heard
2) Dep.: **an cluinnte sinn?** would we be heard? **cha chluinnte iad** they wouldn't be heard **nach cluinnte e?** wouldn't it be be heard? etc.

Note that **cluinnte / chluinnte chluinnist** are more usually found than the older forms **cluinnteadh / chluinnteadh cluinnear** should not be used for **cluinntear**

Imperative mood (reg.)

cluinneam let me hear **cluinn!** hark!
sing **cluinnibh!** hark! *pl* **cluinneadh e,
i, iad** let him / it *masc*, her / it *fem*,
them hear **cluinneamaid** let us hear
Basic examples: *cluinnibh airsan!*
hark at him! / do you hear him? etc. □
chuala sinn fuaim anns a' chidsin □ we
heard a noise in the kitchen □ *chuala
mi rudeigin anns an dorchadas* I heard
something in the darkness □ *an cuala
tu gun robh Calum a' dol a phòsadh?*
did you hear that Malcolm was going
to get married? □ *cha chuala sinn
dad / càil sam bith* we did not hear
anything □ *cluinnidh sinn torman nan
calman anns a' mhadainn* we shall
hear the murmuring of the doves in the
morning □ *nuair a chluinneas tu dè
thachair, innis dhomh* when you hear
what happened tell me □ *bhruidhinn e
cho àrd is gun cluinninn e gun duil-
gheadas* he spoke so loudly I could
hear him without difficulty □ *cha b'ur-
rainn dhuinn rud sam bith chluinntinn*
we could not hear anything □ *tha mi a'
cluinntinn an fhuaim a-nis* I hear the
noise now
Further examples: *chualas bualadh
aig an doras* a knock was heard at the
door □ *cluinnear ceilearadh nan eun
anns a' choille* the singing of the birds
will be heard in the wood □ *na cluin-
neam an còrr* don't let me hear the rest /
I don't want to hear another word □
*nuair a chualas gun do thill mi, thàinig
e gam fhaicinn* when it was heard that
I had returned he came to see me □ *bha
e air gu leòr a chluinntinn* he had
heard enough □ *a bheil thu gam
chluinntinn?* do you hear me? □ *ri
chluintinn* audible □ *cha robh càil ri
chluinntinn* there wasn't a thing to be
heard / audible □ *dh'aidich iad uile
nach cualas a-riamh sgeulachd cho
iongantach* they all confessed that
never had such an amazing story been
heard □ *'s e sin rud a chuala tu aig
duine eile* that's something you heard
from someone else □ *chuala mi aig
caraid uair gun robh iad…* I heard
from a friend once that they were …
cluinnear esan far nach fhaicear e he
can be heard where he's not seen (of
a person who is loud and assertive)

clùmh, -adh *v* cover, cloak □ *bha na
cearcan trang gan clùmhadh fhèin ann an
duslach* the hens were busy cloaking
themselves in dust
clùmhadh, -aidh *nm & vn* of **clùmh**
cloaking etc.
cnag, -adh *v* bang, click, tap (knock) □
chnag a' ghlas agus dh'fhosgail an doras
the lock clicked and the door opened
cnag, -aige, -an *nf* 1. bang, crunch, knock
□ *fhuair sinn droch chnag o chionn
ghoirid* we received a bad knock recently
2. knob, peg, pin (of wood) □ *cnag na
cùise* crucial point, crux □ *b'e cnag na
cùise…* the crucial point was… / the crux
of the matter was… □ *tha seo air a bhith
aig cnag na cùise fad iomah bliadhna* this
has been at the crux of the matter for many
a year / for many years
cnag-aodaich *nf* clothes-peg
cnag-fhacal *nm* key word
cnagadh, -aidh *nm & vn* of **cnag** thumping
etc.
CNAG = Comunn na Gàidhlig the Gaelic
Association
cnagan-faoileig *nm* / **c.-feannaig** *nm* /
c.-traghad *nm* sea-urchin
cnàimh, cnàmha, cnàmhan *gen pl*
chnàmh *nm* bone □ *gun chnàimh* bone-
less, boned, filletted □ *feòil gun chnàimh*
boned meat □ *cnàimh an uga* collar-bone
□ *dèan na chnàimh* ossify □ *cha robh ach
an craiceann a' còmhdach an cnàmh* there
was only the skin covering their bones □
cnàimh an droma the backbone, spine
(also **cnàimh-droma**) □ *air cnàimh mo
dhroma* on my backbone □ the *pl* **cnàmhan**
may also = outline
cnàimh-caol na lurgann *nm* fibula **c.-
droma** *nm* backbone, spine □ *air cnàimh-
droma an leabhair bha an tiotal 'Ar
Sluagh 's Ar Cànain'* on the spine of the
book was the title 'Our People and Our
Language' **c.-slinnein** *nm* shoulderblade
cnàimhneach, -ich, -ich *nm* skeleton
cnàimhneachadh, -aidh *nm & vn* of
cnàimhnich ossifying, ossification
cnàimhnich, -eachadh *v* ossify
cnàimhseag, -eige, -an *nf* 1. barberry / bear-
berry 2. facial spot **cnàimhseagan** *pl* = acne
cnàmh, an cnàmh *nm* digestion, decay,
erosion 2. see **cnàimh**
cnàmh, cnàmh(adh) *v* chew, corrode,
decay, digest, erode, moulder, die away,
become spent *cnàmh a' bhuntàta* potato
blight □ *cnàmh cìr* ruminate □ *a chnàmhas
cìr* ruminant □ *a' cnàmh a cìre* chewing

the cud (lit. her cud) □ *bha a' bhò a' cnàmh
a cìre* the cow was chewing the cud □
*tha a' mhoine air a dèanamh de luibhean
a chnàmh* peat is made of plants which
decayed □ *tha a chorp a-nise a' cnàmh
san duslach* his body is now mouldering in
the dust □ *bha a' choinneil a' cnàmh* the
candle was becoming spent
cnàmh-lighiche *nm* osteopath **c.-loisg** *v*
smoulder **c.-rionnach** *nm* horse-mackerel
c.-sgeul *nm* scenario **c.-sgadain** *a* herring-
bone □ *bha pataran cnàmh-sgadain air an
aodach* there was a herring-bone pattern
on the cloth
cnàmhach, -aiche *a* bony, peptic □ *bha e
na ghille àrd cnàmhach* he was a tall, bony
lad □ *pioramaid chnàmhach* skeleton
pyramid (math.)
cnàmhadh, -aidh *nm* and *alt vn* of **cnàmh**
decaying etc. (uncommon, see **cnàmh**)
cnàmhag, -aige *nf* remains, refuse (usually
of substance from which the juice has
been removed by boiling, maceration or
chewing) □ *cnàmhag nan lus* the remains
of the plants
cnàmhaidh *a* digestive □ *rian cnàmhaidh*
digestive system
cnàmhainn *nf* canker
cnàmhalach, -aich, -aich *nm* rawboned,
cadaverous person
cnàmhan *pl* of **cnàimh**
cnàmhlach □ see **cnàmhalach**
cnàmhta *pp* of **cnàmh** □ decayed □ *tòrr de
lusan chnàmhta* a heap of decayed plants
cnap, -aip, -an *nm* block, boss, knob, lump,
node, projection, swelling □ *ann an cnap
en bloc*
cnap-gaoithe *nm* squall **c.-shùil** *nf* tuber
(*pl* = **c.-shùilean**) **c.-starra** / **c.-starraidh**
nm barrier, impediment, obstacle, obstruc-
tion, stumbling-block □ *tha iad a' faicinn
nan rudan sin mar chnap-starra a tha a'
tighinn eadar iad agus am foghlam* they
see these things as an obstacle coming
between them and their education **c.-
shuim** *nf* lump sum □ *dè an cnap shuim
a gheibheadh sinn air an t-seann taigh?*
what lump sum would we get for the old
house?
cnapach, -aiche *a* granular, lumpy
cnapach, -aich, -aichean *nm* youngster,
sturdy fellow □ *cnapach mòr de bhalach*
a great sturdy fellow of a lad
cnapag, -aige, -an *nf* 1. dab (lump) *cnapag
ìme* a dab of butter 2. shinty ball
cnapan, -ain, cnapanan *nm* 1. little lump /
block 2. *pl* of **cnap**

cnapan-dubh *nm* knapweed
cnatan, -ain *nm* a cold (ailment) – always
used with *def art* □ *tha an cnatan orm*
I have a cold □ *an cnatan mòr* flu,
influenza □ *bha an cnatan mòr oirre* she
had influenza
cnatan-beinge / **cnatan-tobhta** *nm* an
ordinary / common cold
cnead, -a, -an *nm* groan, grunt, whimper □
dèan cnead groan, grunt □ *rinn e cnead* he
groaned, grunted □ *leig e cnead eangarra
às* he let out a bad-tempered grunt □ …
*agus an-dràsta 's a-rithist bha e a' leigeil
cnead às* … and now and then he was
groaning □ note: used negatively to indi-
cate freedom from illness □ *chan eil cnead
air* he's fine / there's nothing wrong
with him
cnead, -adh / **-ail** *v* groan (**dèan cnead** is
more common)
cnèadach *a* caressing □ *dh'fhàs an leanabh
ciùin fo làmh cnèadaich* the baby became
calm under her caressing hand □ note
that there is no way of telling, except by
context, whether the meaning is *his, her* or
a caressing hand
cneadach *a* sobbing, sighing, moaning *an
cnatan cneadach* asthma
cnèadaich, -achadh *v* caress, fondle, pat,
stroke □ *mar gun robh i a' cnèadachadh
pàiste* as if she were caressing a child
cnèadachachadh, -aidh *nm* & *vn* of
cnèadaich caressing etc.
cnèadag, -aige, -an *nf* cone (fir etc.)
cneas, -a, -an *nm* (also *gen sing* **cneis** /
cnis) complexion, skin, chest, waist □
common in poetry □ now taken to mean
'cuticle' □ *cneas fuiltean* cuticle (hair) □
cneas ionga cuticle (nail) □ *cneas Chù
Chulainn* meadow-sweet (also **lus-chneas
Chù-Chulainn** and **crios Chù Chulainn**)
cneas-fhilm *nm* cuticle (biol.)
cneasta *a* merciful □ in *neg* means
'ominous', 'uncanny' □ *chuala sinn fuaim
nach robh idir cneasta* we heard a sound
which was quite uncanny (lit. was not at
all 'canny')
cneutag, -aige *nf* tennis
cniadaich, -achadh *v* □ same as **cnèadaich**
cniadach *a* □ same as **cnèadach**
cnò, cnòtha, cnòthan *nf* nut (both shelled
fruit and metal block for use with bolt)
cnò-challtainn *nf* hazelnut **c.-chluasach** *nf*
wing-nut **c.-chòco** *nf* coconut **c.-fuinn** *nf*
groundnut, peanut (*pl* = **cnòthan-fuinn**)
c.-gheanmnaidh *nf* chestnut **c.-iuchair** *nf*
spanner □ *cheannaich e cnò-iuchrachean*

ùra he purchased (some) new spanners
c.-làir *nf* groundnut, peanut □ *dhòirt e na cnòthan-làir* he spilt the peanuts
c.-mhionnt, a' chnò-mhionnt *nf* nutmeg
c.-thalmhainn *nf* groundnut, peanut
cnoc, cnuic, cnuic / -an *nm* hill (small), knoll, hillock □ *na Cnocan Lombair Mhòir* the Lammermuirs □ *... am measg nan Cnoc Lombair Mhòir ...* among the Lammermuirs
cnoc-deigh *nm* iceberg □ *chunnacas cnocan-deigh* icebergs were seen
cnoc-eighre *nm* iceberg
cnocach, -aiche *a* hilly
cnocan, -ain, -an *nm* 1. hillock 2. ball of wool etc.
cnòdan, -ain, -ain *nm* gurnet
cnòthach, -aiche *a* nuciferous, nutty □ *bha blas cnòthach air a' bhiadh* the food had a nutty flavour
CNSA = Comhairle nan Sgoiltean Araich (Gaelic) Playgroup Association
cnuaic, -e, -ean *nf* 1. heap, lump 2. shock (of hair) □ *nochd cnuaic mhòr ruadh aig an uinneig* a great shock of red hair appeared at the window
cnuasaich, -achadh / cnuasachd *v* consider, digest, muse, ponder, reflect, ruminate, search, sift, speculate, think about □ *'s e ceist a tha seo as fhiach a cnuasachadh* this is a question which is worth [its] considering □ *bha mèirleach a' cnuasachd air feadh a chuid seilbh* a thief was searching through his belongings
cnuasachadh, -aidh *nm & vn* of **cnuasaich** considering etc., discussion
cnuic □ *gen sing* and *nom & dat pl* of **cnoc** hill
cnuimh.-e, -ean *nf* canker, fluke, grub, maggot, worm
cnuimh-shìoda *nf* silkworm
cnuimh-thalmhainn *nf* earth-worm
cnuimheach *a* maggoty
cnuimheag, -eige, -an *nf* maggot

---

co (accomp. by a *prep pron* e.g. **co leis / co uaithe** etc. or in the phrase **co mheud**) – see below under **cò**
co- (as part of a compound word) – see next section under **co-**

cò *interr pron* who? which? what? □ *cò tha siud?* who's that? / who's there? □ *cò thug cead dhut tighinn an seo?* who gave you permission to come here? □

cò e cò? who is who? □ *air sgàth cò?* for whose sake? □ *cò an dealbh a b' fheàrr leat?* which picture would you prefer? □ *cò ris tha e coltach?* what's he like? / what does he look like? □ *chan eil cinnt agam cò aige an robh buaidh air cò eile* I'm not sure who had an effect on whom □ *cò i an Eilidh a bha seo a bha cho brònach truagh?* who was this Helen who was so sad and miserable?
cò may also be used relatively □ *chan eil e gu diofar cò an àird om bi a' ghaoth a' sèideadh* it doesn't make any difference from which direction the wind is blowing
Note that, when **cò** is accompanied by a *prep pron*, it loses its stress □ *co às* whence □ *co às a tha thàinig iad?* where did they come from? □ *co às a tha thu?* where are you from? □ *co leis* whose? / with whom? / with which? *co leis a tha 'n taigh sin?* whose house is that? □ *co leis a tha an leabhar seo?* whose book is this? □ *co leis a tha e ag iasgach?* with what is he fishing? □ *co bhuaithe?* whence, from where? from whom? □ *co bhuaithe a thàinig an t-airgead sin?* where did that money come from? □ *... agus co dha a bha e na bhuannachd? ...* and to whom was it a gain? / to whose gain was it? □ *tha an gnothach na mhasladh, ach co dha?* the affair is a disgrace, but to whom? □ *co dhiubh a tha thu ag iarraidh?* which of them do you want? □ also **co aca**: *co aca a rinn seo?* which of them did this? □ note that **co aca** may also mean 'whether' and is used in the same way as **co-dhiù** (below) □ *co aig a tha an leabhar seo?* who has this book? (should, strictly speaking, be: *co aige a tha* etc.) □ *co aig a tha fios?* who knows? □ *co aig nach eil ...?* who does not have ...? □ *càite? co ann?* where? in what? □ *co air a bha e a' smaoineachadh?* who / what was he thinking about? □ *co dheth a tha e air a dhèanamh?* what is it *masc* made of? / of what is it made? □ *co thuig?* to whom? □ *co thuige bu chòir dhuinn fios a chur mu dheidhinn seo?* to whom should we report this?
co air bith whoever, whosoever □ *co air bith a thuirt sin, bha e ceàrr*

who(so)ever said that, he was wrong / whoever said that was wrong
co mheud? *interr pron* how many □ foll. by *nom sing* of the noun □ *co mheud duine?* how many men? □ *co mheud a th'ann?* how many are there? □ see **meud**
co dhiù *conj* (more usually **co-dhiù**) whether □ *tha e duilich a ràdh co-dhiù [a] tha seo fìor no nach eil* it difficult to say whether this is true or not □ *ach co-dhiù (a) bha no nach robh sin mar sin ...* but, whether that was the case or not ... □ *tha mi coma co-dhiù a their thu amadan rium no nach abair* I don't care whether you call me fool or not □ also *adv* anyway, at least, at any rate, besides, in any case, at all events, however □ *co-dhiù, feumaidh mi falbh* anyway, I must go □ *bha co-dhiù dà cheud duine a' fuireach ann* there were at least two hundred people living in it □ note also *co-dhiù no co-dheth* with the same meanings □ *co-dhiù no co-dheth feumaidh sinn togalach ùr fhaighinn a dh'aithghearr* anyway, we must find a new building soon □ *ach coma leat co-dhiù ...* but in any event ... □ *tha mi coma co-aca* I don't care

co- *pref* equivalent to 'co-', 'con-', 'com-' in English □ also denotes 'fellow-' as in: *rinn e seirbhis mhath do a cho-Ghaidheil* he performed good service for his fellow-Gaels
co-aimsireach *a* coeval, contemporary **c.-aimsireil** *a* contemporary, topical □ *na bàird a bha co-aimsireil ris* the poets who were contemporary to him **c.-ainm** *nm* anniversary, namesake □ *air là co-ainm breith na bànrighinn* on the queen's birthday □ *air co-ainm an latha a phòs iad* on their wedding anniversary □ *air co-ainm là mo bhreith* on my birthday □ less common than the shorter **c.-là** (q.v.) **c.-ainmear** *nm* homonym **c.-aisealach** *a* co-axial **c.-alta** *nm* foster brother / sister **c.-aois** *nm* contemporary □ *ged a bha e na cho-aois riutha ...* though he was their contemporary ... □ *bha iad anns na co-aoisean* they were contemporaries **c.-aoiseach** *nm* contemporary **c.-aoiseach** *a* contemporary **c.-aom** *v* converge **c.-aomaidh** *a* converging □ *lionsa co-aomaidh* converging lens

c.-aonachadh *nm* unification **c.-aonadh** *nm* junction **c.-aonta** *nm* consensus **c.-aontachadh** *nm & vn* combining etc., combination, conformity □ *co-aontachadh a' chalpa is an t-saidheans* a combination of capital and science **c.-aontachd** *nf* concurrence **c.-aontaich, -achadh** *v* coincide, combine, conform **c.-bhàidh** *nf* commiseration **c.-bhàidheachadh** *nm & vn* commiserating **c.-bhàidhich** *v* commiserate **c.-bhann, c.-bhoinn, c.-bhannan** *nf* confederacy, league □ most commonly found in the phrase *an co-bhoinn ri* in association with, along with, in liaison with, in collaboration with □ *ghabh e Fraingis an co-bhoinn ri Gàidhlig aig an oilthigh* he took French along with Gaelic at the university □ *thuirt iad gun robh i ann an co-bhoinn ri cumhachdan an dorchadais* they said that she was in league with the powers of darkness □ *...na daoine a bha an co-bhoinn ris ...* the people who were in league with him □ *an co-bhoinn ri buidhnean eile* in association with other bodies **c.-bhoinn** *gen* and *dat sing* of **c.-bhann c.-bhith** *nf* coexistence **c.-bhitheach** *a* coexistent **c.-bhròn** *nm* condolence □ *dèan co-bhròn le* condole **c.-bhreithneachadh** *nm & vn* consulting, consultation □ *an ceann greis de cho-bhreithneachadh* after a period of consultation **c.-bhreithnich** *v* consult **c.-bhuail** *v* collide **c.-bhualadh** *nm & vn* colliding etc., collision **c.-chaidreamh** *nm* confederation **c.-chàradh** *nm* syntax **c.-chasach** *a* isoceles **c.-cheangail** *v* correlate, incorporate, join, link, unite **c.-cheangailte** *pp* connected, related □ *fiosan co-cheangailte* related facts □ *thòisich sinn a cheana air ceumannan a ghabhail co-cheangailte ri seo* we have already begun to take steps in this regard / in this connection (lit. connected with this) **c.-cheangal** *nm & vn* joining etc., correlation, liaison, league, linkage □ *dèan co-cheangal league* **c.-cheòl** *nm* harmony **c.-cheòlach** *a* harmonic **c.-chiallach** *a* synonymous **c.-chiallaire** *nm* synonym □ *tha am facal seo air a chleachdadh mar cho-chiallaire ri 'saorsa'* this word is used as a synonym for 'freedom' **c.-chinneadh** *nm* naturalization **c.-chinnich, -eachadh** *v* naturalize **c.-choisiche** *nm* lit. fellowwalker, but used by Eilidh Watt as an equivalent for 'doppelganger' **c.-choitcheann** *a* collective **c.-chomharran** *n pl* co-ordinates **c.-chòmhradh** *nm* dialogue **c.-chomhragaiche** *nm* ally □ *chaidh iad nan co-chomhragaichean* they became allies □ *co-chomhragaiche le(is)* ally of **c.-chomhraige** (see **c.-chomhragaiche**) **c.-chomann** *nm* community, company, co-operative, fellowship intercourse, rapport □ *adhradh, co-chomann agus seirbhis* worship, fellowship and service **c.-chòrd** *v* accord, agree mutually, compromise **c.-chòrdach** *a* consistent, harmonious **c.-chòrdachd** *nf* concordance **c.-chòrdadh** *nm & vn* compromising etc., accord, alliance, chime, compact, concord, consistency, consonance, unity □ *ann an co-chòrdadh ri(s)* ... in accord(ance) with, befitting ... **c.-chòrdail** *a* compatible **c.-chothrom** *nm* equilibrium **c.-chreutair** *nm* fellow creature **c.-chruinne** *nf* concentration **c.-chruinneachadh** *nm & vn* compiling etc., accumulation, collection, compilation, concentration, convention, gathering □ *bha co-chruinneachadh aige de chinn-sleagha* he had a collection of spear heads **c.-chruinnich** *v* compile, collect, concentrate, gather together **c.-chruinnichte** *pp* concentrated □ ... *far an robh an siubhal co-chruinnichte* ... where the search was concentrated **c.-chuideachd** *nf* association **c.-chuimseach** *a* commensurate **c.-chuir, c.-chur** *v* apply □ *cho-chuir e na faclan sin ri ministrealachd Chrìost* he applied these words to the ministry of Christ □ *cha robh e cinnteach an robh iad gan co-chur ri am beatha fhèin* he wasn't sure if they applied them to their own life **c.-chur** *nm & vn of* **c.-chuir** applying etc., synthesis **c.-dhàimheach** *a* correlative **c.-dhàimhear** *nm* correlative **c.-dhalta** *nm* foster brother / sister □ *is caomh le fear a charaid, ach 's e smior a chridhe a cho-dhalt* a man is fond of his kinsman, but the pith of his heart is his foster brother **c.-dhaltachas** *nm*

fosterage, the relationship created by fosterage □ *co-dhaltas gu ceud, is càirdeas gu fichead* foster relationship to a hundred, and blood relationship to twenty **c.-dhearbh** *v* corroborate **c.-dhearbhadh** *nm & vn* corroborating, corroboration **c.-dheasbad** *nm* negotiation **c.-dheaslamhach** *a* ambidextrous **c.-dheaslamhachd** *nf* ambidexterity **c.-dheuchainn** *nf* competition, rivalry □ *bu mhòr an co-dheuchainn eatorra* great was the rivalry between them **c.-dheuchainniche** *nm* rival **c.-dhiù** *adv* □ see previous section **c.-dhiùbh** (see **c.-dhiù**) **c.-dhligheachas** *nm* equal rights in law □ *a' cosnadh co-dhligheachas ri cànainean eile* earning equal legal status to other languages **c.-dhlùth** *v* bind □ *bha cearcaill iarainn a' co-dhlùthadh nan clàran ri chèile* iron hoops bound the staves together **c.-dhlùthaich** *v* condense, consolidate (also **c.-dhlùth**) **c.-dhlùthachadh** *nm & vn* condensing etc., condensation (also **c.-dhlùthadh**) **c.-dhreuchda** *a* like, resembling (uncommon) □ *bi co-dhreuchda ri* resemble □ *bha e co-dhreuchda ri bodach-ròcais* he resembled a scarecrow **c.-dhlùthaire** *nm* condenser **c.-dhuilleag** *nf* counterfoil **c.-dhùin** *v* conclude, decide, infer □ *cho-dhùin iad gun robh e air chall* they concluded that he was lost **c.-dhùnadh** *nm & vn* concluding etc., conclusion, decision, inference, upshot □ *co-dhùnadh òraid* peroration □ *seo na co-dhùnaidhean chun an tàinig an comisean* here are the conclusions to which the commission came / which the commission reached □ ... *gu ar co-dhùnaidhean fhèin a ruigsinn* ... to reach our own conclusions □ *(ann) an co-dhùnadh* ... in conclusion ... □ *carson a thàinig e gus a' cho-dhùnadh sin?* why did he come to that conclusion? **c.-dhùthchasach** *nm* fellow countryman **c.-eagraich** *v* co-ordinate **c.-eagranaichear** *nm* fellow- / co-organizer **c.-èigneachadh** *nm & vn* forcing etc., enforcement **c.-èignich, -eachadh** *v* browbeat, compel, constrain, enforce, force, make (compel), press, urge □ *tha parantan a' co-èigneachadh na cloinne gus an sgoil Shàbaid a fhrithealadh* parents force the children to attend Sunday school □ ... *a bha air an co-èigneachadh gus ceum cho cudthromach a ghabhail* ... who were compelled to take so important a step □ ... *mur eil e air a cho-èignachadh* ... unless he is / has been compelled **c.-eileanach** *nm* fellow islander **c.-eud** *nm* rivalry □ *bha co-eud mòr ann eatorra* there was great rivalry between them (very uncommon – see **còmhstri**) **c.-fhacal** *nm* synonym **c.-fhad** *a* equal in length, equally long □ *co-fhad air falbh* equidistant **c.-fhad thràth** *nm* equinox *co-fhad thràth an earraich* vernal equinox *co-fhad thràth an fhoghair* autumnal equinox **c.-fhaireachadh** *nm* sympathy □ *bha co-fhaireachadh aice ri càs nam bochd* she had sympathy for the predicament of the poor **c.-fhaireachdainn** *nf* sympathy □ *shaoileadh tu gum biodh co-fhaireachdainn aca dhomh* you would think that they would have sympathy for me **c.-fharpais** *nf* competition, contest **c.-fharpaiseach** *nm* competitor **c.-fharpaiseach** *a* competitive **c.-fharpaiseachd** *nf* competition *abstr* □ *tha co-fharpaiseachd a dhith oirnn nar beatha* we need competition in our lives (for the use of the *sing*, see notes under **beatha, ceann** and **làmh**) **c.-fhàs** *v* accrete, grow together **c.-fhàs** *nm* accretion, growing together **c.-fheall** *nf* conspiracy □ *dèan co-fheall* conspire **c.-fhealltair** *nm* conspirator **c.-fhear-dhùthcha** *nm* compatriot **c.-fhilleadh** *nm* convolution **c.-fhillteachadh** *nm & vn* complicating etc., complication □ *bha e a' smaoineachadh gun nochdadh co-fhillteachadh air choreigin fhathast* he thought some complication or other would still appear **c.-fhilltich** *v* complicate **c.-fhlaitheachd** *nf* republic **c.-fhlaitheachdail** *a* republican **C.-fhlaitheas** *nm* Commonwealth **c.-fhoghar** *nm* consonant **c.-fhreagair + ri(s)** *v* correspond, match, suit □ ... *agus cho-fhreagair sin ruinn* ... and that suited us **c.-fhreagairt** *nf* correspondence, fitness, suitability, suitableness, symmetry **c.-fhreagarrach** *a* analogous, congruent **c.-fhreagarrachd** *nf* analogy **c.-fhreagrachd** *nf* correspondence, conformity □ *bha e a'*

faicinn co-fhreagrachd eadar an suidheachadh aige fhèin agus suidheachadh a' phrìosanaich he saw a correspondence between his own situation and the situation of the prisoner **c.-fhreagradh** *nm & vn* □ same as **c.-fhreagairt** □ *co-fhreagradh nan tràth* equinox □ also **c.-fhad thràth** *nm* **c.-fhuaim** *nm* rhyme **c.-fhuaimear** *nm* homophone **c.-fhuiling** *v* sympathize **c.-fhuireachd** *nf* cohabitation **c.-fhulangach** *a* compatible, sympathetic □ *bha am beachd seo fada na bu cho-fhulangaiche* this opinion was far more sympathetic **c.-fhulangas** *nm* sympathy **c.-fhurtachadh** / **c.-fhurtachd** / **c.-fhurtaich** (see **cofhurtachadh** / **cofhurtachd** / **cofhurtaich**) **c.-ghàirdeachail** *a* congratulatory **c.-ghàirdeachas** *nm* congratulation(s) □ *dèan co-ghàirdeachas ri* congratulate **c.-ghnèitheach** *a* congenial **c.-ghnìomhair** *nm* adverb **c.-ghnìomhaireil** *a* adverbial **c.-impire** *nm* match, equal □ *thuirt iad nach robh a cho-impire ann* they said that his equal did not exist (lit. was not in it) **c.-inbheach** *nm* peer **c.-inbheach** *a* co-ordinate **c.-iomlaideach** *a* commutative □ *comas co-iomlaideach* commutative property **c.-iomradh** *nm* running commentary **c.-ionnan** *a* alike, comparable, equal, equivalent, homologous, identical, proportional, similar, tantamount □ *pàirtean co-ionnan* equal parts □ *bloigh cho-ionnan* equal fraction □ *le beàrnan co-ionnan* equally spaced □ *dèan co-ionann* equalize □ *tha seo ri fhaotainn anns na h-uile gu co-ionnan* this is to be found in all equally □ *tha feadhainn a' smaointeachadh gu bheil cion comais sgrìobhaidh agus leughaidh co-ionnan ri aineolas* some people think that a lack of writing and reading ability is equivalent to ignorance □ *anns na h-uiread de shuidheachaidhean co-ionnan* in a number of similar situations □ *riochdachadh co-ionnan* proportional representation **c.-ionnanachail** *a* egalitarian □ *bha claonadh co-ionnanachail aige* he had an egalitarian streak **c.-ionnanachd** *nf* equality, par, parity, sameness, similarity, uniformity □ *thog seo mi gu co-ionnanachd ris* this raised me to equality with him □ *tha na co-ionnanachdan ri ar dùthaich fhèin follaiseach gu leòr* the similarities to our country are sufficiently evident **c.-ionnanas** *nm* equation □ *co-ionnanas matamataiceach* a mathematical equation **c.-ithe** *nf* mess (place for eating) **c.-là / c.-latha** *nm* anniversary □ *air co-là mo bhreith* on my birthday □ *co-là a bhreith* his birthday etc. □ *co-là sona dhut, a Sheumais* happy birthday, James **c.-labhairt** *nf* conference, symposium □ *chumadh co-labhairt chudthromach* an important conference was held **c.-làn** *nm* complement **c.-lasach, -aich** *nf* conflagration □ *bha iad air an caitheamh anns a' cho-lasaich* they were consumed in the conflagration **c.-latha** *nm* (see **c.-là**) **c.-lean** *v* cohere **c.-leantainn** *nm & vn* cohering etc., cohesion **c.-litreachan** *nm* homograph **c.-luadar** *nm* (see **coluadar**) **c.-luchd dùthcha** *pl* fellow countrymen **c.-mhalairteach** *a* interchangeable **c.-mhalairtich** *v* interchange **c.-mhaoineach** *a* communist **c.-mhaoineach, -ich, -ich** *nm* communist **c.-mhaoineas** *nm* communism **c.-mheas** *nm* ratio **c.-mheasg** *v* (see **coimeasg**) **c.-mheasgadh** *nm* (see **coimeasg**) **c.-mhothachadh** *nm & vn* sympathizing etc., sympathy □ *tha co-mhothachadh aca do ghearan an t-sluaigh* they have sympathy for the people's complaint **c.-mhothachail, -e** *a* sympathetic □ *bha coltas co-mhothachail air* he had a sympathetic appearance **c.-mhothaich** *v* sympathize **c.-naisg, c.-nasgadh** *v* connect, conjugate, tie together **c.-nasg, c.-naisg** *nm* conjunction **c.-nasgadh** *nm & vn* connecting etc., conjugation **c.-neartaich** *v* corroborate **c.-ogha** *nm/f* cousin □ *seo mar a thachair do cho-ogha dhomh* this is what happened to a cousin of mine (note use of **do** with nouns of relationship □ see **do**) **c.-oibreachadh** *nm & vn* – co-operate etc., co-operation □ *bhitheamaid toilichte co-oibreachadh a shìneadh dhaibh* we would be pleased to extend them co-operation **c.-oibrich** *v* collaborate, co-operate □ *tha iad a' co-oibreachadh gu dlùth ri colaistean foghlaim* they are co-operating closely with colleges of education **c.-oibriche**

nm colleague, yoke-fellow **c.-òrdanaich** *v* co-ordinate □ *... a bhitheas a' co-òrdanachadh ...* who will be co-ordinating ... **c.-òrdaich** *v* co-ordinate **c.-òrdachadh** *nm & vn* co-ordinating, co-ordination **c.-òrdanaichte** *pp* co-ordinated □ *leasachadh co-òrdanaichte* co-ordinated development **c.-phàirteach** *a* compound, joint, league **c.-phàirt** *nf* component, constituent **c.-rèir** *nm* proportion, syntax □ *coi-rèirean na bodhaige daonna* [the] proportions of the human body **c.-rèirich** *v* index (payments) **c.-rèireachadh** *nm & vn* indexing (payments), index (payments) **c.-rèiteachadh** *nm* compromise, mutual agreement □ *thig gu co-rèiteachadh* compromise *v* **c.-roinn** *nf* partnership, participation, proportion □ *ann an co-roinn ri ...* in partnership with ... **c.-roinn** *v* impart **c.-roinnteach** *nm* participant **c.-rùn** *nm* collusion **c.-sgrìobh** *v* correspond **c.-sgrìobhadh** *nm & vn* of **c.-sgrìobh** corresponding, correspondence **c.-sgrìobhair** *nm* correspondent **c.-shamhlachadh** *nm & vn* correlating, correlation **c.-shamhlaich** *v* correlate **c.-sheirm** *nf* chime, chorus, consonance, harmony □ *tha co-sheirmean ùra a' deanamh a' chiùil nas inntinniche* new harmonies are making the music more interesting **c.-sheirmeach** *a* choral **c.-sheòrsach** *a* homosexual **c.-sheòrsach** *nm* homosexual **c.-shìn** *v* lay parallel **c.-shìnte** *pp* parallel □ *tha na strìochan co-shìnte ris an oir* the streaks are parallel to the edge **c.-shìnteachd** *nf* parallelism **c.-shliosach** *a* equilateral **c.-thagh** *v* co-opt □ *chaidh Dòmhnall Dòmhnallach a cho-thaghadh leis a' Bhòrd* Donald MacDonald was co-opted by the Board **c.-thaobh** *v* tile (math.) **c.-thaobhach** *a* collateral **c.-thaobhadh** *nm & vn* tiling (math.) **c.-thàth** *v* synthesize **c.-thàthach** *a* compound **c.-thàthadh** *nm & vn* 1. synthesizing, compound, synthesis □ *co-thàthaidhean ceimigeach* chemical compounds 2. joint e.g. in rock (geol.) ... *far am faod sibh na co-thàthaidhean fhaicinn ...* where you may see the joints **c.-theacsa** *nm* context □ *sa cho-theacsa seo* in this context **c.-thìmich** *v* synchronize **c.-thional** *nm* circle, group **c.-thoinnte** *a* complex **c.-thoradh** *nm* corollary **c.-thorrach** *a* resultant **c.-thuit** *v* coincide **co-thuiteamas** *nm* coincidence **c.-thulgadh** *nm* concussion

---

còbalt *nm* cobalt
cobhair *nf* (Dw. gives *gen* **cobhrach / coibhre**, but it is usually now simply **cobhair**) assistance, aid, help, relief □ *gun chobhair* without help, single-handed □ *bhiodh daoine a' tighinn thuice airson cobhair* people used to come to her for help □ *thèid mi an urras nach bi sibh às aonais cobhair* I'll warrant you won't lack help □ *dèan cobhair air* help, assist □ *dh'iarr iad air an uachdaran cobhair a dhèanamh orra* they asked the landlord to assist them □ *thàinig daoine a dhèanamh cobhair orra* people came to help them □ also *thoir cobhair do* help, second □ *bha iad a' toirt cobhair do luchd-tinneis* they were giving assistance to the sick (lit. sick people)
cobhaireach, -iche *a* helpful
cobhan, -ain, -an *nm* till □ *thug e an t-airgead às a' chobhan* he took the money out of the till
cobhar, -air *nm* foam, solid foam, scum □ *cobhar siabainn* suds
cobharach, -aiche *a* foamy
cobhartach, -aich *nm / f* booty, plunder, prey, spoil(s) □ *bha iad a' tilleadh le cobhartaich cogaidh* they were returning with the spoils of war
cobhragach, -aiche *a* frothy, foamy □ *bainne cobhragach* frothy milk
còc *nm* coke □ *'s e còc a bha e a' losgadh* he was burning coke
còcaire, -ean *nm* cook
còcaireachd *nf* cooking, cookery □ *dèan còcaireachd* cook (i.e. perform the act of cooking – not used with an object – see **bruich**) □ *bha e glè dhèidheil air còcaireachd* he was very fond of cooking
cochall, -aill, -aill / -an *nm* cochlea, cocoon, chrysalis, hood, hull, husk, integument, shell □ *cochall na h-eanchainn* dura mater □ *cha mhòr nach do chuir e mi à cochall mo chridhe* he almost made me jump out of my wits etc. (lit. put me out of the husk of my heart) □ for **cha mhòr** see **mòr** □ *is beag nach deach mo*

chur a cochall mo chridhe I almost jumped out of my skin / I was almost frightened out of my wits etc.
cochla *nm* cochlea
Cocnaidh, -ean *nm* Cockney
còco *nm* cocoa □ *rinn e cupa còco* he made a cup of cocoa
còd, -aichean *nm* code □ *còd àireamh* number code □ *Còd Mors* Morse Code □ *Còd na Crois Uaine* Green Cross Code
cofaidh, -aidhean *nm* coffee
cofhurtachadh, -aidh *nm & vn* of **cofhurtaich** comforting
cofhurtachd *nf* comfort
cofhurtaich, -achadh *v* comfort
cofhurtail, -e *a* comfortable
cog, -adh *v* fight, war □ *cò a chogas riut?* who will fight against you?
cogadh, -aidh, -aidhean *nm & vn* of **cog** fighting etc., war, warfare □ *an dèidh a' chogaidh* post-war □ *anns a' chogadh mu dheireadh* in the last war □ *Cogadh a' Chamais* the Gulf War □ *An Cogadh Mòr* The First World War □ *cogadh sìobhalta* civil war
cogadh-croise *nm* crusade
cogail, -e *a* military, truculent, warlike
cogais, -e *nf* conscience
cogaiseach, -aiche *a* conscientious, remorseful
cogall, -aill *nm* tare(s)
coganta *a* warlike, bellicose □ *bha e na dhuine coganta bòstail* he was a bellicose, boastful man
coi- □ see **co-**
coibhneas, -eis *nm* charity, generosity, kindliness, kindness
coibhneil.-e *a* amiable, benevolent, charitable, genial, kind, kindly, warm □ *tha sibh ro choibhneil* you are too kind □ *bha iad coibhneil rium* they were kind to me
coidse, -eachan *nf* coach
còig *a* five □ the form without accomp. noun is **a còig** □ *co mheud? a còig* how many? five □ accompanied by a noun it is **còig** □ *co mheud briosgaid a tha air an truinnsear? tha còig briosgaidean air an truinnsear* how many biscuits are there on the plate? there are five biscuits on the plate □ similarly: *a còig deug* fifteen (without a noun) □ but *còig craobhan deug* fifteen trees □ *fad chòig mionaidean* for five minutes (lit. the length of five minutes) □ note that here **còig** is lenited (as if it were a noun in the *gen pl*) instead of **mionaidean**
còig-bhileach *nm* cinquefoil **c.-bhileach-uisge** *nm* marsh cinquefoil **c.-bhliannail** *a*

quinquennial **c.-cheàrnach** *nm* pentagon
c.-fillte *a* fivefold, quintuple
còigeadh □ same as **còigeamh**
còigeamh *a* (precedes noun) □ *an còigeamh
fear* the fifth man □ *chan eil ach an
còigeamh cuid den t-sluagh ga bruidhinn*
only a fifth [part] of the people speak it
(i.e. *a' chànain (fem)* the language) □ *sa
chòigeamh àite* fifthly
còignear *n.* five persons □ foll. by noun in
gen pl or **de** + *dat* or the relevant *prep
prons* of **de** or **aig** □ *còignear mhac* five
sons □ *bha a' mhòr-chuid den leabhar air
a toirt thairis do sgrìobhaidhean chòign-
ear dhiubh* the majority of the book was
given over to the writings of five of them
□ *a bheil clann agaibh? tha, tha còignear
agam.* do you have [any] children? yes.
I have five □ *tha còignear a theaghlach
agam* I have five of a family (here **a = de**)
□ *ceathrar no còignear de dhaoine pòsta*
four or five married people
coigreach, -ich, -ich *nm* alien, foreigner,
stranger □ *dèan na choigreach* estrange □
bithidh mi nam choigreach dhaibh I will
be a stranger to them □ *bha iad nan
coigrich do chàch-a-chèile* they were
strangers to each other
coigreach, -iche *a* alien, foreign, strange
coigrich, air choigrich *adv* among
strangers, abroad
coileach, -ich, -ich *nm* cock, cockerel □
coileach spothte capon □ *gairm a' choilich*
cock-crow □ *eadar meadhan oidhche
is gairm coilich* between midnight and
cock-crow
coileach-coille *nm* woodcock **c.-dubh** *nm*
blackcock **c.-Frangach** *nm* turkey cock **c.-
fraoich** *nm* grouse cock □ *na coilich-
fhraoich* the grouse cocks **c.-gaoithe** *nm*
weather-cock, weather-vane **c.-peacaig**
nm peacock **c.-ruadh** *nm* □ same as
coileach-fraoich □ also see **ruadh**
còilean, -ein, -an *nm* colon (punct.)
coileanta *a* integral, perfect, perfected □
*tha an t-àite seo coileanta airson saor-
làithean an t-samhraidh a chur seachad*
this place is perfect for spending the sum-
mer holidays □ *nì e gibht choileanta* it will
make a perfect gift □ *tràth coileanta* past
tense □ *dèan coileanta* perfect *v*
coileantachd *nf* perfection
coileapach, -aich, -aichean *nm/f* bed-
fellow, concubine, mistress □ *bha i na
coileapaich aig fear de na h-oifigearan*
she was a concubine of one of the officers
coilear, -eir, -an *nm* collar

coileastarail *nm* cholesterol
coileid *nf* stir, bustle
coilidh, -ean *nm* collie
coilion, -adh *v* accomplish, achieve, com-
plete, consummate, discharge (debts etc.),
effect, enact, fulfil, perform (also **coimh-
lion**) □ *airson feuman na h-eaglaise
a choilionadh* to fulfil the needs of the
church
coilionadh, -aidh *nm & vn* of **coilion** con-
summating etc., completion, consumma-
tion, fulfilment, performance
coilionaidh *a* attainment □ *targaidean
coilionaidh* attainment targets
coilionta *a* accomplished, complete,
completed □ see **coileanta**
coiliontach *a* complementary
coill, fon choill *adv* outlawed □ *cuir fon
choill* outlaw
coille, coilltean *nf* forest, wood (trees)
□ *anns a' choile bhig bòidhich* in the
beautiful little wood □ *coille chònach*
coniferous wood □ *coille neo-chònach*
non-coniferous wood / forest □ *coille
sheargach* deciduous wood / forest □
coille sìor-uaine / sìor-ghorm evergreen
wood / forest □ *coille mheasgaichte* mixed
wood
coille-bheithe *nf* birch-wood (collection of
birch trees) **c.-bionan** *nm* and **c.-biorain**
nf – same as **coinnle-Brianain** phospho-
rescence **c.-challtainn** *nf* hazel-wood
(collection of hazel trees) **c.-chnò**
nut-wood, nuttery **c.-dharaich** oak-wood
(collection of oak trees) **c.-fhaidhbhile** *nf*
beech wood (collection of beech trees)
c.-ghiuthais pine-wood (collection of
pine trees) **c.-uisge** *nf* rainforest □ *coill-
tean-uisge tropaigeach* tropical rainforests
coilleag, -eige, -an *nf* cockle
coillear, -eir, -an *nm* woodcutter (person)
coillteach, -iche *a* sylvan, wooded, woody
(covered with trees) □ *air na beanntan
coillteach* upon the wooded hills □ *fearann
coillteach* woodland
coillteach, -ich *nm* wood, forest □ *tha
craobhan nan seann choillteach ri am
faicinn fhathast* the trees of the old forests
are still to be seen
coillteachadh, -aidh *nm & vn* of **coilltich**
afforesting, afforestation
coilltear, -eir, -an *nm* forester
coilltearachd *nf* forestry
coilltich, -eachadh *v* afforest
coimeas, coimeas *v* collate, compare, liken
□ *cha robh each ann a dh'fhaodadh
a choimeas ris an each seo* there was not

a horse that could be compared to this horse □ *bha e a' coimeas na beatha ris a' bhàis* he was comparing [the] life to [the] death □ *a' coimeas chuideaman* comparing weights
coimeas, -eis *nm & vn* of **coimeas** comparing etc., comparison, match □ *coimeas buadhair* comparison of adjective □ *coimeas tigheid* comparison of thickness □ *gun choimeas* inimitable, incomparable, matchless, peerless, without equal, unequalled, unmatchable, unrivalled, unparalleled, unprecedented □ *seo nobhail gun choimeas* this is an unparalleled novel □ *tha aon choimeas aca ri chèile* they have one thing in common / they are like each other in one respect □ *ri choimeas* relative □ *an coimeas ri* in comparison to □ *bha an òraid aig Seumas ach goirid an coimeas ris na thuirt am fear eile* James' speech was short in comparison to what the other man said □ *an coimeas ri càch air a' chlas* compared to others in the class □ *cuir an coimeas* collate □ *dèan coimeas air / eadar* compare
coimeasach *a* comparative □ *an ìre choimeasach* comparative (gram.)
coimeasg, -adh *v* admix, blend, merge, mingle, transfuse
coimeasgachadh, -aidh *nm* □ same as **coimeasgadh**
coimeasgadh, -aidh, -aidhean *nm & vn* of **coimeasg** mingling etc., admixture, blend, medley, merger
coimeasgaich *v* □ same as **coimeasg**
coimheach, -iche *a* exotic, extraneous, foreign, outlandish, strange □ *a h-uile cù air a' chù choimheach* all dogs down on the strange dog *proverb*
coimheachas, -ais *nm* estrangement □ *bha coimheachas air a bhith eatorra roimhe sin* they had been estranged before that (lit. an estrangement had been between them etc.)
coimhead, coimhead *v* 1. + **air** or **ri(s)** look (at), watch, regard □ *bha e a' coimhead air na beanntan* he was looking at / towards the mountains □ *tha iad a' coimhead air beul-aithris mar rud a bhuineas do na linntean a dh'fhalbh* they regard folklore as something which belongs to the past centuries □ *a' coimhead air càch mar cho-fharpaisich* regarding / looking upon others as competitors □ *bha e a' coimhead air an telebhisean* he was watching [the] television
Other preps may be used as required: *an do choimhead thu anns an t-sràid air a shon?*

did you look in the street for him / it? □ *choimhead i thar a gualainn* she looked over her shoulder □ and also *advs*: □ *choimhead i timcheall* she looked around □ *choimhead e a-mach* he looked out □ *choimhead mi suas ris na rionnagan* I looked up at the stars □ *tha sinn a' toirt sùil air ais agus a' coimhead romhainn* we are taking a look back and looking forward □ *tha a' chlann a' coimhead romhpa ri àm na Nollaig* the children are looking forward to Christmas time □ *bithidh mi a' coimhead ri cluinntinn bhuaibh* I'll be looking forward to hearing from you 2. appear, look, seem □ *chan eil an cunnart a' coimhead cho mòr a-nise* the danger doesn't look so great now □ ...*rudan beaga nach robh a' coimhead uabhasach cudromach* ... small items which did not seem dreadfully important 3. visit, 'look up', look in on □ *bha càirdean a' tighinn a choimhead oirnn* relatives were coming to visit us / look in on us
coimhead, coimhid *nm & vn* of **coimhead** looking etc., *coimhead thairis* oversight (supervision)
coimheadachd *nf* escort
coimheadaich, -achadh *v* escort
coimheadaiche, -ean *nm* ranger □ *Coimheadaichean Pàirce* Park Rangers
coimheadaichte *pp* escorted □ *air fòrladh coimheadaichte* on escorted leave (as a prisoner)
coimhearsnach, -aich, -aich *nm* neighbour
coimhearsnachd *nf* environment, locality, neighbourhood, vicinity □ *sa choimhearsnachd* in the locality / neighbourhood □ *sa choimhearsnachd eileanaich anns an robh iad a' fuireach* in the island community in which they lived
coimhearsnachd *a* neighbourhood, local, community □ *tha e ag obair aig Foghlam Coimhearsnachd* he works for Community Education □ *co mheud paipear coimhearsnachd a tha againn?* how many local newspapers do we have?
coimhearsnail *a* □ same as **coimhearsnachd** *adj*
coimheart, -eirt, -an *nm* comparison □ *chì sinn an coimheart a tha e a' tarraing eadar na dhà* we see the comparison that he is drawing between the two
coimhlion *v* □ see **coilion**
coimhlionadh, -aidh *nm* □ see **coilionadh**
coimhlionta *pp* □ see **coilionta**
còimhstri, còimhsrithean *nf* □ see **còmhstri**

coimig *a* comic
coimisean, -ein, -an *nm* commission □ *tha
iad air comisean a thoirt dha* they have
given him a commission / they have com-
missioned him □ *seo na co-dhùnaidhean
chun an tàinig an coimisean* here are the
conclusions which the commission reached
/ came to □ *Comisean an Telebhisein
Neo-eisimeilich* Independent Television
Commission (ITC) □ *Coimisean nan
Coilltean* Forestry Commission
coimisean, -adh *v* commission □ *tha iad
air rannsachadh a choimiseanadh* they
have commissioned a study
coimiseanair, -ean *nm* commissioner
coimiutadh, -aidh *nm* commuting □ *dèan
comiutadh* commute
coimiutair, -ean *nm* commuter
coimpiutair, -air, -an *nm* computer
coimpiutaireachd *nf* computing
coin-bhile *nf* dogwood
coineallach *a* plastic
coinean, -ein, -an *nm* rabbit
coineanach, -aich, -aich *nm* rabbit
coin-fhiacail *nf* canine tooth
coingeis *a* indifferent □ used in two
ways: 1. *tha mi coingeis co dhiù a tha
thu a' falbh no a' tighinn* I don't care
whether you are coming or going / it
doesn't matter to me etc. □ *bha esan
coingeis dè an rathad a ghabhadh iad* he
didn't care which road they took (= would
take) 2. *is coingeis leis cuin a bhitheas
e ag ithe* it doesn't matter to him when
he eats / he doesn't care etc. □ sometimes
used with **do** □ *is coingeis dhomh cuin
a thilleas e* I don't care when he
returns
coingheall, -ill *nm* 1. loan □ *gabh
coingheall* get a loan □ *thoir an coingheall*
lend 2. condition, proviso
còinneach, -ich *nf* moss □ *chaidh an fhead-
hainn bu shìne dhiubh a thruiseadh /
thrusadh còinnich* the eldest [ones] of
them went to gather moss
coinne *nf* □ see **coinneamh**
coinneachadh, -aidh, -aidhean *nm & vn* of
coinnich meeting etc. encounter, fixture
(sport), meeting
còinneachail *a* mossy
coinneal, coinnle, coinnlean *nf* candle □ *ri
solas coinnle sa gheamhradh* by the light
of a candle in the winter
coinneal-bhàth *v* excommunicate
c.-bhàthadh *nm & vn* of **c.-bhàth** excom-
municate, excommunication **c.-Muire** *nf*
mullein (also **cuingeal-Muire**)

coinneamh, -eimh, -an *nf* meeting
(often a religious meeting) □ *chumadh
coinneamh anns an sgoil* a meeting
was held in the school □ *chumadh
coinneamhan ùrnaigh* prayer meetings
were held □ *an robh e aig a' choin-
neimh?* was he at the meeting? □ *thèid
mi chun na coinneimh* I'll go to the
meeting □ *a' dol chun nan coin-
neamhan* going to the meetings □ a*nns
a' choinneimh* may mean 'at the prayer
meeting' or, simply 'in church'
mu choinneamh / mu choinneimh +
gen before, in the presence of, avail-
able for, opposite, in front of, in readi-
ness / in preparation for □ please note
that though **mu choinneimh** is the cor-
rect grammatical form (traditionally
speaking) and is the recommended
form, **mu choinneamh** is very com-
mon □ *dìreach mu choinneimh* directly
opposite □ *mu choinneamh a sùl*
before her eyes □ *tha seòmraichean
ann mu choinneamh gach neach* there
are rooms available for all □ *tha
e coma dè an seòrsa bidhe a bhios mu
a choinneamh* he doesn't care what
kind of food is available [for him] □
*bidh earrannan èisteachd mu choin-
neamh gach aonaid* there will be lis-
tening passages for each unit □ *... agus
mu choinneamh gach aoin dhiubh sin
cuir sìos a bhrìgh ...* and opposite each
one of those set down its meaning □
note also: *tha fear cuideachaidh
a dhìth oirnn mu choinneamh a h-uile
aon a bha againn an uiridh* we need
a helper for (i.e. to match) every one
we had last year □ *bha freagairt aige
mu choinneamh gach teagaimh* he had
an answer to match every misgiving □
*tha ullachadh air a bhith ga dhèanamh
mu choinneamh seo* preparation has
been made for this □ *cha robh airgead
aca mu choinneamh a' mhàil* they had-
n't money for / to meet the rent □ *bha
aca ri iasg a chruadhachadh mu
choinneamh a' gheamhraidh* they had
to harden (by drying) fish in prepara-
tion for the winter
Poss adjs are used where English
employs a *pers pron*: **mu mo choin-
neimh** opposite me **mu (a) choin-
neimh** opposite him **mu (a) coinneimh**
opposite her **mu ar coinneimh** oppo-
site us **mu ur coinneimh** opposite you

(*pl* + polite) **mu an coinneimh** opposite them

Some verbal constructions are: *seas / thig mu choinneimh* confront *bi mu choinneimh* face

an coinneimh in the direction of, towards □ *an coinneimh a chùil* back, backwards *masc* □ *an coinneimh a cùil* backwards *fem* □ *bha sinn a' dol an coinneimh ar cùil* we were going backwards □ *an coinneimh na gaoithe* in the eye of the wind □ *a' dol nan coinneimh* going to meet them □ *thàinig iad na coinneimh* they came to meet her □ *bha iad uile air dol na choinneimh* they had all gone to meet him □ *chaidh iad an coinneimh a-chèile* they went to meet each other (note that the correct *dat form* is often not used in these idioms, **an coinneamh** being used instead)

coinneamh-leannan *nf* assignation

coinneamh-ùrnaigh *nf* prayer-meeting

---

coinnich, -eachadh + **ri(s)** *v* encounter, meet, oppose □ *bha againne ris an dùbhlan a choinneachadh* **we** had to meet the challenge □ *choinnich mi rithe* I met her □ *a' coinneachadh ri luchd-eòlais* meeting acquaintances □ *...far an robh an dà rathad a' coinneachadh...* where the two roads met □ *is ann an seo a choinnicheas tu ri seann chàirdean* it's here that you'll meet old friends

coinnle-Brianain *n pl* phosphorescence □ there appear to be many variations of this word, including **coille-biorain** *nf*, **coinnlean-bianain** *n pl*, **caoir-bianag** *nf*

coinnleir, -eir, -an *nm* candlestick, candle holder

coinnleir-meurach *nm* candelabra □ *bha solas blàth bog a' tighinn bhon choinnleir-mheurach* there was a warm, soft light coming from the candelabra

---

còir *abbr form* of **comhair** □ used with **ann** or its *prep poss adjs* □ *nuair a thig cù a' chìobair nan còir* when the shepherd's dog comes near them □ *cha leig mise le neach na chòir* I won't let anyone near him □ *cha bhiodh e a' dol an*

còir na h-eaglaise he wouldn't go near the church

còir, còrach / còire, còirichean / còraichean *nf* (the latter plural form now becoming more common) due, franchise, justice, lien, right, title (legal) □ *còir sgrìobhte* conveyance (legal) □ *còir bhotaidh / taghaidh* enfranchisement □ *còirichean craolaidh* broadcasting rights □ *tha an còraichean fhèin aig gach buidhinn dhiubh sin* each of those groups has its own rights (lit. their own rights) □ *a chòir air an fhearann* his right to the land □ *còraichean inntrigidh* rights of access □ *airson còraichean nan Gaidheal a sheasamh* to stand up for the rights of the Gaels

tha còir agam + *vn* I have a right / I am entitled (to do something) □ *tha còir agam sin a dhèanamh* I am entitled to do that / I have a right to do that (but see further idioms below) □ *tha iad ag ràdh gu bheil a h-uile còir aca an saorsa fhaighinn* they say [that] they have every right to get their freedom □ *chan eil còir aig duine sam bith rud mar sin a dhèanamh* no one has the right to do a thing like that

còir is used with various *verbs* □ *thoir còir bhotaidh / taghaidh do* enfranchise □ *cuir fo chòir dhligheach* entail (legal) □ *thoir còir do* entitle □ *caill còir air* forfeit □ *gabh / glèidh gun chòir* usurp □ *cha bhi a' chòir air a cumail gus am bi...* justice will not be done / served until... is / are etc. □ *bidh a còirichean air an dìon* her rights will be protected □ *dh'agair e còir air an Iarlachd* he claimed the right to the Earldom □ *na còirichean gu lèir glèidhte* all rights reserved □ *bha iad a' strì às leth na Gàidhlig agus a' cuideachadh gus a còirichean a ghleidheadh* they were fighting on behalf of Gaelic and helping to preserve her rights

Further idioms: *tha tuilleadh is a' chòir ann* there is more than enough / too much (lit. more than the just quantity) □ *...agus tha còir aig an seo tòiseachadh a dh'aithghearr...* and this should / ought to be starting soon □ *tha còir againn uile gach oidheirp a dhèanamh air an gleidheadh* we ought to make every effort to preserve them □ *tha iad ag ràdh gun robh còir aige*

a bhith air a chrìochnachadh còig
bliadhna air ais they say that it ought
to have been finished five years ago
(cf. English idiom 'by rights') □ *chan
eil iad idir cho cùramach 's a tha còir
aca a bhith* they aren't as careful as
they ought to be □ *'s ann tha chòir mar
a chunnaic i* justice is in the observing
còir, -e *a* good (virtuous), decent, gen-
rous, proper, unaffected □ *duine còir
a* good / decent man □ *balach còir*
good boy □ *nighean chòir* good girl □
mar tha còir as is proper / fitting □
a charaid chòir dear friend (in
correspondence)
còir + do is often used with the
assertive verb as follows: *bu chòir
dhomh* I ought (note that the *present
tense* is rarely, if ever, used in this
idiom) □ *bu chòir dhomh a bhith air
a dhèanamh* I ought to have done it □
bu chòir dhaibh falbh dhachaigh they
ought to go home □ *bu chòir dhomh
[a] bhith taingeil airson sin* I ought to
be thankful for that □ *an t-àite bu chòir
a bhith aig a' Mhòd* the position the
Mod ought to have □ *bha e na bu lugha
na bu chòir dha a bhith* he was smaller
than he ought to have been (lit. to be)
□ *'s dòcha gum bu chòir dha bhith air
fuireach anns an obair* perhaps he
should have stayed in the job □ *bu
chòir do bheathaichean a bhith air an
dìon* animals ought to be protected □
bu chòir dhuinn a bhith buidheach we
ought to be thankful
However, **do** and its *prep prons* may
often be omitted □ *cha d'fhuair i na
còirichean as còir a bhith aice* she has
not received the rights she ought to
have □ *tha a h-uile nì dìreach mar bu
chòir* everything is just as it ought to
be □ *cha bu chòir sin a bhith na adhb-
har iongantais* that shouldn't be a cause
of surprise □ *cha tèid agam air a mho-
ladh mar bu chòir* I cannot praise it as
it ought to be (lit. as would be proper)
A *vn construction* immediately follow-
ing **còir**, i.e. without the use of **do**, will
translate as the passive voice in
English □ *chaidh aontachadh gum bu
chòir an Fhèis a ghluasad* it was
agreed that the Festival ought to be
moved □ *am bu chòir a' chroich a chur
à bith?* ought the gallows be abolished /
done away with? □ *tha feadhainn ag*

*ràdh gum bu chòir toirt orra an seann
taigh ath-thogail* some say that they
ought to be made to rebuild the old
house
còir- used in compounds implying
a 'right'
còir-bhreith *nf* birthright □ *b' e sin
dhuinn ar còir-bhreith a reic air neoni*
that would be for us to sell our
birthright for nothing **c.-dhlighe** *nf*
prerogative **c.-fearainn** *nf* charter,
tenure **c.-saoghail** *nf* life-interest
c.-sheilbh *nf* succession

coirbte *a* accursed, corrupt, wicked, per-
verse □ *am beathach coirbte sin* that
accursed beast □ *cha robh e cho buileach
coirbte 's a shaoileadh tu* he wasn't as
completely corrupt as you might think □
*gheibh mi grèim air a' cheannairceach
choirbte fhathast* I will get hold of that
accursed rebel yet □ *bha mi a' faireach-
dainn coirbte* I was feeling wicked
coirce *nm* corn, oats
coirce *a* oaten, of oats, oat— □ *aran coirce*
oatcake □ *pìos de dh'aran coirce* a piece
of oatcake
coirce Innseanach *nm* maize
còird □ see **còrd**
còirdte *pp* of **còrd** agreed, but used
with the meaning 'getting on' □ *cha robh
iad riamh ro chòirdte* they never got on
very well
coire, -eannan *nf* (in practice, the *pl*
appears to be seldom used) blame, cen-
sure, delinquency, fault, odium, offence □
*chuir e a' choire orm airson an rud
a thachair* he blamed me for what (lit.
the thing that) happened □ *...agus cò
a chuireadh coire air?* ...and who would
blame him? □ *coire fhaotainn / fhaighinn
do* to find fault with □ *fhuair e coire don
bhalach* he found fault with the boy □ *is
e an aon choire a tha agam na aghaidh gu
bheil* ... the only fault I have against him is
that ...□ *cha b' e do choire-sa gun deach
an obair a mhilleadh* it wasn't your fault
that the work was ruined □ *tha a' choire gu
mòr, mura bheil gu h-iomlan, ri chur air
A* the blame is largely, if not wholly, to be
put upon *A* / *A* is largely, if not wholly, to
blame □ *tha gu leòr a' cur coire air an
T.Bh.* plenty blame [the] T.V. □ *an e an
duine fhèin air am bu chòir dhuinn*

a' choire a chur? is it man himself on whom we ought to put the blame? □ *bha aon choire mhì-shealbhach orra* they had one unfortunate fault □ *'s ann air Pàdraig bochd a bha a' choire a' dol nuair a bha rud sam bith ceàrr* it was poor Patrick who got the blame when anything was wrong (lit. it's on poor P. that the blame was going etc.) □ *chan eil mi a' faotainn coire sam bith dhan leabhar seo* I find no fault in (lit. of) this book

coire, -eachan *nm* 1. kettle □ *coire mòr* cauldron □ *cuir an coire air a' ghas* put the kettle on the gas □ *an cuir thu air an coire?* will you put on the kettle? 2. corrie □ *chunnaic sinn fèidh anns a' choire* we saw deer in the corrie

coireach, -ich, -ich *nm* culprit □ *chan eil teaghamh ann mun choireach* there's no doubt about the culprit

coireach, -iche *a* blameable, to blame, culpable, delinquent, faulty, at fault, responsible, wrong, the reason for □ *is esan as coireach ri seo* it's he who's to blame for this / the cause of this □ *chan eil fhiosam dè bu choireach ris* I don't know what was to blame for it / the cause of it □ *chan iadsan as coireach ach mi fhèin* it's not they who are to blame but myself □ *dè bu choireach gun d'rinn thu sin?* why did you do that? □ *dè is coireach ris a sin?* what's the reason for that? □ *is esan as coireach ri seo* he is responsible / to blame for this

coireachadh, -aidh *nm* & *vn* of **coirich** blaming etc., disapproval, recrimination

còireachadh, -aidh *nm* & *vn* of **còirich** arranging

coireall, -ill *nm* trill

còirich, -eachadh *v* arrange

coirich, -eachadh *v* arraign, blame, carp, censure, disapprove, impugn, reprove

coiridh, -idhean *nm* curry

còirne, -ean *nf* cornea

còirneal, -eil, -an *nm* colonel

còirnealair, -ean *nm* colonel

---

cois *dat sing* of **cas** foot (q.v.) □ also used in the following expressions:

1.   **air chois** *adv* afoot, on foot (but see **dha chois** below) □ *bha cuid*

eile air chois some others were on foot □ *rinn iad an t-slighe air chois* they made the journey on foot □ *cuir air chois* institute, set up, establish, found, organize, launch (of campaign etc.) □ *thugadh oidhirp air obair iasgaich a chur air chois* an attempt was made to establish fishery work □ *chuireadh comann air chois* a society was founded □ *tha iad air iomairt a chur air chois* they have launched a campaign

2.   **air a chois** *adv* up (*masc subj*) □ *bha e air a chois tràth* he was up early □ *bha i air a cois tràth* she was up early

3.   **an cois** *prep + gen* beside, at the side of, accompanying □ *an cois na mara* beside the sea □ *an cois na h-aibhne* beside the river □ *an cois aibhne* by a river / beside a river □ as with all *comp preps* incorporating **ann**, the *prep prons* of **ann** are used where English uses a *pers pron* □ *bha e nam chois* he was beside me / with me □ *...agus a duine na cois* ... and her husband by / beside her □ *...gu h-àraidh ma bhios fòirneart nan cois* ... especially if they are accompanied by violence □ *tha leabhar ann, is duilleagan obrach is teip na chois* there is a book, accompanied by worksheets and a tape

---

Note also: **dha chois** on foot □ *thàinig saighdear don bhaile dha chois* a soldier came to the village on foot □ *dh'fhalbh iad dhan cois* they left on foot □ *bha roghainn againn a dhol ann dhar cois* we had a choice of going there on foot (probably more common than **air chois** in 1. above)

cois-

cois-cheum *nm* step, path □ *tha iad fhathast air a' chois-cheum cheudna* (or *air a' cheum-chois cheudna*) they are still on the same path □ *bha e a' leudachadh a' chois-cheum a bha eadar an taigh agus an rathad* he was widening the path which was between the house and the road **c.-shluagh** *nm* infantry

coise □ *gen sing* of **cas** foot

coisg □ see **cosg** *v*

coiseachd *nf & vn* of **coisich** walking etc., walk (way of walking) □ *dh' aithnich mi choiseachd aige air ball* I recognised his walk at once □ *rinn e dà mhìle de choiseachd* he did two miles on foot □ *coiseachd monaidh* hill walking

coisich, coiseachd *v* walk □ *choisich mi sìos don bhaile* I walked down to the village □ *bithidh iad a' coiseachd don sgoil a h-uile latha* they walk to [the] school every day (lit. they will be walking etc.)

coisiche, -ean *nm* pedestrian, walker

coisiche-cadail *nm* sleepwalker

coisinn, cosnadh *v* earn, gain, get, obtain, procure, win □ *choisinn e fìor dhroch ainm dha fhèin* he earned a really bad name for himself □ *chaidh e don bhaile a chosnadh a bheòshlaint* he went to the town to earn his living □ *tha e air ainm a chosnadh dha fhèin* he has earned a name for himself □ *bha iad a' cosnadh cliù dhaibh fhèin* they were earning fame for themselves □ *choisinn e an duais* he won the prize □ *choisinneadh e urram mòr dha fhèin* he would earn great honour for himself □ *bha a' bhuidheann againn a' cosnadh* our team was winning

coisir, -e, -ean *nf* choir

còisir-chiùil *nf* choir

coisrig, -eadh *v* consecrate, dedicate, devote, hallow, inaugurate, sanctify □ *chaidh a choisrigeadh gu dreuchd na ministearachd* he was consecrated to the office of the ministry □ *choisrig iad am beatha don Tighearna* they consecrated their lives to the Lord (for the use of the *sing*, see notes under **beatha, ceann** and **làmh**)

coisrigeadh, -idh *nm & vn* of **coisrig** consecrating etc., consecration

coisrigte *pp* consecrated, holy, sacred

còistri *nf* □ see **còmhstri**

còistritheach, -ich, -ich *nm* rival

coitcheann, -a *a* catholic, colloquial (of speech), common, comprehensive (of school), general, joint, public, standard, universal, vulgar □ *feurach coitcheann* common grazing / pasture □ *sgoil choitcheann* comprehensive school □ *bidh na coinneamhan coitcheann a' ruith o Dhiluain gu Diardaoin* the public meetings will be running from Monday to Thursday □ *siostam measaidh coitcheann* a universal assessment system □ *ann an dòigh nas coitchinne* in a more general way □ *an Ìre Choitcheann* Standard Grade

coitcheannas, -ais *nm* commonness, generality, universality □ *anns a' choitcheannas* in general

coiteanta *a* popular

coitear, -eir, -an *nm* cotter

coithional, -ail, -an *nm* congregation

Coithionalach, -aich, -aich *nm* Congregationalist □ *tha na Coithionalaich a' creidsinn ann an ...* the Congregationalists believe in ...

coithionalach *a* congregational □ *an Eaglais Coithionalach* the Congregational Church

coiteachadh, -aidh *nm & vn* of **coitich** pressing etc., persuasion (to take something) □ *gun mòran coiteachaidh* without much persuasion

coitich, -eachadh *v* press, urge, persuade (to take something), contend, lobby, maintain □ *tha iad a' coiteachadh a' Bhuill-Phàrlamaid aca* they are lobbying their member of Parliament

col, -a *nm* incest

còla *nm* kola

colach *a* 1. incestuous 2. same as **coltach**

cola-deug *nf* fortnight (from **còig-là-deug**) □ *bidh mi a' fuireach an seo cola-deug* I'll be staying a fortnight here □ also **ceala-deug** (from **ceithir-là-deug**)

colag, -aige, -an *nf* cauliflower

colaiste, -ean *nf* college

colamoir, -ean *nm* hake (also **falmair(e)** *nm*)

colann, -ainn / colna, colainnean *nf* body, the human body, torso □ *gach pòr nam cholainn* every pore in my body

colbh, cuilbh, cuilbh *nm* column (both arch. and printing), pillar □ *an còigeamh colbh* the fifth column □ *bidh colbh Gàidhlig againn gach mìos* we will have a Gaelic column each month

colbh-seòlaidh *nm* sign-post

colcach bheag *nf* little auk

colg, -cuilg *nm* rage □ *le colg eagalach* with fearful rage

colgarra *a* fierce, wild □ *bha coltas colgarra orra* they had a fierce appearance □ *'s e feasgar colgarra a bh'ann* it was a wild evening

collaid, -e *nf* uproar, clamour □ *bha collaid uabhasach anns na sràidean* there was a dreadful clamour in the streets

collaidh, -e *a* carnal, lewd, sensual

collaidheachd *nf* carnality, lewdness, sensuality

colp *nm* fillet (fish etc.)

colpachadh, -aidh *nm & vn* of **colpaich** filleting

colpaich, -achadh *v* fillet

coltach, -aiche *a* 1. commensurate, like, similar, typical □ *bi coltach ri* resemble / be similar to □ *tha e coltach ri a mhàthair* he is like his mother □ *coltach ri chèile* alike □ *tha iad cho iongantach coltach ri chèile* they are so remarkably alike □ *tha iad cho coltach ri chèile ri dà sgadan* they are as like as two peas (lit. two herring) □ *coltach ris a' ghealaich* like / resembling the moon □ *cha robh e coltach rithe a bhith cho mì-reusanta* it wasn't like her to be so unreasonable □ *'s' ann a bha e coltach ri bodach-ròcais* he was like a scarecrow □ *tha e coltach ris an rud a dhèanadh e* that is a characteristic thing for him to do □ *cò ris tha e coltach?* what's he like? / what does he / it look like? *cò ris a tha Mallaig coltach?* what's Mallaig like? 2. likely, probable □ *tha e coltach gu bheil e briste* it seems that / it is probably broken □ *ciod as coltaiche na gun do ghoid esan an t-airgead?* what is more likely than that he stole the money? 3. expedient, reasonable □ *aig uair choltaich* at an expedient hour □ *aig prìs choltach* at a reasonable price □ *aig astar coltach* at a reasonable speed □ *rinn e astar coltach* he made a reasonable speed □ *dè chosgadh dreasa choltach?* what would a reasonable dress cost?

coltachadh, -aidh *nm & vn* of **coltaich** simulating, (**+ ri**) simulation (of)

coltachd *nf* probability

coltaich, -achadh *v* (**+ ri**) 1. compare, liken □ *bha e gan coltachadh ris na Gaidheil* he compared them to the Gaels 2. simulate

coltar, -air *nm* coulter

---

coltas, -ais m. appearance, likelihood, likeness, look, resemblance, semblance, similarity
Some common examples: *is tric a tha coltas mealltach* appearances are often deceptive □ *tha coltas ann gum bi aonadan air an stèidheachadh anns an eilean* it appears that units will be set up on the island □ *cha robh coltas stad orra* they gave no appearance / sign of stopping (lit. there was no appearance of stopping on them) □ *dè as coltas dha?* what does he look like? what's he like? □ *dè bu choltas dha?* what did he look like? / what was he like? *dè an coltas a th'air Mallaig?* what's Mallaig like? □ *dè an coltas a tha air an latha (a-muigh?)* what's the day like (outside?) □ *cha toigh leam a choltas* I don't like the look of him / his appearance □ *cha robh coltas iasgair idir air an fhear eile* the other one / man didn't have the look of a fisherman at all □ *... cho fada 's a tha an coltas orra gu bheil iad a' deanamh an dichill ...* as long as they appear to be during their best
a rèir coltais according to appearances, apparently, ostensibly, outwardly, presumably □ *bha e a rèir coltais na shaighdear* he appeared to be a soldier □ *a rèir gach coltais cha robh ann a-nis ach a bhith a' feitheamh ri bàs* to all appearances there was nothing for it now but to await death □ *bha e, a rèir coltais, na sheann duine nuair a ...* he was, apparently, an old man when ...

coltas-duilleig *nm* layout (page)

---

coltraiche, -ean *nm* razorbill

coluadair, -ean *nm* society, fellowship, intercourse □ *coluadair corporra* sexual intercourse □ *coluadair brìoghmhor saor* an energetic free society □ *.. ann an coluadair cultarach agus oifigeil ...* in a cultural and bureaucratic society □ *nar coluadair ri chèile* in (our) fellowship to one another □ *... gus coluadair a dhèanamh ri daoine eile ...* to interact with others □ *...an coluadair ri ......* in conversation, contact, liaison with □ *millidh droch choluadair deagh bheusan* bad company spoils good qualities / virtues

coluadar □ see **coluadair**

com, cuim *nm* a rather general word for the main part of the body – trunk (of the body), chest, breast, stomach □ *bha teannachadh nam chom* there was a tightness in my chest □ *bha a chom gun ghluasad o chionn dà là* his bowels hadn't moved for two days

---

coma *a* careless, immaterial, incurious, indifferent, listless, off-hand, reckless, uninterested □ *tha mi coma* I don't care □ *bha sinn coma dè 'n aois a bha e* we didn't care what age he was □ *tha e coma dè thachras do chàch* he doesn't care what happens to others □ *tha e* *coma dè seòrsa bidhe a bhios mu a choinneamh* he doesn't care what kind of food is in front of him / available [to him] □ *riaghaltasan coma* indifferent / uninterested governments

coma may also be used with the assertive verb and **le** □ *is coma (leam)* it makes no odds (to me) □ *bu choma leis ciamar a dh'ainmichte an t-àite* he didn't care what the place was called □ *bu choma leis an uairsin ged a bhiodh … he wouldn't care then even if… □ ach coma leatsa* but never mind □ often foll. by **de** or a *prep pron* of **de**: *coma leatsa den chòta!* never mind the coat! □ *ach coma dhethsan an ceartuair* but never mind it just now □ *bi coma / coma leat* don't worry / bother

coma is sometimes intensified with **co-dhiù** or **co-aca** thus: *bha mi coma co-dhiù / co-aca* I was completely indifferent / I couldn't care less

coma-co-dhiù *a* devil-may-care □ *'s e duine mòr coma-co-dhiù a bh' ann* he was a big, devil-may-care fellow

comadaidh, -ean *nm* comedy
comaid, -ean *nf* comet
comain, -e, -ean *nf* obligation, debt □ used in two main ways:

1. **bi an comain** be indebted (+ *gen* of person or thing to whom one is indebted) □ *bithidh mi gu bràth an comain Dhomhnaill Dhomhnallaich* I shall always be indebted to Donald Macdonald □ *tha sinn an comain an ùghdair* we are indebted to the author □ but when the person to whom one is indebted is a *pers pron*, then a *prep pron* of **ann an** is used instead □ *tha mi nad chomain* I am obliged to you □ *bhithinn nad chomain* I would be obliged to you □ note also: *bhithinn fada nad chomain nan cuireadh tu dhomh …* I would be greatly obliged to you if you would send [to] me ….

2. **bi fo chomain do** be under an obligation to / be obliged to □ *tha an sgrìobhadair seo fo mhòr chomain do leithid MhicC.* this writer is under a great obligation to the likes of MacC. □ *bi an comain a chèile* be obligated to

each other □ *cuir fo chomain* oblige, put under an obligation

comaineach, -iche *a* obligatory □ *tha [rudeigin] comaineach anns an suidheachadh seo* [something] is obligatory in this situation
comanachadh, -aidh *nm* & *vn* of **comanaich** – taking communion etc., communion (relig.)
comanaich, -achadh *v* take communion, partake of the Lord's Supper
comanaiche, -ean *nm* communicant (relig.)
comann, -ainn-ainn / -an *nm* association, communion, company, corporation, guild, society □ *eòlas comainn* sociology □ *Comann Dìon Latha an Tighearna* Lord's Day Observance Society □ *Comann Rìoghail Dìon nan Eun / Comann Rìoghail Gleidheadh nan Eun* Royal Society for the Protection of Birds □ *ann an inneasan nan Comannan* in the Societies' reports □ *fhuair iad duaisean bho ghrunn de chomainn* they have received awards from a number of societies note that the spelling **comunn** is retained in some instances □ *an Comunn Gaidhealach* the Highland Society
comannach, -aiche *a* social
comanndair, -ean *nm* commander □ preceded by *def art* even when part of a title □ *mhìnich an Comanndair Seagha an suidheachadh* Commander Shaw explained the situation
comar, -air, -an *nm* confluence

comas, -ais, -an *nm* ability, capability, capacity (= ability, power etc.), competence, faculty, possibility, potential, power, proficiency, reach, repertoire, repertory, scope, talent □ *comas inntinn* mental ability □ *comas tàlaidh* attraction (the ability to attract) □ *comas pàighidh* solvency □ *comas labhairt* oral proficiency □ *comas co-iomlaideach* commutative property (math.) □ *thoir comas do* empower □ *a rèir an comasan fhèin* according to / in proportion to their own abilities □ *a' nochdadh a chomais air sgeulachdan innse* displaying his ability to tell stories □ *thar mo chomais* beyond my power □ *cho math 's a tha nam chomas* as well as I can □ *tha sinn ag iarraidh* *comas labhairt nan oileanach a chur am feabhas* we want to improve the students' conversational ability / oral proficiency □ *a' feuchainn ri sgoilearan a thoirt gu ìre comais a tha ...* trying to bring pupils to an ability level that is ... □ *gus na h-oileanaich a thoirt a dh'ionnsaigh an làn chomais air a' Ghàidhlig a thuigsinn* so that the students can realize to the full their ability to understand Gaelic □ note also: *chan eil comas aig duine air dath [a] fhuilt* a man can't help the colour of his hair **air chomas** *adv* able □ *an fheadhainn nach eil air chomas an eaglais a fhrithealadh* those who are not able / unable to attend [the] church **cuir rudeigin an comas** + *gen* give someone the ability to do something (lit. put something in the ability of) □ *tha sinn a' feuchainn ri còmhradh a chur an comas an oileanaich* we are trying to enable the student to converse (lit. trying conversation to put in the ability of the student) **comas-saoraidh** *nm* catalytic (function)

comasach, -aiche *a* able, capable, competent, efficient, gifted, possible, potent, proficient □ *... ch comasach 's gu bheil e ...* but capable though he is ... □ *cha robh e comasach dhaibh fios a leigeil thugainn tràth gu leòr* they weren't able to let us know early enough □ *chan eil e comasach dhomh dol gu an cuideachadh* it's not possible for me to go to help them □ *chan eil e comasach do neach sam bith a bhith riaraichte le nithean mar a tha iad* nobody can (possibly) be satisfied with things as they are □ *comasach air pàigheadh* solvent □ *dèan comasach* enable □ *nì an t-airgead seo e comasach dhuinn tuilleadh dhaoine a chuideachadh* this money will enable us to help more people **comasachd** *nf* possibility, potentiality, range **comastair, -ean** *nm* commisar(y) **comataidh, -ean** *nf* committee □ *Comataidh Telebhisein Gàidhlig* (C.T.G.) the Gaelic Television Committee **combaist, -ean** *nf* compass (directional) **comh- / coimh-** words with this prefix, if not found below, may be found under **co- / coi-** (with or without the hyphen)

comh-luadar *nm* □ see **coluadair** **còmh-stri, còmh-strithean** *nf* □ see **còmhstri** **comhachag, -aige, -an** *nf* owl □ *chuala mi eubh na comhachaig* I heard the call of the owl **comhachag-adharcach** *nf* long-eared owl **c.-bhàn** *nf* snowy owl **c.-chluasach** *nf* short-eared owl **c.-dhonn** *nf* tawny owl

comhair *nf indec* used only in the following combinations, indica-ting tendency, direction, before (position) **comhair, an comhair** + *gen* (or in comb. with *prep adjs*) in the direction of / —wards □ *chaidh e an comhair a chinn* he took a header / he went headlong □ *thuit e an comhair a chinn* he fell headfirst / headlong □ *thuit i an comhair a cinn* she fell headfirst □ *bha e a' gluasad an comhair a thaoibh* it was moving sideways □ *bidh a' chrùbag a' coiseachd an comhair a taoibh* the crab walks (lit. will be walking) sideways □ *thuit e an comhair a chùil* he fell backwards □ *thug i ceum an comhair a cùil* she stepped back / took a step backwards □ *bha na feachdan againn a' dol an comhair an cùil* our forces were retreating **fa chomhair** + *gen* (or in comb. with *prep adjs*) □ sometimes written **fo chomhair / mu chomhair** 1. opposite (to), before □ *aig crìoch an dàrna latha bha sinn fa chomhair eilein bhig* at the end of the second day we were opposite a small island □ *fa chomhair ar sùilean* before our eyes □ *bha seo a' tachairt fa chomhair an sùilean* this was happening before their eyes □ *tha sin a' ciallachadh mòran saothrach gus am brath a chur fa chomhair dhaoine* that means much effort getting the message across (to people) As with most *comp preps*, a *prep adj* is used where English has a *pers pron*: **fa mo chomhair** before me **fa do chomhair** before you **fa chomhair** before him **fa comhair** before her **far comhair** before us **fa ur comhair** before you (*pl* + polite) **fan comhair** before them □ *bha e na shìneadh marbh fa comhair* he was stretched dead before her □ *mar gum fosgladh* *ifrinn fan comhair* as if hell were to open before them

As an extension of this usage we have the idea of bringing before the mind i.e. bringing to the attention of etc. □ *thàinig e fa mo chomhair* it occurred to me ... □ *cuspair nach bi tric a' tighinn fa chomhair inntinn muinntir a' bhaile seo* ... a subject which does not often come before the minds of (i.e. occur to) the people of this town □ *is e saoghal neònach a tha e a' toirt far comhair* it's a strange world that he brings before us □ *tha seirbhisean mar seo a' toirt far comhair nach do sguir cogadh fhathast* services like this bring home to us that warfare has not yet ceased □ *cha robh nì a bha a' dol air adhart nach robh fan comhair* there was nothing going on that they weren't aware of □ *fa chomhair rèis an leabhair seo* in view of the scope of this book 2. in anticipation of, in preparation for, to meet the needs of □ *ag ullachadh fa chomhair a' gheamhraidh* preparing for winter □ *an obair a tha ri a dèanamh fa chomhair a' gheamhraidh* the work which has to be done [in preparation] for the winter □ *na h-ullachaidhean a tha gan dèanamh fa chomhair feumannan luchd-ionnsachaidh* the provisions that are being made to meet the needs of learners

---

comhairle *nf* advice, committee, consultation, council □ *comhairle a' bhaile* town-council □ *Comhairle nan Sgoiltean Àraich (CNSÀ)* Playgroup Committee □ *Comhairle Shrath Chluaidh* Strathclyde Council

comhairle is used with a number of verbs:

gabh comhairle be advised, consult, take the advice of □ *nan gabhadh iad mo chomhairle-sa thilleadh iad* if they took my advice they would go back □ *ghabh mi a chomhairle mun ghnothaich* I consulted him about the matter □ *comhairle bheachdaichte* considered advice

thoir comhairle do / air give advice to □ *thug e comhairle dhomh gun*

fhuireach an sin he advised me not to stay there □ *thug iad comhairle air gun an oidhche a chur seachad an sin* they advised him not to spend the night there (see **gun** *prep*)

iarr comhairle air ask advice of / from □ *dh'iarr iad comhairle airsan ach cha do dh'iarr iad ormsa i / cha do dh'iarr ormsa* they consulted him but they didn't consult me / (by itself) / but not me

thoir seachad comhairle consult (of a doctor) □ *cuine bhios an dotair a' toirt seachad comhairle a-màireach?* when is the doctor consulting tomorrow?

cuir comhairle ri(s) consult □ *dh'iarradh air an runaire a chomhairle a chur ri daoine* the secretary was asked to consult people □ *chuir an seanalair comhairle ri a chuid shaighdearan* the general consulted his troops

theirig an comhairle (le) confer (with), consult

comhairle-riaghlaidh *nf* junta

---

comhairleach, -ich, ich *nm* adviser, councillor, monitor

comhairleachadh, -aidh *nm & vn* of **comhairlich** advising etc. □ *pàipear comhairleachaidh* an advisory paper

comhairlich, -eachadh *v* (+ **do**) advise, counsel, suggest □ *chomhairlich e dhaibh uisge-beatha a sheachnadh* he advised them to avoid whisky □ *chomhairlicheadh dhi tilleadh dhachaigh* she was advised to return home (verb used impersonally – lit. it was advised to her etc.) □ *comhairlich an aghaidh* counsel against, dissuade from

comhairliche, -ean *nm* councillor

comhardadh, -aidh *nm* rhyme □ *comhardadh meadhain* internal rhyme

comharra, -an *nm* □ same as **comharradh** □ *tha na cuimsean seo nan comharran air adhartas ann an ionnsachadh* these targets represent a progression in learning

comharrachadh, -aidh *nm & vn* of **comharraich** marking etc., definition, indication, notation □ *comharrachadh deicheach* decimal notation

comharrachaidh *a* definite (gram.) □ *an t-alt comharrachaidh* the definite article

comharradh, -aidh, -aidhean *nm* character, feature, hallmark, impression, index, indication, impression, mark, omen, portent, seal (of document), sign, signal, stamp (fig.), symptom, token, vestige
Some examples: *cha do dh'fhàg iad ach beagan chomharraidhean air an tuineachadh an sin* they left only few signs of their settlement there □ *dè an comharradh a fhuair thu airson Beurla?* what mark did you get for English? □ *'s e comharradh gealltanach a tha ann* it's a promising sign / omen □ *'s e fìor chomharradh a tha anns an leabhar seo air mar a tha cùisean air fàs nas miosa* this book is a good indication of how matters have worsened □ *bu mhath leam barrachd comharraidh fhaicinn gu bheil iad treibhdhireach* I would like to see more indication that they are sincere □ *'s e droch chomharradh a tha ann an sin* that's a bad sign (it's a bad sign that's in that) □ *mar chomharradh nach toireadh iad gèill* as a sign that they would not surrender □ *rinn e comharradh dhomh an doras fhosgladh* he signalled to me to open the door □ *bha gnìomharraiche an rèidio a' faighinn comharradh àraid* the radio operator was receiving a strange signal □ *cuir comharradh air* ear-mark
comharradh in association with other nouns: *comharradh [cluaise]* earmark □ *comharradh cùnntaidh* tally mark □ *comharradh maslaidh* stigma □ *comharradh malairt* trade-mark □ *comharradh (-crìche)* landmark (to mark a boundary) □ *comharraidhean comanachaidh* communion tokens □ *comharraidhean na h-aimsire* [the] weather signs □ *comharradh duilgheadais* distress signal □ *chuir iad a-mach comharradh duilgheadais* they put out a distress signal □ *comharraidhean rathaid* road markings □ *tha na comharraidhean rathaid seo a' nochdadh àite far nach bu chòir a dhol seachad air carbad eile* these road markings show where other vehicles should not be overtaken (lit. where it ought not to go past upon other vehicles) □ *comharradh cheithir / shia figearan* four / six figure reference □ *comharradh inbhe* status symbol

bi na chomharradh (air) be indicative (of), be a sign of, signal □ *bha an doras fosgailte na chomharradh air fàilte* the open door was a sign of welcome □ *tha seo na chomharradh air atharrachadh mòr ann an structar a' ghnìomhachais* this signals / is indicative of a great change in the structure of the industry
comharradh-beinge *nm* benchmark □ *...a bha na chomharradh-beinge san t-seòrsa ud de fhilm ...* which was a benchmark in that type of film
comharradh-ceiste *nm* question mark
comharradh-clèithe *nm* grid reference
comharradh-crìche *nm* boundary mark
comharradh-labhairt – used in the *pl* **comharraidhean-labhairt** quotation marks
comharradh-tìre *nm* landmark (guide for seamen / conspicuous object in a district)
comharradh-postachd *nm* postmark
comharradh-uisge *nm* watermark

comharraich, -achadh *v* characterize, dial (on a phone), distinguish, identify, impress, imprint, indicate, mark, observe, note, point, point out, sign, signify, specify, trace □ *comharraich àireamh* dial a number □ *comharraich le reul* star (mark with a star) □ *bha an t-seirbhis a' comharrachadh Fèill Anndrais* the service was marking St. Andrew's Day □ *tha an aithisg a' comharrachadh cuid de phrìomh fheumannan leasachaidh* the report identifies some priorities of development (lit. some of the principal needs of development) □ *tha na figearan a' comharrachadh nan sreathan* the figures indicate the lines □ *chomharraich e an àireamh* he dialled the number □ *chumadh seirbhis a' comharrachadh na cloich-mhìle seo* a service marking this milestone was held □ *tha sinn an dòchas gun tèid an tachartas seo a chomharrachadh ann an dòigh iomchaidh* we hope that this event will be marked in a fitting manner □ *chaidh a chomharrachadh gun robh e coltach gur e...* it was pointed out that it was likely that ...□ *a' comharrachadh àite* position fixing
comharraichte *pp* characterized, definite, marked, noted, notable □ *bha an eaglais comharraichte le...* the church was

characterized by ... □ *tha an Gaidheal comharraichte airson a mhisnich* the Gael is notable / noted for his courage □ *cha robh an tachartas seo comharraichte ann fhèin* this event wasn't notable in itself

comhart, -airt, -an *nm* bark (of a dog) □ *dèan comhart* bark, yap

comhartaich *nf* barking □ *dèan comhartaich* bark (of a dog) □ *chuala mi comhartaich nan con* I heard the barking of the dogs □ *thòisich an cù air comhartaich* the dog started to bark / started barking

còmhdach, -aich, -aichean *nm* case, cladding, cover, covering, facing, integument, wrapper □ **còmhdaichean** *pl* wrappings □ *còmhdach-dealain* insulator □ *còmhdach sgòthan* cloud cover

còmhdach-siùcair *nm* icing

còmhdach-teas *nm* tea-cosy □ *chuir e an còmhdach-teas air a' phoit-tì* he placed the tea-cosy on the teapot

còmhdachadh, -aidh *nm & vn* of **còmhdaich** covering etc., coverage, upholstery

còmhdaich, -achadh *v* cap, cloak, clothe, cover, deck, envelop, muffle, shroud, veil □ *còmhdaich le uisge* flood *v* □ *còmhdaich le glainne* glaze

còmhdaichte *pp* covered □ *còmhdaichte le fraoch* covered with heather

còmhdhail, -alach, -aichean *nf* 1. assembly, conference, congress, convention □ *chaidh iad gu Còmhdhail Ùghdarrasan Ionadail na h-Alba* they went to the Convention of Scottish Local Authorities □ *an còmhdhail* to meet *adv* □ *thàinig an duine am chòmhdhail* the man came to meet me (note that **nam** has been shortened to **am**) 2. transport

---

còmhla, -aichean *nf* door, door valve, shutter (sometimes specified – *còmhla uinneige* a window shutter □ *còmhla chamara* a camera shutter)

còmhla *adv* together, simultaneously □ *tha e a' toirt còmhla gach neach aig a bheil ùidh ann an eachdraidh an eilein* he is bringing together everyone who has an interest in [the] history of the island □ *thàinig an dà nobhail seo a-mach còmhla* these two novels came out simultaneously □ *bha iad a' fuireach còmhla* they were staying together □ *feumaidh sinn suidhe sìos còmhla agus poileasaidh obrachadh*

---

a-mach we must sit down together and work out a policy

còmhla ri(s) *prep* along with, in company with, with (of people or things) □ *rach / theirig còmhla ri* accompany □ *thèid mi còmhla ris a' mhinistear* I'll accompany the minister □ *thèid sinn còmhla riut* we'll go with you □ *seinnibh còmhla ri chèile* sing together (command *pl*) □ *mhiannaich e leabhar a sgrìobhadh a sheasadh còmhla ris a' chiad fhear* he wanted to write a book which would stand along with the first one

---

comhlachadh, -aidh, -aidhean *nm & vn* of **còmhlaich**, file (papers etc.)

còmhlaich, achadh *v* 1. accost, intercept, meet □ *chòmhlaich e ri triùir no ceathrar de bhalaich* he met three or four boys 2. file (papers etc.)

còmhlan, -ain, -an *nm* band, body (of men etc.), circle, company, group, staff (e.g. of office staff) □ *còmhlan ciùil* (musical) band □ *còmhlan deasbaid* discussion group □ *còmhlain deasbaid* discussion groups (note: no *len*)

còmhlan-togalaich *nm* building society

còmhlanaich, -achadh *v* group □ *tha na cuspairean air an còmhlanachadh* the subjects are grouped

comhlion, -adh *v* accomplish (or **coilion**)

comhlionta *pp.* accomplished

comhliontach *a* complementary □ *eu coltach ris na seirbhisean eile ach coliontach leotha* unlike the other services but complementary to them

còmhnachail *a* helpful

còmhnadh, -aidh *nm* aid, assistance, help, subsidy, succour, supply □ *le còmhnadh bràthair mo mhàthar* with the assistance of my [paternal] uncle □ *gun chòmhnadh* helpless □ may be used as a *vn*: *bha muintir a' bhaile a' còmhnadh a-chèile leis a' mhòine* the people of the township helped each other at the peat (gathering)

còmhnaich, còmhnaidh *v* dwell live, reside □ *bha duine còir a'còmhnaidh ann an gleann iomallach* there was a worthy man living in a remote glen □ *bha iad a' còmhnaidh an toiseach ann an Sgalpaigh* they were residing, to begin with, in Scalpay

còmhnaidh *nf & vn* of **còmhnaich** residing etc., abode, dwelling, habitation, residence, sojourn □ *àite còmhnaidh* abode, dwelling place □ *gabh còmhnaidh (ann)* abide, dwell, occupy, reside, have one's residence □ *...far an robh iad a'gabhail còmhnaidh* ... where they resided □ *ghabh e còmhnaidh maille ri* ... he resided with ...

còmhnaidh, an còmhnaidh *adv* always, continually, habitually □ *bha iad an còmhnaidh a' gearan orra* they were always complaining about them □ *chan eil a' ghrian an còmhnaidh a' deàrrsadh* the sun isn't always shining / continually shining

còmhnaidh(e) *a* residential □ *cùrsaichean còmhnaidh* residential courses

comhnaidheach *a* residential

còmhnard, -airde *a* even, flat, horizontal, level, plain, smooth □ *dèan còmhnard* level, make level, smooth

còmhnard, -aird, -an *nm* flat, horizontal, level, lowland, plain, platform □ *còmhnardan mòra Chanada* the prairies (lit. great plains) of Canada □ *fo chòmhnard na mara* below sea level □ *os cionn còmhnard na mara* above sea level □ **còmhnardan** may also = lowlands (geog.)

còmhradh, -aidh, -aidhean *nm* chat, conversation, discourse, discussion, talk, talking □ *còmhradh (eadar dithis)* dialogue □ *tro chòmhradh* oral □ *dèan còmhradh* chat, converse, talk □ *dèan còmhradh (air)* discuss □ *còmhradh slaodach* drawl □ *còmhradh amaideach* drivel □ *còmhradh dìreach* direct speech □ *còmhradh stiùirichte* guided discussion □ *dèan còmhradh ri* parley with □ *bha mi ag èisteachd ris a' chòmhradh* I was listening to the conversation □ *tro chòmhradh* oral(ly) □ like many nouns, may be used as a *vn* □ *a' còmhradh* conversing □ *a' còmhradh ri chèile* communicating

còmhrag, -aige, -an *nf* campaign, combat, conflict, fight, fray, strife □ *miann còmhraig* aggression

còmhrag-dithis *nf* duel □ *cha robh duine ann a sheasadh ris (ann) an còmhraig-dithis* there was nobody (there) who would face (lit. stand against) him in a duel □ *bha iad an sàs an còmhraig-dithis* they were engaged in a duel

còmhraideach *a* longwinded, talkative, conversational □ *"'S e latha math a th' ann," thuirt e gu còmhraideach* "It's a fine day," he said conversationally

còmhraig, comhrag *v* fight

còmhraiteach □ see **còmhraideach**

còmhsri / còmh-stri etc. □ see **còmhstri**

còmhstri, ithe, -ithean *nf* brawl, quarrel, rivalry, strife, striving, struggle □ *dèan còmhstri* brawl *v* □ *dèan còmhstri mu phrìs* haggle □ *gun chòmhstri* uncontested □ *dèine na còmhstri* the vehemence of the strife □ *aig deireadh gach còmhstri a bha aige ris fhèin* at the end of every struggle he had with / against himself

comhfhurtachadh / comhfhurtachd / cofhurtaich □ see **cofhurtachadh / cofhurtaich / cofhurtachd / cofhurtaich**

com-pàirt *nf* □ see **compàirt**

compàirt *nf* accompaniment (musical), participation □ *dèan compàirt do* accompany (in music) □ *piano-chompàirt* piano accompaniment □ *gun chompàirt* unaccompanied □ *sheinn iad gun chompàirt ciùil sam bith* they sang without any musical accompaniment □ *ghabh iad compàirt ann an gnothaichean a' chomainn* they participated in the affairs of the society □ *cha do ghabh e compàirt anns a' choinneimh* he didn't take [any] part in the meeting □ *tha iad gu bhith a' gabhail compàirt anns a' cho-fharpais* they are going to be taking part in the competition

compàirteachadh, -aidh *nm & vn* of **compàirtich** accompanying etc., communication, distribution

compàirteachas, -ais *nm* copartnership

compàirtich, -eachadh *v* accompany (in music), communicate, distribute, hand out, impart, partake, participate, take part □ *airson compàirteachadh ann an adhradh* (in order) to take part in worship □ *compàirtich—ri* share—with

com-pàirtiche *nm* □ see **compàirtiche**

compàirtiche, -ean *nm* 1. accompanist 2. partaker

companach, -aich, -aich *nm* associate, chum, colleague, companion, comrade, fellow, friend, mate, pal, partner □ *thòisich e air companach a dhèanamh dhith* he began to make a friend of her

companaidh , -e, -ean *nf* company , firm □ *companaidh bhusaichean* bus operator □ *companaidhean cùmhnaint* contract companies □ *companaidh siubhail* travel agency

companas, -ais *nm* companionship, fellowship, partnership

companta *a* sociable

comraich, -e, -ean *nf* protection, sanctuary □ *fo chomraich caraid* under the protection of a friend

comunn an older spelling of **comann** (q.v.) retained in some instances □ *an Comunn Gaidhealach* the Highland Society

còn, -òin, -an *nm* cone
conablach, -aich, -aich *nm* anything mangled e.g. corpse
conablaich, -achadh *v* mangle
conacag □ see **conachag**
cònach *a* 1. conical 2. coniferous
conachag, -aige, -an *nf* 1. conch 2. horn
conail *a* canine
conair, -e, -ean *nf* a set of beads, particularly *conair Mhoire* a rosary
conaire, a' chonaire *nf* rosary □ see **conair**
conadail *a* stray □ *caora chonadail* a stray sheep □ *... ach fear conadail an siud 's an seo ...* except for a stray one here and there
conadal, -ail, -ail *nm* stray sheep, stranger – and hence 'odd one out', exception
conaltrach *a* 1. conversational □ *tha na h-oileanaich a' faighinn na dòigh conaltraiche* the students get the conversational method 2. social (personality)
conaltradh, -aidh *nm* communication, discourse □ *... gus tuigse iomlan fhaighinn air a' chonaltradh anns an fharsaingeachd* to understand the communication overall □ *pàipear conaltraidh* consultation document
conasg, -aisg *nm* furze, gorse, whin (bush) □ *bha an leathad air a chòmhdachadh gu lèir le conasg* the hillside was entirely covered by / with gorse
conastapal, -ail, -ail *nm* constable, township constable □ also **conastabal**
conbhalladh, -aidh, -aidhean *nm* battlement, buttress
concrait *nm* concrete □ *concrait ullamheasgaichte* ready-mixed concrete
concrait *a* of concrete □ *sgonnan concrait* concrete slabs
connadh, -aidh *nm* firewood, firing, fuel □ *connadh làmhaich* ammunition □ *cuir connadh ri / ann* fuel, stoke □ *is e connadh luachmhor a tha anns a' mhòine* peat is a valuable fuel (lit. it's a valuable fuel that's in the peat)
connadh-fosail *nm* fossil fuel
connlach, -aich *nf* fodder, litter, straw □ *shìn mi sa chonnlaich* I stretched out in the straw
connlaich *a* of straw, straw □ *sioman connlaich* a straw rope □ *ribheid chonnlaich* a straw reed (i.e. in a musical instrument)
connrag, -aige, -an *nf* consonant □ *tha trì connragan deug anns an aibidil Ghàidhlig* there are thirteen consonants in the Gaelic alphabet
connsachadh, -aidh, -aidhean *nm & vn* of **connsaich** quarrelling etc., argument, debate, disputation, dispute, quarrel, squabble, wrangle □ *an connsachadh*

a bha aige ri a bhràthair the quarrel he had with his brother
connsachail, -e *a* controversial, disputatious □ *tha an colbh connsachail seo a' nochdadh a h-uile seachdain* this controversial column appears every week
connsaich, -achadh *v* debate, dispute, quarrel, wrangle
connspaid, -e, -ean *nf* contention, controversy, debate, dispute (incl. industrial), polemics □ *tha beagan connspaid air nochdadh anns na pàipearan-naidheachd o chionn greis* a little controversy has appeared in the newspapers recently
connspaideach, -iche *a* contentious, litigious, quarrelsome □ *ann an dòigh chonnspaidich* in a contentious manner
connspaidiche, -ean *nm* adversary, contestant, disputant
connspeach, -an *nf* hornet, wasp
connspoidiche, -ean *nm* see **connspaidiche**
conntraigh *nf* neap-tide
conphocan, -ain, -ain *nm* buckie (shellfish)
consal, -ail, -ail *nm* consul
consalach *a* consular
contèanair, -ean *nm* container
cop, coip *nm* foam, froth, lather □ *cuir cop dhe* foam □ *dèan cop* lather □ *bha a bheul fo chop* his mouth was foaming
cop, -adh *v* capsize, tip out, pour (Scots 'cowp') □ *chop i an còrr dhen uisge dhan mhèis* she poured the rest of the water into the basin
copach, -aiche *a* foamy, frothy
copag, -aige, -an *nf* dock (plant)
copag-thuaitheal *nf* burdock
copaidh, -ean *nm/f* copy
copaig, -eadh *v* copy
copaigeadh, -idh *nm & vn* of **copaig** copying
copail *nm* copula
copair *a* copper
copan, -ain, -an *nm* cup (also **cupa** & **cupan**) □ *copan na glùine* knee-cap (better **failmean**)
copan-an-driuchd *nm* lady's mantle (plant) **c.-uighe** *nm* egg-cup
copanach, -aiche *a* frothy, foamy
copar, -air *nm* copper
copraich *nf* fizz

cor, coir *nm* case, circumstance, condition, pass, plight, predicament, state, vicissitude □ *thug iad iomradh air cor na dùthcha* they gave an account of the

condition of the country □ *dè do chor?*
cor math how are you keeping? fine □
nach ann ort a tha an cor a-nochd?
aren't you in good trim / form tonight?
□ *cor beòshlaint* standard of living
air chor sam bith on any condition /
on any account □ *cha chleachdar a'*
Ghàidhlig air chor sam bith mar
mheadhan teagaisg on no account
will Gaelic be used as a medium of
instruction
air chor 's gu ... *conj* on condition that /
so that / with the result that ... □ ...
air chor is nar là fhèin tha na glean-
ntan fàsail with the result that / so that
nowadays the glens are desolate □ ...
air chor 's nach eil e furasta car a chur
dhith ... so that it isn't easy to overturn
her (i.e. the boat)
air a h-uile cor by all means, at all costs
□ *dh' fheumadh e an geata a ruigsinn*
air a h-uile cor he had to reach the gate
at all costs
cor-inntinn *nm* state of mind □ *dè tha*
seo a' nochdadh dhuinn mu chor-
inntinn an ùghdair? what does this
reveal to us about the author's state of
mind?

---

corail *nm* coral
còras-grèine *nm* solar system
corc, cuirce, -an *nf* knife
corca □ see **coirce**
còrcach, -aich *nf* hemp
corcach *a* of, belonging to a fairy or water
bull with particular reference to the ears of
calves, small ears being a sign of evil □
cha robh cluasan corcach aig an laogh
co-dhiù the calf didn't have the small ears
of the fairy bull at any rate
còrcaich *a* hempen
còrcair *a* purple
corcais *nf* cork □ *cuir corcais ann* cork *v*
corcan-coille *nm* bullfinch
còrd, cùird, cùird *nm* cord □ *còrd an*
droma spinal cord
còrd, -adh *v* agree with, please, suit, be on
good terms with □ *chòrd seo riutha* this
pleased them / was agreeable to them □
chòrd an turas ruinn we enjoyed the trip □
cha do chòrd e ris it didn't commend itself
to him □ *thuirt i gun còrdadh sin glè*
mhath rithe she said that she would like
that very much □ note that both **gu math**
and **gu mòr** may also be used to qualify

còrd, i.e. 'please well', 'please greatly'
respectively □ *bhiodh e air còrdadh rium*
fhèin, agus ri daoine eile cuideachd, nam
biodh cothrom ann a bhith a' bruidhinn ri
daoine eile it would have pleased me, and
other people too, if there had been an
opportunity to talk to other people □ *chòrd*
na balaich ri chèile the boys agreed (i.e.
found each other agreeable) □ *còrdaidh*
mòran dheth ri luchd-tadhail much of it
will please visitors □ *cha do chòrd a'*
chomhairle seo ris this advice didn't com-
mend itself to him □ *bha na h-aon rudan*
a' còrdadh riutha they had congenial tastes
/ they liked the same things □ *deiseil gu*
bhith còrdadh ri ur nàbaidh prepared to be
on good terms with your neighbour □ *cha*
do chòrd e rithe nach do fhreagair e i it
didn't please her that he didn't answer her
còrdadh, -aidh *nm & vn* of **còrd** pleasing
etc., accommodation *abstr*, agreement,
settlement, treaty □ *thàinig iad uile gu*
còrdadh mu na cùmhnantan they all came
to an agreement / an accommodation
about the conditions □ *tha sinn a' tighinn*
gu còrdadh an ìre mhath we are coming to
an agreement to a good extent
còrdaidh, -e *a* agreeable (getting on
together) □ *chan urrainn dhomh a ràdh dè*
cho còrdaidh 's a bha iad I cannot say how
agreeable they were / how well they got on
together
còrdail *a* congenial
còrdail *nf* cordage
coreigin, air choreigin *indef pron* some—
or other □ *air a lìonadh le stuth air chor-*
eigin filled with some material or other □
latha air choreigin some day or other
corgaidh, -ean *nm* corgi
Corintianach, -ich, -ich *nm* Corinthian □
anns a' chiad litir chun nan Corintianach
in the first letter to the Corinthians
Corintianach *a* Corinthian
còrn, cùirn, cùirn *nm* 1. horn (mus. &
drinking), tumbler 2. corn (on foot)
còrn-òil *nm* drinking horn
Còrnach *a* Cornish
còrnachadh, -aidh *nm & vn* of **còrnaich**
coiling
còrnaich, -achadh *v* coil
còrnair, -ean *nm* corner □ also *adj*: *'s e*
bùth chòrnair a bha aige he had a corner
shop □ there are at least two good Gaelic
words for corner – I don't see the need for
this one
coron, -oin, -oin / -an *nm* crown, diadem,
tiara □ *coron (easbaig)* mitre

coronach *a* coronary
corp, cuirp, cuirp *nm* body, corpse □ *corp
(eaglais)* nave □ *bheir an damhan-allaidh
sìoda às a chorp fhèin* the spider produces
silk from his own body
corp-ghabhail *nm* / *f* incarnation **c.-làidir**
a able-bodied **c.-spìosraichte** *nm* mummy
(Egyptian)
corpag, -aige, -an *nf* corpuscle
corpailear, -eir, -an *nm* corporal
corporra *a* bodily, carnal, corporal,
corporate, corporeal, physical (bodily),
somatic □ *gu corporra* bodily *adv* □
a' dol an sàs ann an rudeigin gu corporra
getting physically involved with some-
thing □ *ballrachd chorporra* corporate
membership

---

còrr *nm indec* balance (fin.), excess,
extra, more (than), rest, remainder,
surplus
còrr is only infrequently used without
the *def art* □ ... *gach còrr a bhitheadh
air fhàgail* ... every surplus that was
left □ *bha ochdnar no còrr de theagh-
lach anns gach taigh* there were eight
or more of a family in each house
còrr is frequently used with the *def art*
with the meaning 'the rest, the remain-
der, more' – though this may often
have to be translated into idiomatic
English as 'any more' (sometimes 'no
more' after a *neg* verb), 'anything else' □
gun an còrr uime without (any) more
ado □ *chan eil an còrr ri a ràdh* there's
no more to be said (lit. to say) □ *chan
eil mi a' dol a ràdh a' chòrr* I'm not
going to say any more (lit. the rest) □
na cluinneam an còrr don't let me hear
anymore / the rest □ *cha robh an còrr
anns an rum aig an àm* there were no
more [people] in the room at the time
□ *aon là, gun an còrr againn ri
dhèanamh* ... one day, (we) having
nothing else to do □ *a bheil thu a'
smaoineachadh nach eil an còrr aig
Iain ri dhèanamh ach* ...? do you think
John has nothing more to do
but ...? □ *cha robh an còrr roghainn
againn* we had no other choice □
*bhuannaich e an doras agus cha robh
an còrr ann* he reached the door and no
more □ *dè 'n còrr a b'urrainn dhomh
a dhèanamh?* what more could I do? □

dè an còrr a dh'iarradh e? what more
would he ask? □ *cha do dh'èist mi ris
a' chòrr* I didn't listen to the rest □
*a bheil e ag innse na fìrinne mun
chòrr?* is he telling the truth about the
rest? □ ... *nach biodh ann air a' chòrr
dòigh* ... which would not otherwise
exist / would not exist in any other way
□ *cha robh an còrr air ach sin* that's all
there was to it (lit. there was not the
rest on it but that) □ *cha robh an còrr
air ach aontachadh an toirt leam* there
was nothing else for it but to agree to
take them with me
an còrr is often foll. by **de** + a noun or
a *prep pron* formed from **de** □ ... *far an
do chuir e seachad an còrr de
a bheatha dhuilich* ... where he spent
the rest / remainder of his sad life □ ...
airson a' chòrr den gheamhradh ... for
the rest of the winter □ *a bheil an còrr
agad dheth?* do you have the rest of it?
□ *bha iad gu bhith còmhla fad a' chòrr
de am beatha* they were going to be
together all the rest of their lives (for
the use of the *sing*, see notes under
beatha, ceann and **làmh**) □ but a noun
in the *gen* case may also be used □ *cha
do dh'iarr e an còrr fiathachaidh* he
didn't need a second invitation (lit.
didn't ask for more inviting) □ note
also: *m'athair is an còrr againn* my
father and the rest of us
còrr accompanied by some form of
agus means 'more than, upwards of,
over' □ *tha e còrr is ochd bliadhna
deug a dh'aois* he is over 18 □ *tha
còrr is leth-cheud punnd aige* he has
more than fifty pounds □ *bho chionn
còrr is ceud bliadhna* more than
a hundred years ago □ *à còrr is naoi
mìle* out of more than nine thousand □
bha e tinn còrr agus bliadhna he was
ill more than a year □ *còrr is aon uair*
more than once □ *airson a' chiad uair
ann an còrr is deich* bliadhna for the
first time in more than ten years □ *tha
còrr is an dàrna leth dhiubh nan
laoidhean* more than half of them are
hymns □ *còrr math agus mìle neach*
a good bit more than a thousand
people
a chòrr *adv* extra, left over, spare, sur-
plus □ *theasaich e an stiudha a bha a
chòrr bho 'n-dè* he heated the stew that
was left over from yesterday □ *chan eil*

ach beagan a chòrr air ceithir millean sa bhuidseat gu lèir there is just a little over three million in the budget altogether□ *bheireadh iad dha iasg sam bith a bhitheadh a chòrr aca* they would give [to] him any surplus fish / any odd fish they had

---

corr-chopag *nf* water plantain **c.-litir** *nf* capital (letter) **c.-mhial** *nf* gnat, mosquito

---

corra *a* (precedes and lenites noun which is in the *sing* and in the appropriate case) few, occasional □ *airson corra bhliadhna fhathast* for a few years yet □ *bha corra fhear an siud 's an seo* there were a few men here and there □ but note that **corra fhear / corra thè / corra dhuine** may translate simply as 'a few' □ *bha corra fhear / tè nach b' urrainn dhuinn ruigsinn orra* there were a few that we couldn't reach (masc / fem objects alternatively) □ *tha corra dhuine ann fhathast as urrainn sin a dhèanamh* there are still a few (people) who can do that □ *a' cur a-mach corra phrògram Gàidhlig* putting out an occasional Gaelic programme □ *cha robh aige ach fìor chorra fhacal Beurla* he had only a very few English words □ *le corra àite singilte ri fhaotainn* with an occasional single place available □ *bheir mi corra fhacal dhut mar shamhladh* I'll give you a few words as an example □ *thogadh corra cheist* a few questions were raised □ *'s ann corra uair a bhiodh trioblaid ann* there would seldom be trouble (lit. it is few times that there would be trouble in it) □ *chaidh mi ann corra uair* I went there a few times □ *corra chruth is corra smaoin* a few shapes and thoughts □…*is corra dhuine eile*… and a few other people □ *tha fadachd air corra dhuine gus an tig àm na Bliadhna Ùir a-rithist* a few people are longing for New Year to come again (lit. there is longing upon a few people until New Year will come again) □ *cha*

robh sgàile ach air corra chaillich only a few old women wore a veil □ *bha corra chaora ag ionaltradh ri taobh an rathaid* there were a few sheep grazing at the side of the road □ *tha dealbhan air leth math air corra dhuilleig* there are particularly good pictures on a few pages □ *bha corra bhàta a' dlùthachadh air a' chala* a few boats were approaching the harbour

corra- most of the following compounds are based on an old word meaning 'point' -hence cranes and similar birds (from the beak, presumably) □ this also applies to compounds beginning with **corr-** (see above). Some are more obscure in origin.

corra-biod *nm* tiptoe □ *air a chorrabiod* on [his] tiptoes □ *air a corra-biod* on [her] tiptoes □ *dh'èirich iad uile air an corra-biod* they all rose on [their] tiptoes □ *ged a sheasainn air mo chorra-biod cha ruiginn e* though I were to stand on [my] tiptoes, I wouldn't reach it **c.-bhàn** *nf* stork (also **còrr bhàn**) **c.-chagailte** *nf* salamander **c.-chòsag** *nf* 1. millipede 2. slater, woodlouse **c.-ghrian** *nf* bittern □ *bha corran-ghrian ri am faicinn an sin* bitterns were to be seen **c.-ghritheach** *nf* heron □ *chunnaic sin corran-gritheach an-dè* we saw herons yesterday **c.-mheagan, -ain, -an** *nm* bilberry, whortleberry, blaeberry □ *bha sinn a' lorg chorra-mheagan* we were looking for blaeberries **c.-mhonaidh** *nf* crane (bird) **c.-sgreachag** *nf* screech owl

---

corrach, -aiche *a* rough (of surface), unbalanced, uneven, unsteady □ *bha e na shuidhe air being chorraich* he was sitting on an unsteady bench □ *bha an làr salach corrach* the floor was dirty and uneven
corrachas, -ais *nm* tread (of tyre)
corrach-shod, a'chorrach-shod *nf* marsh marigold
corraich, -e *nf* indignation, ire, rage, umbrage, wrath □ *fo chorraich mhòir* in great wrath
corrag, -aige, -an *nf* finger
corran, -ain, -ain *nm* 1. crescent 2. sickle

corran-gainmhich *nm* sandspit **c.-gealaich** *nm* crescent

còrrlach, -aich *nm* odds

còrsa, -achan *nm* coast

còrsair, ean *nm* 1. cruiser 2. corsair

Corsacanach, -aich, -aich *nm* Corsican

Corsacanach *a* Corsican

còs, -òis, -an *nm* crevice, den, hollow

còsach, -aiche *a* cavernous, hollow, porous, snug

còsachd *nf* porosity

còsag, -aige, -an *nf* 1. cave, cavern 2. air sac, alveolus **còsagan** alveoli (air sacs in lungs)

cosail, -e *a* □ see **cosmhail**

cosamhlachd *nf* likeness, parable

cosanta *a* industrious, diligent □ *boireannach cosanta* an industrious woman

cosg, cosg *v* 1. cost □ *chosgadh sin cus* that would / would have cost too much □ *chosgadh sin an deagh sgillinn* that would / would have cost a pretty penny □ *dè tha e a' cosg litir a chur gu Astràilia?* how much does it cost to send a letter to Australia? □ *chosg seo mòran tàmailt agus amhghar dha* this cost him much shame and anguish □ *dè chosgadh e dhomh a dhol a Obair Dheadhain?* what would it cost me to go to Aberdeen? 2. expend, spend, waste □ *cosg (airgead)* disburse □ *chosg e na bha aige de dh' airgead* he spent what money he had (lit. what was at him of money) □ *cosg ùine air* spend time on □ *bha e a' cosg ùine mhòr air a leasain* he was spending a lot of time on his homework □ *cosg ùine ri* spend time at / devote time to □ *dè an ùine a bhitheas tu a' cosg ri do sgrìobhadh?* what time do you devote to your writing? □ note also: *cosg air* pay for □ *'s e Urras NicCaoig a chosg air* it was the McCaig Trust which paid for it □ *thug esan seachad an t-airgead a chosg air* he donated the money which paid for it 3. wear □ *cha robh e a' cosg lèine* he wasn't wearing a shirt

cosg, -oisg *nm & vn* of **cosg** spending etc., cost, waste □ *cosg tìde* waste of time □ *cosg ùine gun fheum* a useless waste of time □ *is iomadh duine a fhuair sin a-mach air a chosg* many a man has found that out to his cost □ *...air chosg na feadhnach a tha ag obair...* at the expense of those who are working

cosgail *a* costly, expensive

cosgais, -e, -ean *nf* charge, cost, expense (same as **cosg**) □ *tha uallach air mòran mu na cosgaisean* many are worried about the costs / expenses □ *cosgais puist* postal rate □ *cosgais uile-gu-leir* total cost □ *cosgais a bharrachd* surcharge

coslanach, -aiche *a* spongy □ *tha an stuth coslanach na ghnè* the material is spongy in nature

coslas, -ais *nm* appearance(s), likeness □ same as **coltas** but less common □ *fhuair e a-mach gu bheil coslas foilleil* he discovered that appearances are deceptive □ *is ionmhainn leis gach neach a choslas* lit. is beloved with each person his likeness i.e. birds of a feather flock together

cosmach *a* cosmic □ *air sgèile cosmach* on a cosmic scale

cosmhail, -e *a* like, similar (foll. by *ri*) □ *tha e glè chosmhail an dreach ri...* it is very similar in appearance to... □ *dèan cosmhail ri* assimilate

cosmhalachd *nf* likeness, parable, resemblance, verisimilitude □ *tha aon chosamhlachd eile ann* there is one more resemblance

cosnadh, -aidh *nm & vn* of **coisinn** earning etc., earnings, employment □ *bha e ag obair aig Oifis a' Phuist airson beagan cosnaidh fhaighinn* he was working at the Post Office to get a little earnings □ *gheibh iad cosnadh air leth feumail cuideachd* they will also get particularly useful earnings □ *obraichean ùra a bheireadh cosnadh don t-sluagh* new jobs which would give employment to the people □ *tha e a-nis an ceann a chosnaidh / tha e a-nis g a chosnadh* he is now in employment (see also **ceann**)

cosnaiche, -ean *nm* employee, wage-earner

cost □ same as **coisg, cosg**

costa, -achan *nm* coast □ *chun a' Chost' an Ear* to the East Coast *air a' Chost' an Iar* on the West Coast

costag, -aige, -an *nf* chervil

costas, -ais *nm* □ see **cosg / cosgais**

cot, -a, -aichean *nf* cot

còta, -aichean *nm* coat □ *chuir i uimpe a còta* she put on her coat (lit. put about her her coat)

còta-bàn *nm* petticoat **c.-froise** *nm* raincoat **c.-geàrr** *nm* jerkin **c.-mòr** *nm* greatcoat, overcoat

cotan, -ain *nm* cotton □ *ann an raointean a' chotain* in the cotton fields

cothaich, -achadh *v* obtain □ *tha e a-nise nas fhasa dhaibh biadh a chothachadh* it is now easier for them to obtain food

cothan, -ain *nm* 1. pulp (of teeth) 2. froth, foam

cotharach, -aich *nf* forget-me-not

cothlaim, cothlamadh *v* mix □ *air a chothlamadh ri ceòl ionadail* mixed with local music

cothlamadh, -aidh *nm* & *vn* of **cothlaim** mixture

cothrom, -oim / -uim, -an *nm* 1. chance, opportunity □ *cothrom gluasaid* elbow-room □ *cothrom air (rudeigin)* access to (something) □ *chunnaic e a chothrom* he saw his chance □ *na cothroman a tha fuaighte ri ...* the possibilities that are inherent in ... □ *'s fhada o bha mi a' feitheamh ri cothrom den t-seòrsa seo* I've been waiting a long time for a chance like this □ *shaoil e gum b' e seo an deagh chothrom air beagan Gàidhlig a chleachdadh* he thought this was a (lit. 'the') grand chance to use a little Gaelic □ *chunnaic e seo na chothrom air facal Dhè a shearmonachadh* he saw this as an opportunity to preach the word of God
tha cothrom agam (air rudeigin a dhèanamh) I have an opportunity (to do something) □ *cha robh cothrom agam* I didn't have an opportunity □ *cha robh cothrom aca air cluich* they had no opportunity to play □ *sin agad a-nise cothrom dhut* there's a chance for you now □ but note also: ... *agus bidh cothroman ann gu bhith (+ vn)* ... and there will be opportunities to be (doing something)
thoir cothrom do ... give ... an opportunity □ *an toir thu dhomh cothrom an-diugh?* will you give me a chance today? □ *thug seo cothrom do na h-oileanaich air am beachd a thoirt seachad* this gave [to] the students an opportunity to give their opinions □ note that **air** is often omitted
faigh cothrom + *vn* get a chance / opportunity (to do something) □ *a h-uile cothrom a gheibheadh e* every chance / opportunity that he got (lit. would get) □ *am faigh mi cothrom coinneachadh ris?* will I have the chance of meeting him? / will I get the chance to meet him? □ *nuair a fhuair e an cothrom a dhol ann na mhaigh-stir-sgoile* when he got the chance to go there as a schoolmaster □ *fhuair sinn cothrom a dhol air tìr* we got a chance to go ashore □ note also: *bha e a' feitheamh ri cothrom fhaighinn orra* he was waiting to find some advantage over them □ *chan ann tric a gheibh mi an cothrom a dhol a-mach* it's not often I get the chance to go out

gabh an cothrom + *vn* take the opportunity □ *ghabh mi an cothrom* I took the opportunity 2. balance *abstr*, equilibrium, poise □ *chan eil cothrom ann eadar na dhà* there's no balance between the two 3. balance, scale (weighing) 4. impartiality, justice □ but note the idiom: *cothrom na Fèinne* fair play □ *tha mi a' smaoineachadh nach fhaigh a' Ghàidhlig cothrom na Fèinne* I think that Gaelic won't get fair play □ *cha tug e cothrom na Fèinne dhaibh* he didn't give them fair play / he wasn't fair to them 5. power □ *bha cothrom nan cas gu math na b' fheàrr agamsa na bha aige-san* I had rather better leg power than he had □ *nan robh cothrom nan cas agam ...* if I had the use of my legs ... □ ... *agus, gu dearbh, bha cothrom labhairt aige!* ... and, indeed, he could talk / speechify!
cothrom is also used in the following idiom – *chan eil cothrom air* there's nothing else for it, it can't be helped □ *tha fhios agam nach eil cothrom agad air* I know you can't help it □ ... *mar nach biodh cothrom sam bith air na thachair ...* as if what happened couldn't be helped [in any way] □ *chan eil cus cothroim aige* he's not very fit
fo chothrom *prep* + *gen* available to □ *fo an cothrom* available to them □ *fo a chothrom* available to him □ *thuirt mi rithe gun robh an càr agam fo a cothrom* I said to her that my car was at her disposal
cothrom *a* even (of spacing), level, uniform (= level etc.) □ *bha e cothrom ri sòbhla na h-uinneig* he was level with the window sill □ *àireamh chothrom* even number □ *bha dà thaobh a' chunntais cothrom* the account balanced

cothromach, -aiche *a* comfortable, easily accomplished, equitable, even (of distribution / spread etc.) fair, impartial, reasonable, regular, sound □ *bidh saidhbhreas an t-saoghail air a roinn gu cothromach* the wealth of the world will be shared out fairly □ *tha a' chiad nì cothromach agus an dara nì cinnteach* the first thing is easily accomplished and the second thing certain □ *ann an ùine chothromaich* in a reasonable [space of] time □ *an taobh a-staigh de dh'ùine chothromaich* within a reasonable time □ *gu cothromach* comfortably □ *shaoil e gun robh a' cheist cothromach* he thought that the question was fair □ *nam bitheadh a' gaoth cothromach* if the wind were fair / favourable □ *an dèidh sin tha mòran de na beachdan cothromach* nevertheless, many of the opinions are sound □ *tha e a' dèanamh mìneachadh orra nach giùlain iad gu cothromach* he is putting an interpretation on them that they cannot comfortably carry

cothromachadh, -aidh, -aidhean *nm & vn* of **cothromaich** considering etc., balance, balance sheet □ *cothromachadh malairt* balance of payments □ *tha seo air a ghiùlan sa chothromachadh* this is carried in the balance sheet

cothromachaidh *a* balancing □ *luthan cothromachaidh* balancing forces □ *puing cothromachaidh* balancing point □ *loidhne cothromachaidh* line of symmetry

cothromachd *nf* fairness □ *ann an cothromachd, feumar aideachadh gu…* in fairness, it must be admitted that…

cothromaich, -achadh *v* assess, balance, consider, weigh □ *…gus an Ionnsaigh Dàchànanach a chothromachadh…* to assess the Bilingual Project

cothromaichte *pp* balanced, symmetrical, weighed □ *dealbhan cothromaichte* symmetrical designs

cràbhach, -aiche *a* devout, religious, sanctimonious □ *bha cuid air an dùsgadh le dèine cràbhaich* some were aroused by religious zeal

cràbhadh, -aidh *nm* devotion (relig.), piety, religion

cràbhaidh, -e *a* pious

crabhat, -ait -an *nm* cravat

cracaireachd *nf* chatting

cràdh, -cràidh *nm & vn* of **cràidh** tormenting etc., ache, anguish, pain, pang, smart, torment, torture □ *cràdh cinn* headache □ *cràdh droma* backache □ *tha*

cràdh ann it aches □ *cuir an cràdh* torture □ *dh'aidich e le cràdh gun robh…* he confessed, with anguish, that… was …

cràdh-gheadh, cràdh-gheòidh, cràdh-gheòidh *nf* sheldrake

cràic, -e *nf* head (of hair) □ *bha cràic de dh'fhalt mi-sgiobalta air* he had a head of untidy hair

craiceann, -inn, craicnean *nm* skin (human or animal) □ *craiceann fèidh* deerskin □ *craiceann a' chinn* scalp □ *thoir an craiceann de* skin *v* □ *bha a chraiceann ciar* his skin was swarthy □ *fliuch chun a' chraicinn* wet to the skin

craiceann-sgrìobhaidh *nm* parchment, vellum **c.-uachdrach** *nm* cuticle

craicinn *a* skin, of skin □ *bha cuarain craicinn air* he was wearing sandals of skin □ *aillse craicinn* skin cancer

cràidh, cràdhadh / cràdh *v* excruciate, grieve, pain, torture, torment □ *bha a chìoch-shlugain ga chràdhadh* his uvula was paining him

craidhleag, -eige, -an *nf* large basket, creel □ *ghiulain iad an fheamainn ann an craidhleagan* they carried the seaweed in creels

cràidhte *pp* tormented

cràidhteach, -iche *a* grievous, painful, sore □ *fon bhuille chràidhteach seo* under this grievous blow □ *tha beatha ghoirid chràidhteach aig mòran* many have a short, painful life

craileag, -eige, -an *nf* □ see **craidhleag**

cràin, -e, -tean *nf* sow

crainnteachd *nf* drought

crait □ same as **croit**

cràiteach, -iche *a* □ same as **cràidhteach**

craiteachan, -ain *nm* a sprinkling

crampag, -aig, -an *nf* noose □ *bha iad air an glacadh le crampaig* they were caught by a noose

crangaid, -e, -ean *nf* winch

---

crann, cruinn, cruinn *nm* (you may also find **croinn** instead of **cruinn**) 1. plough 2. mast □ *crann toisich* foremast □ *bha fear de na cruinn briste* one of the masts was broken □ *crann rèidio / telebhisein* radio / television mast 3. bar, bolt □ *cuir crann air* bolt *v* □ *chuir i an crann air an doras* she bolted the door □ *thoir an crann de* unbolt □ *thug e an crann dhen doras* he

unbolted the door 4. cran (measure for fresh herring) □ *mu thrì croinn san oidhche* about three cran per night 5. tree – usually now only in compounds such as **crann-fìge** fig tree 6. crane (for lifting) □ may be made specific as in **crann-togail** 7. pole (of the earth) *na croinn* the poles □ *aig gach crann* at each pole □ this is uncommon now, and **pòl** and **pòlan** are now used instead 8. lot □ *cuir croinn* cast / draw [lots], toss (of a coin) □ *tilgeadh chrann* ballot □ *chuir iad croinn is thuit an crann air* they drew lots and the lot fell on him □ *thatar a' cur croinn air na caran-oibre* lots are cast for the jobs 9. beam (apparatus), shaft (mech.) 10. saltire 11. *crann (-ceusaidh)* cross of crucifixion □ *croch ri crann* crucify
crann, -adh *v* bar, bolt
crann-aisil *nm* axis **c.-arain, an c.-arain** the constellation known as Charles' Wain, Great Bear or Plough **c.-ceusaidh** *nm* crucifix **c.-fhaoileag** *nf* little gull **c.-fìona** *nm* vine **c.-fuinne** *nm* rolling pin **c.-iomain** *nm* drive shaft **c.-lach** *nf* teal **c.-làmh** *nm* handlebar **c.-ola(idh)** *nm* 1. oil-rig 2. olive (tree) □ *meas a'chruinn-ola* olive (fruit) □ *ola chruinn-ola* olive oil □ *air mullach Sliabh nan Crann-ola* on the summit of the Mount of Olives **c.-sgaoilidh** *nm* transmitter **c.-sgoide** *nm* boom (of a sail) **c.-sneachda** *nm* snow-plough **c.-spreòid** *nm* bowsprit **c.-tabhaill** *nm* sling **c.-tàra** *nm* fiery cross □ *chaidh an crann-tàra a chur mun cuairt air na glinn* the fiery cross was sent around the glens **c.-tarsainn** *nm* bar, cross bar **c.-teile** *nm* linden **c.-togail** *nm* crane, derrick

crannachadh, -aidh *nm & vn* of **crannaich** searing
crannachan, -ain, -an *nm* churn
crannag, -aige, -an *nf* 1. churn 2. pulpit 3. crannog
crannaich, -achadh *v* sear
crannchur, -uir *nm* circumstances, destiny, fate, lot, lottery □ *faodaidh e cuideachadh airgid iarraidh a rèir a chrannchuir* he may seek financial aid according to his circumstances
crannchur-gill *nm* raffle

craobh, craoibhe, -an *nf* tree □ *stoc craoibhe* tree trunk □ *air stoc craoibhe* on a tree trunk □ *air stoc na craoibhe* on the tree trunk □ *am measg chraobh* among trees *am measg chraobhan àrda* among tall trees – some *fem* nouns with *pl* in **-an** have a *gen pl* the same as the *nom*, but when the noun is accompanied by an *adj* the *gen pl* is the same as the *nom pl* lenited □ similarly: *a' cur chraobh* planting trees □ *a' cur nan craobh* planting the trees *a' cur nan craobhan òga* planting the young trees □ *craobh ghinealaich* family tree □ *tairngidh mi craobh ghinealaich dhut gu deich glùintean air ais* I will draw a family tree for you to ten generations back (see **tarraing**) □ *craobh sheargach* deciduous tree
craobh-chònach *nf* conifer **c.-durcain** *nf* conifer **c.-geanmchno** *nf* chestnut tree **c.-geanmchno-fhiadhaich** *nf* horse chestnut **c.-mhaol-dhearc** *nf* mulberry tree **c.-phailm** *nf* palm (tree) **c.-sgaoil, -eadh** *v* broadcast, disseminate, promulgate, propagate □ note that **craol, -adh** is now preferred for radio / television broadcasting **c.-sgaoileadh** *nm & vn* broadcasting etc., dissemination, promolgation, propagation, publication, vulgarization □ note that **craoladh** is now preferred for radio / television broadcasting **c.-sgeachag** *nf* hawthorn □ also **sgitheach** *nm* **c.-shice** *nf* sycamore **c.-shiris** *nf* cherry tree

craobhaidh *a* shaky □ *'s ann air casan craobhaidh a ruith e* it was on shaky feet that he ran
craobhach, -aiche *a* 1. patterned □ *dreasa chraobhach* a patterned dress 2. flowing (like a branching stream) □ *fuil chraobhach* flowing blood
craol, -adh *v* broadcast □ *craolar iad air madainnean Disathairne* they will be broadcast on Saturday mornings □ *craolar iad aig prìomh uair* they will be broadcast in peak time
craol-lìon *nm* broadcasting network
craolach, -aich, -aich *nm* broadcaster
craoladair, -ean *nm* broadcaster □ *bha fèill mhòr air mar chraoladair* he was in great demand as a broadcaster

craoladh, -aidh *nm* & *vn* of **craol** broadcasting, transmission (on radio etc.) □ *dè an dòigh as urrainn dhuibh barrachd feum a dhèanamh de chraoladh?* how can you make better use of broadcasting? □ *tha e ag obair ann an raon a' chraolaidh* he works in the broadcasting field

craolte *pp* broadcast □ *craolte anns an Fhaoilleach* broadcast in January

craos, -aois, -an *nm* gluttony, gorge, large open mouth □ *lìon craos* gorge *v* □ *lìon e a chraos* he gorged himself

craosach, -aiche *a* gluttonous, rapacious, voracious

craosaire, -ean *nm* glutton

crapadh, -aidh, -aidhean *nm* crick

crà-rionnach *nm* red mackerel, tunny fish

crasg, -an *nf* crutch

crasgach, -aiche *a* 1. corpulent, bulky □ *bha e a' fàs crasgach* he was growing corpulent 2. uncombed, unkempt □ *bha falt dubh crasgach air* he had dark, uncombed hair 3. cruciform

crath, -adh *v* brandish, flap, jog, jolt, sprinkle, shake, wag, wave □ *crath dhe* shuffle off □ *chrath i a ceann gu teagmhach* she shook her head doubtfully □ *"Chan e," thuirt e 's e a' crathadh a chinn* "No," he said [and he] shaking his head □ *chrath i ris* she waved to him

crathadair uisge *nm* sprinkler

crathadh, -aidh, -aidhean *nm* & *vn* of **crath** -shaking etc., jolt, shake, shrug, shake-up □ *crathadh guaille* shrug □ *thug mi crathadh orm fhèin* I gave myself a shake □ *thug e crathadh beag air an aid* he gave the hat a little shake

crathadh-làimhe *nm* handshake □ *bu chridheil an crathadh-làimhe a fhuair e* hearty was the handshake [that] he got □ *cha tug am fear seo crathadh-làimhe dhi* this man didn't shake her hand (lit. didn't give a shaking of hand to her)

crè *nf* (ind.) clay (also **crèadh**)

creacar, -air, -an *nm* vestry (very rare) □ *coinneamhan creacair* vestry meetings (meetings of church elders in the vestry)

creach, creiche *nf* 1. booty, loot, pillage, plunder, prey, quarry (in hunting), spoil □ *air toir tuilleadh creiche* in search of more prey 2. raid □ note also: *mo chreach!* good heavens! □ also: *o mo chreach-sa thàinig!*

creach, creach *v* despoil, plunder, prey, ravage, rob, ruin, sack

creachach, -aiche *a* predatory

creachadair, -ean *nm* robber, vandal □ *bha na coilltean làn chreachadairean* the forests were full of robbers

creachann, -ainn, -an *nm* scallop □ *slige chreachainn* scallop shell □ *tha na bàtaichean an sàs ann an togail chreachann* the boats are engaged in lifting scallops

crèadh, -a *nf* clay (also **crè** and **criadh**)

crèadh-chlach *nf* boulder clay **c.-chlachair** *nm* bricklayer **c.-deilbhidh** *nf* modelling clay

crèadhadair, -ean *nm* potter □ *ri cuibhle a' chrèadhadair* at the potter's wheel □ also **criadhadair**

crèadhadaireachd *nf* pottery (the art / trade) □ also **criadhadaireachd**

creag, creige, -an *nf* cliff, crag, precipice, rock □ *Creag Ealasaid* Ailsa Craig □ *na Creagan Salasburaidh* Salisbury Crags □ *le creig* down a cliff / over a cliff □ *is dòcha gun tuiteadh e le creig* he would probably fall over a cliff □ *thuit e leis a' chreig* he fell down the cliff □ *creag chruth-atharraichte* metamorphic rock □ *creag theinntidh* igneous rock □ *creag uachdrach* surface rock □ for these latter examples see also under **clach**

creag-eòlaiche *nm* geologist **c.-shalann** *nm* nitre, saltpetre **c.-ùillidh** *nm* petroleum **c.-uisge** *nf* aquifer (geol.)

creagach, -aiche *a* craggy, rocky, rugged □ *...gu eilean creagach Bheiriseigh...* to the rocky island of Berisay

creagach, -aich *nm* rock fishing □ *chunnaic mi e air a' chreagach le maorach* I saw him rock fishing with shellfish □ see **creagachd** *nf*

creagachd *nf* rock fishing □ *bha a' chreagachd seachad airson na bliadhna* rock fishing was past for the year □ *a h-uile latha bha e aig a' chreagachd* every day he was [at the] rock fishing

creagag-uisge *nf* 1. perch (freshwater fish) 2. wrasse

creamh, -a *nm* garlic

creamh-gàrraidh *nm* leek, chives **c.-na-muice-fiadhaich** *nm* asparagus, hart's tongue **c.-nan-creag** *nm* rocambole, sand leek

crean, -adh *v* (+ **air**) rue, suffer for □ *dh'ith iad na dearcan agus chrean iad air* they ate the berries and they suffered for it □ *bu sinne a chrean gu h-àraidh air* it was we who suffered especially for it □ *creanaidh tu air a seo* you shall rue this

creat, -a, -aichean *nm* crate

creathail *nf* □ see **creathall**

creathall, creathlach / creithle, creath- laichean / creithlean *nf* cradle □ *bha i a' tulgadh na creathlach* she was rocking the cradle

creathall, -aill, creathlaichean *nf* lamprey

creathlag, -aige, -an *nf* horse-fly

creatlach, -aich, -aich *nm* skeleton □ *creatlach pleana* fuselage

crèibeilt, -ean *nm* garter

creic □ see **reic**

creid, creidsinn *v* believe, credit □ *a' creidsinn ann an a bhith a' dèanamh…* believing in doing…□ *a bheil thu a' creidsinn ann an taibhsichean?* do you believe in ghosts? □ *tha mi ga làn chreidsinn* I fully believe it □ *a' creidsinn gu daingeann ann am…* firmly believing in…□ *an do chreid thu iad?* did you believe them? □ *na creid* do not believe / disbelieve □ *a bheil e marbh?* cha chreid mi gu bheil* is he dead? I don't think so / I think not □ *chan eil mi a' creidsinn annta* I don't believe in them □ note:*cha chreid mi nach eil* I think so (lit. I don't think that it / he isn't) □ *cha chreid mi nach bi reothadh ann a-nochd* I think there will be frost tonight □ *'s gann gun gabh e creidsinn* it can scarcely be believed □ *'s gann gun creideadh tu…* you would scarcely believe…□ *thoir a chreidsinn air* cause someone to believe / have someone believe □ *an e sin a bheireadh tu [a] chreidsinn orm?* is that what you would have me believe? / are you kidding me?

creideamh, -eimh, -eimh / -an *nm* belief, creed, faith, persuasion, religion □ *an creideamh Criostaidh* Christianity the Christian faith □ *an creideamh Caitligeach* Catholicism □ *creideamh (nan) Iùdhach* Judaism □ *creideamhan eu-cèillidh* irrational beliefs

creideas, -eis *nm* credence, credibility, credit, faith, trust □ *thoir creideas do* believe, trust □ *fhuair e creideas airson na rinn e* he received credit for what he had done □ *an creideas airgid a tha aca* their financial credit □ *tha creideas agam ann…* I believe in / I have trust in…etc. □ *an fheadhainn aig nach robh creideas anns a phoileasaidh seo* those who had no faith in this policy

creideasach, -aiche *a* credible, creditable

creidmheach, -ich, -ich *nm* believer

creidse, thoir a chreidse air □ see **thoir a chreidsinn air** under **creid** *v*

creidseachd *nf* creditableness

creig and **creige** *dat sing & gen sing* respectively of **creag** (q.v.)

creim, -eadh *v* □ same as **criom**

creimeach, -ich, -ich *nm* rodent

crèin, -eadh □ same as **crean**

crèis, -e *nf* grease

crèiseach, -iche *a* greasy □ *chìr e [a] fhalt crèiseach dubh* he combed his black, greasy hair

crèiseachadh, -aidh *nm & vn* of **crèisich** greasing

crèisich, -eachadh *v* grease

creithleag, -eige, -an *nf* cleg, gadfly

creithleag-nan-each *nf* horsefly

creuchd, -a, -an *nf* sore, wound

creuchd, -adh *v* wound

creuchdadh, -aidh *nm & vn* of **creuchd** wounding

creud, -a, -an *nf* belief, creed □ *an co-cheangal ris na creudan aca fhèin* in connection with their own beliefs

creutair, -ean *nm* being, body (person), creature □ *creutairean snàigeach* creeping / crawling creatures

criadh, -a *nf* clay □ also **crèadh**

criadh-leac *nf* tile

criadha *a* clay, of clay □ *bha e a' toirt toit às a' phìob bhig chriadha aige* he was puffing smoke out of his little clay pipe (lit. putting smoke out) □ *is ann tùrsach a tha a' cholann chriadha* sad is the body of clay

criadhadair, -ean *nm* □ see **crèadhadair**

criadhadaireachd *nf* □ see **crèadhadaireachd**

criathair, criathradh *v* sift

criathar, -air, -an / criathran *nm* sieve, riddle □ *bha an criathrar airson an-sìol fhasgnadh* the sieve was for winnowing the seed

criathar-garbh *nm* riddle (agric.)

criathrachadh, -aidh *nm & vn* of **criathraich** sifting

criathradair, -ean *nm* sifter

criathraich, -achadh *v* sift

criathradh, -aidh *nm & vn* of **criathair** sifting □ *le beagan criathraidh* with a little sifting

crìch and **crìche** □ *dat sing & gen sing* respectively of **crìoch** end

cridhe, -eachan *nm* 1. heart, core □ *buille cridhe* heartbeat □ *cridhe toileach* a willing heart □ *gaol a chridhe* his heart's love □ *a' ruigheachd a' chridhe* heartfelt □ *b'e cridhe a'/na* ... he was the incarnation of ... □ *thuirt iad gur e a chridhe a bha air* they said that it was his heart [that was troubling him] □ ... *agus fosgail ar cridheachan agus ar sùilean* ... and open our hearts and minds □ ... *ann an cridheachan agus ann an inntinnean an t-sluaigh* ... in the hearts and minds of the people □ *bha preas smeur an cridhe an droighinn* there was a blackberry bush in the heart of the thorn 2. courage □ *cùm a chridhe ri (cuideigin)* encourage (someone), keep up the courage of (someone) □ *tha seo a' cumail an cridhe riutha* this encourages them □ ... *nas fheàrr airson cridhe a chumail ri duine* ... better for keeping up a man's courage (lit. heart)

Further idioms:

chan eil a chridhe agad you do not dare / don't dare! □ *cha robh a chridhe aige an leigeil a-mach nan aonar* he didn't dare let them out on their own □ *chaidh iad an cur nan rabhadh nach robh a chridhe aca amadan a dhèanamh dheth* they were warned not to dare [to] make a fool of him

cuir a cochall do chridhe frighten out of your wits □ *chuir e i a cochall a cridhe* he frightened her out of her senses (lit. put her out of the husk of her heart)

cridhe *a* cardiac, heart □ *tinneas cridhe* heart disease / cardiac illness

---

cridhealas, -ais *nm* cheerfulness, gaiety, glee, heartiness, hilarity, jollity, merriness □ *'s e cridhealas a sùilean bu mhò a ghlac m'aire* it was the cheerfulness of her eyes which most attracted my attention

cridheil, -e *a* cheerful, hearty, jolly, jocund □ *gu cridheil* gaily □ *gheibh iad fàilte chridheil* they will get a hearty welcome □ *bheir sinn taing chridheil dhaibh* we will thank them heartily (lit. we will give hearty thanks to them) □ *chuir i fàilte chridheil air* she gave him a hearty welcome

crìm-raineach *nf* sweet mountain fern

---

crìoch, crìche, -an *nf* border, boundary, close, closure, edge, end, finale, finish, frontier, goal, limit, limitation, period,

precinct, result, term, upshot **crìochan** *pl* may = confines, limitation, precinct □ *crìochan eadar-nàiseanta* international boundaries □ *chun na crìche sin* thitherto / for that purpose □ *crìoch a' bhaile* town boundary □ *crìoch an sgeòil* the end of the story, dénouement □ *gun chrìch / gun chrìoch* infinite. It will be seen from this and other examples that the dative form *crìch* is not always used □ *bha e a' tighinn gu crìch / gu crìoch* it was coming to an end

crìoch used with various verbs: *rach thar crìch / chrìochan* trespass, encroach □ *thoir gu crìoch / crìch* finalise, evolve □ *cuir crìoch air* end *v*, do away with □ *cuir crìoch(an) air* delimit, set a boundary on / bound □ *cuir crìoch ri* limit *v* □ *suidhich crìochan* limit *v*

Further examples: *rinn iad sabaid chun na crìche* they fought to the end □ *fada thar crìochan an eilein* far beyond the confines of the island □ *air na crìochan eadar A agus B* on the borders between A and B □ *na dùthchannan a tha a' cumail crìche rithe* □ the countries which border it (lit. 'her' as most countries are *fem*) □ *air an taobh a-muigh nan crìochan beaga againn fhèin* outwith our own little boundaries □ *gàradh na crìche* the boundary wall (also **gàradh-crìche**) □ *cha b'urrainn a bhith aig a' chùis ach an aon chrìoch* the matter could have only [the] one ending □ ... *ach an taobh a-staigh nan crìochan sin* ...... but within these limits ...

crìoch-astair *nf* speed limit □ *dè a' chrìoch-astair air rathaidean dùbailte?* what's the speed limit on dual carriageways? □ *chuir iad romhpa crìoch-astair a chur an grèim* they decided to put a speed limit into operation □ *tha am poileas a' toirt ionnsaigh air an fheadhainn a tha a'dol thairis air a' chrìoch-astair* the police are mounting a campaign against those who exceed the speed limit **c.-sgeòil** *nf* epilogue

crìochach *a* finite
crìochaiche, -ean *nm* finalist
crìochnach *a* finite □ *gnìomhair crìochnach* finite verb
crìochnachadh, -aidh *nm & vn* of **crìochnaich** ending etc., consummation, termination
crìochnachaidh *a* closing, finishing, ending □ *bha am ministear air an laoidh chrìochnachaidh a thoirt a-mach* the minister had given out the closing hymn
crìochnaich, -achadh *v* close, consummate, end, expire, finish, terminate □ *a' crìochnachadh le beagan mun linn againn fhèin* finishing with a little about our own century
crìochnaichte *pp* extinct
criodaich □ same as **cnèadaich / cniadaich**
criom, -adh *v* □ same as **creim** browse, crop, gnaw, nibble □ *bha searrach a' criomadh an fheòir air beulaibh an taighe* a colt was cropping the grass in front of the house □ *a' criomadh air cnàmh* picking at a bone □ *bha am biadhadh air a chriomadh aig na h-èisg* the bait had been nibbled by the fish
criomag, -aige, -an *nf* bit, small piece, crumb, morsel, scrap □ *rach na chriomagan* crumble
crìon, crìne *a* 1. puny, tiny *bha e crìon na phearsa* he was puny in build 2. wizened, faded □ *brat-ùrlair crìon* a faded carpet
crìon, -adh *v* decay, decline, diminish, dwindle, fade, moulder, shrivel, wane, wither
crìon-lobhadh *nm* dry-rot
crìonad, -aid *nm* littleness
crìonadh, -aidh *nm & vn* of **crìon** decaying etc., decay (of plants etc.), decline, fading, withering
crionag-bhuidhe *nf* gold crested wren **c.-ghiuthais** *nf* willow-wren
crìonaich, -achadh *v* quake
crìonna *a* 1. niggardly, parsimonious 2. discreet, prudent, wise □ *duine a bha riamh crìonna* a man who was always prudent
crìonnachd *nf* discretion, prudence, wisdom □ *le crìonnachd is tuigse* with discretion and taste
crìontachd *nf* frugality
crioplach, -aich *nm* cripple
crios, -a , -an *nm* belt, girdle (belt), sash, zone □ *crios aimsir* weather zone □ *crios Arbhair* Corn Belt □ *crios iomairt* enterprise zone
crios-claidheimh *nm* sword belt **c.-Chuchulainn** *nm* meadowsweet, queen of the meadow **c.-fasgaidh** *nm* shelter belt

(geog.) **c.-giùlain** *nm* conveyor belt **c.-guailne** *nm* shoulder belt **c.-pheilear** *nm* bandolier **C.-meadhain, An C.-meadhain** *nm* the Line, the Equator **c.-sàbhailteachd** *nm* safety-belt **c.-sàbhalaidh** *nm* lifebelt **c.-suidheachain** *nm* seat-belt □ *tha e mì-laghail a bhith a' draibheadh car gun chrios-suidheachain* it's illegal to be driving a car without a seat-belt **c.-teasairginn** *nm* life-belt **c.-trusaidh** *nm* truss **c.-uaine** *nm* green belt
crioslaich, -achadh *v* gird, gird the loins □ *chrioslaich e e fhèin* he girded himself / girded his loins □ *tha Sgrìob Chloinn Uisnigh a' crioslachadh na cruinne-cè* the Milky Way girds the universe
Crìostaidh, -ean *nm* Christian
Crìostail *a* Christian
criostail *a* of crystal □ *boinneagan criostail* crystal droplets
criostal, -ail, -ail / -an *nm* crystal
Crìostalachd *nf* Christianity □ *a' Chrìostalachd* Christendom
criothnachadh, -aidh *nm & vn* of **criothnaich** quaking etc., convulsion, shock, shudder, trembling, tremor
criothnaich, -achadh *v* quake, shock, shudder, tremble
crith, crith *v* quiver, quake, quaver, shake, shiver, vibrate

---

crith, -e *nf & vn* of **crith** shaking etc., quake, quaver, ripple, shake, shivering, trembling, tremor, vibration □ *le crith na làimh* with a shake in his hand / with shaking hand
air chrith *adv* shaking □ *bi air chrith* shiver, tremble □ *cuir air chrith* vibrate □ *chaidh e air chrith* he began to shake (lit. went upon shaking) □ *bha a làmhan air chrith* his hands were shaking □ *bha iad air chrith le fuachd is fannachd* they were shaking with cold and weakness
crith-leum *nm* start (of fear etc.) □ *thug mi crith-leum asam* I gave a start / I started **c.-thalmhainn** *nf* earthquake **c.-theas** *nm* heat haze **c.-thinneas** *nm* palsy

---

critheanach, -aiche *a* shaky, trembling, tremulous □ *thoir ceum critheanach* totter □ *bha an guth aice critheanach* her voice was tremulous □ *"Chan eil fhios agam,"* *ars ise gu critheanach* "I don't know," she said shakily □ ... *critheanach 's gun robh mo làmh* ... shaky as my hand was

critheann, -inn *nm* aspen, poplar (tree or wood) □ *Critheann Làraich* Crianlarich

crithinn *a* of aspen / poplar wood □ *bha i ag ithe a spàinne chrithinn* she was eating from a spoon of aspen / poplar wood

crò, cròdhadh *v* gather into a fold, enclose (of animals) □ *chan fheum iad an cròdhadh anns a' gheamhradh* they don't need to be enclosed in the winter

crò, cròtha, cròithean *nm* 1. enclosure, fold (for cattle etc.), pen □ *cuir an crò* fold, pen *v* 2. eye (of a needle) □ *cha b' urrainn dhi an snàth a chur tro chrò na snàthaide* she couldn't put the thread through the eye of the needle

crò- □ note that, of the following, only **crò-chaorach** and **crò-làmpa** contain the element **crò** fold, pen □ **crò-chorcar** is from Latin *crocus* and **crò-dhearg** and **crò-leabaidh** are from **crò**, an old word meaning 'blood'

crò-chaorach *nm* sheepfold **c.-chorcar** *nm* saffron crocus **c.-dhearg** *nm* crimson □ also *adj* **c.-làmpa** *nm* lamp-holder **c.-leabaidh** *nf* bier, litter (bed) □ *bha iad a' giùlan seòrsa de chrò-leabaidh* they were carrying a sort of bier

Croàtais *nf* Croatian (lang.)

crobh-priachain / **crobh-preachain** *nf* crane's-bill, wild geranium

cròcach *a* horned

cròcan, -ain, -an *nm* hook, crook, hooked implement for lifting potatoes (Barra)

cròch, -òich *nm* saffron

cròch *a* saffron

croch, -adh *v* hang, suspend □ *chroch iad an duine* they hanged the man □ *croch (gun chùirt)* lynch □ *croch cudeigin / rudeigin ri(s)* hang someone / something on □ *chroch e an dealbh ris a' bhalla* he hung the picture on the wall □ *croch ri crann* crucify □ *croch air* depend upon □ *chroch iad air* they depended on it / him (not common – see **an crochadh** below) □ The *vn* is used with **an** rather than **a'** □ *an crochadh air* dependent on □ *tha sin an crochadh air dè nì iad* that depends on what they (will) do □ *tha sin an crochadh air ciamar a dh'amhairceas tu air* that depends on how you look at it □ *bha iad uile an crochadh orm* they were all depending on me □ *tha sin an crochadh ortsa* that depends on you □ *bha dealbh*

mhòr an crochadh air a' bhalla a large picture was hanging on the wall □ note also: *chuir e an coire na chrochadh air an t-slabhraidh* he hung the kettle on the chain

crochadair, -ean *nm* hangman

crochadan, -ain, -ain *nm* pendant, pendulum □ *chan eil siùdadh a' chrochadain cho luath* the swinging of the pendulum isn't so fast

crochadh, -aidh *nm & vn* of **croch** hanging etc., suspension

crochag, -aige, -an *nf* ear pendant

crochaichte *pp* a common alternative to **crochte** in Lewis

crochaidh *a* suspension □ *drochaid chrochaidh* suspension bridge

crochaire, -ean *nm* villain, wretch

crochte *pp* hung, suspended □ *dè tha crochte eadar na similearan?* what is suspended between the chimneys?

crodh, cruidh *coll nm* cattle □ *fèill a' chruidh* cattle-show □ *tha an crodh math don fhearann* cattle is good for the land □ *cha robh malairt eile aca ach a' ceannach is a' reic a' chruidh* they had no other trade but buying and selling [the] cattle □ *bha iad a' gleidheadh chruidh dhuibh agus chaorach* they were keeping black cattle and sheep □ *feumaidh a' Ghaidhealtachd a dhol air ais gu togail chruidh* the Highlands must go back to raising cattle □ note the lenition of **chruidh** in the two preceding examples as if it were in the *gen pl*, a common practice with collective nouns – cf **clann** □ *chunnaic e crodh gan reic is gan ceannach* he saw cattle being bought and sold □ note that, although **crodh** is *sing* the accompanying *prep prons* are *pl* (lit. at their selling and buying)

crodh-bainne *nm* dairy cattle

crodha, croidhe *a* brave, valorous □ *thàinig na curaidhean a bu chroidhe* the bravest champions came

crodhan, -ain, -an *nm* cloven hoof □ *chan eil crodhanan orm!* I don't have cloven hoofs! (lit. there aren't cloven hoofs on me)

cròg, cròig, -an *nm* hand

croga, -achan *nm* jar (e.g. jam-jar) □ *croga silidh* jam-jar

c/gaireachd *nf* feeling with the fingers, groping, pawing □ *bha mi a' cvròaireachd mun cuairt* I was groping around □ *dèan cvrogaireachd* grope etc.

crogall, -aill, -an *nm* crocodile

crogan, -ain, -ain / -an *nm* crock, jar

cròglach, -aich *nm* handful □ *thilg e cròglach de chonnadh air an teine* he threw a handful of firewood on the fire

cròic, -e, -ean *nf* antlers

croich, -e, -ean *nf* gallows, gibbet □ *thuirt e gun dèante croich air a shon den chraoibh bu deise* he said that a gallows would be made for him from the nearest / handiest tree □ *am bu chòir a' chroich a chur à bith?* ought the gallows be abolished / done away with?

cròileagan, -ain, -ain *nm* originally a small group, but now used particularly for: play-school, playgroup, pre-school nursery

cròilean, -ein, -an *nm* cluster, small group

cròileanach *a* clustered, grouped

crois, -e, -ean *nf* 1. cross, crucifix, rood □ *a' Chrois Dhearg* the Red Cross □ *bha oifigearan bhon Chrois Dheirg an sin* there were officials from the Red Cross there □ *dèan comharradh na croise* cross oneself *crois an rathaid* cross-roads □ *Cogadh na Croise* Crusade □ *Crois na Cille* Chapelcross 2. trouble, mishap, misfortune □ *tha mi ag innse dhut gum faigh i i fhèin ann an crois* I'm telling you that she'll find / get herself in trouble □ *'s e a' chrois gu bheil iad ...* the trouble is that they are ...

crois, -eadh *v* cross □ *chrois e a chasan* he crossed his legs □ also **cros, -adh**

crois-bhogha *nf* crossbow **c.-iarna** *nf* hank-reel **c.-sheunaidh** *nf* crucifix

croisidh *a* crochet □ *obair chroisidh* crochet work, crocheting

croit, -e, -ean *nf* 1. croft □ *tha e ag obair air a' chroit* he is working on the croft □ *chuir e a-mach tuilleadh fearainn airson chroitean* he set out more land for crofts 2. hump □ *bha croit mhòr air* he had a large hump

croitear, -eir, -an *nm* crofter □ *is e croitear a th'ann* he's a crofter

croitearachd *nf* crofting □ *Achd na Croitearachd* The Crofting Act

cròithean *nom* and *dat pl* of **crò** *nm*

croitse, -ean *nf* crutch

crom, -adh *v* bend, bow, crouch, curve, descend, droop, inflect, lean, nod, stoop □ *chrom e a thogail an leabhair* he stooped to lift the book □ *ghlac mi e is e a' cromadh air mo chiste* I caught him [and he] bending over my trunk □ *chrom e an àradh* he descended the ladder □ *bha e a' cromadh nan staidhrichean* he was descending the stairs □ *chrom e far an rothair* he got off the bicycle / he dismounted from the bicycle

crom, cruime *a* bent, crooked, hooked, round □ *far an robh Seumas crom a' togail bhàirneach* where James was bent gathering limpets

crom-chasach *a* bandy-legged, having a curved stem *pìob chrom-chasach* a pipe with a curved stem **c.-fhearsaid** *nf* crankshaft **c.-lus** *nm* poppy **c.-nan-duilleag** *nm* woodcock

cromadh, -aidh *nm* & *vn* of **crom** 1. descending, declension, decline, descent, flexion, stoop □ *cromadh cinn* a nod □ *bha an cromadh deuchainneach* the descent was testing □ *bha mo dhìol agam an cromadh a dhèanamh* it took me all my time to make the descent 2. a measure, usually of cloth – especially tweed – length of the middle finger

cromag, -aige, -an *nf* any kind of hook e.g. clasp, comma, (shepherd's) crook, hook □ *cromagan turrach* inverted commas □ *cromagan crogaill* crocodile clips

croman, -ain *nm* 1. hip bone 2. a pick-like farming implement – usually for lifting potatoes

cromataid *nm* chromatid

Crombhalach *a* Cromwellian

Crombhalach, -aich, -aich *nm* Cromwellian

cròmium *nm* chromium

cromosom, -oim, -oim *nm* chromosome

cròn *a* lurid (of a dirty brown colour)

cron, -oin *nm* fault, harm □ *faigh cron do* blame *v*, impugn □ *dèan cron air / do* harm □ *dè an cron a tha an telebhisean a' dèanamh don Ghàidhlig?* what harm is television doing to Gaelic? □ *cha do rinn seo dad a chron air a chliù* this did his reputation not the slightest harm / did not do his reputation the slightest harm □ *cha chreid mi gu bheil e a' dèanamh dad a chron orra* I don't believe it does them any harm

cronachadh, -aidh *nm* & *vn* of **cronaich** reproaching etc., correction, (adverse) criticism, denunciation, reproach, reproof □ *... is e a' toirt sùil cronachaidh oirre ...* [and he] looking at her reproachfully / giving her a reproachful look (lit. bringing an eye of reproach on her)

cronachail *a* censorious, reproachful □ *chrath i a ceann gu cronachail* she shook her head reproachfully

cronaich, -achadh *v* chide, censor, censure, correct, lecture (admonish), rebuke, reproach, reprove, scold □ *chaidh a chronachadh airson na riaghailtean a bhriseadh* he was rebuked for breaking the rules

cronail.-e *a* harmful, hurtful, injurious, noxious

cronalachd *nf* hurtfulness

crònan, -ain *nm* buzz, croon, hum, murmur, purring □ *dèan crònan* hum, murmur, purl, purr *v* □ *'s ann dha fhèin a nì an cat an crònan* the cat purrs for himself i.e. to his own advantage

crònanach *a* crooning, humming, murmuring, purling, purring □ *na sruthannan crònanach* the purling streams

cros, -adh *v* (also **crois, -eadh**) 1. cross (e.g. a cheque) □ *cros seic* cross a cheque 2. proscribe □ *bha am breacan air a chrosadh* [the] tartan was proscribed

cros, -a, -an *nm* cross, cross-breed

cros-bheingire *nm* cross-bencher □ *na cros-bheingirean* the cross-benchers

cros-chineal, -eil, -an *nm* hybrid

crosadh, -aidh *nm & vn* of **cros** crossing etc., veto □ *gun chrosadh* uncrossed □ *bha an seic gun chrosadh* the cheque was uncrossed

crosgag, -aige, -an *nf* (also **crosgan, -ain, -an** *nm*) starfish

crosta *a* cross, irascible, irritable, peevish, perverse, splenetic, testy □ *na bi cho crosta* don't be so irritable

crostachd *nf* 1. crossness, irascibility, irritability, irritation, peevishness, testiness □ *bha e a' bualadh a choise air an làr leis a' chrostachd* he was thumping his foot on the floor with irritability 2. bad behaviour

crotach, -aiche *a* humpbacked, gibbous □ *gealach chrotach* a gibbous moon

crotaire, -ean *nm* humpback

crotal, -ail *nm* lichen

crotal-coille *nm* tree lungwort (also **grioman**) **c.-nam-madadh-ruadh** *nm* club moss

cròtha *gen sing* of **crò** *nm*

cruach, -aiche, -an *nf* haystack, mountain, pile, rick, stack □ *cruach feòir* haystack □ *thòisich e air fodair a tharraing às a' chruaich* he began to pull fodder from the stack □ *chuir iad seachad an là a' tughadh chruach* they spent the day thatching stacks

cruach, -adh *v* heap, stack

cruach-mhònach *nf* peat-stack □ *thog iad a' chruach-mhònach* they built the peat-stack

cruachan, -ain, -an *nm* 1. conical hill 2. hip □ see **cruachann**

cruachann, -ainn, cruaichnean *nf* hip □ *chuir i aon làmh air a cruachainn* she placed one hand on her hip

cruadal, -ail *nm* 1. courage, hardihood, fortitude 2. hardship

cruadalach, -aich *a* hardy □ *tha e na lus cruadalach* it is a hardy plant

cruadalachd *nf* □ same as **cruadal**

cruadhachadh, -aidh *nm & vn* of **cruadhaich** hardening etc.

cruadhaich, -achadh *v* harden, solidify □ *mu dheireadh thall cruadhaichidh an làbha* eventually the lava will harden / hardens

cruaidh, cruadhach, -aichean *nf* 1. anchor □ *a' togail na cruadhach* raising the anchor 2. steel □ *de(n) chruaidh* of steel, steel *adj* □ *mar a' chruaidh* steely

cruaidh, -e *a* austere, hard, hardy, rigorous, ruthless, severe, solid, stale (of bread), stern, strict □ *uighean air am bruich cruaidh* hard-boiled eggs □ *tha e ro chruaidh sa chlaigeann airson sin* he's too hard in the skull for that □ *bha i gu math cruaidh oirnn* she was quite hard on us □ *'s e beatha chruaidh a bh' innte, ceart gu leòr* it was a hard life right enough □ *stàillinn chruaidh* solid steel □ may be used intensively: *tha cruaidh fheum air tuilleadh taice* there's a crying need for more support □ *bidh e cruaidh ort sin a dhèanamh* it will take you all your time to do that

cruaidh- compounds with this element may have the meaning 'hard' or 'steel': **cruaidh-bharail** *nf* determination **c.-bhathar** *nm* hardware **c.-bhòrd** *nm* hardboard **c.-chàs** *nm* adversity, emergency, hardship □ *...daoine a dh'fhuiling cruaidh-chàsan airson chàich ...* people who endured hardships for others □ *...agus gach cruaidh-chàs a thàinig na lùib ...* and every hardship which accompanied it **c.-chlàrte** *pp* steel-plated **c.-chridheach** *a* callous, hard-hearted □ *fàs cruaidh* harden □ *nach iad a tha cruaidh-chridheach?* aren't they hard-hearted? **c.-dheuchainn** *nf* ordeal **c.-fheum** *nm* pressing need □ *tha cruaidh-fheum air a dhol an sàs ann am pròiseactan ùra* there is a pressing need to become involved in new projects **c.-ghleac** *nm* bitter conflict / struggle □ *lean e air a' chruaidh-ghleac seo* he continued [with] this bitter struggle **c.-lus** *nm* sneezewort **c.-reodhadair** *nm* deep-freeze

cruaidhe *a* steel, of steel

cruan, -ain *nm* enamel

cruas, -ais *nm* grit (of character), hardness, illiberality, rigour, severity □ *dh'fhairich mi cruas na creige fodham* I felt the hardness of the rock below me

crùb, -adh v 1. bend, cringe, crouch, duck (bend), stoop □ *crùb sìos* nestle 2. crawl, creep

crùb, -a, -annan / -achan nm bed recess in old thatched house

crùbach, -aiche a lame, limping □ *bi crùbach* limp v □ *dèan crùbach* lame v □ *na daoine crùbach* the halt □ *dèan ceum crùbach* hobble

crùbadh, -aidh nm & vn of **crùb** stooping etc., stoop □ *crùbadh fèithe* spasm

crùbaiche nf lameness

crùbag, -aige, -an nf crab □ ... *anns am biodh iad a' bruich chrùbagan* ... in which they used to cook crabs (lit. would be cooking)

crùban, -ain nm crouching attitude □ *bha e na chrùban ri taobh na h-uinneig* he was crouched beside the window □ *choimhead e air an dithis a bha nan crùban mun teine* he looked at the pair who were crouched around the fire □ *rach nad chrùban / dèan crùban* crouch □ *chaidh e na chrùban ri a thaobh* he crouched down beside him □ *bha iad nan leth chrùban* they were half crouching □ *dh'èirich i às a crùban* she rose from her crouching position

crùbte a bent, squat *bha i crùbte agus sean* □ she was old and bent (lit. bent and old)

cruc, -uic, -ean nm crook (person)

crudha, cruidhe, -ean nm shoe (of a horse), horseshoe

crudhachadh, -aidh nm & vn of **crudhaich** shoeing (e.g. a horse)

crudhaich, -achadh v shoe (e.g. a horse)

cruidh, -e, -ean nf vaccine

cruidh, -eadh v shoe (a horse)

cruidheadh, -idh nm & vn of **cruidh** shoeing (a horse)

cruidhte pp of **cruidh** shoed □ *bha eich chruidhte aca* they had shoed horses

cruidse, cruidsichean nf crutch □ also **croitse**

cruineachd nm wheat □ also **cruithneachd**

cruineachd a wheaten □ also **cruithneachd**

cruinn, -e a 1. globular, orbed, rotund, round, spherical □ *dh'fhàs a sùilean na bu chruinne* her eyes became rounder □ *camagan cruinne* round brackets 2. accurate, neat, well-formed, well-rounded □ *cha robh e cho cruinn dèanta riumsa* he wasn't as well-formed and well-built as I □ ... *a' dèanamh dà chruinn leth* ... making two neat halves 3. gathered together, assembled, in a body, all together □ *chùm e coinneamh aig an robh a chàirdean cruinn* he held a meeting at which his friends

were all assembled □ *tha sinn ag ùrnaigh airson nan uile a tha cruinn* we pray for all who are assembled [here] □ *bha naoi pearsa deug cruinn ann* nineteen persons were assembled there □ *bha na balaich cruinn mun chiodhosg* the lads were gathered round the kiosk □ *bithidh iad a' tighinn cruinn às gach ceàrn de dh'Alba* they will be coming together from every part of Scotland □ *thig iad cruinn ann an Glaschu* they will gather in Glasgow □ *tha e air ceithir sgeulachd deug a thoirt cruinn* he has assembled fourteen tales *cruinn còmhla* all together, in a body adv □ *chaidh iad air bòrd cruinn còmhla* they went aboard all together / in a body etc.

cruinn- pref with the idea of 'rounded', 'gathered' □ but see also **cruinn'-** below.

cruinn-fhada a oblong, elliptical **c.-ionad** nm focus **c.-leum** nm gallop, standing jump, bound □ *nì an t-each mìle a dh'astar na chruinn-leum* the horse will do a mile['s distance] at a gallop **c.-mhullach** nm dome □ *chunnaic sinn cruinn-mhullach na h-àrd-eaglais* we saw the dome of the cathedral **c.-shealladh** nm focus □ *faigh cruinn-shealladh* focus v

cruinne nm (*fem* in gen) 1. exactness 2. globe, orb, sphere □ *Cuach na Cruinne* the World Cup □ note that **cruinn'-** in the following may be found without the apostrophe i.e. **cruinn-eòlach** etc.: **cruinn'-eòlach** a geographical **cruinn'-eòlaiche** nm geographer **cruinn'-eòlas** nm geography **cruinn'-fhada** a oblong **cruinne-cè, an cruinne-cè** the universe

cruinneachadh, -aidh, -aidhean nm & vn of **cruinnich** collecting etc., collection, gathering, meeting, muster, rally □ *cruinneachadh rosg* anthology (prose) □ *tha cuid dhiubh ri am faotainn ann an cruinneachaidhean eile* some of them are to be found in other collections

cruinneachaidh a assembly, collecting, social (where people gather to talk etc.) □ *pìob cruinneachaidh* collecting pipe □ ... *far a bheil seòmraichean cruinneachaidh* ... where there are assembly rooms

cruinnead, -eid nm roundness

cruinneadaireachd nf geometry □ *a' fuasgladh cheistean ann an cruinneadaireachd agus triantanachd* solving problems in geometry and trigonometry

cruinneag, -eige, -an nf lass, lassie

cruinneas, -eis nm accuracy

cruinneil a global

cruinnich, -eachadh *v* accumulate, assemble, collect, foregather, gather, meet, muster, stack □ *rinn e mòran ach am biodh airgead air a chruinneachadh air an son* he did much to collect money for them □ see **ach**

cruinnte *a* curved

cruipean, -ein, -an *nm* crupper □ *bha aon làmh na laighe air cruipean na diollaid* one hand was lying on the crupper of the saddle

crùisgean, -ein, -an *nm* oil lamp, cruisie

cruisle, -ean *nf* vault

cruit, -e, -ean *nf* 1. harp, lyre 2. croft (in Uist / Barra – same as **croit / crait** elsewhere)

cruit-chòrda *nf* harpsichord

cruitear, -eir, -an *nm* 1. harper 2. crofter (in Uist / Barra – same as **croitear / craitear** elsewhere)

cruitheachd, an cruitheachd *nf* (the) creation □ *a chruitheachd! / a chruitheachd bheannaichte!* good gracious! / my goodness! etc. □ *raointean farsaing na cruitheachd* the wide realms of creation

Cruithear, -eir *nm* Creator □ *Cruithear nèimh agus talmhainn* the Creator of heaven and earth

Cruithneach, -ich, -ich *nm* Pict

cruithneachd *nf* wheat □ *cruithneachd Innseanach* maize

cruithneachd *a* wheaten

crùn, -ùin, -tean *nm* crown □ *crùn (easbaig)* mitre □ *crùn tiara* tiara □ *leig an rìgh dheth an crùn* the king abdicated □ *cò chuir an crùn droighinn air do cheann?* who placed the crown of thorns on your head?

crùn, -adh *v* crown □ *chaidh a chrùnadh mar Rìgh na h-Alba* he was crowned [as] King of Scotland

crùnadh, -aidh *nm & vn* of **crùn** crowning etc., coronation

crùnair, -ean *nm* coroner

cruth, -a, -an *nm* figure, form, format, mould (form), phase, shape, solid shape (math.) □ *gun cruth* □ *cuir à cruth* disfigure □ *cha robh e ach ga chur fhèin ann an cruth* he was merely posing □ *chan fhaod pàirt sam bith den leabhar seo ath-riochdachadh [ann] an cruth sam bith* no part of this book may be reproduced in any form □ *an cruth* (the) negative form (gram.) □ *cruthan cruaidh* rigid shapes (math.) □ *air cruth + gen* in the shape of / ...-shaped e.g. *air cruth corrain* in the shape of a sickle / sickle-shaped

cruth-atharrachadh *nm & vn* transforming etc., metamorphosis, transfiguration, transformation □ *tha e duilich a leithid de chruth-atharrachadh a chreidsinn* it's difficult to believe such a metamorphosis **c.-atharraich** *v* catalyse, metamorphose, transfigure, transform **c.-chaochlach** *a* metamorphic □ *clach chruth-chaochlach* metamorphic rock **c.-eòlas** *nm* morphology □ *dè seòrsa cruth-eòlais ainmearach a bhios ceart?* what sort of noun morphology is correct? □ *riaghailtean coitcheann ùra a chlàradh airson cruth-eòlas an ainmeir* (in order) to tabulate new, common rules of noun morphology **c.-shuidheachadh** *nm & vn* organizing, organization □ *ghabh e os làimh cruth-shuidheachadh na teasairginn* he undertook the organization of the rescue **c.-shuidhich** *v* organize □ *chan eil gnothaichean air an cruth-shuidheachadh gu math* matters aren't well organized **c.-tìre** *nm* landscape

cruthachadh, -aidh *nm & vn* of **cruthaich** creating etc., creation

cruthachail, -e *a* creative □ *... mun ruig e àirde a chomais chruthachail ...* before he reaches the height of his creative power □ *a' sgrìobhadh gu cruthachail* writing imaginatively / creatively

cruthachd *nf* form, expression □ *rinn mi mach cruthachd eòin* I made out the shape of a bird □ *cha dìochuimhnich mi feast cruthachd aodainn* I shall never forget the expression of his face

cruthaich, -achadh *v* create, form □ *a Dhè uile-chumhachdaich, a chruthaich na nèamhan agus an talamh* almighty God, who created the heavens and the earth □ *chruthaich Dia nèamh agus talamh* God created heaven and earth □ *chruthaich iad sgioba ball-coise a bhiodh a' cluiche ri sgiobaidhean eile anns an t-siorramachd* they formed a football team that used to (lit. would be) playing against other teams in the county □ *tha sinn an dòchas gum bi pàirt aca ann a bhith cruthachadh poileasaidhean nan ùghdarasan ionadail* we hope that they will have a part in shaping [the] policies of the local authorities

Cruthaighear *nm* □ same as **Cruithear**

cù, coin, coin *gen pl* **chon** (*def* **nan con**) *voc* **a choin** *nm* dog □ *cù mòr* mastiff □ *cù faire* watch-dog □ *cho sgìth ris a' chù* dog-tired □ *... agus a' chù aig a shàilean ...* with the dog at his heels □ *ghairm mi an cù gu cùl mo choise* I called the dog to heel □ ... *gach fear le bata na làimh agus cù ri a shàil* ... each man with a stick in his hand and a dog at his heel □ *thig an seo, a choin!* (come) here dog!

cù-chaorach *nm* sheepdog □ *chuir e seachad latha aig deuchainn nan conchaorach* he spent a day at the sheepdog trials **c.-eunaich** *nm* setter, spaniel **c.-luirge** *nm* bloodhound, beagle, setter **c.-seilge** *nm* hound

cuach, -aich, -an *nf* 1. bowl, goblet, quaich □ *thug i dha cuach bainne ri òl* she gave [to] him a bowl of milk to drink □ *cuach is ubhal* ball and socket (of joints) □ *alt cuach is ubhal* ball and socket joint □ *faidhneil na cuaich* the cup-final 2. curl, ringlet 3. cuckoo □ see **cuthag**

cuach, -ail / -adh *v* twist, curl

cuach-mullaich *nf* dome

cuach-Phàdraig *nf* greater plantain

cuachag, -aige, -an *nf* 1. spiral shell, conch □ *chan eil mòran de na cuachagan math mar bhiadh* not many of the spiral shells are good as food 2. a young girl or an affectionate term of endearment to same

cuachail, cuachail *v* creep, flit about, wander hither and thither □ *bha cuideigin a' cuachail mun cuairt an taighe* someone was creeping round the house

cuadrail, -ean *nm* quadrille

cuagach, -aiche *a* 1. mis-shapen □ *bha brògan cuagach air* he was wearing misshapen shoes □ *duine le casan cuagach* a man with mis-shapen legs 2. lame (Lewis) □ *thàinig bodach cuagach nar fianais* a lame old man came in sight (of us)

Cuaigear, -eir, -an *nm* Quaker

cuaileanach, -aiche *a* curly □ *le falt cuaileanach dubh* with black curly hair

cuaille, -ean- *nm* club, stick, cudgel □ *cuaille suaicheantais* mace

cuain, -e *nf* litter (of animal's young)

cuair, -e, -ean *nf* quire

---

cuairt, -e, -ean *nf* 1. circle, circuit, cycle, gyre, orbit, period, round, whirl □ *cuairt na fala* blood system □ *cuairt (dealain)* (electrical) circuit □ *cuairt a' chnàmhaidh* digestive system □ *cuairt aonaichte* integrated circuit □ *cuairt nan leithean* nervous system □ *cuairt iomlan* full turn, complete rotation, revolution (math.) 2. excursion, jaunt, journey, ramble, tour, walk □ *chaidh mi cuairt* I went for a walk □

---

tairgear cuairtean do dh' oileanaich excursions will be offered to students □ *bha iad air cuairt gu ruige Hiort* they were on a journey to St. Kilda □ may be used metaphorically: *bidh an latha ud air m' aire gu deireadh mo chuairt* that day will be on my mind to the end of my life / my days 3. round, turn □ *"Mo chuairt-sa," ars esan* "My round," he said □ *gheibh gach neach a chuairt ach 's e am fear buan an talamh* everybody gets his turn, but the land is the permanent one 4. ambit, compass 5. sojourn, visit, visitation □ *an dèidh cuairt gu Astràilia* after a visit to Australia (could, of course, also be journey / voyage in this sentence)

air chuairt *adv* on a journey / visit / sojourn / tour, walk □ *bha sinn air chuairt air a' mhòintich* we were walking on the moor □ *cuirear an taisbeanadh seo air chuairt cuideachd* this exhibition will be also be sent on tour □ *thèid mi air chuairt gu Ameireaga* I shall go on a journey to America

gabh cuairt ramble, stroll, tour, trip, turn (all verbs) □ note also: *an dèidh cuairt a chur gu eilean Leòdhais* after making a journey to the island of Lewis

cuairt, mun cuairt *prep + gen* about, round about □ *mun cuairt an taighe* (round) about the house □ also **mun cuairt air** + *dat* □ *choisich e mun cuairt air a' phàirc* he walked round the park □ *sheall sinn mun cuairt oirnn* we looked around us □ also *adv* around, about □ *cuir mun cuairt* circulate, turn □ *cur mun cuairt* gyration □ *seòl mun cuairt* circumnavigate □ *seòladh mun cuairt* circumnavigation □ *theirig mun cuairt* revolve □ *tha mi air mo chur mun cuairt* I am put about / discomfited

cuairt, mu chuairt *adv* about, approximately, around □ *chaidh mu chuairt air fichead fear air bòrd* about twenty men went on board □ also *prep + gen* around

cuairt-chainnt *nf* circumlocution **c.-chlàr** *nf* revolving stand **c.-dhurrag, a' chuairt-dhurrag** *nf* ringworm **c.-gaoithe** *nf* cyclone **c.-ghaoth** *nf* gust **c.-ghluasad** *nm* rotary movement **c.-imich** *v* perambulate **c.-latha** *nm* day trip *chaidh sinn air cuairt-latha*

we went on a day trip **c.-litir** *nf*
circular, newsletter □ *a' chuairt-litir
a thàinig a-mach san fhoghar* the
newsletter which came out in the
autumn **c.-nàdair** *nf* nature trail
c.-rathad *nm* ring-road □ *cuairt-rathad
a-muigh* outer ring road **c.-shlugan** *nm*
vortex, whirlpool **c.-spealtair** *nm*
circuit breaker **c.-thomhas** *nm* circum-
ference, perimeter

cuairteach *a* circular
cuairteachadh, -aidh *nm* & *vn* of **cuair-
tich** circling etc., circulation, rotation
(of crops) □ *cuairteachadh bàrr* rotation
of crops □ *cuairteachadh fala* blood circu-
lation □ *cuairteachadh beathachaidh*
nutrient cycle
cuairteag, -eige, -an *nf* 1. coil, eddy, swirl,
vortex, whirl □ *bha an ceò na chuairtea-
gan mu choinneamh a shùilean* the mist
was swirling / eddying before his eyes
(lit. was in its swirls / eddies) 2. wheel □
cuairteag crèadhadair potter's wheel
cuairteagach *a* circling, eddying
cuairtean, -ein, -an *nm* roundabout (on the
roads)
cuairtear, -eir, -an *nm* traveller, tourist
cuairtich, -eachadh *v* 1. circle, compass,
encircle, enclose, encompass, envelop,
fence, hedge, surround, whirl □ *cuairtich
le balla* wall *v* □ *"Cuairtichibh an spot,"
dh'àithn e* "Surround the spot," he ordered
□ *bha iad a' cuairteachadh an taighe* they
were (en)circling the house □ *bha an ceò
gar cuairteachadh air gach taobh* the mist
was surrounding us on every side 2.
conduct (a service) □ *chuairtich e fhèin an
t-seirbhis* he himself conducted the serv-
ice □ *bha an t-seirbhis air a cuairteachadh
ann an trì cànanan* the service was con-
ducted in three languages □ *bhiodh
adhradh teaghlaich air a chuairteachadh*
family worship used to be (lit. would be)
conducted
cuairtshruth *nm* whirlpool
cual, -ail, -tean *nf* faggot □ *cual chonnaidh*
a faggot of firewood
cuan, -ain, -tan / -tean *nm* ocean, sea □
tharraing e an aire chun a' chuain he drew
their attention to the sea □ *air druim a'
chuain* on the open sea (lit. on [the] back
of the sea) □ *an Cuan Innseanach* the
Indian Ocean □ *sheòl sinn don a' Chuan*

Innseanach we sailed (in)to the Indian
Ocean □ *an Cuan Sèimh* the Pacific
Ocean □ *an Cuan Sgith* the Minch
cuan-àrd, -àird *nm* stormy sea
cuanal, -ail, -an *nm* group, band □ *chaidh
cuanal againn sìos don chala* a group of
us went down to the harbour
cuango, -othan *nm* quango
cuantan *pl* of **cuan**
cuaraidh, -ean *nm* quarry □ *clach cuaraidh*
quarry stone
cuaran, -ain, -ain *nm* rawhide shoe, sandal
□ *bha cuarain ròmach de sheiche an
fhèidh air* he was wearing hairy shoes of
deerskin (lit. of [the] skin of the deer) □
*feumaidh fear nan cuaran èirigh uair ro
fhear nam bròg* the sandal-man must rise
an hour before the boot-man
cuarantain *nm* quarantine
cuartachadh, -aidh *nm* □ see **cuairteachadh**
cuartag, -aige, -an *nf* □ see **cuairteag**
cuartaich, cuartachadh □ see **cuairtich,
-eachadh**
cuartaich *a* rotary
cuasar, -air, -an *nm* quasar
cùb, -adh *v* confine, coop □ *bha iad air an
cùbadh* they were cooped up
cùbadh, -aidh, -aidhean *nm* & *vn* of **cùb**
confining etc., confinement
cùbaid, -e, -ean *nf* pulpit
cùbainn *nf* pulpit
cùbair, -ean *nm* cooper
cubhaidh, -e *a* appropriate, becoming,
decorous, due, fitting, suitable, proper, rel-
evant what one would expect (because of
parentage) □ *is cubhaidh dha e* it becomes
him, it's what you would expect of him □
feumaidh tu feartan cubhaidh fhaotainn
you must gain relevant qualifications □
*bha iad a' cur sìos air na daoine nach
robh an giùlan air a mheas cubhaidh* they
disparaged people whose conduct was not
becoming □ *gu cubhaidh* properly
cùbhrachd *nf* perfume
cùbhraidh, -e *a* fragrant, musky, odorous,
redolent, sweet (of scent), scented □
dèan cùbhraidh perfume □ *dh'fhairich
e fàileadh cùbhraidh* he smelled a fragrant
odour
cùbhraidheachd *nf* fragrance
cùbhras, -ais *nm* scent
cucair, -ean *nm* cooker □ *cucair gas*
gas-cooker
cudag, -aige, -an / -ean *nf* young saithe /
coalfish, sprat, a 'cuddy' *bha truinnsear
chudaigean roimhe* there was a plate of
cuddies before him

cudaig, -aige, ean *nf* □ see **cudag**
cudainn, -e, -ean *nf* □ same as **cudag**
cùdainn, -ean *nf* tub
cudrom, -oim *nm* emphasis, importance, pressure, stress, weight, weighting(s) □ *cudrom an àile* atmospheric pressure □ *cuir / leag / leig cudrom air* emphasize, stress, lay stress on □ *bu mhath leam cudrom a leigeil air cho riatanach agus a tha e leantainn air an obair seo* I would like to stress how necesary it is to continue this work □ *tha iad a' leigeil cudrom air mar a tha iad a' toirt sealladh air beachdan muinntir an àite* they emphasize how they are examining (or explaining / expressing) the opinions of the inhabitants □ ... *mar gum bitheadh cudrom air èirigh bhom fheòil* ... as if a weight had risen from my flesh □ *dè an cudrom a bh' annta?* how heavy were they? □ *bha trì pùinnd a chudrom ann* it was three pounds in weight (where **a = de**) □ *also: clach air cudrom* a stone in weight □ *le cudrom eadar-dhealaichte* with different weightings
cudrom-siùdain *nm* pendulum
cudromach, -aiche *a* 1. important, key, momentous, serious □ *na h-eilimeidean cudromach seo* these key elements □ *tha mi a' smaoineachadh gu bheil sin uabhasach cudromach* I think that is awfully important □ *bidh e glè chudromach fios a bhith againn nuair a* ... it will be very important for us to know when ... (lit. knowledge to be at us) □ *'s e an leudachadh an leasachadh as cudthromaiche a tha air tachairt aig an sgoil bho chaidh a fosgladh* the extension is the most important event that has happened at the school since it was opened 2. burdensome, considerable, massive, weighty
cudromachd *nf* importance, gravity, solemnity *bha cudromachd na cùise a' fàs draghail dha* the gravity of the matter was becoming bothersome to him
cudthrom(ach) □ see **cudrom(ach)**
cugallach, -aiche *a* shaky, unsteady, precarious, uncertain, unstable □ *dh'èirich e air casan a bha gu math cugallach* he got up on legs which were rather unsteady □ *bha sin fhèin na ghnothach cugallach* that itself was a precarious business □ ... *anns an t-suidheachadh chugallach anns an robh e* ... in the precarious situation in which he was □ ... *cho cugallach agus a tha sìth an t-saoghail* ... so precarious is world peace / ... as precarious

as world peace is □ *ann an saoghal cugallach diombuan* in an uncertain, transitory world
cuibheall □ see **cuibhle**
cuibheas, -eis *nm* average, enough, moderation □ *cuibheas bhliadhnail* yearly average □ *a' rannsachadh cuibheasan* investigating averages □ *tha bàrdachd thar cuibheis anns a' Ghàidhlig* there is enough poetry, and to spare, in Gaelic / there is a superabundance of etc.
cuibheasach *a* average, middling, moderate, passable, tolerable □ *an aois chuibheasach* the average age
cuibheasach, -aich, -aich *nm* moderate
cuibheasachd *nf* average, mean
cuibhil, cuibhleadh *v* wheel □ *bha e a' cuibhleadh a' bhaidhseagail roimhe* he was wheeling the bicycle before him
cuibhle, cuibhlichean *nf* wheel □ *cìoch cuibhle* nave (of a wheel)
cuibhle-fhiaclach *nf* cog-wheel **c.-shnìomh** *nf* spinning-wheel **c.-stiùiridh** *nf* steering-wheel □ *bha a' chuibhle stiùiridh anns an deireadh* the steering wheel was in the stern **c.-ulaig** *nf* pulley wheel
cuibhleachadh, -aidh, -aidhean *nm & vn* of **cuibhlich** coiling etc., coil
cuibhleadh, -idh *nm & vn* of **cuibhil** wheeling
cuibhlich, -eachadh *v* coil
cuibhreach, -ich, -ichean *nm* chain, bond, fetter, trammel
cuibhreachadh, -aidh, -aidhean *nm & vn* of **cuibhrich** binding etc., binding (i.e. material used for binding)
cuibhreann, -inn, -an / -ean *nm/f.* allotment, allowance, group, instalment, part, portion, section, share □ *seallamaid air a' chiad chuibhreann de mholaidhean* let's look at the first group of recommendations □ *bha a' chuibhreann sin de a bheatha seachad* that part of his life was over
cuibhreann-ùine *nphr* time-share □ *flataichean cuibhreann-ùine* time share apartments
cuibhrich, -eachadh *v* bind, chain, fetter, pinion
cuibhrig, -ean *nf* coverlet, lid □ *cuibhrig na poite bige am beul na poite mòire* the little pot's lid in the big pot's mouth i.e. a square peg in a round hole □ *cuibhrig (airson poit-tì)* tea cosy
cuibhrig-cluasaig *nf* pillow case **c.-leaba** *nf* bedcover **c.-throm** *nf* quilt **cuibhrig(e)-bùird** *nf* tablecloth

cuid, codach, codaichean *nf* allotment, belongings, effects, goods, measure (= portion), part, portion, possessions, property, quota, ration, share, stint The *gen sing* and *pl forms* are rarely seen nowadays e.g. **airson mo chodach-sa den ghnothach** 'for my part of the matter' is more likely to be nowadays **airson mo chuid-sa** etc. □ but note the idiom: *nach e a tha a' gabhail a chodach!* what a capacity he / it has! Some examples: □ *cuid a h-aon, cuid a dhà, cuid a trì* ... part one, part two, part three ... □ *ann an cuid* in part, partly □ *chruinnich e a chuid ri chèile* he gathered his belongings together □ *thàinig call codach air* he suffered a loss of property □ *gabhaidh e a chuid fhèin* he will take his own share **cuid** is accompanied by **de** when used partitatively □ *airson ar cuid-ne dheth bu toigh leinn* ... for our part / as for us, we would like ... □ *airson a' chuid eile de a bheatha* for the rest of his life lit. for the other part of his life) □ *bha e a' cur seachad cuid mhòr den ùine ann a bhith a' rannsachadh na cùise seo* he was spending a large part of the time in researching this matter □ ... *aig a bheil am barrachd 's a chuid fhèin de dheuchainnean* ... who has more than his [own] share of hardships □ *'s e 'an dos' a chanas iad ris a' chuid sin den phìob-mhòir* they call that part of the bagpipes 'the drone' The *comparative forms* **fheàrr, lugha, miosa** and **motha** are frequently used with **cuid**: *a' chuid as lugha* the minimum □ *air a' chuid as lugha* at least □ *a' chuid as motha* most, uttermost □ *a' chuid as fheàrr* the best (part) of □ *a' chuid as miosa* the worst (part) of □ *tha e a' feuchainn ris a' chuid as fheàrr a dhèanamh den chuid as miosa* he is trying to make the best of a bad job (lit. to make the best of the worst) □ with ref. to the past this would be: *bha e a' feuchainn ri a' chuid a b' fheàrr a dhèanamh den chuid bu mhiosa* he was trying to make the best of a bad job □ *tha e a' cur seachad a' chuid as fheàrr den latha na shuidhe aig an doras* he spends the best part of the day sitting at the door □ *chuir e seachad a chuid a b' fheàrr den latha* etc. he spent the

best etc. □ *a' chuid as mò / a' chuid bu mhotha* the majority □ *a' chuid as motha den ùine bha e* ... most of the time he was ... □ *tha sinn, ge-tà, a' cur na cuid as motha dhe na molaidhean an gnìomh* we are, however, implementing most of the recommendations □ note also □ *bha a' chuid mhòr den t-saoghal fo smachd aca* ... they had most of the world under their control (or **a' mhòr-chuid**) **cuid** as a *pron* = some □ *bha cuid ann aig an robh deagh chuid Gàidhlig* there were some who had a good measure of Gaelic □ *bha cuid dhiubh anns an taigh agus cuid eile anns an t-sabhal* some of them were in the house and some were in the barn □ *an cuala cuid agaibh mu a dheidhinn?* did some of you hear about it? □ ... *ged nach robh e taitneach do chuid* ... though it wasn't pleasant for some □ *ann an sealladh cuid* in the view of some □ *thog e cuid de dh'iteagan an fhithich* he picked up some of the raven's feathers □ *tha cuid de na buill na fhàbhar* some of the members are in favour of it (lit. in its favour) **an dà chuid** ... **agus** ... both ... and ... □ *chaill e a shlighe an dà chuid na bheatha choitchinn is na bheatha phearsanta* he lost his way in both his public life and in his private life **an dara cuid** ... **no** ... either ... or ... □ *tha a h-uile rud an dara cuid fìor no breugach* everything is either true or false □ *an dara cuid thusa no mise* either you or I □ also: **aon chuid** ... **no** ... either ... or □ ... *chaidh a h-uile bàta aon chuid fodha no air a druim* every boat either sank or overturned □ sometimes has the meaning whether: *'s e daoine a tha annainn uile aon chuid geal no dubh* we are all men [whether] black or white □ *feumaidh sinn an doras a chàradh, aon chuid sin no fear ùr a dhèanamh* we must repair the door, either that or make a new one **cuid** may be used with a *poss adj* thus: *a chuid airgid* his money (lit. his portion of money) □ *mo chuid bidhe* my food □ *na chuid sgrìobhaidh* in his writing □ *bha iad airson an cuid Gàidhlig a leudachadh* they wanted to widen their Gaelic □ *reic iad an cuid bheathaichean* they sold their animals □ but note also *an cuid chloinne* 'their children', where **cloinne** is treated as a *gen pl* □ see **clann** □ it should also be noted that the note in Dwelly concerning **a chuid mhac** 'his sons' but **a cuid mac** 'her sons' is no longer valid – these being, respectively, **a chuid mhac** and **a cuid mhac**. Note also the idiom: *cuid oidhche* a night's lodgings □ *fhuair e cuid oidhche bhuapa* he got a night's lodging from them □ *àiteachan cuid oidhche* bed and breakfast establishments

cuide ri *prep* along with, with □ *thàinig iad cuide ri am màthair* they came with their mother
cuideachadh, -aidh *nm & vn* of **cuidich**, aid, assistance, contribution, help, relief □ *gun chuideachadh* unaided □ *chan eil e na chuideachadh idir do luchd-ionnsachaidh* it isn't any help to learners (lit. it isn't in its help at all etc.) □ *dh'fheumtadh cuideachadh fhaighinn dhaibh an dòigh air choreigin* aid had to be obtained for them in some way or other □ *chaidh aige air an doras a chumail dùinte le cuideachadh chlachan mòra* he managed to keep the door shut with the help of [some] large stones (note that Gaelic does not use a word for 'some' in this situation) □ *tha sinn a' sireadh cuideachaidh nas brìoghmhoire na sin* we are looking for more meaningful assistance than that □ *thoir cuideachadh do* give assistance to / help □ *cha b' urrainn dha cuideachadh a thoirt dhaibh* he couldn't give them assistance / he couldn't help them □ *feumaidh sinn cuideachadh a thoirt dhaibh airson sin a dhèanamh* we must give them assistance to do that □ *chaidh iad a-null ach am faiceadh iad an robh cuideachadh a dhìth air* they went over to see if he needed help
cuideachail *a* helpful, subsidiary, supportive □ *duine càirdeil cuideachail* a friendly, helpful man □ *bhiodh iad gu math cuideachail dhuinn* they would be quite helpful to us □ *tha e glè chuideachail do dh'adhbhar na Gàidhlig* he is very supportive of (lit. to) the Gaelic cause
cuideachd *adv* 1. also, too □ *chaidh e ann cuideachd* he went there too □ *bha am pathadh orm cuideachd* I was thirsty too □

a bheil thusa a' dol ann cuideachd? are you going (there) too? 2. jointly, together
cuideachd *nf* body (of men etc.), company, party, society, train (company etc.), troop □ *cuideachd (airm)* (military) detachment □ *gun chuideachd* unattended □ *bha e nam chuideachd* he was in my company □ *thàinig e am measg na cuideachd* he came among the company □ *nuair a bha iad an cuideachd a chèile* when they were in each other's company □ *cùm cuideachd ri...* keep company with...□ *thòisich e air cuideachd a chumail ri droch chompanaich* he began to keep company with bad companions / to keep bad company
cuideachdail *a* convivial, sociable
cuideam, -eim *nm* same as **cud(th)rom** □ *cuideam iomlan* gross weight □ *cuideam lom* net weight □ *trèanadh le cuideaman* weight training
cuideigin *indef pron* somebody, someone □ *bha cuideigin aig an doras* someone was at the door □ *... no clann cuideigin eile ...* or somebody else's children
cuideimich, -eachadh *v* weigh
cuidhe, -eachan *nf* wreath (of snow / mist) □ *thàinig sinn air cuidheachan beaga sneachda* we came upon little wreaths of snow □ also **cuithe**
cuidhte, cuidhte 's / cuidhte agus etc. □ see **cuidhteas** *a*
cuidhteachadh, -aidh *nm & vn* of **cuidhtich** compensating etc., compensation, indemnity
cuidhteas, -eis, -an *nm* quittance, receipt
cuidhteas *a* (= **cuidhte agus**, where **cuidhte** is the *pp* of **cuidhtich**)+ *acc* clear of, quit of, rid of □ *chan fhaigheadh e cuidhteas iad* he would not get rid of them □ *air dòigh nach fhaighear cuidhteas iad* in [such a] manner that they cannot be got rid of □ *bidh sibh cuidhteas iad uile* you will be rid of them all □ *bha a' Bhànrigh a' feuchainn ri faighinn cuidhteas i* the Queen was trying to get rid of her □ *'s fheàirrde sinn a bhith cumail cuidhteas e* we're better off keeping clear of him / it □ *nach d'fhuair thu cuidhteas an deise sin fhathast?* have you not got rid of that suit yet? □ *'s math cuidhteas e!* good riddance (to him / it)! □ *cuidhteas a chèile* quits □ *bha iad a' feuchainn ri faighinn cuidhteas Alasdair* they were trying to get rid of Alasdair
cuidhtich, -eachadh *v* compensate
cuidich, -eachadh abet, aid, assist, back, contribute, further, help, relieve, second,

succour, support □ *cha do chuidich e mi* he
didn't assist me □ note that **cuidich** in
some areas is foll. by **le** □ *cuidich leinn gu
bhith a' gabhail ri do ghràs* help us to
accept your grace □ *cò is urrainn
cuideachadh leotha?* who can help them?
□ but note also: *bha iad a' cuideachadh le
airgead a thogail* they were helping by
raising money □ *cuidichidh sinn le do chur
an aithne luchd-ionnsachaidh eile* we'll
help by putting you in touch with other
learners □ *cuidichidh an leabhar seo an
sgoilear gus bruidhinn anns a' Ghàidhlig*
this book will help the scholar to speak in
Gaelic
cuidiche-taighe *nm* home-help
cuifean, -ein *nm* wad, wadding
cuige? *interr pron* wherefore?
cuigeal, -eil / –ach, -an / -aichean *nf* distaff
Cuigse, -ean *nf* Whig
Cuigseach *a* Whiggish
cùil *a* back □ *an doras cùil* the back door □
chaidh iad a-mach air an doras chùil they
left by the back door □ *air na duilleagan
cùil* on the back pages □ *anns an t-sreatha
chùil* in the back row
cùil, -e, cùiltean *nf* corner, cranny, niche,
nook, recess □ *ann an cùiltean agus ann
an glomhais* in nooks and crannies □ *anns
a' chùil* in the corner □ *bha seàla oirre, 's
na cùiltean aice na làmhan fillte* she was
wearing a shawl, its corners in her folded
hands □ *cùil chumhang* 'a tight corner'
cùil-dhùinte *nf* cul-de-sac
cuilbh □ *gen sing* and *nom* & *dat pl* of
colbh column
cuilbheart, -eirt, -an *nf* deceit, plot (plan),
quirk, stratagem, trick, wile □ *cha robh
cuilbheart air nach smaointicheadh iad*
there wasn't a trick they wouldn't think
of □ *chan eil ann a sin ach cuilbheart gus
dàil a chur sa chùis* that's just a stratagem
to delay the matter
cuilbheartach, -aiche *a* deceitful, tricky
cuilc, -e, -ean *nf* cane (plant / material),
reed □ *cuilc Innseanach* bamboo
cuilceach, -iche *a* reedy □ *linne chuilceach*
a reedy pool
cuile □ see **cuilidh**
cuileag, -eige, -an *nf* fly, house-fly
cuileag-bheag house-fly **c.-ghlas** *nf* green-
fly **c.-lasrach** *nf* dragonfly (see **tarbh(an)-
nathrach**) **c.-mharbhaiche** *nm* fly killer,
insecticide **c.-mhòr** bluebottle (meat-fly /
blow-fly) **c.-shionnachain** *nf* glow-worm
cuilean, -ein, -an *nm* cub, pup, puppy,
whelp young of several animals □ *cuilean*

mathain bear cub □ *cuilean leòghainn* lion
cub □ *cuilean maighiche* leveret □ *cuilean
ròin* seal cub etc.
cuileann, -inn *nm* holly □ *dearcagan
sgàrlaid a' chuilinn* the scarlet berries of
the holly
cuileann-tragha *nm* sea-holly
cuilg 1. *gen sing* of **colg** rage 2. *gen sing*
and *nom* & *dat pl* of **calg** bristle
cuilidh, -ean *nf* 1. secret haunt, retreat □
cuilidh an dòbhrain duinn the retreat of
the otter 2. cellar, storehouse □ *cuilidh
Mhuire* 'Mary's storehouse' i.e. the sea
cuilinn *a* holly, of holly □ *fiodh cuilinn*
holly wood □ *duilleagan biorach cuilinn*
prickly holly leaves
cùiltearachd *nf* □ same as **cùilteireachd**
cùilteireachd *nf* skulking, smuggling □
bha cuid an sàs ann an cùilteireachd
some were engaged in smuggling □ *dèan
cùilteireachd* skulk

cuimhne *nf* memory, recollection,
remembrance
Some common examples: *droch
chuimhne* a poor memory □ *mas math
mo chuimhne* if I remember correctly /
if my memory serves me well □ *feu-
maidh sinn a chumail nar cuimhne gun
robh e ...* we must keep in mind that he
was ... □ *bha e air cuimhne a chall air
Calum* he had forgotten Calum □ *tha
cuimhne air a cumail air an fhead-
hainn a leig sìos am beatha* remem-
brance is kept of those who laid down
their lives (for the use of the *sing*, see
notes under **beatha, ceann** and **làmh**)
□ *bidh cuimhne chùbhraidh air* he
will be fondly remembered (lit. there
will be a fragrant memory on him)
tha cuimhne agam I remember □
a bheil cuimhne agad air? do you
remember it / him? □ *cha bhi cuimhne
agad ormsa idir* you won't remember
me at all □ *is fhada a bhios cuimhne
agam air na làithean às dèidh sin*
I shall long remember the days that
followed □ often shortened thus,
particularly in speech: *is math a tha
cuimhneam air* I remember it well □
*bha iad a' bruidhinn air cuspairean air
nach eil cuimhne agam a-nis* they were
talking about topics I don't remember
now □ *chan eil cuimhne agam am
faicinn ann an clò roimhe* I don't

remember seeing them in print
before (lit. I don't remember their see-
ing etc.) □ note that **air** is dropped
when an object (including a *subordi-
nate clause*) precedes the *verb*, or
when the *infinitive* of **bi** is used □ *chan
eil cuimhne agam a-nis dè thuirt e*
I don't remember now what he said □
*tha cuimhne agam mar a bhiodh na
daoine gar cuideachadh* I remember
how the people used to help us □ *tha
deagh chuimhne agam e bhith 'g innse
dhomh…* I well remember him telling
me…□ *bha cuimhne aige a bhith tric
a' cèilidh anns an taigh aca* he remem-
bered being often visiting their house
cuimhne may also be used with the
assertive verb □ *is cuimhne leam*
I remember (lit. it's a memory with
me) □ *an cuimhne leat?* do you
remember? □ *cha chuimhne leam* I do
not remember □ *mas cuimhne leibh* if
you recollect □ *mar as cuimhne le
daoine a bha ann aig an àm* as people
who were there at the time remember
□ *mus cuimhne leamsa* before the time
that I can remember □ *(bh)os cuimhne
leam* as long as I can remember □ the
past tense would be e.g. *o bu chuimhne
leis* as long as he could remember
**thoir gu cuimhne / thoir an
cuimhne** + *gen* call to mind, evoke
the / a memory of, remind □ *thug seo
gu cuimhne Chaluim làithean [a] òige*
this called to Calum's mind the days of
his youth □ *thug an sealladh àlainn
seo an cuimhne Dhaibhidh faclan an
t-Salmadair* this beautiful view reminded
David of the words of the Book of
Psalms □ a *poss adj* or a *prep pron* is
used where a personal *pron* is used in
English □ *thug e gu mo chuimhne
dealbh èibhinn a chunnaic mi uair* it
reminded me of a cartoon I once
saw □ *thug an sgeul brònach seo gu a
chuimhne bàthadh eile* this sad story
reminded him of another drowning □
toirt gu cuimhne evocation □ note also:
thig gu cuimhne occur □ and *cuir an
cuimhne* prompt, remind □ *tha e a' cur
nar cuimhne gu bheil…* he reminds us
that … is …
air chuimhne *adv* remembered □ …
*fhad 's a tha na h-ainmean air
chuimhne…* while the names are still
remembered □ *cùm air chuimhne*

remember, keep in mind □ … *a chumas
[a] ainm air chuimhne gu bràth…*
which will commemorate his name
forever □ *tha e cudthromach cumail
air chuimhne gu bheil e…* it's impor-
tant to bear in mind that he is…□
bha iad air an cumail air chuimhne
they were remembered

cuimhneach, -iche *a* □ see **cuimhneachail**
cuimhneachaidh *a* memorial □ *chuir iad
urras cuimhneachaidh air bhonn* they set
up a memorial trust
cuimhneachadh, -aidh *nm & vn* of **cuimh-
nich** commemorating etc., commemora-
tion, reminiscence
cuimhneachaidh *a* memorial, remem-
brance □ *seirbhisean cuimhneachaidh*
services of remembrance / remembrance
services / memorial services
cuimhneachail *a* mindful □ *thuirt e gun
robh e cumhneachail oirre* he said that he
was mindful of her
cuimhneachan, -ain, -ain *nm* commemo-
ration, keepsake, memento, memorandum,
memorial, mnemomic, remembrance,
souvenir □ *cuimhneachan bliadhnach*
anniversary □ *cuimhneachan nan ceud
bliadhna* centenary □ *chaill iad na cuimh-
neachain a cheannaich iad* they lost
the souvenirs that they had bought □
cuimhneachan air a memorial to □ *mar
chuimhneachan air* in remembrance of
him / in memory of him / as a memorial
to him
cuimhneam □ *abbr form* of **cuimhne
agam** □ see **cuimhne**
cuimhnich, -eachadh *v* commemorate,
mind (remember), remember □ *feumar
cuimhneachadh gur e balach a tha ann
fhathast* it must be remembered that he is
still a boy □ *cuimhnich gum bi thu modhail*
remember to be polite □ *cuimhnich air* call
to mind, recall, recollect, remember □
nuair a chuimhnicheas sinn air when we
remember it / him □ … *nuair a chuimh-
nicheas sinn air an tachartas seo…* when
we recall this incident □ *aig an àm air
a bheil mi a' cuimhneachadh* on the occa-
sion I'm recalling…□ *cuimhnich do*
remind □ *chuimhnich e dhomh eun beag*
he reminded me of a little bird □ *a bheil
fhios agad cò a tha thu a' cuimhneachadh
dhomh?* do you know who you remind me

of? □ *chuimhnich e fitheach dhi* he reminded her of a raven

cuimir, -e *a* neat, shapely, succinct, terse, tidy, trim, well-proportioned □ *ann an bogsa beag cuimir* in a neat, little box

Cuimreach, -ich, -ich *nm* Welshman

Cuimreach *a* Cymric, Welsh

Cuimris *nf* Welsh (lang.)

cuimse *nf* aim (with gun etc), measure, target (educ.) □ *rinn e cuimse sìos am baraille* he aimed down the barrel □ *cha robh an droch chuimse agam* I didn't have a (lit. the) bad aim □ *cuimsean coileanaidh* attainment targets □ *tha a' chuimse seo ag iarraidh sgilean nas iom-fhillte no nas ionnsaichte* this target requires more complex or sophisticated skills

cuimseach, -iche *a* 1. accurate, sure of aim, unerring □ *tha e anabarrach cuimseach leis na sean-fhacail* he is extremely unerring with [the] proverbs (i.e. he uses them in exactly the right circumstances) 2. moderate, fairly □ *cha robh e ach cuimseach àrd* he was only of medium height (lit. moderately tall) □ *feumaidh tomhas cuimseach de thùr a bhith ann an duine* there needs to be a moderate measure of common sense in a man □ *tha e a' dèanamh cuimseach math* he is doing moderately / fairly well

cuimsich, -eachadh *v* aim □ *bha e a' cuimseachadh a' ghunna orm* he was aiming the gun at me □ *tha e a' cuimseachadh nan sgeulachdan air a' chloinn* he is aiming the stories at [the] children

cuimte *a* well-shaped, well-proportioned □ *duine àrd cuimte* a tall, well-proportioned man

cuin *interr pron* when / when? □ see **cuine**

cuine *interr pron / conj* when, when? □ foll. by *rel pron* and *indep* or *rel form.* of the verb □ *cuine [a] thàinig e dhachaigh?* when did he come home? □ *cuine [a] bhitheas tu deiseil?* when will you be ready? □ *cuine tha dùil agad rithe?* when do you expect her? □ *cuine [a] thuirt Seumas (sinn) a bhith ann?* when did James say (for us) to be there? □ **cuine** is used as a *conj* only in indirect questions i.e. after verbs of asking, telling, wondering, knowing etc. □ *a bheil fhios agad cuine [a] thàinig e dhachaigh?* do you know when he got home? □ *chan eil fhios agam cuine [a] dh'fhalbh e* I don't know when he left □ because of the two vowels coming together, one of them is usually elided though practice differs as to which

one e.g. **cuine [a] thàinig? / cuin[e] a thàinig?**

cuing, -e *nf* 1. yoke 2. asthma □ as with other illnesses / diseases / ailments this word is usually *def* i.e. **a' chuing**

cuing-analach, a' chuing-analach *nf* asthma

cuinge 1. *nf indec* 1. a narrow place / passage / pass 2. difficulty, limitation □ *'s e cuinge mhòr a tha ann an sin* that's a great limitation 3. *comp* of **cumhang**

cuingeachadh, -aidh *nm & vn* of **cuingich** yoking

cuingead, -eid *nf* narrowness

cuingealach, -aiche *a* restricted, constricted □ *fhuair sinn blas cuingealach air a' bhàrdachd* we got a restricted taste of the poetry

cuingealachadh, -aidh *nm & vn* of **cuingealaich** circumscribing etc.

cuingealaich, -achadh *v* circumscribe, shackle

cuingealaichte *pp* circumscribed, restricted, shackled, qualified

cuingeal-Muire *nf* mullein (also **coinneal-Muire**

cuingich, -eachadh *v* yoke

cùinne, cùinntean *nf* platelet

cùinneadh, -idh *nm* coinage, specie

cuinneag, -eige, -an *nf* bucket, pail

cuinnean, -ein, -an *nm* nostril □ *bha an toit a' diogladh a chuinneanan* the smoke was tickling his nostrils □ *bha fàileadh na mara na chuinneanan* the smell of the sea was in his nostrils

cuinnse, -ean *nf* quince

cuinnseas, -eis *nm* conscience □ see **cogais**

cuip, -e, -ean *nf* whip

cuipreas, -eis, -an *nm* cypress

---

cuir □ *gen sing* and *nom & dat pl* of **car** turn

cuir, cur *v* quite simply, this verb means 'put', and could so be translated (albeit roughly in some instances) in all the examples below. However, depending on the *nouns, advs* or *preps* accompanying it, it translates into a large number of English idioms. Further examples of usage may, in some cases, be found by looking up one or more of the accompanying words e.g. in the example **cuir (do) aghaidh air** further examples may be found by looking up **aghaidh**

The following entries have been arranged acccording to patterns of usage:
(A.) deals with **cuir** used in the simplest constructions. (B.) constructions using **air** (C.) constructions using *adverbs* (D.) constructions using *simple* and *compound prepositions* (E.) constructions using *prepositional pronouns* (F.) constructions using *verbal nouns* (G.) miscellaneous usages

(A.) **cuir** used in the simplest constructions: **cuir** meaning 'sow', 'plant' □ *feumaidh sinn an sìol a chur* we must sow the seed □ *bha iad trang a' cur an t-sìl* they were busy sowing the seed □ *chuir iad am buntàta* they planted the potatoes □ *bha iad a' cur chraobh* they were planting trees
cuir sneachd snow □ *bha e a' cur sneachd* it was snowing □ may also be used intransitively □ *tha e a' cur* it is snowing □ *bha i air stad a chur* it had stopped snowing (**a chur** here = *de chur*, from snowing) □ note that, as the examples show, 'it' when referring to the weather may be *masc* in some areas, and *fem* in others. Hence the use of both **e** and **i** in the examples.
cuir meaning 'send' □ *chuir e air falbh an litir* he sent the letter □ *cuir a dh'iarraidh a' chatalog oirnn* send to ask us for the catalogue (i.e. send a letter / postcard etc. to ask) □ *cuiribh a dh'iarraidh na bileig fiosrachaidh* send [to ask] for the information leaflet
cuir used with other meanings □ *cuir gòl* score a goal □ *bha e air gòl a chur* he had scored a goal □ *ciamar a chuireas mi e?* how shall I put it? □ *cuir ceart* disabuse, rectify, [make] correct, right, put right, set right
(B.) **cuir** used with **air** (where **air** is not part of an adverbial phrase or a compound preposition)

1.   **cuir air rudeigin** (where **air** is
      a *prep pron* with the force of an *adv*)

(a) put on / switch on something □ *chuir e air an solas / an teine* he put / switched on the light / the fire □ *cuiridh mi air an teilebhisean* I'll switch on the television
(b) apply something, put on something (e.g. a stamp) □ *chuir i air stampa* she stuck on a stamp □ *chuir e air an acainn* he applied the ointment

2.   **cuir rudeigin air** (where **air** is
      a *prep* foll. by a noun in the *dat* case
      or is in the form of a *prep pron*)

(a) put on, apply something to □ *chuir e an acainn air an lot* he applied ointment to the wound □ *chuir mi stampa air an litir* I stuck a stamp on the letter □ *an cuir mi stampa oirre?* shall I put a stamp on it? (i.e. **an litir** *fem*) □ *an cuir mi stampa air?* shall I put a stamp on it? (i.e. **am pairseal** *masc*)
(b) lay (down), place, put □ *cuir air a' bhòrd e* put / lay it on the table
(c) put on (a garment) □ *chuir e air a chòta* he put on his coat □ *cuir ort do sheacaid* put on your jacket (see also *prep poss adjs* of **mu**) □ note also: *bha e air a dheagh chur air* he was well-dressed □ *bu bhochd a bha e air a chur air* he was poorly dressed
(d) put on (an expression) □ *cuir braoisg ort* grin □ *chuir e braoisg air* he grinned □ *cuir bus ort* pout □ *chuir i bus oirre* she pouted □ *cuir mùig ort* frown □ *chuir athair Chaluim mùig air* Calum's father frowned □ *cuir calg ort* bristle □ *chuir am bodach calg air* the old man bristled
(e) (i) impose (something upon somebody) □ *chuir e trì cumhachan orm* he imposed three conditions on me (ii) trouble, bother, impose (up)on □ *dè tha a' cur air?* what's bothering / troubling / ailing him? □ *chan eil mi ag iarraidh a chur ort* I don't want to impose upon you

3.   The construction **cuir rudeigin air
      cuideigin / rudeigin** put something
      on someone / something is very
      common in Gaelic, and a selection
      of these is given here
It should be noted that in many instances the phrases given below could be translated as 'cause to do / be something'. Note also that examples in which **air** combines with a noun to form a recognisable adverbial phrase are given below in the section dealing with adverbs:
(a) arranged according to the word before **air**: *cuir (do) aghaidh air* face, set out for, head for □ *cuir airgead air (each)* back (a horse), put money on (a horse) □ *cuir an t-acras air* make hungry □ *chuir seo an t-acras orm* this made me hungry □ *cuir aonach air* cause to be / make breathless □ *dè chuir aonach mar sin ort?* what made you so

breathless? (lit. what put breathlessness like that on you?) □ *cuir bacadh air* counteract, discomfit, hinder, impede, restrict □ *cuir (Beurla) air* put into (English) □ *cuir Beurla air* **cuir sìos air** put **cuir sìos air** into English (lit. put English on **cuir sìos air**) □ *cuir breugriochd air* camouflage, disguise □ *cuir eagal air* scare □ *cuir biadhadh air* bait (a hook etc.) □ *cuir bonn air* sole □ *cuir brat air* coat *v* □ *cuir a' bhreac air* innoculate □ *cuir breac-a-chruidh air* vaccinate □ *cuir cabhag air* hasten, hustle, hurry (all *trans*) □ *cuir cais air* annoy □ *cuir casg air* foil, interrupt, put a stop to, stop, restrain □ *cuir ceal air* finish off □ *cuir ceann finid air* bring matters to an end / a close / a finale □ *cuir ceist air* ask / pose (someone) a question □ *thuirt e gun robh e a' cur cheistean air a h-uile duine agus gun robh e a' dol a chur feadhainn ormsa* he said he was asking everyone questions and that he was going to put some to (lit. on) me □ but note: *tha e a' cur ceist orm ... I* wonder... □ *cuir clisgeadh air* cause to start, startle, surprise □ *cuir clos air* mate (chess) □ *cuir comharradh air* earmark □ *cuir crann air* bolt (a door etc.) □ *chuir e crann air an doras* he bolted the door □ *cuir crìoch air* end, do away with, set a boundary on / bound □ *cuir crìochan air* delimit □ *cuir cùram* (+ *gen* of thing entrusted) *air* entrust □ *chuir i cùram a' bhogsa air Calum* she entrusted the box to Calum □ but also: *cuir air cùram* (+ *gen* of the person to whom the thing is entrusted) entrust □ *chuir i am bogsa air cùram Chaluim* she entrusted the box to Calum (she put the box in Calum's care) □ see **cùram** □ *cuir daorach air* make drunk, intoxicate □ *cuir dìmeas air* hold in contempt, despise, denigrate □ *cuir dragh air* annoy, bother □ *cuir eòlas air* become acquainted with / get to know □ *cuir fàilte air* welcome □ *cuir faitheam air do theanga* be circumspect □ *cuir fearg air* anger, make angry □ *cuir glas-ghuib air* gag, muzzle □ *cuir gràin air* disgust □ *cuir impidh air* entreat, exhort, persuade, supplicate □ *cuir iongnadh air* surprise □ *cuir loinn air* beautify □ *cuir meal-an-naidheachd air* congratulate □ *cuir meas air* esteem □ *'s dòcha nach do chuireadh uiread de mheas air an duine*

seo 's a dh'fhaodadh perhaps this man was not esteemed as much as he might have been (lit. it is likely that was not put as much esteem on this man as might have been) □ *cuir meur air* finger *v* □ *cuir nàire air* embarrass □ *cuir am pathadh air* make thirsty □ *chuir seo am pathadh orm* this made me thirsty □ *cuir (prìs) air* charge (ask payment for), cost (put a price on) □ *chuir iad còig notaichean air na bileagan* they charged five pounds for the tickets □ *cuir ratreut air* cause to retreat □ *chuir iad ratreut air an nàmhaid* they caused the enemy to retreat □ *cuir seòladh air* address (letter etc.) □ *cuir sgèimh air* beautify □ *cuir sunnd air cuideigin* cheer up someone □ *cuir tàmailt air* shame □ *cuir teicheadh air* put to flight / cause to flee □ *cuir todhar air* fertilise, manure □ *cuir trioblaid air cuideigin* cause somebody trouble □ *cha do chuir e trioblaid air duine sam bith eile* he didn't cause anybody else any trouble □ *cuir truas air cuideigin* make someone pity you (lit. put pity on someone) □ *a bheil i a' cur truas ort?* is she putting pity on you i.e. do you pity her? / are you sorry for her? □ *cuir umhail air* pay attention to, heed, notice □ *tha fhios agam gun do chuir e umhail orm* I know [that] he noticed me

(b) arranged according to the word after **air**: *cuir cuideigin air aoigheachd* lodge someone / put someone in a lodging / put someone up □ *cuir beathach air cipean* tether an animal □ *cuir cuideigin air gnothach na cuthaige* send someone on a fool's errand □ *cuir cuideigin / rudeigin air slabhraidh* chain someone / something

(C.) **cuir** used with adverbs

(a) adverbs which have **air** as the first element: *cuir air adhart* further, promote, propel □ *cuir air ais* inhibit, remand, remit, repeal □ *cha do chuir seo air ais e* this did not inhibit him □ *cuiridh mi an t-airgead air ais air ball* I shall remit (return) the money at once □ *cuiridh mi an t-airgead air adhart air ball* I shall remit (send on) the money at once □ *chaidh an lagh a chur air ais* the law was repealed □ *cuir air bhog* launch □ *cuir air bhogadan* dangle □ *cuir air bhoile* infuriate □ *cuir air bhonn* instigate, set up, establish □ *cuir air bòrd* embark □ *cuir air chois* institute, set up, establish, found, organize □ *feumaidh obraichean ùra a chur air chois* new jobs must be set up, established □ *cuir air chrith* vibrate (cause to vibrate), cause to shake □ *cuir air chùl* outgrow, put aside / by □ *cuir air chuthach* madden □ *cuir air dìochuimhne* cause to be forgotten □ *chuir seo gach trioblaid air dìochuimhne* this caused every trouble to be forgotten □ *cuir air dòigh* arrange, sort, put in order, set up □ *an cuir thu na leabhraichean sin air dòigh?* will you sort these books? □ *cuiridh iad cùrsa air dòigh dhut tron phost* they will arrange a course for you through the post □ *cuir air falbh* put away, shed □ *cuir air fhiaradh* divert □ *cuir air leth* insulate, sequester □ *cuir air mheidh* balance *trans* □ *cuir air mhisg* make drunk, inebriate, intoxicate □ *cuir air seachran* misappropriate, misdirect, put on the wrong path □ *cuir air shùilean / shùilibh* suggest □ *tha e a' cur air shùilean dhuinn...* he suggests to us... □ *cuir air teicheadh* put to flight / cause to flee (also **cuir teicheadh air**)

(b) adverbs where the first element is **am** or **an** (abbreviated forms of **ann am** or **ann an** – this also includes **san** 'in the') □ *cuir am bogadh* immerse, soak (of setting clothes to soak), steep □ *cuir am breislich* to confuse / throw into confusion □ *cuir am meud* i) increase, widen, extend □ *dh'fheuch e ri a fhoghlam a chur am meud* he tried to widen / extend his education ii) exaggerate □ *cuir an àird(e)* set up, mount (a picture, statue etc) □ *cuir an aire* suggest □ *cuir an àireamh* list □ *cuir an àireamh nan naomh* canonize □ *cuir san àireamh* take into consideration, include □ *cuir an àite* replace (i.e. to put in place of), substitute □ *cuir an aithne* introduce □ *cuir an amharas* suspect □ *cuir an cèill* announce □ *cuir an grèim* arrest □ *thàinig iad airson mo chur an grèim* they came to arrest me *cuir an làimh* arrest □ *cuir an ceann a chèile* mingle □ *cuir an cèill* announce, broach (subject), declare, enunciate, express, imply, notify, predicate, profess, relate, represent, state, show (by actions or words), suggest □ *cuir an coimeas* collate, compare □ *cuir (rudeigin) an comas* + *gen* – lit. put

(something) in the ability of i.e. give someone the ability to do something □ *cuir an cràdh* torture □ *cuir an cuimhne* prompt □ *cuir an dìmeas* despise □ *cuir an eagar* put in order □ *cuir an easurram* disgrace □ *cuir an geall* pawn □ *cuir an gnìomh* perform, implement □ *cuir an grèim* put into operation, organize □ *cuir an ìre* cause to believe, pretend □ *cuir an òrdugh* put in order, order □ *cuir clò an òrdugh* compose (typog.) □ *cuir rudeigin an suarachas* make light of something, treat something lightly, despise □ *na cuir an suarachas an oidhirpean* do not make light of their endeavours □ *cuir an sàs* i) arrest ii) implement, put into operation, commit (money, effort, support etc.) □ *cuir an seilbh* invest □ *cuir rudeigin an teagamh* doubt something

(c) adverbs which are of miscellaneous construction: *cuir a dhìth* ruin, destroy □ *cuir a dholaidh* waste, squander □ *cuir a-mach* put out(side) deal out, discharge, ejaculate, issue *trans*, prescribe, publish, vomit □ *chuir e a-mach an cat* he put out the cat □ *cò tha a' cur a-mach nan cairtean?* whose deal is it? □ *chuir e a-mach* he vomited □ *cuir an dara taobh* set aside □ *ma chuireas sinn rudan mar sin an dara taobh* if we set things like that aside □ *cuir a-null / a-nall* hand, pass (at table) □ *cuir a-steach* apply, enter (in a calculator or computer), insert, interpolate, instil □ *cuir bun-os-cionn* capsize, overturn, subvert, turn topsy-turvy □ *cuir ma sgaoil* release □ *cuir mun cuairt* circulate, rotate, turn *trans* □ *cuir o chèile* pry (open) □ *cuir ri chèile* amalgamate, assemble, build, cement, collate, compile, compose, construct, fabricate, join, joint, put together □ *chuir e ri chèile ceòl pìoba* he composed pipe music □ *cuir ri chèile a-rithist* reassemble, rejoin □ *cuir seachad (ùine)* spend (time) □ *chuir e seachad an oidhche anns na coilltean* he spent the night in the woods □ *cuir rudeigin seachad air cuideigin* put something past someone □ *na cuir seachad orm e* don't deny me the chance to apply for it □ *cha chuirinn e seachad air* I would not put it past him □ *cuir sìos* lay / put / set down, precipitate □ *cuir sìos an sin e* lay, put, set it down there □ *cuir rudeigin sìos air* put, lay, set

something down (up)on □ *cuir sìos air*
put down, decry, disparage, malign □
*chan eil mi a'cur sìos air Ruairidh tru-
agh idir* I'm not disparaging poor Rory
at all □ *cuir thairis* overflow □ *tha an
t-àite a' cur thairis le coigrich* the place
is overflowing with strangers □ *cuir
troimhe-chèile* agitate agitate, confuse,
complicate confuse, jumble □ *chuir seo
an nàmhaid troimhe-chèile* this con-
fused the enemy □ *bha iad air an cur
troimhe-chèile* they were confused /
agitated □ *cuir ma seach* 'put by', 'put
past' i.e. save □ *chuir e ma seach bea-
gan thastan gach seachdain* he saved
a few shillings every week □ *chuir e
beagan ma seach* he put a little by / he
saved a little

(D.) **cuir** used with prepositions:

1. Simple prepositions:

cuir rudeigin à ... put something out
of ... □ *cuir à cumadh* deform □ *cuir à
àite* put out of place, dislocate, dis-
lodge, displace, supersede, supplant,
unseat □ *cuir às an alt / à alt* put out of
joint, disjoint, dislocate, splay □ *cuir à
bith* abolish, do away with □ *cuir às
a chiall* craze (a male) □ *chuir seo às
a chiall i* this crazed her / put her out
of her mind □ *cuir à cruth* disfigure
cuir rudeigin ann put something into □
cuir [ann] am bogsa box, put in a
box □ *chuir i an tiodhlac beag ann am
bogsa* she boxed the small gift □ *an
cuir thu litir sa bhogsa dhomh?* will
you drop a letter in the box for me? □
cuir [ann] an cèidse encage, put in a
cage □ *cuir [ann] an crò* fold, pen, put
in a fold / pen □ *cuir [ann] an truaill*
sheathe □ *chuir e a chlaidheamh an
truaill a-rithist* he sheathed his sword
again □ *cuir gaoir ann* thrill, horrify □
cuir connadh ann / ri fuel, stoke □ *cuir
làmh ann* interfere with, meddle with,
seize, lay a hand on □ *cuir muinghinn
ann* trust □ *cuir àirneis ann* furnish □
cuir rudeigin ann infuse something □
cuir na àite locate □ *cuir àrc ann / cuir
corcais ann* cork □ *cuir sa bhanca*
bank □ *chuir e an t-airgead sa bhanca*
he banked the money □ *cuir brìogh
ann* energize □ *cuir sanas (ann)* adver-
tise □ *chuir e sanas anns a' phàipear*
he advertised / put an advert(isement)
in the paper □ *cuir na coin ann* set the

dogs on □ ... *air neo cuiridh mi na coin
annad* ... or else I shall set the dogs
on you □ *chuir e am bòrd ann am
meadhan an làir* he placed the table in
the middle of the floor
cuir bhàrr cathair dethrone
cuir bhàrr na cìche wean
cuir far na meidh unbalance □
note that **far** and **bhàrr** above are vari-
ants of the same word, and therefore
interchangeable
cuir rudeigin fo put something under □
cuir fon choill outlaw □ *cuir fo chòir
dhligheach* entail (legal) □ *cuir fo
chomain* oblige, put under an obliga-
tion □ *cuir fo sprochd* deject □ *cuir fo
a chùram* commend to his care □ *cuir
fo smachd* subject □ *cuir fo chùram*
devolve
cuir cuideigin / rudeigin gu i) send
someone / something to / refer some-
one to □ *chuir e gu fìor-eòlaiche mi* he
referred me to a specialist □ *chuir e
pasgan thugainn* he sent a parcel to us
□ *cuir fios gu cuideigin* let someone
know inform, send word to, send
a message to someone □ *feuch gun cuir
thu fios thugam* please let me know □
cuir sgrìobag thugam drop me a line
(lit. put to me a scratch) ii) bring
someone / something to a state / con-
dition □ *cuir gu ath-fheum* re-use,
recycle □ *cuir gu bàs* kill, execute, put
to death □ *cuir gu cabhaig* fluster □
cuir gu deuchainn try, test □ *cuir gu
feum* put to use / use □ *cuir gu obair*
put to work
cuir ri(s) add (to), append, contribute,
eke out □ *cuir ris agus iomlaid* add and
exchange (math.) □ *cuir tiotal ris an
sgeulachd* add a title to the story □ *cuir
ris an fhìrinn* exaggerate □ *tha mòran
a' cur ris an fhìrinn* many [people]
exaggerate □ *cuir blàr ri (cuideigin)*
engage (somebody) in battle □ *chuir
iad blàr ris an nàmhaid* they engaged
the enemy (in battle) □ *cuir comhairle
ri(s)* consult with □ *cuir connadh ri /
ann* fuel, stoke □ *cuir crìoch ri* bound,
limit □ *cuir cùl ri* abandon, leave,
desert, forsake
2. Compound prepositions: *cuir air
bòrd luinge* ship □ *cuir an aghaidh*
contradict, controvert, take excep-
tion to, object, gainsay, militate
against, offset, oppose, remonstrate,

repudiate, resist, thwart □ *tha cuid dhiubh cha mhòr a' cur an aghaidh a chèile* some of them are almost contradicting each other □ *cuir an aghaidh a chèile* contrast □ *cuir fianais an aghaidh* protest against

cuir às leth allege, make an allegation, accuse of, ascribe □ *chaidh cur às leth Caluim gun do ghoid e airgead* Calum was accused of stealing money / it was alleged that C. stole money □ *is tusa a' chiad fhear a chuir geilt às mo leth a-riamh* you are the first man who has ever accused me of cowardice

(E.) **cuir** used with *prepositional pronouns*. Note that when these *prep prons* are in the *3rd person sing* they often have the function of *advs*

cuir às abolish, annihilate, annul, extinguish, put out (fire candle etc.) quench □ *chuir iad às an teine* they extinguished the fire □ *cuir asad* (more commonly *cuir dhiot*) lay forth □ *dh'èist mi ris is e a' cur às* I listened to him as he expounded / laid forth □ *cuir às do* kill, do away with, overthrow, put paid to

cuir dheth put off / switch off (fire, light etc.) □ *chuir e dheth an solas, an teine* etc. he put / switched off the light, the fire etc.

cuir dhiot lay forth, speak out, spout □ *bha e a' cur dheth mu phoileasaidh airson na Gàidhlig* he was laying forth about a policy for Gaelic □ *chuir e dheth às leth na saorsa* he spoke out in defence of freedom

cuir (aodach) dheth discard, disrobe, doff, take off (clothes) □ *chuir i a còta dhith* she discarded her coat □ *cuir dhiot do sheacaid* take off your jacket □ *chuir mi dhiom* I undressed

cuir cop dhe foam □ *bha a' ghlainne a' cur cop dhith* the glass was foaming

cuir fodha sink *trans*, submerge *trans* □ *chuir iad am bàta fodha* they sank the boat

cuir (aodach) umad get dressed □ *chuir e aodach uime* he got dressed □ *cuir umad* dress, put on (clothes), wear □ *chuir i uimpe aodach na Sàbaid* she put on Sunday clothing □ *dè a chuireas mi umam?* what shall I put on? / what shall I wear?

cuir (roimhe) tell (him), dictate to (him) □ uncommon now □ *bha e a' feitheamh*

ris na chuireadh roimhe a dhèanamh he was waiting until he was told what to do (lit. waiting for what would be put before him to do)

cuir romhad decide, determine, resolve □ *chuir e roimhe gum fuiricheadh e anns an taigh-òsta* he decided he would stay in the hotel

cuir thuige activate, provoke, kindle □ *dè chuir thuige e gus a' bhàrdachd seo a sgrìobhadh?* what activated him to write this poetry? □ *cha robh an teine air a chur thuige* the fire wasn't kindled / hadn't been kindled

(F.) **cuir** + verbal noun construction

cuir rudeigin + *inf* make something do something □ *bha iad a' cur nan innealan a dhol* they were starting the engines □ *cuir a chadal* lull, put to sleep □ but note also *cuir gu (dèanamh) cuideigin* set to (doing something) someone □ *chuir seo gu rannsachadh mi* this set me searching

(G.) **cuir** in a few miscellaneous constructions: *cuir car* rotate □ *cuir car air char* roll □ *cuir car ma char* trundle □ *cuir car de* capsize *trans*, overturn, tweak □ *cuir croinn* cast / draw [lots], toss (of a coin) □ *cuir (cuideigin / rudeigin) suarach* despise (someone / something) □ *chuir iad suarach na Gaidheil airson nach robh iad adhartach gu leòr* they despised the Highlanders because they weren't progressive enough □ *cuir na chlàraibh* stave, (lit. put into its staves)

cuireadach, -aiche *a* 1. tricky, wily 2. coquettish, frisky

cuirc and **cuirce** dat sing & gen sing respectively of **corc** knife

cùird □ *gen sing* and *nom & dat pl* of **còrd** cord

cuireadh, -idh, -idhean *nm* bidding, invitation □ *fhuair sinn cuireadh on uasal chòir* we received an invitation from the worthy gentleman □ *thoir cuireadh do* invite □ *thoir cuireadh dhaibh* give them an invitation / invite them □ *thug mi cuireadh do Sheumas* I gave James an invitation / I invited James □ *bha e na sheasamh an sin mar gum biodh e a' feitheamh ri cuireadh gu tighinn a-steach* he was standing there as if he were waiting for an invitation to come in □ *tha cuireadh air a thoirt dhan a h-uile duine* an invitation is extended to everyone □ *thug iad cuireadh dha chun na bainnse* they gave him an invitation to the wedding □ *fhuair e cuireadh gu banais na càraid* he got an invitation to the couple's wedding □ *gabh ri cuireadh* accept an invitation □ *bha iad caran fada gun gabhail ris a' chuireadh* they were rather long in accepting the invitation □ *air mo chuireadh / air do chuireadh* etc. bidden □ *gun chuireadh* uninvited □ *am fear a thig gun cuireadh suidhidh e gun iarraidh* the man who comes uninvited will sit without being asked

cuireideach □ see **cuireadach**

cuirm, -e, -ean *nf* feast, junketing, reception, treat

cuirm-chiùil *nf* concert

cuirm-chnuic *nf* picnic

cuirm-tràghad *nf* picnic

cuirmeach, -iche *a* festive

cùirn □ *gen sing* and *nom & dat pl* of **càrn** heap and **còrn** horn

cùirnean (drùchd) *nm* dewdrop

cuirp □ *gen sing* and *nom & dat pl* of **corp** body

cùirt, -e, -ean *nf* court (of law / royal / yard) □ *cùirt nam morairean dearga* circuit court □ ... *nuair a nochd e ann an cùirt an t-siorraim ann am Peairt* ... when he appeared in Perth Sheriff Court □ *Cùirt an Fhearainn* [the] Land Court

cùirt-cheartais *nf* court of law **c.-iomradh** *nm* bulletin **c.-rannsachaidh** *nf* court of inquiry, inquest

cùirtealachd *nf* courteousness

cùirtean, -ein, -an *nm* curtain □ *tharraing mi na cùirteanan* I drew the curtains

cùirtear, -eir, -an *nm* curtain □ *bha na cùirtearan air an tarraing* the curtains were drawn

cùirteil *a* courteous, courtly

---

cùis, -e, -ean *nf* action (legal), business, case (legal), affair, circumstance, event, issue, matter, suit (of law – often specified as **cùis-lagha**), theme, thing **cùisean** *pl* may mean transactions □ *cùis mhì-thlachd* eyesore □ *bun na cùise* the germ of the matter □ *a' chùis ionadail* the locative (gram.) □ *cùis feirge* provocation □ *cùis nas lugha brìgh* a secondary matter □ *cùisean*

---

obrach working conditions □ *luchd-labhairt air Cùisean Dachaigh na h-Alba* spokesmen for Scottish Home Affairs □ *bha cùisean glè chunnartach* circumstances were very perilous □ *cha robh duine aca a thagradh an cùis* they had nobody who would plead their case □ *ma thèid cùisean mar a chaidh iad roimhe* if matters go as they did before □ *thuig e mar a bha cùisean* he realised how matters stood (lit. were) □ ... *ach cha dèan seo a' chùis* ... but this won't do □ *tha a' chùis ag iarraidh freagairt* the matter demands an answer □ *na cùisean a tha ri an deasbad* the matters to be discussed □ *cùisean sònraichte* specific issues □ *na cùisean a leanas* the following issues

dèan a' chùis air baffle, beat, be victorious over, floor (in argument etc.), get the better of, predominate over, gain predominance over – and so, by extension = manage (be able to) □ *an dèan thu a' chùis air sin?* can you manage that? □ *cha dèan e a' chùis oirnn* he won't get the better of us / beat us □ *rinn thu a' chùis air* you managed it □ note also: *rinn iad a' chùis leis na bha aca air fhàgail* they managed with what they had left □ *rinn e a' chùis às aonais* he managed without it

cùis- object of as in following examples **cùis-bheachd** *nf* abstraction **c.-bhùird / c.-bhùirt** *nf* butt, object of ridicule etc., laughing stock □ *tha e a' dèanamh cùis-bhùirt dheth fhèin* he is making a laughing stock of himself **c.-dhearbhaidh** *nf* source of affirmation □ *tha e gu tric na chùis-dhearbhaidh* it is often a source of affirmation **c.-deisinn** *nf* object of disgust **c.-eagail** *nf* cause of fear, object of fear, bugbear, terror **c.-èiginn** *nf* necessity, matter of necessity □ *feumaidh sinn airgead a lorg airson chùisean-èiginn eile* we must find money for other necessities **c.-ghràin** *nf* abomination, enormity **c.-lagha** *nf* suit (law), lawsuit **c.-mhagaidh** *nf* object of derision, ridicule etc., laughing stock □ *bha e na chùis-mhagaidh aig càch* others / the rest regarded him as a laughing stock, he was an object of ridicule to the others (lit. he was in his laughing stock at others / the rest) **c.-mhaslaidh** *nf* a cause of disgrace,

a cause of reproach, a disgrace
c.-mhulaid *nf* tragedy **c.-sgaraidh** *nf*
cause of division □ *tha iad ag ràdh gu
beil seo na chùis-sgaraidh* they say
that this is divisive **c.-thagraidh** *nf*
plea **c.-uabhais** *nf* source of dread □ *'s
e cùis-uabhais a bh'ann* he / it was
a menace

---

cùiseach, -eiche *a* parsimonious, 'canny'
with money etc.
cuiseag, -eige, -an *nf* reed, rush, stem of
grass
cùiseil, -e *a* punctilious, scrupulous
cuisle, cuislean *nf* 1.artery, pulse, vein □
cuisle mhòr aorta □ *cuisle mhòr na h-
amhach* carotid artery □ *cuisle mhòr nan
sgamhan* pulmonary artery □ *cuisle cùl a'
chinn* occipital artery □ *cuisle dealganach*
sub clavian artery □ *cuisle na h-oisne* tem-
poral artery □ *cuislean mòra* arteries □
cuislean caola capillaries □ see also
cuisleag 2. (formerly) pipe, tube – hence,
in compounds, pipe-like instruments □ see
also **cusail**
cuisle-chiùil *nf* flute **c.-fala** *nf* artery
cuisleach *a* veined
cuisleag, -eige, -an *nf* little vein or artery
cuisleagan caola capillaries
cuislean, -ein, -an *nm* flute (also **duiseal**)
cuisleannach, -aich, -aich *nm* flautist
cuistean, -ein, -an *nm* problem (maths)
cùiteag, -eige, -an *nf* whiting (also **caoiteag**)
cuithe, -eachan *nf* wreathe – often quali-
fied as in: *cuithe sneachd* snowdrift □ *cuir
na chuitheachan* drift *v* □ *bha e a' cur na
chuitheachan* it was drifting (see **cuir
sneachd** above) □ also **cuidhe**

---

cùl, cùil, -tean *nm* back of anything,
stamina, verso (but note that the *pl*
cùiltean, as given in Dwelly is
unlikely, this being normally the *pl* of
cùil) □ *cùl an dùirn* the back of the
hand / fist □ *bha e na shuidhe air cùl
a' chlas* he was sitting at the back of
the class □ *[ann] an cùl a' chàir* in the
back of the car □ *leum e bho chùl
creige* he leaped from behind a rock □
ghairm mi an cù gu cùl mo choise
I called the dog to heel (lit. to the back
of my foot) – see under **cù** □ *cùl mo*

choise! heel! □ *cùl a' bhaile* (also
cùl-cinn) the common grazing around
a township, outrun, outbye □ *Cùl
Choinnich* Cockenzie □ note: *a chùl air
a sin*... over and above that / besides
that / more than that / moreover ...
air chùl *adv* behind □ *cuir air chùl*
outgrow □ *thig an t-àm nuair a
dh'fheumas sinn rudan mar sin a chur
air chùl* the time will come when we
must outgrow things like that □ note
also: *rach air chùl* perish, die out □
*chaidh an cleachdadh seo air chùl glè
thràth nan eachdraidh* this custom
died out very early in their history
air c(h)ùl *prep* + *gen* behind □ *air chùl
an t-seanachais* behind the times □
air cùl an dorais behind the door □ *air
cùl a' chùnntair* behind the counter □
air cùl an taighe behind the house □
tha i a' càineadh daoine air cùl an cinn
she is reviling people behind their
backs (for the use of the *sing*, see notes
under **beatha, ceann** and **làmh**) □ *a'
mìneachadh dè tha air cùl nan naid-
heachdan* explaining what is behind
the news □ as with all *comp preps*
a *poss adj* is used in Gaelic where
a *pers pron* is used in English □ *air do
chùl* behind you □ *air ar cùl* behind us
etc. □ *na h-adhbhair a tha air an cùl*
their underlying purposes
cuir cùl ri abandon, disclaim, leave,
desert, forsake □ *chuir iad cùl ris a'
bhaile an ath latha* they left the town
the next day □ *chuir e cùl ris an
Fheachd* he left the [Air] Force □
chuireadh cùl ris na seann dòighean
the old ways were abandoned / forsaken
gu a chùl *adv* completely, every inch,
through and through (*masc subj*) □ *cha
b' fhada gus an robh mi nam
mharaiche gu mo chùl* it wasn't long
until I was a seaman through and
through / every inch a seaman □ *'s e
bàrd a daoine a tha innte gu a cùl* she
is completely the poet of her people □
bha an doras fosgailte gu a chùl the
door was wide open □ *bha an uinneag
fosgailte gu a cùl* the window was
wide open
cùl na làimhe *adv* in reserve □ *... ma
bhios gu leòr againn cùl na làimhe* ...
if we have enough in reserve □ *bu
toigh leinn cruinneachadh de sgeu-
lachdan a bhith againn cùl na làimhe*

we would like to have a collection of stories in reserve

cùl-chàin *v* calumniate, defame, detract, slander, traduce **c.-chàineach** *a* calumnious **c.-chàineadh** *nm & vn* defaming etc., back-biting, calumny, calumniation **c.-chainnt** *nf* back-biting, calumny, slander □ *is ise a-riamh a thòisich air a' chùl-chainnt* it was always she who started the calumny **c.-chuideachd** *nf* rear-guard **cùl-cinn** (also **cùl a' bhaile**) common grazing, outrun, outbye **c.-earalas** *nm* reserve **c.-mhùtaire** *nm* smuggler **c.-mhùtaireachd** *nf* smuggling □ *dèan cùl-mhùtaireachd* smuggle **c.-sgrìobh** *v* endorse **c.-sgrìobhadh** *nm & vn* endorsing etc., endorsement **c.-shleamhnaich** *v* backslide **c.-shleamhnach** *a* backsliding **c.-shleamhnachadh** *nm & vn* backsliding **c.-sholas** *nm* tail-light **c.-shràid** *nf* backstreet □ *ann an cùl-shràidean a' bhaile-mhòir* in the backstreets of the city **c.-spreadh** *v* backfire □ *chùl-spreadh an seann chàr* the old car backfired **c.-taic** *nm* pillar (of person), prop, stand-by, stay, support □ ... *a thug dìon agus cùl-taic do chroitearan* ... which gave protection and support to crofters □ *thug e cùl-taic do na sgoiltean Gàidhlig* he supported / gave support to the Gaelic schools □ *fhuair sinn cùl-taic on Chomann* we received support from the Society **c.-tìr** *nf* hinterland

cùlachadh, -aidh *nm & vn* of **cùlaich** renouncing etc. (**+ ri**)

cùlag, -aige, -an *nf* back tooth □ *fuirich gus an faigh e [a] chùlagan* wait until he gets his back teeth

cùlaibh *nm* originally **cùl-thaobh**, back □ *thionndaidh e a chùlaibh rium* he turned his back on me (lit. to me) □ *bha e na shuidhe 's a chùlaibh ris an teine* he was sitting with his back to the fire (lit. and his back to etc.) □ *bha iad dìreach mar bhalaich sam bith eile bhon cùlaibh* they were just like any other boys from behind / from the back

(for the use of the *sing*, see notes under **beatha, ceann** and **làmh**) □ *leum iad air o chùlaibh* they leapt upon him from behind □ *tha thu air a chur cùlaibh air a bheulaibh* you have placed it back to front

air cùlaibh + gen same as **air cùl** □ *air cùlaibh an taighe* at the back of / behind the house

cùlaich, -achadh *v + ri* turn one's back on, renounce □ ... *ris an do chùlaich e* ... which he had turned his back on / renounced

culaidh, -ean *nf* costume, uniform

culaidh- object of – as in the following examples:

culaidh-bhrosnachaidh *nf* stimulus, incentive □ *bha iad deònach air tuilleadh culaidh-bhrosnachaidh a thoirt* they were willing to provide more incentive **c.-bhùirt** *nf* laughing stock **c.-fhanaid** *nf* freak **c.-fharmaid** *nf* object of envy **c.-iognaidh** *nf* attraction, curiosity **c.-mhagaidh** laughing-stock **c.-sgreamh** *nf* object of disgust **c.-thàlaidh** *nf* decoy

cùlaist, -ean *nf* traditionally 'the room' – the best room, the 'parlour'

cularan.-ain, -an *nm* cucumber

cullach, -aich, -aich *nm* 1. boar, hog 2. tom-cat

culm *nm* gloom, gloominess □ *bha culm air an iarmailt* there was a gloominess in (lit. upon) the sky

culmach, -aiche *a* gloomy, hazy, surly □ *'s e latha culmach ceòthach a bh'ann* it was a gloomy, foggy day □ ... *anns an àite chulmach ud* ... in that gloomy place □ *bha an t-adhar culmach dorcha* the sky was gloomy and dark

cùlshruth, -a *nm* slipstream

cultar, -air, -an *nm* culture

cultarach.-aiche *a* cultural

culurain *nf* birthwort (plant)

cum, -adh *v* fashion, figure, form, model, mould, shape

cùm, cumail *v* celebrate, contain, hold, keep, maintain (of keeping), retain □ note that, like a number of verbs, only the simplest (i.e. unextended) forms of the verb are accented

cùm, quite simply, means 'keep', and could so be translated (albeit roughly in some instances) in all the examples below. However, depending on the nouns, *advs* or *preps* accompanying it, it translates a large number of English idioms. Further examples of usage may, in some cases, be found by looking up one or more of the accompanying words e.g. in the example **cùm air chuimhne**, further examples may be found by looking up **cuimhne**

cùm used in the simplest constructions: *chùm i an taigh glan agus sgiobalta* she kept the house clean and tidy □ *bha i a' cumail taighe do mhinistear* she was keeping house for a minister □ *cùm a' dol* occupy, keep busy □ *bha an taigh ga cumail a' dol fad na h-ùine* the house was occupying her all the time □ *chùm i an dreasa rithe fhèin air beulaibh an sgàthain* she held the dress against herself in front of the mirror □ *cha b' urrainn smachd sam bith a chumail air* no control could be kept over him □ *bha iad a' cumail caismeachd ris a' cheòl* they were keeping time to the music □ *cùm sùil air* keep an eye on, watch □ *a' cumail sùla ri fuaradh is ri fasgadh* keeping an eye to windward and to leeward □ *cumaidh an sgeulachd seo air bhioran thu* this story will keep you on tenterhooks □ *bidh a'choinneamh bhliadhnail ga cumail a-màireach* the annual meeting will be held tomorrow □ *tha sinn fhìn a' cumail gu math* we're keeping well (lit. we ourselves etc.)

cùm may be accompanied by *advs* (or by *prep prons* which have the force of *advs*):

cùm ort 1. contain yourself, hold on, keep back □ *cha b' urrainn dhomh cumail orm* I couldn't contain myself 2. carry on, continue, insist (be persistent), keep on / keep going □ *chùm iad orra a' coiseachd* they kept on walking □ *chùm i oirre le obair an taighe* she continued with the housework (in these meanings **lean ort** is better)

cùm air ais debar, delay, detain, inhibit, keep back, refrain, retard, withhold □ *... ach cha chùm seo air ais sinn ...* but this shall not debar us / delay us etc.

cùm air falbh stave off, ward off □ *bha iad a' feuchainn ris an cunnart*

a chumail air falbh they were trying to ward off the danger

cùm air chuimhne remember, keep / bear in mind □ *tha e cudthromach cumail air chuimhne gu bheil e ...* it's important to bear in mind that he is ...

cùm a-mach 1. claim, maintain □ *... mar a tha leabhraichean eachdraidh a' cumail a-mach ...* as history books claim □ *thatar a' cumail a-mach gur ann an seo a chaidh a mharbhadh* it is maintained that it was here that he was killed 2. hold out □ *cùm a-mach do làmh* hold out your hand □ *an cùm thu a-mach am poca dhomh?* will you hold out the sack for me?

cùm an àird keep up □ *cumaibh a' bhratach an àird* keep the flag up / flying □ *bha e duilich dha a cheann a chumail an àird* it was difficult for him to keep his head up

cùm a-staigh confine, contain □ *feumaidh sinn dòigh fhaighinn air an t-uisge a chumail a-staigh* we must find a way to confine the water □ *bha i ga fhaighinn duilich a faireachdainn a chumail a-staigh* she was finding it difficult to contain her feelings

cùm a-staigh air keep in with / keep on good terms with □ *cùm a-staigh air do nàbaidhean* keep in with your neighbours

cùm fodha suppress □ *bha e a' feuchainn ri a fhearg a chumail fodha* he was trying to suppress his anger

cùm suas keep up, maintain (of upkeep), prop, sustain, uphold □ *cumaibh suas an deagh obair!* keep up the good work! □ *tha e nas duilghe a-nis an taigh mòr seo a chumail suas* it is more difficult now to keep up this big house

cùm may also be used with prepositions:

cùm aig keep to / at □ *chùm na h-iasgairean aig obair an sgadain* the fishermen kept at the herring work □ *bha obair na seachdain air a cumail aig dà fhichead uair* the week's work was kept at forty hours □ *tha iad a' cumail aca fhèin* they keep to themselves

cùm (rudeigin) bho (cuideigin) deny (somebody) (something), keep (something) from (somebody) □ *bha iad a' cumail saorsa bhon t-sluagh* they were denying the people freedom

cùm (cuideigin) gun + *vn* keep (someone) from doing something □ *... ach* *cha chùm seo e gun an cur* ... but this won't keep him from asking them (i.e. questions – lit. keep him without their asking) □ *thuirt e gun cumadh eacarsaich sinn gun fàs ro reamhar* he said that exercise would keep us from getting too fat

cùm ri 1. weather (stand up to) □ *chùm iad ris an doininn* they weathered the storm 2. keep to □ *cùm ri d'fhacal* keep to your word □ ... *nan cumadh sinn ris na riaghailtean* ... if we kept to the rules □ *chaidh iomadh gealladh a thoirt dhuinn ris nach deach cumail* many promises which weren't kept to were given to us 3. keep [someone] at it / busy □ *tha obair na croite a' cumail riutha* the work of the croft keeps them busy

cùm ri fhuaradh weather (keep something to the windward side while sailing) □ *chùm sinn an rubha ri fuaradh* we weathered the point

cùm (rudeigin) ri (cuideigin) supply (something) to (someone) / supply (someone) with (something), ply □ *bha e a' cumail rithe de dh'airgead na dh'iarradh i* he was keeping her supplied with any money she asked for □ *bha aig a theaghlach fhèin ri aodach a chumail ris* his own family had to keep him in clothing □ *chùm e ceistean ris* he plied him with questions

Similar to these are: *cùm taic ri* support (see **taic**) □ *dh'fhoillsich iad nach cumadh iad taic ris an riaghaltas* they showed that they would not support the government □ *chùm sinn taic chunbhalach riutha* we provided them with regular back-up □ ... *nas fheàrr airson cridhe a chumail ri duine* ... better for keeping up a man's courage (lit. heart) □ *bha e a' cumail a' ghunna riutha* he was keeping the gun [trained] on them

cumachd *nf* shape
cumachdail *a* well-proportioned □ *bha na h-eich bòidheach cumachdail* the horses were beautiful and well-proportioned
cumadail *a* shapely □ *bha a calpannan glè chumadail* her calves were very shapely
cumadalachd *nf* symmetry
cumadair, -ean *nm* former, shaper, template
cumadh, -aidh, -aidhean *nm* & *vn* of **cum** forming etc., form, formation, layout,

model, shape □ *cumadh còmhnard* flat shape □ *cumadh neo-chothromach* irregular shape (maths) □ *cumadh-tìre* topography □ *cumaidhean-tìre* landforms □ *cumaidhean nàdarra* natural formations □ *cumaidhean ceangailte* composite shapes □ *dealbh chumaidhean* shape model / picture (math.) □ *air chumadh uighe* oval □ *air chumadh cridhe* heart-shaped □ *cuir à cumadh* deform □ *tha e math a bhith a' faicinn do smaointean a' tighinn gu cumadh* it's good to see your thoughts taking shape (lit. coming to shape) □ *an cumadh sgrìobhte* their written form □ *dèan cumadh ùr air* reshape □ ... *nuair a rinneadh cumadh ùr air na riaghaltasan ionadail* ... when local governments were reshaped

cumadh-tìre *nm* topography □
cumaidhean-tìre *pl* = landforms
cumail *nf* & *vn* of **cùm** keeping etc., retention □ *cumail air ais* detention (holding back) □ *cumail an làimh* detention (imprisonment) □ *cumail suas* maintenance □ *cumail fodha* suppression (note that the *gen* case **cumalach** given by Dw. is no longer found)
cumail-ris *nf* stamina
cumailteach, -iche *a* retentive
cuman, -ain, -ain / -an *nm* bucket, milking pail □ *a' giùlan nan cuman bainne* carrying the milk pails / pails of milk
cumanta *a* average (= common), common, general, ordinary, prevalent
Cumantan, Taigh nan Cumantan House of Commons
cumantas, -ais *nm* commonness, generality, usualness □ *an cumantas / anns a' chumantas* normally, usually □ *bha a' Ghàidhlig air a cleachdadh, an cumantas, anns an dachaigh* Gaelic was used, usually, in the home □ *sin far an robh e a' còmhnaidh an cumantas* that's where he usually resided □ *às a' chumantas* abnormal out of the ordinary *adv* □ *chan eil an togalach seo mòran às a' chumantas a thaobh meud* this building isn't much out of the ordinary as regards size □ *thar a' chumantais* extraordinary □ *duine fad-lèirsinneach thar a' chumantais* an extraordinarily far-sighted man
cumha, -achan *nf* condition, stipulation □ *cha do ghabh e ris na cumhachan ainneartach sin* he did not accept these oppressive conditions □ *chuir e trì cumhachan orm* he imposed three conditions on me □ *air chumha* conditionally

cumha, -achan *nm* lament
cumhach, -aiche *a*.1. conditional □ *clàs cumhach* conditional clause 2. wistful
cumhachd, -an *nm / f* capability, cogency, energy, faculty, force, influence, might, power, puissance □ *gun chumhachd* powerless □ *cumhachd dealain* electric power □ *cumhachd niùclach / niùclasach* nuclear power □ *cumhachd uisge-phiòban* hydraulics □ *thoir seachad cumhachd* devolve □ *tha cuid ag iarraidh cumhachd a tharraing thuca fhèin* some want to draw power to themselves
cumhachdach, -aiche *a* cogent, formidable, mighty, potent, powerful, trenchant
cumhang, cuinge *a* illiberal (of ideas), insular, narrow □ *bha sinn a' draibheadh air rathad cumhang a bha a' sìor fhàs na bu chuinge* we were driving on a narrow road which was continually growing narrower
cumhang, -aing *nm* defile, narrow gorge
cùmhdach, -aich *nm* shrine
cùmhnadh, -aidh *nm* see **caomhnadh** *nm*
cùmhnant, -aint, -an *nm* agreement, bargain, compact, condition, contract, covenant, engagement, pact, proviso, stipulation, treaty □ *Cùmhnant Dhun Èideann* Treaty of Edinburgh □ *dèan cùmhnant* bargain □ *fo chùmhnant* under the aegis of □ *air chùmhnant* conditionally □ *gun chùmhnantan* unconditional □ *tha iad air an ciad chùmhnant fhaighinn airson na pàirtean seo a dhèanamh* they have received the first contract for making these parts □ *tha còir gun chùmhnant aige air* he has an unconditional right to it
cùmhnaint *a* contract □ *companaidhean cùmhnaint* contract companies
Cùmhnantach, -aich, -aich *nm* Covenanter
cùmhnantachadh, -aidh *nm* & *vn* of **cùmhnantaich** indenting etc.
cùmhntachd *nf* thrift
cùmhnantaich, -achadh *v* indent, stipulate
cùmhnantaiche, -ean *nm* contractor
cunbhalach, -aiche *a* steady, regular □ *tha droch rathaidean gam bacadh o bhith a' tighinn gu cunbhalach* bad roads prevent them from coming regularly □ *chùm sinn taic chunbhalach riutha* we provided them with regular support / back-up □ *chumadh cùrsaichean còmhraidh gu cunbhalach* conversation classes were held regularly □ *cha robh e cunbhalach ann a bhith a' sgrìobhadh dhachaigh* he wasn't regular in writing home □ *chuala iad fuaim cunbhalach iomraidh* they heard the steady sound of rowing

cunbhalachd *nf* steadiness, consistency, constancy □ *tha seo a' toirt cunbhalachd air dòigh deasachaidh a' bhathair* this gives consistency to the method of preparing the product
cunbhalachadh, -aidh *nm* & *vn* of **cunbhalaich** standardizing
cunbhalaich, -achadh *v* standardize □ *bha an litreachadh air a chunbhalachadh* the spelling was standardized
cungaidh, cungaidhean *nf* drug, medicine, lotion *pl* **cungaidhean** may = drugs □ basically means 'stuff, material' – often used now in compound nouns denoting medical / cosmetic products □ *dèan an àird cungaidh* dispense
cungaidh-chagailt *nf* domestic remedy **c.-chiùineachaidh** *nf* sedative **c.-gleidhidh** *nf* preservative **c.-leighis** *nf* [specific] cure, drug, liniment, medicine, remedy □ *chan eil cungaidh-leighis ann a bhios cho èifeachdach airson ...* there is no medicine which is so effective for ... □ *chan eil cungaidh-leighis ann do fhèin-spèis* there is no remedy for self-conceit **c.-maise** *nf* cosmetic **c.-stòlaidh** *nf* sedative **c.-suain** *nf* narcotic, opiate **c.-tillidh** *nf* preventive
cunna, -aichean *nm* □ see **cumadh**
cunnart, -airt, -an *nm* danger, hazard, jeopardy, peril, risk □ *an cunnart* endangered □ *cuir an cunnart* endanger, risk □ *a' cathachadh an aghaidh gach cunnairt* fighting against each danger □ *chan eil an cunnart a' coimhead cho mòr a-nise* the danger doesn't look so great now □ *tha an cunnart ann gun tèid iad ri tìde à bith* there is a danger that they will in time go out of existence □ *bha i an cunnart a dhol fodha* she (the boat) was in danger of sinking □ *bha iad an cunnart an trèana a chall* they were in danger of missing the train
cunnartach, -aiche *a* dangerous, hazardous, perilous, risky □ *bha e cunnartach do dhaoine a dhol air* it was dangerous for people to go on it □ *'s e gnothach cunnartach a bha ann* it was a hazardous undertaking
cùnnradh, -aidh, -aidhean *nm* contract, deal □ *cùnnradh ceart* a square deal
cùnnradhach *a* contractual
cùnnradhair, -ean *nm* contractor
cùnnt, cùnntadh *v* count, number, reckon, tell □ *a' cùnntadh air ais* counting back (school math.) □ *a' cùnntadh air adhart* counting on (school math.) □ *a' cùnntadh gu fichead / thar fhichead* counting to twenty / beyond twenty

cùnntachail *a* accountable □ *feumaidh e bhith cùnntachail do shaoghal na Gàidhlig san fharsaingeachd* it must be accountable to the general Gaelic community

cùnntachalachd *nf* accountability □ *ann an cruth a fhreagras air ar dleastanas a thaobh cùnntachalachd* in a form which befits our duty with respect to accountability

cùnntadh, -aidh *nm & vn of* **cùnnt** reckoning

cùnntair, -ean *nm* 1. counter (shop) □ *thar a' chùnntair* over the counter □ *bha i a' frithealadh air cùl cùnntair* she was serving behind a counter 2. numeral, numerical adjective □ see **figear** and **buadhair àireamh** respectively

cunntais, cunntais *v* a common alternative to **cùnnt, -adh** *v* in Uist and Barra □ *cunntais e!* count it! □ *chunntais mi an t-airgead* I counted the money

cùnntas, -ais, -an *nm* account, arithmetic, bill, commentary, description, ennumeration, exposition (prose), profile (journ.), (written) record, score (tally and sport), statement, tally **cùnntasan** *pl* = accounts □ *cùnntas cheann* capitation □ *cùnntas luchd luinge* manifest □ *cùnntas oifigeil* official record □ *bha na dealbhan nan cùnntas camara air an turas* the pictures were a camera account of the journey □ *cùm cùnntas air* record (in writing) □ *dèan cùnntas air* write up □ *cuir às a' chùnntas* write off □ *thoir cùnntas air* account, give an account of, describe □ *thug e cùnntas air a thuras* he gave an account of his journey □ *bha e air cùnntas a thoirt don phoileas* he had given an account to the police □ *thoir cùnntas goirid air* give a short account of it □ *cùm cùnntas air an àireamh a cheannaichear* keep an account of the number [which will be] bought □ *sgrùd e na cùnntasan* he examined the accounts □ *dh'fhosgail e cùnntas an dealain* he opened the electricity bill □ *cha ruig thu leas a bhith a' dèanamh cùnntais orra* you needn't make an account of them (see **leas**) □ *chaill iad cùnntas air ùine* they lost track (lit. count) of time

cùnntas-airgid *nm* cash-account **c.-sluaigh** *nm* census **c.-turais** *nm* travelogue

cùnntasachd *nf* accountancy □ *cùnntasachd an dà-chlàrachaidh* double entry accountancy

cùnntasair, -ean *nm* accountant

cuntair, -ean *nm* □ see **cùnntair** 1.

cùp, -a, -annan *nm* cup

cupa, -annan / -aichean *nm* cup □ see also **cupan & copan**

cupan, -ain, -ain / -an *nm* cup □ *tha mo chupan a' cur thairis* my cup overfloweth / overflows □ *a bheil thu ag iarraidh cupan tì no cupan cofaidh no cupan bainne?* do you want a cup of tea or a cup of coffee or a cup of milk? □ *cupan teatha* tea-cup

cuplachadh, -aidh *nm & vn of* **cuplaich** copulating, copulation

cuplaich, -achadh *v* copulate

cùpon, -oin, -an *nm* coupon □ *a bheil thu a' cumail nan cùpon?* do you keep the coupons?

cur, -uir *nm & vn of* **cuir** planting etc, cast (of weapon) □ *cur an aghaidh* contradiction □ *cur às* abolition □ *cur às leth* allegation, ascription □ *cur an àireamh nan naomh* canonization □ *cur san àireamh* inclusion □ *cur air adhart* promotion (incl. commercial promotion) □ *cur an aghaidh* contradiction, opposition, remonstrance, repudiation, resistance □ *cur à àite* dislocation, dislodgment □ *cur an aithne* introduction □ *cur a-mach* ejaculation □ *cur às an alt / à alt* dislocation □ *cur a-steach* input, insertion, lodgement (bank) □ *cur gu bàs* execution □ *cur na brice* inoculation □ *cur breac-a-chruidh air* vaccination □ *cur an cèill* declaration, enunciation, notification, profession □ *cur an cèill baralach* expression of opinion □ *cur mun cuairt* gyration □ *cur am meud* exaggeration □ *cur an sàs* implementation □ *cur thairis* overflow □ *cur na mara* seasickness □ *cur-ris* addition, adding on □ *cur-ris (gu 10)* addition (to 10) □ *cur troimhe-chèile* upset □ *àm a' chuir* seed-time □ *àm cur a' choirce* oat-sowing time

cur-chraobhan *nm* plantation **c.-leis** *nm* enterprise □ *tha c.-leis ann* he shows enterprise □ *c.-leis saor* free enterprise **c.-ri-cheile** *nm* composition, construction **c.-seachad** *nm* (see **curseachad**) **c.-thairis** *nm* exuberance **c.-thuige** *nm* activation

cur(a) *nm* weft (same as **snàth-cuir / snàth-cura**) □ *tha an snàth airson an dlùth agus an snàth airson a' chur eadar-dhealaichte* the yarn for the warp and the yarn for the weft are different

curach, -aich, -aichean *nf* coracle □ *curach Innseanach* canoe

curachan-na-mnà-sith *nm* shell of the blue valilla

curachanachd *nf* canoeing

curachd *nf* sowing □ *tha àm gu curachd agus àm gu buain* there is a time to sow and a time to reap

curaid, -ean *nm* curate
curaidh, -ean *nm* champion, hero □ *thàinig na curaidhean a bu chroidhe* the bravest champions came
cùrainn *nf* flannel, serge

---

cùram, -aim, -an *nm* anxiety, care, caution, concern, custody, discretion, heed, incumbency, safe keeping, portfolio, preoccupation, responsibility, thought
Some examples: *bha cùram gu leòr air* he was anxious enough (lit. there was anxiety to sufficiency on him) □ *... ach 's ann airsan a bhiodh an cùram ...* but *he* would have the responsibility (lit. it is on him that the responsibility would be) □ *gun chùram* irresponsible, nonchalant, secure □ *cùram slàinte do gach duine* health care for everyone □ note also: *thàinig an cùram air* he has been saved (converted to Christianity) □ *gabh sinn orra chùram* (= *air do chùram*) take us into your care (in prayer) – see **air** *prep*
fo chùram *adv* anxious, troubled □ *nuair a bha e fo chùram* when he was troubled
fo chùram *prep + gen* under the care of / in the care of □ *bha an leanabh fo chùram na cailliche* the child was in the old woman's care □ *tha an togalach fo chùram na h-eaglais* the building is under the care of the church □ *thig fo chùram + gen* devolve (come under the responsibility of) □ *cuir fo chùram + gen* devolve (give someone the responsibility for), commend to the care of □ the *poss adj* is used when a pronoun rather than a noun is involved: □ *cuiridh sinn thu fo a cùram* we shall commend you to her care
air cùram *prep + gen* in the care of □ *dh'fhàgadh e air cùram a mhnatha* he was left in the care of his wife □ *cuir (cuideigin / rudeigin) air cùram + gen* entrust (someone / something) □ *cuiridh mi an t-airgead air cùram mo mhic* I will entrust the money to my son □ the *poss adj* is used when a pronoun rather than a noun is involved in English □ *cuiridh mi seo air do chùramsa* I shall entrust this to *you* □ see also: **cuir cùram** below
cuir cùram 1. (+ *gen* of thing entrusted) + **air** entrust □ *chuir e*

cùram a theaghlaich air a bhràthair he entrusted his family to his brother □ *chuir e an cùram air a bhràthair* he entrusted them to his brother 2. **cuir cùram air** bother, concern, trouble □ *chan e gun cuireadh seo cùram sam bith air* (it is) not that this would bother him in the slightest
gabh cùram (dheth) care (about), be careful (about), be concerned (about), become anxious / concerned (about) □ *bha e fada thairis air a bhith a' gabhail cùram* he was long past caring
gabh cùram dheth / air / ri take care of □ *ghabh i cùram dheth* she took care of him □ *gabhaidh Dia cùram dhiot* God will take care of you □ *cha robh mòran cùraim ga ghabhail riutha* not much care was taken of them
Note that the *poss adj* is also used □ *thuirt i gun robh gille gasta a' dol a ghabhail a cùram* she said that a fine lad was going to take care of her □ *bha iadsan a ghabh mo chùram glè choibhneil rium* those who took care of me were very kind to me □ note also how the passive voice is handled: *bha beathaichean ri cùram a ghabhail dhiubh* there were beasts to be taken care of

---

cùramach, -aiche *a* canny, careful, cautious, discreet, economical, heedful, mindful, prudential, responsible, scrupulous, solicitous, thoughtful, thrifty, wary □ *chan eil an lon-dubh cùramach mu a nead* the blackbird isn't careful about its nest □ *siud as coireach gu bheil sinn ga ghabhail cho fìor chùramach* that is why we're taking it so very carefully
curanta *a* brave, valorous
currac, -aic, -ean *nm* cap, cowl □ *currac clòimhe dearg* a red woollen cap
currac-cuthaige / c.-na-cuthaige *nm* harebell, ragged robin **c.-bhain-tighearna** *nm* great tit **c.-dubh** *nm* black cap worn by a judge **c.-oidhche** *nm* night-cap (garment)
curracag, -aige, -an *nf* lapwing, peewit
curraiceach *a* well capped □ uncommon, but found in the proverb: *bi gu curraiceach, brògach, brochanach sa gheamhradh* be well capped, well shod, and well supplied with gruel in winter
curraicealam, -aim *nm* curriculum

curraicealaim *a* curricular □ *tha innleachd curraicealaim a-nis ri làimh* a curricular framework is now available

curran, -ain *nm* carrot □ *an curran geal* parsnip

cùrsa, -aichean *nm* bearing (navigation), career, course, curriculum, cycle, drift (of argument etc.), process □ *cùrsa goilf* golf course □ *cùrsa-beatha* career □ *cùrsa mara* cruise □ *cùrsa (siubhail)* itinerary □ *lean i cùrsa teagaisg an Obair Dheadhain* she followed a teaching course in Aberdeen □ *cùrsa goirid dùmhail* a short intensive course □ *dh'fheumadh sinn cùrsa dìreach a ghleidheadh* we had to maintain a straight course □ *chaidh cùrsa ceann seachdain a chumail* a weekend course was held (also *cùrsa deireadh-seachdain* a weekend course) □ *cùrsa dà sheachdain* a two week course □ *cùrsa aon latha* a one day course □ *cùrsa àrd / meadhain / ìosal* upper / middle / lower course (of a river – geog.) □ *cùrsa goilf* golf course

cùrsa-tlachdmhor *nm* pleasure-cruise □ *tha an loch air a chleachdadh airson cùrsan-tlachdmhor* the lake is used for pleasure-cruises

curseachad, -an *nm* activity, hobby, pastime, recreation □ *tha e mar churseachad aige a bhith a' trusadh spàinean airgid* collecting silver spoons is a hobby of his (lit. it is as a hobby at him to be collecting silver spoons) □ *tha feum air barrachd churseachadan* there is a need for more activities

cùrstair, -ean *nm* curtain □ see **cùirtear** (also **cùrtair / cùirtean**)

curta *a* infamous, wicked, impious □ *an Cuilean Curta* the Wolf of Badenoch

cùrtair, -ean *nm* curtain

cus, -uis *nm* 1. glut, too much, too great, too many, a superfluity, surfeit □ *tha iad ag ithe cus* they eat too much □ *shaoil leam gun do dh'ith e cus* I think he ate too much □ *tha e a' saoilsinn cus dheth fhèin* he thinks too much of himself □ *a bheil cus ann an cuid de na roinnean?* are there too many in some of the departments? □ may be followed by a noun in the *gen case* □ *cha robh cus iarraidh air* there wasn't too much demand for it □ *bha cus pùdair air a h-aodann* there was too much powder on her face □ *tha cus dhaoine ann* there are too many people (in it) □ *bha am fiabhras air cus grèim fhaighinn air* the fever had got too great a hold on him □ *tha daonnan cus còmhraidh* there's always too much talk(ing) □ *... gun cus calla* without too

much loss □ *gun cus mhearachdan* without too many mistakes □ **cus** is here unlenited because it is an unstressed word □ may also be followed by *de* and a noun in the *dative case* or a *prep pron* of *de* □ *tha cus de Ghàidheil ann fhathast a tha a' dèanamh seo* there are still too many Gaels who are doing this □ *tha cus dhiubh ann am Beurla* too many of them are in English □ *tha iad ag ithe cus den bhiadh cheàrr* they eat too much of the wrong food – but see also the following for alternative meaning 2. a lot, much □ *tha sin a' coimhead cus nas fheàrr* that looks much better □ *tha sin cus nas fheàrr* that's a lot better □ also used with a noun in the genitive case □ *cus mholaidhean* a lot of proposals □ *chosg e cus a bharrachd gan cuideachadh na thog e air màl* he spent a lot more helping them than he collected in rent

cusail, cuisle, cuislean *nf* □ now more commonly found with the *gen sing* being used as the *nom* □ see **cuisle** above

cusail-bhinn *nf* recorder (mus.)

cusbainn *nf* custom [duty] □ *a' Chusbainn* Customs □ *chaidh sinn tron Chusbainn* we went through Customs

cusp, -an / -aichean *nf* chilblain

cuspainn □ see **cusbainn**

cuspair, -ean *nm* object (gram.), point (in argument), subject, subject matter, theme (topic), topic □ *cuspair dìreach* direct object □ *cuspair neo-dhìreach* indirect object □ *bha e air cuspair eile a-nis* he was on another subject now

cuspaireach *a* accusative, objective

cuspaireil *a* thematic, topical □ *seo prògram a tha cho cuspaireil 's a ghabhas* this is a programme that's as topical as can be

cut, -adh *v* gut □ *bha dithis nighean a' cutadh agus tè eile a' pacadh* there were two girls gutting and another one packing

cutach, -aiche *a* squat, stubby, stumpy

cutag, -aige, -an *nf* gutting knife

cutair, -ean *nm* gutter (of fish)

cuthach, -aich *nm* fury, hydrophobia (more specifically **cuthach nan con**), insanity, lunacy, madness, rage □ *air chuthach (adv)* frantic, furious, insane, mad □ *duine / fear air chuthach* maniac, madman □ *cuir air chuthach* madden □ *gabh an cuthach* go mad, become furious

cuthachail *a* rabid

cuthag, -aige, -an *nf* cuckoo □ *a' cur cuideigin air ruith na cuthaige* sending someone on a fool's errand (as on April Fool's Day □ see **gocaireachd**)

cuthaichte *pp* insane, mad

D, d

d' *abbr form* of *poss adj* **do** (q.v.) thy, your (used before vowels) □ *d' athair* your father □ often written (and pronounced) as **t'** (q.v.)

d' *abbr form*, used in representation of speech or in poetry, of *particle* **do** (q.v.), the sign of the *past tense* □ *cha d' rinn mi sin* I didn't do that

da 1. *prep pron* of **do** (q.v.).to him (often lenited – **dha**) 2. *prep poss adj* of **do** (q.v.) to his / to her 3. *3rd pers sing* of *prep poss adj* of **de** (q.v.) of his etc.

---

dà *a* two □ *lenites* the foll. word which is (to all intents and purposes) in the *dat sing* □ *dà chat* two cats □ *dà phiseig* two kittens □ an *adj* is in the *nom* form lenited □ *dà chat mhòr* two big cats □ *dà phiseig bheag* □ but, if the whole phrase is in the *dat*, the form is as follows: *le dà chat mhòr* by two big cats □ *le dà phiseig bhig* by two little kittens □ *tha dà àrdsgoil bheag anns a' bhaile* there are two small secondary schools in the town □ *seo dà cheist nach soirbh am fuasgladh* these are two questions that aren't easy to solve (lit. easy their solving) □ *tha e dà uair* it is two o'clock □ *tro dhà uinneig fharsaing àird* through two wide, high windows

Without a *noun*, the form is **a dhà** □ *co mheud cat a tha ann? tha a dhà* how many cats are there? two / there are two □ *chaidh a dhà eile a chumail* two others were kept □ *bha a dhà dhiubh sin air a' bhòrd ri taobh an dorais* two of those were on the table by [the side of] the door □ *ann an sgeulachd / sgialachd a dhà* in story two □ the **a** is often elided when in contact with another vowel □ *cha robh aige a-nise ach beathach no (a) dhà* he had only an animal or two now (lit. there wasn't at him now but an animal or two) □ *tha e gu bhith leth-uair an dèidh (a) dhà* it's almost half past two □ *mu chairteal gu a dhà* about a quarter to two

This form is also used when **de** comes between **dà** and the *noun* □ *bha a dhà*

no (a) trì de bhàtaichean eile anns a' chala there were two or three other boats in the harbour □ *a dhà no a trì sheachdainean air ais* two or three weeks ago □ note that in this last example **de** (which may be shortened to **a**) has been assimilated □ similarly: *anns na dhà no (a) trì (de) bhliadhnachan a chaidh* in the past two or three years □ *a' cur aghaidh air a dhà de cheistean mòra ar n-àma fhìn* confronting two of the great problems of our own time

dà preceded by the *def art* or by a *poss adj* may mean 'both' □ *le a dhà làimh* with both hands □ *chaidh i sìos air a dà ghlùin* she went down on both knees □ *air dà thaobh nan Crìochan* on both sides of the Borders (the *def art* is here omitted because of the following *noun* in the *gen* case)

dà is used with **deug** to show 'twelve' thus: *dà fhear dheug* twelve men □ *dà uair dheug* twelve o' clock □ *dà dhusan dheug* a gross □ note that **deug** is always *lenited* after **dà** □ without a *noun* the form is **a dhà dheug** □ *co mheud piseag a tha aig an dà chat? tha a dhà dheug* how many kittens do the two cats have? twelve / they have twelve

dà is also used to show 'forty' thus: *dà fhichead fear* forty men (i.e. two score men) □ *dà fhichead caileag* forty girls □ *co mheud fear a tha ann? tha dà fhichead* how many men are there? forty / there are forty □ from forty, counting goes as follows: *dà fhichead fear 's a h-aon* forty-one men □ *dà fhichead fear 's a dhà* forty-two men □ *dà fhichead fear 's a trì* forty-three – and so on to *dà fhichead fear 's a naoi* forty-nine men □ *dà fhicheadaibh* fortieth

a dhà may be used along with an *abstr noun* in **-ad** to denote 'twice as' thus: *tha e a dhà thruimead* it is twice as heavy □ *bha e a dhà shinead rithe* he was twice as old as she

The *def art* is in the *sing* form when accompanied by a noun □ *'s e seo an dà thaobh de Phàdraig* these are the two sides of Patrick □ *dè an dà leabhar Gàidhlig a b'fheàrr leat a thoirt leat?* what are the two Gaelic books you would most like to take with you? □ *na h-eadar-dhealachaidhean a tha eadar an dà sheòrsa bàrdachd* the differences which there are between the two kinds of poetry – but the *pl def art* is used when there is no accompanying noun □ *tha e a' làimhseachadh na dhà le sgil* he handles the two with skill □ *tha beàrn mòr eadar na dhà* there is a great gap between the two □ note also: *tha na dà ùra seo fìor thaitneach* these two new ones are very pleasing Other idioms: *dà uair* twice *adv* □ *chunnaic mi e dà uair an dèidh sin* I saw him twice after that □ *dà uair sa bhliadhna* twice a year □ *dà oidhche san t-seachdain* two nights a week □ *an dà latha* great changes / a change in fortune / a reversal in circumstances / a turnabout □ *nach air a' bhaile seo a thàinig an dà latha?* haven't great changes come over this town? □ *is b'e sin an dà latha* and that was a change (for him / her etc.) □ *chan eil duine gun dà latha, ach duine gun latha idir* everyone may expect changes in their life □ *nuair a thàinig e gu h-aon is gu dhà mo roghainn a dhèanamh cha robh deasbad ann* when it came to the crunch to make my choice there was no argument □ *a dhà uimhir* double, twice as much □ *dèan dà leth air* bisect **dà-** *pref* denoting 'two', 'double', 'bi-' etc. Note that **da-rireadh** and **da-riribh** are shown after this section, as there is no connection with **dà** (they come from **de** + **fìre** = of truth): **dà-aithris** *nf* tautology **d.-bharaille** *a* double-barrelled **d.-bhitheach** *a* amphibious **d.-bhliadhnach** *a* biennial, two-year old (of animal e.g. ram wedder, etc. – often pron. as *dò-bhliadhnach*) **d.-bhuilleach** *a* two-stroke **d.-bhuilleach** *nm* two-stroke **d.-chànanach** *a* bilingual □ *an Ionnsaigh Dà-chànanach* the Bilingual Project □ *soidhne rathaid dhà-chànanach* a bilingual roadsign **d.-chasach** *nm* biped **d.-chasach** *a* two-legged, bipedal **d.-chèileachas** *nm* bigamy **d.-dhadam** *nm* diatom **d.-dheug, d(h)à-dheug** twelve □ *dà-fhear-dheug* twelve men **d.-dheugach** *a* duodecimal

d.-dhualach *a* two-ply **d.-einnseanach** *a* twin-engined **d.-fhaobharach** *a* two-edged **d.-fhillte** *pp* double, twofold **d.-fhogharach** *nm* diphthong **d.-fhogharachadh** *nm* diphthongization **d.-làmhach** *a* two-handed **d.-mheudach** *a* two-dimensional **dà-na-trì** □ see **dà** □ *anns na dhà-na-trì (de) bhliadhnachan a chaidh* in the past two or three years – a very unusual spelling **d.-ocsaid** *nf* dioxide **d.-ocsaid** *a* dioxide □ *carbon dà-ocsaid* carbon dioxide **d.-phuing** *nf* colon (punct.) **d.-sgriubhach** *a* twin-screw **d.-sheaghach** *a* ambiguous, equivocal □ *ann an dòigh dhà-sheaghach* in an ambiguous way **dà-sheaghachas** *nm* (also **d.-sheaghachd** *nf*) ambiguity □ *le dà-sheaghachd neònaich* with strange ambiguity **d.-shealladh, an d.-shealladh** *nm* [the] second sight **d.-shiollach** *nm* disyllable **d.-shiollach** *a* disyllabic **dà-shligeach** *nm* bi-valve □ *tha iad seo ri am faotainn ann am feadhainn de na dà-shligich* these are to be found in some of the bi-valves **d.-shligeach** *a* bi-valve □ *maorach dà-shligeach* bi-valves (lit. bi-valve shellfish) **d.-theangach** *a* bi-lingual **d.-ùrlair** *a* double-decker □ *bus dà-ùrlair* double-decker (bus)

da-rìreadh, an da-rìreadh in earnest □ *'s ann an da-rìreadh a tha mi* I am in earnest □ *an ceart da-rìreadh* in real earnest □ also **da-rìribh**
da-rìribh *adv* (sometimes **dha-rìribh**) in earnest □ *math dha-rìribh* fine, extemely good – often translates into English as an *adj* meaning 'genuine', 'heartfelt'
dabhach, -aich, -aichean *nf* vat
dabhdail *nm* sauntering, slouching □ *dèan dabhdail* saunter
dachaigh, -e, -ean / dachannan *nf* home □ *... nam bitheadh Gàidhlig anns an dachaigh ...* if there were Gaelic in the home □ *fear-labhairt air Cùisean Dachaigh na h-Alba* spokesman for Scottish Home Affairs □ *dhachaigh* home(wards) *adv* □ *chaidh e dhachaigh* he went home
dachaigh *a* home, of the home □ *Eaconamas Dachaigh* Home Economics
dachaigheil.-e *a* homely, homespun, at home (i.e. at ease) □ *bha e a cheart cho*

dachaigheil anns an dara cuideachd agus a bha e anns a' chuideachd eile he was just as much at home in the one company as he was in the other (see **dara**)
dad *s & indef pron* anything, iota, jot, thing, something, whit □ *a bheil dad ceàrr?* is anything wrong? / is something wrong? □ *cha bhithinn na bhrògan airson dad a chunnaic mi* I wouldn't be in his shoes for anything □ *cha do shaoil e dad dheth* he thought nothing of it □ *chan eil e saoilsinn dad dheth* he thinks nothing of it
dadaidh *nm* daddy □ *càit a bheil sibh, a dhadaidh?* where are you, daddy?
dadam, -aim *nm* atom □ see **atam**
dadamach *a* atomic, atomical □ *lùths dadamach* atomic energy □ see **atamach**
dadh, -adh *v* scorch, singe
dadhadh, -aidh *nm & vn* of **dadh** scorching etc. □ *bha samh an dadhaidh na chuinneanan* the smell of [the] singeing was in his nostrils
daga, -aichean *nm* pistol
daga-cuairt *nm* revolver
dàil, dàlach, -aichean *nf* abeyance, credit, deferment, delay, procrastination, tryst □ *air dhàil* on credit *adv* □ *reic air dhàil* sell on credit □ *a' faighinn air dhàil* getting on credit □ *cuir dàil* procrastinate, protract, temporize □ *cuir air dàil* defer □ *cuir dàil ann / air* delay, postpone, prolong, suspend □ *dèan dàil* linger □ *gun dàil* forthwith, immediately, without delay □ *'s gun an còrr dàlach* and without [any] more delay □ *gun mhionaid dàlach* without a minute's delay □ *...agus sin gun cus dàlach a dhèanamh...* and that without delaying too much
dail, dalach, dailtean *nf* dale
Dàil Eireann *nm* Dail (Irish Parliament)
dail-chuthach *nf* dog-violet, violet (also **sail-chuach**)
dàileachadh, -aidh *nm & vn* of **dàilich** deferring
dàilich, -eachadh *v* defer
dàimh *nm/f* affinity, attachment, friendship kin, relationship □ *is còir do dhuine dàimh a bhith aige ri dùthaich (a) athraichean* a man ought to have an attachment to the land of his ancestors □ *bha iad dlùth an dàimh* they were closely related □ *tha iad fad a-mach an dàimh* they are distantly related □ *bha e [ann] an dlùth dhàimh ri Dòmhnall* he was closely related to Donald □ *chì sinn an dàimh a tha eadar e fhèin 's a bhean* we see the relationship between himself and his wife

dàimh-pòsaidh *nm/f* matrimony
dàimheach *a* 1. relative 2. same as **dàimheil**
dàimheachd *nf* relativity □ *teoiric na dàimheachd* the theory of relativity
dàimhealachd *nf* friendliness
dàimheil, -e *a* devoted, friendly, genial □ *duine dàimheil toilichte* a friendly, contented man □ *bha iad dàimheil ri càch-a-chèile* they were devoted to each other
dainamo, -othan *nm* dynamo (an alt. form is **dìneamo**)
daingeann, daingne *a* compact, constant, fast, firm, hard, solid, staunch, steadfast, steady, unshaken □ *duine daingeann* stickler □ *sheas iad gu daingeann ris na h-ionnsaighean* they firmly withstood the assaults □ *bha seo air a thoirmeasg a cheart cho daingeann* this was just as firmly forbidden
daingit *v* damn *intrans*
daingneach, -ich, -ichean *nf* fort, fortification, fortress, stronghold □ *daingneach Chruithneach* a Pictish stronghold
daingneachadh, -aidh *nm & vn* of **daingnich** confirming etc., confirmation, ratification
daingneachd *nf* firmness
daingnich, -eachadh *v* 1. brace, consolidate, dig in *intrans*, fortify, re-inforce, steady, strengthen, make strong □ *dhaingich e na bha aige ri ràdh le nochdadh dealbhan a thog e* he re-inforced what he had to say by showing photographs which he had taken □ *tha na h-aon fhacail air an daingneachadh a-rithist agus a-rithist* the same words are re-inforced again and again 2. affirm, clinch, confirm, establish, ratify □ *b' esan a dhaingich gun robh e a cheart cho cudthromach gum biodh...* it was he who affirmed that it was just as important that... should be ...
dàir, dàra *nf* season (of an animal) □ *tha an dàir oirre / tha i fo dhàir* she is in season
dais, -e, -ean *nf* heap (uncommon) □ *bhitheadh iad a' dèanamh dhaisean far am bitheadh am buntàta air an gleidheadh fad a' gheamhraidh* they used to make heaps where the potatoes would be preserved the whole [of the] winter
dall, -adh *v* 1. blind, delude □ *bha an solas gam dhalladh* the light was blinding me □ but note also: *bha e ga dhalladh* he was blind drunk (lit. he was blinded / at his blinding) 2. + **air** attack fiercely, scold □ *dhall iad air a' bhaile-mhòr* they fiercely attacked the city □ *bha i a' dalladh air a bràthair* she was scolding her brother

dall, doill, doill *nm* blind man □ *na doill* the blind □ *thug E fradharc do na doill* He (Jesus) gave sight to the blind
dall, doille *a* blind
dall-bhrat *nm* blindfold **d.-luch** *nf* dormouse □ nothing to do with blindness – **dall** is distantly connected to English dull (foolish) □ so also with **dallag** below
dalladh, -aidh *nm & vn* of **dall** blinding etc., delusion, glare, infatuation
dalladh-inntinne *nm* blackout *med*
dallag-an-fhraoich *nf* shrew
dallanach, -aich, -aichean *nf* 1. broadside / volley □ *leig iad dallanach orra* they fired a broadside at them 2. intoxication □ *bidh e air an dallanaich* he will be blind drunk
dallan-dà *nm* blind-man's buff □ *bha a' chlann a' cluich air dallan-dà* the children were playing at blind-man's buff
dallaran, -ain, -an *nm* blind man
dalma *a* audacious, bold, presumptuous
dalm-bheachd *nm* bigotry □ *bha dalm-bheachd agus claon-bhreith a' togail an cinn ghrànnda* bigotry and prejudice were raising their ugly heads **d.-bheachdaiche** *nm* bigot
dalta, -aichean *nm* fosterling, nursling, stepson, stepchild
daltachas, -ais *nm* fosterage
dam 1. *prep pron* of **do** (q.v.) to their **do** + *interr part* **am** to whom / to which □ see **do** *prep*
dàm, -àim, -aichean *nm* dam (for water)
damaichte *pp* damnable
damain, damanadh *v* (now uncommon) damn
damainte *pp* accursed, most abandoned □ *duine damainte* a desperate character
dàmais *nf* draughts □ *bha iad a' cluich air dàmais* they were playing [at] draughts
damaistean *n pl* damages □ *fhuair e damaistean £2500* he received £2500 damages
damanadh, -aidh *nm & vn* of **damain** damning
damh, -aimh, -aimh *nm* 1. stag 2. ox 3. stot
damh-fèidh *nm* hart
dàmh *nm* □ an old word meaning learning / learned man – rare except in *Dàmh nan Ealdhain* Faculty of Arts
dàmhair *nf* (**nam fiadh**) rut (of deer) □ *an Dàmhair* October □ *chì mi thu a-rithist anns an Dàmhair* I'll see you again in October
damhan-allaidh *nm* spider □ *lìon an damhain-allaidh* a cobweb □ *shnìomh an damhan-allaidh lìon* the spider spun a web
dan 1. *prep pron* of **do** (q.v.) to their **do** + *interr part* **an** to whom / to which □ see **do** *prep*

dàn, -àin *nm* destiny, doom, fate, luck □ *[ann] an dàn* fated □ *bha siud an dàn* that was fated □ *cha ghabh innseadh le cinnt dè a bhios an dàn dhuinn* what lies in store for us cannot be told with certainty (lit. it cannot be told with certainty what will be in fate for us) □ *bha e a' feitheamh ris na bha e am beachd a bha an dàn dha* he was awaiting what he believed was his fate
dàn, dàin, dàin / dàintean *nm* poem, verse (poetry) song □ *dàn spioradail* hymn □ *cuir an dàn* versify
dàn-aoghaireach *nm* pastoral poem **d.-bainnse** *nm* epithalamium **d.-cluiche** *nm* dramatic poem **d.-dràmadach** *nm* dramatic poem **d.-fhacal** *nm* epigram **d.-molaidh** *nm* eulogy, panegyric **d.-mòr** *nm* epic poem
dàna *a* adventurous, adventurous, arrogant, bold, confident, daring, foolhardy, impudent, rash □ *is dàna leam* + *inf* I dare □ *cha bu dàna leam innse dhut!* I would not dare to tell you! □ *cha bu dàna le a h-aon aca a leantainn* not one of them dared to follow him
dànachd *nf* verse (poetry)
dànachd *nf* (self) assurance, impudence
dànadas, -ais *nm* arrogance, (self) assurance, boldness, confidence, impertinence, rashness, temerity
danarra *a* stubborn, obstinate, pertinacious
Danmhairceach *a* Danish
danns, -adh *v* dance □ *bha e a' dannsadh còmhla rithe* he was dancing with her
dannsa, -achan *nm* dance, dancing □ *danns a' chlaidheimh* sword-dance □ *dannsa nan clag* morris dance □ *dèan dannsa* dance *v* □ *a bheil dannsa ann a-nochd?* is there dancing / a dance tonight?
dannsadh, -aidh *nm & vn* of **danns** dancing
dannsair, -ean *nm* dancer
dàntachd *nf* fatalism
dàntaiche, -ean *nm* fatalist
daoileactaic *nm* dialectic
daoibhear, -eir, -an *nm* diver
daoibhig, -eadh *v* dive
daoibhigeadh, -idh *nm & vn* of **daoibhig** diving
daoimean, -ein, -an *nm* diamond
daoine *pl* of **duine** folk, people □ *bha na daoine ag èigheach* the people were shouting
daoire *nf* dearness (of cost)
daol, daoil *nf* beetle
daol-chaoch *nf* stag beetle **d.-dhubh** *nf* cockchafer
daolag, -aige, -an *nf* beetle, earth-worm, worm

daolag-bhreac-dhearg / daolag-dhearg-bhreac *nf* ladybird □ *chunnaic sinn daolagan-breac-dearga air na duilleagan* we saw ladybirds on the leaves

daonda *a* □ see **daonna**

daonfhlaitheach, -ich, -ich *nm* democrat □ *na Daonfhlaithich Chrìostail* the Christian Democrats □ *na Daonfhlaithich Shòisealta* the Social Democrats

daonfhlaitheach, -iche *a* democratic

daonfhlaitheas, -eis, -an *nm* democracy

daonna *a* human □ *cha robh cruth daonna air* it did not have a human shape

daonnachd *nf* humanity

daonnaire, -ean *nm* humanist

daonnaireachd *nf* humanism

daonnan *adv* always, incessantly □ *bha iad daonnan a' gearan air* they were always complaining about him / it *masc*

daonn-eòlas *nm* anthropology

daor, daoire *a* costly, dear, expensive □ *anabarrach daor* steep (of price) □ *bha e a' cosg aodach daor* he was wearing expensive clothes

daor- 1.*intens pref* complete, utter □ fairly uncommon now □ used as in: *daor-bhurraidh* a complete blockhead □ *daor-fhàileadh na toite* the intense smell of (the) smoke *ach bha daor an ceannach aige / aice / aca etc.*but he / she / they etc. paid a heavy price 2. slave- □ *daor-òglach* bondman □ *daor-mhaighstir* taskmaster

daorach, -aich *nf* drunkenness, inebriation, intoxication, spree □ *bha an daorach air* he was drunk / intoxicated □ *cuir daorach air* make drunk / intoxicate □ *chuir seo an daorach orra* this made them drunk □ *bha e air an daoraich* he was on a drinking spree

daorsa *nf* bondage, servitude, slavery

daosgarshluagh, -aigh *nm* horde

dar *prep poss adj* of **do** (q.v.) to our

dar *conj* when □ same as **nuair**

dara *a* (also **dàrna** under which fuller examples and a fuller explanation are given) second □ always accompanied by the *def art* □ *dè an dara h-ainm a bha oirre?* what was her second name? □ *an dara h-uair* the second time □ *san dara h-àite* in the second place (in the foregoing, the **h-** is not obligatory e.g. *san dara àite*) □ *an dara leabhar mu dheireadh* the second last book □ *san dara làimh bha leabhar agus san làimh eile bha bata* in [the] one hand was a book and in the other was a walking stick □ *bheir seo togail cridhe dhut an dara h-uair* this will cheer you up half the time / now and again □ *an dara*

taobh by *adv* □ *cuir an dara taobh* put by, except *v* □ *bha e a' feuchainn ri beagan airgid a chur an dara taobh* he was trying to put a little money by □ *an dara cuid esan no ise* either he or she □ *an dara fear dhiubh* either of them □ *an dara fear deug* the twelfth man

dara-sealladh, an dara-sealladh *nm* [the] second sight (more usually **an dà-shealladh**)

dàra *gen sing* of **dàir**

darach, -aich, -aich *nm* oak tree, oak wood □ *rinn e cèis eireachdail de dharach* he fashioned a handsome frame of oak

daraich *a* oak, oaken, of oak □ *ciste mhòr dharaich* a large oak chest

---

dàrna *a* second (also **dara**) □ *sgoilearan na ciad 's na dàrna bliadhna* first and second year pupils □ *air an dàrna Sàbaid den mhìos seo…* on the second Sunday of this month… □ *ag ionnsachadh na Gàidhlig mar dhàrna cànain* learning [the] Gaelic as a second language □ *an dàrna triath thar fhichead air Clann MhicLeòid* the twenty-second chief of Clan MacLeod When speaking of two people / things, **dàrna** may mean 'one' □ *nach eil còir aig an dàrna fear againn fuireach?* ought not one of us to stay? □ *bidh an dàrna duine ag ràdh … agus am fear eile …* one man will say … and the other one … □ *chaidh an uinneag bheag a bhruthadh an dàrna taobh* the little window was pushed to one side □ *chuir iad an obair an dàrna taobh* they set the work to one side i.e. aside □ *thug e mi an dàrna taobh* he took me aside □ *…ma bhitheas sinn a' fàgail nithean mar sin an dàrna taobh an-dràsta…* if we leave things like that aside for the moment □ Note also: *an dàrna fear dhiubh* either (one) of them In the phrase *an dàrna leth* it means literally 'the second half', which translates simply as 'half' □ *dh'fhàg e an dàrna leth de a chuid aig Calum* he left half of his property to Calum □ *tha còrr is an dàrna leth dhiubh nan eadar-theangachaidhean* more than half of them are translations □ note also: *tuilleadh is a dhàrna leth* more than half of it (lit. more than its half — *masc subj*) □ *chaidil mi dàrna leth na h-ùine* I slept half of the time

dàrnach *a* secondary
dàrnacha *a* second □ this word has a highly specialised usage. It appears to be used only after **gach** □ *gach dàrnacha seach-dain* every second week □ *air gach dàr-nacha duilleig* on every second page □ *anns gach dàrnacha taigh* in every second house □ for the use of **anns** here see **gach** □ often shortened e.g. *gu dàrnacha latha* every second day
dasg, -aisg, -an *nm* □ same as **deasg**
dàta *nm* data
dath, -adh *v* colour, dye, tinge
dàth, -adh *v* scorch □ also **dòth**

> dath, -a, -an *nm* colour, dye, dyeing, hue, pigment, tincture, tint □ *cuir dath air* colour □ *cuir dath dearg air leth a' phàipeir* colour half the paper red □ *mill dath* discolour
> Some examples: *bha i deàrrsach dearg na dath* it *fem* was bright red in [its] colour □ *dath dearg rouge* □ *le dath nan sìon* weather-beaten □ *le dealtradh gach datha* with enamelling of every colour □ *tha cus dhathan ann* there are too many colours in it □ *fhuair e fear den aon dath* he got one of the same colour □ *bha sgleò de dhath sglèatach air gach nì* there was a slaty coloured film over everything □ *gàradh de dhathan glòrmhor* a garden of glorious colours □ *a bheil seo ri fhaotainn ann an dath eile?* is this available in another colour? □ *dè an dath as fheàrr leat?* which colour do you prefer?
> Note the following: *dè an dath a tha seo? tha e gorm* What colour is this? it's blue (when indicating the colour itself, not the object) □ *dè an dath a tha air? tha uaine* What colour is it? (i.e. the object indicated) green / it's green □ *dè an dath a bha air a' chàr?* bha *dorch dearg* What [the] colour [that] was [on] the car? [was] dark red □ *tha dath donn orra* they are brown □ *chan eil an t-uabhas diofair ann dè an dath a bhios air* it doesn't make an awful lot of difference what colour it is □ *bha an aon dath air 's a bha air an fhear eile* it was the same colour as the other one □ note also: *tha dath na h-aide sin brèagha* the colour of that hat is pretty
> The assertive verb is also used □ *'s e dath uaine a tha air na h-uinneagan*

the windows are green □ *'s e dath ruadh a tha air an t-sionnach* the fox is russet
air dhath. *prep + gen*. the colour of … / … coloured □ *air dhath call-tainn* hazel □ *air dhath òir* the colour of gold, golden □ note that **air dath** is also used instead of **air dhath** □ *air dath na rainich* the colour of bracken □ *air dath na fala* the colour of blood etc. □ note also: *tha iad air caochladh dhathan* they are of various colours □ *air iomadh dath* of many colours □ *bha na dhà dhiubh air an aon dath* they were both the same colour – though the last example might be more commonly *dhen aon dath* of the same colour
Note also the idiom: … *chan fhacas a dubh no (a) dath* but neither hair nor hide were seen of her (lit. but her black or her colour were not seen)
dath-bhacadh *nm* colour bar **d.-dhall** *a* colour-blind **d.-dhoille** *nf* colour-blindness **d.-fhradharc** *nm* colour-vision **d.-lipean** *nm* lipstick

---

dathach *a* chromatic
dathadair, -ean *nm* dyer
dathadh, -aidh *nm & vn* of **dath** colouring etc.
dàthadh, -aidh *nm & vn* of **dàth** scorching □ also **dòthadh**
dathail -e *a* colourful □ *bha e car dathail leis* he thought it rather colourful
dathte *pp* coloured □ *bha i air a còmhdach le aodach soilleir dathte* she was dressed in (lit. covered with) brightly coloured clothes / clothing □ *bha bannan dathte suainte mu an cinn* there were coloured bands round their heads

---

> dè *interr & rel pron* what? / what …, which …?
> When used as an *interr* it is followed by the *indep* (i.e. statement) form of the verb □ *dè tha thu a' dèanamh?* what are you doing? □ *dè bha e ag ràdh?* what was he saying? □ *dè bhitheas iad a' dèanamh mu a dheidhinn?* what will they be doing about it? □ *dè chithinn an sin?* what would I see there? □

... *agus dè thachair ach gun do thuit e* ... and what happened but that he fell The reason why **dè** is followed by the *indep form* of the verb is that it is really a worn down remnant of the expression **ciod [is] e?** what is it? (where **is** is the assertive verb) from an even older form **cote?** what is? – thus **dè tha thu a' dèanamh?** is an abbreviated form of **ciod [is] e a tha thu a' dèanamh?** what is it that you are doing? □ sometimes found in the form **gu dè** □ *ach gu dè mu dheidhinn na daoine bochda sin?* but what about those poor people? **dè** is also used relatively i.e. as a *conj* □ *an do dh'innis e dhut dè bha e (a') dol a dhèanamh?* did he tell you what he was going to do? □ *cha d'thuirt e dè bha e (a') dol a cheannach* he didn't say what he was going to buy □ *cha robh fhios agam dè dhèanainn* I didn't know what to do (lit. what I would do) □ ...*a' lorg a' cheartais as bith dè thachras* ... seeking justice whatever happens (lit. will happen) □ ...*ge be air bith dè tha sinn a' dèanamh* ... whatever we are doing □ also **ge bith dè** etc.
As already stated, **dè** includes the assertive verb which has been assimilated (i.e. it does not appear) □ *dè sin?* what is that? □ *dè is fheàrr, dè is miosa?* what is best? what is worst? □ note that **is** here is the *rel pron* **a + is** = which is / that is (often written **as**) i.e. *dè is fheàrr* means lit. what is it that is best?
When **dè** is followed by a *noun*, the noun is *def* □ *dè an dath a tha air?* what colour is it? □ *dè n uair a tha e?* what time is it? □ *dè an aois a tha thu?* how old are you? □ *dè an seòrsa?* which kind?
dè cho is used with adjectives and adverbs thus: *dè cho tric?* how often? □ *dè cho mòr?* how big? etc. □ *dè cho maireannach 's a tha na bataraidhean seo?* how durable are these batteries? □ *chan urrainn dhomh a ràdh dè cho còrdaidh 's a bha iad* I cannot say how agreeable they were / how well they got on together □ *is beag a tha fhios dè cho fada air adhart 's a tha e* it's little known how far on it is
dè used with a *prep* is quite uncommon: *dè air a tha thu nad sheasamh?* what

are you standing on? ... **-co air** is usually used instead
Note that, in some areas, **dè mar** = **ciamar?** how? □ *dè mar a tha thu?* how are you?
Some miscellaneous examples: *gu dè bha ceàrr air is e a'dèanamh mar sin?* whatever was wrong with him, [and he] behaving like that? (*gu dè* is really the *ciod* e referred to above) □ ...*ach dè ged tha / bha?* ... but what if it is / were? □ *dè na tha sin?* how much is that? (i.e. how much does it cost?) □ *a-rèir dè na bha de dh'airgead anns an t-seotal* according to how much money was in the kitty

de *prep + dat* of, off □ often written as **dhe** or **dh'** □ note also that before a vowel it is often written as **de dh'** (see below)
de is often used partitively □ *tha beagan de dh'ìm agus de chàise agam* I have a little [of] butter and [of] cheese □ *pìos de fhiodh* a piece of wood □ *tha (a) trì de na deich sgeulachdan ann an Gàidhlig* three out of the ten stories are in Gaelic □ *bha co-chruinneachadh de làmhagan, chinn-sleagha agus chrogannan aige* he had a collection of axes, spear-heads and pots (note the lenition as though **de** were actually there) □ *tha cuid de a sgrìobhadh air nochdadh ann an* ...some of his writing has appeared in ...
de usually suffers elision before a vowel □ *d'am mise an ceud fhear* of which I am the first (one)
de is often used between a number and a *noun*, particularly when two numbers separated by 'or' are used □ *a h-uile mìos bidh trì no ceithir de litrichean againn* every month we have three or four letters □ *thàinig triùir de na saighdearan* three of the soldiers came □ *bha a dha no (a) trì de bhàtaichean eile anns a' chala* there were two or three other boats in the harbour
de often carries the meaning 'enough', 'sufficient', 'so much' etc. □ *cha robh de chabhaig air nach do dhùin e an doras na dhèidh* he wasn't in so much of a hurry that he didn't close the door

behind him □ *tha de neart ann* such is his strength

Note also the following usage which you may encounter: *'s e saor a bh'ann de Chalum* Calum was a joiner

The *prep prons* are formed thus: **dhiom** off me **dhiot** off you **dheth** off him / it *masc* **dhith** off her / it *fem* **dhinn** off us **dhibh** off you *pl & polite* **dhiubh** off them □ note that *unlenited* forms of these were standard after words ending with **n** e.g. *chan urrainn domh* I can't □ *feadhainn diubh* some of them □ though still met with, these are becoming increasingly less common □ *feadhainn dhinn* some of us □ *feadhainn dhiubh* some of them □ *tha sia dhiubh ann* there are six of them

The emphatic forms of these are: **dhiomsa, dhiotsa, dhethsan, dhithse, dhinne, dhibhse, dhiubhsan**

Some examples: *chuir mi dhiom mo sheacaid* I took off [me] my jacket □ *chuir e dheth an ad agus an stoc* he discarded the hat and [the] scarf □ *cuir dhiot do chòta* take off your coat □ *sgath an ceann dheth* chop off his head □ *co dheth a tha e air a dhèanamh?* what is it *masc* made of? / of what is it made? □ *anns an fhear mu dheireadh dhiubh seo*... in the last (one) of these ... □ and also: *cò am fear / an tè dhiubh a tha thu ag iarraidh?* which of them (*masc / fem* respectively) do you want? (see **cò / co**) □ *a-measg nan clobhsaichean a tha gu leòr dhiubh anns a' cheàrn sin den bhaile* among the closes of which there are plenty in that part of the town □ for **airson** ... **dheth** see **airson** □ note also: *tha ceithir cheud troigh de dhoimhne (ann) an àitean dheth* it is four hundred feet deep in places

de becomes **den / dhen** when combined with the *def art* □ *thàinig sin dhen sgeilp* that came off the shelf □ *tha na seilcheagan den aon teaghlach ris an fhaochaig* the snails are of the same family as the whelk

The following *prep poss adjs* may be found, but it is now recommended that these be written *in full*. They are formed thus: **dem** of my **ded** of your **de a** (+ *len*) of his **de a** (without *len* and with **a h-** before vowels) of her **de ar** of our (**de ar n-** before vowels) **de**

ur of your *pl. & polite* **den** (**dem** before **b, f, m, p**) of their □ though the full forms are frequently found: **de mo** of my etc. □ they are also frequently lenited □ *tha mi a' cur seachad cuid mhath dhem ùine*... I spend a lot of my time ...□ *chuir e seachad a' mhòr-chuid dhe bheatha ann* he spent most of his life there □ note that **de + ar** and **de + ur** should *not* be shortened to **der** and **dur**

Further examples: *co aige tha fhios nach eil cuideigin de ar luchd-leughaidh a*... perhaps there is someone among (lit. of) our readers that... □ *dh'fhaighnich e de a chompanach dè bha ceàrr air* he asked [of] his companion what was wrong with him *de na bàird Ghàidhlig a bha air an ainmeachadh cha robh aon a*... □ of the Gaelic poets who were named, there wasn't one who ...

deabh, -adh *v* drain, dry up □ *dheabh iad an t-searrag* they drained the flask □ *dheabh an loch* the loch dried up (uncommon in both uses □ see **traogh**)

deabhadh, -aidh *vn* of **deabh** draining etc.

deacaid *nf* jacket (not as common as **seacaid**, at least, in print)

deacair, -e *a* 1. abstruse, difficult, hard (to understand), laborious □ ... *agus is deacair dhomh a chreidsinn gu bheil sin fìor*... and it is difficult for me to believe that that is true 2. sad, mournful, sorrowful □ *thill iad gu deacair* they returned mournfully

deacaireachd *nf* hardship □ *is sinne a mhaireas a dh'aindeoin deacaireachd* [it is] we [who] shall endure despite hardship

deach *past tense dep* of *irreg v* **rach** □ note that **an deacha** should not be used

deachaidh □ same as **deach** above

deachamh, -aimh, —ean *nm* decimation, tithe □ also **deicheamh**

deachd, -adh *v* 1. dictate □ *tha sin a' deachdadh gu ìre dè an seòrsa pàipeir a tha a dhìth oirnn* that dictates to an extent the kind of paper we require 2. inspire

deachdadh, -aidh *nm & vn* dictating etc., dictation, inspiration □ *tha cuimhne an àma sin fhathast na deachdadh dhomh* the memory of that time is still an inspiration to me

deachdaidh *a* dictation □ *inneal deach-daidh* dictation machine, dictaphone
deachdair, -ean *nm* dictator
deachdaireachd *nf* dictatorship
deadh, an deadh short for **deigheadh** □ see **rach**
deadhan, -ain, -ain *nm* dean □ *Deadhan anns a' Chaibeal Rìoghail* Dean of the Royal Chapel (lit. in the R. C.)
deagh *a* fine, nice (both in the general sense of 'good'), good, grand (in Scottish sense), pretty *intens*, well (as an *adv*) □ precedes and *lenites* a foll. *noun*, but is never used predicatively □ *deagh bharail* approbation □ *deagh mhèin* goodwill □ *chòmhraig e an deagh chòmhrag* he fought the good fight □ *bha e air a dheagh chur air* he was well dressed □ *mo dheagh charaid* my good friend □ *deagh chuid a good part* □ *... airson deagh ghreis an dèidh sin ...* for a good while after that □ *bha deagh chèilidh againn gu dearbh* we had a grand ceilidh indeed □ *bha deagh shlàinte aige a-riamh* he always enjoyed good health □ *bha e (ann) an deagh fhonn* he was in good humour □ *bha e air a deagh sgeadachadh* he was well dressed □ *deagh bheòthachd* a good livelihood □ *chosgadh sin (an) deagh sgillinn* that would / would have cost a pretty penny
d.-aithnichte *pp* well-known □ *tha an dithis fhear deagh-aithnichte* both men are well-known **d.-bheus** *nf* decorum, goodness, virtue □ **d.-bheusan** *pl* morals □ *teagaisg deagh bheusan* moralize **d.-bheusach** *a* exemplary **d.-bhreithnichte** *pp* well-judged **d.-ghean** *nm* benevolence □ *làn deagh-ghean* benevolent **d.-ghnè** *nf* quality **d.-ghnìomh** *nm* benefaction **d.-ghnìomhach** *a* beneficent **d.-thaghte** *pp* well-chosen □ *le aon fhacal deagh-thaghte* with one well-chosen word **d.-thoileach** *a* benevolent □ *deachdair deagh-thoileach* a benevolent dictator
deaghaidh, an deaghaidh or **às deaghaidh** □ see **dèidh, an dèidh** or **às dèidh**
deala, -an / -achan *nf* leech
dealachadh, -aidh, -aidhean *nm & vn* of **dealaich** parting etc., disjunction, division, parting, secretion, segregation, separation, severance □ *dealachadh (pòsaidh)* divorce □ *dèan dealachadh eadar* distinguish □ *anns an dealachadh ...* in parting, in closing, finally ...
dealachaidh *a* secretory
dealaich, -achadh *v* + ri(s) detach, disengage, disunite, insulate, part with / from,

seclude, secrete, segregate, separate, sever, sunder □ *dealaich ri* divorce, quit □ *cha ghabh iad an dealachadh* they cannot be separated (lit. they will not take their separating)
dealaichear, -eir, -an *nm* insulator
dealaichte *pp* detached, insulated, separate, separated □ *tha a' chànain seo a-nis na cuspair dealaichte* this language is now a separate subject
dealain *a* electric, electrical □ *cumhachd dealain* electric power
dealan, -ain *nm* 1. electricity 2. latch
dealan- *pref* electro-, electric-, -electricity
dealan-airgideach *a* electro-plate **d.-cheimiceachd** *nf* electro-chemistry **d.-chòmhdaich** *v* galvanize **d.-dè, dealain-dè, dealanan-dè** *nm* butterfly □ the derivation of this word is believed to be 'God's fire' – a beautiful description of a butterfly **d.-mharbh** *v* electrocute **d.-neartaich** *v* charge (battery) **d.-uisge** *nm* hydro-electricity **d.-uisgeach** *a* hydro-electric
dealanach, -aich, -aich *nm* lightning □ *dealanach gobhlach* forked lightning □ *dealanach sgaoilte* sheet lightning □ *bhuail an dealanach am mullach* the lightning struck the roof (used in the form **an dealanaich** in Lewis) □ *bha tàirneanaich is dealanaich ann an-raoir* there was thunder and lightning last night
dealanachadh, -aidh *nm & vn* of **dealanaich** electrifying, electrification
dealanaich, -achadh *v* electrify
dealanair, -ean *nm* electrician
dealas, -ais *nm* commitment, eagerness, warmth, zeal □ *mhothaich e gun robh cion dealais orra* he noticed that they lacked eagerness (lit. that there was a lack of eagerness on them) □ *las a shùilean le dealas* his eyes lit up with zeal □ *le roghainn agus le dealas* by choice and by commitment □ *bha e cur dealas na chridhe bhith meòmhrachadh orra* it warmed his heart to be thinking of them
dealasach, -aiche *a* eager, forward, vehement, zealous □ *fear dealasach* enthusiast, zealot
dealasachd *nf* eagerness, keenness

---

dealbh, -adh / dealbh *v* delineate, design, devise, fashion, figure, forge, form, make, picture, portray, sculpt, play (a role), shape □ *'s e uidheam air* *a dhealbh ann an dòigh glè innleach-dach a tha ann* it's a very ingeniously designed implement [that's in it] □ *bha e a' dealbh dòigh air faighinn fa sgaoil* he was devising a way of getting free □ *seo mar a dhealbh mi am flaitheas dhomh fhèin* this is how I pictured heaven to myself □ *tha eachdraidh a' bhaile air a dealbh gu cothromach* the history of the town is fairly portrayed □ note: *bha e air a dhealbhadh air togalach a bha ann am Moscow* it was a replica of a building which was in Moscow □ *b' iomadh innleachd gun rath a dhealbh e* he devised many an unsuccessful scheme

dealbh, deilbh, deilbh / dealbhan(nan) *nm/f—fem gen* **deilbhe**, *pl* **dealbhan(nan)**—delineation, elevation (plan), figure, form, likeness (picture), illustration, outline, painting (concrete), photo, photograph, picture, snapshot □ *dealbh (camara)* photograph □ *dealbh ceàrnaidh*, area drawing □ *dealbh chumaidhean* shape model / picture □ *dealbh (duine)* portrait □ *dealbh sgèile* scale drawing □ *dealbh tire* landscape □ *dèan / tarraing dealbh* depict, draw (with pencil etc.) □ *dealbh dùthcha* map □ *tog dealbh* photograph *v* □ *thog e dealbh* he took a picture / photo etc. □ *bha aon dealbh de dhithis uaislean* there was one picture of two gentlemen □ *bha grunnan dhealbhan de dh' ainmhidhean ann* there was a number of pictures of animals in it □ *bu bhòidheach an dealbh iad* they were a pretty picture □ *bhiodh sinn glè thoilichte tuilleadh dhealbhannan fhaighinn* we would be very pleased to receive more pictures □ *bheir seo dhuinn deagh dhealbh air an duine agus air a bheatha* this will give us a good picture of the man and his life

dealbh-adhair *nm* aerial photograph **d.-bhann** *nm* spool (photog.) **d.-chlò-sheatadh** *nm* photo-typesetting **d.-chluich** *nm* (but see following) play (theatre) □ *choisinn na dealbh-chluichean aige duaisean* his plays won prizes □ *a' sgrìobhadh dhealbh-chluichean* writing plays □ *sgrìobh e àireamh dhealbh-chluichean* he wrote a number of plays **d.-chluiche** *nm/f* play (same as previous ex.). This and

the foregoing example show two of the ways in which *compound nouns* can be formed in Gaelic □ see App. 2 Sect. 3.0 □ *sgrìobh i dealbh-chluiche no dhà airson a' Chomainn Dhràmataich* she wrote a play or two for the Dramatic Society □ *bidh iad a' cur deilbh-chluiche air bonn* they put on plays □ *tha e air mòran dhealbhan-cluiche a sgrìobhadh* he has written many plays **d.-choltas** *nm* scenery **d.-chùnntas** *nm* description **d.-dùthcha** *nm/f* map □ *ma bheir sibh suil air dealbh-dùthcha na Roinn-Eòrpa…* if you look at the map of Europe… **d.-èibhinn** *nm/f* cartoon **d.-fhacal** *nm/f* word-picture **d.-iomaill** *nm/f* outline **d.-loidhne** *nm/f* line-drawing **d.-magaidh** *nm/f* caricature **d.-sgrìobhadh** *nm* hieroglyphics **d.-thaic** *nf* easel **d.-thàthach** *nf* transfer (as in art transfers) **d.-thilgear** *nm* cine-projector **d.-thogail** *nf* photography

dealbhach, -aiche *a* descriptive, picturesque, shapely, pretty
dealbhachadh, -aidh *nm & vn* of **dealbhaich** forming etc., delineation, planning *noun*
dealbhadair, -ean *nm* artist, designer, illustrator, maker □ *dealbhadair camara* photographer
dealbhaich, -achadh *v* same as **dealbh** delineate, illustrate etc. □ *bidh e riatanach dhuinn ceanglaichean a dhealbhachadh ri buidheannan coltach ruinn fhèin* it will be necessary for us to form links with groups like ourselves
dealbhaichte *pp* illustrated etc. □ *bàrr-mhaise dhealbhaichte* a sculpted cornice
dealbhair, -ean *nm* sculptor
dealg, -eilg, -an *nf* needle, pin, prick, prickle, skewer
dealgan, -ain, -an *nm* spindle
deàlrach, -aiche *a* luminous, shiny, sparkling
deàlrachadh, -aidh *nm & vn* of **deàlraich** flashing etc.
deàlradair, -ean *nm* reflector
deàlradh, -aidh *nm* irradiation, lustre, radiance, sparkle
deàlraich, -achadh *v* beam, flash, gleam, glisten, glitter, irradiate, lighten, radiate, shine, sparkle □ but note the figurative use: *co aige tha fhios nach deàlraich an là*

anns am faicear ... perhaps the day will dawn in which will be seen ...

dealt, -a *nm/f* dew □ *bha am feur fliuch le dealt* the grass was wet with dew

dealta, -aichean *nf* delta

dealtag, -aige *nf* small quantity of rain

dealtach, -aiche *a* dewy

dealtradh, -aidh *nm* & *vn* of **dealtraich** enamelling □ *le dealtradh gach datha* with enamelling of every colour

dealtraich, dealtradh *v* enamel

deamhais *nm/f* shears

deamhan, -ain, -ain *nm* demon, devil, fiend □ ... *às an deachaidh seachd deamhain* ... from whom went seven demons □ *thilg E a-mach mòran dheamhan* He cast out many demons

deamhas □ see **deamhais**

deamhnaidh, -e *a* demoniac, devilish, deuced, satanic □ *bha fhios aige deamhnaidh math* he knew deuced well

deamocratach, -aiche *a* democratic (see **daonfhlaitheach** or **sluagh-fhlaitheach**)

---

dèan, dèanamh *irreg v* do, make, equal (maths), carry out (of work, a task etc.) construct, dub (of knighthood), manufacture, perpetrate, procreate, produce □ this verb is *irreg* only in the *active* & *passive voice* of the *past tense*, the *ind* form of the *future* and in the *rel fut*

ACTIVE VOICE:

Past tense

1.   Indep.: **rinn mi** I did, made **rinn thu** you made, did, etc.
2.   Dep.: **an do rinn e?** did he do? **cha do rinn iad** they didn't do **nach do rinn thu?** didn't you do? etc.

Future tense

1.   Indep.: **nì mi** I shall do **nì iad** they shall do etc.
2.   Dep.: (reg.): **an dèan thu?** will you do? **cha dèan iad** they won't do **nach dèan sibh?** won't you do? etc.

PASSIVE VOICE:

Past tense

1.   Indep.: **rinneadh e** it was made

2.   Dep.: **an do rinneadh iad?** were they made? **cha do rinneadh e** it wasn't made

Future tense

1.   Indep.: **nithear e** it will be done
2.   Dep. (reg.): **an dèanar e?** will it be done? **cha dèanar e** it won't be done **nach dèanar e?** won't it be done? – note that **dèantar** should *not* be used for **dèanar**

Basic examples: *rinn iad sin* they did that □ *an do rinn thu sin? cha do rinn* did you do that? no □ *cha do rinn e maille sam bith* he did not delay at all □ *nach do rinn e am bòrd seo? rinn* didn't he make this table? yes □ *cùm do shùil air an rud a nì do nàbaidh 's chan ann mar a thuirt e* keep an eye on what your neighbour does, and not what he says (proverb) □ *gu dè bha ceàrr air 's e a' dèanamh mar sin?* whatever was wrong with him, [and he] behaving like that? □ *ciamar a rinneadh e?* how was it done? □ *bu mhòr an toileachas a rinneadh nuair a thill e* great was the rejoicing that was made when he returned □ *nithear mòran le spionnadh ach nithear tuilleadh le seòltachd* much will be done with strength but more will be done with cunning (proverb) □ *cha dèanainn an aon mhearachd a-rithist* I wouldn't make the same mistake again □ *tha obair mhòr ri dhèanamh* there is great work to be done □ *rinneadh àireamh mhòr dhiubh nan daoine bochda* a large number of them were made poor men □ *dèanadh iad mar a thogras iad* let them do as they please □ *cha dèan e an obair a bha dòchas aige a dhèanamh* he will not carry out the work that he hoped to do

Further idioms:

dèan air (a) make for, head for □ *bha iad a' dèanamh orm* they were making for me □ *rinn e dìreach air an t-solas* he made directly for the light (b) do to □ compare the following two sentences: *cha do rinn mi càil air* I didn't do anything (harmful) to it □ *cha robh*

an còrr ann a b' urrainn dha a dhèanamh ris there was no more he could do to it (positive) □ *... an dèidh na rinn thu air an-dè ...* after what you did to him yesterday □ *rinn iad a leithid ceudna air na tuathanaich* they did the same kind of thing to the farmers □ *ciod a rinn mise ort gun do bhuail thu mi trì uairean? (Leabhar nan Àireamh 22:28)* what have I done to you that you have struck me three times? (Numbers 22:28)
dèan dheth (a) reach □ *rinn sinn mullach a' chnuic dheth* we reached the top of the hillock □ *rinn sinn an cladach dheth* we reached the shore □ *rinn iad uile aois mhath dheth* they all reached a good age (b) make of it / suppose □ *faodaidh tu dhèanamh dheth gu bheil e a' tighinn dhachaigh a-rithist* you may suppose that he is coming home again
dèan de make (something) of, create (also **dèan à**) □ *chan ann a' dèanamh gadaiche dhiot a tha mi* I am not making you out to be a thief (lit. making a thief of you) □ *tha e air amadain a dhèanamh dhinn* he's made fools of us □ *cha robh fhios agam dè dhèanainn den duine idir* I didn't know what to make of the man at all (lit. what I might make) □ *nì sinn iasgair dhiot ma tha e idir annad* we'll make a fisherman of you if it's in you at all □ *co dheth a tha e air a dhèanamh?* what is it *masc* made of? / of what is it made? □ note that **co air** is used generally in the Outer Isles i.e. *co air a tha e air a dhèanamh?*
dèan (rudeigin) do make (something) for □ *rinn i cupa tì dha* she made a cup of tea for him □ *cha dèan i nead dhi fhèin* she does not make a nest for herself
dèan a-mach 1. claim □ *tha e a' dèanamh a-mach gun robh càmpa Ròmanach an seo* he claims there was a Roman camp here 2. deduce, divine

dèanadach, -aiche *a* busy, diligent, industrious
dèanadachd *nf* industry (hard work)

dèanadas, -ais *nm* behaviour, conduct □ *dèanadas neo-bheusach* immoral behaviour / conduct
dèanaiste □ same as **dèantadh** □ see **dèan**
dèanamh, -aimh *nm & vn* of **dèan** making etc., constitution, fabric (of building etc.), make, model, physique, structure, texture
deann, -a *nf* rush, dash □ *bha e a' dèanamh air a' bhaile na dheann* he was rushing to [the] town □ *rinn i às na deann* she rushed out
deannag, -aige, -an *nf* □ see **deannan**
deannal, -ail *nm* attack, onset □ *bha e a' gairm air an t-sluagh deannal a thoirt air na nàimhdean* he was calling upon the people to make an attack on the enemy (lit. enemies)
deannan, -ain, -an *nm* small amount, pinch □ but also used for small number, group, collection – like Scots 'puckle' □ *cha robh anns a' bhaile ach deannan thaigheandubha* the town was just a small group of black houses □ *ghabh e deannan làithean ga ghiùlan dhachaigh* it took a number of days to carry it home
deann-ruith *nf* great hurry, rush, sprint (originally **dian-ruith**) □ *thàinig e air ais na dheann-ruith* he came sprinting back □ *thàinig i a-steach na deann-ruith* she rushed in
deanntag, -aige, -an *nf* nettle
dèante *pp* (sometimes **dèanta**) 1. done, made □ *bha an gnìomh dèante* the deed was done □ *chùm e sùil gheur orra gus an robh an obair dèante* he kept a sharp eye on them until the work was done □ *dèante ann an Alba* made in Scotland □ *fhad 's a ghabhas sin a bhith dèante* as long / far as that can be done 2. well-built □ *bha e cuimseach àrd ach dèante* he was of average height, but well-built □ *cha robh e cho cruinn dèanta riumsa* he wasn't as well-formed and well-built as I
dearbh, -adh *v* (+ **do** where required) affirm, assure, convict, convince, prove, test, try, verify, vindicate, vouch □ *ciamar a dhearbhadh sin?* how was that proved? □ *...gus seo a dhearbhadh dhut ...* (in order) to prove this to you ... / to convince you of this ...
dearbh *a* actual, decisive, identical, very, very same □ *gu dearbh* (sometimes **gu dearbha**) certainly, forsooth, indeed, really, truly □ *anns an dearbh dhòigh* in the very same way □ *na dearbh fhaclan sin* those very words □ *rinneadh oidhirp air inneal den dearbh sheòrsa a chur ri chèile*

an attempt was made to put together an apparatus of the very same kind

dearbh-aithne *nf* identity □ *...pàirt de an dearbh-aithne chultarach*...part of their cultural identity □ *...a bhith a' gleidheadh ar dearbh-aithne*...to be preserving our identity **d.-aithnich** *v* identify **d.-aithneachadh** *nm* & *vn* of **d.-aithnich** identifying, identification □ *dearbh-aithneachadh ginteil* genetic fingerprinting **d.-chinnteach** *a* positive **d.-chlò** *nm* positive (photog.) **d.-sgrìobhadh** *nm* holograph

dearbha, gu dearbha = **dearbh, gu dearbh**

dearbhachadh, -aidh *nm* & *vn* □ same as **dearbhadh** *nm* & *vn*

dearbhachd *nf* (self) assurance, authenticity

dearbhadh, -aidh, -aidhean *nm* & *vn* of **dearbh** proving etc., conviction, declaration, evidence, experiment, probate, proof, test, trial, vindication □ *dearbhadh mòir-dhuilleig* galley proof □ *dearbhadh (ionnanachd)* identification □ *chan eil dearbhadh gun deuchainn* there's no proof without trial / testing □ *tha dearbhaidhean a' chlò gan ceartachadh* the printing proofs are being corrected □ *bha seo na dhearbhadh dhuinn nach do rinn iad uiread ruinne* this was [in its] proof to us that they hadn't done as much as we □ *bithidh seo air a chur gu dearbhadh an ath-bhliadhna* this will be put to [the] test next year □ *dè an dearbhadh a tha againn gu bheil seo fìor?* what proof do we have that this is true? □ *feumaidh iad dearbhadh a thoirt air an comas gus leasachadh a dhèanamh* they must give proof of their ability to make an improvement □ *nochd e cho beag dearbhaidh agus a bha aca* he showed how little evidence they had □ *ma tha sibh ag iarraidh dearbhadh fhaighinn air cho dona agus a tha an suidheachadh...* if you want to get evidence of how bad the situation is...□ *chuir e roimhe cùisean a chur chun an dearbhaidh* he decided to put matters to the test

dearbhaich, -achadh *v* □ same as **dearbh** *v*

dearbhta *pp* □ see **dearbhte**

dearbhtachd *nf* positiveness

dearbhte *pp* evident, incontrovertible, proven □ *tha e dearbhte gu leòr gun robh e...* it is sufficiently proven that he was ...

dearc, -adh *v* glimpse, catch sight of (+ **air**) □ *...nan dearcadh iad air coigreach*...if they glimpsed a stranger

dearc, -an *nf* berry, currant

dearc-fithich *nm* crowberry (also **lus-na-feannaig**) **d.-fhraoich** *nf* bilberry

d.-luachrach *nf* lizard, newt (though perhaps **dearc-luachrach uisge** would be better for the latter) **dearc-ola** □ *pl* **dearcan-ola** *nf* olive

dearcadh, _aidh *vn* of **dearc** glimpsing etc.

dearcag, -aige, -an *nf* berry, currant □ *a' trusadh nan dearcag* gathering (the) berries

dearcan-daraich *nm* acorn

dearg, -adh *v* 1. make an impression on □ derived from the fact that a blow leaves a red mark on the skin □ *'s ann gu math bochd a dhearg cùisean orm am bliadhna* matters impressed me rather poorly this year / things made a rather poor impression on me etc. □ *...air nach deargadh saighead no claidheamh*...on which neither arrow nor sword would make an impression 2. + **air** manage □ *cha dearg mi air* I can't manage it □ *cha deargainn air an togail* I wouldn't / couldn't manage to lift them □ *dhearg e air an fhaireachdain seo ath-chruthachadh* he managed to recreate this feeling

dearg, deirg *nm* red

dearg, deirge *a* red (but not of hair □ see **ruadh**), ruddy □ *fàs dearg* redden *intrans*, become, grow red □ *dh'fhàs a gruaidhean dearg* her cheeks grew red

dearg may also be used for emphasis, usually with a sense of disapproval or condemnation □ *chan eil ann an seo ach dearg aineolas* this is just rank / sheer / unmitigated ignorance (lit. there is not in this but etc.) □ *tha e air dearg amadan a dhèanamh dhiom* he has made a complete / utter / right / thorough fool of me □ **dearg amadan** may also mean a maniac □ *dearg rag-mhuinealas* sheer stubbornness / out and out obstinacy □ *dearg bhreugan* unmitigated / downright lies □ *dearg rùisgte / lomnochd* stark naked □ *cuir dearg eagal air* petrify □ *ghabh e an dearg chuthach* he became infuriated □ note also: *bha an cuthach dearg tioram air* he was livid

dearg- rabid etc. □ usually now not joined by hyphen □ see preceding section

dearg-sheud *nm* ruby

deargachadh, -aidh *nm* & *vn* of **deargaich** reddening etc.

deargad, -aid, -an *nf* flea (also **deargann**)

deargadh, -aidh, -aidhean *nm* & *vn* of **dearg** impressing etc., impression, penetration □ *cha do rinn e deargadh cho dona ormsa idir* he didn't make such a bad impression on me at all

deargaich, -achadh *v* redden *trans* □ *bha a' ghaoth air a ghruaidhean a dheargachadh* the wind had reddened his cheeks

deargan, -ain, -an *nm* 1. red stain, dye e.g. rouge 2. various types of bird, usually in compound form as below

deargan-allt *nm* red-knecked phalarope **d.-coille** *nm* bullfinch (also **corcan-coille** *nm*) **d.-fraoich** *nm* goldfinch (also **lasair-choille** *nf*) **d.-seilich** *nm* redpoll **d.-sneachda** *nm* redwing (also **sgiath-dheargan** *nm*)

dearganach, -aich, -aich *nm* char (fish)

deargann, -ainn, -an *nm* flea (also **deargad**)

deargte *pp* ingrained

dearmad, -aid *nm* default, neglect, omission, oversight □ *dearmad inntinne* absence of mind □ *dèan dearmad air* neglect, overlook □ *cha bhi dearmad air a dhèanamh air a' chloinn* the children won't be neglected □ *dearmad inntinne* absence of mind, absent-mindedness □ *far am bi dàil bidh dearmad* delay leads to oversight (proverb)

dearmadach, -aiche *a* careless, heedless, neglectful, negligent, regardless, remiss □ *tha i dearmadach neo-aireach mu a gineal* she is neglectful and careless concerning her offspring

dearmadachd *nf* negligence

dearmaid, dearmad *v* neglect, disregard, omit, pass up □ *cha do dhearmaid e cothrom air Ailean irioslachadh* he didn't pass up an opportunity to humiliate Alan

deàrnadair, -ean *nm* palmist

deàrnadaireachd *nf* palmistry

deàrrs, -adh *v* dazzle, flare, glister, glitter, glow □ *bha a' ghrian a' deàrrsadh air an loch* the sun was glittering on the loch

deàrrsach, -aiche *a* bright □ *bha i deàrrsach dearg na dath* it *fem* was bright red in colour

deàrrsach, -aich, -aichean *nf* thundery rain *bidh an deàrrsach ann ann am mionaid* there'll be a thundershower in a minute

deàrrsadh, -aidh *nm & vn* of **deàrrs** shining etc., glare, shine □ *deàrrsadh na grèine* sunshine □ *bha sinn a' coiseachd ann an deàrrsadh na grèine* we were walking in the sunshine

deàrrsanta *a* bright, shining □ *chunnaic e solas deàrrsanta thall mu choinneimh* he saw a bright light away in front of him

deas *nf indec* south □ *deas / à deas* southerly *adv* □ *mu dheas* south(ward(s)) *adv* □ *an deas / an àirde a deas* the south □ for examples of usage see App. 9 Sect. 1.0

deas, deise *a* 1. accomplished, active, alert, apt, clever, deft, dexterous, expert, handy, prompt, quick, right (right hand etc.), sharp, skilful, snappy (quick), spruce 2. finished, ready □ *ma gheibh iad a-mach tha mi deas* if they find out I am finished □ *bha iad gan dèanamh fhèin deas gu seinn* they were getting themselves ready to sing □ *tha an t-arbhar deas airson a bhuain* the corn is ready for [its] harvesting 3. right (of direction) □ *air do làimh dheis* on your right (hand) □ *chaidh e tro dhoras air a làimh dheis* he went through a door on his right [hand] □ *bha a bhonaid na làimh dheis* his bonnet was in his right hand □ *bha suaicheantas beag airgid air taobh deas a bhroillich* there was a small silver badge on the right side of his chest 4. near, to hand, handy □ *thuirt e gun dèante croich air a shon den chraoibh bu deise* he said that a gallows would be made for him from the nearest / handiest tree

deas-bhriathrach *a* eloquent **d.-bhriathrachd** *nf* eloquence **d.-chainnt** *nf* 1. elocution 2. repartee **d.-chainnteach** *a* oratorical, voluble **d.-gnàth, -àith / -a, -an** *nm* ceremony, formality, rite, ritual □ *bha an t-seirbhis seo na seòrsa deas-gnàtha* this service was a sort of ceremony □ *deas-ghnàthan òg-fhoghlaim* initiation rites **d.-ghnàthach** *a* ceremonial, ritual □ *aig fèist dheas-ghnàthaich* at a ceremonial / ritual feast **d.-labhairteach** *a* outspoken **d.-labhrach** *a* fluent **d.-làmhach** *a* right-handed □ *a bheil thu deas-làmhach?* are you right-handed?

deasach, -aiche *a* southern □ *seo am baile bu deasaiche anns an dùthaich* this was the southernmost town in the country □ see App. 9 Sect. 2.0 for further details

deasach, -aich, -aich *nm* southerner □ see App. 9 Sect. 2.0 for further details 2. (localised) person from South Uist

deasachadh, -aidh, -aidhean *nm & vn* of **deasaich** preparing etc., edition, issue (of a magazine etc.) □ *bidh fiughair againn an t-iarmad fhaicinn san ath dheasachadh* we'll look forward to seeing the remainder in the next issue

deasachaidh *a* editorial

deasaich, -achadh *v* cook, edit, make ready, prepare □ *deasaichear seòlaidhean airson teagasg na Gàidhlig* guidelines will be prepared for the teaching of Gaelic

deasaiche, -ean *nm* editor

deasaichte *pp* prepared, set □ *bha am bòrd deasaichte* the table was set

deasalachd *nf* see **deisealachd**

deasbad, -aid, -an *nm* debate, dispute, argument □ *nuair a thàinig e gu h-aon is gu dhà mo roghainn a dhèanamh cha robh deasbad ann* when it came to the crunch to make my choice there was no argument □ *na gnothaichean / cùisean a tha ri an deasbad* the matters to be debated, discussed, talked through □ note that, though **deasbad** is used as a verb here, there appears to be no root verb **deasbaid**, though there is a verb **deasbair** □ *an seòmar deasbaid* the debating chamber

deasbair, deasbaireachd *v* debate, discuss

deasbaireachd *nf & vn* of **deasbair** debating etc., debate, discussion

deasbhòrd, -ùird *nm* starboard

deasg, -an *nm* desk □ *chuir e sìos air uachdar an deasg e* he set it down on top of the desk

deasgainn *nf* 1. barm, yeast 2. rennet □ *chuir i deasgainn anns a' bhainne 's rinn i binndeach dheth* she put rennet in the milk and [she] made curds of it

deat, -aichean *nf* date (fruit) □ *an alt form is* **deit**

deat, -a, deathaid *nm/f* year-old unshorn sheep

deatach, -aiche *nf* smoke, vapour □ *deatach uisge* water vapour

deatachadh, -aidh *nm & vn* of **deataich** evaporating etc., evaporation □ *tha mòran uisge ga chall às leis an deatachadh* much water is being lost from it by evaporation

deatachail, -e *a* smoky

deataich, -achadh *v* evaporate

deatamach, -aiche *a* necessary □ *tha e anabarrach deatamach aire na cloinne a ghlacadh* it is exceedingly necessary to catch (the) children's attention

deatamas, -ais, -an *nm* necessity, priority, requisite

deathach, -aich *nf* fume, reek

deic, -e, ean *nf* deck

deich *a* ten □ when not accompanied by a *noun* it is **a deich** □ *co mheud leabhar a tha agad an sin? tha deich leabhraichean agam / tha a deich* how many books do you have there? I have ten books / (I have) ten □ *air taobh-duilleig a deich* on page ten □ *deich air fhichead / deich ar fhichead* thirty □ *ceithir fichead 's a deich* ninety □ for a fuller list of numerals see App. 11

deich, -ean *s* ten □ *deichean agus aonadan* tens and units □ *tha ar figearan a' dol nan deichean* our figures work in [their] tens □ *seo bonn leth-cheud agus an còrr [ann] an deichean* here's a fifty pence piece and the rest in tens □ *deich air fhichead* thirty □ *anns na deichean air fhichead (anns na 30n)* in the thirties (in the 30s)

deich-bhliadhnail *a* decennial

deicheach *a* decimal □ *cùnntas deicheach* decimal counting □ *riochd deicheach* decimal form □ *bloigh dheicheach* decimal fraction □ *comharrachadh deicheach* decimal notation □ *ionad deicheach* decimal place

deichead, -eid, -an *nm* 1. decade □ *anns na deicheadan roimhe seo* in the decades previous to this / preceding decades □ *san deichead a tha romhainn* in the decade [which is] before us 2. decimal

deicheamh, -eimh *nm* tithe □ also **deachamh** □ *deicheamh meatair* a tenth of a metre

deicheamh *a* tenth □ *an deicheamh fear* the tenth man / one *masc* □ *ron deicheamh latha den Lùnastal* before the tenth (day) of August □ *seall dhomh am boireannach a ghabhadh ris an deicheamh cuid dheth* show me the woman who would put up with the tenth [part] of it □ *an deicheamh earrann* a tenth

deicheil *a* decimal □ see **deicheach**

deichnear *nm* ten people □ foll. by noun in *gen pl* or **de** + *dat* or the relevant *prep poss's* of **de** or **aig** □ *deichnear bhalach* ten boys □ *naoinear no deichnear de chaileagan* nine or ten girls

dèideadh, -idh *nm* □ used with the def art: **an dèideadh** toothache □ *tha an dèideadh orm* I have toothache

dèideag, -eige, -an *nf* 1. pebble 2. toy □ *bha i a' cluiche le dèideig* she was playing with a toy

dèideagach, -aiche *a* pebbly

dèideige *a* toy □ *saighdear dèideige* a toy soldier

---

dèidh, -e *nf* aspiration, ambition, desire, fondness, propensity □ *bi an dèidh air* aspire to □ *bha dèidh aca air fealladhà* they had a fondness for joking □ *tha barrachd dèidh agam air adaig na air trosg* I have more liking for haddock than for cod

dèidh an dèidh / às dèidh *prep + gen* after, on (= after) □ *an dèidh na suipearach* after [the] supper □ *an dèidh bàis* posthumous □ *an dèidh a' chogaidh* post-war □ *an dèidh a chèile* successive □ *dh'fhàg sinn an taigh an dèidh na froise* we left the house after the shower

an dèidh and **às dèidh** combine with *pers prons* in the usual manner of *compd preps*: **an dèidh** becomes: **nam dhèidh** (also **am dhèidh**) after me **nad dhèidh** after you **na dhèidh** after him / it *masc* **na dèidh** after her / it *fem* **nar dèidh** after us **nur dèidh** after you *pl & polite* **nan dèidh** after them

às dèidh becomes: **às mo dhèidh** after me **às do dhèidh** after you **às a dhèidh** after him / it *masc* **às a dèidh** after her / it *fem* **às ar dèidh** after us **às ur dèidh** after you *pl & polite* **às an dèidh** after them □ note: *shaoil e gum b fhiach an obair a dhol às a dèidh* he thought that the job was worth going after (lit. that it was worth the job to go after it)

Examples: *an dèidh a h-uile càil / an dèidh sin 's na dhèidh* after all, after all's said and done, nevertheless, still, yet □ *an dèidh sin tha mòran de na beachdan cothromach* nevertheless many of the opinions are sound □ *an dèidh sin bha fearg air* nevertheless he was angry □ ... *ach bha an cosnadh math an dèidh sin* ... but earnings were good nevertheless

an dèidh làimhe / an dèidh sin *adv* after(wards), then (afterwards), thereafter, after that, subsequently

an dèidh like **air** (see **air** 5.) is used along with *vn's* to form compound tenses □ *tha iad an dèidh tighinn dhachaigh* they have come home (lit. they are after coming home) □ *bha e an dèidh na sgeulachdan ath-sgrìobhadh* he had rewritten the stories

an dèidh do (or the *prep prons* of **do**) + the *vn* is used in the same way as with **air do** (*qv*) □ *an dèidh dhomh tighinn air ais a Glaschu* ... after I came back from Glasgow ... □ *an dèidh do na Griogaraich uile a bhith air an cur fon choill* after all the MacGregors had been outlawed □ *bha seo dà mhìos an dèidh dhaibh tidsear ùr fhastadh* this was two months after they (had) engaged a new teacher

thig an dèidh follow

deidheadh & deidhinn □ see **deigheadh**

dèidheil, -e *a* (+ **air**) desirous of, eager for, fond of, keen on □ *dèidheil air ionnsachadh* studious □ *cha robh e dèidheil air an iasgach* he wasn't keen on fishing

deidhinn, mu dheidhinn *prep* + *gen* about □ *tha iad a' bruidhinn mu dheidhinn nan tachartasan neònach sin fhathast* they are still talking about those strange occurrences □ as with most *compd preps*, a *poss adj* is used in Gaelic where English uses a *pers pron* □ **mu mo dheidhinn** about me **mu do dheidhinn** about you **mu (a) dheidhinn** about him / it *masc* **mu (a) deidhinn** about her / it *fem* **mu ar deidhinn** about us **mu ur deidhinn** about you *pl & polite* **mun deidhinn** about them □ *bha iad a' bruidhinn mu mo dheidhinn* they were speaking about me □ *bha mi dìreach air a bhith a' bruidhinn mu do dheidhinn* I had just been speaking about you □ ... *a chuala tu mi a' bruidhinn mu a dheidhinn o chionn ghoirid* ... which you heard me talking about recently (lit. about it) □ ... *agus barrachd àiteachan as fhiach bruidhinn mu an deidhinn* ... and more places that are worth talking about (lit. about them) □ *cuir mu dheidhinn* take steps □ *seadh, dè mu dheidhinn?* yes, what about it? □ *dè mu dheidhinn an fheadhainn seo?* what / how about these (ones)? □ *dè mu dheidhinn a dhol chun an taigh-dhealbh?* what about going to the cinema? □ *cò mu dheidhinn?* about whom / what?

deifir, -e *nf* hastiness, hurry

deifir *nm* □ see **diofar**

deifir— □ see **deifr—**

deifreach, -iche *a* hasty, hurried, speedy, urgent □ *bha gach aon dhiubh air ceann-gnothaich deifireach* every one of them was on an urgent errand

deifreachadh *vn* of **deifrich** hurrying etc.

deifrich, -eachadh *v* hurry, scurry □ *bha sgaoth de dhaoine a' deifreachadh thall s' a-bhos* a swarm of people were scurrying to and fro

deigh, -e *nf* ice

deigheadh & deighinn used for **rachadh & rachainn** in some areas □ *a dheigheadh* ... that would go ... □ *chaidh aontachadh gun deigheadh iarraidh air a' chompanaidh seo* ... it was agreed that this company would be asked ...

deighinn □ see **deigheadh**

deilbh and **deilbhe** □ dat sing & *gen sing* respectively of **dealbh** but **deilbh** is also used as *nom* – see below

deilbh, -e, -ean *nf* design

deilbh, deilbh *v* design, model, plan □ also **dealbh** (q.v.)

deilbheadh, -idh *nm* sculpture

deilbhear, -eir, -an *nm* sculptor

deilbhiche, -ean *nm* designer

dèile, -eachan *nf* board, deal (board), plank □ *bha dèile bheag ann air na choisich e a-null* there was a small plank [on] which he walked over

deileatain *nm* gelatine

deilg and **deilge** □ dat sing & *gen sing* respectively of **dealg** prick, prickle etc.

deilgneach, -iche *a* prickly, thorny □ *cadal deilgneach* pins and needles

dèilig, -eadh *v* + **ri** deal (with) □ *a' dèiligeadh ri ùghdarrasan ionadail* dealing with local authorities □ *bha feadhainn dhiubh a' dèiligeadh ri eachdraidh* some of them were dealing with history □ *bha an dòigh anns an dèiligeadh sinn ris an obair an urra ruinn fhèin* the way in which we dealt with the task was up to ourselves □ *bha e toilichte leis mar a bhathas a' dèiligeadh riutha* he was pleased with how they were being treated □ *dèilig + ann an* etc. deal (in) □ *bha an companaidh a' dèiligeadh (ann) an toirt a-steach badhair o chèin* the company dealt in importing (lit. bringing in goods from abroad)

dèiligeadh, -idh *nm* & *vn* of **dèilig** dealing

deilignit *nm* gelignite

deimhinn, -e *a* certain, conclusive, definite, positive, sure □ *gu deimhinn* indeed, truly, verily □ *tha mi deimhinn às a sin* I'm certain of that

deimhinneachd *nf* certainty, definiteness

deimhinnte *a* definitive

deimhneach, -iche *a* affirmative, positive

dèine *nf* ardour, eagerness, fervour, impetus, intensity, keenness, rigour, urgency

dèinead, -an *nf* intenseness, intensity □ *cha chreideadh tu dèinead an t-saoghail dhùinte sin* you would not believe the intensity of that closed world □ *a' faireachdainn dèineadan a' cheartais* feeling the intensities of justice

dèineas, -eis *nm* vehemence

deir, -e *nf* herpes, shingles

dèirce, -ean *nf* alms, charity (abst.)
    dèircean *pl* alms (concr.), largesse

dèirceach, -ich, -ich *nm* beggar, mendicant □ also **diol-dèirce**

dèirceach, -iche *a* charitable (in almsgiving)

dèirceachd *nf* charity (abst.)

dèireach, -ich *nf* tingle, thrill, 'dirl' □ *bha dèireach nam chasan leis an fhuachd* my feet were tingling with the cold

dèireachd *nf* □ same as **dèireach** above

deireadh, -idh, -idhean *nm* end, period, rear, stern □ *deireadh an sgeòil* the end of the story □ *cha chluinn mi a chaoidh a dheireadh* I shall never hear the end of it □ *deireadh seachdanach* weekend □ *anns an deireadh* in the back (e.g. of a car) □ *gu deireadh an Fhaoiltich* to the end of January □ *'s e an dòchas a th'ann, aig deireadh cùise, gun leasaich seo an suidheachadh* it is hoped that this will, in the end, improve the situation □ *ro dheireadh a' mhìos* before the end of the month □ *an / gu deireadh a' bhàta / na luinge* astern *adv* □ *bha e na sheasamh an deireadh na luinge* he was standing astern □ *choisich e gu deireadh na luinge* he walked astern

air dheireadh / air deireadh *adv* behind, last, late, slow (of a timepiece) □ *fàg air deireadh* outstrip □ *cha robh iad air deireadh ann a bhith a' toirt cobhair dha* they weren't behind (i.e. tardy / slow) in helping him □ *tha sinn fada air deireadh orra anns an t-seagh seo* we are far behind them in this sense □ *bha iad air am fàgail air deireadh* they were left behind □ *tha m'uaireadair air deireadh* my watch is slow □ *chan fheum sinn bhith air deireadh* we mustn't be late

mu dheireadh (also **bho dheireadh**) 1. *adv* last, at last □ *ràinig sinn mullach na beinne mu dheireadh* we reached the top of the mountain at last □ *cuin a chunnaic thu e mu dheireadh?* when did you last see him? 2. *adj* last □ *seo an duine mu dheireadh* this is the last person □ *sin am fear mu dheireadh* that's the last one □ *an turas mu dheireadh a chunnaic mi e bha an daorach air* the last time I saw him he was drunk □ *anns an dà fhichead bliadhna mu dheireadh* in the last forty years □ *chaith e an leth-cheud bliadhna mu dheireadh aige ann an Glaschu* he spent his last fifty years in Glasgow □ see **mu** for further examples

mu dheireadh thall *adv* eventually, at long last □ *mu dheireadh thall chrìochnaich sinn an obair* at long last we finished the job
deireadh-seachdain *nm* weekend □ also *a* weekend □ *cùrsa Gàidhlig deireadh-seachdain* a weekend Gaelic course

deireannach, -aiche *a* 1. dilatory, tardy □ *tha na h-eaglaisean air a bhith glè dheireannach ann a bhith...* the churches have been very dilatory in... 2. final, hindermost, last, latter, posterior, ultimate □ *thug e ceum deireannach eile* he took another final / last step □ *ann am bliadhnaichean deireannach a bheatha* in the latter years of his life 3. backward □ *tha an sluagh deireannach* the people are backward
deireas, -eis, -an *nm* 1. injury, harm, hurt 2. want, scarcity □ *cha robh dìth no deireas orra* they lacked for nothing 3. requisite, convenience
deireasach, -aiche *a* 1. hurt, lame □ *chan eil e a' faighinn mun cuairt ach gu deireasach a-nis* he gets about only lamely now 2. needful 3. injurious, harmful
deirge *nf* redness, ruddiness
deirg □ *gen sing* of **dearg** *nm* red
deiridh *a* rear, ultimate □ *an roth deiridh* the rear wheel □ *bha mi nam ghunnair dheiridh* I was a rear gunner
dèis and **dèise** □ *dat sing* & *gen sing* respectively of **dias** ear (of corn)
dèis, an dèis □ same as **dèidh, an dèidh**
deisciobal, -ail, -ail *nm* disciple □ *chaidh iad a bhith nan deisciobail dha* they went to be his disciples (lit. in their disciples to him)
deisciobalachd *nf* discipleship
deise *nf* readiness
deise *comp form* of **deas** *a*
deise, -eachan *nf* suit (clothes)
deise-chruadhach *nf* mail (armour) **d.-fhànais** *nf* spacesuit **d.-shnàmha** *nf* swimsuit **d.-spòrs** *nf* tracksuit
dèiseag, -eige, -an *nf* smack (on the bottom) □ *gheibh thu dèiseag* you'll get a smack
deiseal *a* and *adv* clockwise, in the direction of the sun, sunwise □ *bha iad a' dol deiseal mun taigh* they were going sunwise round the house
deisealachadh, -aidh *nm vn* of **deisealaich** preparing etc., preparation

deisealachd *nf* convenience, dexterity □ *... mar a b fheàrr a thigeadh ri an deisealachd fhèin...* as best suited their own convenience
deisealaich, -achadh *v* prepare

deiseil, -e *a* 1. poised, pat, ready, prepared □ *tha am biadh deiseil* the food / meal is ready □ *dèan deiseil!* get ready! □ *bha e a-nis gu bhith deiseil* he was now almost ready □ see **gu bhith** **deiseil** takes **gus** before a *vn* (i.e. ready to do something) □ *tha am bradan air a reic bruich deiseil gus itheadh* the salmon is sold cooked ready to eat □ *bha iad deònach agus deiseil gus làmh-chuidich a thoirt dhaibh* they were willing and ready to give them a helping hand □ *rinneadh deiseil gus na daoine a shàbhaladh* preparations were made to rescue the people (lit. it *impers* was made ready etc.) □ *bha iad deiseil gus fulang airson am fianais* they were ready to suffer for their witness (in a relig. sense)
deiseil is followed by **airson** before a *noun / pron* (i.e. ready for) □ *bha na saighdearan deiseil airson ionnsaigh sam bith* the soldiers were ready for any offensive □ *chan eil e deiseil airson sin fhathast* he isn't ready for that yet □ *bhitheadh iad deiseil air a shon* they would be ready for him / it 2. finished (+ **de** = with) □ *nach eil thu deiseil de sin fhathast?* aren't you finished with that yet? □ *bha an lomadh gu bhith deiseil* the shearing was almost finished 3. dexterous

dèisinn *nf* abhorrence, disgust, nausea, shock
dèisinneach, -iche *a* disgusting, grisly, horrid □ *b' e siud an sealladh dèisinneach!* what a disgusting sight that was! (lit. that was the disgusting sight!)
deismireachd *nf* curiosity, prolixity □ *chuireadh e nad bhreislich thu le deismireachd comhraidh* he would confound you with a prolixity of talk
dèistinn *nf* □ see **dèisinn**
dèistinneach, -iche *a* □ see **dèisinneach**
deit, -e, -ean *nf* date (fruit / assignment)
deò *nf* air, breath of air, breath, vital spark □ *cha robh deò gaoithe ann* there wasn't

a breath of wind □ ... *ach cha robh deò san einnsean* ... but there wasn't a spark of life in the engine □ *cha robh deò ann* there was no life left in him □ *gun deò* lifeless □ *thug e suas an deò* he gave up the ghost □ *tha feadhainn nach toir suas an deò gus an èiginn dhaibh* there are some who won't give up the ghost until they have to

deò-grèine *nf* sunbeam

deoc, -adh *v* suck

deoch, dighe, deochan(nan) *nf* drink, liquor, potion □ (*biadh is*) *deoch* refreshment □ *deoch bhrìgheach* tonic □ *am bu toigh leat deoch?* would you like a drink? □ *bha an deoch orra* they were drunk (lit. the drink was on them) □ *tha an deoch air* he is drunk □ *bha an deoch air an-raoir* he was drunk last night □ *bha deoch mhòr air* he was very drunk □ *deoch làidir* strong / intoxicating drink □ *dh'òl i deoch bhainne* she took a drink of milk (lit. drank a milk drink) □ *deoch an dorais* stirrup-cup (lit. the door drink □ hence 'doch n doris')

deoch-bhiugh *s* greenshanks □ *chithear air a'mhachair an guilbneach agus an luatharan agus an deoch-bhiugh* on the machair will be seen the curlew, the sandpiper and the greenshanks **d.-iobairt** *nf* libation **d.-lag** *nf* soft drink **d.-liomaid** *nf* lemonade **d.-slàinte** *nf* toast (drink) □ *òlaidh sinn deoch-slàinte* we'll drink a toast

deoghail, deoghal *v* absorb, draw (a liquid), imbibe, suck, suck up

deoghal, -ail *nm & vn* of **deoghail** sucking etc., suction

deòigh, fa dheòigh *adv* at last

deòin, -e *nf* assent, inclination, purpose, will, willingness □ *b' ann le deòin a shìn mise san leabaidh* I willingly stretched myself out on the bed □ ... *ged nach b'ann dha dheòin* ... though it were not with his consent / concurrence □ *a dheòin no a dh'aindeoin* willy-nilly, nolens volens, whether (he / she etc.) wishes / wished to or not

deòin-bhàidh *nf* strong attachment □ *bha deòin-bhàidh agam riamh ri* ... I always had a strong attachment for ...

deòir □ *gen sing* and *nom & dat pl* of **deur** tear(drop)

deòiridh, -ean *nm* pilgrim

deònach, -aich *a* minded, spontaneous, willing □ *fear deònach* volunteer □ *bha iad deònach agus deiseil gus làmh chuidich a thoirt dhaibh* they were willing and ready to give them a helping hand □ *tha mi deònach tuilleadh ùine a thoirt dhut*

I am willing to give you more time □ *a bheil e deònach a reic?* is he willing to sell (it?) □ *cha robh e deònach gluasad* he wasn't willing to move □ *cha robh e deònach a dhol ann* he wasn't willing to go there

deònachadh, -aidh *vn* of **deònaich** condescending etc.

deònaich, -achadh *v* condescend, deign, give consent, grant, vouchsafe, will □ *deònaich dhuinn gàirdeachas do shlàinte* grant [to] us the joy of thy salvation □ *deònaich gu caith sinn o seo suas beatha dhiadhaidh agus ionraic* grant that from now on we spend devout and upright lives (lit. life – **beatha** has only a *sing* form as each person has only one life)

deòntas, -ais *nm* spontaneity, willingness

deth / dheth *prep pron* of **de** (q.v.)

de-tigheach, -iche *nf* epiglottis

deuchainn, -e, -ean *nf* 1. experiment, exam(ination), test, trial (hardship, distress, legal or test) □ *Ùghdarras nan Deucainnean an Alba* Scottish Qualifications Authority □ *deuchainn chothromach* fair test □ *b' esan ceann-fath a deuchainn(e)* he was the cause of her trial / distress □ *deuchainn ealdhain* scientific experiment □ *cuir gu deuchainn* try □ *feumaidh sinn na dòighean sin a chur gu deuchainn* we must test / try these methods □ *feuch deuchainn* take an examination □ *bidh mi a'feuchainn na deuchainn an ath sheachdain* I'll be taking the examination next week

deuchainn-ghleusta *nf* prelude

deuchainn-lann *nf* laboratory

deuchainneach, -iche *a* adventurous, difficult, empirical, probationary, testing, dispiriting □ *bha an cromadh deuchainneach* the climb was difficult / testing

deuchainniche, -ean *nm* candidate (exam-ination), probationer

deucon, -oin, -oin *nm* deacon

deud *nm* denture, ivory

deudach, -aich, -aich *nm* denture(s), set of teeth

deudach *a* dental

deug a form of **deich** ten used in forming numerals from eleven to nineteen and also the numbers between the tens after thirty, fifty, seventy and ninety □ without a *noun* these are: *a h-aon deug* eleven □ *a dhà dheug* twelve □ *a trì deug* thirteen □ *a ceithir deug* fourteen □ *a còig deug* fifteen □ *a sia deug* sixteen □ *a seachd deug* seventeen □ *a h-ochd deug* eighteen □ *a naoi deug* nineteen □ *a h-aon deug air fhichead*

thirty-one □ *a dhà dheug air fhichead* thirty-two etc. □ for the rest see App. 11
With a *noun* the forms are: *aon (bhreac) deug* eleven (trout) □ *dà (bhreac) dheug* twelve (trout) □ *trì (bric) dheug* thirteen (trout) □ *ceithir (bric) dheug* fourteen (trout) □ *còig (bric) dheug* fifteen (trout) □ *sia (bric) dheug* sixteen (trout) □ *seachd (bric) dheug* seventeen (trout) □ *ochd (bric) dheug* eighteen (trout) □ *naoi (bric) dheug* nineteen (trout) □ *aon (bhreac) dheug air fhichead* thirty-one (trout) □ *dà (bhreac) dheug air fhichead* thirty-two (trout) etc. □ for the rest, see App. 11

deugachadh, -aidh *nm* going into '-teens', becoming more than ten 2. also used with the meaning 'tens' □ *an dèidh deugachadh a dh'uairean a thìde* after tens of hours [of time] □ *bha deugachadh dhaoine againn aig a'choinneimh* we had tens of people at the meeting

deugaire, -ean *nm* teenager
deugan *n pl* teens
deur, deòir, deòir *nm* 1. tear, teardrop □ *thàinig na deòir gu a sùilean / na sùilean* the tears came to her eyes / into her eyes □ *bha deòir a'ruith le a h-aodann* tears were running down her face 2. drop, small quantity □ *cha do ghabh mi deur dheth* I didn't take a drop of it

deurach, -aiche *a* tearful, weeping □ *"Chaill mi mo bhàlla," ars esan gu deurach* "I lost my ball," he said tearfully □ *ann an guth deurach* in a tearful voice

deusanta *a* decent, respectable □ *gu deusanta* respectably
deusantachd *nf* decency, respectability
dh' a form of **do** *part* denoting the *past* tense (see **do** and App. 1 Sect. 4.4.1)
dh', a dh' – *abbr form* of the *prep* **de** of
dha, dhaibh □ see under **do** *prep*
dhachaigh *adv* home, homeward(s) □ *chaidh sinn dhachaigh* we went home
dhad / dham / dhan / dhar / dhur □ see under **do** *prep*
dhàsan *emph prep pron* of **do** (q.v.) to *him*
dheth *prep pron* of **de** (q.v.) off it, of it □ *chuir e dheth a chòta* he took off his coat
dh'fhaoite, ma dh'fhaoite (gu(n)) *adv* perchance, perhaps
dhi / dhìse *prep pron* and *emph prep pron* of **do** (q.v.) to her / to it *fem*
dhiom, dhiot, dhith, dhinn, dhibh, dhiubh *prep prons* of **de** (q.v.)
dhomh / dhòmhsa *prep pron / emph prep pron* of **do** (q.v.)

dhut, dhuinn, dhuibh *prep prons* of **do** (q.v.)
di, diom, diot, dinn, dibh, diubh *prep prons* of **de** □ see *lenited* forms **dhi, dhiom** etc. under **de**

Di- *pref* formerly used for the days as shown below □ for nights eg 'Tuesday night' see **oidhche**
Di-Luain, Di-Màirt, Di-Ciadain, Di-hAoine, Di-Sathairne, Di-Dòmhnaich □ see **Diluain, Dimàirt, Diciadain, Dihaoine, Disathairne, Didòmhnaich**

di- a prefix of uncertain origin in the following two words
di-beatha *nf* welcome □ not now a common word, but see below and **'s e do bheatha** (under **beatha**)
di-beathte *a* welcome □ *tha sibh di-beathte* you are welcome □ *bidh an leabhar seo di-bheathte aig an fhead-hainn a tha a' feuchainn ri Gàidhlig a thogail* this book will be welcome to those that are trying to pick up Gaelic □ Dwelly gives the derivation of this expression as **deagh-bheatha-te**. George Calder in A Gaelic Grammar links it with **'s e do bheatha** (see **beatha**)

---

dì- / di- *a neg pref* corresponding to 'de'- or 'dis'- in English.
All the examples below begin with **di-** unless otherwise shown.
d.-armachadh *nm & vn* of **d.-armaich** disarming, disarmament **d.-armaich** *v* disarm **d.-bhunachadh** *nm* disestablishment
dì-cheann *v* behead □ *dhì-cheannadh Màiri Antoinette* Marie Antoinette was beheaded **dì-cheannachadh** *vn* of **dì-cheannaich** decapitating etc. **dì-cheannadh** *nm & vn* of **di-cheann** beheading etc., decapitation □ *smaoinich iad gum feuchadh na h-Innseanaich Ruadha ri dì-cheannadh a dhèanamh orra* they thought that the Red Indians would try to behead them
dì-cheannaich *v* behead, decapitate
d.-chnàmhadh *nm* indigestion

d.-choillteachadh *nm* deforestation **dì-chuimhn...** (see **dìochuimhn...**) **d.-làraich** *v* demolish, destroy **d.-làraichte** *pp* demolished, destroyed □ *bha na taighean di-làraichte* the houses were demolished (i.e. in a state of demolition) □ *dùthaich làn bhailtean beaga air am fàsachadh is air an di-làraichte* a countryside full of deserted and demolished villages **d.- leum** *nm indec* fetter(s) □ *bha di-leum air na h-eich* there were fetters on the horses **d.-luchdachadh** *nm & vn* of **d.- luchdaich** discharging (of goods), discharge (of goods), unloading **d.-luchdaich** *v* discharge (of goods), unload **d.-mol** *v* dispraise (see **diomol**) **d.-moladh** *nm & vn* of **d.-mol** dispraising, dispraise (see **diomoladh**) **dì-shalainneachadh** *nm & vn* of **dì-shalainnich** desalinisation **dì-shalainich** desalinisate

---

Dia / dia, *gen sing* **Dhè / dhè**, *nom & dat pl* **diathan** *gen pl* **dhia** deity, God / god □ *dèan dia de / dhe* deify □ *dèanamh dia de / dhe* deification □ *mar dhia* godlike □ *siud mise mur b' e gràs Dhè* there, but for the grace of God, go I □ *Dia an t-Athair* God the Father
dia-mhaslach, -aiche *a* blasphemous **d.-mhaslachadh, -aidh** *nm & vn* of **d.-mhaslaich** blaspheming, blasphemy **d.-mhaslachair** *nm* blasphemer **d.-mhaslaich, -achadh** *v* blaspheme **d.-riaghladh** *nm* theocracy **d.-uisge** *nm* water god
diabhal, -ail, -ail *nm* deuce, devil
diabhalta *a* infernal
diabhlaidh, -e *a* devilish, diabolical □ *bha aonadh diabhlaidh eatorra* there was a devilish union between them
diadhach, -aich, -aich *nm* divine
diadhachd *nf* deity, divinity, godhead, godliness, religion, theology
diadhaidh, -e *a*, divine, godly, pious, religious □ *Còir Dhiadhaidh Rìghrean* the Divine Right of Kings □ *duine diadhaidh* a godly man □ *cha do ghabh e air a bhith diadhaidh* he did not pretend to be pious
diadhaire, -ean *nm* divine, theologian
diadhaireach, -iche *a* theological
diagram, -aim, -an *nm* diagram
diamhair-e *a* deep (mentally), private, secret □ *chuir e iad gu feum gu diamhair*

is gu follaiseach he used them privately and publicly
diamhaireachd *nf* mystery, privacy
dian, dèine *a* 1. eager, keen □ *bha iad dian air crodh a reic* they were eager to sell cattle 2. fervent, furious, intense, intensive, pressing, strenuous, urgent, vehement □ *ag ullachadh chùrsachan diana* preparing intensive courses □ as *adv* often = 'hard' and often precedes *vn's* with the force of an *adv* □ *a' dian chòmhradh* talking furiously / earnestly □ *bha e a' dian chur* it was snowing heavily □ also used as a *pref* – see below
dian-àiteachas *nm* intensive cultivation (geog.) **d.-amhairc, d.-amharc** *v* gaze, stare □ *air an robh iad a' dian-amharc* at which they were gazing □ *bha an duine a' dian-amharc oirnn* the man was staring at us **d.-bhriathrach** *a* assertive **d.-chabhag** *nf* haste, urgency **d.-chabhagach** *a* hotfooted, in furious haste □ *bha e a' gluasad gu dian-chabhagach gu tuath le armailt mhòir* he was marching north hot-footed with a large army **d.-chomhairlich** *v* inculcate **d.-ghlac** *v* mesmerise **d.-ionnsachadh** *nm* intensive training □ *fhuair iad dian-ionnsachadh ann an Gàidhlig* they received intensive training in Gaelic **d.-ruith** *nf* rush □ *na dhian-ruith* (running) headlong / sprinting (*masc* subject) □ *bha e na dhian-ruith* he was rushing / running headlong **d.-thograch** *a* ambitious **d.-ùidh** *nf* absorption (mental)
Diar-daoin *nm* see **Diardaoin** below
Diardaoin *nm* (formed from **dì eadar dà aoin** the day between two fasts) Thursday, on Thursday □ *am faca tu e Diardaoin?* did you see him on Thursday? □ *feasgar Diardaoin* (on) Thursday afternoon / evening □ *cha tàinig i air ais feasgar Diardaoin* she didn't return on Thursday afternoon / evening □ *o Dhiardaoin gu Diluain* from Thursday to Monday □ *chunnaic e gur e ceann-latha Diardaoin a bha air an litir* he saw that it was Thursday's date that was on the letter
dias, dèise, -an *nf* ear (of corn) □ *fo dhèis* in ear □ *bha an t-arbhar fo dhèis* the corn was in ear □ *dias Innseanach* corn on the cob
diathad, -aid, -an *nf* dinner (often spelled **diot** – from English diet)
diatònach *a* diatonic
dibhearsaineach, -iche *a* entertaining □ *bha e aotrom dibhearsaineach* he was light and entertaining

dìblidh, -e *a* abject □ *sin an t-àite (a) bu dìblidhe a chunnaic mi riamh* that was the most abject place I ever saw

dìcheall, -ill *nm* diligence, effort, exertion, utmost / best endeavour □ *dèan do dhìcheall* exert yourself, labour □ *rinn e a dhìcheall* he did his best / utmost □ *tha e a' dèanamh a dhìchill* he is doing his best □ ... *cho fada 's a tha an coltas orra gu bheil iad a' dèanamh an dìchill* ... as long as they appear to be doing their best □ *nì sinn ar n-uile dhìcheall* we'll do our utmost □ *le dìcheall* with diligence □ *cha b' urrainn dhut sin a dhèanamh gun dìcheall* you couldn't do that without effort

dìcheallach, -aiche *a* diligent, laborious □ *bha meas air mar aoghaire dìcheallach* he was esteemed as a diligent pastor

Diciadain *nm* Wednesday □ *feasgar Diciadain* Wednesday afternoon / evening □ *càit an robh thu feasgar Diciadain?* where were you on Wednesday afternoon / evening? □ *chunnaic mi e Diciadain* I saw him on Wednesday

dìdean, -ein, -an *nm* defence, refuge, safeguard, shield

dìdeanach, -aiche *a* preventive

dìdearachd *nf* peeping

dideatach *a* digital □ *seanal talmhaidh dideatach* digital terrestrial channel □ *siostam an Telebhisein Thalmhaidh Dhideataich* the Digital Terrestrial Television System □ *bidh e air a chraoladh gu dideatach* it will be broadcast in digital

Didòmhnaich *nm* Sabbath Day, Sunday, on Sunday □ *cha robh iad anns an eaglais Didòmhnaich* they weren't in church on Sunday □ *feasgar Didòmhnaich* (on) Sunday evening □ *chan fhaca mi iad feasgar Didòmhnaich* I didn't see them on Sunday evening

diet-itealan *nm* jet-plane

dìg, -e, -ean / -eachan *nf* ditch, dyke

dighe □ *gen sing* of deoch drink

Dihaoine *nm* Friday □ *chaidh mi don bhaile Dihaoine* I went into town on Friday □ *feasgar Dihaoine* (on) Friday afternoon / evening □ for Friday night, see oidhche

dìle, dìleann (*dat.* dìlinn) *nf* deluge □ *dìle (bhàite)* cloudburst, downpour, flood

dìleab, -eib *nf* bequest, inheritance, legacy □ *fàg mar dhìleab* bequeath □ *dh'fhàg iad dhuinn e mar dhìleab* they left it to us as a legacy / bequeathed it to us

dìleabach, -aich, -aich *nm* legatee □ *dh'fhoillsich e do na dìleabaich suim na*

dìleib he revealed to the legatees the amount of the legacy

dileag, -aige, -an *nf* small drop, droplet

dìleas, dìlse *a* faithful, leal, loyal, staunch, steadfast, true □ *bha e dìleas don rìgh* he was loyal to the king □ *gheall e gum bitheadh e dìleas dhi* he promised that he would be faithful to her □ *feumaidh sinn a bhith dìleas do na geallaidhean a thug sinn* we must be faithful to the promises that we gave

dìlleachdan, -ain, -ain *nm* orphan □ *dh'fhàgadh i na dìlleachdan* she was left an orphan (lit. in her orphan)

dìlse *nf* faithfulness, fidelity, loyalty

dìlseachd *nf* faithfulness, fidelity, loyalty

Diluain *nm* Monday, on Monday □ *thàinig e air ais Diluain* he returned on Monday □ *feasgar Diluain* (on) Monday afternoon / evening □ *dè rinn thu feasgar Di-Luain?* what did you do on Monday afternoon / evening?

Dimàirt *nm* Tuesday, on Tuesday □ *thàinig e air ais Dimàirt* he returned on Tuesday □ *feasgar Dimàirt* (on) Tuesday afternoon / evening □ *thàinig e dhachaigh feasgar Dimàirt* he came home on Tuesday afternoon / evening

dìmeas, -eis *nm* contempt, depreciation, disdain, disesteem, disrespect, reprobation, slight □ *dèan / cuir dìmeas air* hold in contempt, despise, denigrate, disregard □ *chan eilear a' cur dìmeas air na h-adhartasan a chaidh a dhèanamh* the advances which have been made are not being denigrated □ ... *air an do rinn e dìmeas* ... which he had held in contempt □ also *cuir an dìmeas* depreciate, despise, spurn

dìmeasach, -aiche *a* disrespectful, scornful

dìneamo, -othan *nm* dynamo

dineasair, -ean *nm* dinosaur □ also dineosor

dìneosor, -oir, -oir *nm* dinosaur

dìnichean *n pl* jeans

dinimic *nm* dynamics

dinimit *nm* dynamite

dinn, dinneadh *v* cram, impact, press, stuff

dinneadh, -idh *nm & vn* of dinn stuffing etc., press □ *thug e dinneadh beag air* he gave it a little press

dìnnear, dìnneireach / dìnnearach, dìnnearan / dìnnearachan *nf* dinner □ *dìnnear is dannsa* dinner-dance □ *aig àm dìnnearach agus an dèidh àm dìnnearach* at dinner-time and after dinner-time □ *dè bha agad gu do dhìnnear an-diugh?* what did you have to your dinner today? □ *gabh dìnnear* dine

dìnneir □ see **dìnnear**
dinneireach *a* dinner □ *seacaid din-neireach* dinner-jacket □ *tràth dinneireach* dinner-time
dinnsear, -eir *nm* ginger
dinnsearach *a* ginger
dioba, -aichean *nf* jib (naut. etc.) □ also **sioba**
dìobair, dìobradh *v* desert, fail, forsake
dìobarach, -aich, -aich *nm* outcast
dìobhail, -e, -ean *nf* 1. want, lack of □ *bha iad air an lìonadh le dìobhail misnich* they were filled with a lack of courage □ *bha iad an dìobhail tuilleadh airgid* they were in need of more money 2. misfortune, calamity □ *is mòr an dìobhail gu / nach ...* it's a great misfortune / pity that.../ that...not ...
dìobhair, dìobhairt *v* vomit
dìobhairt *nm* & *vn* of **dìobhair** vomiting, vomit
dìobhalach, -aiche *a* destructive, detrimental □ *'s e sgeulachd dhìobhalach dha a rachadh innse* it was a story detrimental to him which was told
dìobradh, -aidh *nm* & *vn* of **dìobair** deserting etc.
dìochuimhne *nf* forgetfulness □ *air dìochuimhne* forgotten □ *chaidh na làithean doirbhe ud air dìochuimhne* those difficult days were forgotten □ *dèan dìochuimhne air* forget □ *cha tig an latha a nì mi dìochuimhne air an àite seo* the day will not come that I will forget this place / I'll never forget etc. □ *...agus e air dìochuimhne a dhèanamh air a' bhalach ...* [and he] having forgotten the lad
dìochuimhneach, -iche *a* forgetful, absent-minded, unmindful □ *bha e a-riamh rudeigin dìochuimhneach* he was always rather absent-minded
dìochuimhneachadh, -aidh *nm* & *vn* of **dìochuimhnich** forgetting
dìochuimhnich, -eachadh *v* forget □ *dhìochuimhnich e gun robh an làr fliuch* he forgot that the floor was wet □ *o, theab mi dìochuimhneachadh* oh, I almost forgot □ *cha dìochuimhnich mi e a-chaoidh* I shall never forget him

diofar, -air *nm* 1. difference, discrepancy □ *chan e gun dèanadh e mòran diofair co-dhiù* [it is] not that it would have made much difference anyway □ *tha tòrr dhiofaran ann* there are many

differences [in it] □ *chan eil diofar ann / chan eil e gu diofar* it is of no consequence, it doesn't matter, it makes no difference □ *cha robh sin gu diofar* that didn't matter □ *(ach) dè an diofar?* (but) it makes no odds / what's the odds? □ *'s e an diofar eadar na prisean ... the difference in price is* □ ... *chan eil e air diofar mòr a dhèanamh* it hasn't made a big difference □ *feumaidh sinn diofar a dhèanamh eatorra* we must differentiate between them 2. – also used before *nouns*, translating as an *adj* meaning 'different', 'various', the following *nouns* being in the *gen sing* or *plural* as required □ *air tharrachadh ann an diofar dhòighean* changing in various ways □ *cruinneachadh de bhàrdachd bho dhiofar bhàrd* a collection of poetry from various poets □ *(ann) an diofar dòigh uaibhse* in a different way from you □ *aig diofar ìre* at a different level
diofar is often used with **seòrsa** sort (of), kind (of) etc. □ *dh'innis e dhomh mun diofar sheòrsaichean leapannan a bha air an dèanamh leis a' chompanaidh* he told me about the various kinds of beds that were made by the company □ *bha iad o dhiofar sheòrsaichean eun* they were from different kinds of birds □ *tha iad ag iarraidh diofar sheòrsaichean phrògraman* they want different kinds of programmes □ but: *tha sinn a' dèanamh cinnteach gum bi raon gu math farsaing de dhiofar sheòrsaichean phrògram ri fhaighinn* we are ensuring that there will be quite a wide range of different kinds of programme available (in these latter two examples both **phrògram** and **phrògramman** are used as the *gen pl.* of **prògram**)

diofaraichte *pp* different, differentiated, disparate, variegated
diofarail *a* differential
diog *nm* 1. tick (of clock), tick (moment), second (time) □ *cha robh càil ri chluinntinn ach diog an dèidh diog bhon ghleoc* there was nothing to be heard but tick after tick from the clock □ *chuala mi diog aig an uaireadair* I heard the watch ticking 2. sound, syllable □ *cha dubhairt e diog*

he uttered not a sound / syllable 3. life, breath □ *bheir an obair seo an diog asad* this work will take the life out of you

diog, -adh *v* □ *bha gleoc a' diogadh air sgeilp an t-simileir* there was a clock ticking on the mantelshelf

diogadaich *nf* ticking (of a watch)

diogadh, -aidh *nm & vn* of **diog** ticking

diogail, diogladh *v* tickle

diogailt, -e *nf* tickling

diogailteach, -iche *a* ticklish, dangerous, precarious

dìoghail, dìoghladh *v* avenge, take revenge, pay, requite □ *thèid mi an urras gun dìoghail iad air na rinn iad* I'll warrant they'll pay for what they have done □ *dìòghlaidh iad air a sin airson greiseig* they'll pay for that for a while □ *co air a dhìoghladh tu sin?* on whom would you take revenge for that? (note the shortened form of the *fut tense* and *impf / cond*, common in verbs ending in -**ail**) Note also that this verb is now usually written **dìol** (q.v.)

dìoghaltach, -aiche *a* penal, revengeful, vengeful, vindictive

dìoghaltair, -ean *nm* avenger

dìoghaltas, -ais *nm* punishment, revenge, vengeance □ *dèan dìoghaltas* avenge, exact revenge, revenge

dìoghladh, -aidh *nm & vn* of **dìoghail** avenging etc.

dìoghlaim, dìoghlam *v* glean

dìoghlam, -aim *nm & vn* of **dìoghlaim** gleaning etc., gleanings

diogladh, -aidh *nm & vn* of **diogail** tickling, titillation

dìol, -adh *v* avenge, compensate, pay, render, reward (older spelling **dìoghail** (q.v.)) □ *thuirt iad gum b'olc an rud a rinn e agus gun dìoladh e air* they said that what he had done was bad and that he would pay for it □ *thuirt e gun dìoladh e gach sgillinn air ais dhi* he said that he would pay back every penny to her □ *bha e a' dìoladh màl an fhearainn* he was paying the rent of the land □ *nuair a thilleas mi air ais dìolaidh mi dhut e* when I return I shall repay it to you / shall recompense you for it □ *bheir seo cothrom dhut beagan de na fiachan a dhìoladh* this will give you an opportunity to repay a few of the debts □ *ri dhìoladh* payable

dìol, -a *nm* 1. requital, sale, treatment □ *dèan droch dhìol air* maltreat □ *chan fhaca mi riamh càil cho gràineil ris an dìol a bhatar a' dèanamh air na prìosanaich bhochda sin* I have never seen anything so disgusting as the treatment which was meted out to those poor prisoners □ *tha e a' cur dragh air a bhith a' faicinn droch dhìol air na beathaichean* it troubles him to see bad treatment of [the] animals □ *...an droch dhìol a rinneadh air a' Ghàidhlig...* the bad treatment which was meted out to Gaelic □ *an dèidh droch dhìol a dhèanamh orra...* after beating them soundly ... 2. satiety, sufficiency, full complement, fill □ *fhuair mi mo dhìol dhiubh* I got my fill of them □ *feumaidh balach òg a dhìol bidh mum fàs e suas* a young lad needs all the food he can get before he grows up □ as an extension of this: *bha mo dhìol agam an dìreadh a dhèanamh gun tuiteam* it was all I could do to make the climb without falling □ *bha e a' toirt a dhìol dha fuireach na sheasamh* it took him all his effort to keep standing / stay on his feet □ see also App. 10 Sect. 2.0 Other Words for 'Time' 14

dìol-dèirce *nm* pauper

dìoladh, -aidh *nm* payment, redress, remuneration, reparation, restitution, return, reward

dìolain *a* bastard, illegitimate □ *duine dìolain* a bastard □ *leanabh dìolain* natural child □ *mac dìolain* a bastard son □ *'s ann dìolain a rugadh ise* she was born illegitimate, out of wedlock

dìolanas, -ais *nm* illegitimacy

dìollaid, -e, -ean *nf* saddle

dìollaidich, -eachadh *v* saddle

diomain, -e *a* □ same as **diombuan**

diomb *nm indec* displeasure, grudge, indignation

diombach, -aiche *a* annoyed, displeased, indignant, put out (+ **de**) □ *bha e a cheart cho diombach de Chalum 's a bha mise* he was just as annoyed with Calum as I was □ *bha mi diombach dheth nach do leig e air mu na b' aithne dha* I was annoyed with him that he didn't reveal what he knew □ *dh'aithnich mi gun robh e diombach dheth fhèin airson m'aire a tharraing chun a' bhogsa* I saw that he was displeased with himself for drawing my attention to the box

diombuaidheach, -iche *a* defeatist

diombuaidheachas, -ais *nm* defeatism

diombuan, -aine *a* evanescent, fleeting, transient □ *rìoghachadh diombuan* a fleeting reign □ *ann an saoghal diombuan* in a transitory world

diombuanachd *nf* transitoriness □ *diombuanachd beatha an duine* the transitoriness of man's life

dìomhain, -e *a* 1. futile, idle, nugatory, vain, unavailing, to no end / purpose □ *bu dìomhain sin dha* that would be of no avail to him □ *le cainnt dhìomhain* with idle speech □ *saothair dhìomhain* unavailing labour 2. idle, out of work, slack (of work), unemployed □ *bha e air a bhith dìomhain o chionn cha mhòr dà bhliadhna* he had been unemployed for almost two years □ *seillean dìomhain* drone (bee)

dìomhair, -e *a* dormant, latent, mysterious, private, recondite, secret □ *ann an àite dìomhair* in a secret place □ *gu dìomhair* incognito, privately *adv*

dìomhaireachd *nf* mysteriousness, mystery, secrecy, secretness □ *cuir an dìomhaireachd* mystify

dìomhanach, -aiche *a* idle (not so common as **dìomhain**)

dìomhanas, -ais *nm* futility, idleness, vanity □ *bha buaidh an dìomhanais a' fàs gu math follaiseach air* the effect of idleness was becoming quite evident on him

diomol, -adh *v* abuse (verbally), disparage, dispraise

diomoladh, -aidh *nm* & *vn* of **diomol** abusing (verbally), abuse (verbal), disparagement □ *chan e diomoladh ort idir a ràdh ...* it is no disparagement on you at all to say ...

dìon, dìon *v* conserve, defend, guard, protect, screen, shield, ward □ *dìon air turas* convoy □ *dìon o chall* indemnify

dìon, -a *nm* & *vn* of **dìon** protecting etc., conservation, defence, guard *abstr*, immunity, patronage, protection, security, shelter, ward □ *gun dìon* defenceless, unprotected □ *fhliuchadh gach neach nach robh fo dhìon* everybody who was not under shelter was soaked □ *bha e fo dhìon Mhic Choinnich* he was under Mackenzie's protection □ *tha mi taingeil airson dìon Dhè orm* I am thankful for God's protection over me □ *tha sinn a' toirt taing dhut airson do dhìon thairis oirnn* we give thanks to you for your protection over us

dìon-chùrsa *nm* 'protective course' as in: *dìon-chùrsa taiseachd* damp-course **d.-teine** *nm* fire-guard □ *chuir e an dìon-teine ris* he put the fire-guard to it □ *... a' cur dìon-theine ris ...* putting a fire-guard to

dìona *a* defensive

dìonach, -aiche *a* proof, retentive, waterproof, watertight □ *bha e a' feuchainn ris am mullach a dhèanamh dìonach* he was trying to make the roof waterproof

dìonadair, -ean *nm* fender

dìonag, -aige, -an *nf* two-year old sheep

diongmhalta *a* firm, strong, substantial, thorough □ *chithear gus an là-an-diugh cho làidir diongmhalta 's a bha i air a fuaigheal* it can be seen to the present day how strongly and substantially she was built (lit. stitched – see **fuaigheil**) □ *feumaidh sinn an tuigsinn gu diongmholta* we must understand them thoroughly □ *bha e ceangailte gu diongmhalta* it was firmly bound

diongmhaltas, -ais *nm* determination, firmness, tightness □ *le misneachd agus diongmhaltas* with courage and determination

dionnasg, -aisg *nm* league

diop, -a, -an *nm* jeep

dìoro, -othan *nm* giro

dìorras, -ais *nm* 1. dogmatism, enthusiasm, fervour, passion, zeal □ *tha dìorras cha mhòr soisgeulach aige* he has an almost evangelical zeal □ *dìorras ògail* adolescent enthusiasm □ *chan e cion dìorrais a chuireas bacadh oirnn* it's not lack of enthusiasm which will stop us □ *lìonadh e le dìorras chum adhbhar na h-Alba* he was filled with zeal for Scotland's cause □ *... le a chuid fhèin de fhaireachdainnean is de dhìorrasan ...* with his own share of feelings and [of] passions 2. obstinacy, pertinacity, stubbornness, tenacity

dìorrasach, -aiche *a* 1. dogmatic earnest, enthusiastic, keen, passionate, zealous □ *a bheil thu ag iasgach cho dìorrasach 's a chleachd thu?* are you fishing as keenly as you used to? 2. obstinate, persistent, pertinacious, stubborn □ *"Chan eil mi a' dol ann," thuirt e gu dìorrasach* "I'm not going (there / to it etc.)," he said stubbornly

dìorrasachd *nf* persistence, pertinacity, tenacity

dìosail *nm* diesel

dìosail *a* diesel □ *bha einnsean dìosail innte* there was a diesel engine in her

diosg *nm* fault, flaw, deficit (generally in a thing, but occasionally in a person)

dìosg, -adh *v* parch

dìosgadh, -aidh *nm* & *vn* of **dìosg** parching

dìosgail *nf* □ same as **dìosgan**

dìosgan, -ain *nm* creak, creaking □ *dèan dìosgan* creak *rinn am fiodh dìosgan* the timber creaked

dìosganach, -aich, -aich *nm* parasite

diot *nf* = **diathad** *nf* dinner (from English diet)

diptiria, an diptiria *nf* diphtheria

dìreach, -iche *a* direct, erect, exact, first-hand, forthright, impartial, lineal, perpendicular, plumb, positive, rightful, straight, unequivocal, upright, vertical □ as an *adv* **dìreach** = directly, downright, even (= just, exactly), exactly, just, merely, plumb, simply, straight □ *tha e dìreach air tighinn a-steach* he has just come in □ *dìreach ann an tìde* in the nick of time □ *dìreach sin!* quite so! □ *'s e rud eile a bhios ann a lorg dìreach dè thachair* it would be another matter to discover exactly what took place □ *rinn e dìreach air an t-solas* he made directly for the light □ *bha sin dìreach math* that was just lovely □ *dìreach romhad / roimhe* etc. straight ahead (of you / him etc.) □ *bha mi a' bruidhinn ris dìreach mun do bhàsaich e* I was talking to him just before he died □ *bha e dìreach mar a bha cuimhne aige air* it was just as he remembered it

dìreachadh, -aidh *nm & vn* of **dìrich** straightening

dìreadh, -idh *nm & vn* of **dìrich** climbing etc., ascent

dìrich, -eachadh *v* straighten □ *dhirich mi mo dhruim* I straightened my back □ *"Tha mi sgìth," thuirt e, 's e a' dìreachadh a dhroma* "I'm tired," he said [and he] straightening his back

dìrich, dìreadh *v* ascend, climb, mount □ *bha iad a' dìreadh suas leathad cas* they were climbing up a steep slope

dìrichead, -eid *nf* 1. erectness 2. straightness, directness □ *dìrichead labhraidh* directness of speech

dis, -e *a* weak, delicate □ *cha robh e dis aig an àm sin* he wasn't unfit at that time

Disathairne *nm* Saturday, on Saturday □ *càit a bheil thu dol Disathairne?* where are you going on Saturday? □ *feasgar Disathairne* (on) Saturday afternoon / evening □ *chan fhaca mi e feasgar Disathairne* I didn't see him on Saturday afternoon / evening □ *'s e Disathairne a bha ann* it was (a) Saturday

dìsead, -eid *nm* duet

dìsinn, dìsne, dìsnean *nf* die (pl. dice) □ but **dìsne** is also used for the *nom sing*

dìsne, -ean *nf* die (pl. dice) □ see also **dìsinn** and **dìsnean**

dìsneachadh, -aidh *nm & vn* of **dìsnich** dicing (playing dice)

dìsnean, -ein *nm* dice (collectively) □ also *pl* of **dìsne**

dìsnich, -eachadh *v* dice, play dice

dìt, -eadh *v* condemn, convict, damn *trans*, doom, sentence □ *dìt gu follaiseach* impeach

dìteadh, -idh *nm & vn* of **dìt** condemning etc., condemnation, conviction, doom, impeachment, indictment, reprobation □ *dìteadh (sìorraidh)* damnation

dìth *nm* 1. dearth, defect, deficiency, deficit, lack, need (want), privation, shortage, want □ *dìth smachd* indiscipline □ *nuair nach robh dìth airgid orra* when they weren't short of money □ *tha dìth a' chadail orm* I need / lack sleep

Most commonly used as the *adv* **a dhìth** lacking, missing, wanting, as follows: *tha luchd-teagaisg a dhìth* teachers are needed □ *tha rudeigin a dhìth orm* I need, lack, want something □ *tha rudeigin a dhìth air* it lacks something □ *tha rud eile a dhìth air an aithisg seo* this report lacks something else / there is something else lacking in this report □ *…mas e sin a bha a dhìth orra…* if that's what they wanted □ *dè tha a dhìth air?* what does he want / lack? □ *feumaidh sinn leabhraichean a chur do na sgoiltean a tha iad a dhìth orra* we must send books to the schools that lack them □ *cha robh a dhìth oirnn ach gum faigheamaid cothrom a bhith a' leughadh* we wanted nothing but to get the chance to be reading

The *noun* denoting the thing lacking may follow the phrase and be in the *gen* case □ *is fheàrr a bhith [a] dhìth a' chinn na [a] bhith [a] dhìth an fhasain* it's better to be lacking a (lit. the) head than to be lacking [the] fashion □ *thèid mi an urras nach bi thu a dhìth cobhair* I'll warrant you'll not lack assistance 2. destruction □ *dol a dhìth* miscarriage (general, not medical) □ *rach a dhìth* miscarry (in general), perish, die off, die out, go to ruin, go to rack and ruin, spoil (intrans.) etc. □ *chaidh iad uile a dhìth feadh na h-oidhche* they all perished during the night □ *tha mòran de na sgeulachdan sin a' dol a dhìth* many of those stories are dying out □ *tha iad a' leigeil leis na h-àitean aca a dhol a dhìth* they are letting their places go to rack and ruin □ *cuir a dhìth* ruin, destroy □

chuireadh sin an cosnadh aca a dhìth ceart gu leòr that would destroy their employment right enough
dìth-chèile *nm* insanity

---

dith / dhith *prep pron* of **de** of / off her / it □ usually nowadays *lenited* – *bha na daoine a' tighinn dhith* the people were coming off her (the boat) □ see **de**
dith, -eadh *v* press, squeeze
dith, -ean / -eanan *nf* layer, stratum, vein (in mine etc.) □ *chunnaic sinn ditheanan airgid anns a' chreig* we saw veins of silver in the rock □ *dith air muin dith / dith air dhith* layer upon layer □ *bha na dithean a b'ìsle a'dol nan cloich* the lowest layers were turning into stone
ditheachadh, -aidh *nm* & *vn* of **dìthich** annihilating etc.
dìthean, -ein, -an *nm* flower
dìthich, -eachadh *v* annihilate, liquidate
dithis *nf* brace, couple, deuce (two), pair (of people), two (of persons), twain □ *an dithis* both □ *don dithis* mutual □ *dithis dheagh-aithnichte* a well-known pair
dithis is foll. by the *gen pl* or the relevant *prep poss's* of **de** or **aig** □ *dithis mhac* two sons □ *an dithis aca* the two of them / both of them □ *an dithis againn* both of us □ *thàinig dithis dhiubh air ais* two of them returned □ *b' e dithis eòlach fhileanta a bha aig na coinneamhan* it was an expert and eloquent pair who were at the meetings □ *'s e clann an dithis bhràithrean a bha annta* they were children of two brothers (lit. it is children of the two brothers that were in them) □ *sgrìobh còmhradh eadar dithis sam bith* write a conversation between any two people □ *a bheil clann agaibh? tha, tha dithis agam* do you have [any] children? Yes, I have two
Note the following: *seo mar a thachair do dhithis bheaga a ...* this is what happened to two children (lit. a little pair) who ... □ it should be noted that here **dithis** is accompanied by an *adj* which has a *pl adj* ending, but is *lenited* as for a *sing noun* (cf. **clann** and **luingeas** q.v.) □ *dithis òga a tha a' fuireach san sgìre* a couple of young people who live in the district
dìthreabh, -eibh *nf* desert, wilderness □ *bha fàsalachd na dìthreibh trom air mo spiorad* the desolation of the desert was heavy on my spirit

dìthreabhach, -aich, -aich *nm* hermit □ *bha cuid a bha a' tàmh ann mar dhithreabhaich* there were some who were living in it as hermits
diù *a* worth □ now nearly always in the idiom: *cha diù leam* is not worth my while, is beneath me □ *cha diù leam sin* that is beneath me □ *cha bu diù leam a chur air truaghan mar sin* it would be beneath me to bother a wretch like that □ *cha bu diù leothasan fear a bha mì-onorach* they would not think much of a man who was dishonest
diù *nm* 1. the worst □ *diù nan uile àitean* the worst of all places / the worst place of all 2. care □ *cha do chuir e mòran diù anns na bha iad ris* he did not care much what they were up to □ *gach duine a tha a' cur diù ann an eachdraidh ar dùthcha ...* everyone who cares for the history of our country □ *... 's gun diù aige gun robh feadhainn eile a' feitheamh ...* [and he] not caring that others were waiting □ *cha bhiodh diù aig duine dhe leithid do dhuine sam bith eile* a man like that wouldn't care about anybody else □ *'s beag do dhiù* little do you care
diùbhaidh *nm* □ same as **diù** above □ *diùbhaidh nan diùbhaidh* the worst of the worst
diùc, -an *nm* duke □ *nighean an diùc* the daughter of the duke
diùid, -e *a* bashful, backward, blate, reticent, self-conscious, shy □ *bha e cho anabarrach diùid* he was so terribly shy
diùide *nf* bashfulness
diùlannach, -aich, -aich *nm* stalwart, hero, champion □ *a' chiad diùlannach den chinneadh* the first champion of the clan
diùlnach, -aich, -aich *nm* □ same as **diùlannach**
diùlt, -adh *v* decline, deny, disallow, overrule, refuse, reject, renounce, turn down □ *diùlt le tàir* spurn □ *cha diùlt mi nì eile nuair nach bi nas fheàrr ann* I won't refuse an alternative when there is nothing better available (lit. something else when there isn't what is better in it) □ *cò a dhiùltadh beagan airgid a thoirt dhaibh?* who would refuse to give them a little money? □ *dhiùlt e a reic rium* he refused to sell it to me □ *dhiùlt e falbh a-muigh no a-mach* he refused point-blank to leave □ *bha i a' diùltadh cadal anns an taigh na h-aonar* she refused to sleep in the house alone
diùltadh, -aidh, -aidhean *nm* & *vn* of **diùlt** refusing etc., denial, negation, rebuff,

refusal, rejection, renunciation □ *is buaine
aon diùltadh na dà thabhartas deug* one
refusal is more lasting than a dozen offers
(proverb)
diùmbach □ see **diombach**
Diùrach, -aich, -aich *nm* Jura man,
inhabitant of Jura
Diùrach *a* of, belonging to or pertaining to
Jura
diùraidh, -ean *nm* jury
diut *nm* jute
diùtaidh *nm* (excise) duty □ *saor o dhiùtaidh*
duty-free
dleas, -adh *v* earn, merit, procure, qualify
for □ *tha e a' dleasadh urraim* he merits
respect □ *dleasaidh oileanaich lugh-
dachadh sa chìs* students will qualify for
a reduction in the fee
dleasadh, -aidh *nm* & *vn* of **dleas**
earning etc.
dleasnach, -aiche *a* dutiful
dleasnas, -ais *nm* duty □ same as **dleastanas**
dleastanach, -aiche *a* dutiful
dleastanas, -ais *nm* duty, service, remit □
dleastanas sònraichte assignment □ *tha e
a' tighinn geàrr air a dhleastanas* he is
falling short of his duty □ *'s e a' Ghàidhlig
a' phrìomh dhleastanas aige* Gaelic is his
first remit
dlighe *nf* due, title (legal)
dligh-eòlach *a* forensic
dlighe-sgrìobhaidh *nf* copyright
dligheach, -iche *a* due, legal, legitimate,
lineal, rightful □ *feumaidh Gàidhlig a
h-àite dligheach a ghabhail ann an
saoghal an fhoghlaim* Gaelic must take
her rightful place in the world of education
□ *cha do dh' iarr e ach an rud a bha
dligheach dha fhaotainn* he asked only for
what (lit. the thing that) was rightful for
him to get (i.e. his due)
dligheachas, -ais *nm* lawful right
dligheachd *nf* legality □ *dligheachd bàis*
death-duty
dligheil *a* juridical
dlòth, -a, dlòintean *nf* handful (uncom-
mon) □ *bha i a' slaodadh dlòth às an siud
's às an seo* she was pulling a handful out
of it here and there
dlù- □ see **dlùth-**
dlùith, dlùthadh *v* □ same as **dlùthaich**
dlùth, (-a) *nm* warp in weaving □ *dlùth
is inneach* warp and woof □ *tha an snath
airson a' chur agus an snath airson an
dlùth eadar-dhealaichte* the thread for
the weft and the thread for the warp are
different

dlùth, dlùithe *a* + *prep* **do** / **ri** / **air** (= to)
1. adjacent, close, exclusive, near □ *laigh
dlùth ri* snuggle up to / against □ *dlùth air
làimh* in the offing □ *teann dlùth* draw near
□ *... a h-uile turas a theannadh iad dlùth ...*
every time they drew near □ *thig dlùth*
draw near / approach □ *tha an t-àm a' tigh-
inn dlùth nuair a dh'fheumas sinn ...* the
time is approaching when we must ... □ *na
rudan a bha dlùth da cridhe* the things
which were close to her heart □ *bha balla
cloiche dlùth dhomh* there was a stone wall
close to me □ *bha iad cho dlùth is a b'
urrainn peathraichean a bhith* they were
as close as it was possible for sisters to
be / as sisters could be □ *bha iad dlùth an
dàimh* they were closely related (lit. close
in relationship) □ often used as an *adv*
(without **gu**) □ *bha seo dlùth cheangailte
ri obair a' mhisein* this was closely con-
nected to the work of the mission □ as *adv*
may also = hard □ also used as a *prep*:
dlùth air nearly □ *bha iad a' cluiche fad
dlùth air uair an uaireadair* they were play-
ing for nearly an hour [of the clock] 2. dense,
thick □ *air feadh choilltean dlùtha* through
dense forests 3. idiom: *'s mi falbh leam
fhèin gu dlùth* [and I] walking along in a
brown study (this last example from Dwelly)
dlùth, dlùthadh *v* □ same as **dlùthaich**
dlùth-aireachail *adj.* intensive **d.-choille** *nf*
jungle **d.-chùram (ospadail)** *nm* intensive
care **d.-fheachd** *nf* phalanx **d.-fhàsach** *nm*
jungle **d.-ionannachd** *nf* close similarity □
*faodaidh sinn dlùth-ionannachd a sheall-
tainn eatorra* we may demonstrate a close
similarity between them **d.-lean** *v* 1. dog,
follow closely, stick close to 2. prosecute
d.-phreas *nm* thicket **d.-tharraingeachd**
nf magnetism **d.-theannadh** *nm* compres-
sion □ *dlùth-theannadh na h-eanchainn*
compression of the brain
dlùthachadh, -aidh *nm* & *vn* of **dlùthaich**
approaching etc., approximation
dlùthachd *nf* 1. solidarity 2. closeness,
proximity
dlùthadh, -aidh *nm* 1. same as
dlùthachadh 2. (in N. Uist) stacking corn
in small stacks, **cruachadh** being used for
large stacks
dlùthaich, -achadh *v* 1. approach, draw
close / near to (+ **ri** / **air**) □ *... nuair a bha
e a' dlùthachadh ris a' bhaile ...* as he was
approaching the town □ *dhlùthaich e ris
an doras* he approached the door 2. com-
press, stack 3. knit, knot, warp
dlùths, -ùiths *nm* density

do *part* denoting the *past tense* (though missing or assimilated in some irregular verbs) □ sometimes shortened before vowel sounds / certain consonants □ *an do choisich thu dhachaigh?* did you walk home? □ *an d'fhuair thu e?* did you get it? □ *an do rinn iad sin?* did they do that?

do 2nd *pers sing poss adj* thine, thy, your □ *lenites* a following *noun* □ *do mhàthair* your mother □ *do chàr* your car □ before a vowel it often becomes **t'** e.g. **t' athair** your father (not recommended now)

do *prep* + *dat* + *len* for, to, unto 1. to □ *feumaidh sinn a bhith dìleas do na geallaidhean a thug sinn* we must be faithful to the promises that we gave □ it should be noted that, with places, **do** means 'to and into' □ *chaidh i suas do a seòmar fhèin* she went up to her own room

do combines with the sing *def art* to become **don** with the following *noun* being *lenited* where possible □ *thug e an sgian dheàlrach ùr don bhalach* he gave the shiny new knife to the boy □ *thoir tiotal don sgeulachd* give the story a title □ note: **do** + *def art* often becomes **dhan**, sometimes with reduplication (usually only in speech) – *dhan a' Ghàidhlig* for Gaelic

Before a vowel **do** often becomes **do dh'** or **a dh'** □ *thug mi do dh'Iain e* I gave it to Ian □ though this is not obligatory: *tha sinn a' dol do Inbhir Nis / do dh'Inbhir Nis / a dh' Inbhir Nis* we are going to Inverness

The *prep prons* are formed thus: **dhomh** to me **dhut / dhuit** to you **dha** to him / it *masc* **dhi** to her / it *fem* **dhuinn** to us **dhuibh** to you *pl & polite* **dhaibh** to them

The emphatic forms of these are: **dhòmhsa, dhutsa, dhàsan, dhìse, dhuinne, dhuibhse, dhaibhsan** respectively

Some examples: *thug e leabhar dhomh* he gave me a book □ *rugadh dithis chloinne dhaibh* two children were born to them □ *thug mi dhi e* I gave it to her □ *thoir dha e* give it to him □ combines with **cò** thus to mean 'to whom? / to what?': *co dha a thug e aoigheachd?* to whom did he give hospitality? □ note that the stress on **cò** is dropped in these circumstances

do combines with the *interr particles* **an / am** to form the *rel prons* **don / dom, dan / dam** or **dhan / dham** to whom / to what / to which □ *... ge bith cò iad no an tìr dham buineadh iad ...* whoever they are or whatever the land to which they belong (note that **gu bith cò** refers to both **iad** and **an tìr**) □ also note that **do + a bheil** becomes **da bheil / dha bheil** □ *dha bheil iad a' toirt maoin* to which they give funds

The following *prep poss adjs* may be found, but it is now recommended that these be written in full. The *prep* **do** combines with the *poss adjs* in a number of ways:

do mo / dom (+ *len*) to my **do do / dod** (+ *len*) to your *sing* **da** (+ *len*) to his **da** (without *len* and **a h-** before vowels) to her **do ar / dar** (**dar n-** before vowels) to our **do ur / dur** (**dur n-** before vowels) to your *pl & polite*

do an / dan (**do am / dam** before **b, f, m, p**) to their

Some of these are commonly *lenited*. The forms are: **dha mo / dham** (+ *len*) to me **dha do / dhad** (+ *len*) to your *sing* **dha** (+ *len*) to his **dha** (without *len* – **a h-** before vowels) to her **dha ar / dhar** (**dhar n-** etc. before vowels) to our **dha ur / dhur** (**dhur n-** etc. before vowels) to your *pl & polite* **dha an / dhan** (**dham** etc. before **b, f, m, p**) to their 2. for (a) – where 'for' is very close to the meaning 'to' □ *bha litir aig a' phosta do a mhàthair* the postman had a letter for his mother □ *tha litir agam an seo agus 's ann dhutsa a tha i* I have a letter here and it's for you (b) – where the meaning 'to' is a little farther removed □ *chan eil càil an seo dhomhsa* there is nothing for me here (c) – where the meaning 'to' is very far removed □ *chan eil e math do dhuine a bhith a' smaoineachadh air rudan mar sin* it's not good for a person to be thinking about things like that □ *tha an leabhar seo anabarrach saor dha mheudachd* this book is awfully cheap for its size □ *... chan e sin do bhàrdachd MhicC. ...* not so for MacC.'s poetry □ *tha mi taingeil airson na tha thu a' dèanamh dhomh* I am thankful for what you are doing for me □ *do dh'eilean beag tha mòran de bhàrdachd a' tighinn às* for

a little island, a lot of poetry comes out
of it 3. of (when referring to relation-
ships) *tha e na charaid dhomh* he is
a friend / relative of mine □ *bha e na
fhìor nàmhaid do Chalum* he was
a real enemy of Calum □ *'s e ogha do
Sheumas Beag a tha ann an Tòmas*
Thomas is a grandson of Little James
(where 'Little James' is a by-name)
Other idioms: *seo dhut!* there you are
(i.e. I knew that would happen / I told
you so etc.)

---

do- *neg pref* corresponding to un- /
in- note that **dò-bheart** is the only one
with an accent on the **do-**
do-àicheadh *a* incontestable, incalcula-
ble, irrefutable, undeniable **d.-**
ainmeachadh *a* unnamable, indefin-
able **d.-ainmichte** *a* unnamable
d.-àireamh *a* countless, innumerable,
unnumbered **d.-àiteachadh** *a* unin-
habitable **d.-aithneachail** *a* unrecog-
nisable *nochd e ann an riochd
d.-aithneachail* he appeared in
unrecognisable form **d.-aithnichte**
a indistinguishable **d.-aithris** *a* inde-
scribable **d.-atharrachadh** *a* irre-
versible **d.-bheantainn** *a* intangible
dò-bheart *nf* (see **doibheart**) **d.-**
bhriste *a* unbreakable **d.-chaisgte**
a unquenchable, unstoppable,
irresistible **d.-chaochlaideach**
a incommutable, unchangeable **d.-**
chaochlaideachd *nf* incommutability,
unchangeability **d.-cheannsachadh**
a incorrigible, insuperable, invincible,
irrepressible, unconquerable, unman-
ageable, untameable **d.-chlaoidte**
a indefatigable **d.-chlaonta** *a* indeclin-
able **d.-chleith** *a* inconcealable
d.-chloiste *a* inaudible **d.-chluiche**
a unplayable **d.-chnàmh, an d.-chnàmh**
nm dyspepsia **d.-chreidsinn** *a* incredi-
ble □ *chunnaic sinn nithean d.-
chreidsinn an sin* we saw incredible
things there **d.-chumail** *a* untenable
d.-chur-an-cèill *a* unaccountable **d.-**
dhealachadh *a* inalienable **d.-**
dhèanta *a* impossible, impracticable □
*bha e d.-dhèanta dha a bhith an
làthair a-nochd* it was impossible for
him to be present tonight □ *tha sin

d.-dhèanta it is not possible to do that
□ *nì d.-dhèanta* an impossibility **d.-**
dhìonadh *a* indefensible **d.-eadar-**
sgaoileadh *a* indissoluble, insoluble
d.-fhaicsinneach *a* invisible **d.-fhaic-**
sinneachd *nf* invisibility **d.-fhaighinn**
a irretrievable **d.-fhaireachadh**
a impassionate **d.-fhaireachdainn** *a*
impalpable **d.-fhaotainn** *a* unobtainable
□ *d.-fhaotainn (air ais)* irrecoverable
d.-fhreagairt *a* unanswerable **d.-**
fhuasgladh *a* inextricable, insoluble
d.-fhulang *a* insufferable **d.-fhurtachd**
a inconsolable **d.-ghiùlan** *a* insuffer-
able, insupportable **d.-ghluasad**
a irremoveable **d.-innse(adh)** *a*
incommunicable, ineffable, inexpress-
ible, unaccountable **d.-inntrig** *a*
impenetrable **d.-iomairt** *a* unplayable
d.-ionnsaighe *a* impregnable **d.-ithe**
a inedible **d.-labhairt** *a* unspeakable
d.-leasachaidh *a* irreparable □ *a
dh'aindeoin a' challdaich dho-
leasachaidh sin* despite that irreparable
loss **d.-leigheas** *a* incurable **d.-**
leònadh *a* invulnerable **d.-leughadh**
nm illegible **d.-leughtachd** *nf* illegibil-
ity **d.-leughte** *a* indecipherable **d.-**
luaidh *adj* unmentionable **d.-lùbadh**
a inflexible **d.-lùbtha** *a* inexorable,
rigid **d.-mhearachdach** *a* infallible
d.-mhearachdas *nm* infalliblity
d.-mheasta *a* inestimable **d.-mhil-**
leadh *a* indestructible **d.-mhillte** *a*
foolproof **d.-mhìneachadh** *a* inexpli-
cable **d.-mhothaichte** *a* imperceptible
d.-mhùchadh *a* inextinguishable,
quenchless, unextinguishable **d.-**
mhùchte *a* insuppressible **d.-**
mhùthadh *nm* inertia **d.-rannsachadh**
a indiscoverable **d.-rèite** *a* insoluble
d.-rèiteachadh *a* irreconcilable **d.-**
riaghladh *a* ungovernable **d.-roinn**
a indivisible **d.-roinnteachd** *nf* indi-
visibility **d.-ruighinn** *a* impervious **d.-**
ruigsinn *a* inaccessible, unattainable
d.-rùnaichte *a* unintentional **d.-**
sgairte *a* inseparable □ *a bheil thu a'
faicinn co-cheangail do-sgairte eadar
an dà rud sin?* do you see an insepara-
ble connection between those two
items? □ *tha ceangal do-sgairte eadar
duine agus a chànain* there is an insep-
arable bond between a man and his
language **d.-sgaradh** *a* inseparable
d.-sgìtheachadh *a* indefatigable

d.-sgriosta *a* indelible **d.-shàraichte** *a* inviolable, unbeatable **d.-shàsachadh** *nm* insatiable **d.-sheachainte** / **d.-sheachanta** *a* compulsory, de rigueur, essential, necessary, unavoidable **d.-sheachnach** *a* inevitable **d.-sheachnadh** *a* inevitable **d.-sheachnaichte** *pp* essential □ *tha àite do-sheachnaichte aice* it (*fem* e.g. **a' Ghàidhlig**) has an essential role **d.-sheasamh** *a* untenable **d.-sheòladh** *a* unnavigable **d.-shiubhal** *a* impassable **d.-shònrachadh** *a* indefinable, indeterminate **d.-shònraichte** *a* indeterminable **d.-smachdaichte** *a* uncontrollable **d.-smuaineachadh** *a* inconceivable, unimaginable **d.-thaghte** *a* ineligible **d.-theannachadh** *a* incompressible **d.-thomhas** *a* immeasurable, incommensurable, unfathomable □ *thar chuantan do-thomhas* across immeasurable seas **d.-thraoghadh** *a* inexhaustible **d.-thruaillidh** *a* incorruptible **d.-thuigsinn** *a* incomprehensible, inscrutable, unintelligible □ *'s e saoghal do-thuigsinn anns a bheil e a' còmhnaidh* it is an incomprehensible world in which he dwells **d.-thuigsinneach** *a* incomprehensible □ *bha na Gaidheil do-thuigsinneach do na Goill* the Gaels were incomprehensible to the Lowlanders **d.-thuigsinneachd** *nf* incomprehensibility □ *tha sinn air ar toirt aghaidh ri aghaidh ri do-thuigsinneachd mhic-an-duine* we are brought face to face with the incomprehensibility of mankind

---

dobhar-chù *nm* 1. beaver 2. otter (in older writings)
dòbhran, -ain, -ain *nm* otter
dòbhran-donn *nm* □ same as **dòbhran**
doca, -annan *nm* dock, dockyard
doca-gràbhalaidh *nm* dry-dock
docair, -ean *nm* docker, stevedore
dòcha (*comp form* of obsolete *adj* **dogh**) more / most likely / probable □ *tha e a cheart cho dòcha gu ...* it is just as likely that ... □ *gu dearbh 's ann is dòcha iad òrain mhatha a chluinntinn an seo* indeed, they are more likely to hear good songs here □ most often used as follows: *is dòcha / 's dòcha gu / gun / gum / gur*

perhaps, presumably, possibly, probably, it is likely □ *is dòcha gun tuiteadh e le creig* perhaps he would fall over a cliff □ *'s dòcha gun do rinn e mearachd* perhaps he had made a mistake □ *a bheil thu dol ann? 's dòcha* are you going? Probably □ *'s dòcha gun tèid mi ann* probably I will go □ *tha e den bheachd gur dòcha gur e Bàgh a' Chaisteil a chithear anns an dealbh* he is of the opinion that possibly it's Castlebay that is (lit. will be seen) in the picture □ *rinn e nì nach, dòcha, a dhèanadh duine againn le misnich* he did something that perhaps not one of us would do with confidence
docha (*comp form* of **toigh**) more / most dear, esteemed, valuable, preferable □ *is docha leam* I prefer □ *is toigh leam seo ach is docha leam sin* I like this but I prefer that □ *bu docha leam* I would prefer / I would rather
dochainn *v* □ see **dochann** *v*
dochair, -e *nf* harm, hurt, injury □ *dèan dochair air* harm, injure □ *cha shòradh e dochair a dhèanamh oirnn* he would not hesitate to harm us
dochaireach, -iche *a* injurious
dochann, dochann *v* damage, maim, strain (make painful, difficult etc.)
dochann, -ainn *nm* & *vn* of **dochainn** / **dochann** maiming etc., damage, hurt, injury, prejudice, strain □ *gun dochann* unhurt
dochannach, -aiche *a* deleterious, hurtful
dochar *nf* □ see **dochair** *nf*
docharach, -aiche *a* □ see **dochaireach** *a*

---

dòchas, ais, -an *nm* expectancy, hope □ *gun dòchas* hopeless □ *tha dòchas ann do gach neach a tha ...* there is hope for every person who is ... □ *bha dòchas mòr nam measg gun robh camhanach ùr gus tighinn* there was a great hope in their midst that a new dawn was about to come □ *bha gach nì anns an robh i a' cur a dòchais ga mealladh* everything in which she placed her hope was letting her down **bi an dòchas gu (n / m)** hope that (lit. be in hope that) □ *tha mi an dòchas gu bheil ...* I hope that ... is ... □ with a full stop after **bheil**, and in reply to a question / statement using some form of **tha**, this would mean I hope so e.g. *a bheil e ceart gu leòr? tha mi an*

dòchas gu bheil. is he all right? I hope so. □ *am bi thu a' tighinn dhachaigh a-nochd? tha mi an dòchas gum bi* Will you be coming home tonight? I hope so etc. □ ... *a bha e an dòchas a phòsadh* ... whom he hoped to marry □ with a negative the form is as follows: *tha mi an dòchas nach do dhòirt thu am bainne* I hope that you didn't spill the milk
dòchas may also be followed by a *vn* □ ... *a tha an dòchas tilleadh a-nochd* ... who hopes to return tonight □ *bha iad uile an dòchas am pàiste fhaighinn a dh'aithghearr* they all hoped to find the child soon
Sometimes a construction using **aig** is found □ *tha dòchas aig B. gu* ... B. hopes that ... □ *cha dèan e an obair a bha dòchas aige a dhèanamh* he will not carry out the work that he hoped to do
Passive constructions use the impersonal forms of the verb **bi** (q.v.): *thathar an dòchas gun tòisichear air an togail a dh'aithghearr* it is hoped that they will be begun to be built soon (lit. that it will be begun on their building soon) □ *bithear an dòchas gun soirbhich leis sna bhliadhnachan ri tighinn* it is (lit. will be) hoped that he will succeed / prosper in the years to come □ see **soirbhich**
leig thairis dòchas / a dhòchas etc. despair *v* □ *bha e air a dhòchas a leigeil thairis* he had given up [his] hope □ *bidh i a' leigeil thairis a dòchais* she will be giving up [her] hope

---

dòchasach, -aiche *a* expectant, hopeful, prospective, sanguine □ this word should properly be applied to persons rather than situations (see **gealltanach**) □ *tha sinn nas dòchasaiche mun t-suidheachadh a-nis* we are more hopeful about the situation now
doctair *nm* doctor □ see **dotair**
doibheart, -eairt, -an *nf* crime, iniquity, misdeed, vice □ *a' tionndadh gu doibheairt* turning to crime
doicheall, -ill *nm & vn* of **doichill** grudging etc., 1. churlishness, grudge, indisposition, unwillingness, resentment □ *tha doicheall nam bochd ris na daoine*

beartach a' tighinn eadarainn the resentment of the poor towards the rich is coming between us 2. – as an extension of the above, an unwillingness to accept gifts, etc. because of sensitivity and, hence 'sensitivity', 'shyness'
doicheallach, -aiche *a* 1. churlish, grudging, inhospitable 2. sensitive, shy (see **doicheall** above) □ *bha i cho òg is cho doicheallach* she was so young and so sensitive / shy
doichill, doicheall *v* begrudge, grudge, boycott □ *bhiodh iadsan a' doicheall facail à cànainean eile* they would boycott words from other languages □ *chan ann ga dhoicheall dhut a tha mi* I'm not grudging you it (lit. it is not at its grudging to you that I am)
dòigh, -e, -ean *nf* agent, approach (to an issue), art, fashion, form, guise, machinery, manner, means, mechanism, method, mode, practice, procedure, recipe, resort, resource, scheme, system, technique, vein, way □ *dòigh labhairt* expression (way of speaking), pronunciation □ *dòigh (dèanamh)* recipe □ *tha e a' gabhail ris an dòigh smaoineachaidh againne* he is coming round to our way of thinking □ *Dòigh Mhic Alasdair* Alexander Technique (system of body awareness)

---

dòigh is often followed by **air** + *inf* a way of (doing) □ *cha robh dòigh againn air sin a dhèanamh* we had no way / means of doing that □ *cha b' aithne dha dòigh eile air a bheòshlainte a dhèanamh* he knew no other way to make his livelihood □ *'s e aon dòigh air tuigsinn a leudachadh* ... one way to increase understanding is ... □ *cha robh ach an aon dòigh air an gabhadh sin a dhèanamh* there was no other way that could be done □ note also: *chan eil dà dhòigh air* there aren't two ways about it
air dòigh is one way of expressing 'in a way': *a bheil e ceart? 's dòcha gu bheil air dòigh* is he right? perhaps he is in a way □ *air an dòigh seo* in this manner / fashion □ *air an dòigh seo / sin* so therefore, thus *adv* □ *air dòigh air choreigin* somehow or other □ *air dòigh sam bith* in any way (with preceding *neg* = nowise, in no way etc.) □ note also: *rinn e seo air a leithid*

a dhòigh is gun tug iad creideas dha he did this in such a way that they believed him

cuir air dòigh arrange, organize, put in order, rectify, set up, sort, transact □ *thàinig iad air ais gus a chur air dòigh* they came back to set it up ... *is iad air an cur air dòigh los gu mair iad ùine mhòr* ... [and they] set up so that they will last a long time □ but note also: *nuair a bha e ga chur air a dhòigh san leabaidh* when he was being tucked up in bed (when he was being 'arranged' in bed)

In some areas **air dhòigh** is used instead of **air dòigh** for 'in a way': *air dhòigh air choreigin* in some way or other □ *cleachd na faclan seo air dhòigh a nochdas am brìgh* use these words in a way that shows their meaning □ *air dhòigh is gu* ... in such a way that / so that ... □ *dh' fhàg e na cùirteanan fosgailte air dhòigh is gun robh e furasta dha an t- sràid fhaicinn* he left the curtains open so that it was easy for him to see the street

When, however, 'way' is accompanied by an *adj* **(ann) an dòigh** is used instead of **air dòigh / air dhòigh** □ *ann an dòigh aotrom* in a lighthearted manner □ *dòigh air dòigh-eigin* in one way or another □ *ann an aon dòigh gar ceangal ri chèile, ann an dòigh eile a' cur dealachadh eadarainn* in one way connecting us, in another way separating us □ ... *agus gu math coltach ris (ann) an iomadh dòigh* ... and quite like him / similar to it etc. in many ways □ *ga chur (ann) an dòigh eile* to put it another way □ note also: *'s e rud luachmhor a tha ann an saorsa ge b' e dòigh anns a bheil daoine ga sireadh* freedom is a precious thing however men seek it

bi air do dhòigh 1. be pleased, happy etc. □ *bha e air a dhòigh* he was pleased / happy / he was high (in spirits) / he was in his element □ *tha iad air an dòigh* they are pleased / happy □ *tha Màiri air a dòigh* Mary is pleased □ *bha sinn air ar dòigh glan* we were completely pleased with ourselves / we were thrilled / over the moon 2. be comfortable, be well off □ *bha e gu math air a dhòigh* he was quite well off / quite comfortably off □ *bha iad gu*

math air an dòigh they were quite well off etc. □ note also: *bha e na dhuine gun mòran dòigh* he was a man without much means

dòigh-beatha *nf* way of life, life-style

d.-labhairt *nf* 1. pronunciation 2. tone

d.-obrach *nf* approach (to a task) modus operandi, technique □ *bidh iad a' cleachdadh caochladh dhòighean-obrach* they will employ a variety of approaches **d.-riaghlaidh** *nf* regime □ *'s e dòigh-riaghlaidh seo anns a bheil ana-ceartas agus làmhachas-làidir* this is a regime in which there is injustice and tyranny

dòigheil, -e *a* 1. comfortable, well-off □ *bha mi a' faireachdainn dòigheil* I was feeling comfortable □ *tha mi glè dhòigheil leam fhèin anns an taigh seo* I am very comfortable by myself in this house 2. appropriate, formal, fine, nice (the latter two in a very general sense) decent, proper, satisfactory, suitable □ *a' fulang le cion beatha dòigheil* suffering from (lit. by) a lack of a decent life □ *cha robh biadh dòigheil aca* they didn't have proper food □ *ciamar a tha sibh? tha gu dòigheil* how are you? fine / doing nicely □ *cruthaichear structar dòigheil* an appropriate structure will be developed □ *tha na cùrsaichean seo dòigheil airson luchd-ionnsachaidh* these courses are suitable for beginners □ *chan urrainn dhuinn cuideachadh dòigheil fhaighinn* we can't get proper help □ ... *airson an obair seo a stèidheachadh gu dòigheil* ... to set up this work properly 3. formal, structured □ *chan eil leasanan dòigheil ann idir* there are no formal lessons at all

dòil *nm* dole □ *a dhol air an dòil* to go on the dole

doile, -ichean *nf* doll, dolly

doileag, -eige, -an *nf* doll, dolly

doilgheas, -eis *nm* affliction, grief, melancholy, mortification, sorrow □ *cuir doilgheas air* mortify □ *bha seo na dhoilgheas dha* this was a mortification to him

doilgheasach, -aiche *a* burdensome, dolorous, grievous, remorseful, sorrowful, wretched □ *'s e cianalas trom doilgheasach an crannchur an-diugh* [it is] heavy, sorrowful dreariness [that] is their lot today □ *'s e sin an co-dhùnadh as* *doilgheasaiche a chuala mi riamh* that's the most dolorous conclusion (that) I've ever heard

doille *nf* blindness, darkness □ *[ann] an doille na h-oidhche* in the darkness of the night

doilleir, -e *a* dark, dim, dull, cloudy, gloomy, murky, obscure, opaque □ *dèan doilleir* blur

doilleireachadh, -aidh *nm* & *vn* of **doilleirich** dimming etc., dimness, indistinctness

doilleireachd *nf* darkness, dimness, obscurity

doilleirich, -eachadh *v* dim, make dim, obfuscate

doimhne *nf* depth, a deep □ *an doimhne* the deep □ *air doimhne* in depth, deep □ *tha e ochd òirlich air doimhne* it is eight inches in depth / deep

doimhne *comp form* of **domhainn** □ *ach tha e a' dol nas doimhne na sin* but it goes deeper than that

doimhneachadh, -aidh *nm* & *vn* of **doimhnich** deepening

doimhneachd *nf* depth, profundity *tomhais doimhneachd* fathom *v* □ *feuch doimhneachd* plumb

doimhnich, -eachadh *v* deepen □ *dhoimhnich iad an cala* they deepened the harbour

doineach, -iche *a* (also **dòineach**) sad, sorrowful □ *an là doineach ud* that sad day

doineann, -inn, -ean *nf* hurricane, storm, tempest □ *chaill daoine am beatha anns an doininn* people lost their lives in the storm

doineannach, -aiche *a* stormy □ *na gaothan doineannach* the stormy winds

doineannachd *nf* storminess

doirbeag, -eige, -an *nf* minnow

doirbh, -e / dorra *a* difficult, dogged, hard (to understand), rigid □ *bha cùisean glè dhoirbh dhi* things were very difficult for her □ *na làithean doirbhe ud* those difficult days □ *tha an leabhar seo doirbh a chur sìos* this book is difficult to lay down

doire, -eachan *nm/f* clump of trees, grove, thicket □ *doire chaltainn* a hazel grove □ *am measg nan doireachan beithe* among the beech groves □ *doire dùmhail* thicket

dòirt, dòrtadh *v trans. / intrans* pour, rain, shed, shower, slop, spill, stream □ *dhòirt e am bainne* he spilled the milk □ *dhòirt an t-uisge na thuiltean* the rain poured in torrents □ *bha solas na grèine a' dòrtadh*

a-steach air uinneig the sunlight was pouring in through a window □ *dhòirt e glainne mhòr uisge-bheatha* he poured a large glass of whisky □ *bha na faclan a' dòrtadh às a bheul* the words were pouring out of his mouth □ *na beannachdan a tha Dia a' dòrtadh oirnn* the blessings God is pouring upon us □ *bu bheag leis na daoine seo na dhòirteadh iad de fhuil* these people cared little how much blood they spilled (lit. it was little with these people what they might spill of blood)

dol *nm indec* & *vn* of *irreg v* **rach** going etc., resort □ *dol air adhart* advance, carry-on (also **dol-air-adhart**) □ *dol air aghaidh* headway, process, carry-on (also **dol-air-aghaidh** carry-on) □ *dol air ais* recession □ *dol a-mach* exit, outset □ *bhon chiad dol a-mach* from the outset □ *ach, sa chiad dol a-mach …* but, at the outset … □ *dol a-steach* entrance (going in), ingress □ *dol fodha* setting (of sun) □ *dol mun cuairt* rotation □ *dol suas* ascent □ *dol sìos* subsidence □ *cuir a dhol* start (of engine) □ *dè tha (a') dol? chan eil mòran* What's doing? nothing much

dol-air-adhart *nm* carry-on

dol-air-aghaidh *nm* carry-on

dola, -aichean *nf* doll

dolaidh *nf* detriment □ *rach a dholaidh* go to waste □ *cha robh pìos bidhe a rinn i a' dol a dholaidh* not a piece of food that she made went to waste □ *tha biadh de gach seòrsa a' dol a dholaidh* food of every kind is going to waste □ *cuir a dholaidh* spoil, waste, squander □ *chuir iad an airgead a dholaidh* they squandered their money □ *cha leig e am fiodh a dholaidh* he won't let the wood go to waste □ *cha dèanadh iad ach a dhol a dholaidh* they would only go to waste

dolaidheil, -e *a* detrimental

dolair, -ean *nm* dollar

dòlasach, -aiche *a* melancholy □ *sheall i orm leis na sùilean mòra dòlasach aice* she looked at me with her large, melancholy eyes

dom *rel pron* or *prep poss adj* (see **do** *prep*)

dom, -a / duim *nm* gall bladder

domblas, -ais *nm* □ always *def* – **an domblas** bile, biliousness, gall □ *mar an domblas air a theanga* like [the] bile on his tongue

domblasach, -aiche *a* bilious

dòmhail, -e *a* □ see **dùmhail**

domhainn, doimhne *a* deep (physically / mentally), profound, recondite, thorough

□ *dh'fhàg seo làrach domhainn air [a] inntinn* this left a deep impression on his mind □ *a' fuasgladh nan imcheistean as doimhne* solving the most profound problems □... *'s esan na dhuine domhainn smaointeachail* ... [and he being] a deep, thoughtful man

domhan, -ain *nm* universe, world (rare in this latter sense now except in such phrases as **an Domhan Ùr** the New World □ *nar mothachadh den domhan* in our consciousness of the universe

domhan-fhad *nm* longitude **d.-leud** *nm* latitude (geog.) **d.-loidhne** *nf* meridian

domhanas, -ais *nm* leisure

domhanta *a* global

dòmhlachadh, -aidh *nm & vn* of **dòmhlaich** thickening etc., lodgement

dòmhlachd *nf* grossness, thickness □ *dòmhlachd (sluaigh)* jam (of people, traffic), thickness

dòmhlaich, -achadh *v* 1. thicken, become thicker, contract □ *bha an ceò a' dòmhlachadh* the mist was thickening 2. crowd, huddle, jam, thicken, throng □ *tha mi sgìth de thràighean a tha air an dòmhlachadh* I'm tired of beaches that are crowded / crowded beaches □ *bha muinntir a' bhaile a' dòmhlachadh ri chèile* the people of the town were crowding together

dòmhladas, -ais *nm* throng

dona, miosa *a* bad, ill, naughty □ *chan fhaca mi e a-riamh cho dona ri seo* I have never seen him as bad as this □ *na gabh gu dona e* don't take it badly □ *chan eil mi cho dona dheth idir* I'm not so badly off (at all) □ *bha an rathad sin dona ach tha am fear seo nas miosa* that road was bad but this one is worse □ sometimes **dona** is used as a *noun* □ *anns an naoidheamh linn deug chaidh dona gu nas miosa* in the nineteenth century things went from bad to worse (lit. bad went to worse)

donas, -ais *nm* 1. mischief, harm, hurt □ *ma nì e sin gheibh e a dhonas!* if he does that, he'll get it! □ *fhuair e a dhonas* he got it (in the neck) etc. 2. *an Donas* the Devil, Satan □ *'s e an Donas fhèin a th'ann!* it's the Devil himself! [that's in it] □ *dè 'n donas* ...? what the deuce ...?

donn, -adh *v* brown, make brown, become brown

donn, duinne *a* brown, brown-coloured, brown-haired, brunette, russet □ *tè dhonn* brunette □ *nighean le sùilean mòra donna* a girl with big brown eyes □ *earball na làire duinne* the tail of the brown mare □

na h-eich dhonna agus dhubha the brown and black horses □ *nighean donn* a brown-haired girl □ note that **donn** is not *lenited* here because of a rule that **t** or **d** should not *len* after **n** □ this rule, however, is frequently broken now e.g. **mòran dhaoine** many people

donn-ruadh *a* bay (colour) **d.-uaine** *a* olive (colour)

donnachadh, -aidh *nm & vn* of **donnaich** browning etc.

donnadh, -aidh *nm & vn* of **donn** browning etc.

donnaich, -achadh *v* brown, make brown, become brown

donnal, -ail, -an *nm* howl □ *dèan donnal* howl *v*

donnalaich *nf* howling □ *chluinnteadh donnalaich nam madaidhean-allaidh* the howling of the wolves was heard

donnalaich, donnalaich *v* howl □ *bha na madaidhean-allaidh a' donnalaich* the wolves were howling

dòrainn, -e *nf* agony, anguish, misery □ ... *mar gum biodh iad a' fulang dòrainn* ... as if they were suffering anguish

dòrainneach, -iche *a* dreary, tormented, in agony, in anguish □ *bha e goirt dòrainneach* he was painful and tormented

doras, -ais, dorais / dorsan *nm* door, valve (of the heart) □ *doras mòr* front door, main entrance □ *prìomh dhoras* main entrance □ *doras teichidh* loophole □ *o dhoras gu doras* from door to door □ *làmh an dorais* the door-handle / door-knob □ *clag an dorais* the door-bell □ *leac an dorais* the doorstep □ *sheas i air leac an dorais* she stood on the doorstep □ *cò tha aig an doras?* who is at the door? □ *cò tha a' gnogadh aig an doras?* who is knocking at the door? □ note that **aig** is not always used □ *tha iad uile a' gnogadh nan aon dorsan* they are all knocking at the same doors

doras-beòil *nm* front door □ *bha iuchair aige airson an dorais-bheòil* he had a key for the front door **d.-mòr** *nm* front door **d.-taoibh** *nm* side door □ *thàinig iad a-steach air doras-taoibh* they came in through a side door

dorch *a* □ a common alternative form of **dorcha**

dorcha, duirche *a* black, dark, dusky, inky, murky, sable, sombre □ *na Linntean Dorcha* the Dark Ages □ *tha e a' fàs dorcha* it is getting dark

dorchadas, -ais *nm* darkness □ *cha b' urrainn dha càil fhaicinn anns an*

dorchadas he could see nothing in the darkness □ *anns an dubh dhorchadas* in the pitch dark
dorchadh, -aidh, -aidhean *nm* & *vn* of **dorchaich** darkening etc., fade-out
dorchaich, dorchadh *v* darken *trans*, make dark, overcast
dorchnachadh, -aidh *nm* & *vn* of **dorchnaich** clouding etc.
dorchnaich, -achadh *v* cloud, darken *intrans*, become dark □ *(fada) mun do dhorchnaich i an oidhche ud* (long) before it became dark that night □ note that, when speaking about changes in the weather / sky etc., in some areas the *pers pron* **i** is used and in some areas it is **e**
dorghach, -aich *nm* line-fishing
dòrlach , -aich *nm* batch, handful □ *cha robh ach dòrlach beag de tharragan / thàirngean air am fàgail* there was only a small handful of nails left
dòrn, dùirn, dùirn *nm* fist, hilt (esp. of a sword), punch (of fist) □ *dhùin e a dhòrn gu teann* he closed his fist tightly □ *làn dùirn* a fistful (lit. the fill of a fist – sometimes *làn an dùirn* the fill of the fist)
dòrnag, -aige, -an *nf* (fist-sized) stone, putting-stone
dòrnan, -ain, -an *nm* handful □ *thàinig e le dòrnan dhaoine* he came with a handful of men
dorra *comp form* of **duilich / doirbh** more difficult □ *dèan nas dorra* make more difficult / complicate □ *nithear an dol-air-aghaidh nas dorra* their progress will be made more difficult
dorradas, -ais *nm* difficulty, hardship □ *a dh'aindeoin dorradas agus dìth cothroim* despite hardship and lack of opportunity
dorran, -ain *nm* anger, offence, vexation
dorranachadh, -aidh *nm* & *vn* of **dorranaich** vexing etc.
dorranaich, -achadh *v* vex, gall, grieve *trans* □ *bha e air a dorrannachadh gun do chaill e* he was vexed / galled / grieved that he had lost it
dorsair, -ean *nm* janitor, porter
dòrtadh, -aidh *nm* & *vn* of **dòirt** spilling, shedding etc., effusion, torrent □ *fhuair iad an cumhachd aca le dòrtadh fala* they acquired their power by the spilling of blood / by bloodshed
dòs, -a, -aichean *nm* dose
dos, dois / duis, dois / duis / dosan *nm* 1. bush, plume, tuft 2. drone (of bagpipes)
dosach, -aiche *a* bushy, tufty
dosan, -ain, -an *nm* forelock

dosgaich, -e *nf* accident, misfortune, mishap □ *'s e dosgaich mhòr a bha ann an seo* this was a great misfortune
dosgaidh *nf* □ same as **dosgainn**
dosgainn, -ean *nf* calamity, 'a dead loss', 'a disaster'
dosgainneach, -iche *a* calamitous □ *bha latha dosgainneach Chùil-lodair a' dlùthachadh* the calamitous day of Culloden was drawing nigh
dotag, -aige, -an *nf* dot
dotair, -ean *nm* doctor
dotair-bheathach *nm* vet **d.-each** *nm* farrier
dòtaman, -ain, -an *nm* (spinning) top
doth, -adh *v* scorch □ *dh'fhairich e samh dothaidh* he smelt the smell of scorching
dòthadh, -aidh *nm* & *vn* of **dòth** scorching
drabasta *a* coarse (of manners etc.), obscene, ribald, smutty
drabastachd *nf* ribaldry, smut (moral)
dràbhag, -aig *nf* draff, dregs, lees □ *dhrùidh e a h-uile dràbhag* he drained every dreg
drabhailt □ see **treabhailt**
drabhair, -ean / drabhraichean *nm* drawer □ *tharraing e a-mach na drabhairean* he pulled out the drawers □ *ciste dhrabhairean / ciste dhrabhraichean* a chest of drawers
dràc, -àic, -an *nm* drake □ also **ràc / ràcan**

---

dragh, -adh *v* drag, tug, pull □ *dh'fheumtadh a h-uile facal a dhraghadh às* every word had to be dragged out of him □ *dhragh i an cùirtear* she pulled the curtain
dragh *nm* annoyance, bother, molestation, scrape, trouble, worry (Dwelly gives **dragha** for *gen sing*, but this is never used) □ *chan eil an suidheachadh seo na dhragh do mhuinntir a' bhaile* this situation is not a bother to the townspeople
cuir dragh air (sometimes **dèan dragh do**) annoy, bother, disturb, incommode, inconvenience, molest, perturb, pester, trouble, worry □ *chuir seo dragh orm* this bothered me □ *… a bha a' cur uiread de dhragh air …* which was troubling him so much □ *tha rudeigin a' cur dragh ort* something is worrying you □ *dè tha a' cur dragh ort?* what's worrying / bothering / troubling you? □ *cha robh mi airson*

dragh a dhèanamh dhuibh I didn't want to inconvenience you

gabh dragh de be worried etc. by □ *tha iad a' faicinn an t-suidheachaidh agus a' gabhail dragh dheth* they see the situation and are bothered / worried / troubled by it

bi nad dhragh do be a nuisance to, be a bother to □ *tha mi an dòchas nach bi iad nan dragh dhut* I hope they won't be a nuisance to you □ note also: *cha robh dragh aice* she wasn't bothered / she didn't care □ *chan eil dragh agamsa dhiotsa* I'm not worried about you □ *bha e ro thrang airson cus dragh a bhith aige mu a dheidhinn* he was too busy to be bothered too much about it □ *Thuirt e, "Chì mi uaireigin sibh," 's gun dragh aige am faiceadh e iad gu bràth tuilleadh* He said, "I'll see you sometime," not bothered if he ever saw them again □ *am biodh dragh ort nan dèanainn sin?* would you mind if I did that?

draghadh, -aidh *nm & vn* of **dragh** tugging etc., tug

draghail, -e *a* troublesome, vexatious □ … *a bhitheas daoine a' meas draghail agus doirbh* … which people consider troublesome and difficult

dràgon, -oin, -an *nm* dragon

draibh, -eadh *v* (or **dràibh, -eadh**) drive (a vehicle) □ *bha e a' draibheadh chun an Òbain* he was driving to Oban

draibheadh, -idh *nm* (or **dràibheadh**) *vn* of **draibh** driving

draibhear, -eir, -an *nm* (or **dràibhear**) chauffeur, driver

draibhig, -eadh *v* (or **dràibhig, -eadh**) same as **dràibh**

draibhigeadh, -idh *nm* (or **dràibhigeadh**) □ same as **dràibheadh**

dràm, -a, -annan *nm* dram

drama, -annan *nm* same as **dràm**

dràma *nm* drama

dràmadach □ see **dràmatach**

dràmadaiche, -ean *nm* dramatist, playwright

dràmaire, -ean *nm* dramatist, playwright

dràmatach, -aiche *a* dramatic □ *nì seo an tachartas nas dràmataiche* this will make the event more dramatic

dranndan, -ain *nm* growl, growling, snarl □ *dèan dranndan* growl, mutter, nag, snarl

dranndanach, -aiche *a* crabbed, peevish, snappy (angry)

drannd-eun *nm* humming bird □ *tha drannd-eòin ri am faicinn an sin* humming birds are to be seen there

draochanach, -aiche *a* fretful, querulous

draoidh *nm* druid, magician, sorcerer wizard

draoidheachd *nf* druidism, enchantment, glamour, magic, necromancy, sorcery □ *cuir fo dhraoidheachd* charm, magic

draoidheil *a* druidical, magic, magical

draosta *a* lewd, prurient, smutty

draostachd *nf* lewdness, prurience, smut

dràsta □ see **an-dràsta** *adv*

drathais, -e, -ean *nf* drawers (clothing), knickers □ pl. means pairs of drawers as in e.g. a shop (cf. **briogais** trousers) □ *cha robh air ach a pheitean is a dhrathais* he was wearing only his vest and drawers

drathars *n pl* knickers

dreach, -a, -an *nm* appearance, complexion, lineament, physiognomy □ *tha e glè chosmhail an dreach ri* … it is very similar in appearance to … □ *cuir dreach na fìrinne air sgeul* lend colour to a story □ *a' cur dreach Gaidhealach air* Gaelicising □ *air dhreach + gen* having the appearance of, looking like □ *tha na beanntan seo air dhreach a' Chuilinn* these mountains look like the Cuillin

dreach-eòlas *nm* physiognomy

dreachail, -e *a* handsome, personable □ *'s e duine air leth dreachail a bha ann* he was a particularly personable man

dreachd, -adh *v* draft

dreachdadh, -aidh *nm & vn* of **dreachd** drafting

dreachmhor, -oire *a* comely, handsome

dreachmhorachd *nf* comeliness, handsomeness

dreadhan-donn, dreadhain-donn, dreadhain-donna *nm* wren □ *nead an dreadhain-duinn* the wren's nest

dreag, dreige, -an *nf* meteor, meteorite, shooting-star □ *chunnaic sinn dreag a' siubhal tron speur* we saw a meteor travelling through the heavens

dreagaire, -ean *nm* satellite

dreagach *a* meteorological

dreallag, -aige, -an *nf* swing □ *gabh dreallag* swing *v*

dreallan-doininn, dreallain-doininn, dreallain-doininn *nm* stormy petrel □ also **luaireag**

dream *nm indec* category, genus, folk, people, sect □ *bha iad a-nis leis an dream* *ghràidh a bha air dol dhachaigh air thoiseach oirnn* they were now with the beloved people who had gone home before us (euph. for 'they had died') □ *tha e den dream ud leis an fheàrr a bhith a' fuireach leis fhèin* he is [one] of those people who prefer to be living by themselves □ *is rìoghail mo dhream* royal are my people – slogan of the Clan MacGregor

dreamach.-aiche *a* peevish, surly □ *tha e car dreamach* he is somewhat peevish □ *dè chuir cho dreamach a-nochd thu?* what made you so surly tonight?

dreamsgal, -ail *nm* refuse, rubbish

drèana, -aichean *nf* drain □ *bha drèanaichean ri an cladhach* drains had to be dug

drèanadh, -aidh *nm* drainage

dreasa, -aichean *nf* dress □ *tha mi (a') dol a chur na dreasa deirge orm* I'm going to put on the red dress

dreasair, -ean *nm* dresser (furniture)

dreathan-donn □ see **dreadhan-donn**

dreig and **dreige** □ dat sing & *gen sing* respectively of **dreag** meteor

dreimire, -ean *nm* ladder

dreimire-gorm *nm* woody nightshade

drèin, -e, -ean *nf* 1. grimace, scowl □ *chuir i drèin oirre* she grimaced / scowled □ *bha drèin air mar bu trice* as often as not he was scowling (lit. there was a scowl on him) □ *thàinig duine beag le drèin air a-staigh* a little man with a scowl / a little scowling man came in 2. grin (not nearly as common as meaning 1.)

drèineach *a* 1. scowling □ *nochd aodann drèineach anns an uinneig* a scowling face appeared at (lit. in) the window 2. grinning (less common than meaning 1.)

dreuchd *nf indec* appointment (career), calling, career, function (job), office, post (position), profession, vocation □ *dreuchd eildeir / foirfich* eldership □ *cuir à dreuchd* discharge, dismiss, suspend □ *cur o dhreuchd* suspension □ *cuir an dreuchd* install □ *cur an dreuchd* installation □ *leig dreuchd dhe* retire □ *leig e dheth a dreuchd* he retired □ *leig i dhith a dreuchd* she retired □ *'s e duine foghlaimte a bha ann, fear-teagaisg a thaobh dreuchd* he was a learned man, a teacher by profession

dreuchdail, -e *a* official, professional

driamlach, -aich, -aichean *nf* fishing line

drile *nf* (army) drill

drileachadh, -aidh *nm & vn* of **drilich** drilling

drileadh, -idh *nm & vn* of **dril** drilling

drileag, -eige, -an *nf* small drop, droplet □ *bha drileag aig bàrr a shròin* there was a drop at the tip of his nose

drileanach, -aiche *a* shiny, sparkling

drilich, -eachadh *v* drill

drilleachan □ see **trilleachan**

drilseach, -iche *a* dazzling, glittering, shining, sparkling □ *cha do dh'fhàg a shùilean drilseach a h-aodann* his glittering eyes did not leave her face □ *bha i na laighe air a' bhrat-ùrlar dhrilseach* she was lying on the dazzling carpet

drioblaig, -eadh *v* dribble (football)

drioblaigeadh, -idh *nm & vn* of **drioblaig** dribbling (football)

driod-fhortan, -ain *nm* (also **driodfhortan**) adventure, misfortune (uncommon) □ *chan urrainn do dhuine sam bith (a) bhith air an t-saoghal seo gun driod-fhortan èirigh dha uaireigin* no man can be on this earth without misfortune happening to him sometime

drioft, -adh *v* drift

driofta *nm* drift (movement)

drioftadh, -aidh *nm & vn* of **drioft** drifting

drioftair, -ean *nm* drifter (boat)

driopail *a* □ see **dripeil**

drip, (-e) *nf* hurry, bustle, hustle, haste, hurry □ *air falbh o shaoghal na drip* away from the world of bustle □ *ann an saoghal na drip 's na h-othail* in the world of hustle and bustle

dripeil, -e *a* busy □ *bha mi dripeil a' teagasg buidheann chloinne* I was busy teaching a group of children □ *... agus ise gu dripeil a' glanadh a' bhùird* ... and she busily cleaning the table □ *bha e cho dripeil a' dèanamh a rathaid san t-saoghal 's nach robh ùine aige [a] sgrìobhadh dhachaigh* he was so busy making his way in the world that he had no time to write home

dris, -e, -ean *nf* bramble bush, brier, thorn

dris-chùbhraidh *nf* eglantine, sweet briar

driseach, -iche *a* thorny

drithleann, -inn *nm* flash, glitter, sparkle □ *dèan drithleann* glitter *v*

driùchd *nm indec* dew □ *cùirnean (driùchd)* dewdrop

driùchdail *a* dewy

dròbh, -a, -aichean *nm* drove □ *bha iad a' falbh nan dròbhaichean chun nam fèilltean mòra* they were going in droves to the large fairs

dròbhair, -ean *nm* drover

droch, miosa *a* bad, baleful □ precedes and *lens noun*, where possible, but is never used predicatively □ *droch ainm* bad name □ *droch shealbh* bad luck □ *chan e droch oidhche a th'ann* it's not a bad night [that's in it] □ *bhitheamaid air ar droch dhòmhlachadh* we would have been badly crowded □ *bha iad air an droch leòn* they were / had been badly wounded □ *'s e droch bhalach a th'annad* you're a bad boy (lit. it's a bad boy that's in you) □ *'s e fìor dhroch bhalach a th'ann* he's a very bad boy □ *bithidh sinn ann am fìor dhroch staing* we will be in really bad trouble □ *bha uabhas dhroch naidheachdan ann co-dhiù* there was an awful lot of bad news anyway □ *chan eil droch fheum air* there is no bad need for it / there's a good need for it □ *bha an coithional tana leis an droch aimsir* the congregation was sparse because of the bad weather □ *droch fhàileadh* a bad smell □ *thug e droch shùil sìos an gleann* he gave a baleful look down the glen / he looked balefully down the glen □ *droch chuimhne* a poor memory
droch-aigne *nf* ill-will **d.-bheart** *nf* vice, wickedness **d.-bheus** *nm* bad behaviour, misconduct, bad morals **d.-bheusach** *a* immoral, ill-behaved **d.-bhuil** *nf* misuse **d.-chàradh** *nm* disrepair **d.-chomain** *nf* disservice **d.-dhearmad** *nm* solecism **d.-fhàistinneach** *a* ominous **d.-ghiùlan** *nm* misconduct, misbehaviour **d.-ghràmarach** *a* ungrammatical **d.-mhearachd** *nf* solecism **d.-mheasail** *a* opprobrious **d.-mhèinneach** *a* malicious □ *... a chum a rùintean droch-mhèinneach a chur an cleachdadh* (in order) to put his malicious desires into practice **d.-nàdarrach** *a* bad-tempered □ *tha e droch-nàdurach* he is bad-tempered **d.-rùn** *nm* ill-will **d.-thuarach** *a* sinister

drochaid, -e *nf* bridge □ *bha Tòmas Telford an sàs ann a bhith a' togail rathaidean agus dhrochaidean* Thomas Telford was engaged in building roads and bridges □ *chaidh e thairis air an drochaid* he crossed the bridge □ used on some place

names: *Drochaid a' Bhanna* Bonar □ see App. 12 Sect. 4.0 for further examples
drochaid-crochaidh suspension bridge **d.-thogalach** *nf* drawbridge
droga, -aichean *nf* drug □ also **druga**
drogadair, -ean *nm* druggist
drògaid *nf* drugget, linsey-woolsey
droigheann, -inn *nm* thorn □ *chan e crùn òir a bha air a cheann ach crùn droighinn* it was not a crown of gold that was upon his head but a crown of thorns □ *(ann) an cridhe an droighinn* in the heart of the thorn (bush)
droighneach, -iche *a* thorny
drola, -achan *nm* pot-hook
dromach-air-shearrach (also **truimeach-air-shearrach**) *adv* topsy-turvy □ *bha an saoghal air a chur dromach-air-shearrach* their world had been turned (lit. put / set) topsy-turvy
dromadair, -ean *nm* dromedary
droman, -ain, -ain / -nan *nm* elder (tree), bourtree
dronn, -oinn(e) / druinn(e) *nf* rump
dronnag, -aig(e) -an *nf* 1. small of the back 2. cushion for the back when carrying a creel
drùchd □ see **driuchd**
druaip, -e *nf* dregs, lees □ *druaip an t-siùcair* molasses
drùdh / drùdhadh □ see **drùidh / drùidheadh**
drùdhag, -aig, -an *nf* small drop, dram □ *b' fheàirrde thu drùdhag* you would be better of a small drop
druga, -aichean *nf* dope, drug □ *drugaichean* *pl* dope, drugs □ *bha iad gu dubh domhainn ann an drugaichean* they were very deeply into drugs / dope
druga-shèimheachaidh *nf* tranquilizer □ *bha i an dubh chrochadh air drugaichean shèimheachaidh* she was very dependent on / addicted to tranquilizers
druid, -e, -ean *nf* starling
druid, -eadh *v* close, hem in, shut □ *thuirt iad gun tèid a dhruideadh suas ann an taigh-chaoich* they said that he will be locked up in a mad-house □ *cha bhi duine sam bith air a dhruideadh a-mach* no person will be shut out / excluded □ *druid le callaid* hedge *v*
druideadh, -idh *nm & vn* of **druid** closing
drùidh, -eadh *v* 1. (+ **air**) affect, impress, touch □ *dhrùidh an litir seo orm gu mòr* this letter affected me greatly 2. drain □ *dhrùidh e a h-uile dràbhag* he drained every dreg 3. drench, penetrate, soak

(to skin) □ *dhrùidh e oirre* she was drenched □ for use of **e** in the last ex. see note under **dorchnaich**

drùidheadh, -idh *nm* & *vn* of **drùidh** penetrating etc., impression, penetration, soaking □ *rinn seo uibhir de dhrùidheadh air is gun do ...* this made such an impression on him that ... □ *rinn e drùidheadh mòr air inntinnean an t-sluaigh* he made a great impression on the minds of the people

drùidhte *pp* drenched

drùidhteach, -iche *a* 1.impressive, moving, penetrative, touching 2. permeable 3. very wet

drùidhteachd *nf* pathos

druidte *pp* shut, closed □ *bha a bheul druidte gu teann* his mouth was tightly closed

druim, droma, dromannan *nf* 1. back (of a person) □ *bha poca mòr aige air a dhruim* he had a large bag on his back 2. keel of a boat □ *bhris i a druim* she smashed her keel 3. camber □ *druim an rathaid* the camber of the road 4. ridge – common in place names with this meaning □ *Druim na Drochaid* Drumnadrochit (ridge by the bridge) □ see App. 12 Sect. 4.0 for further examples Idioms: *eallach do dhroma* as much as you can carry on your back □ *thug e leis eallach a dhroma* he brought what he could carry on his back □ *air druim a' chuain / air druim na mara* on the open sea □ *bha an corp na laighe air a dhruim dìreach* the body was lying on its back / lying supine □ *bha i na sìneadh air a druim dìreach* she was stretched out on her back

druim-altach, -aich, -aich *nm* vertebrate **d.-altach** *a* vertebral **d.-uisge** *nf* watershed (geog.)

druimneach *a* dorsal

drùis, -e *nf* licentiousness, lust

drùis-mhiannach *a* erotic

drùiseach, -iche *a* licentious

drùisealachd *nf* lasciviousness, lewdness, lechery □ *chan eil drùisealachd sam bith anns na sgrìobhaidhean aige* there is no lewdness whatever in his writings

drùiseantach, -aiche *a* pornographic

drùiseantachd *nf* pornography

drùiseil *a* dissolute, lascivious, lecherous, libidinous, lustful, randy, venereal, wanton

drùisire, -ean *nm* lecher

druma, -achan / -aichean *nf* drum

drumair, -ean *nm* drummer

drumlaichean *nm* sea laces (seaweed)

duaichnidh, -e *a* 1. deformed, disfigured, ugly, unsightly 2. dismal, gloomy, horrible □ *anns an àite duaichnidh ud* in that dismal place

duainidh, -e *a* bad-looking, repulsive □ *duine mòr duainidh* a big, repulsive fellow

duais, -e, -ean *nf* award, consideration, fee, prize, reward, trophy, tip (of money), wage(s) □ *duais fir-gnothaich* brokerage □ *duais an uilc* the wages of sin □ *choisinn e an duais* he won the prize □ *thoir duais do* award to, reward □ *thug e dhomh mo dhuais* he presented my prize to me / presented me with my prize □ *Latha nan Duaisean* Prizegiving Day □ *nì mi air duais e* I will do it for a consideration

duais-barrachd *nf* premium

dual, -ail, ail / -an *nm* curl, lock (of hair), plait, strand □ *cuir an duail / dualan braid* □ *bha ceò a' tighinn na dhualan dubha bhon luidhear* smoke was issuing from the chimney in black curls □ *bha a falt a' tuiteam na dhuail air a guailnean* her hair was falling in curls upon her shoulders

dual *a* hereditary, usual, natural, prone, to be expected □ *mar as dual* as is common, customary etc. □ *mar bu dual (dha)* as you would expect (of him), naturally, as was customary (with him) – also used with **tha** □ *... mar bha dual bha mòran dhaoine òga a' tadhal oirre ...* naturally / as one would expect there were many young men visiting her □ *tha iad, mar bu dual, nas lìonmhoire anns na bailtean* they are, naturally, more abundant in the towns □ *bu dual dha sin* you would expect that of his people (i.e. it was hereditary to him) □ *... mar bu dual do na seann Hiortaich ...* as was customary to the old St. Kildans □ *bu dual a bhith seinn* born to sing *bu dual do dh'isean an ròin a dhol air a thòin chun na mara* some people have sea-water in their veins i.e. take to the sea naturally

dual-chainnt *nf* □ see **dualchainnt**

dual-fhine *nf* caste

dualach, -aiche *a* hereditary, inherent, native, typical, usual □ *chan eil e dualach don leithid beatha shocrach a mhealtainn* it isn't usual for the likes of him to enjoy a comfortable life □ *gach tinneas a bhitheas dualach do dhuine* every ailment which is hereditary to man

dualachadh, -aidh *nm* & *vn* of **dualaich** braiding etc.

dualachas □ see **dualchas**

dualaich, -achadh *v* 1. braid 2. typify

dualchainnt, -e, -ean *nf* dialect, brogue (of lang.), dialect

dualchas, -ais *nm* disposition (hereditary), heritage, inheritance, patrimony, tradition □ *thèid dualchas an aghaidh nan creag* heritage will out (proverb) □ *Dualchas Nàdar na h-Alba* Scottish Natural Heritage □ *a' tarraing às an tobar seo de dhualchas* drawing from this well-spring of tradition □ *thèid duine ri (a) dhualchas seachd uairean anns an latha* a man shows his heredity seven times a day

dualchasach, -aiche *a* traditional

dualtach, -aiche *a* likely, liable □ *tha e dualtach do iomadh buidheann a bhith ag iarraidh cuideachadh aig an aon àm* many groups are liable to be seeking help at the same time

duan, -ain, -ain *nm* lay, ode, poem □ *tha an aon duan aca an còmhnaidh* they're always on about the same thing □ *chan eil aca ach an aon duan* they are forever on about it

duan-molaidh *nm* panegyric

duanag, -aige, -an *nf* ditty, ode

duanaire, -ean *nm* anthology (poetry)

duathar … □ see **dubhar …**

dub, -adh *v* dub □ *tha am film seo air a dhubadh an Gàidhlig* this film has been dubbed in Gaelic

dubadh, -aidh *nm & vn* of **dub** dubbing

dùbail, dùbladh *v* double

dùbailte *pp* diploid, double, doubled, dual, two-fold □ *rathad dùbailte* dual carriageway □ *aig amannan bidh draibhearan a' dìochuimhneachadh co-dhiù tha iad air rathad dùbailte no air rathad aon-fhillte* sometimes drivers forget whether they are on a dual carriageway or a single carriageway □ *'s e rum dùbailte a tha mi ag iarraidh* I want a double room □ *thoir do chuid do dhuine falamh is gheibh thu air ais i dùbailte* give your share to an empty man and you will get it back two-fold (proverb)

dùbailteachd *nf* duplicity

---

dubh, duibhe *a* black, inky, profound □ *duine dubh* negro □ *cho dubh ris an fhitheach* as black as the raven □ *cho dubh ris an t-suithe* as black as [the] soot □ *dèan dubh* blacken (lit.) □ note also: *nach iad a tha dubh aig a' ghrèin!* aren't they sunburned! □ often used for emphasis, usually with

---

a sense of deeply, heavily, strongly, intensely etc. □ *bha iad gu dubh domhainn ann an drugaichean* they were very deeply into drugs □ *bha i an dubh chrochadh air drugaichean shèimheachaidh* she was very dependent on / addicted to tranquilizers □ *chaidh iad a-mach air a-chèile gu dubh* they fell out with each other very badly □ *bha iad na aghaidh gu dubh / bha iad dubh na aghaidh* they were strongly against it □ *tuil dhubh* downpour □ *bha e gu dubh ann am fiachan* he was deep in debt □ *anns an dubh dhorchadas* in the pitch dark

dubh, duibh *nm* 1. blackness, darkness □ *o mhoch gu dubh* from dawn till dusk □ note the following idioms: … *chan fhacas a dubh no (a) dath* but neither hair nor hide were seen of her (lit. but her black or her colour were not seen) □ *chan eil a dhubh no a dhath ri fhaicinn an-diugh* there's no sign of it to be seen today (also *a dhubh no a gheal*) 2. ink 3. *an dubh* pupil (of the eye)

dubh, -adh *v* blacken □ *dubh às / a-mach* annul, blot, blot out, cancel, delete, efface, erase, expunge, rase, rub out

dubh-aigeann *nm* abyss, the deep □ *tha an dubh-aigeann a' feitheamh ruinn* the abyss awaits us **d.-bhileach** *nm* club (in cards) **d.-bhlian, d.-bhlèin** *nm* spleen **d.-bhrònach** *a* disconsolate □ *bha i dubh-bhrònach* she was disconsolate **d.-bhuidhe** *a* dark yellow, black and yellow, livid **d.-chaile** *nf* hussy **d.-chàineadh** *nm* a heated verbal attack **d.-chainnt** *nf* cant **d.-chasach, -aich** *nm* black spleenwort **d.-cheannach** *a* black-faced (lit. black-headed) □ *caora dhubh-cheannach* a black-faced sheep □ *caoraich dhubh-cheannach* black-faced sheep *pl* **d.-chlèin, an d.-chlèin** *nf* spleen (anat.) **d.-cheist** *nf* enigma **d.-chomharrachaidh** *nm* marking ink **d.-chosannach** *nm* drudge **d.-chosnadh** *nm* drudgery **d.-chreige** *nf* ring ouzel **d.-dhonn** *a* dark brown **d.-fhacal** *nm* enigma, paradox, puzzle **d.-fhaclach** *a* enigmatic, paradoxical □ *pearsa dubhfhaclach* an enigmatic personality **d.-fhiodh** *nm* ebony **d.-ghorm** *a* dark blue, black and blue, livid (also **dùghorm**) □

luaidh(e) dhubh-ghorm dark blue lead **d.-leagail** *nf* anti-climax **d.-loisg** *v* incinerate **d.-losgadh** *nm & vn* of **d.-loisg** incinerating, incineration **d.-nota** *nm* crotchet (music) **d.-rannaigheachd** *nm* blank verse **d.-thalamh** *nf* loam **d.-thoill** *n pl* haemorrhoids

dubhach, -aich *nm* ink, blackening □ *chaidh mòran dubhaich a chosg a' cnuasachd na ceiste seo* much ink has been used considering this problem
dubhach, -aiche *a* cheerless, disconsolate, dismal, doleful, downcast, gloomy, melancholy, moody, rueful, sad, sorrowful □ *bha e ro dubhach* it was too gloomy □ *dèan dubhach* sadden
dubhachadh, -aidh *nm & vn* of **dubhaich** tarnishing
dubhachas, -ais *nm* sadness □ *an dubhachas 's an subhachas cuideachd* the sadness and the gladness too □ *'s ann le dubhachas a chunnaic mi … it* was with sadness that I saw …
dubhadh, -aidh, -aidhean *nm & vn* of **dubh** blotting etc., blot, tan □ *dubhadh às / a-mach* cancellation, deletion □ *dubhadh grèine / gealaich* eclipse
dubhadh-grèine *nm* suntan, tan
dubhag, -aige, -an *nf* kidney □ *staoig agus dubhagan* steak and kidneys
dubhaich, -achadh *v* tarnish
dubhailc, -e, -ean *nf* vice, wickedness
dubhailceach, -iche *a* vicious, wicked
dubhan, -ain, -ain *nm* 1. clasp, fish-hook, hook □ *glac le / air dubhan* hook *v* 2. kidney □ same as **dubhag**
dubhan-ceann-cosach *nm* self-heal, all-heal, devil's bit **d.-nan-caorach** *nm* sheepbit
dubhanach, -aiche *a* hooked
dubhar, -air *nm* darkness, shade, shadow □ *bha sinn a' feitheamh ri tighinn dubhar na h-oidhche* we awaited the coming of the darkness of the night □ *chuir e a shùilean ann an dubhar* he shaded his eyes □ *bha na craobhan a' cumail dubhair air an taigh* the trees kept the house shaded □ *an dubhar* hidden, secret (fig.) *adv.* □ *cha bhitheadh e an dubhar air na seirbheisich* it would not be a secret from the servants □ *bha e an dubhar ormsa càit an robh e a' dol* it was a mystery to me where he was going

dubhar-sùla *nm* eyeshade
dubharach, -aiche *a* shady
dubharachd *nf* darkness shade, shadow
dùbhlachadh, -aidh *nm* □ same as **dòmhlachadh**
dùbhlachd *nf* dark season □ *'s ann an dùbhlachd a' gheamhraidh a bha sin* that was in the depth of winter □ *ann an dùbhlachd an dubh gheamhraidh* in the (very) depth of winter □ *an Dùbhlachd* December (also **an Dùdlachd** *nf*)
dùbhlaich, -achadh *v* same as **dòmhlaich**
dùbhlan, -ain, -an *nm* challenge □ *bha aigesan ri dùbhlan an duine a choinneachadh* he had to meet the man's challenge □ *thoir dùbhlan do* challenge, issue a challenge to □ *tha sinn air aghaidh a thoirt air an dùbhlan seo* we have faced this challenge □ *chuir e gu mo dhùbhlan mi* it was as much as I could manage
dùbhlanach, -aiche *a* challenging □ *labhair e gu dubhlanach riutha* he spoke challengingly to them □ *'s e amannan dùbhlanach a tha seo* these are challenging times
dùbhshlan □ same as **dùbhlan**
dùblachadh, -aidh *nm & vn* of **dùblaich** doubling, double, duplicate, gemination
dùbladh, -aidh *nm & vn* of **dùbail** doubling, double
dùblaich, -achadh *v* double, dub (sound track), duplicate, redouble
dùblaichear, -eir, -an *nm* duplicator
ducadaich *nf* tapping (of fingers)
dùchail *a* □ same as **dùthchail**
dùchas, -ais *nm* □ same as **dùthchas**
dùchasach *a* □ same as **dùthchasach**
dùchasail *a* same as **dùthchasail**
dùdach, -aich, -aichean *nf* bugle, siren (hooter)
Dùdlachd, an Dùdlachd *nf* December (also **an Dùbhlachd** *nf*)
dùdlaidh, -e *a* gloomy, sad □ *cha robh e nàdurrach dha a bhith cho dùdlaidh* it wasn't natural for him to be so gloomy
dufail *nm* duffle
dufail *a* duffle □ *còta dufail* a duffle coat
duf, dufaichean *nm* dumpling, a 'duff'
dùghorm *a* black and blue, livid □ also **dubh-ghorm**
duibhead, -eid *nm* blackness
duibhre *nf* darkness, dusk, gloom, shadiness
duibhreachadh, -aidh *nm & vn* of **duibhrich** dimming etc., *duibhreachadh fillidh* layer shading (geog.)
duibhrich, -eachadh *v* dim, make dim, shade

Duidseach *a* Dutch
Duidseach, -ich, -ich *nm* Dutchman

---

dùil, -e, dùiltean / dùilean *gen pl* **dùl** *nf*
creature, element □ *tha na dùilean a'*
beathachadh gach craoibhe the ele-
ments nourish each tree □ *rugadh Rìgh*
nan Dùl san stàball the King of All
was born in the stable (lit. King of the
Elements) similarly □ *Dia nan Dùl*
God of All □ *thog e an dùil bheag* he
picked up the little creature
dùil, -e, -ean *nf* expectancy, expecta-
tion, hope, prospect, thought, view □
mill dùil frustrate □ *gun dùil ri*
unlooked-for, unexpected □ *... mar*
thiodhlac gun dùil ris do a nighinn ...
as an unexpected gift for his daughter
(lit. as a gift without expectation to it
for his daughter) □ *an aghaidh ar dùil*
contrary to our expectations
tha dùil aig B gu — B hopes / expects /
supposes that — □ *bha dùil aig mòran*
gur h-e na coigrich a rinn seo many
people supposed that it was the
strangers who did this □ *bha dùil agam*
nach b'urrainn do struthan itealaich?
I thought ostriches couldn't fly? □ *bha*
dùil agam gun robh thu a' dol a
shnàmh I thought you were going to
swim □ *gheibh thu rudeigin nach robh*
dùil agad ris! you'll get something you
didn't expect!
A *verbal noun* construction may be
used instead of a *noun clause* □ *tha iad*
a' cur an aghaidh taigh-tionnsgainn a
tha dùil aig a' chompanaidh seo
a thogail anns an eilean they are
opposing a factory that this company
hope to build on the island
tha dùil aig cuideigin ri cuideigin /
rudeigin someone expects someone /
something □ *tha dùil agam ris* I expect
him / it □ *choinnich mi ris na bu*
luaithe na bha dùil agam ris I met him
sooner than I was expecting (it) □ may
be followed by a *vn* □ *bha dùil aice ri*
a bràthair tadhal air a shlighe
dhachaigh she expected her brother to
look in on his way home □ *fhad 's*
nach eil dùil agad ri beanntan àrda
fhaicinn! as long as you don't expect to
see high mountains! □ *cha robh uibhir*
an làthair aig a' choinneimh seo is ris
an robh dùil there weren't as many at

this meeting as was expected □ *... an*
àite an nì ris an robh dùil agam ...
instead of what (lit. the thing that)
I had expected □ *ghabh freastal a'*
ghille camadh ris nach robh dùil aige
the boy's fate took a twist that he did
not expect □ *is iongantach gur e seo an*
òraid ris an robh dùil aca it probably
wasn't the speech they expected (see
iongantach) □ *cuine tha dùil agad*
rithe? when do you expect her? □
sometimes used without ri(s) □ *mar a*
bhiodh dùil againn ... as we would
expect – and even more abbreviated: ...
mar a bhiodh dùil ... as you would
expect / as would be expected etc. □
boireannach is dùil aice ri pàiste an
expectant mother □ note also: *... agus*
ar dùil a-nis ri cobhair ... and we now
awaiting help
bi [ann] an dùil gu ... be in expectation
that ... / expect □ *a bheil thu an dùil*
gun tèid mi air ais an sin? do you
expect me to go back there? (lit. are
you in the expectation that I shall
etc.) □ *a bheil thu (a') dol ann? tha*
mi an dùil gu bheil are you going
(there)? I expect so □ but note also:
an dùil am bu chòir dhuinn seo
a dhèanamh? I wonder if we ought to
do this? / do you suppose etc. □ *an dùil*
an e? I wonder? (in answer to a point)
□ note also the following construc-
tions: *tha dùil an dà chuid Gàidhlig is*
Beurla a theagasg ri taobh a chèile it
is hoped to teach both Gaelic and
English side by side □ *le dùil gum bi e*
air a chur air bhog an ath bhliadhna
with [the] hope that it will be launched
next year
thoir dùil thairis give up hope □
an dèidh dha dùil a thoirt thairis
after he had given up hope (lit. after
to him hope to giving up) □ *thuirt*
e gun robh iad air dùil a thoirt
thairis he said that they had given
up hope □ also: *thoir dùil de ...* give
up hope of ... □ *cha tug sinn dùil dheth*
a-riamh we never gave up hope of
him □ note also: *bha i air a leòn*
cho dona 's nach robh dùil rithe she
was so badly injured that there was no
hope for her
dùil-beatha *nf* life expectancy **d.-mhial**
nf great bindweed

duilchinn, -ean *nf* regret (sometimes **duilichinn**)

dùileach, -iche *a* elemental

dùileachadh, -aidh *nm* □ same as **sùileachadh**

duileasg, -isg *nm* dulse (an edible seaweed)

duilghe *comp form* of **duilich**

duilgheadas, -ais, -an *nm* difficulty, snag, trouble □ *gun duilgheadas sam bith* without any difficulty □ *bha beagan duilgheadais agam le…* I had a little difficulty with… □ *thuirt e nach robh duilgheadas sam bith ann airgead a lorg airson…* he said that there was no difficulty in finding money for… □ *tha an t-uabhas dhuilgheadasan an lùib na h-obrach* there are the most awful difficulties involved in the work □ *thuirt e gum bitheadh duilgheadas agam ann a bhith dèiligeadh riut* he said that I would have difficulty in dealing with you □ *tha duilgheadas leughaidh aige* he has a reading difficulty □ *dh'innis e dhomh eachdraidh a dhuilgheadasan* he told me the history of his troubles □ *an dèidh mòran dhuilgheadasan* after many difficulties □ *tha e mothachail gum bi seo na dhuilgheadas* he is aware that this will be a difficulty □ *cha b' e an duilgheadas idir dè bu chòir dhuinn a chur ann ach dè bu chòir dhuinn fhàgail às* the difficulty wasn't what we ought to put in but what we ought to leave out

duilich, duilghe / dorra *a* 1. difficult □ *tha e duilich do dhuine sàsachadh fhaighinn anns an t-saoghal seo* it's difficult for a man to find satisfaction in this world □ *bha e duilich dhise bruidhinn ris* it was difficult for her to speak to him □ *bhiodh e duilich dhomh gun na ceistean a fhreagairt* it would be difficult for me not to answer the questions □ *bha e air a bhith na bu duilghe dha seo a dhèanamh* it had been more difficult for him to do this □ *tha e duilich a thuigsinn ciamar a thachair a leithid* it's difficult to understand how such a thing happened □ *tha iad duilich a bhith ag obair annta* they are difficult to work in 2. sad, sorry □ *bi duilich* regret, be sorry □ *tha mi duilich* I'm sorry □ *tha mi duilich cho beag tìde a thoirt dhut* I'm sorry to give you so little time □ *tha mi a' faireachadh duilich air a shon* I am feeling sorry for him

dùilich, -eachadh *v* □ same as **sùilich**

duille, -ean *nf* leaf, scabbard, sheath

duilleach, -ich *nm* foliage □ *gun duilleach* leafless □ *bha duilleach nan craobh uaine / gorm* the foliage of the trees was green

duilleachan, -ain, -ain *nm* leaflet

duilleag, -eige, -an *nf* leaf (plant / book), lobe, page (of book), sheet (paper) □ *air an duilleig thiotail* on the title page

duilleag-bhàite *nf* water-lily **d.-clàraidh** *nf* record sheet **d.-dhoras** *nm* valve **d.-mhath** *nf* nipplewort **d.-naidheachd** *nf* news sheet **d.-obrach** *nf* worksheet

duilleagach, -aiche *a* leafy

duim □ *gen sing* of **dom** gall-bladder

dùin, dùnadh *v* block, clench, clinch, close, complete, fence, lace, plug, seal (close), shut □ *dhùin e an doras* he closed the door □ *cha do dhùin doras nach do dh'fhosgail doras* a door never closed which didn't open a door (proverb) □ similar is: *ged dùinear doras fosglar doras* though a door is closed a door is opened □ *dhùin a' bhùth aig uair agus dh'fhosgail i a-rithist aig dà uair* the shop closed at one (o'clock) and opened again at two (o'clock) □ *bha e dìreach air ceud bliadhna a dhùnadh* he had just completed his century □ *dùin a-mach* exclude, preclude, seclude, shut out □ *bha ballachan mòra a' dùnadh a-mach an t-saoghail* great walls were shutting out the world □ *dùin sùil air (rudeigin)* connive at (something) □ *dùin suas* coop □ *dùin a-steach* air close in upon □ *bha iad a' dùnadh a-steach air a' bhodach* they were closing in upon the old man □ *bha e toilichte an doras a dhùnadh orra* he was pleased to shut the door on them □ *bha seo a' dùnadh an rathaid shingilte oirnn* this was blocking / jamming the single-track road (for us)

duine, *pl* **daoine** *nm* anyone, man, man (= husband), mankind, nobody / no one (with *neg verbs*), person, fellow, one □ *shaoileadh duine bho na chaidh a ràdh gu ruige seo gu…* one would think from what has been said so far that… □ *a dhuine!* dear man! □ *duine uasal* gentleman □ *a dhuine uasail* sir, dear sir (in polite address or in letters) □ *a dhuine uasail, am faod mi a ràdh …?* sir, may I say …? □ *an duine aice* her man / husband □ *nuair a bhios mi na mo dhuine (mòr)* when I am a man □ *an duine* (also **an urra**) each *pron* □ *phàigh sinn còig notaichean an duine* we paid £5 each □ *duine dìolain* bastard (of an illegitimate child only) □ *duine dubh* negro □ *gheibh gach duine cloinne* *ceithir leasain* every child (lit. person of a child) will receive four lessons □ *daoine mòra* big people (it should be noted that though **daoine** has a slender ending the *adj* is not lenited – an exception to the general rule)

duine-eigin also **duin'-eigin** someone (male)

duine-mharbhadh *nm* manslaughter

duineachan, -ain, -ain *nm* manikin

duinealas, -ais *nm* manfulness, manliness

duineil, -e *a* manful, manly, virile

duinne *nf* brownness □ *thug e fa-near duinne fhallain a craicinn* he noted the healthy brownness of her skin

dùinte *pp* closed, close (ling.), costive, reserved, shut, taciturn □ *bha na bùthannan dùinte* the shops were shut □ *uinneag dhùinte* a closed window □ *duine dùinte* a taciturn man □ *dùinte a-staigh* enclosed

dùinteachd *nf* closeness (of character), taciturnity

dùiread, -eid *nm* fixation, sullenness

dùirn □ *gen sing* and *nom* & *dat pl* of **dòrn** fist

duis, -e, -eachan *nf* lights, entrails of an animal e.g. sheep / cow □ *duis caorach* sheep's lights □ *duis bà* cow's lights

duiseal, -eil, -eil / duislean *nm* flute

dùisg, dùsgadh *v* arouse, awake, awaken, enkindle, flush (birds), raise, revive, rouse, wake(n) wake up □ *dùisg!* waken up! □ *tha seo a' dùsgadh cuimhne air ...* this awakens memories of ... □ *... a dhùisgeas inntinn an leughadair gu smaoineachadh nas doimhne a dhèanamh air ... ...* which will arouse the reader's mind to think more deeply about ...

dùisg, nam dhùisg, nad dhùisg etc. *adv* awake, wakeful □ *bha mi nam dhùisg greis mhath* I was awake a good while □ *bha i na làn dhùisg a-nise* she was fully awake now □ *bha e eadar a chadal 's a dhùisg* he was between sleeping and waking

dùl *gen pl* of **dùil**

dul, -a, -achan *nm* link, loop, noose □ *a bheil thu ag iarraidh an dul a chur air m' amhaich?* do you want to place the noose upon my neck? □ *bha e a' fuasgladh an dula* he was loosening the noose

dul-iuchrach *nm* keyring

dula, -achan *nm* □ see **dul**

dùlan, -ain, -an *nm* challenge, dare, defiance □ *thoir dùlan do* dare, defy □ see **dùbhlan**

dùmhail, -e *a* 1. close (of atmosphere), crowded, dense, thick □ *thuit ceò dùmhail mun cuairt air* a thick mist fell about him □ *bha na sràidean dùmhail le daoine* the streets were crowded with people 2. bulky, burly, corpulent, gross

dùmhlachd *nf* 1. specific gravity 2. heaviness, density

dùmhlachd-sluaigh *nf* population density

dùmhlachd-trafaig *nf* traffic jam

dùmhlaich, -achadh *v* □ see **dòmhlaich**

dùn, -ùin, -ùin / -tean *nm* fortress, heap □ *dùn is balla-dion* motte and bailey □ now mostly used in place names □ *Caisteal Dhùn Èideann* Edinburgh Castle □ see App. 12 Sect. 4.0

dùn-gainmhich *nm* sand dune **d.-sheangan** *nm* anthill

dùnadh, -aidh, -aidhean *nm* & *vn* of **dùin** closing etc., cadence, close, closing, closure □ *dùnadh a-mach* exclusion

dunaidh *nf* disaster, misfortune □ *bheir an dol air adhart seo dunaidh oirnn uile* this carry-on will bring disaster on us all

dùnan, -ain, -ain *nm* dunghill

dungairidhe, -ean *nm* dungaree

duo-dìneach *a* duodenal

dup, -adh *v* dip (sheep etc.)

dupadh, -aidh *nm* & *vn* of **dup** dipping (sheep etc.)

dùr, -ùire *a* 1. dour, obstinate, stolid, stubborn 2. sour (of character), sullen 3. rigid, steady, stiff □ *gu dùr* fixedly, steadily etc. □ *sheall i air gu dùr* she looked at him fixedly / intently

dùr-amhairc, dùr-amharc *v* gaze, look at / watch intently □ *air an robh iad a' dùr-amharc* at which they were gazing **d.-fheur-fairge** *nf* hard sea-grass **d.-choimhead** *v* □ same as **d.-amhairc** □ *bha a sùilean mòra a' dur-choimhead orm* her large eyes were watching me intently / gazing at me

dùrachd, -an *nf* assiduity, compliments, eagerness, fervour, goodwill, wish □ *nam faighinn mo dhùrachd* if I were to get my wish □ *... agus gach deagh dhùrachd don dithis ...* and all best wishes to both / the couple □ *le deagh dhùrachd* with compliments / with good wishes □ *le dùrachd* yours truly / sincerely □ *leis gach deagh dhùrachd* yours most sincerely / with best wishes □ *tha iad a' guidhe (gach) deagh dhùrachd dhuibh* they wish you (all) the best □ *tha sinn a' cur (gach) deagh dhùrachd thugaibh* we send you (all) best wishes dùrachdach, -aiche *a* assiduous, eager, earnest, fervent, keen, sedulous, sincere □ *tha èifeachd mhòr ann an ùrnaigh dhùrachdaich* there is a great effect in earnest prayer □ *chan eil teagamh nach eil thu dùrachdach nad bheachd* there's no doubt that you are sincere in your opinion (note that the *neg* is frequently used after **teagamh**) □ *nochd e nàdar caidireach dùrachdach* he demonstrated an affectionate, sincere nature □ *gu dùrachdach dh'iarr mi maitheanas* sincerely I begged forgiveness □ *...'s gach fear dhiubh dùrachdach fortan a dhèanamh dheth ...* and each one of them eager to make a fortune from it

dùradan, -ain, -an *nm* mote, particle of dust etc.

dùraig, -eadh *v* 1. wish, desire □ *cha robh duine nach dùraigeadh olc dha* there wasn't a man who didn't wish him ill 2. dare, venture □ *shuidh iad cho dlùth air an teintein 's a dhuraigeadh iad* they sat as close to the hearth as they dared

durcais, -e, -ean *nf* pincers, pliers, nippers

durcan, -ain, -ain *nm* (pine) cone

dùrd, -ùird *nm* any small sound □ *air nach cluinnear dùrd an-diugh* about which there isn't heard a 'cheep' today

dùrdail, -e *nf* cooing, murmur, murmuring □ *dèan dùrdail* coo

dùrdalan, -ain, -ain *nm* cockchafer

durrag, -aige, -an *nf* worm

durranta *a* churlish, obstinate

dùsal, -ail *nm* doze, nap, slumber □ *dèan dùsal* snooze □ *tha iad a' dùsgadh a-nise às an dùsal a thàinig orra* they are now awakening from the slumber which came upon them

dusan, -ain *nm* dozen □ usually itself in the *sing*, is followed by a *sing noun* □ *dusan ugh* a dozen eggs □ *chunnaic mi dusan faoileag mharbh* I saw a dozen dead seagulls □ *dà dhusan dheug* a gross

dùsgadh, -aidh, -aidhean *nm* & *vn* of dùisg awakening etc., evocation, revival (in a relig. sense) □ *tha dùsgaidhean o àm gu àm a cur ri àireamh buill na h-eaglais* revivals from time to time add to the number of church members □ the expressions **nam dhùsgadh, nad dhùsgadh** etc. are used in the same way as **dùisg, nam dhùisg, nad dhùisg** etc. above

duslach, -aich *nm* dust, remains (corpse) □ *duslach (niùclach)* (nuclear) fallout □ *bha am bòrd salach le duslach* the table was filthy with dust

duslachail, -e *a* dusty

dust *nm* dust (fine particles / corpse)

dustach, -aiche *a* dusty

dustaig, -eadh *v* dust

dustair, -ean *nm* duster □ *bha dustair aice na làimh* she had a duster in her hand

dùth, -a *a* 1. natural, hereditary, native □ *cha dùth do dhuine a bhith air a chumail a-staigh mar sin* it isn't natural for a man to be kept inside like that □ *is dùth do neach a ghnè fhèin a shireadh* it's natural for one to seek one's own kind i.e. birds of a feather flock together 2. fitting, proper □ *... agus, mar bu dùth ... ...* and, as is fitting ... □ *is dùth dha gu bheil ...* it is fitting for him that ...

dùthaich, dùthcha, dùthchannan *nf* country, countryside, land □ *Na Dùthchannan Aonaichte* the United Nations □ *air an dùthaich* in the country(side) □ *cha robh sinn fada anns an dùthaich mun do thachair e rinn* we weren't in the country (= land) long before we met him (lit. met to us – see **tachair**) □ *chan eil mòran dhùthchannan eile a tha cho breàgha rithe* there aren't many other countries which are as beautiful as it

dùthchail, -e *a* country, local, rustic, rural □ *na bailtean dùthchail* the rural villages

dùthchas, -ais *nm* heredity, instinct, nationality □ *thèid dùthchas an aghaidh nan creag* heredity tells (proverb – lit. heredity goes against the rocks) □ *canaidh daoine dùthchas ris an rud dofhaicsinneach seo* men call this invisible thing instinct

dùthchasach, -aiche *a* endemic, hereditary, indigenous, instinctive, natural, native, traditional, vernacular □ *seo cànan a tha dùthchasach do Alba* this is a language which is indigenous to Scotland □ *... rud a tha dùthchasach dhomh ...* something which is natural to me □ *tha e nas dùthchasaiche do dh' Alba na ceòl sam bith eile* it is more indigenously Scottish than any other music

dùthchasach, -aich, -aich *nm* native

dùthchasail *a* indigenous, national, native □ see also **dùthchasach** □ *b' esan am fearlabhairt dùthchasail mu-dheireadh* he was the last native speaker

E, e

e *pers pron* he, him, it *masc* □ *e fhèin* himself, itself *masc* □ *tha e* he is □ *bha e* he was □ ... *a rinn e* ... that he made / did □ *chunnaic mi e* I saw him □ made emphatic by the suffix **-san** □ *cha b'esan a b'fheàrr a rinn* it wasn't *he* who did best

eabar, -air *nm* mire, mud, silt, sludge □ *bha na taighean air an cuairteachadh le eabar* the houses were surrounded by mud

eabar-sgiath *nf* mudguard

eabarach, -aiche *a* muddy □ *thuit e ann an clais eabarach* he fell into a muddy ditch

Eabhra *nf* Hebrew (lang.)

Eabhrach, -aich, -aich *nm* Hebrew

Eabhrach *a* Hebrew

eacarsaich, -ean *nf* exercise □ *eacarsaich aireobach* aerobic exercise □ *eacarsaichean mapaidh* map exercises

each, eich, eich *nm* horse □ *air muin eich* on horseback □ *gaoisid eich* □ *sean each* jade (old horse) □ *each rèidh* hackney (horse)

each-aibhne *nm* hippopotamus **e.-cogaidh** *nm* war-horse □ *is ann air each-cogaidh a bha e a' marcachd* he was riding on a war-horse **e.-iarainn** *nm* old-fashioned name for railway engine or bicycle i.e. 'iron-horse' **e.-mara** *nm* walrus □ **e.uisge** water horse, 'kelpie'

eachan, -ain, -ain / -an *nm* smooth cockle

eachdraiche, -ean *nm* historian

eachdraidh, -e, -ean *nf* chronicle, history □ *eachdraidh mhartarach* martyrology □ *eachdraidh beatha* biography □ *eachdraidh bhliadhnail* annals

eachdraidheach *a* chronological

eachdraidheil *a* historical □ *eaglaisean eachdraidheil* historical churches

eachraidh *nf* cavalry, horsemen

eachtradh, -aidh, -aidhean *nm* adventure □ *is ann an sin a thòisich an t-eachtradh* it was then that the adventure began

eachtrannach.-aiche *a* adventurous □ *bha an turas seo cho eachtrannach ri fear a leugh mi mu a dheidhinn* this journey was as adventurous as any that I have read about (lit. read about it)

eaconomach, -aiche *a* economic

eaconomachd *nf* economics

eaconomaidh *nm* economy

eaconomair, -ean *nm* economist

eacsama *nf* eczema

eactodairm *nm* ectoderm

eactodairmeach *a* ectodermal

Eadailteach, -ich, -ich *nm* Italian

Eadailteach *a* Italian, italic (typ.) □ *ann an clò eadailteach* in italics

Eadailtis *nf* Italian (lang.)

eadar *prep + acc* 1. between □ *eadar a'chlach agus a' chraobh* between the stone and the tree □ *eadar na ballachan* between the walls □ *eadar mi fhìn is tu fhèin* between you and me □ *eadar fealla dhà is da-rìreadh* between joking and earnest □ *eadar e is an solas* between him and the light □ *eadar cadal is dùsgadh* between sleeping and waking □ *bha mu chòig troighean eadar mi 's am fear a bha romham* there were about five feet between me and the man who was in front of me □ *eadar gach rud a th'ann (a bh'ann)* between one thing and another / taking one thing with another The *prep prons* are formed thus:- **eadarainn** between us **eadaraibh** between you *pl & polite* **eatorra** between them □ *bha balla cloiche eadarainn* there was a stone wall between us □ *leigibh leis a' phàiste suidhe eadaraibh* let the child sit between you □ *cha robh ach ochd troighean eatorra* there was only eight feet between them The *emphatic forms* of the above are:- **eadarainne, eadaraibhse, eatorrasan** 2. **eadar A– agus B–** both A– and B–, partly A– partly B– □ *lenites both nouns* □ *eadar bheag agus mhòr* both great and small (lit. both small and great) □ *eadar mhath is olc* both good and evil 3. **eadar gu...** whether ... or □ *eadar gu bheil iad nan tidsearan, nan dotairean, nan luchd-lagha* whether they are teachers, doctors or lawyers □ *eadar gun robh no nach robh iad a' creidsinn seo...* whether they believed this or not □ ... *eadar gu bheil iad ag aideachadh an t-suidheachaidh no nach eil* ... whether they acknowledge the situation or not

eadar- *pref* = inter-
eadar-a-chor / eadar-dhà-chor *adv* in
two minds □ *bha mi eadar-a-chor co-
dhiù dh'fhalbhainn no dh'fhuirichinn*
I was in two minds whether I should go
or stay **e.-aisneis** *nf* parenthesis **e.-
atharraich** *v* differentiate **e.-charadh**
nm metathesis **e.-cheangal** *nm*
intercom, communications □ *thàinig
òrduighean tron eadar-cheangal*
orders came through the intercom
e.-cheangail *a* communication □...
*ann an goireasan-siubhail is an
goireasan eadar-cheangail* ... in trans-
port and [in] communication facilities
e.-cheangal *nm* communications **e.-
chrasg** *nm* interchange **e.-dhealachadh**
nm contrast, difference, differentia-
tion, discrimination, distinction □ *bu
chòir eadar-dhealachadh a dhèanamh
eadar ... agus ...* we must differentiate
between ... and ... (lit. a difference
must be made etc.) □ *dè an t-eadar-
dhealachadh a tha eadar na tha esan
ag ràdh agus na tha ise ag ràdh?*
what's the difference between what he
is saying and what she is saying?
e.-dhealaich *v* contrast, differ, dis-
criminate distinguish, separate
e.-dhealaichte *pp* different, distinc-
tive, unlike, separated (+ **ri(s) / bho**
from) □ *bha e eadar-dhealaichte ri bal-
aich eile* he was different from other
boys □ *bha dòighean eadar-
dhealaichte gu bhith air an cleachdadh*
different methods were to be employed
□ *bha an taigh seo eadar-dhealaichte
bhon chuid mhòir de thaighean eile
anns a' bhaile* this house was different
from the majority of [the] other houses
in the town □ ... *a bha tur eadar-
dhealaichte ris na h-einnseanan air am
b'eòlach esan ...* which were com-
pletely different from the engines with
which he was familiar □ *chan eil e
mòran eadar-dhealaichte ri bainne bà
ri amharc air* it isn't much different
from cow's milk to look at [it] □ *le cud-
throm eadar-dhealaichte* with different
weightings **e.-eileanach** *a* inter-island
□ *na bàtaichean eadar-eileanach* the
inter-island boats **e.-eisimeileachd** *nf*
interdependence **e.-fhigh** *v* interweave
□ *tha iad air an eadar-fhighe* they
are interwoven **e.-fhighe** *nm* & *vn*
of **e.-fhigh** interweaving etc., tissue

e.-fhigheachd *nf* texture **e.-fhighte** *pp*
interwoven **e.-fhillteachd** *nf* complex-
ity **e.-ghabhail** *nm* intervention
e.-ghinte *a* inbred **e.-ghnè** *nf* mongrel
□ *'s e eadar-ghnè a bha innte* she was
a mongrel **e.-ghnè** *a* mongrel □ *bha cù
eadar-ghnè aig a shàil* there was
a mongrel dog at his heels **e.-ghreis** *nf*
interval, meantime □ *anns an eadar-
ghreis* in the meantime **e.-ghuidh** *v*
intercede **e.-ghuidhe** *nm/f* & *vn* of
e.-ghuidh interceding etc., interces-
sion, mediation □ *dèan eadar-ghuidhe*
intercede □ *rinn iad eadar-ghuidhe às
a leth* they interceded on his / her
behalf **e.-lìneadh** *nm* interlineation
e.-lìnich *v* interline **e.-mheadhanach**
a intermediate, mid □ *bha e air a bhith
a'frithealadh clas eadar-mheadhanaich*
he had been attending an intermediate
class □ *aig ìre eadar-mheadhanach*
at an intermediate level **e.-
mheadhanair, -ean** *nm* intermediary,
mediator **e.-mheasgte** *pp* diverse
e.-nàiseanta *a* (see **eadarnàiseanta**)
e.-oibreachadh *nm* & *vn* of **e.-oibrich**
interacting etc., interaction □ *tha an
t-eadar-oibreachadh eadar duine is
duine an urra ri ...* the interaction
between man and man depends on ... □
*'s e cruth eadar-oibreachaidh a tha air
an CD-ROM* the CD-ROM has an
interactive format **e.-oibrich** *v* interact
e.-oilthigheach *a* inter-university □
*chuir iad air chois bòrd eadar-
oilthigheach* they set up an inter-
university board **e.-ràdh** *nm* parenthesis
e.-reultach *a* interstellar **e.-sgaoil** *v*
dissolve (of matter) **e.-sgaoileachd** *nf*
solubility **e.-sgaoileadh** *nm* dissolu-
tion (of matter), solution (mixture
of solute and solvent) □ *eadar-
sgaoileadh salainn* salt solution
e.-sgar *v* dissociate, disunite **e.-sgaradh**
nm & *vn* of **e.-sgar** disunite etc., dis-
unity **e.-sgaraich** *v* analyse (gram.)
e.-sgeul *nm* episode **e.-sholas** *nm* dusk,
twilight □ *anns an eadar-sholas* in the
twilight **e.-theangachadh** *nm* & *vn* of
e.-theangaich translating etc., transla-
tion, version □ *feumaidh iad eadar-
theangachadh a dhèanamh gu Beurla
air an litreachas* they must make
a translation to English of their literature
e.-theangaich *v* do into (a language),
translate □ *eadar-theangaich bho*

Ghàidhlig gu Beurla translate from Gaelic to English **e.-theangair** *nm* translator **e.-ùine** *nf* interval

---

eadarach *a* interim, intervening □ *aithisg eadarach* an interim report □ *anns a' cheàrnaig eadaraich* in the intervening square

eadarnàiseanta *a* international □ *gu nàiseanta is gu h-eadarnàiseanta* nationally and internationally

èadhar, -air *nf* air

èadhar-dhìonach *a* airtight

èadharachadh *nm & vn of* **èadharaich** aerating, aeration

èadharag, -aig *nf* light air (of wind conditions)

èadharaich, -achadh *v* aerate

eadhon *adv* even □ *bha an t-iasg eadhon na bu phailte na an fheòil* fish was even more plentiful than meat □ ... *eadhon nuair a tha sinn nar naoidheanan* ... even when we are babies □ *eadhon ged a dh'fhaodas e bhith* ... even though it may be ... □ *eadhon mar a bha, bha amharas beag aige air cùl [a] inntinn* even so, he had a small suspicion at the back of his mind (lit. even as it was etc.) □ *bha iad ro lag eadhon airson èirigh* they were too weak even to rise

èadhradair, -ean *nm* ventilator

eadradh, -aidh *nm* milking time

eadraiginn *nf* interference, intervention, mediation □ *dèan eadraiginn* mediate □ *thig / rach san eadraiginn* interfere, intervene □ *cha tig e san eadraiginn* he won't interfere

eag, eige, eagan *nf* groove, hack, jag, nick, notch

eagach, -aiche *a* jaggy, serrated

eagaich, -achadh *v* hack, indent, jag, nick, notch

---

eagal, -ail, -ail / -an *nm* fear, fearfulness, fright, terror □ *gun eagal* fearless **tha eagal orm** I am afraid (both literally and in apology) □ *chan eil gin agam tha eagal orm* I haven't any, I'm afraid □ *bha eagal orm gun robh nì air choreigin a' dol a thachairt dha* I was afraid something was going to happen to him □ note also:- *bha na h-aon eagalan air ar sinnsearan 's a tha*

oirnne our ancestors had the same fears as we have

tha eagal orm ro (+ *dat* or a *prep pron* of **ro**) I am afraid of / I am scared of / I am frightened of etc. □ *bha eagal orra ro na madaidhean-allaidh* they were afraid of (the) wolves (i.e. the wolves in question or wolves in general) □ *tha eagal oirre roimhe* she is afraid of him / it *masc* (lit. there is fear on her before him / it) □ *bha barrachd eagail airsan romhamsa na bha ormsa roimhesan* he was more afraid of me than I was of him □ *bha eagal mo bheatha orm roimhe sin / mu dheidhinn sin* I had a dread of that / with regard to that

gabh eagal take fright, get a fright □ *leis an eagal a ghabh iad le chèile* with the scare they both got (lit. took)

fo eagal afraid, in fear □ ... *far an robh iad fo eagal gun tigeadh nàimhdean orra gun fhios* ... where they were afraid that enemies would come upon them unexpectedly □ *cuir fo eagal* cow

air eagal gu for fear that / lest □ *air eagal gun saoil sibh* ... for fear that / lest you will think ...

cuir eagal air scare □ *cha robh e cho mòr 's gun cuireadh e eagal air pàiste* it wasn't so big that it would frighten a child □ *cuir dearg eagal air* petrify □ *chuir am mathan dearg eagal orra* the bear petrified them □ *bha seo a' cur dearg eagal mo bheatha orm* this was putting me in fear of my life

---

eagalach, -aiche *a* afraid, alarming, apprehensive, atrocious, awful, dire, dreadful, fearful, formidable, frightful, grisly, lurid, outrageous, terrible, timorous, tremendous

eagar, -air *nm* array, formation, order □ *gun eagar* unsystematic □ *cuir an eagar* put in order

eagarachadh, -aidh *nm & vn of* **eagaraich** putting in order etc.

eagaraich, -achadh *v* edit, order, put in order

eagaraichte *pp* edited, ordered □ *fiosrachadh eagaraichte* ordered information

eagarra *a* precise □ *uidheaman eagarra* precise instruments

eag-eòlas *nm* ecology

eaglais, -e, -ean *nf* church, kirk □ *Eaglais na h-Alba* the Church of Scotland □ *an*

Eaglais Shaor (Chlèireach) the Free (Presbyterian) Church □ *an Eaglais Chaitligeach* the Catholic Church □ *an Eaglais Easbaigeach* the Episcopal Church □ *an Eaglais Choithionalach* the Congregational Church □ *anns an eaglais* in church / at church □ *chan fhaca mi thu anns an eaglais an-diugh* I didn't see you at church today (note that, in common with **sgoil** school **aig** is not used for 'at' church. Instead one says 'in the church, in the school') □ *bha dà mhinistear à eaglais na h-Alba aig a' choinneimh* there were two Church of Scotland ministers at the meeting □ *tha e air a chleachdadh mar thalla na h-eaglaise* it is used as the church hall □ *an Eaglais Bhreac* Falkirk □ *Blàr na h-Eaglaise Brice* the Battle of Falkirk

eaglaise *a* church □ *tha e eòlach ann an gnothaichean eaglaise* he is knowledgeable in church matters

eaglaiseil *a* ecclesiastical □ *eachdraidh eaglaiseil* ecclesiastical history

eagnaidh *a* pointed (of argument), accurate, precise, subtle

eagnaidheachd *nf* exactness, sharpness (of mind), subtlety, wisdom, prudence □ *bha feum air eagnaidheachd* there was a need for subtlety / wisdom / prudence □ *thaghadh e airson eagnaidheachd* he was chosen for his sharpness of mind etc.

eagrachadh, **-aidh**, **-aidhean** *nm* & *vn* of **eagraich** organizing etc., organization □ *bha iad an sàs anns na h-eagrachaidhean seo* they were operating in these organisations

eagrachaidh *a* organizational □ *sgilean eagrachaidh* organisational skills

eagraich, **-achadh** *v* organize □ *dh'eagraich iad feasgar fosgailte* they organized an open evening

eagraiche, **-ean** *nm* organiser

eagraichear, **-eir**, **-an** *nm* organiser

eagran, **-ain**, **-ain** *nm* edition □ *an dèidh an dara eagrain* after the second edition

eala, **-achan** *nf* swan □ *an eala bhàn* the white swan (also the title of a song)

eala-bhuidhe *nf* hypericum, St. John's wort

ealachainn *nf* □ see **ealchainn**

èalachas, **-ais** *nm* escapism

èaladair, **-ean** *nm* prowler

èaladh, **-aidh** *nm* & *vn* of **èalaidh** crawling etc.

ealag, **-aig**, **-an** *nf* block

èalaidh, **èalaidh** / **èaladh** *v* 1. crawl, creep, flit, prowl, sneak □ *èalaidh às* elude □

dh'èalaidh e gu samhach a-null chun an dorais he crept quietly across to the door □ *dh'fheuch e ri èaladh a-steach tron fhosgladh bheag* he tried to crawl in through the small opening 2. stalk □ *bha na longan-fo-mhuir seo ag èaladh nan cabhlach* these submarines were stalking the fleets

ealaidh, **-ean** *nf* lyric

èalaidheach, **-iche** *a* elusive, truant

ealain, **-e**, **-ean** *nf* art, workmanship □ note that, though the *pl* is given as **ealainean** in Dwelly, it is nowadays usually **ealain** and that the *gen pl* is also **ealain**, contrary to the general rule □ *saoghal nan ealain* the world of the arts □ *'s e obair ealaine a tha ann* it's a work of art □ *tha adhartas mòr air tighinn anns na h-ealain* great progress has occurred in the arts □ *ealain reusanachaidh* logic □ *ealain sgrìobhaidh* penmanship □ *deuchainn ealain* scientific experiment

ealain-lann *nf* (art) gallery

ealamh, **-aimhe** *a* apt, deft, expert, immediate, nimble, quick, ready, swift □ *bha e ealamh ann an alt na h-obrach a thogail* he was quick in picking up the knack of the work □ *thug i sùil ealamh air* she gave him a quick glance □ *thàinig an cù air ais gu h-ealamh* the dog returned readily

ealanta *a* artistic, skilled, expert, masterly □ *ann an sgrìobhadh ealanta* in artistic writing □ *leabhar ùr o a pheann ealanta* a new book from his skilled pen □ *tha na puirt air an rianachadh gu h-ealanta* the tunes are expertly arranged

ealantachd *nf* ingenuity, expertness

ealantair, **-ean** *nm* artificer, artisan

ealantas, **-ais** *nm* artistry

ealchainn *nf* 1. armoury 2. peg 3. rack (storage)

ealdhain / **ealdhanta** etc.— □ see **ealain** / **ealanta** etc.

ealla *nm* watching □ *bha iad a' gabhail ealla ris* they were watching him / taking stock of him □ *a' gabhail ealla ri suidheachaidhean na sgìre* taking into account local circumstances

eallach, **-aich**, **-aichean** *nm/f* burden, load, pack □ *thàinig e le eallach air a dhruim* he came with a load on his back □ *is trom an t-eallach an t-aineolas* ignorance is a heavy burden (same as **uallach**)

ealt, **-a**, **-an** *nf* covey, flight of birds □ *chunnaic sinn ealt de na h-eòin seo an-raoir* we saw a covey of these birds last night

ealta *nf* flock (birds) □ same as **ealt**

ealtainn, **-e** *nf* 1. razor 2. same as **ealt**

eanach-gàraidh *nf* endive

eanchainn, -e, -ean *nf* brain □ *chan eil an eanchainnean cho mòr ri ar n-eanchainnean-ne* their brains aren't as big as our brains □ *tha eanchainn mhath aige* he has a good brain / he is brainy □ *cuir eanchainn à* brain *v*

eanchainneach *a* of, belonging to or pertaining to the brain, cerebral

eangarra *a* bad-natured □ *chuala mi cnead eangarra a' tighinn às* I heard a bad-natured grunt coming from him

eang, -a, -an *nf* gusset, inset

eanraich, -e, -ean *nf* broth, soup

eapagram, -aim, -an *nm* epigram

eapagramach *a* epigrammatic

ear *nf* east □ often used along with **àirde** thus: *an àirde an ear* the east The compass directions in Gaelic are quite complicated, so a special section has been devoted to this subject in App. 9 □ *an Ear* the Orient □ *an ear / on ear* easterly

ear-dheas, an ear-dheas *nf* south-east **E.-Mheadhanach** *a* Middle East **An E.-Mheadhanach** *nf* the Middle East **an e.-thuath** *nf* northeast (for the correct usage see App. 9)

earail, earalach, -aichean *nf* 1. encouragement □ ... *a thug dhomh earail agus cuideachadh* ... who gave [to] me encouragement and help □ *feumaidh iad earail a thoirt airson a' Ghàidhlig a bhith air a teagasg* they must give encouragement for [the] Gaelic to be taught 2. caution, warning □ *fhuair iad uile earail gheur* they all received a sharp warning

earailteach, -iche *a* warning □ *ann an guth earailteach* in a warning voice

earalach, -aiche *a* exhorting, hortatory

earalachadh, -aidh *nm & vn* of **earalaich** exhorting etc., exhortation

earalaich, -achadh *v* enjoin, exhort, remonstrate, warn □ *chaidh an earalachadh gun dragh a chur air* they were warned not to bother him

earalas, -ais *nm* caution, foresight, precaution □ *feumaidh tu bhith nad earalas* you must be cautious / be on your guard □ *cuir air earalas* forewarn □ *air an earalas* as a precaution, to make sure

earar, an earar the day after tomorrow □ *tha còir agad a bhith a-mach às a seo an earar* you must be out of here the day after tomorrow

earb, -a, -an *nf* roe deer

earb, earbsadh *v* 1. (+ *à*) charge, commit, trust, depend on (someone), rely □ *na h-earb às a sin* do not trust in that □ *earbaibh à Dia* trust in God 2. (+ **ri**) confide in, entrust □ *bha aon duine ris an earbadh e an obair* there was one man to whom he could entrust the task □ *b'ann ri Mairead a dh'earbadh seo a thoirt gu buil* it was to Margaret that it was entrusted to put this into effect □ *dh'earbadh ris an doras a chumail dùinte* it was entrusted to him to keep the door closed □ ... *ris an do dh'earb e e fhèin* ... to whom he entrusted himself

earball, -aill, -aill *nm* tail □ *ghabh e grèim air earball a' chait* he grabbed the cat's tail □ *tha car na h-earball* there's a twist in the tail (lit. in its *fem* tail – with reference to **sgeulachd** *nf* story) □ *cha robh aca air ach an t-earball a leigeil leis a' chraiceann* there was nothing for it but to let go completely / give up

earba *nf* □ see **earb** *nf*

earbsa *nf* charge, confidence, faith (trust), reliance, trust □ *chan eil uidhir sin a dh'earbsa agam annta* I don't have that much faith in them □ *cha deach a-riamh uiread earbsa ann an soithich sam bith 's a chuir sinn anns a' bhàta bheag ud* never was so much trust put in any vessel as we put in that little boat □ *cuir earbsa ann* depend on (someone) □ *tha e a' sgrìobhadh le earbsa agus abaichead ùr* he is writing with a new confidence and a new maturity □ *tha mi an earbsa gu / nach* I trust that / that ... not ...*tha mi an earbsa gun soirbhich cùisean leat* I trust that things go well with you

earbsach, -aiche *a* 1. confident 2. reliable □ *thuirt e gun robh an t-seirbhis seo earbsach agus saor* he said that this service was reliable and he cheap

earchall, -aill *nm* great loss, calamity

èarleas *nm* advance (money), earnest □ *thoir èarlas* advance (money) □ see **àirleas**

eàrr *nm/f* tail

eàrr-

Most of the compounds below are based on the meaning 'tail' but **eàrr-bhruich** (also spelt **earr-bhruich / earra-bhruich** is based upon an *intensive particle* **er-** (cf. **earraghlòir** below), and **eàrr-thalmhainn** may be a variation of the alternative name **athair-thalmhainn** (earth-father) with the first element influenced by the English word 'yarrow'

eàrr-bhruich *v* seethe, simmer, stew

e.-dhubh *nf* wane (of the moon) □ *tha a' ghealach san eàrr-dhubh* the moon is on the wane **e.-dhubh** *a* waning □ *a'ghealach eàrr-dhubh* the waning moon **e.-ite** *nf* tail-feather **e.-nota** *nf* footnote **e.-ràdh** *nm* appendix (of book) **e.-sgriobhadh** *nm* postscript **e.-thalmhainn** *nf* yarrow, milfoil **earrach, -aich** *nm* spring (season) □ *as t-earrach* (also *san earrach*) in (the) spring □ *[ann] an àm an earraich* in springtime **earradh, -aidh, -aidhean** *nm* garb, habit, raiment

Earraghaidhealach, -aich, -aich *nm* person from Argyll □ *na h-Earraghaidhealaich* the people of Argyll / the Argylls (the regiment)

earraghlòir, -e *nf* bombast

earraghlòireach, -iche *a* bombastic

earraich *a* vernal

earraid, -ean *nm* 1. herald 2. sheriff officer

earraideas, -eis *nm* heraldry

earrann-ainn, -an / -ean *nf* act (play), area (part of …), branch (portion, part), canto, compartment, dividend, extract (of text etc.), instalment, piece, passage (of text etc.), portion, proportion, share, section, stave (of music), stint, verse □ *earrann èisteachd* listening comprehension passage □ *earrann-mapa* map extract □ *earrann (sgrìobhaidh)* paragraph □ *tha an cruinneachadh air a roinn na earrannan* the collection is divided into sections □ *bha earrann aca le chèile anns a' bhàta* they both had a share in the boat □ *chan eil a sin ach earrann dha na tha ri tighinn* that is only a part of what is to come

earranta *a* limited (of a company)

earras, -ais *nm* goods, property, wealth □ *sin an latha a reiceadh earras Dhòmhnaill* that was the day that Donald's property was sold

eas, -a, -an *nm* cascade, cataract, fall, waterfall □ *eas muilinn* a mill race □ *eas a' mhuilinn* the mill race

eas- *pref* signifying 'dis-' etc.

eas-aonachd *nf* disunity **e.-aonadh** *nm* dissension □ *chuala sinn guth an eas-aonaidh* we heard the voice of dissension **e.-aonta** *nf* disagreement, discordance, dissent, friction □ *bha eas-aonta mhòr eatorra* they differed / disagreed greatly **e.-aontach** *a* disagreeable, discordant, dissentient **e.-aontachd** *nf* discord, disagreement, friction □ *bha iad air sìol na h-eas-aontachd a chur* they had sown the seeds of discord □ *seo an t-slighe gu eas-aontachd* this is the path to discord □ *eas-aontachd (eaglais)* schism **e.-aontaich** *v* disagree, dissent □ *bha iad ag*

eas-aontachadh ris na britheamhan they disagreed with the judges **e.-aontaire** *nm* dissenter **e.-aontas** *nm* (same as **e.-aontachd**) **e.-bhuannachd** *nf* disadvantage **e.-còrdadh** *nm* rupture **e.-onair** *nf* dishonour □ *chaidh an eas-onair a dhèanamh orra* they were dishonoured **e.-onaireach** *a* dishonest, dishonourable □ *chan fhaca mi riamh duine cho eas-onaireach ris* I have never seen such a dishonourable man as he □ *bha e a'meas dol-a-mach dhen t-seòrsa sin gu math eas-onaireach* he considered conduct of that sort quite dishonourable **e.-onarach** *a* (see **e.-onaireach**) **e.-tharraing** *nf* export □ *cìs eas-tharraing* export duty **e.-tharraing** *v* export **e.-ùmhail** *a* disobedient □ *bi eas-ùmhail do* disobey **e.-ùmhlachd** *nf* disobedience □ *cha b'ann tro eas-ùmhlachd ach tro dhìorras* it was not through disobedience but through zeal **e.-urram** *nm* dishonour, disgrace, disrespect, irreverence □ *cuir an eas-urram* disgrace, dishonour □ *bha iad air an cur an eas-urram* they were disgraced / dishonoured **e.-urramach** *a* irreverent

easag, -aige, -an *nf* pheasant

easbaig, -ean *nm* bishop

easbaigeach *a* episcopal □ *an Eaglais Easbaigeach* the Episcopal Church

Easbaigeach, -ich, -ich *nm* Episcopalian

easbaigeachd *nf* episcopacy

easbhaidh, -e, -ean *nf* defect, deficiency, deficit, deprivation, flaw, fault, lack, need (want) □ *easbhaidh eòlais* inexperience □ *easbhaidh malairt* trade deficit □ *easbhaidh beathachaidh* malnutrition □ *ach ge b'e eile an easbhaidh a bha air…* but whatever other fault he had …□ *tha easbhaidhean an siud 's an seo anns an aithisg* there are deficiencies here and there in the report □ *a dh'easbhaidh adv* missing □ *bi a dh'easbhaidh* lack, want □ *dè tha a dh'easbhaidh ort?* what do you lack? □ *cha robh a dh'easbhaidh orra ach an rùn* they lacked only the will

easbhaidheach, -iche *a* defective, deficient, faulty, flawed, insufficient □ *'s ann easbhaidheach a tha clàr-amais an leabhair seo cuideachd* the index of this book is also deficient □ *gnìomhair easbhaidheach* defective verb

easbhaidheachd *nf* insufficiency

eascaraid, eascairdean *nm* enemy, adversary, foe, opponent □ *tha mòran eascairdean aig an adhbhar* the cause has many enemies

easchruthach, -aiche *a* abstract
èasgaidh *a* 1. active, nimble, prompt □ *tha
e glè èasgaidh air na creagan* he is very
nimble on the cliffs □ *bha e èasgaidh ann
am poileataics* he was active in politics □
*b'èasgaidh bean Phàdraig a' toirt
aoigheachd dhaibh* Patrick's wife was
busy giving them hospitality 2. willing,
ready □ *nochd e e fhèin na dhuine
làmhach èasgaidh* he showed himself to
be a handy, willing man □ *bha gu leòr ri
dhèanamh aig duine èasgaidh* a willing
man had plenty to do □ *cha robh e idir èas-
gaidh a' chuairt fhada seo a ghabhail* he
was not at all willing to take this long voy-
age □ *bha e daonnan glè èasgaidh gu
daoine eile a chuideachadh* he was always
very willing to help others
èasgaidheachd *nf* facility, nimbleness,
readiness
easgann, -ainne, -an *nf* eel □ *bha i cho
sùbailte ri easgainn* she was as supple as
an eel
easgann-mhara *nf* conger, conger eel
Easgiomach, -aich, -aich *nm* Eskimo
Easgiomach *a* Eskimo
easgraich, -e, -ean *nf* torrent □ *thàinig na
faclan a-mach nan easgraich* the words
came out in a (lit. in their) torrent
easlaint, -e *a* □ same as **euslaint**
Eastoineach, -ich, -ich *nm* Estonian
Eastoineach *a* Estonian
Eastoinis *nf* Estonian (lang.)
èatar, -air *nm* ether
eathar, -air, eathraichean *nm* boat (small,
e.g. rowing boat)
eathar-thaigh *nm* houseboat
eatorra *prep pron* of **eadar** (q.v.) between
them □ *tha beagan sgaraidh eatorra*
there's a small separation between them
echinodairm *nm* echinoderm
Ecsodus *s* Exodus (in the Bible only – for
'exodus' see **triall**)
èibh, èibheach □ same as **èigh, èigheach**
and **eubh, eubhach**
èibheach, -ich □ same as **èigheach** and
eubhach
èibheall, èibhle / èibhill, èibhlean (*dat
sing* **èibhill**) *nf* live coal, ember □ *bha a
shùilean air na h-èibhlean dearga* his eyes
were on the red coals □ *las e an toitean leis
an èibhill dheirg dheàrrsaich* he lit the
cigarette with the red shining coal
èibhinn, -e *a* 1. amusing, comical, funny □
*sin an rud a b'èibhinn(e) a thachair
dhomh riamh* that's the funniest thing that
ever happened to me 2. happy □ *rinn iad*

banais èibhinn aighearach they had
a happy wedding celebration
eibhir, -e *nf* granite
èibhleag, -eige, -an *nf* cinder, ember (same
as **èibheall**) □ *èibhleag loisgte* cinder □
chuir i èibhleagan mòna air a' chagailt
she placed peat coals on the hearth
èibhneas, -eis *nm* □ see **aoibhneas**
èid, èideadh *v* dress, outfit □ the only part
of this verb now used is the *vn* **èideadh**
thus:- *ciamar a bha e air [a] èideadh?*
how was he dressed? □ *bha i air a
h-èideadh ann am breacan* she was
dressed in tartan □ *bha airgead air a thoirt
dhaibh gus na rèisimidean a thogail agus
gus an èideadh* money was given to them
to raise the regiments and to outfit them
èideadh, -idh, -idhean *nm & vn* of **èid**
(used as a *past participle* only – see **èid**
above) dress, garb, habit, uniform □ *bha
iad air an sgeadachadh ann an èideadh
Gaidhealach* they were dressed in
Highland dress
eidheann, eidhinn *nf* ivy □ *dearcagan
na h-eidhinn* the berries of the ivy / the
ivy berries □ *bha reothadh air duilleagan
na h-eidhinn* there was frost on the ivy
leaves
èifeachd *nf* efficacy, force, proficiency,
validity □ *le èifeachd* effectively □ *...ma
tha èifeachd anns an leigheas* ... if there is
an effect in the cure
èifeachdach, -aiche *a* effective, effectual,
efficacious, efficient, forceful, forcible,
proficient, significant, valid □ *gu h-
èifeachdach* effectively □ *a' ghairm
èifeachdach* effectual calling □ *chan eil
cungaidh-leigheis cho èifeachdach seo*
there is no medicine as effective as this
(for omission of **ri** see **cho**)
èifeachdachadh, -aidh *nm & vn* of
èifeachdaich validating, validation
èifeachdaich, -achadh *v* validate
èifeachdail, -e *a* □ same as **èifeachdach**
èifeachdas *nf* efficiency □ *gabhaidh
èifeachdas àite a' chùraim* efficiency
replaces (will replace) concern
èig □ *gen sing* of **eug** death
èigeantach, -aiche *a* compulsory
eige, -eachan *nf* cobweb, fabric, web
eigeil *a* webbed
èigh, -e *nf* ice
èigh-bheinn *nf* iceberg **e.-shruth** *nm*
glacier
èigh, èigheach / èigheachd *v* announce,
call, call banns, cry shout, declare, pro-
claim □ *dh'èigh e oirre* he shouted for

her □ *bha gach fear ag èigheach ri chèile* every man was shouting to each other □ *dh'èigheadh iad an tòir air a dh'aithghearr* they would call the hunt upon him soon □ *... nuair a dh'èigheadh an t-sìth ...* when [the] peace was declared □ *dh'èigheadh iad anns an eaglais sin / chaidh an èigheach(d) anns an eaglais sin* their banns were called in that church (lit. they (the couple) were called etc.) □ *tha e air taic eile èigheachd* he has announced other support

eighe, -ean *nf* file (tool), rasp □ *smùrach eighe* filings

eigheachadh, -aidh *nm & vn* of **eighich** glaciating etc., glaciation □ also **eighreachadh**

èigheachd *nf* calling, crying, proclamation shouting

eigheadail *a* glacial

eighealaich *nf* numbness

eighich, -eachadh *v* glaciate

eighichte *pp* glaciated

eighre *nf* ice □ also **eigh**

eighreach, -iche *a* icy

eighreachadh, -aidh *nm* glaciation □ also **eigheachadh**

eighr-shruth *nm* glacier

èiginn, -e *nf* difficulty, distress, hardship, necessity, pressure, throe want □ *b'èiginn mhòr a bhith a-mach air a' mhuir sin ...* it would be a great hardship to be out on that sea ... □ *... nuair a spàrras an èiginn iad ...* when necessity drives them □ *bha i na h-èiginn* she was in [her] distress □ *dh'èigh e mar gun robh e na èiginn* he shouted as if he were in [his] distress □ *cha bhitheadh e a' dèanamh càil ach na bheireadh an èiginn air* he would do only what [the] necessity compelled him [to do]

air èiginn *adv* scarcely, with difficulty, just, narrowly, perforce, scarcely by the skin of one's teeth □ *rug e air èiginn air* he only just caught it □ *b'ann air èiginn a fhuair e a-nall* he got across with difficulty (lit. it was with difficulty that he got across)

is èiginn dhomh I have to / I am compelled to / I must □ *b'èiginn dha an dùthaich fhàgail* he had to leave the country □ *tha feadhainn ann nach toir suas an deò gus an èiginn dhaibh* there

are some who will not give up the ghost until they are compelled to □ *b'èiginn don riaghaltas rudeigin a dhèanamh* the government had to do something

èiginn used with various verbs:- *thoir air falbh air èiginn* extort □ *thoir air èiginn* ravish □ *toirt air èiginn* extortion, rape □ *cuir an èiginn* overstrain

èiginneach, -iche *a* 1. violent, difficult, oppressive 2. necessary, indispensable 3. needy, poor □ *gu h-èiginneach* barely, with difficulty □ *bha an teaghlach a' tighinn beò gu h-èiginneach air tuarastal suarach a' mhic bu shìne* the family was barely existing on the paltry wages of the eldest son.

èigneachadh, -aidh *nm & vn* of **èignich** necessitating etc., compulsion, ravishment, violation

èignich, -eachadh *v* compel, force, necessitate, wrest away □ *dh'èignich iad mi gus biadh fhaotainn dhaibh* they forced me to find food for them □ *bha rudeigin gam èigneachadh gus èirigh* something was compelling me to get up

eil □ a form of **bheil** used after **chan** or **nach** i.e. **chan eil / nach eil** – see verb **bi** – though it is commonly used in speech (or representation of speech) in other situations instead of **bheil** e.g. **g'eil = gu bheil**, and **eil fhios agad gun robh ...? = a bheil fhios ...?** etc.

Eilbhiseach, -ich, -ich *nm* Swiss

Eilbhiseach *a* Swiss

èildear, -eir, -an *nm* elder (of a church) □ *dreuchd èildeir* eldership

eile *a* alternative, another, else, other □ *fear eile / duine eile* another [one / man / person] □ *thàinig duine eile don doras* another man came to the door □ *an duine eile* the other man □ but note the idiom: *mar a thuirt am fear eile* as someone once said / as the man once said □ **am fear eile** may variously be **an tè eile** the woman, **am bodach eile** the old man or **a' chailleach eile** the old woman □ *phaisg i an dàrna làmh anns an làimh eile* she folded one hand in the other hand (see **dàrna**) □ *air taobh eile an t-saoghail* on the other side of the world □ *thig seo a-steach oirnn ann an ceithir bliadhna eile* we shall realize this in another four years □ *a bheil thu* *ag iarraidh rud sam bith eile?* do you want anything else? □ *cò eile?* who else? □ *an àite sam bith eile* anywhere else □ *b'fheàrr leam a bhith an àiteigin eile* I would rather be somewhere else □ *a bheil duine eile anns an talla?* is there anybody else in the hall? □ *am fear eile* the other one □ *tha feadhainn a' falbh agus feadhainn eile a' fuireach aig an taigh* some are leaving and some others are staying at home □ *a bheil rathad eile ann?* is there an alternative route? / another route? □ *roghainn eile* an alternative (lit. another choice) □ *cha robh roghainn eile againn* we had no alternative □ *rud eile dheth* furthermore *adv* □ *agus mòran eile* and much else besides / and many others / and many more / and a lot more □ *'s na dusain eile ...* and dozens of others / and dozens more

eileach, -ich, -ichean *nm* mill dam
eileamaid *nf* element
eilean, -ein, -an *nm* island □ *eilean iomallach* desert island □ *Comhairle nan Eilean Siar* the Western Islands Council □ *sluagh na Gaidhealtachd is nan Eilean* the people of the Highlands and Islands □ *muinntir nan eileanan beaga* the people of the small islands* □ *air eilean Tharasaigh* on the island of Taransay □ * the *gen pl* of **eilean** is the same as the *nom sing* i.e. **eilean** (as shown in the previous example) but when a *noun* with the *pl* ending **-an** is accompanied by an *adj* the *nom pl form* is normally used □ see further examples under **craobh**
eileanach, -aich, -aich *nm* islander
eileanach *a* insular
eileaps, -aichean *nm* ellipse □ also **eilips**
eilear / eileas *neg* & *neg interr form* of *impers form* of the verb **bi**
eileatrom, -an *nm* bier, hearse
eilgheadh, -idh *nm* first ploughing of fallow land
eilid, èilde, èildean *nf* hind
eiligtronaig *nf* & *a* electronics □ *buidheann eiligtronaig* an electronics firm
eilips, -e, -ean *nf* ellipse
eilipseach *a* elliptical
èille □ *gen sing* of **iall** lace
eilthir, -ean *nf* colony (people)
eilthireach, -ich, -ich *nm* emigrant, foreigner, pilgrim □ *Oifis nan Eilthireach* the Foreign Office
eilthireach, -iche *a* emigrant, exotic □ *measan eilthireach* exotic fruits
eilthireachd *nf* emigration, pilgrimage □ *dèan eilthireachd* emigrate □ *rinn mo*

shin-shin-sheanair eilthireachd gu Ameireaga my great, great grandfather emigrated to America
èimear, -eir *nm* emery
einsean-ein, -an *nm* engine □ *einsean beag dà-bhuille* a little two-stroke engine
einnsean-smàlaidh *nm* fire-engine
einnsean-smùide *nm* steam engine
einnseanair, -ean *nm* engineer
einnseanaireachd *nf* engineering (mechanical)
Eiphiteach, -ich, -ich *nm* Egyptian
Eiphiteach *a* Egyptian
eipic, -e, -ean *nf* epic
eipiciur, -an *nm* epicure
eire *nf* burden, load □ *cha robh seo na eire thruim dhaibh* this was not a heavy burden for them □ *is trom an eire an t-aineolas* ignorance is a heavy burden (proverb)
eireachdail, -e *a* beautiful, comely, elegant, handsome, seemly, stately, well-favoured □ *air ceuman taigh eireachdail* on the steps of a stately house
eireachdas, -ais *nm* beauty, handsomeness, elegance, grace (of personal mien), gracefulness
èireadh □ *imperf / cond tenses* of **èirich**
eireag, -eige, -an *nf* chick, chicken, pullet □ *mar ugh eirige* like a pullet's egg
Èireannach, -aich, -aich *nm* Irishman
Èireannach *a* Hibernian, Irish □ *ann an Gàidhlig Èireannaich* in Irish Gaelic
èireas □ *rel fut* of **èirich**
èiric *nf* □ see **èirig**
èirich, èirigh *v* 1. arise, develop *intrans*, flourish, rear, rise, come up / get up of a wind □ *èirich don adhar* soar □ *dh'èirich e tràth anns a' mhadainn* he rose early in the morning □ *cuin a dh'èirich an stoirm?* when did the storm get up? □ *...a dh'èirich o na mairbh air an treas latha...* who rose from the dead on the third day □ *gu mall dh'èirich e gu a chasan* slowly he rose / got to his feet □ *dh'èirich e na shuidhe* he sat up □ *dh'èirich e na sheasamh* he stood up □ *dh'fhairich e an t-eallach ag èirigh dheth* he felt the burden rising from him □ *am fear a bhitheas fada gun èirigh, bidh e na leum fad an latha* he who is late in rising will be jumping all day (proverb) □ note that the *fut, rel fut* & *imperf / cond tenses* are usually shortened to **èiridh, èireas, èirinn** and **èireadh** etc. □ *'s ann às an t-sluagh a dh'èireas cultar sam bith* it's from the people that any culture arises □ *dh'èireadh an àireamh de luchd-coimhid gu 70 (a trì fichead 's*

a deich) às a' cheud the number of viewers would rise to 70 percent 2. **èirich + do** befall, happen to □ *...nuair a dh'èirich an aimlisg dhomh...* when the calamity befell me □ *nan èireadh càil dhomh...* if anything should happen to me ...

èiridh □ *fut tense* of **èirich**

eiridneach, -ich, -ich *nm* patient

eiridneachadh, -aidh *nm & vn* of **eiridnich** nursing

eiridnich, -eachadh *v* nurse

èirig, -e, -ean *nf* forfeit, ransom, recompense, reparation, reprisal, requital □ *... gus an do phàigh iad èirig air a shon...* until they had paid a ransom for him □ *bha e mar èirig airson mhòran* he was [as] a ransom for many □ *an èirig* (+ *gen*) in recompense for...□ *... [ann] an èirig a' chaoibhneis a fhuair e...* in recompense for the kindness he had received □ *dèan / thoir èirig* atone

èirigh *nf* erection, outbreak, uprise □ *èirigh na grèine* sunrise

èirinn □ *1st person imperf / cond tense* of **èirich**

eirmse *nf* wit □ *duine a bha làn eirmse* a man who was full of wit

eirmseach, -iche *a* 1. pointed, witty □ *abhcaid eirmseach* a witty joke 2. expert □ *'s e leabhar eirmseach, sgoileireil a tha seo* this is an expert, scholarly book

eirmseachd *nf* witticism

èis, -e, -ean *nf* 1. delay, hindrance □ *bha seo a' cur èise orra* this was delaying them / causing them delay 2. lack, need, want □ *èisean na bronn* the needs of the stomach 3. end, finish □ *o thùs gu èis* from beginning to end / from start to finish

èiseil, -e *a* necessary, deprived □ *tha mi èiseil as aonais* I am deprived lacking it

èisg □ *gen sing* and *nom & dat pl* of **iasg** fish

èisg, -e, -ean *nf* satirist

èisgeachd *nf* satire

èisgeil, -e *a* satirical □ *tha a' bhàrdachd aige uaireannan sgaiteach èisgeil* his poetry is sometimes sarcastic and satirical

eisimeil *nf* 1. reverence, respect □ *boireannach gun mhodh, gun eisimeil* a woman without manners or respect 2. dependence □ now almost exclusively used in set phrases.

an eisimeil + *gen* dependent upon □ *bha iad an eisimeil aoigheachd a gheibheadh iad ann an taigheancòmhnaidh air an t-slighe* they depended upon [any] hospitality they received (lit. would receive) in dwelling houses on the way □ *bu tric a bhiodh daoine an eisimeil a fasgaidh* people would often be dependent on its *fem* shelter □ *tha sinn gu mòr an eisimeil ar sùl* we are greatly dependent on our eyes □ *bha i tric an eisimeil coimhearsnaich airson iasad peile* she often depended on a neighbour for the loan of a pail □ *... nach eil an eisimeil na sìde...* which doesn't depend upon the weather □ but note also:- *bha iad an eisimeil na dh'fhàsadh iad fhèin* they depended on what they grew (lit. would grow) themselves □ *chan eil sinne an eisimeil a chuid airgid* we're not dependent on his money (see **cuid**) As with other *compd preps* incorporating **ann an**, *poss adjs* are used in the construction where English uses *pers prons* □ *tha e gu mòr nam eisimeil* he depends greatly on me □ *chan eil mi nad eisimeil* I'm not dependent on you *tha mi nad eisimeil a bhiadhadh nan cearc* I'm depending on you to feed the hens

eisimeileach, -iche *a* dependent (gram.), subjunctive

eisimeileachd *nf* dependence

eisimpleir, -ean *nf* example, exemplar, instance, paradigm precedent, sample □ *mìnich le eisimpleirean* exemplify □ *lean eisimpleir* imitate □ *mar eisimpleir* for instance / as an example / for example □ *eisimpleir adhartach* initiative □ *tha mi a' cur impidh air na pàipearan eile an eisimpleir adhartach seo a leantainn* I urge the other papers to follow this initiative □ *... gus dìreach aon eisimpleir a thogail...* to pick just one example □ *mar eisimpleir air aon chleachdadh...* as an example of one usage ...□ *is e aon eisimpleir glè ainmeil an Eaglais Bhreac* one famous example is Falkirk

eisimpleireach, -iche *a* exemplary □ *ann an dòigh eisimpleirich* in an exemplary way

eisir, -ean *nm* oyster

èist, èisteachd *v* hear, hearken listen (+ **ri** to) □ *èist rium* listen to me □ *bha e ag èisteachd ris an rèidio* he was listening to the radio □ *chan èistinn riutha* I wouldn't listen to them □ *èist!* hark! hist! *interj* □ same as **ist!**

èisteachd *nf* & *vn* of **èist** listening etc., 1. audience □ *bha iad a' toirt seachad am beachd air ceistean a thog feadhainn a bha anns an èisteachd* they were giving their opinion on questions raised by some people who were in the audience 2. attention, auscultation *med*, ear-shot, hearing, (act of) listening □ *cha d'fhuair iad èisteachd cheart bhon riaghaltas* they didn't receive proper attention / a proper hearing from the government □ *tha thu a' toirt cus èisteachd do rudan a tha càch ag ràdh* you pay too much attention to what (lit. things that) others are saying □ *cha robh mi ach a' dèanamh leth èisteachd ris* I was only half listening to him □ *[ann] an èisteachd* within earshot, in the hearing of □ *nan èisteachd* within earshot of them, in their hearing □ *bu chòir dhaibh dràma ùr a chur nar n-èisteachd* they ought to let us hear new drama □ *fhuair an ùrnaighean èisteachd* their prayers were heard □ *gun èisteachd ri* unheard □ *...ach bha na faclan gun èisteachd riutha...* but the words went unheard 3. (religious) confession (with the *def art*) □ *chòrd e ris a bhith a' frithealadh na h-èisteachd a h-uile seachdain* it pleased him to be attending [the] confession every week

èiteag, -eig *nf* quartz

èiteagach, -aich *nf* quartzite

eitean, -ein, -an *nm* core, kernel, nucleus □ *eitean peabair* peppercorn

eiteanach *a* nuclear □ *boma eiteanach* a nuclear bomb □ this word, and **dadamach**, with the same meaning, appear to be giving way to **niùclach / niùclasach**

eitheach, -ich *nm* perjury □ *thoir mionnan-eithich* commit perjury

eithear *nm* □ see **eathar**

èitig, -e *nf* consumption, tuberculosis

èitigeach *a* 1. tubercular 2. hectic

eleactron, -oin, -an *nm* electron

eleactronach *a* electronic

eleactro-stadach *a* electrostatic

elebor *nm* green hellebore

eòlach, -aiche *a* acquainted, familiar, knowledgeable, knowing, versed □ *gu h-eòlach* knowingly □ *eòlach air* acquainted with, familiar with □ *dèan eòlach* familiarize □ *bi eòlach (air)* know (be acquainted with) □ *tha mi eòlach air / oirre* I am acquainted with him / her □ *'s ann airsan a b'eòlaiche mise* I was better acquainted with *him* / I knew *him* better □ *tha mi eòlach air an leabhar sin* I am acquainted with that book □ *bha e eòlach air a leithid de shuidheachadh* he was familiar with such a situation □ *b'eòlach e air seo* he knew this □ *...aig an aon àm 's a tha iad a'fàs nas eòlaiche air teicneolas...* at the same time as they are becoming more familiar with technology □ *is fheàrr an t-olc eòlach na an t-olc aineolach* better the devil you know than the one you don't □ *bha sinn fìor / glè / uabhasach eòlach orra* we knew them very well □ *cha robh mi ro eòlach air* I didn't know him too well □ *bha e gu math eòlach oirre* he knew her quite well □ *b' eòlach do sheanair air!* you're being too modern in your approach

eòlach, -aich, -aich *nm* acquaintance □ *bidh e a' mealltainn co-chomainn ri seann eòlaich* he enjoys fellowship with old acquaintances

eòlaiche, -ean *nm* expert, scientist

eòlaiche-sìde *nm* meteorologist

eòlan, -ain *nm* (fish) oil

---

eòlas, -ais *nm* acquaintance, experience, familiarity, knowledge, lore, -ology □ *gun eòlas* uninformed □ *easbhaidh eòlais* inexperience □ *eòlas taiceil* background studies

tha eòlas agam air / oirre I am acquainted with him / her □ *dh'innis e dhuinn mar a thàinig e gu eòlas air Crìost mar Shlànaighear* he told us how he came to know Christ as a Saviour (lit. came to knowledge of Christ) □ *...airson an eòlais air seòladh bhàtaichean...* for their knowledge of sailing boats

cuir eòlas air / faigh eòlas air become acquainted with / get to know / master □ *chuir mi sàr eòlas air nuair a bha mi...* I became very well acquainted with him / got to know him very well when I was... □ *cha tug sinn fada a' cur eòlais air a chèile* we didn't take long in getting acquainted with each other □ *chuir iad eòlas air an dùthaich* they got to know the country □ *bha sinn a' cur tuilleadh eòlais air na*

Sgriobtaran we were getting to know the Scriptures better / getting better acquainted with the Scriptures □ *cha robh ùine againn eòlas math fhaighinn orra* we didn't have time to become well acquainted with them **thoir eòlas do chuideigin air rudeigin** give experience of something to someone □ *rinn sinn seo gus eòlas a thoirt don chloinn air deifir sheòrsaichean uidheim a làimhseachadh* we did this to give the children experience of handling different kinds of apparatus **eòlas-bodhaig** anatomy **e.-chànan** philology **e.-ciallachais** semantics **e.-comainn** sociology **e.-craicinn** dermatology **e.-fogharachd** phonetics **e.-fradhairc** optics **e.-inntinn** *nm* psychology **e.-lagha** jurisprudence **e.-leighis** *nm* medicine, physic **e.-leigheasan / e.-chungaidhean** *nm* pharmacy

1. impossible □ *tha sin eu-comasach* that's impossible □ *thuig e gun robh e eu-comasach air e fhèin a shaoradh* he realized that it was impossible to free himself 2. unable, impotent □ *tha e ag ràdh nach eil sinn ach nar pàirtean eu-comasach am broinn an inneil* he says that we we are but impotent parts within the machine □ *tha e eu-comasach dha a dhèanamh* he is unable to do it / it is impossible for him to do it **e.-cruth** *nm* (see **eucruth**) **e.-dàna** *a* diffident **e.-dànachd** *nf* diffidence **e.-dòchas** *nm* despair, desperation, despondency, pessimism **e.-dòchasach** *a* desperate, despondent, hopeless, pessimistic □ *tha e rudeigin eu-dòchasach* he is somewhat despondent **e.-doimhne** *nf* shallowness **e.-domhainn** *a* shallow □ *bha [a] anail eu-domhainn a' falbh 's a' tighinn* his shallow breath was coming and going (lit. going and coming)

eòrna *nm* barley □ *bha e a' cur eòrna* he was sowing barley □ *tha an t-eòrna fo dhèis* the barley is in ear
Eòrpach, -aich, -aich *nm* European
Eòrpach *a* European
Eòrpachas, -ais *nm* Europeanism □ *a' togail bratach an Eòrpachais* raising the banner of Europeanism
epideirmios *nm* epidermis
esan *emph form* of the *pers pron* e (q.v.) □ *is esan a rinn seo* it is *he* who did this
Eta *abbr.* of **earranta** Limited (of a company)

eu- *pref* 'un-', 'in-', 'dis-' etc.
eu-cèillidh *a* irrational □ *creideimh eu-cèillidh* irrational beliefs **e.-cèillidheachd** *nf* irrationality **e.-cinnteach** *a* uncertain **e.-còir** *a* unfair, unjust **e.-coltach** *a* + ri(s) 1. dissimilar, different from □ *bha na fir glè eu-coltach ri chèile* the men differed greatly / the men were very unlike / dissimilar □ *...a bha gu math eu-coltach ris a' chiad chuid...* which was quite unlike / dissimilar to the first part 2. unlike(ly) □ *...eu-coltach 's gu bheil e...* unlikely as it is **e.-coltas** *nm* dissimilarity, unlikelihood **e.-comas** *nm* impotence **e.-comasach** *a*

eubh, -a, -an *nf* shout, cry □ *chuala mi eubh* I heard a shout □ variant of **èigh** (q.v.)
eubh, eubhach *v* shout □ *dh'eubh e rium tighinn far an robh e* he shouted to me to come where he was □ *chaidh aige air eubhach rithe i a dhol dhachaigh air ball* he managed to shout to her [she] to go home at once
eubhach, -aich, -aichean *nm* & *vn* of **eubh** *v* shouting etc., shout, cry
eucail, -alach, -ean *nf* affection, illness, infirmity, malady □ *eucailean a' chuirp* [the] infirmities of the body
euceart, -eirt *nm* wrong
euchd, euchdan *nm* achievement, deed, exploit, feat, masterpiece □ *cha b'euchd mòr sin a dhèanamh* it was no great feat to do that □ *cha bu mhath gun rachadh na h-euchdan sin air dìochuimhne* it would not be good for those achievements / deeds to be forgotten (lit. that these great deeds should go on forgetfulness)
euchd-dhàn *nm* epic □ *euchd-dhàn dùthchasach* an indigenous epic
e.-mhiann *nm/f* ambition
eucoir, eucorach, eucoirean *nf* crime, injustice, wrong □ *dèan eucoir air* wrong □ *rinn thu eucoir orra* you have wronged them □ *...gach eucoir a bhitheas daoine*

a' dèanamh air daoine ... every injustice people do to people

eucoireach, -ich, -ich *nm* criminal, malefactor

eucoireach, -iche *a* criminal, wrong, wrongful

eucoireachd *nf* crime, wrongdoing *abstr* □ *eucoireachd air a' Ghaidhealtachd* crime in the Highlands

eucruth *nm* chaos, deformity

eud *nm indec* 1. jealousy, envy □ *'s dòcha gur h-e eud a bha ga bhioradh* perhaps it was envy that was pricking him 2. zeal □ *eud diadhaidh* religious zeal □ *lionadh iad leis an eud airson fèin-riaghlaidh* they were filled with the zeal for self-government

eudach, -aich *nm* jealousy □ used only as follows: *bha e ag eudach ris mu Chatriona* he was jealous of him over (lit. about) Catherine □ *bha e ag eudach rithe* he was jealous of her □ *bha iad ag eudach nach iadsan a bha* ... they were jealous that it wasn't they who were ... □ *thig trì nithean gun iarraidh: an t-eagal, an t-eudach, 's an gaol* three things come unbidden: fear, jealousy and love.

eudail, -e, -ean *nf* darling, dear (usually in voc. case) □ *a bheil thu sgìth, eudail?* are you tired, dear / darling? □ *m'eudail* my darling / my dear □ *m' eudail ort*...my dear ...

eudar, is eudar dhomh □ see **fheudar**

eudmhor, -oire *a* 1. zealous □ *cha robh a h-aon dhiubh na bu eudmhoire na esan* not one of them was more zealous than he □ *bha iad fìor eudmhor ann an adhbhar na Gàidhlig* they were truly zealous in Gaelic's cause 2. jealous

eudmhorach, -aiche *a* fanatical

eudmhorachd *nf* fanaticism, jealousy, keenness

eudmhoraiche, -ean *nm* fanatic

eug, èig *nm* death, decease, demise □ *suain an èig* the sleep of death

eug, eugh / eugadh *v* die, expire □ *dh'eug e / i* he / she died

eugmhais, às eugmhais *prep + gen* in the absence of, devoid of, lacking, without □ *duine as eugmhais gliocais* a man devoid of wisdom □ *chan eil mòran ann as eughmhais solas an dealain* there aren't many without electric light □ *cha b'ur-rainn dhuinn càil a dhèanamh as eughmhais tuilleadh dearbhaidh* we couldn't do anything in the absence of more proof □ as with other *compd preps, poss adjs* are used in the construction where English uses *pers prons* □ *chan eil fhios agam dè nì mi as a h-eugmhais* I don't know what I'll do without her □ *a bheil e comasach dhuinn a dhol air adhart as [a] eughmhais?* is it possible for us to proceed without him / it? *masc* □ *chan urrainn dhuinn càil a dhèanamh as an eughmhais* we can't do anything without them

eugsamhail, eugsamhla *a* 1. diverse, various, varied □ *fhuair sinn an seo an càise a b'fheàrr agus a b'eugsamhla a chunnaic sinn riamh* we found here the best and most varied cheese that we had ever seen 2. incomparable, matchless □ *tha iad seo cuid de na feartan eugsamhail a bhuineas do na h-eich seo* these are some of the incomparable virtues which belong to these horses

eugsamhlachd *nf* diversification, diversity, variety

eun, eòin, eòin *nm* bird, fowl □ *eun mara* seabird □ *chunnaic mi sgaoth de dh'eòin mhara* I saw a flock of seabirds **eun-an-t-sneachda** *nm* snow bunting **e.-bàn-an-sgadain** *nm* gannet **e.-Bealltainn** *nm* whimbrel (also **guilbneach-bheag** *nm*) **e.-binn** long-tailed duck (also **lach-bhinn** *nf*) **e.-creiche** *nm* bird of prey **e.-crom** *nm* fulmar **e.-dubh-an-sgadain** *nm* black guillemot □ note that **eòin-dhubha-an-sgadain** *pl* is a general term for black-coloured fishing birds such as guillemots, razorbills and puffins **e.-eòlaiche** *nm* ornithologist □ *tha na h-eun-eòlaichean ag innse dhuinn* ... the ornithologists tell us ... **e.-eòlas** *nm* ornithology **e.-fionn** *nm* 1. petrel, stormy petrel (see **luaireag**) 2. hen-harrier (see **clamhan-fionn**) 3. ptarmigan (see **tàrmachan**) **e.-Frangach** *nm* turkey **e.-fraoich** *nm* grouse **e.-grunnachaidh** *nm* wading bird **e.-lann** *nf* aviary, birdcage, cage **e.-uisge** *nm* waterfowl

eunach, -aich *nm* fowling

eunachadh, -aidh *nm & vn* of **eunaich** fowling

eunadair, -ean *nm* fowler

eunadan, -ain, -ain *nm* birdcage, cage (for birds)

eunaich, -achadh *v* fowl

euslaint(e) *nf* disease, ill-health, illness, indisposition

euslainteach, -iche *a* ailing, diseased, sickly, unhealthy

euslainteach, -ich, -ich *nm* patient □ *euslainteach tadhail* out-patient

F, f

fa – same as **fo**, but used only in adverbial and prepositional expressions e.g. **fa chomhair** *prep* + *gen* before □ *fa chomhair ar sùilean* before our eyes □ *fa leth* respectively □ *fa sgaoil* loose, free *adv* □ note that **mu** is often used instead of **fa**:- **mu leth, mu sgaoil** – and vice-versa with **fo dheireadh** for **mu dheireadh** □ further information on these expressions will be found under **comhair, leth** and **sgaoil** respectively similarly **bho** is sometimes found instead of **fo**: **bho dheireadh**
Also used as the first element of some compound words:-
fa-dheòidh *adv* at length, at last, ultimately, finally

fa-near *adv* (from **fo'n aire** under the attention) under consideration, into consideration, under attention / observation / heed / awareness / notice, in mind
thoir fa-near apprehend, discern, mark, mind, note, notice, perceive, remark, think □ *thug mi fa-near gun robh e na b'fhaisge orm a-nise* I realised / became aware that it was nearer to me now □ ... *nuair a bheir thu fa-near gun robh e trì fichead bliadhna 's a h-ochd a dh' aois* ... when you consider / take into consideration that he was sixty-eight years old □ *thug cuideigin fa-near gun robh e* ... someone pointed out / observed that it was ... □ *thugadh fa-near gun do chuir cuid dhiubh an cèill beachd a-cheana* it was noted that a number of them had already expressed an opinion □ *toirt fa-near* perception □ note also:- *bha iad a' feuchainn ri rudeigin a thoirt fa-near dhuinn* they were trying to bring something to our attention
thig fa-near do + *dat* case come to the notice of, enter the thoughts of etc. □ *tha iad an dòchas gun tig na duil-gheadasan seo fa-near don riaghaltas* they hope that these difficulties will come to the notice of the government □ *bha eilean a bhreith a' tighinn fa-near dha iomadh uair* the island of his birth frequently entered his thoughts

bi fa-near do + *dat* be under the consideration of, be in the mind of etc. □ *dè bu chòir a bhith fa-near dhaibh?* what ought they to be taking into consideration? □ *bha e soilleir gu leòr dè bha fa-near dha* it was clear enough what he had in mind □ *chan e teicheadh ach sabaid a bha fa-near dhaibh* it wasn't fleeing but fighting that they had in mind □ *chan eil fhiosam fhathast dè bha fa-near dha* I still don't know what he had in mind

fàbhair, fàbharadh *v* favour
fàbhar, -air, -an *nm* favour, grace (of personal mien) □ *nochd fàbhar* favour *v* □ *lorg fàbhar* ingratiate □ *mar fhàbhar* as a favour □ *bha fortan nar fàbhar* fortune was in our favour □ *bha trì rudan am fàbhar nam balach* three things were in the boys' favour
fàbharach, -aiche *a* auspicious, favourable, preferential, propitious □ *bi fàbharach do* favour, be favourable to □ ... *a bhitheas fàbharach dhuinn fhèin* ... that will be favourable to ourselves, that will favour *us*
fàbharadh, -aidh *nm* & *vn* of **fàbhair** favouring
fabhra, -an(nan) / **-ainean** *nm* eyelash, eyelid
facal, -ail, -ail / **faclan** *nm* comment, phrase, remark, saying, term (expression), word *pl* **faclan** may = 'vocabulary' e.g. *faclan faid* vocabulary / language of length (in school maths) □ *facal air an fhacal* word for word, verbatim □ *dè a b'fhasa dhi na facal a ràdh ris an ath thuras a thachradh i ris?* what would be easier (for her) than to have a word with (lit. say a word to) him the next time she met (i.e. would meet) him? □ *cùm ri t'fhacal* keep to your word (note that **t'** often replaced **d'** before a vowel or silent **fh**, but is not now recommended) □ note also: *bha aon rud air an robh iad gu lèir air an aon fhacal* there was one thing about which they were in complete agreement / agreed completely

facal-faire *nm* password, watchword
f.-fhreumhachd *nf* etymology
f.-fhreumhail *a* etymological **f.-iasaid**
nm loan-word **f.-riaghladair** *nm* word
processor **f.-suaicheantais** *nm* motto
fachach, -aich, -aich *nm* puffin
faclach, -aiche *a* verbal, wordy
facladair, -ean *nm* word-processor
faclair, -ean *nm* dictionary, glossary,
lexicon, vocabulary (in a book) □ *anns an
fhaclair* in the dictionary □ *ann am faclair*
in a dictionary
faclaireachd *nf* lexicography
faclairiche, -ean *nm* lexicographer
facs *nm* facsimile transmission, fax
factar, -air, -an *nm* factor (abstr / math)
factar-suidheachaidh *nm* locational factor
(geog.)
factaraidh, -ean *nf* factory
fàd, -àid, -àid *nm* peat (individual)
fad, fadaidh *v* kindle, light □ *fadaidh iad
teine fiodha* they (will) kindle a wood fire

---

fad, faide *nm* distance, duration, length
□ *dè am fad a th'ann?* how long is it?
□ *dè am fad a th'anns a' bhalla?* how
long is the wall? □ *tha ceithir troigh de
fhad ann / a dh'fhad ann* it is four feet
long (lit. there are four feet of length in
it) □ also: *tha e ceithir troigh a dh'fhad*
it is four feet long □ *ann am fad aon
oidhche* in the space of one night □ *ach
ma tha fad agaibh ri dhol ...* but if you
have far to go ... □ note that the *alt
form* **faid(e)** is often used
fad + *gen* all of, the length of □ *fad na
bliadhna* all year (lit. the length of the
year) □ *fad an fheasgair* all afternoon /
evening □ *fad an latha* all day □ *fad na
maidne* all morning □ *fad na h-oidhche*
all night □ *fad na seachdain(e)* all
week □ but:- *fuirich fad seachdain* stay
for a week □ *fad na mìosa* the whole
month □ *fad grunn bhliadhnachan* for
a number of years □ *fad fradhairc* ken
□ *thàinig e [ann] am fad mo fhrad-
hairc* it came within my ken □ *bha iad
a' cluiche fad dlùth air uair an
uaireadair* they were playing for
nearly an hour (lit. playing a length
near upon an hour of the clock) □ *bha
athair na fhear cùirn fad ceithir bli-
adhna* his father was an outlaw for
four years □ *bithidh e ann am prìosan
fad fichead bliadhna no nas fhaide*

---

he'll be in prison for twenty years or
more (lit. or longer) □ *fad linntean* for
centuries
am fad *adv* 1. in length / long □ *mu
ochd òirlich am fad* about eight inches
in length / long □ *... loch mòr, a tha mu
dhà cheud mìle am fad ...* a large lake,
which is about 200 miles long □ *cuir
am fad* lengthen *trans* □ note also:- *tha
mi an dòchas gun toir gach duine am
fad 's am farsaing fàilte don naid-
heachd seo* I hope that every person far
and wide will welcome this news □
also **fad is farsaing** □ *tha eòlas fad is
farsaing air an òran* the song is known
far and wide 2. **am fad 's** while □ *...
am fad 's a bha e anns an taigh ...*
while he was in the house □ also **fhad
's** (see under **fad** below)
air fad 1. *adv* downright, in all, alto-
gether, all, quite, throughout, wholly,
as a whole □ *ceithir deug air fad* four-
teen in all □ *trì fichead agus a h-ochd
air fad* sixty-eight altogether □ *tha an
t-eun seo ri fhaicinn ann an Alba air
fad* this bird is to be seen throughout
Scotland □ *... do luchd-sgrìobhaidh na
Gàidhlig air fad ...* to all Gaelic writ-
ers 2. *prep* + *gen* along □ *air fad na
sràide* along the street
air fhad *adv* lengthwise, longitudinal(ly),
longways
fad is often an *abbr* form of **fada** and
the following expressions really
belong to that section where you will
find examples
**cho fad 's, air cho fad 's, dè cho
fad 's ...?, fad às / fuair fad às, fad air
falbh, fad air ais, fad a-mach, fhad 's**
fad- *pref* denoting 'far-' or 'long-'
fad-anaileach *a* long-winded **f.-chasach**
a leggy **f.-cheannach** *a* shrewd □ *slu-
agh gnìomhach f.-cheannach* a shrewd,
industrious people (lit. industrious,
shrewd) **f.-chuimhneach** *a* having
long memories □ *chan eil mòran
dhaoine ann a tha cho f.-chuimhneach
risan* there aren't many people
who have as long a memory as he
f.-fhradharcach *a* far-sighted, long-
sighted **f.-fhuireachail** *a* long-stay
f.-fhulangach *a* long-suffering
f.-fhulangas *nm* forbearance, long-
suffering **f.-labhrach** *a* prolix
f.-ruigheach *a* far-reaching **f.-shaoghal**
nm longevity **f.-shaoghalach**

a long-lived **f.-shaoghalachd** *nf* longevity **f.-shealbh, f.-sheilbh** *nm* enfeoffment □ *thoir f.-sealbh* enfeoff **f.-ùine / -ùineach** *a* long-term □ *obraichean f.-ùineach* long-term jobs □ *gu f.-ùineach thig cothroman ann an turasachd* in the long term opportunities will arise in tourism **fada, faide** *a* far, lanky, long, tall □ *bha falt fada dubh oirre* she had long, black hair □ *cha bhi mi fada* I won't be long □ *bha na h-uairean obrach fada* the working hours were long □ *cha robh e deiseil, b'fhada bha e bhuaithe* it wasn't ready, [it was] far from it The comparative and superlative forms of the adjective are frequently used:-
nas fhaide farther / further, farthest / furthest etc. (when used as an *adv* in the English) □ *... agus a bhith a' dol nas fhaide ...* and to go further □ *dèan nas fhaide* lengthen *trans* □ *mair nas fhaide na* outlast □ *bi / fan beò nas fhaide* outlive □ *fad fichead bliadhna no nas fhaide* for twenty years or more (lit. the length of twenty years or what is longer)
na b'fhaide is used when the actions are referred to in the *past* □ *bha na spreaghaidhean na b'fhaide air falbh an uair ud* the explosions were further away that time □ *bu mhòr leis a dhol na b'fhaide* he was reluctant to go further
as fhaide farther / further, farthest / furthest, longer / longest (when used as an *adj* in the English) □ *as fhaide air falbh* furthermost □ *as fhaide a-staigh* inmost, innermost, inner □ *aig a' cheann a b'fhaide a-staigh* at the innermost end □ *... aig a' char as fhaide ...* at the latest (lit. at the longest turn) □ *as fhaide a-mach* outermost □ *is iad na mnathan as fhaide a tha beò* the women live longer
mar is fhaide a ... (for **mar a + is fhaide a**) the longer that ... is a common construction □ *mar is fhaide a mhaireas an searmon 's ann as mì-fhoiseil[e] a dh'fhàsas an coithional* the longer the sermon lasts the more restless the congregation will become □ in the *past tense* this becomes:- **mar a b'fhaide a..** □ *mar a b'fhaide a sheasainn 's ann a b'fhuaire a dh'fhàs mi* the longer I stood (lit. would stand) the

colder I became □ *mar a b'fhaide a-mach a bha sinn a' dol 's ann bu ghairbhe a bha i a' fàs* the farther out (to sea) we were going, the rougher it was becoming
fada on its own may mean long (of time) / a long time □ *bha mi a' sgrùdadh nan dealbhan fhathast fada an dèidh dhomh an leabhar a chrìochnachadh* I was still looking at the pictures long after I had finished the book □ *is fhada on a gheall mi dhut do chuideachadh* it's [a] long [time] since I promised to help you □ *tha fhios agam gur fada on a ...* I know it's a long time since ... □ *cha b'fhada gus an robh iad air ais* it wasn't long until they were back □ *'s fhada o bha mi a' feitheamh ri cothrom den t-seòrsa seo* I have been waiting a long time for an opportunity of this sort (lit. it is long since I have been waiting etc.) □ *b'fhada o bha fhios aige gur e banaltram a bh'innte* he had long since known that she was a nurse □ *ach is dòcha gur fhada gus an tachair sin* but perhaps it will be a long time before that happens
o chionn fhada long ago □ *seo leabhar cho neònach 's a nochd o chionn fhada* this is as strange a book as has appeared for a long time (lit. this is a book as strange that has etc.) □ *o chionn fhada an t-saoghail* long, long ago (a common beginning to folk tales etc.)
fada gun + *inf* long in doing something □ *bha e fada gun èirigh* he was long in rising (lit. long without rising) □ similarly:- *cha robh càch fada gun nochdadh* the rest were not long in showing up (see **càch**) □ *tha dòchas againn nach bi e fada gun tighinn* we hope he won't be long in coming □ *bha e a' toirt fada gun tilleadh* he was taking a long time in returning □ for the use of **gun** in the foregoing, see **gun** *prep*
fada may be used with other *adjs* and have the meaning 'far' (= 'much') □ *tha sin fada nas fheàrr* that is far better □ *tha iad fada ceàrr* they are far wrong □ *bha e air falbh fada nas fhaide na bha mi an dùil* he was gone far longer than I expected □ *bha e air a bhith fada na b'fheàrr le ...* it would have been far better with ...

fada is often used with **barrachd** and **cus** □ *tha fada barrachd eòlais againn mu a dheidhinn a-nise* we know far more about it now □ *cha bu mhiste sinn fada barrachd fhaighinn bhuapa* we would be none the worst of getting far more from them □ *tha e a' cur seachad fada cus de a thìde an sin* he is spending far too much of his time there
guma fada ... long may ... □ *guma fada a bhitheas sin mar sin* long may it be so (lit. may it be long that that will be like that) □ *guma fada a leanas iad* long may they continue □ *guma fada a mhaireas an t-seirbhis seo* long may this service last □ *guma fada bhitheadh e uamsa* ... far be it from me ... □ *guma fada beò thu 's ceò às do thaigh* long may you live, with smoke from your house (a toast)
cho fada 's *conj* as long as / as far as □ *cho fada 's a dhèanainn a-mach* as far as I could make out □ *cho fada 's as aithne dhuinn* as far as we know □ *cha robh e beò cho fada sin* he wasn't alive as long as that □ *faodaidh tu fuireach cho fada is a thogras tu* you may stay as long as you like / wish □ *chaidh e cho fada 's gun do rinn e fochaid orra* he went so far as to mock them □ often shortened to **cho fad 's** – see below
fada thall far-off □ *'s e miseanaraidh a bh'ann a chaidh thar sàile gu tìrean fada thall* he was a missionary who went overseas to far-off lands
Usually **fada** is shortened before a following vowel:-

(a) **cho fad 's** 1. as far as etc. □ *cho fad 's as aithne dhomh* ... as far as I know ... 2. **air cho fad 's** however long □ *air cho fad 's gum bi dual, ruigear a cheann* however long a strand is, its end will be reached (a proverb in which **duan**, 'a poem', may take the place of **dual**) 3. **dè cho fad 's** ...? how long ...? □ *dè cho fad 's a sheasas an t-searmon?* how long does / will the sermon last?
(b) **fad às** distant, far-off, distant *adv* (both of space and of a cold, distant disposition, in which latter sense it may be **fuar fad às**) □ *chaidh e gu dùthaich fad às* he went to a far-off land

(c) **fad air falbh** far away / far off □ *thàinig iad bho cho fad air falbh ri Glaschu* they came from as far away as Glasgow □ *san Roinn Eòrpa 's nas fhaide air falbh* in Europe and farther afield
(d) **fad air ais** backward, old-fashioned □ *tha iad ag ràdh gu bheil sinn fad air ais* they say that we are backward
(e) **fad a-mach** distant(ly) (of relationship) □ *tha iad fad a-mach an dàimh* they are distantly related □ *tha mi a' smaoineachadh gu bheil dàimh ann, ach tha e fad a-mach* I think there is a relationship, but it is distant

Similarly, **fhad 's** seems to be based on **fada** rather than **fad** □ *fhad 's a* ... as far as ... as long as ..., while ... □ *fhad 's nach bi thu ro fhada* ... as long as you're not too long (in doing something) □ *fhad 's a chìte* as far as could be seen □ *fhad 's a ghabhas sin a bhith dèante* as far as that is possible (lit. as far as that will take to be done) □ *fhad 's a bha e a' strì ris an obair seo a thoirt gu buil* ... while he was trying to complete this task ...

fadachadh, -aidh *nm* & *vn* of **fadaich** elongating etc., elongation
fadachd *nf* □ same as **fadal** □ *bha fadachd orra gus am faigheadh iad a-mach a-rithist* they were longing to get out again □ *gabh fadachd ri* ... be impatient to ... □ *tha sinn a' gabhail fadachd ri d'fhaicinn* we are impatient to see you
fadadh, -aidh *nm* & *vn* of **fadaidh** igniting etc.
fadaich, -achadh *v* elongate
fadaidh, fadadh *v* enkindle, ignite, kindle
fadaire-teine *nm* fire-lighter □ *cheannaich e pacaid fhadairean-teine* he bought a packet of firelighters
fadal, -ail *nm* longing □ *gabh fadal v* long, weary (e.g. of waiting) □ *a bheil thu a' gabhail fadal?* are you tired (waiting)? □ *bha fadal air gus am bitheadh e na mharaiche* he was longing to be a seaman (lit. there was longing on him until he would be in his seaman)

fadalach, -aiche *a* late □ *bha e fadalach airson na sgoile* he was late for school □ *bha an samhradh fadalach air a' bhliadhna ud* the summer was late that year □ *bhiodh sin ro fhadalach* that would be too late □ *tha an làn uair nas fadalaiche a h-uile latha* the tide is an hour later every day

fadalachd *nf* 1. lateness 2. tediousness

fadhail, fadhlach, fadhlaichean *nf* ford (between islands) □ *chaidh iad tarsaing na fadhlach a tha eadar A agus B* they crossed the ford [that is] between A and B

fag, -an *nm* fag (cigarette)

---

fàg, fàgail *v* abandon, forego, leave, quit, vacate □ *dh'fhàg mi mo chòta an seo* I left my coat here □ *cha bhi càil air fhàgail againn* we'll have nothing left (lit. there will not be a thing after its leaving at us) □ *tha iad far na dh'fhàg thu iad* they're where you left them □ *co mheud ugh a tha air fhàgail? tha sia (ann)* how many eggs are left? there are six □ *chaidh an cù fhàgail a ghleidheadh an taighe* the dog was left to guard the house

fàg is used with various *advs* □ *fàg a-mach* except *v* □ *fàg às* omit, leave out □ *dh'fhàg thu às am fiosrachadh as cudthromaiche* you left out the most important information □ *fàg air deireadh* outstrip □ *fàg gann* skimp (of materials, food etc.) □ *fàgaibh mise às* leave me out of it

fàg aig leave to (e.g. in a will or leave to someone to do) □ *dh'fhàg m'athair agam e 's dh'fhàg athair aigesan e* my father left it to me and his father left it to him □ *'s cinnteach gur ann aigesan a dh'fhàgar e mu dheireadh* it's certain that it's to him it will be left finally □ *thuirt iad gum feumaidh sinn fhàgail acasan* they said that we must leave it to them □ *fàg aig mar dhìleab* bequeath to □ *dh'fhàg iad againn e mar dhìleab* they left it to us as an inheritance / they bequeathed it to us □ *... croit a dh'fhàg a phiuthar aig Domhnall...* a croft which his sister left to Donald □ *dh'fhàg e an dàrna leth den airgead sin aig Seumas* he left half of that money to James

fàg slàn le / aig say goodbye to / bid farewell to □ *bha e a' fàgail slàn le càirdean* he was saying goodbye to friends □ *dh'fhàg e slàn aig a theaghlach* he said goodbye to his family □ *dh'fhàg e oidhche mhath leatha / aice* he said goodnight to her □ *is ann a dh'fhàgail slàn leibh a thàinig mi* I came to say goodbye to you / to bid you goodbye □ *dh'fhàg e latha math agam / leam* he bade me good day

fàg air accuse □ *dh'fhàg e orra gun robh iad leisg* he accused them of being lazy □ *chaidh fhàgail orra gun robh iad a' cosg cus airgid air a' phroiseact seo* they were accused of spending / wasting too much money on this project

As an extension of the meaning 'leave' **fàg** may have the meanings of 'leaving in a particular state' and hence 'cause to be', 'make', 'render', 'be the reason why' □ *dh'fhàgadh e na bhantraich* he was left a widower □ *chuir sinn a-steach dealbhannan a dh'fhàg an iris na bu taitniche* we have inserted photographs which have made the magazine more pleasing □ *dè dh'fhàg am prògram cho soirbheachail?* what made the programme so successful? □ *fàgaidh e teagasg na Gàidhlig na roghainn fada nas tarraingiche* it will make the teaching of Gaelic a far more attractive choice

---

fàgail *nf & vn* of **fàg** leaving etc. departure □ *fàgail a-mach* exception

fagas *a* adjacent □ *fagas do* nigh *prep*

fagasachd *nf* juxtaposition, nearness, proximity

faghaid, -e, -ean *nf* chase, hunt, hunting □ *tha an t-àm aig an t-seann mhiolchu an fhaghaid a thoirt suas* it's time for the old greyhound to give up the chase □ *mar earb 's an faghaid air a tòir* like a roe deer with the hunt after her

faghairt *nf* temper (of steel)

faghairteachadh, -aidh *nm & vn* of **faghairtich** tempering (steel etc.)

faghairtich, -eachadh *v* temper (steel etc.)

---

faic, faicinn *irreg v* discern, envisage, espy, see, view, visualize
This verb is irregular in the Past Tense, the Future Tense Independent, the

Relative Future and the Imperfect / Conditional Independent

ACTIVE VOICE:

Past tense:

1. Indep.:- **chunnaic mi** I saw
2. Dep.:- **am faca tu?** did you see? **chan fhaca mi** I didn't see **nach fhaca tu?** didn't you see?

Future tense:

1. Indep.:- **chì mi** I'll see
2. Dep.:- **am faic thu?** will you see? **chan fhaic mi** I won't see **nach fhaic thu?** won't you see?

Imperfect / conditional tense:

1. Indep.:- **chithinn** I would see
2. Dep.:- **chitheadh tu** you would see **am faicinn?** chan **fhaiceadh** would I see? no **chan fhaicinn** I wouldn't see **chan fhaiceadh tu** you wouldn't see

PASSIVE VOICE:

Past tense

1. Indep.:- **chunnacas e** he was seen
2. Dep.:- **am facas iad?** were they seen? **chan fhacas iad** they weren't seen **nach fhacas iad?** weren't they seen?

Future tense

1. Indep.:- **chithear mi** I shall be seen

   Relative Future:- **cuin a chithear e?** when will he be seen?
2. Dep. (reg.):- **am faicear mi?** will I be seen? **chan fhaicear sinn** we won't be seen **nach fhaicear iad** won't they be seen?

Imperfect / conditional tense

1. Indep.:- **chìteadh iad** they would be seen

2. Dep.(reg.):- **am faicteadh mi?** would I be seen? **chan fhaicteadh i** she would not be seen **nach fhaicteadh e?** wouldn't it be seen? (in some areas this is **faiciste**)

Imperative mood (reg.) **faic!** behold *sing* **faicibh!** behold *pl & polite*

Basic examples:- *chunnaic mi e an-dè* I saw him yesterday □ *am faca tu a mhac?* chan fhaca. did you see his son? no. □ *nach fhaca tu i? chunnaic.* didn't you see her? yes (note that **tu**, and not **thu** is used after those parts of the verb which end in **a** – cf. **-an cuala tu?**) □ *chì mi iad a-màireach* I'll see them tomorrow □ *am faic thu iad a-màireach?* chan fhaic will you see them tomorrow? no □ *nach fhaic thu i? chì* won't you see her? yes (note that, in verbs beginning with **f** the lenited form is commonly retained after **nach**) □ *chithinn i nan tiginn a-nochd* I would see her if I came tonight □ *chitheadh tu iad nan tigeadh tu a-màireach* you would see them if you came tomorrow □ *am faicinn an dealbh-chluich nan tiginn?* chan fhaiceadh would I see the play if I came? no □ *chan fhaicinn e gun phrosbaig* I wouldn't see it without a telescope □ *chan fhaiceadh tu an rathad anns an dorchadas* you wouldn't see the road in the darkness □ *chunnacas e anns a' choille an-raoir* it was seen in the wood last night □ *am facas iad anns an àrainn seo?* chan fhacas were they seen in this vicinity? no □ *nach fhacas iad a' fàgail na sgoile? chunnacas* weren't they seen leaving the school? yes □ *chithear sinn ma thèid sinn an sin* we shall be seen if we go there □ *'s ann ainneamh a chithear uiseag anns an àite seo* it is seldom that a lark is (i.e. will be) seen in this place □ … *agus cho fad 's a chithear …* and as far as can be seen (i.e. as far as one is aware) □ *am faicear sinn san dorchadas?* chan fhaicear will we be seen in the darkness? no □ *nach fhaicear e ma chuireas tu an sin e? chithear* won't it be seen if you put it there? yes □ *chìteadh iad nan rachadh iad an sin* they would be seen if they went there □ *am faicteadh sinn?* chan fhaicteadh would we be seen? no □ *nach fhaicteadh e an sin? chìteadh* □

wouldn't it be seen there? yes □ note that **chìteadh** is often shortened to **chìte**, and **faicteadh** to **faicte** (see further examples)
Further examples:- *ma chì thu i, innis dhi gum faic mi i a-màireach* if you see her, tell her I'll see her tomorrow □ *dh'innis mi dhaibh gum faicinn iad an ath latha* I told them that I would see them the next day □ *bidh sinn gad fhaicinn* we'll be seeing you □ *bha mi cho toilichte a faicinn sàbhailte* I was so pleased to see her safe □ *cha robh duine ri a fhaicinn* there was not a person to be seen (to his seeing) □ *bha cluich ann a bha glè thlachdmhor ri fhaicinn* there was playing that was very pleasing to see (lit. to be seen / to its seeing) □ *chitheadh e am bàgh tron uinneig* he could see the bay through the window □ *bha duilgheadas aca a dh'fhaicinn ciamar a...* but they found it difficult to envisage how ... □ *bhatar ga fhaicinn mar cheum cudthromach* it was seen as an important step □ *tha e air fhaicinn mar dheagh roghainn* he is seen as a good choice □ *tha e air fhaicinn mar dhuine lèirsinneach* he is seen as a perceptive individual □ *cha robh càil ri fhaicinn* not a thing was to be seen □ *bu tearc a chìte cearc-thomain an sin idir* it was seldom that a partridge was seen there at all □ *ged a chithinn e an-dràsta, chan aithnichinn e* though I were to see him right now, I wouldn't recognise him □ *bhitheadh i coma ged a chitheadh i an seann bhrat-ùrlair ud air a thilgeil a-mach air an òtraich* she wouldn't care even if she saw (were to see) that old carpet thrown out on the dump □ *chan fhaicte e ann an àite den t-seòrsa ud* he would not be seen in a place like that □ *chan eil nithean mar a chithear iad* things are not as they seem (lit. as they are seen) □ *an rud a nithear gu math, chithear a bhuil* that which is well done, its effect will be seen / if something is well done, it will show (proverb)
Other idioms:- *bha mi eòlach gu leòr air fhaicinn bhuam* I knew him well enough at a distance / by sight (lit. I was knowledgeable enough on him to see him from me) □ also *bha mi eòlach air ri fhaicinn* I knew him by sight □

...ach air na chunnaic thu riamh, na fuirich an sin... but whatever you do, don't stay there. (lit. on what you ever saw)

faiceall, -ill *nf* alertness, care, caution, discretion, watchfulness □ *bi air t'fhaicill* beware (note that **do** before a vowel or silent **fh** often becomes **t'** – this is not now advised – see example following) □ *feuch am bi thu air d'fhaicill rompa* see that you are on your guard against them □ *chaidh e air adhart le faicill* he advanced with care □ *cuir air fhaicill* caution *v* □ *'s dòcha gu bheil e air [a] fhaicill* perhaps he is on his guard / being cautious □ *bithibh air ur faicill* be on your guard □ *...mura bitheadh i air a faicill...* if she weren't careful / if she didn't look out □ *a dh'aindeoin m'fhaicill* despite my caution
faiceallach, -aiche *a* careful, chary, circumspect, cautious, discreet, heedful, particular, prudent, wary, watchful □ *gu faiceallach* gingerly, warily □ *bi faiceallach* take care, be careful, watch (= be careful) □ *dh'fhosgail an doras gu faiceallach* the door opened cautiously
faiche, -ean *nf* den, green (= grass), lawn, meadow, plain, yard (drill ground)
faicheil, -e *a* showy
faicill *nf dat* form or *alt nom* form of **faiceall**
faicinn *nf & vn* of **faic** seeing etc.
faicsinneach, -iche *a* conspicuous, outward, prominent, visible □ *bi faicsinneach* protrude □ *...ged nach eil e cho faicsinneach...* though it isn't so conspicuous □ *iomhaighean faicsinneach* visual images
faicsinneachd *nf* visibility
faiciste = **faicteadh** □ see **faic**
faicteadh □ see **faic**
faid □ see **faide** *nf* □ for **am faid** see **fad, am fad**
faide *comp* form of **fada** *a*
faide *nf* length (sometimes shortened to **faid**) □ *tha aig gach buidhinn ri dealbhchluich de mu chòig mionaidean de dh'fhaide a chruthachadh* each team has to create a play of about five minutes in length
fàidh, -ean *nm* prophet, seer
faidhbhile, -ean *nf* beech tree
fàidheadair, -ean *nm* prophet
fàidheadaireachd *nf* prophecy, prophesying, prediction, divination *bha comas aice*

air fàidheadaireachd she had the power of prophecy

fàidheanta *a* mystical □ *smuaintean fàidheanta* mystical thoughts

faidhir, faidhreach, faidhrichean *nf* fair □ *chaidh iad a dh'ionnsaigh na faidhreach* they went to the fair

faidhl, -ichean *nm* file (office)

faidhneil *nm* final □ *am faca tu am faidhneil?* did you see the final? □ *faidhneil na cuaich* the cup-final

---

faigh, faighinn / faotainn *irreg v* acquire, attain, elicit, fetch, find, get, obtain, procure, receive, score, undergo This verb is irregular in the Past tense, the Future Independent and the Imperfect / Conditional tense Independent. The main parts of the verb are as follows:-

ACTIVE VOICE:

Past tense

1. Indep.:- **fhuair mi** I got **fhuair thu** you got etc.
2. Dep.:- **an d'fhuair thu?** did you get? **cha d'fhuair mi** I didn't get **nach d'fhuair thu?** didn't you get? etc.

Note that **fhuair** retains the lenited form throughout.

Future tense

1. Indep.:- **gheibh mi** I will get
2. Dep. (reg.):- **am faigh mi?** shall I get? **chan fhaigh mi** I shan't get **nach fhaigh mi?** shan't I get?

Relative Future:- **(ma) gheibh mi** (if) I [will] get

Imperfect / conditional tense

1. Indep.:- **gheibhinn** I would get **gheibheadh tu** you would get etc.
2. Dep. (reg.):- **am faighinn?** would I get? **am faigheadh tu?** would you get? **chan fhaighinn** I wouldn't get **chan fhaigheadh tu**

you wouldn't get **nach fhaighinn?** wouldn't I get? **nach fhaigheadh tu?** wouldn't you get?

Note that, in the Future tense and Imperfect / Conditional tense the **f** is traditionally, though ungrammatically, lenited after **nach**, but the unlenited form is also found i.e. **nach faigh?, nach faighinn?** etc.

PASSIVE VOICE:

Past tense

1. Indep.:- **fhuaras e / fhuaradh e** it was found
2. Dep.:- **an d' fhuaras e? / an d' fhuaradh e?** was it found? **cha d' fhuaras e / cha d' fhuaradh e** it wasn't found **nach d' fhuaras e? / nach d' fhuaradh e?** wasn't it found?

Note that, like **fhuair, fhuaradh** and **fhuaras** retain the lenited form throughout.

Future tense

1. Indep.:- **gheibhear e** it will be got
2. Dep. (reg.):- **am faighear e?** will it be got? **chan fhaighear e** it won't be got **nach fhaighear e?** won't it be got?

Imperfect / conditional tense

1. Indep.:- **gheibhteadh e** it would be got (often shortened to **gheibhte**)
2. Dep. (reg.):- **am faighteadh e?** would it be got? **chan fhaighteadh e** it wouldn't be got **nach fhaighteadh e?** wouldn't it be got? (usually shortened to **faighte**)

Imperative mood (reg.)

faigh get *sing* **faighibh** get *pl & polite*
Verbal noun:- there are two forms **faotainn** and **faighinn** □ *cha robh aon ri fhaighinn / cha robh aon ri fhaotainn* there wasn't one to be found / got

Basic Examples:- *fhuair mi sgian ùr an-dè* I got (or found) a new knife yesterday □ *an d'fhuair thu d' iuchair a-rithist?* did you find your key again? □ *nach d'fhuair i a h-aparan?* didn't she get her apron? □ *gheibh mi bogsa eile a-màireach* I'll get another box tomorrow □ *am faigh thusa duais cuideachd?* chan *fhaigh* will you get a prize too? no □ *nach fhaigh thu còta ùr?* gheibh won't you get a new coat? yes □ *gheibhinn mòran airgid air a' bhàta sin* I would get a lot of money for that boat □ *am faigheadh tu mòran airgid air na cathraichean sin?* chan *fhaigheadh* would you get a lot of money for those chairs? no □ *nach fhaighinn maorach an sin?* gheibh-*headh* wouldn't I get shellfish there? yes □ *fhuaras an nighean air a' chladach* the girl was found on the shore □ *càit an d'fhuaradh iad?* where were they found? □ *nach d'fhuaras e? fhuaras / cha d'fhuaras* wasn't it found? yes / no □ *gheibhear an t-uan a tha air chall* the lamb that is lost will be found □ *am faighear an t-airgead?* chan *fhaighear* will the money be found? no □ *nach fhaighear an sin e? gheibhear* yes won't it be found there? yes □ *gheibhteadh an gille am bitheantas am measg nan iasgairean* the boy would frequently be found among the fishermen □ *am faighteadh an t-eun sin anns a' mhonadh?* chan *fhaighteadh* would that bird be found on the moor? no □ *nach fhaighteadh e air a' chladach matà?* gheibhteadh wouldn't it be found on the shore then? yes

Further examples:- *faigh bàs* die □ *fhuair e bàs ann an Dun Phris air a' mhìos seo chaidh* he died in Dumfries [this] last month □ *faigh fios* ascertain □ *faigh biadh* cater □ *faigh buaidh air* defeat □ *cha robh càil a dh'iarradh a bhean air nach fhaig-headh i* there was nothing that his wife asked him for that she wouldn't get □ *a h-uile cothrom a gheibheadh iad rachadh iad don tràigh* every opportunity they would get they would go to the beach □ *gheibh sinn làmh an uach-dair a dh'aithghearr* we shall gain the upper hand soon □ *fhuair e an iasad o Sheumas e* he got it on loan from James

□ *fhuair mi laghach càirdeil e* I found him kindly and friendly □ *cha d'fhuair e ach beagan sgoile* he got but little education / schooling (lit. school) □ ... *gus am faigheadh e rudeigin eile...* until he found something else (i.e. would find) □ *ciamar a gheibh mi ann?* how shall I get there? □ ... *leis a' mheasgachadh mhath de leabhraichean a gheibhear a-nis...* with the good assortment of books now obtainable / available □ *chan eil iad ach air an gabhail mar a gheibh-hear iad* they are simply accepted at face value □ *fhad 's a gheibheadh iad rud gu am miann fhèin* as long as they got (would get) their own way (lit. got a thing to their own desire) □ also: *nam faigheadh iad leotha e* if they got their own way / got off with it □ *càit eile am faighear biadh mar seo?* where else will food like this be found? □ *chan eil fhios agam cò às a fhuaradh iad* I don't know from where they were obtained □ *cha robh càil ri fhaotainn an sin* there was not a thing to be found there □ ... *'s gun obair fhreagarrach ri fhao-tainn...* and no suitable work to be found □ *faighinn / faotainn air ais* recovery

Other Idioms:-

faigh + *poss adj* + *vn* may translate as the passive voice in English □ *bha iad an dùil gum faigheadh na claisean an lìonadh trì uairean mum biodh am mìos thairis* they expected that the furrows would be filled thrice before the month was over

faigh air + *vn* be able to, manage to □ *chan fhaigheadh e air gluasad* he couldn't move □ *chan fhaighinn air càil a ràdh ach nach robh mi ga chreidsinn* I couldn't say anything except that I didn't believe it □ *chan fhaig-headh e air an doras fhosgladh* he couldn't open the door □ note also:- *fhuair e seo fhalach air na h-Innseanaich* he managed to hide this from the Indians

faigh air ais recover, retrieve □ *bha e a' feuchainn ris an t-airgead fhaighinn air ais* he was trying to recover the money

faigh air falbh o evade, get away from □ *bha e fad na h-ùine a' feuchinn ri faighinn air falbh on luchd-fèich* he was all the time trying to evade the creditors □ *bha e toilichte faighinn air falbh bhon sgoil airson beagan sheachdainean* he was pleased to get away from [the] school for a few weeks

faigh a-mach detect, find out □ *fhuair iad a-mach gun robh e air a bhith ag innse bhreug* they found out that he had been telling lies

faigh a-mach às get out of □ *bha grunn bhalach a' faighinn a-mach às a' bhus* there was a crowd of boys getting out of the bus

faigh às le get off with □ *cha dèanadh tu rud sam bith nam faigheadh tu às leis* you wouldn't do a thing if you got (would get) off with it

faigh le get off with, succeed □ *bha cunnart ann gum faigheadh iad leotha e* there was a risk they would get off with it / succeed □ *uair a gheibheadh iad leotha e agus dà uair nach fhaigheadh* once they would succeed and twice they would not

faigh os cionn get over, outgrow □ *is còir dhuinn faighinn os cionn rudan mar sin* we must get over / outgrow things like that

faigh seachad air get over, weather □ *nach d'fhuair thu seachad air a' ghòraiche sin fhathast?* haven't you got over that foolishness yet? □ *chan fhaigheadh e seachad air ann an cabhaig* he wouldn't get over it in a hurry

faigh thairis air get over □ *chaidh ùine mhòr seachad mun d'fhuair e thairis air an tàmailt* a long time passed before he got over the chagrin / insult

faigh tro penetrate □ *cha deach aig an t-saighead air faighinn tron armachd* the arrow failed to penetrate the armour

faigh rudeigin gu dol get something going □ *fhuair e a' phìob gu dol* he got the pipe going □ *fhuair iad na h-einnseannan gu dol* they got the engines going

faigh (rudeigin) aig get (something) from □ *... airson an deagh theagaisg a fhuair e aige ...* for the grand teaching that he received at his hands

faigh gu get to (a place) *ciamar a tha thu a' faighinn thuige?* how do you get to it?

faighean, -ein *nm* vagina

faighinn *nf* & *vn* of **faigh** getting etc.

faighiste □ same as **faighteadh** □ see **faigh**

faighneach, -iche *a* curious

faighneachail, -e *a* inquisitive

faighneachd, faighneachd *v* □ same as **faighnich, faighneachd**

faighneachd, -an *nf* & *vn* of **faighnich** asking etc., enquiry

faighneachdas, -ais *nm* inquisitiveness

faighnich, faighneachd *v* ask, enquire, inquire, question □ *faighnich dheth a bheil e a' tighinn* ask him if he is coming □ *dh'fhaighnich e dhiom an robh mi a' dol ann* he asked me if I was going (lit. he asked of me was I going in it) □ *can ris gun robh mi ga fhaighneachd* tell him that I was asking for him (lit. say to him that I was at his asking) □ *chaidh faighneachd de dhuine òg an robh e ...* a young man was asked if he was ... □ in some areas **dha** and **dhi**, and the other forms of **do**, rather than the forms of **dhe**, are used

fail, -e, -ean *nf* pigsty, sty □ from a word meaning 'a circle' – often **fail-mhuc**

fail-chuach *nf* sweet violet **f.-mhuc** *nf* pigsty, sty

failbhe *nf* 1. emptiness 2. exhaustion *cha robh againn ach obair chruaidh agus failbhe* we had nothing but hard work and exhaustion 3. firmament □ *anns an fhailbhe* in the firmament

failbheachan, -ain, -an *nm* ear-ring

failbheag, -eige, -an *nf* any small ring / link such as an earring etc.

failc, -eadh *v* bathe □ *dh'fhailc e a chasan anns an fhuaran* he bathed his feet in the spring

failceadh, -idh *nm* & *vn* of **failc** bathing

fàile *nm* □ see **fàileadh**

faileachadh, -aidh *nm* & *vn* of **failich** □ same as **fairtlich**

faileachdainn *nf* & *vn* of **failich** □ same as **fairtlich**

fàileadh, -idh, -idhean *nm* smell, scent, odour □ *droch fhàileadh* stink, stench □ *feuch fàileadh* smell (test something by smelling) □ *fairich / faigh fàileadh* smell (detect a smell) □ *dh'fhairich e fàileadh làidir* he smelled a strong odour □ *bha fàilidhean na bùth-obrach ga thachdadh* the smells of the workshop were choking him □ *chuir fàileadh an èisg orrais oirre* the smell of the fish made her squeamish □ *tha fàileadh dheth* it smells

faileas, -eis, -an *nm* 1. shadow 2. reflection 3. sheen, gloss 4. phantom 5. illusion □

chan eil ann a seo ach faileas fallsa this is nothing but a false illusion

faileasach, -aiche *a* 1. shadowy 2. reflecting 3. glossy, shiny □ *tapaichean ùra faileasach* shiny new taps (lit. new shiny taps)

failich, -eachadh / -eachdainn *v* □ same as **fairtlich**

fàilidh, -e *a* gentle, quiet, unseen □ *thog e an naoidhean gu fàilidh* he lifted the baby gently

faillean, -ein, -an *nm* sapling, scion, seedling, shoot, sprig, tendril, twig

fàillidh, -e *a* furtive □ *gu fàillidh* by stealth □ also **fàilidh**

fàillig, -eadh *v* fail, break down (of machinery etc.) □ *tha e air fàilligeadh na bheatha* he has failed in his life □ *dh'fhàillig an càr air* the car broke down with him (lit. the car failed on him) □ *tha iad air fàilligeadh mar tha* they have already failed

fàilligeadh, -idh, -idhean *nm & vn* of **fàillig** failing etc. failure

fàillinn, -e *nf* failing (defect of character etc.), failure, foible □ *gun fhàillinn* without fail

fàillinneach, -iche *a* fallible, (physically) failing

fàillinneachadh, -aidh *nm & vn* of **fàillinnich** □ same as **fàillnich**

fàillinnich, -eachadh *v* fail □ same as **fàillnich**

fàillneachadh, -aidh *nm & vn* of **fàillnich** □ failing

fàillnich, -eachadh *v* fail □ *an gaol nach fàillnich* the love which will not fail

failm, -e, -ean *nf* helm, tiller (naut.)

failmean, -ein, -an *nm* knee-cap (also **falman**)

failmhe *nf* vacuity

fàilte *nf* greeting, salutation, welcome □ *failte! hail! interj* □ *gun fhàilte* unwelcome □ *tha fàilte air leth blàth ron leabhar seo* there is a particularly warm welcome for this book □ *fàilte chridheil* a hearty / cheerful welcome □ *cuir fàilte air* salute, welcome *v* □ *tha am bàrd a' cur fàilte air an t-samhradh* the poet is welcoming the summer □ *chuir i fàilte chridheil orra* she gave them a hearty welcome □ *fàilte oirbh gu …* welcome [upon you] to … □ *tha sinn a' cur fàilte mhòr air …* we give a great welcome to … □ *tha fàilte bhlàth aig luchd-tadhail* visitors have a warm welcome □ *chuirteadh fàilte orra* they used to be welcomed □ *tha fàilte a' feitheamh air gach neach* everybody is welcome

(lit. a welcome awaits everyone) □ *faodaidh iad a bhith cinnteach à fàilte a bhios blàth* they may be sure of a warm welcome (lit. a welcome that will be warm) □ *fàilte oirbh gu Obar Dheadhain* welcome to Aberdeen

fàilteach, -iche *a* welcome / welcoming

fàilteachadh, -aidh *nm & vn* of **fàiltich** greeting etc. reception

failtean-fionn *nm* maidenhair fern

fàiltich, -eachadh *v* greet, salute, welcome □ *dh'fhàiltich iad e le bàidh agus aoigheachd* they welcomed him with affection and hospitality

fàiltiche *nm* receptionist

fainear □ see **fa-near** (under **fa-** above)

fàinne, -eachan *nm/f* coil, ring, ringlet □ *fàinne phòsta* wedding ring □ *fàinne (solais)* halo

fàinne-chluaise *nm/f* earring

fàinne-seula *nm/f* signet, signet ring

fainne *nf* ennui

fair, -eadh *def v* give me, hand over, bring, fetch (uncommon) □ *fair a-nall e gun dàil* hand it over immediately

fairche, -ean *nm* beetle (for washing), mallet

fàirdean, -ein, -einean *nm* farthing □ same as **feòirling / feòrlinn**

fàire *nf* horizon, sky-line □ *air fàire* on the horizon □ note that there is no *def art* in the Gaelic phrase □ *fada air fàire anns an àird an ear* far away on the horizon in the east □ *dh'iarr e ormsa sùil mhath a chumail air fàire* he asked me to keep a good look-out on the horizon

faire *nf* guard *abstr*, outlook, vigil, watch (spell of duty on ship / on guard etc.), watching □ *faire na h-oidhche* nightwatch □ *an ath uair a bha e ri faire …* the next time he was on watch … □ *chuireadh e anns an dara faire* he was put on (lit. in) the second watch □ *… mun rachadh a ghairm gu faire a-rithist …* before he was called on (lit. to) watch again □ *nuair a bha faire Sheumais seachad* when James' watch was up □ *dèan / cùm faire (air)* watch, keep watch (over) □ *… am feadh 's a nì mise faire aig an doras …* while I keep watch at the door

faireachadh, -aidh *nm & alt vn* of **fairich** feeling etc. 1. attitude, inkling □ *gun fhaireachadh* unaware 2. awakeness, alertness □ *am faireachadh* alert, awake □ *chuir esan càch nam faireachadh* he alerted the others (lit. he put the others into their alertness) □ *cha robh* *faireachadh agam air mar a bh tìde a'ruith* I had no awareness of how time was passing □ *faireachadh air co ris a bha e coltach a bhith nad phrìosanach* an awareness / feeling of what it was like [for one] to be a prisoner

faireachas, -ais *nm* watching □ *a' faireachas air na daoine* watching the people

faireachdainn, -e, -ean *nf & alt vn* of **fairich** feeling, sensation, sense □ *bha faireachdainn agam nach robh e ag innse na firinne* I had a feeling that he wasn't telling the truth □ *faireachdainnean maoth is tiom* delicate and tender feelings

fàireag, -eige, -an *nf* gland □ *fàireag an fhallais* sweat gland □ *fàireag na geire/na h-ola* sebaceous gland □ *fàireag nan deur* lacrimal gland, tear gland □ *fàireag seile* saliva gland

fàireagach *a* glandular

fàireil *a* horizontal

faireil, -e *a* watchful

fairge, fairgeachan / fairgeannan *nf* ocean, sea

fairge *a* oceanic

fairgeach *a* maritime, pelagic

fairich, faireachadh / faireachdainn *v* be aware of, experience, feel, grope sense □ *cha do dh'fhairich e am fuachd* he didn't feel the cold □ *bha an seòmar a' faireachdainn fuar* the room felt cold □ *bha mi a' faireachdainn caran tinn* I was feeling rather ill □ *ciamar a tha e a' faireachdainn mu a dheidhinn?* how does he feel about it? □ *cha do dh'fhairich iad an ùine a'dol seachad* they were not aware of the time passing □ *bha e a' faireachdainn an fhaochaidh anns a' ghuth aice* he sensed the relief in her voice □ *dh'fhairich e fàileadh làidir* he smelled a strong odour □ *...mun do dh'fhairich e buileach aige fhèin a-rithist...* before he felt completely himself again / felt completely recovered □ *cha do dh'fhairich e riamh roimhe an seòrsa feirge a bha e a' faireachdainn an-dràsta* he had never before felt the kind of anger he was feeling now

fairleus *nm* smoke hole (in old black house)

fairtlich, fairtleachadh *v + air* defy, worst, baffle, get the better of, be too much for □ *dh'fheuch mi ris a' chlach a thogail ach dh'fhairtlich i orm* I tried to lift the stone but it got the better of me □ *dh'fhairtlich e orra am mèirleach a ghlacadh* catching the thief got the better of

them □ *...ach bha e a' fairtleachadh air fear a lorg...* but finding one was baffling him / getting the better of him □ *cha do dh'fhairtlicheadh orra gu furasta* they were not got the better of easily

faisg, -e *a* near, close □ *faisg air* by, close to, towards *prep* □ *faisg air an taigh* near / close to the house □ *fad faisg air ceud bliadhna a-nis* for nearly a hundred years now (see **fad**) □ *tha am fuaim nas fhaisge a-nise* the sound is closer now □ *cha robh taigh na b'fhaisge air na mìle gu leth* there wasn't a house closer to him *masc* than a mile and a half □ *glè fhaisg air ochd ceud* very nearly eight hundred □ *tha àm an teachd glè fhaisg air an aon àm a h-uile bliadhna* the time of their arrival is very nearly the same time every year □ *cha robh gin dhiubh faisg air cho dona ris a' chiad fhear* there wasn't any of them nearly as bad as the first one □ *cha robh faisg uimhir a dhaoine anns an t-seòmar seo* there weren't nearly as many people in this room □ *thig faisg air* approach, verge on □ *bha e a-nise a' tighinn faisg air a' chòig bliadhna air fhichead* he was now approaching [the] twenty-five [year] □ *bha iad glè fhaisg air a chèile* it was a close result (when prec. by a *neg* = nowhere near) □ *cha robh an saighead faisg air an targaid* the arrow was nowhere near the target □ *chaidh e don taigh a b'fhaisge* he went to the nearest / next house □ *bha taigh faisg air làimh* there was a house nearby □ *tha e faisg air naoi uairean* it's nearly nine o'clock

faisg, fasgadh *v* pick off vermin □ *bha na moncaidhean a'fasgadh a-chèile* the monkeys were picking vermin off each other

fàisg, fàsgadh *v* hug, pinch, press, squeeze, wring □ *dh'fhàisg e am putan* he pressed the button □ *bha iad air am fàsgadh ri chèile* they were squeezed together □ *ghlac e a' chearc agus dh'fhàisg e a sgòrnan* he caught the hen and [he] wrung its neck □ *fàisgidh sinn an còrr às a dh'aithghearr* we'll soon wring the rest out of him

faisge *nf* closeness

faisgean, -ein, -an *nm* sponge

fàisgte *pp* wrung

faisisteachas, -ais *nm* fascism

fàisneachadh, -aidh *nm & vn* of **fàisnich** foretelling etc.

fàisneachail *a* prophetic

fàisneachd, -an *nf* divination, prediction, prophecy □ *'s e fàisneachd fhìor a bha seo* this was a true prophecy □ *thàinig cuid* *mhòr den fhàisneachd gu bhith fìor* a large proportion of the prophecy came to be true □ *bha an fhàisneachd air a coilionadh* the prohecy was fulfilled

fàisnich, -eachadh *v* foretell, prophesy, vaticinate □ *bha aon rud nach b'urrainn dhaibh fhàisneachadh* there was one thing they couldn't prophesy

fàistneachd *nf* □ see **fàisneachd**

faiteach, -iche *a* timid, shy, fearful

faiteachadh, -aidh *nm & vn* of **faitich** beaming (smiling)

faite-gàire *nf* smile □ *dèan faite-gàire* smile *v* □ *thug i faite-gàire da ionnsaigh* she smiled to him (lit. she gave a smile towards him)

faiteas, -eis *nm* 1. fear □ *air faiteas nan creach* for fear of raids 2. bashfulness, shyness

faitheam, -eim, -an *nm* hem, seam, border (of a garment) □ *faitheam sgiorta* the hem of a skirt □ *cuir faitheam air* hem □ hence – *cuir faitheam air do theanga* be circumspect □ *beul gun fhaitheam* a garrulous person

faithnich □ same as **aithnich**

faitich, -eachadh *v* beam (smile)

fàl, -àil, -àil *nm* 1. hedge 2. turf 3. verge (of road)

falach, -aich *nm & vn* of **falaich** hiding etc. concealment, hiding □ *am falach* in hiding, hidden *adv* □ *bha e am falach an dèidh a' chatha* he was in hiding after the battle □ *chaidh e am falach ri taobh an rathaid* he hid / went into hiding at the side of the road □ *cha chumadh sinn e am falach* we could not keep it hidden □ sometimes **air falach** □ *chaidh sinn gu luath air falach* we hid quickly □ *chuir e air falach e ann am fear de na tuill* he hid it in one of the holes

falach-fead *nm* hide-and-seek □ *bha a' chlann a' cluich air falach-fead* the children were playing hide-and-seek

falachadh, -aidh, -aidhean *nm* secretion

falachaidh *a* secret □ *theich e gu falachaidh* he fled secretly

falachan, -ain, -ain *nm* hidden object, hidden treasure □ *chaidh iad uile air falbh feuch cò gheibheadh na falachain* they all went off to see who could find the hidden objects

falachd, -an *nf* feud □ also **folachd**

fàladair, -ean *nm* scythe

falaich *a* hiding □ *dh'fhàg e ionad falaich* he left his hiding place / his place of hiding

falaich, falach *v* conceal, hide, lurk, secrete, shroud (+ **air** from) □ *a bheil thu a' feuchainn ri rudeigin fhalach orm?* are you trying to hide something from me? □ *bha iad air am falach* they were hidden – see **falach** above □ *fhuair e seo fhalach air na h-Innseanaich* he managed to hide this from the Indians □ *bha e air a dheagh fhalach* it was well hidden

falaichte *pp* of **falaich** hidden, latent, secret, ulterior (+ **air** from) □ *tha na rudan sin falaichte air a' chinne-daonna* these things are hidden from mankind □ *bha e falaichte am measg nan creag* he was hidden among the rocks

falaid, -e *nm* varnish □ *bha a' ghrian a' boillsgeadh air falaid a' bhùird* the sun was shining on the varnish of the table

falaidich, -eachadh *v* varnish □ *thòisich e air an doras fhalaideachadh* he began to varnish the door

fàlaire, -ean *nm* ambler, prancing horse

falaisg, -e, -ean *nf* moor-burning □ *bha fàileadh na falaisg làidir na chuinneanan* the smell of the moor-burning was strong in his nostrils

falamh, -aimhe *a* destitute, devoid, empty, hollow, penurious, void, vacant □ *tha an taigh falamh* the house is empty □ *tha na facail seo falamh* these words are hollow □ *bha am botal a-nis falamh* the bottle was now empty

falamhachd *nf* emptiness, hollowness, vacancy, vacuum

falbh, falbh *v* depart, go away, leave □ *a bheil fhios agad gu bheil Màiri a' falbh le Iain?* do you know that Mary is going with Ian? (i.e. going out with, as a courting couple) □ *dh'fhalbh iad oirnn* they left us □ *anns na bliadhnachan a dh'fhalbh* in past years (lit. the years that have gone) □ *...air a stèidheachadh air an àm a dh'fhalbh ...* based upon the past (lit. the time that has gone) □ *bu chòir dhuinn cuimhne a chumail beò air na làithean a dh'fhalbh* we should keep the memory of by-gone days alive □ *bha a shùilean a' falbh air feadh a' choithionail* his eyes were going throughout the congregation □ *nuair a ràinig mi an doras bha an duine air falbh* when I reached the door the man had gone □ *bidh am pleuna a' falbh aig còig uairean* the plane will take off at 5 o'clock □ *falbh na smùr* moulder □ *falbh leat* take away □ *falbh air iteig* wing □ *dh'fhalbh a' ghaoth leis a' phàipear* the wind blew away the paper

falbh *nm & vn* of **falbh** going etc. departure
falbh, air falbh *adv* away, off, gone □ *fada air falbh* far away / far off □ *air falbh on taigh* away from home □ *as fhaide air falbh* furthermost □ *cuir air falbh* dismiss, dispatch, post (a letter), remove, shed, turn □ *cùm air falbh* stave off □ *cùm air falbh o* steer clear of □ *geàrr air falbh* amputate □ *gearradh air falbh* amputation □ *thoir air falbh (bho)* abduct, detract (from), deprive, minus (maths.), subtract (from), withdraw □ *toirt air falbh* abduction, deprivation, subtraction □ *(a tha) a' toirt air falbh* privative □ *bha iad uile air togail air falbh na coinneimh* they had all gone off to meet her □ may be used in an emphatic position thus:- *air falbh a ghabh e mar gun robh e air sgèith* off he went as if he were on wings (lit. a-wing)
falbhach, -aiche *a* discursive
falbhanach, -aiche *a* unsettled
falcag, -aige, -an *nf* common auk (also **colcach bheag** *nf*)
falcair, -ean *nm* pimpernel
fallain, -e *a* able-bodied, healthy, sound, whole, wholesome, well
fallaineachd *nf* fitness, health, soundness
fallaing, -e, -ean *nf* cloak, mantle □ *fallaing de shìoda purpaidh* a mantle of purple silk
fallainn *nf* □ same as **fallaing**
fallas, -ais *nm* sweat, perspiration □ ... *gus an robh iad nam fallas* ... until they were in a sweat / sweating (in their sweat) □ *thàinig fallas (fuar) orm* I broke out in a (cold) sweat – also **fuar-fhallas** a cold sweat □ *cuir fallas de* perspire, sweat □ *bha fallas orm / bha mi a' cur fallas dhìom* I was perspiring
fallasach, -aiche *a* sweaty *bha i a' faireach-dainn fallasach* she was feeling sweaty
fallsa *a* false □ *bha sùil fhallsa aige* he had a false eye
fallsaidheachd *nf* forgery
fallsaidhear, -eir, -an *nm* forger
fallsail, -e *a* meretricious, sham
falmadair, -ean *nm* helm, tiller
falmair(e), -ean *nm* hake (also **colamoir**)
falman, -ain, -an *nm* knee-cap (also **failmean**)
falmhachadh, -aidh *nm & vn* of **falmhaich** emptying etc. depletion, evacuation
falmhaich, -achadh *v* empty, evacuate, exhaust, void, vacate □ *bha am bus a' falmhachadh* the bus was emptying
falt, fuilt *nm* hair *coll* □ *bha falt fada dubh oirre* she had long, black hair □ *bha e air leth an fhuilt a chall* he had lost half of his

(lit. the) hair □ *duine le falt breac-liath* a man with greyish hair □ *tha falt ruadh air* he has red hair □ *thug e sùil air tè an fhuilt ruaidh* he looked at the redhead
faltanas, -ais, -an *nm* vendetta
fàman, -ain, -ain *nm* breeze (usu. accompanied by **gaoithe**) □ *bha fàman gaoithe a' tighinn on chladach* a breeze was coming from the shore
famh, -aimh, -an *nf* mole (animal)
famh-thòrr *nm* molehill
famhair, -ean *nm* □ see **fuamhair**
fan, fantainn / fanail / fantail *v* remain, stay, wait □ *dh'fhan iad nan taighean fhèin* they stayed in their own houses
fan *prep poss adj* formed from **fa** + **an** □ ... *mar gum fosgladh ifrinn fan comhair* ... as if hell were to open before them □ *cha robh nì a bha a' dol air adhart nach robh fan comhair* there was nothing going on that they weren't aware of □ see **fa**
fanaideach, -iche *a* scornful, taunting □ *rinn e gàire fanaideach* he gave a scornful laugh / he laughed scornfully
fànadh, -aidh, -aidhean *nm* gradient
fanaid *nf* derision, mockery, ridicule, sneer □ *dèan fanaid* sneer, scoff □ *dèan fanaid air* deride, mock
fanail *alt vn* of **fan** remain etc.
fànas, -ais *nm* space (astr.), void
fànas-chapsal *nm* space capsule
fànas-long *nf* spaceship
fànas-sgrùdair *nm* space probe
fang, -aing(e), -an *nm/f* pen, enclosure (for sheep / cattle) □ *bha na caoraich anns an fhaing* the sheep were in the pen
fang,-ainge, -an *nf* vulture
fann, -ainne *a* decrepit, delicate, faint, feeble, languid, pithless, weak □ *chuala mi fuaim fann* I heard a faint sound
fann-ghaoth *nf* soft breeze
fann-sholas *nm* glimmer
fannachadh, -aidh *nm & vn* of **fannaich** debilitating etc.
fannachd *nf* weakness □ *bha e air chrith le fuachd is fannachd* he was shaking with cold and weakness
fannaich, -achadh *v* debilitate, faint, flag, languish, weaken, become weak, make weak □ *dh'fhannaich a dhòchas* his hope languished
fannan, -ain, -an *nm* gentle breeze
fanntaig, -eadh *v* faint
fanntaigeadh, -idh *nm & vn* of **fanntaig** fainting
fantainn *nf & vn* of **fan** staying etc. stay
faob, faoib, -an *nm* knot (in wood), lump

faobach, -aiche *a* knotty (of wood), lumpy
faobairneach, -ich, -ich *nm* lump (person)
faobhag, -aige, -an *nf* cuttlefish
faobhar, -air, -an *nm* edge (of a tool /
weapon or fig. on a voice) □ *faobhar na
lurgann* shin □ *le faobhar a chlaidheimh*
with the edge of his sword □ *bha faobhar
na bu gheire air an sgithinn seo* there was
a sharper edge on this knife □ *bha faobhar
air a guth* there was an edge on her voice
□ *air fhaobhar* edgeways / edgewise *adv*
faobharach, -aiche *a* edged, keen, sharp □
bha a ghuth rudeigin faobharach his voice
was somewhat edged / sharp
faobharachadh, -aidh *nm* & *vn* of
faobharaich sharpening etc.
faobharaich, -achadh *v* sharpen, whet
faochadh, -aidh *nm* relief □ ... *mar gum
bitheadh e air faochadh fhaotainn* ... as if
he had obtained relief
faochag, -aige, -an *nf* whelk, periwinkle
(both shellfish and plant) □ *is cruaidh an
t-earrach anns nach cunntar na faochagan*
it's a hard spring in which the whelks
won't be counted i.e. even in the worst of
times there is some relief to be found –
every cloud has a silver lining
faochainn, faochnadh *v* urge □ *bha e
a' faochnadh an t-sluaigh gu fianais
a thogail* he was urging the people to bear
witness (in a relig. sense)
faochnadh, -aidh *nm* & *vn* urging etc.,
request, petition
faochnaich, -achadh *v* press □ *thuirt e gur
e sinn fhèin a dh'fhaochnaich e gus am
bàta a reic ruinn* he said that it was
ourselves who forced him to sell the boat
to us

---

faod *def v* may, might □ uses only future
and imperfect / conditional forms as
follows:-

ACTIVE VOICE:

Future tense

1. Indep. **faodaidh mi** I may **fao-
    daidh tu** etc. you may etc.
2. Dep. (a.) Dep. Interr. **am faod mi?**
    may I? **am faod thu?** etc. may
    you? etc. (b) Dep. Neg. **chan fhaod
    mi** etc. I may not etc. (c) **nach
    fhaod mi?** etc. may I not? etc.

Relative Future:- **(ma) dh'fhaodas mi**
(if) I may

Imperfect / conditional tense

1. Indep. 1st pers sing **dh'fhaodainn**
    I might (have) 1st pers plural
    dh'fhaodamaid we might (have)
    Other persons **dh'fhaodadh tu, e,
    i** etc. you, he, she etc. might
    (have) etc.
2. Dep: (a) Dep. Interr. 1st pers sing **am
    faodainn** might I (have)? 1st pers
    plural **am faodamaid?** might we
    (have)? Other persons **am faodadh
    tu, e, i?** etc. might you, he, she etc.
    (have)? (b) Dep. Neg. 1st pers sing
    chan fhaodainn I might not (have)
    1st pers plural **chan fhaodamaid** we
    might not have. Other persons **chan
    fhaodadh tu tu, e, i** etc. you, he, she
    etc. might not (have) (c) Dep. Neg.
    Interr. 1st pers sing **nach fhao-
    dainn?** might I not (have)? 1st pers
    plural **nach fhaodamaid?** might
    we not (have)? Other persons **nach
    fhaodadh tu, e, i?** etc. might you,
    he, she etc. not (have)?
    f(h)aodamaid may also be
    f(h)aodadh sinn

PASSIVE VOICE:

Note that the following forms are used
impersonally.

Future tense

1. Indep. **faodar** it may be etc.
2. Dep. (a) Dep. Interr. **am faodar?**
    may it be? (b) Dep. Neg. **chan
    fhaodar** it may not be (c) Dep.
    Neg. Interr. **nach fhaodar?** may it
    not be?

Imperfect / conditional tense

1. Indep.: **dh'fhaoidte** it might be, it
    might have been
2. Dep. (a) Dep. Interr. **am faoidte?**
    might it be? might it have been?
    (b) Dep. Neg. **chan fhaoidte** it
    might not be, it might not have
    been (c) Dep. Neg. Interr. **nach
    fhaoidte?** mightn't it be? might it
    not have been?

Examples:- *am faodadh tu sin a dhèanamh? dh'fhaodadh.* could you do that? yes. □ *am faod mi an uinneag fhosgladh? chan fhaod.* may I open the window? no. *faodaidh mi dol còmhla riut* I may go with you □ *ma dh'fhaodas mi a chur mar sin* if I may put it like that (lit. its putting) □ *neo faodaidh e [a] bhith... or it may be...*□ *dh'fhaodadh am bom spreadhadh mionaid sam bith* the bomb might explode [at] any minute □ *tha bineachan ann far am faod daoine an cuid sgudail a chur* there are bins [available] where people may deposit their rubbish □... *buidhnean a dh'fhaodadh taic-airgid a thoirt seachad*... potential funding agencies (lit. agencies which might give financial support) □ *dh'fhaodainn a bhith ceàrr* I could be wrong □ *faodaidh tu sin a ràdh* you could afford to say that □ *chan fhaodadh e sin a ràdh* he couldn't afford to say that □... *mar a b'fheàrr a dh'fhaodadh i*... as best [as] she might/could □ *dh'fhaodamaid càr ùr a cheannach* we could buy a new car □ *'s tu dh'fhaodadh a ràdh* yes indeed/well might you say it

Other idioms:-
faod may be used impersonally □ *faodaidh gur h-e fàileadh an uisge a thug air na h-eich a ruith mar sin* perhaps it was the smell of the water which caused the horses to run like that (lit. it may be that etc.) □ *dh'fhaodadh gum biodh e na bu chiallaiche*... it might be wiser ... Note that, as with all *auxilary verbs*, it is the *aux. verb* which is in the passive voice, and not the infinitive as in English □ *faodar cus àite a thoirt dha* too much importance may be given to it □ *faodar a ràdh anns an dol seachad* ... it may be said in the passing...□ *faodar gabhail ris gu*... it may be accepted that... it is safe to assume/ conclude that...□ *chan fhaoidte an doras fhàgail gun ghlasadh air eagal gun rachadh cuideigin a-steach* the door could not be left unlocked for fear that someone would go in □ *chaidh e a-mach gun smid a ràdh ged a dh'fhaoidte aithneachadh gun robh fearg air* he exited without (saying)

a word, though it might have been perceived that he was angry □ *chan fhaodar Gàidhlig a chleachdadh anns na cùirtean* Gaelic may not be used in the courts □ *tha sinn a' feuchainn ri sealltainn na dh'fhaodar a dhèanamh tro bhith a' leasachadh an fhearainn* we are trying to demonstrate what may be done through improving the land □ *dh'fhaoidte nach eil annamsa ach bodach amaideach* it may be that I am just a silly old man □ *chan fhaoidte a' Ghàidhlig aon chuid a theagasg no labhairt anns na sgoiltean* Gaelic might neither be taught nor spoken in (the) schools □ *thuirt e nach fhaoidte an gluasad* he declared that they might not be disturbed

faodail, -alach *nf* treasure found by chance
faodalach, -aich, -aich *nm* foundling, waif
faoidte 1. *imperf / cond tense* of **faod** 2. in the phrase **ma dh'fhaoidte** (now written **ma dh'fhaoite** (*qv*) perhaps □ see also **mathaid**
faoighe *nf* asking for gifts of food, materials etc. □ *dèan faoighe beg* (for alms)
faoigheach, iche *a* parasitical
faoighiche, -ean *nm* parasite
faoileag, -eig, -an *nf* gull, herring gull, seagull
faoileag-bheag *nf* lesser black-headed gull
faoileag-dhubh-cheannach *nf* black-headed gull
faoileag-mhòr *nf* glaucous gull
faoilleann, -inn, -an *nf* common gull
faoilidh, -e *a* frank, generous, hospitable
Faoilleach, -ich, am Faoilleach *nm* January □ also, **am Faoilteach**
faoilt *nf* cheerfulness □ *bha faoilt air aodann* there was cheerfulness on his face
Faoilteach, -ich, am Faoilteach *nm* January □ also, **am Faoilleach**
faoilteachadh, -aidh *nm & vn* of **faoiltich** receiving kindly etc.
faoiltich, -eachadh *v* receive / welcome kindly / heartily □ *bidh sinn a' faoilteachadh ris gach rud ùr a sgrìobhas e* we will heartily receive every new thing he writes
faoin, -e *a* daft, foolish, frivolous, futile, giddy, idle, inane, jejune, nugatory, shallow (of quality), silly, vacuous, vain □ *nochd iad gun robh iad faoin* they showed

that they were foolish □ *bha e faoin dha smaoineachadh* ... it was idle for him to think...□ *nach tu tha faoin?* aren't you daft?

faoin-aisling *nf* pipe-dream □ *chan eil ann ach faoin-aisling* it was just a pipe-dream **f.-choltas** *nm* pretention **f.-chleasan** *n pl* amusements **f.-ghlòir** *nf* ostentation **f.-ghlòireach** *a* ostentatious **f.-sgeul, f.-sgeòil, f.-sgeòil / f.-sgeulan** *nm* fictional tale, legend, myth □ *faoin-sgeul falbhainn* migratory legend □ *tha faoin-sgeulan / faoin-sgeòil ann a tha a' feuchainn ri mìneachadh mar a thachair seo* there are tales which attempt to explain how this happened **f.-sgeulach** *a* mythological
faoineachd *nf* silliness
faoineag, -eige *nf* vanilla
faoineas, -eis *nm* daftness, foolishness, frivolity, futility, inanity, shallowness (quality), silliness, trifle, vanity
faoisid, -e *nf* confession
faoisideachadh, -aidh *nm & vn* of **faoisidich** confessing
faoisidich, -eachadh *v* confess
faol, faoil, faoil *nm* wolf
faolchu, faolchoin, faolchoin *nm* wolfdog
faomadh □ same as **aomadh**
faontradh, -aidh *nm* wandering(s) □ *bha mi a' leughadh mu dheidhinn faontradh a' Phrionnsa* I was reading about the wanderings of the Prince
faotainn *nf* common *alt vn* of **faigh** finding, getting □ *ri fhaotainn* available, to be had / got / found □ *cha robh aon ri fhaotainn* there wasn't one available / to be found □ *bu chòir do chùrsaichean den t-seòrsa seo a bhith ri am faotainn* courses of this kind ought to be available □ *faotainn air ais* recovery
faothachadh, -aidh *nm & vn* of **faothaich** – relieving etc., assuagement, easement, relief □ *thug a bhriathran faothachadh dhomh* his words gave me relief / relieved me □ see also **faochadh**
faothaich, -achadh *v* ease, relieve

---

far *rel pron* where, wherein □ used with the *dep* form of verb □ *seo far an do dh'fhàg mi mo sporan* this is where I left my purse □ *sin far am bi sinn ag obair* that's where we work / will be working □ *far an do shuidh an coitheanal a sheinn agus an do sheas iad a dhèanamh ùrnaigh* where the

---

congregation sat to sing and stood to pray (a custom in services in all presbyterian denominations). Note that, as in English, the word for 'where' need not be repeated
far *prep + gen* – same as **bhàrr** – off, from off □ *thug mi ceum far an rathaid* I stepped off the road □ *thog i an ceann far na basgaid* she lifted the lid off the basket □ *chrath e an sneachda far a chòta* he shook the snow off his coat □ *bha a chasan-deiridh far na talmhainn* his hind legs were off the ground
far *prep poss adj* formed from **fa + ar** □ *is e saoghal neònach a tha e a' toirt far comhair* it's a strange world that he brings before us □ *tha seirbhisean mar seo a' toirt far comhair nach do sguir cogadh fhathast* services like this bring home to us that warfare has not yet ceased – see **fa**
far- *pref* signifying 'by-' / 'bye-'
far-ainm *nm* bye-name, nickname □ *thoir far-ainm air* nickname *v* **f.-stuth** *nm* by-product

---

farachan, -ain, -ain / -an *nm* 1. mallet 2. death-watch beetle
faradh, -aidh, -aidhean *nm* carriage, fare, freight (charge) □ *phàigh e am faradh* he paid the fare □ *tha faraidhean a' sìor fhàs nas daoire* fares are continually becoming dearer □ *cha robh aice de dh'airgead a phàigheadh a faradh dhachaigh* she did not have enough money to pay her fare home (lit. there was not at her of money that would pay etc.)
fàradh, -aidh, -aidhean *nm* ladder, shrouds (of a ship) □ *bha e na sheasamh air an fhàradh le a cheann tron shaidse* he was standing on the ladder with his head through the hatch
faram, -aim, -an *nm* loudness, noise, percussion
faramach, -aiche *a* loud, noisy □ *dh'fhàs am fuaim na bu fharamaiche* the noise became louder
farasta *a* gentle, mild
farbhalach, -aich, -aich *nm* stranger
farcan, -ain, -an *nm* corn (on foot)
farchluais *nf* eavesdropping □ *cha robh farchluais idir na chleachdadh agam* eavesdropping was never [at all] a habit of mine □ *dèan farchluais* eavesdrop,

overhear □ sometimes used as a *vn* □ *bha e a' farchluais air na daoine* he was eavesdropping on the people

fàrdach, -aich, -aichean *nf* domicile, dwelling, house, lodging, premises, residence □ *ma bha fàrdach riamh roinnte na h-aghaidh fhèin* … if ever a house was divided against itself …

farlainn, -ean *nm* farlin (a trough for herring ready for gutting) □ *bha an sgadan ga thoirt gu na farlainnean* the herring were taken to the farlins

farmad, -aid *nm* envy, jealousy □ *gabh farmad ri(s)* become jealous / envious of □ *tha farmad agam ri* … I envy □ *bha farmad agam ris* I was envious of him (lit. there was envy at me towards him) □ *airidh air farmad* enviable

farmadach, -aiche *a* emulous, envious

farpais, -e, -ean *nf* competition □ *chan eil mi a' smaoineachadh gum bu chòir farpais a bhith againn riutha idir* I don't think we should be in competition / have a contest with them at all

farpaiseach, -ich, -ich *nm* competitor

farraid, farraid *v* □ same as **faighnich**

farran, -ain *nm* pique, vexation

farranach, -aiche *a* vexatious

farranachadh, -aidh *nm & vn* of **farranaich** teasing

farranaich, -achadh *v* tease (annoy)

farrusgag, -aige, -an *nf* artichoke

farsaing, -e *a* broad, capacious, easy (of fit in clothes), extensive, general, large, roomy, spacious, wide, widespread □ *fàs farsaing* widen □ *thuirt e gun robh e air sùil fharsaing a thoirt* he said that he had made a general review □ *fhuair e aineolas a bha farsaing* he found widespread ignorance □ *dh'fhosgail e an doras cho farsaing is a ghabhadh e* he opened the door as widely as possible (see **gabh**)

farsaingeachd *nf* area (extent), breadth, broadness, extent, largeness, latitude, space, spaciousness, width □ *farsaingeachd nas lugha* a smaller area □ *farsaingeachd nas motha* a greater area □ *anns an fharsaingeachd* in general, generally, widely, extensively □ *bu chòir cànan a bhith air a chleachdadh anns an fharsaingeachd* a language should be used widely / extensively □ *bha e aineolach mu ghnothaichean fearainn anns an fharsaingeachd* he was ignorant about land matters in general

farsainn *a* □ see **farsaing**

fàrsan, -ain *nm* ramble *air fàrsan* roaming, roving *adv* □ *bi air fàrsan* rove *rach air fàrsan* roam

fàrsanach, -aiche *a* rambling, roving □ *bha sùilean fàrsanach aige* he had roving eyes

farspach, -aich, -aichean *nf* great black-backed gull □ *farspach bheag* lesser black-backed gull

farspag, -aige, -an *nf* □ same as **farspach**

---

fàs, fàs *v* become, grow, accrue, develop *intrans*, get (= become as in get fat, get tired etc.), shoot (of growth), spring (from the earth etc.), turn, wax (grow) *fàs ri* accrue to □ *fàs suas ri* adapt to *intrans* □ *fàs torrach* conceive □ *fàs (gu math)* flourish □ *fàs mì-bhlasta* pall □ *fàs nas fheàrr* recover (e.g. of health) □ *fàs barra-chaol* taper □ *fàs sgìth (de)* become tired (of), tire (of) □ *fàs slàn* heal *intrans* □ *fàs tiugh* become thick, thicken

Some common examples:- *dh'fhàs e tinn* he became / grew ill □ … *nuair a dh'fhàsadh e sgìth de leughadh* … when he [used to become] tired of reading □ *a' frithealadh do àireamh [a] tha [a'] fàs de dh'euslaintich* attending to a growing number of patients □ *fàsaidh daoine sgìth den chànran seo* people will become tired of this wrangling □ … *nuair a dh'fhàsadh e suas* … when he grew up (= would grow up)

fàs, -àis *nm & vn* of **fàs** growing etc., development, growth, increase, vegetation □ *aig làn fhàs* full-grown □ *fo làn bhlàth* full blown □ *thoir fàs air* grow *trans*, nurture □ *fàs nas fheàrr* recovery (of health) □ *cùm bho fhàs* stunt □ *fàs an tionnsgalaidh* the growth of [the] industrialisation □ *'s e earrann a tha comasach air fàs a th'ann* it's a growth sector (lit. a sector which is capable of growth)

fàs, -a *a* barren, empty, hollow, vacant, vacuous, void, waste □ *a' dol fàs* becoming empty, emptying

fàs-atharrachadh *nm* metabolism

f.-bheairt *nf* organism **f.-bheairteach** *a* organic (biol.)

---

fasa *comp* of **furasta** □ … *seach gu bheil iad nas fhasa am beathachadh* … because they are easier to feed fàsach, -aich, -aichean *nm/f* desert, wilderness □ *gainmheach an fhàsaich* the sand of the desert / the desert sand

fàsachadh, -aidh *nm* & *vn* of fàsaich depopulating etc., depopulation, desertification □ *tha sinn tric a' cluinntinn mu fhàsachadh nan gleann* we often hear about the depopulation of the glens

fàsaich, -achadh *v* depopulate, empty (a place), evacuate, lay waste, ravage □ *dh'fhàsaicheadh na glinn* the glens were depopulated

fàsail, -e *a* deserted, desolate, solitary, lonely (all of a place) □ *dè a dh'fhàg na glinn cho fàsail?* what caused the glens to be so deserted? □ *bha cuimhne aice air na bliadhnachan fàsail* she remembered the lonely years

fàsalachd *nf* void

fasan, -ain, -an *nm* custom, fashion, habit, style, vogue □ *san fhasan* in fashion / in vogue □ *às an fhasan* / *à fasan* out of fashion, out-of-date □ *a' dol a-mach a fasan* going out of fashion □ *den t-seann fhasan* of the old style □ *den fhasan ùr* of the modern style □ *bha fasan againn a bhith a' coinneachadh a h-uile feasgar Dihaoine* we had a custom of meeting every Friday evening

fasanta *a* fashionable, modish, stylish

fasantachd *nf* fashionableness

fasgach, -aiche *a* sheltered □ *tha na h-àiteachan seo nas fhasgaiche* these places are more sheltered

fàsgadair, -ean *nm* extortioner

fasgadair, -ean *nm* Arctic gull

fasgadh, -aidh *nm* shelter □ *ghabh sinn fasgadh anns an uaimh* we took shelter in the cave □ *bha sinn an eiseimeil a fasgaidh* we were dependent on its (i.e. *creag nf* rock) shelter □ *thoir fasgadh do* harbour □ *gun fhasgadh* unsheltered □ *taobh an fhasgaidh* the lee side □ *ri fasgadh + gen* in the shelter of, in the lee of □ *bha mi ri fasgadh na creige* I was in the lee of the rock □ *bha sinn nar seasamh ri fasgadh an taighe* we were standing in the shelter of the house (i.e. in the lee of) □ *... agus sinn nar suidhe ri fasgadh sguab arbhair ...* [and we] sitting in the shelter / lee of a sheaf of corn □ *bha sinn a' cumail sùla ri fuaradh is ri fasgadh* we were keeping a lookout to windward and to leeward

fasgadh, -aidh *nm* & *vn* of faisg picking off vermin

fàsgadh, -aidh *nm* & *vn* of fàisg pressing etc.

fasgaidh, -e *a* sheltered □ *saoghal fasgaidh* a sheltered world

fasgainn, fasgnadh *v* winnow □ *bha an criathar airson fasgnadh an t-sìl* the sieve was for winnowing the seed

fasgnag, -aige, -an *nf* winnowing-fan

fasgnadh, -aidh *nm* & *vn* of fasgainn winnowing

fàsmhor, -oire *a* luxuriant

fàsmhorachd *nf* development, state of growth

fastachadh, -aidh *nm* & *vn* of fastaich □ same as fastaidh

fastadh, -aidh *nm* & *vn* of fastaidh hiring etc. charter, hire □ *fhuair e fastadh* he was hired □ *chaidh fhastadh gus sùil a chumail air a' phroiseact* he was hired to keep an eye on the project

fastaich, -achadh *v* employ □ same as fastaidh

fastaiche, -ean *nm* employer

fastaidh, fastadh *v* charter, engage, hire □ *dh'fhastaidh an tuathanach e na chìobair* the farmer engaged him as a shepherd

fastaidhear, -eir, -an *nm* hirer, employer

fàth *nm* 1. advantage, opportunity □ *ghabh e fàth oirre* he took advantage of her □ *ghabh e fàth orra* he took advantage of them *ghabh e fàth air na drabhraichean a rannsachadh* he took the opportunity to search the drawers □ *nuair a fhuair e fàth a bhith leis fhèin* when he got an opportunity to be by himself □ *bha e air am fàth air an robh e a' feitheamh fhaotainn* he had got the opportunity for which he had been waiting 2. cause, object, purpose, reason □ *seo an dùthaich a bu fhàth mo thurais* this was the country that was the object of my journey 3. visual awareness (also adjective = visually aware) □ *... gun fhios gun fhàth do dhuine beò* without a living soul being aware □ *gun fhàth gun fhaireachadh* without anybody being aware □ *gu fàth faiceallach* watchfully and carefully □ *gu fàth fiata* watchfully and timidly

fathamach, -aich *a* fearful (uncommon) □ *dhlùthaich e gu fathamach air a' bhothan* he approached the hut fearfully

fàthamas, -ais *nm* partiality, reprieve *cha robh fàthamas no iochd ri fhaotainn bhuapa* no partiality or mercy was to be got from them

fathann, -ainn *nm* hearsay, rumour

feabhas, -ais *nm* excellence, improvement
Some examples: *cuir am feabhas* make better, improve *trans*, regenerate □ *tha iad a'feuchainn ri taobh a-staigh nam bailtean-mòra a chur am feabhas* they are trying to regenerate the inner cities □ *rach / thig am feabhas* get better, improve *intrans*, mend (= improve), recuperate □ *... ach cha b'fhada gus an deach an suidheachadh am feabhas ...* but it wasn't long until the situation improved □ *a'dol / a'tighinn am feabhas* improving, getting better □ *tha cùisean air tighinn gu mòr am feabhas on uairsin* matters have improved since then □ *chaidh an suidheachadh rudeigin am feabhas o chionn ghoirid* the situation (has) improved slightly recently
aig fheabhas *masc* / **aig a feabhas** *fem* at its (*m* / *f* respectively) best □ *tha e aig fheabhas nuair a ...* it's at it's best when ...
air fheabhas *adv* however good □ *air fheabhas a lèirsinn* however good his eyesight / no matter how good etc.

feabhasach *a* superlative
Feabruari *nf* February (also **an Gearran**)
feachd, -an *nf* army, force, host, legion □ *Feachd an Adhair* the Air Force □ *bha mi ann am Feachd Rìoghail an Adhair* I was in the Royal Air Force □ *Feachd na Slàinte* the Salvation Army □ *bha na feachdan aca a'dol an comhair an cùil* their forces were retreating □ *...agus feachd de dhaoine eile ...* and a host of other people
fead, -an *nf* whistle (the sound) □ *dèan fead* whistle *v* □ *bha sinn a'dèanamh fead air fuar-luirg* we were on a wild goose chase (lit. we were whistling on a cold track)
feada-coille *nf* wood sorrel
feadag, -aige, -an *nf* 1. whistle (instrument) □ *bha feadagan gan sèideadh* whistles were being blown □ see **fìdeag** 2. plover
feadaireachd *nf* whistling □ often used as a *vn:- thòisich e air feadaireachd* he began whistling □ *ged as math an ceòl feadaireachd fòghnaidh beagan dheth* though whistling is good music, a little of it is enough

feadalaich *nf* whistling □ often used as a *vn:- bha a' ghaoth a'feadalaich tro na tollan* the wind was whistling through the holes
feadan, -ain, -an *nm* 1. chanter, pipe, tube, spout 2. canal *med* 3. small stream
feadan-clàirneid *nm* clarinet **f.-sìolaidh** *nm* drainage tube *med*
feadarail *a* federal □ *a' Phoblachd Fheadarail* the Federal Republic
feadaraileachd *nf* federalism
feadarsaich *nf* whistling □ *dèan feadarsaich* whistle

feadh *nm* length □ used only in the following constructions, but note that **air feadh** and **am feadh** are often shortened to **feadh** alone
air feadh *prep + gen* all over, among(st), during, through, throughout □ *cuir air feadh* imbue □ *rach air feadh* permeate, pervade □ *(air) feadh na rìoghachd* nationwide □ *(air) feadh na dùthcha* countrywide, nationwide, throughout the country □ *dithis sheinneadairean cho sgileil 's a gheibhear (air) feadh na dùthcha* as skilful a duet as will be found throughout the country □ *sgaoil a'Ghàidhlig air feadh na dùthcha gu lèir* Gaelic spread throughout the whole country □ *air feadh an t-saoghail gu lèir* throughout the whole world □ *(air) feadh na h-oidhche* during the night □ *(air) feadh gach àite* throughout □ *air fheadh* throughout it (*masc* object) □ *tha mearachdan beaga a' nochdadh air fheadh* little errors appear throughout it (i.e. **an leabhar** *nm* the book) □ *air a feadh* throughout it (*fem* object) etc. □ *(air) feadh aon de na tursan aige chun na dùthcha sin* ...during one of his visits to that country ... □ *tha iad a'tighinn bho air feadh na Gaidhealtachd* they come from all over the Highlands □ *bidh iad seo air an toirt gu ìre air feadh grunnan bhliadhnachan* these will have been developed over a number of years
am feadh *conj* while, as □ *(am) feadh 's a nì mise faire air an doras ...* while I keep watch on the door ... □ *am feadh 's a bha i a'coiseachd dhachaigh ...* as she was walking home ...

feadhainn, feadhna / feadhnach *nf* people, folk □ usually translates as an *indef pron* 'some', 'few'
Some examples: *tha feadhainn a' fuireach agus feadhainn eile a' dol dhachaigh* some are staying and some others are going home □ *feadhainn eile* others □ *b'e rud a bha ann a bha a' tachairt do fheadhainn eile* it was something which happened to other people / others
feadhainn in the *nom* form should, strictly speaking, be accompanied by a *lenited adj:- feadhainn dhubh 's feadhainn gheal* some black and some white / black ones and white ones but in practice it often takes the *lenited pl form* of an *adj:- feadhainn mhòra bhuidhe agus feadhainn bheaga dhearga* some big and yellow and some small and red
feadhainn may be followed by a form of **de** or **aig** when it means 'some of':- *bha feadhainn de na balaich a' cluiche air a' chladach* some of the boys were playing on the seashore □ *bha feadhainn aca a dhèanadh uisge-beatha aig an taigh* there were some of them who used to (lit. would) make whisky at home □ *feadhainn againn / feadhainn dhinn* some of us □ *tha seo na adhbhar ioghnaidh do dh'fheadhainn cuideachd* this is also a cause of surprise to some
feadhainn with the *def art* means 'the ones' / 'those' □ *an fheadhainn bheaga* the children, the little ones □ *am measg na feadhna a bha aig a' choinneimh bha …* among the people / those that were at the meeting was … □ *an àite na feadhnach a bha e a' toirt air falbh* in place of those he was taking away □ *tha cuimhne air a cumail air an fheadhainn a leig sìos am beatha* remembrance is kept of those who laid down their lives (note that Gaelic says 'life' – see notes under **beatha, ceann** and **làmh**) □ *an fheadhainn a bha an siud* those who were there □ *'s e fear den fheadhainn a bha ris an obair seo Uilleam* one of those who was engaged in this work was William □ *innis dhomh an fheadhainn a b'fheàrr a chòrd riut* tell me the ones you liked best □ *tha sinn an comain na feadhnach a tha …* we are indebted to the people who / to those who … □ *chan eil iad cho math ris an t-seann fheadhainn* they aren't as good as the old ones □ *chuir i an fheadhainn bu shine dhiubh a thrusadh còinnich* she sent the eldest ones of them to gather moss □ *tha e an urra ruibh fhèin an fheadhainn as fheàrr a thaghadh* it is up to yourselves to choose the best ones / the ones that are best □ *an fheadhainn mhòra* the great ones □ note that, in common with most *collective nouns* the *adj* is lenited as for a *sing fem noun*, and has the **-a** increase as for a *pl noun* (see **clann** and **luingeas**) □ but note that the *def art* is still subject to the rule concerning a following *noun* in the *gen case* □ *bha a sùilean cho lasrach ri feadhainn cait fhiadhaich* her eyes were as fiery as those of a wild cat

feàirrde *a comp* form of **math** the better of □ *is fheàirrde a' bhliadhna uile reothadh anns a' Ghearran* the whole year is better of frost in February / the whole year profits from etc. □ *is fheàirrde thu do chasan a shìneadh greiseag* you are the better of stretching your legs for a while □ *their cuid nach fheàirrde ach gur miste a' chlann tuilleadh eòlais chur oirre* some say that the children are not the better but the worse of getting better acquainted with it *fem*
feairt *nf* □ see **feart** *nf*
feall *nf indec* treachery □ *tro fheall air choreigin* through [some] treachery or other □ *dèan feall* betray
feall- *prefix* denoting false, mock, treachery, trickery etc.
feall-chùinneach *a* counterfeit **f.-chùinneadh** *nm* counterfeit **f.-dheuchainn** *nf* mock trial □ *bhiodh feall-dheuchainnean againn* we used to have mock trials **f.-fhallach** *nm & vn* of **f.-fhalaich** ambushing etc. ambush □ *dèan feall-fhalach* waylay **f.-fhalaich** *v* ambush, lie in wait □ *bha iad a' feall-fhalach air cùl a' bhalla* they were lying in wait behind the wall **f.-lèigh** *nm* quack (doctor) **f.-shireadh** *nm* espionage
fealladh, -aidh, -aidhean *nm* foul □ *dèan fealladh* foul *v* (in games)
fealladh-bog *nm* water hemlock

fealla-dhà *nm* fun, jest, joke, joking, sport □ *bi ri fealla-dhà ri(s)* joke / jest with □ *bha a bràithrean ri fealla-dhà rithe* her brothers were joking with her □ *le fealla-dhà* in fun □ *cha b'e fealla-dhà a bhith a-muigh air a leithid de dh'oidhche* it was no joke to be out on such a night □ *cha robh ann ach fealla-dhà dhasan* it was nothing but a joke to him / it was just a joke to him □ *chan eil an cuan na fhealla-dhà idir* the sea's no joke [at all] □ **idir** here emphasises 'no'

feallaich, -achadh *v* defraud

feallachadh, -aidh *nm & vn* of **feallaich** defrauding etc.

feallsa *a* false, mock, pseudo

feallsanach, -aich, -aich *nm* philosopher □ *bha iad a' bruidhinn air feallsanaich* they were talking about philosophers

feallsanachail, -e *a* metaphysical, philosophical

feallsanachd, -an *nf* philosophy, rationale

feallsanachd-inntinn *nf* metaphysics

fealltach, -aiche *a* fraudulent, traitorous, treacherous

feamainn, feamad / feamann / feamnach / feamainn *nf* seaweed □ *bha badannan feamann an siud 's an seo* there were tufts of seaweed here and there □ *bha mòran an sàs an obair feamainn* many were engaged in seaweed work

feamainn, feamnadh *v* manure with seaweed □ *bha iad ri feamnadh* they were engaged in manuring (with seaweed) □ *feumaidh sinn an talamh fheamnadh* we must manure the land

feamainn-bhalgainn *nf* bladder-wrack

f.-chìrein *nf* channelled fucus (seaweed)

f.-dubh *nf* 1. serrated wrack 2. any dark-green seaweed □ *dh'fheumadh sinn feamainn-dubh a ghearradh san earrach gus todhar a chur air a' bhuntàta* we had to cut seaweed in the spring to manure the potatoes

feaman, -ain, -an *nm* cue, scut, tail

feamnadh, -aidh *nm & vn* of **feamainn** manuring with seaweed

feann, -adh *v* 1. flay, skin □ *air fheannadh* skinned □ *mar choineanach is e air (a) fheannadh* like a skinned rabbit (lit. like a rabbit and it after its skinning) 2. remove turf to reach underlying peat (*cf* **rùisg, rùsgadh** *v*)

feannadh, -aidh *nm & vn* of **feann** flaying etc.

feannag, -aige, -an *nf* 1. crow 2. rig (ridge of ground)

feannag-ghlas *nf* hoodie crow

feanntag, -aige, -an *nf* nettle (also **deanntag**)

feans(a), -aichean *nf* fence □ *feansa uèir* wire fence □ *feansaichean uèir bhiorach* fences of barbed-wire / barbed-wire fences

feansaig, -eadh *v* fence

feansaigeadh, -idh *nm & vn* of **feansaig** fencing

---

fear, fir, fir *nm* man, fellow, person, one (*masc* person or thing) □ *gach fear is tè* every man and woman □ *fear a' bhàta* the boatman □ *fear air chuthach* maniac □ *fear a' bhanca* banker (in gaming) □ *fear math gu dèanamh* doer □ *fear an taigh-òsta* host (in a hotel / inn) □ *fear gun dòchas* pessimist □ *fear deagh-rùin* wellwisher □ *fear gnìomha* man of action □ *tha sinn a-nis nar fear is bean* we are now man and wife **fear** is also used as an *indef pron*:- *fear às dèidh fir* one after the other □ *an dara fear dhiubh* either of them (see **dara**) □ *chan eil mi a' creidsinn fear seach fear agaibh* I don't believe either [one] of you □ *fear eile* one more

am fear *adv* each □ *thug e spaid am fear dhaibh* he gave them a spade each (lit. he gave a spade the man to them) □ the *fem* equivalent is *thug e spaid an tè dhaibh* he gave them a spade each

air is used with **fear** in phrases such as 'one of' as follows:- *bha ainm aige a bhith air fear de na sgoilearan as fheàrr* he had a name for being one of the best scholars □ *air fear dhiubh sin bha Alasdair Mòr* one of those was Alasdair Mòr □ *air fear de na daoine air an do chuir e fàilte bha Mgr. Cailean Caimbeul* one of the people whom he welcomed was Mr. Colin Campbell □ also *air fear aca / air fear dhiubh* one of them *masc*

fear- a common element in *compd nouns* with the basic meaning 'a person who …'. The *pl* of such *compds* is usually **luchd-** as in *luchd-àisteachd* listeners, audience □ if the person is specifically *fem*, then **tè-** (sometimes **bean-**) is used instead of **fear-**. The following are, of course, all *masc* □ it should be noted that many compounds of this nature are now expressed as

compounds of **neach-** (q.v.) in line with the movement in English towards words such as *chairperson* and the like.
fear-adhlacaidh undertaker **f.-agairt** plaintiff **f.-àicheidh** atheist **f.-aidich** communicant **f.-aidmheil** confessor (one who confesses) **f.-aire** caretaker **f.-aiseig** ferryman, passenger (confusing – **f.-turais** prob. better for passenger) **f.-àiteachaidh** dweller, inhabitant, citizen, inmate, planter **prìomh fhear àiteachaidh** aborigine **f.-aithris** imitator, narrator **f.-allabain** wanderer **f.-amhairc** bystander, onlooker, spectator **f.-an-taighe** host, master of ceremonies **f.-aonta** lessee, person to whom a lease is granted, tenant **f.-aslachaidh** petitioner, suitor, suppliant, supplicant **f.-astair** wayfarer **f.-atharrais** imitator, mimic **f.-àireimh** calculator (person), numerator **f.-bainnse** / **f.-na bainnse** bridegroom **f.-barantais** licentiate **f.-bàire** goal-keeper **f.-bhòtaidh** voter **f.-bòide** votary **f.-bratha** informant **f.-brathaidh** spy, traitor **f.-brèige** dummy, fabricator (teller of lies), guy, puppet **na Fir-bhrèige** a local name for the Stones of Callanish **f.-brosnachaidh** instigator **f.-bruidhne** / **f.-bruidhinn** speaker **f.-bualaidh** beater (person), striker **f.-buannachaidh** winner **f.-bùtha** shopkeeper **f.-cagarsaich** whisperer **f.-càinidh** reviler **f.-cairtidh** tanner **f.-caitheamh** consumer, wearer **f.-calcaidh** calker **f.-camara** camera-man **f.-caoidh** mourner **f.-cathrach** / **f.-na cathrach** chairman **Fhir na cathrach!** Mr. Chairman! **f.-càradh** / **f.-càireadh** mender **f.-càireadh uaireadairean** watchmaker **f.-ceada** licensee **f.-ceàirde** artisan, craftsman **f.-ceannachd** / **f.-ceannaich** buyer, purchaser **f.-ceannairc** mutineer **f.-ceasnachaidh** examiner, inquisitor **f.-ceàirde** artisan, craftsman, tradesman **f.-ceuma** graduate **f.-cèilidh** visitant **f.-chumail-leabhraichean** book-keeper **f.-chungaidhean** chemist, pharmacist **f.-ciùil** musician **f.-ciùil aonar** soloist **f.-clàraidh** registrar **f.-cleachdaidh** practitioner **f.-clèir** churchman **f.-cluiche** performer, player **f.-coimhead** / **f.-coimhid**

curator, keeper, overseer, scout, supervisor **f.-co-ithe** messmate **f.-comanachaidh** communicant **f.-comhairle** consultant, counsellor, mentor **f.-còmhdach-leabhraichean** bookbinder **f.-còmhnaidh** inhabitant **f.-compàirt** copartner **f.-còmhnaidh** dweller, second (in a duel / bout) **f.-còmhraidh** talker **f.-còmhraig** combatant, fighter **f.-cruinneachaidh** compiler, gatherer **f.-cuideachaidh** / **f.-cuidich** accessory, assistant, auxiliary, coadjutor, helper, helper **f.-cùirn** outlaw **f.-cùraim sgoile** janitor **f.-cuspaireachd** marksman **f.-cuthaich** lunatic **f.-cùinnidh** coiner **f.-cùnntaidh** teller **f.-cùnntais** accountant, commentator (prob. **cùnntasair** is better for accountant) **f.-cùraim tiomnaidh** executor **f.-dàimh** kinsman **f.-dealachaidh** dissenter **f.-dealbhaidh** / **f.-deilbh** designer **f.-dèanamh** maker **f.-dèanamh na sìthe** peacemaker **luchd dèanamh na sìthe** *pl* (the) peacemakers **f.-dèanamh-lagh** legislator **f.-dearmad** defaulter **f.-deasachaidh** editor **f.-dèilig** client **f.-deònach** volunteer **f.-dìona** defendant, defender, guardian **f.-diùltaidh** objector **f.-diùraidh** juror **f.-dìtidh** accuser **f.-doibheirt** criminal, wrongdoer **f.-dol-seachad** passer-by **f.-dùthcha** countryman **f.-eachdraidh** historian **f.-eagraidh** organiser **f.-ealain** artist **f.-eirmis** expert **f.-eisimeil** dependant **f.-eithich** perjurer **f.-èigheachd** crier **f.-èisteachd** hearer, listener **f.-eòlach** connoisseur **f.-eòlais** acquaintance, luminary **f.-eòlais-nàduir** naturalist **f.-faire** lookout, watchman **f.-faoighe** cadger **f.-farchluaise** eavesdropper **f.-fàrsain** rambler, rover **f.-fearainn** landholder **f.-feitheamh cùirt** remand prisoner **f.-fèich** creditor **f.-foille** cheat **f.-foillseachaidh** publisher **f.-fòirneart** oppressor **f.-fradhairc** optician **f.-freagairt** respondent **f.-frithealaidh** attendant, attender **f.-fuadain** straggler, vagabond **f.-fuasglaidh** liberator **f.-gabhail** recipient **f.-gabhalach** lessee **f.-gairme** convener **f.-gearain** complainer, grumbler **f.-gearraidh** a hewer (see **luchd gearraidh** in examples below) **f.-giùlain** bearer, carrier, conveyor **f.-glanaidh** purifier (person)

f.-gleidhidh guardian, keeper, warden *f.-gleidhidh na h-Alba* guardian of Scotland **f.-gleidhidh sgoile** janitor **f.-gleusaidh** tuner **f.-gnìomha** executive **f.-gnothaich** broker, jobber **f.-iarraidh** candidate **f.-imcheist** waverer **f.-inneil** machinist **f.-innse** teller **f.-iodhal-adhraidh** idolater **f.-iomain** driver **f.-iomchair** transporter (person) **f.-ionaid** agent, delegate, deputy, proxy, representative, substitute (person), successor **f.-ionaid rìgh** viceroy **f.-ionnsachaidh** learner, novice **f.-ionnsaigh** assailant, attacker **f.-ithidh** eater **f.-ithe-teine** fire-eater **f.-iùil** conductor, pilot **f.-labhairt** speaker, spokesman **f.-lagha** jurist, lawyer, solicitor **f.-làimhsiche** *nm* handler **f.-leanmhainn** adherent, disciple, follower, partisan **f.-leasachaidh** reformer **f.-lèiridh** tormentor, torturer **f.-leughaidh** reader **f.-lìomhaidh** polisher **f.-malairt** dealer (business), trader **f.-meas** surveyor **f.-mìneachaidh** expositor **f.-na bainnse** groom, bridegroom **f.-naidheachd** journalist, pressman, reporter **f.-oibre** / **f.-obrach** employee, labourer, worker, workman (pl = **luchd obrach** which may also mean 'workforce') **f.-òil** drinker **f.-pacaidh** packer **f.-pàirt** partner, sharer **f.-paraisiut** parachutist **f.-peantaidh** painter **f.-peinnsein** pensioner **f.-pianaidh** tormentor, torturer **f.-planaigidh** planner **f.-poileataics** politician **f.-pòsta** husband **f.-prìosain** gaoler **f.-reic** salesman, seller **f.-riaghlaidh** administrator, controller, manager, moderator **f.-roinn** dealer (cards etc.) **f.-rùin** confidant **f.-ruith** runner **f.-sabaid** boxer **f.-saidheans** scientist **f.-saoraidh** deliverer, redeemer **f.-sàrachaidh** oppressor **f.-seilbhe** holder, occupier, owner **f.-seinn** performer, singer **f.-seòlaidh** guide **f.-sgaoilidh** distributor, liquidator **f.-sgìreachd** parishioner **f.-sgrìobhaidh** writer **f.-sgrìobhaidh ciùil** composer **f.-sgrìobhaidh phàipearan** journalist **f.-sgrùdaidh** examiner, inspector, reviewer **f.-siridh** searcher, seeker **f.-siubhail** traveller, tramp, vagrant **f.-smàlaidh** fireman **f.-smaoin** thinker **f.-sodail** parasite **f.-solair** procurer **f.-spòrs** sportsman **f.-stèidheachaidh** founder, sponsor **f.-stiùiridh** director

f.-streap climber **f.-tìre** landsman **f.-tagair** solicitor **f.-taghaidh** constituent, voter **f.-tagraidh** advocate, claimant, pleader **f.-taice** patron, supporter, upholder □ *bha e a' sireadh f.-taice* he was looking for a patron **f.-taighe** host **f.-tairgse** proponent, proposer **f.-taisbeanaidh** presenter **f.-tarraing** draughtsman, drawer (both as a draughtsman and one who draws water etc. see **luchd tarraing** in examples below) **f.-tathaich** frequenter **f.-tàrrsainn** survivor **f.-teagaisg** instructor, lecturer, teacher **f.-tèarmainn** protector **f.-teasairginn** / **f.-teasraiginn** preserver, rescuer **f.-teichidh** deserter **f.-theudan** linesman (tel.) **f.-tiomnaidh** testator **f.-tionail** collector **f.-tional nam fiachan** debt collector **f.-tionnsgail** industrialist **f.-tionnsgain** entrepreneur **f.-togail** builder fabricator **f.-togail bhileagan** / **-thiceardan** ticket-collector **f.-togail dhealbh** photographer **f.-togail fuinn** precentor **f.-tomhais** measurer, surveyor **f.-tòire** pursuer **f.-tòiseachaidh**, beginner, starter (person) **f.-treòrachaidh** guide **f.-truaillidh** depraver **f.-tuislidh** stumbler **f.-turais** passenger, tourist **f.-uidheam** fitter **f.-urrais** guarantor, trustee

Examples:- *tha sinn an dòchas gu bheil iad a' còrdadh ris an luchd-leughaidh* we hope that the readers like them □ *is beag an dearbhadh a bha aig a luchd-dìtidh* his accusers had little proof (lit. it is little the proof that was at his accusers) □ *...far am bitheadh iad a' coinneachadh ri luchd-eòlais* where they used to meet acquaintances □ *bha e na fhear àicheidh* he was an atheist □ *luchd-turais na ciad inbhe* 1st class passengers □ *faodaidh am fear-aonta a' chroit a reic* the lessee may sell the croft □ *bha luchd-tional nam fiachan an tòir air* (the) debt collectors were after him □ *chuir e roimhe gum bitheadh e na fhear dìona dhaibh* he decided that he would be their defender (lit. in his defender to them) □ *bha e na fhear sgrùdaidh sna sgoiltean* he was an inspector of schools (lit. in the schools) □ *bha athair na fhear cùirn fad ceithir bliadhna* his father was an outlaw for four years □ *cha chreideadh fear dol-seachad gun*

*robh a leithid a dh'àite ann air chùl
a' bhalla sin* a passer-by wouldn't
believe such a place existed behind
that wall □ *mo luchd-dùthcha!* my
countrymen! □ *tha fhios agam gu bheil
m'fhear saoraidh beò* I know that my
redeemer lives □ *bha iad air an
cuairteachadh le luchd-brathaidh* they
were surrounded by spies / traitors □
am measg an luchd-turais among the
passengers / tourists □ *chunnaic mi
fear-faire air na ballachan* I saw
a watchman on the walls □ *bha e na
fhear diùltaidh cogaiseach* he was
a conscientious objector □ *fear-ithidh
nan lus* vegetarian □ *cha b'e idir
luchd-gearraidh fiodha is luchd-
tarraing uisge a bha annta* they were in
no wise hewers of wood and drawers of
water □ *is e sin crannchur an luchd-
obrach* that is the lot of the workforce /
of the workmen □ *deagh ghoireas
airson luchd-frithealaidh nan sgoil-
tean samhraidh* a fine convenience for
attenders of the summer schools □ *tha
luchd-eirmis a' dèanamh dheth gu
bheil ...* experts claim that ... □ *sin am
plèana às am bi an luchd-paraisiut a'
leum* that's the plane from which the
parachutists will jump □ *tha àireamh
luchd-bruidhne na Gàidhlig air a dhol
an lughad* the number of Gaelic
speakers has decreased □ *bha mi
a' bruidhinn ri fear den luchd-caoidh*
I was speaking to one of the mourners

fearachas, -ais *nm* virility
fearaid, -ean *nm* ferret
fearail *a* bold, manful, manly, virile □ *nam
bheachd chan e obair fhearail a tha anns
an obair seo* in my opinion this is not
manly work (lit. it is not manly work that
is in this work)
fearalachd *nf* manliness
fearalas, -ais *nm* manfulness, manhood
fearann, -ainn *nm* land, farmland □ *tha
fearann math aige an sin* he has good land
there □ *fearann coillteach* woodland □
fearann iomaill marginal land □ *bha fèill
air fearann* land was at a premium / there
was a demand for land
fearann-dhocaichean *nm* docklands **f.-fàs**
nm waste ground, wasteland **f.-mheasadair**
nm land-surveyor

fearas-chuideachd *nf* diversion, pastime,
sport □ *dèan fearas-chuideachd* entertain
(with music etc.) □ *... far an robh fearas-
chuideachd chridheil aca* where they had
hearty sport
fearas-mhòr *nf* conceit, big-headedness □
*bha iad air a dhol iomrall le fearas-mhòr
agus sannt an airgid* they had gone astray
with conceit and the greed of money □ *'s
e seòrsa de fhearas-mhòr inntinne a tha
ann an sin* that's a kind of mental conceit
□ *dè an fhearas-mhòr a tha air an duine
sin?* what kind of big-headedness is affect-
ing *him?* (lit. that man)
feareigin *indef pron* somebody, someone,
something
fearg, feirge *nf* (in some areas *nm*) anger,
ire, passion, resentment, umbrage, wrath □
cuir fearg air anger *v*, make angry □ *seo
iad rudan a bhitheas a' cur fearg orm*
these are things which make me angry /
anger me □ *chuir e fearg orm* he made me
angry □ *tha e a' cur na feirg orm buileach
nuair a chì mi ...* it makes me thoroughly
angry when I see ... □ *bha e air a lìonadh
le feirg* he was filled with anger □ *tha fearg
air na pàrantan* the parents are angry
feargach, -aiche *a* angry, indignant, irasca-
ble, resentful, wrathful, wroth □ *labhair e
ris gu feargach* he spoke to him angrily □
"Chan eil," thuirt e ann an guth feargach
"No," he said in an angry voice
feargachadh, -aidh *nm & vn* of **feargaich**
angering etc. exacerbation (= irritation),
exasperation
feargaich, -achadh *v* enrage, exasperate
(= irritate), inflame, incense, nettle,
provoke, rankle
feàrna *nf* alder
feàrna *a* alder, of alder □ *cabar feàrna* a
rafter of alder

feàrr *comp* of **math**
1. **nas fheàrr** better, preferable (but **na
b'fheàrr** with reference to the *past*) □
*tha am bàta agamsa nas fheàrr na am
bàta agadsa* my boat is better than
your boat (direct comparison) □ *tha e
nas fheàrr a-nise* he is better now (lit.
he is what is better now) □ *bha e na
b'fheàrr a-nise* he was better now (lit.
he was what was better now) □ *tha
cnothan nas fheàrr* nuts are better /
preferable □ *bha am bàs na b'fheàrr
na an eas-onair* death was preferable

to dishonour □ ... *neo nas fheàrr na sin* ... ... or better still ... □ *dèan nas fheàrr* ameliorate, make better **feàrr** may also be used with the relative form of the assertive verb as (**a + is** = who / which / that is) □ *'s e Màiri as fheàrr den dithis nighean* Mary is the better of the two girls (indirect comparison – lit. it is Mary that is better of the pair of girls) ... □ *mar as fheàrr as aithne dhuinn i* ... as she / it *fem* is better known to us □ *is fheàrr an treabhadh anmoch na bhith gun treabhadh idir* better a late ploughing than no ploughing at all i.e. better late than never – another proverb of the same meaning is: *is fheàrr piseach anmoch na bhith gun phiseach idir* (lit. late success is better than no success at all) □ *fhuair e obair a b'fheàrr a thigeadh gu a chàil* he found work which better suited his taste □ *am bitheadh iad na b'fheàrr dheth?* would they be better off? □ *chan fheàrr iad na beathaichean na machrach* they are no better than beasts of the field □ *is fheàrr am bàs na an eas-onair* death rather than dishonour □ *is e sin a b'fheàrr* that would be better □ note also: ... *ach b'fheàrr gun an duine ainmeachadh* ... but it would be better not to name the person **is fheàrr leam** I prefer, I'd rather (lit. it is better with me) □ *is fheàrr leam cnothan* I prefer nuts □ *is fheàrr leam cnothan na brisgean* I prefer nuts to crisps (lit. it is better with me nuts than crisps) □ *tha iomadh duine ann leis an fheàrr a bhith ag obair na [a] bhith dìomhain* there are many people who prefer to be working than to be idle □ *b'fheàrr leam a bhith an seo na [a] bhith an sin* I would rather be here than there □ *b'fheàrr leam a bhith an sin an-dràsta fhèin* I wish I were there right now □ *b'fheàrr leam sin na a' bhùth a dhùnadh* I would prefer that to shutting the shop **is fheàrr dhomh** + *vn* I had better (do something) □ *is fheàrr dhut falbh a-nise* you had better leave now (lit. it is better for you etc.) 2. **as fheàrr** best □ *is ann agadsa as fheàrr fios* you know best □ *bha e a' faighinn a' chuid a b'fheàrr den argamaid* he was getting the best of the argument □ *ruith*

e mar a b'fheàrr a b'urrainn dha he ran as best [as] he could □ *dè an cuspair as fheàrr air a bheil thu anns an sgoil?* what's your best subject in school? □ *feumaidh sinn a' chuid as fheàrr a dhèanamh den chuid as miosa* we must make the best of a bad job □ in the *past tense* this would be:- *dh'fheumadh sinn a' chuid a b'fheàrr a dhèanamh den chuid a bu mhiosa* we had to etc. □ ... *mar as fheàrr a thèid againn air* ... as best as we can (manage it) □ note that the *rel pron* **a** is often omitted before **bu** □ *chan e seo an t-àm as fheàrr tha eagal orm airson a bhith* ... this is hardly the best time for being ...

feàrrad, -aid *nm* improvement, amelioration, betterment □ *tha iad ag iarraidh feàrrad nam beatha* they want an improvement in their lives
fearsaid, -e, -ean *nf* spindle
fearsaideag, -eige, -an *nf* sea pink, sea thrift (**neòinean-cladaich** is more common)
feart, feairt *nf* attention, notice heed □ *na toiribh feart air* pay no attention to him / it □ *nuair nach tug mi feart gu leòr luath oirre* ... when I didn't pay attention to her quickly enough ... □ *thoiribh feart air ur pàrantan* heed your parents □ *cha tug na daoine mòran feart oirre* the people didn't pay much attention to her / take much notice of her □ *cha tug mi feart air* I took no notice of him
feart, -a, -an *nm* attribute, characteristic, feature, quality, qualifications □ *feartan air leth* particular attributes □ *feartan daonna* (geog.) human features (on a map) □ *feartan fiosaigeach* (geog.) physical features □ *feartan tìre* landscape features □ ... *agus feartan cubhaidh fhaotainn* ... and [to] gain relevant qualifications
feasan, -ain, -an *nm* pheasant
feasgair *a* evening □ *ceòl feasgair nan eun* the evening music of the birds
feasgar, -air, -an *nm* afternoon, evening □ *gach feasgar Sàbaid* every Sunday evening □ *fad an fheasgair* all afternoon / evening □ *feasgar math leat / leibh* good evening / afternoon to you (i.e. when parting company) □ *feasgar* alone may mean 'in the afternoon / evening' or 'this afternoon / evening' □ *nuair a thig iad*

dhachaigh *feasgar* when they come home in the evening □ *thàinig e air ais feasgar* he returned this afternoon / evening □ note that no *prep* or *def art* is used in the Gaelic idiom □ *air feasgar an treas latha* on the evening of the third day □ *aig ochd uairean air an fheasgar ud* at eight o'clock that evening □ note that a *prep* is used in Gaelic in this idiom! □ but note also: *'s ann air an fheasgar a choinnicheadh sinn* it was in the evening we would meet □ *bidh iad a' tilleadh gu feasgar an làithean a chur seachad anns a' bhaile far an do rugadh iad* they (will) return to spend the evening of their days in the town where they were born □ *bho 7 gu 10 (seachd gu deich) uairean feasgar* from 7 to 10 [o'clock] in the evening / from 7pm to 10pm □ *feasgar Dihaoine* [on] Friday evening □ *thàinig e dhachaigh feasgar Dimàirt* he came home on Tuesday evening

feasgaran, -ain, -ain *nm* evensong □ *'s toigh leam feasgaran nan eun aig deireadh an latha* I like the evensong of the birds at the end of the day □ **feasgarain** *pl* = vespers

feast, am feast *adv* ever, never (after *neg* verb)—always with reference to the future □ *cha fhacas a leithid am feast air an talamh* its like had never been seen on earth □ *bha e ag ràdh nach tachradh sin am feast* he was saying that that would never happen

fèath, -a, -an *nm* calm, tranquility (usu. of weather) □ *thàinig fèath orra* they were becalmed □ *bha fèath neònach air tighinn air inntinn* a strange calm had come over his mind □ *fèath nan eun* a dead calm

fèathach *a* calm (of weather) □ *latha fèathach foghair* a calm autumn day

fèichear, -eir, -an *nm* debtor

fèidh □ *gen sing* and *nom* & *dat pl* of **fiadh** deer

fèileadh, -idh, fèilidhean / fèilichean *nm* kilt □ often *fèileadh beag*

fèill, -e, fèillean / / fèilltean *nf* 1. carnival, feast, festival, holy day □ *fèill taisbeanaidh* exhibition □ *Fèill Anndrais* St. Andrew's Day □ *Fèill an Taisbeanaidh* Epiphany □ *Fèill Brìghde* Candlemas □ *Fèill Eòin* midsummer □ *Fèill Mìcheil* Michaelmas □ *Fèill Màrtainn* Martinmas □ *Fèill nan Naomh Uile* All Saints' Day □ *Fèill Pàdraig* St. Patrick's Day □ *Fèill Peadair* St. Peter's Day (**fèill** does not *len* a *proper noun* following it – Dwelly) may

be preceded by **là / latha** e.g. *latha Fhèill Brìghde, latha Fhèill Pàdruig* etc. □ see also App. 10. Time Sect. 4.5 Festivals 2. fair, sale, market □ *fèill nan uan* the lamb sale □ *fèill a' chruidh* cattle-show □ as an extension of this meaning, it is used in idiomatic phrases stating 'a market for' or 'a demand for':- *bha fèill mhòr air* there was a great demand for it □ *bha fèill air a' cheilp* there was a demand for [the] kelp □ *bidh fèill air an leabhar seo* there will be a demand for this book

fèill-reic *nf* sale (special event in shops / for charity etc.) □ *chaidh còrr is dà cheud not a thogail aig fèill-reic* more than two hundred pounds were raised at a sale

fèilleil-e *a* in demand, sought after

fèillire, -ean *nf* almanac

---

fèin □ *gen sing* of **feun** cart, wagon
fèin *pers pron* (usually lenited nowadays)
1. self □ *mi fhèin* myself *thu fhèin* yourself etc. □ *leis fhèin* alone, lone, separate, single-handed, by himself □ *chaidh e fhèin agus mise fhàgail leinn fhèin* he and I were left by ourselves / on our own □ note that the first **fhèin** is used for emphasis instead of **esan** □ *leugh fhèin e* read it yourself □ note also: *cha robh i aice fhèin* she was not herself □ *thàinig i thuice fhèin* she came to herself □ *"Oich!" ars' esan, 's e a' toirt sgailc dha fhèin mun lethcheann* "Ouch!" he said, giving himself a slap on the cheek □ and: *sin thu fhèin, a Chaluim!* that's the stuff, Calum! / bravo Calum! etc. 2. own □ *mo dhachaigh fhèin* my own home 3. very, selfsame □ *am feasgar sin fhèin* that very evening □ *an-diugh fhèin* this very day □ *an oidhche sin fhèin* that very night 4. used for emphasis □ *math fhèin!* excellent! □ *bha sin math fhèin* that was just lovely □ *tha mi uabhasach fhèin toilichte gun d'fhuair iad na bha iad a' strì air a shon* I'm extremely pleased that they got what they were fighting for □ as *adv* may = even □ *thàinig iad uile, athair, màthair, a' chlann is an cù fhèin* they all came, father, mother, the children and even the dog □ *'s an uair sin fhèin chan urrainn dhuinn bhith cinnteach* and even then we cannot be certain

fèin- *pref* denoting 'self-', 'auto-'
fèin-àicheadh *nm* self-denial **f.-aithne**
nf self-identity □ *airson a fhèin-aithne
mar Albannach a chumail beò* to
keep his self-identity as a Scotsman
alive **f.-bhrodadh** *nm* masturbation
f.-bhuannachd *nf* self-gain, self-
interest, self-profit **f.-chùiseach, -iche**
a selfish **f.-eachdraidh** *nf* autobiogra-
phy **f.-earbsa** *nf* self-confidence □
àrdaichidh e fèin-earbsa an t-sluaigh
it will raise the self-confidence of the
people **f.-fhiosrachadh** *nm* experience
f.-fhìreantach *a* self-righteous **f.-
fhìreantachd** *nf* self-righteousness
f.-fhoghainteach *a* self-sufficient,
self-confident **f.-fhoghainteachd** *nf*
self-sufficiency, self-confidence
f.-fhrithealadh *nm* self-service
f.-fhuath *nm* self-hatred, self-loathing
f.-ghluaiseach *a* automatic □ *thar-
raing e daga fèin-ghluaiseach* he drew
an automatic pistol **f.-ghluaisear, -eir,
-an** *nm* automaton **f.-ghluasad** *nm*
automation **f.-ìobairt** *nf* self-sacrifice
f.-ionnsachaidh *a* self-teaching, teach-
yourself □ *cùrsa fèin-ionnsachaidh* a
self-teaching course **f.-labhairt** *nf*
monologue **f.-mhealladh** *nm* self-
deception □ *chan eil ann an sin ach
fèin-mhealladh soinneanta* that is just
naïve self-deception **f.-mheas** *nm* self-
respect **f.-mhort** *nm* suicide (the act
of) **f.-mhortair** *nm* suicide (the per-
son) **f.-òraid** *nf* soliloquy **f.-riaghlach**
a self-governing **f.-riaghladh** *nm* Home
Rule, self-government **f.-smachd** *nm*
self-control □ *dh'fhoillsich e cion
fèin-smachd* he displayed a lack of
self-control **f.-spèis** *nf* egotism, self-
conceit, self-love □ *bha e air a dhal-
ladh le fèin-spèis* he was blinded by
self-conceit **f.-spèiseach** *a* egotistical
f.-spèisiche *nm* egotist

fèinealachd *nf* selfishness
fèinear, -eir, -an *nm* egotist
fèineil, -e *a* selfish
fèir *adv* just (the English word 'fair' –
dìreach is much better) □ *fèir sin* just that
□ *'s e sin fèir a tha mi a' dol a dh'fhaigh-
inn a-mach* that is just what I'm going to
find out
feir = far = bhàrr

feir / feiridh □ colloquial form of **bheir**
will take
feiread, -eid, -an *nm* ferret
feirg and **feirge** □ *dat sing* & *gen sing*
respectively of **fearg** anger
fèis, -e, -ean *nf* feast, festival □ *Fèis Film
nan Ceilteach* the Celtic Film Festival □
Fèis Bharraigh the Barra Festival
feise *nf* copulation, (sexual) intercourse, 'sex'
fèist, -e, -ean *nf* banquet, feast
feist, -eachan *nf* tether □ *bha bò gheal aige
air feist* he had a white cow on a tether □
dh'fhosgail e feisteachan nan each he
opened the horses' tethers
fèisteas, -eis *nm* entertainment □ *fèisteas
aotrom* light entertainment
fèistear, -eir, -an *nm* entertainer
feitiseachas, -ais, -an *nm* fetishism
feith, feitheamh *v* wait + **air** or **ri(s)** for
(sometimes no *prep* is used at all) □ *bha e
air am fàth fhaotainn air an robh e a'
feitheamh* he had got the opportunity for
which he had been waiting □ *is beag a bha
a' feitheamh orra nuair a thill iad* [it is] lit-
tle [that] awaited them when they returned
□ *'s fhada o bha mi a' feitheamh ri cothrom
den t-seòrsa seo* I have been waiting a
long time for an opportunity of this sort □
*bha e a' feitheamh na ciad litreach bho
bhràthair a bha air dol gu Canada* he was
awaiting the first letter from his brother
who had gone to Canada □ *bha esan gar
feitheamh* he was waiting for us □ *mu
dheireadh thall chuala mi am fuaim ris an
robh mi a' feitheamh* at long last
I heard the sound for which I was waiting
□ *… a tha a' feitheamh* pending □ but note
the following: *feumaidh sinn feitheamh
gus am faic sinn an tèid na molaidhean
seo a chur an grèim* we must wait to see
if these recommendations are put into
operation (lit. until we see if …)
fèith, -e, ean *nf* muscle, sinew, vein □ *fèith
bhorrtha* varicose vein □ *fèith dà-chean-
nach* bicep □ *fèith thrì-cheannach* triceps
□ *fèith ceithir-cheannach* quadriceps □
fèithean a' chlèibh intercostal muscles
fèith-chrùbadh *nm* spasm **f.-fala** *nf* vein
f.-lùthaidh *nf* tendon **f.-mhothachaidh** *nf*
nerve
fèithe / fèith, -e, -eachan *nf* bog, fen,
marsh, quagmire, swamp
fèitheach, -iche *a* 1. muscular, sinewy,
veined, venous 2. marshy
feitheamh, -imh *nm* & *vn* of **feith** waiting
etc. suspense, wait
feobhas □ see **feabhas**

feocallan, -ain, -ain *nm* ferret
feochan, -ain, -ain *nm* breeze □ *thàinig feochan brèagha is dh'fhalbh an sneachd* a fine breeze came and the snow departed
feòdar, -air *nm* pewter
feòil, feòla *nf* flesh, meat □ *ana-miannan na feòla* the lusts of the flesh □ *poitean feòla* flesh pots □ *san fheòil* incarnate □ *feòil caorach* mutton □ *feòil fhuar* cold meat □ *feòil rèisgidh* salted, dried mutton (Lewis – cf. – 'reisted mutton' in Scots)
feòil-itheach *a* carnivorous **f.-itheadair** *nm* carnivore **f.-sheachnair** *nm* vegetarian
feòir □ *gen sing* of **feur** grass
feòirling, -ean *nf* □ same as **feòirlinn**
feòirlinn, -ean *nf* farthing
feòladair, -ean *nm* butcher
feòladaireachd *nf* butchery
feòlmhor.-oire *a* carnal, sensual □ *luchd nan inntinnean feòlmhor* the carnally minded
feòlmhorachd *nf* carnality, sensuality
feòraich, -achadh *v* ask, enquire, inquire, question □ *dh'fheòraich e dhiom an robh mi sgìth* he asked me if I was tired (lit. he asked of me was I tired)
feòrachadh, -aidh *nm & vn* of **feòraich** asking etc., enquiry, 'enquiries' in the following sense:- *uinneag air an robh am facal 'feòrachadh* 'a window on which was the word 'enquiries'
feòrachail, -e *a* inquisitive □ ... *a' coimhead suas gu feòrachail* ... looking up inquisitively
feòrachas, -ais *nm* curiosity, inquisitiveness □ *leugh mi seo do bhrìgh feòrachais* I read this for curiosity's sake / out of curiosity □ *spreagar e le feòrachas* he is inspired by curiosity
feòrag, -aige, -an *nf* squirrel □ *an fheòrag ghlas* the grey squirrel □ *bha na feòragan a' càrnadh stòir de chnothan* the squirrels were gathering a store of nuts
feòran-curraidh *nm* water hore hound

---

feuch, feuchainn *v* 1. feel (test by touch), prove, screen (test), taste (try by tasting), test (followed by *noun / pron*), try (test) □ *feuch deuchainn* take an examination □ *feuch doimhneachd* plumb □ *dh'fheuch mi pìos den chèic* I tried / tasted a piece of the cake □ *dh'fheuch i iad oirre mu choinneimh an sgàthain* she tried them on [her] in front of the mirror □ *dh'fheuch e an deoch air an nighinn bu shine* he tried

the potion on the eldest daughter □ *dh'fheuch i gach cleas air a tharraing* she tried every trick to attract him 2. attempt, try (+ **ri(s)** – sometimes **air** – to) □ *bha e a' feuchainn ri rudeigin innse dhuinn* he was trying to tell us something □ *tha sinn a' guidhe gach soirbheachadh don fheadhainn aig a bheil de mhisneachd a dh'fheuchas air* we wish every success to those who have enough confidence to try it (lit. to those at whom there is of courage that will try on it) 3. compete + **ri(s)** against □ *tha iad a' feuchainn ri càch a-cheile* they are competing against each other 4. lo, behold □ ... *agus feuch, air ball chunnaic iad solas ùr* ... and behold, immediately they saw a new light 5. see (take care) □ it will be seen that the difference between this meaning and that of section 2 above is very slight, and, indeed, often interchangeable □ *feuch nach dèan thu rud sam bith a tharraingeas aire on obair aige* see that you do not do anything that distracts him from his work □ *feuch gun gabh thu air do shocair!* see that you take it easy! □ often used as a polite request:- *feuch gu leig sibh fios thugainn* please let us know □ *feuch gun toir sibh an aire gu bheil* ... please note that ... □ *feuch gun cuir thu fios thugam* please let me know □ *feuch gum biadh thu an cat* please feed the cat (it will be noted that some of the previous examples given could also be translated in this way) □ *chaidh iad a-null a dh'fheuchainn dè b'urrainn dhaibh a dhèanamh* they went over to see what they could do 6. **feuch** is often used to introduce an indirect question (which translates into English as a clause beginning with 'if') □ *feuch am beir thu orm!* see if you can catch me! / try to catch me! □ *thog e air don bhaile feuch am faigheadh e cuideachadh* he went to the town to see if he could (lit. would) find help □ *bha e ag èigheach feuch an lorgadh e duine beò* he was shouting to see if he could find anyone alive (lit. a live person) □ *fònaidh mi feuch a bheil e air ais* I'll phone to check if he's back 7. reconnoitre, search *bha e a' feuchainn a phòcaidean* he was trying (i.e. searching) his pockets 8. other

idioms:- 'try not to' uses **gun** thus:-
*bha mi a' feuchainn gun tuiteam anns
an dìg* I was trying not to fall in the
ditch

---

feuchainn *nf* & *vn* of **feuch** trying
etc. probation □ *gun fheuchainn*
untested
feudail, feudalach *nf* booty, spoils, treas-
ure □ *cha mhòr de fheudail a gheibhte ann*
hardly any booty was to be obtained there
□ *fhuair iad an fheudail a bha falaichte
ann an uaimh* they found the treasure
which was hidden in a cave
feudar □ see **fheudar**

---

feum *def v* has to, must, need v (lack),
postulate, require □ uses only Future
and Imperfect / Conditional forms as
follows:-

ACTIVE VOICE:

Future tense

1. Indep.:- **feumaidh mi** I must **feu-
    maidh tu** etc. you etc. must
2. Dep. (a) Dep. Interr. **am feum mi?**
    etc. must I? etc. (b) Dep. Neg.
    chan fheum mi etc. I mustn't etc.
    (c) Dep. Neg. Interr. **nach fheum
    mi?** etc. must I not? etc.

Relative Future:- **(ma) dh'fheumas mi**
(if) I must

Imperfect / conditional tense

1. Indep. 1st pers sing **dh'fheumainn**
    I would need (to), I had (to) 1st
    pers plural **dh'fheumamaid** we
    would need (to), we had (to). Other
    persons **dh'fheumadh tu, e, i** etc.
    you, he, she etc. would need (to),
    you, he, she etc. had (to)
2. Dep: (a) Dep. Interr. 1st pers sing
    am feumainn? would I need (to)?
    had I (to)? 1st pers plural **am feu-
    mamaid** would we need to?,
    would we have to? Other persons
    am feumadh tu, e, i? etc. would

you, he, she etc. need (to)? had
you, he, she etc. (to)? (b) Dep.
Neg. 1st pers sing **chan
fheumainn** I wouldn't need (to)
etc. 1st pers plural **chan fheuma-
maid** we would not need to, we
would not have to Other persons
chan fheumadh tu, e, i etc. you,
he, she etc.wouldn't need (to) (c)
Dep. Neg. Interr. 1st pers sing
nach fheumainn? would I not
need (to)? hadn't I (to)? 1st pers
plural **nach fheumamaid?** would-
n't we need to?, would we not have
to? Other persons **nach fheumadh
tu, e, i?** etc. would you, he, she etc.
not need (to)? had you, he, she
etc. not (to)?
Note that the special forms used for
the 1st person sing & plural require no
personal pronoun, but these may also
be **f(h)eumadh sinn**

PASSIVE VOICE:

Note that the following forms are used
impersonally.

Future tense

1. Indep.: **feumar** it must be
2. Dep.: (a) Dep. Interr. **am feumar?**
    must it be? (b) Dep. Neg. **chan
    fheumar** it mustn't be (c) Dep.
    Neg. Interr. **nach fheumar?**
    mustn't it be?

Imperfect / conditional tense

1. Indep.:- **dh'fheumtadh /
    dh'fheumte** it had to be
2. Dep.: (a) Dep Interr. **am feumtadh /
    am feumte?** had it to be?
    (b) Dep. Neg. **chan fheumtadh /
    chan fheumte** it didn't have to be
    (c) Dep. Neg. Interr. **nach fheum-
    tadh / fheumte?** didn't it have
    to be?

Basic examples:-
(1.) must, have to, need (to be / do etc.) □
feumaidh mi falbh I have to go / I must
go □ often used impersonally: *feu-
maidh gu bheil thu am mearachd* you
must be mistaken (lit. [it] must [be])

that you are in error) □ *feumaidh gun robh e ro sgìth* he must have been too tired □ *am feum sinn falbh? feumaidh / chan fheum* must we go? yes / no □ *chan fheum sinn fuireach an seo* we don't have to stay here □ *ma dh'fheumas tu feumaidh tu* if you must, you must □ *thuirt mi riutha gum feumainn bhith falbh gu math tràth* I said to them that I would have to be leaving quite early □ *thuirt e gum feumadh e falbh* he said that he would have to go □ *tha e làidir, agus is e a dh'fheumadh* he is strong, and he would need to be □ note also: *tha i air leth math air fuineadh, agus is ise a dh'fheumadh sin oir ...* she is exceptionally good at baking and she would need to be that for ...
Note that, like all auxiliary verbs, the aux. verb itself is in the passive voice, and not the infin. as in English □ *dh'fheumtadh / dh'fheumte a h-uile facal a dhraghadh às* every word had to be dragged out of him □ *feumar a ràdh gun do rinn e a dhìcheall gus ar cuideachadh* it must be said that he did his utmost to help us □ *feumar barrachd airgid fhaighinn* more money must be found 2. need (something) □ *feumaidh sinn barrachd air sin* we need more than that □ *dh'fheumamaid bliadhna gus sin a stèidheachadh* we would need a year to set that up

feum, -a *nm* 1. need □ *tha feum agam air tuilleadh airgid* I need / I have need of more money □ *bha feum agam air ...* I had need of... / I needed...□ *tha feum air foighidinn* there is need of patience / patience is needed □ *bha iad na fheum* they were in need of him / it *masc* □ *thuirt e nach robh feum air* he said that there was no need of it □ *tha suidheachadh mar seo a' cur feum air leigheas cinnteach* a situation like this needs a certain cure □ *tha mòr fheum air leabhraichean* there is a great need of books □ ... *agus cùisean eile a bhios daoine a' cur feum orra ...* and other things people need (lit. that people will be putting need upon them) □ *tha am feum airson co-obrachadh air fàs nas soilleire* the need for co-operation has become more evident □ *tha cruaidh fheum air tuilleadh taice* there's a crying need for more support □ *bi feum*

aig to have (to) □ *tha feum againn tuilleadh airgid a shàbhaladh* we need to / must save more money □ *'s motha a tha dh'fheum againne air ...* we have more need of / a greater need of ... (2.) use, good (in the sense of 'use'), point □ note that, in many instances, the meanings given in sections 1 and 2 may be very close or, indeed, interchangeable □ *dè am feum a tha a' dol a bhith ann?* what good is it going to be? (lit. what the good that is going to be in it?) □ *bha cuid dhiubh ann am feum fada ro sin* some of them were in use long before that □ *dè am feum dha a bhith dèanadach?* what's the use of him being industrious? □ *dè am feum taighean ùra a thogail?* what's the point of building new houses? □ *chan eil feum sam bith innte air an fhearann* it *fem* is no use on the land □ *cuir o fheum* incapacitate (lit. put from use) □ *bha e a' feuchainn ri cas a nàmhaid a chur o fheum* he was trying to incapacitate his opponent's leg □ *gun a chur gu feum* unused *masc* □ ... *ma tha sinn a' dol a dhèanamh an fheum as fheàrr dhen airgead ...* if we're going to make the best use of the money □ *gheibh iad uile feum às* they will all get (some) use / good out of it □ *chan eil nì a dh'fheum dhomhsa a bhith ...* there is no point / use at all for me to be ...

Further idioms:

dèan feum de consume, exploit, make use of, use, utilize □ *tha e air feum a dhèanamh dhiubh* he has made use of them □ *tha sinn an dòchas gun dèanar feum dhiubh* we hope that use will be made of them □ *am feum a thatar a' dol a dhèanamh dhith* the use that is going to be made of it *fem* □ *tha mi an dochas gun dèan cuideigin feum dhiubh* I hope someone will make use of them

dèan feum (do) avail, be of use / be useful (to) □ *tha mi an dòchas gun dèan an leabhar seo beagan feuma* I hope that this book will be of some little use ...□ *na rudan a dhèanadh feum dha ...* the things which would be useful to him (lit. would make use to him) □ *cha do rinn e feum dhomh* it did me no good □ ... *ach a bheil e a' dèanamh feum don chànain?* ... but is it doing

the language any good? (note that
there is no word used here for 'any')
gu is often used with **feum**, particularly
in the phrase *cuir gu feum* put to use /
use *v* □ *sgrìobh mun acfhainn a bha
iad a' cur gu feum* write about the
equipment they were using □ *bha fhios
aca nach robh sin gu feum* they knew
that that was of no use / useless □ *chan
eil [a] fhacal gu mòran feum* his word
is not much good □ *cha deach airgead
sam bith riamh a chur gu feum na
b'fhearr* never was money put to better
use □ *thuirt e nach robh e a chum feum
air a bhith ...* he said that was no use
being ...
gun fheum useless(ly), needless(ly),
null □ *bha iad a' fulang pian gun
fheum* they were suffering pain
needlessly / suffering needless pain □
tha sinn ag obair gun fheum we are
working uselessly
gun fheum air without need of / with
no need for

feumach, -aiche *a* needful, needy □ *bi feu-
mach air* need *v* (lack) □ *chunnaic sinn
cho feumach 's a bha iad air sgoiltean* we
saw how needful they were of schools
feumach, -aich *nm* needy person □ *'s e fìor
charaid an fheumaich a bh'ann* he was
a real friend of the needy
feumachail *a* utilitarian □ *an aigne
fheumachail* the utilitarian mind / spirit
feumail, -e *a* requisite, serviceable, useful
□ *nì feumail* requisite □ *leasan feumail eile*
another useful lesson □ *tha e a cheart
cho feumail dhuinn an-diugh agus nas
fheumaile* it is just as useful to us today
and more so □ *tha an leabhar seo glè
fheumail ann a bhith a' mìneachadh ...*
this book is very useful in [being]
explaining ...
feumalachd, -an *nf* expediency, necessity,
usefulness, utility □ *feumalachdan
dachaigh* household utilities □ *mòran de
ar feumalachdan* many of our necessities
□ *tha iad a' frithealadh do fheumalachdan
luchd-ionnsachaidh* they are attending to
the needs of learners
feumnach, -aich, -aich *nm* needy person □
na feumnaich *pl* the needy □ *thug e cob-
hair do na feumnaich* he gave assistance to
the needy

feun, -a / fèin, -an *nm* cart, waggon
feur, feòir *nm* grass, hay □ *feur caoin* hay □
feur easpartach esparto grass □ *feur tio-
raidh* silage □ *feur tropaigeach* tropical
grassland □ *anns an fheur* in the grass □
thòisich mi air am feur a spealadh I began
to scythe the grass □ *aig àm obair an
fheòir* at haymaking time
feur-a'-phuint *nm* couch-grass **f.-
chaorach** *nm* sheep's fescue grass **f.-cuir**
nm rye-grass **f.-loch** *nm* grassy / reedy lake
feurach, -aich *nm* grazing, pasture, pas-
turage □ *feurach coitcheann* common
grazing □ *còir an fheuraich choitchinn* the
right of common grazing
feurach *a* grassy, verdant
feuraich, -achadh *v* graze (eat grass),
pasture
feuran, -ain *nm* chives
feusag, -aige, -an *nf* beard, whisker(s)
feusagach *a* bearded □ *chunnaic mi duine
beag feusagach* I saw a little bearded man
feusgan, -ain, -ain *nm* clam, mussel □
thòisich iad air na feusgain a bhuain they
began to gather the mussels
fhathast *adv* hitherto, still (of time), yet □
*chan eil fhiosam fhathast dè bha fa-near
dha* I still don't know what he had in mind
□ *... ach fhathast cha do lorg iad de mhis-
neachd a chuireadh sgoil Ghàidhlig air
bhonn ...* but they still haven't found suffi-
cient courage to set up a Gaelic school (lit.
but still they haven't found of courage that
would set up etc.) □ *bha e fhathast gun til-
leadh* he still hadn't returned □ *'s gun e
fhathast aig aois nuair a ...* while (he was)
still not at an age when ...
fhèin see □ **fèin**
fheudar, is fheudar do ... ... must □ *is
fheudar dhomh an t-each a reic* I must sell
the horse □ *b'fheudar dha an dùthaich
fhàgail* he had to leave the country □
*b'fheudar dhi togail a-mach a chosnadh
airgid* she had to go out to earn money □
bheir mi seòladh dhut mas fheudar I'll
give you directions if need be □ *'s fheudar
gun aithnich thu e* you must know him
fhìn □ a form of **fhèin** (see **fèin**)used in
some areas with the *1st pers* sing and *pl
pers prons* □ *mi fhìn* pron myself □ *sinn
fhìn* ourselves
fhuair *past tense* of **faigh** (q.v)
fiabhras, -ais, -an *nm* fever
The following compounds are, of course all
masc: Note that they are all preceded by
the definite article, as is the case with most
illnesses

am fiabhras ballach typhus am f.-breac typhoid am f.-buidhe yellow fever am f.-cleibhe pneumonia (also an grèim) am f.-dearg scarlet fever am f.-dubh typhoid am f.-eanchainne meningitis (also an teasach-eanchainne) am f.-feòir hay fever am f.-lòinidh rheumatic fever am f.-rheumatas rheumatic-fever (also teasach an t-siataig)

fiabhrasach a feverish, hectic

fiacaill, fiacla, fiaclan nf tooth gen pl nam fiaclan □ fiacaill (rotha) cog □ fiaclan fuadain denture, false teeth □ bruis fhiaclan toothbrush □ bioran fhiaclan toothpick

fiacaill-crìche eye-tooth f.-cùil back tooth, molar (also cùlag) f.-forais / f.-na cèille wisdom tooth f.-sùla eyetooth

fiacall □ see fiacaill

fiach v alt form of feuch

---

fiach, fèich, fiachan nm 1. due, rate, value, worth □ dh'iarr mi fiach sgillinn de shuiteas I asked for a pennyworth of sweets 2. debt (usu. in the pl i.e. **fiachan**) □ fiachan gun dioladh arrear(s) □ dhubh e a-mach cùnntas nam fiachan a bha nar n-aghaidh he wiped out the account of the debts that were against us □ tha sinn fo fhiachan dha [ann] an iomadach dòigh we are indebted to him in many ways (lit. we are under debts to him in many a way) □ cha tèid fiachan air beul dùinte a closed mouth won't get into debts (proverb)

fiachaibh, an old dat pl is used in the following idioms:- tha e mar fhiachaibh air an Riaghaltas seo a dhèanamh it is incumbent upon the Government to do this □ cha do shaoil e gun robh e mar fhiachaibh air a bhith … he did not think that he was obliged to be …□ chuir e mar fhiachaibh orm gu a chuideachadh he obliged me to help him □ thàinig e mar fhiachaibh air a' chomann oibreachadh airson aonaidh the society was obliged to work for unity □ bi fo fhiachaibh do owe □ bha mi fo fhiachaibh mhòra dhaibh I was greatly indebted to them / I owed them a great deal □ am fiachaibh indebted

fiach, -a a valuable, worth, worthy, worthwhile □ now only used with the assertive verb in idioms such as the

following:- cha do rinn iad mòran a b'fhiach gu sonas an duine a mheudachadh they didn't do much that was worthwhile to increase the happiness of man □ b'fhiach sùil a thoirt air it would be worth having a look at / taking a look at it □ am b'fhiach e fheuchainn? b'fhiach / cha b'fhiach would it be worth trying? yes / no □ cha b'fhiach an cumail it wouldn't be worth keeping them □ bha dealbh no dhà aige nach b'fhiach mòran he had a picture or two which weren't worth much

is fhiach may be followed by a noun or pronoun:- chan fhiach e an t-saothair it's not worth the labour / trouble □ is fhiach e e it's worth it □ co mheud not a b'fhiach e? how many pounds was it worth? □ thuirt e nach b'fhiach e he said it wasn't worthwhile □ cha b'fhiach an turas an t-saothair the journey wasn't worth it b'fhiach àite dha fhèin bhith aig an iomhaigh seo this statue is worthy of having a place to itself / worth having etc.

is fhiach may also be followed by a vn:- 's fhiach fhaicinn it's worth seeing (it) □ as fhiach a chumail air chuimhne memorable (of masc subject) □ is e tachartas seo as fhiach a chumail air chuimhne this is a memorable event □ is ann an seo a chunnaic sinn a' chiad taigh a b'fhiach taigh a ràdh ris it was here we saw the first house that was worth calling a house □ cha robh duine a b'fhiach bruidhinn air nach aithneachadh i there was nobody worth speaking about that she didn't know □ bha e a' faireachdainn nach b'fhiach a bhith beò he felt that it wasn't worth living □ am b'fhiach an càradh? b'fhiach / cha b'fhiach would it be worth mending them? yes / no □ tha an fhaochag glè phailt agus is fhiach i a h-itheadh the whelk is very plentiful and worth (its) eating

do (or a prep pron formed from it) is used before / for the person to whom it is / is not worthwhile:- cho-dhùin e nach b'fhiach e a shaothair dha he decided that it wasn't worth his while □ chan fhiach dhaibh am beul fhosgladh it's not worth them opening their mouths (lit. mouth – see notes under **beatha, ceann** and **làmh**) □ cha *b'fhiach e uiread do Mhairead* it wasn't worth as much to Margaret □ *a bheil thu a' smaoineachadh gum b'fhiach dhut sin a dhèanamh?* do you think it would be worth your while doing that?

is math as fhiach (often **is math is fhiach**) it is well worth □ *is math as fhiach dhut an leabhar seo a leughadh* it's well worth your while reading this book □ *is math as fhiach e a leughadh gu cùramach* it's well worth [it] reading it carefully (sometimes *is geal is fhiach e* etc. – see **geal**) □ *is math as fhiach e a'phris* it's well worth the price □ *bu mhath a b'fhiach e an dàil* the delay was well worth it (lit. it was well that it was worth the delay) □ similarly:- *is gann is fhiach a bhiadhadh* it's hardly worth its feeding

is fhiach leam I think it worthwhile, I condescend □ *mas fhiach leibh a dh'èisteachd ris…* if you condescend to listen to it (lit. if it is worth with you to listen to it i.e. if you think it's worth listening to [it]) □ *chan fhiach leam e* it is beneath me

---

fiachaibh (an old *dat pl* of **fiach** used in a number of idiomatic phrases □ see **fiach** *nm*
fiachail, -e *a* worthy, worthwhile □ *tha sinn deònach cuideachadh a thoirt do phròiseactan fiachail* we are willing to give assistance to worthwhile projects
fiaclach *a* toothed, cogged, dental □ *roth fiaclach / cuibhle fhiaclach* cog-wheel
fiaclair(e), -ean *nm* dentist
fiaclaireachd *nf* dentistry □ *mas e an dèideadh a tha ort, is gu feum thu fiaclaireachd…* if you have toothache and you need dentistry… (lit. if it's the toothache that's on you and that you need etc. □ see **mas** under **ma** *conj*)
fiaclan *pl* of **fiacaill** □ *fiaclan fuadain* denture
fiadh, fèidh, fèidh *nm* deer □ *fiadh Laplannach* reindeer
fiadh- *pref.* – denoting 'wild'
fiadh-bheatha *nf* wildlife **f.-bheathach** nm wild beast / animal / creature **f.-ubhal** *nm* crab apple, crab tree

fiadhach, -aich *nm* hunting □ *dèan fiadhach* hunt □ *dh'fhàg sin am fiadhach car gann* that caused the hunting to be rather sparse
fiadhaich, -e *a* 1. fierce, uncultivated, wild □ *cat fiadhaich* a wild cat □ *bha eich ri am faighinn fiadhaich* horses were to be found wild □ *bha i a' fàs fiadhaich* it (the weather) was growing wild □ *bidh am muir glè fhiadhaich mu na cladaichean seo* the sea is very wild around these shores 2. off (of taste) □ *tha blas an ime car fiadhaich* the butter tastes somewhat off
fiadhaich, fiadhachadh *v* see **fiathaich, fiathachadh** *v*
fiadhaichead, -eid *nf* wildness
fiadhain *a* same as **fiadhaich**
fial, -a *a* □ same as **fialaidh**
fialaidh, -e *a* bountiful, free, generous, hospitable, liberal, openhanded, unstinting □ *bha e daonnan fialaidh toirbheartach* he was always generous and bountiful □ *bha iad air leth fialaidh dhaibh* they were particularly generous to them □ *thug e seachad bliadhnachan de sheirbhis fhialaidh don chompanaidh* years of unstinting service to the company □ *tha mi an dòchas gum bi iad nas fialaidhe riutha na bha iad roimhe* I hope they will be more generous to them than they were before
fialaidheachd *nf* generosity, liberality
fiamh, -a *nm/f* 1. awe, fear, timidity □ *bha seòrsa de fhiamh air roimhe* he felt a sort of awe of him / it (lit. there was a sort of awe on him before him / it) □ *bha e fo fhiamh am là 's a dh'oidhche* he was in a state of fear day and night 2. expression, look □ *bha a ghnùis gun fhiamh* his face was expressionless / without expression 3. tinge, hue, trace □ *fiamh gàire* (also *fiamh ghàire / fiamh-ghàire / fiamh a' ghàire*) a smile (lit. the tinge of a laugh) □ *sheall e orm le fiamh gàire* he looked at me with a smile □ *air fiamh an airgid* silver-hued, the colour of silver
fiamhachd *nf* timidity □ *bha car de fhiamhachd airsan a bhith a' bruidhinn rithe mar seo* he felt a touch of timidity in [being] talking to her like this (lit. there was a little bit of timidity on him to be etc.)
fiamhail, -e *a* fearful, timid
fiamh-ghàire *nf* smile □ see **fiamh** 3.
fiamh-ghàireach *a* smiling
fianach, -aich *nm* moor-grass, deer-hair grass

fianais, -e, -ean *nf* 1. evidence, testimony, voucher, witness □ *mar fhianais air mo ghaol ort* as evidence of my affection for you □ *mar fhianais eile air mar a* … as further evidence of how … □ *dè a b'urrainn dhuinn a dhèanamh an aghaidh a leithid seo de fhianais?* what could we do against this kind of evidence?

dèan / thoir / tog fianais attest, give evidence, testify, vouch □ *thug e fianais aig a' chùirt an Dùn Èideann* he gave evidence at the court in Edinburgh □ *thog aon de na searbhantan fianais gum faca i e* one of the servants testified that she had seen him □ *fianais bhrèige* perjury □ *thug e fianais bhrèige* he committed perjury

tog / thoir fianais (an aghaidh) to bear / give witness (against), protest (against) □ *thog iad fianais na aghaidh* they bore witness against him

dèan / tog / thoir fianais air bear witness to, to witness (both in a secular and in a religious sense), give witness □ *bha e a' dèanamh fianais air Crìost ann an lathair dhaoine* he was witnessing Christ before men *tha e a' togail fianais* he is a communicant member □ … *agus gu bhith a' dèanamh fianais air do ghràs* … and to witness thy grace 2. witness (person giving evidence) □ *thuirt aon de na fianaisean gun robh* … one of the witnesses said that … was … □ *bha i gu bhith na fianais air gràdh an t-Slànaigheir* she was to be a witness to the Saviour's love □ *gun duine na fhianais air an eucoir ach e fhèin* with no witness to the crime but himself

air fianais + *gen* on the evidence of, going by □ *air fianais an leabhair seo* … on the evidence of this book … 3. presence, sight □ *thig am fianais* appear / come within sight of □ *bha e a-nise a' tighinn am fianais an rubha* he was now coming within sight of the headland □ … *gus an deach e às a fianais* … until he disappeared from [her] sight □ … *am feadh 's a bha sinn na fhianais* … while we were in sight of it / him

fianais-shùil *nf* eyewitness

fiantag, -aig, -an *nf* black heath berry

fiar *nm* □ see **feur**

fiar, -adh *v* slant, twist □ *gun fhiaradh na fìrinn* without twisting the truth

fiar, -a *a* bent, crooked, indirect, perverse, squint, wry □ *gineal fiar* a perverse generation

fiar-shanas *nm* innuendo

fiar-shuileach *a* cross-eyed, squint □ *bha e fiar-shuileach* he was cross-eyed

fiarachadh, -aidh *nm & vn* of **fiaraich** bending etc.

fiarachd *nf* crookedness

fiaradh, -aidh *nm & vn* of **fiar** slanting etc. bend, cast (of the eye), distortion, indirectness, purl, slant, squint, winding sidelong □ *gun fhiaradh* constantly □ *bha e a' tighinn oirnn o fhiaradh eile* he was coming at us from another slant

air fhiaradh / air fiaradh *adv* askew, at an angle, sidelong, slantwise □ *sheall e air fhiaradh air a mhàthair* he looked sidelong at his mother □ *cuir air fhiaradh* divert □ *cha do chuir seo sinn air fhiaradh bhon obair* this did not divert us from the work □ *thug e sùil air fhiaradh suas air a' chaisteal* he gave a sidelong look up at the castle

fiarag -aige, -an *nf* slant line, line or rope thrown over haystack or roof of blackhouse to secure it □ *cha bhiodh fiarag a-mach à àite* there wouldn't be a slant line out of place

fiaraich, -achadh *v* bend, contort, distort

fiata *a* shy, wild □ *gu fàth fiata* watchfully and timidly

fiatachd *nf* shyness, wildness □ *cha robh fiatachd sam bith anns na sùilean aige* there was no shyness at all in his eyes

fiatghal, -ail *nm* vetch

fiathachadh, -aidh *nm & vn* of **fiathaich** inviting etc., invitation □ *saoil an gabhadh i ri fiathachadh don phàrtaidh agam?* I wonder if she would accept an invitation to my party? □ *cha do dh'iarr e an còrr fiathachaidh* he didn't need another invitation (lit. didn't ask for more inviting) □ *tha sinn ro-thoilichte gun do ghabh e ri ar fiathachadh* we are delighted that he accepted our invitation

fiathaich, -achadh *v* invite, challenge □ *dh'fhiathaicheadh e sinn a thighinn chun an taigh' aige* he used to invite us to come to his house □ … *mar gum fiathachadh e gam fhiathachadh a-mach* … as if he were inviting me out □ *dh'fhiathaicheadh e duine sam bith a neart fheuchainn leis* *a' chloich a thogail* he would challenge anybody to try his strength by lifting the stone

fichead, -an *nm* twenty, score (20) □ *tha na ficheadan de leabhraichean mar sin againn* we have scores of books like that □ *tha an cunntas Gàidhlig a' dol na fhicheadan* Gaelic counting works in twenties □ *dà fhichead* forty □ *trì fichead* sixty □ *trì fichead agus a deich* seventy □ *trì fichead agus a h-ochd* sixty eight □ *ceithir fichead* eighty □ *duine seachad air ceithir fichead* octogenarian □ *ceithir fichead 's a deich* ninety

ficheadamh *a* twentieth □ *chan eil mi a' creidsinn gun do thachair aon fhicheadamh pàirt dhe seo ris* I don't believe that one twentieth of this happened to him □ *air feadh an fhicheadamh linn* during the twentieth century

ficsean, -ein *nm* fiction □ *ficsean saidheans* science fiction

fideach, -ich, ichean *nm* salt marsh

fideadh, -idh, -idhean *nm* suggestion, whisper, idea, hint □ *cha tug seo fideadh dhuinn air na bha a' tachairt* this gave us no suggestion of what was happening

fìdeag, -eige, -an *nf* flute, whistle □ *bidh iad a' seinn na fìdeig agus an reacordair* they will be playing the flute and the recorder □ *nuair a shèid an fhìdeag…* when the whistle blew …

fidheall, fìdhle, fìdhlean *nf* fiddle violin □ *cluich air an fhidhill* fiddle *v* □ *teud fìdhle* fiddle string □ *bha e a' cluich air an fhidhill* he was playing on the fiddle □ *a' seinn na fìdhle* playing the fiddle

fìdhlear, -eir-an *nm* fiddler, violinist

fìdhlear-bòrd-an-locha *nm* sandpiper (also **luatharan** *nm*)

fìdhleireachd *nf* fiddling □ *dèan fìdhleireachd* fiddle *v* □ *bidh Dòmhnall Dòmhnallach a' fidhleireachd* Donald MacDonald will be fiddling

fidir, fidreadh / fidreachdainn *v* feel, be aware of, experience, examine closely □ *dh'fhidir mi bith nam chridhe* I felt hatred in my heart □ *dh'fhidir e an duilleag* he examined the leaf

fidreachail, -e *a* inquisitive □ *thug e sùil fhidreachail air a' bhogsa* he cast an inquisitive eye on the box / he gave the box an inquisitive look □ *bheireadh iad sùil fhidreachail air an taigh anns an dol seachad* they would cast an inquisitive eye on the house in the passing

figear, -eir, -an *nm* digit, figure, numeral □ *figearan Arabach* Arabic numerals □ *figear*

àrdail cardinal numeral □ *figear òrdail* ordinal numeral

figh, fighe / figheadh *v* knit, weave

fighe *nm & vn* of **figh** weaving etc. knitting (article being knitted) □ *thog mi m'fhighe ach cha b'urrainn dhomh a dhèanamh* I picked up my knitting, but I couldn't do it

figheachan, -ain, -ain *nm* plait (of hair) □ *bha a falt ann am figheachain* her hair was in plaits

figheadair, -ean *nm* knitter, weaver

figheadair-nan-casa-fada *nm* daddy-long-legs (also **breabadair**)

figheadh *nm & alt vn* of **figh** knitting, weaving

fighte *pp* woven

fileamaid, -ean *nf* filament

fileanta *a* articulate, eloquent, fluent □ *b'e dithis eòlach fhileanta a bha aig na coinneamhan* it was an expert and eloquent pair who were at the meetings □ *bha e ga bruidhinn gu fileanta* he was speaking it fluently

fileantach, -aich, -aich *nm* native speaker

fileantachd *nf* fluency □ *tha iad air an rathad gu fileantachd* they are on the road to fluency

fileantas, -ais *nm* □ same as **fileantachd**

filidh, -ean *nm* minstrel, poet

fill, -eadh *v* enfold, fold, furl, plait, pleat, roll, wind, wrap

fille □ see **filleadh**

filleadaireachd *nf* stratification

filleadh, -idh, -idhean *nm & vn* of **fill** folding etc., crease, fold, layer (incl. of skin), pleat, plait, ply □ *filleadh saille* fat layer □ *fillidhean sgòthan* cloud layers □ *bha an fhallainn aige a' tuiteam na fillidhean grinne* his cloak was falling in neat pleats / folds

filleag, -eige, -an *nf* 1. wrapper 2. fold, plait

fillean, -ein, -an *nm* collops

fillte *pp* compound, entwined, folded, implicit, ply (as in **trì-fillte** etc.) □ *feadhainn de na bun-bheachdan a tha fillte anns na faclan seo* some of the concepts that are implicit in these words □ *fillte na chèile* folded together

film, filmichean *nm* film □ *sheall iad filmichean soisgealach* they showed evangelical films □ *bha e a' dèanamh prògraman is filmichean Gàidhlig* he was making Gaelic programmes and films □ *gaisgeach / bana-ghaisgeach film* film star (*masc & fem* respectively)

film-stiall *nm* film-strip

fine, fineachan *nf* clan, race, sept, tribe □ in *pl* sometimes means 'heathens' □ *na fineachan Gaidhealach* the Highland clans □ *bha iad uile nam fineachan òga* they were all young heathens

fineachail *a* heathenish □ *bha e air a bhith fineachail ruinn* he had been heathenish towards us □ *creideamh fineachail* heathenish creed

fineachas, -ais *nm* clanship

fìneadair, -ean *nm* refinery

fìneadair-ola *nm* oil refinery

fìneadh, -idh *nm* refining □ *...far a bheil iad a' fìneadh na h-ola*...where they refine the oil

fineag, -eige, -an *nf* mite □ *làn fhineag* full of mites

fineal, -eil *nm* fennel

fìnealta *a* fine, delicate, polished (of manners etc.), sensitive

fìnealtachd *nf* fineness, polished manners, sensitivity

fìnealtas, -ais *nm* delicacy

fineamhainn *nf* osier willow

finic *nf* jet □ *cho dubh ri finic* as black as jet

finid *nf* end, close, conclusion □ uncommon except occasionally in the expression *cuir ceann finid air* bring to an end, close etc. □ *...agus a chur ceann finid air gnothaichean...* and to bring matters to a close ...

fìobrosas, -ais *nm* fibrositis

fiodh, -a *nm* timber, wood □ *de fhiodh / de dh'fhiodh* of wood, wooden □ *fiodh balsa* balsa wood

fiodh-almaig *nm* sandalwood **f.-chraiceann** *nm* veneer **f.-chraiceannaich.** *v* veneer **f.-connaidh** *nm* firewood **f.-fillte** *nm* plywood **f.-puill** *nm* bogwood

fiodha *a* wooden, of wood, timbered □ *dh'fhosgail e an doras le iuchair fhiodha* he opened the door with a wooden key □ *bothain fhiodha* wooden huts

fiodhach *a* ligneous, wooden, of wood

fiodhhall, fìdhle, fidhlean *nf* □ same as **fidheall**

fiodhrach, -aich *nm* timber

fìogais, -ean *nf* fig

fiolam, -aim *nm* phylum

fiolan, -ain, -an *nm* insect (in some areas 'an earwig' but **gòbhlag / fiolan-gòbhlach** are less ambiguous, while **meanbh-fhrìd(e)** is generally recommended for 'insect') □ *cleachdaidhean nam fiolan* the habits of [the] insects

fion, -a *nm* wine □ *liosta fìona / clàr fìona* wine-list □ *bha iad ag òl fìona* they were

drinking wine □ *fìon tanaichte* diluted wine

fìon-amar *nm* vine-press, wine-press **f.-dearc** *nf* grape **f.-fhoghar** *nm* vintage **f.-geur** *nm* vinegar **f.-lios** *nm* vineyard **f.-òstair** *nm* vintner **f.-poirt** *nm* port (wine)

fìonach *a* vinous

fìonan, -ain, -ain *nm* vine

fionn, -a *a* fair, white

fionn, -adh *v* □ same as **feann**

fionnach, -aiche *a* hairy, shaggy □ *bha a' bhratag reamhar fionnach* the caterpillar was fat and hairy

fionnadh, -aidh, -aidhean *nm & vn* of **fionn** hair (of animals), skin, hide □ *tilg fionnadh* moult □ *tilgeil an fhionnaidh* moulting □ *bha a chulaidh de fhionnadh chàmhal* his attire was [made] of the skin of camels

fionnan-feòir *nm* grasshopper □ *casan an fhionnain-fheòir* the legs of the grasshopper □ *chuala sinn na fionnain-fheòir* we heard the grasshoppers □ *fuaim nam fionnan-feòir* the sound of the grasshoppers

fionnar, -aire *a* chilly, cool (and fresh), crisp (of air, weather), fresh (of atmosphere) □ *sheall i orm gu fionnar* she looked at me coolly □ *"Tha mi coma," ars esan gu math fionnar* "I don't care," he said rather coolly

fionnarachadh, -aidh *nm & vn* of **fionnaraich** cooling etc., ventilation, refrigeration

fionnarachd *nf* coolness

fionnaraich, -achadh *v* cool, fan, refrigerate, ventilate

fionnaraigh *nf* gloaming □ *air an fhionnaraigh* in the gloaming □ *bha iad a' coiseachd dhachaigh air an fhionnaraigh* they were walking home in the gloaming

fionnsgeul, -geòil, -geòil / -an *nm* legend □ *anns na fionnsgeòil* in the legends

fionnsgeulach, -aiche *a* legendary

fionn-sgoth *nm* grass of Parnassus

---

fìor, fìre *a* actual, authentic, extra, extreme, genuine, real, stark (absolute), sheer, sterling, substantial, true, veritable, very
Some basic examples: *a bheil e fìor a ràdh gu bheil e ...?* is it true to say that he is ...? □ *dè cho fìor 's a tha seo?* how true is this? □ *...agus mar a thuirt, b'fhìor...* and as [he] said, it

was (i.e. it was as [he] said it would be) □ *is e am fìor adhbhar gu bheil iad leisg* the real reason is that they are lazy
gu fìor, 'really', is the adverb form used after a verb □ *an do rinn e sin gu fìor?* he do that really? □ but is most often used preceding a *noun / adj*, and without **gu** with the meanings 'really', 'extremely', 'very' □ *fìor dhroch phrògraman* really bad programmes □ *b'fhìor thoigh leam tuilleadh dhiubh seo fhaicinn* I would really like to see more of these □ *fìor mhath* really good, high-class □ *(ann) am fìor thoiseach na linne* in the very beginning of the century □ *am fìor Urr. Dòmhnall Domhnallach* the very Rev. Donald MacDonald (**Urr.** = **Urramach**) □ *anns an fhìor shreath chùil* in the very back row □ ... *agus mu dheidhinn an aithne dhuinn cho fìor bheag* ... and about whom we know so very little □ *chan eil fhios againn ach air fìor bheag mu a bheatha* we only know a very little about his life □ *aig an fhìor àm a bha iad a' tighinn dhachaigh* at the very time they were coming home □ *bha fìor chorra dhuine a' toirt a-mach ceum le urram* very few people were gaining an honours degree □ ... *a tha a' dèanamh a leithid de dh'fhìor obair* ... who is doing such sterling work
mas fìor / mas fhìor *present tense /* **ma b'fhìor** *past tense* apparently, seemingly, supposedly, to all intents and purposes, quasi □ *tha iad a' dèanamh tàir air a' chreideamh a tha iad, mas fìor, a' leantainn* they disgrace the belief that they, supposedly, follow □ *shocraich e e fhèin anns an leabaidh airson cadal ma b'fhìor* he settled himself in the bed, apparently to sleep □ *thuirt e rud faoin ma b'fhìor* he said an apparently foolish thing / he made an apparently trivial remark □ *mas fhìor gu bheil iad fhèin cho dìcheallach!* they give the appearance that *they* are so diligent! / as if they were so diligent themselves! □ but note:- *mas fìor na dotairean* ... if what the doctors say is true / if the doctors are to be believed (lit. if the doctors are genuine ...)
fìor-chraiceann *nm* epidermis **f.-eòlaiche** *nm* specialist **f.-ghlan** *a* □ see

fìorghlan f.-ghloine *nf* pureness, purity **f.-shamhlachail** *a* characteristic □ *ceist fhìor-shamhlachail* a characteristic problem **f.-shean(n)** *pref* paleo- **f.-thoiseach** *nm* outset

fìorachas, -ais *nm* realism
fìoreun, fìoreòin, fìoreòin *nm* eagle
fìorfhuil, fìorfhala *nf* noble blood
fìorghlan, -aine *a* chaste, immaculate, pure □ *beachd-smuaintean fìorghlana* pure thoughts

fios, -a, -an *nm* 1. indication, information, knowledge, news, notice, notification □ *tre chion fiosa* through lack of knowledge □ *fiosan co-cheangailte* related facts □ *le fios* knowingly □ *cha dìochuimhnichear le fios iad* they will not knowingly be forgotten
tha fios / fhios aig know – where **fios** may be / or not be lenited □ the following examples mostly show **fios** with the lenition, but it may well be unlenited:-
tha fhios agam I know □ *tha fhios agam air sin / tha fhios agam mu dheidhinn sin* I know about that □ *tha fhios aige nach còir dha sin a dhèanamh* he knows better than to do that □ ... *cha robh fhios aice dè dhèanadh e* she didn't know what he would do □ *'s ann aig an Tighearna tha fios* the Lord knows □ *cha robh fhios co às a thàinig e* it wasn't known where he came from □ *bha fhios aige càit an robh gach sgillinn a' dol* he knew where every penny was going □ *chuir iad cùmhnantan oirnn a bha fhios aca nach gabhadh sinn riutha* they imposed conditions which they knew we wouldn't accept □ *carson a rinn thu sin is fios agad gu bheil* ... why did you do that when you know that ... is ...? □ *is math tha fhios aige dè thachair* he knows well what happened □ *tha làn fhios aca nach do rinn e seo* they know full well that he didn't do this □ note also:- *chan eil càil a dh'fhios agam* I have no idea / not the slightest idea – where **a dh'** = **de** of (q.v)
fhios and **agam** are frequently run together to make **fhiosam** □ *chan eil*

fhiosam fhathast dè bha fa-near dha I still don't know what he had in mind □ *dh'fhosgail e dorsan dhomh nach robh fiù 's fhiosam gun robh iad ann* he opened doors for me which I didn't even know existed

a bheil fhios agad (often shortened to **eil fhios agad?**) is the equivalent of the English conversational phrase 'you know' or 'don't you know' and may be translated as 'of course' □ *bha e gu math sean eil fhios agad* he was quite old of course □ *nach eil fhios agad gu bheil cuimhne agam* of course I remember □ note also: *fhios agad.* you know. (before going on to explain further)

cuir fios gu contact, inform, send word to, send a message to □ *feumaidh sinn fios a chur thuca* we must inform them / send word to them □ *chaidh fios a chur thuca* word was sent to them □ *feuch gun cuir thu fios thugam* please let me know □ but note also:- *cuir fios air an dotair* call the doctor

faigh fios ascertain, get word, receive a message □ *fhuair e fios gun robh iad air a thòir* he got word that they were after him □ *bu toigh leinn fios fhaighinn bhuaibh* we would like to hear from you

thoir / leig fios (do) notify □ *thoir fios meallta (do)* misinform □ note also: *a' toirt fios (do)* has / had the specialised meaning of 'calling for someone' e.g. on the way to school

gun fhios secretly, without warning, unawares, unexpectedly, unperceived □ *thuit iad gun fhios air a' bhaile* they fell without warning upon the town □ *thig gun fhios air* surprise □ *...far nach bitheadh iad fo eagal an nàmhaid a thighinn orra gun fhios* ... where they would not be in fear of the enemy surprising them / coming upon them unexpectedly

gun fhios is often followed by **do** or a *prep pron* of it □ *b'iongantach mar a fhuair e a-staigh gun fhios dhomh* it was surprising how he got in without my knowing / unperceived by me etc. □ but **gun fhiosta** is often used with / without a *prep / prep pron* □ *thàinig a' cheist caran gun fhiosta air* the question was put to him rather unexpectedly (lit. came upon him) □ *thàinig*

arm a' Phrionnsa air Cope gun fhiosta the Prince's army fell upon Cope without warning / taking Cope unawares □ may be used with the meaning 'secretly', 'unknown to anyone', 'inadvertently' □ *bha e ag òl gun fhiosta* he was drinking secretly

gun fhios aig without the knowledge of, unknown to, not knowing etc. □ *gun fhios aig a' bhaillidh* without the factor's knowledge □ *gun fhios aca dè bu chòir dhaibh a ràdh* not knowing / with no idea what they ought to say

is beag a tha dh'fhios agad air ... it is little that you know of ... / little do you know of ... □ *is beag a tha dh'fhios agad air cunnartan na mara* little do you know of the perils of the sea □ *is beag a bha dh'fhios aca gur e Sìm a rinn seo* little did they know that it was Simon who had done this □ note that this phrase may be used impersonally:- *is beag a tha dh'fhios dè cho fada air adhart 's a tha e* it's little known how far on it is

Further idioms still retaining the meaning of 'knowledge' are:-

a) *sin bu choireach gun do rinn e e – chan eil fhios nach e.* that's why he did it – perhaps it is. (lit. there isn't knowledge that it isn't) □ *chan eil fhios càit an deachaidh iad* it's not known where they went / nobody knows etc. / who knows etc.? □ *nach eil fhios gun cuala tu ...?* surely you've heard ...?

b) *tha fhios gu bheil ...* it is clear, certain, obvious etc. □ *ged a tha fhios gu bheil ...* though obviously ... / though of course ... □ *tha fhios gun do chuir thu ...* you must have put ... / no doubt you put ... / you probably put ... □ *tha fhios gun deach iad a Lunnainn gus a lorg* they must have gone to London to find it □ *thuirt e rium, os ìseal tha fhios, gun robh e ...* he said to me, privately of course, that he was ...

c) *chan eil fhios am / an + question form* there's no knowing if / ... probably won't □ *... chan eil fhios an tig iad air ais a-rithist* there's no knowing if they'll come back again

d) *gun fhios nach* ... in case ... / in the hope that ... □ *gun fhios nach eil e ga lorg* ... in case he's looking for it □ *gun fhios nach fhaic thu e* in case / in the hope that you see him 2. invitation (uncommon in this meaning) □ *cha d'fhuair iad fios chun na cuirme* they didn't receive an invitation to the feast...

e) *eil fhios* ...? I wonder if ...?

fios-labhairt *nf* announcement □ *fios-labhairt phoballach* public announcement

---

fiosachd, -an *nf* augury

fiosaiche, -ean *nm* fortuneteller, prophet, seer, soothsayer, scout, spy

fiosaigeach, iche *a* physical

fiosam / fhiosam □ see **fios**

fiosgail *nm* procurator fiscal

fiosgail *a* fiscal

fiosrach, -aiche *a* aware, curious, informed, knowledgeable, learned, versed □ *fiosrach mu / air* conversant with, knowledgeable about □ *tha e fiosrach air eachdraidh a' chaisteil* he is knowledgeable about the castle's history □ *sgrìobh e gu fiosrach mu na h-eileanan* he wrote knowledgeably about the islands □ *fhad's as fhiosrach mi / fhad's is fiosrach leam* as far as I know / am aware □ *fhad's is fiosrach leamsa co-dhiù* as far as I am aware anyway □ *cho fad's a b'fhiosrach duine cha robh e na shaighdear a-riamh* as far as anyone knew he was never a soldier

fiosrachadh, -aidh, -aidhean *nm & vn* of **fiosraich** experiencing etc., dossier, experience, fact(s), information □ *fiosrachadh agus tuigse* knowledge and understanding □ *fiosrachadh rathad* road information □ *tha e gann de dh'fhiosrachadh mion-aideach* it's scarce of detailed information □ *tha fiosrachadh agaibh air na rudan sin* you have experience of these things □ *cùnntas de a fhiosrachaidhean spioradail* an account of his spiritual experiences □ *tha e a' sealltainn bho fhiosrachadh pearsanta gu bheil* ... he shows from personal experience that ... is... □ *gus fiosrachadh a thoirt seachad* (in order) to convey information □ *seo a' chiad leabhar den t-seòrsa le m'fhiosrachadh* this is the first book of the kind to my knowledge

fiosrachaidh *a* information □ *seirbhisean fiosrachaidh* information services

fiosrachail, -e *a* expert □ *tha iad a' lorg comhairle fhiosrachail* they are seeking expert advice □ *tha iad air comhairle fhiosrachail a lorg* they have found expert advice

fiosraich, -achadh *v* 1. inquire, ask 2. examine 3. experience □ *cha do dh'fhiosraich mi riamh sabaid cho cruaidh rithe* I have never experienced a fight as hard as it

fir □ *gen sing* and *nom & dat pl* of **fear**

fir-chlis, na fir-chlis the Aurora Borealis, Northern Lights, Merry Dancers □ *chunnaic iad na fir-chlis anns an àirde tuath* they saw the Merry Dancers in the north

fireach, -ich, -ichean *nm* hill, moor, mountain □ *b'àbhaist dhaibh a bhith a' tathaich nam fireach sin* they used to frequent those moors

fìrean, -an *nm* righteous man □ *is ann don fhìrean a tha beatha fhada air a gealltainn* it is to the righteous man that a long life is promised

fìreanachadh, -aidh *nm & vn* of **fìreanaich** justifying etc., exoneration, justification, verification, vindication □ *an robh càil ann a bha na fhìreanachadh do a dhòigh-bheatha?* was there anything which justified his life-style?

fìreanaich, -achadh *v* excuse, exonerate, justify, substantiate, verify, vindicate □ *ciamar a ghabhas cogadh a bhith air [a] fhìreanachadh idir?* how can war ever be justified [at all]?

fìreann *a* male

fìreann-boireann *nm* hermaphrodite

fìreann-boireann *a* hermaphrodite

fìreannach, -aich, -aich *nm* male, man

fìreannta *a* masculine

fìreantach, -aiche *a* righteous

fìreantachd *nf* righteousness, veracity

fìrinn *nf* 1. fact, reality, truth □ *fìrinn dhearbhte* verity □ *fìrinn shoilleir* axiom □ ... *ach 's e an fhìrinn gu bheil àireamh cloinne le Gàidhlig a' tuiteam* ... but the fact is that the number of children with Gaelic is falling □ *'s e an fhìrinn nach eil iad ann* the fact is they don't exist □ *cuir ris an fhìrinn* exaggerate □ *fìrinn mhìreusanta* an irrational fact □ *'s ann agad a tha an fhìrinn* you have the truth of it / you're right there □ *an e an fhìrinn a tha ann gu bheil e* ...? is it the truth that he is ...? / is it a fact etc.? □ *an e an fhìrinn a tha sin?* is that a fact? □ *'s e 'n fhìrinn (a) tha sin!*

that's a fact! □ ... *a dh'innse na fìrinn* ... to
tell the truth □ ... *mas e an fhìrinn a bha
aige* ... if he was telling the truth 2. **an
fhìrinn** the gospel

fìrinneach, -iche *a* true, just, honest (in
word), exact, reliable, faithful □ *a chum
forfhais fhìrinneach a sholar* ... (in order)
to procure reliable information □ *tha naid-
heachd fhìrinneach ann mu dheidhinn
duine a bha* ... there is a true story about a
man who was ... □ ... *tha e a' feuchainn ri
dealbh fhìrinneach a tharraing* he is trying
to draw a faithful picture □ *gu fìrinneach*
surely, truly

fìrinneachadh, -aidh *nm & vn* of **fìrin-
nich** justifying etc.

fìrinnich, -eachadh *v* □ same as
fìreanaich, -eachadh

fisic *nf* physic (medicine)

fisiceach *a* physical

fisico-matamataiceach *a* physico-
mathematical

fitheach, -ich, -ich *nm* raven

fiù *nm* worth □ *gun fhiù* trashy, trivial,
worthless □ *bha iad a' deasbad air ceis-
tean beaga gun fhiù* they were debating
small, trivial problems

fiù *a* worth, worthy □ *chan fhiù e dad* it's
not worth anything

fiù ('s) *adv* even □ *cha robh fiù 's aon
chuileag ri faicinn* there wasn't even one
fly to be seen □ *chan fheum e fiù 's deoch*
it doesn't even need a drink □ *fhuair iad
soithichean agus fiù 's àirneis-taighe* they
got dishes and even furniture □ ... *ach fiù
's aon daoine cha do nochd e fhèin* ... but
not even one person showed himself □
chan eil fhios agam fiù dè an t-ainm a th'ort
I don't know what your name is, even

fiùdalach, -aiche *a* feudal □ *laghan
fiùdalach* feudal laws

fiùga *nf* fugue

fiùghail, -e *a* esteemed, worthy, of good
quality □ *tha an deas-gnàth seo fiùghail
aig muinntir an àite* this ceremony is
esteemed by the people of the place □
obair a tha glè fhiùghail gu dearbh work
which is indeed of good quality □ *corra
neach fiùghail* a few worthy people

fiughair *nf* expectation □ *tha fiughair agam
ris* I am expecting him □ *chan eil fiughair
againn ris* we are not expecting him / it
masc □ ... *ris nach robh fiughair aige* ...
whom / that he did not expect □ *cuine a
bhios fiughair riutha falbh?* when will
they be expected to go? □ *tha sinn a'
dèanamh fiughair ri breithneachadh air*

an iomradh seo we are looking forward to
studying this report □ *tha a h-uile fiughair
ann gun teid an sàbhaladh* there is every
expectation that they will be saved □
*tha fiughair (mhòr) oirnn gu tighinn
a chèilidh na oirbh* we are (very much) look-
ing forward to visiting you

fiùghanta *a* same as **fiùghantach**

fiùghantach, -aiche *a* 1. worthy, worth-
while □ *deoch fhiùghantach thaitneach*
a worthwhile, pleasing drink 2. generous,
liberal, benevolent □ *chan eil sluagh air
aghaidh na talmhainn a tha cho fialaidh
fiùghantach riutha* there isn't a people on
the face of the earth that is so liberal and
generous as they 3. brave 4. dynamic □
cumhachd fiùghantach a dynamic force

fiùghantachd *nf* 1. worthiness 2. generos-
ity, liberality, benevolence 3. bravery
4. dynamism

fiùran, -ain, -ain *nm* branch, scion □ *bha
fiùrain churanta eile den teaghlach seo*
there were other valorous branches of this
family

fiùranach, -aiche *a* flourishing, blooming

fiùranta *a* □ same as **fiùranach**

fiusa, -aichean *nm* fuse

fiùisia, –athan *nm* fiuschia

flagach, -aiche *a* flaccid, loose, slack □ *rinn
e gàire mòr flagach* he gave a great flaccid
laugh □ *tha an sgrìobhadh rudeigin flagach*
the writing is somewhat loose □ *tha an
doras car flagach* the door is rather loose

flaigeallach *a* flagellated (biol.)

flaitheanas, -ais *nm* □ same as **flaitheas**

flaitheas, -eis *nm* heaven □ *seo mar
a dhealbh mi am flaitheas dhomh fhèin*
this is how I pictured heaven to myself

flanainn *nf* flannel

Flandrach *a* Flemish

flann-dhearg *nf* vermilion

flat, -aichean *nm* 1. saucer 2. apartment,
flat (accommodation) □ *flataichean àrd-
thogte* high-rise flats □ *flataichean
cuibhreann-ùine* time share apartments

flat *a* flat (mus.)

flath, -aith, -aith / -an *nm* noble, prince

flathail, -e *a* gallant, gay, majestic, noble,
patrician, splendid □ *bha e cho flathail* it
was so splendid

flathalachd *nf* gallantry

fleadh, -a, -an *nm* banquet, carousal, feast,
treat

fleadhach, -aiche *a* festive

fleadhachas, -ais *nm* banqueting, carous-
ing, feasting, revelry □ *dèan fleadhachas*
carouse, feast

fleann-uisge *nf* water crow-foot

fleasg, -a, -an *nf* diadem, garland, spray (of a tree) □ *le fleasgan de fhlùraichean mu an amhaich* with garlands of flowers about their necks

fleasgach, -aich, -aich *nm* bachelor, youth □ *thàinig iomadh fleasgach a dhèanamh suirghe oirre* many a bachelor came to woo her

fleisg, -e, -ean *nf* flex

fleòd, air fleod *adv* afloat

fleòdrach, -aiche *a* buoyant

fleòdrachd *nf* buoyancy

fleòdradh, -aidh *nm* 1. floating □ *air fleòdradh* afloat, floating *adv* □ *bi a' fleòdradh / bi air fleòdradh* float 2. buoyancy □ see **fleòdrachd**

fleòdragan, -ain, -ain *nm* float

fliche *nf* moisture

flige *nf* sandwort

flin *nm* sleet

fliodh, -a *nm* 1. chickweed 2. weeds in general

fliodh-a'-bhalla *nm* dwarf elder

flion □ same as **flin**

fliù *nf* influenza

fliuch, fliche *a* watery, wet, moist □ *bog fliuch* soaking wet / dripping wet □ *bha e fliuch chun a' chraicinn* he was wet to the skin □ *dè bhitheas tu a' dèanamh air làithean fliucha?* what do you do on wet days? □ *nach e tha fliuch an-diugh?* isn't it wet today?

fliuch, -adh *v* swill, water, wet, make wet □ *bha an t-uisge a' fliuchadh gach neach nach robh fo dhìon* the rain was wetting everyone who wasn't under shelter □ *cha mhòr nach do fhliuch e fhèin* he almost wet himself

fliuch-bhòrd *nm* keel-board □ *fliuch-bhòrd na luinge* the keelboard of the ship

fliuiche *nf* wet, wetness

fliuichead, -eid *nm* wetness

flodach, -aiche *a* lukewarm, tepid □ *bha an t-uisge dubh flodach* the water was black and tepid

flòdrachd □ same as **fleòdrachd**

fluoraid *nm* fluoride

fluorain *nm* fluorine

flùr, flùir, -aichean *nm* 1. flower □ *flùraichean geàrrte* cut flowers □ *flùraichean an achaidh* the flowers of the field □ *bha iad a' trusadh fhlùraichean* they were gathering flowers 2. flour

flùr-a'-bhalla *nm* wallflower **f.-bhileag** *nf* petal

flùranach, -aiche *a* floral, flowery

flùranachd *nf* floriculture

fluth, -uith, -uith *nm* excrescence, tumour, wen

fluthach, -aiche *a* tumorous

fo *prep + dat* (*len* foll. word) below, beneath, under, underneath
Some basic examples: *fo fhichead bliadhna a dh'aois* under twenty (years of age) □ *fo làn bhlàth* in full bloom □ *fo làn d(h)uilleach* in full leaf □ *fo làn mheas* in full fruit □ *fo an cothrom* available to them □ *fo bhàrr* under crops □ *fo fhraoch* covered / overgrown by heather □ *bha am fearann air a dhol fo fheanntaig is ghìogan* the land was overgrown with nettles and thistles □ in some phrases used with the underlying meaning 'under the influence of' □ *fo iomagain* in a state of anxiety □ *fo imcheist / fo churam* anxious □ note also: *fo fheasgar* before evening □ *fo mhadainn* before morning

fo + *sing def art* **an** combine to make **fon** □ *fo bhòrd* under a table □ *fon bhòrd* under the table □ *fo thalamh* underground □ *fon talamh* under the ground □ but the *plural* remains unchanged: *a-muigh fo na h-iarmailtean* outside under the heavens

The *prep prons* are:- **fodham** under me **fodhad** under you **fodha** under him / it *masc* **foipe** under her / it *fem* **fodhainn** under us **fodhaibh** under you *pl & polite* **fopa / fodhpa** under them

The emphatic forms of these are:- **fodhamsa, fodhadsa, fodhasan, foipese, fodhainne, fodhaibhse, fopasan / fodhpasan**

Some examples: *bha na clachan air an cladhach fopa* the stones had been undermined (lit. had been dug under them) □ *bha e gus a bheul a bhualadh fodha* he was on the point of collapse □ *tha tighinn fodham* I am inclined / disposed to □ *thàinig e fodham* I thought of (doing something) These two latter expressions are now rare □ for **fodha** as an *adv* see under **fodha** itself

The following *prep poss adjs* may be found, but it is now recommended that these be written in full. The *prep* **fo** combines with *poss adjs* as follows:-
fom + *len* under my **fod +** *len* under

your *sing* **fo** + *len* under his / its *masc*
fo (without *len* but with **fo h-** before
vowels) but **fo ar** under our (fo **ur n-**
before vowels) **fo ur** under your *pl &*
polite (**fo ur n-** before vowels) **fon**
(**fom** before **b, f, p, m**) under their
fo- *pref* denoting 'sub-' / 'under',
'subordinate'
fo-aodach *nm* underclothes, underwear
f.-bhuidhean *nm* sub-group **f.-**
chearclach *a* concave **f.-cheumaiche**
nm undergraduate **f.-chlàs** *nm* subor-
dinate clause **f.-chomataidh** *nf* sub-
committee *tha an fho-chomataidh an*
sàs ann an deasbad na ceiste seo an-
dràsta the sub-committee is engaged
in discussing this problem at present
f.-chraicneach *a* hypodermic **f.-**
dhearg *nm* infra-red **f.-dhearg** *a* infra-
red **f.-fhear dheasachaidh** *nm* sub
editor □ *tha ceathrar fo-*
luchd-deasachaidh ann there are four
sub-editors **f.-ghearradh** *nm* under-
cutting / wave-cut notch **f.-innleadair**
nm sub-engineer **f.-inntinn** *nf* subcon-
scious □ *anns an fho-inntinn* in the
subconscious **f.-lagh** *nm/f* bye-law
f.-loighne *nf* byline (*pl* = **f.-loigh-**
nichean) **f.-luaimnich, -eachadh** *v*
hover **f.-mhothachail** *a* subconscious
f.-roinn *v* subdivide **f.-rèile** *nm* under-
ground railway, subway **f.-roinn** *nf*
subdivision **f.-rùnaire** *nm* under-
secretary **f.-sgiorta** *nf* under-skirt
f.-sgoil *nf* pre-school **f.-sgoil** *a* pre-school
f.-sgrìobh *v* subscribe, underwrite **f.-**
sgrìobhadh *nm & vn* of **f.-sgrìobh**
subscribing etc. **f.-sgriobhadair** *nm*
subscriber **f.-sgrìobhair** *nm* subscriber
f.-shruth *nm* undercurrent **f.-stracte**
pp underlined **f.-structair** *nm* infra-
structure □ *tha iad a' feuchainn ri fo-*
structair na Gàidhlig a neartachadh
they are trying to consolidate Gaelic's
infrastructure **f.-thalamh** *nf* sub-soil
f.-thiotal *nm* caption, sub-title, sub-
heading □ *film le fo-thiotalan* a film
with sub-titles □ *'s e fo-thiotal an*
leabhair seo... the subtitle of this
book is... **f.-thiotal** *v* sub-title □
dòighean ura fo-thiotaladh new ways
of sub-titling **f.-thìreach** *a* under-
ground, subterranean □ *faisg air an*
stèisean fo-thìreach close to the
underground station **f.-thropaigeach**
a sub-tropical **f.-thropaigean** *n pl*

sub-tropics **f.-thuigse** *nf* subconscious
□ *'s ann às an fho-thuigse a tha iad ag*
èirigh they rise from the subconscious
(lit. it's from the s. that they're rising)
f.-thuiteam *nm* subsidence **f.-ùir** *nf*
subsoil

fòcas, -ais *nm* focus □ *fòcas lionsa* lens
focus
fochaid, -e *nf* derision, gibe, mocking,
ridicule, scoffing, scorn □ *dèan fochaid air*
deride, mock, ridicule, scoff, scorn, twit
fochaideach, -iche *a* derisive, gibing,
mocking, ridiculing, scoffing, scorning
□ *briathran fochaideach* derisive words
fochair *nm* (also **fochar**) company, pres-
ence □ *na fhochair* in his presence □ *na*
fochair in her presence etc. □ *bha e na*
fochair air gach cothrom he was in her
company at every opportunity
fochann, -ainn *nm* corn in the blade □ *bha*
a' ghrian a' deàrrsadh air an fhochann
ghorm the sun was shining on the young
corn □ ... *an toiseach am fochann, an sin*
an dias ... first the blade, then the ear □ *tha*
fochann air an eòrna the barley is in blade
□ also *fo fhochann* in blade
fòd, fòide, -ean *nf* clod, turf, sod □ also **fòid**
nf as *nom*
fodha *adv* below, down, under, underneath
□ *cuir do sheòladh sìos fodha* put your
address down below it □ *cuir fodha*
immerse, sink *trans* □ *chuir e am bàta*
fodha he sank the boat □ *cur fodha* immer-
sion □ *rach / theirig fodha* founder, sink
intrans □ *chaidh am bàta fodha* the boat
sank □ *chaidh i fodha* she (i.e. the boat)
sank □ note that a boat is always referred
to as 'she' even though the word being
used for ship / boat / vessel may be *masc*
□ *bha iad a' dol fodha le obair* they were
up to their eyes / ears in work □ *cùm fodha*
suppress □ *cumail fodha* suppression □ *tha*
a' ghaoth air leigeil fodha the wind has
dropped □ *bi fodha* be sunk □ *bha a bhrò-*
gan fodha anns a' pholl his boots were
sunk in the mud □ *dèan fodha!* backwater!
fodha / fodhasan, fodhad / fodhadsa,
fodhaibh / fodhaibhse, fodhainn /
fodhainne, fodham / fodhamsa, fodhpa /
fodhpasan (or **fopasan**) *prep prons /*
emph prep prons resp. of **fo** (q.v)
fodar, -air *nm* fodder, provender, straw
fògair, fògairt / fògradh *v* banish, dispel,
drive away, exile, expel, proscribe, relegate

□ *dh'fhògair e an t-sìth gu buileach* he banished the peace completely

fògarrach, -aich, -aich *nm* exile, fugitive, outlaw, refugee □ *nuair a bha iad nam fògarraich* when they were exiles

fòghail, -e *nf* bustle, excitement □ *bha foghail air chrith nan cùislean* excitement was trembling in their veins

fòghainn, fòghnadh *v* avail, do (be enough etc.) suffice, be sufficient □ note that, like all verbs ending in **-ainn, fòghainn** suffers syncope in the *fut tenses* and in the *impf / cond tense* □ *fòghnaidh sin* that will do / suffice □ *fòghnaidh na dh'fhòghnas* enough is enough / enough's good as a feast □ *dh'fhòghainn sin dha* that was enough for him □ *dh'fhòghnadh sin fhèin gu do chur an cunnart bho aire a' phoileis dhìomhair* that in itself would be sufficient to put you in danger of attention from the secret police □ *fhuair e na dh'fhòghainn dha den bhaile* he had had enough of the town (lit. he had got what sufficed to him etc.) □ *fòghnaidh e dhomh a ràdh gu...* it will suffice for me to say that...□ *sin an rud a dh'fhòghainn dha* that's what did for him

foghainteach, -iche *a* mighty, valiant

foghair *a* autumn □ *(air) madainn fhoghair* (on) an autumn morning

foghar, -air *nm* harvest □ **Am Foghar** autumn *deireadh an fhoghair* the end of autumn *as t-fhoghar* in the autumn

fogharach, -aiche *a* phonetic

fogharadh, -aidh *nm* same as **foghar** □ *aig àm an fhogharaid*h at harvest time

fogharail, -e *a* autumnal

foghlaim *a* educational □ *leabhraichean foghlaim* educational books

foghlaim, foghlam *v* discipline, educate, learn □ *bha an teaghlach air am foghlam aig an taigh* the family was educated at home □ note that, though **teaghlach** is *sing*, the accompanying *pron* is *pl* – this is common with *coll nouns* (lit. the family was after their educating at home) □ *foghlaimibh uamsa* learn from me

foghlaimte *pp* of **foghlaim** educated, learned

foghlam, -aim *nm & vn* of **foghlaim** educating etc., (scholastic) discipline, education, learning, scholarship □ *foghlam corporra* physical education □ *foghlam mòr-chuairteach* comprehensive education □ *foghlam àrd-sgoile* secondary education □ *dh'fheuch e ri a fhoghlam a chur am meud* he tried to widen / extend his

education □ *Foghlam Inbheach* Adult Education □ *Foghlam Leantainneach* Further Education

foghlamaiche, -ean *nm* learner, tyro

fòghnadh, -aidh *nm & vn* of **fòghainn** sufficing etc., sufficiency

fòghnan, -ain, -ain *nm* thistle □ *fòghnan calgach* a prickly thistle

fòghnan-beannaichte *nm* Mary's thistle

fòghnan-breac *nm* □ same as **fòghnan-beannaichte**

fòghnan-soilleir *nm* carline thistle

fògradh, -aidh *nm & vn* of **fògair** exiling etc., banishment, exile, (the state), expulsion, relegation □ *fògradh deiridh* ultimatum □ *air fògradh* in exile □ *... a bha thall air fògradh ...* who was overseas in exile

fòid, -e, -ean *nf* turf, sod

foidhl *nm* foil (tinfoil etc.)

foighidinn, -e *nf* patience □ *feumaidh foighidinn a bhith againn* we must have patience □ *tha foighidinn anabarrach aig an t-seòrsa againne* our sort have exceeding patience (lit. there is exc. patience at the sort at us)

foighidneach, -iche *a* patient □ *bha e math dhuit èisteachd rium cho foighidneach* it was good of (lit. for) you to listen to me so patiently

foighneachd □ same as **faighneachd**

foighnich, foighneachd *v* □ same as **faighnich, faighneachd**

foileag, -eige, -an *nf* pancake □ *dhèanadh iad foileagan is tì* they used to make pancakes and tea

foilio, -othan *nf* folio

foill, -e *nf* deceit, deception, fraud, guile □ *dèan foill* plot □ *dèan foill (air)* cheat □ *thuirt e gun robh iad a' dèanamh foill (oirnn)* he said that they were cheating (us)

foilleachadh, -aidh *nm & vn* of **foillich** fiddling (being dishonest)

foilleil, -e *a* deceitful, fraudulent, guileful, perfidious

foilleireachd *nf* fiddling (being dishonest)

foillich, -eachadh *v* fiddle (be dishonest)

foillseachadh, -aidh *nm & vn* of **foillsich** publishing etc., disclosure, display, indication, manifestation, manifesto, publication, revelation

foillseachaidh *a* publishing □ *companaidh fhoillseachaidh* a publishing company

foillseachail, -e *a* (+ air) indicative (of)

foillsich, -eachadh *v* disclose, display, divulge, manifest, publish, reveal, show, unfold □ *dh'fhoillsich e e fhèin na charaid dhuinn* he revealed himself as a friend of ours (lit. to us – see **caraid** or **do**) □ *cha robh e a' foillseachadh dhuinn iomlanachd na cùise* he wasn't giving us the whole picture (lit. disclosing the completeness of the matter to us)

foillsichear, -eir, -an *nm* publisher

foinne, -ean *nf* wart □ *bha foinne mhòr dhubh air a ghruaidh* there was a great black wart on his cheek

foinneach, -aiche *a* warty

foipe / foipese *prep pron / emph prep* pron resp. of **fo** (q.v) under her / it *fem*

fòir, fòirtinn *v* (+ **air**) succour help, aid, succour, save, deliver (uncommon) □ *a Thighearna, fòir orm* Lord, save me

fòir, -e *nf* aid, help, succour □ *dèan fòir air* aid, help, succour *v*

foireann, -inn, -an *nm* band (military), draft, fount / font (type), gang, staff (e.g. of office staff), troop etc. □ *bha foireannan fòirneartach anns a' bhaile* there were violent gangs in the town □ *... am measg foireann an ospadail* ... among the hospital staff

foireigneach, -aiche *a* oppressive

foirfe *a* perfect □ *dèan foirfe* perfect *v*

foirfeach, -ich, -ich *nm* elder (of a church) □ *dreuchd foirfich* eldership □ *thàinig fear de na foirfich a-steach* one of the elders came in

foirfeachd *nf* perfection, maturity □ *thig gu foirfeachd* reach maturity

foirlionach *a* supplementary

foirlionadh, -aidh *nm* supplement

foirmealachd *nf* formality

foirmeil, -e *a* formal

foirmle, -ean *nf* formula

fòirneart, -eirt *nm* violence

fòirneartach, -aiche *a* oppressive, violent □ *bha foireannan fòirneartach anns a' bhaile* there were violent gangs in the town □ *bha e an sàs ann an gnìomharan a' chomainn fhòirneartaich ud* he was involved in the deeds of that violent association

fois, -e *nf* ease, leisure, peace, relaxation, repose, respite, rest, standstill, tranquillity □ *faigh fois* get rest □ *is beag fois a fhuair iad* little respite did they get □ *aig fois* at peace □ *tha e aig fois a-nis* he is at peace now □ *ann am fois* in peace □ *bha iad a' fuireach an seo ann am fois* they were living here in peace □ *gabh fois* rest □ *cuir inntinn aig fois* reassure □ *chuir mi a h-inntinn aig fois* I reassured her

foiseil, -e *a* peaceful, tranquil

folachd, -an *nf* blood-feud

follais *nf* openness, publicness etc. □ usually used in the form *[ann] am follais* 'displayed', 'exposed', 'open to view' as follows:- *thig am follais* appear, transpire □ *cha tàinig e am follais* he didn't appear / show up □ *thàinig a' chiad chlò-bhualadh de a bhàrdachd am follais anns a' bhliadhna 1768* the first edition of his poetry appeared in (the year) 1768 □ *... ma thig iad am follais* ... if they show up □ *tighinn am follais* emergent

follaiseach, -iche *a* clear, evident, flagrant, manifest, obvious, patent, prominent, public □ *gairm fhollaiseach* manifesto □ *bha e follaiseach gu leòr gu robh e ...* it was clear enough that he was ... □ *bha brù mhòr a' fàs gu math follaiseach air ...* a large stomach was becoming quite evident on him □ *Rannsachadh Follaiseach* a Public Inquiry □ *tha e follaiseach, mar eisimpleir, nach eil e ...* it is obvious, for example, that he isn't ... □ *faodaidh sinn na h-ùrnaighean seo a chur gu feum gu dìomhair is gu follaiseach* we may use these prayers privately and publicly

follaiseachd *nf* publicity □ *tha aon rud a dhìth oirnn agus is e sin follaiseachd mhòr a bhith againn* we need one thing and that is to have great publicity

follaiseadh, -idh *nm* publicity

follaisich, -eachadh *v* same as **foillsich**

follasgain *nf* goldilocks (plant)

fòn, fònaichean *nm/f* phone, telephone □ *leabhar a' / na fòn* telephone directory □ *bha e air a' fòn* he was on the phone □ *bha Raibeart air a' fòn ri Mairead* Robert was on the phone to Margaret □ *tha e air a' fòn dhut* he's on the phone to you □ these examples show that the word **fòn** has not been fully assimilated into Gaelic, as there is a reluctance to lenite in the *gen* and *dat* cases □ *chuir mi fòn thuice grunn thursan* I called her a number of times □ *tha am fòn a' dol* the phone is ringing □ *càite a bheil leabhar a' fòn?* where's the phone book?

fòn, -adh *v* phone followed by **gu** or its *prep prons* □ *dh'fhòn e* he phoned □ *dh'fhòn gu Seumas* I phoned [to] James □ *fònaidh mi thugad* I'll phone you □ *fòn thugam anns a' mhadainn* phone me in the morning □ *iarraidh mi air fònadh air ais thugad* I'll ask him to phone you back

fòn-cluaise *nm* earphone □ *bha fònaichean-cluaise air* he was wearing earphones

fònaiche, -ean *nm* telephonist

fonn, fuinn, fuinn *nm* 1. air, descant, tone, tune □ *tog am fonn* precent *bha e a' togail an fhuinn* he was precenting 2. gusto, humour, mood, zest □ *bha e [ann] an deagh fhonn* he was in a good mood / humour 3. ground, territory

fonnmhor, -oire *a* dulcet, jovial, melodious, tuneful

fonnmhorachd *nf* joviality

fopa / fopasan *prep pron* / emph *prep* pron resp. of **fo** (q.v) under them

for *nm* heed, attention, idea, thought, interest □ *cha robh for agam air* ... I had no idea of ... □ *an rud nach robh for aige air, 's e gun robh iad* ... what he had no idea of was, that they were ... □ *uaireannan chan eil iad a' toirt for oirnn* sometimes they don't heed us □ ... *gun fhor aige ach air a ghnothaichean fhèin* ... with interest only in his own affairs

for- *pref* (a) sur- (b) a form of **air** on, upon **for-chàin** *nf* surtax **f.-chosgais** *nm* surcharge **f.-dhoras** *nm* vestibule **f.-sheòmar** *nm* lobby **f.-thalla** *nm* foyer **f.-uinneag** *nf* balcony

fòram, -aim, -an *nm* forum

forc, fuirc, -an / **-aichean** *nf* fork

forc, an fhorc *nf* spasm, cramp

forca, -an / **-aichean** *nf* fork

forca-gleusaidh tuning fork

forfhais.-e *nf* 1. information □ ... *a chum forfhais fhìrinneach a sholar* ... (in order) to procure reliable information □ *cha b'urrainn iad forfhais a thoirt dha* they couldn't give him [any] information 2. inquiry □ *an dèidh forfhais a dhèanamh* ... after making inquiries □ *cha robh fios no forfhais aca gun robh e a' tighinn* they had no idea he was coming

fòrfhas-ais *nm* excrescence

fòrladh, -aidh, -aidhean *nm* furlough, leave □ *chuir iad seachad am fòrladh ann am Paris* they spent their leave in Paris

formailteach, -iche *a* formal □ *bha e air èideadh car formailteach airson an àite* he was dressed rather formally for the location

forsail, -e *a* prosperous, well-to-do

forsair, -ean *nm* forester

forsaireachd *nf* forestry

fortan, -ain *nm* fortune, luck □ *bha fortan nar fàbhar* fortune was in our favour □ *bha e an dùil fortan a dhèanamh air buntàta* he hoped to make a fortune in (lit. on) potatoes

fortanach, -aiche *a* fortunate, lucky

fòs *adv* moreover, yet, still – much less common than **fhathast**

fos (as in **fos cionn**) *dial form* of **os cionn** (see **cionn, os cionn**)

fosadh, -aidh, -aidhean *nm* respite, truce

fosail, -ean *nm* fossil

fosaileach *a* fossil

fosfat, -ait *nm* phosphate

fosfor, -oir *nm* phosphorus

fosforail *a* phosphorous

fosgail, fosgladh *v* open, unfold, unpack, unseal, clear (land of trees) □ *fosgail (glas)* unlock □ *fosgail sùil(ean)* disabuse □ *bidh seo a' fosgladh ur sùilean* this will disabuse you / open your eyes □ *fosgail an doras* open the door □ *dh'fhosgail i an uinneag* she opened the window □ *cala a tha a' fosgladh ris an ear-dheas* a harbour which opens to the southeast □ *bha an litir fhathast gun a fosgladh* the letter was still unopened □ *a' fosgladh sheann lotan* opening old wounds

fosgailte *pp* open, explicit, frank, free, overt □ *gu fosgailte* openly *adv* □ *an t-Oilthigh Fosgailte* the Open University □ *anns a' mhargadh fhosgailte* in the open market □ *bha i air na h-uinneagan fhàgail fosgailte* she had left the windows open □ *tha e glè fhosgailte ris a' chuan* it is very open to the sea □ *fosgailte (ri / do)* amenable (to) *tha sinn fosgailte ri beachdan-smaoin ùra* we are amenable to new ideas

fosgailteachd *nf* frankness, openness

fosgarra *a* frank, free, ingenuous, open □ *duine fosgarra* extrovert

fosgarrachd *nf* candour

fosgladh, -aidh, -aidhean *nm* & *vn* of **fosgail** opening etc., aperture, loophole, orifice, overture, shaft (of a mine), vent □ *fosgladh sùla* enlightenment

fosglair, -ean *nm* opener (tin, bottle) □ *fosglair chanastair* tin-opener

fosglan, -ain, -ain *nm* porch □ *fosglan a' chaolain* rectum

fòthannan, -ain, -ain *nm* □ same as **fòghnan**

foto-cho-chur *nm* photosynthesis

foto-cho-churte *a* photosynthetic

fotograf, -an *nm* photograph

fotografachd *nf* photography

fotostat *nm* photostat

fradharc, -airc *nm* (older **radharc**) eyesight, seeing, sight, prospect, vision □ *thig am fradharc* appear, show up □ *thoir am fradharc* reveal, show □ *fradharc lèirsinn* eyesight □ *fradharc tìre* landfall □ *ceart fhradharc* perspective

fradharcach, -aiche *a* 1. optic, visual 2. commanding, extensive (of a view), scenic □ *chan eil àite nas fradharcaich* there isn't a more scenic spot □ *gheibh sibh sealladh fradharcach air an loch on àite seo* you will get a commanding view of the loch from this spot
fraigh, -e, -ean *nf* 1. fringe, edge, border 2. partition wall, side wall
fraigh-shnighe *nf* water dripping down the wall of the black house
Frangach, -aich, -aich *nm* Frenchman □ *na Frangaich* the French
Frangach *a* French
Frangais *nf* French (lang.)
Frannsaidheach *a* Franciscan □ *na mision-araidhean Frannsaidheach* the Franciscan missionaries
fraoch, -aoich *nm* heath, heather, ling □ *anns an t-samhradh bhiodh na caoraich air an fhraoch sa bheinn* in the summer the sheep used to be out on the heather on the hill (lit. in the hill)
fraochach, -aiche *a* heathy
fraochail, -e *a* furious, raging
fraochan, -ain, -ain *nm* 1. toe (of shoe / boot) □ *rug fraochan a bhròige air sgealb creige* the toe of his shoe reached a rock shelf 2. passion (anger etc.) □ *bha fraochan na ghuth leis an fheirg* there was passion in his voice with [the] anger
fraoich, -e *a* ferocious
fraoidhneas, -eis, -an *nm* frill, fringe
fras, -adh *v* rain, scatter, shower
fras, froise, -an *nf* 1. shower (of rain) □ *cha robh ann ach fras* it was just / only a shower 2. seed □ *fras cluarain* thistle-down □ *bha i a' dannsadh cho aotrom ri frois cluarain* she was dancing as lightly as a thistledown □ *cuir fras dhe* seed *v intrans*
fras-ionnlaid *nf* shower (for bathing)
fras-lìn *nf* linseed
frasach, -aiche *a* rainy, showery
frasachd *nf* rain
freagair, freagairt *v* 1. answer, reply □ *cha do fhreagair e* he didn't answer □ *fhreagradh seo a' cheist* this would answer the question □ ... *airson a' cheist a fhreagairt* ... to answer the question □ *bhitheadh ceistean ann an uair sin ri am freagairt* there would be questions then to be answered (lit. to their answering) □ *cha do chòrd e rithe nach do fhreagair e i* it didn't please her that he didn't answer her □ *cha b'urrainn dhomh a fhreagairt* I couldn't answer him □ *"Seadh," fhreagair e gu critheannach* "Yes," he replied shakily

2. befit, fit, match, suit, tally □ in this meaning it may be accompanied by the *preps* **do, air** or **ri(s)** and their compounds (or without a *prep*) □ *cha fhreagradh a' bhròg a h-aon aca* the shoe wouldn't fit one of them □ *freagraidh an clas seo air duine gun Ghàidhlig idir* this class will suit a person who hasn't any Gaelic □ *bha iad a' freagairt air feuman an latha* they suited / fitted the needs of the day □ *mar as fheàrr a fhreagras orra fhèin* as best suits themselves / to suit their own needs □ *freagraidh an cur-seachad seo air a h-uile duine* this pastime will suit everyone □ *a' freagairt ri* attuned to □ ... *agus gach craobh anns an duilleach as fheàrr a fhreagras dhi* ... and each tree in the foliage which best suits it □ *cha fhreagradh do Sheumas obair fhàgail* it wouldn't have suited James to leave his work □ note that here the verb is being used impersonally and the *pers pron* is omitted □ note also that, in common with most verbs ending in **-air**, syncope occurs in the *fut* tenses and the *impf / cond tense*
freagairt, -e, -ean *nf & vn* of **freagair** answering etc., acknowledgement, answer, rejoinder, reply, response, retort □ *thoir freagairt (do)* answer, give / supply an answer (to), reply (to) □ *cha robh freagairt ann* there was no reply □ *sgrìobh na freagairtean ann an Gàidhlig* write the answers in Gaelic □ *tha mi a' creidsinnn gur i an fhreagairt nach eil* I believe the answer is no / that it isn't (in reply to a question introd. by **a bheil?**) □ note that, nowadays, the **i** used here is more likely to be **e** as in the next two examples (see assertive verb **is**) □ *an e sin freagairt na ceist?* is that the answer to the question? (lit. of the question) □ *is e an fhreagairt gur e* the answer is yes / it is □ *cha robh e a-riamh gun a fhreagairt* he was never without an answer (lit. his answer) □ *seo freagairt shìmplidh na ceist* this is the simple answer to (lit. of) the question □ *cha robh freagairtean aca do na ceistean sin* they had no answers to those questions
freagairteach, -iche *a* responsive

freagarrach, -aiche *a* adaptable, adequate, applicable, apposite, compatible, fit, meet, pat, right, suitable, useful □ followed by **air / airson / do** (= 'for' / 'to' where appropriate) before a *noun* □

dèan freagarrach adapt, fit, qualify *trans □ freagarrach airson còmhnaidh* habitable □ ... *gach nì a tha Thu a' faicinn freagarrach dhuinn* ... everything that you (i.e. God) see fit for us □ *tha seo freagarrach air gach aois is ire san sgoil* this is suitable for every age and stage in the school □ *tha a stoidhle nas freagarraiche do rèidio* his style is more suitable for radio □ *tha an leabhar seo freagarrach do chloinn òga* this book is suitable for young children □ *bha e freagarrach airson obair airm* he was fit for army work □ *bha am fearann freagarrach airson sìol-cur uachdarach* the land was suitable for top-seeding □ ... *ann an dòigh a tha freagarrach do chloinn* ... in a manner which is suitable for children

gu / gus is used before a *vn* □ *tha an laoidh seo freagarrach gu bhith ga seinn ann an sgoiltean Sàbaid* this hymn is suitable to be sung in Sunday schools □ *chan eil a h-uile talamh freagarrach gus sgrath a bhuain air idir* not all land is suitable for harvesting turfs on

---

freagarrachadh, -aidh *nm & vn* of **freagarraich** adapting, adaptation

freagarrachd *nf* suitability, fitness, propriety □ *bha freagarrachd a' bhaile mar phort a' fàs na b'fhollaisiche* the suitability of the town as a port was becoming more evident

freagarraich, -achadh *v* adapt

freagradh, -aidh, -aidhean *nm* same as **freagairt**

frèam, -a, -aichean *nm* frame, framework

frèam-dìridh / frèam-streap *nm* climbing frame

freasgair, freasgairt *v* (+ **air**) □ same as **freastail** □ *is iomadh uair a fhreasgair thu orm* many a time you did me a favour / got me out of a difficulty

freasgairt, -e *nf & vn* of **freasgair** attending etc., service (in restaurant etc.) □ *fhuair sinn freasgairt bho nighean bhrèagha* we got service from a pretty girl / were served by etc.

Freaslannach *a* Frisian

freastail, freastal *v* + **air** 1. attend, wait upon 2. depend (on) □ *bha muinntir an*

eilein am freastal a' bhàta seo the people of the island were depending on this boat 3. provide

freastal, -ail *nm & vn* of **freastail** attending etc., 1. attendance 2. fate, lot, providence, goodness (= providence etc □ *'s ann aig freastal a tha fios ciamar a* ... goodness knows how ... □ *buidheachas don fhreastal / taing do fhreastal* thank goodness *interj*

freastalach, -aiche *a* provident

freiceadan, -ain, -an *nm* guard *indiv / coll*, lifeguard, sentinel, sentry □ *freiceadan sràide* patrol □ *am Freiceadan Dubh* the Black Watch

freiceadan-oirthire *nm* coast-guard

Freudail *a* Freudian

freumh, -a, -an / -aichean *nm* root, derivation, source □ *freumh figearail* digital root □ *freumhaichean taic* buttress roots □ *bha freumhaichean an ròis glè threun* the rose's roots were very strong □ *bha am ball air a shnaigheadh à cnapan de fhreumh challtainn* the ball was hewn from a lump of hazel root □ *toirt o fhreumhan* extirpation

freumh-bhàrr *nm* rootcrop

freumh-fhacal *nm* etymon

freumhach *a* derivative

freumhachadh, -aidh, -aidhean *nm & vn* of **freumhaich** rooting etc., derivation (ling.)

freumhag, -aige, -an *nf* 1. rootlet, small root 2. fibre (diet)

freumhagach, -aiche *a* fibrous

freumhaich, -achadh *v* derive (ling.), root □ ... *agus fhreumhaich i gu domhainn* ... and it rooted deeply / it took deep root

freumhaichte *pp* rooted

friamh(ag) □ see **freumh(ag)**

frìde, -ean *nf* general term for any small insect-like creature or complaints causing itchiness. Now often used for 'insect'

frids,-ean *nm* refrigerator, fridge

friochd, -adh *v* pierce, stab □ *chaidh a fhriochdadh* he was stabbed

friochdadh, -aidh *nm & vn* of **friochd** piercing etc.

friogh, -an *nm* hackle, rage □ more commonly **frioghan** below

frioghan *nm* barb, bristles, hackles □ *tog frioghan air* bristle □ *thog e frioghan air* he bristled □ but note also:- *bha e air frioghan a thogail oirre* he had raised her hackles

frioghanach, -aiche *a* bristly

frionas, -ais *nm* annoyance, fretfulness, irritation, vexation □ *thàinig frionas air* he became annoyed □ *frionas cinnealtais* racial tension

frionasach, -aiche *a* fretful, irritable, peevish, prim, splenetic, testy, tetchy, vexed □ *bi frionasach* fret □ *ruith na cearcan às an rathad le gogail frionasaich* the hens ran out of the way with a vexed cackling □ *bha i a' faireachdainn car frionasach ris* she was feeling rather vexed with him

frìth, -e, -ean *nf* deer forest, deer park

frith- *pref* denoting 1. by-, sub-, smallness 2. counter-

frith-ainm *nm* bye-name, nickname **f.-bhaile** *nm* suburb □ *anns na f.-bhailtean* in the suburbs **f.-bhailteach** *a* suburban **f.-bheachd** *nm* converse (opposite) **f.-bhualadh** *nm* repercussion, palpitations **f.-bhuannachd** *nf* perquisite **f.-cheò** *nm/f* secondary smoke □ *is e f.-cheò a chanar ris a' cheò a tha a' dol don adhar bho thombaca a tha a' losgadh* smoke which goes into the air from burning tobacco is called secondary smoke (lit. it is sec. smoke that is said to the smoke which goes into the air from tobacco that is burning) **f.-chidsin** *nm* scullery **f.-choille** *nf* copse, underwood **f.-choimeas** m. antithesis **f.-chosamhlachd** *nf* paradox □ *bheir seo f.-chosamhlachdan gu cinneas* this will produce paradoxes **f.-fhacal** *nm* 1. antonym 2. bye-word **f.-ghàire** giggle □ *le iomadh f.-ghàire* with many giggles □ *dèan f.-ghàire* giggle *v* **f.-ghluais** *v* react **f.-ghluaistear** *nm* reactor **f.-ghluasad** *nm* countermotion, reaction **f.-ghluasadach, -aiche** *a* reactionary **f.-leum** *v* recoil **f.-leum** *nm & vn* of **f.-leum** recoiling, recoil **f.-mheirleach** *nm* pickpocket, pilferer **f.-raineach** *nf* bladder fern, dwarf fern **f.-rathad** *nm* by-way, lane, path, track □ *rathaidean mòra agus f.-rathaidean* highways and by-ways **f.-sheòrsa** *nm* off-shoot **f.-shràid** *nf* side-street **f.-thaghadh** *nm* by-election □ ... *ann am f.-thaghadh 1979* in the 1979 by-election **f.-thilgear** *nm* reflector

frithealadh, -aidh *nm & vn* of **fritheil** attending etc., attendance, attention □ *feumaidh iad frithealadh gu leòr* they need plenty of attention

frithearra *a* touchy, wayward

fritheil, frithealadh *v* 1. (+ do / air) attend (to), look after, minister (to), officiate over, serve, tend, wait (upon) □ *fhritheil i dha gu coibhneil* she attended to him kindly □ *tha e a' frithealadh do sheilleanan* he looks after bees □ *tha iad a' frithealadh do fheumalachdan luchd-ionnsachaidh* they are attending to the needs of learners □ *bha sinn a' frithealadh air fichead sgoil* we were serving twenty schools 2. attend, be present at □ *fhritheileadh e seirbhisean na h-eaglaise* he would attend the church services

fritheilteach, -iche *a* attentive (in looking after), subservient □ *bha i fritheilteach air* she was attentive to him □ *bha e fritheilteach gu leòr* he was attentive enough

froca, -annan *nm* frock

fròg, fròige, -an *nf* cleft (of rocks), hole, niche, nook, cranny □ *bha e na chrùban [ann] am fròig* he was crouched in a hole

frogaire, -ean *nm* frogman

froganach, -aiche *a* tipsy

froighneas, -eis *nm* frill, fringe

frois and **froise** □ *dat sing & gen sing* respectively of **fras** shower

fuachd *nm* cold (that one feels) □ *fuachd reòta* iciness □ *bha i air a meilicheadh leis an fhuachd* she was chilled with the cold

fuadach, -aich, -aichean *nm* banishment, ejaculation □ *na fuadaichean pl* the clearances

fuadachadh, -aidh *nm & vn* of **fuadaich** expelling etc., banishment, eviction

fuadaich, -achadh *v* 1. expel, banish, chase away, deport, drive off, evict, expel, put to flight □ *chaidh am fuadachadh far na croite* they were evicted from the croft □ *fuadaich (don dùthaich)* rusticate 2. carry off by force, kidnap □ *chaidh [a] fhuadachadh le spùinneadairean* he was kidnapped by bandits

fuadain, -e *a* 1. fleeting, transitory □ *le gàire fuadain* with a fleeting laugh □ *tha an aonachd seo fuadain agus air an uachdar a-mhàin* this unity is transitory and on the surface only 2. stray □ *ghlac iad an cù fuadain* they caught the stray dog 3. artificial, false, synthetic □ *fiaclan fuadain* false teeth

fuaigh, fuaigheal *v* 1. fasten, seam, sew, stitch, tack □ *dh'fhuaigh i a fallaing* she fastened her cloak 2. peg, nail (of a boat) *v*

fuaigheal, -eil, -eil *nm & vn* of **fuaigh** fastening etc., seam, sewing, stitching □ *bha an t-aodach air a ghearradh cho gann ris na fuaigheil* the cloth was cut so niggardly up to the seams □ *gabhaidh e fuaigheal* it can be sewn (lit. it will take sewing)

fuaigheall, -ill *nm* □ see **fuidheall**

fuaigheil □ same as **fuaigh**

fuaighte *pp* 1. stitched, sewn 2. nailed, pegged (as timbers in a boat) 3. and, by extension – attached, ingrained, inherent, integral, part and parcel of □ *feumaidh sinn na cothroman a ghlacadh a tha fuaighte anns an t-suidheachadh seo* we must grasp the opportunities that are inherent in this situation □ *tha iad fuaighte ri ceist a' chumhachd* they are attached / connected to the question of power

fuaim, (-e), -ean *nm/f* noise, patter, sound, tone □ *gun fhuaim* noiseless □ *dèan fuaim air* sound *v* (of a musical instrument) □ *bha e ag èisteachd ri fuaim an uillt* he was listening to the sound of the stream

fuaim-dhìonach *a* sound-proof **f.-iomlaid** *nf* metathesis **f.-lorg** *nf* sound-track **f.-mheudaichear** *nm* amplifier **f.-thonn** *nm/f* sound-wave

fuaimeadair, -ean *nm* megaphone

fuaimealas, -ais *nm* onomatopoeia

fuaimearra *a* acoustic

fuaimneach, -iche *a* echoing, noisy

fuaimneachadh, -aidh *nm & vn* of **fuaimnich** pronouncing, phonology, pronounciation

fuaimneachail *a* phonetic

fuaimneil, -e *a* same as **fuaimneach**

fuaimnich, -eachadh *v* pronounce

fuaimreag, -eige, -an *nf* vowel

fuaimreagadh, -aidh *nm* assonance

fuairead, -eid *nm* coldness

fual, -ail *nm* urine

fualachdar, -air *nm* water speedwell

fualactar, -air *nm* marsh wort

fuamhaire, -ean *nm* giant

fuamhaireil, -e *a* gigantic

fuar, -adh *v* get to windward (of a point), weather □ *... am feadh 's a bha sinn a' fuaradh an rubha ...* as we were weathering the point

fuar, fuaire *a* bleak, chill, chilly, cold, frigid □ *feòil fhuar* cold meat □ *pìos feòla fuaire* a piece of cold meat □ *shìn iad meuran fuara ris an teine* they stretched cold fingers towards the fire

fuar-dhealt *nm/f* blight **f.-rag** *a* numb **f.-reota** *a* gelid **f.-fhallas** *nm* cold sweat

fuaradair, -ean *nm* fridge

fuaradh, -aidh *nm & vn* of **fuar** weathering etc., windward □ *bha sinn a' cumail sùil ri fuaradh is ri fasgadh* we were keeping an eye to windward and to leeward □

bha e na sheasamh air taobh an fhuaraidh he was standing on the windward side (i.e. of the ship) □ *cùm ri fuaradh* luff

fuarag, -aige *nf* brose / gruel made with cold water, cold water brose

fuaraich, -achadh *v* chill, cool

fuaraich *nf* soot dripping through the thatched roof of an old black house □ *bhiodh smail dhubha den fhuaraich air a h-uile rud* the black stains of the thatch-soot used to be on everything *cf* **fraigh-shnighe** *nf*

fuaraichte *pp* refrigerated

fuaraidh *a* 1. chill, chilly, cool □ *anns an toll dhorcha fhuaraidh ud* in that chilly dark hole 2. damp

fuaraidheachd *nf* dampness

fuaralachd *nf* frigidity

fuaran, -ain, -an / -ain *nm* fountain, spring, well □ *fuaran-teth* geyser

fuarlit, -e, -ean *nf* poultice □ *rinn e fuarlit* he made a poultice

fuasgail, fuasgladh *v* 1. disentangle, dissolve, extricate, loose(n), relax, unbind, undo, unfasten, unloose, unravel, untie, unwrap □ *fuasgail an t-sreang* untie the string 2. decipher, solve, resolve □ *dh'fhuasgail e an toimhseachan* he solved the riddle □ *... aig an aon àm a' fuasgladh na ceist ...* at the same time resolving the problem □ *chan eil agad ach na ceistean sin fhuasgladh dhut fhèin* you just have to solve these problems for yourself 3. acquit, emancipate, liberate, ransom, release 4. deliver, save, rescue, rid

fuasgailte *a* agile, lax, liberated, nimble, untied □ *duine caol fuasgailte* a slender, agile man □ *na boreannaich fhuasgailte* [the] liberated women

fuasgailteachd *nf* laxity, looseness

fuasgladh, -aidh *nm & vn* of **fuasgail** loosening etc., absolution, assistance (to get out of difficulty), deliverance, discharge (of tension), dissolution, emancipation, rescue, resolution, riddance, solution (of argument etc.) □ *fuasgladh air urras* bail *v* □ *tha fuasgladh a' ghnothaich nar làmhan fhìn* the solution of the matter is in our own hands □ *chan eil airgead na fhuasgladh air a h-uile trioblaid* money isn't a solution for every trouble □ *cha robh neach air am biodh dìth air nach dèanadh e fuasgladh* there was nobody who was in want to whom he would not give assistance etc. □ *bha fuasgladh air a' chùis* there was a solution for the matter

fuath, -a, -an *nm* ghost, spectre □ *tha an leabhar seo mu fhuathan 's an leithid sin* this book is about ghosts and the like (see **leithid**)

fuath, fuatha *nm* antipathy, aversion, detestation, hate, hatred, odium □ *fuath bhan* misogyny □ *fuath dhaoine* misanthropy □ *fuath dùinteachd* claustrophobia □ *dh'fhairich e lasraichean an fhuatha ag èirigh na chridhe* he felt the flames of hatred rising in his heart □ *saoilidh mi gu robh fuath beag aige dhaibh* I think he had a little hatred for them □ *bha fuath agam dhi* I detested her □ *bha fuath uabhasach nan cridheachan* there was a dreadful hatred in their hearts

fuath-mhuc *nf* bluebell

fuathach, -aiche *a* detestable, hateful, hating, loathing □ *thug e sùil fhuathach orra* he gave them a hateful look / he looked at them hatefully □ *dèan fuathach* estrange

fuathaich, -achadh *v* abhor, detest, hate, loathe □ *mar gum bitheadh e ga fuathachadh* as if he detested her

fuathas, -ais *nm* a large number □ *theich fuathas fhògarrach gu Canada* a large number of exiles fled to Canada

fuathasach, -aiche *a* dreadful, horrible, terrible, predigious, wonderful □ also used as an *adv* □ *geamhradh fuathasach fuar* a dreadfully cold winter

fuathmhor, -oire *a* odious, hateful

fùc, -adh *v* waulk, full (cloth)

fùcadair, -ean *nm* fuller

fùdar, -air, -an *nm* powder (sometimes, as in English, = gunpowder) □ also **pùdar** (q.v.)

fùdar-gunna *nm* gunpowder

fudar-nighe *nm* washing-powder

fuidheag, -eige, -an *nf* thrum (in weaving), fluff (from cloth), tweed waste

fuidheall, -ill *nm* (rec. spelling) deposit (glacial), balance (fin.), fragment, garbage, leavings, odds, offal, refuse, relic, remainder, remains, remnant, residue

fuigh, fuigheall *v* □ same as **fuaigh, fuaigheal**

fuigheag, -eige, -an *nf* □ same as **fuidheag**

fuigheall, -ill *nm* □ same as **fuidheall**

fuighleach, -ich *nm* □ same as **fuigheall** *nm*

fuil, fala / fola *nf* blood, gore □ *seòrsa fala* blood group □ *leasachadh fala* blood transfusion □ *dòrtadh fala* bloodshed □ *leig fuil* bleed *trans* □ *caill fuil* bleed

intrans □ *geàrrach fala / ruith fala* haemorrhage □ *niosgaidean fala* haemorrhoids □ *fuil is gaorr* blood and gore □ *chuir e an fhuil rium* he made me bleed

fuil-chasgach *a* styptic **f.-dhòrtadh** *nm* haemorrhage **f.-fheadan** *nm* blood vessel **f.-mìos** *nf* menstruation, period *med*

fuileach, -iche *a* □ same as **fuilteach**

fuileachadh, -aidh *nm* & *vn* of **fuilich** bleeding

fuilear *a* noun with the basic meaning of 'too much', 'an infliction' – used only in the following idiom:- *cha b'fhuilear dhuibh ur n-àireamh a chleachdadh* you would have to use your number (lit. it wouldn't be an infliction for you etc.) □ *chan fhuilear dhomh an obair a chrìochnachadh* I must complete the task □ *cha b'fhuilear dhut an leabhar a bhith agad cuideachd* you would have to have the book too □ *chan fhuilear dhòmhsa na tha agam ri dhèanamh* I've enough to do (as it is)

fuilich, -eachadh *v* bleed □ *dh'fhuilich e gu bàs* he bled to death

fuilig *v* □ same as **fuiling**

fuiling, fulang *v* bear (pain etc.), endure, put up with, suffer, stand (endure), stick (endure), suffer, sustain, undergo, withstand □ *b'e duine e a dh'fhuilingeadh mòran gun ghearan* he was a man who would put up with a lot without complaint □ *a' fulang le cion beatha dòigheil* suffering from (lit. by) a lack of a decent life □ *chan fhuiling mi e!* I won't stand for it! □ *chan fhuiling mi sin* I can't stand that

fuilt □ *gen sing* of **falt** hair

fuilteach, -iche *a* bloody, sanguinary □ *blàr fuilteach* a bloody battle

fuiltean, -ein, -an *nm* (indiv.) hair □ *bha fuiltean fada bàn na laighe air a ghualainn* there was a long, fair hair lying on his shoulder

fuin, fuine / fuineadh *v* bake, knead □ *...agus chuir i san àmhainn e gus fhuineadh ...* and she put it into the oven to bake

fuine *nf* & *vn* of **fuin** baking

fuineadair, -ean *nm* baker

fuineadh, -aidh *nm* & *alt vn* of **fuin** baking

fuineall, -ill, -an *nm* funnel

fuinn □ *gen sing* and *nom* & *dat pl* of **fonn** tune etc.

fuinnseach, -ich *nm* enchanter's nightshade

fuinseag-coille *nf* golden rod

fuirbidh, -ean *nm* strong man (uncommon) □ *is e fuirbidh mòr a bh'ann* he was a big strong man

fuirc and **fuirce** □ *dat sing & gen sing* respectively of **forc** fork

fuireach, -ich *nm & vn* of **fuirich** staying etc.

fuireachd *nf & alt vn* form of **fuirich** staying etc.

fuireadh *abbr form* of **fuiricheadh** *imperf / cond tense* of **fuirich**

fuiribh □ *abbr form* of **fuirichibh** *imp pl* of **fuirich**

fuirich, fuireach / fuireachd *v* 1. abide, bide, remain, reside, stay □ *nach do dh'fhuirich iad ann an Inbhir Nis car tacan?* didn't they stay in Inverness for a while? □ *fuirich uaipe* stay away from her □ *bha iad a'fuireach air an cois* they were staying up (lit. staying on their foot) □ *a' fuireach* resident □ *na daoine a bha a'fuireach ann aig an àm* the people who were resident at the time 2. linger, pause, tarry 3. await, wait (+ **ri(s)** = for) □ *fuirich rium!* wait for me! 4. endure □ note that **fuirich** may be shortened in some tenses (as many longer or awkward words are) □ *chuir e roimhe nach fhuireadh e an sin an ath oidhche* he decided that he wouldn't stay there the following night

fùirneis, -e, -ean *nf* furnace, foundry

fulaisg, fulasgadh *v* rock

fulang, -ais *nm & vn* of **fuiling** enduring etc., endurance

fulangach, -aiche *a* 1. hardy, tough □ *chan eil sinn cho fulangach 's a bha sinn* we're not so tough as we were 2. passive □ *guth fulangach* passive voice

fulangachd *nf* passiveness

fulangaiche, -ean *nm* sufferer

fulangas, -ais *nm* endurance suffering, tolerance □ *fulangas Chrìost* the Passion □ *thar fulangas am foighidinn* beyond the limit of their patience (lit. endurance of their patience)

fulsgap *nm* foolscap

fungail *a* fungal

fungas, -ais *nm* fungus

fungas-mharbhaiche *nm* fungicide

furachail, -e *a* alert, attentive, vigilant, wakeful □ *thug daoine cluas fhurachail do a theachdaireachd* people listened attentively to his message (lit. gave an attentive ear)

furachair □ same as **furachail**

furachas, -ais *nm* attention, care, vigilance □ *ma dh'fhaoite gun deachaidh barrachd*

furachais a thoirt air perhaps more attention was given to it

furachras, -ais *nm* □ same as **furachas**

furan, -ain *nm* welcome □ *...ach fàilte no furan cha d'fhuair e bhuapa...* but no welcome did he get from them (lit. but welcome or welcome he did not get etc.)

furanach, -aiche *a* hospitable, welcome, welcoming □ *cairtean furanach* greetings cards

furasta, fasa *a* easy, facile, simple □ *furasta gabhail ri / ris* acceptable □ *...rud a tha furasta gabhail ris...* something which is easy to accept / acceptable □ *tha sin nas fhasa gabhail ris na...* that is easier to accept than.../ is more acceptable than... □ *dè a b'fhasa dhi na facal a ràdh ris an ath thuras a thachradh i ris?* what would be easier / simpler than to have a word with him the next time she met him (lit. what would be easier for her than to say a word to him the next time she would meet him?) □ *cha robh e furasta dhaibh a bhith...* it wasn't easy for them to be... □ *tha e glè fhurasta dhutsa a bhith cho somalta* it's easy for you to be so complacent □ *tha e furasta a dhìochuimhneachadh gu bheil*—it is easy to forget that—is... □ *tha e cho furasta do fheadhainn aig a bheil airgead* it's so easy for the ones who have money □ *cha robh cùisean furasta aig càraid òg aig an àm sin* a young couple didn't have things easy at that time □ *furasta an car a thoirt à* gullible □ *tha e furasta an car a thoirt aiste* she is gullible □ *tha iad furasta am fosgladh* they are easy to open (lit. they are easy their opening) □ *a bheil thu furasta do dhùsgadh sa mhadainn?* are you easy to waken in the morning?

furastachd *nf* ease (in doing), facility, facilitation

furm, -uirm *nm* form

furmailteach, -iche *a* hospitable, polite, urbane

furtachadh, -aidh *nm & vn* of **furtaich** consoling etc.

furtachd *nf* consolation, easement, redress, relief □ *'s ann le furtachd a chaidh fàilte a chur air na molaidhean ùra seo* it was with some relief that these new recommendations were welcomed □ *gheibh foighidinn furtachd* patience will get relief

furtaich, -achadh *v* console, relieve

G, g

ga *prep poss adj* formed from **aig** + **a** 1. (with *len*) at his 2. (without *len* and with **ga h-** before vowels) at her □ used with a *vn* (see **aig**)
ga *prep poss adj* formed from **gu** + **a** to his (with *len*), to her (without *len*) □ used before a *vn* (see **gu**)
gab / gabach □ see gob / gobach

---

gabh, -ail *v* 1. accept *trans*, have, receive, take
The basic meaning of this word is 'take'. However, when used with certain *nouns, advs, preps* and *prep prons*, it forms a large number of idiomatic constructions.
Note that further examples of usage may be found by looking up one or more of the other words which accompany **gabh** in the examples below:-

. . . .

gabh used with *nouns*:-
1. with **gabh** meaning take / hold (in the sense of 'accommodate') □ *gabhaidh gach seòmar-cadail sianar* each bedroom will accommodate six (people) □ *gabhaidh an t-àite na mìltean* the place will hold [the] thousands □ *... ann am bàta beag nach gabhadh ach dithis ...* in a little boat which would hold only two □ *gabhaidh an t-amar mìle galan* the tank will hold a thousand gallons / the capacity of the tank is etc. □ *dè na ghabhas e?* what will it hold? / what is its capacity? □ *na ghabhas an t-amar* what the tank will hold / the capacity of the tank □ *lìonaidh sinn an t-amar gu na ghabhas e* we will fill the tank to (its) capacity 2. with **gabh** meaning 'take' (generally, but not 'take away', 'carry off', 'remove' etc.):- *gabh ain-mean* poll □ *gabh aithreachas* regret □ *gabh aithghearr* take a shortcut □ *tha sinn a' gabhail aithghearr* we are taking a shortcut □ *gabh an t-altachadh* say grace □ *bha e a' gabhail an altachaidh* he was saying grace □ *a' gabhail an leabhair* conducting family worship (lit. taking the book) □ *gabh àite* take place / take the place of □ *seo*

far an do ghabh am blàr àite this is where the battle took place □ *cha b'ur-rainn do nighinn sam bith eile a h-àite a ghabhail nam chridhe* no other girl could take her place in my heart □ *gabh clas* take a class (as a teacher or a student) □ *gabh balgam* sip, sup □ *gabh barail air* form an opinion of □ *dè a' bharail a bha e air a gabhail orm?* what [the] opinion had he formed of me? □ *gabh beachd air* examine, note, observe, pay particular attention to, size up, study, survey, view □ *gabh biadh* have food, have a meal □ *an do ghabh thu do bhiadh?* did you take / have your meal? □ *gabh boladh* smell, sniff □ *gabh brath air* take advantage of □ *tha e a' gabhail brath ort* he is taking advantage of you □ *gabh còmhnaidh* lodge *intrans* □ *gabh cead de* take leave of □ *ghabh e a chead dhith* he took his leave of her □ *gabh ceò* smoke (tobacco etc.) □ *ghabh e dà cheò às a' phìob* he took two puffs from the pipe □ *gabh ceum* step, take a step, graduate, go for a walk □ but: *ghabh sinn an ceum air ais don bhaile* we took the path back to [the] town □ *gabh cianalas* yearn □ *gabh comhairle* be advised, consult □ *gabh cuairt* take a ramble / tour / trip / stroll / turn / walk, go for a walk □ *ghabh e cuairt sìos don chladach* he took a walk down to the beach □ *gabh sgrìob* make a journey, take a trip, take a walk □ *gabh cupa tì / cupan tea* have a cup of tea □ *gabh cùram dheth* be concerned about it □ *gabh cùram de (rudeigin)* take on the responsibility of (something) □ *b'fheudar dhi cùram an teaghlaich a ghabhail oirre fhein* she had to take the responsibility of the family upon herself □ *gabh cùram* become anxious / concerned, care □ *gabh an cuthach* go mad □ *gabh dealbh de ...* take a picture of ... □ *ghabh i dealbh den chaisteal* she took a picture of the castle □ *gabh dìnnear* dine □ *gabh dragh de ...* be worried etc. by ... □ *gabh dreallag* swing □ *gabh eagal* take fright, get a fright, become afraid □ *leis an eagal a ghabh iad le chèile* with the scare they both got (lit. took) □ *gabh fadal / fadachd* long □ *gabh farmad ri(s)* become jealous / envious of □ *gabh ealla ri* take stock of □ *gabh fàth air* take advantage of, take unawares □ *ghabh e fàth orra* he took advantage of them □ *gabh fois* rest *intrans* □ *gabh gnothach ri* interfere with, meddle with □ *gabh fras* take a shower □ *gabh iongnadh / iongantas* marvel, wonder □ *gabh leisgeul* accept an excuse □ *gabh mo leisgeul* excuse me (lit. accept my excuse) □ *ma ghabhas tu mo leisgeul* if you will excuse me □ *gabh a naidheachd* ask after / for him / her / *innis dhi gu bheil mi a' gabhail a naidheachd* tell her that I'm asking for her □ *tha mo mhàthair a'gabhail do naidheachd* my mother is asking for you □ *gabh oilbheum* take offence □ *cha ruig iad a leas oilbheum a ghabhail* they needn't take offence □ *gabh gaol air* fall in love with □ *gabh òran* sing (a song) □ *gabh rathad* take a road, route □ *bha drochaid ìosal air an rathad a bha mi a' gabhail* there was a low bridge on the road I was taking □ *gabh rudeigin bho chuideigin* take something from somebody □ *ghabh mi an t-airgead bhuaithe* I took the money from him □ *gabh (rudeigin) gun chòir* usurp (something) □ *gabh (rudeigin) a-steach leis an anail* inhale (something) □ *gabh sealladh bradanach* peep □ *gabh seilbh air* possess, take over, take possession of □ *ghabh iad seilbh air an fhearann* they took possession of the land □ *gabh smaoin mu* think about a matter, give a matter thought □ *cha do ghabh e mòr smaoin mun chùis* he gave the matter little thought (lit. he did not take much thought about the matter) □ *gabh truas de* pity □ *ghabh i truas dheth* she pitied him (lit. she took pity of him) □ *gabh ùidh ann* take an interest in □ *bha iad a-muigh a'gabhail math an latha* they were out taking the good of the day □ *bha an teine a-nis a'gabhail* the fire was now taking □ *gabh galar (bho)* catch a disease / infection (from) □ *ghabh e an cnatan (bhuaipe)* he caught cold (from her) □ *chaidh an gabhail leis a' pholas* they were caught by the police □ *bha iad an dòchas gun gabhte ris na h-iarrtasan seo* they hoped that these demands would be

met (i.e. accepted) □ both **gabhte** and **gabhaiste** are *alt. passive imperf / cond* forms

. . . .

gabh used with *adverbs / adverbial phrases*:-
1. with the basic meaning of 'take': *gabh air do shocair* take it easy □ *feuch gun gabh thu air do shocair!* see that you take it easy! □ *na gabh gu dona e* don't take it badly □ *gabh os làimh* take charge of, undertake □ *gabh air iasad* borrow □ *ghabh iad a-null an dà chuideachd sin* they took over those two companies □ *ghabh sgiobair eile a-null* another skipper took over □ also *gabh thairis* take over □ *bidh cuid dhiubh air an gabhail thairis* some of them will be taken over □ *bha am baile air a ghabhail thairis le luchd-turais* the town was taken over by tourists □ *gabh (air mhàl)* lease, rent □ *gabh a-steach* (a) include, involve, take into account □ *tha a' bhuidheann seo a' gabhail a-steach an coltraiche* this group includes the razor-bill □ *a'gabhail a-steach beachdan nam pàrantan* taking into account the views of the parents (b) assimilate, take in, realize □ *bu chòir dhaibh gabhail a-steach gu bheil seo ceàrr* they should realize that this is wrong □ *a bheil thu a'gabhail sin a-steach?* are you taking that in? (c) take oneself in i.e. go in – see section 2. following – 2. with the basic meaning of 'go, proceed': - *gabh a-null* go over □ *ghabh i a-null chun an sgàthain* she went over to the mirror □ *ghabh e a-null na choinneimh* he went over to meet him □ *gabh a-mach!* go out! out you go! out! get out! □ *gabh a-steach* (a) go inside! / get inside! in you go (b) include, involve (see section 1. above) □ *gabh seachad* pass, go past □ *chunnaic e am post a'gabhail seachad* he saw the postman passing / going past □ *gabh romhad!* go on! on you go! keep going! (though **romhad** is a *prep pron*, it has here the force of an *adverb*) □ *feumaidh mi gabhail romham ge-tà a dh'Inbhir Nis* I have to keep going, though, to Inverness □ *ghabh iad sìos an rathad* they proceeded down the road

. . . .

gabh used with *preps / prep prons:*
gabh aig secure, lash, tie up, make snug, make secure, secure □ *is esan a ghabh aig a' chiste aice* it was he who secured her trunk □ *bha a' chiste air a gabhail aice le ròpan tiugha* the chest was secured by thick ropes □ ... *nuair a ghabhadh aig a' bhàta* ... when the boat was tied up □ as an extension of this also means 'look after', 'see to', 'treat well', 'welcome' etc. □ *bha i air a gabhail aice gu math* she was treated well, well looked after □ *bha aige ri gabhail aig na h-eich* he had to see to the horses
gabh agad engage (a servant etc.) □ *bha fear gabhte aca làn ùine* a man was engaged by them full time
gabh ort 1. assume, feign, pose, presume, pretend, seem □ *cha do ghabh e air a bhith diadhaidh* he didn't pretend to be pious 2. dare □ *na gabh ort* don't dare
gabh ort fhèin take (it) upon oneself, take the initiative, undertake □ *ghabh e air fhèin* ... he took the initiative □ ... *ghabh e air fhèin an t-airgead fhaighinn* he undertook to obtain the money
gabh do (also **gabh air**) beat, defeat, hit, belabour □ *bha òrd mòr, mar gum bitheadh, a' gabhail dom eanchainn* a great hammer was, as it were, beating my brain □ *bha na daoine a' gabhail do chàch a chèile* the people were beating each other □ *bha e a' gabhail dhaibh le cuip* he was beating them with a whip □ *thathar a' gabhail air tuathanaich mar nach do ghabhadh orra riamh roimhe* farmers are being hit as they have never been hit before
gabh ann an enlist, join (e.g. the army), list *ghabh e san arm* he enlisted / joined the army *ghabh e ann an seann chuideachd athar* he enlisted in his father's old company
gabh de partake of □ *aig àm comanachaidh tha sinn a' gabhail de na h-eileamaidean sin* at communion time we partake of those elements
gabh mar accept / take as □ *gabh mar charaid* befriend □ *gabh mar bhall* matriculate □ *is tric a bha e air a ghabhail mar Shasannach* he was often taken for an Englishman (lit. as an Englishman)

gabh mu attend to, look after □ *tha na taighean air gabhail umpa gu math* the houses are well looked after
gabh ri(s) 1. (*trans / intrans* as required) accept, accommodate oneself to, adopt (custom, plan etc.), admit, harbour, own, receive □ *ghabh iad ris na beachdan neo-àbhaisteach sin* they accepted / accommodated themselves to these unusual views / opinions □ *sgrìobh e litir a' gabhail ris an obair* he wrote a letter accepting the job □ *ghabh a' mhuinntir ris a' chleachdadh seo* the people adopted this custom □ *saoilidh mi gum faca e barrachd 's a tha e deònach gabhail ris* I think he saw more than he is willing to admit □ *furasta gabhail ri / ris* acceptable □ *cha robh e cinnteach ciamar a ghabhadh e ri briathran an duine* he wasn't sure how to take the man's words (lit. how he would take to) □ *gabh ri(s) mar* regard as □ *gabh ri mar athair* father *v* □ *na gabh ri* disown □ *mòran nithean ris a bheilear a' gabhail gu nàdarrach* many things which are taken for granted (lit. taken naturally) 2. bother, trouble □ *bha a druim a' gabhail rithe* her back was troubling her
gabh ro (formerly **roimh**) entertain, look after □ *bha e cunnartach dhi gabhail ron Phrionnsa* it was dangerous for her to entertain the Prince □ *bha thu riamh a' gabhail roimhe cus* you always looked after him too much □ *gabh romham* go before me □ but note also: *gabh romhad!* go on! on you go!

. . . .

gabh is also used as an *auxiliary verb* and has the effect of: 1. causing the accompanying *verb* to be *passive* and 2. taking upon itself the meaning of 'can be', 'could be' (or similar) □ *mòran na bu luaithe na ghabhas e innse* ... much more quickly than it can be told □ *pathadh nach ghabhadh a shàsachadh* a thirst which could not be satisfied □ *is gann a ghabhas e creidsinn gu bheil* ... it can scarcely be believed / it is scarcely believable that ... (lit. it is scarcely that [it] will take believing that ...) □ ... *far an gabhadh seo a dhèanamh* ... where this could be done / where this is feasible ... □ *cha ghabh sin dèanamh* it is not

possible to do that / that's not possible / that can't be done etc. □ *an gabh e càradh?* can it be mended? *gabhaidh e fuaigheal* it can be sewn
Note that the *verb* is often used without a *pers pron* □ *rinn sinn na ballachan cho daingeann 's a ghabhadh* we made the walls as strong as possible □ *nì sinn na ballachan cho daingeann 's a ghabhas* we will make the walls as strong as possible □ ... *cho fada uainn 's a ghabhas a dhèanamh* as far away from us as possible □ *tha iad cho toilichte is a ghabhas* they are as pleased as can be □ note also: *bha i na bu deònaiche a h-innse, nan gabhadh e bhith, na bha mise air a cluinntinn* she was more willing to tell it, possibly, than I was to hear it (i.e. the story) □ note also: *nan gabhadh sin a bhith* if that were possible – and: *nan gabhadh sin dèanamh* if that could be done / if that were possible

---

gàbhach *a* □ see **gàbhaidh**
gàbhadh, -aidh, -aidhean *nm* crisis, danger, jeopardy, peril □ *thàinig iad a dh'èisteachd ri sgeul nan gàbhaidhean tro an deach e* they came to listen to the tale of the perils through which he had passed
gabhagan, -ain, -ain *nm* rock pipit
gàbhaidh, -e *a* dangerous, fearful, perilous, terrible, severe □ *fhuair e trod gàbhaidh* he got a severe row / telling off □ *bha na guidheachan gàbhaidh* the curses were fearful
gabhail, gabhalach, gabhalaichean *nm/f & vn of* **gabh** taking etc., let, lease, feu, tenement □ *chan eil gabhail oifigeil aca* they don't have an official lease □ *thoir air ghabhail* let □ *gabhail aig / ri* reception, treatment, welcome □ *fhuair e gabhail aige fìor mhath* he was very well treated □ *cha b'e an gabhail aca a b'fheàrr a fhuair iad* it wasn't the best welcome that they received / they didn't receive the best of welcomes □ *gheibheadh iad deagh ghabhail riutha* they received (used to receive) good treatment □ *furasta gabhail ris / rithe* etc. acceptable □ *tha sin furasta gabhail ris* that is acceptable □ *tha sin nas fhasa gabhail ris na seo* that is more acceptable than this □ *gabhail air* assumption (of office), beating, defeat □ *gabhail (teine)*

combustion □ *gabhail a-steach* intake, reception □ *gabhail os làimh* undertaking
gabhaltach, -aiche *a* catching, contagious, infectious □ *bha am brosnachadh gabhaltach* the excitement was infectious □ *galar gabhaltach* a contagious / infectious disease
gabhaltas, -ais *nm* tenure
gabhte 1. *pp* engaged (hired) □ *bha fear gabhte aca làn ùine* a man was engaged by them full time 2. *alt imperf / cond tense* of **gabh** (q.v.)
gach *indef pron* each, every, all, per □ is never lenited □ *gach aon* each [one], every □ *gach duine* everyone (individually) □ *gach nì* everything □ *anns gach àite* everywhere □ *gach uair* whenever □ *gach uair a chunnaic mi e* whenever I saw him □ *mu chòig mìle gu deich gach rathad* about five to ten miles each way □ *air gach taobh dheth* on each side of him / it *masc* □ *eadar gach rud a th'ann (a bh'ann)* between one thing and another / taking one thing with another
Note that **gach** means 'all' / 'every' only in the sense of 'each individual' □ *gach duine a bha an sin* each man who was there / all who were there □ *bha iad a' cathachadh an aghaidh gach cunnairt* they fought against every danger □ *bha bonnaich de gach seòrsa ann* there were cakes of every kind there □ *gach meatair ceàrnach* per square metre □ *bha e gu lèir am Beurla, gach uile facal* it was all in English, every single word (more emphatic than **gach** alone) □ *chaidh gach uile seòrsa nì annasach innse dhomh le mo sheanair* all sorts of extraordinary things were told to me by my grandfather □ *bha ainm air gach uile feart beag dhen tìr* each and every land feature had a name
The *preps* **ann, a, le, ri** and **gu** take the **s** form before **gach**: *leis gach adhartas* with each advance □ *anns gach suidheachadh* in each situation □ *ris gach duine* to every man □ *às gach doras* from each door □ *gus gach baile* to each town
gad *prep poss adj* formed from **aig** + **do** at your *sing* □ used with a *vn* (see **aig**)
gad, gaid, gaid / gadan *nm* 1. withe 2. a string of anything, anything strung on a string □ *gad uighean* a string of (blown) eggs □ *gad èisg* a string of fish □ *cha robh agam ach an gad air an robh an t-iasg* I was left with next to nothing (proverb)
gadachd *nf* stealing, theft, robbery □ *tha meirle is gadachd de gach seòrsa a' sìor*

dol am meud robbery and theft of every kind are continually increasing

gadachd-taighe *nf* burglary

gadaiche, -ean *nm* thief

gadaiche-taighe *nm* burglar

gadair, gadradh *v* hobble (put a hobble on)

gadhar, -air, -ain *nm* hound, lurcher (dog)

gafann, -ainn *nm* henbane

gàg, gàige, -an *nf* chap (on the skin), hack □ *bha a làmhan làn ghàgan* his hands were full of chaps / hacks

gàgach, -aiche *a* chapped □ *le làmhan gàgach* with chapped hands

gagach, -aiche *a* stammering, hesitant (in speech), inarticulate

gagachd *nf* stammer

gagadaich *nf* stammering

gagaiche *nf* stammering □ *tha gagaiche ann* he stammers

gàgail *nf* quack □ *dèan gàgail* quack *v*

gagaire, -ean *nm* stammerer

gagaireachd *nf* babble, babbling

Gaidheal, -eil, -eil *nm* Gael, Highlander (also **Gàidheal**)

Gàidhlig *nf* Gaelic □ *tha Gàidhlig aige* he knows Gaelic / he can speak Gaelic □ *Gàidhlig ghnàthasach* idiomatic Gaelic □ *Gàidhlig Mhanainneach* Manx

Gàidhlig *a* Gaelic □ *'s e faclair Gàidhlig a th'ann* it's a Gaelic dictionary □ *facail Ghàidhlig* Gaelic words

gàidsear, -eir, -an *nm* exciseman, gauger

gailbheach, -iche *a* rough, stormy, tempestuous □ *dèan / fàs gailbheach* roughen (of weather) □ *tha sìde ghailbheach air a bhith againn* we have had stormy weather □ *tro thonnan gailbheach* through tempestuous waves

gailearaidh *nm* gallery (for art etc.)

gaileis, -ean *nf* braces, galluses (sometimes used in the *pl*)

gailleann, -inn *nf* storm, tempest, gale

gailleannach, -aiche *a* stormy

gaineamh, -eimh *nf* □ same as **gainmheach**

gaineamh-chlach *nf* (geol.) sandstone

gainmheach, -ich *nf* sand □ *gainmheach shligeach* shell sand □ note that there is no plural □ *gainmheach an fhàsaich* desert sand / sands of the desert □ *air a' ghainmhich* on the sand(s)

gainmheil, -e *a* sandy

gainne *nf* dearth, meagreness, paucity, scarcity, want □ *nuair a bha gainne air Ghaidhealtachd* when there was scarcity in the Highlands

gainnead, -eid *nm* fewness, scantiness, scarcity, shortfall □ *rach an gainnead* become scarce □ *cha b'urrainn dha a ràdh carson a bha iad a' dol an gainnead* he couldn't say why they were becoming scarce □ *chuir iad an cèill an dragh a bh'orra mu ghainnead mòr ann an ...* they expressed their concern about a great shortfall in ...

gainnisg *nf* sedge

gàir *nm* clamour, outcry

gàir, gàireachdaich / **gàireachdainn** / **gàirsinn** *v* laugh □ *ghàir e orm* he laughed at me □ *bha i a' gàireachdaich air* she was laughing at him

gairbhe *nf* asperity, ruggedness, stoutness

Gairbheach, cath Gairbheach the Battle of Harlaw □ *chuireadh cath Gairbheach anns a' bhliadhna mìle, ceithir ceud agus a h-aon deug* the Battle of Harlaw was fought in the year one thousand four hundred and eleven / in 1411

gairbhead, -eid *nm* grossness, roughness

gairbhseach, -ich *nf* roughage

gàirdeachas, -ais *nm* joy, triumph □ *dèan gàirdeachas* (ri) rejoice (in), welcome □ *rinn sinn gàirdeachas ris an naidheachd seo* we welcomed this news

gàirdean, -ein, -an *nm* arm □ *chaidh iad a-steach ann an gàirdeanan a chèile* they went in arm in arm □ *thàinig i a-steach is an leanabh air a gàirdean* she came in with the baby on her arm

gàirdeanach *a* having arms (e.g. a chair)

gàire *nm/f* laugh □ *thoir gàire air* amuse, move to laughter, make (someone) laugh □ *bheireadh e gàire ort* it would make you laugh □ *thug caraid gàire orm o chionn greis nuair a ...* a friend made me laugh recently when ... □ *cha mhòr nach tug e gàire air* it almost made him laugh □ *dèan gàire* laugh □ *rinn i gàire riutha* she laughed at them

gàireachdaich *nf* and *alt vn* of **gàir** laughing etc., laughter □ *am measg na gàireachdaich* amid(st) the laughter

gairge *nf* ferocity, fierceness, harshness, roughness

gairgean-creagach *nm* samphire

gairgeann, -inn *nm* black cormorant

gàirich, -e *nf* raging, roaring, wailing □ *cha b'urrainn dha an cluinntinn os cionn gàirich a' chuain* he could not hear them above the raging of the sea

gairisinn *nf* / **gairiseachadh, -aidh** *nm* disgust, detestation, horror, loathing, terror

gairm, a' gairm *v* announce, call, cite, convene, declare, crow, cry, summon □ *gairm air ais* recall □ *a' gairm cogaidh* declaring

war □ ... *nuair a ghairmeadh an t-sìth ann an 1918* ... when peace was declared in 1918 □ *ghairmeadh iad gu Talla na Comhairle* they were summoned to the Council Hall □ ... *na càirdean a chaidh a ghairm dhachaigh* ... the friends who had been called home (i.e. died) □ *chaidh an dotair a ghairm a-steach* the doctor was called in
gairm *nf & vn of* **gairm** call, calling (shouting / vocation), cry, mission, summons, vocation □ *gairm a' choilich* cock-crow □ *gairm fhollaiseach* manifesto □ *ghabh e gairm gu sgìre na Morbhairne* he accepted a call to the parish of Morvern □ *gairm circ', fead maighdinn, rud as lugha air Dia a chluinntinn* crowing of a hen and whistling of a maiden, what God hates most to hear
gairm-cogaidh *nf* war-cry
gairmeach *a* vocational, vocative □ *a' chùis ghairmeach* vocative case
gàirneal, -eil, -an *nm* girnil (meal chest)
gàirnealachd *nf* gardening
gàirnealair, -ean *nm* gardener
gàirnealaireachd *nf* gardening
gàirneilear, -eir, -an *nm* □ see **gàirnealair**
gaiseadh, -idh, -idhean *nm* blemish, defect, disease (of plants), flaw, fault, blight □ *tha e air an gaiseadh seo a ghiùlan on uair sin* he has borne this defect ever since then □ *thàinig an gaiseadh air a' bhuntàta* the potatoes were affected by blight (lit. the blight came upon the potatoes)
gàirneid, -e, -ean *nf* garnet
gaisge *nf* bravery, valour
gaisgeach, -ich, -ich *nm* hero □ *gaisgeach film* film star
gaisgeachd *nf* bravery, heroism
gaisgeanta *a* martial, valorous
gaisgeil, -e *a* brave, doughty, heroic, redoubtable □ *ghabh e ris a' bheatha sin gu gaisgeil* he adopted / took to that life bravely
gal *nm* □ see **gul**
galad *nf* □ used only in the *voc. case* **a ghalad!** dear! darling!
galan, -ain, -ain / -an *nm* gallon □ *ceithir galain peatroil* four gallons of petrol
galar, -air, -an *nm* affection (illness), ailment, complaint, bug (med. slang), disease, distemper, malady □ *an galar breabach* chorea, St. Vitus' Dance □ *an galar craosach* bulimia □ *an galar dubhsnàimh* caisson disease □ *an galar fuail* diabetes □ *galar gabhaltach* a contagious / infectious disease □ *an galar smugaideach*

catarrh □ *galar sgaoilte* epidemic □ *cuir galar air* infect
galar-dhùsgach *a* pathogenic **g.-eòlach** *a* pathological **g.-eòlas** *nm* pathology **g.-ghabhail** *nm* infection **g.-shùileach** *a* ophthalmic complaint
galarach, -aiche *a* diseased, infective, morbid, pathological
galars *n pl* braces
galghad *nf* □ see **galad** *nf*
Gall, Goill, Goill *nm* alien, foreigner, Lowlander
gall-chnò *nf* walnut **g.-ghamhlas** *nm* xenophobia **g.-uinnseann** *nm* quickbeam, whitebeam
galla, -achan *nf* bitch
Gallda *a* alien, foreign, Lowland
gallan, -ain, -ain *nm* 1. branch, stalk, young tree / sapling □ *bha gallain ùra a' cinntinn nan cearcall* new saplings were growing in a circle 2. hero, young man
gallan-mòr *nm* butter-bur
gam *prep poss adj* formed from **aig + mo** (with *len*) at my or **aig + am** (without *len* and before *nouns* beginning with **b, f, m, p**) at their □ used with a *vn* (see **aig**)
gam *prep poss adj* formed from **gu + mo** to my (see **gu** 1. *prep*)
gàmag, -aige, -an *nf* 1. mouthful (of food) 2. octave
gamait, -ean *nf* gamete
gaman, -ain *nm* gammon
gamhainn, gamhna, gamhna *nm* steer, stirk
gamhlas, -ais *nm* animosity, malevolence, rancour, spite, spleen □ *cha robh gamhlas agam ris* I had no animosity towards him
gamhlasach, -aiche *a* implacable, malevolent, rancorous, spiteful, vindictive
gamhna *gen sing & nom pl of* **gamhainn**
gan *prep poss adj* formed from **aig + an** at their before *nouns* beginning with any letter other than **b, f, m, p** (see **gam** above) □ used with a *vn* thus: *bha e gan giùlan gu furasta* he was carrying them easily
gann, -ainne *a* few, meagre, niggardly, scant, scanty, scarce, spare (scanty), sparse, thin □ *bha an t-aodach air a ghearradh cho gann ris na fuaigheil* the cloth was cut so niggardly up to the seams □ *gann de* short of, strapped for, lacking in □ *bha iad gann de dh'uisge* they were short of water □ *a bheil sinn cho gann de mhisneachd 's gu bheil sinn aindeonach rud a dhèanamh?* are we so lacking in courage that we are unwilling to to anything? □ *bha iad uile gann de dh'airgead* they were all strapped for cash □ *shiubhail e dìreach seachdain*

gann de na ceithir fichead bliadhna he died just a week short of [the] eighty [years] □ *ach gann* scarcely □ *cha deach e don sgoil ach gann* he scarcely went to school
gann is often used with the *assertive verb*: *is gann* hardly, scarcely, etc. □ *is gann duine a tha air fhàgail* there are few people left □ *is gann gun robh gu leòr ann don a h-uile* there was hardly enough for all □ *is gann gun ruigeadh e air an sgeilp* he could scarcely reach the shelf □ *is gann is fhiach e a bhiadhadh* he is scarcely worth his feeding □ *tha tomhas nach gann de theannachadh ann* there is no small measure of suspense in it (i.e. a book) □ *'s gann gun robh e air a h-ainmeachadh nuair a...* he had scarcely announced her when... □ *'s gann gun gabh e creidsinn ach...* it can scarcely be believed, but... □ note also: *gann mìos an dèidh seo...* scarcely a month after this... □ *bha samhradh a bheatha seachad mun gann a thòisich e* the summer of his life was past before it had scacely begun
ganntar, -air *nm* □ see **ganntachd**
ganntachd *nf* poverty, want
gànrachadh, -aidh *nm & vn of* **gànraich** cluttering etc., clutter
gànradh, -aidh, -aidhean *nm* gander
gànraich, -achadh *v* bespatter, clutter, make dirty, soil □ *ann an ùine ghoirid bha an ceum air a ghànrachadh a-rithist* in a short time the path had been made filthy again
gànraich *nf* din □ *chuala iad gànraich neònach anns an t-sràid* they heard strange din in the street
gànraichte *pp* soiled, polluted □ *uisge gànraichte* polluted water
gaoid, -e, -ean *nf* blemish, defect, fault, flaw, taint □ *thug seo gaoid air a bhàrdachd* this caused a blemish in his poetry / this flawed his poetry
Gaoidhealach *a* Goidelic □ *na cànanan Gaoidhealach* the Goidelic languages
gaoil *a* love □ *chan e bàrdachd ghaoil a bh'annta* they were not love poetry □ *òrain ghaoil* love songs
gaoir, -e *nf* 1. cry (usually of woe, pain, alarm etc.) □ *chuala sinn gaoir thiamhaidh nam ban* we heard the melancholy cry of the women 2. clamour, din □ *tro ghaoir nan sruth* through the din of the streams 3. shiver, thrill □ *chaidh gaoir tromham* a thrill went through me □ *chuala e fuaim a chuir gaoir tro a fheòil*

he heard a sound which sent a shiver through his flesh □ *cuir gaoir ann* thrill □ *fairich gaoir* tingle □ *dh'fhairich e gaoir na mheuran* his fingers tingled
gaoir-chatha *nf* war-cry □ *bha iad a' glaodhaich na gaoire-catha gu fiadhaich* they were fiercely shouting the war-cry
g.-sgeul *nm* thriller □ *mas toigh leat a' ghnè ris an canar 'gaoir-sgeul'* if you like the genre which is called 'thriller'
gaoireil, -e *a* thrilling □ *sgrìobh e mu dheidhinn saoghal gaoireil cunnartach an fhir-bhrathaidh* he wrote about the thrilling, dangerous world of the spy
gaoisid, -e *nf* hair (of an animal) □ *bha a' ghaoisid na seasamh mu chùl amhach a' choin* the hair was standing around the back of the dog's neck □ *gaoisid eich* horsehair □ *bha e air a dhinneadh le gaoisid eich* it was stuffed with horsehair
gaoisideach, -iche *a* hairy □ *leòmann mhòr ghaoisideach* a large hairy moth
gaoisnean, -ein, -an *nm* (single) hair
gaoithean *nm* windbag, talkative person
gaoitheanach, -aiche *a* harebrained
gaol, -oil *nm* 1. affection, love □ *tha gaol agam ort* I love you □ *gabh gaol air* fall in love with (lit. take love upon) □ *ghabh e gaol air Ealasaid* he fell in love with Elizabeth □ *...duine sam bith a dh'fhaodadh gaol a ghabhail oirre...* any man who might fall in love with her □ *thoir gaol do...* love... □ *bi an trom ghaol* dote □ *"Tha gaol mo chridhe agam ort-sa!"* ars' esan "I love you with all my heart!" he said □ *a ghaoil mo chridhe* love of my heart (vocative) □ *roghnaich e gaol boireannaich* he chose the love of a woman □ *(ann) an gaol* in love □ *tinn le gaol* lovesick □ *thuit e ann an trom ghaol* he fell heavily in love 2. (object of) love □ *a ghaoil* my love (vocative) □ note that 'mo' is not used here in the Gaelic □ note also that **gaol** is more intimate than **gràdh** and is usually reserved for romantic contexts, or particularly close family relationships
gaolach, -aiche *a* affectionate, amorous, darling, dear, loving □ *gaolach air* fond of □ *gaolach air airgead* mercenary □ *tha iad cho gaolach air a bhith ann am fasan ris na boireannaich fhèin* they are as fond of being in fashion as [the] women themselves □ *chan eil a'mhòr-chuid de dhaoine gaolach air cogadh* the majority of people aren't fond of war
gaolmhor *a* cognate

gaorr, -a *nm* gore □ *fuil is gaorr* blood and gore

gaorrach, -aiche *a* gory

gaoth, -aoithe, -an / -ean *nf* wind □ *gaoth an ear* an east wind □ *gaoth a tuath* a north wind □ *gaoth mhòr* gale □ *cuir le gaoith* drift *trans* □ *falbh le gaoith* drift *intrans* □ *gaoth tro tholl* draught □ *tha a' ghaoth a' sèideadh* the wind is blowing □ *tha a' ghaoth air leigeil fodha* the wind has dropped □ *dh'fhairich e fàileadh nan gaothan tlatha* he smelled the gentle winds (lit. felt the smell of)

gaoth-ionnstramaid *nf* a woodwind instrument □ *pl* **gaoth-ionnstramaidean** = woodwind (section) **g.-mheidh** *nf* anemometer, wind-gauge

gaothach, -aiche *a* flatulent, pneumatic, windy

gaothachadh, -aidh *nm & vn of* **gaothaich** inflating etc.

gaothadh *nm*

gaothaich, -achadh *v* inflate

gaothaire, -ean *nm* 1. mouthpiece (of bagpipe) 2. wind-bag (of a person)

gaothar, -aire *a* blustering, blustery, flatulent, gusty, windy

gaotharan, -ain, -an *nm* fan □ *gaotharan teasachaidh* fan heater

gaothmhor, oire *a* □ see **gaothar**

gaothsgàth, -a, -an *nm* windscreen

gar *prep poss adj* formed from **aig + ar** at our □ used with a *vn* thus: *tha iad gar fàgail* they are leaving us (see **aig**)

gar *prep poss adj* formed from **gu + ar** to our (see **gu** 1. *prep*)

gar, -adh *v* warm □ *sheas e a' garadh a làmhan ris an teine* he stood warming his hands at the fire (lit. towards the fire) □ *bha iad gan garadh fhèin timcheall an teine* they were warming themselves about the fire

gàradh □ see **gàrradh**

garaidh, -ean *nm* den, lair □ *bha Daniel ann an garaidh leòghann* Daniel was in a den of lions / in a lions' den

garaids, -ean *nf* garage □ *chuir e an càr dhan a' gharaids* he garaged the car

garbh, -airbhe *a* coarse (of texture), gross, hefty, rank, rough, rugged, stout, thick, wild (of weather / times) □ *dèan garbh* roughen (make rough) □ *fàs garbh* roughen (become rough) □ *tha an sgrìobhadh garbh agus furasta a leughadh* the writing is thick and easy to read □ *tha i garbh an-diugh* it's rough / wild today □ *bha e beò ann an làithean garbha*

buaireasach he was living in wild, turbulent times

garbh-chrìoch *nf* rugged country □ *na Garbh-chrìochan* 'the rough bounds' – the country between Loch Suineart and Loch Hourn **g.-lus** *nm* (also **lus-garbh** *nm*) goose-grass, cleavers

garbhachd *nf* heftiness, roughness, coarseness □ *'s ann an sin a bheachdaich e air garbhachd an duine* it was then that he noted the heftiness of the fellow

garbhag-an-t-slèibhe *nf* fir club moss **g.-ghàrraidh** *nf* garden savory

garbhan, -ain *nm* bran, grit

garbhlach, -aich *nm* 1. rugged country □ *bha againn ri ar rathad a dhèanamh tron gharbhlach a bha romhainn* we had to make our way through the rugged country which lay before us 2. stony / shingly part of a beach / river bed etc. □ *am measg garbhlach a' chladaich* among the shingle of the beach / the beach shingle

garg, -airge *a* brutal, coarse (of manners), ferocious, fierce, gruff, harsh, rough, truculent □ *ann an guth garg, bagrach* in a rough, threatening voice □ *riaghaltasan garga* brutal governments

gàrlach, -aich, -aich *nm* urchin

garmainn, -ean *nf* beam (of a loom)

garrach, -aich, -aichean *nm* 1. filthy creature 2. contemptible manikin 3. gorbelly

garrad, -aid, -an *nm* garret

gàrradaireachd *nf* horticulture

gàrradh, -aidh, -aidhean *nm* 1. garden, enclosure, yard □ *gàrradh shoithichean* shipyard □ also *gàrradh iarainn* shipyard □ *'s e obair gàrraidh an curseachad a tha aige* his hobby is gardening □ *flùraichean a' ghàrraidh* (the) flowers of the garden, garden flowers 2. dyke, wall □ *gàrradh na crìche* the boundary wall (but see also **gàrradh-crìche** below)

gàrradh-aghaidh *nm* front garden **g.-càiridh** *nm* repair yard **g.-chreag** *nm* rockery **g.-crìche** *nm* boundary, boundary dyke / wall, limit **g.-droma** *nm* turf-dyke **g.-marasglachaidh** *nm* marshalling yard **g.-margaidh** *nm* market-garden

gàrraidh *a* of, belonging to or pertaining to a garden, garden □ *bha todha gàrraidh aige na làimh* he had a garden hoe in his hand

gartan, -ain, -ain / -an *nm* 1. garter 2. tick (on sheep etc.) □ *def* when referred to as a pest – **an gartan**

gas, -an *nm indec* in *sing* gas □ *much le gas / sgaoil gas* gas *v* □ *cucair gas* gas-cooker □

teine gas gas-fire □ *gas nàdarra(ch)* natural gas

gas, -aise, -an *nf* stalk, sprout (plant), stem (bot.)

gasach, -aiche *a* gaseous, gassy

gasaet, -ean *nm* gazette

gasgaid, -ean *nf* gasket

gasta *a* fine, handsome, nice, splendid, well □ *is gasta an duine e* he's a fine man □ *bha iad cho gasta ruinn* they were so nice to us □ *bha an t-àite seo a' tighinn ruinn gu gasta* this place suited us nicely □ *bha e a' còrdadh riutha gu gasta a bhith...* it pleased them fine to be ... □ *gasta, ma thogras sibh* fine / if you like (in reply to a suggestion) □ *is gasta leam* I take delight in □ *bu ghasta leis a bhith a' sealltainn a-mach air an uinneig* he took delight in looking out of the window

gastraiteas, -eis *nm* gastritis

gath, -a, -an *nm* 1. beam (of light), ray □ *gathan na grèine* the rays of the sun / the sunbeams □ *gath cathod* cathode ray □ *gath gamma* gamma ray □ *gath-x* x-ray 2. barb, dart, javelin, spear, sting □ *o bhàis, cait a bheil do ghath?* o death, where is thy sting? □ *gath an t-seillein* the sting of the bee, the bee's sting □ *cuir gath ann* sting □ *chuir an seilean gath annam* the bee stung me

gath-droma *nm* ridgepole (also **cabar-droma** *nm*) **g.-dubh** *nm* hemp nettle **g.-gealaich** *nm* moonbeam **g.-grèine** *nm* sunbeam **g.-solais** *nm* ray (of light)

gathach, -aiche *a* barbed, stinging

ge *conj* 1. though, however, no matter how □ used before adjectives □ *anns an eilean seo tha an cànan, ge fann, fhathast beò* on this island the language, though weak, is still alive □ *ma dh'fhuilingeas sinn ìsleachadh eile, ge beag e...* if we suffer another reduction, however small... / no matter how small... 2. *indef pron* related to *cia, ciod, cò* □ in combination with other words, forms a number of *indef prons* □ *ge air bith* (also *ge be*) whatever, what(so)ever □ *ge be àite* wheresoever □ *ge be uair* whenever □ *ge be air bith càite* wherever □ *ge be cò e* whoever he is □ *ge air bith dè a leugh i* whatever she read □ *ge air bith dè an seòrsa chon as fheàrr...* whatever is the best kind of dogs... □ *'s e rud luachmhor a tha ann an saorsa ge be dòigh anns a bheil daoine ga sireadh* freedom is a precious thing however men seek it □ *dh'ionnsaich iad uile seo ge be cuspair a bha iad a' dèanamh* they all

learned this whatever subject they were doing □ *bha e a' bruidhinn mu dheidhinn Acarus (ge b'e dè no cò tha sin)* he was talking about *Acarus* (whatever or whoever that is) □ *ge b'e dè cho trang 's a bha e* however busy he was, no matter how etc. □ as *adv* = however, whether □ **ge-tà** is the same as **ged tha** (q.v.)

gead, gid, -an *nm* 1. lock (of hair) □ *thuit gead an dèidh gid chun an làir* lock after lock fell to the floor 2. cultivated patch of land, 'lazy bed' 3. bald patch, bare spot

geadas, -ais, -ais *nm* luce, pike

geadasach, -aiche *a* coquettish □ *chrath i a ceann gu geadasach* she shook her head coquettishly

gèadh, geòidh, geòidh *nm/f* goose, tailor's goose / iron □ *tha iad a' feuchainn ri rian a chumail air àireamh nan gèadh* they are trying to control the numbers of geese □ *isean geòidh* gosling

gèadh-bhlàr *nm* white-fronted goose **g.-dubh** *nm* solan goose **g.-glas** *nm* greylag **g.-got** brent-goose

geadha, -an / **-achan** *nm* boathook □ *rug e oirre le geadha* he caught her with a boathook

geal, gile *a* 1. white □ *gainmheach gheal* white sand(s) □ *tràighean geala* white beaches □ *Pàipear Geal* White Paper □ *a-rèir a' Phàipeir Ghil* according to the White Paper □ *bha bata geal aige na làimh* he had a white staff in his hand □ *bha maoil mhòr gheal oirre* she had a large white forehead □ *bha fiodh an ùrlair air a sgùradh cho geal ris an t-sneachd* the wood of the floor was scrubbed as white as [the] snow □ *bha e na bu ghile na an sneachd* it was whiter than [the] snow □ *bha e na bu ghile na b'àbhaist* he was whiter than usual / he was unusually white □ *bha ìomhaigh de mhàrmor ghil an sin* there was a statue of white marble there □ *air tràigh mhòir mhìn ghil* on a great, smooth, white beach 2. fine □ *uinneag air an t-saoghal gheal ud* a window on that fine world □ *làithean geala* fine days □ *bha e geal grianach* it was fine and sunny □ used *adverbially* as follows: *leabhar as geal as fhiach a cheannach* a book which is well worth buying □ *is geal is fhiach e a leughadh gu cùramach* it's well worth [it] reading it carefully □ *is geal a thoill thu e* you well deserved it

geal, gil *nm* white, the white part of anything □ *geal na sùla* the white of the eye □ *chan eil a dhubh no a gheal ri fhaicinn* *an-diugh* there's no sign of it to be seen today (also *a dhubh no a dhath*)

geal-shruth nan speur Milky Way

gealach, -aich, -aichean *nf* moon □ *gealach an abachaidh* harvest moon (also referred to as *gealach bhuidhe an abachaidh*) □ *solas gealaich* moonlight □ *fon ghealaich ghil* under the white moon □ *Calum na Gealaich* the Man-on-the-Moon □ *bho ghealaich làin gu gealaich ùir* from full moon to new moon

gealachadh, -aidh *nm & vn of* **gealaich** blanching etc.

gealachail *a* lunar

gealadh, -aidh, -aidhean *nm* fade-in

gealag, -aige, -an *nf* sea trout

gealag-an-t-sneachd *nf* snow bunting (also **eun-an-t-sneachda**) **g.-bheinne** *nf* ptarmigan (also **tàrmachan**) **g.-bhuachair** *nf* bunting (bird) **g.-làir** *nf* snowdrop **g.-lòin** *nf* reed bunting

gealagan, -ain, -ain *nm* white of an egg, albumen

gealaich, -achadh *v* blanch, bleach, whiten □ *gealaich le aol* whitewash *v*

gealaichte *pp* whitened □ *gealaichte le aol* whitewashed □ *taigh gealaichte le aol* a whitewashed house

gealan-beinne *nm* mountain linnet **g.-coille** *nm* whitethroat **g.-lìn** *nm* linnet (also **bigein-Brìghde**)

gealbhonn, -uinn, -an *nm* sparrow

gealbhonn-gàraidh / **g.-nam-preas** *nm* hedge sparrow

gealbh-roc *nm* Leach's petrel, fork-tailed petrel (also **gobhlan-mara**)

geall, -adh / **-tainn** *v* bet, promise, vow □ *tha mi a' gealltainn sin dhut* I promise [to] you that □ *seo agad an leabhar a gheall mi a chur thugad* here's the book I promised to send to you □ *gheall e mo choinneachadh* he promised to meet me □ *bha mi riamh a' gealltainn dhomh fhèin gun rachainn an sin* I was always promising [to] myself that I would go there □ *an geall thu dhomh nach fàg thu mi?* will you promise me that you won't leave me? □ *geallaidh mise sin dhut* I'll guarantee you that (almost disputatiously)

geall, gill, gill *nm* bet, pledge, prize, stake, surety, wager □ *cuir geall* bet, lay a wager, wager □ *bi an geall air* hanker after, long for, pant for □ *tha iad an geall air cumhachd a' phàrtaidh seo a bhriseadh* they are longing to break the power of this party □ *thoir / cuir an geall* pawn □ *cuir an geall* pledge □ *chuirinn mo gheall gur ann*

a Steòrnabhagh a tha e I would bet that he comes from Stornoway □ *cuiridh mi geall gum bi e air ais a-màireach* I'll bet he'll be back tomorrow

geall-cheannaiche *nm* pawnbroker

gealladh, -aidh, -aidhean *nm & vn of* **geall** betting etc., bond, promise, vow, word (promise) □ *thoir gealladh (seachad)* promise, make / give a promise □ *tha an gealladh air a thoirt seachad a-nis* the promise has been given now □ *...nach ceadaicheadh dha a gheallaidhean a choimhlionadh ...* which would not allow him to fulfil his promises □ *thuirt e gun d'fhuair e gealladh air bàta* he said that he had got a promise of a boat □ *Tìr a' Gheallaidh* the Promised Land □ *gealladh(-pòsaidh)* engagement (see below)

gealladh-pòsaidh *nm* engagement (of marriage) □ *tha sinn fo ghealladh-pòsaidh* we are engaged □ *bha gealladh-pòsaidh eatorra* they were engaged (to be married)

gealltanach, -aiche *a* 1. hopeful (of a situation), promising, promissory □ *...air cho gealltanach 's gu bheil iad...* however promising they are □ *cha robh an t-sìde ro ghealltanach* the weather wasn't too promising □ *chan eil e uabhasach gealltanach airson an iasgaich* it's not awfully promising for [the] fishing □ *bha gnothaichean a' coimhead gu math gealltanach dha* matters were looking quite hopeful / promising for him □ *cha robh cùisean a' coimhead ro ghealltanach* things weren't looking too hopeful / promising 2. desirous □ *bha mi gealltanach air iasgach* I was desirous of fishing / I wanted to go fishing

gealltanas, -ais, -an *nm* assurance, engagement, pledge, promise □ *'s e an gealltanas seo bho Rùnaire na Stàite a tha gar brosnachadh gu bhith a' dol air adhart* it's this assurance from the Secretary of State which is encouraging us to proceed

gealta *pp* bleached, whitened

gealtach, -aiche *a* cowardly, pusillanimous, timid, timorous

gealtachd *nf* cowardice, timidity

gealtair(e), -ean *nm* coward

gèam, -aichean / **-achan** / **-annan** *nm* game □ also **geam**

geam, -aichean / **-achan** / **-annan** *nm* game □ *pl* = sports, (Highland) games

gèama □ see **gèam**

geamair, -ean *nm* gamekeeper

geamhrachadh, -aidh *nm & vn of* **geamhraich** 1. wintering (spending the winter / keeping animals etc. over the winter) 2. feeding stuff for cattle over the winter

geamhrachail *a* wintry

geamhradh, -aidh, -aidhean *nm* winter □ *geamhradh fuathasach fuar* a dreadfully cold winter □ *bidh moran dhaoine a'fulang air sgàth na sìde fuaire air a' gheamhradh seo* many people will be suffering because of the cold weather this winter □ *anns a' gheamhradh / a gheamhradh* in the winter / in winter □ *a shamhradh is a gheamhradh* summer and winter / in summer and in winter □ *dh'fheumadh e coiseachd còig mìle don sgoil a shamhradh is a gheamhradh* he had to walk five miles to school summer and winter

geamhraich, -achadh *v* winter (spend the winter / keep animals etc. over the winter)

geamhraidh *a* winter, wintry □ *oidhche gheamhraidh* a winter('s) night □ *air oidhche fhuair gheamhraidh* on a cold winter's night □ *is ann an dèidh na Bliadhna Ùire a thig sìde geamhraidh* it's after the New Year that winter weather comes

gean, -a *nm* cheerfulness, good humour

gean-math *nm* goodwill □ *chan eil mi cho cinnteach à gean-math na Comhairle don Ghàidhlig* I'm not so sure of the Council's goodwill towards Gaelic

geanail, -e *a* cheerful, pleasant □ *caileag bhòidheach gheanail* a pretty, cheerful girl □ *'s e cruinneachadh sunndach geanail a bh'ann* it was a happy, pleasant gathering

geanmnachd *nf* chastity, (sexual) continence

geanmnaidh *a* chaste

geansaidh, -ean *nm* jersey

gèar, gèaraichean / gèaran *nf* gear □ *chaidh e suas tro na gèaran* he went up through the gears □ *maide ghèaraichean* gear lever

gèar-bhogsa *nm* gear-box

gearain, gearan *v* complain, grouse, grumble, moan □ *tha i a' gearan air siataig* she is troubled with sciatica □ *thòisich i a' gearan air prìs an arain* she began to complain about the price of bread □ *cha do ghearain e riamh air a chrannchur* he never complained about his lot

gearaineach, -aiche *a* complaining, plaintive, querulous □ *"Fhuair e barrachd ormsa," ars esan ann an guth gearaineach* "He got more than I did," he said in a querulous voice

gearan, -ain, -an / -ean *nm* & *vn of* **gearain** complaining etc., complaint, grouse, grumbling, moan, protestation □ *dèan gearan* grouse, mutter □ *rinn iad gearan ri pàrantan nam balach* they complained to the boys' parents □ *tha iad air gearan a dhèanamh na aghaidh* they have made a complaint against him □ *a dh'aindeoin nan gearainean beaga sin* ... despite these small complaints □ *gun ghearan sam bith* without the slightest complaint □ *tha aon ghearan agam* I have have one grouse / complaint etc. □ *ged a dh'fhaodas gearan a bhith againn mu dheidhinn* ... though we may have a grouse about ...

gearastan, -ain, -an *nm* garrison

gearastanaich, -achadh *v* garrison

gearastanachadh, -aidh *nm* & *vn of* **gearastanaich** garrisoning etc.

Gearmailteach, -ich, -ich *nm* German

Gearmailteach *a* German □ *cheannaich iad teòclaid Ghearmailteach* they bought some German chocolate

Gearmailtis *nf* Geman (lang.) □ *'s ann (ann) an Gearmailtis a bha iad a' bruidhinn* they were speaking in German

geàrr, -a, -an *nf* hare □ *bha a' gheàrr gu math pailt* hares (lit. the hare – as a species) were quite plentiful

geàrr, gearradh *v* cut, carve (meat), clip, crop, disconnect, dissect, dock, grave, hack, hew, lop, mow, mutilate, poll, rescind, sever, slash, slit □ *geàrr air falbh* amputate □ *geàrr às* eliminate, excise □ *geàrr an ceann de* decapitate, execute (by decapitation) □ *geàrr le buille* chop □ *geàrr sa mheadhan* bisect □ *geàrr leum* frisk □ *geàrr na dhà leth* halve □ *geàrr le lannsa* lance □ *geàrr sùrdag(an)* caper, leap about, prance, vault □ *bha e a' gearradh shùrdag* he was leaping about □ *geàrr le siosair* snip □ *ma ghearrar na freumhan gheibh a' chraobh bàs* if the roots are (will be) cut the tree will die

geàrr, giorra *a* brief, concise, scanty, short, succinct, summary □ *thig geàrr air* miss (fall short of), want □ *gu geàrr* briefly, in brief □ *tha e a' tighinn geàrr air a chomas* he is falling short of his ability □ *air a' char as giorra* at least (lit. at the shortest turn) □ *mairidh seo ceud bliadhna air a' char as giorra* this will last a hundred years at least

geàrr-bhriathrach *a* laconic **g.-bhrìgheach** *a* compendious **g.-chlò-sgrìobhaiche** *nm* shorthand typist **g.-chasach** *a* short-legged **g.-chùnntas** *nm* minute (of meeting), precis, summary □ *sgrìobh geàrr-chùnntas* minute *v* □ *thoir geàrr-chùnntas air* summarize □ *dh'aontaicheadh gu h-aona ghuthach ri geàrr-chùnntas na coinneimh mu dheireadh* the minutes of the last meeting were approved unanimously **g.-fhacal** *nm* epigram, pun **g.-fhradharcach** *a* near-sighted **g.-fhuireachail** *a* short stay **g.-iomradh** *nm* summary □ *gheibhear geàrr-iomradh air na molaidhean gu h-ìosal* a summary of the recommendations will be found below **g.-sgrìobhadh** *nm* shorthand □ *geàrr-sgrìobhadh (cùise)* brief (legal) **g.-shaoghlach** *a* ephemeral, shortlived **g.-sheabhag** *nf* gerfalcon **g.-sheallach** *a* short-sighted **g.-ùine / -ùineach** *a* short-term □ *amasan geàrr-ùine* short-term objectives

gearra □ an *alt form* of **gearradh-gearra-bhall** *nm* great auk (extinct) **g.-breac** *nm* lesser black headed guillemot **g.-glas** *nm* black guillemot **g.-ghobaich** *nf* sharp wit **g.-gort / g.-gart** *nm* quail **g.-mhuc** *nf* guinea pig

geàrrach, a' gheàrrach *nf* looseness of the bowels □ *gen* = **na geàrraich** □ *geàrrach fala* haemorrhage

gearradair, -ean *nm* clipper, cutter (person / tool) □ *gearradair uèir* wire cutter □ *gearradair feamad* seaweed cutter

gearradaireachd *nf* act of cutting / hewing, repartee, satire

gearradh, -aidh, -aidhean *nm* & *vn of* **geàrr** cutting etc., carving, clipping, cut, cutting, dissection, gash, incision, mutilation, sarcasm, section □ *gearradh air falbh* amputation □ *gearradh às* excision □ *bha gearraidhean air a làmhan* there were cuts on his hands □ *tha iad a' toirt air daoine gearradh a dhèanamh ann an àireamhan a' chruidh* they are making people cut down on the number of cattle □ *gearradh / gearraidhean* may also mean 'cut / cuts' in expenditure etc.

gearradh-breac, gearraidh-bric, gearraidhean-breaca □ same as **gearra-breac g.-cainnte** *nm* loquacity **g.-cuairteig** *nm* segment **g.-gort, gearraidh-ghort, gearraidhean-gorta / gearradh-goirt** *nm* quail □ *thàinig na gearradh-goirt* the quails came (also **gearra-gort / gearra-gart**)

geàrraidh *nm* 1. enclosure, enclosed land 2. pastureland about a township

gearran, -ain, -ain *nm* garron, gelding, hack, nag

Gearran, an Gearran, *gen* a' **Ghearrain** February □ *chì mi thu a-rithist sa Ghearran* I'll see you again in February

geàrrtach, -aiche *a* cutting, incisive □ *gaoth gheàrrtach* a cutting wind

geàrrte *a* & *pp* of **geàrr** *v* cut, incised, cropped, mown etc. □ *bha an oidhche fuar, geàrrte* the night was piercingly cold

geas, geis / geasa, geasan *nf* charm, enchantment, spell □ *tha e furasta na geasan / a' gheas aithneachadh a fhuair e anns a' ghleann* it's easy to perceive the charm he found in the glen □ *fo gheasa / gheasaibh* under a charm / spell, enchanted, bewitched □ *bha iad fo gheasaibh aice* she had them under a spell □ *cuir fo gheasaibh* bewitch, conjure, enchant, fascinate, infatuate *cur fo gheasaibh* infatuation

geasach, -aiche *a* charming, enchanting

geasachd *nf* fascination

geasaibh □ see **geas**

geasalanachd *nf* superstition □ *a rèir geasalanachd muinntir an eilein* according to the superstition of the people of the island

geata, -achan *nm* gate, port □ *dùin an geata!* close the gate! □ *tha e a' dùnadh a' gheata* he is closing the gate

ged *conj* although, though □ accompanied by a relative construction: *ged a bha mi sgìth cha do stad mi* (al)though I was tired I didn't stop □ *ged a chaidh a mhuinntir a chur às an dachaighean agus an cur thar a' chuain* though his people were evicted from their homes and sent overseas □ *ged a chuirteadh a-mach e, thigeadh e a-steach a-rithist* though he were (to be) put out, he would come back in again □ **ged tha** (sometimes **ged thà / ge-tà** etc.) may mean 'even so', 'however', 'notwithstanding' etc. □ *ged tha, tha rud no dhà agam ri innse dhaibh* even so, I have a thing or two to say to them

gèibheal, -eil, geibhlean *nm* gable

gèig and **gèige** □ *dat sing & gen sing* respectively of **geug** branch

geilb □ see **gilb**

gèile, gèilichean / gèiltean *nm* gale □ *tro na gèilichean* through the gales □ *gèile beòthail* fresh gale □ *gèile làidir* strong gale

geilidh, -ean *nm* galley (ship's kitchen)

gèill, -eadh / gèilltinn / gèilleachdainn *v* (+ **do / ri** to) cede, comply, concede, conform, give in, humour, knuckle (down to etc.), resign, submit, succumb, surrender, yield □ *a' geilltinn do a reachd* submitting to his law gèill, -e *nf* yielding, submission, belief □ *thoir gèill (do)* 1. give in (to), yield (to), sag (give way under pressure) □ *cha tug e gèill fhathast* he hasn't given in yet ... □ *mar chomharradh nach toireadh iad gèill* ... as a sign that they would not yield 2. give credence (to), believe □ *cha robh e a' toirt gèill don amaideas sin* he didn't believe that nonsense

gèilleadh, -idh *nm & vn of* gèill ceding etc., compliance, concession (of argument), give, indulgence, resignation, surrender □ *tha de ghèilleadh anns a' mhaothan na dh'fhosgladh an t-slige* there's sufficient give in the cartilage to open the shell

geilmhin *s* pilchard

geilt, -e *nf* cowardice, fear □ *fhreagair e gun gheilt* he replied without fear □ *fo gheilt* aghast

geilt-chrith *nf* trepidation

geilteachadh, -aidh *nm & vn of* geiltich daunting etc.

geiltich, -eachadh *v* daunt, shrink

geimheal, -eil, geimhlean *nm* fetter geimhlean □ *pl* = gyves, shackles □ *chaidh a chur (ann) an geimhlean* he was chained / fettered, shackled □ *an iad seo iuchraichean ar geimhlean?* are these the keys of our fetters?

geimhleachadh, -aidh *nm & vn of* geimhlich enchaining

geimhleag, -eige, -an *nf* crowbar

geimhlean *pl of* geimheal gyves

geimhlich, -eachadh *v* enchain, fetter, shackle

geinideach *a* genitive □ see ginideach

geinn, -e, -ean *nm* wedge, chock □ *teannaich le geinn* wedge *v*

geinn, -eadh *v* wedge

geinnte *pp* of geinn wedged

geir, -e *nf* grease, fat, lard, suet, tallow

gèire *nf* (optical) definition, keenness, sharpness, virulence

gèire *comp* of geur

gèiread, -eid *nm* sharpness, keenness, wit □ *le gèiread inntinne* with keenness of mind / with acumen □ *chuir seo gèiread air an càil* this sharpened their appetite

Genesis, Leabhar Ghenesis Book of Genesis

geòcach, -aiche *a* gluttonous

geòcair, -ean *nm* wry-neck (bird)

geòcaire, -ean *nm* glutton, guzzler

geòcaireachd *nf* debauchery, gluttony

geodha, -achan *nm* cove, creek

geòidh □ *gen sing* and nom & dat pl of gèadh goose

geoimeatrach *a* geometrical

geoimeatraidh □ *alt form* of geoimeatras

geoimeatras, -ais *nm* geometry

geòire *comp* of geur

geòiread, -eid *nm* □ see gèiread

geòireachadh □ same as geurachadh

geòirich □ same as geuraich

geòla, -achan *nf* dinghy, yawl

geòlach *a* geological

geòlaiche, -ean *nm* geologist

geòlas, -ais *nm* geology

geug, gèige, -an *nf* bough, branch □ *bha an t-eun na shuidhe air geug* the bird was sitting on a branch □ *bha e a' coimhead air na h-eòin air na geugan* he was looking at the birds on the branches □ *bha an cat an crochadh air bàrr na gèige* the cat was hanging on the tip of the branch

geum, geumnaich *v* low

geum, -a, -an *nm* bellow □ *dèan geum* bellow *v*

geumnaich, -e *nf & vn of* geum, bellowing, lowing □ *dèan geumnaich* low □ *chuala sinn geumnaich a' chruidh* we heard the lowing of the cattle

geur, gèire / geòire *a* 1. acid, bitter, caustic (of wit), poignant, pungent, shrill, sour, tart, trenchant, virulent □ *geur is tioram* astringent (of taste) 2. bright (of intellect), incisive, keen, sharp, sharpwitted □ *air leth geur* brilliant □ *sgian gheur* a sharp knife □ *sìde gheur sgaiteach* sharp, piercing weather □ *bha an oir gheur air a maoladh* the sharp edge was blunted □ *bha faobhar na bu ghèire air an sgithinn seo* there was a keener edge on this knife

geur-amhairc *v* stare □ *bha e a' geuramharc oirnn* he was staring at us g.-bheachd *nm* insight g.-bheachdach *a* percipient g.-fhacal *nm* gibe g.-labhairt *nf* wit g.-lean *v* persecute g.-leanmhainn *nm & vn of* g.-lean persecuting, persecution □ *dèan geur-leanmhainn air* persecute □ *tha an Riaghaltas a' dèanamh geur-leanmhainn orra* the Government are persecuting them □ *rè nan geur-leanmhainnean* during the persecutions g.-sgrùd *v* pore g.-sheallach *a* clear-sighted, sharp-sighted

geurachadh, -aidh *nm & vn of* geuraich intensifying etc.

geurachd *nf* asperity

geuradair, -ean *nm* sharpener □ *geuradair peansail* a pencil sharpener

geuraich, -achadh *v* intensify, sharpen, whet

geurchuis *nf* perspicacity, sagacity

geurchuiseach, -iche *a* incisive, judicious, penetrative, perspicacious, sagacious, sharp

gheat, -aichean *nf* yacht

gheibh *fut indep form* of **faigh**

gheibhear *fut pass form* of **faigh**

gheobhar = **gheibhear**

giall, gialla / gèille, -an / -ean *nf* jaw, jowl

giamh, gèimh / giamha, -an *nm* blemish, defect, fault □ *bha giamh annta uile* they all had a defect / there was a defect in all of them

gibeach, -iche *a* hairy □ *duine beag gibeach feusagach* a little, hairy, bearded man □ also **giobach**

gibeagan, -ain, -ain *nm* ruff (bird)

gibht, -tean *nf* gift

Giblean, an Giblean *nm* (*gen* **a' Ghiblein**) April

gid □ *gen sing* of **gead** lock (of hair)

gidheadh *adv* although, but, howbeit, however, nevertheless, notwithstanding, yet □ *gidheadh lean e air coiseachd* nevertheless he continued to walk / carried on walking

gige, -ean *nm* gig □ *ràinig e am baile anns a' ghige aig a' mhinistear* he reached the town in the minister's gig

gil, -e, -ean *nf* gully, ravine

gil and **gile** □ *dat sing & gen sing* respectively of **geal** white

gile *nf* whiteness

gilead, -eid *nm* whiteness

gilb, -e, -ean *nf* chisel □ *gilb chruaidh* cold chisel □ *gilb chruinn* gouge □ *geilb-thollaidh* mortice chisel

gille, gillean *nm* boy, fellow, lad, loon □ *gille nan each* groom □ *gille trusgain* (male) model □ *mo ghille math ort!* good for you! good lad!

gille-Brìde *nm* oyster catcher (also **g.-brìde / g.-Brìghde**) **g.-Caluim** *nm* sword dance **g.-cas-fhliuch** attendant who carried nobility etc. across water on his back **g.-coise** *nm* valet **g.-cruidh** *nm* cowboy **g.-feadaig** *nm* dunlin (also **grailleag**) **g.-fionn** *nm* white periwinkle (shellfish) □ *bha gillean-fionna air na creagan* there were periwinkles on the rocks **g.-frithealaidh** *nm* waiter **g.-gnothaich** *nm* errand-boy (note: **g.-mo-ghnothaich** suggests a lively, enterprising, dependable young lad) **g.-guirmein** *nm* field scabious **g.-mirein** *nm* 1. top (spinning toy), whirligig 2. puppet **g.-oifis** *nm* office-boy **g.-sguain** *nm* train-bearer **g.-sporain** *nm* purser **g.-stàbaill** *nm* ostler

gimleid, -ean *nf* gimlet

gin, gineamhainn / gineadh *v* beget, breed, engender, generate, procreate, reproduce

gin *indef pron* any □ *a bheil uighean agad? tha mi duilich. chan eil gin agam.* do you have [any] eggs? I'm sorry. I don't have any □ *a bheil gin agaibhse ag aithneachadh seo?* do any of you recognise this?

gine, -eachan *nf* gene

gineach *a* gene □ *dèanamh gineach* gene constitution

gineachas, -ais *nm* genesis

gineadair, -ean *nm* generator, procreator, progenitor

gineadh *nm & vn of* **gin** begetting etc.

gineal, -eil, -an *nm/f* line (geneal.), progeny, race, seed □ *gineal fiar* a perverse race

ginealach, -aich, -aichean *nm* generation (genealogy) □ *craobh ghinealaich* family tree □ *ann an ginealach eile* in another generation

gineamhainn *nm & vn of* **gin** begetting etc., conception (biol.), generation, procreation □ *buill gineamhainn* genitals □ *gineamhain òigheil* parthenogenisis

gineamhainneach *a* procreative

ginean, -ein, -an *nm* foetus

ginearalachadh, -aidh, -aidhean *nm & vn of* **ginearalaich** generalising, generalisation

ginearalaich, -achadh *v* generalise □ *cha ghabh a ghinearalachadh* it cannot be generalised

ginearalta *a* general □ *tha Taghadh Ginearalta eile seachad* another General Election is past

ginideach *a* genitive □ *a' chuis ghinideach* the genitive case (also **seilbheach**)

ginidich, -eachadh *v* develop, germinate □ *thuirt e gun robh suidheachadh neònach a' ginideachadh* he stated that a strange situation was developing

gineteip, -ean *nf* genotype

gini, -idhean *nm* guinea

ginideachadh, -aidh *nm & vn of* **ginidich** germinating, germination

ginidich, -eachadh *v* germinate

ginteil *a* genetic

gintinn *nm* reproduction

gintinneachd *nf* genetics

giobach, -aiche *a* 1. shaggy, hairy, ragged □ *bha comhlan de dhaoine giobach mu choinneamh* there was a group of ragged men in front of him 2. active, spry □ also **gibeach**

giobarnach, -aich, -aich *nm* cuttlefish □ *giobarnach-meurach* octopus

giobal, -ail, -ail *nm* ragamuffin

giodar, -air *nm* sewage, slurry

giodhar, -air, giodhraichean *nm* gear (car engine) □ also **gèar**

giofag, -aige, -an *nf* gipsy □ *'s e Granàda dachaigh nan giofagan* Granada is the home of the gipsies

giog, -ail / -adh *v* peep (Scots keek) □ *bha an leanabh a'giogail a-mach* the baby was peeping out

giogan, -ain, -an *nm* thistle □ *bha am fearann air a dhol fo fheanntaig is ghìogan* the land was overgrown with nettles and thistles

giolaid, -e, -ean *nf* inlet

giollachd *nf & vn of* **giollaich** fostering etc., management, treatment, usage □ *bha e air droch ghiollachd fhaighinn* he had received bad treatment □ *le deagh ghiollachd* by good management □ *giollachd fearainn* land management

giollaich, giollachd *v* □ see **giullaich**

giomach, -aich, -aich *nm* lobster □ *iasgairean ghiomach* lobster fishermen □ *bha e a' bruidhinn air iasgach ghiomach* he was talking about lobster fishing

gioma-goc *nm* act of setting a child astride one's shoulders

giomadair, -ean *nm* lobster fisherman

gionach, -aiche *a* avid, keen, gluttonous, greedy, rapacious, voracious □ *bha e na leughadair gionach* he was an avid reader

gionachas, -ais *nm* rapacity

gionaiche *nm* greed, greediness, voracity

giopsam, -aim *nm* gypsum

giorag, -aig(e), -an *nf* dread, fear □ *cha do nochd iad mòran gioraig* they didn't show much fear □ *bha giorag aca ro a'ghalar seo* they had a dread of this disease □ *bhuail seòrsa de ghioraig i* a kind of fear struck her

giorna-giùirne *nm* helter-skelter

giorra *comp form* used for both **geàrr** and **goirid**

giorrad, -aid *nm* brevity, briefness, closeness, shortness □ *a' beachdachadh air giorrad na beatha* contemplating the briefness of life

giorrachadh, -aidh, -aidhean *nm & vn of* **giorraich** shortening etc., abbreviation, abridgement, contraction, summary, syncope, synopsis

giorraich, -achadh *v* abbreviate, abridge, clip, curtail, shorten, summarize □ *tha an latha a'giorrachadh* the days are closing in

giorraichte *pp* abridged

giort, -a, -an *nf* girth (of a saddle), strap

giotàr, -air, -an / -aichean *nm* guitar □ *chuala mi fuaim ghiotàraichean* I heard the sound of guitars

giseag, -eige, -an *nf* spell, charm □ *pl* **giseagan** may = superstitious practices □ *tha e a'sgrìobhadh leabhair air giseagan* he is writing a book about spells

gisreag *alt form* of **giseag**

giùig *nf* droop □ *chuir i giùig air a guaillnean* her shoulders drooped (lit. she put a droop on her shoulders)

giùlain, giùlan *v* act, behave, bear, carry (transport), conduct oneself, convey, put up with, transport, undergo, waft □ *giùlain thu fhèin mar nach robh amharas agad air fear sam bith* act / conduct yourself as if you did not suspect anyone □ *air a ghiùlan* borne *masc* □ *ar leis gun robh an t-sàmhchair ud doirbh a giùlan* he thought that that quietness was difficult to bear (lit. to its *fem* bearing) □ in the sense 'bear', 'put up with' is sometimes accompanied by **le** and its compounds □ *thèid agam air giùlan leis gach nì a thachras rium* I'll manage to put up with everything that happens to me

giùlain *a* conducting □ *ceallan giùlain* conducting cells

giùlan, -ain *nm & vn of* **giùlain** conducting etc., 1. conduct, behaviour □ *bha i siobhalta meata na giùlan* she was polite and timid in her conduct / behaviour 2. carriage bearing, demeanour, deportment, posture □ *bha e coltach ri oifigeach airm na ghiùlan* he resembled an army officer in his bearing □ *bha ùghdarras ann an giùlan an duine* there was authority in the man's bearing 3. transportation 4. bier □ *thog iad an giùlan* they lifted the bier

giùlan-bala *nm* ball bearing

giùlanair, -ean *nm* agent of transportation, bearer

giullaich, giullachd *v* 1. foster, rear □ *chan urrainn dhut na h-eòin seo an giullachd* you can't rear these birds (lit. you can't these birds their rearing) 2. dress, prepare, process

giùran, -ain, -an *m.1.* gill (of fish) 2. barnacle

giuthais *a* pine, of pine(s) □ *air na leitrichean giuthais* on the pine slopes □ *comhdaichte le coille ghiuthais* covered with a pine forest

giuthas, -ais, -ais *nm* fir, pine □ *giuthas Lochlannach* spruce □ *air an taobh tuath dheth bha giuthais mhòra àrda* on the north side of it were great, tall pines □ *bha Alba gu lèir còmhdaichte le coille ghiuthais* Scotland was completely covered by pine wood

giuthas-blàir *nm* bog-fir □ *tha am monadh seo làn de ghiuthas-blàir* this moor is full of bog-fir

glac, -adh / -ail *v* apprehend, bag (catch) capture, catch, clutch, distrain, grapple, grasp, gulp, secure, seize, snatch, trap □ *glac teann* hug *v* □ *chan eil an damhan-allaidh a' dol a-mach a ghlacadh a bhidh* the spider does not go out to catch his food □ *ghlac uamhann iad gu lèir* terror seized them completely

glac, -aice, -an(nan) *nf* dale, dell, defile, hollow, valley □ *bha iad aige ann an glaic a làimhe* he had them in the hollow of his hand (lit. / metaph.) □ *tha an saoghal ann an glaic do làimhe* the world is in the hollow of your hand □ *thar bheann is ghleann is ghlacannan* over hills, valleys and defiles

glacadair, -ean *nm* catcher (person / implement)

glacadair-cruidh *nm* cowcatcher (on a locomotive)

glacadh, -aidh, -aidhean *nm & vn of* **glac** catching etc., apprehension, capture, catch, clutch, grasp, gulp, seizure □ *fhuair iad glacaidhean math de dh'iasg* they got good catches of fish

glacadh-sùla *nm* eye-contact

glacag, -aige, -an *nf* trigger (uncommon)

glacail *nm & vn of* **glac** (less common than **glacadh**) □ *chaidh a ghlacail* he was caught

glacaire, -ean *nm* pick-up (for record-player etc.)

glacte *pp* caught

glag, -aig, -an *nm* rattle, bell

glag-fhèath *nm* sudden calm in the weather

g.-ghàire *nf* guffaw, horse laugh

glagach, -aiche *a* tottering, unsteady □ *bha a ghlùinean a' fàs glagach* he knees were becoming unsteady

glagadaich *nf* clash, clashing noise □ *dèan glagadaich* clash

glagais, -e *nf* babble, babbling

glagan, -ain, -an *nm* clapper (of a bell), knocker

glagan-dorais *nm* knocker

glaic □ see **glac**

glaiceasach *a* athletic

glaine *nf* purity, refinement

glainne, -eachan *nf* glass (both substance and container), pane *pl* **glainneachan** may = glasses, spectacles □ *bha glainn-eachan grèine air* he was wearing sunglasses □ *glainne bhainne* a glass of milk □ *glainne dhathte* stained glass □

glainne(-shìde) weather glass, barometer □ *còmhdaich le glainne* glaze □ *dèan / fàs mar ghlainne* vitrify (*trans / intrans* respectively)

glainne *a* glass, of glass □ *bha iad ri obair ghlainne* they were engaged in glass work

glainne-amhairc *nf* telescope □ *glainne-amhairc ath-raonach* refracting telescope

g.-meudachaidh *nf* magnifying glass

g.-shìde *nf* weather-glass, barometer

g.-suathaidh *nf* contact lens □ *glainneachan-suathaidh* contact lenses

glainneach, -iche *a* glassy, vitreous

glainneachadh, -aidh *nm & vn of* **glainnich** vitrifying

glainneachan *pl of* **glainne** (q.v.)

glainnead, -eid *nm* cleanness

glainneadair, -ean *nm* glazier

glainnich, -eachadh *v* glaze, vitrify

glainnichte *pp* vitrified *daingnichean glainnichte* vitrified forts

glais, glasadh *v* bolt, lock, secure

glaisean, -ein, -an *nm* sedge-warbler

glaisean-daraich *nm* greenfinch

glaisneulach, -aiche *a* pale, wan

glaisneulachd *nf* paleness

glaiste *pp* locked

glàmadh, -aidh, -aidhean *nm* (voracious) bite □ *thug e glàmadh oirre* he took a bite of her

glamaireach, -iche *a* ravening □ *mar mhadaidhean glamaireach* like ravening dogs

glamhadh, dèan glamhadh snap (bite)

glan, -aine *a* 1. bright, clean, pure □ *bha an làr glan* the floor was clean □ *bha e glan sa chraiceann* he was clear-skinned (lit. clean in the skin) □ *ghabh e beachd air cho àlainn glan 's a bha na sràidean* he noted how beautiful and clean (or how beautifully clean) the streets were □ *tharraing iad an t-uisge bho thobraichean glana* they drew the water from pure wells □ *bha a' Ghàidhlig aige cho glan 's a dh'iarradh tu a chluinntinn* his Gaelic was was as pure / as good as you would wish to hear 2. fine, grand, sheer – as *adv* = downright □ *bu ghlan, a dhuine, a bhith ag èisteachd ris* it was grand, man, to be listening to it □ also used intensively as an adverb □ *chòrd sin rium glan* I really enjoyed that / I enjoyed that a lot □ *bha mi air mo dhòigh glan* I was really pleased / delighted □ note that, as **glan** is not describing **dòigh**, it is not lenited □ *chòrd an ùine sin glan rium* I thoroughly enjoyed that time

glan, -adh *v* clean, purge, purify, refine, weed □ *glan dhe* wipe off □ *glan grunnd* (*aibhne, loch* etc.) dredge □ *glan air falbh* liquidate □ *tha i a' glanadh na h-uinneig(e)* she is cleaning the window

glan-chainntear *nm* purist

glanadair, -ean *nm* cleaner, detergent

glanadair-falmhaidh *nm* vacuum-cleaner **g.-tioram** *nm* dry-cleaner

glanadh, -aidh, -aidhean *nm & vn of* **glan** cleaning etc., purgation, purification, wash

glaodh, glaodhach / glaodhaich *v* 1. bawl, call, cry, exclaim, hoot, proclaim, roar, shout, yell □...*nuair a ghlaodhas sinn ris-san airson a chuideachaidh*...when we call to him for his help □ *thuirt e gun glaodhadh e air an arm mura sguireadh iad dheth* he said that he would call upon the army if they didn't stop [from it]

glaodh, -oidh, -an *nm* 1. call, cry, roar, shout, shriek, whoop, yell □ *chuala e glaodh na cuthaige* he heard the call of the cuckoo / the cuckoo's call 2. glue, gum, paste

glaodh-chlàr *nm* pasteboard **g.-cagnaidh** *nm* chewing gum □ *bha glaodh-cagnaidh aice na beul* she had chewing gum in her mouth

glaodhach, -aiche *a* 1. vociferous 2. glutinous, viscous

glaodhadh, -aidh, -aidhean *nm* proclamation

glaodhaire, -ean *nm* loudspeaker

glaodhan, -ain *nm* pith, pulp □ *bha seòrsa de ghlaodhan bog na mheadhan* there was a sort of soft pith in its centre

glaodhan-fiodha *nm* woodpulp

glaodhanach, -aiche *a* pulpy

glaoic, -ean *nf* buffoon (Scots glaik), fool □ *'s e glaoic a th'annad* you're a fool □ *a ghlaoic!* fool!

glaoiceireachd *nf* buffoonery

glas, -aise *a* pale green, grey, dull grey (of hair), wan

glas, -adh *v* become grey, pale

glas-fhaoileag *nf* herring gull **g.-lach** *nf* widgeon **g.-leun** *nm* spearwort **g.-neulach, -aiche** *a* pale, wan (also **glaisneulach**) **g.-sheabhag** *nf* goshawk

glas, -aise, -an *nf* lock □ *a' briseadh nan glasan* breaking the locks □ *bha iad uile fo ghlais* they were all under lock and key □ *tha e cho onorach ris na seachd glasan* he is as honourable as [the] seven locks

glas, -adh *v* same as **glais, glasadh** lock □ *glasaidh mi an doras ort* I'll lock the door on you

glas-chrochaidh *nf* padlock **g.-ghuib** *nf* gag, muzzle □ *cuir glas-ghuib air* gag, muzzle *v* **g.-làimh** *nf* handcuffs, manacles □ *chuir iad glas-làimh air* they handcuffed him **g.-rotha** *nf* wheel-lock

glasadh, -aidh, -aidhean *nm* 1. *vn of* **glais /** **glas** locking etc., dead-lock 2. *vn of* **glas** greying etc., dawning □ *bha e air a chois mun robh glasadh air an latha* he was up (lit. afoot) before the dawn, dawning / before dawn

glasag, -aig, -an *nf* fish roe

glasag-mhuineil *nf* locket

glastaidh *a* pale □ *bha a choltas glastaidh* his appearance was pale

glasradh, -aidh *nm* verdure

glasraich *nf* vegetable(s) □ *chan eil thu ag ithe gu leòr glasraich* you aren't eating enough vegetables

glè *adv* exceedingly, very, most (= very) □ *lens* foll. word □ *bha sinn glè thrang* we were very busy □ *bha mi glè sgìth* I was very tired □ *tha na tha sinn air fhaicinn chun na h-ìre seo glè mhisneachail* what we have seen up to now / to date is most encouraging

gleac, gleac *v* struggle, strive, wrestle □ *ghleac an long ris na tonnan* the ship struggled against the waves

gleac *nm indec & vn of* **gleac** struggling etc., struggle, wrestling

gleacadair, -ean *nm* wrestler

gleacadaireachd *nf* wrestling

gleadhar, -air, -an *nm* blow, jar, thump, uproar □ *fhuair mi gleadhar air mo dhruim* I received a blow on my back □ *dèan gleadhar* jar

gleadhar-molaidh *nm* ovation

gleadhrach, -aiche *a* noisy, rowdy

gleadhrachd *nf* noisiness

gleadhraich *nf* clamour, clatter, rattle, racket □ *dèan gleadhraich* jangle, rattle

gleadhran, -ain, -an *nm* rattle

gleann, glinne, gleanntan / glinn *nm* dale, glen, valley □ *gleann crochte* hanging valley (geol.) □ *anns a' ghleann* in the glen □ *tha an dùthaich seo làn de bheanntan àrda is de ghlinn domhainn* this country is full of high mountains and deep valleys □ *air an taobh tuath de ghleann staoin* on the north side of a shallow valley □ *tìr nam beann is nan gleann* the land of mountains and glens □ *am measg beanntan binneanach is gleanntan coillteach na Gaidhealtachd* among the pinnacled mountains and wooded valleys of the Highlands (for the differences in the form of the *gen* *pl* see **craobh** and / or **cearc**) □ place names with **Gleann** as the first element e.g.**Gleann Lìobhait** Glenlivet, will be found in App. 12 Sect. 4.0 under the second element of the name

gleans, -a *nm* gloss, polish, shine *cuir gleans air* polish, shine *v*

gleansach, -aiche *a* gleaming, glossy, shiny □ *bha an tarbh gleansach dubh* the bull was shiny and black

gleicean, ein, -an *nm* shuttlecock

glèidh, gleidheadh / gleidheil *v* keep, celebrate, observe, conserve, guard, hold, look after, maintain (of keeping), preserve, protect, retain, save, shield, tend, watch □ *bha an dìol aig na fir seasamh a cas a ghleidheadh* it took the men all their time to keep their footing □ *cha do ghlèidh an leabhar seo m'aire-sa* this book did not hold / keep my attention □ *bha iad a' gleidheadh chaorach* they were looking after / tending sheep □ *bha an cochall a' gleidheadh a h-aodainn bhon ghaoith fhuair* the hood was protecting her face from the cold wind □ *a Dhia glèidh mi* protect me, God □ *bha iad a' strì às leth na Gàidhlig agus a' cuideachadh gus a còirichean a ghleidheadh* they were fighting on behalf of Gaelic and helping to preserve her rights

gleidheadh, -idh *nm* & *vn of* **glèidh** keeping etc., conservation, maintenance, preservation

gleidheadair, -ean *nm* keeper, curator □ *gleidheadair airgid* cashier

gleidheil *nm* & *vn of* **glèidh** keeping etc.

glèidhte *pp* reserved (of seat etc.) □ *na còirichean gu lèir glèidhte* all rights reserved

glèidhteach, -iche *a* conservative, frugal, thrifty

glèidhteachas, -ais *nm* conservation □ *tha daoine nas cùramaiche mu ghlèidhteachas de gach seòrsa* people are more careful about conservation of every kind

glèidhteachais *a* conservation □ *... is obair ghlèidhteachais eile ...* and other conservation work

glèidhteachd *nf* frugality

gleò, -òthan *nm* row (fight)

gleoc(a), -an *nm* clock □ *gleoc àrd* grandfather clock □ *gleoc figearail* digital clock □ *gach uair den ghleoca* each hour (of the clock)

gleòis □ *gen sing* of **gleus** tone, trim

gleus, -adh *v* attune, tune

gleus, gleòis / gleusa *nm/f* construction (gram.), key (mus.), lock (of a gun),

machinery, mood, tone, trim, tune □ *gleus cainnte* construction □ *bha an giotàr tur à gleus* the guitar was completely off key / out of tune □ *air ghleus* in tune □ *cuir air ghleus* prime, tune *v*

gleus-atharraich *v* transpose (mus.)

g.-chomharradh *nm* key-signature

g.-theine *nm* pyrotechnics

gleusta *a* prepared, ready, clever (in conception / manufacture etc.), tuned □ *'s e uidheam glè ghleusta a tha ann* it's a very clever implement

gleustachd *nf* cleverness

glìb, -e *nf* 1. sleet 2. see **glìob**

glic, -e *a* politic, prudent, sage, shrewd, sound (of advice), wise

glideachadh, -aidh *nm* & *vn of* **glidich** budging etc.

glidich, -eachadh *v* budge, shift, stir □ *bha iad ga dhùr choimhead gun ghlideachadh* they were looking steadily at him without budging

glìob, -a, -an *nf* glebe (portion of land allotted to a minister by the kirk)

gliocas, -ais *nm* prudence, wisdom

gliog, -a, -an *nm* clink, jingle □ *dèan / thoir gliog* clink, tinkle

gliogach, -aiche *adj* clumsy; feeble, staggering; lazy, inactive □ *dh'fhàs m' iosgaidean gliogach leis an eagal* □ my houghs became inactive with fear

gliogadaich *nf* clinking □ often used as a *vn: bha iad a' gliogadaich* they were clinking

gliogaid *nf* useless, poor object, 'a wreck' □ *thàinig e a-nuas an rathad air gliogaid baidhseagail* he came down the road on a wreck of a bicycle

gliong, -a, -an *nm* clang, clash □ *dèan / thoir gliong* clang □ *thuit e le gliong air an làr* it fell with a clang on the floor

gliongadaich *nf* clinking

gliongadh, -aidh *nm* 1. jar 2. clinking, tinkling

gliongan, -ain, -an *nm* cymbal

gliongarsaich / gliongartaich *nf* tinkling

gliongraich *nf* clamour

glob(a), -a, -aichean *nf* globe (lightbulb)

glocach, -aiche *a* baggy □ *bha briogais ghlocach air* he was wearing baggy trousers

glocail *nf* cackle

gloine *nf* □ see **glaine**

gloinne / gloinneach etc. □ see **glainne / glainneach** etc.

glòir, -e *nf* glory □ *glòir a bhith dhut airson solas na grèine* glory be to you for the sunlight

glòir-dhìomhain *a* vain-glorious **g.-mhiann** *nm* ambition □ *bha e soilleir nach robh glòir-mhiann saoghalta air a h-aire* it was evident that she did not have wordly ambition □ *spreagar duine le glòir-mhiann* a man will be spurred on by ambition **g.-mhiannach** *a* ambitious □ *bha e gloir-mhiannach* he was ambitious
glòireachadh, -aidh *nm & vn of* **glòirich** glorifying, glorification
glòirich, -eachadh *v* glorify
glomhas, -ais, -an *nm* cleft, fissure, nook □ *tha an sruth a' bruchdadh a-mach a glomhas an seo* the stream bursts out of a cleft here
glòrach, -aiche *a* resonant
glòramas, -ais, -an *nm* euphuism, boasting talk
glòrmhor, -oire *a* glorious
glothagach, -aich *nm* (frog) spawn
gluais, gluasad *v* agitate, bestir, budge, excite, incite, move, proceed, prompt, stir □ *ghluais sinn gu coimhearsnachd eile* we moved to another neighbourhood □ *gluais gu ciùin* glide □ *tha e furasta gu leòr a ghluasad air adhart gu rudan nas dorra* it's easy enough to move on / progress to more difficult things □ *an e farmad a ghluais a cheist?* was it envy which prompted his question? □ *'s e am masladh seo a ghluais i gu bàrdachd* it was this disgrace which prompted her to poetry
gluaiseachan, -ain, -ain *nm* mobile (decoration)
gluaiseachd *a* kinetic
gluasad, -aid, -an *nm & vn of* **gluais** moving etc., action, agitation, gait, gesture, locomotion, movement, motion, pace, progression, removal □ *gun ghluasad* static, stationery □ *air ghluasad* in motion / moving □ *cha robh duine air ghluasad* there wasn't a soul moving □ *tha seo a' dearbhadh cumhachd na mara air ghluasad* this proves the power of the sea in motion □ *dè tha gan cur air ghluasad?* what sets them in motion? □ *bha iad eòlach air a ghluasadan* they were familiar with his movements □ *bha mòran dhaoine a' tighinn a-steach don ghluasad* many people were coming into the movement □ *b'e seo toiseach a' ghluasaid shoisgeulaich* this was the beginning of the evangelical movement □ *gluasad neo-thoileach* reflex action
gluasad-bodhaig *nm* gesture **g.-sùghaidh** *nm* capillary action

gluasadach, -aiche *a* locomotive, mobile, motive □ *bi gluasadach* fidget □ *... tron t-seirbhis ghluasadaich* through the mobile service
gluasadachd *nf* migration, mobility
glùcos, -ois *nm* glucose
glug, -uig, -an *nm* gulp □ *glug caoinidh* sob
glugach, -aiche *a* stammering
glugaire, -ean *nm* stutterer
glugaireachd *nf* stutterering, stammering, speaking incoherently
glugaman, air ghlugaman *adv* in an unstable condition □ *a 'chlach a bhios air ghlugaman tuitidh i uaireigin* the unstable stone will fall sometime (proverb)
glugan, -ain, -an *nm* gurgle □ *dèan glugan* gurgle *v*
glùinean, -ein, -an *nm* garter
glumag, -aige, -an *nf* pool
glùn, -ùine, -ean / -tean *nf* 1. knee, lap □ *lùbadh ghlùn* genuflection □ *chun nan glùn* up to the knees □ *an cànan a dh'ionnsaich e aig glùin a mhàthar* the language he learned at his mother's knee □ *bha pàiste air a glùin* there was a child on her knee / on her lap □ *bha a' chlann ri a ghlùin ag èisteachd ris na sgeulachdan aige* the children were at his knee listening to his stories □ *chaidh e fodha cha mhòr gu a ghlùin* he sank almost to his knee □ *tha do chòta os cionn nan glùn* your coat is above the knees □ *... o bha mise àirde glùn mo mhàthar ...* since I was the height of my mother's knee □ *bheireadh seo iad gu an glùinean* this would bring them to their knees 2. generation (genealogy) □ *tairngidh mi craobh ghinealaich dhut gu deich glùintean air ais* I will draw a family tree for you to ten generations back (see **tarraing**) □ *... gus an ochdamh glùin* to the eighth generation □ *an treas glùn deug de chinn-feadhna nan Camshronach* the thirteenth generation of Cameron chieftains
glùn-ghinealaich *nm* pedigree
glut, -adh *v* 1. devour, glut, gormandize 2. same as **glut-lìon**
glut-lìon *v* pack inside of wall with gravel, soil etc. (of old black-house) **g.-lìonadh** *nm & vn* packing inside of wall with gravel, soil etc. (of old black-house)
glutadh, -aidh *nm & vn of* **glut** 1. gormandizing etc. 2. same as **glut-lìonadh**
gnag, -adh *v* tap, thump □ *bha e a' gnagadh a' bhùird le a mheuran* he was tapping the table with his fingers
gnagadh, -aidh *nm & vn of* **gnag** tapping etc.

gnàth, -a, -an / -annan *nm* convention, custom, practice, usage □ *mar bu ghnàth* as [was] usual □ *mar bu ghnàth leis* as was customary with him
gnàth, -a *a* common, customary, habitual, usual □ precedes and lenites the *noun* □ *an gnàth dhuine* the common man / the man-in-the-street □ *chan eil an gnàth dhuine a' tuigsinn seo* the man-in-the-street doesn't understand this □ *cùm an gnàth chleachdadh* perpetuate
gnàth, a ghnàth *adv* □ see **a-ghnàth**
gnàth-aimsir *nf* climate **g.-charactar** *nm* stock character **g.-chùrsa** *nm* routine **g.-chùrsach** *a* routine □ *gnothaichean gnàth-chùrsach* routine matters **g.-dheise** *nf* lounge-suit **g.-fhacal** *nm* maxim, proverb **g.-fhaclach** *a* proverbial **g.-fhear** *nm* native **g.-mhuinntir** *nf* native people, natives **g.-riaghailtean** *pl* standing orders **g.-shìde** *nf* climate **g.-theagasg** *nm* dogma **g.-theagasgachd** *nf* dogmatism
gnàthach, -aiche *a* accustomed, average, common, conventional, customary, habitual, normal, orthodox, set, usual □ *gu gnàthach* habitually
gnàthachadh, -aidh *nm & vn of* **gnàthaich** practising etc., exercise, practice, habits, ways □ *…a dhìth fhaclan is a dhìth gnàthachaidh* lacking vocabulary and lacking practice
gnàthachas, -ais, -an *nm* custom
gnàthaich, -achadh *v* accustom, exercise, familiarize, generalize, habituate, practise, use □ *…air an robh iomadh cleachdadh air a ghnàthachadh* on which [day] many customs were practised
gnàthaichte *pp* current, ordinary, usual, used, wonted
gnàthalachd *nf* orthodoxy
gnàthas □ a form of **gnàths** used mostly in *compounds*
gnàthas-cainnte *nm* idiom □ *tha gnàthasan-cainnte matha aig Gàidhlig a' Bhìobaill* the Gaelic of the Bible has good idioms **g.-chainnteach** *a* idiomatic
gnàthasach, -aiche *a* idiomatic □ *Gàidhlig ghnàthasach* idiomatic Gaelic
gnàths, -àiths *nm* 1. custom, fashion, wont 2. nature □ *cha robh eagal na ghnàths* fear was not in his nature
gnè, gnèithean *nf* breed, category, essence, ethos, gender, genre, kind, manner, nature, quality, sex, sort, species, strain, temper, type, vein □ *gnè bhoireann* feminine gender □ *gnè fhireann* masculine gender □ *gnè neodrach* neuter gender □ *tha caochladh*

gnè is cuspair ann there is a variety of genre and subject in it □ *is dùth do neach a ghnè fhèin a shireadh* it's natural for a person to seek his own kind □ *ann am bàrdachd den gnè seo* in poetry of this type □ *cha robh gnè a'mhartaraich ann* he wasn't the martyr type □ *gnèithean litreachais eadar-dhealaichte* different literary genres
gnè-fhàs *nm* evolution **g.-fhas** *v* evolve **g.-fhuaim** *nm* tone **g.-sgrìobhaidh** *nf* genre
gnèitheach *a* generic, native
gnètheasach *a* sexual □ *ann an gnothaichean gnètheasach* in sexual matters
gnèidheil, -e / gnèitheil, -e *a* 1. kind 2. natural, radical
gnìomh, -a, -an / -annan / gnìomharan / gnìomharran *nm* act, action, deed, performance, task, turn □ *Gnìomharran nan Abstol* Acts of the Apostles □ *dèan gnìomh* act, perform an action □ *fear gnìomha* man of action □ *gnìomh bodhaig* body function □ *cuir an gnìomh* execute, perform, implement □ *cur an gnìomh* execution, implementation □ *gnìomh oillteil* a dreadful deed □ *chan eil seo ach a' lagachadh a' ghnìomha* this only weakens the action (in a play) □ *… airson gnothaichean sònraichte a chur an gnìomh …* to implement particular undertakings □ *bha e a' cur an gnìomh an aon ghluasad ionnanaich fad an t-siubhail* he was performing the same mototonous movement all the time
gnìomh, -adh *v* pile, stack up (e.g. a peat-stack)
gnìomhach, -aiche *a* active, executive, functional, industrious □ *bha i air leth gnìomhach ann a bhith ga chuideachadh* she was particularly active in helping him □ *a' sgrìobhadh gu gnìomhach* writing functionally (educ. – writing reports, letters etc. as opposed to creative writing)
gnìomhachadh, -aidh *nm & vn of* **gnìomhaich** acting etc., exercise
gnìomhachail, -e *a* industrial
gnìomhachas, -ais, -an *nm* industry □ *gnìomhachas seirbheise* service industry □ *gnìomhachas nàiseantail* nationalised industry
gnìomhachd *nf* activity, operation □ *'s e gnìomhachd gu math sgitheil a tha ann an seo* this is a rather wearisome activity
gnìomhadh, -aidh, -aidhean *nm* plot (of a play)
gnìomhaich, -achadh *v* act, perform, effect, operate, work, perpetrate □ *agus*

iomadh gnè uilc eile a thatar a' gnìomhachadh air beathaichean bochda and many other kinds of wickedness which are being perpetrated upon poor animals

gnìomhair, -ean *nm* verb □ *gnìomhair neo-iomlan / gnìomhair easbhaidheach* defective verb □ *gnìomhair taiceil* auxiliary verb □ *gnìomhair crìochnach* finite verb □ *gnìomhair riaghailteach* regular verb □ *gnìomhair neo-riaghailteach* irregular verb

gnìomhaireach *a* verbal □ *a' cleachdadh an ainmeir ghnìomhairich* using the verbal noun

gnìomharraiche, -ean *nm* operator

gnìomhas, -ais *nm* (legal) deed

gnoban, -ain, -an *nm* knoll, hillock, heap □ *shuidh e air gnoban creige* he sat on a rocky knoll

gnog, -adh *v* knock, nod □ *gnog (air) an doras* knock at the door, knock □ *cò tha a' gnogadh air an doras?* who is knocking at the door? □ **air** is often omitted: *tha iad uile a' gnogadh nan aon dorsan* they are all knocking at the same doors □ *gnog an ceann* nod □ *ghnog e a cheann* he nodded □ *bha e a' gnogadh a chinn* he was nodding

gnog, gnuig, -an *nm* knock □ *chualas gnog aig an doras* a knock was heard at the door

gnogadh, -aidh *nm & vn of* **gnog** knocking etc., knock, knocking (at door) □ *thàinig gnogadh chun an dorais* a knock / knocking came to the door □ *gnogadh cinn* nod

gnogag, -aige *nf* light knock, tap □ *thug mi gnogag don phìob* I gave the pipe a tap

gnoig, -e, -ean *nf* sulky expression □ *cuir gnoig air* pout □ *chuir i gnoig oirre* she pouted (cf **gnùig**)

gnòmhail *nf* groaning, grunting □ *bha e a' toirt fead is osna is gnòmhail às* he was whistling, sighing and grunting

gnòmhan, -ain, -an *nm* groan, groaning

gnos, gnois, -an *nm* trunk (animal's)

gnòsail *nf* grunt □ *dèan gnòsail* grunt *v*

gnòs / gnòsad □ see **gnùst / gnùsad**

---

gnothach, -aich, -aichean *nm* affair, business concern, dealing, errand, job, matter, office, thing, transaction, undertaking
Some examples: *na gnothaichean a tha ri an deasbad* the matters to be

discussed □ *tha gnothaichean a' gluasad gu math luath a-nise* things are moving quite quickly now □ *cùisean nach buin ris a' ghnothach* irrelevant matters □ *chan e do ghnothach e* it's not your business / none of your business □ *bha i trang a' sgioblachadh a gnothaichean* she was busy tidying up her things □ *chan ann riut a tha mo ghnothach* it's not you I'm dealing with

dèan gnothach ri deal with, negotiate with, transact business with

dèan an gnothach answer, cope with, fit, suit, be suitable, do, do the trick, be sufficient, be enough, suffice □ *nì seo an gnothach* this will do □ *... ach cha dèan seo an gnothach ...* but this won't do □ *nì adhbhar sam bith an gnothach* any reason will do □ *cha dèanadh e an gnothach dhomh a bhith a' gabhail taobh seach taobh* it would not do for me to be taking one side rather than another □ *cha dèan e an gnothach do chloinn bhig* it won't do / isn't suitable for small children □ *nì sin an gnothach dhut* that will do from you / be enough from you (lit. for you)

dèan an gnothach air succeed in, beat, get the better of □ *cha do rinn e an gnothach air pàirt de na deuchainnean he* didn't succeed / he failed in part of the examinations □ *cha dèan e an gnothach oirnn* he won't get the better of us

gabh gnothach ri concern oneself with / have something / anything to do with □ *cha ghabhadh iad gnothach ris a' Phrionnsa* they would have nothing to do with the Prince □ *bha e an aghaidh gnothach sam bith a ghabhail riutha* he was opposed to having anything to do with them □ *carson a tha thu a' gabhail gnothach riutha?* why are you concerning yourself with them? (see also under **gabh**)

tha gnothach agam ri I have business with □ may translate into English in a number of ways □ *chan eil gnothach sam bith aige ri dràma Ghàidhlig* he has nothing to do with Gaelic drama □ *chan eil gnothach agad ris* it's none of your business / concern □ *cha bhitheadh gnothach aige riutha a-muigh no a-mach* he would have nothing to do with them at all □ *tha iad a' dèiligeadh ri nithean ris nach eil* *gnothach dìreach aca* they are dealing with matters which lie outwith their direct competency (lit. matters to which they have no direct business) □ *tha gnothach aig a' ghealaich ris* the moon has something to do with it □ note also: *chan eil gnothach aige thighinn an seo idir* he has no business coming here [at all]

air gnothach *adv* on an errand / on business □ *a' dol air gnothach* going on an errand / going on business □ *chaidh e air gnothach eaglaise do Ghlaschu* he went on church business to Glasgow □ *cuir air gnothach / cuir air ceann-gnothaich* send on an errand □ *cuir air gnothach na cuthaige* send on a fool's errand – from **Là gnothach na cuthaige** All Fools Day (also **Là na gogaireachd**) □ note also: *air ceann gnothaich* on business □ *bha e air ceann gnothaich ann an Dùn Èideann* he was on business in Edinburgh. It should be noted that the expressions in the above section frequently have **gnothaich** instead of **gnothach** (see also **a dh'aon ghnothach** below)

a dh'aon(a) gnotha(i)ch *adv* deliberate, by design, expressly, on purpose, purposely, by express purpose □ *bha e air a dhèanamh a dh'aon ghnothaich dhaibh* it was made expressly for them □ *tha grunn dhiubh sin a dh'aon ghnothaich do chloinn* a number of those are specifically for children □ *'s ann a dh'aona ghnothaich a tha e* it's deliberate, on purpose

Note also: *tha iad air a dhol thar gnothaich anns na dòighean anns a bheil iad a' feuchainn ri seo a dhèanamh* they have gone too far in the ways in which they are trying to do this □ *dè 'n gnothach a th' agadsa ...?* what right have you to ...? (rhetorically)

gnothachail *a* business-like □ *bha iad dripeil gnothachail* they were industrious and business-like

gnothachas, -ais *nm* business

gnothaich □ an *alt. nom. form* of **gnothach**

gnù *a* grim, sullen, surly □ *cho gnù ri broc* as surly as a badger (proverb)

gnuig □ *gen sing* of **gnog** knock

gnùig, -e, ean *nf* scowl □ *bha gnùig oirre* she was scowling

gnùis *nf* countenance, face, visage

gnùis-bhrat *nm* veil

gnùmhan, -ain, -an *nm* □ same as **gnòmhan, -ain, -an** *nm*

gnùsad, -aid □ same as **gnùst**

gnùst, -ùist *nm* lowing, groan, grunt, moan

gnùstaich *nf* lowing, moaning

gò *nm* deceit, guile, hypocrisy (uncommon) □ *tha e nas fheàrr a bhith gun ghò na (a) bhith gun tùr* it's better to be guileless than senseless

gob, guib, guib / -an *nm* beak, bill, neb, nib, vertex □ *bha na tunnagan a' bualadh air an uinneig le an guib* the ducks were tapping on the window with their beaks □ *tha thu air gob a' phinn a mhilleadh* you have spoiled the pen nib

gob-cathainn *nm* spoonbill **g.-leathann** *nm* 1. shoveller (duck) 2. spoonbill (see **gob-cathainn** *nm*)

gobach, -aiche *a* 1. beaked, billed 2. talkative 3. querulous, fault-finding, interfering

gobach, -aich, -aich *nm* hawfinch

gobag, -aige, -an *nf* interfering / gossiping female

gobaire, -ean *nm* busybody

gobaireachd *nf* loquacity, gossiping, tattling, prattle □ *dèan gobaireachd* prattle □ *bi a' gobaireachd* gossip □ *dèan gobaireachd* gossip / tattle

gobha, gobhainn, goibhnean *nm* blacksmith, smith □ *gobha ghunnachan* gunsmith □ *gobha ghlasan* locksmith □ *tha mi cho sgith dheth 's a bha 'n gobha dhe mhàthair* I'm as tired of it as the smith was of his mother (a once common saying, in Lewis at any rate, 'his mother' probably being his anvil)

gobha-dubh-an-uisge / gobha-uisge *nm* dipper (bird), water-ouzel

gobhachan-allt *nm* little grebe (also **spàg-ri-tòn** *nf*)

gobhal, -ail, goibhlean *nm* crotch

gobhal-gleusaidh *nm* tuning-fork

gobhar, -air, -air *nm* or **gobhar, goibhre, gobhair** *nf* goat (note that, though Calder, Dwelly and MacLellan give the gender as *fem* only, common usage also makes it *masc*) □ *tha iad ag ràdh gum bi an gobhar beò air rud sam bith* they say that the goat lives on anything □ *'s e buachaille ghobhar a bha ann* he was a goatherd □ *thug i aire do ghobhar le a meann* she noticed a goat with her kid □ note that the *pers pron* has been made *fem*, since it is obviously a nanny goat

gobhar-adhair / **g.-oidhche** *nm* snipe (bird – also **naosg**) **g.-allaidh** *nm* chamois
gobhlach *a* forked □ *fas gobhlach* fork *v*
gobhlachan, -ain, -ain *nm* turnstone
gobhlachan, rach gobhlachan air straddle
gobhlag, -aige, -an *nf* earwig, fork
gobhlan, -ain, -an *nm* small fork / fork-shaped object □ uncommon now except in compounds denoting fork-tailed birds as shown below:-
gobhlan-dubh swift **g.-gainmhich** *nm* sand martin **g.-gaoithe** *nm* swallow (bird) **g.-mara** *nm* Leach's petrel, fork-tailed petrel **g.-taighe** *nm* house martin
gobhrag-bheag *nm* jack snipe
goc, -a, -an / **-achan** *nm* 1. tap, faucet, stop-cock 2. *goc (feòir)* haycock, haystack
gocaireachd *nf* □ see **gogaireachd**
gocaman, -ain, -ain *nm* 1. watchman 2. meadow-pipit
gocan, -ain, -ain *nm* 1. whinchat (see **gocan-conaisg**) 2. titlark, tit (see **gocan-cuthaige**)
gocan-cireanach *nm* waxwing **g.-conaisg** *nm* whinchat **g.-cuthaige** *nm* titlark
gog, gogail *v* cackle, cluck, gurgle (of liquids)
gog *nm ind.* toss, tossing of the head, cackle, cluck
gog-cheannach *a* light-headed
gogaid *nf* coquette, flirt
gogail *nf* & *vn of* **gog** cackling, clucking, gurgling (of liquids from a container) □ *ruith na cearcan às an rathad le gogail fhrionasaich* the hens ran out of the way with a vexed cackling □ *dèan gogail* cluck
gogaireachd *nf* making a fool of someone **Là na gogaireachd** All Fools' Day (see also **cuthag**)
goibhneachd *nf* smith-work □ *dèan goibhneachd* forge
goic, -e *nf* toss of the head (in pride, disdain etc.) □ *chuir i goic phroiseil oirre* she gave a proud toss of the head
goid, goid *v* filch, purloin, steal, thieve □ *goid air falbh* kidnap □ *ghoideadh àireamh mhòr de chàraichean* a large number of cars was stolen □ *bha iad a' goid nan ùbhlan air* they were stealing apples from him
goid, -e *nf* robbery, stealing, theft
goil, goil *v* boil (liquid) □ *air ghoil* boiling, at boiling point □ *tha a' phrais a' goil thairis* the pan is boiling over □ *bha i a' goil beagan bainne* she was boiling a little milk □ *bha an t-uisge a' goil anns a' choire* the water was boiling in the kettle
goile, -eachan *nf* maw, stomach
goileach *a* boiling □ *uisge goileach* boiling water

goileadair, -ean *nm* boiler
goileam, -eim *nm* chatter, garrulity, gibberish, jargon, patter, prating, prattle, tattle □ *dèan goileam* gibber, tattle
goileamach, -aiche *a* chattering, garrulous, prattling, tattling
goileamaiche, -ean *nm* tattler
goilf *nm* golf □ *raon goilf* golf-course □ *machair goilf* golf-links □ *caman goilf* golf club (stick) □ *comann goilf* golf-club (society)
goilfeire, -ean *nm* golfer
Goill *gen sing & nom pl of* **Gall**
goir, goirsinn *v* call, crow, hoot □ *ghoir an coileach* the cock crew
goireas, -eis, -an *nm* aid (useful object), amenity, convenience, facility □ *pl* **goireasan** usually means conveniences of any kind, including public convenience(s), and is often specified (see following and also **goireasan** below) □ *goireasan athais / goireasan curseachad* leisure facilities □ *goireasan de gach seòrsa* amenities of every kind □ *goireasan cluinn-amharc* audio-visual aids □ *tha e riatanach gun tèid cur ris na goireasan a tha aca an-dràsta* it is essential that the facilities they have at present (will) be increased / added to
goireasach, -aiche *a* convenient, handy, useful □ *le rathaidean matha agus aiseagan goireasach* with good roads and convenient ferries □ *... a bhitheadh goireasach do dhaoine ...* which would be handy for people
goireasan- *pl of* **goireas** used as the first element in a number of compounds:-
goireasan-ceangail *pl* communications, transport facilities **g.-còmhdhail** *pl* means of transport, transport facilities **g.-ionnlaid** *pl* washing / toilet facilities **g.-siubhail** *pl* transport facilities □ *ann an goireasan-siubhail is an goireasan eadar-cheangail* in transport and communication facilities
goirid, giorra *a* brief, brusque, short □ *ann an ùine ghoirid* in a short time □ *goirid an dèidh a' chiad chogaidh* shortly after the first war □ *goirid do* close to, near to, not far from □ *tha Dia goirid dhaibh* God is close to them □ *tha e bodhar air a' chluais as giorra dhut* he's pretending not to hear you
goirilea, -athan *nm* gorilla
goiriseachadh, -aidh *nm* & *vn of* **goirisich** shivering
goirisich, -eachadh *v* shiver □ *ghoirisich e* he shivered
goirmean-searradh *nm* pansy, heartsease
goirt *nf* □ see **gort**

goirt, -e *a* 1. painful, sore □ *bha a cheann goirt leis a' mhìgrain* her head was sore with [the] migraine 2. sour, stale □ *dèan goirt* sour *trans*, make sour □ *fàs goirt* sour *intrans*, become sour

goirte *nf* acerbity, sourness

goirtean, -ein, -an *nm* plot (of ground)

goirteas, -eis *nm* ache, hurt

goirtich, -eachadh *v* 1. afflict, hurt, pinch 2. sour (make / become sour), acidulate □ *tha an rubair air a ghoirteachadh le fiongeur* the rubber is acidulated with vinegar

goirtichte *pp* hurt etc. □ *cha robh e cho goirtichte 's a shaoil e* he wasn't as hurt as he thought

goistidh *nm* 1. gossip □ *dh'innis i goistidh dhomh mu fheadhainn a bha a' fuireach anns a' bhaile* she told me gossip about some who were living in the town 2. bosom companion 3. godfather, sponsor

goistidheachd *nf* 1. gossiping 2. sponsorship, role of godfather

gòl, gòil, -ichean *nm* goal □ *bha e air gòl a chur* he had scored a goal

gòlaidh, -ean *nm* goalie

gòmadaich *nf* gagging (as if to vomit) □ *dèan gòmadaich* gag *intrans*

gòmag, -aige, -an *nf* pinch (nip)

gon, -adh *v* hurt, prick, wound

gonadh, -aidh *nm & vn of* **gon** pricking etc., prick □ *gonadh ort!* curse you!

gòrach, -aiche *a* absurd, clownish, daft, foolish, imprudent, ludicrous, ridiculous, silly, stupid, witless □ *duine gòrach* a foolish etc. person □ *na bi cho gòrach* don't be so silly etc.

gòrachd *nf* □ see **gòraiche**

gòrag, -aige, -an *nf* foolish woman □ *a' ghòrag bhochd!* the poor foolish woman!

gòraiche *nf* absurdity, folly, foolishness, silliness

gorm, guirme *a* blue, green (blue-green of vegetation), verdant

gorm-leug *nf* sapphire **g.-smigeach** *a* blue-chinned **g-shùileach** *a* blue-eyed

gormag, -aige, -an *nf* hobby (bird)

gorman, -ain, -an *nm* cornflower

gort, goirt / gorta *nf* want, famine (if the *gen* is **gorta** the *dat* is **gort**, but if the *gen* is **goirt**, the *dat* is **goirt**) □ ... *an deidh gort uabhasach a' bhuntàta* ... after the dreadful potato famine □ *'s fheàrr a bhith an iomall a' phailteis na an teis meadhan na gorta* [it is] better to be on the fringe of plenty than to be in the very centre of want □ *tha iad ann an suidheachadh truagh leis a' ghoirt* they are in a pitiful situation because

of famine □ *leig gort air* starve *trans* □ *cuir gu bàs leis a' ghoirt* starve to death *trans*

gorta *nf alt nom* or *alt gen form* of **gort** famine

gosg, gosgail *v* gnash □ *bha e a' gosgail [a] fhiaclan* he was gnashing his teeth

gosgail *nf & vn of* **gosg** gnashing etc.

Gotach *a* Gothic

grab, -adh *v* hinder, impede, restrict, trammel

grabach, -aiche *a* restrictive

grabadh, -aidh, -aidhean *nm & vn of* **grab** impeding etc., hindrance, impediment, let, prevention, restriction, stop, stoppage □ *cuir grabadh air* hinder □ *thàinig grabadh air [a] oideachas* his education was impeded / checked (lit. there came an impediment upon etc.) □ *cha do chuir seo cus grabaidh air* this did not put too much of an impediment on him

gràbhail, gràbhaladh *v* carve, emboss, engrave, grave □ *bha an ìomhaigh air a gràbhaladh às a' chloich* the statue was carved from [the] stone

grabhail, -e *a* horrible □ *oidhcheannan grabhail* horrible nights □ *tha sin grabhail* that's horrible

gràbhaladh, -aidh, -aidhean *nm & vn of* **gràbhail** engraving etc., carving, graving

gràbhalaiche, -ean *nm* engraver

---

grad *a* expeditious, immediate, instant, quick, rapid, sudden, swift □ precedes and lenites *noun* □ *rinn e grad ghrèim air an ròpa* he swiftly grabbed the rope

gu grad *adv*: instantly, quickly, suddenly □ *gu grad thug e daga às a phòcaid* suddenly he took a pistol from his pocket □ *thog e am fòn gu grad* he lifted the phone quickly

When closely associated with a *verb* it precedes the *verb* (which is always in the *past* tense) and is lenited as if it were part of the *verb* □ *ghrad dh'èirich e* he rose quickly □ *ghrad leum a gu a chasan* he leaped quickly / sprang to his feet □ *ghrad chlisg e* he suddenly started (i.e. jumped) □ *ghrad dh'èirich a' ghaoth* the wind rose suddenly □ often used in compounds as shown below

grad-

grad-amhairc *v* glance **g.-bhuntàta** *nm* instant potato **g.-chofaidh** *nm* instant coffee **g.-ghlac** *v* nab **g.-ghlaodh** *nm* exclamation **g.-shealladh** *nm* glance **g.-smuain** *nf* inspiraton **g.-ùineach** *a* momentary

gradag, -aig *nf* hurry, haste, quickness □ *(ann) an gradaig dhùin e an doras* quickly he closed the door

gradain, gradanadh *v* parch grain before grinding it

gradanadh, -aidh *nm & vn of* **gradain** parching grain before grinding it

gràdh, gràidh *nm* 1. attachment, charity, fondness, love □ *gràdh dùthcha* patriotism □ *gun ghràdh dùthcha* unpatriotic □ *tha gràdh agam ort* I love you □ *bha gràdh aige air a bhean agus bha gràdh aice airsan* he loved his wife and she loved him □ note that in this particular example the correct *dat form* of **bean** is not used □ in some areas the *dat case* has all but disappeared □ note also: *mo ghaol ort* I love you □ *gràdh mì-shuidhichte* misplaced love 2. object of love □ *a ghràidh* dear / love / my dear / my love □ note that 'my' is not used here in the Gaelic □ *a ghràidh nan nighean* dearest girl □ note also that **gràdh** is less intimate than **gaol** (q.v.)

gràdh-daonna *nm* philanthropy **g.-dùthcha** *nm* patriotism

gràdhach, -aiche *a* beloved, darling, dear, loving □ *sheall i gu gràdhach oirre* she looked lovingly at her □ *bha iad glè ghràdhach air a chèile* they loved each other very much □ *dh'fhàs e na bu ghràdhaiche oirre* he fell more in love with her

gràdhachadh, -aidh *nm & vn of* **gràdhaich** loving

gràdhaich, -achadh *v* love

gràdhaichte *pp* beloved

graf, -a, -aichean *nm* graph □ *graf loidhne dhìreach* straight line graph □ *air an cur sìos ann an grafaichean* set out in graphs **g. bann** bar graph **g. bloc** block graph **g. cearcaill** pie-chart, pie graph **g. sgaoilte** scatter graph **g. spìceach** spike graph

grafail *a* graphical

gràg, -àig, -an *nm* croak

gràgail *nf* croaking □ *dèan gràgail* croak *v*

graide *nf* promptness, quickness, rapidity

gràidh *a* dear *a charaid gràidh!* dear friend!

graifit *nm* graphite

grailleag, -eige, -an dunlin (also **g.-feadaig** *nm*)

gràin, -e *nf* abhorrence, aversion, detestation, disgust, hate, loathing □ *tha gràin agam air* I abhor him / it *masc* □ *cuir gràin air* cloy, disgust □ *gabh gràin air* loathe □ *bha gràin aige orm* he abhorred / hated me □ *bha seo a' cur gràin orra* this disgusted them □ *ghabh muinntir an àite gràin orra*

the people of the place became disgusted with them

gràine, -ean *nf* grain (indiv.), particle □ *gràine siùcair* a grain of sugar □ *cha robh gràine na fìrinne na fhaclan* there wasn't a grain of truth in his words (also **gràinean)**

gràineach, -iche *a* granulous

gràineachadh, -aidh *nm* granulation

gràineag, -eige *nf* 1. hedgehog 2. granule

gràinealachd *nf* vileness

gràinean, -ein, -an *nm* grain (indiv.), granule, particle, pellet, pinch (small quantity) □ *gràinean salainn* a grain of salt □ *gràinean siùcair* a grain of sugar □ *gràineanan mèinnireach* mineral fragments

gràineanach, -aiche *a* grainy

gràineil, -e *a* abhorrent, abominable, detestable, disgusting, foul, heinous, hideous, loathsome, odious, vile □ *thuirt iad gun robh an dol-a-mach seo gràineil leotha* they said that they considered this conduct abhorrent

gràinich, -eachadh *v* detest, disgust, hate □ *thuirt e gun do ghràinich sin e* he said that that disgusted him □ *bidh cuid air an gràineachadh* some will be disgusted

gràinn— □ if not shown below, see **gràin**—

gràinnseach, -ich, -ichean *nf* grange, granary

grainnseag, -eige, -an *nf* red bear-berry

gràisg *nf* crowd, mob, rabble □ *ceannard gràisge* demagogue

gràisgealachd *nf* vulgarity

gràisgeil, -e *a* vulgar

gram *nm* gramme

grama-chasach, -aiche *a* sure-footed □ *chan eil beathach ann a tha nas grama-chasaiche na an gobhar* there is not a more sure-footed animal than the goat

gramafon, -oin, -an *nm* gramophone

gramail, -e *a* resolute, sturdy □ *tha iad de na daoine as gramaile a tha anns an armailt* they are among the sturdiest men [who are in] the army □ *chumadh e a' dol gu gramail* he would resolutely keep on going

gràmar, -air *nm* grammar □ also **gràmair** *nm*

gràmarach *a* grammatical

gràn, -ain *nm* grain *coll* □ *gràn gu bleith* grist

gràn-bhàrr *nm* cereal crops **g.-chist** *nf* granary **g.-eiginn** *nm* pilewort **g.-ubhal** *nm* pomegranate

grànnda, gràinnde *a* ugly □ *tìr as gràinnde na gin as aithne dhomh* a land which is uglier than any I know

grànndachd *nf* ugliness
gràpa, -achan *nm* graip, garden fork
gràs, -àis, -an *nm* grace (relig. / classical) □
gun ghràs graceless □ *siud mise mur
b'e gràs Dhè* there, but for the grace of
God, go I
gràsmhor, -oire *a* gracious □ *thachair duine
gràsmhor riutha* they met a gracious man
gràsmhorachd *nf* graciousness
gràsta *a* same as **gràsmhor**
grathann, -ainn, -ean *nm* while, short time
□ *'s e a' deanamh dàil grathann* (and he)
delaying a while
gread, -adh *v* drub, whip, scorch
greadadh, -aidh *nm* & *vn of* **gread**
scorching etc.
greadh, -adh *v* beat, thrash, winnow □
*thòisich i air mo greadhadh mu na guail-
nean leis a' bhata* she began to beat me
about the shoulders with the stick
greadhadh, -aidh *nm* & *vn of* **greadh**
beating
greadhnach, -aiche *a* 1. gorgeous, magnif-
icent, showy, splendid □ *... anns a' bhaile
ghreadhnach sin ...* in that magnificent
town □ *seo agaibh leabhar greadhnach*
here you have a splendid book 2. cheerful,
joyful, merry □ *faodaidh tu fhaicinn cho
greadhnach 's a tha e a-nis* you can see
how cheerful he is now
greadhnachas, -ais *nm* 1. magnificence,
pomp, splendour □ *maise agus
greadhnachas* beauty and magnificence
2. conviviality, merriment □ *nach ann an
seo a tha an greadhnachas!* what merri-
ment there is here! (lit. isn't it here that
there is the merriment?) □ *aig amannan
àraid greadhnachais* at certain times of
merry-making
greallach, -aich *nf* entrails (usually of
animals)
greann, grinn *nm* frown, scowl □ *thàinig
i a-steach is greann oirre* she came in
wearing a frown / with a frown on her face
(lit. and a frown on her) □ *cuir greann air*
irritate
greannach, -aiche *a* crabbed, gloomy,
morose, bad-tempered □ *dh'fhàs e grean-
nach* he became morose □ *air feasgar gre-
annach geamhraidh* on a gloomy winter's
evening
greannar *a* same as **greannmhor**
greannmhor, -oire *a* 1. amusing, humor-
ous, witty 2. lively, active
greannmhorachd *nf* amusement
**greas, greasad / greasadh / greasachd /
greastainn / greasachdainn** *v* accelerate,

drive, goad, hasten, hurry (up), get a move
on, impel, make haste, quicken, speed,
spur □ usually followed by some form of
air □ *greas ort!* hurry up! □ *greasaibh
oirbh!* hurry up! (pl. or polite) □ *feumaidh
mi greasad orm* I must get a move on □
ghreas e air gan tèarnadh he hastened to
evade them □ *bu chòir dhaibh greasad
orra* they ought to hurry □ *bàsaichidh mi
leis an acras mura greas iad orra leis a'
bhiadh!* I'll die of hunger if they don't
hurry up with the food! □ *ghreas e
a cheum* he quickened his step
greasad *nm* & *vn of* **greas** hurrying etc.,
acceleration □ *cuiridh an naidheachd seo
greasad ris a' ghnothach* this news will
hasten / accelerate the matter
greastainn uncommon *alt vn of* **greas** □
bha i a' greastainn oirre she was hurrying
grèata, -an *nm* grate
greideal, -eil, -an *nf* griddle, girdle,
gridiron □ *bha bonnach a' losgadh air
a' ghreideil* there was a bannock burning
on the griddle
grèidh, -eadh *v* 1. whip, lash, thrash □
droch ghrèidh maltreat 2. cure, dry,
preserve (dom.), season, toast □ *bha a
chraiceann a cheana grèidhte leis
a' ghrèin* his skin was already toasted by
the sun
grèidheadh, -idh *nm* & *vn of* **grèidh** whip-
ping etc., treatment, whipping, lashing □
droch ghrèidheadh ill-treatment □ *thuirt
e gun robh e air droch ghrèidheadh
fhaighinn* he said that he had received ill
treatment
grèidhear, -eir, -an *nm* grieve (farm
foreman) □ *Mac a' Ghrèidheir* Grieve (the
surname)
greigh, -e, -ean *nf* herd, stud (horse stud) □
chunnaic sinn greigh fhiadh we saw a herd
of deer
greigheach, -iche *a* gregarious

---

grèim, -e, -eannan *nm* 1. catch, clutch,
grasp, grip, hold □ *chùm e grèim teann
air a làimh* he kept a tight grip on her
hand □ *dèan / gabh / thoir grèim air*
take hold of, fasten on to, grab, grasp,
grip □ *thug e grèim air mo ghàirdean*
he grasped / gripped my arm □ *chan eil
grèim ri ghabhail air uisge no teine* -
lit. a grasp is not to be taken upon
water or fire i.e. water and fire are good
servants but bad masters □ *cùm grèim*

air hold □ note also: *grèim cridhe* heart attack □ *an grèim mionaich* colic □ *an grèim* pneumonia □ *an grèim mòr* pleurisy 2. bite (of food), bit, morsel □ *thoir grèim à* take a bite of □ *cha robh grèim bidhe aige* he did not have a bite of food □ *greim bìdh* a snack (note that the *gen* of **biadh**, food, may be **bidhe / bìdh**) □ *cha robh grèim leisg innte* there wasn't a bit of laziness in her 3. **an grèim** (a) **cuir an grèim** distrain, organize, put into operation □ *chuir iad romhpa crìoch-astair a chur an grèim* they decided to put a speed limit into operation □ *feumaidh sinn feitheamh gus am faic sinn an tèid na molaidhean seo a chur an grèim* we must wait to see if these recommendations are put into operation (lit. until we see if ...) (b) **bi an grèim** be in operation □ *bithidh an sgeama ùr an grèim a dh'aithghearr* the new scheme will be in operation soon (c) **rach an grèim ri** tackle □ *bidh na daoine seo a' dol an grèim ri teintean a h-uile latha* these men are tackling fires every day □ also **rach an grèim ann** □ *chaidh Seumas an grèim ann a-rithist* James tackled him again (d) **an grèim** held fast, holding fast, tightly □ *bha aon làmh an grèim agus an tè eile a' beirsinn oirre* one hand was holding on tightly and the other was reaching for her □ *bi an grèim* be in custody □ *tha e air a bhith an grèim iomadh bliadhna* he has been in custody for many years 4. seizure, stitch (in sewing / a pain) □ *rinn i grèim no dhà eile* she did another stitch or two □ *bha grèim nam thaobh* there was a stitch in my side **grèim-coise** *nm* foothold □ *cha robh grèim-coise ri faighinn air* there was no foothold to be found on it **g.-làimhe** *nm* handhold □ *cha robh aige ach grèim-làimhe air a' chreig* he had only a handhold on the rock

greimich, -eachadh *v* attach, catch, clutch, grapple □ *greimich air* grasp, grip, seize
greimiche, -ean *nm* forceps, nippers, tentacle, tweezers
greimire, -ean *nm* fork, pliers
greis, -e, -ean *nf* space (of time), spell (of work), while □ *greisean* spells *(e.g. greisean*

grèine sunny spells) □ *airson greis* for a while □ *sheas mi mar a bha mi greis* I stood as I was (for) a while □ *airson deagh ghreis an dèidh sin* (also: *airson greis mhath an dèidh sin*) for a good while after that □ *thug e greis mun deach aca air a' chlach a thogail* it took a while before they managed to raise the stone □ *an ceann greis / an dèidh greis* after a while □ *seo an taisbeanadh as fheàrr a chunnaic mi o chionn greis mhath* this is the best exhibition I've seen for a good while □ *tha an sgeulachd air a h-atharrais an ceann a h-uile greis* the story is retold every so often (lit. at the end of every while) □ *thug caraid gàire orm o chionn greis nuair a ...* a friend made me laugh a while ago when ... □ *chan fhaca sinn thu o chionn greis* we haven't seen you for a while □ note the rather curious idiom : *tha greis o nach robh e sa bhaile* it's a while since he was in [the] town (lit. since he wasn't in etc.) □ *tha greis bho nach robh seirbhis Ghàidhlig anns an eaglais seo* it's a while since there was a Gaelic service in this church
grèis, -eadh *v* embroider
grèis-bhrat *nm* tapestry
greiseag, -eige *nf* □ *dim* of **greis** spell (of work), a little while □ ... *agus a h-uile greiseag thigeadh iad air ais* ... and every so often they would return □ *dh'fheith mi greiseag* I waited a while
grenèad, -aid, -an *nm* grenade
greollan, -ain, -ain *nm* cricket (insect) □ *chuala sinn durdan neònach a' ghreollain* we heard the curious hum of the cricket
Greugach, -aich, -aich *nm* Greek
Greugach *a* Grecian, Greek, Hellenic
Greugachas, -ais *nm* Hellenism
Greugais *nf* Greek (lang.)
greusaiche, -ean *nm* 1. cobbler, shoemaker 2. cobbler fish
greusachd *nf* cobbling, shoemaking (the trade)
griaman, -ain *nm* lichen
grian, grein *nm* grit, bottom of loch / river / sea
grian, grèine, grianan *nf* sun □ *na grèine* solar □ *gun ghrian* sunless □ *èirigh na grèine* sunrise □ *laighe na grèine* sunset □ *deàrrsadh na grèine* sunshine □ *bha iad air an tiormachadh ris a' ghrèin* they were dried in the sun □ *aig dol fodha na grèine* at sunset (lit. the going down of the sun) □ also *aig laighe na grèine* at sunset □ *losgadh na grèine* sunburn □ *a-muigh fon*

ghrèin is fon ghaoith out in the sun and the wind (lit. under the etc.) □ *tha iad a' faotainn barrachd tlachd às a seo na tha iad a' faotainn à rud eile fon grèin* they get more pleasure from this than [they get] from anything else under the sun □ *bha iad nan sìneadh anns a' ghrèin* they were lying / stretched out in the sun

grian-chrios *nm* zodiac **g.-loisgte** *pp* sunburnt **g.-sgàilean** *nm* parasol **g.-stad** *nm* solstice

grianach, -aiche *a* sunny

griasachd *nf* □ see **greusachd**

grinn *a* accurate, elegant, fine, graceful, neat, nice, ornate, pretty, spick and span, sweet □ *dealbhan grinne* fine / pretty etc. pictures

grinn-sgrìobhadh *nm* calligraphy

grinneachd *nf* accuracy

grinneal, -eil *nm* gravel, grit □ *bha sinn a' coiseachd air grinneal garbh* we were walking upon rough gravel □ *chuala mi fuaim càir air a' ghrinneal* I heard the sound of a car on the gravel

grinneachadh, -aidh *nm & vn of* **grinnich** refining etc.

grinneas, -eis *nm* elegance, fineness, frill, gracefulness, neatness, nicety, prettiness, refinement □ *gun ghrinneas* graceless □ … *a' cur grinneas air an t-seòmar* … giving the room elegance / lending elegance to the room

grinnich, -eachadh *v* refine

grìob *nm* rocky shore

griobh, -a, -an *nm* griffon □ *bha an eaglais air a sgeadachadh le griobhan* the church was adorned with griffons

grìogag, -aige, -an *nf* bead

Grioglachan, An Grioglachan *nm* Pleiades

grioman, -ain *nm* tree lungwort (also **crotal-coille**)

grìos, -a, -an *nm* grill

grìosach, -aich *nf* 1. hot embers □ *bha e air a dhadhadh ris a' ghrìosaich* it was singed by being exposed to the embers (see **ri** / **ris**) 2. volley □ *leig e a-mach grìosach de mhionnan* he released a volley of curses

grìosachadh, -aidh *nm & vn of* **grìosaich** grilling etc., grill

grìosaich, -achadh *v* grill

grìs, -e *nf* goose-flesh, goose-pimples, shivers □ *thug an smuain fhèin grìs orm* the very thought gave me goose-pimples □ *chuir an naidheachd grìs oirnn uile* the news sent shivers down all our spines / through all of us etc.

grìseach, -iche *a* shivering, causing goose-flesh, chilly

grìsfhionn *a* grizzled, roan

griùthach, -aich *nf* □ always preceded by the *def art* e.g. **a' ghriùthach** measles □ *gen =* **na griùthaich**

griùthlach, -aich *nf* □ same as **griùthlach**

griùthrach, -aich *nf* □ same as **griùthlach**

gròb, -adh *v* groove, indent, tongue and groove (carpentry), roughly sew / mend / stitch □ *bha na ballachan air an lìnigeadh le fiodh air a ghròbadh* the walls were lined with tongued and grooved wood

gròbach, -aiche *a* wrinkled □ *bha am buntàta gròbach grod* the potatoes were wrinkled and rotten

gròbadh, -aidh, -aidhean *nm & vn of* **gròb** grooving, indenting etc., indentation, tonguing and grooving (carpentry)

groban □ see **gnoban**

gròc, -adh / -ail *v* croak □ *chuala mi fitheach a' gròcail a-muigh* I heard a raven croaking outside

grod, -oide *a* corrupt, high, putrid, rotten

grod, -adh *v* putrefy, rot

grodadh, -aidh *nm & vn of* **grod** rotting etc., rot

grodaich, -achadh *v* corrupt

grodachadh, -aidh *nm & vn of* **grodaich** corrupting etc.

groigeanan-cinn *n pl* carle-doddies (various plants including ribwort and plantain)

gròiseid, -e, -ean *nf* gooseberry

gròm-dearg *nm* coral

grosair, -ean *nm* grocer

grosaireach *a* grocery □ *bathar grosaireach* groceries

grosaireachd *nf* groceries *bùth grosaireachd* grocery

gròt(a), -achan *nm* groat

gruag, -aige, -an *nf* hair (head of hair), wig □ *gu h-iongantach bha a ghruag air fàs na bu duirche!* amazingly, his hair had grown darker! □ *roinn i a' ghruag aige* she parted his hair □ *bha feusag ruadh air, agus gruag fhada den dath cheudna* he had a red beard, and long hair of the same colour

gruagach, -aich, -aichean *nf* girl, maid, maiden

gruagaire, -ean *nm* hairdresser

gruagaireachd *nf* hairdressing

gruaidh, -e, -ean *nf* cheek

gruaigean, -ein *nm* badderlocks, henware (edible seaweed)

gruaim, -e *nf* 1. churlishness, gloom, gloominess, sulkiness, sullenness, 2. frown, grimace, frown, scowl, surly look □ *thàinig gruaim air aodann na h-inghinn* a grimace appeared on the girl's face □ *bi* *an gruaim* lower (*v* = look surly) □ *bi fo ghruaim* scowl

gruamach, -aiche *a* black (of mood), bleak, dismal, forbidding, gloomy, glum, moody, morose, saturnine, sombre, sour (of character), stern, sulky □ *chan eil cùisean cho gruamach 's a tha iad a' coimhead* matters aren't as gloomy as they look

gruamachd *nf* grimness

gruaman, -ain *nm* sadness, melancholy

grùdair / grùdaire *nm* brewer, distiller

grùdaireachd *nf* brewing □ *tog / dèan grùdaireachd* brew (beer)

grùid, -e *nf* dregs, lees, sediment

grùid-chlach *nf* sedimentary rock

grunn, -a, -an *nm* batch, crowd, group, number □ *chunnaic e grunn dhaoine òga* he saw a group of young people □ *ann an grunn dhòighean* in a number of ways □ *ann an grunn cheàrnaidhean den Ghaidhealtachd* in a number of Highland districts □ *grunn bhliadhnachan air ais ...* a number of years ago □ *fad grunn bhliadhnachan* for a number of years □ *tha grunn dhiubh sin a dh'aon ghnothaich do chloinn* a number of those are specifically for children □ *grunn rudan a' tighinn gu chèile* a combination of events

grunnachadh, -aidh *nm & vn of* **grunnaich** wading

grunnaich, -achadh *v* wade, paddle

grunnan, -ain, -an *nm* group, small number

grunnasg, -aisg *nm/f* groundsel

grunnd, -uinnd / -a *nm* bed / bottom (of sea, lake, valley etc.), ground □ *an grunnd na mara / a' chuain* at the bottom of the sea, on the sea bed □ *gun ghrunnd* bottomless

grunnd-iasgaich *nm* fishing grounds

grunndail, -e *a* having a good foundation, solid, firm, sensible, down-to-earth □ *bha iad air leth tùrail agus grunndail* they were particularly sensible and down-to-earth

grùnsgal, -ail *nm* growl, growling □ *dèan grùnsgal* growl *v*

gruth, -uith *nm* curds, crowdie □ *gruth is bàrr* crowdie and cream

grùthan, -ain, -an *nm* liver

---

gu
1. in the phrase **gu dè** a worn down form of **ciod** (q.v.)

. . . .

2. *prep + dat case of indef noun* (also see **gus** below) for, to, till, until, unto (when 'to' etc. means 'to a place' or 'to

a certain point in space') □ does not lenite □ *o thaigh gu taigh* from house to house □ *o bheul gu beul* from mouth to mouth □ *thàinig a' choinneamh gu crìch aig ochd uairean* the meeting came to an end at eight o'clock □ *bha sinn air an t-slighe gu I agus Stafa* we were on the way to Iona and Staffa □ *thuit e gu h-aotrom gu talamh* it fell lightly to earth (for **gu h-** see **gu** used with an adjective below) □ *bha botal uisge-bheatha air òl gu a leth* there was a half-drunk bottle of whisky (lit. drunk to its half) □ *dhìrich sinn an àird gu mullach a' chnuic* we climbed up to the top of the hill □ *chaidh sinn gu cèilidh* we went to a ceilidh □ but note: *an e seo am bus gu Steòrnabhagh?* is this the bus for Stornoway? □ *... airson na molaidhean sin a thoirt gu bith ...* to bring these recommendations into being

With this meaning it is often used with parts of the body:- *dh'èirich e gu a chasan* he rose to his feet □ *bha falt donn oirre gu a guailnean* she wore brown hair to her shoulders □ *bheir eagal duine gu a ghlùinean* fear will bring a man to his knees

But note also:- *chuir ise gu feum math iad* she put them to good use □ *sgrìobh e litir ghoirid gu caraid dha* he wrote a short letter to a friend of his (see **do**)

When 'to' means 'to a point in time / until': *chaidh m' inntinn air ais gu Oidhche Shamhna mòran bhliadhnachan air ais* my mind went back to a Halloween night many years ago □ *tha aig luchd-leughaidh gu deireadh a' mhìos seo gu bhith a' gabhail compàirt anns a' cho-fharpais* readers have until the end of the month to participate in the competition (**gu bhith** here implies purpose / intention – see below) □ *faodar a ràdh nach robh a leithid ann gu seo* it may be stated that such a thing has never existed until now (lit. to this) □ *chan eil ann ach fuireach far a bheil sinn gu latha* there's nothing for it but to stay where we are until day □ *cha robh sgeul air gu o chionn ghoirid* there was no sign of it until recently □ *bha ceòl agus aighearachd ann gu madainn* there was music and merriment until morning □ *bha iad sona gu aon latha nuair a ... * they were happy until one day when ... □ *cha robh an eaglais air a togail gu*

*timcheall air ceud bliadhna an dèidh
sin* the church wasn't built until about
a hundred years after that
With a *def noun* the alternative forms
gus (*+ acc case*) or **chun** (*+ gen case*)
are used □ *bha sreath de bheanntan
àrda a' ruith on tuath gus an àirde
deas* there was a range of high moun-
tains running from the north to the
south □ *gus a-màireach* until tomor-
row / until the morrow □ *a-nuas gus an
ochdamh linn deug* up to the eigh-
teenth century (note that the Gaelic
says down, not up!) □ *cha do thòisich
iad air an obair gu toiseach na
Lùnastail* they didn't start on the work
until the beginning of August (see
chun also for examples)
The *prep prons* of **gu** are: **thugam** to me
thugad to you **thuige** to him **thuice**
to her **thugainn** to us **thugaibh** to you
thuca to them
The *emphatic forms* are: **thugamsa,
thugadsa,   thuigesan,   thuicese,
thugainne, thugaibhse, thucasan**
Some examples using the *prep prons* □
sgrìobh e thugam he wrote to me □ *cha
robh fuaim a' tilleadh thuige ach a ghuth
fhèin* not a sound was coming back to
him but his own voice □ *bha i a' tarraing
a h-uile duine thuice* she attracted every-
one to her □ but note also: *thàinig mi
thugam fhèin* I revived / I came to
gu ruige *prep* □ see **ruige**
gu before a *vn* usually implies
'purpose', 'almost', 'nearly' □ *chrom e
gu pìos pàipeir a thogail bhon làr* he
stooped to pick up a piece of paper
from the floor □ *bha e gu toirt thairis*
he was dead-beat / he was on the point
of giving up □ *bha i gu fannachadh
leis an teas* she was almost fainting
with the heat □ but note: *tha mi gu
bhith deiseil* I am almost ready □ and:
*mura robh muinntir a' bhaile gu bhith
a' faighinn buannachd às* unless the
townspeople were to be benefitting
from it □ also, in some areas *gus a
bhith deiseil* etc.
gu combines with the *poss adjs* to form
prep poss adjs as shown below. These
are used before *verbal nouns* with the
meaning 'about to', 'with the intention
of', and are most usually found after
verbs of motion. Some have recom-
mended that these be written in full (as
shown below the abbreviated forms).

The examples which follow show the
contracted forms.
gum + *len* to my **gud** + *len* to your *sing*
ga + *len* to his **ga** (**ga h-** before vow-
els) to her **gu ar** / **gar** to our **gu ur** /
gur to your *pl / polite* **gun** (**gum**
before **b, f, m, p**) to their
Full forms are: **gu mo, gu do, gu a, gu
a,** (**ga h-** before vowels), **gu ar, gu ur,
gu an** (**gu am** before **b, f, m, p**). Before
vowels **gu mo** and **gu do** become **gu
m'** and **gu d'**, but a 'his', 'her', 'its'
should always be shown
Some examples using the *prep poss
adjs* □ *thog e am bata gum bhualadh*
he raised his staff to strike me □ *bha
iad a' tighinn ga shàbhaladh* they were
coming to save him □ *a bheil thu a' dol
ga cuideachadh?* are you going to help
her? □ *thàinig e air adhart gum
phutadh* he came forward to push me
□ *thig iad gu do chuideachadh* they
will come to help you □ *thog e a chas
ga bhreabadh* he raised his foot to kick
him □ *ga breabadh* to kick her □ *gar
bualadh* to hit us □ *gu ur faicinn* to see
you *pl / polite* □ *gan cuideachadh* to
help them (**gam** before **b, f, m, p** □
gam putadh to push them) □ ... *agus
chuir i san àmhainn e ga fhuineadh* ...
and she put it into the oven to bake (lit.
to its baking) □ *thug e sgailc air a'
phàipear ga dhèanamh cothrom* he
gave the paper a slap to make it even □
*bhiodh e a' toirt dha leabhraichean
gan leughadh* he used to give him
books to read
gu is used before an *adj* to make an *adv*
e.g. *math* good *gu math* well □ *luath*
quick *gu luath* quickly □ *mall* slow *gu
mall* slowly □ before vowels **h-** is
inserted: *obann* sudden *gu h-obann*
suddenly □ *àraidh* special *gu h-àraidh*
especially □ note that **gu** is not
repeated in lists of adverbs: *sheas a'
chraobh gu dìreach, dàna, calma ris
a' ghaoith* the tree withstood the wind
uprightly, boldly, bravely
Note also: **gu leòr** galore, plenty,
enough (see **leòr**) **gu ruige** *prep* till,
unto, until (see **ruige**) **gu leth** and
a half (see **leth**)

. . . .

3. **gu** *conj* that □ precedes a clause in
which the *dep form* of the *verb* is used
□ *tha e ag ràdh gu bheil e sgìth* he says

that he is tired □ *a bheil thu a' smaoineachadh gu bheil iad a' tighinn?* do you think they're coming? □ before **robh**, the *past dep form* of **tha**, either **gu / gun** may be used □ *thuirt e gu(n) robh i ceàrr* he said that she was wrong □ before all other tenses and moods **gum** is used before *verbs* beginning with **b, f, m, p** (where **gum** directly precedes the *verb*) and **gun** before all others □ *thuirt e rium gum bi e air ais a-màireach* he told me that he will be back tomorrow □ *bha i ag ràdh gum bitheadh i a' tighinn a dh'aithghearr* she was saying that she would be coming soon □ *tha mi an dòchas gum mair an suidheachadh seo ùine fhada* I hope that this situation will last a long time □ *bha mi an dòchas gum paisgeadh tu na tiodhlaicean* I was hoping that you would wrap the gifts □ *thuirt e gum faca e mi anns a' bhùth* he said that he had seen me in the shop □ *dh'innis e dhomh gun tug seo ùine fhada* he told me that this took a long time □ *tha mi a' smaoineachadh gun do chaill e [a] airgead* I think that he lost his money □ note what happens when two such clauses are linked by **agus** or **ach**: *ma dh'fhaoidte gun robh e ann ach gun do dh'fhalbh e* perhaps he was here but he left

Note that **gu / gum / gun** are frequently elements of word groups which act as *compd conjs* and which translate into English in a number of ways □ *thug mi airgead dha a chum's gun ceannaicheadh e an leabhar* I gave him money so that he could buy the book □ *sheall e orm mar gun robh e a' dèanamh fanaid orm* he looked at me as if he were mocking me □ in these cases the word / words preceding **gu / gum / gun** should be consulted i.e. **chum / mar** in the examples given

gum / gun is sometimes used to introduce a wish, imprecation etc., in which case it implies an unspoken introduction such as 'I wish' / 'I would wish' etc. □ *gun cuir sinn luach air an dileab a chaidh fhàgail againn* may we value the legacy that has been left to us □ *gun till iad dhachaigh air an ùrachadh* may they return home refreshed □ see also **guma** below

guailleachan, -ain, -an *nm* scarf, shawl for the shoulders
guaillibh old *dat pl* of **gualainn** (q.v.)
guaineas, -eis *nm* lightness □ *sgeul guaineis* fantasy
gual, -adh *v* gall, pain, torment □ *bha e air a ghualadh mu a dheidhinn* he was tormented about it
gual, -ail *nm* coal □ *gual donn* lignite □ *mèinne guail* a coal-mine
gual-fiodha *nm* charcoal
gualadair, -ean *nm* coalman, collier
gualainn, gualainn / guailne, guailnean / guaillean *nf* shoulder (also **gualann** in the *nom*) □ *ceann is guaillean* bust (in sculpture) □ *bha iad nan seasamh gualainn ri gualainn* they were standing shoulder to shoulder □ *na Gaidheil an guaillibh a chèile* the Gaels shoulder to shoulder (an older expression than the preceding one and more evocative) □ *is lom gualainn gun bhràthair* bare / solitary is the shoulder without a brother (proverb)
gualaisg *nm* carbohydrate
gualan, -ain *nm* carbon
gualann *nf* □ see **gualainn**
guanach, -aiche *a* fanciful, fancy, giddy, light (of mood), light-headed, unsettled □ *bha na caileagan a' gàireachdaich gu guanach* the girls were laughing light-headedly
guanachas, -ais *nm* fancy
guanag, -aige, -an *nf* coquette
guàno *nm* guano
gucach *a* bearing bells (of a plant)
gucag, -aige, -an *nf* bell (of a flower), bubble, bud □ *an uair nach eil an duilleach ach anns a' ghucaig* when the foliage is only in bud
gud *prep poss adj* to your *sing* (see **gu** 1. *prep*)
gùda, -achan *nm* gudgeon
guga, -achan *nm* young of the solan goose / gannet
guib □ *gen sing* and *nom & dat pl* of **gob** beak
guidh, guidhe *v* 1. wish □ *ghuidh iad uile sonas don chàraid* they wished every happiness to the couple / they wished the couple every happiness □ *bha e a' guidhe cadal math is aislingean matha do a mhac* he was wishing goodnight and sweet dreams to his son □ *tha sinn a' guidhe gach soirbheachaidh dhaibh* we wish them every success 2. **guidh air** beg, beseech, call upon, entreat, implore, petition □ *bha e a' guidhe air na daoine leantainn orra leis an obair* he was calling

upon the people to persevere with the work

guidhe *nm/f & vn of* **guidh** entreating etc., entreaty, petition, prayer □ *dèan guidhe* plead, beseech

guidheachan, -ain *nm* imprecation, oath, curse □ *dèan guidheachan* curse, swear □ *rinn e guidheachan fo anail* he swore under his breath

guil, gul *v* cry, weep

guilbneach, -ich, -ich *nm* curlew □ *bha mi ag èisteachd ri guileig a' ghuilbnich* I was listening to the curlew's cry

guilbneach-beag *nm* whimbrel (also **eun-Bealltainn** *nm*)

guileag, -eig, -an *nf* cry (of a bird) □ *see* **guilbneach** above

guim *nm* plot, conspiracy, stratagem □ *bha ceathrar eile an sàs sa ghuim* four others were involved in the conspiracy □ *cha robh e a' cleachdadh a' ghuim seo airson a bhuannachd fhèin* he wasn't employing this stratagem for his own advantage □ *bha e ann an guim leis na daoine eile* he was in conspiracy with the other men

guin, -ean *nm* dart, pang, sting

guin, -eadh *v* sting

guineach, -iche *a* bitter (of speech / mentally), fierce, pungent, sharp venomous □ *bhitheadh an t-eun beag seo ga dhìon gu guineach* this little bird would defend it fiercely □ *bidh an ath bhataill nas guiniche* the next battle will be fiercer

guineachas, -ais *nm* sharpness

guineadh, -idh *nm & vn of* **guin** stinging etc.

guir, gur *v* brood, hatch, incubate (both lit. and metaph.) □ *guiridh an t-eun seo an aon ugh a tha aice air a spleadhan* this bird hatches her only egg on her webbed feet (note that although **eun** is *masc*, the *fem form* **aice** is used as it is assumed that the mother is *fem*!) □ *is iad a ghuir an innleachd eatorra* it is they who hatched the plot between them

guir *a* broody (of a hen) *cearc ghuir* a broody hen

guireadair, -ean *nm* incubator

guirean, -ein, -an *nm* carbuncle, pimple, pustule, spot (facial) □ *guirean dubh* blackhead □ *guirean bàn* whitehead

guireanach, -aiche *a* pimply, spotted

guirme *nf* blueness, greenness

guirmead, -eid *nm* blueness

guirmean, -ein *nm* indigo

guiseid, -ean *nf* gusset

guit, -e, -ean *nf* winnowing fan

guit-dhruma *nf* tambourine

guitear, -eir, -an *nm* gutter (on a house etc.), sewer

gul, uil *nm & vn of* **guil** crying etc., crying, wail, wailing, weeping □ *dèan gul* weep

gulach *a* weeping

gum *prep poss adj* (see **gu** 1. *prep*) 1. (*+ len*) to my 2. (without *len*) to their (before **b, f, m, p**)

gum *conj* (**gu** + **am**) till, until (before **b, f, m, p**) □ *cha b 'fhada gum b'fheudar dha gabhail air a shocair* it wasn't long before he had to take it easy □ *chan fhaigh thu an t-airgead gum bi an obair deiseil* you won't get the money till the work's finished

gum *conj* that (see **gu** *conj*) □ sometimes used to express a wish (see also **guma**) □ *gum biodh e comasach dhuinne a ràdh, mar a thuirt Pòl...* may it be possible for us to say, as Paul said...

guma □ a form of **gu** *conj* (q.v.) which is used to introduce a wish or idea □ *guma math a thèid dhaibh le airgead a thrusadh* may they be successful in collecting money (lit. may it go well for them with money to collecting) □ *guma math a thèid don dithis aca!* good luck to both of them! □ note that **thèid le** may be found as well as **thèid do** (see **gur** *conj*) □ *guma fada a leanas iad* long may they continue □ *guma fada beò thu* long may you live □ *guma h-amhlaidh (bhitheas)* amen

---

gun *prep poss adj* to their (see **gu** 1. *prep*)
gun *conj* that (see **gu** *conj*)

. . . .

gun *prep* without □ often corresponds in translation to English *prefixes* 'im-', 'in-', 'il', 'irr', 'un-' or English *suffix* '-less' (see end of this entry) □ takes either *acc* or *dat case*, though dictionaries and Gaelic primers tend to omit mentioning this important point □ Calder's Grammar says that it takes the *acc case*, but popular usage seems to favour the *dat case* □ lenites foll. consonants except **d, f** (in some dialects) **t, n** or **s** – though **mòran** seems to be exempt from this rule □ *thill e gun mhnaoi* he returned without a wife (*dat case*) □ *bha e na sheasamh an sin gun bhròig* he was standing there without a shoe (*dat case*) □ *bha duine na sheasamh an sin gun bhròg* there was a man standing there without a shoe (*acc case*) □ *gun an còrr uime* without (any) more ado (*acc case*) □ in many instances it is impossible to say whether the *noun* is in the *dat* or *acc case* □ *cha b'ann gun dragh, gun saothair agus gun chostas* it wasn't without trouble, [without] labour and [without] cost □ *bha e gun obair* he was out of work / unemployed □ *gun cus mhearachdan* without too many mistakes (**cus** is here unlenited because it is an unstressed word) □ *gun mòran coiteachaidh* without much persuasion □ *'s e duine gun mòran toinisg a th'ann* he's a man without much common sense

gun has no special *prep pron* forms, **as eughmhais / as aonais** (q.v.) being used instead

When accompanied by **ach** it means 'with only' □ *gun ach sgoil thruagh na òige* with only a poor education in his youth (lit. without but ...) □ *'s gun mun cuairt air ach am fàsach* with only the desert around him □ *agus gun e ach sia bliadhna deug ...* and he only sixteen ...

gun is also used to make *vn's neg* □ *bha e fhathast gun tilleadh* he still hadn't returned (lit. he was still without returning) □ *bha an stòbha fhathast gun tighinn don fhasan* the stove had not yet come into fashion □ *... is e gun a bhith uile-gu-lèir cinnteach ciamar a ...* [and he] not being altogether certain how ... □ *gun eagal a bhith oirnn sin a dhèanamh* without (us) being afraid to do that □ *ach bha sin fhathast gun tachairt aig an àm sin* but that still hadn't occurred at that time □ *... agus an dorchadas gun a bhith fada air falbh ...* [and the] darkness not being far off

As with all other *preps*, a *noun* forming part of a *vn phrase* is not affected by the *prep* with regard to *case* □ *bhiodh e duilich dha gun na ceistean aca a fhreagairt* it would be difficult for him not to answer their questions □ *tha mi duilich gun a' chlann fhaicinn an seo an-diugh* I'm sorry not to see the children here today / I'm sorry to see no children etc. □ *thuirt e riutha gun iad eagal sam bith a bhith orra* he said to them not to be in the least afraid

□ *...ach b'fheàrr gun an duine ainmeachadh ...* but it would be better not to name the person

However, used with a *vn* **gun** may still often translate as 'without' □ *cha choimhead mi air uair sam bith gun smaoineachadh orra* I never look at it without thinking of them □ *gun fhacal / gun facal a ràdh dh'fhalbh e* without saying a word, he left □ *shnàig e a-steach gun fhuaim / gun fuaim sam bith a dhèanamh* he crept in without making a sound

Expressions other than *nouns* or *vn's* may accompany **gun** □ *"Och, nì sin fhéin a' chùis," ars esan, 's gun e deònach sam bith turas eile thoirt chun a' bhaile* "Och, that will do," he said, being unwilling to make another trip to town □ *bha an t-inneal a' bodhradh nan cluasan aca, is gun iad cleachdte ri leithid de dh' fhuaim* the machine was deafening their ears, they not being accustomed to such noise □ *'s gun e fhathast aig aois nuair a ...* while (he was) still not at an age when ... □ *bha e air bàs fhaotainn gun e air dà fhichead bliadhna a ruigheachd* he had died without having reached forty / not having reached etc.

Some common expressions are: *gun fhiù* worthless □ *gun ainm / gun urrainn* anonymous □ *gun sùilean* without eyes / eyeless □ *gun sliochd* childless □ *gun smal* spotless □ *gun toit* smokeless □ *gun chùram* irresponsible □ *gun tilleadh* irrevocable □ *gun slighe* trackless □ there are many others, but these may be found in the dictionary under the accompanying word

gùn, gùin, -achan / -tean *nm* gown
gunna, -achan *nm* gun □ *urchair gunna* gunshot □ *gunna mòr* cannon □ *gunnachan mòra* ordnance □ *thog e an gunna is loisg e e* he raised the gun and fired it
gunna-adhair *nm* airgun **g.-dùbailt** *nm* double barrelled gun **g.-eunaich** *nm* fowling-piece **g.-froise** *nm* shotgun **g.-sgailc** *nm* popgun
gunnair, -ean *nm* gunner
gunnaireachd *nf* gunnery
gur *prep poss adj* formed from **aig** + **ur** at your *pl / polite* (see **aig**) – used with a *vn*

gur *prep poss adj* formed from **gu** + **ur** to your *pl & polite* □ *gur faicinn* to see you *pl & polite* (see **gu** 1. *prep*)

gur, -uir *nm & vn of* **guir** hatching, hatch, incubation □ *nuair a thig gur às tràth air an earrach* when hatching out occurs (lit. comes) early in the spring

gur *conj* a form of **gun** used only with the *assertive verb* □ *thuirt iad gur e a chridhe a bha air* they said that it was his heart (that was troubling him / that was wrong with him) □ *bhitheadh aca ri aghaidh thoirt an uairsin air an fhìrinn gur iad na daoine a dh'adhbharaich an suidheachadh seo* they would then have to face (up to) the fact that they are the people who brought about this situation – an **h-** is often inserted before stressed vowels: *saoilidh mi gur h-e duine glè àilleasach a bhiodh…* I think it is a very fussy person who would…□ *tha sinn an dòchas gur math a thèid leotha uile* we hope that they will all do well / that they will all prosper □ note also that **gun** often replaces **gur** before a vowel □ *chan eil e soilleir gun ionann iad* it isn't clear that they are equal

gurraban, -ain *nm* crouching posture, hunkering □ *chaidh e na ghurraban mu a coinneamh* he crouched / hunkered down before her

gurrach, -aich *nm* crouching posture, hunkering □ *bha e na ghurrach air an stiùir* he was crouching at the helm

---

gus *prep & conj* with a variety of usages:-

1. *prep*: a form of **gu** used with a *def noun* (see **gu** 2. *prep*) 2. *prep* used with *vn's* meaning (a) to, in order to, with the purpose of □ *chaidh iad don bhaile gus oidhirp a dhèanamh gus cuideachadh fhaighinn* they went to [the] town to attempt to obtain help □ *bha iad air am misneachadh gus pàirt a ghabhail anns na cluichean* they were encouraged to take part in the games □ *bha agam ri bus eile a ghlacadh gus faighinn gu Peairt* I had to get another bus to get to Perth □ *bha i air a fàgail gus sùil a chumail oirnn* she was left [in order] to keep an eye on us □ *tha iad air tabhartas fhaighinn gus cuideachadh leis an obair* they have received a grant to help with the work (b) about to, on the point of □

---

bha eagal mòr orm gun robh e gus a dhol a-mach orra I was greatly afraid that he was on the point of falling out with them □ *tha mi gus mo chiall a chall* I am about to lose my senses 3. (with *interr part & dep form* of *verb*) (a) till, before, until □ *bithidh ùine ann gus am faic sinn e a-rithist* it will be some time before we see him again □ *chùm iad sùil a-mach gus am faiceadh iad an robh an nàmhaid fhathast anns a' choimhearsnachd* they kept a look-out to see (i.e. until they might see) if the enemy were still in the locality □ *cha b'fhada gus an do thill iad* it wasn't long until they returned □ *gus an atharraich sin cha tig feabhas* until that changes improvement won't come □ *gus am faigheadh e air ais a Leòdhas* pending his return to Lewis □…*ceàrnaidhean a bha a' sìor fhàs na bu chuinge gus an-diugh a bheil iad a' fuireach ann an ceàrn bhig* areas which were continually growing narrower until today they live in a small area □…*gus mu dheireadh, an dèidh mòran dhuilgheadasan, an do ràinig iad an dachaigh*…until at last, after many difficulties, they reached their home □ note that in some dialects **na** is used instead of **an** □…*gus na ràinig e iomall a' bhaile*…until he reached the outskirts of the town

Note that **gus an / gus am** may be abbreviated to **gusa** □ *bithidh ùine ann gusa faic sinn e etc.* it will be some time before we see him etc.

gus nach is used in *neg* sentences □ *chaidh àireamh nam ball suas gus nach robh e, gu math tric, comasach àite-suidhe fhaighinn anns an àite* the number of members went up until it was, quite often, impossible to find a seat in the place

Note what happens when two *verbs* linked by 'and' follow **gus**: *cha bhi e fada gus am faigh mi dhachaigh agus am faic mi sibh uile* it won't be long until I get home and see you all □ but note also:…*gus an tàinig a bhean agus gun do dh'fhosgail i glas an dorais*…until his wife came and unlocked the door (lit. opened the lock of the door) (b) so that, in order that, to (implying purpose) □…*agus gus an seasadh e a còir*…and so that he might stand up for her right □ *chean-gail mi am post le còrd làidir gus am fuiricheadh e dìreach* I tied the post with strong cord so that it would stay upright □ again, **gus nach** is used in neg clauses □ *tha cliathaichean a' bhàta air an lìonadh le àirc gus nach tèid i fodha* the sides of the boat are filled with cork so that she will not sink 4. **gus nach** *conj* ... or not □ *co-dhiù bha e a' sgrìobhadh os iseal gus nach robh* whether he was writing secretly or not □ *faodaidh iad fhèin breithneachadh a bheil a bheag a' tachairt gus nach eil* they themselves may judge if little is happening or not

gusa *conj* □ see **gus** *conj*

gusgal, -ail *nm* rubbish

guth, -a, -an *nm* 1. voice (for speech or in gram.) □ *guth spreigeach* active voice □ *guth fulangach* passive voice □ *guth àrd* high voice □ *guth cruaidh* loud voice □ *guth iosal* low voice □ *guth mall* slow voice □ *guth sèimh* soft voice □ *guth soilleir* clear voice □ *bha mi toilichte a guth a chluinntinn* I was pleased to hear her voice □ *bha e math an guth a chluinntinn* it was good to hear their voices □

feumaidh na Gaidheil an guth a thogail the Gaels must raise their voices (for use of *sing* in the preceding two examples see notes under **beatha** and **làmh**) 2. mention, word □ *thoir guth air* to mention □ *chan eil e a' toirt guth air an t-suidheachadh idir* he doesn't mention the situation at all □ ... *gun ghuth a thoirt air biadh* ... not to mention food □ *cha robh guth orra anns an aithisg* there was no mention / word of them in the report □ *an cuala tu guth riamh mu a dheidhinn?* did you ever hear mention of him? □ *bha e a' faighneachd dhiom an cuala mi guth ortsa* he was asking me if I had heard [any] word of you □ *cha robh guth aig Calum air na thachair* Calum did not mention what had happened □ note also: *ciamar a tha thu? chan eil guth ri ràdh* how are you? fine / no complaints (lit. there isn't any word to say i.e. there's no reason for complaint) □ *dè do naidheachd? cha chuala mi guth* what's your news? nothing fresh

guth-taghaidh *nm* suffrage, voice, vote □ *thoir guth-taghaidh* vote

guth-thàmh – in the phrase **as a ghuth-thàmh** in a quiet voice, quietly *"Dè tha thu a' ciallachadh leis a sin?" ars esan as a ghuth-thàmh.* "What do you mean by that?" he said quietly.

guthach *a* vocal, vocalic

H, h

h □ traditionally **h** is not considered to be a letter, though many place names, particularly of Scandinavian origin, begin with it, but rather a breathing introduced to show lenition as in: *a Mhàiri* Mary *(voc)* □ *mo phiuthar* my sister

It also often indicates the remains of a missing word or inflection – this is optional before such phrases as: *gur h-e* that he is □ *gur h-ann* that it is there □ *mura h-eil* unless – but is always used 1. with the *def gen sing* of *fem nouns* beginning with a vowel: *fad na h-oidhche* all night 2. after **a** meaning 'her' before a vowel: *a h-athair* her father 3. after **dara** 'second' before a vowel: *an dara h-àite* the second place 4. before numerals without a noun, beginning with a vowel (up to 31): *a h-aon* one □ *a h-ochd* eight □ *a h-aon*

deug eleven 5. before a vowel in adverbial constructions with **gu**: *gu h-olc* badly □ *gu h-àraid* especially

In addition, many recent borrowings from English begin with this letter

haidreant, -an *nm* hydrant

haidridean / haidridsean *nm* hydrogen □ *suilfid haidridean* hydrogen sulphide

haidrocarbon, -an *nm* hydrocarbon

haidrofoidhl, -ean *nm* hydrofoil

hailleard, -aird, -an *nf* halyard

haisis *nf* hasheesh

halò! *interj* hallo!

hama, -aichean *nf* ham

hamstair, -ean *nm* hamster

hangar, -air, -an *nf* hangar, hanger

heactair, -ean *nm* hectare

hèadonas, -ais *nm* hedonism

hèadonach, -aich, -aich *nm* hedonist

hèadonach *a* hedonist
Hearach, -aich, -aich *nm* native of Harris (see **Hearadh, na Hearadh** App. 12 Sect. 4.0)
Hearach *a* of, belonging to, pertaining to Harris
hèaroin *nm* heroin
heidhceadh, -idh *nm* hiking □ *bi a' heidhceadh* hike *v*
heileacoptair, -ean *nm*
hèimofilia *nf* haemophilia
hiatas, -ais *nm* hiatus (ling.)
hièana, -athan *nf* hyena
hilics, -ean *nf* helix
hilium *nm* helium
hipidh, -ean *nm* hippy

hoc *nm* hock
hod *interj* used in Uist □ same as **thud!** tut!
hogaidh *nm* hockey
hòigh! *interj* hallo!, hey!
hormon, -oin, -oin *nm* hormone
hòro-gheallaidh *nf* hubbub, hullabaloo, sing-song, uproar – also **hò-ro-gheallaidh** □ *cha b'fhada gus an robh horogheallaidh ann* it wasn't long until there was an uproar □ *chan eil sinn ag iarraidh hòro-gheallaidh mhòr aig an àm seo den bhliadhna* we don't want a great hullabaloo at this time of the year
hostail, -ean *nf* hostel
huist *interj* □ same as **ist**
hùmas, -ais *nm* humus

I, i

i *pers pron* she, her, it *fem* □ *i fhèin* herself □ *thàinig i dhachaigh* she came home □ *chunnaic mi i* I saw her □ *an rud a rinn i* the thing (that) she did □ the *emph form* is **ise** □ *is ise as coireach* she is to blame (lit. it is she who is blameworthy)
iad *pers pron* they, them – the *emph form* is **iadsan** □ *iad fhèin* themselves □ *iad seo* these □ *iad sin / siud* those □ often abbreviated to **'ad** in common speech
iadh, -adh *v* circle, encircle, encompass, enclose, enfold, surround (often followed by **mun cuairt air / timcheall air / mu thimcheall** etc.) □ *bha iad ag iadhadh timcheall air* they were encircling him / it *masc* □ *bha blàths na leapa a' tòiseachadh gu a iadhadh* the warmth of the bed was beginning to enfold him □ *dh'fhairich i faochadh ga h-iadhadh* she felt relief enfolding her □ *bha fuachd na h-oidhche ag iadhadh timcheall air* the coldness of the night was encircling him □ *iadh an glacaibh* embrace
iadh-lann *nf* rail **i.-lus** *nm* creeper **i.-shlat** *nf* honeysuckle, woodbine
iadhadh, -aidh *nm & vn* of **iadh** surrounding etc., enclosure
iadhaire, -ean *nm* 1. feeler (bot. & biol.) □ *iadhairean goirid* pedipals 2. aerial
iadhte *pp* encircled, encompassed etc. □ *iadhte a-staigh* hemmed in
iadsan *emph form* of the *pers pron* **iad** (q.v.)
iall, èille, -an *nf* 1. dog's lead, lace (of shoe), leash, strap, thong □ *theannaich mi*

na h-iallan I tightened the straps 2. strand (educ. – aspect of learning) □ *an taobh a-staigh na h-èille* within the strand
iallaich, -achadh *v* lace
iallachadh, -aidh *nm & vn* of **iallaich** lacing etc.
ialtag, -aige, -an *nf* bat (pipistrelle) □ *bha an uamh làn de dh'ialtagan* the cave was full of bats □ also **ialtag oidhche** bat
iamb *nf* iambic
iambach *a* iambic
Ianuari *nm* January
iar, an àirde an iar / an iar the west □ *an iar* west *adv* □ *on iar* westerly □ *às an àirde an iar* westerly □ *chun na h-àirde an iar* westward □ for a fuller account of usage of this and the following terms see App. 9
iar-dheas, an iar-dheas south-west
iar-thuath, an iar-thuath north-west
iar- *pref* after, post-, second in order, vice- **iar-bhoillsgeadh** *nm* flash-back **i.-bhuillsgean** *nm* (geol.) outer core **i.-cheann-suidhe** *nm* vice-president **i.-cheumach** *a* post-graduate □ *bidh cùrsaichean iar-cheumach air an leasachadh* post-graduate courses will be improved / developed **i.-cheumaiche** *nm* post-graduate **i.-chomharraich** *v* post-date **i.-fhacal** *nm* epilogue **i.-ghnìomhachas** *nm* secondary industry **i.-leasachan** *nm* / **i.-mhìr** *nf* suffix **i.-ogha** *nm* great grandchild, second cousin □ *bha sinn anns na h-iar-oghaichean* we were second cousins **i.-rathad** *nm*

secondary road **i.-shlàinte** *a* convalescent
i.-shlànach *a* convalescent **i.-shlànachadh**
nm convalescence
iarach *a* lower (see **ìochdarach**)
iarainn *a* iron, of iron □ *bha spìcean
iarainn air a' bhalla* there were iron spikes
on the wall
iarann, -ainn, -an *nm* blade (of weapon),
iron (the metal), smoothing iron □ *iarann
na sgeine* the blade of the knife / the knife
blade □ *iarann lurcach* corrugated iron □
iarrann tàilleir (tailor's) goose
iarann-comharrachaidh *nm* branding iron
i.-leigidh *nm* trigger **i.-preasach** *nm*
corrugated iron **i.-sniomhaire** *nm* drillbit
i.-tàthaidh *nm* soldering-iron
iargall, -aill *nf* □ see **iarghall**
iargalta *a* churlish, forbidding, morose, surly
iargaltas, -ais *nm* churlishness, moroseness,
surliness
iarghall, -aill, -an *nm* battle, skirmish,
contest, strife
iarla, -aichean *nm* earl
iarlachd, -an *nf* earldom
iarmad, -aid *nm* relic, remainder, remnant,
residue, seed □ *chan eil ach iarmad beag
air fhàgail* there is only a small remnant
left □ *chan eil air fhàgail dhiubh ach iar-
mad an siud 's an seo* there is only a rem-
nant of them left here and there □ *... a
measg iarmaid bhig de dhaoine an siud 's
an seo ...* among a small remnant of peo-
ple here and there □ *bheir e togail dhuinn
an t-iarmad fhaicinn san ath dheasachadh*
we'll look forward to seeing the remainder
in the next issue
iarmailt, -e *nf* sky, firmament, heavens □
*bha iad daonnan a-muigh fo na h-
iarmailtean* they were always out under the
skies / heavens
iarna, -aichean *nf* hank, skein (see
crois-iarna)
iarnachadh, -aidh *vn* of **iarnaich** ironing
etc.
iarnaich, -achadh *v* iron □ *fhad 's a bha
i ag iarnachadh an aodaich* while she was
ironing the clothes
iarnaig, -eadh *v* iron
iarnaigeadh, -idh *nm* & *vn* of **iarnaig**
ironing

---

iarr, iarraidh *v* 1. ask (for something),
beg (for), demand, invite, request
iarr (rudeigin) air (cuideigin) ask
(something) from (somebody) □

dh'iarr i brot air she asked him for
soup □ but note also: *an iarr mi
uighean anns a' bhùth?* shall I ask for
eggs in the shop?
iarr air (cuideigin) + *vn* 1. ask (some-
body) (to do something) □ *an iarr mi
air Sìne a dhol do na bùthan?* shall
I ask Jean to go to the shops? □ *iar-
raidh mi oirre fònadh air ais thugad*
I'll ask her to phone you back □
*dh'iarr Calum air Seòras còig ceud
not a thoirt dha air iasad* Calum asked
George to lend (to) him five hundred
pounds (lit. give him on loan etc.) □
dh'iarradh air sin a dhèanamh he
was asked to do that (lit. it was asked
on him that to do) □ *dh'iarr e air
a chàirdean a chuideachadh* he
enlisted the help of his friends / he
asked his friends to help him □ but
note also: *dh'iarradh a-staigh mi* I was
asked in (to the house) and: *thachair
na rudan a bha iad ag iarraidh
tachairt* the things they wanted to hap-
pen happened 2. look for, search for,
see k □ *chan iarrainn fasgadh anns an
àite sin* I wouldn't seek shelter in that
place □ *chaidh iad uile don mhonadh a
dh'iarraidh a' phàiste* they all went to
the moor to look for the child 3. aspire
to, need, require, want □ *... a rèir an
neart a dh'iarrar ...* according to the
power that is required □ *dè tha thu ag
iarraidh?* what do you want? / what
would you like? □ *dè bhithinn-sa ag
iarraidh le rud cho grànnda sin?* what
would I want with a thing as ugly as
that? (for the omission of **ri** after *cho*
see **cho**) □ *tha e ag iarraidh càradh* it
needs mending □ *a bheil sibh ag iar-
raidh rud sam bith ri ithe no ri òl?* do
you want anything to eat or drink? □
iarr gu làidir yearn □ *bha e ag iarraidh
gu làidir a bhith air ais anns an eilean*
he yearned to be back on (lit. in) the
island □ *dh'iarramaid taigh nas motha*
we would like a bigger house □ *chan
iarrainn a bhith fadalach* I wouldn't
want to be late 4. **iarr gu / a dh'ionn-
saigh** etc. lead, head (*intrans* – of an
argument, train of events etc.) □
*thuigeadh an leth-chiallach fhèin co
thuige tha seo ag iarraidh* even a half-
wit would realise where this is leading
(lit. the half-wit himself would realise
to what this is leading) □ *... ged nach*

robh e gu lèir a' tuigsinn dè bha e ag iarraidh gu a ionnsaigh ... though he didn't fully understand what it was leading to 5. **iarr gu (cuideigin)** probe (somebody), be after somebody for something, have designs on somebody □ *chan eil teagamh nach robh e ag iarraidh thugam* there was no doubt that he was probing me / that he was after something from me, getting at me □ *bha e ag iarraidh thuige* he had designs on him
But note also: *dh'iarr Iain a chur air tìr aig Loch nam Madadh* John asked to be put ashore at Lochmaddy

---

iarraidh *nm/f & vn* of **iarr** asking etc., demand, desire, predilection, quest, request, wish, yearning □ *cha robh cus iarraidh air clò mòr* there was not too much demand for tweed □ *bi iarraidh aig cuideigin air + noun / vn* want something / to do something □ *cha robh iarraidh aige air a dhol don bhaile* he didn't want to go to [the] town □ *chan eil iarraidh againn orra* we don't want them □ *gun iarraidh* unasked, unbidden, unsought, unwanted □ *thig trì nithean gun iarraidh, an t-eagal, an t-eudach 's an gaol* three things come uninvited, fear, jealousy and love
iarratas □ see **iarrtas**
iarratach / iarrtach, -aiche *a* demanding, desirous, forward □ *bha na maighstirean aige iarrtach* his masters were demanding
iarrtas, -ais, -an *nm* application, demand, motion (at meeting), petition, request, suit □ *iarrtasan fàis* (geog.) growing conditions □ *tha iarrtas a' chlò a' dol sìos a-rithist* the demand for tweed is going down again □ *taing dhuibh airson mar a fhreagair sibh ri iarrtasan agus cinn-latha* thanks to you for how you responded to demands and deadlines □ *air iarrtas + gen* at the the request of *air iarrtas a' mhinisteir* at the minister's request □ *bileag iarrtais* demand notice

---

iasad, -aid, -an *nm* loan □ *fear gabhail iasaid* borrower
faigh / iarr / gabh iasad de (rudeigin) bho (chuideigin) borrow (something) from (somebody) / get a loan of

(something) from (somebody) □ *ghabh e iasad den tuaigh bho nàbaidh* he borrowed the axe from a neighbour □ *gheibh mi iasad de spaid bho Chalum* I'll get a loan of a spade from Calum
thoir iasad do give a loan to □ *thug e iasad do Dhòmhnall* he gave a loan to Donald
thoir iasad (de) rudeigin lend / give a loan of something (note that **de** is optional) □ *bha e deònach iasad den chàr aige a thoirt dhomh* he was willing to lend his car to me □ *thug e iasad dà cheud not do a charaid* he loaned two hundred pounds to his friend / he gave a loan of two hundred pounds to his friend
an iasad on loan □ *bha baidhseagal aige an iasad* he had a loan of a bicycle / he had a bicycle on loan □ *thoir rudeigin an iasad* lend something (give something on loan) □ *bha speal aige a bheireadh e an iasad do na nàbaidhean* he had a scythe that he used to lend to the neighbours
thoir (rudeigin) air iasad loan (something) □ *dh'iarr Calum air Seòras còig ceud not a thoirt dha air iasad* □ Calum asked George to lend (to) him five hundred pounds (lit. give him on loan etc.)

---

iasadaiche, -ean *nm* lender
iasg, èisg, èisg / -an *nm* fish (the *pl* is rarely used, the *sing* being used collectively as in English i.e. fish rather than fishes) □ ... *far am faighear iasg* where fish are to be got / will be got □ *na h-iasgan is na h-ainmhidhean* the fishes and the beasts □ *pl* used when the fish are thought of individually: *feumaidh na mogaill anns an lìona bhith de mheudachd a leigeas na h-èisg as lugha troimhe* the spaces in the net must be of a size that will let the smallest fish through [it] □ but note: *mòran iasg* many fishes, *mòran èisg* much fish □ *iasg mara* sea-fish □ *margadh an èisg* fish-market □ *sliseag èisg* fish-slice □ *ceannaiche èisg* fishmonger □ *mar iasg* fishy
iasg-cutail *nm* cuttlefish **i.-geal** *nm* white fish **i.-lann** *nf* aquarium
iasgach, -aich *nm & vn* of **iasgaich** fishing □ *tha an t-eilean ainmeil airson iasgach bhreac* the island is famous for trout fishing

iasgachd *nm & vn* of **iasgaich** fishing □ *iasgachd (slaite)* angling
iasg-a'-chlaidheimh *nm* swordfish
iasgaich, -ach / -achd *v* fish □ *iasgaich (le slait)* angle □ *bi ag iasgachd* fish *v* □ *bha iad a' dol a dh'iasgach* they were going to fish / going fishing
iasgaidh □ same as **èasgaidh**
iasgair, -ean *nm* fisherman □ *bha iad nan iasgairean air daoine* they were fishers of men □ *iasgair (slaite)* angler
iasgaireachd *nf* fishery, fishing □ *bàta-dìon na h-iasgaireachd* fishery cruiser, fishery protection vessel
iath, -adh *v* □ see **iadh**
ìbhri *nf* ivory
'ic – a form of **mhic** used in reciting family trees etc. □ *Tearlach mac 'ic Ailein 'ic Thearlaich* Charles son of the son of Alan son of Charles
idheon *nm* ion
idheonachadh, -aidh *nm & vn* of **idheonaich** ionizing
idheonaich, -achadh *v* ionize
idir *adv* at all, on any account, ever, nowise, what(so)ever □ sometimes translates as 'any', or may not need to be translated □ *chan eil airgead agam idir* I have no money at all / I haven't any money / I have no money □ *chan eil an cuan na fhealladhà idir* the sea's no joke [at all] □ **idir** here emphasises 'no'
ien *nf* yen
ifrinn, -ean *nf* hell □ *aig dorsan ifrinn* at the doors of hell
ifrinneach, -aiche *a* hellish, infernal
ighean, ighne, ighnean *nf* a form of **inghean / nighean** (q.v.)
ighinn(e), na h-ighinn(e) *def gen form* of **nighean** – also **ighne** □ *ghabh freastal na h-ighinn camadh* the girl's fate took a twist
ighne, na h-ighne *def gen form* of **nighean** (also see **ighean** above)
Ìleach, -ich, -ich *nm* Islayman, native of Islay
Ìleach *a* of, belonging to or pertaining to Islay
'ille, 'illean *abbr forms* of the *voc case* of **gille & gillean** respectively
ìm, ime *nm* butter □ *cuir ìm air* butter □ *chuir e ìm air an aran* he buttered the bread
im- for compounds beginning with this *pref* see **iom**
imcheist, -e, -ean *nf* anxiety, dilemma, doubt, hesitation, maze, perplexity, problem, puzzle, scruple □ *imcheist (cogais)* compunction □ *fo imcheist* anxious □ *cuir*

an imcheist bamboozle, nonplus, perplex, puzzle □ *bi an imcheist* hesitate, puzzle □ *sheall e oirre le imcheist* he looked at her with anxiety □ *bha iad uile a-nise fo imcheist* they were all now anxious □ *... a' fuasgladh nan imcheistean as doimhne ...* solving the most profound problems □ *bha e an imcheist* he was in a quandary
imcheisteach, -iche *a* perplexed
imeach, -iche *a* buttery
imeachd *nf & vn* of **imich** going etc., pace, proceeding, progress, transition
imfhill, -eadh *v* entwine
imfhilleadh, -idh *nm & vn* of **imfhill** entwining etc., involution
imfhios, -a, -an *nm* intuition □ *bha imfhios aige gun robh rudeigin fada ceàrr* he had an intuition that something was far wrong
imich, imeachd *v* depart, go, move, proceed, wend □ *imich gu trom* plod □ *imich gu stràiceil* strut □ *leig le mo shluagh imeachd* let my people go
imleag, -eige, -an *nf* navel, nave (of a wheel)
imleagach *a* umbilical
imlich, imlich / -eachadh *v* lick
imleachadh, -aidh *nm & alt vn* of **imlich** licking etc.
imlich *nf & vn* of **imlich** licking etc.
imnidh, -e *nf* anxiety, care, disquiet, solicitude □ *bha imnidh air* he was anxious □ *cuir imnidh air* worry
impidh, -e, -ean *nf* entreaty, supplication, persuasion □ *bha a shùilean làn impidh(e)* his eyes were full of entreaty / supplication □ *cuir ìmpidh air* conjure, entreat, exhort, persuade, supplicate □ *bha e a' cur ìmpidh orra feum math a dhèanamh de na cothroman a bha aca* he was exhorting them to make good use of the opportunities they had □ *bha iad a' cur ìmpidh orm mi tilleadh* they were entreating me to return □ *bu chòir dhuinn barrachd ìmpidh a chur air an Riaghaltas gus dèanamh cinnteach gum bi ... we* ought to exhort the Government more to ensure that ... will be ...
ìmpidheach, -iche *a* persuasive
ìmpireil *a* imperial
ìmpireileas, -eis *nm* imperialism
impis, an impis *adv* on the point of, about to □ *bha i an impis dol fodha* she (the boat) was on the point of sinking / about to sink □ *bha na tonnan an impis an slugadh* the waves were on the point of engulfing them / swallowing them [up]
impìtiogo *nf* impetigo
imprig *nf* □ see **imrich** *nf*

imrich, imrich *v* move house, 'flit' in Scotland □ *dh'imrich iad gu tìr-mòr* they moved to the mainland (see **tìr-mòr**)
imrich, -e, -ean *nf* 1. haulage, migration, moving house, removal, 'flitting' in Scotland □ *imrich cuain* migration (overseas) □ *air imrich* migrating, on the move □ *dèan imrich / rach / thig air imrich* decamp, flit (move house), migrate, remove □ *thàinig / chaidh iad air imrich* they moved / migrated 2. (household) effects
imrich *a* migratory □ *na h-eoin imrich* the migratory birds
inbhe *nf* class, degree, dignity, level, maturity, order, precedence, profile (status), rank, standard, state, station, status, standing (rank etc.) □ *luchd-turais na ciad inbhe* 1st class passengers □ *inbhe oifigeil* official status □ *bu chòir dhuinn a bhith a' cosnadh inbhe oifigeil don Ghàidhlig* we ought to be winning official status for [the] Gaelic □ *tha iad a' co-oibreachadh aig inbhe eadar-ùghdarrasaich* they are co-operating at an inter-authority level □ *bha e àrd an inbhe* he was high in rank □ *tha an taic seo air amas air inbhe na Gàidhlig àrdachadh* this support is aimed at raising the status of Gaelic □ *tha inbhe aig a' Ghàidhlig a measg Ghaidheal agus Ghall nach fhacas a leithid riamh roimhe* Gaelic has a status among Gaels and Lowlanders the likes of which has never been seen before □ *tha iad a' togail inbhe na buidhne seo air feadh na dùthcha* they are raising this company's profile throughout the country □ *a' tighinn gu inbhe* coming of age, reaching maturity
inbheach, -ich, -ich *nm* adult □ *tha iad uile airson inbheach a-mhàin* they are all for adults only □ *tha mòran ann a chòrdas ri inbhich cuideachd* there is much in it that will please adults too
inbheach *a* adult
inbheachd *nf* maturity, rank, status
inbheil *a* of account, eminent, high-class, outstanding □ *bha iad a' fuireach ann an taighean-òsta inbheil* they were staying in high-class hotels
inbhidheachd *nf* puberty
inbhir, -ean *nm* estuary □ *eadar inbhir abhainn Chluaidh agus inbhir abhainn Fhoirthe* between the estuary of the River Clyde and the estuary of the River Forth □ used in many place names e.g. *Inbhir Adhra* Inverary
ince, -ean *nm* ink □ *ince dearg* red ink

Ind-Arianach, -aich, -aich *nm* Indo-Aryan □ *na h-Ind-Arianaich* the Indo-Aryans
Ind-Arianach *a* Indo-Aryan
Indeach, -ich, -ich *nm* Hindu
Indeach *a* Hindu
Ind-Eòrpach *a* Indo-European
Indig *nf* Hindi (ling.)
ìne, ìnean *nf* finger-nail, nail (of finger etc.) □ *bha sgealb fo a ìne* there was a splinter under his nail □ *ìne san fheòil* ingrowing nail
infinideach *a* infinitive □ *modh infinideach* infinitive (gram.) – also **neo-fhinideach**
InG = Iomairt na Gaidhealtachd Highland Enterprise
inghar, -air, -an *nm* plumbline, plummet
ingheann, -inn / ighne, inghnean *nf* □ same as **nighean** which is derived from this word and is now more common □ *thàinig Sine agus na h-ighnean eile a-steach* Jean and the other girls came in □ *b'e Deirdre ainm na h-inghinn* Deirdre was the girl's name □ *a bheil thu an toir na h-ighne ud?* are you after that girl? □ *dh'fhàg na h-igheanan* the girls left
ingheilt-shiùbhlair *nm* nomad
inghinn, na h-inghinn □ *gen sing* of **ingheann**
ighne, na h-ighne □ *gen sing* of **ingheann**
Inid *nf* Shrovetide □ *air Di-Mairt na h-Inid* on Shrove Tuesday
ìnidh □ *dat* of **ìne**
iniltear, -eir, -an *nm* nomad
iniltearachd *nf* nomadic farming, nomadism
inisg □ see **innisg**
inneach, -ich *nm* texture, weft, woof
inneachail *a* textured
inneal, -eil, -an *nm* engine, implement, instrument, machine, motor, tool *pl* **innealan** also = machinery □ *innealan tuathanachais* farming implements □ *bha iad a' cur nan innealan a dhol* they were starting the engines □ *nì an t-inneal seo an obair dhut* this machine will do the work for you □ *inneal eagalach cogaidh* a fearful implement of war □ *innealan bùird* tableware □ *thig a shealltainn air na h-innealan bùird againn* come and look at our tableware □ *inneal rabhaidh* an alarm (fire etc.) □ *bha innealan rabhaidh ceangailte ris na h-uinneagan is na dorsan* alarms were connected to the doors and windows □ *'an t-inneal tarraing'* sex appeal
inneal-blàthachaidh *nm* warmer □ *inneal-blàthachaidh nan cas* foot warmer **i.-bleoghainn** *nm* milking machine **i.-buana**

nm reaper (machine) **i.-ciùil** *nm* musical instrument □ *chuala mi na h-innealan-ciùil gan gleusadh* I heard the (musical) instruments being tuned (lit. at their tuning) **i.-claisneachd** *nm* hearing-aid **i. cogaidh** *nm* weapon **i.-cùnntaidh airgid** *nm* cash-register **i.-fighe** *nm* knitting machine **i.-fionnarachaidh** *nm* refrigerator **i.-fogharaidh** combine harvester **i.-gearraidh an fheòir** *nm* grass-mower **i.-giùlain** *nm* vehicle **i.-measgaidh** *nm* mixer **i.-meudachaidh** *nm* magnifier **i.-nigheadaireachd / i.-nighe** *nm* washing-machine **i.-pianaidh** *nm* rack (for torture) **i.-saimeant** *nm* cement mixer **i.-smùide** *nm* steam engine **i.-spreagaidh** *nm* starter (engine starter) **i.-tomhais** *nm* meter **i.-uisgeachaidh** *nm* sprinkler □ *tha am feur air a chumail gorm le inneal-uisgeachaidh* the grass is kept green with a sprinkler
innealach *a* instrumental, organic
innealadh, -aidh *nm* groundwork, preparation
innealaich, -achadh *v* mechanise
innealaichte *pp* mechanised
innealradh, -aidh *nm* machinery □ *mar rothan fiaclach ann an innealradh* like cogged wheels in a machine
innean, -ein, -an *nm* anvil □ *mar òrd air innean* like a hammer on an anvil
inneas, -eis, -an *nm* account, report □ *ann an inneasan nan Comannan* in the Societies' reports
innearadh, -aidh *nm* dunging
inneir, innearach *nf* dung, manure (dung), ordure
inneireadh, -idh *nm* dunging
inneirich, -eachadh *v* dung
inneireachadh, -aidh *nm & vn* of **inneirich** dunging
innfhuireachd *nf* immanence
innfhuireachail *a* immanent
innibh *old dat pl* of **innidh** compassion, debt □ *cha robh e idir airson a dhol an innibh duine sam bith* he had no desire to go into someone else's debt / become beholden to anyone
innidh *nf* bowel(s)
inn-imrich *nf* immigration *dèan inn-imrich* immigrate
inn-imriche, -ean *nm* immigrant, incomer □ *tha mòran inn-imrichean ann* there are many incomers there
innis, innse *v* declare, inform, prompt, recount, relate, tell □ *innis breug* lie (tell an untruth) □ *an robh e a' feuchainn ri rudeigin innse dhuinn?* was he trying to

tell us something? □ *tha mi a' dol a dh'innse ort!* I'm going to tell on you! □ *ciamar a dh'innseas mi seo dha?* how shall I tell this to him? □ *innsear dhut dè nì thu* it shall be told to you what you will do (i.e. you'll be told what to do) □ *nach innis thu dhomh dè thachair?* won't you tell me what happened? □ *dh'innis e a sgeul dhomh* he told me his tale □ *innseam dhuibh* let me tell you
innis, innse, innsean / innseachan *nf* 1. meadow, haugh 2. island – in both meanings is the 'inch' of many Scottish place-names e.g. Keith Inch in Peterhead (an island), Insch near Inverurie, Inchgower (**innis ghobhar** – the meadow of goats / goat meadow) near Buckie etc. (see under **Innis** and **Innseachan** in App. 12 Sects. 3.0 & 4.0)
innis-fàsaich *nf* oasis
Innis-Tilleach, -ich, -ich *nm* Icelander
Innis-Tilleach *a* Icelandic
innisg, -ean *nf* libel, calumny, defamation *a' tilgeil innisgean* defaming, reproaching □ *a' cur suas innisg, 's a bun aig a' bhaile* spreading a calumny, and its root at home (proverb)
innisgeadh, -idh *nm* miscalling □ ... *an dèidh an innisgeadh* ... after miscalling them ...
innleachadh, -aidh *nm & vn* of **innlich** devising etc.
innleachd, -an *nf* contraption, contrivance, device, intelligence, machination, manoeuvre, plan, plot, ruse, scheme □ *innleachd litreachais* literary device □ *dèan innleachd* contrive
innleachda, luchd innleachda *n pl* intelligentsia
innleachdach, -aiche *a* artful, resourceful, ingenious, intelligent, inventive □ *'s e uidheam glè innleachdach a tha ann* it's a very ingenious device □ *bha feum air a bhith innleachdach* there was a need to be resourceful
innleachdail, -e *a* □ see **innleachdach**
innleachdas, -ais *nm* ingenuity, inventiveness
innleadair, -ean *nm* engineer □ *prìomh innleadair* chief engineer
innleadair-dealain *nm* electrical engineer **i.-thogalach** *nm* civil engineer
innleadaireachd *nf* engineering
innleireachd *nf* engineering □ *bho na ceàrdaichean mòra innleireachd* from the great engineering works
innlich, -eachadh *v* devise, engineer, invent, plan

innliche, -ean *nm* inventor
innse 1. *nm & vn* of **innis** telling, relating, recounting etc., version □ ... *mar a chanadh e aig deireadh gach innse* ... as he used to say at the end of every telling (e.g. of a favourite story) 2. *gen sing* of **innis** *nf*
innseachan □ see **innis** *nf*
innsean □ see **innis** *nf*
Innseanach, -aich, -aich *nm* Indian
Innseanach *a* Indian □ *An Cuan Innseanach* The Indian Ocean □ *sheòl sinn don Chuan Innseanach* we sailed into the Indian Ocean
Inns-Eòrpach *a* Indo-European □ *cha bhuin a' chànain seo don teaghlach Inns-Eòrpach* this language does not belong to the Indo-European family
innte *prep pron* of **ann** (q.v.) in her / in it *fem*
inntinn, -e, -ean *nf* frame of mind, intellect, mind, spirits □ *tha inntinn mhath ann* he has a good head [on him] □ *dh'fhairich e inntinn a' togail beagan* he felt his spirits rising a little □ *luchd nan inntinnean feòlmhor* the carnally minded □ *'s e a' chiad nì a thig nar n- inntinn gu bheil seo ceàrr* the first thing that enters our minds is that this is wrong □ *rinn e druidheadh mòr air inntinn an t-sluaigh* he made a great impression on the minds of the people □ *sin dearbhadh air buaidh na h-inntinn air nàdar* that was proof of the victory of mind over matter □ strictly speaking, in common with other parts of the body (see notes under **beatha** and **làmh**), the *sing* should be used when 'minds' means each mind individually, but the *pl* is frequently found □ *tha seo a' cur teagaimh ann an inntinn dhaoine* this puts doubt in people's minds □ *cuir inntinn aig fois* reassure □ *chuir seo ar n-inntinn aig fois* this reassured us □ *cuir an inntinn* suggest □ *bha iad uile a dh' aon inntinn* they were all of one mind
inntinn-eòlaiche *nm* psychologist
inntinneach, -ich *a* 1. interesting □ *fhuair mi seo air leth inntinneach* I found this particularly interesting 2. merry, cheerful *bha iad inntinneach, làn spòrs* they were cheerful, full of fun
inntinneil *a* mental
inntleachdail *a* intellectual □ *ràinig e inbhe àrd inntleachdail* he attained a high intellectual level
inntrig, -eadh *v* enter □ *dh'inntrig iad gu h-obann* they entered suddenly
inntrigeadh, -idh *nm & vn* of **inntrig** entering etc., access, entrance, entry *deuchainn*

inntrigidh entrance examination □ *taille inntrigidh* entrance fee □ *còirichean inntrigidh* rights of access □ *nach e am foghlam an t-inntrigeadh don a h-uile nì?* isn't education the entrance to everything?
iobair, iobradh *v* immolate, sacrifice □ *carson a tha thu gad iobradh fhèin mar seo?* why are you sacrificing yourself like this?
iobairt, -e, -ean *nf* offering, sacrifice □ *bha iad air na diathan a shuaimhneachadh le iobairtean iomchaidh* they had placated the gods with fitting sacrifices □ *bha e na iobairt aig cogadh* he was a sacrifice of war □ *iobairt bhuidheachais* thank-offering □ *iobairt daonnda* human sacrifice □ *iobairt loisgte* burnt offering
iobradh, -aidh *nm & vn* of **iobair** sacrificing etc., immolation, sacrifice
iobairteach, -ich, -ich *nm* victim
ioc, -adh *v* 1. compensate, defray, discharge (of debt), pay, remunerate, render 2. heal
ioc *nm* 1. discharge (of debt) 2. medicine, remedy
ioc-chòmhdach *nm* (medical) dressing
ì.-lann *nm* dispensary
iocaidh, -ean *nm* payee
ioc-ar-nac *adv* willy-nilly (uncommon)
iochd *nf* clemency, compassion, mercy
iochdar, -air *nm* bottom, depth, lowest part □ *aig iochdar a' ghlinne* at the lowest end of the glen
iochdarach, -aiche *a* inferior, lower, lowermost, nether, subordinate, ulterior □ *as iochdraiche* nethermost □ *ceann iochdarach a' ghlinne* the lower end of the glen □ *aig a' cheann iochdarach* at the lower end
iochdaran, -ain, -ain *nm* inferior, subject, underling, vassal
iochdaranachd *nf* inferiority
iochdmhor, -oire *a* clement, compassionate, merciful
iochdrach □ see **iochdarach**
iocshlaint *nf* balm, cure, elixir, medicine, remedy □ *bha seo èifeachdach mar iocshlaint* this proved effective as a cure
iocshlainteach *a* medicinal
iodhal, -ail, -an *nm* idol □ *dèan iodhal dhe* idolize
iodhal-aoradh, iodhal-aoraidh *nm* idolatry □ *tha cus dheth na iodhal-aoradh* too much of it is idolatry
iodhal-adhrach *a* idolatrous
iodhlann, -ainn, -an *nf* barn-yard, cornyard, stackyard, yard □ *bha an coirce san iodhlainn* the oats were in the stackyard □ *gàrradh na h-iodhlainn* the wall of the cornyard □ *an dèidh don arbhar a bhith*

tèarainte san iodhlainn after the corn was safely in the cornyard
iòga *nf* yoga
iògart, -airt, -an *nm* yoghurt
ioghantach □ see **iongantach**
ioghnadh □ see **iongnadh**
iola, -achan *nf* 1. fishing ground, fishing bank □ *feumar na h-iolachan iasgaich a bhith air an dìon* the fishing grounds must be protected 2. fishing with a rod from a boat □ *bha mi ag iola as an loch* I was rod fishing in the loch
iolach, -aich, -aichean *nf* cheer, cheering, outcry, shout, whoop □ *tog / dèan iolach* cheer, shout □ *cha robh iolach no eubhach ann a-nise* there was no cheering or shouting now
iollagach □ see **iullagach**
iolair, -e, -ean *nf* eagle □ *isean iolaire* eaglet □ *ann an tìr nan iolairean* in the land of the eagles
iolair-bhuidhe / i.-dhubh / i.-mhonaidh *nf* golden eagle **i.-bhàn / i.-bhreac / i.-cladaich / i.-mhara** *nf* white-tailed eagle / sea-eagle **i.-mhaol** *nf* bald-eagle **i.-shùileach** *a* eagle-eyed **i.-uisge** *nf* osprey
iolaire *nf alt nom form* and *gen sing* of **iolair**
iol- *pref* many- / multi-
iol-cheàrd, -èird, -an / iol-cheàrdach, -aich, -aich *nm* jack of all trades **i.-dànachas** *nm* versatility **i.-ghnèitheach** *a* heterogeneous
iolra *a* and *nm* plural

iom- *pref* 1. used as an intensifying *pref* 2. about
iom-chomhairle *nf* dilemma, doubt, perplexity □ *ann am iom-chomhairle* in perplexity **i.-chuairteachadh** *nm* revolution □ *bha iad an dùil iom-chuairteachadh a thoirt gu buil* they expected to bring about a revolution **i.-chuairteachail** *a* revolutionary **i.-chuairtich** *v* revolve **i.-dhoras** *nm* revolving door **i.-fhaclach** *a* turgid **i.-fhill** *v* enwrap, (fig.) involve, implicate **i.-fhillte** *a* 1. complex, manifold □ *tha gach cuimse ag iarraidh sgilean nas iom-fhillte* each target requires more complex skills 2. implicit **i.-fhillteach** *a* manifold **i.-fhillteachd** *nf* complexity **i.-labhairt** *nf* periphrasis **i.-labhrach** *a* periphrastic **i.-oibreachadh (ceimigeach)** *nm* (chemical) reaction **i.-sgaradh** *nm* contrast □ *dèan*

iom-sgaradh contrast *v* **i.-tharraing** *nf* (force of) gravity

ioma- *pref* many-, multi-
ioma-bhuidhneach *a* multi-party □ *tha iad ag iarraidh taghaidhean ioma-bhuidhneach a chumail* they want to hold multi-party elections **i.-bhunach** *a* polygenetic **i.-chainnteach** *a* multilingual, polyglot **i.-chainnteach / i.-chànanach** *nm* multilingual, polyglot **i.-chànaineach** *a* multilingual □ *is e duine miorbhaileach ioma-chànaineach a bha ann* he was an amazingly multilingual man **i.-chànanas** *nm* multi-lingualism **i.-cheallach** *a* multicellular **i.-cheàrnag** *nf* polygon **i.-chomhairle** *nf* dilemma, perplexity, doubt, indecision □ *ann an ioma-chomhairle* in perplexity, in a dilemma □ *bha e [ann] an ioma-chomhairle fad mionaid no dhà* he was indecisive (lit. in indecision) for a minute or two **i.-chruthach** *a* diverse (in form), multiform **i.-chuideam** *nm* stress **i.-chultarach** *a* multi-cultured **i.-dhathach** *a* many-coloured, motley, variegated **i.-dhruid** *v* hem in **i.-fhillte** *a* complex □ *'s e ceist gu math iomadh-fhillte a tha seo* this is quite a complex question **i.-fhillteachd** *nf* complex **i.-ghaoth** *nf* whirlwind, eddy-wind **i.-ghlac** *v* embrace □ *dh'ioma-ghlac i e* she embraced him **i.-ghnèitheach** *a* multifarious □ *sluagh ioma-ghnèitheach na dùthcha* the multifarious people of the country **i.-lideach** *a* polysyllabic **i.-lobhtach** *a* multi-storied **i.-lùbach** *a* intricate □ *'s e sgeulachd ioma-lùbach a tha innte* it's a very intricate story **i.-mheadhan** *a* multi-media □ *stuth teagaisg Gàidhlig ioma-mheadhan* multi-media Gaelic teaching materials **i.-nàiseanta** *a* multi-national □ *companaidhean iomadh-nàiseanta* multi-national companies **i.-phòsadh** *nm* polygamy **i.-sgaoileadh** *nm* ramification **i.-sheòrsach** *a* multiple **i.-shiollach** *a* polysyllabic **i.-shlighe** *nf* labyrinth, maze **i.-shliosach** *a* multilateral **i.-thalantach** *a* multi-talented **i.-thaobhach** *a* multi-faceted

iomachaidh, -e *a* □ see **iomchaidh**

iomachd *nf* □ see **imeachd**

iomadach *a* many, various (used in the same way as **iomadh**) □ *thig seo ri càil iomadach duine* this will suit the taste of many people

iomadachadh, -aidh *nm & vn* of **iomadaich** multiplying (maths.) multiplication □ *ceàrnag iomadachaidh* multiplication square

iomadachd *nf* diversity, multiplicity □ *tha iomadachd shònraichte ri fhaotainn san leabhar seo* a remarkable diversity is to be found in this book

iomadaich, -achadh *v* multiply (maths.) □ *air iomadachadh le* multiplied by □ *iomadaich ceithir le còig* multiply four by five

iomadaidh *a* sundry

iomadalachd *nf* □ same as **iomadachd**

iomadan, air iomadan *adv* adrift □ *bha e a-nise air iomadan air cuan bhruadar* he was now adrift on a sea of dreams

iomadanach, -aiche *a* restless, unsettled □ *solas iomadanach neo-sheasmhach* a restless unsteady light

iomadh, -aidh *nm* many, a number, several, various □ followed by the *sing* of the *noun* □ *iomadh rud* many things (lit. many a thing) □ *fad iomadh latha* for many a day □ *bidh fèill air an leabhar seo air iomadh adhbhar* there'll be a demand for this book for several reasons □ *mar a thachair do dh'iomadh cleachdadh eile* as has happened to many another custom / many other customs □ *bha mi aig iomadh fear* I've been at many a one (i.e. a Mod) □ … *tha seo a' tighinn riutha air iomadh dòigh* this suits them in various ways □ *[ann] an iomadh seadh* in many senses □ *'s iomadh uair* — [it's] many a time □ *'s iomadh uair a bhitheamaid ri na cleasan seo* many a time we would be up to these tricks (**ri** often means 'engaged in') □ like most other *coll nouns*, **iomadh** may be thrown into a pseudo *gen pl form* in certain circumstances □ *a measg nan iomadh cuspair a tha anns an leabhar seo* … among the many subjects [which are] in this book

iomadh- □ also see **iom-** / **ioma-**

iomagain, -e *nm* anxiety, worry □ *fo iomagain* in a state of anxiety, worried □ *bha i fo iomagain* she was full of care

iomagaineach, -iche *a* anxious, careful, nervous (fearful), solicitous □ *choimhead i air gu h-iomagaineach* she watched him anxiously

iomain, -e *nf & vn* of **iomain** driving etc., shinty □ *iomain Èireannach* hurley

iomain, iomain *v* drive (of cattle etc. or of ball etc. in a game), propel □ *air iomain* driven

iomair, iomairt *v* play, ply, use □ *iomair air gheall* gamble

iomair, iomairt / **iomradh** / **iomramh** *v* row (use oars) □ *dh'iomair iad air falbh* they rowed away □ *stad iad de dh'iomradh le chèile* they both stopped rowing □ *dh'iomair e dhachaigh cho luath 's a b'urrainn dha* he rowed home as fast as he could

iomair, -e, -ean / **-iomraichean** *nf* field

iomairt *nf & vn* of **iomair** playing etc., enterprise, campaign, shuttle service □ *Companaidh Iomairt nan Eileanan Siar* Western Isles Enterprise Company □ *Iomairt na Gaidhealtachd 's nan Eilean* (IGE) Highlands and Islands Enterprise □ *Companaidh Iomairt Ionadail* (CII) Local Enterprise Company (LEC) □ *iomairt phrìbheideach* private enterprise

iomall, -aill, -an *nm* 1. border, edge, extreme, fringe, limit, margin, outline, outskirts, periphery, rim, verge □ *iomall baile* suburb (also **iomall-bhaile**) □ *iomall a-muigh (baile)* outer suburbs □ *dèan iomall* edge *v* □ *iomall na duilleige* margin (of page) □ *bha Gàidhlig air an iomall anns na h-oilthighean* Gaelic was on the fringe in the universities □ *aig Iomall Fèis Dhùn Èideann* at the Edinburgh Festival Fringe □ *tha Iomall aig a' Mhòd a-nis* there's a Fringe at the Mod now □ *'s fheàrr a bhith an iomall a' phailteis na an teis meadhan na gorta* [it is] better to be on the fringe of plenty than to be in the very centre of want 2. refuse, remainder, surplus □ *cha robh iomall bainne, neo buntàta neo sìol aca* they didn't have a surplus of milk, potatoes or seed □ *fhuair iad iomall air* they got the benefit of it / their share of it (a surplus)

iomall-bhaile *nm* suburb □ *iomall-bhailtean* surburbs

iomall-fairge *nm* coastline

iomallach, -aiche *a* distant, isolated, remote, marginal, on the fringes / borders □ *seo ceàrn cho iomallach 's a tha air uachdar na cruinne* this is an area as remote as any on the surface of the globe

iomallachd *nf* remoteness

iomarcach *a* superfluous, redundant □ *bha na taighean iomarcach a-nis* the houses were now redundant □ *dh'fheumadh iad rùsgadh dheth ge be dè bha iomarcach* they had to strip away whatever was superfluous

iomarra *a* plural

iomasgladh, -aidh *nm* miscellany

iomchaidh, -e *a* apposite, appropriate, expedient, fit, fitting, meet, pertinent, proper, seemly, serviceable, suitable □ *far a bheil sin iomchaidh* where that is fitting □ *bha iad air na diathan a shuaimhneachadh le iobairtean iomchaidh* they had placated the gods with fitting sacrifices □ *aig aois iomchaidh* at a suitable age □ *bhitheadh e iomchaidh facal no [a] dhà a ràdh mu an deidhinn aig an ìre seo* it would be appropriate to say a word or two about them at this stage

iomchar, -air *nm & vn* of **iomchair** carrying etc., transport □ *'s e daimh a tha iad a' cleachdadh airson iomchair* they use oxen for transport (lit. it is oxen that they use for transport)

iomchair, iomchar *v* 1. carry, convey, dispose, transport 2. blame, accuse □ *bha mi gam iomchar fhèin* I was blaming myself

iomgain □ see **iomagain**

iomgaineach □ see **iomagaineach**

ìomhaigh, -e, -ean *nf* effigy, icon, idol, image, likeness, statue □ *mar ìomhaigh* statuesque □ *bha ìomhaigh an sin air a snaigheadh às a' chloich* there was a statue there carved from the rock □ *ìomhaighean faicsinneach* visual images

ìomhaigheach *a* imaginary

ìomhaigheachd *nf* imagery

iomlaid, iomlaid *v* change, exchange (money etc.) □ *iomlaid teas* heat exchange □ *am faod mi seic iomlaid?* may I cash a cheque? □ *bha coltas an togalaich air [a] iomlaid ann an deàrrsadh na grèine air feasgar samhraidh* the appearance of the building was changed in the summer evening sunshine □ *iomlaid (à 10sg)* change (from 10p) □ *ag iomlaid* exchanging (maths.)

iomlaid *nf & vn* of **iomlaid** changing etc., change, exchange □ *dèan iomlaid* exchange □ *an iomlaid* in exchange □ *feumaidh sinn airgead a thoirt seachad an iomlaid na tha sinn a' ceannach* we must give money in exchange for what we buy □ *chan eil iomlaid agam* I don't have any change □ *a bheil iomlaid chòig notaichean agaibh?* do you have change of five pounds?

iomlan *a* absolute, complete, entire, exhaustive, intact, plenary, replete, total, thorough, whole □ *creideas iomlan* implicit faith □ *dèan iomlan* complete *v*

gu h-iomlan *adv* absolutely, all, altogether, completely, quite, wholly □ *thàinig iad gu h-iomlan* they all came □ *thig iad gu h-iomlan* they will all come □ *tha a' choire gu h-iomlan ri chur air* the blame is wholly to be put on him □ *bha e ceàrr gu h-iomlan* he was completely wrong

iomlan, -ain *nm* – always *def* – **an t-iomlan** the aggregate, the whole amount, all, quantum, total, whole □ *tha an t-iomlan aige* it's all his □ *smaoinich mi gun toirinn an t-iomlan bhuaithe* I thought I would get the whole amount from him

iomlanachd *nf* entirety, fulness, completeness, perfection □ *iomlanachd prothaid* gross profit □ *thug iad e gu iomlanachd* they brought it to perfection □ *tha e ri fhaotainn an seo na iomlanachd* it is to be found here in its entirety

iomnaidh, -e *nf* anxiety, solicitude □ *bha ise ga choimhead le truas is iomnaidh* she was looking at him with pity and solicitude □ *bha iomnaidh orra mu an teachdan-tir* they were anxious about their livelihood (lit. there was anxiety on them etc.)

iompachadh, -aidh *nm & vn* of **iompaich** converting etc., conversion (relig.)

iompachan, -ain, -ain *nm* convert

iompaich, -achadh *v* convert □ *bha e air a iompachadh* he had been converted □ *thèid an iompachadh nan àireamhan* they will be converted into numbers (lit. in their numbers) □ *dh'iompaich seo e bho amharas gu earbsa* this converted him from suspicion to trust

iompaidheach, -ich, -ich *nm* proselyte

ìompaire, -ean *nm* emperor

ìompaireachd, -an *nf* empire

iomradair, -ean *nm* commentator

iomradh, -aidh, -aidhean *nm* account, allusion, hearsay, narration, reference, report □ *iomradh (air)* allusion (to), mention (of) □ *thoir iomradh (air)* refer to, report (on) give an account of □ *chuala mi iomradh air do ghliocas* I heard an

account of your wisdom □ *thug na Ròmanaich dhuinn an ciad iomradh air ar dùthaich fhèin* the Romans gave us the first account of our own country □ *dèan iomradh air* make an allusion to / allude to □ *rinn e iomradh air an spreadhadh* he alluded to the explosion □ *rinn e iomradh air an aimsir* he made an allusion to / gave an account of the weather □ *anns an iomradh air an t-sìde* in the weather report (lit. report on the weather) □ *cha tug thu iomradh air dè bheireadh a-màireach thugad* you took no account of what the morrow would bring [to you]
iomradh-bàis *nm* obituary
iomraiteach, -iche *a* famous, renowned, well-known □ *neach iomraiteach* celebrity □ *àite iomraiteach* a famous place
iomrall, -aill, -an *nm* blunder, error, mistake □ used mainly in the following idioms: 1. *chaidh mòran iomrall air aig an oilthaigh* he missed much at the university □ *chaidh e iomrall orm* I missed it 2. *air iomrall* astray *adv* □ *shaoil mi gun robh e air a dhol air iomrall gu tur* I thought that he had gone completely astray □ *chan eil mòran air iomrall uiread 's gu bheil iad a'smaoineachadh ...* few are so misguided as to think ... □ *cuir air iomrall* bewilder
iomrallach, -aiche *a* eccentric, erratic, erroneous
iomrallachd, -an *nf* eccentricity
iomramhaiche, -ean *nm* rower, oarsman □ *cha d'fhuair droch iomramhaiche ràmh math riamh* a bad oarsman never got a good oar i.e. a bad workman always blames his tools □ also see **buanaiche** for a similar proverb
iomsgair, iomsgaradh *v* diverge, separate
iomsgaradh, -aidh *nm & vn* of **iomsgair** diverging etc., contrast □ *mar iomsgaradh air an duine euchdach seo ...* as a contrast to this valorous man □ *dèan iomsgaradh eadar* contrast *v*
iomsgaireach, -iche *a* divergent
iomsheòl, -adh *v* circumnavigate

ion *a* fit, proper □ usually now used as a *pref* (see below) or in the following idiom: **is ion** + *gen* + **do** it is as good as something for someone □ *is ion fortain do dhuine a bhith ...* it is good as a fortune for a man to be ...
ion- *pref* denoting 'fit for', 'worthy of'

ion-chòcaireachd *a* culinary (of plants) **i.-choireachadh** *a* reprehensible **i.-chomharraichte** *pp* notable **i.-chònspoideach, -iche** *a* debatable **i.-dhèanta** *pp* feasible, practicable **i.-dhèantachd** *nf* practicality **i.-fheuma** *a* practical **i.-ithe** *a* edible **i.-mheasail** *a* estimable **i.-mhiannaichte** *pp* desirable, sought after □ *buadhan ion-mhiannaichte* desirable qualities **i.-mholta** *a* (see **ionmholta**) **i.-mholtachd** *nf* praiseworthiness **i.-pheinnsean** *a* pensionable □ *tha e a' teannadh air aois ion-pheinnsean* he is approaching pensionable age **i.-roghnaichte** *a* preferable **i.-sgoilte** *a* fissile **i.-taghta** *a* eligible

ionad, -aid, -an *nm* lieu, place, quarter (place etc.), scene, sphere (of work etc.), spot, stead □ *ionad deicheach* decimal place □ *(an) ionad* substitute □ *cuir an ionad* substitute *v* □ *... a bha a' riaghladh na ionad ...* who was ruling in his place (**àite** is more common in this sense) □ *rach na ionad* register *v intrans*
ionad-àraich nursery (plants) **i.-beachd** viewpoint **i.-bhùthan** (covered) shopping centre **i.-bòbhlaidh** bowling alley **i.-coinneachaidh** rendezvous **i.-còmhnaidh** residence **i.-copaidh** waste-tip, tip **i.-dìon nàdair** nature reserve **i.-fiosrachaidh** information centre **i.-foillseachaidh** stand **i.-gàirnealaireachd** garden centre **i.-losgaidh** launch-pad **i.-pàrcaidh** parking place **i.-ràdair** radar station **i.-sgudail** rubbish tip **i.-slàinte** health centre **i.-stiùiridh** control point **i.-stòraidh** container base **i.-tasgaidh** receptacle, repertory, repository, reservoir **i.-thaighean** housing estate **I.-Chur-seachadan** Activity Centre **i.-cleasachd** gymnasium **i.-còmhnaidh** habitation **i.-dìomhair** retreat **i.-faoin-chleasan** amusement arcade **i.-ghoireasan** service centre **i.-gnìomhachais** industrial estate **i.-leigheas-inntinn** asylum **i.-òtrachais** sewage works **i.-seallaidh** viewpoint **i.-siubhail** travel centre / agency **i.-taic** resource centre **i.-tèarmainn**

refuge □ *dh'fheuch sinn ri ionad tèar-mainn fhaotainn dhaibh* we tried to find a (place of) refuge for them **i.-trasnaidh** point of intersection

ionadach, -aiche *a* vicarious
ionadail *a* local □ *a' chùirt-lagha ionadail* the local court
ionaltair, ionaltradh *v* pasture, graze, feed
ionaltair, -ean *nm* grazer □ *reicteadh iad gu h-ionaltairean às a' Ghalltachd* they would be sold to grazers from the Lowlands
ionaltradh, -aidh *nm & vn* of **ionaltair** pasturing etc., grazing, pasturage, pasture □ *bi ag ionaltradh* graze
ionann *a* □ same as **ionnan**
ionfhàs *a* ingrowing
ionga, ingne, ingnean *nf* nail (finger etc.), talon, hoof

iongantach, -aiche *a* amazing, extraordinary, fabulous, terrific, marvellous, strange, surprising, wonderful □ *tha e iongantach a' bhuaidh a tha aca air daoine* it's amazing the effect [that] they have on people □ *dh'aidich iad uile nach cualas a-riamh sgialachd cho iongantach* they all confessed that never had such an amazing story been heard □ *bha neart cuirp aige a bha iongantach* he had a strength of body which was amazing □ *tha iad cho iongantach coltach ri chèile* they are so remarkably alike □ *tha e iongantach gun do rinn e uiread de obair ionmholta anns an ùine sin* it is amazing that he performed so much laudable work in that time □ *tha e iongantach mar a tha cùisean ag atharrachadh anns na tìdeachan seo* it's fantastic how things are changing in these times □ *b'iongantach mar a fhuair e a-staigh gun fhios dhomh* it was surprising how he got in without my knowing / unperceived by me □ *gu h-iongantach bha a ghruag air fàs na bu duirche!* amazingly, his hair had grown darker!
iongantach may be used with the assertive verb and **le** and its *prep prons* as follows: *is iongantach leam mura tèid iad dhachaigh a-rithist* I will find

it surprising / it will surprise me if they do not go home again
As a development of this, **iongantach** may be used to convey the idea of probability □ *is iongantach mur eil nàimhdean againn uile* we probably all have enemies (lit. it is surprising if there are not enemies at us all) □ *'s iongantach mura robh e marbh mus do bhuail e an làr* he was probably dead before he hit the floor □ *is iongantach mura reic mi e* I shall probably sell it □ notice that a *positive idea* is being expressed with a *negative conjunction* i.e. **mur** = if not
To express a *negative idea* i.e. 'probably not', the *positive form* is used □ ... *ach is iongantach gun cuala tu mu an deidhinn* ... but you probably haven't heard about them (lit. but it is surprising that you have heard about them) □ *is iongantach gun can e dad ach* ... he probably won't say anything but ... □ ... *'s iongantach gun do dh'fhàg uiread an t-eilean a-riamh ann an ùine cho goirid* probably so many never left the island in so short a time □ *is iongantach gur e an òraid ris an robh dùil aca* it probably wasn't the speech they expected

iongantas, -ais, -an *nm* amazement, phenomenon, prodigy, surprise, wonder □ *bidh iongantas ort litir fhaighinn bhuamsa* you will be surprised to get a letter from me (lit. surprise will be on you etc.) □ *bha iongantas air a' ghille iad a bhith ga chuireadh fhèin, agus gun aithne aig aon duine dhiubh air* the lad was surprised at their inviting him, as not one of them knew him □ *is e madainn nan iongantas a bha anns a' chiad Sàbaid Chàisge* the first Easter Sunday was a morning of wonders (lit. it was a morning of [the] wonders which was in the first Easter Sunday) □ *gabh iongantas* wonder *v*
iongar, -air *nm* pus, matter
iongarach, -aiche *a* purulent, ulcerous
iongarachadh □ same as **iongrachadh**
iongaraich □ same as **iongraich**
ionghnadh □ see **iongnadh**
iongna *nf* a form of **ionga** claw, hoof etc.
iongnach *a* hoofed

iongnadh, -aidh, -aidhean *nm* amazement, astonishment (sometimes **mòr iongnadh**), marvel, surprise, wonder □ *seo aon de iongnaidhean na Roinn-Eòrpa* this is one of the wonders of Europe
iongnadh is used in a variety of idioms □ *fo iongnadh* amazed □ *bha iad fo iongnadh* they were amazed □ *cuir iongnadh air* surprise □ *cuir (mòr) iongnadh air* amaze, astonish, astound □ *... a chuir mòr iongnadh air na h-uile le a phiseach ...* which astounded everyone with its success □ *na cuireadh e iongnadh sam bith ort ma chì thu ...* don't be at all surprised if you see ... □ *cuir fìor iongnadh air* stagger (= amaze greatly) □ *gabh iongnadh* marvel □ *ghabh e iongnadh cho math 's a chòrd e ris a bhith an sin a' bruidhinn rithe* it surprised him how much (lit. well) it pleased him to be there talking to her □ *cha ghabhainn iongnadh* I wouldn't be surprised
iongnadh is commonly used with the assertive verb □ *b'e an t-iongnadh nach do chaill e a bheatha* it's a wonder that he didn't lose his life (lit. it was the wonder etc.) □ *b'e an t-iongnadh nach fhaca tu e* it's a wonder [that] you didn't see him □ *b'e iongnadh nan iongnaidhean leam a bhith ga fhaicinn* I thought it a wonder of wonders to see him (lit. to be at his seeing) □ *chan iongnadh ged bhiodh cuimhne againn orra!* it's no wonder if we should remember them!
beag and **mòr** are frequently used in these constructions: *'s beag an t-iongnadh moladh a bhith aig daoine air an àite seo* it's little wonder people have praise for this place (lit. it's little the wonder praise to be at people on this place) □ *is beag an t-iongnadh gun robh an fhearg air* it's little wonder that he was angry □ but note also: *chan eil e na mhòr iongnadh ged thug daoine cluas fhurachail dha* it's no great wonder that (lit. though) people gave him an attentive ear

iongrachadh, -aidh *nm* & *vn* of **iongraich** suppurating etc., suppuration, ulceration □ *iongrachadh stamaig*

stomach ulcers □ *iongrachadh nam fabhran* blepheritis
iongraich, -achadh *v* suppurate, ulcerate
ionmhainn, annsa *a* beloved, dear, winning □ *is ionmhainn leam a' chlarsach ach is annsa leam an fhidheall* I am fond of the harp but I prefer the fiddle
ionmhas, -ais, -an *nm* 1. treasure 2. fund(s) □ *mar mheadhan air ionmhas a thrusadh* as a means of raising funds □ *ciste an ionmhais* treasury
ionmhasach, -aiche *a* 1. full of treasure 2. rich, wealthy
ionmhasail *a* financial, fiscal □ *dhùin a' bhliadhna ionmhasail aig deireadh a' Mhàirt* the financial year ended at the end of March
ionmhasair, -ean *nm* treasurer
ionmholta *a* admirable, laudable, praiseworthy □ *rinn iad obair ionmholta* they performed admirable work □ *thuirt iad gun do rinn e uiread de obair ionmholta anns an ùine sin* they said that he had done so much laudable work in that time

ionnan *a* equal, equivalent, identical, the same, self-same, tantamount
ionnan is often used with the assertive verb □ *cha b'ionnan e nuair nach robh ise ann* it wasn't the same when she wasn't there □ *chan ionnan dòigh an fhir-ealain agus dòigh a' chamara* the way of the artist and the way of the camera aren't identical □ *... ach cha b'ionnan na bha [a] dhìth orra ...* but they didn't lack the same [things] □ *... chan ionnan don fhear mu dheireadh ...* not so for the last man / one □ *chan ionnan an t-eilean an-diugh seach mar a bha e* the island is not the same nowadays compared to what it used to be / not the same now as it used to be
ionnan agus like *adv* (used with the *neg* only) □ *cha b'ionnan sin is Glaschu* that wasn't the same as Glasgow □ *... ach chan ionnan sin agus an duine cumanta ...* but it's not the same for the common man
ionnan agus may also be used with a *vn* □ *chan ionnan sin agus a bhith an làthair* that isn't the same as being present

ionnanach, -aiche *a* identical, monotonous □ *bidh iad a' cur an gnìomh an aon ghluasaid ionnanaich* they perform the same monotonous movement

ionnanachd *nf* identity, monotony, parallel □ *dearbhadh ionnanachd* identification □ *tha ùidh aca ann an ceistean ionnanachd nàiseanta* they are interested in questions of national identity □ *bha an dùthaich a' strì airson a h-ionnanachd* the country was struggling for its identity

ionnas *adv* almost □ *... ionnas gun fhiosta ...* almost subconsciously (lit. almost without knowledge to him – see **fios)** □ *... ionnas a bhith dìreach ...* almost upright / vertical (see also **ionns**)

ionnas gu *prep* so that, to such an extent that, so much so that □ *ionnas nach* so that ... not etc. □ *bha an doras fosgailte ionnas gum b'urrainn do dhuine faicinn a-steach don taigh* the door was open so that (to such an extent that) one could see into the house

ionndrainn, ionndrainn *v* miss (= feel the lack of), long for □ *bidh sinn gan ionndrainn (gu mòr)* we shall miss them (greatly) □ *bha e ag ionndrainn beanntan mòra an Eilein Sgiathanaich* he missed the great mountains of Skye □ *bha i ag iarraidh caora dhubh a dh'ionndrainn i às an treud* she was looking for a black sheep that she had missed from the flock □ *chan ionndrainneadh iad seo* they wouldn't miss this

ionndrainn *nm & vn* of **ionndrainn** missing, act of missing, thing missed □ *bidh ionndrainn mhòr orra* they will be greatly missed

ionnlaid, ionnlaid *v* cleanse, wash

ionnlaid *nm & vn* of **ionnlaid** cleansing etc. □ *dèan ionnlaid dèan m' ionnlaid fòs 's an sin bidh mi nas ghile dhut na 'n sneachd* cleanse me and I shall be whiter than snow

ionnlaideachd *nf* cleansing □ *fhuair mi an ionnlaideachd* I was cleansed

ionns *adv* almost □ *bha iad ionns sròn ri sròn* they were almost nose to nose □ *bha e air a' cheist ionns a dhìochuimhneachadh* he had almost forgotten the question □ *bha na craobhan ionns a' falach an taighe* the trees were almost hiding the house □ also **ionnas**

ionnsachadh, -aidh *nm & vn* of **ionnsaich** learning etc., breeding, instruction, knowledge, learning, training, tuition □ *an t-ionnsachadh òg, an t-ionnsachadh bòidheach* learn young, learn well

ionnsachaidh *a* instructional, teaching, training □ *teipichean ionnsachaidh* learning tapes

ionnsaich, -achadh *v* coach, instruct, learn, study, teach, train □ *ionnsaich gu dian* swot □ *duine on do dh'ionnsaich mi mòran* a man from whom I learned a lot □ *chan eil sin ri ràdh nach eil càil ann a dh'ionnsaicheas sinn bhuapa* that isn't to say that there's nothing that we can learn from them □ but note also: *ainmeannan nan daoine aig an do dh'ionnsaich e na h-òrain* the names of the men from whom he had learned the songs □ *ionnsaichidh sin dhut do theanga a chumail agad fhèin* that will teach you to hold your tongue □ *... a dh'fhaodadh iad ionnsachadh don teaghlach ...* which they might teach to their family □ *cha robhas ga ionnsachadh anns na sgoiltean* it wasn't being taught in the schools □ *dh'ionnsaich Pòl a bhith na fhear dèanamh phàilleanan* Paul learned to be a tent-maker □ *bhiodh e ag ionnsachadh nan daoine òga air an obair* he used to train the young people in the work □ *dh'ionnsaich am màthair dhaibh mar a leughadh is mar a sgrìobhadh iad* their mother taught them how to read and write (lit. how they might read and write)

ionnsaichear, -eir, -an *nm* trainee

ionnsaichte *pp* learned, sophisticated □ *duine ionnsaichte* a learned man

---

ionnsaigh, -e, -ean *nm/f* advance, aggression, assault, attack, campaign, charge, effort, endeavour, enterprise, incursion, inroad, onset, onslaught, project, sally, shock, tackle (in sport)
Some examples: *bha iad a' feitheamh ris an ath ionnsaigh* they were waiting for the next charge □ *sheas iad gu treun ris na h-ionnsaighean* they withstood the attacks bravely
thoir ionnsaigh air assail, assault, attack, charge, make advance to, mount / wage a campaign against, storm, venture upon □ *thug e ionnsaigh oirre* he made an advance to her □ *tha am poileas a' toirt ionnsaigh air an fheadhainn a tha a' dol thairis air a' chrìoch-astair* the police are mounting a campaign against those who exceed the speed limit □ *cha toirinn ionnsaigh sam bith air obair cho gòrach* I wouldn't venture upon such a foolish task □ *fear*

a thug ionnsaigh an assailant □ *am fear a thug ionnsaigh orra* their assailant
a dh'ionnsaigh *prep* to, towards, unto □ *choisich e a dh'ionnsaigh a' bhaile* he walked towards the town □ *chaidh mi a dh'ionnsaigh na h-uinneig feuch am faicinn e* I went to the window to see if I could see him
a dh'ionnsaigh is used with *prons* as follows: **dom ionnsaigh** to me (often shortened to **am ionnsaigh**) **dod ionn-saigh** to you **da ionnsaigh** to him **da h-ionnsaigh** to her **dar n-ionnsaigh** to us **do bhur n-ionnsaigh** to you *pl & polite* **dan ionnsaigh** to them □ most of these are quite rarely used in prac-tice □ *thigibh am ionnsaigh-sa* come unto me □ *chunnaic mi duine a' coiseachd am ionnsaigh* I saw a man walking towards me □ *tha E gar gairm do a ionnsaigh* He is calling us to Him

ionnsaigheach, -iche *a* enterprising □ *'s e ceannaiche ionnsaigheach a bh'ann* he was an enterprising merchant
ionnsramaid, -ean *nf* instrument (also **ionnstramaid** etc.)
ionospeur, -a *nf* ionosphere
ionracan, -ain, -ain *nm* just, upright, hon-est person □ *thig an t-ionracan gu a chuid* the honest man will get his own
ionracas, -ais *nm* honesty, innocence, integrity
ionraic, -e *a* honest, righteous, upright □ *is e duine ionraic a bh'ann* he was a right-eous man □ *deònaich gun caith sinn beatha dhiadhaidh ionraic mheasarra* grant that we lead godly, upright and tem-perate lives (for use of *sing* see notes under **beatha** and **làmh**)
ions *adv* □ see **ionnas / ionns**
ionsuilion *nf* insulin
ioronas, -ais *nm* irony
ioronta *a* ironical
Iorcalach *a* Herculean
iorghail *nf* tumult (also **iarghall / iorghall**)
iorghaileach, -iche *a* boisterous (of a person), fierce, tumultuous □ *diorras iorghaileach* a fierce zeal
iosabar, -air, -air *nm* isobar
Iosanach, -aich, -aich *nm* Jesuit □ *bha mòran de na h-Iosanaich den aon bheachd* many of the Jesuits were of the same opinion

iosal, ìsle *a* 1. low, not high □ *ann an guth ìosal* in a low voice □ *chrom e far am b'ìsle a' bhruach* he descended where the bank was lowest □ *bha na solais ìosal* the lights were low □ *a dh'aindeoin 's cho ìosal 's a bhruidhinn e…* in spite of how low he spoke…□ note also: *gheibhear geàrr-iomradh air na molaidhean gu h-ìosal* a summary of the recommendations will be found below 2. humble, lowly □ *tha urram co-cheangailte ris an obair as ìsle* there is dignity connected with the lowliest job 3. *os ìosal* privately, softly, secretly □ *thuirt e rium os ìosal gun robh e…* he told me privately that he was …
ioslaich, -achadh *v* □ see **islich**
iosgaid, -e, -ean *nf* hough □ *dh'fhàs m' iosgaidean gliogach leis an eagal* □ my houghs became inactive with fear
Ioslamach, -aich, -aich *nm* Islamite
Ioslamach *a* Islamic □ *Sitheach Ioslamach* Islamic Shiite
iosop, -oip *nm* hyssop
Iosralach, -aich, -aich *nm* Israeli
Iosralach *a* Israeli
iota *nm* thirst
iotach, -aiche *a* thirsty
iotmhor, -oire *a* dry (thirsty)

ìre, ìrean / ìreachan *nf* 1. grade, level, phase, stage (of development etc.), standard, station (school maths tables) □ *Ìre Choitcheann* Standard Grade (O-grade) □ *ìre bhunaiteach de sheirbheis* a basic level of service □ *tha agad ris an toimhseachan fhuasgladh airson faighinn air adhart chun na h-ath ìre* you have to solve the puzzle [in order] to proceed to the next level / stage □ *cha robh a' chlann ach gann aig ìre coiseachd* the children were barely at the walking stage □ *aig caochladh ìrean* at various levels □ *bhitheadh e iomchaidh facal no [a] dhà a ràdh mu an deidhinn aig an ìre seo* it would be appropriate to say a word or two about them at this stage □ *is math an ìre seo a ruighinn* it's good to reach this stage □ *…ach chan eil seo ach aig ìre thràth…* but this is only at an early stage □ *bu mhath leam aig an ìre seo taing a thoirt dhaibh* I would like at this stage / point to thank them □ *…a thaitneadh ri leughadairean aig gach ìre…* which would please readers at every level □ *an toiseach ìre rannsachaidh agus an sin ìre buileachaidh* at first a research phase and then an implementation phase □ *aig ìre roinne agus ìre nàiseanta* at regional level and national level □ *aig ìre an t-sluaigh* at grass-roots level □ *aig an ìre cheart* at the right level □ *bidh ìre dràma Ghàidhlig a' dol suas gach bliadhna* the level / standard of Gaelic drama goes (lit. will be going) up each year □ *aig na h-ìreachan seo tha a' Ghàidhlig air meas ùr a chosnadh* at these levels Gaelic has earned a new respect □ *an ìre choimeasach* comparative degree □ *an ìre fheabhasach* superlative adjective □ *ìre ghoireasan* amenity index

chun na h-ìre seo up to now / to date / so far / up to this stage etc. □ *an t-adhartas a chaidh a dhèanamh chun na h-ìre seo* the progress that has been made to date □ *tha na tha sinn air fhaicinn chun na h-ìre seo glè mhisneachail* what we have seen up to now / to date is most encouraging 2. degree, extent □ *ìre fuachd / teas* degree of coldness / heat

gu ìre / gu h-ìre to an extent / to some extent / to any extent □ *cha tàinig na Ròmanaich nan lùib gu ìre sam bith* the Romans did not come in contact with them to any extent □ *tha sin a' deachdadh gu ìre dè dh'fheumas sinn a dhèanamh* that dictates to an extent what we must do □ *tha seo fìor gu ìre* this is true to a degree □ *gu ìre bhig* almost (lit. to a small extent), slightly □ *chaill e a ghuth gu ìre bhig* he almost lost his voice □ *tha gach sgoil gu ìre bhig eadardhealaichte* each school is slightly different □ *gu ìre mhaith* to a good extent □ *gu ìre mhòir* to a large extent, by and large □ *gu ìre nas lugha* to a lesser degree / extent □ *gu ìre nach beag* to no little extent *present tense* □ *gu ìre nach bu bheag* to no little extent *past tense* □ *gu ìre air choreigin* to some degree or other □ *gu ìre bheag no mhòr* to a small or large extent / degree □ also *gu ìre bheag / mhòr / mhath*

an ìre mhath *adv* (lit. in a good degree) 1. moderately, pretty, pretty well, quite □ *bha e an ìre mhath beartach* he was quite rich □ *bha an latha an ìre mhath blàth* the day was quite warm □ *tha na taighean an ìre mhath sgapte* the houses are pretty scattered 2. quite good, quite well □ *bha an rathad an ìre mhath* the road was quite good – but could also mean the road was in good condition (see below) □ *"Ciamar a tha cùisean a' dol?" dh'fhaighnich e. "An ìre mhath," ars ise.* "How are things going?" he asked. "Quite well," she said. □ note also: *tha mi an ìre mhath leis* I am well on with it 3. condition, state □ *bha mi an deagh ìre* I was in grand condition 4. maturity □ *thig gu ìre* come to a successful conclusion, come about, come to maturity □ *na dòighean anns a bheil seo a' tighinn gu ìre* the ways in which this comes about □ *nuair a thàinig e gu ìre chaidh e chun an iasgaich* when he matured / grew up he went to the fishing □ *cuir / thoir gu ìre* develop *trans* □ *cur / toirt gu ìre* development □ *air tighinn gu ìre* mature 5. **cuir an ìre** cause to believe, pretend □ *bha feadhainn ann a bha a' cur an ìre nach robh Beurla aca* there were some who pretended that they didn't speak English

ìreachd *nf* maturity, completion

ireapais *nf* nervous excitement □ *bha an naidheachd ga lìonadh le ireapais* the news was filling him with excitement

iriosal, iriosaile / irisle *a* same as **ìosal** humble, lowly, reverent

irioslachadh, -aidh *nm & vn* of **irioslaich** humbling etc., humiliation

irioslachd *nf* humility, lowliness

irioslaich, -achadh *v* humble etc. – same as **ìslich** □ … *a dh'irioslaich e fhèin cho mòr air ar son-ne* … who humbled himself so greatly for our sake

iris, -e, -ean *nf* magazine, periodical

is *conj* and □ generally regarded as an abbreviated form of **agus**, though it may not be – often shortened to **'s** – see **agus** for examples of usage

. . . .

is *irreg & def v* □ usually referrred to as the *assertive verb / copula*, and used instead of the *substantive verb* **tha** in situations where the verb 'to be' requires a degree of emphasis. Indeed, there are certain situations in which the use of this verb in preference to **tha** is obligatory.

There are only two tenses, the present tense and the past tense, which latter also acts as the imperf / cond tense.

Present tense, affirmative:

is mi	it is I	**is sinn**	it is we
is tu	it is you *sing*	**is sibh**	it is you *pl & polite*
is e	it is he / it *masc*	**is iad**	it is they
is i	it is she / it *fem*		

Note that the above are generally abbreviated to **'s mi, 's tu, 's e** etc., and that these, and all the parts shown below, are frequently accompanied by the *emph parts* **-se, -sa, -san** etc. □ *'Smise Calum* (or simply *Mise Calum*) I'm Malcolm

Present tense, negative:

cha mhi	it is not I	**cha sinn**	it is not we
cha tu	it is not you *sing*	**cha sibh**	it is not you *pl & polite*
chan e	it is not he / it *masc*	**chan iad**	it is not they
chan i	it is not she / it *fem*		

Note: a) **is** is completely assimilated b) **mi** is the only *pers pron* which is lenited c) **chan** is used before vowels d) the use of the unlenited form of the *2nd pers sing pers pron* **tu**

Past tense and imperfect / conditional tense, affirmative

bu mhi	it was I	**bu sinn**	it was we
bu tu	it was you *sing*	**bu sibh**	it was you *pl & polite*
b'e	it was he/ it *masc*	**b'iad**	it was they
b'i	it was she / it *fem*		

Note: a) **mi** is again the only pronoun lenited b) **bu** is invariably abbreviated to **b'** before vowels c) the use of the unlenited form of the *2nd pers sing pers pron* **tu**

Past tense and imperfect / conditional tense, negative

cha bu mhi	it was not I	**cha bu sinn**	it was not we
cha bu tu	it was not you *sing*	**cha bu sibh**	it was not you *pl & polite*
cha b'e	it was not he / it *masc*	**cha b'iad**	it was not they
cha b'i	it was not she / it *fem*		

Note that **bu, sinn** and **sibh** are never lenited.

The construction used with the *ass v* depends on whether a *phrase* or a *part of speech*, and, in the latter case, which *particular part of speech*, is being emphasised.

1. When a *pers pron*, which is also the subject of the sentence, is being emphasised, it is placed immediately after the *ass v*, while the remainder of the sentence follows in a *rel clause*. The *pers pron* may be further emphasised by the use of the *emph parts* **-se, -ne** etc. □ *ach, gu dearbh, is sinne a bha deiseil air a shon* but, indeed, we were ready for him □ *nach e a bhitheas feargach!* won't he be angry! □ *cha bu mhise a rinn sin!* it wasn't I who did that! □ *bu sinne a chrean gu h-àraidh air* it was we who suffered especially for it □ *is iad a ghuir an innleachd eatorra* it is they who hatched the plot between them □ *is ise as coireach* it is she who is blameworthy / she is to blame □ *chan eil mi idir ag ràdh nach robh i làidir – is i a bha!* I'm not saying (at all) that she wasn't strong – she was! □ note that the *rel pron* **a** is frequently omitted before **bu** □ *b'esan bu bheothaile den dithis* he was the livelier of the two (men) □ note also that, in some of the above examples, the *present tense* is frequently used with the subject rather than the *past tense* one would expect

2. The same construction is often used when an *adv* is being emphasised □ *is minig a bha mi air a'mhuir ri droch thìde* I have often been on the sea in bad weather / often have I been etc. □ *bu treun a ghleac i an aghaidh nan tonnan* she (the ship) bravely struggled against the waves / bravely she struggled etc. □ *b' aotrom a thog i am pàiste* lightly she lifted the child □ *faodaidh chan e a-mhain daoine foghlaimte ach eadhon daoine neo-fhoghlaimte a thuigsinn* not only educated people but uneducated people may understand it □ it should be noted that this construction is more common in literature than in everyday speech, and that the sign of the adverb i.e. **gu** is dropped □ note also that the present tense is frequently used where we would expect a past tense. This is quite common with the *ass v* □ note also: *bu cho math dha (a) fhàgail aig na daoine a tha eòlach air na cùisean seo* he would be as well to leave it to the people who are familiar with these matters (see also **gann** and **tric**)

3. The use of the *ass v* is obligatory when the subject of the sentence is said to be a member of a class or species or to belong to a certain occupation.

The construction in which the class immediately follows the *ass v* and immediately precedes the member of the class e.g. *is eun coltraiche* a razorbill is a bird, is now considered rather pedantic. It may, however, still be seen in proverbs: □ *is bean-taighe an luchag na taigh fhèin* the little mouse is mistress in her own house □ *is bior gach sràbh san oidhche* every straw is a thorn at night – and may also be used in descriptions: *is bàrd e a bu chòir gach Gaidheal uaill a dhèanamh às* he is a poet from whom every Gael should take pride □ *b'e duine e a dh'fhuilingeadh mòran gun ghearan* he was a man who would put up with a lot without complaint

Constructions of the following type are commonly used: *is e eun a th' ann an coltraiche* a razorbill is a bird □ *an e iasg a th' ann an geadas?* 's e is a pike a fish? yes □ *nach e iasg a th' ann am faochach?* *chan e, is e eun mara a th' ann* isn't a puffin a fish? no, it's a seabird. More examples of this construction are to be found in Sect. 12.

4. Basically the same construction is used to emphasise an *adj* qualifying a *pers pron* □ *is brònach mi* I am sad / sad am I □ *bu mhìn banail i* she was delicate and feminine □ but, if a *noun* is being qualified, it is always definite, and followed by a *pers pron* having the same number and gender as the *noun* □ *is gasta an duine e* he's a fine man □ *bu mhòr a' chlach i* the stone was big

5. But, if the qualified *noun* is followed by a *subordinate clause*, the *pers pron* is not used □ *bu chruaidh an t-àrach a fhuair iad* the upbringing they got was hard □ *is beag an t-iongnadh a-rèist gu bheil e ...* it's little wonder then that he's ... □ *bu mhòr am beud gun do mhill e an cothrom a fhuair e* it was a great pity that he spoiled the chance [that] he got (see also **airidh, dìobhail, math, mòr, olc** and **trom**)

6. *Adjs* are often accompanied, not by a *noun*, but by a *sub clause* or by a *vn* construction □ *is cinnteach gu bheil iomadh ceist mhòr againn ri an rèiteach* it's certain that we have many great problems to settle (lit. to their settling) □ *bu ghlan, a dhuine, a bhith ag èisteachd ris* it was grand, man, to be listening to it □ *cha bu mhath gun rachadh na h-euchdan sin air dìochuimhne* it would not be good if those achievements / great deeds were to be forgotten (lit. that these great deeds should go on forgetfulness) □ *is truagh nach do rugadh dall mi!* it's a pity I wasn't born blind! □ *bu chiatach dha sin a dhèanamh* it would be decent for him to do that □ *cha b'fhada gus an do rinn iad rèite air an latha* it wasn't long until they agreed upon the day □ but note that the *ass v* and the *adj* may themselves be in a *subordinate clause* □ *bha iad ann an cunnart nach bu bheag* they were in no little danger

7. The following idiom is worthy of special notice □ *...ach is iongantach gun cuala tu mu an deidhinn ...* but you probably haven't heard about them □ *is iongantach mur reic mi e* I shall probably sell it □ it should be noted that where the Gaelic version is positive, the English version is negative, and vice versa (see **iongantach**)

8. The *ass v* must be used when both *subject* and *predicate* are definite

expressions. A definite expression may be (a) a *pers pron* (b) a *noun* preceded by the *definite article*, although the definite article may not always be expressed in Gaelic (c) a *proper noun* (d) a *dem pron* (e) a *noun* preceded by a *poss adj* □ in each of these situations the verb is immediately followed by a *pers pron* which is either the subject of the sentence, or is an untranslatable *pers pron* agreeing in number and gender with the subject (but see notes following).

The following examples are arranged to match the above descriptions:

(a) *is esan am Ball-Parlamaid airson nan Eileanan an Iar* he is the Member of Parliament for the Western Isles (b) □ *is iad a' ghrian agus a' ghealach a tha ag adhbharachadh nan seòl-mara* it is the sun and the moon which cause the tides (lit. it is they the sun and etc.) □ but note that in the following two examples the *def art* is not expressed because of the following *noun* in the *genitive case*: *b'i comhairle Chaluim gun cuireadh iad callaid* it was Calum's advice that they should plant a hedge (where 'the advice' is understood) □ *is e am bradan roghainn an ròin ghlais* the salmon is the grey seal's choice (where 'the choice' is understood) (c) *is mise Dùghall* I am Dougal □ *is i Gàidhlig cànain mo ghaoil* Gaelic is the language of my love (d) *b'e mo roghainn fhèin am fear seo* my own choice would be this one □ *is e sin mullach mo thaighe* that is the roof of my house (but see following section) □ *is e sin sealladh gu math aognaidh air beatha an duine* that is quite an ugly view of man's life □ *is iad seo na h-innealan a nì an obair* these are the machines that will do the job □ note that the *ass v* used with a *dem pron* may occasionally be translated by the use of the English phrase 'what a ...!' □ *b'e sin an dùthaich iongantach* what a wonderful country that was! (e) *an ise do mhàthair? chan i.* is ise piuthar mo mhàthar. is she your mother? no. she is my mother's sister (i.e. my maternal aunt)

9. When a *dem pron* is used, the *ass v* is usually suppressed □ *[is e] seo linn an telebhisein* this is the age of television □ *sin gille-Brìghde* that's an oyster-catcher □ *siud an taigh agamsa* that's

my house □ *sin an dùthaich bu bhochda a chunnaic mi riamh* that was the poorest country I ever saw

10. The *interr prons* **cò?** "who?" and **dè?** "what?" may be used directly with the *ass v* □ *cò e?* is esan Calum Dòmhnallach who is he? he is Malcolm McDonald □ *dè sin? [is e] sin cailleachoidhche* what is that? that is an owl □ *dè seo? [is e] seo minidh* what's this? this is an awl □ note that, though the *substantive verb* may *appear* to be used in a question such as: *dè tha seo?* what's this?, the question is really a shortened form of *ciod is e a tha seo?* what is it that this is? i.e. the *ass v* is really being used to ask the question, and the answer must be in the same verb if the *dem pron* is repeated in the answer i.e. *is e seo minidh* this is an awl. The standard answer, however, would be: *tha minidh* meaning simply 'it is an awl'.

11. One of the simplest constructions for beginners to understand is: **is + e +** *noun (def / indef)* **+** *rel clause* □ *is e Calum Dubh a theirteadh ris* (lit. it is Calum Dubh that was said to him) he was called Calum Dubh (dark-haired Malcolm) □ *'s e buidheann mhèirleach a rinn seo* it's a gang of thieves who did this □ *'s e leabhar gu math inntinneach a tha seo* this is a very interesting book □ *'s e a' chiad rud a thàinig a-staigh oirre, "Ciamar a ...?"* her first thought was, "How ...?" □ but note also: *agus is e a thug air sin a dhèanamh gun d'fhuair e ...* and what made him do that was that he found ... (lit. and it is that made him do that that he found ...) □ *'s e bha ceàrr air an leabhar seo ach nach robh e sa Ghàidhlig* what was wrong with this book was that it wasn't in Gaelic

12. A construction employing the *prep* **ann** or its *prep prons* may be used to describe a person or thing, or to state a person's occupation □ *is e duine tapaidh a th'ann* he's a clever man (lit. it is a clever man that is in him) □ *is e caileag bhòidheach a bh'innte* she was a beautiful girl □ *'s e iasgair a th'ann an Seòras* George is a fisherman □ *b'e banaltram a bh'ann am Mairead* Margaret was a nurse □ *b'e duine àrd tana a bh'ann* he was a tall, thin man □ *is e manaidsear banca a th'annam* I'm

a bank manager □ *'s e cànainean Ceilteach a tha annta le chèile* they are both Celtic languages □ note that, when introducing a clause with a verb in the past tense, the *ass v* was traditionally also in the past tense, but it is now more commonly found always in the present tense.

13. The *prep ann* is also commonly used with the *ass v* to emphasise a phrase which may contain an *adjective*, an *adverb*, a *clause*, a *preposition* or a *verbal noun* □ *an ann dall a tha thu?* are you blind? □ *is ann faisg air a' chraoibh seo a fhuair mi an t-uaireadair* it was near this tree that I found the watch □ *nach ann anns a' bhaile seo a rugadh e?* wasn't he born in this town? □ *am b'ann an-dè a chunnaic thu e? b'ann / cha b'ann* was it yesterday you saw him? yes / no □ *an ann a' feuchainn ri mo bhàthadh a tha thu?* are you trying to drown me? □ *is ann air oidhche chiùin shamhraidh a thachair seo* it was on a calm summer's night that this occurred □ *agus is ann uaithe a fhuair e an t-ainm* and it is from him that it got the name □ *feumaidh gur ann mun àm sin a thogadh an dealbh* it must have been about that time that the picture was taken □ *feumaidh iad a bhith ag obair do dhaoine 's chan ann nan aghaidh* they have to work for people and not against them

14. When a *conjunction* is used with the *ass v* in the present tense there is often syncope, or the *ass v* disappears entirely. Thus the *rel pron* **a** + **is** becomes **as** or **is** □ *sin fear as aithne dhomh* that is a man I know (… who is known to me); similarly **mar a** + **is** becomes **mar as / mar is** □ *mar as aithne dhuinn uile* as we all know (see **is aithne** below and also **aithne**); **ma** + **is** becomes **mas** □ *bheir mi seòladh dhut mas fheudar* I'll give you directions if need be (see **is fheudar** below and also **fheudar**) □ *mas fhiach leibh èisteachd ris …* if you condescend to listen to it (see **is fhiach** below and also **fiach**) □ *mas e an fhìrinn a bha aige …* if he were telling the truth; **ged a** + **is** becomes **ged as** (or **ged is**) □ *ged is e a' bhreug a bh'agam …* though I was lying □ *ged is tioram an uamh, is fuar i* though the cave is dry, it is cold; **mur** + **is** becomes **mur** □ *mur i a'*

bhan-rùnaire, cò i? if she isn't the secretary, who is she?; **nach** + **is** becomes **nach** □ *tha e ag ràdh nach urrainn dha a leithid a rud a dhèanamh* he says that he can't do such a thing (see **is urrainn** below and also **urrainn**) **ged nach** + **is** becomes **ged nach** □ *ged nach fliuch e, is fuar e* although it is not wet, it is cold; **gu** + **is** becomes **gur** □ *thachair gur e latha blàth tioram a bh'ann* it happened that it was a warm, dry day. The past tense **bu**, unlike the present tense, suffers little or no change. The corresponding combinations to the above are, respectively: **a bu**; **nach bu**; **gum bu** and **mar (a) bu** and, in addition, **nam** + **bu** which, of course, is used only with the conditional tense □ *nam b'e an-dè an-diugh* if yesterday were today □ *siud mise mur b'e gràs Dhè* there, but for the grace of God, go I □ *theann mi dlùth air a' mhèinne mas a b'fhìor* I drew near to the apparent mine (lit. if it were true / really such) □ *mur b'e gun robh Iain caran faiceallach, bha e air tuiteam* if Ian had not been somewhat careful, he would have fallen □ *ged bu tusa Rìgh na Spàinne fhèin, cha leiginn a-steach thu* though you were the King of Spain himself, I wouldn't admit you □ *ged nach bu bhlàth an uamh, bu tioram i* though the cave was not warm, it was dry □ *mar a b'àhhaist dhuinn, chaidh sinn don bhaile Disathairne* as was our habit, we went into town on Saturday

15. The *ass v* is used with a number of *nouns* or *adjs* along with the *prep* **do** or its *prep prons* □ *is mairg don fheadhainn a tha a-muigh air oidhche mar seo* [it's] a pity for those who are out on a night like this / woe betide anyone etc. □ *dè bu choltas dha?* what did he look like? / what was he like? □ *thuirt e nach robh e a' tuigsinn dè bu chiall dhi* he said that he didn't understand what she meant □ *is mithich dhomh falbh* it's time for me to be going □ *is àbhaist dhomh* I am accustomed / it is usual for me / it is my custom / habit etc. □ *is adhbhar do* causes, is the cause of / the reason for □ *is aithne dhomh (rudeigin / cuideigin)* I know (something / someone) □ *is urrainn dhomh seo a ràdh le muinghinn* I can say this with confidence □ *bu chòir dhaibh dràma ùr a chur nar n-èisteachd*

they ought to let us hear new drama □ *cha bu lèir dhi a shùilean* she couldn't see his eyes □ *b'fheudar dhuinn tilleadh dhachaigh* we had to return home □ the above *nouns / adjs* should be consulted under their own entries for further examples or explanations

16. Another common construction is **is / bu** + *adj* + **leam** I consider(ed) □ *is caomh leam* I like □ *am bu chaomh leat rudeigin?* would you like something? □ *is dàna leam* + *vn* I dare □ *cha bu dàna leam innse dhut!* I would not dare to tell you! □ *is docha leam / is fheàrr leam* I prefer □ *is truagh leam an-dràsta nach do dh'èist sinn ris* I think it a pity now that we didn't listen to him □ *bu toigh leam beannachdan na Bliadhna Ùire a ghuidhe do na h-uile* I would like to wish New Year greetings to everybody □ *bu bheag leo na dhòirteadh iad de fhuil* they cared little how much blood they spilled (but note: *is beag orm iad* I hate them – and: *is beag agam iad* I care little for them – see also **nas lugha** in section 24 below) □ *bu ghasta leis a bhith a' sealltainn a-mach air an uinneig* he took delight in looking out of the window □ *bu leisg leis sin a dhèanamh* he was loath to do that □ *bu mhath leam aig an ìre seo taing a thoirt dhaibh* I would like at this stage / point to thank them □ *bu mhath leinn fada bharrachd a dhèanamh* we would like to do far more □ but note that *nouns* may also be used: □ *bu mhiann leam taing a thoirt do...* I would like to thank...□ *cha robh cùisean a' dol air adhart mar bu mhiann leo* matters were not progressing as they wished □ the above *adjs* and *nouns* should be consulted under their own entries for further examples or explanations

17. Emphatic ownership may be expressed by the use of the *ass v* and **le** (or its *prep prons*) and the *prep pron* of **ann** □ *an ann leatsa a tha an càr sin?* is *ann / chan ann* is that car yours? yes / no □ *cha b'ann leinne a bha a' bhasgaid. leothasan a bha i* the basket wasn't ours. it was theirs □ *nach ann leibh a tha am Bìoball seo?* chan ann. is *ann le Raibeart a tha e* isn't this Bible yours? no. it is Robert's □ note that the *emph parts* (see App. 6 Sect. 1.2) are frequently used with this construction □

note that constructions of the following type are <u>no longer used</u> □ *cò leis an sgian seo?* is le Calum i whose knife is this? it is Malcolm's

18. A very important use of the *ass v* is to express comparison. The verb is used with the comparative form of the *adj* which normally corresponds to the *fem gen sing* form of the *adj* e.g. **bàn**, fair (in colour) **bàine**, fairer, fairest **glic**, wise **glice**, wiser, wisest **salach**, dirty **salaiche**, dirtier, dirtiest. There is no difference between the comparative and superlative form in Gaelic; the meaning depending, in some instances, on the construction used, and, in others, on the context. As in English, a small number of adjectives have an irregular comparative form and a list of these is given in App. 3 Sect. 3.2

19. The comparative may be expressed in three main ways: 1. by the use of **as (a** + **is)** the relative form of the verb **is** □ *is i Mairead as àirde na Raonaid* Margaret is taller than Rachel (lit. it is (she) Margaret that is taller than Rachel) □ *is e Pàdraig as sine na Fionnlagh* Patrick is older than Finlay □ in the past tense this would be: *b'i Mairead a b'àirde na Raonaid* Margaret was taller than Rachel □ *b'e Pàdraig a bu shine na Fionnlagh* Patrick was older than Finlay □ if the *adj* is to be emphasised, it is placed directly after the *ass v* □ *is ùire mo bhrògan na an fheadhainn agadsa* my shoes are newer than yours (lit. the ones at you) □ *ach bu mhotha Alasdair na Gilleasbaig* but Alasdair was bigger than Gillespie 2. in any tense by introducing the subject with the appropriate form of the verb **bi**, while the comparative is preceded by **nas (na** + **is** what is – sometimes written as **na's)** – or by **na bu** □ *tha Anndra nas truime na Teàrlach, ach nas aotruime na Calum* Andrew is heavier than Charles, but lighter than Malcolm □ *am bi Màili nas motha na a bràthair?* will May be bigger than her brother? □ *bha a h-aodann na bu ghile na 'n sneachda* her face was whiter than (the) snow □ *bha aon duine a bha na bu tùraile na càch* there was one man who was more sensible than the rest □ but note also: *tha Iain bàn, ach is i Màiri as bàine* John is fair, but Mary is fairer □ *bha e*

dubh, ach b'e a mhac (a) bu duibhe he was dark(-haired), but his son was darker

20. As in English, the comparison may be left uncompleted □ *a dhèanamh cùisean na bu mhiosa ...* to make matters worse ... (than they were before) □ *chan fhaigheadh iad na b'fhaide* they could not get (any) further (than they already had) □ *bha iad tòrr nas fheàrr dheth* they were much better off (than they were)

21. To express the superlative the *ass v* is used exclusively, but note that in Gaelic there is no difference between the two. The English rendering depends on context □ *is i Marsaili as sine* Marjory is the eldest (or the elder) □ *is i Marsaili as sine den triùir* Marjory is the eldest of the three □ *is e Donnchadh as òige den teaghlach* Duncan is the youngest of the family □ *is i an dias as àirde as ìsle chromas a ceann* it is the tallest ear (of corn) that lowest bends its head (proverb) □ *bha e a' bruidhinn ris an nighinn bu shine* he was talking to the eldest / elder daughter

22. A form of the comparative, known as the 'second comparative', consists of the *comparative* + **de**, 'of'. The only ones now in common use are **feàirrde**, 'the better of' and **miste** 'the worst of' □ *cha b'fheàirrde mi sin* I would not be the better of that (or – I was not ...) □ *is miste sinn uile seo* we are all the worse of this □ *is miste an saoghal a bhàs* the world is the worse of his death □ *cha bu mhiste seo beagan eile de chùram* this would be none the worse of a little more care (lit. another little of etc.) □ *saoilidh mi nach bu mhiste an taigh seo doras ùr* I think that this house would not be the worse of a new door □ but note also: *bu mhòid an t-amadan mi nan diùltainn e* I'd be a bigger fool if I refused it

23. Here are some further examples. One or more of the key words should be consulted for further examples or explanation □ *chan e dotair a bha ann na bu mhò* he wasn't a doctor either / nor was he a doctor □ *'s e sin / is e sin / sin ri ràdh* namely, viz *adv* □ *dh'fhàs gnothaichean na bu mhiosa buileach* matters became far, far worse □ *chan eil nì as lugha orm na ...* there's nothing

I dislike / hate more than ... □ *is ainneamh sionnach a tha air fhàgail* there are few foxes left □ *is iomadh atharrachadh a thàinig air an t-saoghal on uair sin* the world has undergone many a change since then □ *is ion fortain do dhuine a bhith ...* it is good as a fortune for a man to be ... □ *is dòcha nach bu mhiste sinn beachdachadh air a' chùis* perhaps we wouldn't be any the worse of thinking about the matter □ *is ràdh fìor seo* this is a true saying □ *mar bu trice 's e craiceann o mholt a chleachd iad* usually it was the skin from a wedder that they used □ *bhruidhinn e ris an duine leis am bu leis an taigh* he spoke to the man whose house it was □ *is buaine aon diùltadh na dà thabhartas deug* a refusal is more lasting than twelve offerings (proverb) □ *cha bu mhò a bòidhchead na a banalachd* her beauty was no greater than her femininity □ *bha e gus a dhol a-mach air a' chuid bu mhò dhiubh* he was about to fall out with most of them □ *bha e na bu ghile na b'àbhaist* he was whiter than usual / he was unusually white □ *bha i na bu deònaiche a h-innse, nan gabhadh e bhith, na bha mise air a cluinntinn* she was more willing to tell it, possibly, than I was to hear it (i.e. the story) □ *cha robh a h-aon dhiubh na b' eudmhoire na esan* not one of them was more zealous than he □ *cha robh an teagamh bu lugha ann* there wasn't the slightest doubt □ *mar bu mhò [a] smaoinichinn air 's ann bu lugha [a] bheirinn creideas gun robh e fìor ...* the more I thought about it the less I believed that it was true □ *mar a b'fheàrr a b'urrainn dhomh* as best as I could □ *... mar is aithne dhut ...* as you know

---

isbean, -ein, -an *nm* sausage
ise *emph form of the pers pron* **i** (q.v.)
ìseal, ìsle *a* low □ same as **ìosal**
isean, -ein, -an *nm* chick, chicken, (sometimes) cub □ *isean eala* cygnet □ *isean iolaire* eaglet □ *isean geòidh* gosling □ *(droch) isean!* brat!
ìsle *nf indec* depression
ìsle *comp form of* **ìosal** / **ìseal** (q.v.) □ *nas ìsle na ...* below, lower than □ *... as ìsle* lowermost, lowest

ìsleachadh, -aidh *nm & vn* of **ìslich** humbling etc., abasement, depreciation, depression, gradient, humiliation, relegation □ *ìsleachadh luach* depreciation
ìsleachaidh *a* depressant, depressing, causing depression □ *ìocshlaint ìsleachaidh* depressant *noun*
ìsleachd *nf* lowness
ìslean *nm* commoner – also used as *coll noun* 'commoners' □ *bha e measail aig uaislean is ìslean* he was respected by high and low (lit. noblemen and commoners) □ often with *def art* □ *a' dèanamh obair-ghrèis do na h-uaislean is na h-ìslean* doing embroidery for gentlefolks and commoners
ìslich, -eachadh *v* abase, debase, degrade, demean, demote, depose, depress, humble, humiliate, lower, mortify, reduce, relegate □ *ìslich tuarastal* cut wages □ *dh 'ìslicheadh iad gu bhith nam beagchuid* they were reduced to being a minority □ *bha iad fhathast gun a bhith air an ìsleachadh* they were still not humbled □ *ìslich luach + gen* depreciate *trans* □ *ìslichidh seo luach nan taighean* this will lower the value of / depreciate the houses □ *ìslich ann an luach* depreciate *intrans* □ *bidh càr ùr ag ìsleachadh ann an luach on mhionaid a tha e air a cheannach* a new car is depreciating from the minute it is bought
isneach, -ich, -ichean *nf* rifle
ist! *pl =* **istibh** hist! hush! (Scots 'weesht'), quiet! (also **èist!**) □ *ist! chan ist!* hush! no (I won't!)
ite, -ean *nf* feather, fin, plume □ *cuir / tilg na h-itean moult* □ *cur / tilgeil nan itean moulting* □ *gun itean* unfledged
iteach, -ich *nm* plumage
iteach, -iche *a* feathered, finny
iteachan *nm* bobbin, spool
iteag, -eige, -an *nf* dim. *form* of **ite** feather, plume □ *air iteig* on the wing □ *mar eun air iteig* like a bird on the wing □ *theirig / falbh air iteig* fly (winged creatures only!)
iteagach, -aiche *a* feathered, feathery
iteal, -il *nm* flight □ *an dèidh ar n-itil* after our flight
itealadh, -aidh *nm* flight
itealag, -aige, -an *nf* kite
itealaich, itealaich *v* fly □ *itealaich gu h-àrd* soar
itealaich *nf & vn* of **itealaich** flying □ *dèan itealaich* flutter
itealaiche, -ean *nm* flyer □ *itealaiche bailiùin* balloonist

itealan, -ain, -ain *nm* aeroplane, plane □ *laigh an t-itealan* the plane landed □ *air bòrd an itealain* on board the plane
itealan-mara *nm* seaplane
iteileag □ see **itealag** *nf*
iteodha *nm* hemlock
ith, ithe / itheadh *v* eat □ *bha gu leòr ann ri itheadh is ri òl* there was enough to eat and drink (lit. to its eating and drinking) □ *is gann a bha gu leòr aca ri itheadh* they scarcely had enough to eat □ *a bheil thu ag iarraidh rud sam bith ri ithe?* do you want anything to eat? □ *ged a tha iad taitneach ri an ithe* though they are pleasant to eat □ *'s dòcha gun tèid an ithe aig iasgan eile* perhaps they will be eaten by other fish □ … *mura tèid an itheadh aig beathaichean eile* … unless they are eaten by other animals □ *bha e ga ithe fhèin* he was kicking himself (lit. he was eating himself) □ *ith gu glàmach* devour □ *ithidh e mi* he'll give me a real talking to (lit. he'll eat me)
itheanaich *nf* eating □ *bha aodann dearg air le itheanaich is òl* he had a red face with eating and drinking
itheannaich □ see **itheanaich**
iubaili, -idhean *nf* jubilee
iubhar, -air, -an *nm* yew, yew tree
iùbhrach, -aich *nf* 1. yew grove □ *Tom-na-h-iùbhraich* Tomnahurich (an old churchyard in Inverness) 2. sailing vessel variously described as barge, cutter, skiff, wherry
iuchair, iuchrach, iuchraichean *nf* 1. key □ *chuir e an iuchair anns an toll-iuchrach* he put the key in the keyhole 2. roe □ *bhite a' tilgeil a-mach na h-iuchrach* the roe used to be thrown out (see **bhite**)
Iuchar, -air *nm-* used with the *def art*: **an t-Iuchar** July □ *deireadh an Iuchair* the end of July □ *chì mi sibh a-rithist anns an Iuchar* I'll see you again in July
Iùdhach, -aich, -aich *nm* Jew
Iùdhach *a* Jewish, Yiddish
Iugo-slàbhach *a* Jugoslav
Iugo-slàbhach, -aich, -aich *nm* Jugoslav
iùil-chairt *nf* chart, map **i.-ceàrnaidh** *nf* area guide **i.-tharraing** *nf* magnetism **i.-tharraingeach** *a* magnetic **i.-tìre** *nf* landmark □ *fhuair e na h-iùilean-tìre a bha e ag iarraidh* he found the landmarks that he was looking for
iùl, iùil, -ean *nm* guide (means of guidance – not a person), guidance □ *feumaidh iad beagan iùil a thoirt dhuinn* they must give us a little guidance □ *fo iùl Eaglais na*

h-*Alba* under the guidance of the Church
of Scotland
iullagach, -aiche *a* airy, light, cheerful,
frolicsome, tripping □ *dhanns iad gu
h-iullagach* they danced trippingly /
lightly

iutharn, -a *nf* hell □ *bidh sibh a' ròstadh an
iutharn fad na siorraidheachd* you'll be
roasting in hell for all eternity
iutharnail, -e *a* hellish □ *bha fuaim iuthar-
nail a' tighinn on inneal* a hellish noise
was coming from the machine

L, l

L *abbr form* of **linn** century (q.v.) □ *bhon L.
17mh* (*bhon t-Seachdamh Linn Deug*)
from the 17th C (from the Seventeenth
Century)
là, lathaichean / làithean *nm* day □ this
form should be reserved for special days,
as shown below, the other form being
latha (q.v.) and examples not found
here may perhaps be found under that
heading □ *là cluich* fixture (sport) □ *Là
Bealltainn / Là Buidhe Bealltainn* May-
day □ *là na traisg* fast-day □ *Là na Sàbaid*
(the) Sabbath Day, Sunday □ *Là Fèille*
a holiday of obligation, a holy day □ *Là
Mhartainn Builg* St. Swithin's Day □ *Là
Fèill Moire* Lady-day □ *Là Nollaige*
Christmas Day □ *Là na Bliadhna Uire*
New Year's Eve □ *là breith sona dhut*
happy birthday to you
là-trasgaidh a day of fast □ also **là na
traisg** fast-day
làbha *nf* lava
labhair, -airt *v* give / deliver a speech,
pronounce, say, speak, talk, utter □ *labhair
ris fhèin* etc. soliloquize □ *labhair ri*
address, speak to □ *labhair gu slaodach*
drawl □ *labhair air* treat (= discuss) □
*dh'fhairich e na faclan a' labhairt ris gu
pearsanta* he felt the words addressing
him personally
labhairt *nf & vn* of **labhair** speaking etc.,
utterance □ *dòigh labhairt* expression
labhandar, -air *nm* lavender
labhar, -aire *a* loud, noisy □ *chuala mi gàire
labhar* I heard a loud laugh □ *is labhar na
builg fhàs* noisy are the empty bags (proverb
– cf. empty barrels make the most sound)
labhradh, -aidh *nm* diction
labhrach, -aiche *a* noisy, articulate
labhraiche, -ean *nm* spokesman
labhras, -ais, -an *nm* laurel, bay tree
Làborach *a* Labour
Làborach *nm* Labour supporter □ **na
Làboraich** *n pl* Labour (pol.)

lach, -a, -an *nm* reckoning □ *b'urrainn
dhuinn ar lach a phàigheadh* we could pay
our reckoning
lach, -a, -an *nf* duck (wild)
lach- *pref* denoting various kinds of wildfowl
lach-a' bhlàir *nf* common or bald coot
l.-a'chinn-uaine *nf* 1. goldeneye 2. mallard
(see **l.-riabhach** below) **l.-bheag** *nf*
teal (also **crann-lach** *nf*) **l.-bhinn** *nf*
long-tailed duck (also **eun-binn** *nm*)
l.-dhearg-cheannach / l.-mhàsach *nf*
pochard **l.-dhubh** *nf* velvet scoter **l.-ghlas**
nf gadwall **l.-Lochlannach** *nf* eider-duck
l.-mhara *nf* scaup **l.-riabhach** *nf* mallard
l.-sgumanach *nf* tufted duck **l.-stiùireach**
nf pintail
lacha-ceann-ruadh *nm* celandine (plant)
pl **lachan-ceann-ruadha**
lachanaich *nf* laughing loudly, loud laugh-
ter □ *thòisich iad air lachanaich* they
began laughing (loudly) □ also **lasganaich**
lachan-gàire *nm* horse-laugh, loud laugh,
guffaw □ *rinn e lachan-gàire* he gave
a loud laugh / he guffawed
lachdadh, -aidh *nm* lactation
lachdann, -ainne *a* bronzed, drab, dark and
blotchy, dun, hodden grey (of homespun
cloth), mulatto, sallow, swarthy, tawny
lachdannach, -aich, -aich *nm* mulatto
lachdas, -ais *nm* lactose
làd, -àid, -an *nf* a 'load' of water, usually
two bucketfuls, from the well □ *thug e a-
steach làd bùirn* he brought in two buck-
etfuls of water
làdach, -aich, -aichean *nm* 1. volley 2. big
wave, breaker
ladar, -air, -air *nm* ladle, scoop □ *ladar
brochain* soup ladle (also **lodar**)
ladarna *a* arrogant, audacious, barefaced,
bold, brazen (metaph.), presumptuous,
shameless □ *tha thu tuilleadh is ladarna*
you are too bold (see **tuilleadh**)
ladarnas, -ais *nm* arrogance, effrontery,
presumption

ladhar, -air, ladhran *nm* hoof
ladhrach *a* hoofed
lag, laig, -an *nm* (*gen sing* also **luig**) / **lag, laige, -an** *nf* cavity, dent, hollow, socket □ *lag de chudrom ìosal* trough of low pressure □ *lag a' mhionaich* abdominal cavity □ *dèan lag ann* dent *v* □ *bha e na laighe ann an lag ri taobh an rathaid* it was lying in a hollow at the side of the road
lag, -aige *a* delicate, faint, fragile, frail, powerless, weak □ *bha an tì glè lag* the tea was very weak
lag-chridheach, -iche *a* faint-hearted **l.-chùiseach** unenterprising, timid, cowardly, of weak physique **l.-mhisneachail, -e** *a* faint-hearted
lagachadh, -aidh *nm* & *vn* of **lagaich** faltering etc., dilution
lagaich, -achadh *v* debilitate, derogate, dilute, enervate, become faint, falter, flag, weaken (make / become weak) □ *cha do lagaich seo a spèis dhi* this did not weaken his affection for her
làgan, -ain *nm* (also **làghan**) flummery, sowans
lagan, -ain, -an *nm* dell
lagan-maise *nm* dimple *bha lagan-maise air a gruaidh dheis* there was a dimple on her right cheek
làgar, -air *nm* lager
lagas, -ais *nm* marl □ *bha na mointichean air am mathachadh le lagas agus aol* the moors were fertilised with marl and lime
lagh, -a, -an (nan) *nm/f* law □ *lagh eaglaise* canon □ *lagh nam beus* ethics □ *dèan lagh(an)* legislate □ *lagh na rìoghachd* the law of the land □ *bheir sinn iad gu lagh* we'll take them to law □ *Lagh nan Ceanglaichean* Associative Law
lagh-baile *nm/f* bye-law **l.-chruthachadh** *nm/f* legislation **l.-chruthachail** *a* legislative **l.-mhòd** *nm/f* legislature **l.-thagairteach** *a* litigant **l.-thagradair** *nm* litigant
laghach, -aich *a* decent, kindly, nice □ *'s e duine laghach càirdeil a bh'ann* he was a kindly, friendly man □ *tha e laghach dhut faighneachd* it's kind / decent of you to ask □ *fhuair sinn pasgan laghach de dhealbhannan* we received a nice packet of pictures
laghail *a* canonical, constitutional, judicial, lawful, legal, statutory □ *dèan laghail* legalize □ *thug an Achd seo còir laghail do chroitear a' chroit aige a cheannach* this Act gave [to] a crofter a legal right to buy his croft □ *... a' gabhail a-steach an*

t-suidheachaidh laghail taking into account the statutory position
laghairt, -ean *nm/f* lizard
làghan □ same as **làgan**
laghalachd *nf* lawfulness, legality
laghd-mheatailt *nf* alloy
lagùn, -ùin, -aichean *nm* lagoon
Laideann, -inn *nf* Latin
Laidinn *a* Latin □ *Am Bìoball Laidinn* the Vulgate
làidir, -e *a* cogent, emphatic, potent, pressing, proof, robust, stalwart, strong, substantial, spirituous (of drink) □ *dèan làidir* fortify □ *bha a' ghaoth gu math làidir* the wind was pretty / rather strong □ *gu làidir* strongly, hotly □ *... a bha gu làidir air an tòir ...* who was hotly in pursuit of them □ *deoch làidir* alchoholic beverage
làidireachd *nf* strength □ *bha làidireachd cuirp aige a bha iongantach* he had a strength bodily which was amazing
laige *nf* debility, frailty, infirmity
laigh, laighe *v* 1. alight, land (of a plane), light upon (+ **air**) □ *cha mhòr àite sam bith a laigheas do shùil* almost anywhere your eye alights / lands □ *laigh mo shùil air duilleig pàipeir* my eye alighted on / lit upon a sheet of paper 2. lie, lie down □ note that the *prep poss adj* formed from **ann** is used with the *vn* □ *bha mi nam laighe air an fheur* I was [in my] lying on the grass □ *bha e na laighe air an t-sèiseach* he was [in his] lying on the settee □ *bha trì puist nan laighe air an talamh* three posts were [in their] lying on the ground □ *seall dhomh an t-àite anns a bheil mi gu laighe* show me the place in which I am to sleep (lit. to lie) □ *laigh sìos* lie down, cuddle down □ *laigh ri* flatten □ *laigh dlùth ri* snuggle against
laighe *nm/f* & *vn* of **laigh** landing etc. □ *laighe na grèine* sunset
laigse, -ean / **laigseachan** *nf* faint, weakness □ *tha laigse na nàdar* he has a weakness in his nature □ *tha laigseachan ann* there are weaknesses in it *masc*
làimh ri □ see **làmh**
laimhrig *nf* □ see **laimrig**
làimhseachadh, -aidh *nm* & *vn* of **làimhsich** handling etc., treatment □ *tha na leabhraichean seo coltach ri chèile (ann) an cuspair ach ao-coltach (ann) an làimhseachadh* these books are similar to each other in subject but dissimilar in treatment
làimhsich, -eachadh *v* feel (actively), finger, handle, thumb, treat (discuss), touch, wield □ *làimhsich gu cearbach* fumble

laimrig,-ean *nf* jetty, landing, pier, quay, wharf
laimrig-laighe *nf* landing-pad
lainnir *nf* glint, sparkle, lustre, radiance □ *dèan lainnir* glitter
lainnireach, -iche *a* brilliant, lucent, radiant
lainnreachadh, -aidh *nm* burnishing etc.
lainnrich, -eachadh *v* burnish, sparkle
làir, -e / làrach, làraichean *nf* mare
làir-bhreabaidh / làir-bhreabach *nf* rocking horse **l.-mhaide** *nf* see-saw
laiste *pp* lighted □ *bha bioran laiste aige na làimh* he had a lighted stick in his hand
Laitbheach, -ich, -ich *nm* Latvian
Laitbheach *a* Latvian
Laitbhis *nf* Latvian (lang.)
làitheil *a* daily, diurnal, everyday □ *gu làitheil* daily
làithreach *a* current, instant

---

làmh, làimhe, -an *nf* hand, handle □ *làmh an uachdair* the upper hand □ *làmh chlì* left-hand □ *an làmh chlì* the left □ *làmh an dorais* door-handle □ *crathadh làimhe* handshake □ *rug iad uile air làimh air a chèile* they all shook hands (see **beir**) □ *thog i a làmh ris* she raised her hand to him (in greeting or to strike) □ *cha robh làmh aca ann an seo* they didn't have a hand in this □ ... *a tha na shuidhe air deas làimh Dhè* ... who sits on the right hand of God □ ... *le bhith a' cur an làmh nan sporan* ... by putting their hand in their purses □ *cuir suas do làmhan* stick up your hands □ *cha do chùm sin iad gun làmh chuideachaidh a thoirt dha* that didn't stop them from giving him a helping hand □ *bha iad nan suidhe le glainneachan uisge-bheatha nan làimh* they were sitting with glasses of whisky in their hands (lit. hand – note use of *sing* as each person is using only one hand – also see notes under **beatha** and **ceann**) □ *làmh fhada is cead a sìneadh* lit. a long hand and permission to stretch it i.e. tuck in!
às an làimh *adv* aside, off-hand
tha làmh aige ann ... he has a hand in, he dabbles in ... □ *bha làmh aige ann* he was involved in it □ *bha làmh againn uile ann an eug an duine seo* we all had a hand in the death of this man □ *cuir làmh ann* interfere with, meddle with, seize, lay a hand on

ri làimh 1. *adv* to hand, available □ *cuid den bheairteas òran a tha againn ri làimh* some of the wealth of songs that we have available 2. **ri làimh** *prep +gen / poss adj* to one's hand, available to, at one's disposal □ *leis na bha ri làimh Chaluim* with the means available to Calum □ *leis na tha ri mo làimh* with the means at my disposal, available to me etc.
làimh ri *prep + dat* beside, close to, near, next to, nigh □ ... *agus làimh ris gach aon dhiubh bha tòrr mòr chlach* ... and near each one of them was a great pile of stones □ *bha cnocan làimh riutha* there was a hillock near them
fo làimh 1. *+ gen / poss adj* (a) written etc. by (lit. by the hand of) □ *fo làimh an Urramaich Seumais MacDhomhnaill* by the Reverend James MacDonald (b) by the hand of □ ... *leis nach tàinig duine sam bith gu cron fo a làimh* ... because no-one had come to harm by his hand / at his hands 2. **fo làimh** *adv* in hand *obair fo làimh* work in hand / in progress – more usually: ... **os làimh** in hand □ *gabh os làimh* undertake, take in hand □ *ghabh e os làimh an ceannsachadh* he undertook to subdue them
an làimh *adv* in custody □ *cuir an làimh* arrest, commit (to prison) □ *chuireadh an làimh e* he was put in custody □ *cumail an làimh* detention (imprisonment)
làmh air làimh *adv* hand in hand □ *bha iad a' coiseachd làmh air làimh* they were walking hand in hand □ and also: *chaidh a threòrachadh a-steach air làimh* he was led in by the hand
beir air làimh air catch by the hand □ *rug e air làimh air Calum* he shook Calum's hand – note the second **air** □ *rug iad air làimh air a-chèile* they shook each other's hands □ *rug e air làimh oirre* he shook her hand □ *"Is math a rinn thu," thuirt esan 's e a' breith air làimh orm* "You did well," he said [and he] shaking my hand

. . . .

Further idioms: *ma làimh* indifferent, so-so *adv* □ *cha robh an seòmar anns an taigh-òsta ach ma làimh* the room in the hotel was just so-so □ *dlùth air làimh* in the offing □ *faisg air làimh* nearby, close at hand, near at hand □ *bha taigh faisg air làimh* there was a house nearby / close at hand □ *an ràmh is fhaisg air làimh, iomair leis* the oar that's nearest at hand, row with it (proverb) □ *ro làimh* previously, beforehand □ *an dèidh làimh* subsequent(ly) □ *cha robh car nach cuireadh e a làmh ris* there was no job he wouldn't put his hand to □ *air a làimh fhèin* for himself, on his own account □ *thòisich e air obair air a làimh fhèin* he began to work for himself (cf. **air a cheann fhèin**) □ *mo làmh-sa gu bheil*... assuredly ..., I can assure you ... □ *bheir mi mo làmh dhut*... I can guarantee ...

. . . .

làmh-an-uachdair *nf* advantage, the upper hand, predominance, whiphand □ *fhuair e làmh-an-uachdair orm* he got the advantage of me □ *fhuair iad làmh-an-uachdair oirnn* they got the advantage of us □ *fhuair e làmh-an-uachdair air an deoch* he got the better of the drink (i.e. he overcame a drink problem) **làmh-choille** *nf* cubit **l.-fhàil** *nf* bracelet **l.-fhighte** *a* handwoven **l.-làidir** *nf* oppression □ *thug e dhuinn iomradh air an làimh-làidir seo* he gave us an account of this oppression **l.-lèigh** *nm* surgeon **l.-leigheas** *nm* surgery **l.-leighis** *chiropractice* **l.-mhaisich** *v* manicure **l.-mhuilleann** *nm* handmill **l.-sgrìobhadh** *nm* script **l.-sgrìobhaidh** *nf* handwriting, calligraphy, signature **l.-sgrìobhainn** *nf* manuscript **l.-thuagh** *nf* axe, hatchet

làmhach, -aiche *a* manual
làmhachas-làidir *nm* tyranny, oppression, force □ *mhionnaich e gum bitheadh an oighreachd aige le làmhachas-làidir* he vowed that the estate would be his by force
làmhaidh, -ean *nm* razorbill (also **coltraiche** *nm*)
làmhainn, -ean *nf* gauntlet, glove
làmhainneach *a* gloved □ *cha ghlac cat làmhainneach luchan* a gloved cat won't catch mice (proverb)
làmhag, -aige, -an *nf* axe □ *bha co-chruinneachadh de làmhagan aige* he had a collection of axes

làmhchair, -e *a* handy (skilled, good with the hands) □ *bha e glè làmhchair leis an sgithinn* he was very handy with the knife
làmhchaireach / làmhcharach *a* handy □ same as **làmhchair** □ *'s e duine air leth làmhchaireach a bh'ann* he was a particularly handy man
làmhchaireachd *nf* handiness
làmpa, -aichean *nm/f* lamp □ *sgàthlan làmpa* lamp-shade
làmpa-grèine *nm/f* sunlamp □ *a' cur seachad uairean fo làmpa-grèine* spending hours under a sunlamp
lamraig *nf* □ see **laimrig**

làn, làin, làin *nm* 1. complement, fill □ *làn dùirn* a fistful (lit. the fill of a fist) □ *...anns an robh làn an taigh' de chloinn*... in which there was a houseful of children □ *làn spàine / làn na spàine* a spoonful □ *chuir e trì làn na spàine don phoit* he put three spoonfuls into the pot □ *...mus robh e air dà làin na spàine a ghabhail*... before he had taken two spoonfuls □ *làn beòil* mouthful 2. high tide – more specifically **làn-mara**
làn *a* full, plenary, replete □ *notaichean làna* full notes □ *bha a' mhias làn a-nis* the basin was full now □ *bi làn teem* □ *fàs làn* fill *intrans* □ often followed by a *noun* in the *gen* case □ *làn sùithe* sooty □ *bha na sràidean làn sluaigh* the streets were full of people □ *bha e làn mire* he was full of mirth □ *bha a' mhàileid aige làn phàipearan agus notaichean* his bag was full of papers and notes □ *làn càil agus treòir* full of vigour and energy □ *bha an guth aice làn bàidh* her voice was full of kindness
làn may be used before *nouns* or other *adjs* translating either as an *adj* or *adv* □ *bha e làn deiseil airson cleasan sam bith a dh'fhaodadh iad fheuchainn air* he was fully prepared for any tricks they might try on him □ *bha e làn riaraichte* he was fully satisfied □ *bha e a-nise na làn dhùisg* he was now fully awake □ *fo làn bhlàth* in full bloom, full blown □ *fo làn mheas* in full fruit □ *làn chumhachd* absolute power □ *làn stad* full stop □ *làn fhear-ceàirde* journeyman □ *làn abaich* mellow □ *aig làn fhàs* full-grown □ *tha làn*

fhios aca nach do rinn e seo they know full well that he didn't do this

. . . .

làn-abachd *nf* mellowness **l.-aimsireach** *a* full-time □ *tha sgioba chòigneir ag obair gu làn-aimsireach air an tionnsgnadh seo* there is team of five working full-time on this project □ *tha ceathrar an sàs làn-aimsireach* there are four engaged full-time **l.-aois** *nf* majority □ *neach fo làn-aois* minor *noun* **l.-bharail** *nf* conviction □ *ràinig iad an làn-bharail gu...* they reached the conviction that.../ they became convinced that... **l.-bhileach** *a* full-lipped □ *chàirich i pòg làn-bhileach air a bheul* she placed a full-lipped kiss on his mouth **l.-bhuil** *nf* full effect □ *...mus fhaic sinn làn-bhuil nan oidhirpean aca...* before we see the full effect of their efforts **l.-chinnteach** *a* categorical, cocksure **l.-chumhachd** *nf* absolute power, plenipotence **l.-chumhachdach** *nm* plenipotentiary **l.-chumhachdach** *a* plenipotent **l.-fhaide** *a* full length □ *dealbh-chluich làn-fhaide* a full length play **l.-ghealach** *nf* full moon **l.-ghèile** *nm* whole gale **l.-leagte** *a* fully resigned / fully agreeable □ *bha sinn uile làn-leagte ris* we were all fully agreeable to it **l.-mara, làin-mhara** *nm* full / high tide **l.-shoilleir** *a* self-evident **l.-thìde** *a* full-time □ *obair làn-thìde* full-time work □ *bha luchd-obrach làn-thìde aig a' Chomann* the society had full-time workers (also **l.-aimsireach** and **l.-thìm**) **l.-thìm** *a* full-time □ *bha e ag obair làn-thìm air* he was working full-time on it (also **l.-aimsireach** and **l.-thìde**)

lànachd *nf* fulness, plenitude, prime
lanaig *nf* narrow path for cattle
langa, -annan *nf* ling (fish)
langaid / langaidh, -ean *nf* guillemot (also **eun-dubh-an-sgadain**)
langanaich *nf* lowing, bellowing □ *dèan langanaich* low *v*
langasaid.-ean *nf* sofa
lann, lanna / lainne, -an *nf* 1. blade (of a sword, knife etc.) 2. scale (of fish etc.) 3. plate, flat sheet (of metal etc.)
lann, lainn, -an *nf* area, enclosure, fence, repository □ *lann lùth-chleas* gymnasium □

lann fiadh-bheathaichean menagerie □ often the second element of *compd nouns* e.g. **leabhar-lann** library **biadhlann** refectory □ also found in some place names: *Lann Annaid* Longannet (see App. 12 Sect. 4.0)
lann-cluiche *nf* stadium **l.-gràbhalaidh** *nf* graving-dock **l.-ithe** *nf* mess (for eating) **l.-leabhraichean** *nf* library
lannach, -aiche *a* scaly
lannachadh, -aidh *nm & vn* of **lannaich** plating
lannaich, -achadh *v* plate
lannaichte *pp* laminated, plated
lannair *nf* gleam, glitter, radiance □ *bha lannair na shùilean* there was a gleam in his eyes (also **lainnir** *nf*)
lannsa, -achan *nf* lance (med.), lancet □ *dol fo lannsa* being operated on
lannsaiche, -ean *nm* lancer
lannsair, -ean *nm* lancer, surgeon
laoch, laoich, laoich *nm* hero
lanntair, -ean *nm* lantern
laoch, laoich, laoich *nm* hero, warrior
laogh, laoigh, laoigh *nm* calf (young cow) □ *beir laogh* calf *v* □ *rug a' bho laogh* the cow calved
laoidh, -ean *nm/f* anthem, hymn, lay
laoidheadair, -ean *nm* hymnal
laoigh-fheòil / laoighfheòil *nf* veal
laom, oim *nm* flash, sudden flame
laom, -adh *v* bolt (of veg.)
laomadh, -aidh *nm & vn* of **laom** bolting (of veg.) etc.
lap, -an *nm* defective spot □ *chan eil e buileach gun lapan* it's not altogether without deficiencies
lapach, -aiche *a* benumbed, faltering, feeble □ *bha e rud beag lapach a' freagairt cheistean* he was somewhat faltering answering questions □ *bha i air fàs lapach* she had grown feeble
lapachadh *nm & vn* of **lapaich** benumbing etc.
lapachas, -ais *nm* faltering appearance, feebleness
lapaich, -achadh *v* benumb, stupify
lapaichte *pp* benumbed, stupified
Laplannach, -aich, -aich *nm* Lapp
làr, làir, làir *nm* floor, ground, storey □ *bha e na laighe air an làr* it was lying on the floor / ground □ *leag gu làr* fell □ *mu làr* ignored, neglected, lapsed □ *leig mu làr* ignore, neglect □ *rach mu làr* lapse *v* □ *tha sinn dualtach am prionnsabal seo a leigeil mu làr san lath' a th' ann* we are apt to ignore this principle nowadays

làrach, -aich, -ean *nf* imprint, impression, mark, ruin (of building), scar, site □ *làrach càmpachaidh* camp site □ *làrach charab-hanaichean* caravan site □ *làrach fhos-gailte* open space (in town planning etc.) □ *làrach gnìomhachais* industrial site □ *làrach picnic* picnic site □ *làrach stiùiridh* control site □ *làrach tionndaidh* turning point □ *tha an eaglais an-diugh na làraich* nowadays the church is a ruin □ *làrach coise* footprint □ *cha robh ann ach làrach na h-aon choise* there was only the one footprint □ *dh'fhàg seo làrach dhomhain air a h-inntinn* this left a deep impression on her mind □ *rinn an t-seinn làrach nach bu bheag orra* the singing made no small impression on them □ *cha tèid an làrach aige às mo chuimhne a dh'aithghearr* its imprint will not leave my memory soon □ *bha làrach na sgeine na chliabh* the mark of the knife was in his chest
làraidh, -ean *nf* lorry
làraidh-fhuighlich *nf* refuse lorry, refuse cart **l.-tobhaidh** *nf* breakdown lorry
larbha, larbhachan *nf* larva
làrna-mhàireach, air làrna-mhàireach *adv* on the morrow, the following morning
las, -adh *v* blaze, burn, ignite, kindle, light, set alight □ *las e spong* he lit a match
lasachadh, -aidh *nm & vn* of **lasaich** eas-ing, slackening etc., discount, mitigation, palliation, relaxation □ *lasachadh (prìse)* discount □ *bha beagan lasachaidh anns a' gaoith* there was a little easing in the wind
lasadan, -ain, -ain *nm* match (for lighting)
lasadair, -ean *nm* lighter (for lighting), match
lasadh, -aidh *nm & vn* of **las** lighting etc., ignition, inflammation
lasaich, -achadh *v* discount, ease, let up, loose(n), mitigate, palliate, relax, slacken □ *cha lasaich e gus am faigh e na tha e ag iarraidh* he won't let up until he gets what he wants □ *lasaich an t-sian* the weather eased
lasair, lasrach, lasraichean *nf* flame, flash □ *bha an t-adhar na lasair dheirg* the sky was a red flame
lasair-bhoillsg, l.-bhoillsge, l.-bhoillsgean *nf* flare **l.-choille, lasrach-choille, las-raichean-coille** *nf* 1. goldfinch 2. green woodpecker **l.-lèana** *nf* spearwort **l.-sholas** *nm* flash-light □ *bha e a' feitheamh ri deàrrsadh a' lasair-sholais* he was wait-ing for the glare of the flash-light □ *bha lasair-sholais a' dealrachadh* flash-lights were flashing **l.-staid** *nf* flash-point □

a' measadh na lasair-staid(e) estimating the flash-point
lasanta *a* hot, fiery, impassioned, inflam-mable, passionate □ *"Cha do rinn mi e,"* thuirt e gu lasanta* "I didn't do it," he said hotly
lasarra *a* inflammatory
lasgaire, -ean *nm* blade (person), gallant, spark (of person)
lasgan, -ain *nm* slight outburst □ *lasgan gàire* a peal of laughter □ *chuala e lasgan mòr gàire* he heard a great peal of laughter
lasganaich *nf* laughing loudly, loud laugh-ter □ *thòisich iad air lasganaich* they began laughing (loudly) □ also **lachanaich**
lasrach, -aiche *a* ablaze, blazing, flaming, flamy
lastaic *nf* elastic
lastaic *a* elastic, of elastic □ *bha bann las-taic aige na làimh* he had an elastic band in his hand
lath, -adh *v* 1. benumb, numb, make numb □ *bha sinn air ar lathadh* we were benumbed □ *bha iad air an lathadh* they were numbed 2. besmear, plaster

---

latha, lathaichean / làithean *nm* day □ also common in the form **là** (q.v.) and examples not found here may perhaps be found under that heading □ *fad an latha* all day □ *solas an latha* day-break, daylight □ *ri solas latha* in day-light / by the light of day □ *gu latha* until daylight □ *latha a' bhràth* the day of judgment □ *an àirde an latha* in broad daylight □ *latha de na làithean* one of those days / one day / some day □ *bhòidich sinn gun rachamaid ann latha de na làithean* we vowed we would go there one of those days / some day □ *latha de na làithean thuirt i gum bu mhath leatha dhol do Ghlaschu* one day she stated that she would like to go to Glasgow □ *cùrsa aon latha* a one day course □ but note also: *latha is mi a' tadhal air Calum …* one day, while visiting Calum …□ *an latha roimhe* the day before / the other day □ *bha mi a' bruadar nam dhùisg an latha roimhe* I was daydreaming the other day □ *dè n latha a th'ann? 's e Diluain a th'ann* what day is it? it's Monday □ *tha mi glè thrang na làithean-s'* I'm very busy these days (note that **-s'** is an abb. *form* of **seo** i.e.

na **làithean seo**) □ *anns an latha a th'ann* these days / nowadays – also *nar lath-ne* nowadays □ *anns an latha a th'ann chan eil a h-uile duine mar sin* these days not everyone is like that □ *anns an latha 's a bheil sinn beò in* the times in which we live □ *an latha a th'ann is an latha a bh'ann* the present and the past □ *shiubhail iad deich mìle anns an latha* they travelled ten miles per day □ *air latha àraidh* on a certain day □ *air an latha mu dheireadh den bhliadhna* on the last day of the year □ *nach ann air a' bhaile seo a thàinig an dà latha?* □ isn't it changed days for this township? □ *...ach thàinig dà latha na beatha* but her life changed □ *chan eil duine gun dà latha ach duine gun latha idir* things are always changing (proverb) □ *bha e na shuidhe aig an deasg aige latha bho latha* he was sitting at his desk day after day □ *latha math leat / leibh* good day to you □ *san latha a bha sin... / anns an latha bha siud* etc. in those days □ *a latha* by day *adv* □ *bha iad ag obair a latha is a dh'oidhche* they were working day and night □ *an latha an-diugh* contemporary (modern – lit. of today) □ *mòran de leughadairean an latha an-diugh* contemporary readers □ *gach latha* daily □ *cuir latha air* date *v* □ *comharraich an latha* date *v* □ *latha geal* daylight □ *an latha roimhe* the other day □ *a h-uile latha sona dhuibh 's gun latha idir dona dhuibh* may all your days be happy ones (lit. every day happy for you and without a day at all bad for you) □ *latha bha siud* one day (when beginning a story / reminiscence)

. . . .

latha-an-dè, an latha-an-dè the past □ *tha rudeigin de thuar an latha-an-dè air an leabhar seo* there is somewhat an old-fashioned look to this book / this book has rather an old-fashioned look **l.-an-diugh, an l.-an-diugh** the present day □ *gus an latha -an-diugh* until the present day □ *ann an saoghal litreachas an latha -an-diugh* in the world of modern literature **l.-eigin** *adv* some day also **lath'-eigin** (normally -eigin is attached to the noun without a hyphen except where two vowels are in juxtaposition) **l.-fèille** *nm* holiday

l.-luain *nm* doomsday **làithean-saora** *nm* holidays □ *na làithean saora* the holidays □ *dh'fhalbh iad gu deas air làithean-saora* they went away south on holiday

làthach, -aich *nf* 1. clay (soft clay on shore), mire, mud, ooze, sludge, slime □ *bha iad ag aonagraich san làthaich* they were wallowing in the mire 2. swampy place □ *làthach shaillte* salt marsh
lathailt *nf* way, knack □ *fhuair mi an lathailt air* (Dw.) I've got the knack of it (**liut** is now more common)
làthair *nf* presence, venue □ *ma thèid duine a-steach do làthair Dhè...* if a man goes into the presence of God... □ *an làthair* extant, present *adv* □ *a bheil e an làthair?* is he present? □ *nam làthair* in my presence □ *cha robh uibhir an làthair 's ris an robh dùil* there weren't as many present as were expected □ *nach eil an làthair / gun a bhith an làthair* absent □ *nan làthair uile* in the presence of them all, before them all □ sometimes **an** is omitted: *chòrd seo ris na bha làthair* this pleased those who were present □ *...anns an linn a tha làthair...* in the present age / century □ *an t-àm a tha làthair* the present □ *aig an àm a tha an làthair* at the present time / at the present day / today
làthaireach *a* present □ *tràth làthaireach* present tense
làthaireachd *nf* presence □ *làthaireachd neòghlan* an unclean presence □ *bu leòr làthaireachd na Crìostalachd a dhèanamh diofair bhunaidich eatorra* the presence of Christianity was sufficient to make a fundamental difference between them □ *aon uair 's gun do sheall e a làthaireachd* once he had revealed his presence

le *prep + dat* by (by means of an agent or of authorship), plus, with (by means of / in the company of / along with) □ before a *def noun*, or before the words **gach** and **cho**, the form **leis** is used □ *leis a' gaoith* with the wind □ *leis gach adhartas* with each advance
The *prep pron forms* are **leam** with me **leat** with you **leis** with him **leatha** with her **leinn** with us **leibh** with you **leotha / leo** with them

The *emph forms* of these are, respectively: **leamsa, leatsa, leis-san, leatha-se, leinne, leibhse, leothasan**
The following *prep poss adjs* may be found, but it is now recommended that these be written in full. The *prep* **le** is often combined with the *poss adjs* as follows: **lem** with my **led** with your **le** with his (asps. foll. *noun*) **le** with her (does not **len** foll. *noun* – but **le a h-** before a *noun* beginning with a vowel) **le ar** with our **le ur** with your *pl* **len** (**lem** before **b, f, p** and **m**) with their
le meaning through the agency of, by means of, using: *mharbh e an radan le cloich* he killed the rat with a stone □ *bhuail e mi le maide* he hit me with a stick □ *gheibh mi còta ùr leis an airgead* I'll get a new coat with the money □ *co leis a tha e ag iasgach?* with what is he fishing? □ *bha prosbaig aige leis am bu toigh leis a bhith ag amharc air na bàtaichean* he had a telescope with which he liked to watch the boats □ *air a chòmhdach le stuth air choreigin nach b'aithne dhomhsa…* covered by some substance or other I didn't know □ *nuair a dh'amhairceadh i air leis an dà shùil mhòr ghuirm aice…* when she looked (i.e. used to look) at him with her two large, blue eyes…□ *chaidh àithne leis an riaghaltas gum feumadh…* the government commanded that…must… (lit. it was ordered by etc.) □ *air an ceangal gu h-àrd is gu-ìosal le gadan* fastened top and bottom by withes □ *tha e leis an deoch* he's drunk
le meaning accompanied by, in the company of, having with one, possessing: *chaidh e a-mach leis a' chù ri a shàil* he went out with the dog at his heel □ *bha e a' coiseachd air a' chladach le a ghunna fo (a) achlais* he was walking on the shore with his gun under his arm □ *thug i an aire do ghobhar le a meann* she noticed a goat with her kid □ *bha iad a-nis leis an dream ghràidh a bha air dol dhachaigh air thoiseach oirnn* they were now with the beloved people who had gone home before us (euph. for 'they had died') □ *le ospaig àrd-fhuaimneach* with a loud sob □ note that the *prep* need not be repeated in lists: *gach fear le bata na làimh agus cù ri a shàil…* each man with

a stick in his hand and a dog at his heel □ *le misneachd agus diongmhaltas* with courage and determination □ *bha e a' cosg sporan le aigileanan leathrach* he was wearing a sporran with leather tassels □ *thug iad leotha dèilean is tarragan is ùird* they brought [with them] planks, nails and hammers
Similar are: *leis fhèin* by himself, lone □ *le chèile* together □ *cha b'e sin leis fhèin a thug air tilleadh* it wasn't that by itself that made him return □ *bha e leis fhèin anns an taigh* he was alone in the house
le may be used with *verbal noun* constructions, with the meaning 'by (doing something)' □ *tha iad a' cuideachadh le airgead a thogail* they are helping by raising money □ *le bhith ga ath-aithris* by dint of repeating it □ *dh'aotromaich iad an long le bhith a' tilgeil a' bhathair a-mach air a' mhuir* they lightened the ship by throwing the cargo into the sea □ *an co-obraich sibh leinn le bhith a' lìonadh a' cheisteachain seo?* will you co-operate with us in [being] filling [in] this questionnaire? □ *dhaingich e na bha aige ri ràdh le bhith a' nochdadh dealbhan a thog e* he re-inforced what he had to say by showing photographs which he had taken
le sin / leis a sin *adv* thereby, thereupon, therewith, whereupon
leis + *interr form* of the verb = whereby, with which □ *… leis an do dh'fhosgail e am bogsa…* whereby he opened the box
le is used with a number of verbs, the most common of which are: *rach le* (a) agree with □ *thèid me leat gun do rinn e gu math* I [will] agree with you that he did well □ *chan eil mi a' dol leat idir* I don't agree with you at all □ *cha rachainn leat an sin a Sheumais* I wouldn't agree with you there James □ *cha deach mi leis na thuirt i* I disagreed with what she said □ *cha robh mi dol le sin* I disapproved of that (b) succeed □ *chun na h-ire sin chaidh leis* to that extent it has succeeded (lit. [it] has gone with it) □ *ma thèid leinn* if we are successful □ *chaidh leatha* she succeeded □ note that these latter examples are all *impersonal* i.e. no

pron for 'it' is used □ *cuir le* support, side with (in argument etc.) □ *chuir a charaid leis* his friend supported him □ *leig le* allow, let □ *ach cha leigeadh e leatha sin a dhèanamh* but he wouldn't let her do that □ *faigh leat e* get your own way □ *bha cunnart ann gum faigheadh iad leotha e* there was a danger that they would get their own way □ for the use of **le** with other verbs, the verb accompanying **le** should be consulted The phrase **beannachd leat / leibh** really means '[may] a blessing be with you', but now means simply 'goodbye' □ a number of phrases have a similar construction: *mar sin leat / leibh* cheerio / 'bye, 'bye / so long etc. (lit. like that with you) □ *latha math leat / leibh* good day [to you] □ *oidhche mhath leat / leibh* good night [to you] □ *slàn leat / leibh!* so long! □ also *cha do ghabh / leig i beannachd leis* she did not say say goodbye to him

le / leis often carry the meaning 'because of, as a result of' etc. □ *leis an dorchadas* ... because of the darkness ... □ *cha robh mòran anns a' choithional leis an droch aimsir* there weren't many in the congregation because of the bad weather □ *leis gun robh iad sgìth stad iad an sin* because they were tired they stopped there □ *is gann a dh'aithnich mi e leis mar a bha mi a' faireachadh* I scarcely recognised him because of how I was feeling / what I was experiencing □ ... *leis na bha de chlachan anns an achadh* because of the amount of stones there were in the field (lit. with what there were of stones etc.) □ ... *leis nach tàinig duine sam bith gu cron fo a làimh* ... because no-one had come to harm by his hand □ *bàsaichidh sinn leis an acras* we shall die of hunger □ *le sin agus gach amaladh eile* ... with that and every other setback ... □ *dh'èirich a ghuth le às-creideamh* his voice rose with incredulity □ *bha a ghuailnean ag èirigh 's a' tuiteam leis an aonach a bha air* his shoulders were rising and falling with his panting □ *las a shùilean le dealas* his eyes lit up with zeal □ *cha b'urrainn dhuinn na beanntan fhaicinn leis a' cheò* we couldn't see the mountains for the mist

le may also mean 'down' as in the following examples: *le creig* down a cliff □ *thuit e car air char leis a 'chreig* he fell tumbling down the cliff □ *bha deòir a'ruith le a h-aodann* tears were running down her face □ *le bruthach* downward □ *leis a' bhruthach* downhill □ *mar chloich a' ruith le gleann, feasgar fann foghair* like a stone running down a glen, a languid autumn evening (proverb)

le and its *compds* are used with the assertive verb **is** in many idiomatic phrases, mostly with the underlying idea of 'thinking / considering' □ *is / bu... leam* I consider(ed) □ *cha bu diù leothasan fear a bha mì-onorach* they would not think much of a man who was dishonest □ *thuirt iad gun robh an dol-a-mach seo gràineil leotha* they said that they considered this conduct abhorrent □ *sin am baile as bòidhche leam an Alba* that's the town I consider the most beautiful in Scotland □ *is fheàrr leam* I prefer (lit. it is better with me / I think it better) □ further examples will be found under the words accompanying the assertive verb + **le** phrase □ note also that this construction may also be used with the verb **bi** as follows: *bha an dùthaich sin ro chòmhnard leis* he considered that country too flat

le is also used with the assertive verb to indicate possession (see **is** *irreg & def v* Sect. 17)

---

leaba *nf* □ see **leabaidh**
leaba-shiùbhla *nf* □ see **leabaidh-shiùbhla**
lèabag, -aige, -an *nf* flounder (also **leòbag** *nf*)
lèabag-bhrathainne *nf* turbot (also **bradan-leathann**) **l.-cheàrr** *nf* sole (fish) **l.-leathann** *nf* halibut (also **leòbag-leathann** *nf* / **bradan-leathann** *nm*) **l.-mhòr / l.-bhreac** *nf* plaice
leabaich, -achadh *v* imbed, lodge
leabaidh, leapa / leapach, leapannan *nf* bed □ *biadh agus leabaidh* bed and board □ *anns an leabaidh* abed, in bed □ *aodach leapa* bed-clothes □ *leabaidh bheag* cot □ *thoir do leabaidh ort* go to bed (lit. take your bed on you) □ *thug e a leabaidh air* he went to bed □ also: *chaidh e don*

leabaidh he went to [the] bed □ *dè mu dhol don leabaidh?* what about going to bed? □ *chuir iad do a leabaidh e gun dàil* they put him to his bed without delay □ *tha e na leabaidh he's* in (his) bed □ *bha an leabaidh anns an do chaidil mi glè chruaidh* the bed in which I slept was very hard □ *dh'fheumadh e a dhol don leabaidh gun dàil* he had to go to bed without delay □ *nuair a bha e air leabaidh a bhàis* when he was on his deathbed (lit. in the bed of his death) □ *bòrd-taoibh mo leapa* my bedside table (lit. the side-table of my bed) □ but note also *chan e leabhar beag taobh-na-leapa a tha seo* this isn't a little bedside book □ *shuidh e air stoc na leapa* he sat on the bedstead / bedframe □ *leabaidh mhuill* chaff bed **leabaidh-chrochte** *nf* hammock **l.-ìochdrach** *nf* mattress □ *bha duilleag pàipeir eadar an t-aodach-leapa agus an leabaidh-ìochdrach* there was a sheet of paper between the bedclothes and the mattress **l.-itean** *nf* featherbed **l.-shiùbhla** *nf* child-bed □ *bhith ri leabaidh-shiùbhla* be in confinement (of pregnancy) □ *air leabaidh-shiùbhla* in labour **l.-tinneis** *nm* sickbed □ *bha iad uile aig a leabaidh-tinneis* they were all at his sickbed **leabhail, -ean** *nf* spirit level

---

leabhar, -air, leabhraichean *nm* book, volume □ *leabhar aistridh* log (book) □ *leabhar nan ceist* (also **leabhar-cheist**) catechism □ *leabhar chlàr-dùthcha* atlas □ *leabhar mòr-eòlais* encyclopedia □ *Leabhar Ghenesis* Book of Genesis □ *leabhar òrdugh* order-book □ *leabhar a' / na fòn* telephone directory □ *leabhar mòr* tome □ *còig leabhraichean Mhaois* Pentateuch **leabhar-aifreann** *nm* missal **l.-airgid** *nm* cash-book **l.-aistridh** *nm* log book, log **l.-cheangladh** *nm* bookbinding **l.-cheanglair** *nm* bookbinder **l.-cheist** *nm* catechism **l.-chlàr** *nm* bibliography **l.-chuimhneachan** *nm* album **l.-chùnntas** *nm* book-keeping **l.-cùnntais** *nm* account-book, ledger **l.-fiosrachaidh** *nm* reference book **l.-ionnsachaidh / l.-oilein** *nm* **l.-iùil** *nm* guide book **l.-lann** *nm/f* library (also **leabharlann**) □ *anns an leabhar-lann shàmhach* in the quiet library **l.-lannaiche** *nm* librarian **l.-lainne** *a* library □ *dealbhan*

leabhar-lainne library pictures **l.-latha** *nm* diary, journal **l.-notaichean** *nm* note-book **l.-obrach** *nm* exercise book **l.-oilein** *nm* text-book **l.-pòcaid** *nm* pocket-book **l.-reiceadair** *nm* bookseller **l.-seòlaidh** *nm* directory **l.-sgeidseachd** *nm* sketch-book **l.-sheicichean** *nm* cheque-book **l.-tuairisgeil** *nm* manual **l.-ùrnaigh** *nm* prayer-book

---

leabharlann *nm/f* □ same as **leabhar-lann**
leabhrachan, -ain, -ain *nm* pamphlet
leabhran, -ain, -an *nm* booklet, libretto, tract (= pamphlet)
leabhran-iùil *nm* guide (booklet)
leac, lice, -an *nf* flagstone, flat stone, gravestone, headstone, sheet (of ice etc.), slab □ *seo na faclan a tha air an lic...* these are the words that are on the headstone... □ *leac an dorais* doorstep □ *leac an teine / teintein* hearth, hearthstone
leac-eighre *nf* floe, ice-floe **l.-sgrìobhadh** *nm* epitaph, lithography **l.-uaghach** *nf* gravestone, tombstone
leacach, -aiche *a* flat
leacag, -aige, -an *nf* tile □ *leacag làir* floor tile
leacanachadh *nm & vn* of **leacanaich** flattening
leacanaich, -achadh *v* flatten, make flat
leadaidh, -ean *nf* lady
leadair, leadairt *v* drub, beat soundly (also **liodair**)
leadairt *nf & vn* of **leadair** drubbing etc. (also **liodairt**)
Leadan, (an) Leadan, -ain *nm* litany
leadan, -ain, -an *nm* teazle
leadan-an-fhùcadair *nm* fuller's teazle
leadraigeadh, -idh, -idhean *nm* leathering, flogging □ *fhuair iad leadraigeadh eagalach* they received a fearful flogging
leag, leagail / leagadh *v* 1. place, lay, lower, let down □ *chaidh gach bàta a leagadh* each boat was lowered □ *chaidh bàtaichean beaga a leagail o na longan* small boats were lowered from the ships □ *rinneadh deiseil gus na h-acraichean a leagail* preparations were made to lower the anchors (lit. was made ready etc.) □ *leag e an uinneag* he lowered / let down the window □ *leag cùrsa* lay a course □ *leag e a chùrsa a' cheart taobh a ghabh iad* he laid his course [in] the very same direction they had taken □ *leag d'inntinn*

air apply your mind to it □ *leag rudeigin air* impose something upon □ *leag ùnnlagh air* fine, impose a fine (up)on □ *leag ùrlar / cabhsair* pave 2. **leag (sìos / gu làr)** demolish, down, knock / pull down, fell, floor, raze, throw down, tumble □ *bha iad a' leagail chraobh* they were felling trees □ *leag iad am balla* they knocked the wall down □ *chaidh a leagail le càr* he was knocked down by a car □ *leag iad an taigh* they pulled down the house 3. **leag cìs** tax, levy a tax □ *leag na Lochlannaich cìs air Albainn* the Vikings levied a tax on Scotland (lit. laid a tax etc.)
leagadh, -aidh *nm & alt vn* of **leag** felling etc., downfall, tumble
leagail *nf & alt vn* of **leag** felling etc., imposition □ *leagail (gu làr)* demolition
leagarra *a* smug, self-satisfied
leagh, -adh *v* dissolve (of matter), fuse, liquefy, melt, run, smelt, thaw □ *bha an liath-reodhadh a' leaghadh ris a' ghrèin* the hoar-frost was melting in the sun
leagh-dhealbh *v* cast (metal)
leaghadair, -ean *nm* melter, smelter
leaghadh, -aidh *nm & vn* of **leagh** melting, smelting etc., dissolution (of matter), fusion, liquefaction □ *gabh leaghadh* fuse *v*
leaghte *pp* melted, molten □ *òr leaghte* molten gold
leagte *pp* 1. knocked down, felled □ *craobh leagte* a felled tree 2. agreeable, resigned □ *bha e leagte gu leòr ris a seo* he was agreeable enough to this □ *bha e leagte ris mar rùn an Fhreastail* he was resigned to it as the will of Providence / he accepted it as the etc. 3. resolved □ *ma tha aon duine a tha leagte gu bheil 's e Calum* if there is one man who is resolved that there is it is Calum
leam *prep pron* of **le** (q.v.) with me etc.
leam-leat *a* two-faced, deceitful □ *bha nàdar leam-leat aige* he had a deceitful nature □ *chan fheàirrde a' chùis cho leam-leat 's a tha cuid* the matter is none the better of how two-faced some are
leamh, -a *a* 1. annoying, galling, importunate, vexing, boring □ *bha e leamh gun rachadh a leithid de bhàta a dholaidh* it was galling that such a boat should go to waste □ *tha e leamh nach … it* is vexing that … not … □ *bhitheadh seo uabhasach leamh* this would be awfully boring □ *bha e gu math leamh dhaibh faighinn a-mach gu bheil …* it was quite galling for them to find out that … 2. annoyed, vexed □ *bha mi cho leamh* I was so vexed

leamhachadh, -aidh *nm & vn* of **leamhaich** aggrieving etc., exasperation
leamhachas, -ais *nm* importunity
leamhadh, -aidh *nm* marsh mallow
leamhaich, -achadh *v* aggrieve, bore, exasperate, irk, plague, vex □ *bha mi air mo leamhachadh gu geur* I was sharply aggrieved
leamhan, -ain, -ain *nm* elm tree
leamhan-bog *nm* hornbeam □ *bha tri leamhain-bhoga anns a' ghàrradh* there were three hornbeams in the garden □ *rùsg an leamhain-bhuig* the bark of the hornbeam
leamhnach, -aich *nf* tormentil
leamhnagan, -ain, -an *nm* sty(e) □ *also* **leamhragan**
lean, leantainn / leanmhainn / leantail *v* 1. dog, ensue, follow (*trans & intrans*), pursue, succeed (= follow) □ *is fhada a bhios cuimhne agam air na làithean a lean* I will long remember the days that followed □ *… an leanadh e bho sin gum bitheadh sinn dad na bu shona?* would it follow from that that we would be a whit the happier? □ *lean eisimpleir* imitate 2. continue, proceed □ *lean an còmhradh airson greis* the conversation continued for a while □ *lean a chuid rannsachaidh gus am bliadhna* his researches continued until this year □ *ra leantainn* to be continued (of a story) 3. **lean air** carry on, continue, descant, go on, insist, persevere, persist □ *feumaidh tu leantainn ort le do sgrìobhadh* you must continue with your writing □ *lean mi orm gus an do ràinig mi a' chreag* I carried on till I reached the rock 4. **lean ri** adhere to, persist, stick to □ *lean e ri mo mheuran* it stuck to my fingers □ *lean iad gu dlùth ri aodach na seann dùthcha* they adhered closely to the dress of the old country □ *lean gu dlùth ri cliù do shinnsre* follow steadfastly the reputation of your ancestors (proverb) □ *tha meas aig mòran air an dìlseachd leis an do lean na Gaidheil ris a' Phrionnsa* many admire the fidelity with which the Gaels stuck to the Prince □ *lean (ri chèile)* cohere 5. prosecute, sue □ *lean iad e ann an Cùirt an t-Seisein* they sued him in the Court of Session 6. further idioms: *lean (air lorg)* dog *v* □ *a leanas* following, subsequent □ *a rèir nan cumhnantan a leanas … according to the following conditions □ *tagh sia de na facail a leanas* choose six of the following words □ *am measg nam molaidhean aige tha na leanas* among his recommendations are the following (lit.

are what will follow) □ also *na leanas* that which follows, sequel

lèana, -an *nm* meadow

leanabachd *nf* childishness, infancy, puerility □ *leanabachd na h-aoise* dotage

leanabail, -e *a* childish, infantile, juvenile, puerile

leanaban, -ain, -ain *nm* little baby, infant

leanabas, -ais *nm* childhood □ *chuimhnich e air cànain a leanabais* he remembered the language of his childhood

leanabh, leinibh, leinibh *nm* babe, baby, child □ *leanabh dìolain* natural child □ *leanabh fo dhìon* ward □ *bha leanabh anns a' chreathaill* there was a baby in the cradle □ the following two usages are rare: *leanabh mic* a baby boy □ *leanabh nighinn* baby girl □ *...gus an do rugadh leanabh nighinn dha*... until a baby daughter was born to him

leanabh-mnà *nm* female child

lèanag, -aige -an *nm / f* small meadow, lawn □ also **lianag**

leanailteach, -iche *a* adhesive, dogged, sticky, tenacious

leanailteachd *nf* continuity, tenacity □ *a' tairgse leanailteachd foghlaim bho bhunsgoil gu àrdsgoil* offering a continuity of education from primary school to secondary school

leanmhainn *nm & vn* of **lean** following etc., adhering, sequence

leanmhainn *a* adherent, adhesive, sticking □ *stuth leanmhainn* adhesive *noun* □ *fear leanmhainn* adherent *noun*

leanmhainneach, -iche *a* assiduous, consecutive, persistent

leann, -a, -tan *nm* ale, beer □ *leann baraille* draught-beer

leann-dubh *nm* dejection, hypochondria, melancholy □ *fo leann-dubh* melancholy *adj* **l.-dubhach** *a* hypochondriac **l.-tàth** *nm* cement (rare, **saimeant** being commonly used) **l.-ubhal** *nm* cider

leannan, -ain, -ain *nm* lover, paramour, sweetheart

leannan-locraidh *nm* spirit-level (based on the diminutive of **leann**, not on **leannan** above) **l.-sìdh** *nm* fairy lover □ *bha e a' bruidhinn ris an leannan-shìdh* he was speaking to the fairy lover

leannanachd *nf* courtship

leannra *nm* sauce

leansgeul, -eil, -an *nm* serial

leansgeulach *a* serial □ *dràma leansgeulach* serial drama

leantainn *nm & vn* of **lean** following etc., continuation, prosecution, succession

leantainneach, -iche *a* abiding, renewable, successive

leantalach, -aiche *a* chronic

leantalachd *nf* continuity

lear *nm indec* a poetic word for sea, occasionally met with in the form **thar lear** overseas

learag, -aige, -an *nf* larch

learg, leirg, -an *nf* slope on a hill □ *air leirg fheuraich chais* on a steep, grassy slope

learga, -an *nf* black-throated diver

learga-chaol / l.-mhòr *nf* red-throated diver

leargann, -ainn, -an *nf* slope of a hill □ *bha fèidh a' gluasad thar na leargainn* deer were moving across the slope

lear-uinnean *nm* squill

leas *nm indec* benefit, advantage, good, interest, welfare □ *chan eil seo chum do leas* this isn't to your advantage / in your interest □ *...a chum leas na Gàidhlig*... for the benefit of Gaelic

leas is commonly used in the idiom *cha leig / ruig thu leas* you needn't (bother) □ *cha leig thu leas innse dhomh* you needn't (bother to) tell me / there is no necessity for you to tell me □ *cha leig duine leas ach sùil a thoirt air a dh'fhaicinn gu bheil am beachd seo ceàrr* one need only look at it to see that this opinion is wrong □ *cha leiginn a leas sin a dhèanamh* I wouldn't need to do that / I needn't have done that □ *cha leigeadh tu a leas cùram a bhith ort* you needn't have worried □ *cha leigeamaid a leas e* we wouldn't have needed to □ *ach 's e nach leigeadh a leas* but he needn't have (done what was mentioned) □ note that it is often **leas** after a vowel and **a leas** after a consonant

This expression may also be used positively □ *bidh greis mhòr fhathast mun leig sin a leas a bhith na dhragh ort* it will be a long while yet before that need be a bother to you □ *tha e nas aotroime na leigeadh e leas a bhith* it is lighter than need be (lit. than it would need etc.)

cha ruig thu leas has the same meaning □ *cha ruigeadh sin a leas tachairt* that need not happen (would not need to) □ *cha ruig sibh a leas ach sùil a thoirt air* you need only look at it □ *cha ruigear a leas innse dè thachras* it need not be stated what will happen / we need not etc. □ *cha ruig na h-aistean a leas a bhith leis an aon ùghdar* the essays need not be by the same author □ *tha cùisean eile ann nach ruigear a leas ainmeachadh an seo* there are other matters which need not be mentioned here

. . . .

leas- *pref* deputy-, vice-
leas-abhainn *nf* tributary □ *Abhainn Foirthe agus a leas-aibhnichean* the River Forth and its tributaries **l.-ainm** *nm* cognomen **l.-chathraiche** *nm* vice-chairman **l.-gnìomhachas** *nm* (geog.) tertiary industry (i.e. service industry) **l.-shruth** *nm* tributary stream **l.-thaigh** *nm* wing (of house) **l.-oifigeach** *nm* non-commisioned officer

leasachadh, -aidh, -aidhean *nm & vn* of **leasaich** amending etc. accompaniment, addition, amendment, development, dressing (agric.), emendation, improvement, increment, melioration, reform, reformation, supplement, supply □ *leasachadh stòrais* resource development □ *leasachadh tiomnaidh* codicil □ *tha ùrnaighean eile anns an leasachadh seo* there are other prayers in this supplement □ *thig leasachadh air* it will improve / get better □ *tha sinn a' cluinntinn gun tig leasachadh air an t-suidheachadh a dh'aithghearr* we hear that the situation will improve soon □ *...a bhitheas a' co-òrdanachadh leasachaidhean...* who will be co-ordinating developments □ *o chionn ghoirid tha beagan leasachaidh air tighinn air a' chùis* recently matters have improved slightly
leasachadh-fuadain *nm* additive (food)
leasachail *a* remedial, supplementary
leasachan, -ain, -ain / -an *nm* affix
leasaich, -achadh *v* add, amend, develop *trans*, dung, fertilize, improve, mend, reform, supplement □ *...nach gabh a leasachadh* insurmountable □ *leasaich e a theachd-a-steach le tuathanachas* he supplemented his income with farming □ *tha e fad an t-siubhail ri leasachadh a thàlannan* he is constantly [engaged in] improving his talents (see **ri**) □ *leasaich le* affix *v* □ *is olc maoin gun leasachadh* resources are deficient unless improved / supplemented

leasaichte *pp* developed etc.
leasan, -ain, -ain / -an *nm* lesson □ *bu choir dhut a bhith ri do leasanan* you ought to be at your lessons □ *bheir sinn leasan dhi* we'll teach her a lesson □ *tha leasain spioradail ann ri an ionnsachadh* there are spiritual lessons in it to be learned □ *dh'ionnsaich e leasan searbh* he learned a bitter lesson
leasraidh *nf* loins □ *bha crios leathair timcheall a leasraidh* there was a leather belt about his loins □ *bha e leathann sna guaillnean agus seang mu a leasraidh* he was broad in the shoulders but slim about his loins
leat *prep pron* of **le** (q.v.) with you *sing*
leatas, -ais, -an *nm* □ same as **leiteis**
leatha 1. *prep pron* of **le** (q.v.) with her / it *fem* 2. *comp* of **leathann**
leathach *a* □ see **letheach**
leathad, -aid / leòthaid, leòidean *nm* declivity, hillside, slope □ *sìos an leathad* downhill
leathann, leatha / leotha / leithne *a* broad, extensive, wide □ *claidheamh leathann* broadsword □ *anns a' cheàrn as leatha den eilean* in the widest part of the island □ *mar as leatha am foghlam 's ann as fheàrr* the broader the education the better
leathair *a* leather, leathern (also **leathrach**)
leathar, leathair / leathrach *nm* leather □ *leathar fèidh* buckskin □ *bha e a' cartadh leathrach* he was tanning leather
leathnachadh, -aidh *nm & vn* of **leathnaich** splaying etc., development
leathnaich, -achadh *v* flatten, splay, spread out
leathoireach, -iche *a* lopsided
leathrach *a* leather, of leather □ *bha seacaid leathrach air* he was wearing a leather jacket
leathtrom, -oim *nm* bias
leatrom, -oim *nm* pregnancy □ *chan eil e math a bhith a' smocadh rè leatroim* it isn't good to be smoking during pregnancy
leatromach *a* pregnant
leatromas, -ais *nm* □ same as **leatrom**
leatsa thine, yours – *emph form* of **leat** – see **le**
Lebhiàtan, -ian *nm* Leviathan
lèibhidh, -ean *nf* levy
Lèibhiteach, -ich, -ich *nm* Levite (but see also below)
Lèibhiteach *a* Levite
Lebhitheach, -ich, -ich *nm* Levite (but see also above)
Lebhitheachail *a* Levitical

leibh / **leibhse** *prep pron* with you, yours (see **le**)

leibideach, -iche *a* 1. trifling, paltry, bungling, poor (of poor quality) □ *gnothaichean leibideach* trifles (trifling matters) □ *rinn e leisgeul leibideach air choreigin* he made [some] trifling excuse or other □ *bha e ag èisteachd ris a' Ghàidhlig leibideach a bha aca* he was listening to their poor Gaelic 2. annoying, vexatious □ *ach, gu leibideach chan ann mar sin a tha e* but, annoyingly, that's not how it is

leid, -e, -ean *nf* shake down bed □ *chaidil e ann an leid ri taobh an teine* he slept in a shake down bed beside the fire (cf. French *lit* – also **seid** *nf*)

---

leig, leigeil *v* basically means 'let', but when used with various *nouns*, *prons*, *preps* or *prep prons*, is the equivalent of many English idioms.

leig followed directly by a *noun* (which may also require a *prep* to complete the sense): let (of a liquid e.g. *leig fuil* bleed *trans*, let blood, lance □ *bha iad a' leigeil na fola à feadhainn den chrodh* they were bleeding / letting the blood from some of the cattle □ *leig (do) sgìos* lounge, rest □ *leig e a sgìos anns a' chathair* he lounged in the chair □ *bha i a' leigeil a sgìos* she was resting □ also *leig d'anail* rest, take a rest / breather □ *bha iad a' leigeil an analach* they were taking a rest □ *leig am buideal* broach the barrel □ *leig na coin ann* set / loose the dogs on □ *leigeadh e na coin annainn* he would set the dogs on us □ *leig fios do (cuideigin)* let (someone) know □ *leigibh fios dhuinn* let us know

leig is often used with expressions of 'bidding goodbye / goodnight etc.' □ *leig iad oidhche mhath le chèile* they said goodnight to each other □ *leig mi latha math leis aig ceann an rathaid* I bid him good day at the end of the road / at the road-end □ *leig do thaic ri / air* lean against / upon □ *leig e a thaic ris a bhalla* he leaned against the wall □ *faodaidh sinn ar taic a leigeil airsan* we may lean upon Him □ and rather similar: *leig do thaic air* depend upon (for support) □ *faodaidh sinn ar taic a leigeil airsan cho cinnteach agus*

a leigeas sinn ar cudthrom air an talamh thioram we may depend upon him as surely as we [will] entrust our weight to the dry land

Note also: **cha leig thu a leas** + *vn* you need not, you do not require to (always in a *neg constr*) □ *cha leig thu leas sin a ràdh* you need not say that (see **leas** for further examples)

leig used with *preps* which give the verb a specialised meaning

leig le allow, let □ *leig le mo shluagh imeachd* let my people go □ *dh'fhuirich e greis airson leigeil le Sìm faighinn a-staigh don taigh* □ he waited a while to let Simon get into the house □ *leig i leis a glacadh thuige gu teann* she allowed him to clutch her to him tightly □ *chan eil mi a' dol a leigeil leotha mo chumail air ais* I'm not going to let them hold me back □ *cha leig iad leis a dhol a-steach* they won't allow him to enter □ *na leig leis tuiteam* don't let it fall / don't drop it □ *cha leig mise le neach na chòir* I won't let anyone near him □ *cha leigear leinn lorg a-mach dè tha a' tachairt* we are not allowed to find out what is happening □ *cha leigteadh le neach a dhol na b'fhaisge na fichead slat* no-one was allowed closer than twenty yards □ note: *leigeil air niosgaid* lancing a boil

leig ruith le 1. broach (barrel etc.), vent 2. allow something to run □ *leig e ruith leis a'bhurn fhuar* he let the cold water run □ *bha e a' leigeil ruith le a theanga* he was letting his tongue run away with him □ *leig e riutha leatha* he let it rip i.e. in story-telling 3. ignore (in the sense 'leave be', 'let someone carry on as they are doing') □ *leig leis* ignore him, let him be, indulge him, leave him to his own devices, leave him alone 4. pass, allow past □ *leigidh mi sin leat* I'll allow you that / I'll concede that to you □ *cha leig mi leis an seo* I won't let it / the matter rest here

leig used with *prep prons*:

leig ort 1. affect, pretend, feign, seem, simulate □ *leig e air gun robh e bodhar* he pretended that he was deaf □ *leig e air gu robh e glic* he pretended / affected to be wise □ *leigeamaid oirnn airson mionaid gu bheil…* let's pretend for a minute that… is … □ *leigibh* *oirbh gur h-e seòladairean a th'an-naibh* pretend that you are sailors 2. disclose, reveal, give away □ *cha do leig e air cò bh'ann dheth* he didn't disclose who he was (cf. Scots 'let on') □ *cha do leig i càil / dad oirre* she didn't disclose anything / she disclosed nothing / she gave nothing away □ *cha do leig sinn dad oirnn riutha* we disclosed nothing to them □ *bha e dìombach dhiom nach do leig mi dad orm mu na b'aithne dhomh* he was displeased with me because I hadn't disclosed what I knew □ *cha do leig e air* he gave no sign □ *na leig ort gu bheil thu ga chluinntinn* don't heed what he says (i.e. don't let him know that you hear him)

leig dhe abdicate, cease, demit, discard, divest, give up, relinquish, shed, stop □ *leig e dheth an crùn* he abdicated □ *cha do leig iad dhiubh sùil fhaiceallach a chumail air a' Ghaidhealtachd* they didn't stop keeping a watchful eye on the Highlands □ *leig i dhith a còir don oighreachd* she gave up her right to the estate □ *leig e dheth a sheacaid* he discarded / shed his jacket □ *leig e dheth bhith a' cur dragh orra* he ceased / stopped / gave up bothering them □ *leig mi dhiom mo dhreuchd* I gave up my post

leig used with *advs* or with *prep prons* having the force of *advs*:

leig rudeigin a dholaidh let something go to waste □ *cha leig e am fiodh a dholaidh* he won't let the wood go to waste

leig a-mach emit, free, leak (out), release, vent □ *bha an t-inneal a' leigeil a-mach ceò* the machine was emitting smoke □ but note also: *leig a-mach air* extend □ *leig iad a-mach air an taigh* they extended the house

leig às drop (let fall) let go, let away, let out, release □ *leig Alasdair às an t-eun* Alasdair let the bird go / released the bird □ *bha e air am meanglan a leigeil às* he had let go of the branch □ *leig e às an cupan* he dropped the cup □ *leig às iad* let them go □ *leig i osna aiste* she let out a sigh / she sighed

leig a-steach admit, leak (inwards), let in □ *leig e a-steach an coigreach* he admitted the stranger

leig fodha drop (of wind) □ *tha a' gaoth air leigeil fodha* the wind has dropped

leig fa-sgaoil / leig ma sgaoil disband, emit, free, release, set free □ *chaidh na reiseamaidean Gaidhealach a leigeil ma sgaoil* the Highland regiments were disbanded

leig ma rèir set free □ *leig iad e ma rèir* they set him free

leig ris disclose, discover, divulge, expose, reveal, unmask, unveil □ *tha iad air leigeil ris gu bheil...* they have revealed / disclosed that...□ *leig e a chluas dheas ris* he exposed his right ear

leig romhad collapse (of a person), fail □ *leig mi romham* I gave up (an activity)

leig seachad discontinue, drop (a subject etc.), ignore, give up, pass, wink at □ *'s fheàrr dhut sin a leigeil seachad* you'd better drop that / let that drop □ *tha mi a' smaoineachadh gun leig feadhainn seachad e* I think that some will ignore it □ *cha bu chòir dhuinn na rudan sin a leigeil seachad* we ought not to give up these things □ *leig thu seachad gach nì a bha sin* you gave up all that □ *leig e seachad a bhiadh buileach glan* he completely ignored his food □ *leig e seachad na h-òrdaighean* he ignored the orders

leig sìos lay down, let down (= the English idioms lower / fail / disappoint) □ *leig e sìos am pàipear* he lowered the paper □ *bha sinn ag ullachadh ar n-eallach a leigail sìos* we were preparing to lay down our burden □ *...mun do leig an càr sìos sinn...* before the car let us down □ *...gus nach tèid an leigeil sìos...* so that they aren't let down □ *nuair a leigeadh iad sìos an acair* when they lowered the anchor

leig fhaicinn let see, reveal, show □ note that **fhaicinn** is always lenited in this phrase □ *bha seo a' leigeil fhaicinn gun robh e an da-rìribh* this showed that he was in earnest

lèig □ *dat & gen sing* of **leug** jewel

lèig, lèigean *nf* marshy pool, dub □ *tro lèig is poll* through dub and mire

leigeil *nm & vn* of **leig** letting etc. □ *leigeil dhe* abdication □ *tha e gu leigeil thairis* he is dead-beat □ *leigeil ris* disclosure, exposure □ *leigeil ri solas* exposure (light exposure)

□ *leigeil fa-sgaoil* emission □ *leigeil air* pretence, simulation
lèigh and **lèighe** □ *dat sing & gen sing* respectively of **liagh** ladle
lèigh *a* medical
lèigh, -ean *nm* physician
lèigh-ainmhidhean *nm* vet **l.-eòlaiche bhan** gynaecologist **l.-eòlas bhan** *nm* gynaecology **l.-fhiaclan** *nm* dentist (**fiaclair** is simpler) **l.-lann** *nf* surgery (doctor's surgery) □ *ann an lèigh-lann an dotair* in the doctor's surgery **l.-loisg, -adh** *v* cauterize **l.-losgadh** *nm & vn* of **l.-loisg** cauterization **l.-shùilean** *nm* oculist
leigheas, leighis, -an *nm & vn* of **leighis** curing etc., cure, healing, remedy □ *chan eil leigheas ann do nàdar eudmhor* there is no cure for a jealous nature □ *chan eil airgead na leigheas airson nan duilgheadasan seo / air na duilgheadasan seo* money isn't a cure for these difficulties
leigheas-chasad *nm* cough mixture **l.-chnàmh** *nm* osteopathy **l.-fuasglaidh** *nm* laxative **l.-inntinn** *nm* psychiatry
leigheasach *a* medicinal, curing, healing □ *mar ola leigheasach* as a medicinal oil
leighis, leigheas *v* cure, heal, remedy, restore □ *leighis an lot ann an seachdain no dhà* the wound healed in a week or two □ *leighis na lotan aige* his wounds healed
leighis *a* medical □ *liosta de thearmaichean leighis Gàidhlig* a list of Gaelic medical terms
lèine, lèintean *nf* shift, shirt, smock
leinibh □ *gen sing* of **leanabh** *nm*
leinne *prep pron* ours (see **le**)

---

lèir, -eadh *v* pain, torment, torture, distress □ *bha an siataig ga lèireadh* sciatica was paining him □ *bha m'inntinn ga lèireadh* my mind was tormented

. . . .

lèir, gu lèir / uile gu lèir *adv* (though frequently needs to be translated as an *adj*) all, in all, altogether, completely, entire(ly), quite, totally, utterly, whole, wholly □ *thàinig na daoine gu lèir* all the people came □ *air feadh an t-saoghail gu lèir* throughout the whole world □ *(uile) gu lèir* altogether □ *cha robh e (uile) gu lèir cinnteach ciamar a chaidh aige air sin a dhèanamh* he was not altogether certain how he managed to do that □ *bha fichead*

---

leabhar ann gu lèir there were twenty books there altogether / in all □ *fhuair sinn ceud oidhirp uile gu lèir* we received a hundred entries (lit. attempts) altogether □ *carson a tha iad a' faighinn an spòrs gu lèir?* why are they getting all the fun?
lèir-sgrios *nm & v* (see **lèirsgrios** *nm & v*) **l.-shealbhachd** *nf* monopoly □ *chan eil lèir-shealbhachd aca air a' ghliocas* they have no monopoly on [the] wisdom **l.-shealbhaich** *v* monopolize

. . . .

lèir, -e *a* clear, evident, obvious, visible □ used mainly in the idioms: *is lèir dhomh* I can see □ *... cho fad 's as lèir dhomhsa ...* as far as I can see □ *cha bu lèir dhi a shùilean* she couldn't see his eyes □ *tha sibh uile cho dall agus nach lèir dhuibh sin* you are all so blind that you cannot see that □ *... ged nach lèir dhomhsa ...* though it's not clear to me □ *an lèir dhut a' chraobh sin?* cha lèir do you see that tree? no □ *cha bu lèir dhut am burn leis na bàtaichean a bha anns a' chala* you couldn't see the water because of (lit. with) the boats that were in the harbour □ *is lèir dha 'n dall a bheul* a blind man can see his mouth (proverb)

. . . .

lèir-chlaisneach *a* audio-visual **l.-smaoin** *nf* consideration, reflection □ *chan e an lèir-smaoin nach tèid agam air seo a dhèanamh a tha a' cur dràgh orm* it's not the reflection that I won't manage to do this that's bothering me

---

lèireas, -eis *nm* visibility, vista
leirg □ *dat sing & gen sing* of **learg** slope
leirist, -e, -ean *nf* 1. foolish, senseless person 2. slut, slovenly female
lèirmheas, -a, -an *nm* review
lèirmheasaiche, -ean *nm* reviewer
lèirsgrios *nm* annihilation, destruction, devastation, wreck □ *dèan lèir-sgrios air* devastate
lèirsgrios, lèirsgrios *v* devastate
lèirsinn *nf* eyesight, seeing, vision □ *air fheabhas a lèirsinn ...* however good his vision is □ *... ged nach robh lèirsinn bhiorach air a bhith aige bha e air aithneachadh cò bha ann* even if he hadn't had

sharp eyesight, he would have recognised who was there

lèirsinneach, -iche *a* discerning, perceptive, visual □ *na h-ealain lèirsinneach* the visual arts

leis *prep* □ form of **le** used before a *def noun* or with the *pron* **gach** □ also *prep pron* of **le** (q.v.) with him / it *m*, by him, it *m* etc.

leis, -e, -ean *nf* haunch, thigh □ *sùil na leise* the hip-joint

leis *a* 1. lee, leeward 2. larboard, port(side) □ as the lee side and the port side of a ship need not always be the same, these terms are somewhat confusing – in the following examples they could mean either – see **fasgadh** for 'lee' and **cli** for 'port' □ *bha iad air eathar a chur a-mach air an taobh leis* they had put out a boat on the leeward side □ *bha e an taic ri taobh leis na luinge* he was leaning against the lee side of the ship □ *a' ruith leis* running before the wind □ *leis oirn* to leeward of us

Leisbeach, -ich, -ichean *nf* Lesbian

Leisbeach *a* Lesbian

leisg, -e *nf* disinclination, inertia, laziness, sloth □ *cha robh leisg air + vn* he had no qualms about (doing something) □ *bha leisg air sin a dhèanamh* he was loath to do that

leisg, -e *a* idle, lazy, sluggish □ *dh'fhàg e orra gun robh iad leisg* he accused them of being lazy (see **fàg**) □ *is e am fìor adhbhar gu bheil iad leisg* the real reason is that they are lazy □ *is leisg orm* I am loath to, disinclined to, reluctant to … □ also **bi leisg gu** + *inf* □ *bha a bhean leisg gu snìomh agus gu fighe* his wife was reluctant to spin and weave

leisgeadair, -ean *nm* drone (person only), idler, lazy person □ *cha bhi àite nar measg airson leisgeadairean* there will be no place among us for idlers

leisgean, -ein, -an *nm* / **leisgear, -eir, -an** *nm* □ same as **leisgeadair** □ *is leisg le leisgean dhol a chadal, is seachd leisg leis èirigh* a lazy man is reluctant to go to bed, but particularly reluctant to get up (proverb)

leisgeul, -eil, -an *nm* apology, defence, evasion, excuse, extenuation, plea, pretence, pretext □ *gun leisgeul* unpardonable □ *gabh / thoir leisgeul* excuse *v* □ *dèan / thoir leisgeul* apologise □ *gabh mo leisgeul* excuse me, pardon me □ *thàinig i a-nall a ghabhail an leisgeul* she came over to apologise for them □ *ma ghabhas sibh mo leisgeul* if you will excuse me □

rinn e leisgeul air choreigin ri Seumas he made some excuse or other to Seumas □ *tha leisgeul aig luchd-ionnsachaidh ma bhitheas iad a' dèanamh mhearachdan* learners have some excuse if they make mistakes (lit. will be making) □ *chan urrainn leisgeulan sam bith a bhith againn* we can have no excuses □ *bha iad am beachd nach robh e ach ri leisgeulan* they were of the opinion that he was just making excuses (see **ri**) □ *cha bu chòir dhaibh a bhith a' cleachdadh suidheachaidhean mar sin mar leisgeul* they ought not to be using situations like that as an excuse □ *is iomadh leisgeul a tha aig a' gheamhradh air a bhith fuar, oir cha bu dual dha bhith teth* the winter has many excuses for being cold, for it is not in his nature to be warm (proverb)

leisgire, -ean *nm* sluggard

leiteachas, -ais *nm* partiality, preference □ *leiteachas an aghaidh* prejudice against

leiteas, -eis, -an *nm* □ same as **leiteis**

leiteis, -ean *nf* lettuce

leith, -e, -ean *nf* nerve □ *leith an fhradhairc* optic nerve

leitheach □ see **letheach**

leithid, -e, -ean *nf* equal, peer, equivalent □ *chan fhaighinn a-mach còmhla ri mo leithidean eile* I would not get out along with my other peers □ *chan eil e ach aimlisgeach na leithidean seo eile a chleachdadh* it's simply confusing to use these other equivalents

leithid used with *poss adjs* means 'the like(s) of', 'such a …' □ *an dara-sealladh is a leithid sin* [the] second-sight and that kind of thing (lit. its like) □ *thuirt iad nach fhaca iad riamh a leithid* they said that they had never seen its like □ *bha ad air nach fhaca mi a leithid a-riamh* he was wearing a hat the likes of which I had never seen (lit. there was a hat on him that not its like I had ever seen) □ *chuala e ceòl nach cuala e a leithid a-riamh roimhe* he heard music the likes of which he had never heard before □ *tha inbhe aig a' Ghàidhlig am measg Ghaidheal agus Ghall nach fhacas a leithid riamh roimhe* Gaelic has a status among Gaels and Lowlanders the likes of which has never been seen before

leithid may be preceded by a *prep pron* □ *... a chionn 's nach eil suim aig daoine dha leithid* (where **dha = do + a**) ... since people aren't interested in such things (lit. do not have regard towards its like) □ *cha robh cuimhne aige air dad dha leithid* (where **dha = de + a**) he did not remember anything of the kind (lit. of its like)

leithid may be followed by a *noun* in the *gen* □ *... bho leithid Dhòmhnaill MhicDhòmhnaill* ... from the likes of Donald MacDonald ... □ ... *leabhraichean beaga leithid an leabhrain aig Dòmhnall MacDhòmhnaill* ... little books such as Donald MacDonald's booklet

leithid may also be followed by **de** = of □ *carson nach eil a leithid de nì ann ri ionad coimhearsnachd an seo?* why is there not such a thing as a community centre here? (lit. its like of a thing in it as ...) □ *ann an a leithid de shuidheachadh* in such a situation □ ... *air a leithid de dhòigh is gun do dhùin an còmhla nuair a rachadh an t-sreang a tharraing* ... in such a way that the shutter closed when the string was pulled □ *a leithid seo a dhuine* this so-and-so / a person of this sort (where **a dhuine = de dhuine**) □ *an aghaidh a leithid seo de fhianais* ... in the face of / against this kind of evidence

leithid is occasionally accompanied by an *adj* □ *rinn iad a leithid cheudna air na tuathanaich* they did the same kind of thing to the farmers □ *a leithid cheudna dhut* the same to you (returning a greeting)

leithid may be used alone to prompt further information □ *is iomadh rud a chunnaic mi nach fhaca thusa. leithid?* I have seen many a thing that you haven't [seen]. such as? ...

---

leithne □ *comp* of **leathann**
leitir, leitreach, leitrichean *nf* slope, declivity
leò *prep pron* of **le** (q.v.) with them
leòb, leòib, -an *nm* 1. piece, slice 2. cultivated patch of land, 'lazy bed'
leòbag, -aige, -an *nf* □ see **lèabag**
leòghann, -ainn, -ainn *nm* lion, leo □ *bha e fo mhàg an leòghainn* he was under the lion's paw

leòghanta *a* leonine
leòidean *nom* and *dat pl* of **leathad**
leòinteach, -ich, -ich *nm* casualty
leòir □ see **leòr**
leòis □ *gen sing* and *nom & dat pl* of **leus** blister
leòm, leòime *nf* conceit, pride □ *duine làn leòim* a man full of conceit
leòmach, -aiche *a* affected, conceited, 'posh', vain-glorious
leòmachas, -ais *nm* □ same as **leòmachd**
leòmachd *nf* affectation □ *bha an sgeulachd air a h-innse gun leòmachd* the tale was told without affectation
leòmag, -aige, -an *nf* 1. prude 2. snowflake (in some parts of Lewis)
leòman, -ain, -ain *nm* moth
leòmann □ see **leòman**
leòn, -òin, -tan *nm* cut, scar, wound
leòn, leòn / -adh *v* hurt, strain, wound □ *chaidh a leòn* he was wounded
leònte *pp* wounded, hurt, strained □ *iomadh cridhe leònte* many a wounded heart

---

leòr *nf* satiety, sufficiency □ *an d'fhuair thu do leòr?* did you get enough? (to satisfy you) □ *bha a leòr airgid aige* he had enough money (lit. he had his sufficiency of money i.e. to satisfy him – cf. **gu leòr** below) □ *tha a leòr aice ri dhèanamh* she has plenty to do / her work is cut out for her
leòr is most commonly used in the phrase **gu leòr** (lit. 'to sufficiency') adequate, enough, plenty, sufficient □ *tha airgead gu leòr agam* I have plenty of money / enough money (to do / buy something) □ *bha e air gu leòr fhaicinn* he had seen enough □ *bha sin gu leòr leatha* that was enough for her (lit. with her) □ *bha aon dhiubh gu leòr leamsa* one of them was enough for me □ *dh'fhàs an sgoil mòr gu leòr gu fearteagaisg eile a chur innte* the school grew big enough to put in (lit. into it) another teacher □ *tha iad beag, ach mòr gu leòr gus sgrathan a gearradh* they're small, but big enough to cut turfs □ *bha gu leòr ann ri ithe(adh) is ri òl* there was enough to eat and [to] drink □ *an fheadhainn a bha mifhortanach gu leòr tighinn na lùib* those who were unfortunate enough to become involved with him □ *bha an*

obair math gu leòr the work was passable

gu leòr may also be accompanied by **de** which is often **gu leòr a** (**gu leòr a dh'** before vowels) □ *chan eil sgeul an-diugh air gu leòr de na daoine a bha ag obair còmhla rium* there's no sign nowadays of plenty of the people who were working with me □ *chan eil sinn air gu leòr den obair aige fhaicinn gus beachd cothromach a cheadachadh air a chomasan* we haven't seen enough of his work to permit a fair opinion of his abilities □ *...far a bheil gu leòr a dh'iarrtas ...* where there is sufficient demand □ *chan eil gu leòr dhiubh sin air fhàgail* there aren't enough of these left

gu leòr may mean 'plenty (of people)' □ *tha gu leòr ann a chuala guth na cuthaige nach fhaca riamh i* there are plenty who have heard the cuckoo's voice that haven't seen it □ *tha e soilleir do gu leòr gu bheil ...* it's clear to plenty [of people] that ... □ *tha gu leòr eile ris an obair ach chan eil gu leòr* there are plenty of others engaged in the work, but not enough

Sometimes **na leòr / na leòir** is used instead of **gu leòr** □ *gheibh sibh na leòr de dh'airgead* you'll get plenty of money

With the *assertive verb* the **gu** is omitted □ *cha bu leòr làthaireachd an airm gus an sìth a dhèanamh cinnteach* the presence of the army was not enough to ensure the peace

---

leòsan, -ain, -ain *nm* pane of glass □ *leòsan na h-uinneige* window-pane, pane □ *bhris e aon de leòsain na h-uinneig* the broke one of the window-panes □ also **lòsan**
leòsan-adhair *nm* skylight
leotha 1. *prep pron* of **le** (q.v.) with them 2. same as **leatha** *comp* of **leathann**
leòthaid *alt gen sing* of **leathad**

---

leth *nm* half □ *dèan dà leth air* bisect □ *bha seo a' dèanamh dà chruinn leth* this made two neat halves □ *an leth*

a-muigh the surface, the outside □ *bhriseadh am bata na dhà leth* the stick was broken in [its two] halves □ *bha an taigh ùr na leth a dh'uallach dha 's a bha an seann taigh* the new house was half the trouble / burden to him as the old house was (lit. half of a burden) □ *seo dàrna leth an diofair eadar ... agus ...* this is half the difference between ... and ... (see **dàrna**) □ *bha botal uisge-bheatha air òl gu leth air a' bhòrd* there was a half-drunk bottle of whisky on the table (lit. drunk to its half) □ *lìon e a' ghlainne gu a leth* he half filled the glass (lit. filled the glass to its half) □ *lìon e leth na glainne dha fhèin* he filled a glass for himself (lit. half of the glass) □ *cha do dh'innis mi a leth* I didn't tell the half of it (lit. its half) □ *bha na ballachan air an lìnigeadh le fiodh suas gu an dàrna leth* the walls were lined with wood to halfway up (lit. to the second half – see **dàrna**) □ *barrachd air leth an astair a bha againn ri dhol* more than half the distance we had to go □ *nam biodh an t-astar leth an rud a tha e* if the distance were half what it is

Often used of measures, including time and distance:

leth uair – also **lethuair / leth-uair** – half hour, half an hour □ *lethuair an dèidh seo chunnaic mi a-rithist e* half an hour after this I saw him again □ *leth uair a thìde / lethuair a thìde (adj phr)* half hour □ *sreath de shia prògraman lethuair a thìde* a series of half hour programmes □ *tha trì prògraman leth uair a thìde gan dèanamh* three half hour programmes are being made □ *leth uair an dèidh còig* half past five □ *leth phunnd* half a pound □ *leth dusan* half dozen, half a dozen □ *mu leth mhìle bhuam* about half a mile from me □ *leth an rathaid / leth na slighe (adv)* halfway / midway (also **letheach slighe**) □ *bha craobh mhòr leth an rathaid eadar mi agus a' chreag* there was a large tree midway between me and the rock □ *cha robh sinn ach leth na slighe gu Inbhir Nis* we were only halfway to Inverness

And also: *cha robh a leth uiread seo anns an ath bhothan* there wasn't half as much as this in the next hut □ *tha*

*iad ag ràdh gum bi iad a' cur a-mach
a leth uiread eile de phrògraman
Gàidhlig* they say that they will be
putting out half as many Gaelic
programmes again (lit. putting out
its other half as many of Gaelic
programmes)
gu leth ... and a half (**gu** comes from
older **co** meaning 'with') □ *uair gu leth*
an hour and a half □ *dà uair gu leth*
two and a half hours □ *mu ochd òirlich
gu leth am fad* about eight and a half
inches long (lit. about eight inches and
a half in length)
air leth *adv* (often translating as an *adj*)
apart, aside, asunder, different, excep-
tional(ly), individual(ly), isolated, par-
ticular(ly), respective(ly) separate(ly),
unique(ly) □ *neach air leth / pearsa air
leth / duine air leth* etc. individual
noun □ *mar phearsachan air leth* as
individuals (note that the *nouns* **neach /
pearsa / duine** etc. may be used with-
out **air leth** with the meaning individ-
ual) □ *rud air leth* phenomenon □
bha seo air leth inntinneach this was
particularly interesting □ *'s e latha air
leth teth a bh'ann* it was a particularly
hot day □ *ghabh mi ùidh air leth anns
a' chuspair seo* I took a particular
interest in this subject □ *air leth geur*
brilliant (i.e. particularly acute) □ *tha
iad air leth geur-chuiseach* they are
exceptionally observant □ *air leth bho
bhith a' teagasg Gàidhlig mar chus-
pair* as distinct from teaching Gaelic
as a subject □ *cuir air leth* assign,
detach, insulate, pick, sequester □ *air a
chur air leth* insulated *bidh Sàbaid air
a cur air leth gach bliadhna mar* ... a
Sunday is set aside every year as ... □
cur air leth assignation
às leth + *gen / prep pron* of **à/às** on
behalf of, in defence of, for, pro □ *bha
e a' sgrìobhadh às leth a bhràthar* he
was writing on behalf of his brother /
on his brother's behalf □ *bithidh mi a'
bruidhinn às a leth* I'll be speaking on
his behalf / in his defence / for him □
cuir às leth ascribe, associate (ideas),
attribute, charge with, father (ascribe a
child / work to someone), impute, tax
with □ *chuir e sin às a leth fhèin* he
took the credit for that □ *cur às leth*
imputation □ *chrìochnaich e le tagradh
làidir às leth Pàrlamaid dhuinn fhèin*

ann an Alba he concluded with a
strong claim for a Parliament for our-
selves in Scotland
fa leth is also used □ *ma sheallas sinn
air na dàin fa leth* ... if we look at the
poems separately ... □ *chaidh A agus B
a shuidheachadh fa leth mar fhear-
cathrach agus mar rùnaire* A and B
were appointed respectively as chair-
man and secretary
a leth cho ... **ri** ... half as ... as ... □
*chan fhaca mi riamh taigh a leth cho
brèagha ris* I have never seen a house
half as pretty as it □ *cha do dh'fheuch
mi riamh feòil a bha leth cho blasta ris
an fheòil sin* I have never tasted a meat
that was half as tasty as that meat
leth ma(r) leth half and half ... /
half ... half ... / share and share alike □
*bha an leabhar leth ma leth [ann] an
Gàidhlig is [ann] am Beurla* the book
is half in Gaelic and half in English □
*rud a bha leth ma leth eadar eagal
agus aithreachas* something which
was half and half between fear and
regret
leth ri *prep* + *dat* next to □ *bha an
t-aodach fliuch leth ri a chraiceann* the
wet clothing was next to his skin
leth- *prefix* half-, demi-, semi-, step-
The *prefix* may be attached to any suit-
able *verb, adverb, noun, adjective* or
past participle. The spelling conven-
tions are now rather confused, some
compds beginning with **leth** being
written as one word, some written as
two words without a hyphen, and some
with a hyphen! Thus the expression
half-an-hour / half hour may be met
with in the forms **lethuair, leth-uair**
or **leth uair**. **Leth-** attached to a verb
keeps the hyphen. Since **leth-** may be
attached to any suitable verb, a selec-
tion only is given here. A verb will
appear in the list of *compds* only if
it has a specialised meaning. **Leth**
usually lenites a following consonant
where possible (except **t** which is
usually not lenited, but sometimes
is, or **d** which is usually lenited, but
sometimes not).
Some examples of verbs: *bha e air leth-
thionndadh bhuam* he had half turned
[away] from me □ *bha e na leth-
shuidhe air balla* he was half sitting on
a wall (lit. in his half sitting) □ *bha e a'*

tighinn na leth-ruith he was coming at a half run (lit. in his half running) □ *bha mi ga leth-ghiùlan, ga leth-shlaodadh* I was half carrying [him], half dragging him □ *cha robh mi ach a' leth-èisteachd ris* I was only half listening to him
Note also: *bha iad nan leth chrùban* they were half crouching

....

Compound words with **leth**
leth-aghaidh *nf* profile **l.-amh** *a* rare (of cooking meat) **l.-anmoch** *a* latish **l.-aon, -aoin, -aoin / -aonan** *nm* twin □ *b'e leth-aonan a bha annta* they were twins □ *na leth-aonan / na leth-aoin* Gemini, the twins **l.-bhàite** *pp* half-drowned **l.-bhonn** *nm* sole □ *bha e a' cur leth-bhuinn fo bhròig* he was soling a shoe (lit. putting a sole under a shoe) **l.-bhràthair** *nm* half-brother, step-brother **l.-bhrath** *nm* unfair discrimination **l.-bhreac** *nm* copy **l.-bhreacadair** *nm* photo-copier, copier (machine) **l.-bhreith** *nf* discrimination, partiality □ *cha do rinn e leth-bhreith air aon seach aon aca* he didn't show partiality to one more than the other [of them] (lit. didn't make a partial judgement on etc.) **l.-bhreitheach** *a* partial **l.-bhruach** *nf* slight / gentle slope □ *bha an taigh air leth-bhruach* the house was on a slight slope **l.-bhruich** *v* parboil **leth-bhruich** *a* parboiled, half-cooked, half-baked □ *bonnach leth-bhruich* a half-baked bannock **l.-bhruichte** *pp* parboiled **l.-chadal** *nm* doze, slumber □ *bha e na leth-chadal* he was dozing **l.-char** *adv* somewhat □ *bha e leth-char mì-thaitneach* he was somewhat disagreeable **l.-chaman** *nm* semiquaver **l.-chas** *nf* one foot, one leg □ *bha e a' leum air a leth-chois* he was jumping on one foot □ *falbh air leth-chois* hop **l.-chasach** *a* one-legged □ *bha duine leth-chasach na shuidhe anns a' chùil* a one-legged man was sitting in the corner **l.-cheann** *nm* forehead, temple **l.-chearcall** *nm* crescent, semicircle **l.-chearclach** *a* semicircular **l.-cheathramh** *nm* couplet **l.-cheilte** *pp* half-hidden **l.-cheud** *n.* fifty □ *tha leth-cheud leabhar air an clò-bhualadh* fifty books have been

published □ *cha robh e ach leth-cheud slat bhuam* he was only fifty yards from me □ *bonn leth-cheud* fifty pence coin □ *bonn leth-cheud sgillinn* fifty pence piece **l.-cheudamh** *a* fiftieth **l.-chiallach** *nm* halfwit □ *thuigeadh an leth-chiallach fhèin co thuige tha seo ag iarraidh* even a half-wit would realise where this is leading (lit. the half-wit himself would realise to what this is leading) **l.-chiallach** *a* imbecile **l.-chinnichte** *pp* half-grown □ *isean leth-chinnichte* half-grown chick **l.-chluasach** *a* one-eared □ *thàinig cat leth-chluasach a-staigh* a one-eared cat entered **l.-chnàmhte** *pp* half-digested **l.-choilean** *nm* semi-colon **l.-chois, air l.-chois** on one foot (see **l.-chas**) **l.-chruinne** *nm* (*nf* in *gen sing*) hemisphere **l.-chù** *nm* lurcher (a kind of dog) **l.-chuid** *nf* half share **l.-dhealaichte** *pp* semi-detached **l.-dhèanta** *pp* half-done, half-made **l.-deiridh** *nm* haunch **l.-dheireannach** *a* penultimate □ *air an lide leth-dheireannach* on the penultimate syllable **l.-dhia, l.-dhè, l.-dhiathan** *nm* demigod **l.-dhùinte** *pp* half closed **l.-eilean** *nm* peninsula **l.-earrann** *nf* moiety **l.-fhacal** *nm* hint, innuendo □ *cuir leth-fhacal an cluais* hint *v* **l.-fhaicte** *pp* half-seen **l.-fhalaichte** *pp* half-hidden **l.-fhàsach** *nm/f* semi-desert □ *tha leth-fhàsach sa cheann-a-tuath* there is [a] semi-desert in the north **l.-fhàste** *pp* half-grown □ *mucan leth-fhàste* half-grown pigs **l.-fhoghair** *nm* semivowel **l.-fhosgailte** *a* ajar, half-open **l.-ghèile** *nm* moderate gale **l.-laighe, dèan l.-laighe** loll **l.-làmh** *nf* one hand □ *air leth-làimh* having one hand □ *bha leabhar na leth-làimh* he had a book in one hand **l.-làmhach** *a* one-armed, one-handed □ *bha e leth-làmhach* he was one-handed **l.-leanabh** *nm* twin □ *b'e leth-leinibh a bha ann an Calum is Iain* Calum and Ian were twins (also **l.-aon**) **l.-liotair** *nm* half-litre **l.-mhanachan, air l.-mhanachan** sitting on one buttock **l.-mharbh** *a* half-dead □ *... gus an robh iad leth-mharbh ...* until they were half-dead **l.-mheatair** *nm* half-metre **l.-mhisg, air l.-mhisg** *adv* tipsy □ *bha iad uile air leth-mhisg* they were all tipsy **l.-mhisgeach** *a* maudlin **l.-oir,**

-e *nf* border, edge, side, slant □ *leth-oir* sideways, edgeways / edgewise, to a side as in: *leth-oir a chèile* side by side, consecutive **l.-oireach** *a* 1. marginal, remote, secluded □ *ann an ceàrnaidhean leth-oireach* in remote areas □ *ann an àite leth-oireach* in a secluded place 2. lopsided **l.-òirleach** *nf* half-inch, half an inch □ *bha iad leth-òirleach bho chèile* they were a half inch apart **l.-phiuthar** *nf* half sister, step-sister □ *leth-pheathraichean* half sisters, step-sisters **l.-phong** *nm* semitone **l.-phunc** *nm* semicolon **l.-ruisgte** *pp* half-naked **l.-shean** *a* middle-aged □ like **sean** this *adj* precedes the *noun* which it qualifies and the **n** is doubled, in which case it lenites the following *noun* where possible (except **d** and **t**) □ when used as part of the predicate it is as shown e.g. *bha e leth-shean* he was middle-aged □ *thàinig leth-sheann duine a-staigh* a middle-aged man entered □ *bha leth-sheann bhoireannach na seasamh aig an doras* a middle-aged woman was standing at the door **l.-shreath** *nm* hemistich **l.-shùil** *nf* one eye □ *air leth-shùil* one-eyed **l.-shùileach** *a* monocular, one-eyed □ *thàinig am famhaire leth-shùileach air ais* the one-eyed giant returned **l.-shnuadh** *nm* half-tone **l.-stad** *nm* semicolon **l.-thaobh** *nm* (one) side □ *thionndaidh e air a leth-thaobh* he turned on his side □ *a leth-thaobh* aside *adv* □ *thug e a leth-thaobh* he took him aside **l.-taobhach** *a* lateral **l.-thiodhlaichte** *pp* half-buried **l.-trom** / **-tromach** etc. (see **leatrom** / **leatromach** etc.) **l.-uair** half hour □ *leth-uairean* half hours (see beginning of **leth-** entry)

lethbhreac, lethbhric, lethbhreacan / **lethbhric** *nm* copy □ *bidh lethbhric den Bhìoball Ghàidhlig air an toirt seachad mar dhuais* copies of the Gaelic Bible will be given as prizes (lit. as a prize) □ *thugadh dhomh lethbhreac den leabhar bàrdachd aige* I was given a copy of his book of poetry
lethchrun, -uin, -uin *nm* half-crown
letheach *a* half □ *cha robh an seòmar ach letheach làn* the room was only half full □

cha robh e ach letheach deiseil he was only half finished □ *letheach bruich* half cooked □ *letheach fosgailte* half open
letheach followed by a *noun* in the *gen* or by a *noun* prec. by **air** may mean 'halfway over / through' □ *letheach slighe* halfway □ *tha sinn letheach slighe tro bhliadhna eile* we are halfway through another year □ also *letheach rathaid* □ *bha e suidhichte letheach rathaid eadar an taigh aigesan agus an taigh agamsa* it was situated halfway between his house and my house □ *nuair a bha e letheach rathaid a-null air an drochaid* when he was halfway over the bridge □ *nuair a bha e letheach air an dara cupa* when he was halfway through the second cup □ *nuair a bha sinn letheach caolais* when we were halfway over the sound □ note also: *bha am bàta letheach eadar... agus...* the boat was halfway between... and...
letheach *pref* demi-, quasi-, sub
letheach-lethchaman *nm* demisemiquaver
letheach-searbh *a* subacid
lethoir □ see **leth-oir**
leubh, -adh *v* / **leubhadair** *nm* etc. – same as **leugh, -adh** *v* / **leughadair** *nm* etc.
leud *nm* breadth, broadness, compass, extent, latitude, width (though Dwelly gives *gen & pl* as **leòid** & **leudan** respectively, these appear to be rarely used) □ *air leud / an leud / de leud* in width, wide □ *tha e trì òirlich air leud* it is three inches wide □ *...a tha mu cheithir troighean air leud...* which is about four feet wide □ *tha dà throigh de fhad ann is troigh gu leth de leud* it is two feet long and a foot and a half wide (lit. there are two feet of length in it and a foot and a half of width) □ *mu dhà cheud mìle an leud* about two hundred miles in width / wide □ *leud boise* hand, handbreadth (measurement – lit. the width of a palm) □ *bha an t-each ceithir leudan boise an àirde* the horse was fourteen hands high
leudachadh, -aidh *nm & vn* of **leudaich** widening etc., enlargement (making bigger and photog.), extension, propagation
leudaich, -achadh *v* broaden, dilate, enlarge, extend, increase, propagate, stretch, widen □ *bu toigh leinn a' mhargaid seo a leudachadh* we would like to increase this market □ *bha na dealbhan air an leudachadh* the pictures had been enlarged □ *leudaich air* enlarge upon □ *cha do leudaich e air sin* he didn't enlarge upon that □ *a' leudachadh air na prògraman* expanding on the programmes

leug, lèig, -an *nf* jewel, precious stone, gemstone □ *bha e còmhdaichte le leugan beaga gorma* it was covered with small blue gemstones

leugach, -aich *a* jewelled, bejewelled

leugh, -adh *v* peruse, read □ *dh 'fheumadh cuideigin an litir a leughadh dha* someone had to read the letter for / to him □ *bhitheadh e a' toirt leabhraichean dha gu an leughadh* he would give him books to read (lit. would be giving to him books to their reading) □ *mar a leughar san iris seo* as can be read in this issue (lit. will be read)

leughadair, -ean *nm* reader

leughadair-dearbhaidh *nm* proof-reader

leughadh, -aidh, -aidhean *nm* & *vn* of **leugh** reading etc., a reading □ *bha e air feadhainn de na leughaidhean a fhrithealadh* he had attended some of the readings

leum, leum / leumnaich / leumartaich / leumadaich *v* caper, dash, hop, jump, leap, pounce, prance, skip, spring, vault □ *leum air ais* rebound, recoil □ *leum i na seasamh* she leapt to her feet (lit. she leapt in her standing) □ *leum fear eile na sheasamh* another man jumped to his feet Other idioms: *cha b'e ruith ach leum le càch an eisimpleir a leantainn* the others weren't slow to follow their example (lit. it wasn't running but jumping with the others etc.)

leum, -a, -an(nan) *nm* dash, jump, leap, skip, spring □ *thoir leum* bound, leap □ *leum roid* a running jump □ *thug e leum às* he started

leum-droma, an l.-droma *nm* lumbago **l.-sneachd** *nm* avalanche **l.-sròine** nosebleed **l.-uisge** *nm* waterfall

leumadair, -ean *nm* 1. jumper, leaper 2. dolphin

leumartaich *nf* & *alt vn* of **leum** jumping etc.

leumnach *a* jumping, leaping, dancing (in the sense of jumping etc.) □ *fo sholas leumnach an teine* in the dancing light of the fire

leumnaich *nm* □ same as **leum** *nm*

leus, leòis, leòis *nm* 1. blister □ *thoir leus air* blister *trans* □ *thug an obair leus air a bhasan* the work blistered his palms □ *thig leus air* blister *intrans* □ *thàinig leus air a chasan* his feet blistered 2. light, ray, torch □ *thàinig leus solais a-steach tron uinneig* a ray of light came in through the window □ *leus mara* beacon □ *chan fhaic mi leus* I can't see a thing

leus-chnuimh *nf* glow-worm **l.-mara** *nm* beacon **l.-teine** *nm* firebrand

leusachadh, -aidh *nm* & *vn* of **leusaich** blistering

leusaich, -achadh *v* blister, make / become blistered

leusaichte *a* blistered □ *làmhan leusaichte* blistered hands

leusair, -ean *nm* lasar

lì, lìthe, lìthean *nf* colour, complexion, hue, tincture

lia Irish word (obs.), meaning 'stone' **Lia-Fàil** *nf* Stone of Destiny

liabhach, -aiche *a* wide open, widespread (of horns) □ *le an adhaircean mòra fada liabhach* with their great widespread horns

liac, -adh *v* □ same as **liacair**

liacadh, -aidh *nm* □ same as **liacradh**

liacair, liacradh *v* smear, spread, plaster □ *chaidh acfhainn a liacradh air a chraiceann* ointment was smeared on his skin

liachd □ same as **liac / liacair**

liacradh, -aidh *nm* & *vn* of **liacair** smearing

liadair, liadairt *v* □ see **leadair**

liagh, lèigh, lèigh / -an *nf* 1. blade (of an oar / a helicopter) □ *liagh agus calpa an ràimh* the blade and the shaft of the oar 2. ladle, scoop □ *chuir i làn na lèigh de bhrot anns a' bhobhla* she put a ladleful of the soup into the bowl 3. brave fellow □ *nach tu fhèin mo liagh?* aren't you my brave fellow?

liaghra *nf* wool or thread winder (two crossed sticks with a pin through the centre, capable of revolving)

lianag, -aige, -an *nf* lawn, meadow (also **lèanag**)

liath, -adh *v* grey, become grey, make grey □ *bha a ceann a' liathadh* his head was becoming grey / greying □ *bidh thu a' liathadh do mhàthair!* you'll be turning your mother grey! □ *is mallaicht' an ceann nach liath* cursed is the head that doesn't get grey (proverb)

liath, lèithe *a* (pale / bright) blue, (silvery) grey, grey-headed, hoary □ *na tuinn liatha* the grey waves □ *falt liath* grey hair □ *bian liath na lucha* the grey skin of the mouse □ *bha a sùilean cho liath* her eyes were so pale blue

liath-bhuidhe *a* tawny □ *mulachag le plaosg liath-bhuidhe* a cheese with a tawny rind **l.-chearc** *nf* heath-hen (female of the black-cock) **l.-chòrcra** *nf* lilac (the colour) **l.-chòrcra** *a* lilac **L.-Fàil** *nf* Stone of Destiny (see **lia** above) **l.-ghlas** *a* greyish **l.-ghorm** *a* lilac **l.-lus** *nm* mugwort

l.-lus-roid *nm* cotton rose **l.-phurpur** *nm* mauve **l.-phurpur** *a* mauve **l.-reodhadh** *nm* hoar-frost, rime □ *bha an liath-reodhadh a' leaghadh ris a' ghrèin* the hoarfrost was melting in the sun **l.-ruisg** / **liath-truisg** *nm* fieldfare
liathag-allt *mf* grey phalarope
Liberaileach, -ich, -ich *nm* Liberal
Liberaileach *a* Liberal
lìbhrig, -eadh *v* deliver □ *bha na h-òraidean air an lìbhrigeadh anns a' Ghàidhlig* the talks were delivered in Gaelic
lìbhrigeadh, -idh, -idhean *nm* consignment, delivery □ *lìbhrigeadh clàraichte* recorded delivery
lic and **lice** □ *dat sing* & *gen sing* respectively of **leac** slab etc.
licèar, -air, -an *nm* liqueur
lide, -ean *nm* syllable □ *air an lide leth-dheireannach* on the penultimate syllable □ often used to mean 'word' as in the following: *cha robh e a' cluinntinn lide de na bhathas ag ràdh* he wasn't hearing a word of what was being said □ *ma tha sin fìor cha chuala mise lide dheth* if that's true, I haven't heard a word of it
lideach *a* syllabic □ also **lideachail**
lideachail *a* syllabic
lìg, -e, -ean *nf* league (preferably football only – see **dionnasg** / **co-cheangal** / **co-phairt**)
lighe, -eachan / **-ean** *nf* spate
lighiche, -ean *nm* doctor, physician
lighiche-craicinn *nm* dermatologist
lighiche-inntinn *nm* psychiatrist
lili, lilidhean *nf* lily
lili-nan-lòn *nf* lily of the valley
lìn □ *gen sing* and *nom* & *dat pl* of **lìon** net
lìnig, -eadh *v* line □ *tha am bàta air a lìnigeadh le àirc* the boat is lined with cork
lìnig, -ean *nm* / *f* lining
lìnigeadh, -idh, -idhean *nm* & *vn* of **lìnig** lining
linn, -e, -tean *nm* / *f* age, era, century, generation, lineage, period □ *bhon t-Seachdamh Linn Deug (bhon L. 17mh)* from the Seventeenth Century (from the 17th C.) □ *tha sinn beò ann an linn sa bheil mòran atharraichean air tachairt* we live in an age in which many changes have taken place □ *dhan ath linn* into the next century □ *na linntean ri teachd* posterity □ *Linn an Umha* Bronze Age □ *Linn an Ath-bheothachaidh* Renaissance □ *Linn an Iarainn* Iron Age □ *Linn na Cloiche* Stone Age □ *Linn Ùr na Cloiche* New Stone Age

linn, ri linn *prep* + *gen* 1. during [the time of]. when □ *'s ann ron chogadh no ra linn a thachair seo* it was before the war or during it that this happened □ *is iomadh duine a bha air a leòn ra linn* many a man was wounded during it (i.e. the battle) □ *ri mo linnsa* / *rim linnsa* during my time, in my day □ *ri linn oidhche* overnight 2. because of, on account of □ *bu ghann a thogainn e ri linn a chuideim* I could scarcely lift it on account of its weight □ *dh'ionnsaich mi tòrr mu mo dhèidhinn fhìn ri linn mar a thachair* I learned a lot about myself because of what happened 3. with regard to □ *ri linn sin* in this regard □ *ri linn teicneolais* with regard to technology
Linn-Deighe *nm* / *f* Ice Age
linn-fànais *nm* / *f* space age
linn *nf* hatch, brood □ *an t-isean deireadh linn* the last chicken in a brood (with reference to the youngest member of a family)
linne, linneachan / **linntean** *nf* firth, lake, pond, pool □ *Linne Chluaidh* Firth of Clyde □ *Linne Foirbhe* Firth of Forth □ *Linne Mhoireibh* Moray Firth □ *Linne Thatha* Firth of Tay
linne-lus *nm* pondweed **l.-snàimh** / **l.-snàmha** *nf* swimming pool
liobasta *a* awkward, clumsy, cumbersome, unwieldy □ *bha e cho liobasta ri neach air ùr-dhalladh* he was as clumsy as a newly-blinded person
liodair, liodairt *v* drub, beat soundly (also **leadair**)
liodairt *nf* & *vn* of **liodair** drubbing etc. (also **leadairt**)
lioft, lioftaichean *nm* lift (between floors – also **àrdaichear**) □ *anns an lioft* in the lift
lioftanant, -aint, -aint *nm* lieutenant
liogaire, -ean *nm* sneak
lioghan, -ain, -an *nm* trowel
liomaid, -ean *nf* lemon
liombo *nf* limbo
lìomh, -adh *v* burnish, file, furbish, gloss, lubricate, polish, refine
lìomh, -a *nf* gloss, polish □ *cuir lìomh air* polish
lìomh-ùrlair *nf* floor-polish
lìomha *a* bright, lucent, shining
lìomhadh, -aidh *nm* & vn of **lìomh** polishing etc., polish
lìomhaich, -achadh *v* polish
lìomhaidh *a* polishing □ *sùgh lìomhaidh* lacquer
lìomhan-ìnean *nm* nail-file
lìomharra *a* glossy

lìomharrachd *nf* glossiness

lìomhragach, -aich *nm* □ same as **lìo-nanach / lìonanaich** *nm* □ *bha lìomhra-gach a' cinntinn anns na lòintean cladaich* algae grew in the rock pools

lìon, -adh *v* complete, fill, flow (of the tide), imbue, load, occupy (take up), pack, pervade, replenish, stock, stuff □ *bha e air a lìonadh le feirg* he was consumed / filled with anger □ *lìon craos* gorge *v* □ *lìon e a chraos* he gorged himself □ *lìon le sluagh* people, populate □ *bha e na sheasamh an sin is e a' lìonadh a shùilean leis an t-sealladh* he stood there [and he] filling his eyes with the view □ *lìon na beàrnan le facail fhreagarrach* fill the spaces with suitable words

lìon, lìn, lìn / lìontan *nm* 1. flax, lint (the meaning 'linen' is now rendered by **lìon-aodach**) 2. net □ *lìon sgadanach* a herring net □ *lìon sgrìobaidh* dragnet 3. line (for fishing) □ *lìon mòr* great line, long line □ *lìon beag* small line, short line (both long lines and short lines are used in fishing) □ *bha iad a' cur lìn bheaga a bhiadh na boireannaich an oidhche roimhe* they were setting short lines that the women had baited the night before 4. **lìon (an damhan-allaidh)** (spider's) web, cobweb, gossamer 5. network □ *tha iad air lìon a chruthachadh do luchd-ionnsachaidh* they have created a network for learners □ *bha e a' fiachainn ri amasan an lìn a mhìneachadh* he was trying to define the network's aims □ *lìon stòrais nàiseanta* national resource network 6. proportionate quantity □ *lìon an taighe* as many as were in the house □ *a lìon beagan is beagan mar a dh'ith an cat an sgadan* little by little, as the cat ate the herring (proverb) 7. **Lìon** *acronym* = **seirbhisean Luchd-IONsachaidh** national network for Gaelic learners' services 8. net (maths.) *lìon phriosaman* net of prisms

lìon- *pref* denoting 'flax', 'linen', 'net' or 'web'

lìon-anart *nm* sheet □ *bha na lìon-anartan air am pasgadh gu grinn aig ceann na leapa* the sheets were neatly folded at the end of the bed **l.-aodach** *nm* linen **l.-cheangal** *nm* network **l.-fuilt** *nm* hairnet **l.-ghlac** *v* ensnare **l.-leighis** *nm* gauze **l.-nam-ban-sìth** *nm* fairy flax

lìonadh, -aidh *nm & vn* of **lìon** filling etc., flow, flowing (of tide), padding, stuffing □ *cho cinnteach ri tràghadh is lìonadh na mara* as sure as the ebb and flow of the sea

lìonadair, -ean *nm* filler, filter, funnel (for filling), syphon

lìonanach / lìonanaich *nm* the green, slimy weed which grows on stones in water, algae

lìonaraich *nm* 1. sea-fennel, samphire 2. same as **lìonana(i)ch** *nm*

lìonmhor, -oire *a* abundant, copious, great, numerous, plentiful, prolific, rife □ *tha (bric) lìonmhor* (trout) are abundant / numerous / (trout) abound □ *fàs lìonmhor* increase *intrans*, proliferate, become numerous / plentiful □ *dh'fhàs na fèidh lìonmhor* the deer proliferated □ *dh'fhàs iad lìonmhor* they became numerous / plentiful □ *bi nas lìonmhoire na* outnumber □ *bha na boireannaich na bu lìonmhoire na na fir* the women outnumbered the men

lìonmhorachd *nf* abundance □ *bha lìonmhorachd nan làmh a' dèanamh na h-obrach aotrom* the abundance of hands was making the work light □ *rach an lìonmhorachd* increase *v* □ *chaidh àireamh obraichean an lìonmhorachd* the number of jobs increased

lionn, -a, lionntan *nm* fluid, liquid *lionn nan alt* synovial fluid

lionn-cuirp *nm* phlegm **l.-sgaoilidh** *nm* solvent **l.-tàthaidh** *nm* cement **l.-ubhal** cider

lionna *a* liquid □ *siabann lionna* liquid soap

lionnach *a* liquid

lionntachd *nf* liquidity

lìono *nm* linoleum

lìono-chlò *nm* linotype

lìonra(dh), -aidhean *nm* network

lìons *nm* an alt. form of **lìonsa** below

lìonsa, -an *nf* lens □ *lìonsa fillte* compound lens □ *lìonsa co-aomaidh* converging lens □ *bha lìonsan a speuclairean briste* the lenses of his spectacles were broken

lìonsa-suathaidh *nm* contact lens

lìonsgaradh, -aidh *nm* diffusion

lìonta *pp* full

liopach *a* labial

liopaid, -e, -ean *nf* lapel

liopard, -aird, -aird *nm* leopard □ *bha fhios aig a h-uile duine gun robh a' phrìomh-choille làn de bheathaichean mar liopaird is tìgeirean* everybody knew that the jungle was full of creatures like leopards and tigers

liop-dheudach *a* labio-dental

liormachd *a* bare, naked □ *bha e rùisgte cho lom liormochd 's a rugadh e* he was stripped as bare naked as he was born

lios *nf indec* lace □ *le bonaid lios air a ceann* with a lace bonnet on her head
lios, -a / lise, -an *nm/f* garden, yard □ *lios sgoile* yard (school) □ *Lios Mòr* Lismore
lios-mheas *nm/f* orchard
Liosach, -aich, -aich *nm* native of Lismore
Liosach *a* of, belonging to or pertaining to Lismore
liosta *a* importunate, prolix, tedious □ *mar a'bhantrach liosta anns a'chosalachd* like the importunate widow in the parable
liosta, -aichean *nf* list □ *liosta fìona* wine-list *liosta phrìsean* price list
liostachd *nf* importunity
liostaig *v* enlist, list (in the army etc.)
liotach *a* having a lisp, lisping □ *bi liotach* lisp, stutter □ *fear liotach* stutterer □ *bha e caran liotach na chainnt* he was somewhat lisping in his speech
liotachas, -ais *nm* lisp
liotaiche, -ean *nm* 1. same as **liotachas** 2. lisper
liotair, -ean *nm* litre
liotmas, -ais *nm* litmus
Liotuànianach, -aich, -aich *nm* Lithuainian
Liotuànianach *a* Lithuainian
lip, -e, -ean *nf* lip
liric, -e, -ean *nf* lyric
liriceach, -iche *a* lyrical
lise □ *gen sing* of **lios** garden
lite *nf* porridge □ *bha an lite aige air fàs fuar* his porridge had grown cold □ *thalla 's ionnsaich dha do sheanmhair lit' a dhèanamh!* go away and teach your grandmother [how] to make porridge! i.e. go and show your grandmother how to suck eggs!
litearra *a* literate
litearrachd *nf* literacy
lìth *nm* □ see **lì** (recommended spelling)
litir, litreach, litrichean *nf* character (typog.), epistle, letter (of the alphabet / an epistle) □ *litir bheag* small letter, lower case letter □ *litir mhòr* capital (letter), upper case letter □ note **litrichean** *pl* may = mail □ *bhana nan litrichean* mail-van □ *bha litir aig a' phost do Mhàiri* the postman had a letter for Mary □ *tha ochd litrichean deug anns an aibidil Ghàidhlig* there are eighteen letters in the Gaelic alphabet □ *cuir an litir* send the letter □ *chuir e an litir* he sent the letter
litir-chumhachan *nf* missive **l.-fhoghlaimte** *a* literate **l.-iomlaid** *nf* metathesis **l.-leannanachd** *nf* billet-doux, love-letter
litireachd *nf* literacy

litireil *a* literal □ *inntinn litireil* a literal mind □ *gu litireil* literally
litireileas, -eis *nm* literalness
litreachadh, -aidh *nm & vn* of **litrich** spelling, orthography
litreachail *a* literary
litreachas, -ais *nm* literature □ *litreachas taghaidh* election literature □ *litreachas leac-sgrìobhadh* lithography □ *litreachas beòil agus litreachas sgrìobhte* oral literature and written literature
litrich, -eachadh *v* spell
liubhair, liubhairt *v* deliver, render □ *liubhair e òraid mhòr* he delivered a long speech (lit. great speech) □ *an liubhair iad an ola a-màireach?* will they deliver the oil tomorrow? □ *liubhair iad e bhon chunnart a bha a' bagairt air* they delivered him from the danger which threatened him
liubhairt *nm & vn* of **liubhair** delivering etc., deliverance
liubhraiche, -ean *nm* presenter (on television etc.)
liudhag, -aige, -an *nf* doll, dolly
liùg, -adh *v* creep, grovel, sneak □ *liùg air falbh (o)* shrink □ *liùg e suas gu mo ghlùin* he crept up to my knee
liugach, -aiche *a* 1. abject, hang-dog, sorry-looking, shabby □ *bha i cho liugach* she was so shabby □ *bha e uabhasach liugach* he was awfully sorry-looking / shabby □ *bha iad a-nise beagan na bu liugaiche* they were now a little shabbier □ *chan eil càil a mhath a bhith liugach* there's not the slightest good in being hang-dog 2. shy, reserved (Lewis)
liùgachadh, -aidh *nm & vn* of **liùgaich** insinuating etc., insinuation
liùgaich, -achadh *v* insinuate
liugha, -achan *nf* lythe
liùghag, -aige, -an *nf* doll
liurc, -adh *v* wrinkle
liurcach, -aiche *a* wrinkled
liurcadh, -aidh *nm & vn* of **liurc** wrinkling
liùsbach, -aich *a* untidy □ *bha iad nan torran liùsbach* they were in untidy heaps
liut *nf* flair, knack □ *bha liut aige air bàrdachd* he had a knack for poetry □ *tha deagh liut aige air sgeulachd innse* he has a grand flair for telling a story □ *bha liut aige air Gàidhlig a sgrìobhadh* he had a knack for writing Gaelic
liuthad *a* many, so many □ often used with the *poss adj* and a *sing noun* as follows: *a' coimhead air ais air a liuthad atharrachadh a thàinig air an t-saoghal* looking back at how many changes have come over

the world □ *smaoinich mi air a liuthad uair a chuidich mi leis* I thought of how often I had helped him (lit. its so many times)

lobaidh, -e, -ean *nf* lobby

lobh, -adh *v* decompose, putrefy, rot

lobhach, -aiche *a* rotten

lobhadh, -aidh *nm & vn* of **lobh** decaying etc., decay, rot □ *lobhadh a' bhuntàta* the potato blight

lobhar, -air, -air *nm* leper □ *fhuair an lobhar àithne e fhèin a shealltainn don t-sagart* the leper was ordered to show himself to the priest □ *ghlan e na lobhair* He cleansed the lepers

lobhrach *a* leprous

lobht, -a, -achan / -aichean *nm* flat (in a house), floor (of a building) gallery, loft, storey

lobhta *nm* □ same as **lobht**

lobhte *pp* rotted, rotten, putrefied □ *buntàta lobhte* rotten potatoes

locair, locradh *v* plane

locair, locraichean *nf* plane (tool)

locair-ghrobaidh *nf* plough-plane, rebate plane

locair-sguitsidh *nf* jack-plane

locar, -air, locaran / locraichean *nm* □ same as **locair**

lòca, -aichean *nm* lock (canal)

lòcas, -ais, -an *nm* locus

lòcast, -aist, -aist *nm* locust

loch, loch / locha, -an *nm* loch, lake □ *loch crudha-eich* oxbow lake (geog.) □ *iasg nan lochan* the fish of the lochs □ place names with '**Loch**' as the first element e.g. *Loch Shianta* Holy Loch , will be found in App. 12 Sect. 4.0 under the second element of the name

loch- the first two entries below are, of course, not connected with **loch** above

loch-bhlèin *nf* 1. groin 2. flank of a beast □ *shuath e loch-bhlèin an laoigh* he stroked the calf's flank **l.-bhlèineach** *a* of the groin □ *màm-sic loch-bhlèineach* hernia of the groin **l.-riobain** *nm* (geog.) ribbon lake **l.-tasgaidh** *nm* reservoir

lochal, -ail *nm* □ same as **lothail**

lochan, -ain, -ain *nm* little loch, tarn

lochd, -a, -an *nm* demerit, fault, harm

lochdach, -aich *a* harmful

Lochlannach, -aich, -aich *nm* Norwegian, Norseman, Scandinavian, Viking □ the meaning 'Norwegian' is not common now. To avoid confusion **Nirribheach** (q.v.) is used instead

Lochlannach *a* Norwegian, Norse, Scandinavian

Lochlannais *nf* Norse (lang.)

lòchran, -ain, -an *nm* lamp, torch, lantern

lòchran-stoirme *nm* storm-lamp

locraich, -achadh *v* □ same as **locair** *v*

lòd, -adh *v* load

lòdadh, -aidh *nm vn* of **lòd** loading etc.

lodar □ see **ladar**

lof, -an *nm / f* loaf

lofa-phana *nf* pan-loaf

log *nm* log (maths.)

log-àireamh *nf* logarithm

logaidh *nm* forelock □ *chuir i meur air a logaidh* she laid a finger on his forelock

logartaim, -ean *nm* logarithm

loibheachas, -ais *nm* foetidness, rottenness, putridness

loibheachas-coise *nm* athlete's foot

loidhne, eachan *nf* line (general) □ *loidhne chearcallach* curved line □ *loidhne dhìreach* straight line □ *loidhne sneachda* snow line □ *cuir loidhne fo* underline □ *loidhne cothromachaidh* line of symmetry □ *loidhne dèanaidh* production line □ *loidhne dhìreach* straight line □ *loidhne phìoban* pipeline □ *loidhne teas* isotherm □ *loidhnichean co-shìnte* parallel lines **loidhne-àirde (fearainn)** contour **l.-clèithe** *nf* grid line **l.-cuideachaidh (fòn)** (telephone) help-line **l.-dealain** *nf* electricity transmission line **l.-latha** *nf* date-line **l.-teanntachd** *nf* isobar **l.-tìm** *nf* time-line

loidig *nf* logic

loidigeach, -iche *a* logical

loilidh, -ean *nf* lolly

loilipop, -an *nf* lollipop

lòineag, -eige, -an *nf* flake, snowflake □ *thuit lòineag air a gruaidh* a snowflake fell on her cheek

loingeas, -eis *nm* fleet

loinid, -ean *nf* 1. churn staff □ *fhuair gach aon dhuinn greis den loinid* each one of us got a turn (lit. while) of the churn staff 2. piston

lòinidh, an lòinidh *nm/f* rheumatism

lòinidheach, -iche *a* rheumatic

loinn, -e *nf* decency, decorum, elegance, grace (of personal mien) □ *cuir loinn air* grace, give elegance to □ *tha seo a' cur loinn air an obair* this graces the work / gives the work elegance

loinne *nf* sheen

loinnear, -eir, -an *nm* decoration *loinnearan (Nollaig)* (Christmas) decorations

loinnearachd *nf* brightness, splendour □ *bha i a' saoiltinn mòran de loinnearachd an tairbh-nathrach* she admired the splendour of the dragonfly

loinneil *a* decent
loinnreach, -iche *a* bright and clear, splendid
loireach, -iche *a* soiled □ *bha coltas caran loireach air an deise* the suit had a rather soiled appearance
loisg, losgadh *v* 1. brand, burn, cremate, sear □ *loisg gu talamh* burn down □ *loisgeadh gu bàs iad uile* they were all burned to death 2. fire □ *cò loisg an urchair a mharbh e?* who fired the shot that killed him? □ *loisg e orra* he fired at them □ *chaidh losgadh orra* they were fired at (lit. went firing on them) 3. set off (fireworks) □ *loisgeadh iad obair-theine* they would set off fire-works
loisgeach, -iche *a* burning, caustic, fiery, igneous, incendiary, inflammatory, torrid □ *a' chlach loisgeach* caustic □ *èibhlean / èibhleag loisgeach* a burning ember
loisgeadair, -ean *nm* burner □ *an t-aon loisgeadair* single burner
loisgear, -eir, -an *nm* incinerator
loisgte *a* arid, burnt
lòistear, -eir, -an *nm* lodger
lòistinn *nm* lodging(s)
loit-leigheas *nm* antiseptic
lom, -adh *v* shave, shear, strip □ *chaidh na caoraich a lomadh* the sheep were sheared
lom, luime *a* bare, bleak, defenceless, destitute, gaunt, leafless, meagre, naked, nude, plain, threadbare, unadorned, net (of weight, etc.) □ *tràth bidhe lom* a plain meal □ *cuideam lom* net weight □ *bha an taigh lom às a h-aonais* the house was bleak without her □ *bha aodann air a bhearradh gu lom* his face was cleanly (lit. barely) shaven □ *cha robh dad ann ach a' chlach lom* there was nothing but the bare stone □ *ann an cainnt lom* in unadorned language
lom-sgrios *nm* ruin **l.-sguabadh** *nm* a clean sweep □ *bha an Eaglais Shaor air lom-sguabadh a dhèanamh air feadh sgìrean an t-Seanaidh* the Free Church had made a clean sweep of the parishes of the Synod
loma-làn *a* full to the brim, quite full, absolutely full, chock-a-block □ *bha am baile loma-làn shaighdearan* the town was absolutely full of soldiers / chock-a-block with soldiers
lomadh, -aidh *nm & vn* of **lom** shearing etc., shave
lomhainn, -ean *nf* leash □ *chuir e an cù air lomhainn* he put the dog on a leash
lomair, lomairt / lomradh *v* denude, fleece, shear

lomaire, -ean *nm* mower (machine) □ *lomaire faiche* lawn-mower
lomairt *nm & vn* of **lomair** shearing etc.
lomairte *pp* shorn
lomnochd *a* bare, naked, nude □ *dearg lomnochd* stark naked
lòn, lòin *nm* fare, food, provisions, repast, sustenance, viand, victual □ *ag obair airson a lòin* working for his food
lòn, -òin, -tean *nm* marsh, meadow, puddle
lon, loin, loin *nm* 1. elk, moose 2. ouzel 3. greed, voracity
lon-dubh *nm* blackbird
lònach, -aich, -aich *nm* avenue
lònaid, -e, -ean *nf* lane
long, luinge, longan *nf* ship, vessel □ *cuir air bòrd luinge* ship □ *am bàrr crann na luinge* on the top of the ship's mast □ *bha sinn air thoiseach air an luing eile* we were ahead of the other ship
long-badhair *nf* merchantman **l.-bhriseadh** *nm* shipwreck, wreck **l.-chasgadh** *nm* embargo **l.-chogaidh** *nf* warship **l.-fo-mhuir** *nf* submarine **l.-lann** *nf* dockyard **l.-Sìneach** *nf* junk (naut.) **l.-slaodaidh** *nf* tug, tugboat □ *bha long-slaodaidh ga tarraing de na creagan* a tug was pulling her off the rocks **l.-thogail** *nf* ship building
longphort, longphuirt, -an *nm* seaport

---

lorg, luirge, -an *nf & vn* of **lorg** 1. mark, print, search, spoor trace, track, trail, vestige □ *fàg lorg air* brand, burn into □ *lorg coise* footprint □ *lean iad lorgan coise an duine* they followed the man's footprints □ *lean e lorg Chailein Chaimbeil don Ghearmailt* he followed Colin Campbell's trail to Germany □ *bha iad a' feuchainn ri lorg fhaighinn air teachdan-gearr* they were trying to find a trace of shortcomings □ *chan eil lorg air duine aca an-diugh* there isn't a trace of any of them today □ *chan fhaigh thu lorg air na daoine sin* you won't find a trace of these people 2. discovery □ *lorgan teicneolach* technological discoveries □ *lorg (a-mach)* detection
lorg, lorg *v* ascertain, check, detect, determine, discover, find (by searching), look for, search, seek, trace □ *tha e anabarrach duilich fuasgladh a lorg don cheist* it is extremely difficult to find a solution to the problem □ *cha robh ri lorg ach lorgan-coise anns an*

t-sneachd there was nothing to be found but footprints in the snow □ *dè tha thu a' lorg?* what are you looking for? □ *càit an lorg mi duine a bhios ionraic?* where shall I find a man who will be honest? □ *chàirich e e le maide a lorg e air a' chladach* he repaired it with a stick he found on the shore (**lorg** implies that he was looking for a suitable piece of wood and found it) □ *chan eil na seòlaidhean eile ri an lorg* the other addresses are not to be found □ *tha tòrr math de na rinn e ra lorg fhathast* a great deal of what he made is still to be found □ ... *an fheadhainn a bha a' lorg slighe na slàinte* ... those who were seeking the way of salvation □ *is ann an inntinn dhaoine a lorgar e* it will be found in the minds of men (lit. it's in the mind of men that it will be found) □ *cho fad 's a ghabhas sin lorg* as far as that can be determined □ *tha eagal orm gum feum mi an tuagh a lorg mi fhìn* I'm afraid I must find the axe myself □ *tha mi a' lorg leabhar Gàidhlig a bhios furasta a leughadh* I'm looking for a Gaelic book which will be easy to read □ *lorg a-mach* elicit, explore, search out

lorg, an lorg + *gen* as a consequence of, in consideration of, in the light of, following on from □ *an lorg a' ghnothaich seo* as a consequence of this affair

lorg, air lorg + *gen* on the track of, in search of □ *rach air lorg* + *gen* track, trail □ *chaidh iad air an lorg* they trailed them / went looking for them □ *lean (air lorg)* dog

lorg-phoileas *nm* detective □ *bha e na lorg-phoileas ann an Ghlaschu* he was a detective in Glasgow

lorg-phoileis *a* detective □ *sgeulachd lorg-phoileis* a detective story

lorgachadh, -aidh *nm & vn* of **lorgaich** prying etc.
lorgaich, -achadh *v* ferret out, pry
lorgaire, -ean *nm* detector
lorgan-seallaidh *nm* view-finder
los / a los *conj* in order □ *a los a dhèanamh nas sàbhailte* ... in order to make it safer □ ... *los gun dèanainn m'obair nas fheàrr* ... so that I may do my work better ... □ *los an*

saoghal a chur fo cheannas (in order) to subjugate the world □ ... *los nach briseadh duine Latha na Sàbaid* ... so that nobody would break the Sabbath

los, air los *prep* + *gen* on account of, for, in search of, looking for □ *air los sin* on that account, for that reason □ *chaidh iad don chladach air los shligean* they went to the shore in search of shells □ *air do los-a* (or *losd-a*) on your account

losaid, -ean *nf* kneading-trough
losaindear, -eir, -an *nm* lozenge
lòsan □ see **leòsan**
losgadh, -aidh *nm & vn* of **loisg** burning etc., burn, firing (of a gun) □ *losgadh dealanaich* an electric burn □ *bha losgadh mòr air a ghàirdean* there was a large burn on his arm □ *chluinneamaid dhuinn fuaim an losgaidh* we could hear the sound of the firing □ *bi a' losgadh* burn □ *bha an sabhal a' losgadh gu dian* the barn was burning fiercely □ *losgadh na grèine* sunburn
losgadh-bràghad *nm* heartburn □ *bha losgadh-bràghad air* he had heartburn
losgann, -ainn, -an *nm* frog, toad
lot, lot / lotadh *v* pierce, wound
lot, -a, -an *nm* sore, wound □ *lot domhainn* deep wound, gash □ *a' fosgladh sheann lotan* opening old wounds □ *leighis an lot ann an seachdain no dhà* the wound healed in a week or two □ *tha fhios gun slànaich tìm na lotan* surely time will heal the wounds
lot-iongarach *nm* ulcer
lot, -a, lotaichean *nf* allotment, croft, lot – also **lota** *nm* □ this word has a soft **l** in contrast to **lot** wound
lòtas, -ais, -an *nm* lotus
loth, -a, -an *nm / f* colt, filly
lothail *nm* brooklime
luach *nm indec* cost, rate, quotation (comm.), value, worth □ *luach bathair* value of goods □ *luach saoithreach* wage rates, wages □ *luach a rèir àite* place value (maths.) □ *gun luach* valueless □ *os cionn luach* inestimable □ *cuir luach air* appreciate, estimate, evaluate, price, prize □ *meas thar a luach* overprize, overvalue □ *cuir luach ro mhòr air* overrate □ *tuiteam ann an luach* depreciation □ *na rudan air an robh e a' cur luach* the things that he valued □ *aig an àm sin cha robh mòran luach ann an croit* at that time there wasn't much value in a croft
luachachadh, -aidh *nm & vn* of **luachaich** appreciating etc., appreciation, evaluation
luachaich, -achadh *v* appreciate, evaluate

luachair, luachrach *nf* reeds, rushes **l.-bhog** *nf* bulrushes (also **cuilc**) **l.-choille** *nf* woodrush **l.-ghòbhlach** *nf* lake scirpus
luachmhor, -oire *a* beneficial, estimable, precious, valuable □ *tha seo nas luachmhoire dhuinn na shaoileadh tu* this is more valuable to us than you would think
luachrach, -aich *a* rushy
luadh / luadhadh, -aidh *nm & vn* of **luaidh** fulling etc.
luaidh, luadhadh *v* full, waulk
luaidh, luaidh *v* (with / without **air**) allude to, mention, quote □ *'s dòcha gun robh e a' luaidh air an tachartas seo* perhaps he was alluding to this event □ *b'urrainn dhomh mòran eisimpleirean a luaidh* I could quote many examples
luaidh *nm/f* darling □ *càit a bheil thu dol, a luaidh?* where are you going, darling?
luaidh *nm & vn* of **luaidh** mentioning etc., allusion, comment, mention, quotation (lit.) □ usually used as follows: *dèan luaidh (air)* comment (on), note, mention □ *... gun luaidh air saoghal na Gàidhlig ...* not to mention the world of Gaelic / let alone the world etc. □ *feuch gun dèan thu luaidh oirre* see that you mention her / speak about her
luaidh, -e *nm/f* lead (metal) □ *bha dath na luaidhe air a' mhuir* the sea was lead-coloured / leaden
luaidhe *a* leaden, of lead
luaidheach *a* leaden
luaidh-shreang *nf* plumbline
luaineach, -eiche *a* fickle, fitful, flighty, inconstant, restless □ *dh'fhàs e luaineach* he grew restless □ *ann am bruadar luaineach* in a fitful dream □ *ri taobh a' chuain luainich* beside the restless sea
luaineachd *nf* mobility
luaireag, -eig, -an *nf* stormy petrel
luairean, -ein *nm* dizziness, vertigo
luaisg, luasgadh / luaisgneadh *v* dandle, fluctuate, fret, move, rock, shake, sway, swing, toss, vaccilate, wave □ *bha am bàta beag air a luasgadh a-null 's a-nall leis na tonnan* the little boat was tossed to and fro by the waves
luaisgeach, -iche *a* turbulent
luaisgeachd *nf* turbulence
luaithre *nf* ash(es), dust (corpse) □ *chuir i sac-aodach agus luaithre oirre* she put on sackcloth and ashes
luamhain, luamhan *v* lever
luamhan, -ain, -ain / -an *nm & vn* of **luamhain** levering, lever

luan-lus, l.-luis *nm* moonwort
luas, -ais *nm* □ same as **luaths / luathas**
luasgadh, -aidh, -aidhean *nm & vn* of **luaisg** swinging etc., fluctuation, swing □ *luasgadh inntinne* agitation
luasgan, -ain *nm* oscillation, ripple, rippling, tossing □ *ghabh e tlachd ann an luasgan nan tonn* he took pleasure in the ripple of the waves
luasganach, -aiche *a* fickle, fidgety, oscillatory, rocking, tossing, shaking, swinging, unsteady □ *clach mhòr luasganach* a great rocking stone □ *thuirt i gun robh e luasganach siùbhlach* she said that he was fidgety and restless
luasganaich *nf* shaking, tossing, rocking
luath, -aithe / -a *nf* ash(es)
luath, luaithe 1. *a* express, fast, fleet, quick, speedy, swift □ *gu luath* apace □ *bha e luath gus ionnsachadh* he was quick to learn 2. *gu luath adv* soon, quickly □ *chaidh sinn gu luath air falach* we hid quickly but is often found without **gu** – see App. 4 Sect. 1.3 □ *cho luath agus* (also is / 's) as soon as □ *cho luath 's a gheibh iad ma sgaoil* as soon as they get out / free □ *cho luath 's a fhuair sinn àite suidhe* as soon as we got a seat □ *cha luaithe a ... no sooner ... □ *cha luaithe [a] stad an car na ...* no sooner did the car stop than □ ... *cha luaithe [a] chunnaic e mi na ...* no sooner did he see me than ... □ the past tense of the assertive verb is less common in this idiom: *cha bu luaithe [a] thòisich mo smaointean a ruith sa chlais seo na ...* no sooner did my thoughts begin to run in this groove than ... □ *mar as luaithe 's ann mar as fheàrr* the sooner the better □ *luath no mall* sooner or later (lit. quick or slow) □ *tha mi an dòchas gun dèan cuideigin feum dheth luath no mall* I hope someone will make use of it sooner or later
luath-aireach *a* early (of potatoes) **l.-chainnteach** *a* glib **l.-cheumnach** *a* quick-footed, fleet of foot **l.-ghàir** *nm* exultation (also **lùghair** *nm*) **l.-mharcaich** *v* gallop **l.-rathad** *nm* expressway **l.-ruith** *nf* sprint **l.-sheirbheis** *nf* express service **l.-thrèana** *nf* express train
luathachadh, -aidh *nm & vn* of **luathaich** hurrying etc., acceleration
luathaich, achadh *v* accelerate, expedite, express, hasten, hurry *intrans*, quicken, speed, speed up □ *luathaich an latha anns am bi ...* speed the day in which there will be ... □ *luathaich e a cheum* he quickened his step

luathaireach, iche *a* precocious, early (of potatoes) □ *buntàta luathaireach* early potatoes □ also **luath-aireach** *a*

luatharan, -ain, -an *nm* sandpiper, sea-lark, sand-lark

luatharan -beag *nm* little stint **l.-glas** *nm* sanderling **l.-gainmhich** *nm* knot (seashore bird) **l.-ruadha** / **l.-coille** *nm* wood sandpiper

luathas, -ais *nm* fleetness, speed, pace, quickness, swiftness, tempo, velocity □ *luathas meatabalachd* metabolic rate □ *air luathas* in a hurry □ *innsidh mi rudeigin dhut nach diochuimhnich thu air luathas* I'll tell you something you'll not forget in a hurry □ *luathas nan càraichean* the speed of the cars

luathas-analach *nm* used with the *def art* □ *an luathas-analach* asthma □ *bhitheadh e tinn gu tric leis an luathas-analach* he was frequently ill with [the] asthma (also **sac** and **cuing**)

luathasaich, -achadh *v* + *do* – same as **luthaig** □ *an luathasaich thusa dhomh?* will you permit me?

luathghair, -ean *nm* (also **luath-ghàir** and **lùth-ghàir**) shout of joy / victory

luaths, luaiths *nm* see **luathas**

---

lùb, -adh *v* 1. bend, bow, curve, inflect, stoop □ *lùb glùn* kneel □ *lùbaidh an oiteag as lugha thu* the slightest breeze will bend you 2. wind, meander, swerve

lùb, lùib, -an *nm* bend, coil, kink, loop, noose, stitch (in knitting), turn, turning □ *lùb bun-dùirn* cufflink □ *lùb mhòr na cuisle cinn* aortic arch □ *dèan lùb* loop □ *thug lùb den rathad an sealladh an taighe mi* a bend of the road took me in sight of the house

lùib, an lùib *prep* + *gen* along with, attached, closed, included, in contact with, involved □ *... agus gach cruaidh-chàs a bha an lùib sin ...* and every hardship [which was] involved in that □ *tha sinn an lùib ann an grunn dhòighean* we are involved in a number of ways □ *an robh mòran uallaich an lùib na h-obrach sin?* was there much responsibility involved in that job? □ *tha càr an lùib na h-obrach* a car goes with the job □ *cha tàinig na Ròmanaich nan lùib gu ìre sam bith* the Romans didn't come into contact

with them to any extent □ *an fhead-hainn a bha mì-fhortanach gu leòr tighinn na lùib* those who were unfortunate enough to become involved with him □ *tha sinn a' lorg dealbhan-nan freagarrach a dh'fhaodas sinn a chur an lùib na h-aithisg* we are looking for suitable pictures which we can include in the report □ *litir le seic na lùib* a letter enclosing a cheque □ *tha iad ag obrachadh gu sìothchail an lùib chàich* they are working peacefully along with the others □ *bidh iad a' dol an lùib a-chèile* they will interact / get entangled

lùb-ruith *nf* running noose, lasso □ *thilg e lùb-ruith mu mhuineal an eich* he threw a lasso round the horse's neck

---

luba, -achan *nf* dub, pool, mire □ *thilg e an leabhar agam ann an luba* he threw my book in a mire

lùbach, -aich *a* meandering, sinuous, tortuous, winding, zigzag □ *rathad lùbach* a winding road □ *gabh rathad lùbach* meander

lùbadh, -aidh, -aidhean *nm* & *vn* of **lùb** winding etc., bend, flexion □ *lùbadh ghlùn* genuflection

lùbairnich *nm* □ see **lùbairsich** *nf*

lùbairsich *nf* wriggling

lùbte *pp* bent, curved

luch, -a, -an *nf* mouse

luch-fheòir *nf* field-mouse **l.-shith** *nf* lesser shrew

lùchairt, -e, -ean *nf* palace

luchd, -a, -an *nm* cargo, freight, load □ *thoir an luchd dhe* unload

luchd *coll nm* people, folk □ *... air fead-hainn de luchd na tuath ...* on some of the peasant folk (lit. some of [the] people of the peasantry) □ *feumaidh iad cobhair a thoirt gu luchd gun dachaigh* they must give assistance to homeless people □ *a-rèir an luchd-obrach* according to the workforce □ most often used in *compd nouns* as follows:

luchd- *compd nouns* beginning with this element act as the *pl forms* of *compds* beginning with **fear** (which see) when both genders may be assumed e.g. **luchd-ciùil** musicians (*pl* of **fear-ciùil** musician) □ only a small selection is shown here – see **fear-** for others the hyphen will often be omitted as shown here

luchd aithris reciters **l. amais (shòn-raichte)** audience (targeted audience, audience aimed at) **l. ceannaich** customers **l. cinnidh** clansmen **l. coimhideachd** retinue **l. dàimh** kindred **l. dealbhachaidh** planners **l. èisteachd** audience **l. falbhainn** travelling people **l. glèidhteachais** conservationists **l. gnothaich** business people **l. imrich** colony (i.e. the people) **l. innleachda** intelligentsia **l. ionnsachaidh** learners **l. litreachais** literati **l. obrach** workmen, labour force, workforce **l. riaghlaidh** rulers **l. saidheans** scientists **l. seilbhe** owners **l. sgrùdaidh** inspectors **l. siubhail** travellers **l. taghaidh** electorate **l. tagraidh** delegation, candidate **l. togail** builders **l. tuineachaidh** inhabitants (of place), residents

luchdachadh, -aidh *nm & vn* of **luchdaich** loading etc., lading

luchdaich, -achadh *v* burden, encumber, load □ *chuir iad am bàta air bhog agus luchdaich iad i* they launched the boat and loaded her (note that boats are referred to as 'she / her' in Gaelic as in English)

luchdaichte *pp* loaded □ *gunna luchdaichte* a loaded gun

luchdail, -e *a* □ same as **luchdmhor**

luchdmhor, -oire *a* capacious, commodious, roomy

luchorpan, -ain, -ain *nm* dwarf

luchraban, -ain, -ain *nm* dwarf, leprechaun, pigmy, pygmy

Lucsamburgach, -aich, -aich *nm* native of Luxemburg

Lucsamburgach *a* of, belonging to or pertaining to Luxemburg

lùdag, -aige, -an *nf* 1. little finger □ *tha mi cho sean ri mo lùdaig agus bliadhna nas sine na m'fhiaclan* I'm as old as my little finger and a year older than my teeth 2. hinge

lùdagach *a* jointed

lùdan, -ain, -an *nm* hinge

ludraig, -eadh *v* drub (also **lunndraig**)

luga, -aichean *nm* lugworm □ *chuir e luga air an dubhan* he put a lugworm on the hook □ *bha lugaichean aige anns a' chana* he had lugworms in the tin

lugas, -ais, -ais *nm* lug (worm)

---

lugha *irreg comp* of **beag** less, least, minor, smaller, smallest, slighter, slightest

---

lugha used in direct comparisons with the assertive verb □ *is lugha am maide seo na am fear sin* this stick is smaller than that one □ *is i Sine as lugha na Barabel* Jean is smaller than Barbara □ *b'e Artar a bu lugha na Calum* Arthur was smaller than Malcolm □ *chan eil an teagamh as lugha ann* there isn't the slightest doubt / least doubt □ *lùbaidh an oiteag as lugha e* the slightest breeze will bend it *masc* □ *cha robh am fuaim bu lugha ra chluintinn* not the slightest sound was to be heard □ *a' chuid as lugha* minimum □ *air a' chuid as lugha* at least □ also *aig a' char as lugha* at least, at the very least **nas lugha** less, smaller, slighter (**na bu lugha** in the past tense) □ *tha Calum nas lugha na Màiri* Malcolm is smaller than Mary □ *bha a' ghlainne na bu lugha na an uinneag* the glass was smaller than the window □ *tha nas lugha airgid aige* he has less money □ *tha iad a' fàs nas lugha is nas lugha* they are becoming less and less □ *tha nas lugha de obair ùr ann* there is less new work □ *nochd e na bu lugha is na bu lugha de thoinisg* he showed less and less sense □ *feumaidh iad nas lugha de sprèidh 's de bhàrr a thogail* they must raise less [of] cattle and [of] crops □ ... *a h-uile fear dhiubh na bu lugha feum na am fear a chaidh roimhe* ... every one of them of less use than the one which preceded it □ *nas lugha na seo tha e a' breithneachadh neo-èifeachdach* less than this he considers ineffective note also: *bha e na bu lugha na cealla-deug anns an eilean* he was less than a fortnight on the island **nas lugha na** ... *conj* unless ... □ *chan fhaodar Gàidhlig a chleachdadh anns na cùirtean nas lugha na tha duine ann nach eil comasach air Beurla a bhruidhinn* Gaelic may not be used in the courts unless there is someone who cannot speak English □ *chan fhaod thu na dorsan seo fhosgladh nas lugha na their mi gum faodar sin a dhèanamh* you may not open these doors unless I say that may be done

tha / is lugha air abhor, detest, dislike, hate, loathe □ *is lugha orm iad* I abhor them □ *chan eil ni as lugha orm na* ...

there's nothing I dislike / hate more than ...

. . . .

Further idioms: *mar as lugha [a] chì sinn de mhuinntir a' bhaile sin 's ann as fheàrr* the less we see of the people of that town the better □ *chan fhòghainn nas lugha na sin* nothing less than that will do □ *chan fhòghnadh na bu lugha na càr ùr dha* nothing less than a new car would do him □ *cha lugha na amadan a nì sin* nobody less than a fool will do that □ *...ach na bu lugha na doras ùr a dhèanamh dhut chan eil fhios agam dè dhèanainn ...* but short of making a new door for you I don't know what to do □ *mar as luaithe a gheibh mi a-mach a seo 's ann as lugha airgid a chailleas mi* the sooner I get out of here the less money I will lose

---

lughad, -aid *nf* littleness, degree of littleness □ used only in such phrases as: *rach an lughad* decline, decrease, go down, become less □ *tha iad a' sior dhol an lughad* they are continually declining □ *...ged a tha a' bhallrachd air a dol an lughad...* though the membership has decreased / gone down / declined
lùghair *nm* exultation □ *dèan lùghair* exult (also **luatha-ghàir** *nm*)
lùghaireach, -iche *a* exultant
lughd- □ see **laghd-**
lùghdachadh, -aidh *nm & vn* of **lùghdaich** abating etc., abatement, alleviation, assuagement, decline, decrease, diminution, extenuation, mitigation, palliation, qualification, rebate, reduction, retrenchment
lùghdachail *a* derogatory
lùghdachas, -ais *nm* meiosis
lùghdaich, -achadh *v* abate, alleviate, assuage, attenuate, decrease, derogate, diminish, dwindle, extenuate, impair, lessen, make less, become less, lower, mitigate, qualify, reduce, step down, wane □ *lùghdaich prìs* cheapen □ *lùghdaich coire* palliate
lughdaichte *a* less (as a heading in financial statements)
lùib, an lùib *prep + gen* □ see **lùb** *nf*
luibh, -e, -ean *nm/f* herb, plant, weed □ *luibhean searbha* bitter herbs

luibh-a'-chait *nm* cudweed **l.-an-ladhair** *nm/f* cleaver (plant) **l.-an-liùgair** *nm/f* loveage **l.-eòlaiche** *nm* botanist **l.-eòlas** *nm* botany **l.-leighis** *nm* camomile (also **camomhail**) **l.-na-luaithre** *nf* ashweed **l.-nan-trì-bhilean** *nm/f* trefoil **l.-phuinnsean** *nm* weedkilller **l.-sgaile** *nf* gourd
luibhean-dìolan *nm* – **ein-dìolan, -an-dìolan** – queen-of-the-meadow (also **crios Chu-Chulain**)
luibhre, an luibhre *nf* leprosy □ *'s e galar gràineil a tha anns an luibhre* leprosy is a disgusting disease
luid, -e, -ean *nf* sloven, slut
luideach, -eiche *a* clumsy, dingy, nondescript, shabby, slovenly, untidy □ *Gàidhlig luideach* slovenly Gaelic
luideag, -eig, -an *nf* clout, cloth, rag, tatter □ *bha i ann an luideagan* she was in rags □ *bha luideag aige na làimh* he had a rag in his hand
luideagach, -aiche *a* ragged
luidealachd *nf* clumsiness
luidhear, -eir, -an *nm* chimney, funnel (of ship), vent
luidse, -ean *nm* □ same as **luidsear**
luidsear, -eir, -an *nm* stupid person, fool, idiot
luig □ see **lag**
lùig, -eadh / -eachdainn *v* desire, want, wish □ *...ach tha feadhainn ann a tha a' lùigeachdainn sin...* but there are those who desire that □ *...ged a lùigeadh e uaireannan sgailc mhath a thoirt dha...* though he would have sometimes liked to have given him a good slap
luigeadh, -idh *nm & vn* of **luig** desiring etc.
lùim *nf* bilge water
luim *nm* devices, resources, shift, tactic □ *chuir e luim air a shàbhaladh na ghabhadh sàbhaladh* he made shift to save what could be saved □ *leig gu a luim fhèin e* leave him to his own devices / to shift for himself
luime *nf* meagreness, nakedness, nudity
luimneach, -ich, -ichean *nf* limerick
luing and **luinge** □ *dat sing & gen sing* respectively of **long** ship
luingearachd *nf* boating, cruising, yachting, sailing, seamanship □ *bha mi riamh dèidheil air luingearachd* I was always keen on boating
luingeas, -eis *nm/f* shipping, ships *coll* □ *luingeas chogaidh cho math ri luingeas mhalairt* warships as well as merchant ships □ *luingeas chogaidh mhòra na*

Nèibhidh the great warships of the Navy □ *luingeas bheaga* small ships □ it will be noted that, in common with many other *coll nouns*, **luingeas** is frequently accompanied by an *adj* in the *pl form*

luingeas-adhair *nm/f* airways (as part of a company name) e.g. *Luingeas-adhair Bhreatainn* British Airways

luinneag, -eige, -an *nf* catch (of song), ditty, refrain

luinn-iasg *nm* swordfish

lùipinn, -ean *nm* lupin

lùir, -eadh *v* □ same as **lèir**

lùireach, -ich, -ichean *nf* coat of mail

lùireadh, -idh *nm & vn* of **lùir**

luirg, -e, -gean / luirgnean *nf* 1. shaft (of a cart) 2. stem, stalk of a plant □ *luirgnean lusan* the stems of plants

luirg and **luirge** □ *dat sing & gen sing* respectively of **lorg** track

luirgneach, -ich, -ich *nm* black-winged stilt

luis-meiligeagach *n pl* leguminiferae

luisne *nf* glow

luisneachadh, -aidh *nm & vn* of **luisnich** glowing

luisnich, -eachadh *v* glow

luisreadh, -idh *nm* thick growth / herbage □ *fhuair e an sgian san luisreadh ri taobh an rathaid* he found the knife in the [thick] growth / herbage at the roadside

luitig *nf* bilge water

Lùnastal, -ail *nm* – used with the *def art* – **an Lùnastal** August, Lammas

lungaid, -ean *nf* catapult

lunn, luinn / -a, -an *nm* 1. middle, round part of an oar and hence, through its use for this purpose 2. roller for launching a boat 3. billow, heaver, roller (large wave)

Lunnainneach, -ich, -ich *nm* Londoner

Lunnainneach *a* of, belonging to or pertaining to London

lunndach, -aiche *a* idle, indolent □ *bha e a' sealltainn gu lunndach air an t-sealladh* he was indolently / idly watching the view

lunndair(e), -ean *nm* idler, loiterer

lunndaireachd *nf* idleness, indolence

lunndraig, -eadh *v* beat, belabour (also **ludraig**)

lunndrainn, lunndrainn *v* trounce

lurach, -aiche *a* lovely, pretty □ *seo an t-eilean as luraiche air an t-saoghal* this is the loveliest island in the world

lurachas, -ais *nm* loveliness, prettiness

lurc, luirc, -an *nm* crease □ *shliob i lurc às a gùn* she smoothed a crease out of her gown

lurcach, -aich *a* corrugated □ *iarann lurcach* corrugated iron

lurga, lurgainn, luirgnean *nf* shank (also **lurgainn** *nom* and **lurgann** *gen sing*)

---

lus, luis, -an *nm* herb, plant, vegetable (in general), weed

lus-a' bhainne *nm* milkwort **l.-a' bhalla** *nm* pellitory **l.-a' chaitheimh** *nm* sweet woodruff **l.-a' chalmain** *nm* columbine **l.-a' choire** *nm* coriander **l.-a' chomain** *nm* welcome to our house (plant) **l.-a' chraois** *nm* dwarf cornel **l.-a' chrom-chinn** *nm* daffodil **l.-a' chrùbain** *nm* gentian **l.-a' ghràidh** *nm* love-lies-bleeding **l.-an-àirneig** *nm* liverwort **l.-an-fhògair** *nm* water-pepper **l.-an-fhògraidh** *nm* love-in-a-mist **lusan-grolla** *nm* dwarf red-rattle **l.-an-easbaig** *nm* bishop weed **l.-an-leanna** *nm* hops **l.-an-leusaidh** *nm* spurge **l.-an-rìgh** *nm* basil **l.-an-ròcais** *nm* ranunculus **l.-an-ròis** *nm* herb Robert **l.-an-sìth-chainnt** *nm* loosestrife **l.-an-t-saoidh** *nm* fennel **l.-an-t-siabainn** *nm* soapwort **l.-an-t-sicnich** *nm* rupture-wort, burst-wort **l.-an-t-siùcair** *nm* succory **l.-an-t-sleisneach** *nm* yarrow **l.-a' pheubair** (see **l.-a' phiobair**) **l.-a' phiobair** *nm* dittany, pepperwort **l.-bàchair** *nm* lady's glove (plant) **l.-Beathaig** *nf* wood betony **l.-bileach** *nm* valerian **l.-buidhe-Bealltainn** *nm* marigold **l.-buidhe-mòr** *nm* dyer's weed, dyer's yellow weed **l.-Chalum-Chille** *nm* St. John's wort **l.-chlòimh** *nm* gossamer **l.-chosgadh-na-fola** *nm* yarrow **l.-chrùnta** *a* garlanded **l.-crè** *nm* speedwell **l.-curaidh** *nm* jasmine **l.-deathach-thalmhainn** *nm* fumitory **l.-garbh** *nm* goose-grass (also **garbh-lus**) **l.-ghionach** *nm* dog-lichen **l.-ghlinne** *nm* wood mercury **l.-leighis** *nm* petty spurge **l.-leth-an-t-samhraidh** *nm* wallflower **l.-loibheach** *nm* corn-cockle **l.-mharbhaiche** *nm* herbicide **l.-Mhic-Cuimein** *nm* cumin **l.-mhic-rìgh-Bhreatainn** *nm* wild thyme **l.-Muire** *nm* marsh marigold **l.-na-banrighinn** *nm* auricula **l.-na-feannaig** *nm* crowberry **l.-na-fionnaig** *nm* (see **l.-na-feannaig**) **l.-na-fola** *nm* shepherd's purse l.-na-Frainge *nm* tansy l.-na-gaoithe *nm* windflower, anemone l.-na-h-oidhche *nm* deadly nightshade, belladonna l.-na-macraidh *nm* wild thyme l.-nam-ban-sìth *nm* foxglove l.-nam-braoileag *nm* red whortleberry l.-nam-buadha *nm* wood angelica l.-na-meala *nm* honeysuckle l.-nam-meall-mòra *nm* common mallow l.-nam-mial *nm* scurvy grass l.-nam-muisean *nm* cowslip l.-na-nathrach *nm* viper's bugloss l.-nan-cluas *nm* house leek, saxifrage l.-nan-cnàmh *nm* samphire l.-nan-cnapan *nm* figwort l.-nan-dearc *nm* bilberry, blaeberry, blueberry l.-nan-gràn-dubh *nm* alexanders (a flower) l.-nan-laoch *nm* roseroot l.-nan-laogh *nm* golden saxifrage l.-nan-leac *nm* eyebright l.-nan-oighreag *nm* cloudberry bush l.-na-peighinn *nm* marsh pennywort l.-na-purgaid *nm* monk's rhubarb l.-na-seabhaig *nm* hawkweed l.-na-sìothaimh *nm* yellow loosestrife l.-na-tuise *nm* lavender l.-riabhach *nm* lousewort l.-taghta *nm* fragrant orchis l.-teang-an-daimh *nm* small bugloss l.-uisge *nm* water plant, waterweed □ *bha e a' tional lusan-uisge* he was gathering waterweeds

---

lusan-Albannach *nm* trailing azalea
lusarnach, -aich *nf coll* weeds
luspardan, -ain, -ain *nm* sprite, dwarf □ *chunnaic e luspardan ann an trusgan uaine* he saw a sprite dressed in green (lit. in green clothing)

lusach, -aich *a* flowery, herbaceous
lusragach *a* herbal
lusragaire, -ean *nm* herbalist □ *fhuair e teachd-an-tìr mar lusragaire* he got a livelihood as a herbalist
Lùtaireach *a* Lutheran □ *an Eaglais Lùtaireach* the Lutheran Church
lùth, lùith / -a, lùith / -an *nm* force, strength, vigour, energy, energy (science) □ *lùth ceimigeach* (chemical) energy □ *lùth làn-mara* tidal energy □ *lùth meacanaigeach* (mechanical) energy □ *lùth meadhan-sheachnach* centrifugal force □ *lùth taisgte* (potential) energy □ *lùth gluasaid* (kinetic) energy □ *lùthan cothromachaidh* balancing forces □ *cha robh de lùth annam na thogadh a' chlach* I hadn't the strength to lift the stone (lit. I hadn't of strength that would etc.) □ *bha a ghàirdean gun lùth* his arm was without strength □ *... a chaill mòran dha lùth ...* which had lost much of its vigour □ *lùthan cothromachaidh* balancing forces
lùth-chleas *nm* feat (of agility) □ *lùth-chleasan* sports □ *thòisich na lùth-chleasan* the sports began □ *lann lùth-chleas* gymnasium l.-chleasach *a* athletic (of a game, feat), gymnastic l.-chleasachd *nf* athletics, gymnastics l.-chleasaiche *nm* sportsman l.-eifeachdach *a* energy efficient l.-suathaidh *nm* friction
lùthghaireach, -iche *a* jubilant
lùthmhor, -oire *a* agile, athletic (of a person), strong, vigorous
lùthmhorachd *nf* agility □ *dhearbh e a lùthmhorachd* he proved his agility
lùthor □ same as **lùthmhor**
lùths, lùiths *nm* □ same as **lùth** – energy □ *lùths dadamach* atomic energy

M, m

m' *abbr form* of **mo** used before vowel sounds: *m'athair* my father *m'fhalt* my hair

---

ma *conj* if, in case □ foll. by the *rel form* of the verb □ *ma tha e cho sìmplidh seo* if it is as simple as this (note that **ri** 'as' is usually omitted before **seo, sin** or **siud**) □ *ma bhitheas i sgìth, fuirichidh i aig an taigh* if she is (lit. will be) tired she will stay at home □ note what

happens when **ma** is followed by two verbs joined by 'and' 1. *ma dh'fhosglas mi an doras agus ma dh'èigheas mi air an cat againn ...* if I open the door and [if I] shout for our cat ... (where **ma** is repeated) 2. *ma tha leabhar sam bith nam làimh agus a leughas mi earrann sam bith às ...* if I have any book in my hand and I read any passage from it ... (where only the *rel pron* is used) □ but note also the following: *ma bheir sinn ceum air ais agus gun coimhead sinn air an t-sealladh gu cuspaireach…* if we take a step back to look at the scene objectively … (where the implication is 'so that we look') – see also **mas** below in this section, and cf. **nan / nam**)

ma, accompanied by the appropriate verb, may mean 'if so / even so / even though' □ *'s dòcha gu bheil càirdeas ann ach, ma tha, tha e fada a-mach* perhaps there is a (blood) relationship but, if so, it's distant □ *fhuair sinn taic airgid bhuapa, ach, ma fhuair, cha deach againn tòiseachadh* we did get financial assistance from them, but, even so, we couldn't begin □ *ach, ma leig mise leis, cha do leig esan…* but even though I left it alone, he didn't **ma** with the assertive verb (**ma** + **is**) becomes **mas** □ *chàirich e e mas fhìor dha fhèin* he repaired it according to him (lit. if it is true to himself) □ in the *past* tense, however the two words remain separate □ *ma b'fhìor do dh' Alasdair* according to Alasdair… (with ref. to the *past* – see **fìor, mas fìor**) □ *mas e an dèideadh a tha ort, is gum feum thu fiaclaireachd…* if you have toothache and you need dentistry… (lit. if it's the toothache that's on you and that you need etc. – for an explanation of the construction see **ma** above in this section)

Note also: *ma tha* (with **matà** a common alternative form) then, therefore, in that case, so *conj* □ *ceart ma tha / ceart matà* all right then □ *ma dh'fhaoidte* perhaps, possibly □ *ma dh'fhaoidte gun deachaidh barrachd furachais a thoirt air* perhaps more attention was given to it

---

màb, -adh *v* abuse, vilify
màbadh, -aidh *nm & vn* of **màb** abusing etc., abuse □ *chan fhuiling an àrainneachd am màbadh a tha i a'faighinn* the environment won't stand up the abuse it's receiving
mac, mic, mic *nm* son □ *mac an duine* mankind □ *gach mac mathar* every mother's son □ *bha mac le Sellar a' fuireach ann aig aon àm* a son of Sellar was staying in it / there at one time □ often

used in reciting family trees □ *Tearlach mac mhic Ailein mhic Thearlaich* Charles son of the son of Alan son of Charles □ *mac peathar / bràthar* nephew (lit. the son of a sister / brother)
mac-
mac-chealla *nf* daughter cell **m.-cèile, mic-cèile, mic-cèile** *nm* step-son (lit. spouse's son) **m.-gun-athair** *nm* duckweed **m.-meanmainn** *nm* imagination □ *'s dòcha nach eil mi ach a' leigeil ruith le mo mhac-meanmainn* perhaps I am just letting my imagination run away with me (lit. it is more probable that I am not but letting my imagination run – see **dòcha** and **ach**) □ *chunnaic e, na mhac-meanmainn…* he saw, in his imagination… **m.-meanmna** *nm* □ same as **m.-meanmainn** □ **m.-meanmach, -aiche** *a* imaginative □ *tha an sgeulachd seo cho mac-meanmach* this story is so imaginative **m.-samhail** *nm* 1. duplicate, equal, facsimile, like, (perfect) likeness, match (equal), picture, replica □ *dèan mac-samhail* duplicate *v* 2. may translate as a *prep* meaning 'like' □ *mac-samhail nam boireannach tana liath a chi thu…* like the thin, greyhaired women that you see… **m.-samhlachadh** *nm & vn* of **m.-samhlaich** reproducing, reproduction **m.-samhlaich** *v* reproduce **m.-talla** *nm* echo □ *cha robh fiu 's mac-talla ann* there wasn't even an echo – also **mac-talla-nan creag** echo
macail *a* filial
macanta *a* meek, mild, pure
macantas, -ais *nm* meekness
macarònach *a* macaronic
macarònaidh *nm* macaroni
mach □ see **a-mach**
mach-chur *nm* output
machair, mach(a)rach, machraichean *nf* (may also be *nm*, with the *gen sing* **machair**) low-lying, level, grassy land with sandy soil beside the sea. Sometimes used for 'lowlands' or 'field' in a general sense □ *beathaichean na machrach* the beasts of the field □ *machair goilf* (golf) links *na machrach* lowland *adj*
machaireach, -ich, -ich *nm* an inhabitant of the machair
machall-coille *nm* common avens, burnet **m.-monaidh** *nm* mountain avens **m.-uisge** *nm* water avens
machlag, -aige, -an *nf* matrix, uterus, womb
madadh, -aidh, -aidhean *nm* 1. dog – not as common as **cù** 2. brown mussel □ *tha feusgan donn ann ris an canar madadh*

there is a brown mussel which is called a dog mussel

madadh-allaidh *nm* wolf □ *gu h-obann nochd grunn mòr de mhadaidhean-allaidh* suddenly there appeared a great pack of wolves □ *leòghainn is madaidhean-allaidh* lions and wolves

madadh-ruadh *nm* fox (lit. red dog – see **ruadh**)

màdag, -aig, -an *nf* mattock

madainn, maidne, maidnean / madainnean *nf* morn, morning (*pl* may also mean 'matins') □ *... anns a' mhadainn* in the morning □ *aig aon uair deug anns a' mhadainn* at eleven o'clock in the morning / at 11 am. □ *bha e ag obair tràth madainn Diluain* he was working early on Monday morning □ *tràth sa mhadainn a-màireach* early the following / next morning □ *a' mhadainn a bha seo ... one morning □ *anns a'mhadainn an-diugh / an-dè / a-màireach* this morning / yesterday morning / tomorrow morning (also *sa mhadainn an dè* etc.). □ *anns a' mhadainn Latha na Sàbaid* on Sunday morning (lit. in the morning of the Sabbath Day) □ note that, in the last example, the *prep* may be omitted i.e. *madainn Latha na Sàbaid* □ *càit an robh iad a' dol madainn Diluain?* where were they going on Monday morning? □ *thàinig iad a' chiad char madainn Didòmhnaich* they came first thing on Sunday morning □ *aig an àm ud den mhadainn* at that time of the morning □ *bha sinn ag obair fad na maidne* we were working all morning □ *bha e a'leughadh pàipearnaidheachd na maidne* he was reading the morning newspaper □ generally, however, 'morning' as an *adj* is **maidne** (q.v.) □ *glè thràth air madainn earraich* very early on a spring morning □ *craolar iad air maidnean Shathurna* they will be broadcast on Saturday mornings □ *air maidnean Dòmhnaich* on Sunday mornings □ *ann an èadhar na maidne* in the morning air

madainneag, -eig *nf* the morning star

màdar, -air *nm* madder (plant)

màdar-fraoich *nm* heath bedstraw

madragail *nm* madrigal

màg, -àig, -an *nf* paw □ *'s ann a' gluasad air am màgan a bha iad* they were moving about on their hands and knees

mag, -adh *v* deride, jeer, mock, scoff, taunt, twit (+ **air**) □ *bha iad uile a' magadh air* they were all mocking him

magadh, -aidh, -aidhean *nm & vn* of **mag** mocking etc., derision, taunt □ *dèan magadh* jeer

magaid *nf* fancy, mannerism, whim □ *ghabh e magaid air an annas ùr seo* he took a fancy for this novelty

magail, -e *a* derisive, facetious □ *"Chan eil eagal airsan co-dhiu," ars ise gu magail* "He's not afraid anyway," she said derisively

magaireachd *nf* mocking, jesting

magairle, -ean *nm/f* testicle, testis

màgaran, air mhàgaran *adv* on all fours, crawling □ *fhad 's a bha e fhathast air mhàgaran* while he was still crawling (as a child) □ *thàinig iad air mhàgaran às na taighean* they came crawling out of the houses

maghar, -air, -ean *nm* bait, fly (fishing) □ *bha maghairean gu leòr aige* he had plenty of flies □ *cuir maghar air* bait (a fishing line)

magnait, -ean *nm* magnet □ also **magnat** *nm* □ *magnait air bhog* floating magnet □ *magnait-dealain* electric magnet

mahoganaidh *nm* mahogany

maide, maidean / maideachan *nm* piece of wood, stick □ *maide ghèaraichean* gear lever □ *maide meatair* metre stick

maide-tuise *nm* joss-stick

maidne *a* morning □ *an dèidh na seirbhis maidne* after the morning service □ *tinneas maidne* morning sickness □ *bha an t-adhradh maidne seachad* the morning worship was over

maidnean *pl* of **madainn** matins

maids / maidse, maidsichean *nm* match

maids, -seadh *v* match

màidsear, -eir, -an *nm* major *màidsear na pìoba* pipe-major

màidsear-druma *nm* drum-major

maigeanta *nm* magenta

Màigh, A' Mhàigh *nf* May (month) □ also **An Cèitean**

maighdeag, -eige, -an *nf* pivot

maighdeann □ note that this word and others derived from it are given here with the double **n**, whereas in Dwelly they appear with a single **n**.

maighdeann, -ein, -an *nf* maiden, maid, virgin, virgo □ *A' Mhaighdeann (A' Mh.)* Miss □ *A' Mhaighdeann NicNèill* Miss MacNeill

maighdeann-mhara *nf* mermaid **m.-phòsaidh** *nf* bridesmaid

maighdeannail *a* virgin, virginal

maighdeannas, -ais *nm* maidenhead, maidenhood, virginity

maigheach, -ich, -ichean *nf* hare

maighstir, -ean *nm* master, virtuoso □ *Maighstir (Mgr)* Mister (Mr) □ *thàinig Maighstir MacLeòid a-steach* Mr MacLeod entered □ often used with the first name of a minister or priest: *Maighstir Calum* Mr Calum (the minister / priest) □ when **Maighstir**, as a title, is in the gen case, the surname following is not lenited, though **Maighstir** is: *a rèir Mhaighstir MacNèill* according to Mr MacNeil

maighstir-luinge *nm* shipmaster □ *thèid e, ri tìde, na mhaighstir-luinge* he will become, in time, a shipmaster **m.-postachd** *nm* postmaster **m.-sgoile** *nm* dominie, headmaster, schoolmaster

maighstireachd *nf* mastery

maighstireil, -e *a* masterly □ *... air a cur ri chèile le sgil mhaighstireil ...* composed with masterly skill (*fem* object e.g. **bàrdachd** poetry)

maignèato, -othan *nm* magneto

maigneis *nm* magnesia

màileid, -e, -ean *nf* bag, suitcase, briefcase, budget, portfolio, satchel, schoolbag, suitcase, wallet □ *màileid làimhe* hand-bag, kit-bag □ *cò bhios a' giùlan nam màileidean?* who will be carrying the suitcases?

màileid-pòca *nf* wallet

mailèiria *nf* malaria

mailgheach, -iche *a* having large / bushy eyebrows, beetle-browed

mailghean *pl* of **mala** *nf* eyebrows

maille *nf* delay, procrastination, slowness □ *cuir maille ann / air* delay, impede □ *dèan maille* procrastinate, tarry □ *cha do rinn e maille sam bith* he did not delay [at all] / he made no delay □ *bha e a' saoilsinn gun robh maille a' tighinn air a chridhe* he thought that his heart was slowing down

maille ri *prep* along with, with □ *thàinig Calum maille ris* Calum came along with him / Calum accompanied him

maillich, -eachadh *v* slow down, protract □ *... nach robh a' mailleachadh tro na h-uairean fada ...* which didn't slow down during the long hours

mainicinn, -ean *nf* mannequin

mainistir, -ean *nf* monastery, minster

mainnir, mainnreach, mainnreachan / mainnirean *nf* fold

mair, mairsinn / maireann / maireachdainn *v* last, endure, live exist □ *mair nas fhaide na* outlast □ *mair beò* survive □ *mar as fhaide a mhaireas an searmon ...* the longer the sermon lasts ... □ *bha fios aice nach maireadh e fada* she knew that he / it wouldn't last long □ *chan fhada a mhaireas iad* they won't last long □ *cha robh rathad aig an obair seo air maireachdainn* there was no way of this work lasting / there was no way that this work would last □ *guma*

fada (a) mhaireas iad long may they last □ *thig crìoch air an t-saoghal ach mairidh gaol is ceòl* the world will end but love and music will endure (proverb) □ *seo togalach a tha a' dol a mhairsinn* this is a building which is going to last

màireach □ see **a-màireach**

maireachdainn *alt vn* of **mair** lasting etc.

maireann *alt vn* of **mair** (but also see the following)

maireann *a* alive, durable, eternal, everlasting, extant □ *... nach maireann* the late ... □ *Dòmhnall MacDhòmhnaill nach maireann* the late Donald MacDonald □ *air mhaireann* alive, extant, surviving □ *chan eil againn ach aon searmon leis air mhaireann* there is only one sermon by him extant □ *... ris a bheil ar n-earbsa ar cànan a chumail air mhaireann ...* in whom we trust to keep our language alive □ *seo geàrr iomradh air na tha air mhaireann* this is a short account of what is extant □ also used as a noun, but only in the idiom *ri mo mhaireann* during my lifetime, *ri do mhaireann* during your lifetime etc. □ *... nach diochuimhnich mi ri mo mhaireann ...* which I will not forget while I live / as long as I live etc. □ note that, in these latter expressions, the *poss adj* is usually abbreviated, particularly in speech e.g. *mi rim mhaireann* etc.

maireannach, -aiche *a* durable, lasting, long-lasting, perennial, permanent □ *dè cho maireannach 's a tha na bataraidhean seo?* how durable are these batteries?

maireannachd *nf* durability, endurance, permanence

mairg *nf indec* pity □ used only as follows: *is mairg don fheadhainn a tha a-muigh air oidhche mar seo* [it's] a pity for those who are out on a night like this / woe betide anyone etc. □ *nach mairg dhut!* pity you!

mairg *a* pitiful □ used only as follows: *is mairg a thigeadh faisg air!* pity anyone who comes near him! / woe betide etc. (lit. it is pitiful [he] that would come near him) □ *is mairg tè a fhuair e!* pity any woman who got him! / woe betide etc. (lit. it is pitiful one *fem* who got him!)

màirneal, -eil *nm* delay, procrastination □ *dèan màirneal* lag, loiter

màirnealaich, -achd *v* linger, loiter □ *bha iad daonnan a' màirnealachd mun a' chala* they were always loitering about the harbour

màirnealach, -aiche *a* dilatory, slow, tardy, tedious □ *bha thu glè mhàirnealach anns a' mhadainn* you were very tardy in the morning

màirnealachd *nf* & *vn* of **màirnealaich** loitering etc.

mairtfheòil, -eòla *nf* beef

mairsinn *alt vn* of **mair** lasting etc.

maise *nf* beauty □ *maise nàdair* the beauty of nature □ *cungaidh maise* cosmetic *noun*

maiseach, -iche *a* bonny, fair, graceful, handsome, lovely, pretty, seemly, sightly, well-favoured □ *eilean cho maiseach ri aon a tha againn* ... an island as lovely as any we have

maiseachadh, -aidh *nm* & *vn* of **maisich** decorating etc.

maiseachail, -e *a* cosmetic

maiseadairean *n pl* cosmetics

maisealachd *nf* fairness

maisich, -eachadh *v* beautify, decorate, garnish, grace, landscape

maisichte *pp* ornate

maisonait, -ean *nf* maisonette

maistig *nf* mastic

maistreadh □ same as **maistreachadh**

maistreachadh, -aidh *nm* & *vn* of **maistrich** churning, agitation, turbulence □ *àite maistreachaidh* a place of turbulence

maistrich, -eachadh *v* churn

maite, 's maite a corruption of **ma dh'fhaoidte** (now written **ma dh'fhaoite**) perhaps (see also **mathaid**)

maith, mathaidh *v* see **math** *v*

maith *nm* □ see **math** *vn*

maithean *n pl* nobility □ *a' deanamh mithean is maithean de aon shluagh Dhè* making commoners and nobility of God's one people

maitheanas, -ais *nm* forgiveness, pardon □ *maitheanas coitcheann* amnesty □ *bha e ag iarraidh maitheanas* he was asking for forgiveness □ *thoir maitheanas do* forgive / pardon / give forgiveness / give pardon to □ *Dia a thoirt maitheanas dhomh* may God forgive me □ *thuirt thu gun toireadh tu maitheanas dhomh airson rud sam bith* you said that you would forgive me for anything □ *ghuidh e maitheanas oirre* he asked her for forgiveness □ *bha iad ag iarraidh maitheanas bho càch a-chèile* they were begging each other's pardon

maitheas, -eis *nm* goodness

màithreil, -e *a* maternal, motherly

màl, -àil *nm* rent, rental, tax □ *air mhàl* rented, on rent □ *gabh air mhàl* rent □ ... *agus bha e a-nis air mhàl* ... and it was now rented □ *saor o mhàl* rent-free □ *màl dubh* blackmail □ *b'e seo am màl dubh* this was blackmail

màla, -an *nf* bag, wind-bag (of pipes)

màla-droma *nf* rucksack

mala, -aichean / malaidhean / mailghean / maileanan *nf* brow, eyebrow □ *bha mailghean tiugha dubha air* he had thick, black eyebrows

malairt *nf* & *vn* of **malairt** exchanging etc., barter, commerce, exchange, interchange, trade, transfer, variant □ *dèan malairt* barter, trade, truck *v*

malairt, malairt *v* bandy, exchange

malairteach, -ich *a* commercial, mercantile, reciprocal

malairtich, -eachadh *v* barter, commute, exchange, interchange, reciprocate □ *mhalairtich e muc airson poca flùir* he bartered a pig for a bag of flour

malc, -adh *v* rot □ *bha i a-nis a' malcadh air a' chladach* she (the boat) was now rotting on the foreshore

malcadh, -aidh *nm* & *vn* of **malc** rotting etc., rot

malcaidh *a* fusty

malcte *pp* putrid, rotten

màlda *a* coy, feminine, gentle, mild, modest, unassuming □ *duine màlda* a mild / gentle man □ *urra mhàlda* an unassuming character

màldachd *nf* modesty

mall, -aille *a* deliberate, slow □ *bha e a' bruidhinn gu mall* he was speaking slowly

mallachd, -an *nf* curse, imprecation, malediction

mallaich, -achd / -achadh *v* curse, execrate, swear □ *bha mi gam mallachadh airson am mì-chùraim* I was cursing them for their carelessness

mallaichte *pp* cursed, damnable, execrable

mall-bhriathrach *a* a slow of speech

mam *nf* mam, mamma

màm, màim, -an *nm* tumour

màm-sic *nm* hernia, rupture □ *màm-sic loch-bhlèineach* hernia of the groin

mamaidh *nf* mam, mamma, mum, mummy

mamal, -ail, -ail *nm* mammal

man *prep* □ same as **mar** but does not lenite

man / mana *conj* □ same as **mur**

mana *nm* manna □ *thugadh am mana* the manna was given

manach, -aich, -aich *nm* monk

manachail *a* monastic, monkish

manachainn, -ean *nf* monastery

manachalachd *nf* monasticism

manachan, -ain, -an *nm* buttock

manadaireachd, -an *nf* augury

manadh, -aidh, -aidhean *nm* omen, presage, sign □ *thuirt e gun robh deagh mhanadh ann an seo* he said that this was a good omen (lit. that it was a good omen that was in this) □ *'s e droch mhanadh a bha ann* it was a bad omen □ ... *mar mhanadh air olc* ... like an omen of evil □ *bha e a' cur air mhanadh* ... he was predicting ...

manaidsear, -eir, -an *nm* manager

manaidsear-saothrachaidh *nm* production manager

manaifeasto, -othan *nm* manifesto

Manainneach *a* Manx

Manainneach, -ich, -ich *nm* Manxman

mànas, -ais, -an *nm* home-farm, 'mains' (the part of an estate cultivated by the owner)

mang, -aing, -an *nf* fawn

mangaineis *nm* manganese

mannas, -ais, -an *nm* gum (of the mouth) – also **bannas**

manntach, -aich *a* having a stammer □ *bha e car manntach* he had a slight stammer □ *bi manntach* stutter *v* □ *fear manntach* stutterer

mansa, -aichean *nm* manse □ *tha e cosgail a bhith a' cumail suas seann mhansaichean* it's expensive keeping up old manses

mantal, -ail *nm* mantle (geol.)

maodal, -ail, -an *nf* paunch, stomach, tripe

maoidh, -eadh *v* menace, threaten □ *bha e a' maoidheadh na cuip orra* he was threatening them with the whip (lit. he was threatening the whip on them) □ *bha na mnathan ga mhaoidheadh air a' chloinn* the women were threatening the children with him (e.g. a bogeyman)

maoidheach, -iche *a* threatening □ *bha sùilean maoidheach ga amharc* threatening eyes were watching him

maoidheadh, -idh *nm & vn* of **maoidh** threatening etc., threat

maoil, -e *nf* 1. forehead □ *bha maoil mhòr gheal oirre* she had a large white forehead □ *shuath e a mhaoil* he wiped his forehead 2. headland

maoile *nf* baldness, dullness, bluntness

maoilead, -eid *nm* bluntness

maoim, -e *nf* consternation, panic, terror □ *bha iad a' teicheadh le maoim* they were fleeing in (lit. with) panic 2. outburst, eruption

maoim-puill *nm* (geog.) mudslide **m.-slèibhe** *nm* (geog.) torrent (mountain)

m.-sneachda *nm* avalanche **m.-talmhainn** *nm* landslide

maoin, -e *nf* 1. asset(s), funds, gear, goods, pelf, wealth □ *a thaobh maoin an t-saoghail* in respect of wordly wealth 2. fund □ *maoin urrais* a trust fund □ *teachd-a-steach maoin urrais* trust fund income □ *thèid an t-airgead seo ann am maoin a' chumail suas* this money will go into the upkeep fund

maoin-chlàr *nm* invoice **m.-èalachadh** *nm* embezzlement □ *dèan maoin-èalachadh* embezzle

maoineachadh, -aidh *nm & vn* of **maoinich** financing etc. □ *co-dhùnaidhean maoineachaidh* funding decisions

maoineachail *a* financial

maoineachas, -ais *nm* finance

maoineadach *a* economic □ *dh'ionnsaich iad an leasan maoineadach* they learned the economic lesson

maoinich, -eachadh *v* finance □ *seallaimaid air an dòigh anns a bheil oileanaich air am maoineachadh* let's look at the way in which students are financed □ *mhaoinich iad an t-sreath dràma ùir* they financed the new drama series

maoiniche, -ean *nm* financier

maoirneag, -eige *nf* spat (spawn of shellfish)

maois *nm* 1. maize □ *maois san dias* corn on the cob 2. gathered heap of seaweed

maoiseach, -ich, -ichean *nf* doe

maol, maoil, maoil *nm* 1. cape, promontory 2. see **maoil** *nf*

maol, maoile *a* bald, blunt, dense (mentally), dull (of intellect), flat (*mus*), jaded (of appetite) □ *sabh maol* a blunt saw 2. hornless, polled (of a cow) □ *chan eil ann ach bò odhar mhaol agus bò mhaol odhar* it's six of one and half a dozen of the other (lit. there isn't in it but a dun, polled cow and a polled, dun cow)

maolachadh, -aidh, -aidhean *nm & vn* of **maolaich** blunting etc. palliation, qualification

maolaich, -achadh *v* blunt, make / become blunt, dull, flatten (*mus*), flatten / lay flat the ears (of an animal) lull, qualify, take the edge off □ *maolaichidh tu an sabh* you will blunt the saw □ *mhaolaich an sgeilb* the chisel became blunt □ *mhaolaich an t-each a chluasan* the horse flattened his ears

maol-aigneach *a* dull-witted. stupid □ *'s e duine slaodach maol-aigneach a bha ann* he was a slow dull-witted fellow **m.-dhearc** *nf* mulberry

maor, maoir, maoir *nm* officer with official
duties (usually qualified by an *adj* or
another *noun*) □ *maor (na h-oibre)* foreman
maor-cladaich *nm* 1. coastguard 2. redshank
m.-coille *nm* forest-ranger **m.-coimhid** *nm*
warder **m.-eaglaise** *nm* beadle, church-
officer **m.-sìthe** *nm* constable
maorach, -aich *nm* 1. shellfish in general □
tha Seumas a-nis ri maorach James is now
[engaged in] fishing for shellfish □
*b'fheudar dhaibh maorach a thoirt às an
tràigh a h-uile latha* they had to take shell-
fish from the beach every day □ *rinn e
maorach fhad 's a bha 'n tràigh ann* he
gathered shellfish while the tide was out
i.e. he was enterprising (proverb) 2. bait
maoth, maoithe *a* flaccid, pliable, soft (in
texture, character), tender □ *a dh'aindeoin
mo bhliadhnachan maotha* despite my ten-
der years □ *tha a'chlòimh a'faireachdainn
tais agus maoth ri do chraiceann* the wool
feels soft and tender against your skin □
bha na bonnan aige car maoth an toiseach
his soles were rather tender at first
maoth-bhruich *a* soft-boiled **m.-fhacal** *nm*
euphemism **m.-chnàimh** *nm* cartilage
m.-inntinneach *a* sentimental
maothachadh, -aidh *nm* & *vn* of
maothaich mollifying etc., mollification
maothachd *nf* softness
maothag, -aige, -an *nf* premature egg with
no shell
maothaich, -achadh *v* featherbed, mollify,
soften, unbend
maothalachd *nf* tenderness
maothan, -ain *nm* cartilage, gristle, lobe □
*tha maothan a'ceangal dà thaobh na slige
ri chèile* cartilage binds the two sides of
the shell together
maothanach, -aich *a* cartilaginous, gristly
maothran, -ain, -ain / -an *nm* 1. infant □ ...
a bha a-nise na mhaothran lag fann ...
who was now a feeble, weak infant
2. tissue (muscle)
map, -a, -aichean *nm* map □ *map poilit-
igeach* (geog.) political map □ *map
tomhas-riaghaltais* Ordnance Survey map
map-sgeidse *nm* sketch-map

mar *prep* as, like + *dat case* + *len* of
indef noun but *acc case* of *def noun* □
thuit e mar chloich he fell like a stone
□ *mar shaighead* like an arrow □ *ruith
e mar a'ghaoth* he ran like the wind □
this also applies to *nouns* preceded by

a *poss adj* □ *mar mo bhean* like my
wife – but: *mar mhnaoi* like a woman /
wife □ *bha nithean mar leabhraichean,
mhìosachain, chairtean agus chasaetean
ri an reic* there were things like books,
calendars, cards and cassettes for sale –
note how each word in the list is
lenited □ *ruagadh an t-arm dearg mar
am moll ro na Gaidheil* the redcoats
were driven like [the] chaff before the
Highlanders □ *bi mar* seem, be like
□ *...agus gu dearbh sin mar a bha...*
and indeed that's how it was / how
it turned out etc. □ *...ach mar a
thachair...* but, as it happened / turned
out □ sometimes translates as 'what':
tha e duilich mar a thachair dha it's
sad what happened to him (lit. how
it turned out for him) □ *bhiodh a
bhràthair a' smaoineachadh gun robh
cùisean gu math eadar-dhealaichte
bho mar a bha iad* his brother would
think that things were quite different
from what / how they were □ *bha sinn
toilichte leis mar a bha cùisean a'dol*
we were pleased with how things were
going
mar often translates as 'as' □ *bha
e suidhichte mar cheistear* he was
appointed as a catechist □ *tha mi a'
bruidhinn riut mar charaid* I'm
speaking to you as a friend
mar *conj*
1. used with *rel pron* – **mar a** □ *rinn e
mar a dh'iarradh air* he did as he was
asked (lit. as was asked on him) □ *mar
a tha e* as it is, in its true colours □ *mar
thèid an t-eun o dhuilleig gu duilleig
thèid am mèanan o dhuine gu duine* as
the bird goes from leaf to leaf the yawn
goes from person to person (proverb) □
ceart mar just as *ceart mar a thuirt mi*
just as I said □ *chan ionnan idir 's mar
a bha* it's not like it was / it isn't the
same as it used to be □ *thòisich iad air
èigheachd mar nach do dh'èigh iad
riamh roimhe* they started to shout as
they had never shouted before □ **agus /
is / 's** is inserted between an *adj* and
mar – *bochd 's mar a tha mo dhachaigh*
poor as my home is □ *...mòr 's mar
a tha e, tha e glè shoitheamh* big as he
is, he is very gentle □ *...sin as adhbh-
har gu bheil seo mar a tha* that is why
this is so / as it is note also: *...mar
a bha na mìosan a' ruith...* as the

months passed □ ...*mar a bha na bliadhnachan a' dol seachad* ... as the years passed
mar a becomes **mar as / mar is** with the assertive verb □ ...*mar is aithne dhut* ... as you know □ but **mar bu** does not change – *mar a b'fheàrr a b'urrainn dhomh* as best as I could 2. **mar gun / gum** *conj* as if, as though □ *thog e a cheann mar gun cuala e rudeigin* he raised his head as if he had heard something □ *mar gun canadh tu* ... as though you were to say ... □ ... *mar gum biodh e a' cur fàilte orm* ... as if he were welcoming me ... □ *tha sinn a' smaoineachadh air truailleadh na h-àrainneachd mar gum biodh e a' ciallachadh a-mhàin* ... we think about the pollution of the environment as if it meant only ... □ *mar gum biodh e air cus òl* as if he had drunk too much □ also *mar gum bitheadh / biodh* alone = as it were □ *chuir e mar gum biodh clach-ghlasaidh air an argamaid* it put, as it were, a keystone on the argument □ *bha iad air cala foistinneach a thoirt a-mach mar gum biodh* they had reached a peaceful harbour as it were 3. **mar nach** *conj* is the negative form of 2. above = as if ... not, as though ... not □ *mar nach robh dùil ris a chaochladh* as if nothing else were to be expected □ but also translates as 'how ... not' □ *nach mìorbhaileach mar nach eil iad air am milleadh* isn't it marvellous how they haven't been spoiled
mar is used with the *dem prons* thus:
mar sin accordingly, in that manner, so (= like that / therefore), thus *adv* □ *mas ann mar sin a tha* if that's the case □ *agus mar sin air adhart* ... and so on, etcetera □ *mar sin bitheadh* so be it, so let it be □ *'s ann mar sin a tha cùisean* that's the way things are □ ... *ach cha b'ann mar sin a bha* ... but it wasn't like that / but that's not how it was □ *mar sin leat / leibh* goodbye, cheerio, 'bye, 'bye etc. (lit. like that with you / the same to you – orig. in reply to **beannachd leibh** – a blessing [be] with you – see **le**) □ *bho chionn fichead bliadhna no mar sin* twenty years or so ago □ **dheth** often accompanies **mar sin** thus: *mar sin dheth bhitheadh e riatanach seo a dhèanamh*

therefore it would be necessary to do this
mar seo so *adv* (like this), thus □ *carson a bha seo mar seo?* why was this so?
mar as trice (*pres tense*) / **mar bu trice** (*past tense*) as often as not, mostly, usually □ *mar bu trice 's e craiceann o mholt a chleachd iad* usually it was the skin from a wedder that they used □ *seo an dòigh as trice a leanar* this is the method mostly followed □ *bha drèin air mar bu trice* he was usually grimacing
Note also the following idiom using *comp forms* of *adjs*: *mar as sine a dh'fhàsas iad 's ann as gòraiche a dh'fhàsas iad* the older they grow the more foolish they become □ ...*ach mar bu mhotha (a) smaoinichinn air 's ann bu lugha (a) bheirinn creideas gun robh e fìor* ... but the more I thought about it the less I believed that it was true (lit. the more I would think ... the less I would give credence that etc.) □ *mar bu duilghe a dh'fhàs e làmh fhaighinn air tombaca, 's ann bu mhiannaiche a bha e air* the more difficult it became to get hands (lit. a hand) on tobacco, the more desirous he was of it
mar thà *adv* already □ ... *mur eil iad air a dhèanamh mar thà* ... if they haven't already done it / unless they've already done it
mar an ceudna *adv* likewise, too □ ... *agus rinn e mar an ceudna* ... and he did likewise
mar-aon *adv* as one, as a team, at once (at the same time), in concert together □ *bha am baile ag obair mar-aon* the township was working as a team
mar ri *prep* with – see **maille ri**

mara *a* marine, of the sea, sea □ *iasg mara* sea-fish / marine fish □ *port mara* seaport □ *eun mara* sea bird □ *eòin mhara* seabirds □ *bàta math mara* a good sea boat □ also *gen sing* of **muir** sea
marachd *nf* □ see **maraireachd**
marag, -aige, -an *nf* pudding □ *marag dhubh / gheal* black / white pudding □ *marag ghoileach* the stomach of a fish stuffed with minced fish livers, oatmeal and spices (see **goile**)

marag-bhuidhe *nf* charlock, wild mustard
maraiche, -ean *nm* 1. mariner, navigator, sailor, seafarer, seaman □ *na Maraichean Rìoghail* the Royal Marines 2. scurvy-grass
maraireachd *nf* navigation, seamanship
maraireachd *a* nautical □ *cùisean maraireachd* nautical matters
marannan *pl* of **muir** seas
maraon *adv* □ see **mar-aon** (under **mar** above)
marasgal, -ail, -an *nm* marshal
marasgal-feachd *nm* field marshal
marbal, -ail, -ail *nm* marble (ball)
marbh *a* dead, defunct, inanimate, lifeless, stagnant □ *tha an dithis marbh* they are both dead □ *cho marbh ri sgadan* as dead as a herring cf. as dead as a dodo □ *geugan marbha* dead branches / twigs
marbh, mairbh, mairbh *nm* 1. dead (i.e. stillness, quiet) □ *[ann] am marbh na h-oidhche* in the dead of night □ *am marbh a' gheamhraidh* in the dead of winter □ *ri marbh an t-siùil-mhara* at slack tide 2. dead person ... *a' fagail na soraidh mu dheireadh aig a' mharbh* ... saying the last farewell to the dead (person) □ commonly used in the *pl* **na mairbh** the dead □ *dhùisg E na mairbh bhon bhàs* He roused the dead from death □ ... *a dh'èirich a-rithist o na mairbh air an treas latha* ... who rose again from the dead on the third day
marbh, marbh *v* kill, slay □ *mharbh e am madadh-allaidh* he killed the wolf
marbh-bhreith *a* stillborn □ *bha an leanabh marbh-bhreith* the child was stillborn
m.-dheanntag *nf* dead nettle **m.-lann** *nf* mortuary **m.-shanas** *nm* obituary
marbhadh, -aidh *nm & vn* of **marbh** killing etc., slaughter
marbhaiche, -ean *nm* killer
marbhan, -ain, -an *nm* corpse
marbhanta *a* inactive, inert, lethargic □ *tha am mac-meanma aige gu tur marbhanta* his imagination is completely inactive
marbhantachd *nf* dullness, inactivity, inertness, stupor, torpor □ *chuir iad dhiubh a' mharbhantachd a bu nòs dhaibh* they threw off their customary inactivity (lit. put off the inactivity that was customary to them)
marbhphaisg, -e, -ean *nf* shroud (death shroud), winding-sheet □ *chunnaic e taibhse 's e còmhdaichte ann am marbhphaisg* he saw a ghost [and he] covered in a shroud □ *cuir marbhphaisg air* shroud *v* □ *mìle marbhphaisg* a thousand curses

marbhrann, -ainn, -an *nm* elegy
marbhtach, -aiche *a* deadly, fatal
marbhte *pp* of **marbh** deadened, benumbed □ *bha an inntinn marbhte len cruaidhchàs* their minds were benumbed by their hardship
marcach, -aich, -aich *nm* jockey
marcachd *nf & vn* of **marcaich** riding, horsemanship
marcaich, -achadh / marcachd *v* ride
marcaiche, -ean *nm* horseman, rider
marcan-sìne *nm* sea spray
marcas, -ais *nm* marquis
Marcsach, -aich, -aich *nm* Marxist
Marcsach *a* Marxian
marc-shluagh *nm* cavalry
marg, -airg, -an *nm* mark (coinage)
margadh, -aidh, -aidhean *nm* market □ *margadh an èisg* fish-market □ *tha iad air an amas air an aon mhargadh* they are aimed at the same market
margadh-chruidh *nm* cattle market
margaid, -e, -ean *nf* market □ same as **margadh**
margaideachd *nf* marketing
margaideachd *a* marketing □ *cothroman margaideachd* marketing opportunities
margarain *nm* margarine
marmalaid *nm* marmalade
màrmor, -oir *nm* marble (stone) □ *bha ìomhaigh de mhàrmor ghil an sin* there was a statue of white marble there □ *ann an cruth bìobaill màrmoir* in the form of a marble bible (a bible of marble)
màrsail *nf* march, marching □ *dèan màrsail* march
Màrt, -àirt *nm* am Màrt March *chì mi sibh a-rithist anns a' Mhàrt* I'll see you again in March
mart, mairt *nm* cow (at one time a cow to kill for winter) □ *air sgàth aon mhairt* for the sake of one cow
martach, -aich *a* bovine, cow-like
martair, -ean *nm* martyr □ *chaidh na martairean sin a naomhachadh an-uiridh* these martyrs were canonized last year
martarach, -aich, -aich *nm* martyr
martarachd *nf* martyrdom
marùn *a* maroon
màs, -àis *nm* backside, bottom, bum, buttock
mas *conj* □ see **mus**
mas = ma is □ see **ma** *conj*
masg, -a, -an *nm* mask
masgàra *nf* mascara
mas-fhìor phr. as in: *feumaidh tu stad de dhèanamh mas-fhìor gu bheil thu* ... you

must stop pretending that you are ... (see also **fìor, mas fhìor**)

maslach, -aiche *a* degrading, disgraceful, ignominious, infamous, scandalous, shameful □ *'s e ainm maslach a bha aig a' mhuinntir orra* the people had a degrading name for them (lit. it's a degrading name that was at the people on them) □ *tha mi a' smaoineachadh gu bheil sin dìreach maslach* I think that's just disgraceful □ *bàs maslach* an ignominious death □ *bha e cho olc maslach ri duine sam bith* he was as evil and infamous as any man

maslachadh, -aidh *nm & vn* of **maslaich** affronting etc., affront

masladh, -aidh, -aidhean *nm* affront, disgrace, infamy, reproach, shame □ *'s e a bha ann masladh dìreach* it was just a disgrace □ *am bliadhna thogadh am masladh seo de ar dùthaich* this year this shame was lifted off our country

maslaich, -achadh *v* affront, disgrace, shame □ *bhitheadh e ga mhaslachadh fhèin leis an deoch* he used to disgrace himself (lit. would be disgracing himself with the drink)

matà □ see **ma tha** under **ma**

matamataic, (eòlas) matamataic *nm* mathematics

matamataiceach, -aich *a* mathematical

matamataicear, -eir, -an *nm* mathematician

---

math, feàrr *a* considerable, good, well □ *bha am biadh sin fallain is math dhuinn* that food was wholesome and good for us □ *na nithean matha a tha air tachairt* the good things which have occurred □ *fear math gu dèanamh* doer □ *tha an obair seo math gu leòr* this work is passable □ *fìor mhath* high-class □ *chan eil e math dhomhsa a bhith* ... it's no good my being (lit. it's not good for me to be) ... □ note also – *nach math dha!* isn't he fortunate! / how fortunate for him! (cf. **nach buidhe dha**) □ *tha sin glè mhath dhuibh* that's very good for you □ *(dìreach) math fhèin!* excellent! □ *math dha-rìreabh!* first rate! □ and also: *'s ann a bha bàthadh tuilleadh is math dha* drowning was too good for him □ *math dheth* well off □ *cha robh e math dheth* he wasn't well off □ *'s e nach eil math mun t-suidheachadh gu bheil* ... what isn't good about the

situation is that ... □ *mo ghille math ort!* good for you! good lad!

math air good at □ *tha e math air snàmh* he is good at swimming □ *tha i math air fuine* she is good at baking □ *tha an tuagh sin math air gearradh an fhiodha* that axe is good for (lit. 'on') cutting [the] wood

math is often used with the assertive verb: *is math gun do rinn iad seo* it's good that they did this / it's a good thing they did this □ *bu mhath gun tuigeadh iad gu bheil seo air tachairt* it would be well that they understood that this has happened □ *is math tha fhios agad nach eil sin fìor* you know well that's not true □ note also: *'s math sin* that's good

math is often used in expressions of greeting or leave-taking □ *latha math leat / leibh* good day to you (lit. [may] a good day [be] with you) □ *oidhche mhath leat / leibh* goodnight [to you] □ *feasgar math leat / leibh* good afternoon / evening [to you] □ note that **do** and its *compds* are used in greetings e.g. *latha math dhuibh* good day to you □ but note also: *fàg latha math aig duine* bid someone good day □ *an dèidh dhaibh oidhche mhath fhàgail aige* ... after [to them] saying good night to him / after they had bid him good night / (after) bidding him good night ... etc.

gu math *adv* well □ *ciamar a tha thu?* tha gu math, tapadh leat* how are you? well, thank you □ *tha gach nì gu math a chrìochnaicheas gu math* all's well that ends well □ *an toiseach chaidh dhomh gu math* at first it went well for me □ *rinn e seo gu math is gu ro mhath* he did this extremely well

gu math is also used to qualify *adjs* as follows: fairly, quite, rather, considerably, somewhat, very □ *tha e gu math àrd* it's fairly high □ *uaireannan gu math nas fhaide às* sometimes considerably further off □ *tha an dùthaich seo gu math nas motha na Breatann* this country is considerably bigger than Britain □ *"Tha mi coma," ars esan gu math fionnar* "I don't care," he said rather coolly □ *tha cùisean gu math nas fheàrr na sin a-nis* things are rather better than that now

cho math is used in various ways:
1. *cho math ri sin / cho math ris a sin* as well as that (= in addition to that), further 2. *nach robh e cho math dha a bhith air fuireach far an robh e?* wouldn't it have been as well for him to stay where he was? □ *ghabh mi m'ùine agus bha e cho math* I took my time and it was [just] as well 3. also used as above with the assertive verb □ *bu cho math dha [a] fhàgail aig na daoine a tha eòlach air na cùisean seo* he would be just as well to leave it to the people who are familiar with these matters (lit. it would be as well for him etc.) □ *tha e cho math dhomh dèanamh air an taigh* it is as well for me to make for the house
is math leam I like, I am fond of □ *cha mhath le inntinn rianail nì a tha mi-rianail* an orderly mind does not like something disorderly □ most usually found in the *imperf / cond tense*: I would like etc. □ *bu mhath leam seo a ràdh* I would like to say this □ *... a dhèanamh mar bu mhath leotha ...* to do as they liked / would like □ *dè bu mhath leat a dhèanamh?* what would you like to do? □ *bu mhath le Calum càr ùr* Calum would like a new car □ *bu mhath leotha ur faicinn* they would like to see you □ *bu mhath leam a dhol ann* I would like to go there □ *bu mhath leis na balaich a dhol chun a' ghèam* the boys would like to go to the game
an ìre mhath *adv* fairly (see **ìre**)
math dh'fhaoite *adv* possibly (see **ma dh'fhaoite**, under **ma**)
feàrr, usually lenited to **fheàrr** is the *comp form* □ *beatha a bha mì-chinnteach nuair a b'fheàrr i* a life which was uncertain at best (lit. when it was best – see **feàrr** for further examples)
math, maith *nm* advantage, good, use, profit, utility □ *chum math na dùthcha* to the country's advantage □ *chan eil e gu math dhut a bhith a' gearan* there's no point in complaining □ *chan eil math sam bith dhomh sin a dhèanamh* there's no point in my doing that □ *feumaidh sinn math an t-sluaigh a chur air thoiseach air pàrtaidhean* we must put the good of the people before

parties □ *bha iad a-mach a' gabhail math an latha* they were out taking the good of the day □ *dè am math a bhith bruidhinn?* what's the good / use of talking? □ *dè am math a bha sin?* what good was that? □ *dè am math dhut a thighinn an seo?* what's the good of you coming here? (lit. what the good for you to come here?) □ *am math is an t-olc* the good and the bad □ *... a chum math nan uile ...* for the good of all □ *cha robh càil a mhath dhomh cuideachadh iarraidh air Calum* there wasn't a bit of good asking help from Calum (really **càil de mhath**) □ *math na bà* the 'fruit' of the cow, dairy produce □ *... a bha gu math an t-sluaigh gu lèir ...* which was for the good of all the people □ sometimes **math** is used to mean 'good people' □ *tha math agus dona nar measg* there are good and bad among us
math, -adh *v* condone, excuse, forgive, pardon, remit (+ **do**) □ *mhath e gu saor dhaibh* he freely forgave them □ *math dhuinn ar peacaidhean* forgive us our sins

---

mathachadh, -aidh *nm & vn* of **mathaich** improving etc., improvement, manure *mathachadh gàrraidh* compost
mathachas, -ais, -an *nm* nutrient □ *mathachas talmhainn* soil nutrient
mathadh, -aidh *nm & vn* of **math** forgiving etc., remission
mathaich, -achadh *v* dung, fertilize, improve, manure
mathaid, is mathaid gu / gun / gum perhaps (a dialectal and distorted form of **ma dh'fhaoidte**) □ *bha i 's mathaid deich air fhichead* she was perhaps thirty □ *'s mathaid gun robh e na chadal* perhaps he was asleep □ *'s mathaid gu bheil e air dol dhachaigh* perhaps he has gone home □ *thàinig e a-steach air gu h-obann gur mathaid gun robh ...* he realized suddenly that perhaps ... was ...
màthair, màthar, màthraichean *nf* mother, origin, source □ *gun mhàthair* motherless □ *gach mac màthar dhiubh* every mother's son of them □ *Calum, bràthair mo mhàthar agus Màiri, piuthar mo mhàthar* Calum, my (maternal) uncle and Mary, my (maternal) aunt

màthair-adhbhar *nm* origin, primary cause, source **m.-chèile** *nf* mother-in-law **m.-uisge** *nf* reservoir, source

màthaireachd *nf* maternity

màthaireil *a* motherly, mother *adj*, maternal □ *'s i a' Ghàidhlig ar cànain mhàthaireil* Gaelic is our mother tongue / maternal language

mathan, -ain, -ain *nm* bear

mathan-bàn *nm* polar bear □ *bian a' mhathain-bhàin* the polar bear's skin

mathanas, -ais *nm* □ see **maitheanas**

mathas, -ais *nm* fertility (of soil), goodness, nutrition

math-ghamhainn *nm* bear *gen* **math-ghamhna** *pl* **math-ghamhainnean** □ *bha e na laighe air bian math-ghamhna* he was lying on a bearskin

mathroinn *nf* risk □ *air mo mhathroinnsa* at my risk

meacan, -ain, -ain *nm* root of any plant, bulb – not used much now except in *compd nouns* as follows:

meacan-dogha *nm* burdock **m.-dubh** *nm* comfrey **m.-dubh-fiadhain** *nm* bugle (plant) **m.-each** *nm* horse-radish **m.-easa** *nm* paeony **m.-ragainn-uisge** *nm* sea-radish **m.-ruadh** *nm* radish **m.-slèibhe** *nm* stinking hellebore

meacanaich *nf* sobbing

meacanaig, -ean *nm* mechanic

meachair, -e *a* 1. soft, tender, delicate 2. pretty, beautiful, handsome

meachaireachd *nf* 1. beauty / sweetness of countenance

meadair, -ean *nm* meter □ *meadair caismeachd* metronome

meadaireachadh, -aidh *nm & vn* of **meadairich** scanning (metr.)

meadaireachd *nf* metre (of verse) □ *bi a rèir meadaireachd* scan (metr. – *intrans*)

meadairich, -eachadh *v* scan (metr. – *trans*)

meadh *nm* mead

meadha-duach *nm* feverfew

---

meadhan, -ain, -an *nm* 1. average, middle, centre, heart, waist □ *anns a' mheadhan / sa mheadhan* in the centre, central, midway □ *choisich e a-steach do mheadhan na coille* he walked into the middle of the wood □ *tro mheadhan an làir* through the middle of the floor □ *bha àite aige anns a' mheadhan* he occupied a central position □ *(ann) am meadhan an*

Fhaoillich in the middle of January □ *meadhan a' bhaile* the town centre □ *am meadhan a' bhaile* in the centre of the town □ *am meadhan an rathaid* in the middle of the road □ *am meadhan na h-oidhche* in the middle of the night □ *cuir sa mheadhan* centre 2. mechanism, medium, means, instrument (means etc.) □ *na meadhanan* the media □ *tha duais air a thairgse airson fiosrachadh a tha na mheadhan air a lorg* a reward is offered for information that is a means of tracing it (i.e. that leads to its recovery) □ *'s e an sgeulachd ghoirid am meadhan roisg as torraiche a tha againn ann an Gàidhlig* the short story is the most prolific prose medium we have in Gaelic □ *a' cleachdadh nam meadhanan craobh-sgaoilidh* using the broadcasting media □ *na mòr mheadhain* the mass media □ *tha e na deagh mheadhan air sin a dhèanamh* it *fem* is a good way / means of doing that 3. **na meadhanan** *n pl* (the) meetings i.e. religious meetings held regularly □ *bha i a' frithealadh nam meadhanan gu cùramach* she was attending the meetings scrupulously □ *meadhanan nan gràs* religious meetings

mar mheadhan air *prep phr* as a means of, instrumental in □ *bha iad mar mheadhan air a thoirt gus a' chuirt / dhan chuirt* they were responsible for / were instrumental in taking him to court □ *mar mheadhan air clann a thàladh air ais gu an cainnt mhàthaireil* as a means of attracting children back to their mother tongue

am meadhan *prep + gen* among, amid, amidst, in the middle of □ far less common than **am measg** □ *am meadhan nam beann* among the hills

meadhan *a* middle

. . . .

meadhan- *pref* mid- etc. □ *bha e na mheadhan-fhicheadan* he was in his mid-twenties □ some of the more common *compds* are given below:

meadhan-aomachail *a* centripetal **m.-aoiseach** *a* / **m.-aoiseil** *a* medieval □ *dòigh-beatha an duine mheadhan-aoisich* the lifestyle of medieval man **M.-aoisean, na M.-aoisean** *n pl* Middle Ages **m.-bhuidheann**

nf middle-class **m.-chearcall (na talmhainn)** *nm* equator **m.-là / m.-latha** *nm* midday, noon, noontide □ *tha biadh meadhan-latha air a sholar* a midday meal is provided **m.-loidhne** *nf* meridian **m.-oidhche** *nm* midnight □ *thàinig e air ais aig meadhan-oidhche* he returned at midnight **m.-sheachnach** *a* centrifugal **m.-shearach** *a* middle eastern **m.-shiarach** *a* mid-western **m.-thrastan** *nm* diameter **m.-thrastanach** *a* diametrical **M.-thìreach** *a* Mediterranean

---

meadhanach *a* mediocre, medium, middling □ *meadhanach (math)* tolerable □ *meadhanach mòr* quite big, sizable □ *meadhanach òg* fairly young *meadhanach fliuch* wettish *meadhanach furasta* fairly easy, moderately easy □ *le mogall meadhanach mìn* with a fairly fine mesh □ *tha mi meadhanach math* I'm reasonably / tolerably well □ note, however, that **meadhanach** may mean 'poorly' □ *cuin a dh'fhàs e cho meadhanach?* when did he become so poorly?
meadhanachadh, -aidh *nm* & *vn* of **meadhanaich** centralising
meadhanaich, -achadh *v* centralise
meadhanaichte *pp* centralised □ *riaghladh meadhanaichte* centralised government
meadhanail *a* mean (stats.), median, middle
meadhanas, -ais *nm* mediocrity
meadh-bhlàth, -aithe *a* lukewarm, tepid □ *cha robh an t-uisge ach meadh-bhlàth* the water was just lukewarm
meadhrach, -aiche *adj* cheerful, glad, pleasant
meadrachail *a* metrical
meadrachd *nf* metre (of poetry)
meagh-bhlàth □ see **meadh-bhlàth**
meal, -adh / mealtainn *v* enjoy, have □ *meal do naidheachd! / mealaibh ur naidheachd!* (*sing / pl* respectively) congratulations! (lit. enjoy your news!) □ a little more formally – *gum meal sibh ur naidheachd* (lit. may you enjoy your news!) i.e. congratulations! (see also **meal-an-naidheachd**)
meal-an-naidheachd *s* congratulations □ *cuir meal-an-naidheachd air* congratulate □ *chuir e meal-an-naidheachd orra* he congratulated them □ *'s cinnteach gum faod sinn meal-an-naidheachd a chur ort* it's certain we may congratulate you □ *bu toigh leam meal-an-naidheachd a chur*

air *D. agus C.* I would like to congratulate *D.* and *C.* □ *bu mhath leam meal-an-naidheachd a chur ort* I would like to congratulate you
mealach, -aich *a* mellifluous
mealag, -aige *nf* □ see **mealg**
meal-bhucan *nm* melon
mealg, meilg / -a, -an *nf* milt □ *bhitheadh iad a' tilgeil air falbh na meilg agus na h-iuchrach* they used to throw away the milt and the roe
meall, -adh *v* abuse trust, beguile, charm, cajole, cheat, deceive, decoy, delude, disappoint, dupe, entice, fool, gull, hoodwink, lure, swindle, trick □ *meall le brìodal* wheedle □ *mur eil mi air mo mhealladh* if I have not been deceived i.e. if I'm not mistaken □ *...ach bha e air a mhòr mhealladh...* but he was greatly mistaken □ *bha i air a mealladh aig duine òg* she was deceived by a young man
meall, mill, mill / -an *nm* aggregate, bank (of fog, mist, cloud etc.) bump, clot, hunch, lump, mass (great quantity), mountain, node, pile, protuberance, tumour □ *meall ceò* fogbank, bank of fog □ *mill cheò* fogbanks, banks of fog □ *meall (uisge)* shower of rain □ *meall fiodha* a mass of timber *Meallan Champsaidh* Campsie Fells
meall-an-sgòrnain *nm* Adam's apple **m.-dhèan** *v* mass-produce **m.-dhèanamh** *nm* mass-production **m.-dhibhearsain** *nm* mass-entertainment **m.-fearainn** *nm* land mass **m.-mhurt** *nm* mass-murder **m.-uisge** *nm* shower of rain
meallach, -aiche *a* 1. hilly, gnarled □ *cha chinn i an àitean meallach* it will not grow in hilly places □ *shìn e làmh mheallach dhomh* he proferred me a gnarled hand 2. illusory □ *...ach tha an saoghal sin meallach...* but that world is illusory
mealladh, -aidh *nm* & *vn* of **meall** cheating etc., beguilement, (personal) charm, deception, delusion, disappointment, hoax, illusion, imposture, lure, sham □ *'s e mealladh a bha gu bhith annta uile* they were all going to be a disappointment
mealladh-dùil *nm* disappointment □ *tha an leabhar seo na mhealladh-dùil* this book is a disappointment □ *chan fhaigh sibh mealladh-dùil ma cheannaicheas sibh an leabhar seo* you will not be disappointed if you buy this book □ *cha d'fhuair mi mealladh-dùil* I wasn't disappointed □ *gheibh e mealladh-dùil ma tha sùil aige ri a leithid* he'll be disappointed if he expects anything of the sort

meallan, -ain, -an *nm* cluster
meallan-criona *nf* chilblains
meallanach, -aiche *a* lumpy
meallta *pp* charming, deceitful, deceptive, false, mock □ *thoir fios meallta* misinform □ *bha mi a' faireachdainn cho meallta* I was feeling so deceitful
mealltach, -aiche 1. alluring, winning □ *tha ruith mhealltach air a' bhàrdachd seo* there is an alluring flow to this poetry 2. delusive, delusory, sham, specious, spurious, treacherous □ *tha e làn de bhodhaichean mealltach* it is full of treacherous reefs / rocks
mealltair, -ean *nm* deceiver, betrayer, cheat, imposter, swindler
meamhair / meamhraich etc. □ see **meomhair / meomhraich**
meamran, -ain, -an *nm* membrane □ *meamran sùla* cataract (eyes)
meamranach, -aich *a* membranous
mealltaireachd *nf* swindling
mean, mean air mhean *adv* by degrees, gradually, piecemeal □ *bha e mean air mhean ag aomadh chun a' bheachd a bha agamsa* he was gradually inclining towards the opinion I had
mean-fhàs *nm* evolution
mèanan, -ain, -an *nm* yawn □ same as **mèaran**
mèananach *a* yawning
mèananaich *nf* yawning □ same as **mèaranaich** □ *dèan mèananaich* gape, yawn
meanbh, -a *a* diminutive, little, minute, small, tiny, wiry
meanbh- *pref* denoting smallness, minuteness
meanbh-bhotal *nm* phial **m.-chlàr** *nm* compact disc **m.-choire** *nf* peccadillo **m.-chompiutair** *nm* micro-computer **m.-chraobh** *nf* bush □ *shnàig e tro na meanbh-chraobhan* he crept through the bushes **m.-chuileag** *nf* midge – the *def sing form* is often used in preference to the *pl* □ *bha sinn uile sgìth den mheanbh-chuileig* we were all tired of the midges **m.-dhealbh** *nm/f* miniature **m.-eleactronas** *nm* micro-electronics **m.-fhrìd(e)** *nf* insect **m.-pheasair** *nf* millet **m.-phongan** *n pl* minutiae **m.-thonnach** *adj* microwave □ *àmhainn mheanbh-thonnach* microwave oven
meanbhachd *nf* minuteness, smallness
meanbhair, -ean *nm* diminutive
meanbhan, -ain, -an *nm* diminutive
meang, -aing / -a, -an *nf* abnormality, flaw □ *gun mheang* faultless

meangach, -aich *a* abnormal
meangach, -aich *nf* common cinquefoil
meangan, -ain, -ain / -an *nm* branch □ same as **meanglan** □ *... agus is iad meangain na craoibhe seo na Gaidheil ...* and the branches of this tree are the Gaels
meanglan, -ain, -an *nm* bough, branch
meanmach, -aiche *a* mettlesome, high-spirited □ *mar each meanmach* like a mettlesome horse
meann, minn, minn *nm* kid, young goat □ *thug e an aire do ghobhar le a meann* he noticed a goat with her kid
meannt, -a *nm* mint (plant)
meannt-an-arbhair *nm* corn-mint **m.-an-uisge** *nm* water-mint **m.-each** *nm* horse-mint **m.-gàrraidh** *nm* spearmint
mear *a* frisky, jocular, lively, merry, sportive, sprightly □ *bha e cho mear is a bha e comasach do dhuine cho mòr ris a bhith* he was as frisky as it was possible for a man as big as he to be
mear-cheum *nm* quickstep **m.-shaillt** *a* nitrous **m.-shalann** *nm* nitre, saltpetre
mearachadh, -aidh, -aidhean *nm* aberration, hullucination, illusion □ *mearachadh sùla* mirage
mearachd, -an *nf* error, inaccuracy, lapse, mistake, slip □ *dèan mearachd* lapse, make a mistake / error □ *buailteach do mhearachd* fallible □ *tha duine sam bith buailteach do mhearachd* anyone is fallible □ *mearachd clò-bhualaidh* misprint □ *'s e mearachd a bhitheadh ann a bhith a' smaoineachadh gu bheil mi ...* it would be a mistake to think that I am ... □ *'s e droch mhearachd a tha seo* this is a bad error □ *gun cus mhearachdan* without too many errors – **cus**, being an unstressed word, is not lenited after **gun** □ *bi am mearachd* be mistaken □ *... mur eil mi am mearachd ...* unless I am mistaken □ *feumaidh gu bheil thu am mearachd* you must be mistaken □ *air mhearachd* by mistake □ *bha a' mhearachd air a ceartachadh* the error was corrected
mearachdach, -aiche *a* erring, erroneous, fallacious, faulty, inaccurate, incorrect, mistaken, wrong □ *bha beachdan glè mhearachdach aca* they had very erroneous views □ *ach aon ghrèim mearachdach cha robh annta* but there was not one faulty stitch in them
mèaran, -ain, -an *nm* yawn □ *dèan mèaran* yawn
mèaranach *a* yawning
mèaranaich *nf* yawning □ *dèan mèaranaich* yawn (but *dèan mèaran* is

more common) □ *thòisich mi a' mèaranaich* I started yawning □ note that the *noun* here is being used as a *vn* – this is very common with *nouns* denoting sounds
meàirleach □ see **mèirleach**
mèars, -adh *v* march
mèarrsadh, -aidh *nm & vn* of **mèars** marching, march □ *dèan mèarrsadh* march
meas, -a, -an *nm* fruit □ *meas a' chrainn-ola* olive (fruit) □ *meas grèidhte* preserve *noun*
meas-an-tuirc-allta *nm* marsh St. John's wort **m.-an-tuirc-coille** *nm* sweet amber **m.-geur** *nm* citrus fruit □ *'s e meas-geur a tha ann an liomaid* a lemon is a citrus fruit □ *'s e measan-geura a tha ann an oraindsearan* oranges are citrus fruits **m.-siotrais** *nm* citrus fruit □ *measan-siotrais* citrus fruit(s) *coll* or *pl*
meas, meas / measadh *v* appraise, assess, calculate, compute, consider, deem, esteem, estimate, evaluate, guess, judge, price, prize, put, rate, reckon, survey, think, value □ *meas a thaobh cìs* assess (for rates) □ *meas gu math* put a good construction on □ *mheasadh còig dhiubh airidh air foillseachadh* five of those were considered worthy of publication □ *chan eil e furasta a luach a mheas* it isn't easy to estimate its value □ *cha chuireadh e iongantas orm ged a mheasadh tu gur e …* it wouldn't surprise me though you were to guess that it …□ *cha b'fhada gus an robh e air a mheas mar thèarmann do na creachadairean* it wasn't long until it was looked upon as a sanctuary for the robbers □ *measar gu bheil fichead mìle eadar na dhà* it is estimated that there are twenty miles between the two □ *thuirt e gun robh e ga mheas na chall mòr gum biodh na h-euchdan sin air an leigeil air dìochuimhne* he said that he considered it a great loss that these deeds should be allowed to be forgotten
meas *nm indec & vn* of **meas** appraising etc. and also: 1. calculation, computation, estimate, estimation, evaluation, guess, quotation (comm.), reckoning, value, valuation 2. admiration, esteem, honour, regard, respect □ *meas a thaobh cìs* assessment (for rates) □ *tha meas agam air* I admire it □ *bha meas againn uile air* we all admired him □ *tha meas agus miadh mòr aig a h-uile duine air* everyone has respect and great esteem for him □ *cha robh meas sam bith aca air* they despised him (lit. they didn't have any respect for him) □

thoir meas do respect □ *gun mheas* unvalued □ *cuir meas air* value *v* □ *le meas* yours faithfully (lit. with respect)
measach, -aich *a* fruity
measadair, -ean *nm* assessor
measadh, -aidh *nm & vn* of **meas** appraisal, assessment □ *feumaidh sinn barrachd cudthrom a chur air labhairt ann am measadh ann an Gàidhlig* we must put more importance on speaking in assessment in Gaelic □ *sgeama airson measadh neo-fhoirmeil* a scheme for informal assessment
measaidh *a* assessment, evaluation *adj* □ *tha iad ag ràdh gu bheil cus eadar-dhealachaidh sna dòighean measaidh* they say that there is too much difference in the assessment methods □ *sgeama measaidh coitcheann* a common assessment scheme
measail, -e *a* 1. creditable, respectable □ *duine measail* a respectable man 2. respected, liked, venerable □ *bha e measail aig uaislean is islean* he was respected by high and low (lit. nobleman and commoner) □ *bha i measail aig gach aon* she was respected by everyone □ *… a bha cho measail aca uile …* who was so respected by them all □ *biodh a' Ghàidhlig measail agaibh* let [the] Gaelic be respected by you 3. fond, liking □ *bha e glè mheasail oirre* he was very fond of her □ *cha robh iad measail oirnn* they didn't like us
measair, measradh *v* churn
measan, -ain, -ain *nm* lapdog
measarra *a* cool (of temperament), moderate, sober, temperate □ *chaith e beatha dhiadhaidh, ionraic agus measarra* he spent a godly, upright and temperate life □ *tha sinn a dhìth air nì nas measarra* we need something more moderate □ *cha robh na faclan aige a-nis cho measarra* his words weren't so temperate now
measarrachd *nf* abstinence, temperance
measg *s* midst □ most often used as the *compd prep* **am measg** + *gen* among(st), amid(st), in the midst of □ *am measg nam beanntan àrda* amidst the high mountains □ *am measg nan craobh* among the trees □ *tha inbhe aig a' Ghàidhlig am measg Ghaidheal agus Ghall nach fhacas a leithid riamh roimhe* Gaelic has a status among Gaels and Lowlanders the likes of which has never been seen before □ the **am-** is really **ann am** 'in', and so the *prep* is combined with the *pers prons* thus: **nar measg** among us **nur measg** among you **nam measg** among them □ occasionally other *preps* may be used □ *feumaidh sinn*

na daoine seo fhuadach às ar measg we must drive these people from our midst
measg, -adh *v* mix □ ... *a bha air am measgadh ann am poit*... which were mixed in a pot
measgach, -aich *a* promiscuous
measgadh, -aidh, -aidhean *nm & vn* of **measg** mixing etc., concoction, mixture
measgachadh, -aidh, -aidhean *nm & vn* of **measgaich** mixing etc., assortment, miscellany, mixture □ *tha measgachadh de rudan ri fhaotainn* an assortment of items is available
measgaich, -achadh *v* admix, amalgamate, jumble, mingle, mix, shuffle (of cards) □ *cha robh e a' measgachadh ri daoine mar a chleachd e* he wasn't mixing with people as he used to
measgaichear, -eir, -an *nm* mixer
measgaichte *pp* miscellaneous, mixed □ ... *ged a bha m'fhaireachdainnean measgaichte* ... though my feelings were mixed
measgair, -ean *nm* mixer
measgan, -ain *nm* mash
measradh, -aidh *nm & vn* of **measair** churning □ *rinn iad am measradh* they did the churning
meata *a* faint-hearted, feeble, weak, timid □ *dh'fheuch e ri èirigh ach bha e ro mheata* he tried to rise but he was too weak □ *bha an tuigse cho meata* their understanding was so feeble □ *tha e cho meata 's a bha e riamh* he's as timid as he ever was
meatabolach *a* metabolic
meatabolachd *nf* metabolism
meatachadh, -aidh *nm & vn* of **meataich** emasculating
meatachd *nf* fearfulness
meatafor, -oir, -an *nm* metaphor
meataforach, -aich *a* metaphorical
meatag, -aige, -an *nf* glove (also **miotag**) □ *bhuail e e le [a] làimh agus meatag oirre* he struck him with his gloved hand
meatagaichte *pp* gloved
meataich, -achadh *v* emasculate, enfeeble, enervate, make / become feeble
meatailt, -e, -ean *nf* metal
meatailt *a* made of metal, metal
meatailteach *a* metallic
meatair, -ean *nm* metre
meath, meath / -adh *v* 1. degenerate, fade, pine 2. taunt, jeer, jibe
meath *nm & vn* of **meath** fading etc., decline, decay
mèath *a* 1. fat, lush, rich (of food, soil) □ *'s e an Nollaig uaine a nì an cladh mèath* a green Christmas makes a fat churchyard

(proverb) 2. oily (of fish) □ *sgadan mèath blasta* a tasty, oily herring
meathach, -aich, -aich *nm* degenerate
meathach, -aiche *a* degenerate
meathadh, -aidh *nm & vn* of **meath** fading etc.
meathaich, -achadh *v* same as **meath** *v*
meathaichte *pp* degenerate
Meatodiostach, -aich, -aich *nm* Methodist
meatonamaidh *nm* metonomy
meatrach *a* metric
meatrags, -aigs *nm* matrix □ *meatrags faid* distance matrix
Mèdeach, -ich, -ich *nm* Mede □ *na Mèdich* the Medes (also **Meideach**)
Mèdeach *a* Medean (also **Meideach**)
meicnic, -ean *nm* mechanic
meicnic, -e *nf* mechanics
meicniceach *a* mechanical
meicniceachadh, -aidh *nm & vn* of **meicnicich** mechanizing, mechanization
meicniceil *a* mechanical
meicnicich, -eachadh *v* mechanize
Meideach, -ich, -ich *nm* Mede □ *lagh nam Meideach 's nam Pearsach* the law of the Persians and the Medes (also **Mèdeach**)
Meideach *a* Medean (also **Mèdeach**)
meidh, -e, -ean *nf* 1. balance □ *cuir air mheidh* balance *v* □ *bha e gu tur far na meidh* he was completely off balance □ *cuir far na meidh* unbalance *v* □ *is iad a chuir cùisean far na meidh buileach* it's they who completely unbalanced matters / completely threw things off balance 2. measure, meter as in: *meidh teothachd-àrd* maximum thermometer □ *meidh teothachd-ìosal* minimum thermometer □ *meidh teothachd-àrd is teothachd ìosal* a maximum and minimum thermometer
meidh-gaoithe *nf* anemometer **m.-uisge** *nf* hydrometer
meidhinnean *n pl* hip-joints – and by extension – hips □ *sheall i air a meidhinnean sultmhor anns an sgàthan* she looked at her plump hips in the mirror
meidhis, -ean *nf* instalment □ *nobhail ghoirid ann am meidhisean* a short novel in instalments □ *a' chiad mheidhis* the first instalment □ *na mheidhisean* by instalments
meidil, ean *nf* medlar (tree)
meig □ *gen sing* of **meug** whey
meigead, meigeid, -an *nm* bleat of a goat / kid
meigeall, meigeallaich *v* bleat (as a goat)
mèil, mèilich *v* bleat
mèil, -ean *nf* bleating of sheep / lambs
meil, -eadh *v* grind, mill, pulverize

meileabhaid *nf* velvet □ *bha dreasa mheileabhaid oirre* she was wearing a velvet dress

meileachadh, -aidh *nm & vn* of **meilich** benumbing, numbness

meilg □ *dat & gen sing* of **mealg** milt

mèilich, -e *nf & vn* of **mèil** bleating □ *dèan mèilich* bleat □ *chuala mi mèilich nan caorach* I heard the bleating of the sheep

meilich, -eachadh *v* benumb, chill □ *bha i air a meileachadh leis an fhuachd* she was benumbed / chilled by the cold

meilichte *pp* benumbed, numb, chilled

meileòidian, -ain, -an *nm* melodeon

mèin, -e *nf* 1. character, (natural) disposition, genius (of the age etc.), nature □ *droch mhèin* malice □ *seo mèin an t-saidheains* this is the genius of science 2. expression □ *bha a mhèin car dubhach* his expression was rather gloomy 3. mine – see **mèinne**

mèinn(e), -ean *nf* 1. mine (explosive device) □ *suidhich mèinnean* mine (lay mines) 2. mine (mineral workings), ore 3. same as **mèin**

mèinn- / mèinne- *pref* as follows:

mèinn-eòlaiche *nm* mineralogist **mèinn-eòlas** *nm* mineralogy **mèinne-guail** *nf* coal-mine **mèinn-iarainn** *nf* iron ore **mèinn-òir** *nf* gold-mine **mèinne-salainn** *nf* salt mine

mèinneach *a* mineral

mèinneadair, -ean *nm* miner

mèinneadh, -idh *nm* mining (the action) □ *mèinneadh fosgailte* opencast mining

mèinnearach, -aich *nm* mineral

mèinnearachd *nf* mining (the science)

mèinneil *a* mineral

mèinneir, -ean *nm* miner

mèinnireach *a* mineral □ *gràineanan mèinnireach* mineral fragments

meirbheach, -ich *a* digestible, gastric

meirbheadh, -idh *nm* digestion

meireang, -aing, -an *nf* meringue

meirg, -e *nf* erosion, rust

meirg, meirg / meirgeadh *v* erode, rust □ *'s ann gun do mheirg e* [the fact is] it rusted □ *bha i a-nise a' meirgeadh air a' chladach* she was now rusting on the shore

meirg-dhìonach *a* rust-proof **m.-umha** *nf* verdigris

meirgeach, -iche *a* corrosive, rusty

meirgeachadh, -aidh *nm & vn* of **meirgich** rusting

meirgeadh, -idh *nm & vn* of **meirg** corroding etc., corrosion

meirghe, -ean *nf* standard (flag)

meirgeachadh, -aidh *nm & vn* of **meirgich** corroding etc.

meirgich, -eachadh *v* □ same as, but less common than, **meirg, meirg(eadh)** *v*

meirgneachadh □ same as **meirgeachadh**

meirgnich *v* □ same as **meirgich**

meirle *nf* peculation, robbery, stealing, theft □ *dèan meirle* steal, thieve □ *tha meirle is gadachd de gach seòrsa a' sìor dhol am meud* robbery and theft of every kind are continually increasing

meirle-sgrìobhaidh *nf* plagiarism

mèirleach, -ich, -ich *nm* thief □ *thàinig e mar mhèirleach san oidhche* he came like a thief in the night

mèirneal, -eil, -an *nm* merlin

mèis and **mèise** □ *dat sing & gen sing* respectively of **mias** basin

meite, -ean *nm* mate (naut.)

mèith, -e *a* fat, greasy, oily (see **mèath**)

meithean, -ein *nm* sea-rush

melodràma *nf* melodrama

meòig □ *gen sing* of **meug** whey

meòir □ *gen sing* and *nom & dat pl* of **meur** finger

meòir-Moire *nm* kidney vetch, lady's fingers

meomhair, -ean *nf* memory, remembrance □ *air meomhair* in the memory, by rote □ *tha a bheag dhiubh sin air meomhair nan seann daoine fhathast* a little of those are still remembered by the old people □ *cùm air mheomhair* memorize □ *faigh air do mheomhair* get by rote

meòmhrachadh, -aidh *nm* □ see **meòrachadh**

meòmhraich, -achadh *v* □ see **meòraich**

meòmhrachail □ see **meòrachail**

meòrachadh, -aidh *nm & vn* of **meòraich** contemplating etc., contemplation, deliberation, meditation

meòrachaidh *a* deliberative □ *mòrdhail meòrachaidh* a deliberative assembly

meòrachail, -e *a* contemplative

meòraich, -achadh *v* (+ **air**) contemplate, deliberate, meditate, ponder, reflect (upon), think (about), consider □ *bha e a' meòrachadh air nàdar an duine* he was contemplating the nature of man

---

meud *nm indec* amount, compass, dimension, largeness, quantity, scale (degree etc.), size □ *a' mheud seo* this much □ *meud uachdair* amount of surface □ *de gach seòrsa agus de gach meud* of every kind and (of every) size

cuir am meud 1. increase, widen, extend (all *trans*) □ *dh'fheuch e ri a fhoghlam a chur am meud* he tried to widen / extend his education 2. exaggerate □ *cur am meud* exaggeration
cia mheud? / co mheud? (and also, quite commonly, **cia meud? / co meud?**) how many? □ followed by *nom sing* of noun □ *co mheud a th'ann?* how many are there? □ *cia mheud each a tha anns an achadh?* how many horses are in the field? □ *cia mheud bò?* how many cows? □ *cia mheud agaibh a th'ann?* how many of you are there? □ *chan eil fhios cia mheud* it isn't known how many / much
rach am meud increase *intrans*, become greater, widen, extend □ *bha a luathas a' sior dhol am meud* its speed was continually increasing □ *tha sinn an dòchas gun tèid an àireamh seo am meud* we hope that this number will increase

....

meud-àireamh *nf* mathematics **m.-bhronn, a' mheud-bhronn** *nf* dropsy **m.-bhronnach** *a* dropsical **m.-buaidh** *nf* sphere of influence

meudachadh, -aidh *nm & vn* of **meudaich** adding etc., addition, amplification, enlargement, expansion, increase, increment, magnification, multiplication
meudachail *a* augmentative
meudachd *nf* bulk, calibre (of gun), greatness, largeness, magnitude, size, scale □ *cha robh iad uile den aon mheudachd* they weren't all of the same size □ *... as bith dè a' mheudachd a tha anns an sgoil ...* whatever size the school is / whatever the size of the school □ *tha i car an aon mheudachd rithe* she is about the same size as she □ *... agus den mheudachd seo ...* and of this scale □ *thig iad air meudachd bheag, mheadhanach is mhòr* they come in small, medium and large sizes
meudachd-fuaim *nf* amplitude
meudaich, -achadh *v* add, amplify, augment, enhance, enlarge, expand, grow, increase *trans*, magnify, multiply □ *... gu eòlas a mheudachadh ...* (in order) to increase knowledge □ *tha iad sin a' meudachadh gach bliadhna* those are increasing each year

meudaichear, -eir, -an *nm* enhancer
meudaichear-blais *nm* flavour enhancer
meudaichte *pp* of **meudaich** increased □ *... far am feumadh sluagh meudaichte barrachd toraidh bhon talamh ...* where an increased population would need more production from the soil
meudmhor *a* sizeable
meug, meig / meòig *nm* whey □ *meug fala* serum
meur, meòir, meòir / meòirean meuran *nf* digit, finger □ *sgap e a mheòir* he spread his fingers □ *bha i a' cìreadh na clòimhe le a meuran* she was combing the wool with her fingers □ *meur ri meur* finger to finger □ *cuir meur air* finger *v* 2. branch (of society, business etc. / of tree) 3. key (of instrument)
meur-àireamh *nf* digit (number) **m.-phìob** *nf* branch pipe
meurach *a* digital
meurachadh, -aidh *nm & vn* of **meuraich** fingering
meuraich, -achadh *v* finger
meuran, -ain, -an *nm* thimble □ *tha am meuran agad air a' mheòir cheàrr* your thimble is on the wrong finger
meuran *alt pl* of **meur**
meuran-na-mnatha-sìdh *n pl* foxglove flower **m.-nan-cailleach-marbha** *n pl* foxglove flower (see **lus-nam-ban-sìth**)
meurchlàr, -àir, -an *nm* keyboard
meurlorg, -luirg, -an *nf* finger-print
meur-phìob *nf* branch pipe
Mgr *abbr form* of **Maighstir** = Mr
mi *pers pron* I, me □ *mi fhìn* myself □ *tha mi trang* I am busy / I'm busy □ *rinn mi e* I did it □ *chunnaic mi iad* I saw them □ *chunnaic iad mi* they saw me □ the *emph form* is **mise** □ *is mise a rinn e* I did it (lit. it is I who did it) □ *mise? sgrìobhadh leabhar? b'e siud an latha!* I? write a book? that would be the day! (lit. writing a book)

mì- *neg pref* corresponding to English 'in-', 'mis', 'un-' etc.
For ease of reference, all *compds* with the **mì-** *pref* have been kept together, irrespective of strict alphabetical order. Correct alphabetical sequence is resumed after this section.
mì-àgh *nm* infelicity **m.-àghmhor** *a* infelicitous, unfortunate, unlucky **m.-ainmeachadh** *nm & vn* of **m.-ainmich** misnaming, misnomer **m.-ainmich, -eachadh** *v* misname **m.-aithris** *nf &*

vn of **m.-aithris** misreporting etc., misreport □ *dèan mì-aithris* misreport *v* **m.-amais** *v* miss (a target etc.) **m.-amas** *nm & vn* of **m.-amas** missing (a target etc.) □ *dèan mì-amas* miss **m.-àireamh** *nf* miscalculation □ *dèan mì-àireamh* miscalculate **m.-airidh** *a* undeserving □ *tha iad gu tur mì-airidh orra* they are completely undeserving of them **m.-aonta** *nm* dissent □ *bha guth a' mhì-aonta ga thogail* the voice of [the] dissent was being raised **m.-bhanail** *adj* unwomanly **m.-bharail** *nf* misconception **m.-bheus** *nf* immorality, licentiousness, misconduct **m.-bheusach** *a* immoral, indecorous, licentious **m.-bhlasta** *a* unsavoury **m.-bhreith** *nf* wrong judgement / decision □ *thoir mì-bhreith* misjudge **m.-bhreithnich** *v* misinterpret **m.-bhuileachadh** *nm* abuse, misapplication, prostitution **m.-bhuilich** *v* misapply, misemploy, prostitute **m.-chàilear** *a* unpleasant □ *latha fliuch mì-chàilear* a wet unpleasant day **m.-chaith** *v* mis-spend (**dèan ana-caitheamh air** is more common) **m.-cheart** *a* inequitable, unjust **m.-cheartas** *nm* injustice □ *... a fhuair a leithid de mhì-cheartas ...* who had received such injustice **m.-chiall, m.-chèille** *nf* insanity, madness **m.-chiat** *nm* dislike □ *sheall e air le mì-chiat* he looked at him / it with dislike **m.-chiatach** *a* 1. unbecoming, uncomely, unseemly □ *giùlan mì-chiatach* unseemly behaviour □ *... leis an obair mhì-chiataich seo ...* by this unseemly work 2. (generally) awful, terrible, dreadful □ *tha sin mì-chiatach* that's terrible □ *canaidh iad gur nàr agus mì-chiatach mar a ...* they say that it is disgraceful and dreadful how ... **m.-chinnteach** *a* doubtful, uncertain □ *... a bha mì-chinnteach nuair a b'fheàrr i ...* which was uncertain at best (lit. when it *fem* was best) **m.-chliù** *nm* defamation, discredit, disrepute, ignominy, infamy **m.-chliùiteach** *a* dishonourable, disreputable □ *... duine aig an robh beatha mhì-chliùiteach ...* a man who had a disreputable life **m.-chliùthaich** *v* bring into disrepute, disparage, debunk **m.-chneasta** *a* cruel, merciless **m.-chneastachd** *a* cruelty, mercilessness

m.-choibhneil, -e *a* unkind □ *bha a' chlann eile mì-choibhneil ris* the other children were unkind to him **m.-choltach** *a* 1. improbable, unlikely 2. dissimilar, unlike (see **eu-coltach**) 3. improper, wrong, unseemly 4. exorbitant **m.-choltas** *nm* improbability **m.-chomhairlich** *v* misadvise **m.-chofhurtail** *a* uncomfortable □ *bha mi nam shuidhe ann an cathair mhì-chofhurtail* I was sitting in an uncomfortable chair **m.-chothrom** *nm* 1. disadvantage, unfairness, injustice 2. imbalance □ *air mhì-chothrom* unbalanced **m.-chothromach** *a* 1. unfair, unjust □ *le achmhasan mì-chothromach* with unjust rebuke 2. uneven □ *tha an talamh mì-chothromach an seo* the ground is uneven here **m.-chòrd** *v* dissent **m.-chòrdadh** *nm & vn* of **m.-chòrd** disagreeing, disagreement, discord, inconsistency **m.-chreideamh** *nm* misbelief **m.-chreideas** *nm* distrust **m.-chreideasach** *a* distrustful **m.-chuanna** *a* uncomfortable □ *tha iad a' fuireach ann an teantaichean mì-chuanna* they are living in uncomfortable tents **m.-chuanta** *a* untidy **m.-chuantachd** *nf* untidiness □ *thug i sùil air mì-chuantachd an taighe* she looked at the untidiness of the house **m.-chuibheasach** *a* indecent **m.-chuimse** *nf* misproportion **m.-chuimsichte** *pp* misaimed **m.-chumadh** *nm* deformity **m.-chùnnt** *v* misreckon **m.-chùram** *nm* carelessness □ *bha mi gam mallachadh airson am mì-chùraim* I was cursing them for their carelessness **m.-chùramach** *a* careless **m.-dhìleas** *a* faithless **m.-dhìlseachd** *nf* faithlessness **m.-dhaonna** *a* inhuman □ *chan fhaca mi riamh rud / càil / dad cho mì-dhaonna ris a' chogadh seo* I have never seen anything so inhuman as this war **m.-dhaonnachd** *nf* inhumanity **m.-dhealbh** *nm/f* deformity **m.-dhealbhach** *a* grotesque, shapeless **m.-dhealbhachd** *nf* deformity □ *mì-dhealbhachd a' chnàimh-droma* a deformity of the spine **m.-dhleasanach** *a* undutiful **m.-dhligheach** *a* illegal **m.-dhòigheil, -e** *a* disorderly, unmethodical, uncomfortable **m.-dhreachmhor** *a* inelegant m.-dhùthasach *a* degenerate m.-earbsa *nf* misgiving m.-earbsach *a* mistrustful m.-fhaiceallach *a* careless, incautious m.-fhallain *a* morbid, unsound, unwholesome m.-fhàbhar *nm* disfavour m.-fhoighidinn *nf* impatience m.-fhoighidneach *a* impatient m.-fhoisneach / fhoistneach *a* restless, unsettled □ *bha mi glè mhì-fhoisneach anns na bliadhnachan ud* I was very restless in those years m.-fhortan *nm* misfortune m.-fhortanach *a* unfortunate □ *gu mì-fhortanach airson an duine seo ...* unfortunately for this man ... m.-fhreagarrach *a* incongruous m.-fhreagarrachd *nf* incongruity m.-ghealltanach *a* unpromising □ *tha e coltach nach eil an suidheachadh cho mì-ghealltanach* it appears the situation isn't so unpromising m.-ghean *nm* displeasure □ *fhuair e asta adhbhar am mì-ghean* he found out from them the reason of their displeasure m.-gheanmnachd *nf* debauchery m.-ghnìomh *nm* misdemeanour, misdeed m.-ghnàthach *a* abnormal m.-ghnàthachadh *nm & vn* of m.-ghnàthaich abusing (treating badly), abuse (bad treatment) m.-ghnàthaich *v* abuse □ *tha e air a mhì-ghnáthachadh cho tric* it is so often abused m.-ghnàthaichte *pp* odd, unusual □ *aig uairean mì-ghnàthaichte* at odd / unusual hours m.-ghnàthas *nm* abnormality m.-ghoireasach *a* inconvenient m.-laghail *a* unlawful m.-laghalachd *nf* illegality m.-leas *nm* disadvantage m.-loinn *nf* inelegance, infelicity (of style etc.) m.-loinneil *a* inelegant m.-mhìneachadh *nm* misconstruction m.-mhìnich *v* misconstrue m.-mheanmnach *a* crestfallen m.-mhisneachadh *nm & vn* of m.-mhisnich discouraging etc., discouragement m.-mhisneachd *nf* despondency m.-mhisnich *v* discourage, dishearten m.-mhodh *nm* discourtesy, impertinence, rudeness *ri m.-mhodh* being rude / impertinent / up to mischief m.-mhodhail / mìomhail *a* cheeky, discourteous, impertinent, impolite, indecorous, indelicate, naughty, rude, unmannerly m.-mhodhalachd *nf* incivility m.-naomha *a* profane, unholy m.-naomhachadh *nm & vn* of m.-naomhaich profaning, desecration

m.-naomhaich *v* profane m.-nàdarrach / m.-nàdurra *a* abnormal, grotesque, monstrous, preternatural, unnatural m.-nàrach *a* immodest m.-onair *nf* dishonesty m.-onarach *a* dishonest m.-rèite *nf* discrepancy □ *bha mì-rèite eadar na cùnntasan agus na notaichean* there was a discrepancy between the accounts and the notes m.-reusanta *a* illogical, irrational, preposterous, unreasonable □ *cha robh e coltach rithe a bhith cho mi-reusanta* it wasn't like her to be so unreasonable m.-riaghail *v* misgovern m.-riaghailt *nf* chaos, disarray, disorder, insubordination, irregularity, misrule m.-riaghailteach *a* disorderly, eccentric, irregular, unorderly □ *gnìomhairean mì-riaghailteach* irregular verbs m.-riaghailteachd *a* eccentricity, looseness m.-riaghlaich *v* mismanage, misgovern m.-rian *nm* confusion, disorder m.-rianail *a* confused, disorderly □ *cha mhath le inntinn rianail nì a tha mì-rianail* an orderly mind does not like something disorderly m.-riarachadh *nm* dissatisfaction m.-riaraichte *pp* malcontent m.-runach *a* malicious m.-rùn *nm* enmity, malice (also mìorun) m.-sgiobalta *a* untidy □ *bha (a) fhalt mì-sgiobalta* his hair was untidy m.-shàbhailte *a* unsafe m.-shàsail *a* unsatisfactory m.-shealbh *nm* misadventure, misfortune m.-shealbhach *a* inauspicious, luckless, unfortunate, unlucky, unpropitious m.-shealbhar *a* unsuccessful m.-shlàinteil *a* insanitary m.-shona *a* unhappy m.-shonas *nm* unhappiness m.-shuaimhneas *nm* unrest, discontent □ *bha geamhradh am mì-shuaimhneis a-nis seachad* the winter of their discontent was now past m.-shuairce *a* uncourteous m.-shuidhich *v* mislay, misplace m.-shuidhichte *pp* misplaced, unsettled □ *an gràdh mì-shuidhichte* [the] misplaced love m.-steòrnadh *nm* maladministration m.-stiùir *v* mismanage m.-stòlda *a* restless m.-stuaim *nf* immodesty m.-stuama *a* broad (of stories), immodest, intemperate, profligate m.-stuamachd *nf* profligacy m.-thaing *nf* ingratitude m.-thaingealachd *nf* ingratitude m.-thaingeil *a* ungrateful, unthankful m.-thaitneach *a* unpleasant, unpleasing

m.-thaitneamh *nm* dislike **m.-thapadh** *nm* mishap □ *a dh'aindeoin a' mhì-thapaidh seo* in spite of this mishap **m.-theòma** *a* unskilful **m.-thighinn** *nm* misfit **m.-thlachd** *nf* displeasure □ *thuirt i gun robh i ann am mì-thlachd riutha* she said that she was displeased with them □ *thàinig iad gus am mì-thlachd a nochdadh* they came to show their displeasure (see also **mìothlachd**) **m.-thlachdmhor** *a* disagreeable, unpleasant □ *rinn i gàire mì-thlachdmhor* she gave (lit. made) a disagreeable laugh □ *dh'fhairich mi samh mì-thlachdmhor* I smelt a disagreeable smell **m.-thoil** *nf* disinclination **m.-thoileachadh** *nm & vn* of **m.-thoilich** displeasing etc., discontent, displeasure, dissatisfaction □ *cha robh coltas mì-thoileachaidh ra fhaicinn air aodann* the appearance of dissatisfaction was not to be seen on his face **m.-thoilich** *v* displease, discontent, dissatisfy **m.-thoilichte** *pp* disaffected, discontented, dissatisfied, displeased □ *dèan mì-thoilichte* disaffect *bi mì-thoilichte le* deprecate **m.-thorrach** *a* infertile **m.-thorrachas** *nm* infertility **m.-threòrachadh** *nm* misguidance **m.-threòraich** misguide, mislead □ *...a bha a' mì-threòrachadh an t-sluaigh ...* which was misleading the people **m.-threòirichte** *pp* misguided, misled **m.-thuarail** *a* ill-looking **m.-thuigse** *nf* misunderstanding **m.-thuigsinn** *nf* misapprehension

---

miadan, -ain, -an *nm* meadow (uncommon) □ *bha na taighean air an togail nan sreath os cionn nam miadan ...* the houses had been built in a row above the meadows **miadh** *nm indec* 1. love, honour, respect, esteem □ *gun mhiadh gun bhàidh* without respect or affection □ *tha meas agus miadh aig a h-uile duine air* everyone has respect and esteem for him □ *...a tha glè àrd am miadh ...* who is very high in esteem / who is esteemed very highly 2. demand, call □ *gun mhiadh air tacar* (McCodrum) without call for provisions **miadhaich, -achadh** *v* esteem **miadhail, -e** *a* 1. esteemed, in great demand, popular □ *bha Calum na dhuine càirdeil miadhail* Calum was a friendly,

popular figure 2. (+ **air**) fond of – cf. **dèidheil air / miannach air** **miadhar, -aire** *a* awkward, unfortunate, untoward □ *bha na gnothaichean seo air leth miadhar aige* these matters were particularly awkward for him **miag, miagail** *v* mew (as a cat) **mial, -a, -an** *nf* louse **mialan** *pl* lice, vermin **mial-chaorach** *nf* tick (sheep tick) **m.-chù** □ see **mìolchu** **mialach** *a* lousy **mialachd** *nf* lousiness **mialaich** *nf* mew, mewing □ *dèan mialaich* mew **mialan** *pl* of **mial** lice, vermin **miamhail** *nf* mew, mewing □ *dèan miamhail* mew

---

miann, -an / -tan *nm/f* (*indec in sing*) appetite, craving, desire, itch (desire), longing, wish □ *miann còmhraig* aggression (mental) □ *miann gadachd* kleptomania □ *miann siubhail* the desire of travel / to travel □ *...mas e sin do mhiann ...* if that is your wish □ *...ma gheibh iad am miann ...* if they get their wish ...□ *chaidh còig bliadhna seachad gun a mhiann a bhith air a shàsachadh* five years passed without his wish being satisfied **is miann leam** I like, wish □ *cuir crìoch air an sgeulachd mar as miann leat* finish the story as you wish □ *bha cead aca dèanamh mar bu mhiann leo* they had permission to do as they liked □ *bha iad a' bruidhinn mu fhilmean a bu mhiann leo fhaicinn* they were talking about films they would like to see □ *bu mhiann leam taing a thoirt do ...* I would like to thank □ *...a' toirt beagan sgoileireachd don fheadhainn leis am bu mhiann ionnsachadh fhaighinn* giving a little schooling to those who desired education

. . . .

miann-daoraich *nm/f* dipsomania **m.-fion** *nm* port-wine mark (from old word **miann** *nm* a mole on the skin)

---

miannach *a* desirous, wishful *miannach air* desirous of □ *bha e cho miannach air tighinn* he was so desirous of coming / he wanted so much to come □ *tha iad*

miannach air a h-ionnsachadh they are desirous to learn it (*fem* object e.g. Gaelic)
miannaich, -achadh *v* desire, fancy, long for, wish for □ *rud ri mhiannachadh* something to be desired, a desideratum □ *tha e ri mhiannachadh* it is a desideratum □ *bha mi a' miannachadh gu mòr leabhar priseil mar am fear ud* I greatly desired a precious book like that one □ *chan eil e daonnan cho math 's a mhiannaicheamaid / mhiannaicheadh mòran* it's not always as good as we might wish / as many might wish
mias, mèise, miasan *nf* basin, (large / metal) dish, platter □ *mias ionnlaid* washhand-basin
miastadh, -aidh *nm* mischief, harm, damage, harm done by cattle etc., hooliganism □ *cha robh fhios aca dè am miastadh a bha iad a' dèanamh* they didn't know what harm they were doing
miastachd *nf* hooliganism
miath, -a *a* □ same as **mèath / mèith** *a*
mic □ *gen sing* and *nom* & *dat pl* of **mac** son
mìgrim *nm* megrim
mil, meala *nf* honey
mil-mheacan *nm* mallows **m.-shruthach** *a* mellifluous
mìle, mìltean *nm* 1. thousand □ ... *far a bheil na mìltean de Ghaidheil* ... where there are thousands of Gaels □ *bha na mìltean de dh'èisg air an sgaoileadh air a' chladach* thousands of fish were spread on the beach □ *mìltean thar mhìltean de bhliadhnachan* [for] thousands upon thousands of years □ *gabhaidh an t-àite na mìltean* the place will hold [the] thousands □ also *num adj* thousand □ *ceud mìle fàilte* a hundred thousand welcomes 2. mile □ *deich mìle* ten miles □ *trì mìle mìle* three thousand miles □ *choisich iad na mìltean* they walked miles
mìle-bliadhna, am mìle-bliadhna *nm* the millenium **m.-mara** *nm* knot, nautical mile □ *bha iad air deich mìle-mara a shiubhal* they had travelled ten nautical miles □ *bha iad a' siubhal aig astar deich mìle-mara* they were travelling at (a speed of) ten knots
mìleanta *a* brave, heroic □ *chan iognadh ged bhiodh nàdar mìleanta an t-saighdeir a' cinntinn ann* it wouldn't be surprising if the soldier's heroic nature were developing in him
mìleabar, -air *nm* milibar
mileat, -ait *nm* millet

mìlegram, -an *nm* milligram
mileid *nf* millet grass
mìleliotair, -ean *nm* millilitre
mìlemeatair, -ean *nm* millimetre
milidh, -ean *nm* warrior
milis, milse *a* sugary, sweet □ *tha seo glè mhilis* this is very sweet
milisi *nm* militia
mill, -eadh *v* blast, damage, deface, destroy, disfigure, efface, impair, mar, prejudice, rase, spoil, sap, taint, tamper, undo, violate, vitiate, wreck, waste □ *mill cliù* blacken (reputation), libel □ *mill dath* discolour *trans* □ *mill dùil* frustrate □ *bha e air a dhroch mhilleadh* it was badly damaged □ *bu mhòr am beud gun do mhill iad an cothrom a fhuair iad* it's a great pity that they spoiled the opportunity [that] they got □ *mill rudeigin air cuideigin* something for someone □ *cha mhill mi e oirbh* I shan't spoil it for you □ *mhill e an gnothach air nuair a* ... it spoiled the matter for him when ...
milleadh, -idh *nm* & *vn* of **mill** destroying etc., damage, destruction, extermination, violation, waste □ ... *a dèan uiread millidh air buntàta* ... which does (lit. will do) so much damage to potatoes □ *am fear-millidh* Old Nick
millean, -an *nm* million
millean-fhear *nm* millionaire
milleanamh *num a* millionth
milleliotair □ also **mìleliotair** millilitre
millte *pp* spoiled, destroyed etc.
millteach, -iche *a* destructive, malignant, pernicious, ruinous, subversive □ *buillairm mhillteach* destructive weapons □ *lusan millteach* pernicious weeds
milltear, -eir, -an *nm* destroyer, despoiler, vandal
millteachd *nf* destructiveness, destruction, vandalism
milse *nf* sweetness, sweet, confection
mìlseachadh, -aidh *nm* & *vn* of **mìlsich** sweetening □ *gun mhìlseachadh* unsweetened
mìlseachd *nf* delicacy, sweetness
mìlsean, -ein, -an *nm* confection, dessert, pudding, sweet
mìlsean-measgaichte *nm* trifle
mìlsich, -eachadh *v* sweeten
mìm, -e *nf* mime
mìn, -e *a* bland, dainty, downy, fine, powdery, silky, sleek, smooth □ *air tràigh mhòir mhìn ghil* on a great, smooth, white beach □ *bha e mìn mar an sìoda* it was as smooth as [the] silk (lit. it was smooth like

the silk) □ *le mogall meadhanach mìn* with a fairly fine mesh

mìn-bhriathrach *a* flattering, fawning, mealy-mouthed **m.-fhalt** *nm* down i.e. fine, smooth or soft hair as found on cheek, arms etc. **m.-gheàrr** *v* mince **m.-lach** *nf* field camomile **m.-phronn** *v* powder, pulverize

min, -e *nf* flour, meal – usually specified as shown below □ *mar mhin* mealy

min-choirce *nf* oatmeal **m.-chruithneachd** *nf* wheatmeal **m.-eòrna** *nf* barley-meal **m.-fhlùir** *nf* flour **min Innseanach** *nf* maize meal **m.-pheasrach** *nf* pease-meal **m.-sàibh** *nf* sawdust **m.-sheagaill** *nf* rye-meal

minc, -e, -ean *nf* mink

mineach *a* farinaceous

mìneachadh, -aidh *nm* & *vn* of **minich** explaining etc., (textual) commentary, explanation, exposition, gloss (explanation), interpretation □ *thoir / dèan mìneachadh air* give an explanation of □ *…gus mìneachadh a dhèanamh air an eachdraidh …*(in order) to explain their history □ *tha e a' dèanamh mìneachadh orra nach giùlain iad gu cothromach* he is putting an interpretation on them that they cannot comfortably carry □ *tha seo a' fàgail mìneachadh nan sgeulachadan an urra ruinn fhèin* this leaves the interpretation of the stories up to ourselves

mìneachail *a* explanatory, illustrative

mìnead, -eid *nm* smoothness

mìnich, -eachadh *v* explain, account for, analyse, comment on (a text), decipher, explain, expound, gloss (explain), interpret, parse, smooth □ *mìnich an còd* decode □ *…ach chan eil e a' mìneachadh na cùise uile…* but it doesn't explain the whole matter □ *…a chum an gnothach a mhìneachadh dhomh…*(in order) to explain the whole affair to me

minidh, -ean *nm* awl

minig *adv* frequent, often *gu minig* frequently, often, usually □ *is minig a bha mi air a' mhuir ri droch thìde* I've often been on the sea in bad weather

ministear, -eir, -an *nm* minister □ *chunnaic mi am ministear an-dè* I saw the minister yesterday □ *chunnaic mi bean a' mhinisteir an-diugh* I saw the minister's wife today □ *bha an talla làn mhinistearan* the hall was full of ministers

ministearach *a* ministerial

ministrealachd *nf* ministration, ministry

ministreil *a* ministerial

mìoca *nf* mica

mìog, -a, -an *nf* smile, smirk

mìogach *a* smiling

mìograin *nm* migraine

miochuis *nf* 1. fancy □ *chan eil miochuis agam ris* I have no fancy for it 2. indifference □ *bha miochuis orra mu na h-innealan ùra* they were indifferent about the new machines

miocro-bhith-eòlas *nm* microbiology **m.-fhilm** *nm* microfilm

miocrofòn, -òin, -an *nm* microphone

miocrosgop, -oip, -an *nm* microscope

miocrosgopach *a* microscopic

miodal, -ail *nm* flattery □ *dèan miodal* flatter, fawn □ *cha robh iarraidh aige air miodal* he did not want flattery

miodhoir, -e *a* niggardly, mean, paltry □ *cha robh a theachd-a-steach mar mhaighstir-sgoile ach miodhoir* his income as a school-master was just niggardly

miogadaich *nf* bleating □ *dèan miogadaich* bleat

mìolchu, mìolchoin, mìolchoin *nm* greyhound

mìomhail, -e *a* rude, impolite, unmannerly □ *ann an dòigh car mìomhail* in a somewhat rude fashion

mìonas *prep* minus (maths.)

mion, -a *a* exhaustive, meticulous, minute, punctilious, rigorous □ *gu mion* meticulously, minutely etc. □ *dh'èist e gu mion ris a' cheòl* he listened meticulously to the music

mion- *pref* indicating meticulousness etc.

mion-aois *nf* minority **m.-chànan** minority language **m.-cheannaiche** *nm* retailer **m.-cheasnachadh** *nm* inquisition **m.-chomharrachadh** *nm* specification **m.-chompanach** *nm* minority partner **m.-chùnntas** *nm* detail □ *thoir mion-chùnntas air* detail *v* **m.-chuspair** *nm* topic (educ.) **m.-diofar** *nm* nuance **m.-eòlach** *a* (+ **air**) conversant (with), thoroughly acquainted (with) □ *bha iad a' bruidhinn air cuspairean a bha iad mion-eòlach orra* they were talking about subjects with which they were conversant **m.-eun** *nm* meadow pipit (also **snàth(d)ag**) **m.-fhacal** *nm* particle □ *mion-fhacal dàimheach* relative particle **m.-fhritheil** *v* pander **m.-phuing** *nf* detail □ *mion-phuingean na h-armachd a tha air na h-ìomhaighean* the details of the armour (that is) on the statues **m.-rannsachadh** *nm* analysis **m.-reic** *v* retail **m.-sgrùdadh** *nm* analysis **m.-sgrùdaich** *v* analyse **m.-sgrùdaire** *nm* analyst

mionach, -aich *nm* bowels, entrails, guts, intestines □ *thoir am mionach à* gut *v*

mionaid, -e, -ean *nf* minute □ *deich mionaidean* ten minutes □ *deich mionaidean an dèidh naoi* ten (minutes) past nine □ *dà mhionaid* two minutes □ *sheas iad a' bruidhinn mionaid (no dhà)* they stood talking for a minute (or two) □ note that no *prep* is required □ *bha e na shuidhe an sin mar bhom a dh'fhaodadh spreaghadh mionaid sam bith* he was sitting there like a bomb that might explode any minute □ *sa mhionaid* at once, straightaway □ *trobhad an seo sa mhionaid* come here this minute □ similarly: *air a' mhionaid* this minute, this instant □ (intensively) *sa mhionaid uaireach* this very minute

mionaideach, -iche *a* accurate, minute (very small), detailed, exact, particular, precise □ *tha e gann de fhiosrachadh mionaideach* it's scanty of detailed information □ *gu mionaideach* exactly, in detail, minutely □ *tha am polasaidh ri obrachadh a-mach gu mionaideach fhathast* the policy has still to be worked out in detail □ *sgrùd e am pàipear gu mionaideach* he examined the paper minutely □ *bu lèir e nach robh e cho mionaideach mu ghlanadh a làmhan* evidently he wasn't so particular about washing his hands

mionaim *nm* minim

miondan, -ain, -ain *nm* long tailed titmouse

mionn, -a, -an *nm/f* 1. imprecation, oath, vow □ *mo mhionnan* on my oath □ *chuir e air mo mhionnan mi ...* he made me swear ... □ *thoir mionnan* swear, vow □ *cha mhòr nach toirinn mo mhionnan gun robh e ...* I would almost swear that he was ... (cf. **bogsa-nam-mionnan** witness box) 2. diadem

mionnachadh, -aidh *nm* & *vn* of **mionnaich** swearing

mionnaich, -achadh *v* swear, vow □ *thòisich e air mionnachadh dhaibh* he began to swear at them □ *mhionnaich e gun cuireadh e às dhomh* he swore that he would kill me □ *mionnaich dhomh air Dia* swear to me by God □ *mhionnaich e fo a anail* he swore under his breath

mionnaichte *pp* sworn, bound by oath □ but note the following usage: *tha mi mionnaichte gur e bh' ann* I swear it was he / I'm fully convinced it was he □ *bha e mionnaichte gun robh cuideigin air a chùlaibh* he could swear there was someone behind him

mionnan-eithich *n pl* perjury □ *thoir mionnan-eithich* perjure □ *thug e mionnan-eithich* he committed perjury

mionnt *nm* □ see **meannt**

mions *nm* mince

miontan □ see **miondan**

mìorailteach, -iche *a* □ same as mìorbhaileach

mìorbhail, -ean *nf* marvel, miracle

mìorbhaileach, -iche *a* miraculous □ *àirde mhìorbhaileach* a dizzy height

mìortal, -ail, -an *nm* myrtle

mìortail *a* myrtle, of myrtle □ *chaidh sinn gu coille nan craobhan mìortail* we went to the grove of the myrtle trees

mìorun, -uin *nm* enmity, malice

mìos, mìosa, -an *nm/f* month □ *mìos nam pòg* honeymoon □ *anns na mìosan air thoiseach* in the months ahead □ *bho chionn dà cheud bliadhna air a' mhìos seo ...* two hundred years ago this month □ *air a' mhìos seo bidh seirbhisean air an cumail anns an talla* this month services will be held in the hall □ *... mar a bha na mìosan a' ruith ...* as the months passed □ *ann am mìosan an t-samhraidh* in the summer months □ *bha e ceithir mìosan ann an Sasann* he was three months in England

mìos *nm* 1. see **meas, -a, an** *nm* 2. see **meas** *nm indec*

miosa *comp form* of **droch** / **dona** / **olc** worse, worst □ *nas miosa* worse □ *as miosa* worst □ *fàs nas miosa* worsen □ *cha robh e na bu mhiosa na càch* he wasn't [any] worse than the others / the rest □ *bha na bu mhiosa ri tighinn* worse was to come □ *bi cùramach air neo is ann dhutsa as miosa e* be careful or its the worse for you □ *anns an linn seo chaidh dona gu miosa* in this century things went from bad to worse (lit. in this century bad went to worse) □ *bha e a' faighinn a' chuid bu mhiosa den argamaid* he was getting the worst of the argument □ *dè an latha as miosa san t-seachdain?* what is the worst day of the week? □ *dè an cuspair as miosa air a bheil thu anns an sgoil?* what's your worst subject at school? (lit. in the school)

mìosach *a* menstrual, monthly

mìosachan, -ain, -ain / **-an** *nm* calendar, monthly

miosad, -aid *nf* degree of badness □ used as follows: *air a mhiosad is fheàrr Canada na am bàs* however bad, Canada is better than death / at its worst etc. □ *rach am miosad* to deteriorate □ *dol am miosad* deterioration worse □ *tha cogadh is gort a' dol am miosad* war and famine are becoming worse

mìosail *a* monthly

miosail, -e *a* same as **measail**

miosgainn *nf* spite

miotag, -aige, -an *nf* glove, mitten (also **meatag**)

miotas, -ais, -ais / -an *nm* myth

miotas-eòlas *nm* mythology

miotasach *a* mythical

mìothlachd *nf* (from **mì-thlachd**) offence, umbrage □ *na gabh mìothlachd* don't take offence / umbrage

mìr, -e, -ean *nm* bit (of anything), chip, fraction, fragment, morsel, particle, piece, scrap, shred, whit □ *mìrean chreagan* rock fragments □ *cha robh mìr bidhe aige* he didn't have a particle of food □ *mìr air mhìr* piece by piece, bit by bit □ *bha eagal air gum bitheadh e air a shracadh na mhìrean* he was afraid that he would be torn in [his] pieces □ *agus mìrean blasta eile* and other tasty morsels / titbits

mìr-cainnte *nm* part of speech **m.-riochdachadh** *nm* synecdoche **m.-uchd** *nm* brisket

mircean, -ein *nm* henware / badderlocks (edible seaweed)

mire *nf* frolic, glee, merriment, mirth □ *làn mire* full of mirth □ *air mhire* in ecstasy, in a transport of delight □ *bha iad uile a-nis air mhire* they were now all in ecstasy / in a transport of delight □ *gun mhire* mirthless □ *rinn e gàire gun mhire* he gave (lit. made) a mirthless laugh □ note also: *a' mire ri seann sgeulachdan* delighting / indulging in old tales

mire-shruth *nm* boiling, impetuous current, rapids **m.-chatha** *nf* battle-rage, battle-fury □ *dhùisgeadh mire-chatha ann* a battle-fury awakened in him

mìreach *a* fractional

mireagach, -aiche *a* □ same as **mireanach**

mìrean, -ein, an *nm* fragment, particle □ *am mìrean àicheil* negative particle □ *mìrean dàimheil* relative particle

mireanach, -aiche *a* frisky, merry, mirthful □ *chluich e am port bu mhìreanaiche a chuala mi riamh* he played the merriest tune I have ever heard

mìrean-measgte *n pl* jig-saw

mirr, -e *nm* myrrh

mise *emph form* of the *pers pron* **mi** (q.v.)

misde (miosa + de) □ see **miste**

misean, -ein, -an *nm* mission

miseanaraidh, -ean *nm* missionary □ *chuir e roimhe gu bhith na mhiseanaraidh* he decided to be a a missionary

misg *nf* debauch, drunkenness □ *air mhisg* drunk, fuddled, inebriated, intoxicated □ *bi air mhisg* be fuddled etc. □ *bha e air mhisg* he was drunk / he was inebriated etc. □ *bha iad uile air mhisg* they were all drunk etc. □ *rach air mhisg* booze □ *cuir air mhisg* make drunk, fuddle, inebriate, intoxicate

misge *nf* inebriation, insobriety

misgear, -eir, -an *nm* drunkard, sot, tippler, toper

misionairidh *nm* missionary □ see **miseanaraidh**

mìslean, -ein *nm* sweet meadow grass

misneach, -ich *nm/f* □ same as **misneachd**

misneachadh, -aidh *nm & vn* of **misnich** encouraging etc., encouragement

misneachail, -e *a* confident, courageous, encouraging, plucky, spirited, venture-some □ *thug e seachad òraid mhisneachail* he delivered a spirited speech □ *nach eil e misneachail a bhith a' faicinn ...?* isn't it encouraging to see ...?

misneachd *nf* (sometimes *nm*) □ also **misneach** *nm/f* bravery, confidence, courage, courageousness, encouragement, fortitude, heroism, inducement, morale, resolution, spirit □ *misneachd òil* Dutch courage □ *chaill e a mhisneachd* he became discouraged □ *call misneachd* disillusion □ *thoir misneachd / a mhisneachd bho* unnerve □ *dè a thug neart agus misneachd dha agus e anns a' phrìosan?* what gave him strength and courage while / although (he was) in prison? □ *ciamar a fhuair thu a mhisneachd a sheas do ghrunnd?* how did you get enough courage to stand your ground? (lit. of courage that stood your ground) □ *thuirt e gun d'fhuair a bharrachd de mhisneachd bhuam na fhuair e o neach sam bith eile* he said that he had received more encouragement from me than he had [received] from anybody else □ *'s cinnteach gur ann aig an dithis seo a bha a' mhisneachd nuair a chaidh iad an sàs anns na daoine seo* this pair certainly had courage when they tackled these people

misnich, -eachadh *v* bolster, encourage, hearten

miste (from miosa + de) the worse of □ *cha mhiste tu sgrìob a ghabhail* you wouldn't be the worse of taking a walk □ *is dòcha nach miste sinn beachdachadh air a' chùis* perhaps we wouldn't be any the worse of thinking about the matter / we'd be none the worse etc. □ *is miste an saoghal a bhàs* the world is the worse of his death □ *their* *cuid nach fheàirrde ach gur miste a' chlann tuilleadh eòlais a chur oirre* some say that the children are not the better but the worse of getting better acquainted with it *fem*

mith- *pref* folk-

mith-chainnt *nf* colloquial speech, colloquialism **m.-chainnteach** *a* colloquial **m.-òran** *nm* folk-song □ *seo aon de mhith-òrain na dùthcha* this is one of the folk-songs of the country **m.-sgeul** *nm* folk-tale

mithean *n pl* commoners □ *a' dèanamh mithean is maithean de aon shluagh Dhè* making commoners and nobility of God's one people

mithich *nf indec* time, proper, fit, high time □ *is mithich dhomh falbh* it's time for me to be going □ *ron mhithich* premature

mo *poss adj* my □ shortened to **m'** before vowels and silent **fh** (before vowels) □ *mo mhàthair* [my] mother □ *m'athair* [my] father □ *m'fhalt* my hair □ note that, when speaking about one's own mother or father, **mo** is always used, unlike English where one may say "Mother said this" or "Father did that" □ often combined with *preps* – see under approp. *prep*

---

mò *comp form* of **mòr** more / most great(ly) larger / largest, bigger / biggest etc. – often **motha** (q.v.)

as mò / nas mò (in direct comparison) – preferably **as motha / nas motha** (see **motha**)

cha mhò / ni mò *adv* and *conj* neither, nor – followed by a relative construction □ *cha tig Iain, cha mhò / ni mò (a) thig Seumas* Ian won't come, neither will James □ *cha mhò tha guth air an obair mhòir a tha ga dèanamh ...* nor is there word of the great work that's being done ...

na bu mhò na ... ... any more than ... □ *cha robh facal air an telebhisean mu a dheidhinn na bu mhò na bha anns na pàipearan-naidheachd* there was nothing about it on [the] television any more than there was in the newspapers

nas mò and **na bu mhò** often mean 'not ... either ...' / 'nor ...' □ *chan eil sin ceart nas mò* that's not right either □ *cha d'fhuair e norradh-cadail an oidhche sin na bu mhò* he didn't get a wink of sleep that night either / nor did

he get etc. □ *cha do leugh mi iadsan na bu mhò* I didn't read them either □ *chan e dotair a bha ann na bu mhò* he wasn't a doctor either / nor was he a doctor

nas mò and **na bu mhò** are often used with the meaning 'more' as in: *tha aire an t-sluaigh a' tionndadh nas mò agus nas mò a dh'ionnsaigh ...* the people's attention is turning more and more towards ...

Note also: *cha mhò orm iad na coin* I care as little about them as dogs

---

moch *a* early *gu moch* early *adv* (often used without **gu**) □ *bhitheadh adhradh-teaghlaich air a chuairteachadh moch is anmoch* family worship was (used to be) conducted morning and evening (lit. early and late) □ *na riochdan moch sgrìobhte* the early written forms □ *o mhoch gu dubh* from dawn to dusk

moch-eirigh *nf* early rising □ *rinn mi moch-eirigh* I rose early

mòd, mòid *nm* court, mod □ *am Mòd* the Mod, the annual festival of Gaelic music and culture

mòd-ceartais *nm* tribunal

modail, -ean *nm* model □ *modail sgèile* scale model

modal, -ail, -an *nm* module □ *tha cùrsa Gàidhlig ri fhaighinn ann an còig modalan* a Gaelic course is available in five modules

modam, -aim, -an *nm* modem

moderàtor, -oir, -oir *nm* moderator (eccl.)

---

modh, -a, -an(nan) *nm/f* 1. breeding, civility, courtesy, ethic (**modhannan** *pl* = ethics), manners 2. approach (to an issue), fashion, form, guise, manner, method, mode, style, way □ *a thaobh na modha dìrich seo ...* as regards this direct approach ... □ *air a' mhodh seo* in this manner / fashion □ *chosg i a fallaing air mhodh duine* she wore her cloak in the fashion of a man □ *bha e na shuathadair air a' mhodh Suaineach* he was a masseur in the Swedish style □ *air mhodh eile* alias, otherwise 3. approach (to an issue), procedure, recipe, shift 4. mood (gram.) □ *am modh àithneach / òrdaigheach* the imperative mood □ *am modh taisbeanach* the indicative mood □ *am modh neo-chriochnach* infinitive mood □ *am modh eisimeileach* the subjunctive mood **air mhodh 's gu** *conj* in such a manner that / so that **modh-gabhail** *nm/f* approach □ *modh-gabhail nas co-fhulangaiche agus nas taiceile* a more sympathetic and supportive approach **m.-labhairt** *nm/f* style (of speech) **m.-riaghlaidh** *nm/f* polity **m.-sgrìobhaidh** *nm/f* style (of writing)

modhail, -e *a* civil, genteel, mannerly, polite, punctilious, respectful, wellbred □ *cha bhitheadh e ach modhail dhuinn a dhol ann* it would only be civil of us to go [there] □ *bha e modhail gu leòr riutha* he was civil enough to them

modhalachd *nf* courtesy, genteelness, politeness

modhalan-buidhe *nm* yellow-rattle, cockscomb (plant), pennygrass

modhanach, -aiche *a* ethical

mogall, -aill, -aill / -an *nm* mesh, interstice, space of a net □ *feumaidh na mogaill anns an lion de mheudachd a leigeas na h-èisg as lugha troimhe* the spaces in the net need enough [of] size that will let the smallest fish through □ *le mogall meadhanach mìn* with a fairly fine mesh

mogallach *a* meshed (like a net), reticular □ *uèir mhogallach* netting wire □ *bha e a' tarrangachadh uèir mhogallaich ris na puist* he was nailing netting wire to the posts

mogan, -ain, -an *nm* 1. leg of trousers 2. stocking 3. (gas) mantle

mogh *nm* helot

moglachadh, -aidh *nm & vn* of **moglaich** husking etc., network

moglaich, -achadh *v* 1. husk 2. become enmeshed

Mohamadanach, -aich, -aich *nm* Mohammedan

Mohamadanach *a* Mohammedan

mòid / mòide = mò + de the bigger of □ *bu mhòid an t-amadan mi nan diùltainn e* I'd be a bigger fool if I refused it (lit. it is bigger of it the fool if etc.)

moigean, -ein, -an *nm* dumpy little fellow

moileciuil, -ean *nm* molecule

moileciuileach *a* molecular

mòilisgin *nm* moleskin

mòine, mòine / mòna / mònadh / mònach *nf* peat (the substance)

mòin-fheur *nm gen* **mòin-fheòir** coarse meadow grass

mòinteach, -ich, ichean *nf* moss, peat-moss, moor, moorland □ *chladhaich iad iomadh rud inntinneach às a' mhòintich* they have excavated many interesting items from the peat-moss □ *latha air a' mhòintich* a day on the moor

mòinteach-liath *nf* bog-moss, sphagnum □ *…agus fo ar casan brat-ùrlar den mhòintich liath…* and under our feet a carpet of [the] bog-moss

mòintich *a* peaty □ *'s e talamh mòintich eu-domhain a tha anns a' chuid as motha den àite* it is peaty, shallow soil that is in most of the place i.e. most of the place has etc.

moirfin *nf* morphia / morphine

moirtis *nm* mortise □ *glas moirtis* mortise lock

moit, -e *nf* pride □ *bha de mhoit air gun deach aige air seo a dhèanamh is nach b'urrainn dhà fuireach airson pàipear Diluain fhaicinn* he was so proud that he had managed to do this that he couldn't wait [for] to see Monday's paper □ *cha leig e leas uibhir de mhoit a bhith air* he needn't be so proud □ *bha moit orra airson gun do choisinn iad an cupa* they were proud because they had won the cup □ *tha moit aca anns an eachdraidh aca* they have a pride in their history

moiteil, -e *a* proud □ *bi moiteil à* be proud of □ *bha e moiteil às fhèin* he was proud of himself □ *a bheil thu moiteil asad fhèin?* are you proud of yourself?

moitif, -ean *nm* motif (in tales)

mol, -adh *v* celebrate (= praise), commend, praise, recommend, suggest □ *tha e ri a mholadh* it *masc* is commendable □ *tha mi ga mholadh dhuibh* I recommend it to you □ *tha iad a' moladh gum biodh fèis bhli-adhnail air a cumail* they recommend that an annual festival [would] be held □ *mholainn dhut dol dhachaigh* I would suggest to you to go home / recommend you to go home □ *tha e ri a mholadh airson na rinn e* he is to be praised for what he did (i.e. deserves praise) □ *tha an gnìomh seo ri a mholadh* this act is commendable □ note also the idiom: *cha mholadh e latha dhut* he wouldn't pass the time of day with you (lit. wouldn't praise the day to you) □ *mhol* *e a 'mhadainn dhi* he said good morning to her □ *mhol i an latha dha* she said good day to him

mol, moil / mola, -an *nm* (also **mol, muile, -an** *nf* as in **clachan-muile** pebbles) beach, shingle (of a beach) □ *thug e sgrìob sìos a dh'ionnsaigh a' mhoil* he took a stroll down towards the shingle beach

molach, -aiche *a* furry, hairy, hirsute, rough, shaggy □ *bha a theanga car molach nuair a dhùisg e* his tongue was rather furry when he woke □ *cha mhòr nach do dh'fhalaich an fheusag mholach a ghnùis* the shaggy beard almost hid his face

moladh, -aidh, -aidhean *nm & vn* of **mol** praising etc., commendation, compliment, encomium, eulogy, panegyric, praise, recommendation, suggestion □ *dèan moladh air* compliment □ *bha sreath mholaidhean* there was a series of suggestions □ *bha moladh mòr aige air an obair a rinn iad* he had great praise for the work that they had done □ *moladh dhut airson gach nì a bheir tlachd don t-sùil* praise be to You for everything which brings pleasure to the eye

molag, -aige, -an *nf* pebble

molasas, -ais *nm* molasses

moll, muill *nm* chaff □ *mar mholl air a fhuadachadh leis a' ghaoith* like chaff driven by the wind □ *ruagadh an t-arm dearg mar am moll ro na Gaidheil* the red-coats were driven like [the] chaff before the Highlanders

molldair, -ean *nm* mould (shape / former)

molltair, -ean *nm* □ see **molldair**

molt, muilt, muilt *nm* wedder / wether (a castrated ram) □ *chleachd e craiceann muilt a chaidh a mharbhadh* he used the skin of a wether which had been killed

moltach, -aiche *a* commendable, complimentary, laudatory □ *seo an aon as moltaiche dhiubh* this one is the most commendable of them □ *bha e glè mholtach air an obair* he was very complimentary of their work

mòmaid, -e, -ean *nf* moment (of time)

mòna *gen sing of* **mòine** peat, of peat (also **mònach / mònadh**)

mònach *gen sing of* **mòine** peat, of peat □ *shuidh iad ri teine brèagha mònach* they sat down at a lovely peat fire

mònad, -aid, -an *nm* monad

monadail *a* hilly, mountainous

mònadh *gen sing of* **mòine** peat, of peat (also **mòna / mònach**)

monadh, -aidh, -aidhean *nm* moor, hill □ *anns a'mhonadh* on (lit. in)` the moor / on the hill

monaiseach, -iche *a* negligent, inattentive

monarc, -airc, -an *nm* monarch

monarcachd, -an *nf* monarchy

monasg, -aisg *nm* pulp (general), dross, refuse

monmhor, -oir, -an *nm* murmur □ *dèan monmhor* murmur □ *bhruidhinn e ann am monmhor fann* he spoke in a weak murmur

monolog, -oig, -an *nm* monologue

mop, -a, -aichean *nm* mop (for cleaning)

---

mòr *nm* 1. (with *def art*) the great, the mighty, the renowned etc. □ *thàinig am beag is am mòr* both great and small came 2. large amount □ *bha beag no mòr ann bho bhunan eadar-dhealaichte* there were large or small amounts in it from different sources □ *cha robh duine againn nach do dh'fhairich a bheag no a mhòr de chianalas* there wasn't one of us who didn't feel *some* homesickness (lit. its big or its little of)

mòr, motha / mò *a* ample, big, bulky, grand, great, high, large, lofty, spacious, strapping, tall □ *cù mòr* a big dog □ *clach mhòr* a large stone □ *an doras mòr* the main entrance, the front door □ *an Taigh Mòr* the Big House (the Laird's house on an estate) □ *na h-urracha mòra* the head people, powers that be, top people, big brass etc. □ *an t-sràid mhòr* the main street / high street □ *gu mòr* greatly, largely etc. □ ... *air a shuidheachadh gu mòr sa Gaidhealtachd* ... based largely in the Highlands □ *bha iad ag iarraidh cuideachadh an aghaidh nan nàimhdean a bha gan claoidh cho mòr* they wanted help against the enemies who were harassing them so greatly The *comp form* is **motha / mò** □ *bidh aig daoine astar nas motha a dhol gu seirbhisean* people will have to go a greater distance to services □ *'s e am bogsa sin as motha (a) tharraing m'aire-sa* it was that box which most attracted my attention □ *'s e Beurla as motha (a) tha ga cleachdadh fhathast* it's English that's still used most / mostly used still □ note also the following idiom: *'s e a' chaibideil mu* *dheireadh as motha brìgh* the last chapter has most substance □ *is motha an tairbhe sealltainn romhainn na sealltainn às ar dèidh* it is more advantageous to look forward than to look back (lit. it is greater the advantage to look before us than to look behind us) – see separate entry under **mò / motha** for further examples

mòr often means long / many, particularly when used with expressions of time □ *liubhair e òraid mhòr* he delivered a long speech (lit. large / great) □ *bha e na mhinistear an seo bliadhnachan mòra* he was a minister here for many years □ *tro bhliadhnachan mòra de rannsachadh* through many years of research □ *bha e air falbh ùine mhòr* he was gone for a long time □ *fad làithean mòra* for days on end □ *ged a thàinig iad nam miltean mòra* though they came in their many thousands

tha—mòr agam I think much of—, I think a lot of—, I regard — highly □ *cha robh e idir cho mòr aca* they did not think so much of him □ *bha iad glè mhòr aig a chèile* they were very friendly / on very friendly terms / they were great friends

cha mhòr is used in a number of expressions:

1. **cha mhòr** may simply be the *neg* of **is mòr** □ *cha mhòr an àireamh* the number is not large / it isn't a large number
2. **cha mhòr a** = few, little □ *cha mhòr an rud a bheir buaidh air inntinn duine aig àm mar seo* little will have an effect on a person's mind at a time like this □ *cha mhòr aig nach eil eòlas air an fhaochaig* few are not familiar with the whelk
3. **cha mhòr gu** = hardly, scarcely (when accompanied by a verb) □ *cha mhòr gun do mhothaich e i* he hardly noticed her □ *cha mhòr gun cuala iad mi* they hardly heard me □ *cha mhòr gum bitheadh e ochd bliadhna a dh'aois* he would scarcely be eight years old □ *cha mhòr gun ruigeadh e air an sgeilp* he could hardly reach the shelf
4. **cha mhòr nach** = almost (when accompanied by a verb) □ *cha*

mhòr nach do bhris e an uinneag he almost broke the window □ *cha mhòr nach do chaill e a bheatha* he almost lost his life □ *cha mhòr nach fhaic e cho math san dorchadas is a chì e ri solas latha* he sees almost as well in the darkness as he sees in the daylight □ *cha mhòr nach d'fhuair e e* he nearly got it

5. **cha mhòr** = almost (before any part of speech, including a *vn* – but not a *verb* – see **cha mhòr gu** and **cha mhòr nach** above) □ *tha mi air a bhith gan dèanamh cha mhòr bho 's cuimhne leam* I've been making them almost as long as I can remember (lit. almost since there is rememberance with me) □ *bha e dìomhain o chionn cha mhòr dà bhliadhna* he was unemployed for almost two years □ *cha mhòr a h-uile mionaid den latha* almost every minute of the day □ *bha a chridhe cha mhòr a' sgàineadh* his heart was almost bursting □ *... mar a bha e cha mhòr cinnteach a dhèanamh iad...* as he was almost certain [that] they would (do) □ *dh'èirich e na sheasamh 's a cheann cha mhòr a' bualadh nan cabar* he stood up, his head almost hitting the beams □ note that **de** or its derivatives are used with *nouns* and *pers prons*: *cha mhòr a dh'fheudail a gheibhte ann co-dhiù* hardly any booty was to be found there anyway □ *cha mhòr dhiubh idir a tha a' caitheamh an saoghail uile air an eilean* scarcely any of them spend their whole lives on the island

mòr sometimes precedes the *vn* for emphasis □ *...ach bha e air a mhòr mhealladh...* but he was greatly mistaken

is mòr a—(**bu mhòr a** – in the *past tense*) – an emphatic way of saying 'greatly' □ *is mòr a b'fheàrr leam...* I would greatly prefer ... □ *bu mhòr a b'fheàrr leam...* I greatly preferred ...

bi mòr à / às be proud of □ *bha e mòr às fhèin* he was proud of himself / he was vain □ *bha i mòr asta* she was proud of them □ *bha sinn car mòr asainn fhèin* we were rather proud of ourselves

is mòr leam (+ *vn*) / **tha e mòr agam /
orm** (+ *vn*) I am reluctant (to do something) □ *bu mhòr leis a dhol na
b'fhaide* he was reluctant to go further
(also: *bha e mòr air a dhol na b'fhaide*
he was reluctant to go further) □ *am
biodh e mòr leat nan dèanainn sin?*
would you mind if I did that?
mòr-, in addition to being used as a *pref*
with the meaning 'large-', 'big-' or
'great', may be prefixed to a *noun* simply for emphasis e.g. *chan eil e a'
dèanamh mòr-sheirbhis dha fhèin* he is
not doing himself a great service etc.
As it would not be practical to show
every possible usage, only 'true'
compds are shown here.
mòr-aire *nf* caution **m.-aoibhneas** *nm*
rapture **m.-bheàrn** *nf* chasm **m.-
bhùth** *nf* supermarket **m.-chabhag** *nf*
great hurry / haste □ *thàinig e na
mhòr-chabhaig* he came posthaste **m.-
chall** *nm* calamity **m.-chinneas** *nm*
luxuriance **m.-chliù** *nm* lustre **m.-
chnàmhach** *a* big-boned **m.-choille**
nf forest **m.-chòrdte** *a* popular □
*bha an fhidhleireachd mhòr-chòrdte
sa Ghaidhealtachd* fiddling was very
popular in the Highlands □ *bha e mòr-
chòrdte aig an t-sluagh* he was very
popular with the people **m.-chrosg
(ròidean)** *nf* (road) interchange **m.-
chruinneachadh** *nm* assembly **m.-
chuairteach** *a* circuitous,
comprehensive □ *foghlam mòr-
chuairteach* comprehensive education
m.-chudthrom *nm* priority □ *cuir
mòr-chudthrom air* attach a priority to
m.-chuid, a' mhòr-chuid *nf* majority –
the forms **mòrchuid, a' mhòrchuid**
(q.v.) are now recommended **m.-
chuiseach** a (see **mòrchuiseach**) **m.-
chumhachdach** *a* high-powered
m.-dhàil *nf* (see **mòrdhail**) **m.-dhìol**
nm wholesale **m.-dhuilleag** *nf* folio
m.-fhèitheach *a* big-muscled **m.-
fhliodh** *nm* great masterwort **m.-ghil**
nf gorge (geog.) **m.-inbhe** *nf* eminence
m.-inntinneach *a* magnanimous **m.-
iongnadh** *nm* amazement, surprise
m.-lasadh *nm* conflagration **m.-
phiàno** *nm* grand piano, concert piano
m.-rathad *nm* motorway **m.-reic** *nm*
wholesale **m.-roinn** *nf* continent **m.-
roinneach** *a* continental **m.-sgèile** *a*
large scale **m.-shaoghal** *nm* macrocosm

m.-shiubhal *nm* procession □ *choimhead sinn air a' mhòr-shiubhal stàiteil*
we watched the stately procession **m.-
shluagh** *nm* multitude, proletariat,
public, throng (always definite) **m.-
shluaghach** *a* 1. proletarian 2. crowded,
highly populated **m.-shràid** *nf* promenade **m.-thìr** *nf* continent **m.-thìreach**
a continental **m.-thogalach** *nf* (housing)
complex **m.-thomhas** *nm* outsize
m.-thubaist *nf* disaster **m.-uaislean** *n
pl* nobility

mòrachd *nf* grandeur, greatness, highness,
lordliness, majesty
mòrail, -e *a* great, magnificent
morair, -ean *nm* lord (titled person), peer
(of realm)
moraireachd *nf* lordship, peerage
moralta *a* moral □ *an cor spioradail
agus moralta* their spiritual and moral
state
moraltachd *nf* morality
moran, -ain *nm* meadow saxifrage
mòran, -ain *nm* a great deal, lot (much),
many, much (*adj* and *adv*), a number –
foll. by *gen case* or **de** + *dat* □ *mòran
dhaoine* a great many people □ *chan eil
mòran dhaoine ann* there aren't many people (there) □ *mòran de na daoine* many of
the people □ also used as a *pron* = many
(people) *am beachd mòrain* in the opinion
of many □ *bhitheadh iad seo nam beannachd do mhòran* these would be a blessing to many □ *tha e saoilsinn mòran dhith*
he admires her □ *tha seo mòran nas fhiachaile* this is much more valuable □ *nach
eil e mòran nas fìor mu thimcheall gu spioradail?* isn't it much more true about him
spiritually? □ *bha mòran de seo air a chur
an cèill le* ... much of this was expressed
by □ ... *bu chòir sùil a bhith againn ri
mòran a bharrachd de phrògraman* we
should expect a lot more programmes □
*tha e mòran nas duilghe mathanas a thoirt
do ar nàimhdean* it is much more difficult
to forgive our enemies □ *cha robh e a' gabhail mòran pàirt anns a' chòmhradh* he
wasn't taking much part in the conversation □ note also the idiom: *tha
fhiosam nach eil mòran aice mu a dheidhinn* I know [that] she doesn't care much

for him (lit. that there isn't much at her about him)

mòrchuid, a' mhòrchuid *nf* the majority, the mass (= majority), most □ *anns a' mhòrchuid / sa mhòrchuid* mainly, mostly □ *bha Gàidhlig aig a' mhòrchuid dhiubh* the majority of them spoke Gaelic (lit. there was Gaelic at the majority of them)

mòrchuis *nf* conceit

mòrchuiseach, -iche *a* conceited, high, lofty, pompous □ *... leis a' ghaol mhòrchuiseach ud air fhèin ...* with that conceited love of himself

mòrdhail, -ean *nm* assembly

mòrdhalach, -aiche *a* magnificent □ *chan eil sealladh a tha nas mòrdhalaich na ...* there is no sight [that is] more magnificent than ...

mòrdhalachd *nf* magnificence □ *chan eil togalach a tha a' toirt bàrr air [ann] am mòrdhalachd* there isn't a building which excels it in magnificence

morgadh, -aidh *nm* gangrene □ *fo mhorgadh* gangrenous □ *bha an lot air dol fo mhorgadh* the wound had become gangrenous

morgaidse, -ean *nm* mortgage □ *gabh morgaidse air mortgage v*, take out a mortgage on □ also *thoir a-mach morgaidse* □ *bheir iad a-mach morgaidsean mòra airson an ceannach* they take out huge mortgages in order to buy them

morghan, -ain *nm* gravel

morghath, -a, -an *nm* harpoon

mort, moirt, moirt *nm & vn* of **mort** murdering etc., assassination, homicide, murder, manslaughter □ *mort bràthar* fratricide □ *mort màthar* matricide □ *dèan mort air* murder □ *bha e soilleir gur e mort a chaidh a dhèanamh air* it was clear that he had been murdered (lit. that it was murder that had been committed on him)

mort, mort *v* assassinate, murder, massacre

mortach *a* murderous

mortachail *a* murderous □ *chaidh ionnsaigh mhortachail a dhèanamh orra* a murderous attack was made upon them

mortair, -ean *nm* assassin, killer, murderer

mòrthir, -e *nf* mainland □ *air taobh siar na mòrthir* on the west coast of the mainland □ *chaidh iad air imrich gus a' mhòrthir* they moved to the mainland □ but note also: *air na mòrthirean* on the mainland (see also **tìr-mòr**)

mòrthireach, -ich, -ich *nm* mainlander

mòrthireach *a* mainland

mosach, -aiche *a* filthy, foul, inhospitable, lousy, mean, nasty, niggardly □ *cho mosach ris na glasan* as inhospitable as the locks (a saying which implies that where people have to lock their doors there is a lack of trust)

mosaiche *nf* inhospitality

mosg, -oisg, -an *nm* mosque

mosgail, mosgladh *v* arouse, awake, bestir, wake(n) □ *nuair a thuig e gun do mhosgail i ...* when he realised she had awakened ...

mosganach *a* mouldy

Moslamach, -aich, -aich *nm* Moslem

Moslamach *a* Moslem

motair, -ean *nm* motor

motair *a* motor

motair-rothair *nm* motor-cycle **m.-slighe** *nf* motorway □ *chòrd ar turas air a' mhotair-shlighe ruinn glè mhath* our journey on the motorway pleased us very well □ also **mòr-rathad** *nm*

motairiche, -ean *nm* motorist

---

motha *comp form* of **mòr** more / most great(ly) larger / largest, bigger / biggest etc. – see also **mò**

nas motha bigger, more (**na bu** in the *past* tense) □ *am bi Seònaid nas motha na Seumas?* will Janet be bigger than James? *bha am bara aigesan na bu mhò na am fear againne* his barrow was bigger than ours

as motha biggest, most, major, utmost (generally, but sometimes, depending on context, 'bigger, more') – **na bu mhò** in the *past* tense □ *is i Sine as motha (den triùir)* Jean is the biggest (of the three) □ *innis dhomh dè bu mhò (a) rinn grèim air d'aire* tell me what most grabbed your attention □ *'s e Teàrlach as motha na Somhairle* Charles is bigger than Sorley □ *tha Peadar mòr, ach is e Gilleasbaig as motha* Peter is big, but Gillespie is bigger note also: *'s e òrain ghaoil as motha a tha ann* it's love songs that are in it (the book) for the most part / it's mainly love songs that are in it

mothachadh, -aidh *nm & vn* of **mothaich** feeling etc., consciousness, sensation, sensibility, sense (medium of experiencing) □ *cuir bho mhothachadh* daze *v* □ *le mothachadh* consciously □ *nar mothachadh den domhan* in our consciousness of the universe □ ... *duine anns a bheil tùr is mothachadh* ... a man in whom there is sense and sensibility

mothachail, -e *a* aware, conscious, perceptive, sensible, sensitive, sensory, sentient, susceptible □ *cho-dhùin mòran dhaoine gu mothachail gun robh e* ... many people concluded perceptively that it was ...

mothachas, -ais *nm* sensibility

mothaich, -achadh *v* (+ **do** of) be aware, experience, feel, notice, perceive □ *thòisich e a' mothachadh do na bha a' dol mun cuairt air* he began to be aware of what was going on around him

mòthan, -ain, -an *nm* bog-violet

mothar, -air *nm* loud noise such as a cry, roar, peal, bellow, wail □ *thuirt e le mothar gàire* ... he said, with a peal / roar of laughter, ... □ *chuala sinn mothar an tàirneanaich* we heard the roar of the thunder

mothtan, -ain *nm* fluff

moth-ùrach *nm* early orchis / orchid

---

mu *prep* + *len* about, concerned with, concerning, of, approximately □ *bha an t-iomradh mu dhol fodha na luinge* the report concerned the sinking of the ship □ *mu mhìos air ais* about a month ago □ *mu shia uairean* about six o' clock □ *dh'fhòn i mu chòig* she phoned about five □ *sgrìobh e mu dhaoine is thachartasan a latha fhèin* he wrote about the people and events of his own day (note that **thachartasan** is lenited as if **mu** preceded it) □ *taing dhut airson leigeil leam na ceistean sin a chur ort mu do bheachdan* thank you for allowing me to ask you those questions about your opinions □ *tha e ag ràdh gun toir e mu cheithir uairean a thìde* he says that it will take about three hours [of time] □ *dè cho fada 's a bhios iad?* how long will they be? □ *bidh mu uair a thìde* (they'll be) about an hour [of time]

---

mu is used with the *interr part* as follows: *'s e Alba an leòghann mu a bheil e a' sgrìobhadh* the lion about which he is writing is Scotland □ *mun do sgrìobh e* ... about whom / which he wrote ... (where **mun** = **mu** + **an**) □ *anns na comhraidhean mun cuala sinn o chionn ghoirid* in the talks about which we have heard recently □ *tha an litir mu rud a thachair dha* the letter concerns something that happened to him – the negative form is: ... *mu nach aithne dhuinn nì air bith* ... about which we know nothing at all

mu + *def art* (**mu** = **an**) gives **mun** 'about the' □ *leugh mi mun chaileig òig* I read about the young girl

The *prep prons* are formed as follows: **umam** about me **umad** about you *sing* **uime** about him / it *masc* **uimpe** about her / it *fem* **umainn** about us **umaibh** about you *pl & polite* **umpa** about them

The *emph forms* are: **umamsa, umadsa, uime-san, uimpese, umainne, umaibhse, umpasan**

Some uses of the *emph forms*: *gun an còrr uime* without any more about it *seadh, de uimpe?* yes, what about her / it?

The *prep* **mu** is sometimes combined with the *poss adjs* thus: **mum** = **mu mo** about my **mud** = **mu do** about your *sing* **mun** / **mum** = **mu an** / **mu am** about their – **mu a, mu ar** and **mu ur** tend not to be shortened □ *tha cearcall dubh mu d' amhaich!* there's a black circle round your neck!

mu choinneimh / **mu chuairt** / **mu dheidhinn** / **mu dheireadh** / **mu seach** / **mu thimcheall** / **mu thuaireim** / **mu thuairmse** – see **coinneamh** / **cuairt** / **deidhinn** / **deireadh** / **seach** / **timcheall** / **tuaiream** / **tuairmse** respectively

---

muasgan-caol *nm* prawn, scampi

muc, muice, -an *nf* pig, sow

muc-bhiorach *nf* bottle-nosed dolphin **m.-chreige** *nf* lump-sucker (fish) **m.-fhaileag** *nf* rose-hip, hip **m.-fheòil** (see **muicfheoil**)

m.-locha *nf* perch (freshwater fish) **m.-mhara** *nf* whale □ *is i muc-mhara a shàbhail Iònah* [it is] a whale [which] saved Jonah □ *shluigeadh e le muic-mhara* he was swallowed by a whale □ *bha e beò am broinn na muice-mara* he was alive in the belly of the whale □ *rinn na dùthchannan uile aonta gun sguireadh iad a shealg nam mucan-mara* the countries all agreed that they would stop hunting the whales **m.-ruadh** *nf* ballan-wrasse **m.-shneachda** *nf* monster snowball

mucag, -aige, -an *nf* rose-hip, hip

mucair, -ean *nm* hog-herd, swine-herd

mùch, -adh *v* choke, extinguish, quell, quash, repress, smother, stifle, strangle, suffocate, suppress, throttle □ *mùch le gas* gas *v* □ *mhùch iad an teine* they extinguished the fire □ *a' mùchadh an t-solais* extinguishing the light □ *bha a làmh a' mùchadh nam briathran* his hand was stifling the words □ *mùchar thu* you will be suffocated

mùchadh, -aidh *nm & vn* of **mùch** extinguishing etc., repression, suffocation, stuffiness, suppression

mùchach *a* suffocating, choking, stifling, stuffy

mùchadair, -ean *nm* extinguisher

mud *prep poss adj* of **mu** (q.v.) about your

mùg, mùig *nf* sniff

muga, -aichean *nm/f* mug

mùgach, -aiche *a* churlish, dim, gloomy, grim, morose, muggy, murky, sulky □ *'s e duine mùgach a bh'ann* he was a morose man □ *bha solas mùgach à aon uinneig* there was a dim light from one window

mùgalachd *nf* sullenness

mùgan □ see **mùig** *nf*

mugha, dol am mugha miscarriage (general, not medical) □ *rach am mugha* miscarry (general)

muicfheoil *nf* bacon, pork

muidhe, -ean / -eachan *nm* churn

mùig, -ean / mùgan *nm* frown, grimace, scowl, sulkiness □ *thàinig mùig oirre* a frown came to her face □ *cuir mùig ort* frown, scowl □ *chuir mi mùig orm ris* I frowned at him □ *seall fo na mùgan* glower □ *sheall e orm fo na mùgan* he frowned at me

muigh □ see **a-muigh**

mùigh, -eadh *v* 1. fail 2. threaten (same as **maoidh**)

muilceann, -inn *nm* spignel (plant)

muilcheann, -an *nm* □ same as **muinchill**

muilchinneach *a* same as **muinchilleach**

Muileach *a.* of, belonging to or pertaining to Mull

Muileach, -ich, -ich *nm* native of Mull □ *is e Muilich a th'annta* they're from Mull

muileag, -eige, -an *nf* cranberry

muileann, -inn, -an *nm/f* mill □ *alt gen sing & nom pl* are **muilne & muilnean** □ *chaidh sinn don mhuileann* we went to the mill *masc*

The examples of *compd nouns* given below are all given as *masc*, but could, of course be *fem* in some areas e.g. **muileann-pronnaidh** *nm* or **muileann-phronnaidh** *nf* pulp mill

muileann-bleith *nm* grinding-mill **m.-bualaidh** *nm* threshing-machine **m.-bracha** *nm* maltings **m.-flùir** *nm* flour-mill **m.-gaoithe** *nm* windmill **muilleann-pronnaidh** *nm* pulp-mill **m.-sàbhaidh** *nm* sawmill **m.-shnìomh** *nm* spinning-mill **m.-stàilinn** *nm* steelworks **m.-uisge** *nm* watermill

muileid, -ean *nm/f* mule

muile-mhàg, m.-mhàige, muileacha-màg *nf* frog, toad □ *chunnaic mi trì muileacha-màg air an rathad* I saw three toads on the road

muill □ *gen sing* of **moll** chaff, chaff □ *leabaidh mhuill* a chaff bed

muillean, -ein, -an *nm* wisp, truss of straw or threshed corn

muillear, -eir, -an *nm* miller

muilt □ *gen sing* and *nom & dat pl* of **molt** wedder

muiltfheoil *nf* mutton (also **feòil caorach**)

muime, -eachan *nf* foster-mother, step-mother

muimeach *a* novercal, concerning / suitable for a stepmother

muimeachas, -ais *nm* stepmothering

muin, air muin *prep + gen* on the back of, mounted on, on □ *cuir / leum air muin eich* mount □ *air muin eich* on horseback □ *air muin rothair* on a bicycle □ *mort air muin muirt* murder upon murder □ *tha àm na Nollaige gu bhith air ar muin a-rithist* Christmas time is almost upon us again

mùin, mùin *v* pass water, urinate

muincheann □ same as **muinchill**

muinchill, -ean *nm* sleeve □ *muinchill lèine* shirt-sleeve □ *muinchill mo lèine* my shirt-sleeve □ *'s iad a' trusadh am* *muinchillean* [and they] rolling up their sleeves □ *bha a mhuinchillean slaoidte ris* his sleeves were trailing / dangling

muinchill-gaoithe *nm* windsock

muinchilleach *a* sleeved, having sleeves, with sleeves □ *peiteag mhuilchinneach* a sleeved waistcoat

muineal, -eil, -an *nm* neck (of a person only)

muinealach *a* necked, long-necked

muing, -e, -ean *nf* mane

muinge *nf* necklace □ *bha i a' cosg muinge dhaoimean* she was wearing a diamond necklace

muinghinn, -e *nf* confidence (in), faith (trust), reliance □ *cuir muinghinn ann* rely on, trust □ *nach eil muinghinn agad asam?* don't you trust me? / don't you have confidence in me? □ *dh'èirich seo à dìth muinghinn asta fhèin* this arose from lack of confidence in themselves □ *is urrainn dhomh seo a ràdh le muinghinn* I can say this with confidence □ *chan eil ar muinghinn ann am foghlam air sìoladh as buileach* our confidence in education hasn't completely drained away

muinghineach, -iche *a* confident

muinntir, -e, -ean *nf* folk, kindred, people, train (company etc.) □ *Muinntir Messrs coll* □ *cha do chòrd seo ri muinntir an àite* this didn't please the people of the place / the inhabitants / the locals □ *muinntir (dealbh-chluich)* cast (play) □ *muinntir Dhòmhnaill Alasdair* Donald Alastair's household / family

muinntireas, -eis *nm* service (employment) □ *ghabh i muinntireas* she took service □ *bha i air mhuinntireas anns a' bhaile mhòr* she was in service in the city

muir, mara, marannan (though usually given in dictionaries as *nm* in *nom*, *nf* in other cases, **muir** is very commonly *fem* in all cases) sea □ *am Muir Dubh* the Black Sea □ *cladaichean na Mara Duibhe* the shores of the Black Sea □ *Am Muir Meadhan-thìreach* The Mediterranean □ *an tinneas mara / cur na mara* seasickness □ *fhuair sinn cothrom a dhol gu muir* an opportunity came to us to put to sea □ *air muir* at sea □ *tha e a' fuireach ann an taigh beag an cois na mara* he lives in a little house by the sea □ *tha e sìos ris a' mhuir* it is down beside the sea / by the sea

muir-bhuachaill *nm* great northern diver **m.-droigheann** *nm* agrimony **m.-eòlas**

nm hydrography **m.-gheadh** *nm* bean goose □ *nead a' mhuir-gheòidh* the nest of the bean goose **m.-làn** *nm/f* high-water, high-tide **m.-thàcar** *nm* sea spoil **m.-thìreach** *nm* amphibian **m.-thìreach** *a* amphibious **m.-tiachd** *nm* (see **muirteachd**) **m.-thoradh** *nm* product of the sea **m.-tràigh** *nf* low tide, low-water

mùirn *nf* love, fondness □ *facal mùirn* endearment

mùirneach, -eiche *a* 1. beloved, dearly-beloved □ *…a chionn 's gun robh i mùirneach leotha…* because she was beloved of them / because they loved her dearly 2. loving, fond □ *mùirneach mu mhnaoi* uxorious

mùirneag, -eige, -an *nf* darling □ *a Chatrìona mo mhùirneag* Catherine, my darling

muirsgean, -ein, -an *nm* razor shell (lit. sea-knife)

muirteachd, -an *nm / f* jellyfish

muisean, -ein, -an *nm* cowslip

mul, muil, -an *nm* axis □ *tha an talamh ag iom-chuairteachadh air a mhul fhèin* the earth revolves on its own axis

mulachag, -aige, -an *nf* a whole cheese, a kebbock

mulad, -aid *nm* grief, sadness, sorrow □ *cha tig math gun mhulad* good does not come without sadness □ *cha dèanar math gun mhulad* nothing is achieved without hard work

muladach, -aiche *a* deplorable, dolorous, lamentable, lowspirited, melancholy, piteous, pitiful, sad, sorrowful, woeful □ *…nuair a thachair an call muladach seo…* when this sad loss occurred □ *bha e muladach trom-inntinneach* he was melancholy and depressed

mulcaire, -ean *nm* fulmar (also **fulmair**)

mulan, -ain, -an *nm* (small) stack (of peats etc.)

mullach, -aich, -aich / -aichean *nm* crest, crown, height, lid, peak, ridge, roof, summit, top, upland □ *mullach cas* steep pitch roof □ *mullach leacag* tile roof □ *mullach leacag-phana* pantile roof □ *mullach leth-chas* medium pitch roof □ *mullach preasach* corrugated roof □ *mullach sglèat* slate roof □ *mullach staoin* shallow pitch roof □ *mullach tughaidh* a roof of thatch / a thatched roof □ *cuir mullach air* roof *v* □ *mullach an t-seòmair* etc. ceiling □ *air mullach* *an taighe* on the roof of the house □ *a' dol tarsainn air a' mhullach* going over the top (trench warfare) □ *bha mullaich dhearga air na taighean* the houses had red roofs □ *mullach na beinne* the mountain top □ *shìn iad ri dìreadh chun a' mhullaich* they began to climb to the summit □ *thug sinn na mullaich oirnn* we took to the [mountain] tops □ *shlaod mi am bogsa gu mullach na staidhre* I dragged the box to the top of the stairs □ *ghlan i an taigh o mhullach gu bonn* she cleaned the house from top to bottom □ *dh'èigh e bho mhullach na staidhre* he shouted from the top of the stairs

mum *prep poss adj* of **mu** (q.v.) about my / about their

mum *conj* □ see **mun** *conj*

mùn, mùin *nm* urine

mun / mum *conj* (= **mu(s) + am / an** *interr part*) before □ *ghabh e cuairt ghoirid mun do ghlas e an doras* he took a short walk before he locked the door □ *ghabhadh e cuairt ghoirid mum bitheadh e a' glasadh an dorais* he used to take a short walk before he locked the door

mun = mu + an (*interr part*) about which / about whom (see **mu**)

mun = mu + an (*def art*) about the (see **mu**)

mun *prep poss adj* of **mu** (q.v.) about their

mun cuairt □ see **cuairt**

muncaidh, -aidhean *nm* monkey

mur *conj* if not, unless □ this *conj* takes the form **mur** before vowels, **mur an** before **do** and otherwise **mur / mura** □ *mur eil thu sgìth* if you aren't tired / unless you're tired □ *mur an do thill e dhachaidh* unless he went back home □ *bhitheadh i bòidheach mur b'e a trusgan* she would have been pretty if it hadn't been for her outfit □ *siud mise mur b'e gràs Dhè* there but for the grace of God go I (lit. there am I if it were not the grace of God) □ *mur robh mi air a' ghlas atharrachadh bhiodh i air na bha san taigh a thoirt air falbh* if I had not changed the locks, she would have removed the contents of the house □ often **mura** – *mura b'e gun robh mi caran faiceallach ...* if it hadn't been that I was somewhat careful ... □ *... mura b'e sin ...* but for that □ *... mura b'e Màiri ... ...* if it hadn't been for Mary ... / if it weren't for Mary ... □ *... mura b'e mar a chuidich esan sinn ...* if it hadn't been for how he

helped us ... □ an **h-** is often found between **mura** and a following vowel □ *mura h-eil / mura h-e* etc. □ *mura h-urrainn dhuibh a dhol gu ...* if you cannot go to ...

mura *conj* □ see **mur** above

mùr, -ùir, ùir / ùirean *mn* wall of a rampart, bulwark

mùrach, -aich, -aichean *nf* sand dune

murag, -aige, -an *nf* 1. anything cast up by the sea 2. murex, purple fish

muran, -ain *nm* marram, marram grass

mura-bhith *nf* exception □ *gun mhura-bhith sam bith* without any exception

murt / murtair / murtach(ail) □ see **mort** etc. *o murt! seo i tighinn!* oh help! she's coming! / here she comes!

mus *conj* (**mus + an**) before, in case, lest □ works in the same way as **mun / mum** *conj* except that the **an** does not show □ *bhruidhinn mi ris mus do dh'fhalbh e* I spoke to him before he left □ *dh'innis e an sgeulachd dhomh mus do chaochail e* he told me the story before he died □ *sin mar a bha mus tàinig e* that's how it had been before he came □ *dh'fheumadh iad mullach a chur air an taigh mus tigeadh an geamhradh* they had to put a roof on the house before [the] winter came (lit. would come) □ *cuir sìos an sgian sin mus geàrr thu thu fhèin* put that knife down before / lest / in case you cut yourself □ *mus cuimhne leamsa* before the time that I can remember

musgadair, -ean *nm* musketeer

musgaid, -ean *nf* musket

mùsgan, -ain, -ain / -an 1. hose fish 2. mussel 3. large razor fish

Muslamach, -aich, -aich *nm* Moslem □ *na Muslamaich Shunnach* the Sunni(te) Moslems

Muslamach *a* Moslem

mustais *nf* moustache □ *"Chì sinn," ars esan 's e a' sliobadh a mhustais* "We'll see," he said, stroking his moustache

mustard, -aird *nm* mustard

mùtaire, -ean *nm* smuggler

mutan, -ain, -an *nm* muff

mùth, -adh alter, change

mùthadh, -aidh *nm & vn* of **mùth** changing etc., alteration, change, corruption (decay), mutation, permutation □ *gun mhùthadh* unchanged

N, n

'n 1. a contracted form of the *def art* **an** 'the' (after a vowel) □ *dè 'n sgoil? an sgoil againne* which school? ours □ *cia 'n taobh?* whither? □ *co leis a tha 'n taigh sin?* whose house is that? □ *bha sinn coma dè 'n aois a bha e* we didn't care what age he was 2. in older writings may be a contracted form of **an** (q.v.) in all its various meanings

---

na (formerly written **'na**) *prep poss adj* of **ann** + **a** (see **ann**) 1. in his – lenites following word where possible □ *na mhàileid* in his bag 2. in her – without *len* □ *na màileid* in her bag □ *fem form* has **h-** before vowels: *bha toll na h-aparan* there was a hole in her apron

na a form of *def art* 'the' used 1. with the *pl* of the *noun* □ *na radain* the rats □ *na coin* the dogs □ is followed by **h-** before a vowel: *na h-eòin* the birds □ *anns na h-achaidhean* in the fields 2. with the *gen sing* of a *def fem noun* □ *earball na piseige* the kitten's tail □ is followed by **h-** before a vowel: *a' glanadh na h-uinneig(e)* cleaning the window

na *adv* not □ used only in the *imperative mood* □ *na ith e* do not eat it □ *na cuir an sin e* do not put it there

na *conj* or (see **no**)

na *particle* performing the function of **an do** in the *past tense* □ *na rinn thu seo?* did you do this? □ *bha dèile bheag ann air na choisich e a-null* there was a small plank [on] which he walked over □ *tha iad far na dh'fhàg thu iad* they're where you left them

na *conj* than □ used in comparison thus: *is e Seumas as àirde na Màiri* James is taller than Mary (emphasis – lit. it is James that is taller than Mary) □ or: *tha Seumas nas àirde na Màiri* James is taller than Mary (matter-of-fact statement) □ *bha e is dòcha na bu shoilleire na ged a bha an latha air a bhith na bu bhrèagha* it was, perhaps, brighter than if the day had been finer □ *cluichidh e nas fheàrr na mise* he

plays better than I do □ *tha i nas òige na e* she is younger than he

na *rel pron* what, that which, all that □ *fhuair mi na bha mi ag iarraidh* I got what I wanted □ *chaill e na bha aige* he lost all that he had □ *dè na tha sin?* how much is that? (i.e. the cost) □ *sgrìobh sìos na bhitheadh tu ag iarraidh a ràdh* write down what you would like to say □ *dèan cùnntas air na tha thu a' faicinn* write down an account of what you see □ *tha sinn a' feuchainn ri sealltainn na dh'fhaodar a dhèanamh tro bhith a'leasachadh na cànain* we are trying to demonstrate what may be done through developing the language □ *thoir dhomh na tha agad* give me what you have □ *na bhitheadh air (a) fhàgail an latha roimhe bhitheadh e air a bhruich an ath mhadainn* what was left the day before would be cooked the next morning □ *...agus b'e an obair a bha romham na bha seo a rèiteach...* and it was going to be my job to sort out all this (lit. ... and it was the job before me to etc.) □ note also: *na tha ann* contents □ *cùm na tha anns a'bhogsa* keep what is in the box / keep the contents of the box

na followed by **de** and **a** *noun* = amount, number, all this / all that etc. □ *ciamar a fhuair thu na tha an sin de dh'airgead?* how did you get all that money / that much money? (lit. what there is there of money) □ *'s e an rud as inntinniche mun obair seo na tha a' nochdadh de dh'ùidh anns a' chànan* the most interesting thing about this work is the amount of interest shown in the language (lit. what there is showing of interest in the language) □ *dè am feum a tha air na tha sin de leabhraichean?* what's the use of all those books? □ *an dèidh na bha siud de bhliadhnachan* after all those years □ *bha e a' smaoineachadh nach bitheadh rum ann airson na bha seo idir* he thought there wouldn't be room for all this (amount) □ *chan eil seo ach glè bheag an coimeas ris na thatar* *a' togail de dh'uain* this is only a very little compared to the number of lambs raised □ *'s e an t-adhbhar air seo na tha de òganaich a' smocadh* the reason for this is the number of young people smoking

na preceded by *de* and a *noun* = enough □ *cha d'fhuair mi de mhisneachd na thogadh mo cheann a shealltainn* I didn't find enough courage to lift up my head to look (lit. of courage what would raise my head to look) □ *dh'òl iad le chèile de deoch làidir na chuir an daorach orra* they both drank enough liquor to make them drunk □ *cha robh de allsadh air a' ghaoith na chuireamaid bàta air bhog* there was not enough easing of the wind that we could launch a boat □ *cha robh aice de dh'airgead na phàigheadh a faradh dhachaigh* she hadn't enough money to pay her fare home □ sometimes **de** and the *noun* are omitted: ... *as an tigeadh (de dh'airgead) na cheannaicheadh an taigh* ... from which would come enough (money) to buy the house □ sometimes the **de** ... **na** order is reversed: *bu bheag leis na daoine seo na dhòirteadh iad de fhuil* these people cared little how much blood they spilled (lit. it was little with these people what they might spill of blood)

na may be preceded by a *prep* □ *tha e ag iarraidh beagan cheistean a chur mu na thachair* he wants to ask (lit. put) a few questions about what happened □ *...nan robh thu air a dhol tro na chaidh sinne* ... if you had gone through what we had [gone through] □ *bha iad a' feuchainn ris na b'urrainn dhaibh a dhèanamh de dh'obair* they were trying to do as much work as they could □ *bu chòir dhuinn a bhith a' smaoineachadh air na chosg e an t-sìth a ghleidheadh* we ought to be thinking about what it cost to preserve the peace □ *bha e air a pheanasachadh airson na rinn e* he was punished for what he did □ *bheireadh seo a' chòir do na bhios airson a' chànain a chleachdadh sin a dhèanamh* this would give, to those who wished it, the right to use the language

nàbaidh, -aidhean *nm* neighbour □ *bha e na nàbaidh do Iain* he was a neighbour of John's (lit. to John) □ *choinnich nàbaidh do Sheumas ri Tòmas* a neighbour of James met Thomas

nàbaidheachd, -an *nf* neighbourhood

nàbaidheil *a* neighbourly

nàbhaidh, -ean *nm* navvy

nach 1. *neg interr part* is not? isn't? □ *nach eil e trom?* isn't it heavy? □ *nach ann ann a tha an latha math?* isn't it a fine day? (lit. isn't it a fact that the day is good?) □ there is often an element of surprise □ *nach tu (a) tha trom orra?* my, aren't you hard on them? (lit. aren't you heavy on them?) □ *nach do reic thu e?* didn't you sell it? □ *nach bi iad air ais a-nise?* won't they be back now? □ *nach bitheadh iad ro throm?* wouldn't they be too heavy? □ used to introduce a polite request: *nach fuirich sibh an seo a-nochd?* won't you stay here tonight? / why don't you stay here tonight? □ *nach seall thus' air an dithis a tha siud!* just look at those two! □ also used for emphasis □ *dè chuir a' chlach mhòr sin anns an àite sin? nach do chuir an eighe* what set that great stone there? the *ice* did. 2. *conj* that ... not (the *neg form* of **gu** / **gum** / **gun**) □ *thuirt e nach itheadh e sin* he said that he would not eat that □ *chan urrainn nach robh i ann am pian le a gàirdean* she must have been in pain with her arm □ *thuirt e gun robh seo air a sgrìobhadh airson daoine foghlaimte 's nach ann airson daoine neo-fhoghlaimte* he said that this was written for educated people and not for uneducated people 3. *rel pron* which ... not, who ... not, that not (*neg form* of *rel pron* **a** / **na**) □ *cha choimhead mi air uair sam bith nach smaoinich mi orra* I never look at it but I think of them (lit. I do not look at it any time that I do not think of them) □ *... agus na daoine nach ceadaich an obair dhaibh sin a dhèanamh* ... and the people whose work will not permit them to do that □ *bha iad a' cur sìos air na daoine nach robh an giùlan air a mheas cubhaidh* they disparaged people whose conduct was not considered becoming □ *an aon fhear nach do losgadh a thaigh / nach deachaidh a thaigh a losgadh* the one man whose house was not burned

nad (formerly written **'nad**) *prep poss adj* of **ann** + **do** (see **ann**) in your □ lenites following word where possible □ *nad phòcaid* in your pocket

nàdar, -air, nàdairean *nm* constitution, humour, instinct, nature, property, temper □ *tha droch nàdar ann* he has a bad temper □ *chaill e a nàdar* he lost his temper □ *ann an nàdar de Bheurla* in some sort of English

nàdar-fheallsanach *nm* physicist **n.-fheallsanachd** *nf* physics

nàdarra *a* □ same as **nàdarrach**

nàdarrach, -aiche *a* inborn, inbred, inherent, instinctive, natural □ *gu nàdarrach* naturally □ *a bha na chridhe gu nàdarrach* which was in his heart naturally □ *tha e nàdarrach gu bheil a leithid seo a'tachairt* it's natural that this sort of thing happens □ *a bheil iad nàdarrach don dùthaich seo?* are they natural to this country? □ *agus, rud a bha nàdarrach gu leòr, ...* and, naturally enough, ... (lit. and, something which was natural enough) □ *bha sin nàdarrach dhaibh* that was natural to them □ *bha e nàdarrach dhi (a) bhith frithealadh na h-eaglais* it was natural for her to be attending the church □ *mar is nàdarrach tha eadar-dhealachadh mòr eatorra* as is natural / naturally there is a great difference between them

naidheachd, -an *nf* anecdote, news, story, tidings, yarn □ note that in the *sing* this word means an item of news □ news on the radio / television, which is made up of a number of news items, is in the *pl* □ *bha mi ag èisteachd ris na naidheachdan air an telebhisean* I was listening to the news on the television □ *dè do naidheachd?* what's new? (lit. what's your news?) □ *... mar gum b'e naidheachd mhòr a bha sin ...* as if that were great news □ *thòisich mi air mo naidheachd a thoirt dhaibh* I began to give them my news □ *an robh dad a naidheachd aice?* did she have any news? □ *chòrd e rium naidheachd fhaighinn air Calum* I enjoyed getting tidings of Calum □ *innis dhaibh gu bheil mi à gabhail an naidheachd* tell them that I'm asking for them.

naidheachd-ghoileam *nm* journalese

naidheachdas, -ais *nm* journalism

nàidhlean, -ein *nm* nylon

nàimhdeas, -eis *nm* enmity, hostility

nàimhdeil, -e *a* adverse, hostile, inimical

naidhtreat nitrate □ *sodium naidhtreat* sodium nitrate

nàir *a* disgraceful □ *tha seo nàir* this is disgraceful

nàire *nf* bashfulness, ignominy, shame □ *cuir nàire air* embarrass □ *bha seo a' cur nàire oirnn* this was embarrassing us □

tha nàire orm gu bheil ... I am ashamed that ... □ *mo nàire!* for shame! □ *air bheag nàire* shameless

nàisean, -ein, -an *nm* nation

nàiseanta *a* national □ *bratach nàiseanta na h-Alba* the national flag of Scotland □ *urras nàiseanta* national insurance □ *an t-Urras Nàiseanta* the National Trust □ *Seirbhis Nàiseanta na Slàinte* National Health Service □ *gu nàiseanta is gu h-eadar-nàiseanta* nationally and internationally

nàiseantach, -aich, -aich *nm* nationalist

nàiseantach, -aiche *a* nationalist

nàiseantachd *nf* nationalism

naisg, -adh *v* bind

naisgear, -eir, -an *nm* conjunction (gram.)

naisgeil *a* conjunctive

naitrodean / naitrigean, -ein *nm* nitrogen

nall □ see **a-nall**

nam (formerly written **'nam**) 1. *prep poss adj* of **ann + mo** (see **ann**) in my – lenites following word where possible □ *nam phòcaid* in my pocket 2. *prep poss adj* of **ann + am** (see **ann**) in their – used before *nouns* beginning with **b, f, p**, or **m** – does not lenite □ *nam bogsaichean* in their boxes □ *nam pacaidean* in their packets □ *nam fàbhar* in their favour □ *nam muilnean* in their mills

nam / nan *conj* if □ **nam** is used before *verbs* beginning with **b, f, m or p**, while **nan** is used in all other cases □ **nam / nan** are used only with the *imperf / cond* tense i.e. when a supposition is being made □ *nam bithinn beartach cheannaichinn an taigh sin* if I were rich I would buy that house □ *nam b'e an-diugh an-dè* if today were yesterday □ *nan cuidicheadh tu rium bhithinn deiseil a dh'aithghearr* if you helped (lit. were to help) me I would soon be finished □ note the idiom: *bhiodh e uabhasach math nan coinnicheamaid a-rithist air an t-seachdain seo 's gun criochnaicheamaid an t-iomradh* it would be awfully good if we were to meet again this week to finish the report (see also **ma** *conj* 'if' for similar constructions and for a comparison of usage)

nam *gen pl form* of the *def art* before *nouns* beginning with **b, f, m,** or **p** 'of the' □ *nam bailtean* of the towns □ *nam prìosanach* of the prisoners □ *nam faoileagan* of the seagulls □ *nam marsantan* of the merchants

nàmhaid, nàimhdean *nm* antagonist, enemy, foe, opponent □ *bha e na fhìor nàmhaid do Chalum* he was a real enemy of Calum (lit. to Calum) □ *cha deach aig* *a nàimhdean air a ghlacadh* his enemies didn't succeed in catching him □ *... an aghaidh nan nàimhdean a bha ga chlaoidh* against the enemies who were oppressing him

nan (formerly written **'nan**) *prep poss adj* of **ann + an** (see **ann**) in their – no lenition □ *nan gàrradh* in their garden

nan *conj* if (see **nam / nan** *conj* above)

nan *gen pl form* of the *def art* before *nouns* not beginning with **b, f, m** or **p** of the □ *nan cat* of the cats □ *nan gillean* of the lads □ *nan daoine* of the people □ *nan àrd-sgoiltean* of the secondary schools

naochad *s* and *a* ninety in new style of counting □ *ged a bha e na naochadan* though he was in his nineties □ *anns na naochadan* in the nineties (see App. 11)

naodh *a* nine (see **naoi**)

naodhamh *a* ninth (see **naoidheamh**)

naoi *s* and *a* nine □ *air taobh-duilleig a naoi* on page nine □ *a naoi deug* nineteeen □ *naoi fir dheug* nineteen men □ *naoi craobhan deug* nineteen trees

naoi-fillte *a* ninefold

naoidh □ see **naoi**

naoidheamh *a* ninth □ *is esan an naoidheamh fear* he's the ninth one □ *anns an naoidheamh àite* ninthly □ *aig toiseach na naoidheamh linn deug* at the beginning of the nineteenth century

naoidhean, -ein, -an *nm* babe, infant □ *mar naoidheanan air an ùr-bhreith* like newly-born infants

naoinear *s* nine people □ foll. by noun in *gen pl* or **de** + *dat* or the relevant *prep poss's* of **de** or **aig** □ *naoinear bhalach* nine boys □ *naoinear chaileag* nine girls □ *ochdnar no naoinear de chaileagan* eight or nine girls □ *naoinear dhinn* nine of us

naomh, naoimh, naoimh *nm* saint □ *cuir an àireamh nan naomh* canonize □ *cur an àireamh nan naomh* canonization □ *Abhainn Naoimh Labhrainn* St. Lawrence River

naomh, naoimhe *a* blessed, holy, sacred □ *a Dhè ro naomh, tha sinn a' toirt taing dhut airson ... most* holy God, we give thanks to you for ...

naomhachd *nf* holiness

naomhachadh, -aidh *nm* and *vn* of **naomhaich** sanctifying etc., sanctification

naomhaich, -achadh *v* canonize, hallow, sanctify, saint □ *chaidh na martairean sin a naomhachadh an uiridh* those martyrs were canonized last year

naosg, naoisg, naoisg *nm* snipe

nar (formerly written **'nar**) *prep poss adj* of **ann + ar** in our (see **ann**) □ does not lenite □ *nar latha-ne* in our day □ *nar taighean* in our houses □ *nar fàbhar* in our favour □ takes **n-** after it before a word beginning with a vowel: *nar n-èisteachd* within our hearing / within earshot of us

nar *adv* may not, let not □ *nar leigeadh Dia (a leithid)!* may God forbid (such a thing)!

nàr *a* disgraceful, ignominious, shameful □ *'s e gnothach nàr a bh'ann* it was a disgrace (lit. a disgraceful business) □ *canaidh iad gur nàr agus mì-chiatach mar a ... they* say that it is disgraceful and dreadful how ...

nàrach, -aiche *a* bashful, coy, modest

nàraich, -achadh *v* abash, disgrace, make ashamed, shame □ *bha i air a nàrachadh* she was abashed □ *bha mi dìreach air mo nàrachadh* I was positively ashamed

nàraichte *pp* ashamed, abashed, embarrassed

nas *rel conj* (**na + is**) what is, all that is – used in comparisons thus: *tha Seumas nas àirde na Màiri* James is taller than Mary (matter-of-fact statement – lit. James is what is taller than Mary) □ *ainmich nas urrainn dhut de rudan a tha anns an dealbh* name what things you can in the picture (lit. name what it is an ability to you of things in etc.) □ *nas mò* more *adv* (see **mò**)

Nàsach *a* Nazi □ *pàrtaidh Nàsach* Nazi party

nasgadh, -aidh *nm* and *vn* of **naisg** binding etc. □ *nasgadh an leabhair* the binding of the book

nathair, nathrach, nathraichean *nf* adder, serpent, snake

nathair-nimhe *nf* scorpion, viper / any poisonous serpent

nathair-sgiathach *nf* dragon

neacadair, -ean *nm* nectarine

neach *nm indec* anyone, being, body (person), individual (also **neach air leth**), one, person □ *neach fo làn-aois* minor □ *neach ainmichte* nominee □ *neach sam bith* anybody, anyone □ (with prec. *neg* = none) □ *neach fiùghail* personage □ *neach iomraiteach* a personality □ *neach saorthoileach* volunteer □ *bha e mar neach a bha air a bhuadhan a chall* he was like one who had lost his faculties □ *neach a bheireadh sùil a-staigh air an fheasgar ud theireadh e ...* anyone who looked in that evening [he] would say ...

neach- this *pref* performs the same function as **fear- / bean** (q.v.) and may increasingly take over their role in the future just as

'person' is taking over 'man' etc. □ any examples of compounds not found below may be found under **fear- / bean** □ all the following are *masc*
neach-casaid protester **n.-cleachdaidh** user **n.-cluiche** player **n.-coiteachaidh** lobbyist **n.-dèanaimh** producer (maker) **n.-dèiligidh** client **n.-dìon(a)** defender **n.-glanaidh** cleaner **n.-ionaid** agent (representative, delegate) **n.-ionnsaigh** attacker **n.-naidheachd** reporter, journalist **n.-saidheans** scientist **n.-teasairginn** lifeguard **n.-tomhais** surveyor **n.-turais** tourist
neacheigin *nm* and *indef pron* somebody □ **eigin** is now always attached to its noun without a hyphen except where two vowels meet, as in **tè-eigin**
neactar, -air *nm* nectar
nead, nid, nid *nm* nest □ *a bheil eun anns an nead?* is there a bird in the nest? □ *tha na h-eòin òga air na nid fhàgail* the young birds have left the nests □ *nead mhèirleach* a nest of thieves
neadaich, -achadh *v* nuzzle, nest, nestle □ *bidh iad a' neadachadh an seo a h-uile bliadhna* they nest here every year
nèamh, nèimh / nèimhe, -an *nm* heaven □ *chruthaich Dia nèamh agus talamh* God created heaven and earth □ *Cruithear nèimh agus talmhainn* the Creator of heaven and earth □ *anns na nèamhan* in the heavens □ *ar n-athair a tha air nèamh* our father who are in heaven □ *dhòirt na nèamhan a-nuas tuiltean uisge* the heavens poured down torrents of rain □ *do Dhia air nèamh biodh urram àrd* to God in heaven let there be high reverence
nèamhach, -aich, -aich *nm* heavenly being
nèamhaidh *a* celestial, ethereal, heavenly □ *ar n-athair nèamhaidh* our heavenly father □ *...a bha mar aisling nèamhaidh...* which was like a heavenly dream
neamhnaid, -e, -ean *nf* gem, pearl □ *bha iad air dath nan neamhnaidean fallsa* they were the colour of artificial pearls
neapaigear, -eir, -an *nm* handkerchief □ *neapaigear(-pòcaid)* handkerchief
neapaigear-pòcaid *nm* pocket-handkerchief
neapaigin, -ean *nm* napkin
nearbh, -a, -an *nf* nerve
nearbh-phian *nm* neuralgia
nearbhach, -aiche *a* nervous □ *rinn i faite-gàire gu nearbhach* she smiled nervously
nearòis, -ean *nf* neurosis
nearòiseach, -iche *a* neurotic □ *bha e tiamhaidh is nearòiseach* he was melancholy and neurotic

neart, nèirt *nm* energy, force, might, strength □ *neart dhaoine* manpower □ *neart gaoithe* wind force □ *neart toile* will-power □ *bha e ann an treun a nèirt* he was in the fullness of his strength, at the acme of his strength □ *a' dol bho neart gu neart* going from strength to strength
neart-uisge *nm* water-power
neartachadh, -aidh *nm* and *vn* of **neartaich** strengthening etc., consolidation
neartaich, -achadh *v* charge (fill with energy) consolidate, build up, strengthen, become / make strong, underline □ *neartaich le spionnadh* charge with energy
neartmhor *a* emphatic, forcible, lusty
neas, nise / neasa, neasan *nf* ferret, weasel
neasadair, -ean *nm* ferreter
neasgaid, -e, -ean *nf* abscess, boil, ulcer □ *neasgaidean fala* haemorrhoids
neasgaid-càireis *nf* gum-boil
neasgaideach, -iche *a* ulcerous
Nèibhi(dh) *nm* navy □ *bha e anns an Nèibhi* he was in the Navy
nèidir *nm* nadir
neimh / neimheil □ see **nimh / nimheil**
neip, -ean *nm* □ same as **snèap**

---

neo, air neo *conj* or, or else □ *an robh e anns an taigh air neo an robh e anns an t-sabhal?* was he in the house or was he in the barn? □ *bithidh e anns an t-sabhal air neo bithidh e anns an achadh* he'll be in the barn or else in the field
neo- *neg pref* non-, un- etc.
Not all possible **neo-** compounds have been included here as it was felt that many of these (particularly the neologisms) could 1) be expressed more idiomatically, or 2) be divined by taking the opposite meaning of the main element.
neo-àbhaisteach *a* unusual **n.-àghmhor** *a* unhappy, inglorious, unjoyful □ *air an aon dòigh neo-àghmhor* in the same inglorious way **n.-aillseach** *a* benign (non-cancerous) **n.-aimsireil** *a* inopportune **n.-ainmichte** *pp* anonymous, unnamed, unspecified **n.-aire** *nf* absence of mind, inattention, indifference **n.-aireach** *a* absent-minded, heedless, inadvertent, inconsiderate, negligent, perfunctory □ *tha i cho neo-aireach mu a gineal* she is so heedless of (lit. about) her offspring **n.-aireachail**

adj unsympathetic **n.-aireil** *a* inattentive, indifferent, listless, mindless, unmindful **n.-airidh** *a* (+ **air**) undeserving, unworthy (of) **n.-aisigeach** *a* intransitive **n.-aithnichte** *pp* unknown **n.-aithreachail** *a* impenitent **n.-aithreachas** *nm* impenitence **n.-aoibhneach** *a* joyless **n.-aoidheil** *a* gruff, inhospitable **n.-aontachd** *nf* incongruity, nonconformity **n.-armaichte** *a* unarmed **n.-ar-thaing** *adv* 1. of course, indeed, naturally □ *neo-ar-thaing chan eil sin a' ciallachadh nach bu chòir dhuinn feuchainn* of course that doesn't mean that we oughtn't to try □ *neo-ar-thaing gun robh deiseachan-snàmh ann ach ...* indeed there were swimsuits [there] but ... □ note also: *neo-ar-thaing nach robh moit ormsa nuair a ...* of course I was pleased when .../it's hardly surprising that ... etc./I certainly was ... etc. □ *neo-ar-thaing mur coisinn i* of course she'll win/doubtless she'll win □ *neo-ar-thaing nach robh companaich gu leòr aige* no fear but that he had plenty of companions/of course etc./no doubt but that etc. 2. no thanks to, in spite of, despite □ *bha aca an cuid ainfhiachan a phàigheadh neo-ar-thaing an cruadal dhaibh* they had to pay off their debts despite the hardship to them □ *neo-ar-thaing dhut* no thanks to you/in spite of you 3. *neo-ar-thaing cho* every bit as, quite as □ *neo-ar-thaing cho trom* every bit as heavy, quite as heavy 4. *air neo-ar-thaing na cùise* independent □ *bha e a-nis air an neo-ar-thaing* he was now independent of them **n.-ar-thaingeil** *a* 1. thankless □ *cha do smaonich mi a-riamh gum bitheadh iad cho neo-ar-thaingeil* I never thought they would be so thankless 2. independent □ *bha iad na bu neo-ar-thaingeil a thaobh fearainn* they were more independent with regard to land **n.-ar-thaingeileachd** *nf* independence **n.-bhàidheil** *a* uncongenial, ungenial **n.-bhàsmhor** *a* deathless immortal, imperishable, undying □ *na facail neo-bhàsmhor ud* those immortal words □ *dèan neo-bhàsmhor* immortalize **n.-bhàsmhorachd** *nf* immortality **n.-bheusach** *a* immoral □ *dèanadas neo-bheusach* immoral conduct

n.-bhith *nf* inexistence, nullity, nonentity **n.-bhlasta** *a* insipid, distasteful, tasteless, unappetizing, unpalatable **n.-bhlastachd** *nf* insipidity, tastelessness **n.-bhrìgheach** *a* invalid **n.-bhrìgheachd** *nf* invalidity **n.-bhrìgheil** *a* insipid, vapid **n.-bhrìoghor** *a* insubstantial, insignificant, juiceless □ *chan eil sin a' ciallachadh gur e gnothach neo-bhrìoghor a tha ann* that doesn't mean that it is an insignificant matter **n.-bhuadhaichte** *pp* unconquered **n.-bhuaireasach** *a* dispassionate, inoffensive **n.-bhuairte** *pp* undisturbed, untroubled **n.-bhuan** *a* temporary **n.-bhuidheannach** *a* non-sectarian □ *bho thùs gus an latha an-diugh tha an Comunn air a bhith neo-bhuidheannach* from the beginning to the present day the Society has been non-sectarian **n.-bhunailteach** *a* unstable, unsteady **n.-bhunailteachd** *nf* instability □ *tha neo-bhunailteachd ann am poileataics na dùthcha* there is an instability in the politics of the country **n.-chàirdeil** *a* off-hand, unfriendly **n.-chaochlaideach** *a* immutable, invariable, unalterable, unchanging **n.-chaochlaideachd** *nf* immutability **n.-charthannach** *a* uncharitable **n.-cheadaichte** *pp* unlicensed **n.-chealgach** *a* candid, guileless, sincere □ *an gràdh neo-chealgach* [the] sincere love **n.-chealgachd** *nf* candour **n.-cheanalta** *a* indelicate **n.-cheanaltas** *nm* indelicacy **n.-cheangailte** *pp* freelance, non-committal **n.-cheannsaichte** *pp* unvanquished **n.-cheart** *a* unfair **n.-cheòlmhor** *a* unmusical **n.-chinnteach** *a* dubious, inconclusive, indecisive, indefinite, uncertain, undecided **n.-chinnteachd** *nf* inconclusiveness, indecision, uncertainty **n.-chiont** *nm* innocence (same as **n.-chiontachd**) **n.-chiontach** *a* blameless, faultless, innocent, guiltless □ *"Dè tha ceàrr?" lean e air gu neo-chiontach* "What's wrong?" he went on innocently **n.-chiontachd** *nf* innocence, pureness □ *... 's mi a' smaoineachadh 'nam neochiontachd gun robh e ...* [and I] thinking in my innocence that it was ... **n.-chiontas** *nm* innocence □ same as **n.-chiontachd** □ *làithean ar neo-chiontais* the days of our innocence **n.-chìosnaichte**

pp unbeaten, unconquered, unsubdued □ *dh'fhalbhadh e neo-chìosnaichte is neo-bhuadhaichte* he would depart unconquered and unsubdued **n.-chìrte** *pp* uncombed **n.-chleachdte** *pp* unaccustomed, unexperienced, unpractised, unused, disused □ *togalach neo-chleachdte* a disused building **n.-chlèir** *nf* the laity **n.-chlèireach** *nm* layman **n.-chlèireachail** *a* lay **n.-chogaiseach** *a* unprincipled **n.-choibhneas** *nm* unkindness **n.-choibhneil** *a* unkind **n.-choileanta** *a* incomplete, imperfect **n.-choireach** *a* blameless, faultless, innocent, irreproachable, pure, unoffending **n.-chomas** *nm* disablity, inability, incapacity **n.-chomasach** *a* incapable, incompetent, unable □ *tha e neo-chomasach dha a dhèanamh* he is unable to do it **n.-chomasachd** *nf* incapability **n.-chòmhnard** *a* uneven **n.-chòmhnardachd** *nf* unevenness **n.-chòrdail** *a* contradictory, discordant **n.-chorporra** *a* bodiless, immaterial, incorporeal, spiritual **n.-chothromach** *a* assymetrical, uneven **n.-chreideach** *a* unbelieving **n.-chrìochnach** *a* boundless, unbounded, endless, infinite, interminable, non-finite, unlimited □ *beairteas neo-chrìochnach an t-saoghail* the boundless riches of the world **n.-chrìochnachd** *nf* endlessness, infinity, limitlessness □ *neo-chrìochnachd tìme agus fànais* the infinity of time and space **n.-chrìochnaichte** *pp* unfinished **n.-chrìonna** *a* indiscreet **n.-chrìonnachd** *nf* imprudence, indiscretion □ *cha robh e ciontach ach de neo-chrìonnachd* he was guilty only of imprudence **n.-chronail** *a* harmless **n.-chruinnichte** *pp* uncollected **n.-chuideamachd** *nf* weightlessness **n.-chuimseach** *a* very great, vast, immoderate **n.-chulturach** *a* uncultured **n.-chumanta** *a* uncommon **n.-chùmhnantach** *a* unconditional □ *strìochdadh neo-chùmhnantach* unconditional surrender **n.-chùram** *nm* irresponsibility, **n.-chùramach** *a* cursory, heedless, imprudent, irresponsible, mindless, reckless, regardless, unconcerned **n.-chuspaireach** *a* intransitive **n.-dhaingnichte** *pp* unconfirmed **n.-dhiadhaidh** *a* atheistical **n.-dhiadhaidheachd** atheism

n.-dhiadhaire atheist **n.-dhìleas** *a* disloyal, unfaithful, untrue **n.-dhìlseachd** *nf/n.*-**dhìlse** *nf* disloyalty, infidelity **n.-dhìonach** *a* incontinent (physically) **n.-dhìonachd** *nf* incontinence (physical) **n.-dhìreach** *a* indirect **n.-dhligheach** *a* unrightful **n.-dhruim-altachan** *nm* invertebrate **n.-eagalach** *a* fearless, unafraid □ *is e saighdear treun neo-eagalach a bha ann* he was a brave, fearless soldier **n.-ealanta** *a* inartistic, inexpert **n.-èifeachd** *nf* inefficacy, inefficiency **n.-èifeachdach** *a* effectless, ineffective, inefficacious, inefficient □ *thug e slaodadh neo-èifeachdach air an drathair* he gave the drawer an ineffective tug **n.-eisimeil/n.-eisimeileach** *a* independent □ *an Comhairle Telebhisein Neo-eisimeileach* (CTN) Independent Television Council (ITC) □ *tha iad a' nochdadh spiorad neo-eisimeleach* they show an independent spirit □ *tha na daoine a' fàs nas neo-eisimeiliche* the people are becoming more independent □ *dh'iarr iad beachd neo-eisimeileach air* they requested an independent opinion on it **n.-eisimeileachd** *nf* independence **n.-eòlach** *a* inexperienced, unversed **n.-fhàbharrach** *a* unfavourable **n.-fhaicsinneach** *a* indiscernible, undiscernible, unseen, invisible **n.-fhàillinneach** *a* unfailing **n.-fhallain** *a* unhealthy □ *biadh neo-fhallain* unhealthy food **n.-fhasanta** *a* unfashionable **n.-fhàs-bheairteach** *a* inorganic **n.-fhearail** *a* unmanly **n.-fhèinchuiseach** *a* disinterested **n.-fhèineil** *a* unselfish **n.-fheumail** *a* 1. unnecessary 2. useless **n.-fheumalachd** *nf* inutility, uselessness **n.-fhialachd** *nf* inhospitality **n.-fhialaidh** *a* illiberal, inhospitable, ungenerous **n.-fhialaidheachd** *nf* illiberality **n.-fhileanta** *a* ineloquent, unpoetical **n.-fhinealta** *a* coarse (of manners etc.) □ *bha e a' coimhead neo-fhinealta* he looked coarse **n.-fhinideach** *a* infinitive *modh* □ *(am) modh neo-fhinideach* (the) infinitive mood **n.-fhiosrach** *a* unconscious, unenlightened, ignorant (not knowing) **n.-fhiosrachd** *nf* ignorance (state of being unaware) **n.-fhiùghalachd** *nf* worthlessness **n.-fhoghlaimte** *pp* uneducated, unlearned □ *thuirt e gun robh seo air a sgrìobhadh air son dhaoine foghlaimte 's nach ann air son dhaoine neo-fhoghlaimte* he said that this was written for educated people and not for uneducated people **n.-fhoghlamaichte** *pp* uneducated, unlearned **n.-fhoighidinn** *nf* impatience **n.-fhoighidneach** *a* impatient **n.-fhoilleil** *a* guileless **n.-fhoillsichte** *pp* unpublished, unrevealed **n.-fhoirfe** *a* imperfect □ *aimsir neo-fhoirfe* imperfect tense □ *tha an saoghal seo neo-fhoirfe* this world is imperfect **n.-fhoirmealachd** *nf* informality **n.-fhoirmeil** *a* informal □ *prògraman foghlaim neo-fhoirmeil* informal educational programmes **n.-fhois(t)neach** *a* □ same as **n.-fhoiseil** **n.-fhoiseil** *a* restless □ *bha a shùilean neo-fhoiseil* his eyes were restless □ *rinn e gluasad neo-fhoisneil* he made a restless movement **n.-fhonnmhor** *a* dissonant, tuneless, unharmonious **n.-fhosgaire** *nm* introvert **n.-fhosgarra** *a* introvert **n.-fhreagarrach** *a* discordant, disproportionate, inapplicable, incompatible, unbefitting, unsuitable □ *dh'fhas iad na bu neo-fhreagarraiche* they became more unsuitable **n.-fhreagarrachd** *nf* discordance, incompatibility **n.-fhreastalach** *a* improvident **n.-ghealtach** *a* undaunted **n.-gheanmnaidh** *a* unchaste **n.-ghlaine** *nf* impurity **neòghlan** *a* unclean □ *dh'fhairich mi làthaireachd neòghlan* I sensed an unclean presence **n.-ghlic** *a* unwise **n.-ghluaiste** *pp* unmoved, undisturbed, unruffled **n.-ghluasadach** *a* immovable, motionless, stagnant, undisturbed, unmoved, unruffled, unshaken □ *"Tha," fhreagair i neo-ghluasadach* "Yes," she replied, unruffled **n.-ghluasadachd** *nf* immobility **n.-ghnàthach** *a* extraordinary, unaccustomed, uncommon, unconventional, unorthodox **n.-ghnàthachd** *nf* oddness **n.-ghnàthaichte** *a* unaccustomed, unpractised, unusual **n.-ghnèitheach** *a* neuter **n.-ghnìomhachas** *nm* inactivity **n.-ghoireasachd** *nf* inconvenience **n.-ghoirtichte** *pp* unleavened □ *breacagan neo-ghoirtichte* unleavened cakes **n.-ghrinn** *a* rough, inelegant, coarse, rude (all of quality) □ *bha iad air an dealbh gu neo-ghrinn de fhiodh* they

were roughly sculpted from wood **n.-inntinneach** *a* insipid, uninteresting **n.-iomallach** *a* interminable, unbounded **n.-iomchaidh** *a* improper, inexpedient, unfit, unsuitable □ *dèan neo-iomchaidh* disqualify **n.-iomchaidheachd** *nf* disqualification **n.-iomlan** *a* imperfect, incomplete **n.-iomlanachd** *nf* imperfection **n.-ionmhainn** *a* unbeloved, unpopular **n.-ionnan** *a* disparate, unequal **n.-ionnanachd** *nf* disparity, disproportion, inequality **n.-ionnsaichte** *pp* unskilled, untaught, untrained, untutored **n.-laghail** *a* illegal, lawless **n.-làthaireachd** *nf* absence *bhòt neo-làthaireachd* an absent vote **n.-leanailteach** *a* incoherent **n.-leanailteachd** *nf* incoherence **n.-leasaichte** *pp* underdeveloped, inchoate, unimproved, unreformed **n.-lìomhte** *pp* unpolished **n.-litireach** *a* illiterate **n.-litireachd** *nf* illiteracy **n.-lochdach** *a* harmless, innocuous, inoffensive **n.-lochdas** *nm* innocuousness **n.-loisgeach** *a* incombustible **n.-luachmhor** *a* base, worthless **n.-lùbachd** *nf* inflexibility **n.-luchdaichte** *pp* unladen **n.-mhathach** *a* unforgiving □ *air sgàth an nàdar neo-mhathach* because of their unforgiving nature **n.-mhearachdach** *a* accurate, unerring □ *…air dhòigh is gun dearbh e gu neo-mhearachdach iad…* so that he will prove them unerringly **n.-mheasail** *a* disreputable **n.-mheasarra** *a* immoderate, incontinent (of life-style) **n.-mheasarrachd** *nf* debauch, incontinence (of life-style) **n.-mheasgte** *pp* unmixed **n.-mhothachail** *a* insensible, senseless **n.-mhuinghinneach** *a* unreliable **n.-ni** *nm* (see **neoni**) **n.-nitheach** *a* (see **neonitheach**) **n.-onorach** *a* insincere **n.-onorachd** *nf* insincerity **n.-phàirteach** *a* neutral (general) **n.-phàirteachd** *nf* neutrality **n.-phàirteil** *a* neutral **n.-phàrlamaideach** *a* unparliamentary **n.-phearsanta** *a* impersonal **n.-phoiblidh** *a* private □ *pàipearan neo-phoiblidh* private papers **n.-phoileataiceach** *a* non-political □ *tha an Comann neo-phoileataiceach* the Society is non-political **n.-phrìomhach** *a* off-peak □ *tomhas de stuth air son uairean neo-phrìomhach* some off-peak (viewing) material (lit.

a measure of material for off-peak hours) **n.-rèite** *nf* discord, disagreement, irreconciliation **n.-rèiteach** *a* irreconciliable **n.-rèitichte** *pp* irreconciled **n.-riatanach** *a* inessential, unnecessary **n.-sgairteil** *a* spiritless **n.-sgàthach** *a* daring, dauntless, fearless, undaunted □ *cha robh iad cho neo-sgàthach ris na saighdearan againne* they weren't as fearless as our soldiers **n.-sgeadaichte** *pp* unadorned **n.-shaillte** *pp* unsalted **n.-shalaichte** *pp* unsoiled **n.-shaoghalta** *a* unworldly **n.-shealbhach/n.-shealbhar/n.-shealbharra** *a* ill-starred, unlucky, unprosperous □ *aramach neoshealbharra a' Phrionnsa* the Prince's ill-starred rising **n.-sheasmhach** *a* inconsistent, perishable, unfirm, unstable, unsteady □ *bha e neo-sheasmhach ann an dòigh a bha annasach dha* he was unsteady in a way which was unusual for him **n.-sheòlta** *a* artless **n.-shìobhalta** *a* uncivil, uncivilized □ *chan fheum thu bhith cho neo-shìobhalta* you needn't be so uncivil **n.-shoilleir** *a* faint, indistinct **n.-shoilleireachd** *nf* indistinctness **n.-shònraichte** *pp* indefinite **n.-shuidhichte** *pp* indetermined, unsettled □ *bha sin 'ga fhàgail neoshuidhichte* that was leaving him unsettled □ *slat-tomhais neoshuidhichte* arbitrary standard **n.-shuilbhir** *a* cheerless, dismal **n.-shuim** *nf* detachment (mental), indifference □ *bha mi mothachail air neo-shuim anns na faclan aige* I was conscious of indifference in his words □ *cha ghabh e seachnadh gun lean neo-shuim air a' chùis* it cannot be avoided that indifference about the matter will continue/it is inevitable that etc. □ *cuir an neo-shuim* disregard, explode (of a theory etc.), ignore, sneer at □ *chuir e an fhiosachd sin an neo-shuim* he disregarded that prophecy **n.-shuimeil** *a* indifferent, remiss, unobservant □ *bha rudeigin fuar neo-shuimeil anns an dòigh bruidhne aige* there was something cold and indifferent in his way of speaking □ *"Chan eil e gu diofar," ars ise gu neo-shuimeil* "It doesn't matter," she said indifferently **n.-shùnndach** *a* dispirited, dejected, melancholy □ *bi*

neo-shùnndach mope *v* **n.-smaoineach** *a* inconsiderate **n.-smaointeachail** *a* thoughtless **n.-smiorail** *a* faint, spiritless **n.-smocaidh** *a* non-smoking □ *fear neo-smocaidh* non-smoker **n.-stòldachd** *nf* levity, lack of composure, restlessness **n.-stràiceil** *a* unassuming **n.-thabhachdach** *a* invalid **n.-thairbheach** *a* □ see **n.-tharbhach n.-thaitneach** *a* disagreeable **n.-thalamhaidh** *a* unearthly □ *chuala e fuaim neo-thalamhaidh* he heard an unearthly sound **n.-tharbhach** *a* bootless, ineffectual, profitless unfruitful, unprofitable **n.-tharraingeach** *a* non-magnetic **n.-theagmhach** *a* indubitable **n.-theanntachd** *nf* laxity **n.-thèarainte** *pp* insecure □ *bha an t-àm ri teachd neo-thearainte* the future was insecure **n.-thèarainteachd** *nf* insecurity **n.-thearrte** *pp* untarred □ *rathaidean neo-thearrte* untarred roads **n.-thimcheall-gheàrrte** *pp* uncircumcised **n.-thoileach** *a* disinclined, unwilling **n.-thoillteanach** *a* undeserving **n.-thomhaiste** *pp* unmeasured **n.-thorach** *a* fruitless, infertile/unfertile (of land), unproductive, □ *air cho neo-thorach 's am bith an talamh …* however infertile the ground is … **n.-thorrach** *a* infertile (of females) **n.-thràthach/n.-thràthail** *a* out of season, off-season, unseasonable, untimely **n.-thruacanta** *a* cruel, pitiless, relentless, ruthless, severe, unpitying **n.-thruacantachd** *nf* cruelty **n.-thruacantas** *nm* severity **n.-thuigseach** *a* insensible, undiscerning **n.-thùrail** *a* injudicious **n.-uidheamaichte** *pp* unqualified, unequipped **n.-ullamh** *a* unprepared

neodar, -air *nm* neuter (gram.)
neodrach *a* neuter (gram.)
neodron, -oin, -an *nm* neutron
neòghlan, -aine *a* dirty, filthy, impure, unclean
neòghloine *nf* uncleanliness
neòil □ *gen sing* and *nom & dat pl* of **neul**
neòinean, -ein, -an *nm* daisy, gowan
neòinean-cladaich *nm* sea-pink, thrift
neòinean-grèine *nm* sunflower
neòinean-mòr *nm* ox-eye

neon *nm* neon

neònach, -aiche *a* capricious, curious, droll, eccentric, fishy, odd, peculiar, quaint, queer, singular, strange, striking, surprising, weird, whimsical, wondrous □ *seo leabhar cho neònach 's a nochd o chionn fhada* this is as odd a book as has appeared for a long time (lit. this is a book as odd that has etc.) □ *ged is neònach ri aithris e ...* [although it is] strange to relate / tell ...□... *rud a bha neònach aig an àm sin den bhliadhna ...* something which was strange at that time of year □ *nach neònach sin?* how strange that is!, isn't that strange / peculiar etc? □ *'s neònach leam mur ...* I think it strange that ... / I am surprised that ...□ *is neònach nach ann a chionn's gun robh uiread de luchd turais ga thadhal* no doubt because there were so many tourists visiting it

neònachas, -ais *nm* 1. curiosity (oddness), drollness, eccentricity, oddity, queerness □ *tha seo a' nochdadh neònachas an sgrìobhadair* this shows the eccentricity of the writer 2. caprice, whim 3. surprise, phenomenon, wonder

neoni *nm* cipher, naught, nothing, nil, zero □ *neoni iomlan* absolute zero □ *thig e gu neoni* it shall come to naught □ *bithidh e mar neoni* it shall be as naught □ *dh'èirich a h-uile nì a neoni aig toiseach tìme* everything rose from nothing at the beginning of time □ *bidh gach oidheirp air a cur gu neoni* every attempt will be nullified □ *bha iad a bruidhinn mu neoni* they were talking about nothing □ *'s e an àireamh againn a seachd a naoi, a neoni, a neoni* our number is 7900

neonitheach, -aiche *a* immaterial, inconsiderable, insignificant □ *chan fhaca mi riamh craobhan cho meata neonitheach riutha sin* I've never seen trees so puny and insignificant as those

neonitheachd *nf* nothingness

neul, neòil, neòil / -an *nm* 1. cloud □ *gun neul* unclouded 2. faint, trance □ *chaidh i an neul* she fainted

neulach, -aiche *a* cloudy, nebulous

neulachadh, -aidh *nm* & *vn* of **neulaich** clouding etc.

neulachd *nf* mistiness

neulaich, -achadh *v* obscure, cloud

nì, nithean *nm* item, point (in argument), thing □ *nì gun fheum* trash □ *nì sam bith* (with *neg*) nothing □ *nì ach ...* nothing but □ *... nì feumail* requisite □ *cha robh nì ri fhaicinn* there wasn't a thing to be seen □

thugadh e thuice gach nì a thoilicheadh i he would bring [to] her everything that would please her □ *a Chruthaidheir nan uile nithean* [oh] Creator of all things (this is the *vocative* or *address form*) □ *cha robh dreasaichean brèagha aice no seudan no nì* she didn't have pretty dresses or jewels or anything □ *chan eil nì (a) dh'fheum dhomhsa a bhith ...* there's no need for me to be ... (lit. there's not a thing of need etc.) □ *tha a cheart nì fìor mu an deidhinnsa* the very same [thing] is true about them □ *cha robh i airson còmhradh nì nas motha na bha esan* she didn't want to talk any more than he did

nì *fut tense, indep* of *irreg v* **dèan** (q.v.)

ni, as in **ni mò** (see **mò**)

Nic – an *abbr form* of **nighean** used in surnames instead of **Mac** when the person is female e.g. *Mòrag NicDhòmhnaill* Morag MacDonald

nid □ *gen sing* and *nom* & *dat pl* of **nead** nest

nigh, nighe *v* scour, scrub, wash □ *nigh e a làmhan* he washed his hands □ *bha iad a' nighe nan soithichean* they were washing the dishes

nighe *nm* and *vn* of **nigh** washing etc., wash

nigheadair, -ean *nm* washer (person / machine)

nigheadair-shoithichean *nm* dish-washer

nighean, nighinn(e), -an *nf* daughter, girl, lass □ *gen* with the *art* is **na h-ighne** □ *dat* is **nighinn** □ *gen pl* is **nighean** □ *nighean peathar / bràthar* niece (lit. daughter of a sister / brother) □ *is ise nighean mo bhràthar / mo pheathar* she is my niece □ *bha triùir nighean aig an tuathanach* the farmer had three daughters □ *bha e a' bruidhinn ris an nighinn bu shine* he was talking to the eldest daughter

nighean-cèile *nf* step-daughter **n.-sgoile** *nf* schoolgirl □ *bha iad a' gàireachdainn mar dithis nighean-sgoile* they were laughing like two schoolgirls **n.-sheòmair** *nf* chambermaid

nìghneag, -eige, -an *nf* □ see **nìonag**

nimh, -e *nm/f* bitterness, poison, venom

nimh-fhiacail *nf* fang

nimhe *nf* virulence

nimheil *a* baneful, bitter (of speech / mental attitude), poisonous, venomous

nimhneach, -iche *a* virulent

niocotain *nm* nicotine

nìonag, -aige, -an *nf* little girl

nìos □ see **a-nìos**

nios, nise *nf* weasel (same as **neas** nf)

niosgaid *nf* □ see **neasgaid**
Nirribheach, -ich, -ich *nm* Norwegian
Nirribheach *a* Norwegian
Nirribhis *nf* Norwegian (lang.)
nis □ see **a-nis**
nis and **nise** □ *dat sing & gen sing* respectively of **nios** ferret, weasel
nitear *alt fut tense pass* of *irreg v* **dèan** (q.v.)
nithealachd *nf* concreteness
nithear *fut tense pass* of *irreg v* **dèan** (q.v.)
nitheil *a* concrete (opp. of *abstract*)
nitreat *nm* nitrate
niùclach *a* nuclear
niùclas, -ais, -an *nm* nucleus
niùclasach *a* nucleic
niumòinia *nf* pneumonia
no *conj* or ('nor' with *neg verb*), otherwise □ *cha robh dreasaichean brèagha aice no seudan no nì* she didn't have pretty dresses or jewels or anything □ *chan eil mise a'dol ann; chan eil no mise.* I'm not going [there]; nor am I. □ *cha chuala mi riamh a leithid; cha chuala no mise.* I've never heard its like / the like of it; nor (have) I □ *cha b'urrainn don phoileas an aimhreit a cheannsachadh; cha b'urrainn no don arm.* the police couldn't quell the riot; nor could the army. □ used with the phrase **a dh'aon chuid** in the following way: *rinn iad bàta nach rachadh a dh'aon chuid fodha no air a druim* they built a boat which would neither sink nor overturn (see **cuid** for further examples) □ note also the idiom: *chan fhaca tu taibhse no taibhse* you didn't see any ghost □ *cha do sgrìobh mi litir no litir* I didn't write any letter □ *an fhìrinn ann no as feumaidh sinn leantainn oirnn* [whether it is] the truth or not we must carry on □ ... *co-dhiù tha Gàidhlig aca no nach eil* ... whether they speak Gaelic or not (lit. whether Gaelic or is at them or is not)
nobhail, -ean *nf* novel □ *nobhail bheag* novelette
nobhailiche, -ean *nm* novelist
nochd, -adh *v* 1. discover, expose, manifest, present, produce, reveal, show, unsheathe, unveil □ *nochd iad gun robh iad faoin* they showed that they were foolish □ *bha i a' nochdadh coirbteachd* she was showing hostility □ *nochd don t-sùil* visualize 2. appear, show up □ *cha robh càch fada gun nochdadh* the rest weren't long in showing up □ *tha e air ùr nochdadh* it has newly appeared
nochdadh, -aidh *nm* and *vn* of **nochd** showing etc., discovery, exposure

nochdadh-seala *nm* time-exposure
nochdaidh, -e *a* visible, apparent □ *'s ann anns na h-Ealain a thig am fàs as nochdaidh* it's in the Arts that the most apparent growth will occur
nochdte *pp* noticeable, evident, exposed, undisguised □ *cha robh e cho nochdte an sin* he was not so noticeable there □ *tha seo gu math nochdte na chuid obrach* this is quite evident in his work □ *tha buaidh nas nochdte aig a' Bheurla air a' Ghàidhlig* English has a more noticable effect on Gaelic
nòdachadh, -aidh, -aidhean *nm* and *vn* of **nòdaich** grafting, graft
nòdaich, -achadh *v* graft
nodha *a* modern (cf. **ùr-nodha**)
nodhachadh, -aidh *nm & vn* of **nodhaich** modernising etc.
nodhaich, -achadh *v* modernise
noigean, -ein, -an *nm* noggin
nòin *nm* noontide
nòin-chluich *nf* matinée
nòisean, -ein, -an *nm* 1. notion, idea □ *bha nòiseanan mearachdach a' dol mun cuairt* mistaken notions were going about 2. notion (fancy / whim) □ *bha nòisean aice dheth* she had a notion for it
Nollaig, -e *nf* Christmas, Yule □ *aig àm na Nollaige* at Christmas time *Latha Nollaig* Christmas Day □ *Oidhche Nollaig* Christmas Eve
Normanach, -aich, -aich *nm* Norman
Normanach *a* Norman
norra *nm* wink (of sleep) □ *cha d'fhuair e norra cadail* he didn't get a wink of sleep (also **norradh**)
norradaich *nf* dozing □ often used as if it were a *vn* □ *ann an ùine ghoirid bha e ri norradaich* in a short time he was dozing (see **ri**) □ *cha robh mi ach a' norradaich co-dhiù* I was only dozing anyway
norradh □ see **norra**
norrag, -aige *nf* forty winks
nòs, nòis, -an *nm* custom, habit, tradition, usage □ *tha sinn a' cumail suas nan seann nòs* we are keeping up the old customs □ *bha na nòsan Gallda a' tighinn a-steach* [the] Lowland customs were coming in □ *òran anns an t-seann nòs* traditional song □ *mar bu nòs* as was customary
nòsarachd, -an *nf* idiosyncrasy
nòsach, -aiche *a* □ same as **nòsail**
nòsail *a* fashionable, modish
not, notaichean *nm* 1. note (written) □ *sgrìobh e not goirid* he wrote a short note □ *cha b'urrainn dhomh na notaichean aige*

a leughadh I couldn't read his notes 2. pound, (pound) note □ *dè na tha sin? dà not / trì notaichean / fichead not etc.* how much is that? two pounds / three pounds / twenty pounds etc. (see App. 11 for numeral*s*) **nota, -aichean** *nm* 1. pound (money), quid 2. note (music / writing)
nota-altaidh *nm* grace-note (piping) **n.-maise** *nm* grace-note
nòta, -aichean *nf* note (written) *nòta bheag* a little note
nòta-choise *nf* footnote □ *tha feum air nòtaichean-coise anns an leabhar seo* there is a need for footnotes in this book
nòtair, -ean *nm* notary
nuadh, -aidhe *a* novel, new (usually now in the sense of 'modern', 'up-to-date' etc.) □ *measgachadh de nithean nuadha agus sean* a mixture of modern and old items
nuadh- *pref* neo-, newly-, new
nuadh-aimsireach *a* up-to-date **n.-aimsireil** *a* up-to-date **n.-bhàrdachd** *nf* modern poetry **n.-chreagach** *a* neolithic **n.-fhacal** *nm* neologism **n.-fhasanta** *a* modern, up to date □ *taighean nuadh-fhasanta agus taighean sean-fhasanta* modern houses and old-fashioned houses **n.-ghinte** *pp* newly-begotten **n.-innleachd** *nf* invention **n.-lorg** *nf* discovery **n.-phòsta** *pp* newly-married

nuadhachadh, -aidh *nm* and *vn* of **nuadhaich** renewing etc., renovation
nuadhachd *nf* newness
nuadhaich, -achadh *v* renew, renovate
nuagach, -aiche *a* surly □ *thug e sùil nuagach oirre* he gave her a surly look
nuair *conj* when, while, as (a shortened form of **an uair** – see **uair**) □ *bidh iad aig an taigh nuair nach bi iad ag obair anns na h-achaidhean* they are at home when they aren't working in the fields (lit. they will be ... when they will not be...) □ *nuair sin = an uair sin* then *adv* (see **uair**)
nuallan, -ain *nm* any loud, howling sound □ *nuallan na pìoba* the skirl of the pipes
nuallanaich *nf* continuous howling sound □ *thòisich e air nuallanaich* he began howling
nuallach, -aich *nm* germander speedwell
nuans, -an *nf* nuance
nuimhir, -e, -ean *nf* number □ *tha nuimhirean nan oileanach a' dol am meud* the numbers of students are increasing
null □ see **a-null**
nur (formerly written **'nur**) *prep poss adj* of **ann** + **ur** (see **ann**) in your *pl & polite* – does not *lenite* □ *nur giùlan* in your deportment

O, o

O! *interj* Oh!
o *prep* □ same as **bho** – from, of, off
The *prep prons* are formed as follows: **uam** from me **uat** from you **uaithe** from him / it *masc* **uaipe** from her / it *fem* **uainn** from us **uaibh** from you *pl & polite* **uapa** from them
The *emph forms* of these are: **uamsa, uatsa, uaithe-san, uaipese, uainne, uaibhse, uapasan**
Some examples: *Saul o Tharsus* Saul of Tarsus (lit. from) □ *o àite gu àite* from place to place □ *o àm gu àm* from time to time □ *o thaobh gu taobh* from side to side □ *nuair a thigeadh a' ghaoth o àirde eadar an ear-thuath 's an ear-dheas* ... when the wind came (i.e. used to come) from an airt between north-east and south-east ... □ *o sin* thence

o is also used with *verbal nouns: am bac sin sinn o bhith a' faighinn sonas?* will that prevent us from finding happiness?
o combines the *def art* to become **on** before all *nouns*, irrespective of the initial letter □ *mìle on chladach* a mile off the shore □ *on taigh* out (not at home) □ *on àm sin* thenceforth □ *mas e mac Dhè, thigeadh e a-nuas on chrann* if he is the son of God, let him come down from the cross
o combines with the *interr part* to give **om** from which, from whom □ *chan eil e gu diofar cò an àird om bi a' ghaoth a' sèideadh* it makes no difference from which direction the wind is blowing
o chionn since, ago (see **cionn**) □ *dh'fhàg iad tìr nam beò o chionn*

mòran bhliadhnachan they departed the land of the living many years ago □ *anns an ùine o dh'fhàg e tha an eaglais air a bhith bàn* in the time since he left the church has been without a minister (see **bàn**) **o shean** of old □ *na Gaidheil o shean* the Gaels of old □ *... air an robh Zeus mar ainm aig na Greugaich o shean ...* who was called Zeus by the Greeks of old **o** may also be found combined with **is** in the *abbr form* **os** □ *os cuimhne leam* as long as I can remember □ the past tense would be: *o bu chuimhne leis* as long as he could remember

---

òb, -a, -an *nm* bay, creek
ob, -adh *v* refuse, renounce □ *na ith 's na ob cuid an leinibh bhig* don't eat and don't refuse the small child's share □ *chan ob am bodach ruadh dubhan* the codling doesn't / will not refuse a hook
obadh, -aidh *nm* and *vn* of **ob** refusing etc., refusal □ *briathran obaidh* words of refusal
Obair an old word meaning 'confluence' and frequently seen in place names *Obair Dheadhain* Aberdeen *Obair Bhrothaig* Arbroath (see App. 12 Sects. 3.0 and 4.0)
obair, obrach / oibre, obraichean / oibrichean *nf* (also used as a *vn* of **oibrich** work) activity, business, employment, job, labour, operation, profession, process, production, service, task, work □ *obair shònraichte* assignment, undertaking □ *obair neo-inntinneach* chore □ *tha e ag obair air a cheann fhèin* he is in business / working for himself □ *uairean obrach* business / working hours □ *thoir obair do* employ □ *dè am pàigheadh a tha iad a' tairgse airson na h-obrach seo?* what pay are they offering for this job? □ *bha iad a' seinn aig an obair* they were singing at their work □ *gun obair* unemployed, out of work □ *bha iad uile a-nise gun obair* they were all now out of work □ *tha an obair air ath-leasachadh an talla an ìre mhath ullamh* the work of renovating the hall is almost finished □ *seisean obrach* a workshop (as part of an educ. course) □ *bha e air a bhith ag obair dhuinn fad seachd bliadhna* he had been working for us for seven years □ *bha na h-uairean obrach*

fada the working hours / hours of work were long □ *cha robh cabhaig sam bith air tilleadh a dh'obair* he was in no hurry to return to work
obair-aodaich *nf* textiles **o.-chliath** *nf* trellis **o.-clòdha** *nf* printing **o.-clòtha** *nf* textiles **o.-dachaigh** *nf* homework □ *an do rinn e a chuid obair-dachaigh?* did he do his homework? **o.-grèise** *nf* embroidery, needlework □ *cuir obair-grèise air* embroider □ *bha iad ealanta ann an obair-greise* they were skilled in embroidery **o.-làimhe** *nf* handwork, handiwork **o.-lann** *nf* laboratory (also **obairlann**) **o.-làraich** *nf* fieldwork **o.-leathrach** *nf* leather-work □ *bha e ri obair-leathrach* he was engaged in / doing leather-work **o.-leudachaidh** *nf* extension work **o.-mheatailtean** *nf* metallurgy **o.-raoin** *nf* field-work **o.-siubhail** *nf* fieldwork **o.-taighe** *nf* housework
obairlann, -ainne, -an *nf* laboratory
obann *a* sudden □ *gu h-obann* suddenly □ *bhuail eagal obann mi* a sudden fear struck me □ *dh'fhosgail an doras gu h-obann* the door suddenly opened □ *air eagal bàis obainn* for fear of sudden death □ *thàinig e a-steach air gu h-obann gun robh ... he* realized suddenly that ... was ...
obh! obh! *interj* dear me!
òboidh, -ean *nf* oboe
obrach *a* working (also *gen sing* of **obair**) □ *bha na h-uairean obrach fada* the working hours / hours of work were long □ *buidheann obrach* a working party □ *tha e air a thaisbeanadh mar phàipear obrach* it has been presented as a working paper
obraich, -achadh *v* □ see **oibrich**
obraiche, -ean *nm* □ see **oibriche**
obraiche-raoin *nm* field-worker
obraiche-siubhail *nm* fieldworker
obsaigeach, -iche *a* objective
ocàidich, -eachadh *v* improvise
òcair *nf* ochre
Och! *int.* Ah! Oh! alas!
ochanaich, -e *nf* sighing, sobbing
ochd *a & s* eight □ *tha ochd cathraichean ann* there are eight chairs □ *co mheud tha agad?* tha a h-ochd how many do you have? eight □ *ochd deug* eighteen □ *ochd cathraichean deug* eighteen chairs □ *co mheud tha agad? tha a h-ochd deug* how many do you have? eighteen
ochd-bhliadhnach *a* octennial **o.-chasach, -aich, -aich** *nm* octopus **o.-dhuilleagach** *a* octavo **o.-ràmhach** *a* having eight oars, eight-oared □ *bàta ochd-ràmhach* an eight-oared boat **o.-shiollach** *a* octosyllabic

o.-shliosach *a* octagonal **o.-shliosach**
nm octagon
ochdad *nm* octave
ochdad *s & a* eighty in new style of counting
ochdamh *a* eighth □ *an t-ochdamh fear* the
eighth man □ one □ *anns an ochdamh linn
deug* in the eighteenth century □ *anns an
ochdamh àite* eighthly
ochdnar *num n* eight (persons) □ foll. by
noun in *gen pl* or **de** + *dat* or the relevant
prep poss's of **de** or **aig** □ *ochdnar bhalach*
eight boys (lit. 'an eightsome of boys') □
ochdnar fhear eight men □ *ochdnar
chloinne* eight children □ note that though
cloinne is in the *gen sing*, **clann**, 'chil-
dren' being a *coll noun*, it is lenited as if
were *gen pl* – this is common with *coll
nouns* □ *seachdnar no ochdnar de na h-
òganaich* seven or eight of the youngsters
ochtad *s* eighty □ also **ochdad**
òcrach, -aich, -aichean *nm* □ same as
òtrach
ocsaid, -ean *nm* oxide
ocsaidean, -ein *nm* oxygen
Octòber *nm* October
odhar, odhaire / uidhre *a* dun, dun-
coloured (of skin / hide) □ *chan eil ann
ach bo odhar mhaol agus bo mhaol odhar*
it's six of one and half a dozen of the rest
(lit. there's not in it but a dun, polled cow
and a polled, dun cow)
odharan, -ain, -ain *nm* cow parsnip
Odusseia *nm* Odyssey
òg, òige *a* young, youthful □ *balach òg* a
young boy □ *nas òige* younger *tha Calum
nas òige na Seumas* Calum is younger
than James □ *as òige* youngest, junior □ *is
i Sìne as òige* Jean is youngest □ *sgrìobh e
leabhar mu na làithean òga aige* he wrote
a book about his young days
òg-aois *nf* minority
Ògmhios, an t-Ògmhios *nm* June □ *anns
an Ògmhios* in June
ògail, -e *a* adolescent, youthful □ *le dìorras
ògail* with adolescent enthusiasm
ògan, -ain, -an *nm* 1. sapling, seedling,
shoot 2. same as **òganach** 3. a young lamb
(Barra)
òganach, -aich, -aich *nm* stripling, young-
ster, young man, youth (person)
òganta *a* juvenile
ogha, -aichean *nm* grandchild, grandson □
bha sinn anns na h-oghaichean we were
cousins □ *is e ogha do Dhòmhnall Bàn a
bha ann an Seumas* James was a grandson
of Donald Bàn (lit. it was a grandson to
Fair-haired Donald that was in James) □

bha ogha òg dha a' fuireach còmhla ris
a young grandson of his (lit. to him) was
staying with him
ogham, -aim *nm* ogam / ogham
ogsaid / ogsaidean etc. □ see **ocsaid /
ocsaidean** etc.
oibreachadh, -aidh, -aidhean *nm* and *vn*
of **oibrich** working etc., agency, manoeu-
vre □ *tre oibreachadh + gen* through the
agency (of)
oibrich, -eachadh / obair *v* act, exercise,
labour, manipulate, operate, wield, work □
ciamar a tha e a' dol a dh'oibreachadh?
how is it going to work? □ *oibrich ann an
co-bhainn (ri)*…work in co-operation
with…□ *chan eil na h-uiread dheth ga
oibreachadh is a chleachd* not so much of it
is worked as [there] used to be □ *chaidh
oibreachadh gu cruaidh air a shon* it was
worked hard for □ *bha e air a bhith ag obair
na shaor* he had been working as a joiner □
*tha iad ag obair air feamainn, turasachd,
giomaich agus iasgach* they are working at
seaweed, tourism, lobsters and fishing
oibriche, -ean *nm* labourer, worker, workman
oich! *interj* ouch!
oide, -ean *nm* foster-father, stepfather □
bha i a' smaoineachadh air a h-oide she
was thinking about her stepfather
oide-ionnsaich / oide-sgoile □ same as
oid-ionnsaich
oideachail, -e *a* didactic, educational,
instructive □ *tha e inntinneach agus
oideachail a bhith*…it is interesting and
instructive to be …
oideachas, -ais *nm* education
oideas, -eis *nm* training, tutelage
oideis *a* training □ *latha oideis* training day

---

oidhche, -eannan *nf* night □ *b'e
(a-) nochd an oidhche a bha iad a' tigh-
inn dhachaigh* tonight was the night
that they were coming home □ *b'i an
oidhche a bha ann* it was night(time)
oidhche is used in a variety of phrases
which are rather difficult to categorise,
but may be loosely grouped thus:

1.   phrases involving an *adj* □ *aon
oidhche 's mi a-staigh leam fhèin*…
one night, while I was in [the
house] by myself □ *gach oidhche*
nightly □ *oidhche mhath leat /
leibh* goodnight [to you] □ *a h-uile
oidhche-haoine* every Friday night

□ note also a) *an ath oidhch'*
tomorrow night b) *an treas oidhch'*
the night after tomorrow night
2.   phrases involving another *noun* □
Oidhche Shamhna Halloween □
Oidhche na Bliadhna Ùire New
Year's Eve □ *fad na h-oidhche* all
night □ *bha iad a' coiseachd fad na
h-oidhche* they were walking all
night □ *cuid oidhche* a night's lodg-
ings □ *aodach oidhche* nightdress □
faire na h-oidhche nightwatch □
Oidhche-shathurna Saturday night
□ *... aon Oidhche-shathairne ...* one
Saturday night □ *Oidhche-luain*
Monday night □ *air Oidhche-mhàirt*
on Tuesday night □ *beathaichean na
h-oidhche* nocturnal animals
3.   phrases involving a *prep* □ *air feadh
na h-oidhche* during the night □ *ann
am meadhan na h-oidhche* in the
middle of the night □ *(ann) am
marbh na h-oidhche* in the dead of
night □ *bha sinn ag obair a là 's
a dh'oidhche* we were working day
and night □ *air an oidhche* at night
□ *bha e anmoch air an oidhche* it
was late at night □ *air oidhche fhli-
uch* on a wet night □ *bhitheadh e gan
leughadh air na h-oidhcheannan
fada geamhraidh* he used to read
them on the long, winter nights □
air oidhche-shatharna on Saturday
night □ *aig ochd uairean a dh'oid-
hche* at eight o'clock at night □ *aig
an àm ud den oidhche* at that time
of [the] night □ *tha iad ag ràdh gun
do dh'ionnsaich e an ealain a
dh'aon oidhche* they say that he
learned the art in one night □ *air
oidhche fhuair gheamhraidh* on a
cold winter's night

ri may be used when the state of the
weather / night is referred to □ *cha bu
toigh leam a bhith anns an àite sin ri
oidhche dhorcha* I wouldn't like to be
in that place on a dark night □ *bha mi
a' coiseachd dhachaigh ri oidhche
chiùin reòta* I was walking home on a
calm, frosty night
But note the following usage: *oid-
hcheannan shuidhinn air beulaibh mo
thaighe* [at] nights I would sit in front
of my house

oidhearp / oidheirp □ see **oidhirp**
oidhirp, -ean *nf* attempt, endeavour, initia-
tive, undertaking □ *dèan / thoir oidhirp*
make an attempt, attempt, endeavour □ *na
cuir an suarachas an oidhirpean* do not
make light of their endeavours □ *a dh'ain-
deoin gach oidhirp a rinneadh* despite
every attempt that was made □ *rinn e oid-
hirp air bruidhinn ris a' chaileig* he
attempted to speak to the girl □ *cha tug iad
oidhirp cheart air na treubhan a chur fo
smachd* they didn't make a proper attempt
to subdue the tribes □ *oidhirpean a
chaidh a dhèanamh* past initiatives □ *tha
a' bhuidheann seo a' co-òrdanachadh
gach oidhirp* this group co-ordinates each
undertaking
oidhirpeach, -iche *a* pushing
oidhirpeachadh, -aidh *nm & vn* of
oidhirpich trying etc.
oidhirpich, -eachadh *v* try, attempt,
endeavour □ *bha cuid dhiubh ag oid-
hirpeachadh air adhradh-teaghlaich a
chuairteachadh* some of them were
attempting to conduct family worship
oid-ionnsaich, -ean *nm* tutor
oifig, -e, -ean *nf* □ same as **oifis** □ *cuir às
oifig* depose □ *oifig dhìomhain* sinecure
oifigeach, -ich, -ich *nm* officer, official □
often specified e.g. *oifigich airm* army
officers □ *oifigeach rianachd is leas-
achaidh* an administrative and development
officer
oifigeach, -iche *a* official
oifigeach-stàit *nm* civil servant
oifigeachd *nf* officialdom □ *bha i ga cleach-
dadh le oifigeachd* it was being used by
officialdom
oifigear, -eir, -an *nm* □ same as **oifigeach** *nm*
oifigeil, -e *a* official
oifigeileachd, -an *nf* bureaucracy □
shàraich an oifigeileachd sinn the bureau-
cracy oppressed us
oifis, -e, -ean *nf* office □ *oifis a' phuist* the
post-office □ *oifis fiosrachaidh* informa-
tion bureau
oifis-phuist *nf* post office
òige *nf* youth *abstr* □ *ann an làithean
m'òige* in the days of my youth □ *ann an
eilean m'òige* on the island of my youth
(i.e. on the island where I spent my youth)
□ *chaill i a pàrantan na h-òige* she lost her
parents in her youth
òigear, -eir, -an *nm* adolescent, lad, youth
(person)
òigh, -e, -ean *nf* maid, maiden, virgin □ *bha
dealbh na h-òighe Moire air a' bhalla*

there was a picture of the Virgin Mary on the wall

òigh-cheòl, òigh-chiùil *nm* virginal (musical instr.)

òigheil, -e *a* maidenlike, maidenly, virgin, virginal □ *gineamhain òigheil* parthenogenisis

oighre, oighreachan *nm* heir, inheritor □ *gun oighre* heirless □ *tha sinn uile nar n-oighreachan air saidhbhreas nan linntean* we are all heirs to the riches of the past □ *oighre dligheach air Oisean* Ossian's rightful heir □ *chan eil an còrr oighre ann* there are no other heirs

oighreachd, -an *nf* estate, heritage, inheritance □ *faigh mar oighreachd* inherit □ *oighreachd shinnsireil* patrimony □ *bha iad a' coiseachd tron oighreachd* they were walking through the estate

oighreag, -eige, -an *nf* cloudberry

òigridh *nf* young, youth *coll* □ *Foglham Òigridh agus Coimhearsnachd* Youth and Community Education □ *'s ann tron Sgeime Oideachaidh Òigridh a thàinig e thuca* he came to them through the Youth Training Scheme

òil *a* drinking □ *a chompanaich òil* his drinking companions

oil *nf* offence, vexation □ found now only in the construction *ge b'oil le* though it were an offence / vexation to i.e. despite, in spite of, in the face of □ *is mòr am beud, ge b 'oil leis gach oidhirp is dùil a bha againn, gu bheil … it's* a great pity, in spite of all our efforts and intentions, that … □ *feumaidh iad a bhith tuigsinn gu bheil cùisean ag atharrachadh ge b 'oil leotha* they must realise that things are changing despite them □ *ge b 'oil leis gach dùil a bha agam* in spite of all my expectations

oilbheum, -eim, -an *nm* offence □ *dèan / thoir oilbheum do* offend □ *… gun oilbheum a thoirt do neach sam bith …* without giving offence to anybody □ *gabh oilbheum* take offence □ *cha ruig iad a leas oilbheum a ghabhail* they needn't take offence □ *tha e a' smaoineachadh nach gabhadh duine oilbheum leis a' chleachdadh mar a tha e* he thinks that nobody will take offence from / be offended by the current practice □ *bheireadh e a cheart uiread de oilbheum 's a bheireadh e nan abradh e breugairean riutha* it would give just as much offence as it would if he were to call them liars

oilbheumach, -aiche *a* offensive

oilean, -ein *nm* breeding, lore, nurture, training □ *droch oilean* bad breeding □ *gu bràth cha dealaich oilean riut* never will breeding desert you □ *thig dànadas gu droch oilean* boldness will result in bad behaviour

oileanach, -aich, -aich *nm* student

oileanachadh, -aidh *nm* and *vn* of **oileanaich** nurturing etc., edification

oileanachd *nf* doctrine, teaching

oileanaich, -eachadh *v* nurture

oilisgin, -ean *nm* .oilskin

oilleach, -iche *a* oily

oilthigh, -ean *nm* university □ *Oilthigh Obair Dheadhain* Aberdeen University

oilthigheach, -ich, -ich *nm* academic

oilthigheach, -iche *a* academic

oillt, -e *nf* dread, shock, terror

oillt-chrith *nf* horror

oilltealachd *nf* terrorism □ *tha iad a' cur air adhart oilltealachd air feadh an t-saoghail* they are promoting terrorism throughout the world

oillteil *a* frightful, ghastly, grisly, hideous, horrible, monstrous

oilltich, -eachadh *v* 1. dread, be horrified, regard with horror 2. horrify, terrify, terrorise □ *bha iad ag oillteachadh a' bhaile* they were terrorising the town □ *bha i air a h-oillteachadh roimhe* she was terrified of him

òinseach, -ich, -ichean *nf* goose (silly female), fool (female) □ *òinseach!* fool! (females only) □ *thalla òinseach* go on with you, you silly female

oir *conj* for, because □ *dh'èirich e tràth oir bha aige ri dhol don bhaile* he rose early for he had to go to town

oir, -e, -ean *nm* 1. border, brim, brink, edge, fringe, lip, margin, rim, verge □ *oir dhìreach* straight edge □ *oirean dìreach* straight edges □ *às oir a shùla* from the corner of his eye □ *bha e na shuidhe ri oir an rathaid* he was sitting at the edge of the road □ *ruith e thar oir na creige* he ran over the edge of the cliff □ *air oir a' phàipeir* on the margin of the paper □ *thog e air gu oir na linne* he proceeded to the edge of the pool □ *air oir* edgewise *adv* □ *dèan oir* edge *v* □ *oir a' chabhsair* the kerb 2. ledge

oir-òrach *a* gilt-edged

oir, -e, -ean *nf* spindle-tree

òir *a* gold, golden □ *uinge òir* a gold ingot

òir-eisimplir *nm* paragon

oirbh *prep pron* of **air** (q.v.) on you *pl*

òirdheirc, -e *a* distinguished, exquisite, magnificent, splendid, sublime, superb □ *taigh mòr òirdheirc* a large, magnificent house

òirdheirceas, -eis *nm* distinction, excellence, sublimity

oirfideach, -ich, -ich *nm* entertainer, minstrel

oirfideas, -eis *nm* entertainment

oirfideachadh, -aidh *nm & vn* of **oirfidich** entertaining etc.

oirfidich, -eachadh *v* entertain (with music etc.)

òirleach, -ich, -ich *nf* inch □ *bha e ochd òir-lich dheug a dh'àirde* it was eighteen inches high □ *tha e mu chòig troighean is seachd òirlich air fhad* it's about five feet seven inches long

oirnn *prep pron* of **air** (q.v.) on us

oirthir, -e *nf* coast, littoral □ *timcheall na h-oirthire* around the coast

oisean, -ein, -an *nm* corner, nook □ *ann an oisean* in a corner

oiseanach, -aiche *a* angular, having an angular shape □ *botal oiseanach* an angular bottle

Oiseanach *a* Ossianic

òisg, -e, -ean *nf* □ see **othaisg**

oisinn, oisne, oisnean *nf* corner □ same as **oisean**

oisir, oisridh same as **eisir**

oistric, -ean *nf* ostrich (see **struth**)

oiteag, -eige, -an *nf* breeze, gust, puff, whiff □ *oiteag aotrom* light breeze □ *oiteag bheothail* fresh breeze □ *oiteag làidir* strong breeze □ *oiteag leth-bheothail* moderate breeze □ *oiteag shocair* gentle breeze

oitir, -e, -ean *nf* sandbar, shoal (a shallow, a submerged sand-bank etc.)

òl, òl *v* booze, drink, imbibe, lap, quaff, sup □ *dh'òl e am bainne* he drank the milk □ *cha robh gu leòr ann ri ithe is ri òl* there wasn't enough to eat and [to] drink □ *a bheil thu ag iarraidh rud sam bith ri òl?* do you want anything to drink? □ *... mar gum biodh e air cus òl...* as if he had drunk too much □ *òlaidh sinn deoch-slàinte* we'll drink a toast

ola, -aichean *nf* oil □ *ola amh* crude oil □ *ola pailme* palm oil □ *ola cloimhe* lanolin □ *ola craicinn* sebum □ *cuir ola air* oil *v*

ola-chroinn-ola *nf* olive oil **o.-dhathan** *n pl* oil-colours **o.-fhrois-lìn** *nf* linseed oil **o.-ghlèidhteach** *a* oil-bearing **o.-ghuail** *nf* paraffin oil **o.-leighis** *nf* balsam oil

o.-nan-trosg *nf* cod liver oil **o.-raon** *nm* oil-field

olagarcachd, -an *nf* oligarchy

olachadh, -aidh *nm* and *vn* of **olaich** oiling etc.

olaich, -achadh *v* oil

olann, -ainn *nf* wool

olainn *a* woollen, of wool □ *ri fuachd Callainn 's math clò olainn* against the cold of New Year's Day woollen cloth is good (proverb)

olc, uilc *nm* evil, ill, iniquity □ *tha e làn uilc* he is full of evil □ *bha e na ruithear air olc* it was a forerunner of evil

olc, miosa *a* bad, evil, ill, infamous, wicked □ *gu h-olc* amiss *adv* □ *is olc an rud a rinn iad* it's an evil thing they did (lit. it's evil the thing that etc.) □ *is olc an airidh* it's a pity □ *nach b'olc an airidh nach do shoirbhich leis!* isn't it a pity that he didn't succeed!

Oll., an t-Oll. *abbr-* see **ollamh** following

ollamh, -aimh, -an *nm* doctor (other than medicine) □ *an t-Oll. Urr. Dòmhnall MacDhòmhnaill* (i.e. *an t-Ollamh Urramach* etc.) the Rev Dr. Donald MacDonald

Ollamh-taghte *nm* Professor-elect □ *Ollamh-taghte na Ceiltis* Professor-elect of Celtic

ollamhachd, -an *nf* doctorship

ollanachadh *nm & vn* of **ollanaich** preparing a body for burial

ollanaich, -achadh *v* prepare a body for burial

ol-ungaidh *nf* ointment

om *prep* **o** + *interr part* = from which (see **o**)

òmair *a* umber

òmar, -air *nm* amber

on *conj* □ same as **bhon**

onair *nf* honesty, honour □ *air m'onair* upon my honour, honestly!

onarach, -aiche *a* above-board, honest, honourable, sincere, upright □ *tha e cho onarach ris na seachd glasan* he is as honourable as [the] seven locks

onarachadh, -aidh *nm* and *vn* of **onaraich** honouring

onaraich, -achadh *v* honour

onfhadh, -aidh *nm* raging, fury (of the sea)

opairèisean, -ein *nm* operation (med.)

òpar, -air *nm* mud on the bottom of clothing, bedraggling

opara, -athan *nf* opera

oparach *a* operatic

opium *nm* opium

òr, òir *nm* gold □ *'s e an t-òr agus an t-airgead a bha iad ag iarraidh* it was [the] gold and [the] silver that they wanted (for the use of the *def art* see App. 2 Sect. 4.3)
òr, -adh *v* gild □ *ag òradh mullach nam beann* gilding the mountain peaks
òr-bhuidhe *a* gold, golden, gold coloured ò.-cheàrd *nm* goldsmith ò.-dhuille *nf* gold-foil, gold leaf ò.-iasg goldfish ò.-mheas *nm* orange
ora, -achan *nm* incantation
oracal, -ail, -an *nm* oracle
oracalach *a* oracular
òrach *a* gold, golden
òrachadh, -aidh *nm* and *vn* of òraich gilding etc.
òradh, -aidh *nm* gilding, gilt
orafoirt *s* white horehound
òragan, -ain *nm* marjoram, oragan
òraich, -achadh *v* gild
òraid, -e, -ean *nf* address (speech), harangue, lecture, oration, speech, talk □ *òraid aonair* soliloquy □ *dèan òraid ri address v* □ *thoir seachad òraid* deliver a speech □ *thug e seachad òraid mhisneachail* he delivered a spirited speech
òraidiche, -ean *nm* orator, speechmaker
orainds *a* orange
oraindsear, -eir, -an *nm* □ same as orainsear
orainsear, -eir, -an *nm* orange (fruit)
òran, -ain, -an *nm* song □ *òran aon-neach* solo □ *òran gaoil* love-song □ *òran seilge* hunting song □ *òran tàlaidh* lullaby (*pl* = *òrain ghaoil* love songs *òrain sheilge* hunting songs *òrain tàlaidh* lullabies) □ *gabh òran* sing, give a song
òran-càraid *nm* duet ò.-dithis *nm* duet ò.-luadhaidh *nm* waulking-song ò.-nan-car *nm* cantata
òranaiche, -ean *nm* singer □ *òranaiche aonar* soloist
oratòrio *nf* oratorio
orc, an orc *nf* cramp □ same as an fhorc
orcastra, -athan *nf* orchestra
òrd, ùird, ùird *nm* hammer □ *buail le òrd* hammer *v* □ *b'urrainn dhomh fuaim an ùird a chluintinn* I could hear the sound of the hammer
òrd-chlach *nm* sledge-hammer ò.-fiodha *nm* mallet ò.-ladhrach *nm* claw hammer ò.-mòr *nm* sledge-hammer □ *chuala e na h-ùird-mhòra a' bualadh air a' chloich* he heard the sledge-hammers beating on the stone
òrdag, -aige, -an *nf* 1. thumb 2. toe □ *òrdag mhòr* big toe

òrdachadh, -aidh *nm* and *vn* of òrdaich ordering etc., dictation, presentation
òrdaich, -achadh *v* cite, decree, dictate, enact, enjoin, order, prescribe, sway □ *dh'òrdaich iad dha searmonachadh sa Bheurla* they ordered [to] him to preach in [the] English □ *dh'òrdaich iad gun rachadh a chrochadh* they ordered him to be hanged / gave the order that he would be hanged (lit. that would go his hanging) □ *dh'òrdaich e ceithir pinnt(ean)* he ordered four pints □ *seo na riaghailtean leis an robh e ag òrdachadh a bheatha* these are the rules by which he was ordering his life
òrdagh, -aigh, -ean *nm* □ see òrdugh
òrdaich, -achadh *v* order, ordain, appoint, decree, prescribe
òrdaichte *pp* prescribed etc.
òrdaigheach *a* imperative □ *am modh òrdaigheach* the imperative mood
òrdail, -e *a* orderly, methodical □ *gu h-òrdail* in an orderly fashion / manner
òrdha *a* gold, golden
òrdan, -ain *nm* order *cuir an òrdan* put in order, arrange □ *bha an càr ann an deagh òrdan* the car was in good order
òrdugh, -uigh, -ean *nm* 1. command, commandment, decree, directive, fettle, injunction, instruction, mandate, order, prescription, range, requisition, sanction, trim □ *cruaidh òrdugh* imperative □ *cuir an òrdugh* array, fit *v*, grade *v*, marshal, put in order, order, range, rank, sort □ *cuir à òrdugh* ruffle □ *thoir òrdugh seachad* command *v* □ *òrdugh banca* banker's order □ *bha an oifis a' cur thairis le òrduighean* the office was overflowing with orders □ *bha iad an òrdugh catha* they were in battle order □ *chuir e seachad òrdugh* he passed an order □ *(ann an) ordagh na h-aibidil* (in) alphabetical order □ *òrdugh a rèir eachdraidh* chronological order □ *thoir òrduighean do (chuideigin)* give orders to (someone) □ *fhuair iad òrdugh gus am baile fhàgail* they were ordered to leave the town 2. the *pl* na h-òrduighean is used to descibe the services leading up to, including and following the communion service from Thursday to Monday □ *cha bhi i a' call nan òrduighean uair sam bith* she never misses the communion celebrations □ *tha na h-òrduighean air an cumail anns gach coimhthional gus an là an-diugh* the communion celebrations are held in every congregation to the present day
òrdugh-puist *nm* postal order

òrgan, -ain, -an *nm* organ (mus)
òrgan-beòil *nm* mouth-organ
òrganaiche, -ean *nm* organist
orm *prep pron* of **air** (q.v.) on me
ornaid, -e, -ean *nf* ornament
orp *nm* orpine
orra 1. *prep pron* of **air** (q.v.) on them 2. in
some areas = **air do** □ *orra shocair!*
(= air do socair!) take it easy! □ *gabh sinn
orra chùram (= air do chùram)* take us
into your care (in prayer)
òrrais, -e *nf* nausea, squeamishness □
thàinig òrrais air he became / felt nau-
seous (lit. nausea come upon him) □ *bha
òrrais oirre a-rithist* she was nauseous
again (lit. nausea was on her) □ *chuir
fàileadh an èisg òrrais oirre* the smell of
the fish made her squeamish
òrraiseach, -iche *a* nauseous, squeamish
ort *prep pron* of **air** (q.v.) on you
ortha, -achan *nf* charm, incantation
os *abbr form* of **o is** □ *os cuimhne leam* for
as long as I can remember (see **o**)
os *prep* □ old *prep* now used only in com-
bination as follows:
1. **os cionn** *prep + gen case* above, beyond
(surpassing), in charge of, over, overhead
□ *os cionn na mara* above the sea / above
sea level □ *rach / faigh os cionn* surmount
(see **cionn**) □ *aig aon àm bha e os cionn
na sgoile seo* at one time he was in charge
of this school 2. *gabh os làimh* undertake,
take charge of □ *ghabh iad os làimh na
sgoiltean* they took charge of the schools
3. *os ìseal / os ìosal adv* covertly, quietly,
privately □ *thuirt e rium , os ìseal tha fhios,
gun robh e …* he said to me, privately of
course, that he was …
os- *pref* super-
os-bhiolait *nf* ultraviolet □ *rèididheachd os-
bhiolait* ultraviolet radiation **o.-chearclach**
a convex **o.-chearclachd** *nf* convexity
o.-daonna *a* superhuman **o.-fhìreach** *a*
surrealistic □ *iomhaighean os-fhìreach*

surrealistic images **o.-fhìreachas** *nm* sur-
realism **o.-mheud** *nm* maximum **o.-
naiseanta** *a* cosmopolitan **o.-nàdarrach** *a*
supernatural □ *cumhachd os-nàdarrach* a
supernatural power **o.-stàit** *nf* superstate
o.-thogail *nf* superstructure
osag, -aige, -an *nf* breeze, gust, puff
osan, -ain, -an *nm* hose, stocking
osann, -ainn *nm* same as **osna** *nf*
osanaiche, -ean *nm* hosier
osna, -aidhean *nf* sigh □ *leig i osna aiste*
she sighed (lit. she let out a sigh from her)
□ *chuala mi an osna a rinn i* I heard the
sigh she made □ *rinn e osna mhòr* he gave
a great sigh □ *le osna mhòir uabhasaich
shuidh e sìos* with a great, mighty sigh he
sat down
osnachadh, -aidh *nm* and *vn* sighing etc.
osnadh, -aidh, -aidhean *nf* □ see **osna**
osnaich *nf* sighing, groaning □ *an dèidh
mòran osnaich is acain* after much sighing
and moaning
osnaich, -achadh *v* sigh
osòn, -òin *nm* ozone
ospadal, -ail, -an *nm* hospital □ *tha e anns
an ospadal* he's in [the] hospital
ostail, -e, -ean *nf* hostel □ *ostail òigridh*
youth hostel
òstair, -ean *nm* hotelier, innkeeper,
publican
othail *nf* ado, bustle, din, hurry, hubbub,
stir, uproar, tumult □ *ann an saoghal na
drip 's na h-othail* in the world of hustle
and bustle / hurry and scurry
othaig, -ean *nm* (bad) habit □ *is e othaig
pheacach a th'ann a bhith … its* a habit of
sinners to be …
othaisg, -e, òisgean *nf* yearling sheep □ also
òisg
òtrach, -aich, -aichean *nm* dunghill
(rubbish) dump
òtrachas, -ais *nm* sewage □ *òtrachas amh*
untreated sewage □ *òtrachas glan* treated
sewage

P, p

Pabach, -aich, -aich *nm* native of Pabbay
Pabach *a* of, belonging to or pertaining to
Pabbay
pac, -adh *v* pack □ *bha iad a' pacadh nan
ciopairean ann am bogsaichean* they were
packing the kippers in boxes

paca, -aichean / -annan *nm* pack □
mar phaca chairtean like a pack of cards
□ *tha na mìltean de phacaichean air an
dèanamh air plastaig* thousands of packs
are made of plastic
pacadh, -aidh *nm & vn* of **pac** packing

pacaid, -ean *nf* packet
pacaig, -eadh *v* □ same as **pac** *v*
Pacastanach, -aich, -aich *nm* Pakistani
Pacastanach *a* Pakistani
pada, -aichean *nf* pad (writing)
pàganach, -aiche *a* pagan
pàganach, -aich, -aich *nm* heathen, pagan
pàganachas, -ais *nm* paganism
pàganachd *nf* paganism (also **pàgantachd**)
pàganta *a* heathen, heathenish
pàgantachd *nf* heathenism, paganism
pàidh, -ean / -ichean *nm* pie
paidhir, paidhreach, paidhrichean *nf* pair
□ *paidhir bh ròg* a pair of shoes □ *bha uiread leathrach aige a dhèanadh aon phaidhir bh ròg* he had as much leather as make one pair of shoes (lit. as much of leather that would make etc.) □ *dà phaidhir bh ròg* two pairs of shoes
paidhleat, -an *nm* pilot also **pìleat**
paidhleon, -oin, -an *nm* pylon
paidir, -e, paidrichean *nf* 1. Lord's Prayer, paternoster 2. rosary (see **paidirean**)
paidirean, -ein, -ean *nm* prayer beads, rosary
paidse, -chean *nm* patch (cloth)
pàigh, -eadh *v* defray, discharge (debts etc.), finance, pay, remunerate, repay □ *ri phàigheadh* due □ *phàigh e fichead not air a' chathair* he paid twenty pounds for the chair □ *bu daor a phàigh sinn air* we paid dearly for it (lit. it was dearly that we etc.) □ *pàighidh sibh airson seo* you will pay for this □ ... *far an robh sinn a' pàigheadh màil ri uachdaran* □ ... where we paid rent to lairds □ *is còir dhuinn beachdachadh air a' phrìs a chaidh a phàigheadh ach am biodh sìth agus saorsa againne* □ we ought to think about the price that was paid so that we might have peace and freedom (see **ach**)
pàigh-mhaighstir *nm* paymaster
pàigheadh, -idh *nm* & *vn* of **pàigh** paying etc., discharge (of debt), pay, payment, remittance, remuneration □ *gun phàigheadh* scotfree, unpaid
pàighte *pp* paid, repaid
pàileis, -ean *nf* palace
pàillean, -ein, -an *nm* pavilion, tabernacle, tent □ *dh'ionnsaich Pòl a bhith na fheardèanamh phàilliunan* Paul learned to be a tent-maker
pailleart, -eirt, -an *nm* rap, slap
pailm, -e, -ean *nf* palm (tree)
pailm-Iudais *nf* Judas palm
pailt, -e *a* abundant, copious, flush (of money), numerous, plentiful, profuse, rife, sufficient, unstinted □ *nach iad a tha*

pailt? aren't they numerous? / isn't there a lot of them? □ *bha na faoileagan cho pailt ris na meanbh-chuileagan* the seagulls were as profuse as (the) midges □ *b'àbhaist dhaibh a bhith fada na bu phailte* they used to be far more numerous / plentiful □ *(gu) pailt* abundantly etc. note: *bha e pailt cho math air dìreadh 's a bha mise* he was every bit as good at climbing as I was / he was fully as good etc.
pailt-làmhach *a* liberal
pailteas, -eis *nm* abundance, flow, plenty, profusion, sufficiency □ *bu chòir pailteas ullachaidh a dhèanamh airson*... sufficient preparation should be made for... (lit. a sufficiency of preparation etc.) □ *bha pailteas aig a' chloinn ri òl dheth* the children had plenty of it to drink □ *bha biadh aca am pailteas* they had food in abundance / in plenty □ *tha e air pailteas fhreagairtean a thairgse dhuinn* he has offered us plenty of answers □ *chan eil rian gu bheil pailteas ann air an son uile* there can't be enough for them all □ *leabhar le pailteas dhealbhan* a book with plenty of pictures □ *ann am pailteas sheòrsachan shuidheachaidhean* in a rich variety of contexts
pàipear, -eir, -an *nm* paper (often found without accent) □ *pàipear donn* (or *pàipear glas!*) brown paper □ *pàipear làitheil* journal □ *chaidh e a-steach do bhùth nam pàipearan* he went into the paper-shop □ *bha a mhàileid làn phàipearan* his briefcase was full of papers □ *pàipear an taighbhig* toilet paper □ *na pàipearan* the papers, the press □ *cha robh guth mu a dheidhinn anns na pàipearan* there was no word about it in the press □ *Am Pàipear Beag* the West Highland Free Press
pàipear-balla *nm* wall-paper **p.-comhairleachaidh** *nm* consultation document **p.-comharrachaidh** *nm* tracing paper **p.-eadar-fhighte** *nm* tissue paper **p.-gainmhich** *nm* sandpaper **p.-gualain** *nm* carbon paper **p.-innleachd** *nm* document plan □ *dheasaich an Comann pàipear-innleachd* the Society prepared a document plan **p.-naidheachd** *nm* newspaper **p.-preasach** *nm* corrugated paper **p.-sgrìobhaidh** *nm* writing-paper **p.-sùghaidh** *nm* blotting paper
pàipearaich, -achadh *v* paper
pàirc, -e, -ean *nf* park, meadow □ *tha an t-each anns a' phàirc* the horse is in the park
paireafain *nm* paraffin

pairèid, -ean *nm* parade ... *nuair a bhitheamaid air pairèid* ... when we were (used to be) on parade
pairilis *nm* paralysis □ *fo phairilis* paralysed
pairiliseach *a* paralytic
pàirt, -e, -ean *nf* part (in action, a play etc.), proportion, role □ as *pron* = some □ *pàirtean co-ionnan* equal parts □ *gabh pàirt* share *v* □ *gabh prìomh phàirt* star *v* (of acting) □ *theirig am pàirt* associate *v* □ *bha pàirt aige anns an rud a thachair* he had a part in what happened (lit. the thing that happened) □ *bha i ag iarraidh pàirt a chluich ann an dealbh-chluich* she wanted to act a part in a play □ *tha sinn an dòchas gum bi pàirt aca ann a bhith cruthachadh poileasaidhean nan ùghdarasan ionadail* we hope that they will have a part in shaping [the] policies of the local authorities □ when part of something is being spoken about, the following *noun* is preceded by **de**, 'of' □ *cha robh e ach a' toirt pàirt de a aire dhomh* he was only giving me part of his attention □ *tha dràma na phàirt mhòr den obair againn* drama is a large part of our work □ ... *film a chaidh pàirt dheth a dhèanamh ann an Glaschu* ... a film which was partly shot in Glasgow (lit. a film that went part of it to its making etc.)
pàirt-a-chòrr *nf* spare part □ *cha robh pàirtean-a-chòrr ri am faotainn* spare parts were not to be found **p.-aimsireach** *a* part-time □ *tha iad ag obair pàirt-aimsireach* they are working part-time **p.-maointe le** ... *phr.* partly funded by ... **p.-thìde** *a* part-time □ also **pàirt-aimsireach** □ *tha e na bhall pàirt-thìde aig Coimisean nan Croitearan* he is a part-time member of the Crofters' Commission
pàirteach *a* taking / playing a part, participating, sharing (+ **ann**) □ *chan eil iad pàirteach anns an ionnsaigh seo* they aren't participating in this project
pàirteachadh, -aidh *nm* & *vn* of **pàirtich** dividing etc., division
pàirtich, -achadh *v* divide, share, parse □ *phàirtich e iomadh rud rithe* he shared many things with her
pais *nf* slap
paiseal, -eile *a* lenient □ *cha robh iad dad na bu phaiseile ann a bhith* ... they weren't a bit more lenient in being ...
paiseanadh, -aidh *nm* fit, fainting, swoon □ *chaidh e ann am paiseanadh* he fainted / swooned

paisg, pasgadh *v* fold, furl, pack, parcel, wrap □ *paisgidh mi dhut e* I'll wrap / parcel it for you
paisgte *pp* folded etc.
pàiste, -ean *nm* child, kid (child) □ this word is related to the English word 'page' □ *boireannach is dùil aice ri pàiste* an expectant mother □ *phòs e nighean òg a bha na pàiste an taca risan* he married a young girl who was a child compared to him □ *nuair a bha e fhathast na phàiste* while he was still a child
pàisteil, -e *a* babyish
paisteurachadh, -aidh *nm* & *vn* of **paisteuraich** pasteurizing
paisteuraich, -adh *v* pasteurize
pàiteach, -iche *a* thirsty □ *bi pàiteach* thirst *v* □ *tha an saoghal pàiteach airson ar n-uisge-beatha* the world thirsts for our whisky
pàiteachd *nf* thirstiness
palla, -aichean *nm* ledge
pàn, -aichean *nm* pawn (in chess etc.)
pana, -aichean *nm* pan
panail, -ean *nm* panel □ also **pannal**
pan-dhiadhach *a* pantheistic
pannal, -ail, -an *nm* panel □ *pannal smachd* control panel
pannal-grèine *nm* solar panel
pannaladh, -aidh *nm* panelling □ *bha pannaladh fiodha air na ballachan* there was wooden panelling on the walls
pantaichean *n pl* pants
pantar, -air, -an *nm* panther
pantomaim, -ean *nm* pantomime
Pàpa, am Pàpa *nm* the pontiff, the Pope
pàpachd *nf* papacy □ *Pàpachd* Popedom
Pàpanach *a* Catholic, Popish, Roman Catholic □ *pàpanach* = papal
Pàpanach, -aich, -aich *nm* Catholic, Papist, Roman Catholic
Pàpanachd *nf* Popery
paradocs *nm* paradox
paragraf, -aif, -an *nm* paragraph
Pàraig *nm* □ *var* of **Pàdraig** applied to the storm petrel (see **luaireag**)
paraimeatair, -ean *nm* parameter
paraisiut, -iuit, -ean *nm* parachute
paraiste, -ean *nm* parish
pàrant, -aint, -an *nm* parent
pàrantach *a* parental
pàrantachd *nf* parentage □ *b'ann às an eilean seo a bha mo phàrantachd air gach taobh* it was from this island that my parentage was on each side
parapleidseach *a* paraplegic
pardag, -aige, -an *nf* pannier

Pàrlamaid, -e *nf* Parliament □ *ball Pàrlamaide* a member of Parliament
Pàrlamaideach *a* Parliamentary
paròil *nm* parole
pàrrasach *a* Elysian
parsail, -ean *nm* parcel □ *bha a phoca làn pharsailean* his sack was full of parcels □ *dèan parsail de* parcel
pàrtaidh, -ean *nm* party □ *Pàrtaidh Nàiseanta na h-Alba* The Scottish National Party □ *cumhachd nam pàrtaidhean* the power of the parties □ *beachdan nam pàrtaidhean poiliticeach* the opinions of the political parties
partan, -ain, -an *nm* partan, edible crab
partan-tuathal *nm* hermit crab
pas *nm* pass (in games)
pas-leabhar *nm* pass-book
pasaig, -eadh *v* pass (in games and exams)
pasaigeadh, -idh *nm & vn* of **pasaig** passing (in games)
pasgan, -ain, -an *nm* bundle, folder, kit, parcel, package □ *chuir iad pasgan thugam* they sent [to] me a parcel □ *gheibhear an cùrsa seo mar phasgan anns a bheil*... this course is available as a kit which contains... □ *pasgan tòiseachaidh* a starter kit
pastal, -ail, -an *nm* pastel
pat, -ait, -an *nm* bruise, small bump (on head etc.)
pàtaran □ see **pàtran**
pathadh, -aidh *nm* thirst □ *tha am pathadh orm* I am thirsty □ *bha am pathadh orra* they were thirsty □ *cuir am pathadh air* make thirsty □ *chuir seo am pathadh orm* this made me thirsty
pàtran, -ain, -an *nm* pattern □ *pàtran shràidean* street pattern (geog.) □ *pàtran taigheadais* housing pattern □ *bha e a' coimhead nam pàtran air an sgàilean* he was watching the patterns on the screen
peacach, -aich, -aich *nm* sinner
peacach, -aiche *a* sinful
peacachadh, -aidh *nm & vn* of **peacaich** sinning etc.
peacadh, -aidh, -aidhean *nm* sin, trespass □ *tha iad a' dèanamh peanais airson am peacaidhean* they are doing penance for their sins
peacaich, -achadh *v* sin, trespass
pealaid, -ean *nf* pelt
peall, pill, pillean *nm* shaggy hide
peallach, -aiche *a* □ same as **peallagach**
peallagach, -aiche *a* 1. shaggy □ *chrom e a cheann peallagach* he bent his shaggy head □ *gille luideagach is loth pheallagach* –

dithis nach bu chòir tàire a dhèanamh orra a ragged lad and a shaggy foal – two that should not be despised 2. ragged
peallaid, -ean *nf* pellet □ *tha an crodh air am biathadh air peallaidean* the cattle are fed on pellets
peanaist, -ean □ see **peanas**
peanaisteachadh □ see **peanasachadh**
peanaistich, -eachadh □ see **peanasaich**
peanas, -ais, -an *nm* infliction, penalty, penance, punishment □ *leag peanas air* inflict □ *tha iad a' dèanamh peanais airson am peacaidhean* they are doing penance for their sins □ *peanas oillteil* a dreadful punishment □ *fhuair cuid dhiubh às gun pheanas* some of them got off unpunished / scot-free
peanasachadh, -aidh, -aidhean *nm & vn* of **peanasaich** punishing etc., punishment
peanasaich, -achadh *v* punish
peann, pinn, pinn *nm* pen (writing)
peansail, -ean *nm* pencil
peant, -adh *v* paint
peant(a), -a, -aichean *nm* paint □ *cuir peant(a) air* coat
peant-bhilean *nm* lipstick
peantadh, -aidh *nm & vn* of **peant** painting etc., painting (action of)
peantair, -ean *nm* painter (decorator)
pearm, -aichean *nm indec* in *sing* perm
pearraid, -ean *nf* parrot
pearsa, pearsachan *nm* character (in story / play), person, individual, one □ *pearsa (air leth)* individual □ *feumaidh sinn dèiligeadh riutha mar phearsachan air leth* we must treat them as individuals □ *an treas pearsa iomarra* the third person plural □ *an dara pearsa singilte* the second person singular
pears-eaglais *nm* churchman, clergyman, ecclesiastic, parson □ *grunnan de phearsachan-eaglais* a group of clergymen
Pearsach, -aich, -aich *nm* Persian □ *lagh nam Mèideach's nam Pearsach* the law of the Medes and the Persians
Pearsach *a* Persian
pearsanachadh, -aidh *nm & vn* of **pearsanaich** personifying etc., personification
pearsanaich, -achadh *v* impersonate, personify
pearsanta *a* individual, personal, private, subjective □ *bhruidhinn mi ris gu pearsanta* I spoke to him personally □ *seo taghadh pearsanta* this is a personal selection
pearsantachd *nf* individuality, personality *abstr*

peasair, peasrach, peasraichean *nf* peas
peasair-a' mhadaidh-ruaidh *nf* bird's foot
trefoil **p.-an-arbhair** *nf* hairy vetch
p.-bhuidhe *nf* yellow vetchling **p.-each /**
p.-nan-each *nf* bush vetch **p.-luchag** *nf*
tufted vetch (also **p.-nan-luch) p.-nam-**
preas *nf* bush vetch **p.-nan-luch** *nf*
1. lentil 2. tufted vetch (see **p.-luchag**)
peasan, -ain, -ain *nm* cheeky person
peasanachd *nf* impudence, cheek, imperti-
nence □ *chan fhuiling mi do chuid*
peasanachd I won't tolerate your imperti-
nence (see **cuid**)
peata, -aichean *nm* pet □ *dèan peata de*
pamper □ *bhitheadh e a' dèanamh peata*
dhith he used to pamper her □ *chan eil*
peata sam bith agam I don't have any pet
peata-ruadh *nm* puffin
peatral / peatroil *nm* petrol □ *thoir dhomh*
dà ghalan peatroil give me two gallons of
petrol □ *peatroil gun luaidhe* leadless petrol
peic, -ean *nm* peck (measure)
pèidse, -ean *nm* page (boy)
peig! *interj* back! (command to a horse)
peighinn, -ean *nf* penny □ *a' pheighinn*
dheireannach mite
peilbhis, -ean *nf* pelvis
peile, peilichean *nm* pail, bucket, pail
peile-frasaidh *nm* watering-can
pèileag, -eige, -an *nf* porpoise
peileagan, -ain, -ain *nm* pelican
peilear, -eir, -an *nm* 1. bullet, pellet 2. used
in phrases such as: *bha e a' ruith aig peilear*
a bheatha he was running for dear life
peileastair, -ean *nm* quoit □ *bha iad a'*
cluich air peileastairean they were
playing at quoits
peileir *nm* □ see **peilear**
pèilig, -e, -ean *nf* porpoise
pèin 1. given by Dwelly as the *gen sing* of
pian (q.v.) 2. a form of **fhèin** used after
sibh (which becomes **sib** or **sip**) in some
areas □ *sip pèin* yourself
peinnsean, -ein, -an *nm* pension □
peinnsean na seann aoise [the] old age
pension □ *thug e dhomh leabhar a' pheinn-*
sein he gave me the pension-book □ *gun*
pheinnsean unpensioned □ *fear-peinnsein*
pensioner
peinnseanachadh, -aidh *nm & vn* of
peinnseanaich　　pensioning　　etc.,
superannuation
peinnseanaich, -achadh *v* pension,
superannuate
peirceall, -ill, -an *nm* jaw, lower part of the
face □ *bha greann air a pheirceall* there
was a scowl on his face

peireasgop, -oip, -an *nm* periscope
peirsill *nf* parsley
pèist, -ean *nf* reptile
peitean, -ein, -an *nm* 1. doublet, vest,
waistcoat 2. jersey
pèitseag, -aige, -an *nf* peach
pelican, -ain, -an *nm* pelican
penisilion *nm* penicillin
Persianach *a* Persian (also **Pearsach**) □
bha cat mor Persianach aice she had
a large Persian cat
peucag, -aige, -an *nf* peacock, peahen
peur, -a / pèire, -an *nf* pear
Pharasach / nam Pharasach Pharisaical
Philipianach, -aich, -aich *nm* Philipian
Philisteach, -ich, -ich *nm* Philistine
pian, piantan *nm* pain, ache, smart, tor-
ment □ while Dwelly gives this word as
pian, pèin, piantan *nf* and Maclennan
merely states that it is *nf* without giving
gen or *pl forms*, common usage indicates
that the word is *masc* and is not declined
in the *sing* □ *bha e air a lèireadh leis*
a' phian he was tormented by the pain □
tha pian ann it aches □ *a' fulang piantan*
a' bhàis suffering the pangs of death □
chan urrainn nach robh i ann am pian le
a gàirdean she must have been in pain
with her arm □ *dhiochuimhnich e am pian*
he forgot the pain (**pian** is definitely *masc*
here) □ *bha mi a' faireachdainn a' phian*
seo I was feeling this pain (*masc* again) □
tha pian ann it aches □ *pian droma*
backache
pian, -adh *v* pain, rack, torment
piàna □ see **piàno**
pianadh, -aidh *nm & vn* of **pian** paining
etc., torture
pianail, -e *a* painful, causing pain
piàno, -othan *nm* piano
piàno-compàirt *nf* piano accompaniment
piantach, -aiche *a* painful
piantail, -e *a* painful, causing pain
pìc, -e, -ean *nf* lance
pic, -ean *nm* pick (implement – also **piocaid**)
picnic *nm* picnic
piceid, -ean *nm* picket □ *bha na piceidean*
a-mach the pickets were out
picil, -e, -ean *nf* pickle □ *cuir ann am picil*
pickle, souse
picil, picleadh *v* pickle
picilte *pp* pickled □ *uinneanan picilte*
pickled onions
picleadh, -idh *nm & vn* of **picil** pickling
pige, -ean *nm* pitcher
pigean, -ein, -an *nm* sherd
pigidh, pigidhean *nm* pitcher

pignig, -ean *nm* picnic (also **cuirm-chnuic** *nf*)
pile, -eachan *nm* pill, tablet □ *pileachan cadail* sleeping pills
pìleat, -an *nm* pilot □ *thugadh pìleat air bòrd* a pilot was taken on board
pillean, -ein, -an *nm* cushion, pad, pillion, saddle, shin pad
pinc *a* pink
pincin *nf* stock (flower)
pinnt, -ean *nm* pint □ *dh'òrdaich e ceithir pinnt(ean)* he ordered four pints □ *pinnt leann* a pint of beer
pìob, -a, -an *nf* bronchus (large air tube), hose, pipe, pipeline, tube □ *pìob sgòrnain* windpipe □ *las e a phìob* he lit his pipe □ *bha na pìoban a' leigeil a-mach* the pipes were leaking □ *pìob (dheas / chlì)* bronchus (right / left) □ *pìob chruinneachaidh* collecting pipe □ *pìob dhrèanaidh* drainpipe
pìob-chòmhla *nf* valve **p.-èalaidh** *nf* siphon **p.-ghiùlain** *nf* duct **p.-mhòr, a' phìob-mhòr** *nf* bagpipes □ *is toigh leam a' phìob-mhòr* I like the bagpipes **piob-thaosgaidh** *nf* pump **p.-tharraing** *nf* funnel (for liquids) **p.-thraoghaidh** *nf* exhaust (of car etc.) **p.-uisge** *nf* conduit, water-pipe
pìobach *a* tubular
pìobachadh, -aidh *nm* & *vn* of **pìobaich** piping (conveying by pipes)
pìobadair, -ean *nm* a bagpipe maker
pìobag, -aige, -an *nf* bronchiole, tubule
pìobaich, -achadh *v* pipe (convey by pipes)
pìobaire, -ean *nm* piper □ *pìobaire an aona phuirt* an indifferent piper (lit. piper of the one tune)
pìobaireachd *nf* pibroch, piping □ *dèan pìobaireachd* pipe *v*
pìoban, -ain, -an *nm* tube
pìobanach *a* tubular
piobar, -air, -an *nm* pepper □ *piobaran dearga* red peppers □ *piobaran uaine* green peppers
piobrachadh, -aidh *nm* & *vn* of **piobraich** peppering etc., stimulus, encouragement □ *tha mi an dòchas gun toir seo piobrachadh dhaibh* I hope this will provide them with a stimulus
piobraich, -achadh *v* 1. pepper □ *bha e air a shailleadh is air a phiobrachadh gu math* it was well salted and peppered 2. goad, provoke, incite, spur on, needle, nettle, encourage, stimulate □ *cha robh coir aigesan a bhith gad phiobrachadh* he had no right to be provoking / needling you □ *is docha gum piobraich seo cuideigin ann*

an Alba an eisimpleir a leantainn perhaps this will stimulate someone in Scotland to follow their example
pioc, -adh *v* peck
pioc, -a, -an *nm* small portion, pinch
piocadh, -aidh *nm* & *vn* of **pioc** pecking etc., peck (of bird etc.)
piocaid, -e, -ean *nf* pickaxe □ *bha e trang ag obair leis a' phiocaid* he was busy working with the pickaxe
pìochan, -ain, -an *nm* wheeze □ *dèan pìochan* wheeze *v*
pìochanach *a* wheezing
pioctair, -ean *nm* picture
pioghaid, -e, -ean *nf* □ see **pitheid**
pioghaid-ghlas *nf* □ see **pitheid-ghlas**
piollach *a* □ see **peallach / peallagach**
pioramaid, -ean *nf* pyramid □ an *alt form* of **biorramaid** □ *pioramaid chnàmhach* skeleton pyramid (maths.)
piorbhaig, -e, -ean *nf* wig (from 'periwig')
piorna, -achan *nm* pirn, reel (of thread)
pìos, -a, -an *nm* 1. bit, piece, part, short distance, tablet (block) □ may be foll. by *noun* in *gen case* or by *de* + *dat case* □ *pìos caise* a piece of cheese □ *pìos de dh'aran coirce blàth* a piece of warm oatcake □ *na phìosan* in (its *masc*) pieces, piecemeal □ *shrac e an t-seic na pìosan* he tore the cheque in pieces □ *gheàrr e an t-aodach na phìosan* he cut the clothing into pieces □ note also: *pìos air falbh* a fair bit away □ *nuair a bha iad pìos air falbh* when they were some distance away □ *pìos air a thogail a ...* quotation(s) □ *pìos astair* a good distance 2. sandwich, 'piece'
Piotagarasach *a* Pythagorean
piotsa, -achan *nm* pizza
piotsaraidhe, -idhean *nm* pizzeria □ *le piotsaraidhe aig gach oisinn* with a pizzeria at every corner □ *bha am baile a' cur thairis le piotsaraidhean* the town was overflowing with pizzerias
piseach, -ich *nm* success, prosperity □ ... *a chuir iongnadh mòr air a h-uile le a phiseach* ... which astounded everyone with its success 2. increase, augmentation, improvement □ *tha sinn an dòchas gun tig piseach anns a' Ghàidhlig anns gach roinn de ar beatha* we hope that Gaelic will increase in every area of our lives □ *thàinig piseach air an aimsir* the weather improved
piseag, -eige, -an *nf* kitten, puss
pit, -e, -ean *nf* vulva
pitheid, -e, -ean *nf* magpie, pyet, (commonly) parrot

pitheid-ghlas *nf* butcher-bird, great shrike □ *nead na pioghaide-ghlaise* the nest of the great shrike

pithean, -ein, -an *nm* tart

piuthar, peathar, peathraichean (*dat* **piuthair**) *nf* sister □ *is ise mo phiuthar* she's my sister □ *dè an t-ainm a tha air do phiuthair?* what's your sister's name? □ *bha triùir pheathraichean aige* he had three sisters □ *piuthar m'athar* my (paternal) aunt (lit. the sister of my father) □ *... a thaobh Màiri, piuthar m'athar ...* about Mary my (paternal) aunt □ *piuthar màthar* (maternal) aunt □ *piuthar mo sheanar / piuthar mo sheanmhar* my great aunt (on grandfather's and grandmother's side respectively) □ *aig pòsadh mo pheathar* at my sister's wedding

piuthar-altraim *nf* foster-sister **p.-chèile** *nf* sister-in-law

piutharail, -e *a* sisterly

plabartaich *nf* flapping, fluttering, lapping

plabraich *nf* flapping, fluttering

placadaich *nf* flapping *a' placadaich anns a' gaoith* flapping in the wind

plaide, -eachan *nf* blanket □ *plaide dealain* electric blanket

plaig, -e, ean *nf* plaque

plàigh, -e, -ean *nf* pest(s), pestilence, plague □ *bha iad nam plàigh cho mòr agus gun robh ...* they were such a great plague that ... was ...

plàigh-dhubh, a' phlàigh-dhubh *nf* bubonic plague, the black death

plàigh-uaine, a' phlàigh-uaine *nf* yellow fever

plàigheil *a* pestilential, pestiferous

plàigheach *a* □ same as **plàigheil**

plàigheachadh, -aidh *nm & vn* of **plàighich** plaguing

plàighich, -eachadh *v* plague

plais, -eadh *v* 1. splash 2. daub with mud etc.

plamach, -aiche *a* flabby

plana, -aichean *nm* plan □ *rinn iad planaichean gus faighinn cuidhteas na daoine sin* they made plans to get rid of those people

planaid, -e, -ean *nf* planet

planaideach *a* planetary

plancton, -oin *nm* plankton

plangaid, -ean *nf* blanket

plannd ... □ see **plannt ...**

plannt, -a, -aichean plant (bot.)

plannt-lann *nf* nursery (bot.)

planntachas, -ais, -an *nm* plantation

planntair, -ean *nm* planter

planntrais *nm* plants (*collect.*) □ **planntraisean** may be used as a *pl* for individual plants

plaoisg *v* □ see **plaosg** *v*

plaosg, plaoisg, -an *nm* crust, hull, husk (of peas etc.), nutshell, peel, pod, shell (of egg etc.), rind □ *mulachag le plaosg liath-bhuidhe mu a timcheall* a cheese with a tawny rind round it

plaosg, -adh *v* 1. husk, peel, shell, unhusk 2. burst □ *nuair a phlaosgas iad sgapaidh am poilean* when they burst the pollen scatters 3. open (the eyes) □ *is gann gun robh a shùilean air plaosgadh nuair a ...* his eyes had scarcely opened when ...

plaosg-uighe *nm* egg-shell

plaosgach *a* husky, shelly, shelled

plàst, -a, -an *nm* plaster (med. or building) □ *chuir e plàst air an lot* he put a plaster on the wound

plàst, -adh *v* plaster, daub □ *bha an nead air a phlàstadh na bhroinn le aolach* the nest was plastered on the inside with manure

plaseanta *nm* placenta

plastaic / plastaig *nf* plastic □ *tha na mìltean de phacaichean air an dèanamh air plastaig* thousands of packs are made of plastic

plastaic / plastaig *a* plastic, of plastic □ *tha a h-uile rud air a chur ann am pocannan plastaig* everything is put into plastic bags □ *[ann] an cèis phlastaic* in a plastic case

plastair, -ean *nm* plaster (med. or building)

plastasain *nm* plasticine □ *bha e air a dhèanamh de phlastasain* it was made of plasticine

plastasain *a* plasticine □ *rinn e duine beag plastasain* he made a little plasticine man

plathach, -aiche *a* fitful □ *solas plathach* a fitful light □ *gaoth phlathach* a fitful wind

plathadh, -aidh, -aidhean *nm* glance, glimpse □ *fhuair sinn plathadh de chuthaig* we caught a glimpse of a cuckoo

Platonach *a* Platonic

pleadhag, -aige, -an *nf* 1. paddle 2. flipper □ *tha pleadhagan a' toirt cothrom don ròn air gluasad* flippers enable the seal to move

pleadhagach *a* having / using paddles, paddle □ *bàta-smùide le rothan pleadhagach* a steamboat with paddle wheels / a paddle steamer

pleadhagachadh, -aidh *nm & vn* of **pleadhagaich** paddling (using a paddle)

pleadhagaich, -achadh *v* paddle (use a paddle)

pleadhan, -ain, -ain / -an *nm* 1. same as **pleadhag** 2. dibble
pleadhanach *a* same as **pleadhagach**
plèan(a), -aichean *nm* aircraft, airliner, (aero)plane □ *plèana aon-einnsean* single-engined plane
plèan-seòlaidh *nm* glider
plèan-uisge *nm* seaplane
pleantrainn, -ean *nf* plane (tree)
pleat(a), -aichean *nf* pleat
plèata, -aichean *nm* patch □ *an do chuir sibh plèata air mo bhriogais?* did you put a patch on my trousers?
pleit, -e, -ichean *nm/f* plaque, plate (flat metal sheet / plate in geology) □ *bha pleit ùr pràise air a' bhalla* there was a new brass plate on the wall □ *ri taobh an dorais bha sreatha phleitichean le ainmeanan orra* by the door there was a row of plaques with names on them
pleòdag, -aige, -an *nf* snowflake
pleuna, -aichean *nf* □ see **plean(a)**
plìon *nm* smirk □ also **plìonas**
plìonas, -ais *nm* smirk
pliut, -a, -an *nm* a large, clumsy hand or foot □ sometimes used for flipper of seal etc.
pliutach, -aiche *a* □ from **pliut** – having large, unwieldy feet or hands, splay-footed, numb (of fingers, hands etc.)
pliutha, -aichean *nf* fluke (of an anchor) □ *bha againn ris an fheamainn a thoirt bharr nam pliuthaichean* we had to take the seaweed off the flukes
plobht! *imit* plop!
ploc, pluic, pluic / -an *nm* block, clod (soil), divot □ *ploc maide* a block of wood
plocan, -ain, -an *nm* pestle, potato masher
plod, -adh *v* scald
plodadh, -aidh *nm & vn* of **plod** scalding
plòic, a' phlòic *nf* the mumps
plòidh *nf* □ same as **plòigh**
plòigh, -e, -ean *nf* ploy, strategy
plosg, -oisg, -an *nm* gasp, palpitation, throb
plosg, -artaich / -gadh / -ail *v* gasp, palpitate, pant, throb □ *bha a chridhe a' plosgartaich fo a làimh* his heart was palpitating under his hand
plosgadh, -aidh, -aidhean *nm & alt vn* of **plosg** gasping etc., throb
plosgail *nf & alt vn* of **plosg** gasping etc.
plosgartach, -aiche *a* breathless
plosgartaich *nf & alt vn* of **plosg** gasping etc., palpitation, panting □ *dèan plosgartaich* throb *v*
plota, -aichean *nm* plot (of story etc.) □ *chan eil plota sònraichte anns an sgeulachd seo* there isn't a particular plot in this story

plub, -uib / -a, -an *nm* splash, splashing noise, plop □ *thuit e anns an loch le plub beag* it fell into the loch with a tiny splash / plop
plubadaich *nf* splashing (about), floundering
plubarsaich *nf* same as **plubadaich**
plubraich *nf* plopping / plunging noise □ used as a *vn* □ *fuaim mar chlachan is iad a' plubraich anns an loch* a sound like stones [and they] plunging into the loch □ *dèan plubraich* gurgle, plunge, splutter
pluc, -uic, -ean *nm* pimple
pluc-aodach *nm* baize
plucach, -aiche *a* pimply □ *nochd aodann plucach aig an uinneig* a pimply face appeared at the window
plucachadh, -aidh *nm & vn* of **plucaich** plugging etc.
plucaich, -achadh *v* plug
plucan, -ain, -ain / -an *nm* (facial) spot, small pimple, plug (also = *pl* of **pluc**)
pluic, -e, -ean *nf* cheek □ *bha fàileadh cùbhraidh bho a pluicean* there was a fragrant smell from her cheeks
pluic □ *gen sing* and *nom & dat pl* of **ploc** clod
plum, -adh *v* plunge
plùm, -ùim *nm* a dead-calm □ *Aon latha thuirt e a plùm, 's e trang a' geurachadh na speala, "Tha mi a' falbh."* One day he said out of nowhere / apropos of nothing, while he was busy sharpening the scythe, "I'm leaving." (lit. out of a dead-calm / stillness)
plumair, -ean *nm* plumber
plumas, -ais, -an *nm* plum
plumbais, -e, -ean *nf* □ same as **plumas**
poball, -aill, -an *nm* community, folk, people □ *am poball* laity
poball-bhreith *nf* plebiscite
poblachail *a* republican
poblachd, -an *nf* republic
pòca, -an(nan) *nm* pocket
poca, -an(nan) *nm* bag, poke, sack □ *rèis a' phoca* sack-race □ *poca làimhe* hand-bag □ *bha againn ris am buntàta a chur ann am pocannan* we had to bag the potatoes
pòcaich, -achadh *v* pocket
pòcaid, -e, -ean *nf* pocket, pouch □ *cuir sa phòcaid* pocket
pòcaid-tòine *nf* hip-pocket
pocanach *a* marsupial
poidsear, -eir, -an *nm* poacher
poidsig, -eadh *v* poach (take game illegally)
pòg, pòige, -an *nf* kiss □ *thoir pòg (do)* kiss *v*

pòg, -adh *v* kiss □ *phòg e na bilean boga dearga* he kissed the soft red lips

poidhleat *nm* □ same as **pìleat**

poildear, -eir, -an *nm* polder

poilean, -ein *nm* pollen

poileanachadh, -aidh *nm* & *vn* of **poileanaich** pollinating, pollination

poileanaich, -achadh *v* pollinate

poileas, -eis *nm* 1. policeman □ *thàinig poileas a-staigh* a policeman came in 2. **am poileas** the police □ *thàinig am poileas* the police came (but see also **poilis**)

poileasaidh, -ean *nm* policy □ *... an aghaidh mar a tha poileasaidh a' chomainn a' gluasad ...* against the general trend of the society's policy (lit. against how the policy of the society is moving) □ *tha sinn an dòchas gum bi pàirt aca ann a bhith cruthachadh poileasaidhean nan ùghdarasan ionadail* we hope that they will have a part in shaping the policies of local authorities

poileasman, -ain, -ain *nm* policeman

poileataiceach / poileataigeach *a* political

poileataics *nf* politics

poilis, na poilis *n pl* police (collectively) □ *thàinig na poilis* the police came

poirdse, -ean *nm* porch

pòit, -e *nf* tippling, wassail □ *dèan pòit* tipple *v*

poit, -e, -ean *nf* pot □ *dè tha anns a' phoit?* what's in the pot? □ *poitean feòla* flesh pots **poit-dhubh** *nf* still (whisky still) **p.-sheòmair** *nf* chamber-pot **p.-tasgaidh** *nf* urn **p.-teatha** *nf* tea-pot **p.-tholl** *nm* pot-hole

pòitear, -eir, -an *nm* tippler, toper

pòla, -aichean *nm* pole □ *am Pòla a Tuath* the North Pole □ *am Pòla Deas* the South Pole

pòla-aodaich *nm* clothes-pole **p.-samhla** *nm* totem pole

Pòlach *a* Polish

Pòlainneach, -ich, -ich *nm* Pole

pòlarachadh, -aidh *nm* & *vn* of **pòlaraich** polarizing etc., polarization

pòlaraich, -achadh *v* polarize

polas / polasman □ see **poileas / poileasman**

polasaidh / poileasaidh *nm* policy

polastaidhrean, -ein *nm* polystyrene

polcheann, -inn, -inn *nm* tadpole

poll, puill, puill / -an *nm* 1. mire, mud □ *bha e na laighe anns a' pholl* it was lying in the mud 2. pond, pool 3. **poll(-mònach)** peat-bank, (peat-)bog

poll-caca *nm* cesspit, cesspool □ *còmhdach puill-caca* the cover of a cesspit

p.-mònach / p.-mòna(dh) *nm* peat-moss, peat-bank, peat-hag, peat-bog

pollag, -aige, -an *nf* 1. pollock (fish) 2. small pond / pool

pollaran, -ain, -ain *nm* dunlin

pònaidh, -ean *nm* pony

pònair, pònarach *nf* bean (normally *coll* = beans) □ *pònair soya* soya beans

pònair-àirneach *nf* kidney beans **p.-chapall** *nf* bog-beans, buck-beans, marsh-trefoil **p.-dhearg** *nf* red beans **p.-Fhrangach** *nf* French beans **p.-leathann** *nf* broad beans **p.-ruith** *nf* runner beans

ponair-soya *nf* soya beans

pong, puing, puingean / -an *nm* jot, note (voice, music etc.), period (punctuation), point (in debate) □ *bha pong uaibhreach na ghuth* there was a note of pride in his voice □ *thàinig pong na mì-chinnt na guth* a note of uncertainty entered her voice □ *chualas pongan a chruite gu tric an sin* the notes of his harp were often heard there □ *a dh'aindeoin nam puingean sin* despite those points

pongail, -e *a* 1. accurate, concise, exact, pointed (of argument), precise, punctual, to the point □ *ma tha mi gu bhith pongail* [if I'm] to be exact □ *feumaidh sinn an uilinn a thomhas gu pongail* we must measure the angle precisely □ *tha beachdan pongail toinisgeil aige* he has pointed, sensible opinions 2. articulate, coherent

pongalachd *nf* accuracy, exactness, nicety, precision, punctuality □ *thomhais e le pongalachd e* he measured it with precision

pontùn, -ùin, -aichean *nm* pontoon

pòr, -òir, -an *nm* 1. crops, seed, stock 2. pore □ *gach pòr nam cholainn* every pore in my body

pòrach, -aiche *a* porous

pòrasach, -aiche *a* porous also **pòrach**

porfaor *nm* porphory

porsalain *nm* porcelain

port, puirt, puirt / -an *nm* 1. port, dock □ *port mara* seaport □ *ri port* stormbound □ *fhad 's a bha sinn ri port ...* while we were stormbound ... 2. tune *chluich e am port as mireanaiche a chuala mi riamh* he played the merriest tune I have ever heard □ *tha na puirt air an rianachadh gu h-ealanta* the tunes are expertly arranged □ *piobaire an aona phuirt* someone who is always talking about the same subject □ *'se piobaire an aona phuirt a bh'ann* he was a one track bore

port- (1) **port-adhair** *nm* airport

port- (2) **port-a-beul** *nm* mouth-music
p.-cruinn *nm* jig
Portagaileach, -ich, -ich *nm* Portuguese
Portagaileach *a* Portuguese
Portagaileis *nf* Portuguese (lang.)
portair, -ean *nm* porter (both luggage handler & drink)
pòs, -adh *v* 1. marry, wed □ *phòs iad* they married □ *cuin a phòsas iad?* when will they marry? □ *phòs am ministear iad* the minister married them 2. induct (eccl.) □ *chaidh an t-Urr. Dòmhnall MacDhòmhnaill a phòsadh ri coitheanal Gheàrrloch* the Rev Donald MacDonald was inducted to the congregation of Gairloch
pòsachail *a* matrimonial
pòsadh, -aidh, -aidhean *nm* & *vn* of **pòs** marrying etc., 1. espousal, marriage, nuptials, wedding □ *a bhuineas do phòsadh* nuptial □ *aig aois pòsaidh* marriageable, nubile □ *gun phòsadh* unmarried, unwed □ *bha e gun phòsadh aig an àm* he was unmarried at the time 2. induction (eccl.) □ *an do fhritheil thu seirbhis a' phòsaidh?* did you attend the induction service?
pòsaidh *a* marriage, wedding □ *cha do fhritheil e an t-seirbhis phòsaidh* he didn't attend the wedding service
post, puist, puist *nm* 1. (fence) post, stake, stock 2. (*sing* only) delivery (of mail), mail delivery, post □ *cuir sa phost* mail, post □ *òrdugh tron phost* mail-order □ *oifis a' phuist* [the] post office 3. (*sing* only) postage, as in: *tha e ri fhaotainn post an asgaidh bho...* it can obtained post free from...4. see **post(a)**
post- (1.) **post-bàire** *nm* goal-post **p.-làmpa** *nm* lamp-post **p.-seòlaidh** *nm* signpost **p.-teadharachaidh** *nm* hitching post
post- (2.) **post-adhair** *nm* airmail
post(a), -aichean *nm* postman (in *sing* it is usually *def* or in apposition) □ *tha am post(a) a' tighinn suas an rathad* the postman is coming up the road □ *chunnaic mi Calum post an-dè* I saw Calum the postman yesterday
pòsta *pp* bridal, conjugal, married, wedded □ *tha i pòsta* she is married □ *bha e pòsta aig Seònaid* he was married to Janet □ *tha iad pòsta le chèile* they are both married □ *cha robh aon den dithis pòsta* neither was married (lit. was not married one of the pair)
postachd *nf* postage □ *le postachd an asgaidh* [with] postage free
postair, -ean *nm* poster
postar, -air, -an *nm* poster □ also **postair** *nm*
potaidh *nm* putty

pòtais *nm* potash
potaisidheam, -aim *nm* potassium
prab, praib *nm* rheum in the eye
prab-shuileach *a* blear-eyed
prabach, -aiche *a* blear-eyed □ *na sùilean dearga prabach aige* his red, bleary eyes
prabadh, -aidh *nm* smattering □ *cha robh aige ach prabadh de chainnt na dùthcha* he had only a smattering of the language of the country
praban, -ain, -an *nm* shebeen, pub □ *thug mi sgrìob don phraban airson pinnt no dhà* I took a walk to the pub for a pint or two
pràbardaich / pràbarsaich *nf* smattering, slight knowledge □ *bha pràbadaich de Ghàidhlig aige* he had a smattering of Gaelic
pragmatach, -aiche *a* pragmatic
pràbar, -air *nm* rabble
pracadair, -ean *nm* collector of tithes
practigeach, -iche *a* practical (**ion-fheuma** is better)
praidhig, -eadh *v* fry
praidh-pan *nm* frying-pan
pràis, -e, -ean *nf* brass □ *tàth le pràis* braze
prais, -e, -ean *nf* pot □ *prais mhòr iarainn* a big iron pot □ *prais thrì-chasach* a three-legged pot
pràiseach *a* brazen (made of brass)
praiseach, -ich *nf* □ old word for cabbage, kale (i.e. brassica)
praiseach-bhaidhe *nf* sea-kale **p.-a' bhalla** *nf* wall kale
praisiche, -ean *nm* brazier □ *bha praisiche le coire air am meadhan an làir* there was a brazier with a kettle on it in the middle of the floor
pram, -a, -aichean *nm* perambulator, pram
pràmh, -àimh *nm* dejection, melancholy □ *fo phràmh* dejected
prangas, -ais, -an *nm* □ see **brangas**
praoisgeil *nf* giggling □ *dèan praoisgeil* giggle *v* (also **braoisgeil**)
prasach, -aich, -aichean *nf* crib, manger, stall □ *bha an leanabh na laighe ann am prasaich* the child was lying in a manger
prasgan, -ain, -an *nm* gang, group, mob, pack □ *prasgan chon* a pack of dogs □ *thàinig e le prasgan chompanach* he came with a group of companions
preantas, -ais, -an *nm* apprentice
preas, -adh *v* 1. crease, rumple, wrinkle □ *bha [a] aodann air a phreasadh le grèin is gaothan mara* his face was creased by sun and sea winds 2. braid
preas, -a, -an *nm* wrinkle

preas, pris, pris / -an *nm* 1. bush, shrub, thicket 2. cupboard, press
preas-aodaich *nm* wardrobe □ *dh'fhosgail i doras a' phris-aodaich* she opened the door of the wardrobe **p.-làidir** *nm* safe, strong-box □ *dh'fhosgail e am preas-làidir* he opened the safe **p.-leabhraichean** *nm* bookcase
preasa, pris, -an *nm* □ see **preas** (2)
preasach, -aiche *a* bushy, corrugated, wrinkled *le a mhaoil phreasaich* with his wrinkled forehead *bha a maoil gun a bhith preasach* her brow was unwrinkled
preasadh, -aidh, -aidhean *nm & vn* of **preas** wrinkling etc., corrugation, wrinkle
preasag, -aige, -an *nf* crease *bha preasag air a dreasa* there was a wrinkle on her dress
preasarnach,-aich *nm* underwood, brushwood
prèasant, -aint, -an *nm* gift, present
preaslach, -aich *nm* undergrowth *chaidh am preaslach a spìonadh às* the undergrowth was torn out
prèiridh, -ean *nm* prairie
prèisig, -eadh *v* preach *a'searmonachadh is a'prèisigeadh* sermonizing and preaching
prèisigeadh, -idh *nm & vn* of **prèisig** preaching *chan e gu bheil mòran prèisigidh anns an leabhar* it isn't that there is a lot of preaching in the book
prìne, -eachan / prìnichean *nm* pin □ *prìne banaltraim* safety pin (specifically a nappy-pin)
prìneachan, -ain, -an *nm* pincushion
priob, -adh *v* blink, flicker, twinkle, wink □ *cha do phriob mo shùil* my eye didn't blink *phriob e oirre* he winked at her ... □ *'s i a' priobadh air an tè òig* ...[and she] winking at the young woman □ but note: *phriob e ri a mhnaoi* he winked to his wife □ *bha e a' priobadh ruinn* he was winking to us □ *bha e a' priobadh a shùilean taosgach* he was blinking his brimming eyes
prioba □ see **priobadh**
priobadh, -aidh, -aidhean *nm & vn* of **priob** winking etc., twinkle, twinkling, twitch, wink □ *bha e aon priobadh sùla bhon bhàs* he was one wink of the eye away from death □ *ann am priobadh na sùla* in the wink of an eye (lit. in a wink of the eye)
prìobhadair, -ean *nm* privateer
prìobhaideach *a* private (not public) □ *an roinn phrìobhaideach* the private sector □ *companaidhean prìobhaideach* private companies
priog, -adh *v* weed (by hoeing)
priogadh, -aidh *nm & vn* of **priog** weeding (by hoeing)

prìomh *a* capital, cardinal, chief, first, foremost, grand, head, main, original, premier, prime, primary, principal, pristine, staple, top □ lenites the foll. word where possible, and is affected by the *def art* □ often used in *comp nouns* (see following entries under **prìomh-**) □ *chaidh e don phrìomh oifis* he went to the main office □ *prìomh dhoras* main door / entrance □ *dh'fhosgail iad am prìomh dhoras* they opened the main door □ *Prìomh Shràid* High Street □ *a' phrìomh shràid* the high street □ *a' phrìomh dheich* the top ten □ *dè na trì prìomh chinn-còmhraidh?* what are the three main topics of conversation? □ *prìomh àm coimhid* peak viewing time □ *bha na prògraman air an nochdadh aig prìomh àm coimhid* the programmes were shown at peak viewing time □ also: *aig prìomh àmannan amhairc* at peak viewing times □ *'s e sin prìomh mhisean a' chomainn* that is the prime mission of the society □ *na prìomh dhòighean* the principal / main etc. ways □ *prìomh fheum* priority □ *tha iad a' comharrachadh cuid de phrìomh fheumannan leasachaidh* they are identifying some priorities for development (lit. marking some primary needs of development) □ *'s e Shakespeare prìomh dhràmaire Shasainn* Shakespeare is the foremost dramatist of England □ *prìomh fhear-àiteachaidh* aborigine □ *prìomh luchd-àiteachaidh* aborigines □ *prìomh structair* a key structure □ *bithidh seo na phrìomh eileamaid ann a bhith a' tighinn gu co-dhùnadh* this will be a prime factor in coming to a decision
prìomh-actair *nm* (dramatic) star **p.-àireamh** *nf* prime number **p.-àros** *nm* headquarters **p.-athair** *nm* patriarch **p.-bhaile** *nm* main town, capital **p.-bhàrr** *nm* maincrop **p.-chlàs** *nm* principal clause **p.-choille** *nf* jungle □ *ann am prìomh-choilltean Afraca* in the jungles of Africa **p.-chrann** *nm* mainmast **p.-chùis, -ean** *nf* priority, matter of priority **p.-chùrsa** first course *nm* **p.-dhiuc** *nm* arch-duke **p.-ghineadas** *nm* primogeniture □ *còir prìomh-ghineadais* the right of primogeniture **p.-long** *nf* flagship **p.-mhìrean** *n pl* principal parts (of verb)

p.-phearsa *nm* main character p.-phiob *nf* main pipe p.-phort *nm* main port p.-phuing *nf* main point p.-raon *nm* fairway (golf) p.-rathad *nm* trunk road p.-shagart *nm* primate p.-shamhla(dh) *nm* archetype priomh-shamhlach *a* archetypal p.-sheantans *nf* principal sentence p.-sheòl *nm* mainsail p.-sholas *nm* head-lamp p.-stèidh *nm* principle p.-thaghadh *nm* priority □ *dh'fheumadh prìomh-thaghaidhean a bhith againn* we must have priorities

---

prìomhadail *a* primitive
prìomhaid, -ean *nm* primate (biol.)
prìomhaire, -ean *nm* premier, prime minister
prionnsa, prionnsan / prionnsachan *nm* prince
prionnsabal, -ail, -an *nm* principle □ *tha iad air aontachadh ann am prionnsabal gum bi—...* they have agreed in principle that—will be ...□ *tha mòran de na prionnsabail cuideachail anns a' chùis seo* many of the principles are helpful in this matter □ *air prionnsabal* on principle
prionnsachd, -an *nf* princedom
prionnsail *a* princelike, princely
prionnsalachd *nf* princeliness
priosam, -aim, -an *nm* prism □ *priosam còig-chearnach* pentagonal prism □ *priosam le bonn ceàrnagach* square based prism □ *priosam le bonn còig-cheàrnach* pentagon based prism □ *priosam le bonn sia-cheàrnach* hexagon based prism □ *priosam le bonn triantanach* triangle based prism □ *priosam triantanach* triangular prism
prìosan, -ain, -ain / -an *nm* cell, jail / gaol, prison □ *cuir am prìosan* imprison, incarcerate □ *cur sa phrìosan* imprisonment □ *bha e anns a' phrìosan* he was in prison, incarcerated
prìosanach, -aich, -aich *nm* prisoner □ *bha iad nam prìosanaich aig an Dòmhnallach* they were [the] MacDonald's prisoners □ *bha sinn nar prìosanaich aige* we were his prisoners □ *bha ise na prìosanach aig an taigh seo* she was a prisoner of this house □ *prìosanach dìte* convict □ *dhèanadh an clag-smàlaidh prìosanaich de dhaoine air an oidhche* the curfew used to make prisoners of people at night
prioseantair, -ean *nm* precentor

prìs, -e, -ean *nf* charge, price □ *gun phrìs* priceless □ *dèan còmhstri mu phrìs* haggle □ *tha na prìsean ro àrd* the prices are too high □ *dè (a') phrìs a tha seo* what [the] price that this is? □ *dè prìs an leabhair seo* what's the price of this book? □ *dh'fhaodadh tu fear math a cheannach air a' phrìs sin* you could buy a good one for that price □ *thòisich prìs a' chruinneachd ri tuiteam* the price of wheat began to fall
prìs □ *gen sing* and *nom & dat pl* of preas bush etc.
prìseil, -e *a* precious, valuable □ *an fheadhainn aig a bheil a' Ghàidhlig prìseil* those who hold Gaelic dear
probhadh, -aidh, -aidhean *nm* experiment
probhail, -e *a* experimental □ *is toigh leis a bhith probhail* he likes to be experimental □ *saidheans probhail* experimental science
pròbhaist, -ean *nm* provost
prò-bheus *nm* double bass
procadair, -ean *nm* procurator
prògram, -aim, -an *nm* programme □ *tha iad a' cur a-mach fìor dhroch phrògraman* they are putting out really bad programmes
prògram, -adh *v* programme
prògramadh, -aidh *nm & vn* of prògram programming □ *ceud uair a thìde de phrògramadh Gaidhlig* a hundred hours of Gaelic programming
proifeasair, -ean *nm* professor □ *am Proifeasair Dòmhnall MacDhòmhnaill* Professor Donald MacDonald
pròis, -e *nf* pride □ *cha leigeadh a' phròis leis guth a ràdh* pride wouldn't let him say a word
pròiseact, -eict, -an *nm/f* project □ *a' stèidheachadh phròiseactan gu nàiseanta agus gu h-ionadail* setting up projects nationally and locally *Pròiseact nan Ealan* Gaelic Arts Development Agency
pròisect / proisect, -ean *nm* □ see pròiseact
pròiseil *a* proud □ *bha iad ro phròiseil às* they were very proud of him
proitseach, -ich, -ich *nm* stripling □ *thàinig proitseach balaich chun an doras* a stripling of a boy came to the door
pronn, -adh *v* batter, crush, grind, hash, mash, maul, pound □ *phronnadh i e ann an cuaich mhòir* she would (used to) mash it in a large bowl
pronn, pruinne *a* frangible, mashed, scrambled □ *buntàta pronn* mashed potatoes □ *uighean pronn* scrambled eggs
pronnach, -aich *nf* pulp (general)
pronnach-fiodha *nf* wood pulp
pronnadh, -aidh, -aidhean *nm & vn* of pronn crushing etc., bruise, contusion

pronnag, -aige, -an *nf* crumb
pronnan, -ain *nm* hash
pronnasg, -aisg *nm* brimstone, sulphur
pronnasgach *a* sulphuric
pronnasgail *a* sulphurous
propeilear, -eir, -an *nm* propeller
prosbaig, -e, -ean *nf* binoculars, field-glasses, telescope
Pròstanach, -aich, -aich *nm* Protestant
Pròstanach *a* Protestant
pròtain, -ean *nm* protein
prothaid, -e, -ean *nf* lucre, profit
protràctair, -ean *nm* protractor
prugan, -ain, -an *nm* projection (something sticking out)
Pruisianach, -aich, -aich *nm* Prussian
Pruisianach *a* Prussian
pucaid, -e, -ean *nf* bucket (same as **bucaid**)
puball, -aill / -an *nm* marquee
puimcean, -ein, -an *nm* pumpkin
prùn, -ùin, -aichean *nm* prune
pùc, -adh *v* push, cram, ram, stuff □ *phùc e iad a-steach don mhàileid aige* he crammed them into his briefcase
pùdar, -air, -an *nm* powder □ *bha cus pùdair air a h-aodann* there was too much powder on her face
pùdar-aodainn *nm* face-powder **p.-fuine** *nm* baking powder **p.-nighe** *nm* washing powder **p.-uighean** *nm* egg-powder
puill □ *gen sing* and *nom & dat pl* of **poll** mire
puing □ *gen sing* of **pong** note, point
puing, -e, -ean *nf* degree (of temperature / of the compass), dot, point (in argument, of law etc.) □ *puing àirde* (geog.) spot height □ *puing cothromachaidh* balance point □ *puing dealt* dew point □ *puing stad* full stop, period (punctuation) □ *bha puing gu deas aige a bharrachd air na bu chòir dha a bhith* he had a degree to the south more than he ought to have □ *bha e còig puingean chun na làimh cheart bho a toiseach* it was five degrees off her starboard bow (lit. five points to the right hand from her bow) □ *bha e leth-phuing air an làimh chlì de a toiseach* it was a half degree off the port bow (lit. a half point to the left hand off her bow)
puing-aire *nf* observation **p.-ìre** *nf* degree (measurement)
puingeachadh, -aidh *nm & vn* of **puingich** punctuating, punctuation
puingich, -eachadh *nm* punctuate
puinsean, -ein, -an *nm* □ see **puinnsean**
puinnse *nm* punch (drink) □ *bha bobhla làn puinnse air a' bhòrd* there was a bowl full of punch on the table

puinnsean, -ein, -an *nm* poison, venom □ *puinnsean bhiastan* pesticide □ *puinnsean fungais* fungicide □ *puinnsean luibhean* herbicide, weedkiller □ *puinnsean meanbh-fhrìdean / puinnsean fhrìdean* insecticide *bha an cupa làn puinnsein* the cup was full of poison
puinnseanach, -aiche *a* baneful, poisonous, venomous □ *lusan puinnseanach* poisonous plants
puinnseanaich, -achadh *v* poison □ *an ann a' feuchainn ri mo phuinnseanachadh a tha thu?* are you trying to poison me?
puinnseanta *a* same as **puinnseanach**
puirt □ *gen sing* and *nom & dat pl* of **port** port / tune
puist 1. *a* postal □ *an t-seirbhis phuist* the postal service 2. *gen sing* and *nom & dat pl* of **post** post etc.
pulaidh, -ean *nm* bully
pumpa, -aichean *nm* pump *pumpa petroil* petrol-pump
punnd, puinnd, puinnd *nm* pound (weight)
pùnnd, pùinnd, pùinnd *nm* 1. **pùnnd (Sasannach)** pound (money) 2. (cattle) pound □ *cuir ann am pùnnd* pound *v*
pùnnd, -adh *v* impound,
pùnndadh, -aidh *nm & vn* of **pùnnd** impounding
pupaid, -ean *nm* puppet
purgaid, -ean *nf* emetic, laxative, purgative
purgaideach *a* laxative, purgative
Puritanach, -aich, -aich *nm* Puritan
Puritanach *a* Puritan
purpaidh *a* purple
purpar *a* purple
purpar, -air *nm* purple
purr, -adh *v* butt
put, -a, -an *nm* clutch (of a car)
put, -adh *v* jog, nudge, push, put (the shot), shove, enter (calculator, computer i.e. push the 'enter' key) □ *bha iad ri putadh cloiche* they were [engaged in] putting a stone
puta, -an *nm* buoy
putadh, -aidh *nm & vn* of **put** pushing etc., nudge, push, shove □ *thug e putadh beag dhomh* he gave me a little push
putair, -ean *nm* thruster (on a rocket)
putaire, -ean *nm* dibble
putan, -ain, -an *nm* button, key (calculator) □ *dùin na putanan* button (up)
putanachadh, -aidh *nm & vn* of **putanaich** buttoning
putanaich, -achadh *v* button
puthag, -aige, -an *nf* porpoise

R, r

rabaid, -ean *nf* rabbit
rabhadh, -aidh, -aidhean *nm* alarm, caution, caveat, warning □ *thoir rabhadh (do)* caution, warn give a warning to, warn □ *bha iad a' toirt rabhaidh don a h-uile duine* they were warning everybody □ *faigh rabhadh bho* get / receive a warning from □ *a dh'aindeoin nan rabhaidhean a fhuair e* despite the warnings that he received □ *fhuair e rabhadh gun a dhol ro fhada bhon chàr* he was warned not to go too far from the car □ *tha mi a' toirt an rabhaidh mu dheireadh dhuibh* I'm giving you your (lit. the) last warning □ *mar rabhadh do chàch* as a warning to others
ràbhairteach, -iche *a* far-fetched
ràbhanach, -aiche *a* rhapsodical
ràbhanach, -aich, -aich *nm* rhapsodist
ràbhanachd *nf* rhapsody
rabhd, -a, -an *nm* idle / nonsensical talk, ranting, spiel
rabhdaireachd *nf* doggerel
ràc, -adh *v* rake □ *bha an grinneal air a ràcadh gu rèidh* the gravel was raked smooth
ràc, -àic, -an *nm* drake (also **ràcaire** and **ràcan**)
ràcadal, -ail *nm* horse-radish
ràcadh, -aidh *nm* & *vn* of **ràc** raking
racaid, -e, -ean *nf* 1. blow □ *thoir racaid air beat* □ *thuirt iad gun tug e racaid air na balaich* they said that he gave the boys a beating 2. racket (sport)
ràcail, -e *nf* quacking of ducks / geese, any discordant noise
ràcaire, -ean *nm* 1. rake (person) 2. drake (also **ràc / ràcan**)
ràcan, -ain, -an *nm* 1. rake (tool) 2. drake (also **ràc / ràcaire**)

---

rach, dol *irreg v* go, proceed
This verb is irregular in the *vn* as well as being irregular in all parts of the Indicative mood. The Imperfect / Conditional tense and Imperative moods are regular. As with all verbs where the Future tense is irregular, the Relative future is the same as the Future tense.

ACTIVE VOICE:

Past tense

1. Indep.: **chaidh mi** I went
2. Dep.: **an deachaidh tu?** did you go? **cha deachaidh mi** I didn't go **nach deachaidh e?** didn't he go? □ note that the shorter forms of these are now more common: **an deach thu? nach deach e?** etc.

Future tense

1. Indep.: **thèid mi** I shall go
2. Dep.: **an tèid thu?** will you go? **cha tèid mi** I shan't go **nach tèid i** will she not go?

Relative future:
ma thèid sinn if we go

Imperfect / conditional tense

1. Indep.: (reg.) **rachainn** I would go **rachadh tu** you would go
2. Dep. (reg.): **an rachainn?** would I go? **an rachadh tu** would you go? **cha rachainn** I wouldn't go **cha rachadh e** he wouldn't go **nach rachainn** wouldn't I go? **nach rachadh tu?** wouldn't you go?

The forms **deigheadh & deighinn** (also with the spelling **deidheadh & deidhinn**) are used for **rachadh & rachainn** in some areas as are **reigheadh** and **reighinn / reaghadh**, the *dep form* being **do reaghadh** etc.

Some basic examples:
Verbal noun □ *tha mi a' dol dhachaigh* I'm going home □ *dh'iarr i orm a dhol don bhùth* she asked me to go to the shop
Future tense □ *thèid mi air ais don talla; an tèid thu còmhla rium? cha tèid.* I'll go back to the hall; will you go with me? no / I won't □ *nach tèid iad don chèilidh? thèid.* won't they go to the ceilidh? yes.

Past tense □ *chaidh iad don àrd-sgoil anns an ath bhaile* they went to the high-school in the next town □ *an deach(aidh) iad don eaglais?* cha *deach(aidh)* did they go to [the] church? no □ *nach deach(aidh) iad dhachaigh? chaidh* did they not go home? yes
Imperfect / Conditional tense □ *rachainn còmhla riut nam b'urrainn dhomh* I'd go with you if I could □ *an rachadh tu air ais a-rithist? cha rachadh.* would you go back again? no. □ *nach rachadh iad air bòrd? rachadh.* wouldn't they go aboard? yes.
As with all verbs of movement, when intent is implied, the following pattern is observed: *chaidh i a dhannsa còmhla ris* she went to dance with him □ *chaidh e a dhùnadh an dorais* he went to shut the door □ *chaidh i a dh'fhosgladh na h-uinneig* she went to open the window □ note that, in the last two examples, the object of the verb follows the verbal noun and is in the genitive case
Idioms:
rach a-steach enter, go in
rach agad air + *inf* manage (to do) / succeed (in doing) □ *chaidh agam air a' chraobh a dhìreadh* I managed to climb the tree □ *cha deach aig a nàimhdean air a ghlacadh* his enemies didn't succeed in catching him □ *chan eil dol aige air na puingean seo a dhearbhadh* he doesn't succeed in proving these points □ *tha mi toilichte gun deach agad air tighinn* I'm glad you managed to come □ *cho tric 's a thèid agaibh air* as often as you can manage □ also **rach leat** – see below
rach an aghaidh denounce, disagree with, discriminate against, disobey
rach leat succeed □ *chun na h-ìre sin chaidh leis* to that extent he / it has succeeded (lit. [it] has gone with him / it) □ *ma thèid leinn* if we are successful □ *chaidh leatha* she succeeded □ also *rach (gu math) le* flourish □ *chaidh gu math leotha* they flourished □ note that in all of these **rach** is used *impersonally* (i.e. without a *pers pron*)
rach math do go well for □ *an toiseach chaidh dhomh gu math* at first it went well for me □ *cha deach dhaibh na*

b'fheàrr an sin it didn't go [any] better for them there / they didn't fare any better etc. □ note also the opposite: *tha cùisean air a dhol nas miosa dhaibh bhon uairsin* matters have become worse for them since then
rach seachad air ignore □ ... *ach uaireannan tha e duilich a dhol seachad orra* but sometimes it's difficult to ignore them
rach + *prep pron* of **ann** (i.e. **nam, nad** etc.) translates as 'become, turn into' etc. □ *bha ùir a' cheuma gu luath a'dol na h-eabar* the soil of the path was quickly turning into mud □ *'s dòcha nach rachadh e na dhotair idir* perhaps he wouldn't become a doctor at all □ *mun deach e na mhinistear* before he became a minister
rach ri (rudeigin) gu math make a good job of □ *feuch dè cho math's a thèid thu ris* see how good a job you can make of it □ note also: *is math a chaidh thu ris, a Mhàiri* you made a good job of it, Mary
rach is frequently used with a *vn* to form the Passive Voice □ *chaidh an ròpa a ghearradh* the rope was cut □ *thèid an doras fhosgladh aig sia uairean* the door will be opened at six o'clock □ *thuirt e gun deach an càr aige a ghoid* he said that his car had been stolen
Sometimes the *vn* itself appears to be the subject □ *thèid innse dhuinn a-nochd* we'll be told tonight □ *chaidh tòiseachadh air an t-siostam ùr an t-seachdain seo chaidh* the new system was begun last week
When the action refers to the subject of the sentence a *poss adj* is used □ *chaidh mo bhreabadh leis an each* I was kicked by the horse (lit. went my kicking by the horse) □ *thèid an cur sa phost a-màireach* they will be posted tomorrow □ *rachadh a mhilleadh* it would be destroyed □ *thuirt e gun robhas a'dol ga mhort* he said that he was going to be murdered (for **robhas** see under **bi**)
Further idioms □ it should be noted that the following represents only a small fraction of the possible usages of **rach**, and that further examples may be found by looking up the main words accompanying the *verb* e.g. for **rach**

am miosad see **miosad** etc. □ *bha mi anns a' bhaile Disathairne seo (a) chaidh* I was in [the] town last Saturday (lit. this Saturday that has gone) □ *Dimàirt seo chaidh* last Tuesday □ *a bheil iad a' tuigsinn dè tha (a') dol?* do they realise what's going on? □ *is ann ri cuideachd athar a chaidh Raghnall* Ronald favoured his father's people (i.e. looked like his father's side of the family.)

rach used with an *adverb* □ *rach air adhart / air thoiseach* advance □ *rach air ais* go back, back, go backwards, recede, regress, reverse □ *chaidh e air ais* he went back □ *rach sìos* charge (in battle) □ *rach air chall* become lost □ *chaidh iad air chall* they became lost □ *rach a-mach air* quarrel with, fall out with □ *chaidh e a-mach air luchd an airm* he quarrelled with the army people □ *rach mun cuairt* revolve

rach used with a *prep* which has the force of an *adverb* □ *chan eil dol às bhuaipe* there is no getting away from it (fem. obj. e.g. **a' cheist** the question)

rach used with a *prep* □ *rach còmhla ri* accompany □ *rach fon uisge* dive, submerge □ *chaidh an long-fo-mhuir fon uisge* the submarine dived / submerged □ *bha e math air dol fon uisge* he was good at diving □ *an tèid an ad seo leis a' chòta?* will this hat go with the coat? □ *rach na theine* catch / take fire, go on fire □ *chaidh an sabhal na theine* the barn went on fire □ *chaidh e ris an deoch* he took to drink □ *rach air lorg + gen case / poss adj* go looking for, track, trail □ *chaidh iad air lorg nam fiadh* they tracked the deer □ *chaidh iad air an lorg* they trailed them / went looking for them □ *rach à sealladh / às an t-sealladh* disappear, vanish □ *rach an comhairle* confer □ ... *nuair a chaidh buill a' chomainn gu sabaid nam measg fhèin* ... when the members of the society began to fight among themselves □ *a' dol mu thàmh* going to bed, retiring for the night □ but note also: *tha e air a dhol gu tàmh* he has gone to rest (euph. = died) □ *dè an rathad tha dol do Phortrìgh? (or Phort Ruighe)* which road leads to Portree? □ *rach a chèilidh air* visit, call in on

rachd *nf indec* □ see **reachd** *nf*
radan, -ain, -ain *nm* rat
ràdh, -an *nm & vn* of *irreg v* **abair** saying, adage, proverb, remark, saying, statement, tag (lit.) □ *sin ri ràdh* viz., that is to say □ *is ràdh fìor seo* this is a true saying □ *ràdhan Laidinn* Latin tags
radha *nm* □ same as **ràdh** above
radharc (same as **fradharc**) □ *radharc lèirsinn* eyesight
rafail, -ean *nf* raffle □ *bidh iad a' trusadh airgid le rafail mhòir* they will be raising money by means of a big raffle
rag, raige *a* inflexible, pigheaded, rigid, stark, stiff, stubborn, tense, wrongheaded
rag, ragadh *v* become stiff / benumbed □ *tha mi air mo ragadh* I'm benumbed with the cold
rag-
rag-bharaileach *a* doctrinaire, opinionated **r.-bheachd** *nm* fixation **r.-fhoghlam** *nm* pedantry **r.-fhoghlamach** *a* pedantic **r.-fhoghlamaiche** *nm* pedant □ ... *mar a bhitheas na rag-fhoghlamaichean ag ràdh* ... as the pedants say **r.-mhuinealach** *a* stubborn, obstinate, stiff-necked (its lit. meaning – **rag** stiff, **muineal** neck) **r.-mhuinealas** *nm* stubbornness, obstinacy
ragachadh, -aidh *nm & vn* of **ragaich** numbing etc., tension
ragadh *nm & vn of* **rag** becoming stiff / benumbed
ragaich, -achadh *v* numb, stiffen, become stiff
ragaireachd *nf* stubbornness
raidhfil, -ean *nf* rifle
raige *nf* obstinacy, rigidity, stiffness, stubbornness □ *thug an raige seo air rud gu math gòrach a dhèanamh* this obstinacy caused him to do a rather silly thing 2. stiffness □ *chuir raige nan glùn cnead air a bhilean* stiffness of the knees brought a groan to his lips
raigeann, -inn *nm* obstinacy
raineach, -ich *nf* bracken, fern
raineach-an-fhàile *nf* sweet mountain fern **r.-chruaidh, an r.-chruaidh** *nf* hard fern **r.-mhara** *nf* sea fern (a seaweed) **r.-mhòr, an r.-mhòr** *nf* common brake fern **r.-Muire** *nf* lady fern **r.-rìoghail** *nf* royal fern **r.-uaine** *nf* green fern
ràinig past tense of *irreg v* **ruig**
rains, -ean *nf* ranch
ràite, -ean *nf* phrase □ *ràitean cumanta* common phrases

ràitinn *vn* □ same as **ràdh** □ see **abair** □ *bhathar a' ràitinn gun robh e ... it was said that it was ...*
rainse, -eachan *nm* range (cattle ranch)
rainseachadh, -aidh *nm* ranching
rainseachadh-chaorach *nm* sheep ranching
ràiteachas, -ais *nm* boasting □ *dèan ràiteachas boast v* □ *cha dèan an gràdh ràiteachas love does not boast*
ràithe, -e, -ean / ràitheachan *nf* season (quarter of year) □ *gach ràithe / uair san ràithe quarterly* □ *bha iad a' dol chun an eilein fad ràith an t-samhraidh they were going to the island for the whole summer season (lit. the length of the summer season)*
ràitheachan, -ain, -ain *nm* magazine, periodical, quarterly (magazine)
ràitheil *a* quarterly
ràmh, ràimh, ràimh / -an *nm* oar □ *bha sinn fad an fheasgair air na ràimh we were all evening on the oars* □ note the idiom: *tha sinn uile air an aon ràmh we are all in agreement / in unison* (fig.) / of the same view / seeing eye to eye □ *tha iad ag obrachadh air an aon ràmh ri dùthchannan eile they are working in unison with other countries* □ *bha iad ag obrachadh air an aon ràmh airson math na dùthcha they were working together for the good of the country*
ràmh-dhroigheann *nm* prickly buckthorn
ràmhaiche, -ean *nm* rower
ràn, ràin, ràin *nm* roar, bellow
rànaich *nf & alt vn* of **ràn**
ràn, rànail / rànaich *v* bellow, roar, cry out
rànail *nf & alt vn* of **ràn** bellowing, howling (often used in the sense of crying / weeping loudly) □ *bha i a' rànail she was howling*
rang, -aing, -an *nm* (military) column / file
rangachadh, -aidh *nm & vn* of **rangaich** grading
rangadair, -ean *nm* grader
rangaich, -achadh *v* grade
rann, rainn, -an *nm* 1. quatrain, rhyme, stanza, verse □ *rann dà-shreathach couplet* □ *dèan rann rhyme* □ *anns an dara rann in the second verse* □ *ann an gluasad nan rann in the movement of the verses* 2. part (same as **roinn**) □ *às na ceithir ranna ruadha from all four corners of the world*
rannaigheachd *nf* metre (of poetry), versification □ *tha an rannaigheachd gu tric annasach the metre is often unusual*
rannaigheachd *a* metrical

rannghall, -aill *nm* doggerel
rannsachadh, -aidh *nm & vn* of **rannsaich** searching etc., examination, exploration, inquest, inquiry, investigation, research, search, study □ *seo an rannsachadh as motha aige gu ruige seo this is his greatest research so far* □ *dèan rannsachadh air examine* □ *bidh iad a' dèanamh rannsachadh air they will be examining it*
Rannsachadh Follaiseach *nm* Public Enquiry
rannsachail *a* exploratory, searching □ *chuir e a-mach làmh rannsachail he put out an exploratory hand* □ *faodaidh freagairt a bhith sìmplidh agus aig an dearbh àm rannsachail a reply may be simple and at the very same time searching*
rannsaich, -achadh *v* examine, explore, look (= search), peruse, probe, ransack, reconnoitre, research, rummage, search, seek, sound (metaph.), study □ *rannsaich Alasdair MacCoinnich a' cheàrn seo de Chanada Alexander McKenzie explored this region of Canada*
rannsaiche, -ean *nm* investigator □ *rannsaiche dìomhair private investigator / private detective*
ranntachd *nf* prosody, versification
Ranntannan *n pl* Deeds of Conveyance
ranntrach, -aiche *a* extensive □ *tuathanachas ranntrach gràin extensive grain farming*
raodan *nm* □ see **reudan**
raodanas *nm* □ see **reudanas**
raoic *nf* bellow, roar
raoic, -eadh *v* bellow, roar
raoir, a-raoir last night □ see **a-raoir**

---

raon, raoin, -tean *nm* 1. field 2. as an extension of this **raon** is often used to denote scope, area (of an activity such as discussion), domain (linguistic), field (of activity, work etc.), plane *abstr*, range (including maths.), realm, role, run, sphere, zone etc. □ *raon bualaidh range (of fire)* □ *ann an raon bualaidh within range* □ *cha robh iad ann an raon buailidh nan gunnachan againn they weren't (with)in range of our guns* □ *raon seòlaidh fairway (naut.)* □ *... a thaobh a raon obrach ... concerning its terms of reference / role* □ *chaidh raon obrach na comhairle ath-mhìneachadh the committee's role has been redefined* □ *bha e a' siubhal* *raointean a mhic-meanma* he was tra-versing the realms of his imagination The following are geographical terms: *raointean fàs-bheatha* vegetation zones □ *raointean nàdarra(ch)* natural regions □ *raon bheanntan* mountain range □ *raon feòir* grassland □ *raon gnìomhachais (ùir)* (new) industrial area □ *raon seann ghnìomhachais* old industrial area □ *raon ùr gnìomhachais* new industrial estate □ *raon magnaiteach* magnetic field □ *raon teothachd* temperature range □ see also compounds beginning with **raon-**

raon- *pref* indicating 'field', 'region' etc.

raon-cluiche *nm* pitch (playing), play-ing field □ *bha iad a-nise air an raon chluich* they were now on the playing field **r.-deighe** *nm* ice-sheet (geog.) **r.-dèiligidh** *nm* (doctor's) practice **r.-dìle** *nm* flood-plain (geog.) **r.-guail** *nm* coalfield (geog.) **r.-itealan** *nm* / **r.-laighe** *nm* runway **r.-obrach** *nm* remit □ *tha iad a' dol thar raon-obrach na buidhne seo* they go beyond the remit of this organisation **r.-ola** *nm* oil-field (geog.) □ *seo an raon-ola as motha a tha anns an dùthaich* this is the biggest oil-field in the country **r.-sneachda** *nm* snowfield (geog.) **r.-taigheadais** / **r.-thaighean** *nm* housing area (geog.) **r.-tìre** *nm* landscape *raon-tìre fuadain* artificial landscape *raon-tìre nàdar-rach* natural landscape **r.-tuile** *nm* flood plain

raonair, -ean *nm* ranger
rapach, -aiche *a* filthy, slovenly □ *cùirteanan rapach* filthy curtains □ *cha robh an taigh aca ach rapach* their house was just slovenly □ also used of weather: *oidhche rapach* a filthy night □ *(ann) an aimsir rapach* in filthy weather □ *ged a bhiodh an t-sìde rapach* though the weather were filthy
rapaire, -ean *nm* sloven
ràsanach, -aiche *a* boring □ *thàinig mi chun a' cho-dhùnaidh gun robh e ràsanach* I came to the conclusion that he was boring
ras-chrann-sìor-uaine *nm* privet
rasgail, -ean *nm* rascal
ràtaichean *n pl* rates □ *dh'fhàs uallach nan ràtaichean ro throm* the burden of the rates became too heavy

ràtachail *a* rateable
ràth, -a, -an *m*.1. raft 2. swathe
rath, -a *nm* luck, prosperity, success □ *le caochladh rath* with varying success (uncommon)
rathad, -aid, -aidean *nm* access, path, road, route, walk, way □ *dè an rathad (a) tha dol do Phortrìgh?* (or *Phort Ruighe*) which road leads to Portree? □ *gun rathad* path-less □ *rathad dùbailte* dual carriageway □ *rathad aon-fhillte* single carriageway □ *aig amannan bidh draibhearan a' diochuimhneachadh co-dhiù tha iad air rathad dùbailte no air rathad aon-fhilte* sometimes drivers forget whether they are on a dual carriageway or a single carriageway
The inter-regional group for Gaelic educa-tion have, however, suggested the follow-ing: *rathad roinnte* dual carriageway □ *rathad mòr* major / main road □ *rathad beag* minor road □ *rathad singilte* single track road □ *rathad dùbailte* two track road □ see also **slighe**
Further idioms □ *às an rathad* out of the way, esoteric □ *bha daoine a' gluasad às an rathad air* people were moving out of his way (lit. out of the way on him) □ *fhad 's a bha sinn air an rathad dhachaigh* while we were on the way / road home □ *ri taobh an rathaid* by the side of the road / by the roadside □ *thugadh an t-adhbhar sin às an rathad* that reason was removed (lit. taken out of the way) □ *nì na stuthan ceimigeach seo tro ùine an rathad gu aibhnichean* these chemicals will in time find their way to rivers □ *chan eil rathad aig iasg a bhith beò annta* there is no way for fish to live in them (lit. fish have no way etc.)
rathad-cearcaill *nm* ring road **r.-chruidh** *nm* drove road □ *bha sinn a' leantainn nan seann rathaidean-chruidh* we were fol-lowing the old drove roads **r.-iarainn** *nm* railway **r.-mòr** *nm* highway, highroad, main road □ *rathaidean mòra agus frith-rathaidean* highways and by-ways □ *b'eu-dar dhaibh togail ris na rathaidean-mòra* they had to take to the highroads
rathail *a* auspicious, lucky □ *cha bu rathail dhaibh i* she wasn't lucky for them
Ratharsach, -aich, -aich *nm* native of Raasay
Ratharsach *a* of, belonging to, pertaining to Raasay
ratreut *nm indec* retreat □ *cuir ratreut air* cause to retreat □ *chuir iad ratreut air an nàmhaid* they caused the enemy to retreat

RC (Ro Chriost) BC (Before Christ)

rè *nf* duration (uncommon as a *noun* – far more common as a *prep* as follows): **rè** *prep* + *gen* + *len* during, for the duration of □ *rè na h-oidhche* during the night □ *rè an ochdamh linn deug* during the eighteenth century □ *rè thrì bliadhna* the duration of three years □ *rè shia mhìosan* for / during six months □ *cha do ghabh e àite rè bhliadhnachan an dara Cogaidh Mhòir* it didn't take place during the years of the Second World War □ *rè a' chola-deug air an eilean* during the fortnight on the island □ *rè grunn bhliadhnachan* during a number of years

reachd, -an *nf* emotion (strong), extreme vexation, hysterics, orgasm □ *bha aghaidh dearg leis an reachd* his face was red with emotion

reachd, -an *nm* decree, edict, institute, law, precept, regulation, rule, sanction, statute, writ □ *reachd eaglaise* canon □ **reachdan** *pl* may = constitution (hist.) □ *reachdan còirichean* title deeds

reachd-leabhar *nm* statute book □ ... *a chum aithneachadh fhaighinn tro na reachd-leabhraichean* [in order] to gain recognition through the statute books

reachdachd *nf* legislation

reachdail *a* constitutional, statutory □ *buidhnean reachdail* statutory bodies

reachdail *a* hysterical

reacòrd, -adh *v* record (on disc, tape etc.) □ *bha e a' reacòrdadh òrain Ghàidhlig anns na h-eileanan* he was recording Gaelic songs in the islands

reacòrdair, -ean *nm* recorder (mus.)

reactar, -air, -an *nm* reactor

reactor, -oir, -oir *nm* rector

reaf, reafaichean *nm* referee □ *bha e na reaf orra* he acted as their referee / he was their referee

reaghadh □ used in N. Uist for **rachadh**

reamhar, reamhra *a* fat, fleshy, plump □ *bha e na dhuine reamhar* he was a fat man

reamhrachd *nf* fatness

reamhrachadh, -aidh *nm* & *vn* of **reamhraich** fattening

reamhraich, -achadh *v* fatten

reasabaidh, -ean *nm* recipe

rèasan, -ain, -an *nm* raisin (also **rèiseid** *nf*)

reasgach, -aiche *a* wicked, irascible, perverse, stubborn □ *cha robh e reasgach nuair a bha an daorach air* he wasn't wicked when he was drunk □ *na bi cho reasgach* don't be so perverse

reat, -aichean □ see **ràta**

reatoraig *nf* rhetoric

reic, reic *v* peddle, realize, sell, vend □ *air a reic* sold □ *ri reic* for sale □ *a ghabhas reic* marketable □ *reicidh mi bogsa riut air deich notaichean* I'll sell [to] you a box for ten pounds □ *bha lusan aca ri an reic* they had plants for sale / to sell (lit. to their selling) □ *bha an taigh ga reic* the house was being sold

reic *nm* & *vn* of **reic** selling etc., sale

reic-tairgse *nf* auction

reiceadair, -ean *nm* seller, vendor

reicte *pp* sold □ *shuidh e air cathair air a bha comharradh 's am facal 'reicte' sgrìobhte oirre* he sat down on a chair on which there was a notice with the word 'sold' written on it

rèidear, -eir *nm* radar

rèidh □ *gen sing* of **riadh** interest (fin.)

rèidh, -e *a* 1. even, flat, level, plain, smooth □ *bha am bùrn cho rèidh ri sgàthan* the water was as smooth as a mirror □ *gu rèidh* readily, smoothly □ *chaidh cùisean gu rèidh* things went smoothly □ *dèan rèidh* flatten, make flat, level, smoothe *v* 2. (+ **ri**) at peace (with), reconciled (with) □ *ciamar is urrainn dhuinn a bhith rèidh ri Dia mura bi sinn rèidh ri chèile?* how can we be at peace with God if we are not at peace with ourselves?

rèidhe *nf* evenness, flatness

rèidhe-inntinn *nf* equanimity

rèidhlean, -ein, -an *nm* any clear, flat, open space, clearing, green (grass), lawn □ *bha gaoth a' sguabadh thairis air an rèidhlean* a wind was sweeping across the open space □ *thog iad taigh ann an rèidhlean a ghearradh às a' choille* they built a house in a clearing which was hewn from the forest

rèididheachd *nf* radiation □ *rèididheachd os-bhiolait* ultraviolet radiation

rèididheachd-bheò *nf* radioactivity

rèididheatar, -air, -an *nm* radiator

rèidi-eòlas *nm* radiology

rèidio, -othan *nm* radio, wireless □ *cha robh ach ceithir rèidiothan air an eilean* there were only four radios on the island □ *teilefon rèidio* radio telephone

rèidio-bheò *a* radio-active □ *sgudal rèidio-bheò* radio-active waste

rèidiografaidh *nm* radiography

rèidistear, -eir, -an *nm* register □ *anns na reidistearan airson Breith, Bàis is Pòsaidh* in the registers of Birth, Death and Marriage □ *reidistear an airgid* the / a cash register

reidistreàr, -àir, -an *nm* registrar (also **neach-clàraidh**)

rèidium *nm* radium

reige *nf* rig

reigheadh □ an alt. form of **rachadh** the *imperf* / *cond tense* of **rach**

reighinn □ an alt. form of **rachainn** the *1st pers sing imperf* / *cond tense* of **rach**

rèil □ *dat & gen sing* of **reul** star

rèile, -ean *nf* rail, railway □ *Rèile Bhreatainn* British Rail □ *rèilichean fo-thalamh* underground railways

rèilig, -e, -ean *nf* churchyard, kirkyard

rèim, -e *nf* 1. way, order 2. gradation

reimhid *adv* □ same as **roimhe** *adv* □ *bha siud ann reimhid = bha siud ann roimhe* there was once ... / once upon a time there was ...

rein-fhiadh *nm* reindeer

rèir 1. **a rèir** / **do rèir** *prep* + *gen case* according to, in proportion to, proportionate □ *a rèir coltais* apparently, according to appearances □ *a rèir a h-uile coltais* by all appearances □ *thugadh duais dha a rèir a thoillteanais* he was rewarded according to his merit / in proportion to etc. (lit. a reward was given to etc.) □ *chan eil an tuarastal mòr a rèir an uallaich* the salary isn't great in proportion to the responsibility □ *theirinn-sa a rèir mar a tha e labhairt na Gàidhlig gum buineadh e do ...* I would say, according to how he speaks Gaelic, that he belongs to ... □ *a rèir mar a bhios àireamhan a' dol 's na sgoiltean* according to how numbers go in the school When followed by a *pron*, the form is usually **da rèir (do + a + rèir)** □ *cha robh tighinn-a-steach da rèir sin* there was not an income in proportion to that / a corresponding income □ *... ach bha an coisrigeadh da rèir ...* but their dedication was proportionate [to it] □ *bha a dhànadas air a sheasamh le mac-meanma da rèir* his boldness was supported by a proportionate imagination □ *... agus bha e beartach da rèir ...* and he was proportionately rich 2. **dèan ga rèir** reciprocate

rèis, -e, -ean *nf* 1. race (sports) □ *rèis a' phoca* / *rèis an t-saic* sack-race □ *an rèis thrì-chasach* the three-legged race □ *rèis shoithichean* regatta □ *ruith e an rèis* he ran the race 2. span (measurement of 9 ins. or length of time), scope □ *rèis fhada ann am beatha duine deich bliadhna* ten years isn't a long span in a man's lifetime □ *fo chomhair rèis an leabhair seo...* in view of the scope of this book ... 3. career

rèis, -eadh *v* race

rèis-sgèithe *nf* wing span (of a bird)

rèisg □ *gen sing* of **riasg** dirk grass

rèisgeadh, -idh *nm* curing meat by salting, drying or smoking □ *feòil rèisgidh* salted, dried mutton (Lewis)

rèisgte *pp* smoked, salted or dried (of meat / fish) □ *sgadan rèisgte* kipper

rèiseadh *nm & vn* of **rèis** racing

rèiseamaid, -e, -ean *nf* (also **rèisimeid** etc.) regiment

rèiseid, e, -ean *nf* raisin (also **rèasan** *nm*)

rèist *adv* □ see **a-rèist** *adv*

rèite *nf* accord, agreement, atonement, reconciliation □ *le rèite* by agreement □ *dèan rèite air* agree upon □ *cha b'fhada gus an do rinn iad rèite air an latha* it wasn't long until they agreed upon the day □ *cha b'urrainn dhomh rèite a dhèanamh ri ...* I couldn't reconcile myself to ...

rèite-chogaidh *nf* armistice

rèiteach, -ich *nm & alt vn* of **reitich** (also **rèiteachadh**), betrothal celebration

rèiteachadh, -aidh *nm & vn* of **rèitich** adjusting etc., adjustment, arrangement, conciliation

rèiteachail *a* conciliatory, appeasing □ *thog e lamh rèiteachail (ris)* he raised a conciliatory hand (to him)

reithe, -ean *nm* ram, tup

rèitich, -eachadh / **rèiteach** *v* 1. adjust, arrange, betroth, contract, negotiate, settle □ *thuirt e gun rèitich a' chomhairle ri ùghdarasan foghlaim* he said that the committee will negotiate with education authorities □ *choinnich iad gus prìs a rèiteach* they met to settle a price 2. appease, conciliate, mediate, propitiate, reconcile 3. clear away, clear, disentangle, unravel □ *thòisich iad air am fearann a rèiteachadh is air àiteach* they began to clear the land and cultivate it □ *bha aice ris an t-snàth a rèiteachadh* she had to disentangle the thread

rèitich *a* clearing, settling □ *vota rèitich* a casting vote □ *banca rèitich* clearing bank

rèitichear-fhacal *nm* word-processor

reitine, -ean *nf* retina

reobhart, -airt *nm* spring-tide

reòdh— *v* □ see **reòth—**

reòdhta □ see **reòta**

reòi(dh)te □ see **reòta**

reòiteag, -eige, -an *nf* ice-cream, an ice

reò-sheargte *pp* frostbitten

reòta *pp* of **reòdh** frosty, frozen, icy □ *bha iad reòta ris a' chloich* they were frozen to the stone □ *bha (a) fheusag reòta* his beard was frozen

reòth, reothadh *v* □ this is the recommended spelling though **reòdh** is still common – congeal, freeze □ *reòth an loch* the loch froze

reothadair, -ean *nm* freezer

reothadh, -aidh *nm & vn* of **reòth** freezing etc., frost □ *reothadh cruaidh* hard frost □ *tha mi a' smaoineachadh gum bi reothadh ann a-nochd* I think there will be a frost tonight

reothart □ see **reobhart**

reub, -adh *v* disrupt, lacerate, mangle, plunder, rend, rip, tatter, tear

reubadh, -aidh *nm & vn* of **reub** tearing etc., laceration, rent, tear

reubalach, -aich, -aich *nm* rebel

reubaltach □ see **reubalach**

reubte *pp* rent

reudan, -ain, -an *nm* weevil, woodworm, woodlouse

reudanas, -ais *nm* woodworm (the condition)

reudar, -air *nm* radar

reug, dà reug = dà uair dheug = twelve o'clock

reul, rèile, reultan *nf* asterisk, star *am measg nan reultan* among the stars *Sorchar nan Reul* Lightener of the Stars (a name once applied to Jesus, and showing the older *gen plural form*) □ for star / planet names see App. 12 Sect. 5.0

reul- *pref* indicating 'star'

reul-bhad *nm* constellation **r.-chearbach** *nf* comet **r.-chrios** *nm* galaxy **r.-chuairt** *nf* orbit □ *bha iad nan reul-chuairt airson greis* they were in [their] orbit for a while □ *bha an rocaid na reul-chuairt* the rocket was in [its] orbit **r.-eòlas** *nm* astronomy **r.-eòlasach** *a* astronomical **r.-shealladh** *nm* horoscope

reuladair, -ean *nm* astrologer, astronomer

reultach *a* astral

reultag, -aige, -an *nf* starlet, asterisk

reultaireachd *nf* astronomy

reusan, -ain, -an *nm* reason □ *bha reusanan aige airson seo* he had reasons for this

reusanachadh, -aidh *nm & vn* of **reusanaich** reasoning etc.

reusanaich, -achadh *v* expostulate, reason

reusanachail, -e *a* rational □ *feallsanachd reusanachail* a rational philosophy

reusanachas, -ais *nm* rationalism

reusanta *a* justifiable, rational, reasonable, tenable

reusantachadh, -aidh *nm & vn* of **reusantaich** rationalizing, rationalization

reusantachd *nf* rationality

reusantaich, -achadh *v* rationalize

reusantaiche, -ean *nm* rationalist

---

ri *prep + dat* to, against □ before a *def noun* takes the form **ris** □ please note that, although a large number of examples is given below, **ri** is used with a number of *verbs, nouns* and *adjectives*, and in many cases it would be advisable to look up the *verb* or *adjective* in question.

The *prep prons* are formed as follows: **rium** to me **riut** to you **ris** to him / it *masc* **rithe** to her / it *fem* **rinn** / **ruinn** to us **ribh** / **ruibh** to you (*pl* & polite) **riu** / **riutha** to them

The *emph forms* are: **riumsa, riutsa, ris-san rithese, rinne** / **ruinne, ribhse** / **ruibhse, riuthasan**

The following *prep poss adjs* may be found, but it is now recommended that these be written in full. They are formed thus: **rim** to my **rid** to your **ri** to his / its (*masc* + *len*) **ri** (**ri a h-** before vowels) to her / its (*fem* – without *len*) **ri ar** to our **ri ur** to your **rin** (**rim** before **b, f, m, p**) to their

ri often means 'against' (physically in contact with, in opposition to or facing) □ *ghleac iad ri tonnan a' Chuain Sgith* they struggled against the waves of the Minch □ *bha mi nam sheasamh ri seann chraoibh* I was standing (leaning) against an old tree □ *bha uisge nan seachd sian a' stairirich ris an uinneig* a rainstorm was rattling against the window □ for **seachd sian** see **sian** □ *tha a' chlòimh a' faireachdainn tais agus maoth ri do chraiceann* (the) wool feels soft and tender against your skin □ *tha aghaidh an taighe ris an àirde deas* the house faces south □ note also: *ri teachd* future *adj an t-àm ri teachd* the future

ri + *vn* or *noun* often means 'engaged in' / 'occupied in doing' □ *tha Seumas a-nis ri maorach* James is now [engaged in] fishing for shellfish □ *bha làn fhios aig na h-ùghdarasan air na bha iad ris* the authorities were fully aware of what they were up to □ *bu chòir dhut a bhith ri do leasanan* you ought to be at your lessons □ note also: *a bheil thu riutha?* do you smoke? (when offering cigarettes) **ri** + *vn* may also cause the *vn* to have a *passive* meaning □ *tha rudeigin agam ri ràdh* I have something to say (lit. to be said) □ *… ma tha gu leòr ann ri itheadh is ri òl* if there is plenty to eat and [to] drink (lit. to be eaten and to be drunk) □ *tha na ceistean ri am freagairt (ann) an Gàidhlig* the questions are to be answered in Gaelic □ *ri reic* for sale (lit. to be sold) □ *tha na rudan seo math ri an ithe* these things are good to eat **tha agam ri** + *vn* = I have to (do something) □ *tha agam ri sìol a cheannach* I have to buy seed □ *bha againn ris a' chàr a reic* we had to sell the car □ for further examples see under **aig** **ri** is often used with expressions of communication / treatment □ *an dèidh deasbad ris na pàrantan* after discussion with the parents □ *abair ri* 1. say to □ *thuirt e ris* he said to him 2. call, give a name to □ *bha duine ann ris an abradh iad 'an Caiptean'* there was a man there whom they called 'the Captain' □ *chuala e guth ag èigheach ris* he heard a voice crying to him □ *bha Anna aoigheil ris na h-uile* Anna was hospitable to all □ *dh'èist sinn ris 's e a' labhairt nam briathran atmhor sin* we listened to him as he spoke those bombastic words **ri** is frequently used in comparison □ *tha na beanntan a dhà àirdead ris na beanntan ann an Alba* the mountains are twice as high as the mountains in Scotland □ *bha na sùilean aice cho dubh ris na h-àirneagan* her eyes were as black as [the] sloes □ *coltach ri gàire nan amadan* like the laughter of [the] idiots □ *buinidh e don aon teaghlach ris a' choileach-ruadh* it belongs to the same family as the red grouse **ri** may often mean 'exposed (to)' □ *'s gun ris dheth ach an ceann is an amhach … * with only the head and neck of him showing □ *bha iad air an tiormachadh ris a' ghrèin* they were dried in the sun (i.e. by being exposed to the sun) □ *leig ris* disclose □ *leigeil ris* disclosure □ *bha a druim ris* her back was bare

ri is used with a number of expressions in which it has the meaning 'in / during' □ *ri mo latha* in my day □ *ri droch aimsir* in bad weather □ *ri aimsir fhuair / bhlàith / reòta* in cold / hot / freezing weather As already stated, **ri** may be used with a number of *verbs* where **ri** may have a variety of meanings. Only a small selection is given here and other examples may be found under the accompanying *verb* □ *croch ri* hang from □ *bha toitean an crochadh ri a bhilean* a cigarette hung from his lips □ *fuirich / feith ri* wait for □ *chuala mi am fuaim ris an robh mi a' feitheamh* I heard the sound for which I was waiting □ *gabh ri* accept □ *gabhail ris* acceptance Note also: *bidh mo mhàthair riut ma nì thu sin tuilleadh* my mother will give you a telling-off if you do that any more □ *…no bithidh mise riut!…* or you'll get it from me!

riabhach, -aiche *a* 1. brindled, streaked □ *air na sleibhtean riabhach* on the brindled slopes □ *cat riabhach* a brindled cat 2. drab, grey, grizzled □ *monadh fliuch riabhach* a drab, wet moor
riabhach *nm* & *alt vn* of **riabhaich** cursing etc. □ *o, riabhach ort!* curses on you!
riabhachadh *nm* & *vn* of **riabhaich** cursing etc.
riabhag-choille *nf* tree pipit
riabhag-mhonaidh *nf* mountain linnet
riabhaich, -achadh / riabhach *v* curse, swear □ *riabhaich e* he swore / cursed
riadh, rèidh *nm* interest (fin.) □ *riadh banca* bank interest □ *riadh a' bhanca* the bank-rate
riadhach, -aiche *a* usurious
riadhadair, -ean *nm* usurer
riadhadaireachd *nf* usury
riagail *nf* gambolling
riaghail, -ladh *v* administer, control, govern, moderate, regulate, rule □ *a' chomataidh a bhios a' riaghladh an airgid* the committee which controls the money □ *riaghail air* rule over
riaghailt, -e, -ean *nf* code, dictate, formality, government (gram.), guideline, law (= regulation), model, order, ordinance, regularity, regulation, rule, system □ *riaghailt eaglaise* canon □ *riaghailt bidhe*

diet □ *riaghailt(-lèigh)* prescription □ *riaghailtean sàbhailteachd* safety regulations □ *feumaidh riaghailtean a stèidheachadh* guidelines must be drawn up

riaghailt-àireimh *nf* calculus **r.-lèigh** *nf* prescription

riaghailteach, -iche *a* canonical, formal, normal, orderly, ordinal, regular, systematical □ *gu riaghailteach* duly □ *cho riaghailteach ri là is oidhche* as regular as day and night □ note also: *riaghailteach saor* fairly cheap

riaghailteachd *nf* moderation

riaghailteachadh, -aidh *nm* & *vn* of **riaghailtich** formulating etc.

riaghailtich, -eachadh *v* formulate

riaghaltas, -ais *nm* government □ *an Riaghaltas* the Government □ *riaghaltas ionadail* local government □ *riaghaltas nàiseanta* national government □ *neach-labhairt bhon Riaghaltas* Government spokesman

riaghlach *a* administrative

riaghladair, -ean *nm* governor, ruler

riaghladh, -aidh, -aidhean *nm* administration, government, management, sway □ *riaghladh eaglais* hierarchy □ *riaghladh ceartais* judicature □ *dèan cruaidh riaghladh* lord *v*

riaghlachadh, -aidh *nm* & *vn* of **riaghlaich** (see **riaghladh**)

riaghlaich, -achadh *v* □ see **riaghail** *v*

riamh / a-riamh *adv* always (with ref. to past), ever, never (after a *neg verb*) □ *bha e cho seòlta 's a bha e riamh* he was as shrewd as ever (lit. as he ever was) □ *a h-uile duine riamh* everyone without exception □ *an robh thu riamh ann an Inbhir Nis? bha aon uair / cha robh a-riamh* were you ever in Inverness? once / never

riamhag □ see **freumhag**

riamhaich □ see **freumhaich**

rian, -an *nm* 1. control, institute, management □ *bha gach nì fo rian Chaluim* everything was under Calum's management □ *tha iad a' feuchainn ri rian a chumail air àireamh nan gèadh* they are trying to control the numbers of geese 2. arrangement (incl. music), order □ *a' cur rian air* organizing □ *a' cur rian as ùr air smaointean* reformulating thoughts □ *tha fhios gun còrd an rian seo ri Gaidheil* this arrangement will certainly please Gaels □ *bha iad a' sabaid an aghaidh an rian a bh'ann* they were fighting against the existing order 3. method, mode, system, sense □ *is urrainn dhuinn rian an togalaich fhaicinn*

fhathast we can still see the method of [the] building □ *ciamar a gheibheadh duine mu chuairt air? cha robh rian air* how could anyone get round it? there was no way □ *cha robh rian aige sin a dhèanamh* it wasn't possible for him to do that □ *chan eil rian gu bheil pailteas ann air an son uile* there cannot (possibly) be sufficient for them all □ *chan eil rian gu bheil e ciallach* he can't be sane □ *bhiodh e gun rian a leithid a rud a dhèanamh* it would be senseless to do such a thing □ *chan eil rian no dòigh air* it has no shape or form

From the latter examples shown above, it is an easy step to the idea of 'have to be' / 'must' etc., but note that the following are all accompanied by a *negative* construction □ *cha robh rian nach fhaiceadh e i a-rithist!* he was bound to see her again! (lit. there was no way that etc.) □ *cha robh rian nach robh e a' faireachdainn so-leònte aig an àm* he must have been feeling vulnerable at the time □ *chan eil rian nach eil thu ceart* you must be right □ *chan eil rian nach cuala tu e* you must have heard it □ *chan eil rian nach e bruadar a bh'ann* it must have been a dream

rian-grèine *nm* solar system

rianachas, -ais *nm* □ see **rianachd** *nf*

rianachd *nf* administration (general) □ *oifigeach rianachd is leasachaidh* an officer of administration and development / an administration and development officer

rianachd *a* administrative □ *sgilean rianachd* administrative skills

rianadair, -ean *nm* 1. organiser 2. governor (mech.)

rianaich, -achadh *v* arrange □ *tha na puirt air an rianachadh gu h-ealanta* the tunes are expertly arranged

rianail, -e *a* 1. methodical, orderly □ *cha mhath le inntinn rianail nì a tha mi-rianail* an orderly mind does not like something disorderly 2. civil

rianaire, -ean *nm* administrator

riarachadh, -aidh *nm* & *vn* of **riaraich** dispensing etc. 1. satisfaction □ *bha riarachadh mòr ann dha a bhith a' dèanamh seo* there was great satisfaction for him in doing this 2. dispensation, disposal, disposition, distribution, sharing (school maths) □ *riarachadh co-ionnan* equal sharing □ *riarachadh neo-ionnan* unequal sharing □ *riarachadh fearainn* land distribution □ *a thaobh riarachadh ainmean nan àitean* concerning the distribution of the place names

riarachadh-inntinn *nm* satisfaction of mind, mental satisfaction

riaraich, -achadh *v* 1. please, satisfy, treat 2. deal (out), dispense, distribute, dole, hand out, serve, share out □ ...*far a bheil an t-sàcramaid air a riarachadh* ... where the sacrament is dispensed

riaraichte *pp* satisfied □ *dh'aidich e nach robh e idir riaraichte le* ... he agreed that he was not at all satisfied with ... □ *tha e riaraichte le bhith na sheasamh an sin* he is satisfied with [being] sitting there □ *bha i riaraichte leis gach nì* she was satisfied with everything

riasail, riasladh *v* 1. tousle □ *bha a'ghaoth a'riasladh an ceann* the wind was tousling their heads 2. tear asunder, mangle, maul □ *bha am bàta beag air a riasladh leis na tuinn mhòra* the small craft was torn asunder by the great waves

riasg, rèisg *nm* 1. dirk grass, sedge 2. fen, marshy land, peat moss

riaslach, -aiche *a* tearing, mangling

riasladh, -aidh *nm & vn* of **riasail** mangling, mauling, tousling etc.

riatanach, -aiche *a* essential, indispensable, necessary, required, requisite □ *tha dùil ann gum bi a' Ghàidhlig na cuspair riatanach 's na h-àrd-sgoiltean* it is expected that Gaelic will be a required subject in secondary schools □ ...*agus iomadh rud riatanach eile* ... and many other necessities □ ...*air cho riatanach 's gum bitheadh an car beag a rachadh earbsa rium* ... however necessary the small task that would be entrusted to me [would be]

riatanas, -ais *nm* prerequisite, requirement □ *b'e a' chiad riatanas drochaid ùr a thogail* the first requirement was to build a new bridge

rib, -eadh *v* 1. entangle, entrap, ensnare, implicate, snare, trammel, trap 2. separate one thing from another e.g. unravel wool from a garment □ *chaidh an snàth clòimhe a ribeadh à seann gheansaidh* the yarn was unravelled from an old jersey

ribe, -eachan / ribean *nm* 1. gin (trap), snare, trap □ *cha bhitheadh e a' tuiteam dhan aon ribe* he wouldn't fall into the same trap □ *bha ribe air a shuidheachadh* a trap was set 2. (single) hair □ *chan eil ribe fuilt air* he is completely bald

ribeadh, -idh *nm & vn* of **rib** trapping etc., entanglement, implication (the process)

ribh *prep pron* of **ri** (q.v.) to you *pl*

ribheid, -e, -ean *nf* reed (mus.)

rìbhinn, -e, -ean *nf* maiden (uncommon)

ridhil, rìdhle, rìdhlean / rìdhleachan *nm* reel (dance or implement – incl. a fishing reel □ but note a reel for sewing thread is **piorna**, Scots 'pirn') □ also **rìdhle** and **ruidhle**

ridhil, rìdhleadh *v* wheel, whirl □ *ridhil mun cuairt* twirl

rìdhle, -eachan *nm* reel □ see **ridhil**

ridire, -ean *nm* knight, sir □ *an Ridire Alasdair MacCoinnich* Sir Alexander McKenzie □ *ridire beag* squire □ *dèan ridire dheth / dèan na ridire* knight *v*

ridireach, -iche *a* knightly, chivalrous

ridireachd *nf* chivalry, knighthood

ridireil, -e *a* □ same as **ridireach**

rig, -eachan *nm* rig (oil) □ also **rioga** and **reige**

rige, -eachan *nm* semi-castrated animal

righ, -eadh *v* lay out (a corpse) □ *bha an corp air a righeadh an sin* the body was laid out there

rìgh, rìghrean *nm* king, sovereign □ *Rìgh nan Rìgh* the King of Kings – the foregoing example shows the traditional form of the *gen pl*, but nowadays this is more likely to be the same as the *nom pl* □ *Còir Dhiadhaidh Rìghrean* the Divine Right of Kings

rìgh-chathair *nf* throne **r.-mhort** *nm* regicide (the act) **r.-mhortair** *nm* regicide (the perpetrator) **r.-nathair** *nf* cockatrice **r.-shliochd** *nm* dynasty

righeadh, -aidh *nm & vn* of **righ** laying out (a corpse)

righinn, rìghne *a* sticky (of problem), tough □ *bha e na bu rìghne na (a) bhràthair* he was tougher than his brother □ *bha i na bu rìghne na shaoileadh daoine* she was tougher than people would have thought □ *bha an fheòil ro righinn* the meat was too tough

rìghnead, -eid *nm* toughness

rìghnich, -eachadh *v* toughen

rilìf, -e, -ean *nf* relief (sculpture, maps etc.) □ *rilìfean aer-fhotografach* aerial-photographic reliefs

rinc, -ean *nm* □ see **rionc**

rinn past tense *indep* and *dep* of *irreg v* **dèan** (q.v.) □ *an do rinn thu seo? / na rinn thu seo?* did you do this?

rinn, -e, -ean *nf* point (sharp point as of pencil, horn, weapon etc.), nib □ *bha còig rinn dheug air na cròicean farsaing aige* there were fifteen points on his wide antlers □ *cha robh rinn air a' pheansail* there wasn't a point on the pencil

rinndeal, -eil *nm* area, extent, sphere

riobach, -aiche *a* ragged, tattered □ *brat-ùrlair riobach crìon* a tattered, faded carpet

rioban, -ain, -an *nm* ribbon

riochd, -a, -an *nm* 1. likeness, form (incl. in gramm.), appearance, guise, disguise □ *an riochd eisimeileach / neo-eisimeileach* the dependent / independent form □ *riochd deicheach* decimal form □ *theich am Prionnsa Tearlach ann an riochd boireannaich* Prince Charles escaped disguised as a woman / in the guise of a woman □ *chuir iad e (ann) an riochd seirbheisich* they disguised him as a servant □ *ann an riochd eile* in another form □ *sin a' chiad tè a nochd anns an riochd air a bheil sinn eòlach* that's the first one to appear in the form with which we are familiar □ ... *a thèid fo riochd a' Ghaoil don Chinne-daonna* ... which goes under the guise of Love towards Mankind □ *cuir às a riochd* garble □ *rach an riochd duine eile* impersonate □ *tha thu gam ghabhail an riochd chuideigin eile* you are mistaking me for someone else 2. state, condition □ *bha i an deagh riochd mara* she was shipshape (lit. in good sea condition)

riochd-ainmear *nm* pronoun **r.-shamhlachadh** *nm & vn* personifying, personification **r.-shamhlaich** *v* personify

riochdachadh, -aidh *nm & vn* of **riochdaich** producing etc., production (plays, films etc.), representation □ *riochdachadh co-ionnan* proportional representation

riochdaich, -achadh *v* mould, produce (plays, films etc.), represent, symbolize □ *thuirt e gun robh e a' riochdachadh nan Stàitean Aonaichte* he said that he was representing the United States

riochdail, -e *a* handsome □ *na h-eich làidir riochdail sin* those strong, handsome horses

riochdair, -ean *nm* pronoun □ *riochdair ceisteach* interrogative pronoun □ *riochdair co-chèileach* reciprical pronoun □ *riochdair fèineach* reflexive pronoun □ *riochdair dàimheach* relative pronoun □ *riochdair neo-chinnteach* indefinite pronoun □ *riochdair pearsantach* personal pronoun □ *riochdair seilbheach* possessive pronoun □ *riochdair comharrachaidh / riochdair sònrachaidh / riochdair sònraichte* demonstrative pronoun

riochdaire, -ean *nm* producer (of films, plays etc.), representative

riochdal, -ail *nm* skeleton □ *bha e air a dhol na riochdal* he had become a skeleton (cf. Scots rickle o' banes)

rioga, -achan *nm* rig □ *rioga ola* oilrig

rìoghachadh, -aidh *nm & vn* of **rìoghaich** reigning, reign

rìoghachd, -an *nf* kingdom, nation, realm, state (country etc.) □ *chan ann den t-saoghal seo a tha mo rìoghachdsa* my kingdom is not of this world □ *an Rìoghachd Aonaichte* the United Kingdom □ *thòisich Sasainn ag agairt còir air rìoghachd Alba* England began to claim a right over the kingdom of Scotland

rìoghaich, -achadh *v* reign

rìoghail, -e *a* kingly, regal, royal, sovereign □ *na h-Einnsearan Rìoghail* the Royal Engineers □ *anns a' Chabhlaich Rìoghail* in the Royal Navy □ *bha e ann am Feachd Rìoghail an Adhair* he was in the Royal Air Force

rìoghalachd *nf* majesty, royalty

rìomball; -aill; -aill *nm* halo

rìomhach, -aiche *a* beautiful, fine (of good quality, elegant etc.), gay □ *chuir i an t-aodach rìomhach uimpe* she put on the beautiful clothes □ *phòs e bean rìomhach* he married a beautiful woman □ *bha an dùthaich rìomhach ann an fionnarachd na maidne* the countryside was beautiful in the freshness of the morning

rìomhachas, -ais *nm* finery, make-up □ *bhon rìomhachas a bha oirre bha e coltach gun robh i* ... (deducing) from the finery she was wearing it appeared that she was ...

rìomhadh, -aidh *nm* □ see **rìomhachas**

rionc, -an *nm* rink

rionc-deighe / rionc-eighre *nf* ice-rink

rionnach, -aich *nm* mackerel □ *tha a' bhiorach dèidheil air an rionnach* the dogfish is fond of [the] mackerel

rionnag, -aige, -an *nf* star □ *làn rionnagan* starry □ *rionnag an earbaill* shooting star

rionnagach, -aiche *a* starry □ *air oidhche rionnagaich* on a starry night

ris 1. form of *prep* **ri** (q.v.) used before a *def noun* 2. *prep pron* of **ri** (q.v.) to him / it *masc*

rithe *prep pron* of **ri** (q.v.) to her / to it *fem*

rithim, -ean *nm* rhythm

rithist □ see **a-rithist**

rium / riut / riu / riutha *prep prons* of **ri** (q.v.)

---

ro *prep + dat + len* before (formerly **roimh**)
The *prep prons* are formed as follows: **romham** before me **romhad** before

you **roimhe** (often now **roimh**) before him / it *masc* **roimhpe** before her / it **romhainn** before us **romhaibh** before you (*pl* & polite) **romhpa** before them The *emph forms* are: **romhamsa, romhadsa roimhesan, roimhpese, romhainne, romhaibhse, romhpasan** **cuir romhad** decide, design, determine, intend, resolve □ *chuir e roimhe gum fuiricheadh e anns an taigh-òsta* he decided he would stay in the hotel □ *chuir e roimhe sin a dhèanamh* he determined to do that □ *is fhada bhon chuir sinn romhainn seo a dhèanamh* it's a long time since we decided to do this
Some basic examples: *gheibh sinn fios aon mhìos romhainn* we'll get word one month in advance / ahead □ *chan fhaicinn dè bha romham* I couldn't see what was before me □ *bha fàilte chridheil romhainn an sin* a hearty welcome awaited us there □ *Ro Chriost (RC)* Before Christ (BC) □ *anns an t-seachdamh linn RC* in the seventh century BC □ *bha i air a h-oillteachadh roimhe* she was terrified of him □ *ràinig sinn am baile ro mhadainn* we reached the town before morning □ *ro mheadhon latha* (in) the forenoon □ *is e a tha romham ... what* I intend is ... □ *a bheil sibh romhamsa?* are you before me? (in a queue) □ the *def art* is shortened after **ro / roimh**, the form recommended being **ron**, but several forms were formerly commonly found □ *roimh 'n chogadh / roimhn chogadh / roi'n chogadh* 'pre-war' should all be **ron chogadh** □ *tha fàilte air leth blàth ron leabhar seo* there is a particularly warm welcome for this book / awaiting this book □ *ron Tuil* before the Flood, antediluvian
The following *prep poss adjs* may be found, but it is now recommended that these be written in full. **rom** before my **rod** before your **ro** + *len* before his / its *masc* **ro** (without *len* – **ro a h-** before vowels) before her **ro ar** before our **ro ur** before your *pl* & polite **ron** (**rom** before **b, f, p** and **m**) before their The full forms are: **ro mo, ro do, ro a** + *len*, **ro a** (without *len* – **ro a h-** before vowels), **ro ar, ro ur, ron** (**rom** before **b, f, p** and **m**)

ro-abaich *a* precocious, premature **r.-abaichead** *nm* precociousness **r.-abair** *v* preface **r.-ainmichte** *pp* aforesaid, forementioned, former **r.-aithne** *nf* foreknowledge **r.-aithris** *nf* forecast **r.-aithris** *v* forecast **r.-amas** *nm* forecast **r.-bharalaich** *v* presuppose **r.-bheachd** *nm* preconception, presumption □ *seòlar e le roi-bheachdan* he is directed by pre-conceptions **r.-bheachdachadh** *nm* & *vn* of **r.-bheachdaich** preconceiving etc., premeditation **r.-bheachdaich** *v* preconceive, premeditate, presume **r.-bheachdail** *a* presumptive **r.-bhith** *nf* pre-existence **r.-bhitheach** *a* pre-existent **r.-bhlasad** *nm* foretaste **r.-bhreith** *a* prenatal **r.-bhreith** *nf* prejudgment **r.-bhreithneachadh** *nm* & *vn* of **r.-bhreithnich** prejudging **r.-bhreithnich** *v* forejudge **r.-bhreithnich** *v* prejudge **r.-bhriathar** *nm* preposition **r.-chlàr** *v* reserve **r.-chlàradh** *nm* & *vn* reserving, reservation **r.-chùis** *nf* prelude **r.-chùram** *nm* precaution **r.-eachdraidheil** *a* prehistoric **r.-fhacal** *nm* antecedent **r.-fhacal** *nm* prefix **r.-fhiosrach** *a* prescient **r.-fhiosrachadh** *nm* precognition, premonition, prognosis **r.-fhiosrachadh** *nm* previous experience **r.-ghiorraich** *v* foreshorten **r.-imeachd** *nf* precedence **r.-innis** *v* foresay, foretell **r.-innis** *v* predict **r.-innleachd** *nf* strategy □ *bha ro-innleachd againn* we had a strategy □ *dè tha air cùl na ro-innleachd seo?* what is behind this strategy? **r.-innleachdail** *a* strategic **r.-innse** *nf* & *vn* predicting, prediction, prognosis, prognostication **r.-innseach** *a* predictable **r.-ionad** *nm* foreground **r.-labhairt** *nf* prologue **ro làimh** *adv* beforehand, previously □ *faic ro làimh* foresee □ *dèan amas ro làimh* forecast **r.-leasachan** *nm* prefix **r.-mheicniceach** *a* pre-mechanized **r.-mheirbheachadh** *nm* & *vn* predigesting, predigestion **r.-mheirbhich** *v* predigest **r.-òrdachadh** *nm* & *vn* of **r.-òrdaich** pre-ordaining, predestination **r.-òrdaich** *v* foreordain **r.-òrdaich** *v* pre-ordain **r.-phàighte** *pp* pre-paid □ *cèis roi-phàighte* a pre-paid envelope **r.-ràdh** *nm* preamble, preface **r.-ràdh** *v* foreword, prologue **r.-ràdhach** *a*

prefatory **r.-ràite** *pp* foregoing **r.-riochdair** *nm* prepositional pronoun **r.-rùinich** *v* predetermine **r.-ruitheach** *a* precursory **r.-ruithear** *nm* forerunner **r.-ruithear** *nm* precursor, forerunner **r.-shamhla** *nm* prototype **r.-shealladh** *nm* foresight, preview, prospectus □ *thachair na h-atharrachaidhean seo le roi-shealladh dhaoine mar* ... these changes came about by the foresight of people like ... □ *fhuair e roi-shealladh orra* he got a foresight of them **r.-shealladh** *nm* foresight **r.-smaoin** *nm* forethought □ *gun ro-smaoin* unpremeditated **r.-thaisbein** *v* presage **r.-theachdaiche** *nm* predecessor **r.-theachdaire** *nm* forerunner **r.-thlachd** *nf* anticipation □ *bha sinn a' beachdachadh air le ro-thlachd* we we contemplating it with anticipation **r.-thog** *v* prefabricate **r.-thogadh** *nm & vn* prefabricating, prefabrication **r.-uidheamachadh** *nm & vn* predisposing, predisposition **r.-uidhimich** *v* predispose
ro *adv* 1. too (with *adjs*) □ *ro dhearg* too red □ *tha mi ro shean airson a bhith nam shaighdear* I'm too old to be a soldier □ *bha i ro sgìth* she was too tired 2. – used as an *intens part* □ *ciamar a tha thu? tha gu ro mhath* how are you? very well □ *chòrd e rium gu ro mhath* it pleased me very much / I enjoyed it very much □ *rinn e seo gu math is gu ro mhath* he did this extremely well □ *cha do dh'atharraich cùisean ro mhòr bhon uair sin* matters haven't changed very greatly since that time □ *tha seo ro fhollaiseach san leabhar* this is very evident in the book (see also **ro-** below)
ro- *intens part* (+ len.) meaning 'extra', 'extreme', 'over', 'ultra-', 'very' e.g. *cailin ro-bhòidheach* a very pretty girl □ *obair ro-fheumail* very useful work □ *'s dòcha nach bi diofar ro-mhòr eatorra* perhaps there won't be a very great difference between them □ *tha sinn ro-thoilichte gun do ghabh e ri ar fiathachadh* we are delighted that he accepted our invitation □ as this can be used with any suitable *adj*, only 'proper' compounds for the most part are given here □ note also that the **ro-** is not always hyphenated – see above.

ro-chreidmheach *a* credulous **r.-chreidmheachd** *nf* credulity **r.-chùramach** *a* over-anxious **r.-dhian** *a* over-eager **r.-mhòr** *a* vast **r.-iongantach** *a* fantastic **r.-nochd** *v* over-expose **r.-òrdaichte** *pp* fated, pre-ordained **r.-riochdair** *nm* prepositional pronoun **r.-shaorsa** *nf* licence **r.-shoilleir** *a* limpid **r.-tharraing** *nf* overdraft **r.-tharraing** *v* overdraw **r.-theachdaire** *nm* antecedent **r.-thioram** *a* arid **r.-throm** *a* overweight

ròb, ròib, -aichean *nm* robe □ *ann an ròbaichean fada dubha* in long, black robes
ròbach / robach, -aiche *a* □ same as **rapach**
robh / robhar / robhas *past dep* and *Impersonal Form* of verb **bi** (q.v.)
roc, -a, -an *nm* furrow (deep wrinkle), wrinkle □ *bha rocan air a h-aodann* there were wrinkles on her face
roc, -adh *v* wrinkle □ *bha na h-aodainn aca air an rocadh le grèin is gaothan mara* their faces were wrinkled with sun and sea winds
ròc, -a, -an *nm* a hoarse sound □ *rinn e ròc gàire* he gave a hoarse laugh
rocach, -aiche *a* wrinkled
rocachadh, -aidh *nm & vn* of **rocaich** crumpling etc.
rocadh, -aidh *nm & vn* of **roc** wrinkling etc.
rocaich, -achadh *v* crumple, wrinkle
rocaid, -e, -ean *nf* rocket
ròcais, -e, -ean *nf* rook
ròcais-dhearg-chasach *nf* chough
ròcas, -ais, -ais *nm* rook
ròd, -òid, -an / -ean *nm* 1. road □ for usage see **rathad** 2. rood (measure of land or of mason-work)
ròd, -òid, -an *nm* row (of potatoes etc.)
rodaideandran, -ain, -an *nm* rhododendron
rodan □ same as **radan**
ròdhan, -ain, -an *nm* rone (gutter on a house)
rògach, -aiche *a* 1. roguish □ *thug e sùil rògach oirre* he gave her a roguish look 2. displeased, suspicious
rogha *nm indec* choice, best (also **tagha** – often used together) □ *rogha is tagha fearainn* the best and choice of land
roghainn, -ean *nm/f* choice, option, preference □ *b'e mo roghainn fhèin am fear seo*

my own choice would be this one □ *is e am bradan roghainn an ròin ghlais* the salmon is the grey seal's choice □ *faodaidh tu do roghainn a thoirt às na leabhraichean seo* you may take your choice of these books □ *bheir mise dhut do roghainn de thrì rudan* I'll give [to] you your choice out of three objects □ *bha roghainn againn a dhol ann dh' ar cois* we had a choice of going there on foot □ *roghainn eile* alternative □ *tha cuid a' creidsinn nach robh roghainn eile aca* some believe that they had no alternative / other choice □ *le roghainn agus le dealas* by choice and by commitment □ *bidh e a' sgrìobhadh ann an Gàidhlig an roghainn air Beurla* he writes in Gaelic in preference to English

roghainneach, -iche *a* eclectic

roghainneil *a* optional

roghnach, -aiche *a* selective

roghnachadh, -aidh *nm & vn* of **roghnaich** choosing etc.

roghnaich, -achadh *v* choose, prefer □ ... *a roghnaich gaol boireannaich...* who chose the love of a woman □ *seo an seòrsa leabhraichean a tha iad a' roghnachadh a chur a-mach* this is the kind of books they are choosing to put out □ *tha e air roghnachadh mìos a chur seachad an sin* he has chosen to spend a month there

roghnaichte *pp* selective □ *cobhair roghnaichte* selective assistance

roi- *pref* pre- □ see **ro-**

ròic, -ean *nf* banquet, feast, 'feed', revelry □ *cha chanadh tu gur e ròic a bh'ann* you couldn't say it was a banquet □ *dèan ròic* revel □ *thoir ròic de* regale

roid, -e, -ean *nf* short sprint / dash, as before a jump □ *turas an dèidh turais thug e roid air an t-sealgair* time after time he dashed at the hunter

roid, -e *nf* bog myrtle

roid-ghuilbneach *nm* bar-tailed godwit

roidhleag-urchrach *nf* cartridge

roile, -ichean *a* roll (bun, rolled-up material etc.) – also **rola**./ **rolla**

roileach, -iche *a* slavering □ *fiaclan roileach* slavering teeth

roilear, -ein, -an *nm* roller □ *tha e air a thaosnadh eadar dà roilear iarainn* it is kneaded between two iron rollers

roileasg, -eisg *nf* confused joy, confused haste, impatient haste

roileis *nf* 1. playful, flattering talk 2. see **roileasg**

ròilig, -eadh *v* roll

roimh- *pref* fore-, previous, prior □ the recommended form is now **ro-** (q.v.)

roimh *prep* + *dat* + *len* before □ see **ro** *prep*

roimhe 1. *adv* before □ *an latha roimhe* the day before / the other day □ *roimhe seo* by now □ *chan fhaca mi e riamh roimhe* I have never seen him before □ *bha siud ann roimhe cù 's cat 's cearc* there were once a dog, a cat and a hen (a common way of beginning traditional tales) □ often translates as *adj* = foregoing 2. *prep pron* of **roimh** (q.v.) before him / it *masc* □ *chuir iad roimhe gun rachadh e gu Breatann* they proposed [to him] that he should go to Britain □ it should be noted that it is the prepositional pronoun which is used with demonstrative pronouns, not the simple preposition □ *an latha roimhe sin* the day before that (see App. 6 Pronouns Sect. 7.0)

roimhear, -eir, -an *nm* preposition □ *roimhear fillte* compound preposition □ *roimhear sìmplidh* a simple preposition □ *roimhear ainmearach* a noun preposition □ *roimhear riochdail* prepositional pronoun

roimhpe *prep pron* of **roimh** (q.v.) before her / before it *fem*

ròineag, -eige, -an *nf* (single) hair □ *bha ròineag air cùl a còta* there was a hair on the back of her coat □ *pl* **ròineagan** may = flagellae

ròineagach, -aiche *a* hairy

roinn, -e, -ean *nf* 1. part, portion, section, sector 2. area, department, division, province, region □ *Roinn an Àiteachais* Department of Agriculture □ *dh' èirich roinnean* divisions arose 3. allotment, distribution, dividend, lot, measure (portion), quotient, share 4. clause, paragraph, scene (dram.)

roinn is, by its nature, often associated with other *nouns* □ *roinn easbaig* (bishop's) see □ *roinn (dùthcha)* canton, department, province □ *roinn fhlùraichean* a bed of flowers, a flower-bed □ *Roinn an Airgid* Exchequer □ *an Roinn Eòrpa* Europe □ *Roinn Foghlam na h-Alba* the Scottish Education Department □ see below for the Scottish Regions

roinn, roinn *v* class, distribute, divide, dole, partition, portion, separate, share □ *roinn na dhà leth* halve □ *roinn na earrainnean* parcel (*masc obj*) □ *roinn na cheithir* quarter (*masc obj*) □ *tha e air a roinn na cheithir pìosan* it's divided into four pieces □ *nuair a bha na duaisean air* *an roinn* when the prizes were distributed □ *air roinn co-ionnan* divided equally □ *roinn fichead le ceithir* divide twenty by four

The following are the Scottish Regions: *Roinn a' Mhonaidh* Grampian □ *Roinn Dhun Phris agus Ghall-Ghaidhealaibh* Dumfries and Galloway □ *Roinn Fiobha* Fife □ *Roinn Lodainn* Lothian □ *Roinn a' Mheadhain* Central □ *Roinn na Gaidhealtachd* Highland □ *Roinn Srath Chluaidh* Strathclyde □ *Roinn nan Criochan* Borders □ *Roinn Taobh Tatha* Tayside

Further examples: *thòisich e ann an roinn an reic* he started in the selling department / division □ *san Dàrna Roinn* in the Second Division □ *anns an roinn phriòbhaidich* in the private sector □ *tha Roinn na Gaidhealtachd air ceumannan a ghabhail mu thràth* Highland Region has already taken steps □ *dèan roinn air* apportion

roinn-chalpa *nm* share-capital **r.-obrach** *nf* job-sharing **r.-phàigheadh** *nm* commission (monetary) **r.-ruithe** *nf* run-rig system □ *chuir e às don roinn-ruithe* he abolished the run-rig system **r.-sgoile** *nf* (school) department **r.-sheilbhiche** *nm* shareholder **r.-taghaidh** *nf* constituency □ *... a tha a' ruith bho cheann gu ceann na roinn-taghaidh ...* which runs from end to end of the constituency **r.-tarsainn** *nf* cross-section

roinne *a* regional
roinneadair, -ean *nm* divider(s), sorter
roinneadh, -idh, -idhean *nm* partition
roinneil, -e *a* provincial, regional □ *Comhairlean Roinneil* Regional Councils
roinniche, -ean *nm* divisor
roinnte *pp* divided, separate
ròiseid, -e *nf* resin
ròiseideach, -iche *a* resinous
ròist, -eadh *v* roast (**ròst** more common)
roisteach, -ich, -ichean *nf* roach
roithlean, -ein, -an *nm* castor (wheel)
rola, -an *nm* roll, scroll □ *rola-toileat* toilet roll □ *bha rola pàipeir aige na làimh* he had a roll of paper in his hand
rolag, -aige, -an *nf* 1. small roll □ *... a' nochdadh rolagan reamhrachd ...* revealing small rolls of fatness 2. a roll of carded wool
ròlaist, -ean *nf* exaggeration, romance (story)
ròlaisteach, -iche *a* 1. fabulous □ *... ach bha againn ris an t-àite ròlaisteach ud fhàgail ...* but we had to leave that fabu-

lous place 2. given to exaggeration □ *bha Dòmhnall a-riamh ròlaisteach* Donald was ever given to exaggeration
rolla, -an *nf* □ see **rola** *nm*
rom *prep poss adj* (**ro** + **am**) before their □ see **roimh**
ròmach, -aiche *a* furry, hairy, hirsute, shaggy □ *le fèileadh, sporan ròmach is biodaig* with kilt, hairy sporran and dirk
Ròmàinianach, -aich, -aich *nm* Romanian
Ròmàinianach *a* Romanian
Ròmàinis *nf* Romanian (lang.)
Ròmanach, -aich, -aich *nm* Roman
Ròmanach *a* Roman □ *sgrìobhaiche Ròmanach* a Roman writer
romansach *a* romantic □ *Romansach* Romance *adj*
Romansachas, -ais *nm* Romanticism
romansachd *nf* romance (chivalrous or idealised love)
romansaiche, -ean *nm* romanticist
rombas, -ais, -an *nm* rhombus
romhad / romham / romhaibh / romhainn / romhpa *prep prons* of **roimh** (q.v.)
ròmhan, -ain, -an *nm* burring, whirring
ròn, ròin, ròin *nm* seal (animal)
ron 1. *prep poss adj* (**ro** + **an**) before their □ see **roimh** 2. **ro** + **an** (*def* art) before the □ see **roimh** also *ron sin* before then / before that
rong, -a / roinge, -an *nf* rung
rong, -oing, -an *nm* spark
rong-phlug, -phluig, -phlugan *nm* spark-plug
rongas, -ais, -ais / -an *nm* rung
ronn, -oinn, -an *nm* mucus, phlegm, rheum, slaver (liquid from the mouth) □ *sil ronnan* slaver *v*
ronnach, -aiche *a* catarrhal, mucous, phlegmatic, rheumy, slavering
ronnan, -ain *nm* □ same as **ronn**
ròp(a), -aichean *nm* rope
ròp(a)-sgiobaigidh / r.-sgiobaidh / r.-sùrdaig skipping rope **r.anairt / r.aodaich** clothes-rope
ròpach, -aiche *a* □ same as **rapach**
ròs, -òis *nm* knowledge, information (from **ro-fhios**) □ *an d'fhuair thu ròs air a' mhèirleach?* did you get any information about the thief? □ *bha a-nis ròs aige air bean* he now had wind of a wife (note that **bean** has been used here in preference to **mnaoi**) □ *tha e a' faighinn ròs air gach rud a tha a' tachairt* he gets information about everything that's happening

ròs, ròis, -an *nm* rose □ *bha e a' sgathadh nan ròsan* he was pruning the roses

ròs-an-t-solais *nm* round-leaved sundew **r.-chraobh** *nf* rhododendron **r.-muire** *nm* rosemary **r.-nan-con** *nm* dog rose

ròsaid, -e *nf* □ see **ròiseid**

ròsarnach, -aich, -aichean *nm* rosarium, rosery, rose-garden

rosg, ruisg / roisg, ruisg / -an *nm* 1. eyelash 2. prose, exposition (of prose)

rosg-rann *nm* sentence (gram.) □ *ann an rosg-rann no dhà* in a sentence or two

rosgail *a* prosaic

ròst, -adh *v* roast

ròsta, -aichean *nf* roast

ròsta *pp* roast(ed) □ *buntàta ròsta* roast potatoes *mairtfheoil ròsta* roast beef

ròstadh, -aidh *nm & vn* of **ròst** roasting

rotal, -ail *nm* wake (of a ship) □ *ann an rotal na luinge* in the ship's wake – uncommon

roth, -a, -an *nm* radius, wheel □ *cìoch rotha* nave □ *an roth deiridh* the back wheel

roth-gaoithe *nm* whirligig **r.-ghineadair** *nm* turbo-generator **r.-tomhais** *nm* trundle wheel **r.-uidheam** *nf* turbine **r.-uisge** *nm* waterwheel **r.-ullaig** *nm* winding wheel

rothach *a* 1. having wheels, wheeled 2. rotary

rothaich, -achadh *v* twine, twist, roll, wrap

rothair, -ean *nm* bicycle

rothaireachd *nf* cycling

rù *nm* rue

rù-Ailpeach *nm* Alpine rue **r.-bhallaidh** *nm* rue fern **r.-bheag** *nm* lesser meadow rue

rù-ra *s* confusion, jumbled state (has, of course, no connection with the above compounds) □ *dè an rù-ra a tha seo?* what's this mess? □ *abair rù-ra!* what a jumble!

ruadh, ruaidhe *a* ginger, red (both of hair) reddish, red-haired, deep yellow, russet *Dòmhnall Ruadh* red-haired Donald □ *pàipear ruadh* brown paper (often **pàipear glas** for brown paper!) □ *sgillinn ruadh* name for a penny – uncommon now except in phrases such as: *chan eil sgillinn ruadh agam* I don't have a penny (cf. Scots 'I don't have a red roost') □ *airgead ruadh* coppers □ *tha iad gan reic air airgead ruadh* they are being sold for pennies / coppers □ *an tuil Ruadh* the Deluge / the Flood □ *às na ceithir ranna ruadha* from all four corners of the world □ often used in place names – see App. 12 Sect. 4.0 (see also **madadh-ruadh** and **coileach-ruadh**)

ruadh-bhàrr *nm* rhubarb

ruadhadh, -aidh *nm* □ see **rudhadh**

ruadhag, -aige, -an *nf* roe deer

ruadhan, -ain *nm* overcooked food □ *tha am buntàta na ruadhan* the potatoes are overcooked

ruag *v* □ same as **ruaig**

ruagadh *vn* of **ruaig** chasing etc.

ruagail *vn* usually having the meaning 'running around', 'frisking'

ruagaire, -ean *nm* raider

ruaidhe *nf* redness □ *an ruaidhe* erysipelas

ruaig, ruagadh *v* chase, drive away, raid, rout, pursue □ *chaidh an ruagadh a-mach cho luath 's a nochd iad a-staigh* they were chased out as soon as they appeared inside □ *bha iad a' ruagadh a-chèile* they were chasing each other

ruaig, -e, -ean *nf* flight, pursuit, raid, repulse, rout □ *thoir ruaig air / gu* 1. raid *v* 2. pay a visit to, take a stroll to etc. □ *ghabh iad an ruaig* they took to flight □ *cuir ruaig air*—put—to flight □ *chuir iad ruaig air an nàimhdean* they routed their enemies □ *Ruaig na Moighe* the Rout of Moy

ruaigte *pp* driven

ruaimleach, -iche *a* turbid

ruamhair, ruamhar *v* delve, dig □ *bha e a' ruamhar le a làimh anns a' ghainmhich* he was digging with his hand in the sand

ruanaidh *nf* sheep sorrel

ruapais *nf* rigmarole □ *gun ruapais sam bith* without any rigmarole

ruathar, -air, -an *nm* attack, flight (of imagination etc.), incursion, irruption, onslaught, plunge, raid, swoop □ *rinn an Luftwaffe ruatharan air Glaschu* the Luftwaffe made raids on Glasgow □ *an ruathar mòr air Bruach Chluaidh* the great raid on Clydebank □ *thig le ruathar* swoop *v*

ruathar-adhair *nm* air-raid □ *chaidh am baile a sgrios anns na ruathairean-adhair* the town was destroyed in the air-raids

rùbaidh, -e, -ean *nf* ruby

rubair *nm* rubber (the material)

rubha *nm* cape (land), headland, point (of land), promontory □ common in place names (see App. 12 Sect. 4.0)

rùbrab, -aib *nm* rhubarb

rùcail *nf* rumble, rumbling □ *bha rùcail anns gach broinn* there was a rumbling in every stomach □ *dèan rùcail* rumble

rùchd, rùchdail *v* retch

rud, ruid, -an *nm* thing □ *rud gun fheum* a useless article, a dud □ *rud sam bith* anything, (with *neg*) nothing □ *rud air leth*

phenomenon □ *rud beag* a little / some-
what *adv* □ *bha e rud beag lapach a' frea-
gairt cheistean* he was somewhat faltering
answering questions □ *a bheil sin gòrach?*
rud beag is that foolish? a little □ *tha sin
rud beag ro fhaisg air an fhìrinn* that's
a little too close to the truth □ *bha saorsa
aca, rud nach robh aigesan* they had free-
dom, something he didn't have □ *rud beag
truagh* pittance □ *an rud a ... what rel pron*
□ *... an rud a chì am beag 's e a nì am
beag* what the child sees the child does
(proverb) □ *... mar gum biodh am muir làn
bidhe – rud a tha ...* as if the sea were
full of food – which it is. □ *bidh iad a'
dèanamh car den aon rud* they'll be doing
something the same (lit. a turn of the same
thing) □ *... ach sin dìreach an dearbh rud
a thachair ...* but that's just the very thing
that happened □ *rud a tha nas cudro-
maiche, chòrd e ris a' chloinn* what is
more important, it pleased the children □
rud eile dheth ... another thing ..., further-
more *adv* □ *a dh'aon rud ...* for one
thing ...
rùda, -achan *nm* ram
rudail *a* concrete (not abstract)
rùdan, -ain, -ain / -an *nm* knuckle □ *gnog
e a rùdain air a' bhòrd* he rapped his
knuckles on the table
rudanach, -aiche *a* 1. odd, peculiar 2. par-
ticular, peculiar
rudanaich, -achadh *v* dress, adorn,
arrange (uncommon) □ *rudanaicheadh i
iallan mo bhoneidean* she would arrange
the ribbons of my bonnets
rudeigin 1. *indef pron* something □ *bha e
cho doirbh, no cho furasta, no cho ...
rudeigin* it was so difficult, or so easy, or
so ... something □ *chan eil teagamh nach
eil rudeigin a' tachairt* there's no doubt
that something or other is happening □
*bha rudeigin aig an nàdar bras aige ri
dhèanamh ris* something in his hasty
nature had something to do with it it 2. *adv*
quite, rather, somewhat, a touch □ *bha i
a' faireachdainn rudeigin sgìth* she was
feeling rather tired
rùdh *nm* □ see **rù**
rùdh, -adh *v* stack peat (in small heaps) □
chaidh iad a-mach gu a rùdhadh they
went out to stack it i.e. peat
rudhadh, -aidh *nm* reddening, blushing,
blush, ruddiness □ *rudhadh (gruaidhe
etc.)* blush, flush □ *thàinig rudhadh na
gruaidh* she blushed / coloured □ *thàinig
rudhadh na h-aodann* she flushed etc. □

thàinig ruadhadh gruaidhe oirre a blush
came upon her i.e. she blushed □ *bha
rudhadh air a gruaidh* there was a blush
on her cheek (also **ruadhadh**)
rùdhan, ain, -an *nm* small stack of peats
rùdhrach / rùdhrachadh *v* □ see **rùraich**
rùdhraich, rùdhrach / -achadh *v* □ see
rùraich
rug □ *past tense active* of *irreg v* **beir**
ruga, -aichean *nm* rug
rugadh □ *past tense passive* of *irreg v* **beir**
rugbaidh *nm* rugby □ *bha iad a' cluich air
rugbaidh* they were playing rugby
rùgh, -adh *v* see **rùdh**
rùghan, -ain, -an *nm* small stack
ruibh *prep pron* of **ri** (q.v.) to you *pl & pol*.
ruideag, -eige, -an *nf* kittiwake
ruideal, -eil, -an *nm* riddle, sieve
ruidealachadh, -aidh *nm & vn* of **ruide-
alaich** riddling
ruidealaich, -achadh *v* riddle (use a riddle)
ruideas □ see **ruideis**
ruideis *nf* frisking, sporting, gambolling □
sometimes used as a *vn* □ *bha iad a' ruideis
am measg nan sguab* they were frisking
among the sheaves □ *dèan ruideas* gambol
ruidhil *v* □ see **ridhil** *v*
ruidhle *nm* reel (dance) □ also **ridhil** and
ridhle
ruidhle-ochdnar *nm* eightsome reel

---

ruig, ruigsinn / ruighinn / ruigheachd
irreg v arrive (at), attain, extend, reach
this verb is irregular only in the Past
tense, Active and Passive

ACTIVE VOICE:

Past tense: **ràinig mi** I reached **an do
ràinig thu?** did you reach? **cha
do ràinig e** he did not reach **nach
do ràinig i?** didn't she reach?

PASSIVE VOICE:

Past tense: **ràinigeadh ...** ... was
reached **an do rainigeadh ...?** was ...
reached? **cha do ràinigeadh ... ...** was
not reached **nach do ràinigeadh ...**
wasn't ... reached? □ as a matter of
fact, the *passive form* of the past tense
is very rarely used

Some basic examples: *ràinig e an taigh-
òsta* he arrived at the hotel □ *cuin*

a ràinig thu an sgoil? when did you arrive at [the] school? □ *ruigidh sinn an Roimh a-màireach* we shall arrive at Rome tomorrow □ *nuair a ruigeas sinn an Roimh fuirichidh sinn ann an taigh-òsta mòr* when we reach Rome we shall stay in a large hotel □ *tha thu car fadalach a' ruigheachd a' cho-dhùnaidh sin* you're rather late in reaching that conclusion □ *ma bha ospadal far an ruigte e* if there was a hospital within reach (lit. where it might be reached □ note that **ruigte** is a shortened, and now more common, form of the Passive Voice of the *imperf/cond tense* **ruigteadh**) □ *bha e air an ceud a ruigsinn* he had completed his century □ *ruigear an targaid againn a dh'aithghearr* our target will be attained soon □ *air cho fad 's gum bi dual ruigear a cheann* however long a strand is, its end will be reached (proverb) □ *an do ràinigeadh an targaid?* was the target attained? □ *a tha / a bha etc. a' ruigheachd a' chridhe* heartfelt

Idioms:

ruig air afford, fathom □ *cha ruiginn air sin* I couldn't afford that □ *cha ruiginn air inneal mar sin* I couldn't afford a machine like that

cha ruig thu leas + *vn* you need not (do something) □ *cha ruig thu leas dragh a chur ort fhèin* you need not trouble yourself □ *cha ruig mi leas ach beagan a ràdh mu dheidhinn seo* I need only say a little about this (lit. I do not need to say but little etc.) □ for further examples see **leas**

ruige, gu ruige *prep + acc* to, up to, as far as, until □ *gu ruige Èirinn* as far as Ireland □ *bho cheann-feadhna gu ruige sgalag* from chief to servant □ *gu ruige seo* until now / up to now, to date □ *shaoileadh duine bho na chaidh a ràdh gu ruige seo gu …* one would think from what has been said so far that … □ *uaithe sin gu ruige seo* from then till now

ruighe, -ean *nm/f* forearm

ruigheachd *nf & vn* of **ruig** reaching etc., reach

ruighinn *a* □ see **righinn**

ruighinn *nf & vn* of **ruig** reaching etc.

ruigsinn *nf & vn* of **ruig** reaching etc., attainment

ruigsinneach, -iche *a* accessible

ruigsinneachd *nf* accessibility

rùilear, -eir, -an *nm* ruler (measuring instrument) □ *rùilear ciadameatair* centimetre ruler

ruinn *prep pron* of **ri** (q.v.) to us

ruisean, -ein, -an *nm* lunch

Ruiseanach, -aich, -aich *nm* Russian

Ruiseanach *a* Russian

Ruiseanais *nf* Russian (lang.)

ruisg □ *gen sing* and *nom & dat pl* of **rosg** eyelash

rùisg, rùsgadh *v* 1. bark (shin), bereave, chafe, clip, denude, divest, expose, fleece, peel, shear, skin, strip, undress, unmask, unsheathe □ *rùisg i am buntàta* she peeled the potatoes □ *bha na h-iallan a' rùsgadh a ghuailnean* the straps were chafing his shoulders 2. remove turf to reach underlying peat

rùisgte *pp* bare(d), exposed, naked, nude, stripped, undressed □ *le a chlaidheamh rùisgte* with his sword bared □ *bha e air a chasan rùisgte* he was in (lit. on) his bare feet

Ruisis *nf* Russian (lang.)

ruiteach, -iche *a* florid, rosy, rosy-cheeked, ruddy □ *bha i bàn àrd ruiteach* she was fair, tall and rosy-cheeked

ruiteachan, -ain, -ain / -an *nm* ruby

ruitearach, -aiche *a* gluttonous

ruitearachd *nf* gluttony, orgy

ruith, ruith *v* chase, dash, desert (army etc.), flee, flow, run (*trans & intrans*), rush, scamper □ *ruith air falbh* elope □ *ruith ron ghaoith* scud □ *tha sinn ag iarraidh saorsa ar dùthaich fhèin a ruith* we want freedom to run our own country □ … *ann a bhith a' ruith a' Mhòid* … in running the Mod □ *bha an cù glè dhèidheil air a bhith ruith chlach* the dog was very fond of chasing stones □ *tha eaconomaidh na dùthcha air ruith sìos* the country's economy has run down

ruith air run over □ *chaidh aca air ruith air an taigh uile* they managed to run over the whole house □ *chan urrainn dhuinn an seo ach ruith air pàirt de na cuspairean* we can only run over part of the subjects here

ruith leis a' ghaoith run before the wind □ *bha sinn a'ruith leis a'ghaoith* we were running before the wind Note also: *cha b'e ruith ach leum* I / we etc. jumped at the chance
ruith *nf* dash, flow, flux, rhythm, run, running, sequence □ *ruith fala* haemorrhage □ *ruith na fala* bloodstream □ *ruith nan àireamhan* number sequence □ *ruith bheanntan* mountain range □ *a dh'aona ruith* at once, immediately *ghabh i ris a' bheatha sin a dh'aona ruith* she took to that life at once □ *thoir ruith air* browse, scan (books, papers etc.) □ *tha ruith mhealltach air a' bhàrdachd seo* there is an alluring flow to this poetry □ *thug iad ruith mhath air na bùthan* they went on a shopping spree
ruith-chùnntas *nm* current account **r.-dhàn** *nm* sequence **r.-fhual, an r.-fhual** *nf* diabetes **r.-fhualach** *nm* diabetic **r.-fhualach** *a* diabetic **r.-fhala** *nm* piles (med.), haemorrhoids **r.-sgiùrsadh** *nm* running the gauntlet □ *bha aca ri ruith-sgiùrsadh a dhèanamh* they had to run the gauntlet □ *thug iad air ruith-sgiùrsadh a dhèanamh* they made him run the gauntlet

ruitheach, -iche *a* flowing □ *Gàidhlig ghlan ruitheach* pure flowing Gaelic
ruitheam an *alt form* of **ruithim**
ruithim, -ean *nm* rhythm
rùm, rùim, -an(nan) / -aichean *nm* □ the recommended spelling of this is without the accent as below
rum, ruim, -an(nan) / -aichean *nm* accommodation, room, scope, space □ *fo rum* below (deck) *adv* □ *bha iad uile fo rum* they were all below □ *chan eil rum an seo ach do thè no dhà* there's only room here for one or two (i.e. **ceist** *nf* question)
rum-sgeadachaidh *nm* dressing-room **r.-teagaisg** *nm* classroom □ *cha robh duine sam bith anns an rum-theagaisg* there was nobody in the classroom
ruma *nm* rum
Rumach, -aich, -aich *nm* native of Rum
Rumach *a* of, belonging to or pertaining to Rum
rumail, -e *a* roomy □ *is e àros rumail cofhurtail a bha sin* that was a roomy, comfortable dwelling

rumpall, -aill, -an *nm* rump
rùn, rùin, -tean *nm* aim, desire, design, intention, love, motive, purpose, resolution, secret, sentiment, will □ *rùn suidhichte* resolve □ *dè an rùn a th'agad?* what have you in mind? □ *a dh'aon rùn* designedly, intentional □ *fo rùn* confidential □ *'s e sin a bha na rùn* that was his intention □ *b'e a rùn dhol do Oilthigh Obair Dheadhain* it was his desire / intention to go to Aberdeen University □ *mo rùin, mo rùin* my love, my love
rùn-dìomhair *nm* (*pl* = **rùin-dìomhair / rùintean-dìomhair**) mystery, secret □ *a' sireadh rùin-dìomhair na beatha* seeking the secrets of life **r.-phàirteach** *nm* initiate □ *thàinig na rùn-phàirtich a-staigh* the initiates entered **r.-suidhichte** *pp* (+ **air** + *vn*) bent upon (doing something) □ *bha iad rùn-shuidhichte air an t-seann eaglais ath-thogail* they were bent upon rebuilding the old church
rùnach *a* runic
rùnachadh *vn* of **rùnaich** intending etc.
rùnaich, -achadh *v* design, intend, mean, resolve, will, wish
rùnaire, -ean *nm* secretary □ *Rùnaire na Rìoghachd* Home Secretary □ *Rùnaire (na) Stàite* Secretary of State, *Rùnaire Cèin-thìrean* Foreign Secretary
rùnaireachd, -an *nf* secretariat
rùrach, -aich *nm* and *alt vn* of **rùraich** groping etc.
rùrachadh, -aidh *nm* and *alt vn* of **rùraich** groping etc.
rùraich, -ach / -achadh *v* grope, poke, search (with the hands), search, explore □ *rùraich e gu faiceallach le a làimh* he groped carefully with his hand □ *bha iad a' rùrach air feadh a' bhàta* they were exploring all over the boat
rus, -uis *nm* rice
rùsal, rùsladh *v* 1. search by turning over or burrowing 2. swirl (cause to swirl) □ *bha a' gaoth a' rùsladh a froca* the wind was swirling her frock
rùsg, rùisg *nm* bark (of a tree) crust, fleece skin, paring, peel, rind □ *bha iad a' stialladh an rùisg* they were taking off the bark in strips □ *rùsg caorach* a sheep's fleece
rùsgach, -aiche *a* fleecy
rùsgadair, -ean *nm* peeler
rùsgadh, -aidh *nm* & *vn* of **rùisg** clipping, shearing
ruthadh, -aidh *nm* □ see **rudhadh**

S, s

's *abbr form* of **is** (= **agus**) and □ *duine 's bean* man and wife □ *'s am fear eile* and the other one / man (see **agus** for further examples)

's *abbr form* of **is** (*assertive verb*) □ *'s e = is e* it is □ *'s math gu bheil*... it's good that... is... □ *'s ann* an *abbr form* of **is ann** – see **ann** and / or *assertive verb* **is**.

-s' *abbr form* of **seo** attached to a noun □ *gu dè bha ga thoirt an taobh-s' / taobh-sa?* whatever brought him this way? – see also **sa** (2.)

-sa 1. *abbr form* of **seo** attached to a noun – see **-s'** above 2. *emph part* used to make the *poss adjs* emphatic in the *1st* and *2nd pers sing*, being affixed to the *noun* or its *adj* □ *mo thaigh-sa* my house □ *mo sheacaid ghorm-sa* my blue jacket. The hyphen is not used with *prons* and *prep prons: dhomhsa* to me *emph* □ *tusa* you *emph* (see App. 6 Pronouns Sect. 1.2 – also under simple forms of *prons* and *preps*)

sa 1. *abbr form* of **anns a** in which □ *anns an t-saoghal sa bheil sinn beò* in the world in which we live 2. *abbr* of **seo (a)** in such phrases as: *an t-seachdain sa chaidh* last week (lit. this week that has gone) □ *an t-seachdain sa tighinn* this coming week □ *am fear sa* this one

sa (formerly written **sa'**) *abbr form* of **anns a'** in the (followed by lenited noun) □ *sa bhàta* in the boat □ also means 'the' / 'per' as in: *bha iad a' faighinn trì tastain sa bharaille* they were getting three shillings the barrel □ *sa cheud* per cent *sa mhadainn* in the morning, a.m.

Sàbaid, -e, -ean, an t-Sàbaid / Là na Sàbaid *nf* The Sabbath / Sunday / The Sabbath day □ *air an t-Sàbaid* on the Sabbath □ *a Shàbaid* on Sundays *adv* □ *bha e a' searmonachadh a Shàbaid is a sheachdain* he was preaching on Sundays and weekdays □ *madainn / oidhche na Sàbaid* (on) Sunday morning / night □ *feasgar na Sàbaid* (on) Sunday evening / afternoon □ also *madainn Latha na Sàbaid* on Sunday morning

Sàbaid *a* Sunday □ *bha sgoil Shàbaid air a cumail* a Sunday school was held

sabaid, -e, -ean *nf* broil, fight, fray □ *dèan sabaid* box, fight, row, scrap □ *sabaid dhòrn* a fist fight □ sometimes used as a *vn* □

co ris a bha e a' sabaid? with whom was he fighting?

sabaid-mhiannach *a* jingoistic □ *bàrdachd shabaid-mhiannach* jingoistic poetry

Sàbaideach *a* Sabbatical, of or pertaining to the Sabbath

sabaidich, -eachadh *v* fight

sabaidiche, -ean *nm* fighter □ *bha e a-nise na dheagh shabaidiche* he was now a fine fighter

Sàbainn(d) □ see **Sàbaid**

sàbh, sàibh, sàibh / -an *nm* saw

sàbh, -adh *v* saw

sàbh, -àibh, -an *nm* ointment, salve (usually now specified as shown below) **s.-shùl** *nm* eye-salve **s.-leigheis** *nm* salve

sàbhaig, -eadh *v* saw

sàbhail, sàbhaladh *v* save, spare, rescue □ *sàbhailidh seo mòran trioblaid do luchdsiubhail* this will spare travellers much trouble (lit. spare much trouble to etc.) □ *shàbhail mi airgead gu leòr fhad 's a bha mi anns a' bhaile ud* I saved plenty of money while I was in that town □ *air a shàbhaladh* saved

sàbhailte *pp* safe

sabhal, -ail, -an / saibhlean *nm* barn □ *anns an t-sabhal* in the barn

sàbhaladh, -aidh *nm & vn* of **sàbhail** saving etc., redemption, saving(s) □ *bhiodh sàbhaladh mòr ann nan tigeadh iad le chèile* there would be a great saving if they were to unite

sabhs, saibhse, -an *nm* sauce

sabhsair, -ean *nm* sausage

sabotàis *nf* sabotage

sac, saic, saic / -an *nm* 1. sack □ *sac litrichean* mailbag 2. asthma

sac-aodach *nm* sackcloth □ *chuir e sacaodach agus luaithre air* he put on sackcloth and ashes

sàcramaid, -e, -ean *nf* sacrament □ *an t-Sàcramaid* the Sacrament □ *bha an t-Sàcramaid air a riarachadh* the Sacrament was dispensed

sacsafòn, -òin, -an *nm* saxophone

sad, -aid *nm* 1. dust shaken or beaten out of anything □ *cuir sad de* knock the dust off, give a dusting 2. thud, thum

sad, -adh / sadail *v* sling, throw □ *shad e dòrlach de chonnadh air an teine* he threw a handful of firewood on the fire □ *shad* *iad e an cùl na làraidh* they threw it into the back of the lorry

sadadh, -aidh *nm & vn* of **sad** slinging etc.

sadail □ same as **sadadh**

sàga, -aichean *nm* saga

sagart, -airt, -an *nm* priest □ *prìomh shagart* primate (eccl.)

sagart-faoisid *nm* confessor

sagartachd *nf* priesthood

sagartail *a* priestly

sàgo *nm* sago

Sagsainneach, -ich, -ich *nm* Saxon

Sagsainneach *a* Saxon

saibeirneatic, an saibeirneatic *nm* cybernetics

sàibhear, -eir, -an *nm* culvert, sewer, watercourse (under road)

saibhir, -e *a* □ see **saidhbhir**

saideal, -eil, -an *nm* satellite (all senses) □ *chuir iad saideal eile ann an cuairt an-dè* they put another satellite in orbit yesterday □ *Ruisia agus a cuid saidealan* Russia and her satellites □ *saidealan brathaidh* spy satellites

saidhbhir, -e *a* affluent, opulent, rich, wealthy □ *dèan saidhbhir* enrich □ *chan eil teagamh nach robh e saidhbhir* there's no doubt he was wealthy □ *tha an t-eilean seo saidhbhir ann an òrain* this island is rich in songs

saidhbhreas, -eis *nm* affluence, riches, wealth

saidheans, -an *nm* science □ *na Saidheansan Sòisealta* the Social Sciences □ *co-aontachadh an fheallsanachd is an t-saidheains* a combination of [the] philosophy and [the] science

saidheansail, -e *a* scientific

saidheantair, -ean *nm* scientist

saidhleafòn, -òin *nm* xylophone

saidhlo, -othan *nm* silo

saidse, -ean *nf* hatch □ *bha e na sheasamh air an fhàradh le a cheann tron shaidse* he was standing on the ladder with his head through the hatch

saigh, -e, -ean *nf* bitch (largely Lewis)

saighdear, -eir, -an *nm* soldier □ *saighdear cumanta* private □ *tha e na shaighdear* he's a soldier □ *na saighdearan dearga* the redcoats

saighdear-coise *nm* infantryman □ *saighdearan-coise* infantry **s.-paraisiut** *nm* paratrooper □ *rèiseamaid nan saighdearan-paraisiut* the parachute regiment **s.-saorsa** *nm* freedom fighter **s.-tochlaidh** *nm* pioneer (mil. only)

saighdearachd *nf* soldiering □ *tha mise ro shean airson saighdearachd tuilleadh* I'm

too old for soldiering any more □ *an dèidh dha an t-saighdearachd a leigeil seachad* after he had given up soldiering

saighead, saighde, saighdean *nf* arrow, shaft (= arrow) □ *chaidh saighead na chridhe* an arrow went into his heart

sàil, -e / sàlach, sàil(t)ean *nf* heel, boot (of a car) □ *thàinig an cù gu mo shàil* the dog came to (my) heel □ *leis a' chù aig a shàilean* with the dog at his heels □ *teann air sàilean a chèile* close on each other's heels □ *thàinig Calum a-steach, is Dòmhnall air a shàil* Calum entered, with Donald at his heels □ *cuir sàilean air* heel *v*

sail, -e, sailthean *nf* beam (of wood etc.), beam (of a house), joist

sàil *nm* □ same as **sàl**

sail-chuach, -aiche, -an *nf* violet (also **dail-chuach**)

sailead, -eid, -an *nm* salad

sàilean, -ein, -an *nm* inlet

sailiùn, -iùin, -an *nm* saloon □ *chaill e a chuid airgid anns na sailiùnan* he lost his money in the saloons

saill, -eadh *v* cure, pickle, salt □ *tha e air a shailleadh is air a phiobrachadh* it is salted and peppered

saill, -e *nf* fat, grease □ *saill muice-mara* blubber □ *saill neo-shùighte* polyunsaturated fats □ *saill shùigheach* saturated fat

saill-shùighte *nf* saturated fats

sàilleabh, air shàilleabh *prep + gen* because of, on account of □ *air shàilleabh gearainean nan oileanach...* because of the students' complaints ... (also **tàilleabh, air tàilleabh**)

sailleadh, -idh *nm & vn* of **saill** salting etc.

saillear, -eir, -an *nm* salt-cellar

saillte *pp* salt, salty □ *bùrn saillte* salt water □ *dh'fhairich e an cathadh-mara saillte air a bhilean* he felt the salt spume on his lips

saillteachd *nf* saltness

saimbhir *nm* samphire

saimeant, -eaint *nm* cement, concrete □ *de shaimeant* cement *adj* □ *làr de shaimeant* a cement floor □ *saimeant le iarann* ferro-concrete

sainnseal, -eil, -an *nm* handsel

sainnsearachd *nf* whispering □ *a' sainnsearachd rium bhon dorchadas* whispering to me from the darkness

sàiste *nm* garden sage □ also **slàn-lus**

sàl, -àil *nm* brine, salt water, sea □ *air sàl* at sea □ *a' chiad là a bha sinn air sàl* the first day (we were) at sea

sal, sail *nm* dross, filth, impurity, speck, spot, stain, blemish □ *gun sal gun smal fhàgail na dhèidh* without leaving stain or blemish behind [it *masc*]

salach, -aiche *a* dingy, dirty, filthy, foul, mucky, soiled, sordid, squalid, unwashed

salach *alt vn* of **salaich** dirtying etc. □ *na bi a' salach do bhrògan* don't be dirtying your boots

salachar *nm* □ see **salchar**

salachadh, -aidh *nm & vn* of **salaich** dirtying etc., pollution

salaich, -achadh / salach *v* besmear, defile, dirty, foul, make dirty, pollute, soil, stain, sully, spot (stain)

salainneachadh, -aidh *nm* salinisation

salann, -ainn *nm* salt

salann-na-groide *nm* alkali

salchar, -air *nm* dirt, filth, grime, muck, rubbish, smut □ *bha e anns a' ghàrradh a' glanadh an t-salchair* he was in the garden cleaning the rubbish

salm, sailm, sailm *nm* psalm □ *sailm is laoidhean* psalms and paraphrases □ *bha e a' leughadh nan salm* he was reading the psalms

salmadair, -ean *nm* psalm-book / psalter □ *an Salmadair* the Book of Psalms □ *thug an sealladh àlainn seo an cuimhne Dhàibhidh faclan an t-Salmadair* this beautiful view reminded David of the words of the Book of Psalms

salmadaireachd *nf* psalmody

salmaire, -ean *nm* psalmist

saltair, saltairt / saltradh *v* tread, trample □ *bha e a' gabhail cùram nach saltradh e air na flùraichean* he was taking care not to trample on the flowers (lit. that he would not trample etc.) □ *... air a bheilear a' saltairt a h-uile latha ...* which are being trampled upon every day

saltairt *nf & vn* of **saltair** treading etc.

sam bith □ lit. means 'in existence', 'in the world' hence = any □ *rud sam bith* anything □ *fear sam bith* anyone □ *duine sam bith* anyone □ *àite sam bith* anywhere □ though accompanying a noun in most cases, this need not always be the case □ *thuirt e nach tugadh e fada sam bith* he said that it would not take any time at all □ *'s e duine beag a bh'ann, gun a bhith ro thaiceil sam bith* he was a small man, not at all strong

samh, -aimh, -an *nm* gust, odour, smell, stink □ *dh'fhairich e samh peanta ùir* he smelt new paint (lit. he experienced the smell etc.) □ *dh'fhairich sinn samh losgaidh* we smelt burning

samh, -aimh *nm* common sorrel

samhach, -aich, -aichean *nf* haft, handle, shaft (of tool)

sàmhach, -aiche *a* quiescent, quiet, peaceful, restful, silent, still □ *bi sàmhach!* silence! □ *bha an taigh na bu shàmhaiche na b'àbhaist dha* the house was quieter than usual

sàmhachadh, -aidh *nm & vn* of **sàmhaich** hushing etc.

sàmhaich, -achadh *v* hush, quieten

samhail, samhla, samhailean *nm* equal, icon, like, likeness, match, model, resemblance, template □ *cha chuala mi a shamhail* I never heard its like □ *chan fhaca mi samhail a' bhaile sin air luime* I've never seen the equal of that town for bleakness

samhailt, -e, -ean *nf* parallel

Samhain(n), Samhna *nf* 1. Hallowtide, All Souls Day □ *Oidhche Shamhna* Hallowe'en 2. *an t-Samhain(n)* November (**Samhain** is recommended)

samhanach, -aich, -aich *nm* savage

sàmhchair, -e *nf* peacefulness, quiet, quietness, silence, stillness, tranquility,

sàmhchaireach, -iche *a* tranquil □ *anns a' mhionaid shàmhchairich ud mun do thòisich an t-seirbheis* in that tranquil moment before the service began

samhla, -aichean *nm* allegory, example, figure, sample, semblance, sign, simile, symbol □ *mar shamhla* as a sample / example □ *bheir mi corra fhacal dhut mar shamhla* I'll give you a few words as a sample □ *bheir mi dhut samhla* I'll give you an example

samhla-mapa *nm* map symbol

samhlachail e *a* allegorical, figurative, symbolic, symbolical □ *bhathas a' dol a dhèanamh ìobairt shamhlachail dhiom!* a symbolic sacrifice was going to be made of me! □ *gnìomh samhlachail* a symbolic act

samhlachas, -ais *nm* analogy, correspondence, symbolism

samhladh, -aidh, -aidhean *nm* □ see **samhla**

samhlaich, -achadh *v* compare, figure, liken, symbolize □ *cha robh fhios aige co ris a shamhlaicheadh e am meas* he didn't know to what to compare the fruit □ *... air a shamhlachadh ri fear-ruith ann an rèis* likened to a runner in a race □ *an ann ga do shamhlachadh fhèin riumsa a tha thu?* are you comparing yourself to me? □ *tha beannachdan Dhè air an samhlachadh ri*

tobar de dh'uisge beò God's blessings are likened to a well of living water
samhlaithris *nf* allegory
Samhna *gen sing* of **Samhain(n)** (q.v.)
samhrachail, -e *a* summer-like, summery
samhradh, -aidh, -aidhean *nm* summer □ *chì sinn san t-samhradh seo* we shall see [in] this summer (i.e. what will transpire) □ *anns an t-samhradh / as t-samhradh* in the summer / in summer □ but note also: *a shamhradh is a gheamhradh* [in] summer and [in] winter □ *choisich iad còig mile don sgoil a shamhradh is a gheamhradh* they walked five miles to school summer and winter □ *ann am mìosan an t-samhraidh* □ in the summer months
samhraidh *a* summer □ *'s e oidhche bhòidheach shamhraidh a bh'ann* it was a beautiful summer's night □ *air madainn chiùin shamhraidh* on a peaceful summer's morning
sampall, -aill, -an *nm* sample (rock sample etc.), specimen
-san *emph part* used with *prons* and *prep prons* The hyphen is not normally used except when there would be a double **s**: *leis-san* with him □ *ris-san* to him – but *dhàsan* to him □ *esan* he / him *emph* see App. 6 Sect. 1.2 – also under simple forms of pronouns and prepositions
san □ an abbreviated *form* of **anns an** in the □ *san oidhche* in the night □ *san fheasgar* in the afternoon / evening, p.m □ also means 'each / per' as in: *mu thrì croinn san oidhche* about three cran per night (a cran is a measure of herring – 37.5 gallons)
sanaidh, -ean *nm* sanatorium
sanas, -ais, -an *nm* advertisement, cue (on stage), hint, notice, sign, signal, tip (advice), warning □ *thoir / cuir sanas* advertise □ *thoir sanas* hint □ *sanasan rathaid* road signs □ *dh'fheuch iad sanas a chuir dha ionnsaigh* they tried to warn him
sanas-leabhran *nm* brochure **s.-reic** *nm* advertisement □ *bha e a' leughadh an t-sanais-reic* he was reading the advertisement
sanasachadh, -aidh *nm & vn* of **sanasaich** advertising
sanasaich, -achadh *v* advertise
sanasaireachd *nf* advertising □ *bha e ag obair ann an sanasaireachd* he was working in advertising
sannt, sainnt *nm* avarice, cupidity, desire, greed, greediness, lust, rapacity □ *cha*

robh sannt aige air bruidhinn rithe he had no desire to speak to her □ *cha robh sannt aige air èirigh* he had no desire to get up □ *cha robh sannt san dòigh san do choimhead e oirre* there was no lust in the way in which he looked at her □ *bha e air chrith le sannt* he was shaking with greed □ *bha sannt agam air* I could have seen him far enough / he irritated me
sanntach, -aiche *a* avaricious, covetous, greedy, mercenary
sanntachadh, -aidh *nm & vn* of **sanntaich** coveting
sanntaich, -achadh *v* covet
saobhaidh, -ean *nf* den, burrow, lair
saobh- *pref* indicating something false or erroneous
saobh-chiall *nf* fallacy □ *lorgar tùs na saoibh-chèill seo ann an ...* the origin of this fallacy will be found in ... **s.-chràbhach** *a* superstitious **s.-chràbhadh** *nm* superstition **s.-chreideach** *nm* heretic **s.-chreidmheach** *a* heretical **s.-chreidmheach** *nm* heretic **s.-nòs** *nm* bad habit **s.-smaoin** *nm* whim **s.-shruth** *nm* eddy (i.e. a 'false' current)
saod, saoid *nm* humour, state, trim, condition □ *cuir air saod* put in good condition, bring about, accomplish □ also *cuir saod air* put in a good humour □ *a chuireadh saod air neach sam bith* which would cheer up anybody
saodachadh, -aidh *nm & vn* of **saodaich** drive (of cattle) □ *an dèidh an t-saodachaidh fhada tarsaing air an eilean* after the long drive across the island
saodaich, -achadh *v* drive cattle □ *shaodaich e an crodh a dh'ionnsaigh an achaidh* he drove the cattle towards the field
saoghal, -ail, -ail / -an *nm* 1. world □ *cha robh fhios aca dè air an t-saoghal a dhèanadh iad* they didn't know what in the world to do □ *dè 'n saoghal a th'agad?* *saoghal math / saoghal bochd.* how's the world treating you? well / badly. □ *ciamar air an t-saoghal ...?* how in the world ...? 2. life, span (lifetime) □ *fhuair e saoghal fada / goirid* he had a long / short life □ also: *bha saoghal fada aige* he lived a long life □ *cha do dh'fhàs e iomraiteach na shaoghal fhèin* he did not become famous in his own lifetime □ note also: *uair dha robh saoghal / uair den t-saoghal* once upon a time
saoghal-mhiannach *a* materialist **s.-mhiannachd** *nf* materialism **s.-mhiannair, -ean** *nm* materialist

saoghalta *a* mundane, secular, worldly, worldly-wise □ *bha ise na bu shaoghalta na bha esan* she was more worldly-wise than he [was]

saoi *nm* □ see **saoidh**

saoibhir / saoibhreas etc. □ see **saidhbhir / saidhbhreas** etc.

saoidh, -ean *nm* sage (person), savant

saoidhean, -ein, -an *nm* saithe, coal fish

---

saoil, saoilsinn / saoiltinn *v* conceive, deem, imagine, suppose, think □ *saoilidh mi gu bheil e glè inntinneach* I think it's very interesting □ *saoilidh mi gum biodh e buannachdail nam biodh ...* I think it would be beneficial if—were ...□ *dè a shaoil thu den dhealbh-chluich?* what did you think of the play? □ *innis dè a shaoil thu den sgeulachd* say (lit. tell) what you thought of the story □ *saoil mòran dhe* admire □ *bha i a' saoilsinn mòran dheth* she admired him □ *shaoileadh tu air Dàibhidh gur h-esan am maraiche as fheàrr air an t-saoghal* you would think by (looking at / listening to) David that he was the best seaman in the world □ *shaoilinn gun còrdadh iad ris a h-uile duine* I should imagine they would please everybody □ *cha shaoilinn gum biodh mòran sam bith den t-seòrsa seo* I shouldn't think there would be many of this type □ *is dòcha gu saoilear nach eil annas mòr ri lorg anns a' chuspair sin* it will probably be thought that there is nothing very interesting to be found in that subject (lit. no great novelty)

saoil is frequently used, unlenited, and usually without a *pers pron*, in the following manner: *saoil dè thachair do Sheumas?* I wonder what happened to James? □ *... ach saoil an atharraich e ..?* but do you suppose he'll change? □ *saoil a bheil e deiseil fhathast?* do you think he's ready yet? □ note that, in this use, the form remains the same, whether *sing* or *pl*, *informal* or *polite* □ note also that **an dùil** is also used in this way

A pronoun may be used, however, when the question is more emphatic or directed □ *saoil sibh a-nis nach bu chòir bacadh a chur air a bhith a' cumail bheathaichean ann am*

bogsaichean mar seo? don't you think now that a stop should be put to keeping animals in boxes like this? □ *càite, saoil thu, an deach e an uairsin?* where, do you think, did he go then?

shaoil leam, shaoil leis etc. I thought, he thought etc. □ *shaoil leis* he thought □ *shaoileam gun cuala mi fuaim air taobh a-muigh uinneag mo ruim* I thought I heard a noise outside my room window

---

saoile *nm* imprint, mark (a by-form of **seula**) □ *cuir saoile air* leave a mark on □ *chuirinn saoile air!* I would leave a mark on him! (by hitting)

saoiliste *a dial form* of **saoilteadh** (it) would be thought i.e. one would think, suppose, imagine □ *'s ann a shaoiliste le coimhead orra gun robh iad ...* one would think to look at them that they were ...

saoilsinn *nf & vn* of **saoil** thinking etc.

saoiread, -eid *nm* cheapness □ *tha measan a' dol an saoiread* fruit are getting cheaper

saoirsinneachd *nf* joinery, woodwork

saoirsneachd □ see **saoirsinneachd**

saoithrich □ see **saothraich**

---

saor, saoir, saoir *nm* carpenter, joiner, wright □ *bha e ag obair na shaor* he was working as a joiner

saor-chairtean *nm* cartwright **s.-chuibhlean** *nm* wheelwright **s.-luinge** *nm* shipwright, ship's carpenter (but note also **saor dubh** shipwright **saor geal** carpenter) **s.-mhuilnean** *nm* millwright

saor, -adh *v* (+ **bho / o**) absolve, deliver, emancipate, enfranchise, exculpate, exempt, exonerate, extricate, frank (letters), free, justify, liberate, ransom, redeem, rescue, rid, save (all with 'from / of' where approp.)

saor, saoire *a* 1. (with **bho / o** = 'from' where approp.) clear, frank, free (of liberty / of cost – but also see **asgaidh**), independent, lax, quit, scotfree □ *duine saor* a free man, a freeman □ *tha gach aon aca saor gu dol dhachaigh* each one of them is free to go home □ *bha an loch saor o dheigh* the loch was free of ice □ *cha robh e saor o shaobh-chràbhadh* he wasn't free of superstition □ *latha saor* a holiday □ *na làithean saora* the holidays – see also **saor-là** below □ *an Eaglais Shaor (Chlèireil)* The Free (Presbyterian) Church □ *saor o mhàl* rent-free □ *saor o* except for □ *cha robh duine ann saor o dhithis no triùir de chloinn* there was nobody there except for two or three children □ *cead dol saor* exemption □ *saor tron phost* post-free 2. cheap, inexpensive □ *tha na briosgaidean seo glè shaor* these biscuits are very cheap □ *bhiodh iad saor an cumail 's am biathadh* they would be cheap to keep and to feed (lit. their keeping and their feeding) **saor-bhuidheann** *nf* voluntary body **s.-chlachair** *nm* freemason **s.-dhuais** *nf* honorarium **s.-dhuilleagach** *a* looseleaf **s.-inntinneach** *nm* free-thinker **s.-inntinneach** *a* free-thinking **s.-là** *nm* a holiday □ **s.-làithean** *pl* holidays, vacation □ *'s e saor-làithean a bha aca* they were on holiday □ also: *bha e thall thairis air saor-làithean* he was abroad on holiday □ *a bheil fhios agad cuin a bhios na saor-làithean ann?* do you know when the holidays are? (lit. will be in it) □ *nuair a bha thu air do shaor-làithean* when you were on holiday □ *tha dùil againn saor-làithean a ghabhail a dh'aithghearr* we hope to take holidays soon **s.-mhalairt** *nf* free-trade **s.-rannaigheachd** *nf* free verse, vers libre **s.-reic** *nm* sale (at reduced prices) **s.-sgrìobhadh** *nm* free composition **s.-thabhartas** *nm* largesse **s.-thoil** *nf* free-will **s.-thoileach** *nm* volunteer □ *saor-thoilich rìoghail* royalist volunteers **s.-thoileach** *a* spontaneous, voluntary □ *bha na dleasan sin air fad nan obraichean saor-thoileach* these duties were completely voluntary tasks

saoradh, -aidh *nm & vn* of **saor** freeing etc., absolution, enfranchisement, exoneration, liberation, rescue, riddance, salvation
saoraich, -achadh *v* reclaim (land)
saoraidh *a* freeing, liberating □ *gràdh saoraidh Dhè* the freeing love of God □ *am Fear-saoraidh* the Saviour
saoraich, -achadh *v* 1. cheapen 2. free (uncommon in both meanings) 3 reclaim (land – geog.)

saorsa *nf* emancipation, franchise, freedom, immunity, independence, latitude, liberty, redemption □ *saorsa còmhraidh* familiarity □ *saorsa nam meadhanan* freedom of the press □ *saorsa o pheanas* impunity □ *tha iad a-nis air saorsa fhaotainn* they have now found freedom
saorsail, -e *a* free □ *cho saorsail ri eun air an sgèith* as free as a bird on the wing
saorsainn *nf* □ same as **saorsa**
saorsainneil, -e *a* same as **saorsnail**
saorsnail, -e *a* happy in mind, at ease □ *le osna shaorsnail* with a happy sigh □ *tha sinn an comhnaidh nas saorsnaile nuair a ... we* are always happier when ... □ *cha robh iad idir saorsnail a bhith gam fagail leotha fhèin* they weren't at all happy to be left by themselves
saorte *pp* freed, liberated, saved etc.
saothair, saothrach / saoithreach, saothraichean *nf* industry, labour, pains (trouble etc.) throe, toil, travail, trouble, work, works (incl. literary) □ *le mòr shaothair* elaborately □ *cho-dhùin e nach b'fhiach e a shaothair dha*(or: *an t-saothair dha*) he decided that it wasn't worth his while / trouble □ *an dèidh mòran saothrach* after much labour □ *b'fhiach e barrachd saothair a ghabhail ann a bhith gan tuigse* it would be worth more to take pains in [being] understanding them
saothair-bhreith / s.-chloinne *nf* labour (of childbirth) □ *chaochail i ann an saothair-bhreith* she died in labour
saothrachadh, -aidh *nm & vn* of **saothraich** manufacturing etc., culture, manufacture
saothrachail, -e *a* laborious, painstaking, strenuous, toilsome
saothraich, -achadh *v* fend for oneself, labour, manufacture, plod, ply, toil □ *chaidh an saothrachadh an seo* they were manufactured here
saothraichte *pp* 1. manufactured 2. elaborate
saplais *nf* suds, soapy water left over after washing (appears to be connected with next word)
saplaisg, -ean *nf* sop □ *bha i a'giùlan mias shaplaisgean* she was carrying a basin of sops
sapraisgean *n pl* soapy water left over after washing (Lewis)
Sàr, Sàir, Sàir *nm* Czar □ *teaghlach an t-Sàir* the family of the Czar
sàr *a* (precedes & lenites noun, but is never used predicatively) excellent, perfect, ideal, supreme, ultra- □ *a'cur a-mach nan*

sàr dhàintean producing their excellent poems □ *sàr latha airson nam breac* a perfect day for [the] trout □ *chuir mi sàr eòlas air nuair a bha mi* ... I came to know him very well when I was ... □ *chailleadh iomadh sàr obair* many an excellent work was lost

sàr- *pref* – indicates excellence, very good quality etc.

sàr-bheachd *nf* ideal **s.-bheachdas** *nm* idealism **s.-cheum** *nm* major step □ *tha iad air sàr-cheum a ghabhail* they have taken a major step **s.-cheumach** *a* superlative (gram.) **s.-ghin** *nm* genius (person) **s.-ghineachas** *nm* genius (quality) **s.-mhath** *a* excellent □ *tha iad air an dèanamh gu sàr-mhath* they are excellently made **s.-phrofeiseantach** *nm* absolute professional

sàrachadh, -aidh, -aidhean *nm & vn* of **sàraich** afflicting etc., affliction, bother, distress, harassment, infliction, oppression, outrage □ *cha robh dòigh aige stad a chur air an t-sàrachadh* he had no way of putting a stop to the harassment

sàrachail, -e *a* onerous, outrageous, wearisome, wearying □ *bha sinn sgìth an dèidh ar turais shàrachail* we were tired after our wearisome journey

sàraich, -achadh *v* afflict, bait, bother, distress, domineer, fatigue, harass, importune, inflict, oppress, overtire, travail, tire, vex, wear, weary □ *bha an turas ga mo shàrachadh* the journey was wearying me

sàraichte *pp* bored, oppressed, wearied

sarcan, -ain *nm* sarking (wood under tiles or slates)

sàrdain, -ean *nm* sardine

sàrfhras, sàrfhroise *nf* superseeds

---

sàs, an sàs *adv* aground, engaged, stuck, fixed, tangled, in a tangle □ *bha am ball an sàs anns a' chraoibh* the ball was stuck in the tree □ ... *bha mi an sàs anns an obair seo fad iomadh bliadhna* I was engaged in this work for many years □ *tha deichnear an sàs làn-aimsireach* there are ten people engaged full-time □ ... *far a bheil na fèithean-lùthaidh an sàs* ... where the sinews are fixed □ *tha làn sgioba de sgrìobhadairean an sàs an tionndadh a-mach nam prògraman* there's a full team of writers engaged in turning out the programmes □ *'s e adhbhar an Tighearna anns a bheil mi an sàs* it's

the Lord's Work in which I am engaged □ ... *a bharrachd air a bhith an sàs ann an obair a' mhisein* ... as well as being engaged in the work of the mission □ *bha e an sàs ann am mòran ghnothaichean ionadail* he was engaged in many local matters □ note also: *bha iad an sàs innte gun sgur* they pestered her continually

cuir an sàs (a) tangle (cause to tangle / put in a tangle), entangle, entrap, implicate, involve, noose, stick □ *chuir e dithis eile an sàs anns an innleachd a bh'ann* he entangled / involved two others in the plot (b) arrest □ *chuir oifigich an airm an sàs e* the army officers arrested him (c) apply (something), implement, put into operation, commit (money, effort, support etc.) □ *air a chur an sàs* in commission □ *cur an sàs* application, inception, implementation

rach an sàs tangle (go in a tangle) □ *rach an sàs ann* become involved in, enter into, tangle with, tackle, take on □ *bha e ag innleachadh mar a bha e a' dol a dhol an sàs ann* he was planning how he was going to tackle it □ ... *nuair a thèid sibhse an sàs ann* ... when you tangle with him □ *bidh cuid a' dol an sàs san Laidinn* some will be taking on Latin

---

sàsachadh, -aidh *nm & vn* of **sàsaich** satisfying etc., approval, satisfaction

sàsaich, -achadh *v* cloy, glut, placate, satisfy □ ... *airson an tart a shàsachadh* ... to satisfy their thirst

sàsaichte *pp* content, contented, satisfied, sated

Sasannach, -aich, -aich *nm* Englishman, Sassenach

Sasannach *a* English □ *thàinig tè mhòr Shasannach a-steach* a large English woman came in

sàsar, -air, -an *nm* saucer (*nf* in some areas)

sàth, sàith *nm* fill, satiety, surfeit □ ... *far an do dh'ith iad aran gu an sàth* ... where they ate their fill of bread

sàth, -adh *v* butt, gore, plunge, push, stab, stick, thrust □ *sàth ann* transfix □ *sàth / sàth spìc ann* spike *v* □ *sàth a-steach* dig in *trans*, infix, intrude □ *sàth a-mach* protrude □ *shàth iad a-mach i* they pushed her (the boat) out □ *shàth e air falbh i le chois* he pushed it / her (the boat) away with his foot □ *shàth e a-mach a smig* he thrust / stuck out his chin □ *shàth e a' bhiodag tro a chridhe* he stabbed the dirk through his heart

sàthadh, -aidh, -aidhean *nm & vn* of **sàth** pushing etc., push, stab, thrust □ *sàthadh an dèidh sàthaidh leis a' bhiodaig* thrust after thrust with the dagger □ *le sàthaidhean sgoinneil* with energetic / vigorous thrusts

sathadh-suas *nm* press-up(s)

sàthachadh, -aidh *nm & vn* of **sàthaich** sating etc.

sàthaich, -achadh *v* sate

Sathairne *nf* Saturday

-se *emph part* used to make the *poss adjs* emphatic in the *3rd pers sing fem* and the *2nd pers pl*, being affixed to the *noun* or its *adj* □ *a taigh-se* her house □ *ur taigh-se* your house The hyphen is not used with *prons* and *prep prons: mise* me *emph* □ *ise* she / her *emph* (see App. 6 Sect. 1.2 – also under simple forms of *prons* and *preps*)

seabhag, -aige, -an *nf.* hawk, falcon

seabhag-ghorm *nf* peregrine falcon

s.-Lochlannach *nf* Icelandic falcon

s.-mhòr-na-seilge *nf* ger-falcon

seac, -an *nm* jack (for car etc.)

seac, -adh *v* dry, shrink, warp, wither □ *bha a' mhointeach a' seacadh* the peat-moss was withering

seacach, -aiche *a* contractile

seacadh, -aidh *nm & vn* of **seac** withering etc.

seacaid, -e, -ean *nf* dust-jacket, jacket □ *seacaid dinneireach* dinner-jacket □ *tron latha bhiodh iad a' toirt dhiubh an seacaid* during the day they would take off their jackets (note use of *sing*)

seacaid-teasargainn / **-teasairginn** *nm* life-jacket

walk like this □ *...seach e fhèin a mhilleadh* ... rather than spoil himself □ *tha e coltach nach robh mòran air taobh seach taobh* it appears there wasn't much on one side rather than another □ *cha b'e aon seach aon* it was neither one nor the other □ *cha robh mi a' creidsinn fear seach fear aca* I didn't believe either of them □ *cha tèid fear seach fear againn* neither of us will go □ note also: *bidh clann gan goirteachadh fhèin uair seach an uair* children will hurt themselves from time to time / occasionally □ *ann an dòigh seach dòigh* in one way or another 2. past □ *seach tìde* overdue

seach gu *conj* as, because, since, seeing that □ *seach gur ann airson cloinne a tha na prògraman seo...* since these programmes are for children... □ *seach nach do chum iad na trannsaichean glan...* because they didn't keep the passages clean

mu seach *adv* 1. alternately, in turn, turn about □ *gach aon mu seach* each one alternately □ *duine mu seach* man about, alternately, in turn □ *fear mu seach* man, male animal, masculine object about, alternately, in turn □ the *fem* equivalent of this last is *tè mu seach* woman, female animal, feminine object in turn, alternately □ *bhruidhinn e riutha fear mu seach* he spoke to them in turn □ *a' dol mu seach* staggering 2. by, past □ *cuir mu seach* 'put by', 'put past' i.e. save □ *chuir e mu seach beagan thastan gach seachdain* he saved a few shillings every week

seach-chanàl *nm* diversion channel **s.-ionaltradh** *nm* overgrazing (geog.) **s.-laghail** *a* extra-judicial **s.-rathad** *nm* by-pass **s.-thìm** *nf* overtime

---

seach *prep + acc* 1. in preference to, rather than, compared to □ *tha an t-eun seo neònach na dhòighean seach iomadh eun eile* this bird is peculiar in its ways compared with many other birds □ *bhon taobh seo seach taobh nam fear-lagha* from this viewpoint rather than from the viewpoint of (the) lawyers □ *bu toigh leam marcachd air each seach coiseachd mar seo* I would like to ride upon a horse rather than

---

seachad *adv* by, over, past □ *bha a' bhracaist seachad aig lethuair an dèidh seachd* breakfast was over at half past seven □ *tha an là seachad* the day is done

rach seachad elapse, pass, go past □ *chaidh iad seachad* they went by □ *thèid seo seachad* this shall pass □ *cha deach e seachad do chuid* it didn't pass for some □ ...*a chaidh seachad* former...□ *anns na bliadhnachan a chaidh seachad* in [the] former years □ note also: *anns an dol seachad* in the passing □ *faodar a ràdh anns an dol seachad* ...it may be said in the passing...□ and also: *gabh seachad* pass (walk past) □ *chunnaic e am post a gabhail seachad* he saw the postman going past / passing

seachad air *prep* + *dat* beyond (of time), past □ *rach seachad air* pass, overtake □ *chaidh e seachad air an làraidh* he passed / overtook the lorry □ but note: *tha mi air a dhol seachad air mo sheanchas* I've wandered from the story □ *cha chuirinn seachad oirre e* I wouldn't put it past her □ *nuair a bha am biadh gann chuireadh iad seachad orra fhèin e* when food was scarce they would go short themselves (in order that the children would have more – lit. they would put it past themselves)

thoir seachad communicate, consign, deliver, hand over, peddle, provide □ ... *gus ùrachadh a thoirt seachad* (in order) to provide refreshment □ *thoir seachad binn* pass sentence, give judgement □ *thug iad seachad am binn* they delivered their judgement

cuir seachad spend (time) □ *chuir e seachad an oidhche anns na coilltean* he spent the night in the woods □ note **cur-seachad** (q.v)

May be used in a stressed position thus: *seachad gun deach sinn* past we went

---

seachadas, -ais *nm* tradition(s) □ *seachadas dhaoine* people's traditions

seachain, seachnadh *v* (previously spelt **seachainn**) 1. avoid, dodge, elude, eschew, evade, miss (deliberately) shirk, shun □ *na seachain e!* don't miss it! (of television programme etc.) □ *na sir is na seachainn an cath* do not seek and do not avoid the fight (proverb) □ *sheachain e mo shùil* he avoided my eye □ *tha e a' seachnadh ceist dhuilich* he's avoiding a difficult problem □ *cha ghabhadh e seachnadh gun lean connspaid air a' chùis* it was inevitable that controversy ensued (lit. it couldn't be avoided etc.) □ ...*mar nach robh seachnadh air* ...as if there were no avoiding

it / as if it were inevitable 2. spare □ *ràinig sinn le deich mionaidean ri seachnadh* we arrived with ten minutes to spare □ *a bheil iasg agad ri sheachnadh?* do you have a fish to spare? □ *gu leòr agus ri seachnadh* enough and to spare

seacharan *nm* □ same as **seachran**

seacharain *a* □ same as **seachrain**

seachd *a* (**a seachd** when not accompanied by a noun) seven □ *seachd craobhan* seven trees □ *seachd bàtaichean* seven boats □ *co mheud craobh a tha anns a' ghàradh? tha a seachd* how many trees are there in the garden? seven □ *bhuail an cleoc a seachd* the clock struck seven □ *seachd—deug* seventeen—□ *seachd puist dheug* seventeen posts

seachd-deug *nm* seventeen (when not accompanied by a noun) □ *co mheud fhear? a seachd-deug.* how many men? seventeen (see **seachd**)

seachd *adv* – seems to have some connection with **seach / seachad** with the underlying meaning of 'over-','ultra-' and is used to intensify statements □ *bha mi seachd sgìth dheth* etc. he / it was a menace (i.e. I was past the stage of just being tired of him / it) □ *tha mi seachd seann sgìth de do cheistean* I am sick and tired of your questions □ *gu seachd àraidh* most especially, most particularly □ *bha iad seachd searbh dheth* they were well and truly disgusted with him / it *masc*

seachdad *s* and *a* seventy in new style of counting □ *anns na seachdadan* in the seventies

---

seachdain, -e, -ean *nf* week □ *fad seachdain* for a week □ *gach seachdain* weekly □ *bha e toilichte faighinn air falbh bhon sgoil airson beagan sheachdainean* he was pleased to get away from [the] school for a few weeks □ *an t-seachdain seo chaidh* last week (lit. this week that has gone) □ *an t-seachdain sa tighinn* this coming week □ *seachdain Dimàirt seo chaidh* last Tuesday week □ *cùrsa dà sheachdain* a two week course □ *thèid coinneamh a chumail seachdain bhon diugh* a meeting will be held a week from today / this day week □ *chaidh coinneamh a chumail seachdain gus a-nochd* a meeting was held this night last week (lit. a week until tonight) □

bha e trì seachdainean ann an Steòrnabhagh he was three weeks in Stornoway
air is often used for 'in' when referring to the week: *aon là san t-seachdain* one day in the week □ *a bheil e a' cluich air an t-seachdain seo?* is he playing this week? □ but note also: *dà oidhche san t-seachdain fad naoi seachdain* two nights a week for nine weeks □ *gheibheadh e dà not san t-seachdain* he used to get two pounds a week (lit. in the week) □ *uair san t-seachdain* once a week □ *an latha as miosa san t-seachdain* the worst day in the week / of the week
an t-seachdain seo tighinn and **an t-seachdain seo chaidh** are used for 'this coming week' and 'last week' respectively: *na seachd seachdainean sa tighinn* the next seven weeks (note: **sa** is short for **seo** – lit. these seven weeks coming) □ *an t-seachdain seo tighinn* this coming week (see preceding) □ *seachdain Diardaoin seo tighinn* a week come Thursday / Thursday week □ *an t-seachdain seo chaidh* last week
a sheachdain *adv* on weekdays □ *bha e a' searmonachadh a Shàbaid is a sheachdain* he was preaching on Sundays and weekdays
seachdain *a* weekday, of the week □ *bha e a' frithealadh seirbheisean Sàbaid is seachdain* he was attending Sunday and weekday services □ *là seachdain* weekday

---

seachdaineach *a* weekly □ *seirbheisean seachdaineach* weekly services □ *deireadh seachdaineach* week-end
seachdaineil *a* □ same as **seachdaineach**
seachdamh *a* seventh □ *an seachdamh fear* the seventh man □ *an seachdamh latha (an 7 mh latha)* the seventh day (the 7th day) □ *an seachdamh—deug* the seventeenth—□ *timcheall air an t-seachdamh linn deug* about the seventeenth century
seachdamh-deug *a* and *s* seventeenth (17 mh), the seventeenth part
seachdanach *a* □ same as **seachdaineach**
seachd-bhliadhnach *a* septennial **s.-cheàrnach** *nm* heptagon **s.-fillte** *a* sevenfold **s.-shliosach** *nm* heptagon **s.-shliosach** *a* heptagonal

seachdnar *s* seven (people) □ foll. by noun in *gen pl* or **de** + *dat* or the relevant *prep poss form* of **de** or **aig** □ *thàinig seachdnar dhaoine a-staigh* seven people entered □ *seachdnar mhac* seven sons □ *bha seachdnar a theaghlach ann* there were seven of a family (**a** is an *abbr form* of **de** of) □ *seachdnar no ochdnar de na h-òganaich* seven or eight of the youngsters □ *fhuair na poilis greim air seachdnar dhiubh* the police caught seven of them □ *anns a' ghinealach agam bha seachdnar againn ann* in my generation there were seven of us
seachlaimh *a* remaining, in store, 'bydand' (standfast – the motto of the Gordon Highlanders)
seachnadh, -aidh *nm* & *vn* of **seachain(n)** avoiding etc., evasion
seachrain *a* stray □ *ainmhidh seachrain* a stray (animal)
seachran, air seachran *adv* astray (also, commonly, **air an t-seachran**) □ *cuir air seachran* cause to stray, misappropriate □ *bha an cunnart ann gun cuireadh e feadhainn eile air (an t-)seachran còmhla ris fhèin* there was the danger that he would cause others to stray along with him(self) □ *rach air (an t-)seachran* err, stray, wander □ *chaidh iad air (an t-)seachran* they strayed, wandered, went astray etc. □ *bha e tur air (an t-)seachran* he was completely astray
seachran-inntinn *nm* derangement
seachranach, -aiche *a* devious, discursive, erring, rambling, straying, wandering □ *bha ise cho seachranach ris-san* she was as erring as he □ *na h-aistidhean seachranach seo* these rambling essays
seachranaiche, -ean *nm* wanderer
seachtrach *a* extramural
seacte *pp* dried, sere, shrivelled, shrunken
sead *nf* jade
seada, -aichean *nm/f* outhouse, shed □ *air beulaibh an t-seada* in front of the shed
seadag, -aige, -an *nf* grapefruit
seadh *interj* ay, yes, yes it is, yes indeed etc., so □ *seadh!* indeed! □ *seadh?* indeed?, really? □ *seadh dìreach* yes indeed □ *seadh fhèin* just so, that's right □ is used to mean 'yes' only in acknowledgement of someone calling your name or of a piece of information e.g. *a Sheumais! Seadh?* James! Yes? *Seadh, is dè tuilleadh?* Yes, and what else?
seadh, -a, -an *nm* □ see **seagh**
seadh-fhear *nm* yes-man
seagair, -ean *nm* kittiwake

seagal, -ail *nm* rye □ *bha seagal a'fàs anns na h-achaidhean* rye was growing in the fields
seagh, -a, -an *nm* import, meaning, point (in argument), sense, tenor □ *ann a seagh* to some degree, in a sense □ *anns an t-seagh gum bu chòir do daoine a bhith* ... in the sense that people ought to be... □ *[ann] an iomadh seagh* in many senses □ *anns an t-seagh gu bheil e* ... in the sense that it is ... □ *tha sinn fada air dheireadh orra anns an t-seagh seo* we are far behind them in this sense □ ... *anns an t-seagh air an robh sinn eòlach* ... in the sense with which we were familiar □ *ag ràdh rudan gun mòran seagha* saying things without much import
seaghach, -aiche *a* 1. practical, sagacious, sensible, shrewd, prudent □ *tha iad gu math seaghach* they are quite shrewd 2. weighty, important □ *rudan beaga nach robh a' coimhead seaghach* little things which didn't seem important
seaghail, -e *a* □ same as **seaghach**
seàirdeant, -an *nm* sergeant
seal, -a, -an *nm* time, period □ *mun t-seal sin de a bheatha* about that period of his life □ *rè seal* temporary (comparatively uncommon)
seàla, -aichean *nf* shawl □ *bha seàla thartain oirre* she was wearing a tartan shawl
sealach *a* momentary, temporary, transitory □ *tha beatha an duine cho sealach* man's life is so transitory
sealadach *a* caretaker, provisional, transitory □ *Riaghaltas sealadach* a caretaker Government □ *bha an suidheachadh cugallach sealadach* the situation was uncertain and transitory
sealaidheachd *nf* relay
sealastair □ see **seileastair**
sealbh, seilbh *nm* (note that **seilbh** is frequently used as the *nom form*) 1. incumbency, ownership possession, property, repertoire □ *gabh sealbh air* appropriate, possess, take possession of, occupy □ *nuair a ghabh iad sealbh air an eilean* ... when they occupied the island ... □ *glac sealbh air* assume, take possession of □ *a dh'fhaotainn sealbh air a' chroit* ... to obtain ownership of the croft □ *cuir an sealbh* induct, install, invest □ *tha dùil aca gun cuirear tuilleadh airgid an sealbh anns a' chompanaidh* they expect that more money will be invested in the company □ *cur an sealbh* installation □ *cuir à sealbh* dispossess, evict □ *cur à sealbh* dispossession, eviction □ *bi an sealbh air*

be in possession of, possess □ *tha e soilleir gu leòr gun robh e an sealbh air tàlannan os cionn a' chumantais* it's evident that he possessed extraordinary talents □ ... *air a bheil sinn an sealbh* ... which we possess 2. good luck / fortune, providence □ *cha robh barrachd seilbh orra* they hadn't any more luck (than somebody else previously) □ *'s dòcha gum bi sealbh nas fheàrr ort an ath turas* perhaps you'll have better luck next time □ *aig an t-Sealbh tha brath* Goodness knows (lit. at the Providence is there knowledge) □ *gu sealladh sealbh ort* goodness! gracious! etc.
sealbh-ghlacadh *nm* occupation e.g. of a country □ *an dèidh an t-Sealbh-ghlacaidh* after the Occupation
sealbhach, -aiche *a* fortunate, lucky □ *gu sealbhach* fortunately, luckily
sealbhachadh, -aidh *nm & vn* of **sealbhaich** owning etc., induction, possession
sealbhadair, -ean *nm* owner, possessor, proprietor
sealbhag, -aige *nf* sorrel
sealbhag-nam-fiadh *nf* mountain sorrel **s.-nan-caorach** *nf* sheep sorrel
sealbhadair, -ean *nm* incumbent, inheritor, possessor, proprietor
sealbhaich, -achadh *v* 1. own, possess 2. inherit
sealg, sealg *v* hunt
sealg, seilge *nf & vn* of **sealg** chasing etc., chase, hunt, hunting
sealgair, -ean *nm* hunter, predator, sportsman □ *sealgair na muice* whaler *an Sealgair Mòr* the constellation Orion □ *sealgair luch* a mouser
sealgair-seanchais *nm* gossi
sealgaireachd *nf* hunting
seall, sealltainn *v* 1. eye, look, see □ *seall thairis air* overlook □ *seall gu cùramach* peruse □ *seall cò th'againn!* look who's here! □ *sheall mi mun cuairt* I looked around □ *sheall e suas* he looked up □ *sheall e a-mach air an uinneig* he looked out of the window □ *sheall i a-steach air an uinneig* she looked in through the window □ *seall Seumas!* look at James! □ *seall a bheil briosgaidean teòclaid aca* see if they have chocolate biscuits
seall is sometimes used with **air / ri** □ *sheall e orm* he looked at me / he eyed me □ *sheall e ris a' chleoc* he looked at the clock □ *seallar ris a' cho-cheangal a tha eadar na dhà* the connection between the two will be looked at □ *seallar ri sin* that will be looked at

Note also: *tha mi (a') dol a shealltainn air mo mhàthair* I'm going to look [in] on my mother □ *am fear nach seall roimhe, seallaidh e às a dhèidh* the man who doesn't look forward will look backward (proverb) □ *sealladh a h-uile duine air a shon fhèin* let every man look out for himself □ *sheall i dìreach na shùilean* she looked straight into his eyes □ note also: *gu sealladh Dia orm / ort etc.*! goodness gracious! (lit. may God look upon me / you etc.) 2. demonstrate, evince, point, prove, register, show (+ **do** to) □ *seall dhomh do làmhan* show me your hands □ *bha e a' sealltainn dhaibh eachdraidh Alba* he was showing them the history of Scotland □ *cha bhi e fada a' sealltainn dhi* he won't be long in showing her □ *thuirt iad gun sealladh iad an seòrsa Mòid bu chòir a bhith ann* they said that they would demonstrate the kind of Mod that there ought to be □ *sheall e gun robh e ceart* he demonstrated that he was right

sealladh, -aidh, -aidhean *nm* aspect, look, outlook, perspective, point of view, prospect, scene, scene (dram.), scenery, show, sight, spectacle, standpoint, survey, view, vista, vision □ *an dà sealladh* second sight □ *sealladh uaire* time display □ *sealladh figearail* digital display □ *sealladh ioma-thaobhach* commutative aspect □ *gun sealladh* sightless □ *sealladh o mhullach beinne* a view from a mountain top □ *dhìrich mi chun a' bhùird-luinge airson ciad sealladh an eilein* I climbed up on deck for a first sight of the island □ *tha seallaidhean bòidheach ann* there are beautiful views / there is beautiful scenery □ *bho shealladh an latha an-diugh* from the present perspective

sealladh is used with various *verbs* □ *gabh sealladh* view □ *gabh sealladh bradach* peep *v* (**sealladh bradach** lit. means a stolen view i.e. a peep) □ *caill sealladh air* mislay □ *faigh sealladh de* get a view / look of □ *fhuair sinn a' chiad sealladh den obair ùir seo an dè* we got the first view of this new work yesterday □ ... *airson sealladh nas fharsainge fhaotainn air mar a tha daoine a' tighinn beò* to get a more comprehensive view of how people live □ *thug e sealladh bagarrach oirre* he gave her a threatening look

sealladh may also be accompanied by various *preps* □ *bha iad a' tighinn san t-sealladh* they were coming into sight / view □ *thàinig sinn an sealladh na mara* we came within sight of the sea □ *às an t-sealladh* out of sight □ *rach à sealladh / rach às an t- sealladh* disappear, vanish □ *chaidh e às mo shealladh* he went out of my sight / he disappeared from my view

sealladh-aghaidh *nm* aspect

sealltainn *nm* & *vn* of **seall** looking, watching etc. □ *sealltainn air ais* retrospect

Sealtainneach, -ich, -ich *nm* Shetlander, Shetland pony

Sealtainneach *a* Shetland, of, belonging to or pertaining to Shetland

Seumasach, -aich, -aich *nm* Jacobite

seamrag, -aige, -an *nf* clover, shamrock

seamrag-bhàn *nf* white clover **s.-bhuidhe** *nf* yellow clover **s.-chapall** *nf* red clover **s.-Muire** *nf* wood loosestrife **s.-nam-buadh** *nf* four-leaved clover

---

sean, sine *a* aged, old, elderly, former, stale □ *bha iad sean* they were old □ *tha e ro shean a-nise* he is too old now □ *tha e ro shean dhut* he's too old for you □ *tha cuid dhiubh cho sean ris an t-siathamh linn* some of them are as old as the sixth century □ *tha mise ro shean airson saighdearachd tuilleadh* I'm too old for soldiering any more □ *fàs sean* grow old, age □ *tha e a' fàs sean* he is growing old

sean, when not being used as part of the predicate (i.e. he is old, she was old etc.), precedes the noun, in which case it is usually spelt and pronounced **seann** (though this is not obligatory) and lenites all consonants where possible except-**d, t, s** □ *seann duine* an old man □ *seann seòladair* an old sailor □ *seann taigh* an old house □ *seann bhàta* an old boat □ *air a' bhalla bha dealbh seann bhoireannaich* on the wall was the picture of an old woman □ *seann àirneis* lumber □ *Seann Tiomnadh* Old Testament

When **sean** precedes the noun it is lenited or preceded by **t-** as appropriate, as if it were the beginning of the noun □ *an t-sean chànain* the old language □ *a' fosgladh sheann lotan* opening old wounds □ *bha e ag athsgrìobhadh nan seann leabhraichean* he was transcribing the old books □ *ann am bùth sheann leabhraichean* in an antique bookshop sean often takes the form **seana** in common speech, and appears thus occasionally in the written form □ *seana mhaighdeann* spinster (old maid) – see **seana**

sean, o shean *adv* of old □ *na Gaidheil o shean* the Highlanders of old □ *bha e daonnan a' caoidh nan làithean glòrmhor a bha ann o shean* he was always lamenting the glorious days of old

nas / as sine elder, senior □ *is e am fear as sine (den dithis)* he is the elder □ *is e am fear as sine (den triùir* etc.) he is the oldest (of the three etc.) □ *sheall i ri a mac bu shine* she looked at her elder / eldest son □ *tha mi cho sean ri mo ludaig agus bliadhna nas sine na m'fhiaclan* I'm as old as my little finger and a year older than my teeth □ *is e Mgr. MacDhòmhnaill (a bu shine) a bha...* it was Mr. Macdonald (senior) who was..

sean-ràite *a* trite **s.-seanair** *nm* great grandfather □ *ann an taigh mo shean-sheanar* in my great grandfather's house **s.-seanmhair** *nf* great grandmother □ *ann an taigh mo shean-sheanmhar* in my great grandfather's house

---

seana – a form of **sean** common in speech, and sometimes appearing in the written form
seana-ghille *nm* bachelor **s.-mhaighdeann** spinster (old maid)
seanadh, -aidh, -aidhean *nm* senate, synod
seanadhair, -ean *nm* senator
seanailear, -eir, -ean *nm* general
seanair, seanar, seanairean *nm* grandfather, elder (of a community)
seanchaidh, -ean *nm* historian, narrator, story-teller, tradition bearer
seanchas, -ais *nm* talk, conversation, story-telling, lore, tradition □ may be used as if it were a *vn: bha mi a' seanchas rithe* I was talking to her / conversing with her □ *tha mi a' dol seachad air mo sheanchas* – also *tha mi a' dol thar mo sheanchais* – I'm getting ahead of myself (in my story) □ *air chùl an t-seanchais* behind the times
seanfhacal, -ail, -ail / seanfhaclan *nm* proverb
seang, seinge *a* lank, slender, slim, wiry □ *sheall e air an nighinn sheing* he looked at the slender girl

seangaich, -achadh *v* slim
seangalachd *nf* slenderness
seangan, -ain, -ain / -an *nm* ant
seangarra *a* old looking, having an old appearance, withered with age
seanmhair, seanmhar, seanmhairean *nf* grandmother
seann *a* □ see **sean**
seann- *pref* indicating 'old'
seann-aois *nf* old age □ *sgrìobh e an leabhar seo na sheann-aois* he wrote this book in his old age **s.-eòlas** *nm* lore **s.-fhasanta** *a* dowdy, old-fashioned, quaint □ *seann-fhasanta agus nuadh-fhasanta* old-fashioned and modern □ *fàs seann-fhasanta* date, become old-fashioned **s.-nòsach** *a* old-fashioned **s.-phàrant** *nm* grandparent **s.-rud** *nm* antique **s.-saighdear** *nm* veteran **s.-saoghal, an t-s.-saoghal** *nm* antiquity **s.-saoghlach** *a* antique
seannsail, -e *a* lucky, fortunate □ ... *ach cha robh e cho seannsail an uair seo* ... but he wasn't so lucky this time
seannsair, -ean *nm* chanter (bagpipes)
seanndachd *nf* antiquity, oldness
seansal, -ail, -an *nm* chancel
seant, -an *nm* cent
seantaidh *a* senile, primitive, obsolete
seantans, -an *nm* sentence (grammar) □ *seantans cuspaireach* topic sentence □ *seantans fillte* compound sentence
sèap, -adh *v* slink, sneak away □ *bhitheadh e a' sèapadh air falbh bho dhaoine* he would slink away from people
Seapanach *a* Japanese
Seapanach, -aich, -aich *nm* Jap
seaponaca *nf* japonica
seaptaic *a* septic
searadair, -ean *nm* □ see **searbhadair**
searbh, sèirbhe *a* acid, bitter, disgusted, dissonant, poignant, sarcastic, sour, tart □ *dèan searbh* embitter, sour □ *feumaidh sinn an cupa searbh seo òl* we must drink this bitter cup □ *dh'fhàs e car searbh den chòmhradh seo* he became somewhat disgusted with this conversation □ *tha iad searbh de dhòighean obrach nan daoine seo* they are disgusted with these people's methods of working
searbh-ghlòr *nm* cacophony **s.-ubhal** *nm* crab apple
searbhachd, -an *nf* acidity, bitterness
searbhadair, -ean *nm* towel – also **searadair**
searbhadas, -ais *nm* bitterness
searbhag, -aige, -an *nf* acid □ *searbhag amino* amino acid □ *searbhag*

rioboniùclasach ribonucleic acid □ *searb-hag cairt* tannic acid □ *searbhag loisgeach* vitriol □ *searbhag bhainneach* lactic acid

searbhag-dhealbhadh *nm* etching **s.-mhilis** *nf* woody-nightshade, bitter-sweet

searbhaich, -achadh *v* make bitter, embitter

searbhanta, -an *nf* domestic, servant

searbhas, -ais *nm* sarcasm

searbhasach, -aiche *a* cynical

searg, -adh *v* decay, droop, fade, pine, shrivel, wane, waste away, wither □ *searg às* languish □ *shearg an dealbh* the picture faded

seargach *a* deciduous

seargadh, -aidh *nm & vn* of **searg** withering etc., blight, decay, emaciation

seargair, -ean *nm* puny person, runt – the 'sharger' of Scots

seargte *pp* sere, shrivelled, withered □ *na duilleagan seargte* the withered leaves

searmon, -oin, -oin / -an *nm* – also **searmon, -oin, -an / -ean** *nf* homily, sermon □ *thòisich an searmon* the sermon began *masc* □ *cha do rinn an t-searmon càil dhomh* the sermon didn't do anything for me *fem* □ *troimh mheadhan an t-searmoin* through the medium of the sermon *masc* □ *tha meas aig na Gaidheil fhathast air na searmoinean aige* the Gaels still esteem his sermons □ ... *a' dèanamh shearmoinean poiliticeach* ... making political sermons □ *a' dol chun nan searmonan* going to the sermons □ *na seann shearmoin chiùine* the old, calm sermons

searmonachadh, -aidh *nm & vn* of **searmonaich** preaching etc.

searmonaich, -achadh *v* preach, sermonize □ *a' searmonachadh an t-soisgeil* preaching the gospel

searmonaiche, -ean *nm* preacher

seàrr, -adh *v* lounge

searr, -adh *v* stretch □ *bha a h-uile duine a' searradh (a) amhaich* everybody was craning their necks (lit. 'his neck')

seàrradh, -aidh *nm & vn* of **seàrr** lounging etc.

searrag, -aige, -an *nf* bottle, flask □ *searrag ghlainne* decanter, vial

searrach, -aich, -aich *nm* colt, foal

---

seas, seasamh *v* 1. stand □ *sheas iad a' bruidhinn mionaid* they stood talking a minute □ *cha do rinn e càil ach seasamh an sin* he did nothing but stand there / he just stood there □

seasaidh iad uile leis a' chuid as fheàrr de sgrìobhadairean na Beurla they will stand with the majority of English writers (i.e. writers in the English language) 2. back, defend, stand in good stead, stand up for, support □ *sheasadh iad esan an àm a' chruadail* they would support him in time of hardship □ *'s e an cultar sin a sheas na Gaidheil gu math anns gach ceàrn den t-saoghal* it's that culture which has stood the Gaels in good stead in every region of the world (lit. has supported) □ note also: *carson nach do sheas sibh air mo thaobh?* why didn't you support me? / stand up for me? (lit. stand on my side) □ *airson còirichean nan Gaidheal a sheasamh* to stand up for the rights of the Gaels 3. last □ *thuirt iad rium nach seasadh e* they said to me that it wouldn't last □ *dè cho fad 's a sheasas seo an dèidh dha bhith air a fhosgladh? seasaidh e tri làithean* how long will this last after it has been opened? it will last [for] three days □ *dè cho fad 's a sheasas an t-searmon?* how long does the sermon last?

When the state of standing is being described the *vn* is preceded by the *prep pron.* formed from **ann** instead of **a'** □ *bha e na sheasamh an sin* he was standing there (lit. he was in his standing etc.) □ *bha iad nan seasamh aig an doras* they were standing at the door □ *bha mi nam sheasamh air a' chathair* I was standing on the chair □ also: *dh'èirich e na sheasamh* he stood up □ *leum e na sheasamh* he leapt to his feet □ *chuir iad an crann na sheasamh* they stepped the mast □ but: *cha b'urrainn dhomh seasamh air aon chois* I couldn't stand on one foot

seas ri(s) / an aghaidh (or without *prep* at all) confront, endure, stand up to, put up with, weather, withstand □ *sheas e àite fhèin na aghaidh* he stood up to him □ *sheas iad gu treun ris na h-ionnsaighean* they withstood the assaults heroically □ *cha robh e comasach dhaibh seasamh an aghaidh na doinninn na b'fhaide* it was impossible for them to withstand the storm any longer □ *bha e cinnteach gun seasadh na caoraich bhrucach gèiltean an taoibh tuath* he was sure that

the black-faced sheep would withstand the gales of the north
seas a-mach 1. jut, project, stick out 2. *seas a-mach!* stand up and fight! **seas às leth** stand for

---

seasamh, -aimh *nm & vn* of **seas** standing attitude, position (legal or moral attitude), stand □ *dè an seasamh a tha aig na croitearan?* what standing do the crofters have? □ *tha iad nan dà sheasamh chàird-each* they are two related attitudes / positions □ *cha mhòr nach do chaill iad seasamh an cas* they almost lost their footing
seasan / seusan / sèasan, -ain, -an *nm* season (weather etc.) □ *anns an t-seasan a tha romhainn* in the season [that is] before us □ *airson an t-seusain ùir* for the new season
Seaseudair, -ean *nm* Seceder
seasg *a* barren, sterile, dry (not giving milk)
seasg, seisge *a* barren
seasgachadh, -aidh *nm & vn* of **seasgaich** sterilizing etc., sterilization
seasgachd *nf* barrenness, sterility
seasgad *s* and *a* sixty in new style of counting □ *anns na seasgadan* in the sixties
seasgaich, -achadh *v* sterilize (render incapable of procreation)
seasgair, -e *a* comfortable, cosy, secure, snug
seasgan, -ain *nm* reed-grass
seasgar, -aire *a* □ see **seasgair**
seasmhach, -aiche *a* consistent, constant, reliable, resolute, settled, stable, standing, steady □ *na h-Òrduighean Seasmhach* the standing Orders □ *tha uachdar na talmhainn nas seasmhaiche an seo* the surface of the earth is more stable here □ *bha iad nan luchd-cuideachaidh seasmhach* they were reliable helpers
seasmhachd *nf* consistency, constancy, firmness, footing, stabilty, steadiness □ *chaill an gille a sheasmhachd* the boy lost his footing
seat, -adh *v* set (a table)
seat, -aichean *nm* set □ *airson an seòr-sachadh ann an seataichean* for sorting [them] into sets
seatadh, -aidh *nm & vn* of **seat** setting (at table / in maths) □ *seatadh air muin a chèile* vertical setting (school maths)
seathar, -air, seathraichean *nm* (ordinary) chair (also **sèithear**)

seathar-cuibhle *nm* wheelchair
seatlaig, -eadh *v* settle □ *sheatlaig an teaghlach aig ...* the family settled at ...
seic, -e, -ichean *nf* cheque **s.-thurais** *nf* traveller's cheque □ *a bheil seicichean-turais agaibh?* do you have [any] traveller's cheques?
seice, -ean *nf* □ see **seiche**
Seiceach, -ich, -ich *nm* Czech
Seiceach *a* Czech
seiche, -ean / -eannan *nf* hide, pelt, skin (of animals) □ also **seice**
sèid, -eadh *v* blow, distend, fan (stir up), sound (blow), swell, spout (of whale) □ *shèid e a' phìob* he blew the pipe □ *bha a' ghaoth a' sèideadh gu làidir* the wind was blowing strongly □ *sèid suas* bloat, inflate, puff
seid, -e, -ean *nf* pallet □ *bha e na laighe air seid* he was lying on a pallet (cf. **leid**)
sèideadh, -idh *nm & vn* of **sèid** blowing etc., inflation
seideir *nf* cider
sèidrich *nf* hissing, snorting, blowing etc. noise
seilbh *nf* □ see **sealbh** – and note that in all examples given, **sealbh** could be replaced by **seilbh**
seilbheach *a* possessive
seilbheachadh, -aidh *nm & vn* of **seilbhich** having etc.
seilbheachail *a* possessive □ *tuiseal seilbheach* genitive / possessive case
seilbhich, -eachadh *v* have, possess □ *gach nì a bha iad a' seilbheachadh* everything they had
seilcheag, -eige, -an *nf* slug, snail
seile *nm* saliva, spittle □ *chuala mi e a' slu-gadh a sheile* I heard him swallow(ing) his saliva
seileach, -ich, -ichean *nm* willow
seileachadh, -aidh *nm & vn* of **seilich** salivating etc., salivation
sèileafon, -oin, -an *nm* xylophone
seilear, -eir, -an *nm* vault, cellar
seileastair, -ean *nm* flag, iris, sedge, yellow iris (also, commonly, **sealastair**)
seilg and **seilge** □ *dat sing & gen sing* respectively of **sealg** hunting
seilge *a* hunting □ *òrain sheilge* hunting songs □ *taigh seilge* hunting lodge
seilich, -eachadh *v* salivate
seilisteir *nm* □ see **seileastair**
seilleach, -ich, -ean *nm* willow
seilleach-geal *nm* sallow
seilleachan, -ain, -ain *nm* mountain willow

seilleachan-Frangach *nm* rosebay (tree)
seillean, -ein, -an *nm* bee □ *laigh an sgaoth sheillean air preas* the swarm of bees landed on a bush □ *sgeap sheillean* a beehive
seillean-mòr *nm* bumble bee
sèimh, -e *a* calm, gentle, mild, pacific, placid, tranquil □ *an Cuan Sèimh* the Pacific (Ocean) □ *eileannan a' Chuain Shèimh* the Pacific Islands
sèimhe *nf* gentleness, mildness, tranquillity
sèimheachadh, -aidh *nm & vn* of **sèimhich** leniting, lenition, calming
sèimhich, -eachadh *v* lenite, calm
sèimhichte *pp* lenited, calmed
sèine, -eachan *nf* chain □ *sèine bheanntan* mountain chain
seinn, seinn *v* sing □ *thòisich e air seinn* he began to sing □ *cò tha a' seinn?* who is singing? □ *seinnibh còmhla ri chèile* sing together (command)
seinn *nf & vn* of **seinn** singing □ *seinn aonghuthach* unison □ *an togalach às an robh an t-seinn a' tighinn* the building from which the singing was coming
seinneadair, -ean *nm* singer
seipean, -ein *nm* same as **seipinn** *nf*
seipinn, -ean *nf* chappin, quart □ *muga seipinn* a quart mug
seiplis *nf* □ see **saplais**
seirbhe *nf* tartness
seirbhe-ciùil *nf* dissonance
seirbheis, -e, -ean *nf* service, office □ *Seirbheis na Stàite / an t-Seirbheis Shìobhalta* The Civil Service □ *Seirbheis Nàiseanta na Slàinte* National Health Service □ *dèan seirbheis* serve *v* □ *seirbheis thiodhlacaidh* a burial service □ *seirbheisean àrd-ìre / meadhan-ìre / bun-ìre* high order / middle order / low order services (geog.) □ *rinn e seirbheis air feadh an t-saoghail* he served throughout the world
seirbheis-siubhail *nf* (geog. – usually in the pl) □ *seirbheisean-siubhail* mobile services
seirbheiseach, -ich, -ich *nm* servant, servitor
seirbheiseil *a* menial
seirbheisich, -eachadh *v* serve, attend to □ *a' bhuidheann a bha a' seirbheiseachadh mo chànain* the group which was attending to my language
seirbhis *nf* see **seirbheis**
seirbhiseach, -ich, -ich *nm* □ see **seirbheiseach**
seirc, -e *nf* affection, charity, love □ *dh'fhan i beò ann an seirc a luchd-leanmhainn* she

still lived in the affection of her followers (lit. she remained alive)
seirceil, -e *a* benevolent, kind □ *bha e seirceil na nàdar* he was kind in [his] nature
seireneach, -ich, -ich *nf* siren (of legend) □ *thòisich na seirenich air seinn* the sirens began to sing
seiridh, -ean *nm* sherry
seirm, -e *nf* melody, tone, tune □ *air seirm* in tune, tuned □ *cuir air seirm* attune, tune □ *a bheil thu a' dol a leanntainn air an t-seirm sin fhathast?* are you still going to continue in that tune still?
seirm, seirm *v* ring, sound
seirmeach, -iche *a* melodious, musical (in sound), tuneful □ *Gàidhlig sheirmeach bhlasta* melodious, eloquent Gaelic
sèis □ see **sèiseach**
seise, -ean *nm* equal, match, peer (= equal) □ *thachair a sheise ris mu dheireadh* he met his match at last (see **thachair**) □ *cha robh a seise air bhòidhchead* there wasn't her equal for beauty
sèiseach, -ich, -ichean *nm* bench, couch
seisean, -ein, -an *nm* session □ *san t-seisean seo tighinn* in the (lit. this) coming session / next session □ *clèireach an t-seisein* the session clerk
seisean-obrach work session □ *an dèidh seisean-obrach soirbheachail* after a successful work session
seisear *s* □ same as **sianar**
seisg *nf* sedge, bog-reed
seisg-madaidh *nf* upright bur-reed **s.-rìgh** *nf* branched bur-reed
seisreach, -ich, -ichean *nf* team (of working animals) □ *seisreach dhamh* a team of oxen
sèist, -ean *nm/f.* siege □ *cuir sèist ri(s) / dèan sèist air* besiege, lay under siege, storm □ *chuir iad sèist ris a' bhaile* they besieged the town □ *fo shèist* under siege
sèist, -ean *nm* chorus
sèithear, -eir, sèithrichean *nm* chair (also **seathar**)
sèithear-chuibhlichean *nm* wheelchair **s.-putaidh** *nm* pushchair
sèitrich *nf* □ see **sèidrich**
Semiticeach *a* Semitic □ *eachdraidh nan slògh Seimiticeach* the history of the Semitic peoples

---

seo *dem pron* this □ the accompanying noun is normally in the *def form: am fear seo* this one □ *an nì seo* this *pron*

□ *càit an cuir mi an nì seo?* where shall I put this? □ *an t-seachdain seo chaidh* last week □ *air a' mhìos seo bidh seirbheisean air an cumail* ... this month services will be held □ ... *am measg nan naidheachdan dorcha air a' bhliadhna seo* ... among the gloomy news this year □ but note that the *def art* is dropped with days of the week: *Dimàirt seo tighinn* this (coming) Tuesday (lit. this Tuesday that is coming) □ *Disathairne seo chaidh* last Saturday (lit. this Saturday [that] has gone) □ note also: *'s ann airson sin a dh'fhan mi anns an àite a tha seo* it's for that that I stayed here / in this place □ *cò i an Eilidh a bha seo a bha cho brònach truagh?* who was this Helen who was so sad and miserable? **seo** is often used with *pers prons* or *prep prons* □ *an toireadh tu dhomh iasad dhi seo?* will you lend me this? / give me a loan of this? (*fem* object) □ *bu mhòr am beud nach robh i seo againne* it's a great pity that we didn't have this (*fem* object) □ *mar iad seo* like these □ ... *bhiodh iad nam piobairean 's nam fidhleirean 's nan siud 's seo* they would be pipers and fiddlers and this and that □ used for emphasis or clarity, but normally the *prons* alone would suffice **seo, an seo** *adv* here, hither (originally **ann an seo**, this may be found in Lewis as **ann a sheo**) □ *bha e an seo an-dè* he was here yesterday □ *bithidh iad an seo a dh'aithghearr* they'll be here presently □ *tha mi nam aonar an seo* I'm alone here □ *càit an robh thu an-dè? bha mi an seo fhèin* where were you yesterday? I was right here □ the **an** is dropped after *preps* □ *faisg air seo* near here (also *faisg air an àite seo* near here) □ *eadar seo is Glaschu* between here and Glasgow **seo** used with other *preps*: *o seo a-mach* from now on □ *le seo / leis a seo* hereby, hereupon, herewith □ *uaithe seo* hereof □ *gu seo* hereto □ *roimh seo* heretofore □ *gus a seo* hitherto □ note also: *seo agad!* here you are (when handing over a sought object or reaching a destination) □ *seo agad e!* here it is! □ *seo agad bùth Chaluim* here's Calum's shop □ *seo a-nis!* there you are!

seòbhrach, -aich, -aichean *nf* □ same as **sòbhrach**
seòcan, -ain, -an *nm* plume □ *ceithir eich dhubha le seòcanan dubha air an ceann* four black horses with black plumes on their heads (note use of *sing*)
seòd □ see **seud**
Seòirsis *nf* Georgian (lang.)
seòighn *a* rare, uncommon, out of the ordinary □ *chunnaic sinn iomadh rud seòighn* we saw many a rare thing

seòl, siùil, siùil *nm* sail □ *nuair a fhuair sinn am bàta fo sheòl* when we got the boat under sail □ *chaidh am bàta fo sheòl gun dàil* the boat went under sail without delay □ *nuair a phaisgeadh iad na siùil agus a leigeadh iad sìos an acair* when they furled the sails and dropped anchor (i.e. 'used to')
seòl, -adh *v* 1. navigate, sail □ *seòl mun cuairt* circumnavigate □ *bi a' seòladh* sail □ *sheòl iad gu Aimeireaga* they sailed to America 2. direct, govern, guide, regulate, sway □ *seòlar e le robheachdan* he will be guided by preconceptions □ *sheòl e mi* he guided / directed me □ *sheòladh sinn do fhear eile* we were directed to another [one]
seòl-mara *nm* tide □ *fad an t-siùilmhara* all the time of the tide □ *na siùil-mhara* the tides □ *dè tha ag adhbharachadh nan seòl-mara?* what causes the tides? □ *ri marbh an t-siùilmhara* at slack tide **s.-meadhain** *nm* mainsail □ *bha trì sreathan againn anns an t-seòl-mheadhain* we had three reefs in the mainsail **s.-toisich** *nm* foresail

. . . .

seòl, -òil, -an *nm* course, guide-lines, guise, manner, method, mood, resource, shift, system, tactic, way □ *seòl aireobach* aerobic system □ *seòl beatha* way of life □ *seòl còcaireachd* cuisine □ *tha seòl aige air lùb-ruith a thilgeil mu am muineal* he has a method of throwing a running-noose round their necks □ *innis dhomh de an seòl air an robh fhios agad air sin* tell me how you knew that (lit. the way in which) □ *chan eil seòl eile a-mach às a'chùis* there's no other way out of the affair

seòl-beatha *nm* life-style **s.-dearbhaidh** *nm* pilot-scheme **s.-iomchair** *nm* conveyance **s.-obrachaidh** *nm* tactic

---

seòladair, -ean *nm* mariner, sailor, seafarer, seaman □ ... *nuair a bha e na sheòladair* ... when he was a sailor
seòladaireachd *nf* seafaring □ ... *ach chuir tubaist do chas Sheumais crìoch air a sheòladaireachd* ... but an accident to James' leg put an end to his seafaring
seòladh, -aidh, -aidhean *nm & vn* of **seòl** sailing etc., 1. address (postal) □ *cuir seòladh air* address (letter etc.) 2. direction(s), guidance, guideline(s), instruction, sway, pointer □ *bheir mi seòladh dhut mas fheudar* I'll give you directions if necessary / if need be □ *deasaichear seòlaidhean airson teagaisg na Gàidhlig* guidelines will be formulated for the teaching of [the] Gaelic □ ... *mar sheòladh air dè ghabhas dèanamh* ... as a pointer / guide to what can be done □ *bha iad a' sireadh seòladh spioradail* they were seeking spiritual guidance
seòlaid *nf* passage (for ships), channel, fairway
seòlaidh *a* nautical
seòlta *a* artful, crafty, cunning, ingenious, knowing, shrewd, subtle, wily □ *sùilean dubha seòlta* dark, cunning eyes
seòltach, -aiche *a* diplomatic
seòltachd, -an *nf* art, craft, cunning, diplomacy, subtlety, cunning, ingenuity, wiliness, craftiness, art, artfulness
seòltaire, -ean *nm* diplomat
seòmar, -air, seòmraichean *nm* apartment, chamber (incl. of the heart), compartment, room, salon □ *seòmar clì* atrium (left) □ *air taobh a-staigh seòmar na sgoile* within the classroom
seòmar- *pref* indicating a type of room. The following *cmpds* are all *masc* nouns:
seòmar-altraim nursery **s.-bidhe** / **s.-bìdh** dining-room **s.-cadail** bed-room, dormitory **s.-còmhnaidh** living room **s.-feitheimh** waiting-room **s.-ionnlaid** bathroom **s.-leapa** bedroom **s.-leughaidh** study **s.-luinge** cabin **s.-obrach** den (hobbies etc.) **s.-òil** tap room **s.-rannsachaidh** study **s.-searraidh** lounge **s.-sgeadachaidh** dressing-room **s.-suidhe** parlour, sitting-room □ *anns an t-seòmar-shuidhe* in the sitting room **s.-taisbeanaidh** showroom **s.-uaigneach** closet

seòmrach *a* chambered, cellular
Seòrasach *a* Georgian

seòrsa, -aichean *nm* brand, breed, cast (of mind), category, class, denomination (relig.), gender, kind, manner, model, nature, sort, species, tribe, type, variety, version □ *den t-seòrsa* of the kind, such □ *de sheòrsa air choreigin* of some kind or other
When **seòrsa** follows the noun ('of this kind', 'of that kind', 'of every kind' etc.) it is preceded by **de** □ *measan de gach seòrsa* fruit(s) of every kind □ *chan fhaca mi feòil de sheòrsa sam bith ga reic* I didn't see meat of any kind being sold □ *a' chiad rud den t-seòrsa* the first of its kind (lit. the first thing of the kind) □ *ann an rannsachadh den t-seòrsa seo* in research of this kind □ *cha chuireadh e dragh air duine aig àm den t-seòrsa seo* he would not bother a person at a time like this (lit. of this kind) □ *feumar a toinneamh ri grunnan de a seòrsa* it *fem* must be twisted with (lit. to) a number of its own kind
When **seòrsa** precedes the noun, the noun may be accompanied by **de** □ *dh'fhairich e seòrsa de dh'uallach a laighe air* he felt a sort of burden alight(ing) upon him □ *ag obrachadh mar sheòrsa de mhaighdeig* operating as a sort of pivot □ but more usually the noun is in the *gen case: ràinig e doras seòrsa uamha* he reached [the] door of a sort of cave □ *tha a h-uile seòrsa òrain ann a-nise* there is every kind of song [in it] now
It will be noted that, up to now, none of the examples involving a noun in the *gen case* have required the use of the definite article. However, the well-known rule that a noun governing another noun in the *gen case* cannot be preceded by the *def art* nor be itself in the *gen case*, causes a great deal of confusion when **seòrsa** is accompanied by a word / words which demand(s) that **seòrsa** should either be *def* or in the *gen case* e.g. **dè** requires a following noun to be definite □ *dè an uair a tha e?* what time is it? □ *dè an dath a tha air?* what colour is it? etc. □ **seo, sin, ud** etc. also require the use of the

def art □ *am fear seo* this one □ *a'
bheinn ud* that mountain etc. − and
several *preps* also require the follow-
ing noun to be in the *gen case* □ *mu
dheidhinn a' chiùil* about the music *an
dèidh a' chogaidh* after the war etc.
Several different practices are followed,
but the following one is recommended,
involving a suspension of the rule
referred to above.:

a) when **seòrsa** is preceded by **dè**: *dè
an seòrsa geamhraidh a bh'ann?*
what kind of winter was it? □ *tha
fhios aig a' chuthaig dè an seòrsa
nid anns am beir i an t-ugh* the
cuckoo knows in what kind of nest
she will lay the egg □ *dè an seòrsa
chùrsaichean a tha romhpa?* what
kind of courses are ahead of them?
□ *chan e sin an seòrsa leabhair a
leughas mise* that's not the kind of
book I [will] read □ *dè an seòrsa
lìn a tha aca?* what kind of net /
line do they have?

b) where the *def art* is used □ *tha
atharrachadh air tighinn air an t-
seòrsa ciùil a tha iad a' taghadh* a
change has occurred in the kind of
music that they are choosing □
chan e sin an seòrsa duine a th'ann
that's not the kind of man he is

c) with *dem prons* requiring *def art* □
an seòrsa dhaoine ud that kind of
people □ ... *gus an robh sinn sgìth
den t-seòrsa cleasachd seo* ... until
we were tired of this kind of sport
□ *cha robh guth air an t-seòrsa
trasgaidh ud* there was mention of
that kind of fasting □ *an seòrsa
creutair ud* that kind of creature

d) with *preps* requiring the *gen
case* □ *mu dheidhinn an t-seòrsa
bàrdachd a bha e a' dèanamh*
about the kind of poetry he was
composing

e) with **an aon** meaning 'the same' □
*bhitheamaid glè thoilichte an aon
seòrsa airteagail fhaighinn uaibh*
we would be delighted to receive
the same kind of article from you
(i.e. in the future)

The rule that a noun governing another
noun in the *gen case* may not itself be
in the *gen case* is also suspended □ *is*

*math gu bheil barrachd sheòrsaichean
leabhraichean ann a-nise* it's good
that there are more kinds of books
available now

seòrsachadh, -aidh *nm & vn* of
seòrsaich classifying etc., categorisation,
classification
seòrsadh, -aidh *nm* □ see **seòrsachadh**
seòrsaich, -achadh *v* class, classify, sort
seòrsaiche, -ean *nm* denominator
seotal, -ail, -an *nm* shottle − a small
box-like compartment in a trunk used for
storing small valuables, papers etc. − and,
by extension, a kitty □ *chuir i am fàinne
air ais anns an t-seotal* she put the ring
back in the shottle □ *dè tha air fhàgail
anns an t-seotal?* what's left in the kitty?
seud, seòid, seòid / seudan *nm* gem, heir-
loom, jewel, trinket □ often used figura-
tively for hero, valiant man, warrior etc. −
or simply just lads, boys, worthies, bold
fellows etc. □ *is iad giomach, rionnach is
ròn trì seòid a' chuain* a lobster, a mack-
erel and a seal are the three jewels of the
sea (proverb) □ *tha e coltach ri seud anns
a' chuan* it is like a jewel in the sea □ *seu-
dan prìseil* precious gems □ *pl* may also
mean jewellery: *bha e a' reic sheudan
saora* he was selling cheap jewellery −
also **seòd** (uncommon) and **siad**
seud-muineil *nm* necklace
seudachan, -ain, -an *nm* jewel-box
seudair *a* of cedar, cedar
seudair, -ean *nm* □ see **seudar**
seudair(e), -ean *nm* jeweller
seudar, -air, -ean *nm* cedar
seudraidh *nf* jewelry
seula, -achan *nm* seal (of a document) □
seula latha date stamp □ *fàinne seula*
signet (ring) □ *cuir seula* imprint *v* □ *bha
seula dearg air a' phacaid* there was a red
seal on the packet
seulachadh *nm & vn* of **seulaich** sealing
etc.
seulaich, -achadh *v* seal
seulaichte *pp* 1. sealed 2. sure, certain □
*bha iad seulaichte gun robh sinn às an
dèidh* they were certain that we were after
them
seumarlan, -ain, -ain *nm* chamberlain,
factor
seumas-ruadh *nm* a children's name for
a puffin

515

seun, -a, -an / seuntan *nm* charm (for protection or spell), spell □ *... mar gum biodh seun air* ... as if it were charmed / as if there were a spell on it
seun, -adh *v* charm
seunadair, -ean *nm* enchanter
seunta *a* enchanted, charmed □ *bha e na àite seunta* it was an enchanted place □ *gàrradh seunta* an enchanted garden
seusan □ see **seasan**
seusar, -air *nm* height, acme □ *nuair a bha an cogadh na sheusar* when the war was at its height
seuthar □ see **sèithear**
sgadan, -ain, -ain *nm* herring □ *sgadan rèisgte* kipper (cf. **feòil rèisgidh** – see **feòil** and / or **rèisgeadh**)
sgadanach *a* of / concerning herring, herring □ *bha iad a' caradh nan lìon sgadanach* they were repairing the herring nets
sgafall, -aill, -an *nm* scaffold
sgafallachd, -an *nf* scaffolding □ *tha an sgafallachd a-nis air a toirt air falbh* the scaffolding has now been taken away
sgafanta *a* spirited, manly, brave □ *thog e air gu sgafanta* he set out manfully □ *bha e na shearmonaiche sgafanta* he was a spirited preacher
sgafarra *a* handsome □ *bha e na dhuine sgafarra* he was a handsome man
sgag, -adh *v* split, crack, chap
sgagadh, -aidh, -aidhean *nm & vn* of **sgag** splitting etc., split, crack, chap □ *sgagaidhean beaga goirte* small, painful chaps
sgàig, -e *nf* horror, disgust, revulsion □ *chuir a' bhruidealachd seo sgàig air* this brutality disgusted him
sgàil, -eadh *v* 1. shade 2. scald – see **sgàld** *v*
sgàld *nf* □ see **sgàile**
sgàil-bhrat *nm* canopy □ *fo sgàil-bhrat nan nèamhan* under the canopy of the heavens **s.-dhealbh** *nm/f* silhouette **s.-thaigh** *nm* porch
sgailc, sgailc *v* buffet, knock, rap
sgailc *nf & vn* of **sgailc** knocking etc., 1. baldness 2. buffet, cuff (blow), knock, shock (earthquake), skelp, slap, sock (= blow) 3. quandary
sgàile, -e / -each, -ean / -eachan *nf* blind, film, reflection, refuge, shade, shadow, veil □ *cuir sgàil air* overshadow, shade □ *bha sgàilean na h-oidhche a' tuiteam* the shades of night were falling □ *cha robh e na bu tighe na sgàile* it was no thicker than a veil □ *bhitheadh cùisean eile a'cur*

sgàile air na bha a'tachairt other matters would cast a shadow on what was happening □ *bha e na shuidhe fo sgàil craoibhe mhòire* he was sitting under the shade of a large tree □ *tharraing i na sgàilean* she drew the blinds □ *ann an gleann sgàile a' bhàis* in the valley of the shadow of death □ *sgàile do shùla* your eyelid □ *bha rudeigin fo sgàile a sùla* there was something under her eyelid (see also **fabhra** *nm*)
sgàileach, -iche *a* shadowy
sgàileachadh, -aidh *nm& vn* of **sgàilich** screening etc.
sgàileadh, -idh *nm & vn* of **sgàil** shading etc.
sgàilean, -ein, -an *nm* umbrella, screen (protective / dividing) □ *bha a sgàilean fo a achlais* his umbrella was under his arm
sgàilean-grèine *nm* sunshade **s.-uisge** *nm* umbrella
sgàilich, -eachadh *v* screen
sgàilte *pp* 1. shaded □ *na h-uinneagan sgàilte* the shaded windows 2. scalded
sgàin, -eadh *v* burst, cleave, crack, rupture, split □ *theab a cridhe sgàineadh* her heart almost burst □ *sgàin a' ghlainne leis an teas* the glass split with the heat
sgàineadh, -idh, -idhean *nm & vn* of **sgàin** chink, cleft, crack, cranny, crevice, fissure, split □ *bha na sgàinidhean gu math cumhang* the cracks were quite narrow
sgainneal, -eil, -an *nm* scandal, slander □ *tog sgainneal air* slander *v* □ *co air a tha thu a'togail sgainneal a-nis?* about whom are you spreading scandal now? (lit. on whom are you raising etc.)
sgàinnealach, -aiche *a* scurrilous, slanderous
sgainnealachadh, -aidh *nm & vn* of **sgainnealaich** scandalizing etc.
sgainnealaich, -achadh *v* scandalize
sgàinte *pp* split, cracked □ *bha an doras sgàinte* the door was cracked □ *seann sgàthan sgàinte* an old cracked mirror
sgàird, an sgàird *nf* diarrhoea, dysentry
sgàirneach, -ich *nm* scree
sgairp, -e, -ean *nf* scorpion □ *an Sgairp* Scorpio
sgairt, -e *nf* diaphragm □ *an sgairt* the diaphragm, the midriff
sgairt, -e *nf* energy, vigour □ *làn de sgairt is de chruadal a shìlidh* full of the vigour and hardihood of his lineage
sgairt, -e, -ean *nf* yell □ *dèan sgairt* yell *v*
sgairteach, -iche *a* vociferous
sgairtealachd, -an *nf* liveliness, breeziness (of personality), briskness, vigour, vigorousness

sgairteil, -e *a* breezy (of character), brisk, energetic, lively, spirited, vigorous □ *duine sgairteil* a lively etc. fellow, a vigorous man □ *chuala mi guth òg sgairteil* I heard a lively young voice □ *thachair mi ris a' chàraid sgairteil seo anns a' Phortagail an uiridh* I met this breezy couple in Portugal last year

sgait, -ean *nf* skate (fish)

sgaiteach, -iche *a* sharp, biting, sarcastic, satirical, witty □ *tha a bhàrdachd uaireannan sgaiteach èisgeil* his poetry is sometimes biting and satirical □ *bha a' ghaoth geur sgaiteach* the wind was sharp and biting

sgaiteachd, -an *nf* sharpness

sgàl, -àil, -an *nm* tray

sgal, -a, -an *nm* blast, skirl, shriek, yell □ *sgal (gaoithe)* squall □ *chuala mi sgal na pìoba* I heard the skirl of the pipes □ *bha deagh sgal air a' ghaoith* there was a good shriek to the wind (lit. on)

sgal, -adh / sgalart / sgalartaich *v* shriek, yell □ *bha e a' sgalartaich rium ann an Eadailtis* he was shrieking at me in Italian

sgalag, -aige, -an *nf* drudge (menial), servant, flunkey □ *sgalag ola* roughneck

sgalan, -ain, -an *nm* scaffold

sgalanta *a* shrill □ *guth sgalanta* a shrill voice □ dh'*èirich a guth gu sgalanta* her voice rose shrilly

sgalartaich *nf & vn* of **sgal** -shrieking etc.

sgàld, -adh *v* scald

sgàldach *a* scalding

sgàldadh, -aidh *nm & vn* of **sgàld** scalding

sgall, -aill *nm* 1. baldness □ *le sgall* bald, baldheaded □ *duine le sgall* a bald (headed) man 2. bald head □ *bhris an t-ugh air sgall a' bhodaich* the egg broke on the old man's bald head

sgallach, -aiche *a* bald, baldheaded, having bald spots

sgallais *nf* raillery

Sgalpach, -aich, -aich *nm* native of Scalpay

Sgalpach *a* of, belonging to or pertaining to Scalpay

sgamhain *a* lung, of the lung(s) □ *aillse sgamhain* lung cancer □ *tha iad ag ràdh gur e smocadh a tha ag adhbhrachadh deich ar fhichead às a' cheud de dh'aillse sgamhain* they say that it's smoking which causes thirty percent of lung cancer

sgamhan, -ain *nm* lung(s)

sgamhanach *a* pulmonary

sgannan, -ain, -an *nm* film (thin covering)

sgannradh, -aidh, -aidhean *nm* shock

sgànrachadh, -aidh *nm & vn* of **sgànraich** scouring etc.

sgànraich, -achadh *v* scour

sgaoil, -eadh *v* branch, cast loose, disband, disconnect, dismiss, dispel, disperse, dissolve, diversify, expand, extend, ramify, scatter, spread, sprinkle, stretch, strew, rupture, unfurl □ *sgaoil a-mach* dilate □ *sgaoil (o)* absolve (from) □ *sgaoil air* suffuse □ *sgaoil gas* gas *v* □ *sgaoil e a làmhan* he spread his hands □ *sgaoil a' Ghàidhlig air feadh na dùthcha* Gaelic spread throughout the country □ *sgaoil iad air feadh an t-saoghail* they dispersed throughout the world □ *chaidh a' bhratach a sgaoileadh* the banner was unfurled □ *sgaoil e an sgoil* he dismissed the school □ *sgaoil an sgoil* school 'skailed' i.e. was dismissed

sgaoil, ma sgaoil / fa sgaoil *adv* abroad (= round and about), free, loose, released, out □ note that the following examples apply to **ma sgaoil / fa sgaoil** equally: *leig ma sgaoil* disband, lay off □ *cuir / leig ma sgaoil* disengage, emit, free, liberate, loose(n), release □ *leigeil / cur ma sgaoil* emission, liberation □ *tha an clàr aca a-nis ma sgaoil* their record is now out □ ... *nuair a gheibh a' chlann ma sgaoil* ... when the children get out □ *leig e ma sgaoil iad* he released them □ *faigh ma sgaoil* get free □ *bha e a' dealbh dòigh air faotainn ma sgaoil* he was planning a way of getting free

sgaoil-lionn *nm* solvent

sgaoileadh, -idh *nm & vn* of **sgaoil** dispersing etc., currency, diffusion, discharge (of liquid etc.), dispersal, dispersion, dissolution, diversity, expansion, scattering, vulgarization

sgaoileadh-cumhachd *nm* devolution **s.-sluaigh** *nm* population distribution (geog.)

sgaoilte *pp* diffused, incoherent, loose, slack (of a rope), widespread □ *galar sgaoilte* epidemic

sgaoilteach, -iche *a* expansive, profuse

sgaoilteach, -ich *nf* 1. stretch (of country) □ *sgaoilteach de mhointich mhòir bhriste* a stretch of great, broken moorland 2. ground on which anything is laid out □ *bha a' mhòine na laighe air an sgaoiltich* the peat was laid out on the ground

sgaoilteach-eigheadail *nf* glacial till (geog.)

sgaoilteachd *nf* layout

sgaoim, -e *nf* fear, timidity, skittishness

sgaoimeach, -iche *a* fearful, timid, skittish □ *bha e caran sgaoimeach air muir* he was rather fearful at sea

sgaoth, -a, -an *nm* shoal, swarm □ *sgaoth radan* a swarm of rats □ *laigh an sgaoth* *sheillean air preas* the swarm of bees landed on a bush

sgaothachadh, -aidh *nm & vn* of **sgaothaich** swarming

sgaothaich, -achadh *v* swarm

sgap, -adh *v* decentralize, disperse, dissipate, lavish, scatter, spread, squander, strew, rout □ *sgap mun cuairt* litter □ *bha iad a' sgapadh an t-soisgeil* they were spreading the gospel

sgapach, -aiche *a* lavish, unthrifty

sgapadh, -aidh *nm & vn* of **sgap** scattering etc., decentralization, diaspora, dispersal, dispersion, scattering □ *an dèidh an Sgapaidh* after the Diaspora

sgapte *pp* scattered □ *tha iad gu ìre mhaith sgapte* they are quite scattered □ *tha na h-eileannan iomallach agus sgapte* the islands are remote and scattered

sgar, -adh *v* break, divide, part, segregate, separate, sever, sunder

sgarachdach *a* separatist

sgaradh, -aidh *nm & vn* of **sgar** separating etc., break, detachment (physical), division, rupture, segregation, separation, severance □ *tha daonnan beagan sgaraidh eatorra* there is always a little divide between them

sgaraidh *a* dividing □ *tha ballachan sgaraidh eadarainn* there are dividing walls between us

sgarbh, sgairbh, sgairbh *nm* cormorant

sgarbh-an-sgumain *nm* shag, green cormorant

sgàrlaid *nf* scarlet

Sgarpach, -aich, -aich *nm* native of Scarpa

Sgarpach *a* of, belonging to or pertaining to Scarpa

sgarrthach, -aich *nf* blast of foul weather

sgarrthachail, -e *a* foul (of weather) *madainn fhuar sgarrthachail* a cold, foul morning

sgarte *pp* disjointed, disunited, separated

---

sgàth, -a, -an *nm* 1. fright, fear, dread, apprehension □ *ghabh e sgàth car tiotan* he felt a momentary fear / apprehension etc. 2. sake – usually in the form: **air sgàth** *prep + gen* for the sake of, because (of), on account of, for □ *dh'fhàs e ainmeil air sgàth a chiùil mhaisich* he became famous on account of / because of his beautiful music □ as with all *cmpd preps*, the *pers pron* in English is expressed as

---

a *poss adj* □ *air a sgàth* for him / for his sake □ *'s ann air a sgàth a rinn e seo* it was for him / her that he did this □ *bha e a' dèanamh seo air mo sgàth* he was doing this for me □ note also: ... *air sgàth an do chuir i a beatha an cunnart* ... for whose sake she had put her life in peril

air sgàth 's gu *conj* because □ *chan ann air sgàth 's gu bheil e math dhut* ... it isn't because it's good for you... 3. shade, shadow, shelter □ *bha e gun sgàth gun sgàile* he was without shelter or shade

sgàth-fhras / sgàth-fhrasag *nf* passing shower □ *bha iad a' gabhail fasgadh o sgàth-fhrois* they were taking shelter from a passing shower **s.-thaigh** *nm* porch

---

sgath, -a *nm* a tiny piece, particle □ *cha robh sgath air fhàgail* there was not a particle left

sgath, -adh *v* chop, cut, lop, poll, prune, slash □ ... *a sgath iad mar sgathas corran feur* which lopped them as a sickle lops grass □ *sgath iad an ceann dheth* they chopped off his head

sgathadh, -aidh, -aidhean *nm & vn* of **sgath** cutting etc., chop, cut, slash □ *le aon sgathadh a chlaidheimh* with one slash of his sword

sgàthan, -ain, -an *nm* glass, looking-glass, mirror, reflector □ *sgàthan bearraidh* shaving mirror □ *sheas i air beulaibh an sgàthain* she stood in front of the mirror □ *tha e na sgàthan air an t-suidheachadh a thaobh cànain* it is a mirror of the situation with regard to language

sgàthan-sùla *nm* cynosure

sgàthach, -aiche *a* fearful, timorous

sgàthlan, -ain, -an *nm* shade □ *sgàthlan làmpa* lamp-shade

sgeachag, -aige, -an *nf* haw

sgeachag-Muire *nf* bur-marigold

sgeadachadh, -aidh *nm & vn* of **sgeadaich** adorning etc., decor, decoration, embellishment, garnish, toilet

sgeadaich, -achadh *v* adorn, array, clothe, decorate, dress, dress up, embellish, garnish, grace, ornament, rig □ *tha i ga sgeadachadh fhèin* she is dressing / dressing up □ *sgeadaich iad iad fhèin nam feilidhean* they dressed themselves in their kilts □ *bha i air a sgeadachadh nas spaideile na na boireannaich eile* she was more fancily dressed than the other women □ *bha e air a dheagh sgeadachadh* he was well dressed

sgeadaichte *pp* dressed, adorned □ *bha i sgeadaichte ann an aodach dubh* she was dressed in black clothes □ *bha e sgeadaichte na dheise ghuirm* he was dressed in his blue suit

sgeadasach, -aiche *a* ornamental

sgealb, sgeilbe, sgealban *nf* chip, flake, splinter

sgealb, -adh *v* chip, split

sgealbadh, -aidh *nm* & *vn* of **sgealb** chipping etc.

sgealbag, -aige, -an *nf* 1. flake, splinter 2. forefinger, index finger

sgeallag, -aige *nf* □ see **sgeallan**

sgeallan, -ain *nm* 1. charlock, wild mustard □ *bha sgeallan anns a' choirce* there was charlock in the oats 2. mustard plant

sgeama, -aichean *nm* scheme □ *sgeama comharrachaidh* marking scheme

sgeama-thaighean *nm* housing scheme

sgeamaich, -achadh *v* scheme □ *bha iad daonnan a'sgeamachadh* they were always scheming

sgeamachadh, -aidh *nm* & *vn* of **sgeamaich** scheming

sgeamh-dharaich *nf* oak-fern

sgèan, sgèin *nm* 1. shyness (readiness to be frightened) 2. fear, fright □ *bha e mar gun deach sgèan a chur oirre* it was as if she had been frightened 3. startled look

sgèanach, -aiche *a* 1. shy (ready to be frightened) 2. fearful, frightened □ *bha e a-nis a' coimhead sgèanach* he was now looking frightened

sgeap, sgip, sgeapan *nf* beehive, hive, skep

sgeidse, -ichean *nm* sketch □ *tharraing e sgeidse luath* he drew a quick sketch □ *sgeidsichean èibhinn* humorous sketches

sgeids, -eadh *v* sketch □ *thòisich mi air an sgeidseadh a-mach* I began to sketch them out

sgeig, -e *nf* derision, gibe, mockery, quip, ridicule, sarcasm, scorn, skit □ *dèan sgeig* ridicule

sgeigearachd *nf* buffoonery, burlesque, clowning, mockery □ *stad de do sgeigearachd* stop your buffoonery / clowning

sgeigeil, -e *a* derisive, mocking, scornful □ *rinn i srannartaich sgeigeil* she gave a derisive snort □ *"Tha mi gad chreidsinn," ars esan gu sgeigeil* "I believe you," he said mockingly

sgeilb and **sgeilbe** □ *dat sing* & *gen sing* respectively of **sgealb** chip, flake

sgeilb, -e, -ean *nf* chisel (also **gilb**) □ *sgeilb chruaidh* cold chisel □ *sgeilb chruinn* gouge

sgèile *nm* scale (maps, models, music etc.) □ *dealbh sgèile* scale drawing *modail sgèile* scale model □ *sgèile gaoithe* wind scale □ *air sgèile cosmach* on a cosmic scale

sgeileid, -ean *nf* saucepan

sgeilmeil *a* 1. jaunty 2. prim, neat

sgeilp, -e, -ean *nf* 1. shelf □ *sgeilp an t-simileir* mantelshelf, mantelpiece □ *sgeilp na h-uinneig(e)* window ledge (**sòla na h-uinneige** is also common) □ *an Sgeilp Mòr-thìreach* The Continental Shelf 2. slap (with hand), a 'skelp'

sgeime, sgeimichean □ see **sgeama**

sgèimh, -e *nf* beauty, loveliness □ *cuir sgèimh air* beautify □ *bha an reothadh air sgèimh a chur air an uinneig* the frost had beautified the window

sgèimheach, -iche *a* blooming, handsome, pretty □ *bha a' chlann sgèimheach le ola nam biorach* the children were blooming with (i.e. because of) dogfish oil

sgèimhich, -eachadh *v* adorn, beautify, bedeck, make beautiful etc., ornament

sgèin □ *gen sing* of **sgèan** shyness

sgeine □ *gen sing* of **sgian** knife

sgeir, -e, -ean *nf* reef, shelf (of rock), rock (in the sea), skerry, submerged rock

sgeir-bhàite *nf* submerged rock, bar

sgeireach, -iche *a* rocky, full of rocks (in the sea)

sgèith and **sgèithe** □ *dat sing* & *gen sing* respectively of **sgiath** wing

sgèith, sgèith *v* fly

sgeith, sgeith *v* puke, retch, spew, vomit

sgeith *nm* & *vn* of **sgeith** vomiting, vomit

sgeòil □ *gen sing* and *nom* & *dat pl* of **sgeul** story

sgeul, sgeòil, sgeòil / -an *nm* information, tale, story □ *sgeul guaineis* fantasy □ *innis sgeul dhomh* tell me a story □ *seo an sgeul a dh'innseadh e* this is the tale he used to tell □ *bi air sgeul* to be found, exist, be in evidence □ *am beagan a tha air sgeul de an eachdraidh* the little that is to be found of their history □ *cha robh sgeul air Pàdraig* there was no sign of Patrick □ *a bheil gin dh na rudan sin air sgeul an-diugh?* are any of those things in evidence today?

sgeul-rùin, sgeòil-rùin, sgeòil-rùin *nm* secret □ *cha sgeul-rùin e 's lorg aig triùir* *air* it's no secret if three are acquainted with it

sgeulachd, -an *nf* fable, legend, story, tale, yarn □ *sgeulachd ghaisge* hero-tale □ *sgeulachd ghoirid* short story (also, commonly, **sgialachd**)

sgeulaiche, -ean *nm* story-teller

sgeultachd *nf* lore, legend □ *tha an gleann seo air a bhogachadh (ann) an sgeultachd* this glen is steeped in lore / legend

sgeumaich, -achadh *v* □ see **sgeamaich**

sgeumh, -a *nf* □ same as **sgèimh, -e** *nf*

sgeumhach, -aiche *a* □ same as **sgèimheach**

sgeumhachadh, -aidh *nm* & *vn* of **sgeumhaich** adorning etc.

sgeumhaich, -achadh *v* □ same as **sgèimhich**

sgeun, sgèin *nm* □ see **sgèan**

sgeunach, -aiche *a* skittish, easily frightened □ *mar bheathach sgeunach* like a skittish animal

sgi, sgithean *nf* ski

sgialachd *nf* □ same as **sgeulachd**

sgiamh, -a *nm* squeak, squeal

sgiamh, -a *nf* □ same as **sgèimh, -e** *nf*

sgiamhach, -aiche *a* □ same as **sgèimheach**

sgiamhachadh, -aidh *nm* & *vn* of **sgiamhaich** adorning etc.

sgiamhaich, -achadh *v* □ same as **sgèimhich**

sgiamhail, sgiamhail *v* shriek, yell, squeal

sgiamhail *nf* & *vn* of **sgiamhail** shrieking etc.

sgian, sgeine / sgithinn(e), sgeanan *nf* (*dat* = **sgithinn**) knife □ *bha làrach na sgeine na chliabh* the mark of the knife was in his chest □ *bha e glè làmhchair leis an sgithinn* he was very handy with the knife

sgian-fhala *nf* lancet **s.-lèigh** *nf* scalpel **s.-phòcaid** *nf* pocket knife **s.-litreach** a letter-knife **s.-sgathaidh** *nf* pruning-knife **s.-sgoltaidh** *nf* cleaver

sgiath, sgèithe, sgiathan *nf* 1. wing (of a bird, house or army) □ *air falbh a ghabh i mar gun robh i air sgèith* off she took as if she were on [the] wing □ *air barran nan sgiath* on the tips of the wings 2. shield

sgiath-dheargan *nm* redwing

sgiathach *a* winged

sgiathag, -aige, -an *nf* 1. small wing 2. small shield 3. lid e.g. of a barrel 4. dart (for playing darts)

sgiathaire, -ean *nm* winger

sgiathalaich *nf* flying, fluttering

sgiathalaich, -achadh *v* flutter

Sgiathanach *a* of, belonging to or pertaining to Skye (also **Sgitheanach**)

Sgiathanach, -aich, -aich *nm* Skyeman, person from Skye (also **Sgitheanach**)

sgig-aithris *nf* parody **s.-chluich** *nf* farce

sgil, -ean *nm* aptitude, attainment, skill □ *sgilean deilbhidh / sgilean grafaiceil* graphic skills □ *tha sgil agam air* + *vn* I have skill in (doing something) □ *tha sgil aig an ùghdar air a bhith a' làimhseachadh nan eileamaidean seo* the author is skilful (lit. has skill) in handling these elements

sgileil, -e *a* skilful □ *bha e glè sgileil ann a bhith ga chleachdadh* he was very skilful in using it

sgillinn, -ean *nf* penny □ *gun sgillinn* penniless (**sgillinnean** *pl* = pence but the *sing* is usually employed when expressing amounts of pence) □ *bu mhath leam trì stampaichean aig fichead sgillinn a cheannach* I would like to buy three twenty pence stamps □ *chosgadh sin deagh sgillinn* that would / would have cost a pretty penny (also **an deagh sgillinn**)

sgimilear, -eir, -an *nm* scrounger, moocher

sgimilearach-aiche *a* brazen, open, obtrusive □ *cha bhitheadh iad a' cur dragh air – co-dhiù gu sgimilearach* they wouldn't bother him – at any rate openly (ie. to his face)

sgimilearachd *nf* scrounging, mooching

sginneire, -ean *nm* skinner

sgiob, sgiobadh *v* skip

sgioba, -an *nm/f* team, crew □ *tha sgioba chòigneir ann* there is a team / crew of five □ *cuir sgioba air / ann* man

sgiobadh, -aidh *nm* & *vn* of **sgiob**, skipping

sgiobaig, -eadh *v* skip

sgiobaigeadh, -idh *nm* & *vn* of **sgiobaig** skipping

sgiobair, -ean *nm* master (of ship), skipper □ *na sgiobair oirre bha an Caiptean MacLeòid* the skipper of it was Captain Macleod

sgiobalta *a* 1. quick, active, agile, nimble 2. neat, slick, spick and span, tidy, trim □ *ann am bothan beag sgiobalta* in a neat, little hut

sgiobaltachd *nf* 1. quickness, agility 2. tidiness, neatness

sgioblachadh, -aidh *nm* & *vn* of **sgioblaich** tidy, tidy up □ *rinn iad sgioblachadh math* they did a good tidy up

sgioblaich, -achadh *v* furbish, tidy □ *tha aca ris na beachdan aca a sgioblachadh* they have to tidy up their ideas □ *sgioblaich do leabhraichean air falbh* tidy away your books

sgioblaichte *pp* of **sgioblaich** neat, tidy, made neat or tidy

sgiol, -adh *v* shell, unhusk □ *nuair a sgiolas tu feusgan* ... when you shell a mussel ...

sgiollag, -aige, -an *nf* 1. minnow 2. any small fish 3. sand eel

sgiolta *a* eloquent □ *tha na rannan am bitheantas sgiolta* the verses are frequently eloquent

sgiord, -adh *v* □ see **sgiort, -adh** *v*

sgiord, -an *v* squirt, purge

sgiorradh, -aidh, -aidhean *nm* 1. accident, misfortune, mischance □ *tro sgiorradh air choreigin* through some mischance or other 2. adventure

sgiort, -adh *v* squirt, purge □ *bha a' chreadha a' sgiortadh eadar a mheòirean* the clay was squirting between his fingers

sgiort(a), -a, -aichean *nm* skirt □ *bha sgiorta ùr gorm oirre* she was wearing a new, blue skirt

sgìos *nf* fatigue, weariness □ *leig do sgìos* lounge, rest yourself □ *bha i a' leigeil a sgìos air an t-sòfa* she was resting / lounging on the sofa □ *'s e sgìos a' chosnaiche a bhith na thàmh* it is weariness for the [good] worker to be idle

sgiot, -adh *v* whisk

sgiotadh, -aidh *nm & vn* of **sgiot** whisking etc.

sgiotag, -aige, -an *nf* whisk

sgip □ *dat & gen sing* of **sgeap** hive

sgìre, -ean *nf* district, parish

sgìr-easbaig *nf* diocese (or **sgìreachd-easbaig**)

sgìre-bhailtean *nf* conurbation

sgìreachd, -an *nf* □ same as **sgìre**

sgìreachd-easbaig *nf* diocese (or **sgìr-easbaig**)

sgìreachdail *a* parochial

sgìth, -e *a* tired, wearied, weary □ *cho sgìth ris a' chù* dog-tired □ *bha mi seachd sgìth dheth* etc. he / it was a menace □ *fàs sgìth* tire (become / grow tired) □ *bha i sgìth de sguabadh* she was tired of sweeping □ *bha e sgìth bho shleuchdadh* he was weary from prostration

sgitheach, -ich *nm* hawthorn tree

sgìtheachadh, -aidh *nm & vn* of **sgìthich** fatiguing etc.

sgìtheachail *a* tiresome

sgitheadh, -idh *nm* and *alt vn* of **sgithich** skiing □ *sgitheadh a' bhlàir* cross-country skiing

Sgitheanach *a* of, belonging to or pertaining to Skye (also **Sgiathanach**)

Sgitheanach, -aich, -aich *nm* Skyeman, person from Skye (also **Sgiathanach**)

sgithear, -eir, -an *nm* skier

sgithear-uisge *nm* water-skier

sgithearachd *nf* ski-ing □ *dèan sgithearachd* ski

sgithearachd-uisge *nf* water-ski-ing

sgitheil *a* wearisome

sgithich *a* hawthorn □ *chaidh e tro challaid sgithich* it went through a hawthorn hedge

sgìthich, -eachadh *v* fatigue, tire, weary □ *cha sgìthicheadh e ag aithris nan nithean a chunnaic agus a rinn e* he wouldn't tire of recounting the things he had seen and done

sgithich, -eachadh / sgitheadh *v* ski

sgithinn □ *dat sing* of **sgian** knife

sgiùchadh, -aidh *nm* □ see **sgùchadh**

sgiùrs, -adh *v* lash, scourge, whip □ *sgiùrs iad i fhèin agus a dithis nighean* they scourged her and her two daughters

sgiùrsa, -an *nm* lash, whip

sgiùrsadh, -aidh, -aidhean *nm & vn* of **sgiùrs** lashing etc., flagellation, scourge

sgiùrsair, -ean *nm* rod, scourge, whip

sgiutha, -aichean *nm* skew (coping stone of a gable)

sglàib, -e *nf* plaster (on walls etc.)

sglàibeadair, -ean *nm* plasterer

sglàibreachadh, -aidh *nm & vn* of **sglàibrich** plastering

sglàibrich, -eachadh *v* plaster

sglais, -e, -ean *nf* clout, blow, skelp, smack □ *na sglaisean a dh'fhuiling mi* the blows I suffered

sglèapair, -ean *nm* blockhead

sglearòis – usually with the *def art*: **an sglearòis** *nf* sclerosis

sglèat, -a, -an *nm* slate

sglèatach *a* slaty

sglèatachadh, -aidh *nm & vn* of **sglèataich** slating

sglèataich, -achadh *v* slate

sglèatair, -ean *nm* slater

sgleire, an sgleire *nm* sclera

sgleò *nm* mist, mistiness (of the eyes), film □ *bha sgleò air mo shùilean* my eyes were misted (lit. there was a mistiness etc.) □ *thàinig sgleò air a shùilean* his eyes misted □ *... a' cur sgleò air a lèirsinn* ... causing his vision to become misty □ *bha sgleò de dhath sglèatach air gach nì* there was a slaty coloured film over everything

sgleò-shealladh *nm* phantom

sgleog, -oig, -an *nf* whack, thump, slap (with hand) □ *thuit e le sgleoig* it fell with a whack □ *thug e sgleog chàirdeil dhomh mu na slinneanan* he gave me a friendly whack about the shoulderblades

sgleogaireachd *nf* idle talk □ *cha dèan sgleogaireachd ceilp 's cha dèan feadaireachd buain mhòna* chatter won't gather kelp, and whistling won't harvest peats (proverb)

sgleòideach, -iche *a* dowdy, gawky

sgleòthach, -aiche *a* filmy, misty, misted □ *bha a lèirsinn a' fàs sgleòthach* his vision was becoming misty / misted

sgleòthail, -e *a* affected (full of affectation) □ *cur-seachad sgleòthail* an affected pastime

sgliùrach, -aich, -aichean *nf* slattern, trollop

sglongaid □ see **splangaid**

sgob, -adh *v* snatch

sgoch, -adh *v* sprain □ *sgoch mi mo chas* I sprained my foot

sgochadh, -aidh, -aidhean *nm & vn* of **sgoch** spraining etc., sprain

sgòd, -òid, -an *nm* cloth, piece of cloth

sgòd-siùil, sgòid-, sgòdan- *nm* sheet (sail rope)

sgòdan, -ain, -an *nm* appendage

sgoil, -e, sgoiltean *nf* 1. school, seminary □ *cha deach e don sgoil* he didn't go to school □ *tha e anns an sgoil* he is at school (i.e. in school / attending school) □ *nuair a bha sinn san sgoil* □ note that the *def art* is used in such phrases □ cf. *anns an eaglais* in church – in Lewis, this is extended other places e.g. *tha i ag obair anns a' bhanc / anns a' mhuilinn* etc. she works at the bank / at the mill etc. □ *... cho luath 's a thàinig iad às an sgoil ...* as soon as they came out of school □ *a' bruidhinn Fraingis na sgoile* speaking school French 2. schooling, education □ *cha d'fhuair e ach beagan sgoile* he received only a little schooling □ *gun ach beagan sgoile na òige ...* with but little schooling in his youth

sgoil- *pref* denoting types of schools / disciplines □ all the following *cmpds* are *fem*:

sgoil-altraim nursery **s.-àraich** playschool □ *anns na sgoiltean-àraich* in the playschools **s.-choitcheann** comprehensive school **s.-chòmhnaidh** boarding school **s.-dhubh** black art, magic **s.-mhara** navigation

sgoilear, -eir, -an *nm* pupil, scholar (but **sgoilear** = 'teacher' in Barra)) □ *bha iad nan sgoilearan air Laideann agus Greugais* they were scholars of Latin and Greek

sgoilearach, -aiche *a* academic, scholarly, scholastic

sgoilearach, -aich, -aich *nm* academic

sgoilearachas, -ais *nm* scholarship

sgoilearachd *nf* scholarship

sgoileireil □ same as **sgoilearach**

sgoilt, sgoltadh *v* cleave, crack, slit, sliver, split

sgoilte *pp* cloven

sgoinn *nf* 1. attention, care □ *dèan le sgoinn e* do it with care 2. decency, taste, propriety □ *tha na sgeulachdan air an ath-innse le snas is sgoinn* the stories are retold with elegance and taste 3. haste, speed □ *bha agam ri sgoinn a chur orm a-mach às a sin* I had to make haste out of there □ *sgoinn ort!* hurry up! 4. power, energy, strength vigour □ *tha sgoinn ann nach eil annadsa* he has a strength you do not have (lit. there is in him a strength that's not in you)

sgoinneil, -e *a* 1. neat, tidy, careful, trim 2. brisk, active, energetic, lively □ *tha e a' dèanamh adhartas sgoinneil* he is making brisk progress □ *tha na dealbhan sgoinneil* the illustrations are lively 3. (colloq.) great, brilliant □ *bha na taighean-seinnse sgoinneil anns na làithean ud* the pubs were great in those days □ *làithean sgoinneil!* great days!

sgoiteach, -ich, -ich *nm* quack (doctor)

sgoiteachd *nf* quackery

sgol, -adh *v* rinse □ *sgol e a bheul* he rinsed his mouth □ *sgol i a' phoit-tì* she rinsed the teapot

sgoladh, -aidh *nm & vn* of **sgol** rinsing □ *rinn e dian sgoladh air aodann* he gave his face a furious rinsing

sgollag, -aige, -an *nf* dinghy

sgolt *v* see **sgoilt**

sgoltadh, -aidh, -aidhean *nm & vn* of **sgoilt** splitting etc., chink, cleft, crack, crevasse, crevice, fissure, gap, gully, rift, slit, split □ *sgoltadh inntinn* schizophrenia □ *sgoltadh(-deighe)* crevasse

sgoltadh-aibhne *nm* (river) gorge **s.-deighe** *nm* crevasse

sgona, -aichean *nf* scone

sgonn, -oinn, -an *nm* block □ *sgonn (fiodha)* log □ *air a dhèanamh air sgonnan de fhiodh* made of wooden blocks / logs

sgonnan, -ain, -an *nm* 1. small block of wood 2. peg of the **cas-chrom** on which the foot was placed.

sgòr, -òir, -an *nm* score (music and sport)

sgòr-ciùil *nm* (musical) score

sgor, -adh *v* gash, scarify, score

sgor, -oir, -an *nm* cleft, fissure, gash, rift (geog.) □ *ann an sgor cumhang* in a narrow fissure □ *fhuair e sgor sgreataidh nuair a thuit e* he received a dreadful gash when he fell

sgor-fhiacail *nf* tusk

sgoradh, -aidh *nm & vn* of **sgor** scarifying etc.

sgòrnan, -ain, -an *nm* gullet, throat, trachea, windpipe □ *at sgòrnain* bronchitis □ *bràigh (an) sgòrnain* larynx □ *claban an sgòrnain* epiglottis

sgòrnanach, -aiche *a* bronchial, glottal, guttural, jugular

sgòrr *nm* □ see **sgùrr**

sgot *nf* fragment, tiny thing □ used only in such phrases as: *chan eil sgot aige* he hasn't a clue □ *bithidh iad ag ràdh, agus gun sgot aca mun chùis gu ...* they say, [and they] not having a clue about the matter, that ...

sgòth, -an / -achan *nf* cloud □ *sgòth bhristeach / sgòth cirrus* cirrus clouds □ *sgòth cumulus* cumulus □ *sgòth shreathach / sgòth stratus* stratus □ *sgòth-uisgeach / sgòth nimbus* nimbus □ *bha sgòth mhòr dhubh anns an adhar* there was a great black cloud in the sky

sgoth, -a, -an *nf* skiff □ *bha sgoth bheag air a' chladach a-bhos* there was a small skiff on the shore below

sgoth-long *nf* yacht

sgòthach, -aiche *a* cloudy

sgrabair, -ean *nm* greater shearwater

sgragall, -aill *nm* tinfoil

sgràill, -eadh *v* rail at, revile, abuse verbally

sgràilleadh, -idh *nm & vn* of **sgraill** reviling etc., abuse

sgràilleag, -eig, -an *nf* sandpiper

sgraing, -e, -ean *nf* frown, scowl □ *chuir e sgraing air aodann* he frowned / scowled □ *thionndaidh e orm leis an sgraing àbhaistich* he turned on me with the usual scowl

sgraob, -a, -an *nm* □ same as **sgreab** *nf*

sgrath, -a, -an *nf* 1. clod, sod, turf □ *cruachan air an tughadh le sgrathan* stacks thatched with turfs 2. outer covering such as crust, rind, bark etc. (uncommon now in latter meanings) □ *sgrath uachdarach na talmhainn* [the] upper crust of the earth

sgrathail / sgràthail, -e *a* destructive □ *tha a leithid de smaoineachadh sgràthail don duine* such thinking is destructive to man (lit. the man) □ in some areas, particularly S. Uist, **sgràthail** is used to intensify a following adjective: *sgràthail fuar, fliuch* etc. terribly / awfully cold, wet etc.

sgreab, -a, -an *nf* 1. blotch, scab 2. an **sgreab** mange, scrapies

sgreabach, -aiche *a* scabby

sgread, -a, -an *nm* grating noise, rasp (rasping noise), scream, screech, shriek □ *thoir sgread air* grate, rasp (up)on □ *... gus an tug i sgread air a' mhol ...* till she (the boat) grated on the shingle

sgread, sgreadail / sgreadadh *v* scream, screech

sgreadach *a* grating, screeching, shrieking □ *chuala sinn èigh sgreadach na traona* we heard the grating cry of the corncrake

sgreadadh, -aidh *nm & vn* of **sgread** screeching etc.

sgreadail *nf & vn* of **sgread** screeching etc.

sgreadhail, -e, sgreadhlaichean *nf* trowel

sgreamh, -a *nm* detestation, disgust, loathing □ *sheachnadh iad e mar gun robh sgreamh aca roimhe* they would avoid him as if they loathed him □ *bha seòrsa de sgreamh aige dheth fhèin* he had a sort of disgust of himself □ *seo rud a bhitheas a' cur sgreamh air mòran dhaoine* this is something which disgusts many people

sgreamhachadh, -aidh *nm & vn* of **sgreamhaich** disgusting etc.

sgreamhaich, -achadh *v* disgust, nauseate

sgreamhail, -e *a* disgusting, nauseous, squalid □ *'s e duine aineolach sgreamhail a bh'ann* he was an ignorant, disgusting man

sgreamhalachd *nf* loathsomeness, nauseousness

sgreataidh, -e *a* abominable, disgusting, horrid, loathsome, nasty □ *bha ad sgreataidh air a cheann* there was a disgusting hat on his head □ *'s e tinneas sgreataidh a tha anns an luibhre* leprosy is a loathsome disease

sgrèidh, -eadh *v* same as **sgreubh** □ *sgrèidh na h-eathraichean air a' chladach* the boats dried up on the beach

sgreubh, -adh *v* dry up, crack by drought *intrans* □ *bha am bàta air sgreubhadh aig a' ghrèin* the boat had dried because of the sun □ *fhuair iad na h-eathraichean air sgreubhadh air a' chladach* they found the boats dried up on the beach

sgreubhadh, -aidh *nm & vn* of **sgreubh** drying up etc., dehydration □ *cuiridh seo casg air an sgreubhadh* this will stop their dehydration

sgreuch, -a, -an *nm* scream, screech, whoop □ *thoir sgreuch air* grate upon □ *thàinig sgreuch caithreamach aiste* a triumphant screech issued from her

sgreuch, sgreuchail *v* hoot, scream, screech, whoop

sgreuchach, -aiche *a* grating, screeching

sgreuchag, -aig, -an *nf* jay

sgreuchag-oidhche *nf* nightjar

sgreuchail, -e *nf* screeching, screaming, whooping □ *cha chluinnte fuaim ach sgreuchail nan eun* not a sound could be heard but the screeching of the birds
sgreuchan-coille *nm* jay
sgriach *v* □ same as **sgreuch**
sgrìn, -e *nf* 1. (e.g. tv) screen □ *air an sgrìn* on the screen 2. relic(s), shrine
sgrìob, -adh *v* grate, scrape, scratch, make a scratch, rub, trawl
sgrìob, -a, -an *nf* 1. jaunt, journey, excursion, trip, walk □ *ghabh e sgrìob sìos chun a' chala* he took a walk down to the harbour □ *ghabh iad sgrìob don Ghalltachd* they made a trip to the Lowlands □ *an dèidh sgrìob glè ghoirid* after a very short trip 2. scrape, scratch, score, track □ note also: *Sgrìob Chlann Uisnich* the Milky Way 3. furrow, line (e.g. of turnips □ *sgrìob cho-shìnte* parallel (line) 4. dash (punct.)
sgrìob-cheangail *nf* hyphen **s.-ruith** *nm* running track
sgrìobach, -aiche *a* abrasive
sgrìobachan, -ain, -an *nm* □ same as **sgrìobadair**
sgrìobadair, -ean *nm* grater, scraper
sgrìobadan, -ain *nm* abrasive
sgrìobadh, -aidh, -aidhean *nm* score, scratch, scrape
sgrìobag, -aige, -an *nf* line (short letter) □ *cha tàinig bhuaithe ach an aon sgrìobag* only the one line came from her □ *cuir sgrìobag* drop a line
sgrìoban, -ain, -an *nm* 1. grater, hoe, scraper 2. hand fishing line
sgrìobh, -adh *v* compose, record, write □ *sgrìobh air* inscribe □ *sgrìobh geàrrchùnntas* minute *v* □ *sgrìobh (sìos)* register (*v* trans) □ *sgrìobh notaichean (air)* annotate □ *sgrìobh e gu Donnchadh* he wrote to Duncan □ *sgrìobh d'ainm* sign your name
sgrìobhadair, -ean *nm* writer □ *sgrìobhadair chòirichean* conveyancer
sgrìobhadh, -aidh, -aidhean *nm* & *vn* of **sgrìobh** writing etc., composition (lit. or music), inscription, script, writing □ *sgrìobhadh dìomhair* cipher □ *sgrìobhadh còrach* patent □ *sgrìobhadh cruthachail* creative writing □ *thòisich e air iomradh a dhèanamh ann an sgrìobhadh air (rudeigin)* he started to make a report in wrting / a written report about (something) □ **sgrìobhaidhean** *pl* = writings / works (literary) *sgrìobhaidhean abhachdach / tromchuiseach* humorous / serious writings

sgrìobhaiche, -ean *nm* scribe, writer, correspondent □ *sgrìobhaiche dràma* playwright
sgrìobhainn, -ean *nf* script, document □ *anns an sgrìobhainn eachdraidheil seo* in this historical document
sgrìobhan, -ain, -an *nm* document (an alt. form of **sgrìobhainn**) □ *sgrìobhan laghail* legal document □ *sgrìobhan neo-oifigeil* non-official document □ *sgrìobhan oifigeil* official document □ *sgrìobhan pearsanta* private document
sgrìobhte *pp* written □ *air an duilleig sgrìobhte* on the written page □ *chan eil eachdraidh sgrìobhte air a' chiad luchdàiteachaidh* there is no written history of the first inhabitants
sgriobt, -aichean *nm* script
sgriobtar, -air, -an *nm* scripture, writ
sgriobtarail *a* biblical, scriptural
sgrìoch, -an *nm* score, scratch, scrape
sgrìodan, -ain, -ain / -an *nm* scree slope □ *creagan àrda agus sgrìodain chasa* high cliffs and steep scree slopes
sgrios, sgrios *v* blast, demolish, destroy, extinguish, ravage, ruin, sack, wreck □ *chuala sinn gun do sgriosadh iad* we heard that they had been destroyed □ *'s iomadh beatha a sgrios e* it has wrecked many a life (lit. it's many a life that it has wrecked)
sgrios, -a *nm* demolition, destruction, extermination, extinction, havoc, perdition, ruin, waste
sgrios-ghalar *nm* pestilence
sgriosadair, -ean *nm* demolisher, destroyer
sgriosail, -e *a* destructive, ruinous
sgrioste *pp* demolished, destroyed, undone etc.
sgrisleach, -ich *nm* tartar
sgrisleachan, -ain *nm* tartrazine
sgriubha, -aichean *nf* □ see **sgriutha**
sgriubhaire, -ean *nm* □ see **sgriuthaire**
sgriutha, -aichean *nf* screw □ *sgriutha àrc* corkscrew □ *sgriutha Aircimeadach* Archemedean screw
sgriuthaire, -ean *nm* screwdriver
sgròb, -adh *v* scratch, make a scratch, scrape
sgròb, -a, -an *nf* score, scratch, scrape
sgròbadh, -aidh, -aidhean *nm* & *vn* of **sgròb** scratching etc., score, scratch, scrape
sgròbag, -aige, -an *nf* slight scratch □ *chan eil ann ach sgròbag* it's nothing but a scratch
sgròbail *nm* scribble
sgròbaireachd *nf* scrawl

sgròban, -ain, -an *nm* crop (of a bird), gizzard, maw

sgrog, -adh *v* cock, pull a hat down firmly □ *bha ad air a sgrogadh a-nuas air a mhala* his hat was pulled down firmly on his forehead

sgrogadh, -aidh *nm & vn* of **sgrog** cocking

sgrothaiche *nm* epidermis

sgrubaig, -eadh *v* scrub

sgrubaigeadh, -idh *nm & vn* of **sgrubaig** scrubbing

sgrùd, -adh *v* audit, dissect, examine, inspect, look over, monitor, rake (with the eyes), review, scan, scrutinize, sound (metaph.) □ *sgrùd e an fhaire* he raked the horizon □ *ciamar a bhitheas seo air a sgrùdadh?* how will this be monitored?

sgrùdach, -aiche *a* critical

sgrùdadh, -aidh, -aidhean *nm & vn* of **sgrùd** examining etc. analysis, audience, criticism, dissection, examination, inquest, inspection, research, review, scrutiny, study □ *sgrùdadh eòlais-leighis* medical research □ *thoir / dèan sgrùdadh air* criticize, examine, inspect, review, scrutinize, put under scrutiny □ *tha sinn a' toirt sgrùdadh air an t-suidheachadh* we are examining the situation □ *rinn e sgrùdadh air an leabhar* he reviewed the book

sgrùdaiche, -ean *nm* examiner

sgrùdaidh *a* review □ *buidheann sgrùdaidh* a review group

sgrùdair(e), -ean *nm* auditor, critic, inspector, reviser, scrutiniser

sgrugaill, -ean *nf* neck (of a bottle) □ *botal le marbal anns an sgrugaill* a bottle with a marble in the neck (uncommon)

sgruimbean, -ein *nm* scrub (geog.)

sgruimbeanach, -aiche *a* scrubby, scrubbed (geog. – of vegetation)

sguab, sguaibe, -an *nf* 1. sheaf (corn) □ *bha iad a' ceangal nan sguab* they were binding the sheaves 2. brush, broom, mop □ *dh'fhuadaich i an cat le sguaib* she drove away the cat with a broom

sguab, -adh *v* brush, sweep, whisk, wipe □ *bha i a' sguabadh an làir* she was brushing / sweeping the floor □ *sguab an fhairge leatha an laimrig* the sea swept away the landing jetty (lit. swept with her) □ *bha iad fo eagal gun sguabadh an achd ùr seo leatha na seann chleachdaidhean* they were afraid this new act would sweep away the old customs □ *sguab iad leotha gach nì* they carried all before them □ *is ann leis a' chaithimh a chaidh a sguabadh* he was swept away by consumption □ though **air**

falbh is often employed: *chaidh bacaidhean a sguabadh air falbh* restrictions were swept away □ *sguab às* quaff

sguabadair, -ean *nm* sweeper (person / machine)

sguabag, -aige, -an *nf* whisk

sguabte *pp* swept □ *bha iad sguabte air falbh* they were swept away

sguad, -aichean *nm* squad

sguadron, -oin, -an *nm* squadron

sguaidhir, sguaidhreach, sguaidhrichean *nf* square

sguain, -e, -ean *nf* train (of a dress)

sguatair, -ean *nm* squatter

sguch, -adh *v* 1. move, stir 2. sprain, strain

sguchadh, -aidh, -aidhean *nm & vn* of **sguch** sprain, strain

sgud, -adh *v* chop, lop, hew down □ *thòisich e ris na craobhan a sgudadh* he began to chop down the trees

sgudadh, -aidh *nm & vn* of **sgud** chopping etc.

sgudal, -ail *nm* refuse, trash, waste, waste product □ *sgudal niùclasach* nuclear waste

sguibeach *a* peaked (of a cap) □ *bha currac sguibeach air* he was wearing a peaked cap

sguidilear, -eir, -an *nm* scullion, drudge

sguidilearachd *nf* drudgery, dirty work □ *bha seòmar ann airson sguidilearachd* there was a room for dirty work

sgùil, -e, -ean *nf* 1. scuttle 2. scull (flat basket for holding fishing lines) □ *bha lìonbeag aige ann an sgùil* he had a small-line in a scull

sguir, sgur *v* cease, desist, stop □ *an do sguir an t-uisge?* has the rain stopped? □ *ann an tiota sguir e* in an instant it stopped □ *sguiribh anns a' bhad* stop at once □ *sguir de* discontinue, leave off, quit, stop □ *thuirt e gum fònadh e chun a' phoileis mura sguireadh iad dheth* he said that he would phone [to] the police if they didn't stop it □ *b'eudar dhaibh sgur de chluiche* they had to stop playing □ *sguir a dhèanamh sin* stop doing that (note that **a** is short for **de**) □ *an sguir thu a throd rium?* will you stop nagging me? □ *sguir na gunnachan a losgadh* the guns stopped firing □ *thuirt an dotair ris gum bu chòir dha sgur a dh'obair* the doctor said to him that he ought to stop working (**a dh'** = **de** before vowels)

sgùird, -e, -ean *nf* skirt

sgùm *nm* skim, scum, refuse □ *bha sgùm air uachdar an uisge* there was scum on the surface of the water

sgur *nm & vn* of **sguir** stopping etc. □ *gun sgur* continually, ceaselessly, unceasing, without cease / rest / stop etc. □ *bha iad an sàs innte gun sgur* they pestered her continually

sgùr, -adh *v* scrub, scour, rub up, burnish □ *bha fiodh an ùrlair air a sgùradh cho geal ris an t-sneachd* the wood of the floor was scrubbed as white as [the] snow

sgùradh, -aidh *nm & vn* of **sgùr** scrubbing etc. □ *bha e meirgeach le cion sgùraidh* it was rusty with lack of burnishing

sgùrr, -a, -an *nm* 1. high pointed hill 2. cliff, crag

sgùrrach, -aiche *a* rugged □ *dùthaich sgùrrach* a rugged country

sgutair, -ean *nm* scooter

shìos *adv* below (at rest) down (at rest), below □ *bha iad a' coimhead air a' bhaile fopa shìos* they were looking at the town down below them (lit. the town below them down) □ *leugh an sgeulachd seo shìos* read the story below □ *a bheil thu a' faicinn an taighe bhig ghil ud shìos?* do you see that small, white house below? □ *shìos an staidhre* downstairs (at rest) □ *ceann shìos na sràide* the lower end of the street □ sometimes used meaning east: *chun nan Innseachan Shìos* to the East Indies □ for further information on the use of **shìos** see App. 4 Sect. 10.0

shuas *adv* above, aloft, up (at rest) □ *shuas an staidhre* upstairs (at rest) □ *aig an t-seòladh shuas* at the above address □ *tha e ag aontachadh ris a' chùnntas seo shuas* he agrees with the above statement □ *tuigear bho na h-eisimpleirean shuas gu bheil…* it will be understood from the above examples that — is … □ *choimhead e a-mach air an uinneig shuas an staidhre* he looked out of the upstairs window □ *a dh'ionnsaigh do rìoghachd ghlòrmhoir shuas* to your glorious kingdom above □ *bha am ball shuas air mullach an taighe* the ball was up on the roof of the house □ *gheibh thu shuas ri mu dhusan* you will get / find up to about a dozen □ for further information on the uses of **shuas** see App. 4 Sect. 10.0

sia *a* six (**a sia** when not accompanied by a noun) □ *sia botail* six bottles □ *co mheud botal? a sia* how many bottles? six. □ *an Rìgh Seumas a sia* King James the sixth □ *sia fir dheug* sixteen men (see **sia-deug** below)

sia-chasach *nm* hexameter **s.-chasach** *a* hexametrical □ *meadrachd shia-chasach*

hexameter **s.-deug** *nm* sixteen (when not accompanied by a noun) □ *co mheud fear? a sia-deug.* how many men? sixteen (see **sia**) **s.-fillte** *a* sixfold **s.-shliosach** *nm* hexagon **s.-shliosach** *a* hexagonal

siab, -adh *v* brush (sweep over with quick, light motion), cast (a fishing fly), drift, sweep, wipe □ *siab air falbh* edge away □ *bha e a' siabadh maghair* he was casting a fly

siabadh, -aidh *nm & vn* of **siab** drifting etc., drift □ *siabadh fad-tràghad* longshore drift (geog.) □ *siabadh sa ghaoith* wind surfing

siabair, -ean *nm* wiper

siaban, -ain *nm* sand-drift, sea-spray, spray, spume, spindrift

siabann, -ainn *nm* soap – also 'soap / soap-opera' as on television □ *bleideagan siabainn* soap flakes □ *fùdar siabainn* soap powder □ *làn siabainn* soapy

siacal, -ail, -ail *nm* jackal

siach, -adh *v* sprain □ *shiach e a chas* he sprained his foot

siad *nm* a bold fellow (a form of **seud**)

sial *nm indec* sial (geol. – upper layer of the earth's crust, the material comprising this)

siàlaidh, -ean *nf* chalet □ *siàlaidhean soghail* luxurious chalets

siamarlan, -ain, -ain *nm* □ same as **seumarlan**

siampù, -ùthan *nf* shampoo

sian, sìne, siantan *nf* 1. (rough) weather □ *pl* = elements □ *lasaich an t-sian* the weather eased □ *bha na siantan air an dath a thoirt dheth* the elements had taken away the colour from it *masc* □ *sìde nan seachd sian / siantan* extremely rough weather □ *bha uisge nan seachd sian / siantan a' stairirich ris an uinneig* a rainstorm was rattling against the window 2. a thing □ *cha robh sian ri fhaicinn* there wasn't a thing to be seen (see also **sìon**)

sian-bhuailte *pp* weather-beaten

sianal, -ail, -ail / -an *nm* channel (broadcasting)

sianar *s* six (persons) □ foll. by noun in *gen pl* or **de** + *dat* or the relevant *prep poss's* of **de** or **aig** □ *bha sianar dhiubh ann* there were six of them i.e. six people □ *sianar bhalach* six boys

siansadh, -aidh, -aidhean *nm* symphony

siap, -adh *v* slink

siar *a* west, western □ *'s ann a taobh siar na dùthcha a tha e* he's from the western side of the country □ *anns na sgìrean siara* in the western parishes □ but note that the

pl form is not used in the following: *Na h-Eileanan Siar* the Western Isles
siarc, -an *nm* □ see **siorc**
siasmain *nf* jasmine
siataig, -e *nm/f* sciatica □ *tha e a' gearan air an t-siataig* he is troubled with sciatica (lit. he is complaining of etc.)
siathamh *a* sixth □ *sgoilearan na siathamh bliadhna* sixth year pupils □ *an siathamh cuid* a sixth □ *siathamh — deug* sixteenth □ *anns an t-siathamh linn deug* in the sixteenth century
siathnar □ see **sianar**
sibh (*emph form* **sibhse**) *pers pron.* ye, you *pl & polite* □ *sibh fhèin* yourselves / yourself *pl & polite*
sibht □ see **sioft / sift**
Sìc, -ean *nm* Sheik
sice, -ean *nf* sycamore
sìde *nf* weather □ *dè seòrsa sìde a bha agaibh?* what kind of weather did you have? □ *ro-innse na sìde* the weather forecast □ *an t-sìde chaochlaideach* the changeable weather □ *ri droch shìde* in bad weather □ *fhuair sinn iomradh air an t-sìde* we got a report of the weather / a weather report
sìde-chaitheamh *nm* weathering (geol.)
sìdh *a* fairy □ *leannan sìdh* a fairy lover □ *bratach sìdh* a fairy flag
sìdhiche, -ean *nm* fairy
sifilis, an t-sifilis *nf* syphilis
sìg, -e, -ean *nf* large stack □ *air cùl na sìge feòir* behind the haystack
sige, -ean *nf* jig (dance)
sìl 1. *gen sing* of **sìol** seed 2. *gen sing* and *nom & dat pl* of **sìol** sprat
sil, -eadh *v* dribble, drip, drop (of a liquid), fall (of rain, snow etc.), flow, ooze, pour (of rain, *intrans*), rain, shed, shower, trickle □ *sil ronnan* slaver *v* □ *shil an sneachda gun abhsadh* the snow fell without let-up / cease □ *bha i (a') sileadh* it was raining
sileacon, -oin *nm* silicon
sileadair, -ean *nm* dropper
sileadh, -idh *nm & vn* of **sil** dripping etc., flow, drip, issue, precipitation, raining
sileagan, -ain, -an *nm* jar (container), jam-jar
sìlean, -ein *nm* (individual) seed, (individual) grain □ *sìlean mine* a grain of meal
silice *nf* silica
silidh, -ean *nm* jam (conserve), jelly
sìlidh *nf* breed, genealogy, lineage, pedigree □ *sìlidh ghasta* a fine breed
silteach, -iche *a* fluid, oozy, rainy

silteachd *nf* fluidity
simid, -e, -ean *nm* mallet □ *simid fiodha* a wooden mallet
similear, -eir, -an *nm* chimney
similidh, -e *a* cowardly, feeble, silly
simphnidh, -ean *nf* symphony □ *7mh simphnidh Bheethoven* Beethoven's 7th Symphony
sìmpleachadh, -aidh *nm & vn* of **sìmplich** simplifying, simplification
sìmplich, -eachadh *v* simplify
sìmplidh, -e *a* 1. elementary, simple (uncomplicated), unaffected, unsophisticated □ *bha am plana gu math sìmplidh* the plan was quite simple □ *sgeulachd shìmplidh* a simple story □ *chan eil a' chùis cho sìmplidh sin* the matter isn't as simple as that □ *tha e cho sìmplidh sin* it's as simple as that (for the omission of *ri* after **cho** see **cho**) □ *chan eil an suidheachadh cho sìmplidh 's a tha iad ag ràdh* the situation isn't as simple as they say 2. plain, unadorned
sìmplidheachd *nf* simplicity □ *thàinig e air ais gu sìmplidheachd na seann bhàrdachd* he came back to the simplicity of the old poetry

---

sin *dem pron.* that, those
sin used with the verb **bi** □ *tha sin math* that is good □ *sa latha a bha sin* in those days (lit. in the day that that was) □ *cò shaoileadh gun robh sin ann o …* who would have thought that it was that long since … (lit. that there was that in it since …) □ *am feasgar a bha sin …* that evening □ *cha robh air ach sin* that was it / that's all there was to it
sin may also be used with the *assertive verb*, but note that, in the present tense, the *assertive verb* **is** is frequently assimilated into **sin** itself i.e. it does not appear □ *b'iad sin na briathran a bha sgrìobhte air a' phàipear* those were the words that were written on the paper □ *…ach sin agad sgeul eile …* but that's another story (lit. there you have etc.) □ *agus sin agaibh mar a bha* and that's how it was / there you have it □ *taigh-tionnsgain eile ri a dhùnadh ma tha, an e sin e?* □ another factory to be closed then, is that it? □ *ach cha b'e sin leis fhèin a thug air a dhol air ais* but it wasn't that alone

that made him return □ note also:
's e sin / is e sin / sin ri ràdh namely,
viz *adv*
When **sin** is closely associated with
a noun, the noun is definite □ *am fear
sin* that man □ *na h-eich sin* those
horses □ *san àite sin* there / in that
place *adv* □ *cha bu toigh leam fuireach
san àite sin* I wouldn't like to live
there / in that place □ *air an adhbhar
sin* therefore, thus *adv* □ *an uair sin*
then (at that time) *adv*
sin may also be closely associated
with a *pers pron* □ *tha iad sin air
an comann a chur anns na h-uiread
de dhuilgheadas* those have placed
the society in a great deal of difficulty
□ so also *e sin* that *masc* and *i sin*
that *fem* for emphasis or clarity,
but normally the *prons* alone would
suffice
sin, an sin *adv* 1. there, therein (in the
Hebrides often found as **ann a shin**) □
càite bheil e? tha e an sin where is it?
it's there □ *leag iad acair an sin* they
anchored there □ *...agus is an sin a
thòisich an t-ànradh* ...and it was there
that the trouble began 2. then (at that
time), □ *an sin cheangail e beul an t-
saic* then he tied the mouth of the sack
□ *chaidh sinn an sin chun a' chala* we
then went to the harbour
sin accompanied by *preps*:
an dèidh sin then *adv* (= afterwards),
nevertheless □ *an dèidh sin chaidh e
a-mach* then he went out
às a sin / às an àite sin *adv* from there,
thence
o sin *adv* thence, therefrom □ *on àm sin*
thenceforth *adv* □ *o sin suas / a-mach*
thenceforward – and the *prep* pronoun:
uaithe sin therefrom
le sin / leis a sin thereby, therewith
thereupon, whereupon *adv* □ **le sin**
also = therefore *adv*
mar sin / uime sin *adv* then (= there-
fore), therefore, so, like that, thus □
*uime sin cha robh dad a' milleadh
bòidhchead an eilein* therefore there
was nothing spoiling the beauty of the
island
mu thimcheall sin / mar sin thereabout
adv □ *an ceann uair a thìde no mu
thimcheall sin / no mar sin* ...at the
end of an hour or thereabout ...

sìn, -eadh *v* 1. draw out, hand, reach,
recline, stretch □ *shìn i dha an leabhar* she
handed [to] him the book □ *shìn iad iad
fhèin ri blàths na grèine* they stretched
themselves out in the warmth of the sun □
sìn a-mach elongate, extend, jut, lengthen,
prolong, sprawl, spread, stretch (out) □
shìn e a-mach a làmh he stretched out his
hand □ *làmh fhada is cead a sìneadh* lit. a
long hand and permission to stretch it i.e.
tuck in! □ when the condition, rather than
the act, is being described the *vn* is pre-
ceded by the *prep* pron. formed from **ann**
instead of **a'** □ *bha e na shìneadh air an
fheur* he was outstretched on the grass
2. begin, start □ *shìn e ri direadh chun a'
mhullaich* he began to climb to the summit
sinagog, -oige, -an *nf* synagogue
sinc *nm* □ see **sionc**
since, -ean *nf* sink
sinceagraf *nm* zincograph
sine, -ean / -eachan *nf* dug, nipple, teat,
tit □ *bha piseag aice ri a sine* she had
a kitten at her teat
sine *nf* gin
sine *comp form* of **sean**
sìne □ *gen sing* of **sian** weather
Sìneach, -ich, -ich *nm* Chinaman, Chinese
Sìneach *a* Chinese
sineach, -ich, -ich *nm* mammal
sinead, -eid *nm* degree of age, seniority □
phòs i e ged a bha e a dhà shinead rithe
she married him although he was twice as
old as she
sìneadair, -ean *nm* stretcher
sìneadh, -idh, -idhean *nm* & *vn* of **sìn**
stretching etc., extension, handout, stretch
□ *an sìneadh de dhà fhichead millean* not
the handout of forty million pounds □
sìneadh a-mach elongation, prolongation
□ *thug sin sìneadh saoghail don taigh-
tionnsgain* that gave an extension of life to
the factory
sineal, -eil *nm* stinking mayweed
sineubhar, -air *nf* gin
singilte *a* haploid, single, singular □ *tha mi
ag iarraidh seòmar singilte* I want a single
room
sinn *pers pron.* we, us (*emph form* **sinne**) □
sinn fhìn / fhèin ourselves
sinn- *pref* – a variation of **sean-**
sinn-seanair *nm* great grandfather
s.-seanmhair *nf* great grandmother
sinne *emph form* of the *pers pron* **sinn** (q.v.)
sinnsear, sinnsir, sinnsearan / sinnsirean
nm ancestor, forefather (the *sing* is often
used collectively i.e. ancestors) □ *ann an*

taigh a shinnsir in the house of his ancestor(s) □ *lean gu dlùth ri cliù do shinnsre follow steadfastly the reputation of your ancestors* (proverb) □ *eachdraidh ar sinnsearan* the history of our ancestors
sinnsearachd *nf* ancestry, pedigree
sinnsir, sinnsre, sinnsirean *nm* □ same as **sinnsear**
sinnsireachd *nf* □ same as **sinnsearachd**
sinnsireil *a* ancestral □ *ainm sinnsireil* patronymic □ *oighreachd shinnsireil* patrimony
sìnte *pp* prostrate
sìnteach, -iche *a* elastic
sìnteag, -eige, -an *nf* 1. bound, hop, stride □ *dèan sinteag* hop □ *thoir sìnteag(an)* stride □ *aon sìnteag mhath 's bha mi thar a' bhalla* one good bound and I was over the wall 2. stepping-stone
sioba, -aichean *nf* jib (naut. etc.)
siobag, -aige, -an *nf* puff of wind
siobhag, -aige, -an *nf* 1. wick 2. straw □ *a sgaoileadh nan sguab 's a trusadh nan siobhag* scattering the sheaves and gathering the straws (proverb)
sìobhail, sìobhaladh *v* civilise
sìobhaladh, -aidh *nm* & *vn* of **sìobhail** civilising
siobhalaichte *pp* civilised
sìobhalta *a* civil □ *an t-Seirbheis Shìobhalta* The Civil Service
sìobhaltachd *nf* civility, civilisation
sìobhaltair, -ean *nm* civilian
sìobra, -athan *nm* zebra
sìochail, -e *a* peaceful, quiet, tranquil
sìochaint *nf* peace, peacefulness
sìochair, -ean *nm* dwarf
sìochanta *a* pacificatory
sìochantair, -ean *nm* pacifist □ *bha e na sìochantair ri linn a' chogaidh* he was a pacifist during the war
sìochantas, -ais *nm* pacifism
siod □ see **siud**
sìoda, -achan *nm* silk
sìoda *a* of silk, silken □ *bha tubhailt shìoda air a' bhòrd* there was a silk tablecloth on the table
sìodach, -aiche *a* silky
sìodachd *nf* silkiness
sìoda-monaidh *nm* mountain silk, cotton grass
sioft, -aichean *nm/f* shift (e.g. 8 hr. shift), dodge, trick, device etc. – also **sibht / sift** □ *sioft gu math sgiobalta* quite a neat dodge
sioft-oidhche *nm* night-shift □ *air an t-sioft-oidhche* on the night-shift

siogàr, -àir-an *nm* cigar
sìol, sìl *nm* breed, brood, increase (archaic), line (geneal.), lineage, progeny, seed coll, spawn, sperm, strain □ *bha iad a' cur an t-sìl* they were planting the seed
sìol, sìl, sìl *nm* young of fish (called sile – to rhyme with file – in the N.E. of Scotland), sprats
sìol, -adh *v* subside □ *ag èirigh 's a' sìoladh mar am muir* rising and subsiding like the sea
sìol-chuir *v* seed, sow **s.-chur** *nm* & *vn* of **sìol-chuir** seeding, sowing, semination □ *sìol-chur uachdarach* top-seeding **s.-lann** *nf* granary
siola, -achan *nm* gill (liqid measure) □ also **siolla**
sìolach *a* derivative, seminal
sìolachadh, -aidh *nm* & *vn* of **sìolaich** increasing etc. derivation, fertilisation, insemination □ *sìolachadh fuadain* artificial insemination (aI.)
sìolachan, -ain, -ain *nm* filter, percolator, strainer (also **sìoltachan**)
sìoladh, -aidh *nm* & *vn* of **sìol** subsiding etc., percolation, seepage
sìolaich, -achadh *v* derive, increase, multiply, populate, procreate, proliferate, seed, spawn □ *tha na fèisean ciùil a' sìolachadh air feadh na Gaidhealtachd* [the] music festivals are increasing throughout the Highlands □ *tha clubaichean mar seo a' sìolachadh* clubs like this are multiplying
sìolag, -aige, -an *nf* 1. sand-eel, viper fish 2. small seed (potatoes / corn)
sìolaidh, sìoladh *v* 1. strain (e.g. a liquid), filter 2. drain, percolate, seep 3. fall (of liquid level), grow less, settle, subside □ *sìolaidh às* pine away
siolandair, -ean *nm* cylinder
siolandrach *a* cylindrical
siollag, -aige, -an *nf* syllogism
sìolmhor, -oire *a* fertile, fruitful, generative □ *bha eanchainn shìolmhor Sheumais ag obair gu trang* James' fertile brain was working busily
sìolmhorachd *nf* fruitfulness
siolp, -adh *v* lurk, sidle □ *siolp a-steach* slip in
siolpadh, -aidh *nm* & *vn* of **siolp** lurking etc.
sìolta-bhreac *nf* smew (a kind of duck) **s.-dhearg** *nf* merganser
sìoltachair, -ean *nm* filter feeder
sìoltachan, -ain, -ain *nm* □ same as **sìolachan**
siomal, -ail, -an *nm* ceiling (uncommon) □ *bha dealbh mòr air a pheantadh air an*

t-siomal there was a large picture painted on the ceiling

siomlaidh, -e *a* sheepish □ *dh'fhalbh iad dhachaigh gu math siomlaidh nuair a chuala iad siud* they went home rather sheepishly when they heard that

siompansaidhe, -ean *nm* chimpanzee

sìon *nm indec* thing, particle □ *cha robh sìon nam inntinn ach eagal* there was nothing in my mind but fear □ *bha seachdainean a' dol seachad gun sìon ga dhèanamh* weeks were going past without a thing being done □ *dh'fheumadh a h-uile sìon a thuirt iad a dhol sìos ann an leabhar* everything they said had to go down in a book □ *... leabhar a tha cho drùidhteach ri sìon a tha ann an clò ...* a book which is as impressive as anything in print □ often used for **sian** *nf*

Sìonach *nm & a* □ see **Sìneach**

sionc, -a *nm* zinc

sionn *nm indec* phosphorus

sionnach, -aich, -aich *nm* fox □ *sionnach boireann* vixen

sionnachan, -ain, -ain *nm* will o' the wisp

sionndram, -aim *nm* syndrome □ *Sionndram Down* Downs Syndrome

sionnsair, -ean *nm* chanter

siopair, -ean *nm* zipper

sìor *a* continual, incessant □ *gu sìor* continually □ most often used as an *adv* where it precedes and lenites the *verbal noun*, coming between it and the **a'** with the meaning 'continually', 'steadily' □ *tha ar ceann-uidhe a' sìor fhàs nas soilleire* our destination is continually becoming clearer □ *tha e a' sìor dhol am meud* it is continually becoming larger / growing in size □ *a' sìor mheudachadh* increasing steadily

sìor- *pref* ever- etc.:

sìor-ghorm *a* evergreen (forests) **s.-imrich** *nf* transmigration **s.-làthaireach** *a* ever-present **s.-mhaireannach** *a* perpetual **s.-mhaireannachd** *nf* perpetuity **s.-reothadh** *nm* permafrost (geog.) **s.-thoitear** *nm* chain-smoker **s.-uaine** *a* evergreen

sioraf, -aif, -aif *nm* giraffe

siorap, -aipe, -an *nf* syrup

siorc, -a, -an *nm* shark

siorcas, -ais, -an *nm* circus

siorrachd, -an *nf* □ same as **siorramachd** county, shire □ *Siorrachd Iorc* Yorkshire

siorraidh, -ean *nm* sheriff

sìorraidh *a* endless, eternal, everlasting □ *gu sìorraidh* for ever *adv*

sìorraidheachd *nf* eternity

siorralach, -aich *nm* broom rape

siorram, -aim, -an *nm* sheriff

siorramachd, -an *nf* county, shire

sìos *adv* below (of motion) down, downward (of motion) □ *bha iad a' coiseachd sìos an rathad* they were walking down the road □ *bha an teine air a dhol sìos* the fire had gone down □ *bha e a' dol sìos an t-sràid* he was going down the street □ *a'dol sìos am baile* going down [the] town (cf. Scots 'doon i' toon') □ *bha i air a leigeil sìos* she had let him down □ **sìos** is sometimes used in a stressed position: *sìos a ghabh a' chlann chun a' chladach* down went the children to the beach □ *cuir sìos air* malign □ *tha thu a' cur sìos air duine cho ghasta 's a chunnaic mi riamh* you are maligning as fine a man as I ever saw □ *cha do chuir e na gillean sìos no suas* it didn't put the lads out at all (lit. didn't put the lads down or up) □ *sìos leat* down with you □ *sìos an staidhre* downstairs (motion) □ *cuir sìos* list □ *cuir / tilg sìos* precipitate

siosacot, -an *nm* doublet, waistcoat

siosar, -air, -an *nm* scissors

siosarnaich *nf* hiss, hissing, rustle, rustling □ *dèan siosarnaich* rustle

siostam, -aim, -an *nm* system □ *siostam taic-beatha* life-support system □ *siostam rèidio-teileafon* radio-telephone system □ *siostam na fala* circulatory system

siot-ghàire *nf* snigger

siota, -aichean *nm* sheet (bed) □ also **site**

sitàr, -àir, -an *nm* sitar (Indian musical instrument)

sìothchail *a* peaceable, peaceful (also **sìochail**)

sìothchaint *nf* peacefulness (also **sìochaint**)

sip, -e, -ean *nf* zip

sir *nm* sir

sir, sireadh *v* look (search), probe, request, seek □ *na sir is na seachainn an cath* do not seek and do not avoid the fight (proverb) □ *cha do shir e a cuideachd* he did not seek her company □ *thathas a' sireadh stiùiriche* a director is being sought

sireadair, -ean *nm* canvasser

sireadh, -idh *nm & vn* of **sir** seeking etc., quest, search

sireadh-ionmhais *nm* treasure trail

siris, -ean *nf* (also **sirist** etc.) cherry

site, sitichean *nf* sheet (bed) □ also **siota**

sìth, -e *nf* peace, reconciliation

sìth-bhruagh, -a, -an *nm* fairy hill **s.-thabhartas** *nm* peace-offering **s.-thàmh** *nf* tranquillity, peaceful rest □ *bha sìth-thàmh na h-oidhche gan cuairteachadh* the tranquillity of the night was enveloping them sìth *a* □ see **sìdh** *a*

Sìtheach, -ich, -ich *nm* Shiite □ *Sìtheach Ioslamach* Islamic Shiite

sìtheachadh, -aidh *nm & vn* of **sìthich** appeasing etc., pacification

sitheadh, -idh, -idhean *nm* dart, force, impetuosity, impetus, rush □ *thill iad leis an t-sitheadh as motha* they returned with the greatest rush □ *dèan sitheadh* lurch

sìthean, -ein, -an *nm* 1. fairy knoll, hillock 2. flower (Lewis – more usually **dìthean** elsewhere, though **flùr** is common)

sitheann, sìthne *nf* game, venison □ *bhiodh sinn ag ithe sitheann nan eun* we ate (regularly) the flesh of [the] birds

sìtheil, -e *a* peaceful □ *chan eil àite air an t-saoghal nas sìtheile na an t-eilean seo* there is no place in the world more peaceful than this island

sìthich, -eachadh *v* appease, calm, make / become calm, pacify

sìthiche, -ean *nm* fairy

sitig, -e, -ean *nf* dunghill □ *chan eil sinn air a-uile ni thilgeil chun na sitig* we haven't thrown out / dumped everything

sitir *nf* bray, neigh □ *dèan sitir* neigh *v*

sitrich *nf* neigh, neighing □ *dèan sitrich* neigh, whinny *v* □ *chuala mi sitrich an eich* I heard the neighing of the horse

siubhail, siubhal *v* 1. range, roam, stroll, travel, traverse □ *shiubhail e cuid mhòr den t-saoghal* he travelled a good part of the world □ *shiubhail e air feadh na dùthcha* he roamed throughout the country □ *siubhail gu grad* fleet □ *siubhail tro wade* 2. euphemism for 'die' i.e. 'pass away' etc. □ *nuair a shiubhail athair* when his father died □ *shiubhail Pàdraig an saoghal cuideachd* Patrick departed the world too 3. search, look for □ *ma dh'fheumas mi tighinn gad shiubhal ...* if I have to come looking for you ... □ *bha e an dèidh a bhith a' siubhal Sheumais thall 's a-bhos* he had been searching for Seumas hither and thither / everywhere □ *thòisich i air a phòcannan a shiubhal* she started to search his pockets □ *thionndaidh na fir a-mach gus a siubhal* the men turned out to look for her

siubhail *a* itinerant, travel, travelling □ *tidsearan siubhail* itinerant teachers □ *bàtaichean siubhail* passenger boats

siubhal, -ail *nm & vn* of **siubhail** travelling etc., 1. flight (of imagination etc.), gait, locomotion, travel □ *cha robh e air mòran siubhail a dhèanamh* he hadn't done much travelling □ *air sgàth astar siubhail* because of travelling distance □ *dèan siubhal* knock about 2. time □ *fad an t-siubhail* all the time 3. search □ *bha an siubhal co-chruinnichte an seo* the search was concentrated here 4. idiom: *bi air siubhal + gen* be associated with □ *bi air a shiubhal* be associated with him / it *masc* □ *chan eil fàileadh no milse air a siubhal* there is no smell or sweetness associated with it *fem* (e.g. a flower) □ *tha fhios gu bheil saothair mhòr air an siubhal* there is certainly great labour associated with them

siùbhlach, -aiche *a* 1. articulate, fluent, flowing, racy □ *bha iad ga labhairt gu siùbhlach* they were speaking it fluently □ *rannaigheachd shiùblach* a flowing metre 2. fleet, fleeting, nimble, swift □ *ruith iad gu siùbhlach sìos chun a' chladaich* they ran nimbly down to the shore 3. itinerant, locomotive, restless, vagrant, volatile □ *thuirt i gun robh e luasganach siùbhlach* she said that he was fidgety and restless

siùbhlachd *nf* fleetness

siùcairean *pl* of **siùcar** sugar = sweets

siùcairinn *nm* saccharine

siùcar, -air, -ean *nm* sugar (*pl* **siùcairean** = sweets)

siùcarach, -aiche *a* sugary

siud *dem pron* that, there (at a distance, yonder) □ *siud e* there he / it is □ *siud Mòd eile seachad* that's another Mod past □ *là bha siud* one day (when beginning a story / reminiscence) □ *oidhche (gheamhraidh) bha siud* one (winter's) night □ *uair a bha siud thachair gun robh ...* it happenend once that .... was □ *an oidhche a bha siud* that night □ *nach seall thus' air an dithis a tha siud!* just look at those two! □ *cha robh duine (a) bha siud cho sgileil ris* there wasn't a man there as skilful as he □ *an siud* (often found as *ann a shiod* in the Hebrides) over there, yonder *adv* □ *an siud 's an seo* here and there □ *tha e an siud* it's there □ *an siud 's an seo bha bad de choille bheithe* here and there was a clump of birch wood □ *a h-uile greiseag bhiodh e ag ràdh gun do dhiochuimhnich e siud no siud eile* every so often he would say that he had forgotten this, that or the other (lit. that or that other) □ *siud thu ma tha* there you are, then □ *siud agad e, nach e?* that's it, isn't it? □ *iad siud* those (yonder) □ so also *e siud* that (yonder) *masc* and *i siud* that (yonder) *fem* for emphasis or clarity, but normally the *prons* alone would suffice □ sometimeas used emphatically – *thug i an leum a bha siud* she gave such a jump / what a jump she gave! etc.

siùd, -adh *v* same as **siùdain**

siùdain, siùdan *v* 1. swing (Scots 'showd') 2. + **air** + *vn* begin, commence, fall to

siùdagan, air siùdagan *adv* wobbling

siùdan, -ain, -an *nm & vn* of **siùdain** swinging, swing (e.g. of a pendulum) □ *dèan siùdan* swing □ *nì e siùdan eadar an gaol agus am fuath fad na h-ùine* he swings between love and hate all the time

siuga, -aichean *nf* jug

siùil □ *gen sing* and *nom & dat pl* of **seòl** sail

siumpar, -air, -an *nm* jumper (garment) □ *bha siumpar ruadh air* he was wearing a red jumper

siùrsach, -aich, -aichean *nf* courtesean, harlot, prostitute, whore

siùrsachd *nf* harlotry, prostitution, whoredom

siuthad *def verb* – used only in *2nd pers imp* (*pl* = **siuthadaibh**) go on / go ahead □ *siuthad. gabh do bhiadh.* go on. take your meal.

Slàbhach, -aich, -aich *nm* Slav

Slàbhach *a* Slav, Slavonic

slabhraidh, -ean *nf* chain, pothook □ *chuir i na chrochadh air an t-slabhraidh e* she hung it on the pothook □ *cuir air slabhraidh* chain *v*

slac, -adh / slacraich *v* batter, drub, thrash – also **slaic, slacadh**

slac, -aice *a* slack

slacadh, -aidh *nm & vn* of **slac / slaic** battering etc.

slacainn, slacainn *v* drub

slacan, -ain, -an *nm* club, wand, potato-masher □ *bha slacan na làimh* there was a club in his hand □ *slacan draoidheachd* magic wand □ *slacan criogaid* cricket bat

slacarsaich *nf* battering, beating, thrashing □ *bha iad a' slacarsaich air a chèile* they were battering each other

slacraich *nf* □ same as **slacarsaich**

slag *nf* □ see **lag** *nf*

slaic *nf* bump, thump □ *thoir slaic do / air* thump, whack

slachdan, -ain, -an *nm* □ see **slacan**

slaic, slacadh *v* bump, thrash, thump – also **slac, slacadh** □ *bha a làmhan a' slacadh* his hands were thrashing

slaightear, -eir, -an *nm* felon, knave, rascal, rogue, villain – also **slaoightear**

slaightearachd *nf* felony, villany

slaighteil *a* villanous

slaightire, -ean *nm* scoundrel

slàinte *nf* health, salvation □ *Roinn na Slàinte* Department of Health □ *Feachd na Slàinte* [the] Salvation Army □ *slàinte mhath!* good health! □ *cha robh i ann an deagh slàinte* she wasn't in good health □ *ag innse naidheachd na slàinte* spreading the gospel

slàinteachail, -e *a* hygienic

slàinteachas, -ais *nm* hygiene

slàinteachachd *nf* sanitation

slàinteil, -e *a* salutary, sanitary

slàirig, -eadh □ same as **slàraig, -eadh**

slàirigeadh □ same as **slàraigeadh**

slais, -eadh *v* lash, whip

slaman, -ain *nm* curds

slaman-milis *nm* jelly

slàn, slàine *a* entire, hale, healthy, intact, integral, inviolate, sound, whole, whole-some □ *fàs slàn* heal □ *dà uair slàn* two hours on end □ *sia làithean slàna on latha sin … six clear (i.e. whole) days from that day …* □ *slàn (le)* farewell (to), goodbye (to), adieu to … □ *slàn leat!* so long! □ *d'fhaicinn slàn!* wishing you well!

slàn-àireamh *nf* integer **s.-chruithneachd** *nm* wholewheat **s.-lus** *nm* any medicinal herb incl. sage and ribwort

slànaich, -achadh *v* cure, heal, recuperate, remedy

slànaighear, -eir, -an *nm* healer □ *an Slànaighear (gen. an t-Slànaigheir)* the Messiah, the Saviour

slaod, slaoid *nm* tow

slaod, -adh *v* drag, draw, haul, lug, pull, tow, trail, yank □ *slaod ri* cling to □ *shlaod e am bàta don uisge* he dragged the boat into the water □ *shlaod i a làmh air falbh* she dragged her hand away

slaodach, -aiche *a* awkward, clumsy, dila-tory, slow, slow-moving, sluggish □ *còmhradh slaodach* drawl □ *labhair gu slaodach* drawl *v* □ *duine mòr slaodach* a big, slow-moving man □ *bha e uabhasach slaodach a' gearradh an fheòir* he was very slow cutting the grass □ *chan eil an t-adhartas aca ach slaodach* their progress is but slow (lit. is not but slow)

slaodachd *nf* slowness

slaodadh, -aidh *nm & vn* of **slaod** dragging etc., pull

slaodair, -ean *nm* trailer

slaodan, -ain, -an *nm* sledge, sleigh

slaodte *pp* + **ri(s)** hanging [down] from / on, trailing (from) □ *bha seiche slaodte ris a' bhalla* there was a hide hanging on the wall □ *bha a mhuinchillean slaodte ris* his sleeves were hanging down / trailing

slaoidte □ see **slaodte**

slaoight— □ same as **slaight—**

slaop, -adh v poach (of an egg etc.)

slaopadair-uighe nm egg poacher

slaopadh, -aidh nm & vn of **slaop** poaching (of an egg etc.)

slapag, -aige, -an nf slipper □ bha slapagan dearga mu (a) chasan he had red slippers on his feet

slàr, -àir, -aichean nm slam, slap, thump □ bha e a' toirt slàraichean dha mun druim le bata he was thumping him about the back with a stick

slàraig, -eadh v beat, belabour (+ **air** followed by a noun or prep prons)

slàraigeadh- idh nm & vn of **slàraig** beating etc.

slat, slaite, -an nf 1. rod, twig, wand 2. yard (measure) □ slat Albannach ell

slat-chaoil nf wattle **s.-chreagaich** nf (rock) fishing rod **s.-chùrtair** nf curtain-rod **s.-draoidheachd** nf magic wand **s.-ghunna** nf ramrod **s.-iasgaich** nf fishing-rod **s.-rìoghail** nf sceptre **s.-shiùil** nf yard, yardarm **s.-tomhais** nf criterion, standard, yardstick □ a rèir slat-tomhais sam bith tha an leabhar seo glè mhath by any yardstick this book is very good □ slat-tomhais neo-shuidhichte arbitrary standard □ an t-Slat-tomhais Orion's Belt

slatach a wicker

slatag, -aige, -an nf wand

slèagach, -aiche a □ see **slìogach**

sleagh, -a / slèigh, -an / slèigh nf javelin, lance, spear

sleaghag, -aige, -an nf spurtle

sleamhainn, sleamhna a slippery □ bha an fheamainn glè shleamhainn the seaweed was very slippery □ tha am feur goirid tioram ud glè shleamhainn that short, dry grass is very slippery □ dèan sleamhainn lubricate

sleamhnachadh, -aidh nm & vn of **sleamhnaich** lapsing etc.

sleamhnachd nf slipperiness

sleamhnag, -aig, -an nf slide (for playing – both artificial and on ice)

sleamhnagan, -ain, -an nm sty(e) – swelling in the eye

sleamhnaich, -achadh v lapse, skid, slide, slip

sleathag, -aige, -an nf slow-worm, blind-worm

slèibhe □ gen sing of **sliabh** slope

slèigh and slèighe □ dat sing & gen sing respectively of **sleagh** spear

slèis □ dat sing & gen sing respectively of **slias** thigh

slèisde □ gen sing of **sliasaid**

sleogach, -aiche a queasy

sleuchd, -adh v kneel, prostrate

sleuchdadh, -aidh nm & vn of **sleuchd** prostrating etc., prostration □ bha e sgìth bho shleuchdadh he was tired from prostration

sleuchdte pp prostrate

sliabh, slèibhe, slèibhtean nm face of a hill, moor, mount, slope

slias, slèis, sliasan nf thigh □ same as **sliasaid**

sliasaid, slèisde, slèisdean nf ham, leg, thigh □ bha a slèisdean uabhasach reamhar her thighs were awfully fat

slige, sligean / sligeachan nf shell (of an animal, sea-shell or ordnance) □ slige luinge hulk

slige-chreachainn nf scallop, scallop-shell **s.-neamhaid** nf mother-of-pearl

sligeach, -iche a crustaceous, shelly

sligeanach, -aich, -aich nm tortoise

sligeart, -eirt nm pumice

slighe, -ean nf course, passage, path, road, route, run, trail, way □ slighe carbaid carriageway □ slighe càbaill cable way □ slighe uisge waterway □ air an t-slighe en route □ Slighe Chlann Uisnich (also Sgrìob Chlann Uisnich) galaxy, Milky Way □ gun slighe pathless □ rinn e a shlighe tro shràidean dorcha he made his way through dark streets □ air a shlighe chun an dorais ... on his way to the door ... □ thachair e ruinn air ar slighe dhachaigh we met him on our way home (lit. he met us – see **tachair**)

slighe-malairt nf trade route **s.-nàdair** nf nature trail □ tha slighe-nàdair gu bhith ann there is (going) to be a nature trail **s.-rèisidh** nf track (racing)

sligheach, -iche a disingenuous, insidious, subtle, wily

sligheadaireachd nf orienteering

slinn, -e, -eachan nf weaver's reed / sley □ le gach buille den t-slinn with each beat of the reed

slinnean, -ein, -an nm shoulder □ often used for shoulder blade, though this is properly **cnàimh-shlinnein**

slinneanach, -aiche a broad-shouldered □ fear slinneanach mòr a large, broad-shouldered man

slìob, -adh v lick, rub, pat, stroke □ bha e a' slìobadh an eich he was stroking the horse □ shlìob e a ghàirdean he rubbed his arm

slìobadh, -aidh nm & vn of **slìob** stroking

sliobhag, -aige, -an *nf* 1. sliver, spill 2. dibble □ *rinn e toll leis an t-sliobhaig* he made a hole with the dibble

sliochd-a, -an *nm* branch (of a family), brood, descendants, family (= lineage), increase (archaic), issue (= offspring), lineage, offspring, progeny, seed, succession, tribe □ *fear / tè de shliochd* descendant (*masc / fem* respectively) □ *cuir sliochd air sire* □ *tro ghinealaichean aon sliochd* through the generations of one family □ *a' chiad ghlùn den t-sliochd* the first generation of the family

slìog, -adh *v* stroke

slìogadh, -aidh *nm & vn* of **slìog** stroking

slìogach, -aiche *a* sly, sneaky (cf. Scots 'sleekit') □ *... seach gun robh i cho slìogach ...* because she was so sly □ *bha mi a' faireachdainn cho slìogach* I was feeling so sneaky

slìogaireachd *nf* sneakiness, slyness

slìom, -a *a* sleek, smooth □ *cho slìom ri sgiath an fhithich* as sleek as a (lit. the) raven's wing □ *bha bian slìom geal oirre* she had a sleek, white coat (with ref. to animal)

slìomair, -ean *nm* sycophant □ *na slìomairean nach fosgladh am beul* the sycophants who wouldn't open their mouths

slìomaireachd *nf* deceitfulness, flattery □ *dèan slìomaireachd ri* flatter

slios, -a, -an *nm* flank, slope □ *slios beinne* mountainside □ *air slios nam beann* on the hill slopes (lit. on [the] slope of the hills)

slios-amharc *nm* profile **s.-shealladh** *nm* profile

sliotan, -ain, -an *nm* slot

slis, -e, -ean *nf* chip (wood), shaving

sliseag, -eige, -an *nf* cutting (plants), paring, rasher, slice, (wood) shaving □ *sliseag èisg* fish-slice □ *sliseagan fhlùraichean* flower cuttings □ *bha an t-ùrlar còmhdaichte le sliseagan* the floor was covered with shavings □ *bha am bogsa làn shliseagan* the box was full of shavings

sliseagach *a* sliced □ *aran sliseagach* sliced bread

slisich, -eachadh *v* slice

slisinn, -ean *nf* slice

slisneachadh, -aidh *nm & vn* of **slisnich** slicing

slisneag, -eige, -an *nf* (potato) chip, wood shaving □ *poca shlisneag* a bag of chips

slisnich, -eachadh *v* slice

Sloibhinis *nf* Slovene (lang.)

sloc, -adh *v* excavate

sloc, sluic, sluic / -an *nm* cavity, crater, hollow, pit, slough, trough (of a wave) □ *sloc a' choilich* cockpit □ *ann an sloc domhainn* in a deep pit □ *thum am bàta sìos don t-sloc* the boat dipped down into the trough (of the wave)

sloc-gainmhich *nm* sandpit **s.-salachair** *nm* septic tank **s.-thuislidh** *nm* pitfall

slocaich, -achadh *v* same as **sloc** *v*

slòcan, -ain *nm* sloke (seaweed)

sloinneadh, -idh, -idhean *nm* surname, patronymic

sloinnteachail *a* genealogical

sloinntear, -eir, -an *nm* genealogist

sloinntearachd *nf* genealogy

sloinnteil *a* genealogical

sloisir, sloisreadh *v* □ also **sloistir, sloistreadh** 1. dash, beat against like the sea 2. wash by working to and fro in the water 3. daub, bedaub

sloisreach *a* □ also **sloistreach** dashing, rumbling like waves against the shore

sloisreadh, -idh *nm & vn* of **sloisir** beating against etc. □ also **sloistreadh**

sluagh, sluaigh (*nom pl* **slòigh** *gen pl* **slògh**) *nm* community, crowd, folk, host, people, population, public □ *dhen t-sluagh* plebeian □ *an sluagh* the populace □ *sluagh (tìre* etc.) population □ *lìon le sluagh* people *v* □ *sluagh mòr* crowds of people □ *eachdraidh nan slògh Seimiticeach* the history of the Semitic peoples □ *thàinig slòigh eile a-steach don tìr* other peoples entered the land – see also **mòr-sluagh**

sluagh-chòrdadh *nm* popularity **s.-dhearbhadh** *nm* (public) demonstration **s.-fhlaitheach** *a* democratic □ *tha bonn-stèidh sluagh-fhlaitheach aice* it *fem* has a democratic constitution **s.-fhlaithear** *nm* democrat **s.-fhlaitheas** *nm* democracy □ *tha A. na sluagh-fhlaitheas* A. is a democracy **s.-ghairm** *nf* slogan (this is, in fact, the origin of the word 'slogan') □ *bha sluagh-ghairm bhòidheach aca* they had a beautiful slogan

sluaghmhor, oire *a* populous

sluasaid, -ean *nf* shovel □ *thog e an t-sluasaid* he lifted the shovel

sluaisir, sluaisreadh *v* slubber, shovel, mix with a shovel

sluaisreadh, -idh *nm & vn* of **sluaisir** slubbering etc., swash (of a wave) □ *mar shluaisreadh na mara* like the slubbering of the sea

slug, -adh *v* □ see **sluig**

slugadh, -aidh *nm & vn* of **slug / sluig** slurring etc., gulp, slur (of speech)

slugan, -ain, -an *nm* gullet, gorge (gullet / ravine), oesophagus □ *tha an abhainn a' ruith tro shlugan cumhang* the river runs through a narrow gorge □ *slugan sleamhainn* (lit. 'smooth gullet') someone who cannot keep a secret

sluic □ *gen sing* and *nom & dat pl* of **sloc** pit

sluig, slugadh *v* 1. devour, gulp, guzzle, swallow □ *air a slugadh* swallowed 2. slur (of speech)

sluigte *pp* swallowed

slum(a), -aichean *nm* slum □ *is ann às na slumaichean a thàinig e* he came from the slums

slupraich *nf* slurping

slup, -uipe, -uipean *nf* sloop

smac, smaic, -an *nm* smack (boat)

smachd *nm* authority, coercion, continence, control *abstr*, discipline, restraint □ *dith smachd* indiscipline □ ... *airson smachd a chumail air a' chloinn* to keep the control of the children □ ... *ma chumar smachd air* if it is kept under control (lit. if control is kept over it) □ ... *aig a bheil smachd air sporan nan oilthighean* ... who have control over the universities' budgets / finances □ *fo smachd + gen* answerable to, under the control / authority of, subject to □ *fo smachd mna* henpecked □ *thoir fo smachd* humble *v* □ *cuir fo smachd* overrule, subject □ *bha e fo smachd an airm* it was under the control of the army □ but note: *tha thu cus fo smachd aice* you are too much under her control

smachdachadh, -aidh *nm & vn* of **smachdaich** controlling etc., domination

smachdaich, -achadh *v* control, check, discipline, dominate, govern, keep in order, punish, quell, rein, restrain, rule □ *carson nach urrainn dhaibh na coin aca smachdachadh?* why can't they discipline their dogs?

smachdail *a* dominant, peremptory, repressive

smàd, -adh *v* abuse

smàdadh, -aidh *nm & vn* of **smàd** abusing, abuse □ *bha e a' cuimhneachadh gach smàdadh a rinn Calum airsan* he was remembering every [act of] abuse that Calum had committed against him

smàg, smàgail *v* creep □ *a' smàgail mar sheilcheig* creeping like a snail

smàgaich, -achadh *v* □ same as **smàg**

smàil, smàladh *v* snuff (out), extinguish □ *smàil e a' choinneal* he snuffed the candle □ *smàil iad an teine* they extinguished the fire □ *an dèidh a' choinneal a smàladh* ... after putting out the candle ...

smàl *v* □ same as **smàil** *v*

smàl, àil *nm* snuff of a candle, ashes, cinders □ *bha an dachaigh a-nis na smàl* their home was now in ashes.

smal, smail, smail *nm* blemish, impurity, smudge, speck, speck, spot (stain), stain □ *gun smal* immaculate, impeccable, spotless, unspotted, untarnished □ *gun sal gun smal fhàgail na dhèidh* without leaving stain or blemish behind [it] □ ... *ach cha robh a chliù gun smal* ... but his reputation wasn't completely unblemished / without blemish □ *claidheamh gun smal* an untarnished sword □ *bhiodh smail dhubha den fhuaraich air a h-uile rud* the black stains of the thatch-soot used to be on everything

smalachadh, -aidh *nm & vn* of **smalaich** smudging etc.

smàladair, -ean *nm* extinguisher

smàladh, -aidh *nm & vn* of **smàil / smàl** extinguishing etc., extinction

smalag, -aige, -an *nf* coal-fish, saithe □ *bha iad an toir air na smalagan is na liughannan* they were after [the] coal-fish and [the] lythe

smalaich, -achadh *v* smudge, tarnish

smalan, -ain *nm* gloom □ *cha do chuir sin smalan ro mhòr oirnn* that didn't put too much gloom on us

smalanach, -aiche *a* gloomy, sad, sorrowful □ *bha e na shuidhe is e a' beachd-smaoineachadh gu smalanach air dàn a chompanach* he was sitting [and he] sadly meditating upon the fate of his companions

smaoin □ it should be noted that a number of derivatives of **smaoin** often have a t inserted i.e. **smaoint—**

smaoin, -e, smaointean *nf* cogitation, notion, reflection, sentiment, thought □ also **smuain** □ *thàinig an smaoin a-steach air gun robh i a' fanaid air* the thought came to him that she was mocking him □ *cha do ghabh e mòr smaoin mun chùis* he didn't take much thought of the matter i.e. he didn't think much about it □ *'s e deagh smaoin a bha ann* it was a good thought / idea

smaoin-sheachranach, -aiche *a* absent-minded

smaoineachadh, -aidh *nm & vn* of **smaoinich** thinking etc. □ *gun smaoineachadh* unthinking

smaoineachail, -e *a* □ see **smaointeachail**

smaoineas, -eis, -an *nm* idea

smaoinich, -eachadh *v* consider, fancy, imagine, reflect, think □ *smaoinich air* think of it □ *tha mi a' smaoineachadh gu bheil e glè bhrèagha* I think [that] it's very pretty □ *dè tha thu a' smaoineachadh?* what do you think? □ *a bheil a' bhùth dùinte? tha mi a' smaoineachadh gu bheil* is the shop closed? I think so / I think it is □ *co air a tha thu (a') smaoineachadh?* who / what are you thinking about? □ *tha mi dìreach air a bhith (a') smaoineachadh air a' cheist seo* I have just been thinking of this problem □ *tha sinn a' smaoineachadh air truailleadh na h-àrainneachd mar gum biodh e a' ciallachadh a-mhàin* ... we think about the pollution of the environment as if it meant only ... □ ... *smaoinich mi leam fhèin gun robh e* ... I thought to myself that he was ... □ ... *far nach smaoinicheadh iad air coimhead* ... where they wouldn't think of looking
smaoinichte *pp* putative
smaointeach, -iche *a* pensive
smaointinneachd *nf* pensiveness
smaointeachail, -e *a* 1. considerate, contemplative, reflective, thoughtful □ *bha e na dhuine domhainn smaointeachail* he was a deep, thoughtful man 2. amazing, thought-provoking □ *tha e a' dol air adhart aig astar smaointeachail* it is progressing at an amazing rate □ *tha buaidh smaointeachail aig an telebhisean air beatha dhaoine* television has an amazing effect on the lives of people (lit. life -note the use of the *sing*)
smaointeanach, -aiche *a* □ same as **smaointeachail** □ *nach e sin a tha smaointeanach!* isn't that amazing!
smaointear, -eir, -an *nm* thinker
smaointich, -eachadh *v* □ same as **smaoinich**
smàrag, -aige, -an *nf* emerald □ *cho uaine ri smàraig* as green as an emerald
smeachan, -ain, -an *nm* 1. chin strap on a bridle □ *chan eil air an t-srèin aon chuid sparrag no smeachan* on the bridle there is neither bit nor chin strap 2. step of a peat-iron
smeagaid, -ean *nm* □ see **smigead**
smeartan, -ain, -an *nm* sea-belt / sweet tangle (seaweed)
smèid, -eadh *v* wave □ *bha i a' smèideadh a làimh* she was waving her hand □ *bha brataichean gan smèideadh* flags were being waved □ *smèid ri(s)* wave (to a person) □ *bha na gillean a' smèideadh ris na caileagan* the boys were waving to the

girls □ *smèid air* beckon *a' smèideadh air an duine a bha a' feitheamh aig an doras* ... beckoning to the man who was waiting at the door □ *smèid e rithe* he waved to her □ *smèid i air e (a) thighinn na bu dlùithe* she beckoned him to come closer □ *smèid i leis an neapaigin chun an dorais* she waved with the handkerchief towards the door
smeòrach, -aich, -aichean *nf* mavis, thrush
smeòrach-mhòr / s.-ghlas *nf* missel thrush
smeur, -adh *v* anoint, besmear, daub, fumigate, grease, smear
smeur, -a, -an *nf* bramble (berry)
smeuradh, -aidh *nm & vn* of **smeur** anointing etc.
smig, -ean / -eachan *nm / f* chin □ *shàth e a-mach a smig* he thrust / stuck out his chin
smigead, -eid, -an *nm* chin □ *bhuail e fon smigead e* he hit him under the chin
smiogaid, -ean *nm* □ see **smigead**
smior, smir / -a *nm* best part of anything, pith, marrow, stamina, the stuff of □ *chan eil teagamh nach e seòladair chun an smir a bh'ann* there's no doubt that he was a sailor to the marrow □ *'s e coimhstri smior na dràma* strife is the stuff of drama □ *rach an sàs ann le smior* become involved in ardently / get stuck in
smiorail *a* mettlesome, plucky, smart
smioralachd *nf* briskness, liveliness, mettle
smioralas, -ais *nm* briskness, liveliness *smioralas na h-òige* the liveliness of youth
smiùr, -adh *v* □ see **smeur**
smiùradh, -aidh *nm & vn* of **smiùr** □ see **smeuradh**
smoc, smocadh *v* smoke (tobacco) □ *am faod mi smocadh an seo?* may I smoke here?
smod *nm indec* grain, particle □ *chan eil smod tùir ann* there isn't a grain of sense in him
smodal, -ail *nm* 1. trash 2. crumbs, fragments
smodalach, -aiche *a* trashy □ *is iomadh prògram faoin smodalach air am bi daoine a' coimhead* people watch many foolish, trashy programmes (lit. it is many a foolish, trashy programme at which people will be looking)
smodalan, -ain, -an *nm* fricassee
smuain(t).... □ see **smaoin(t)...**
smuairean, -ein *nm* dejection □ *bha e fo smuairean mòr* he was greatly dejected
smuaireanach, -aiche *a* downcast, dull
smuais, -e *nf* energy, marrow, pith, vigour □ *tha e a' cur smuais ann* he invigorates it
smuais, -eadh *v* smash

smuaiseach, -iche *a* energetic, vigorous
smuaisleachadh, -aidh *nm & vn* of
smuaislich -stirring etc.
smuaisleadh, -idh *nm* stir □ *thug e*
smuaisleadh às he stirred
smuaislich, -eachadh *v* stir (in sleep), stir
out of sleep
smucanaich *nf* snivelling, snorting
smùch, -adh *v* snivel
smùchadh, -aidh *nm & vn* of **smùch**
snivelling
smùdan, -ain, -an *nm* 1. ringdove, wood-
pigeon (also **calman-coille**) 2. drizzle
3. smoke
smugach, -aiche *a* mucous
smugaid, -e *nf* spit (of saliva), spittle □
cuir a-mach smugaid expectorate □ *tilg*
smugaid spit
smugaideach, -iche *a* catarrhal □ *an galar*
smugaideach catarrh
smùid, -e *nf* fume, haze, smoke, steam,
vapour □ *le blàthachadh smùide* mellow
(slightly intoxicated) □ *bha e air smùid a*
ghabhail he had drunk a great deal □
smùid mhòr a binge □ *cuir smùid dhe* reek
smùideach, -iche *a* 1. steamy, vaporous 2.
drizzly
smùid-uisge *nf* drizzle, fine rain □ *bha*
smùid-uisge ann there was a drizzle, it was
drizzling
smùidrich, -e *nf* drizzle
smùirnean, -ein, -an *nm* atom, mote,
speck, particle □ *cha robh smùirnean air*
a' bhall seo there wasn't a speck on this
piece / item
smùirneanach *a* atomical
smùr, smùir *nm* dross, rubbish, fragments
□ *smùr guail* dross (coal) □ *bhris e na*
smùr air an làr it smashed on the floor
smùrach, -aich *nm* dross, rubbish □
smùrach eighe filings □ *smùrach iarainn*
iron filings
smutag, -aige, -an *nf* coal-tit, coal-titmouse,
coalmouse
sna (formerly **'sna**) *abbr form of* **anns na**
in the *pl* □ *sna coilltean* in the woods
snag, -aige, -an *nf* sharp knock (audible),
crack, snap
snagadaich *nf* chattering (of teeth) □ also
used as if it were a *vn* □ *bha (a) fhiaclan*
a' snagadaich leis an eagal his teeth were
chattering with [the] fear
snàgadh, -aidh *nm & vn* of **snàig**
crawling etc.
snàgail, snàgail / snàgadh *v* whip (a hook
to a line) □ *shnàgail e dubhan ris an dri-*
amlaich he whipped a hook to the line

snagan-allt, -ain-allt, -an-allt *nm* water-rail
s.-daraich, -ain-daraich, -an-daraich *nm*
great spotted woodpecker, woodpecker
(generally)
snagardaich □ see **snagadaich**
snaidh, -eadh *v* □ see **snaigh**
snaidheadh, -idh *nm & vn* of **snaidh** □ see
snaigheadh
snaidhm, -eadh *v* knot, noose, tie knots
in, tie with a knot □ *bha an t-eagal*
a' snaidhmeadh mo chaolain fear was
knotting my guts
snaidhm, -ean / -eannan *nm* knot (in rope
etc.), noose □ *mar snaidhmeannan donna*
fo a chraiceann like brown knots under his
skin
snaidhm-ruith *nm* running knot
snaidhmeach, -iche *a* knotty (of rope etc.),
full of knots
snaidhmeachadh, -aidh *nm & vn* of
snaidhmich □ same as **snaidhmeadh**
snaidhmeadh, -idh *nm & vn* of **snaidhm**
knotting etc.
snaidhmich, -eachadh □ same as **snaidh** *v*
snàig, -eadh *v* crawl, creep, grovel, sneak,
steal □ *shnàig e a-mach* he stole out
snàigeach, -iche *a* creeping, crawling □
beathaichean / creutairean snàigeach
creeping beasts / creatures □ *shnàig e*
a-mach he stole out
snàigeadh, -idh *nm & vn* of **snàig** crawling etc.
snàigear, -eir, -an *nm* treecreeper (bird)
snaigh, -eadh *v* chip, carve, hew, pare,
sculpt, whittle □ *dealbh air a snaigheadh*
às a' chloich a picture hewn from the
stone / carved out of the stone
snaigheadh, -idh *nm & vn* of **snaigh**
carving etc.
snaithe-bàthta *nm* water-millfoil
snàithleach, -ich, -ichean *nm* fibre □
snàithleach glainne glassfibre
snàithlean, -ein, -an *nm* thread □ *cuir*
snàithlean tro thread *v* □ *snàithlean*
fuadain man-made fibre
snàmh, snàmh *v* float, launch, swim □ *tha*
mi a' dol a-steach a shnàmh I'm going in
to swim
snàmh, -àimh / snàmha *nm & vn* of **snàmh**
swimming etc., swim □ *tha e math air*
snàmh he is good at swimming □ but note
also: *bha e air an t-snàmh anns a' mhuir*
he / it was floating in the sea □ *bha na bha*
innte air a dhol air an t-snàmh what had
been in her (the boat) had floated away
snàmhaiche, -ean *nm* swimmer □ *'s e*
snàmhaich ainmeil a bh'ann he was
a renowned swimmer

snaoidh, -eadh *v* twitch
snaoisean, -ein *nm* snuff □ *bogsa / bucas snaoisein* snuff-box
snas, -ais *nm* elegance, neatness, polish □ *le surd is snas* with alacrity and polish / elegance □ *thàinig snas orra* they have become elegant, neat etc. □ *tha na sgeulachdan air an ath-innse le snas is sgoinn* the stories are retold with polish and vigour □ *dèan obair gun snas* botch □ *snas sgrìobhaidh* calligraphy
snasachadh, -aidh *nm & vn* of **snasaich** trimming etc.
snasadh, -aidh *nm* analysis (gram.)
snasaich, -achadh *v* 1. polish, ornament 2. cut, trim
snasail, -e *a* □ same as **snasmhor** □ *leabhar le dealbhan is dreach snasail* a book with elegant pictures and appearance □ *gheàrr e leum a bha snasail* he took an elegant leap
snasmhor, -oire *a* elegant, neat □ *bàta mòr snasmhor cofhurtail* a large, elegant, comfortable boat □ *bha an t-aodach air oibreachadh gu snasmhor le dathan brèagha* the material was elegantly worked with beautiful colours
snasmhorachd *nf* neatness
snàth, snàith / -a, -ean *nm* originally thread of any kind, but now generally wool yarn □ *tha an snàth airson an dlùth agus an snàth airson a' chur eadar-dhealaichte* the yarn for the warp and the yarn for the weft are different □ *peiteanan snàtha* woollen waistcoats □ sometimes specified e.g. *snàth clòimhe* wool yarn
snàth-cotain *nm* cotton-wool **s.-cuir** *nm* weft, woof (**cur** for short – see **snàth** for example)
snàthad, -aide, -an *nf* needle, pointer (compass) □ *mar snàthainn a' dol tro shnàthaid* like thread going through a needle
snàthainn, -e / snàithne, -ean / snàithnean *nf* thread □ *mar snàthainn a' dol tro shnàthaid* like thread going through a needle □ *cuir snàthainn tro (shnàthaid)* thread (a needle)
snathainn-bhàthaidh *nf* □ same as **snaithe-bàthta**
snàthag, -aige, -an *nf* meadow pipit (also **snàthdag** *nf*)
snàthlainneach, -iche *a* fibrous
snàth-lìn *nm* linen-thread / yarn
sneachd, -a *nm* (also **sneachda** in the *nom*) snow □ *bleideagan sneachda* snowflakes □ *bodach sneachda* snowman □ *cuir sneachd* snow *v* □ *stoirm shneachda* snowstorm □

sneachd bog slush □ *bha na beanntan fo chòmhdach sneachda* the hills were under a covering of snow □ *bha an talamh fo aon chòig òirlich sneachda* the earth was under a full five inches of snow □ *bha a' chlann a' cluich anns an t-sneachda* the children were playing in the snow
sneachdach, -aiche *a* snowy
sneachdail *a* □ same as **sneachdach**
sneachd-gheal, sneachd-ghile *a* snow-white
sneadh, -a, -an *nf* nit
sneadhach, -aiche *a* nitty, full of nits
snèap, -èipe *nf* turnip(s)
sneic, -ean *nm* sneck
snèip 1. *dat sing & gen sing* respectively of **snèap** turnip 2. also used as *nom*
snighe *nm indec* drip, leak □ *bha snighe (a') tighinn tron mhullach* there was a leak coming through the ceiling
snigh, -eadh *v* drip, leak
snigheadh, -idh *nm & vn* of **snigh** leaking etc.
sniomh, snìomh *v* contort, spin (of wool), strain (make painful, difficult etc.), twist, twine, worm, wreathe, writhe □ *shnìomh an damhan-allaidh lìon* the spider spun a web □ *shnìomh i a-steach ann snàthainn òir* she spun / twisted into it *masc* a golden thread
snìomh, -a *nm & vn* of **snìomh** spinning etc., sprain, strain, twist
snìomhach, -aiche *a* winding, twisting, curled, tortuous, twisted □ *cuid dhiubh dìreach agus cuid dhiubh snìomhach* some of them straight and some of them curling
snìomhadair, -ean *nm* twister, spinner, winder
snìomhaire, -ean *nm* drill (tool), twister (tool)
snìomhan, -ain, -an *nm* spiral
snìomhanach *a* spiral
snìomhte *pp* entwined, twisted, spun etc. □ *bha an làmhan snìomhte* their hands were entwined
snodhach, -aich *nm* sap (of a tree)
snodha-gàire *nm* simper, smile □ *thàinig snodha-gàire air a aodann* a smile came to (lit. on) his face □ *dèan snodha-gàire* simper, smile *v* □ *rinn e snodha-gàire ris an nighinn* he smiled to the girl □ *thug an smaoin sin snodha-gàire orm* that thought made me smile / brought a smile to my face
snodhaich, -achadh *v* bloom
snog, snoige *a* nice, pretty □ *tha dealbhan snoga anns an leabhar seo* there are nice pictures in this book □ *nach snog seo?* isn't this nice?

snot, -adh / snotail *v* sniff, snuff, smell (with the nostrils) – also **snòt** etc.
snotadh, -aidh *nm & vn* of **snot** sniff, snuff, smell- also **snòtadh** etc.
snòtaich, snòtach *v* □ same as **snot / snòt** *v*
snotail / snòtail *nf & vn* of **snot / snòt** *v*
snuadh, snuaidh *nm* appearance, aspect, colour, complexion, hue, look □ *atharrachadh snuaidh* a change of colour / complexion □ *bha snuadh a' bhròin air a aodann* a look of grief was on on his face
snuadhach, -aiche *a* having a good colour / complexion
snucair *nm* snooker □ *bha iad a' cluich air snucair* they were playing at snooker

so- *pref* – the equivalent of the English suffix '-able' / '-ible' etc.
so-àicheadh *a* deniable **s.-àireamh** *a* numerable **s.-àiteachadh** *a* inhabitable **s.-aithneachail** *a* recognisable **s.-aithnichte** *pp* distinctive **s.-ataichte** *pp* expansible **s.-atharrais** *a* imitable **s.-bheanailteach** *a* palpable **s.-chàireadh** *a* repairable **s.-cheannach** *a* venal **s.-cheannsachadh** *a* manageable **s.-chlaonaidh** *a* declinable **s.-chnàmh** *a* digestible **s.-chnàmhach** *a* biodegradeable **s.-chrìochnachadh** *a* terminable **s.-dhìonta** *a* defensible **s.-dhealachadh** *a* separable **s.-dhèanamh** *a* feasible, practicable **s.-dhèanta** *a* practicable □ *thòisich iad a rannsachadh an robh a leithid de dh'obair so-dhèanta* they started to investigate if such work were practicable **s.-dhearbhadh** *a* provable **s.-dhearbhte** *pp* demonstrable **s.-dheilbhe** *a* plastic **s.-dhrùidheadh** *a* penetrable **s.-fhaicinn** *a* discernible **s.-fhaicsinn** *a* perceivable **s.-fhaotainn** *a* procurable **s.-fhulang** *a* tolerable **s.-ghabhail** *a* receptive **s.-ghiùlan** *a* portable **s.-ghleidheadh** *a* tenable **s.-ghlèidhte** *a* preservable **s.-ghluaiste** *a* adaptable, ductile **s.-ghluasad** *a* moveable, removable **s.-iomchair** *a* tolerable, easily borne, portable **s.-ithe** *a* eatable **s.-labhairteach** *a* effusive **s.-làimhseachadh** *a* tangible **s.-lasadh** *a* inflammable **s.-leaghadh** *a* dissoluble **s.-leanta** *a* cohesive **s.-leantainn** *a* coherent **s.-leigheas** *a* curable, medicable **s.-leisgeulach** *a* excusable **s.-leònte** *a* vulnerable □ *tha iad so-leònte*

do dh'ionnsaigh bhon taobh a-staigh they are vulnerable to attack from within **s.-leòntachd** *nf* vulnerability □ *… an t-so-leòntachd a tha aca …* the vulnerability that they have **s.-leughadh** *a* legible **s.-leughachd** *nf* legibility **s.-leughte** *a* legible **s.-loisgeach** *a* combustible **s.-lùbach** *a* flexible **s.-lùbachd** flexibility **s.-lùbadh / s.-lùbaidh** *a* flaccid, flexible, limber, pliant **s.-lùghdachadh** *a* reducible **s.-lùibte** *a* pliable **s.-mhaoin** *nf* assets **s.-mhathadh** *a* pardonable, venial **s.-mhilleadh** *a* perishable **s.-oibreachadh** *a* malleable, workable, viable **s.-òl** *a* drinkable **s.-reic** *a* saleable **s.-riaghladh / s.-riaghlaidh** *a* governable, manageable **s.-roinn** *a* divisible **s.-ruighinn** *a* accessible, attainable **s.-ruithimeach** *a* eurythmic **s.-sgaoilte** *a* soluble **s.-sgoltaidh** *a* fissible **s.-sgriosadh** *a* destructible **s.-shaoilsinn** *a* conceivable **s.-sheacaich** *a* collapsible **s.-sheòladh** *a* navigable **s.-shìnteachd** *nf* elasticity **s.-smaoinich** *a* imaginable **s.-thagradh** *a* justifiable **s.-theagasg** *a* teachable **s.-thionndaidh** *a* convertible **s.-thuigse** *a* coherent **s.-thuigsinn** *a* clear, easy to understand, easily understood, intelligible, perspicuous, understandable □ *dèan so-thuigsinn* simplify □ *feumaidh do sgrìobhadh a bhith so-thuigsinn* your writing must be intelligible

sòbair, -e sober □ *dèan / fàs sòbair* sober (*v trans / intrans* respectively)
sòbarra *a* sober, reasonable
sobhdair *nm* solder
sobhdrachadh, -aidh *nm & vn* of **sobhdraich** soldering
sobhdraich, -achadh *v* solder
sobhdraig, -eadh *v* solder
sobhdraigeadh, -idh *nm & vn* of **sobhdraig** soldering
Sobhietach *a* Soviet
sòbhla, -achan *nf* □ see **sòlla**
sòbhrach, -aich, -aichean *nf* primrose
sòbhrag, -aige, -an *nf* □ same as **sòbhrach**
sòbhrag-gheamhraidh *nf* polyanthus
sòbhran, -ain, -an *nm* sovereign (£1)
soc, suic, suic *nm* 1. nozzle, ploughshare, snout 2. socket
socachadh, -aidh *nm & vn* of **socaich** setting

socaich, -achadh *v* set
socaid, -e, -ean *nf* socket
socair, -e *nf* ease, leisure, relaxation □ *cuir air do shocair* put at your ease □ *chuir e air an socair iad* he put them at their ease □ *socair ort / oirbh!* hold on! take it easy! – also *air do shocair!* take it easy! □ *feuch gun gabh thu air do shocair!* see that you take it easy! □ *thòisich e air e fhèin a thulgadh air a shocair* he began to rock himself gently □ *choisich iad air an socair suas an t-sràid* they walked in a leisurely manner up the street
socair, -e *a* easy (at ease), even (of temperament), easy-going, good-humoured, impassionate, lax, peaceable, poised, quiet □ *duine mòr socair* a big, easy-going man
socais, -ean *nf* sock
sochair, -e, -ean *nf* advantage, benefit, boon, privilege, welfare □ *b'e sochair mhòr seo* this was a great privilege □ *chaidh an t-sochair seo a bhuileachadh oirnn le…* this privilege was bestowed upon us by… □ *is mòr an t-sochair iad* they're a great boon □ *cha shochair mhòr seo dhuinn* this is no great advantage to us
sochair-chloinne *nf* child-benefit
sochaireach, -iche *a* advantageous, beneficial, privileged
sochar, -air *nf* (usually *def*) shyness, simplicity, softness (of character) □ *is i an t-sochar a thug orm a dhèanamh* it is simplicity which caused me to do it □ *is miosa an t-sochar na (a') mhèirle* simplicity is worse than theft (both examples from Dwelly)
socharach, -aiche *a* shy, simple, soft, silly □ *is fheàrr a bhith socharach na bhith breugach* it is better to be simple than be deceitful □ *chan eil mi cho socharach is gun creidinn gu bheil…* I'm not so simple as to think that… is…
socrach, -aiche *a* comfortable, easeful, easy, quiet, at rest
socrachadh, -aidh *nm & vn* of **socraich** composing (oneself) etc., negotiation, settlement
socraich, -achadh *v* compose (oneself), ensure, establish, fix, ground, implant, lodge, ordain, place, plant, relax, settle, steady □ *socraich (air)* decide (upon), determine □ *shocraich e e fhèin air cloich mhòir* he settled himself on a big rock □ *socraichidh seo beatha fhada don chompanaidh* this will ensure a long life to the company
socraichte *pp* composed □ *rud socraichte* fixture

sòda *nf* soda
sòda-arain *nm* baking soda **s.-nighe / nighidh** washing soda
sodal, -ail *nm* adulation, flattery □ *dèan sodal* fawn *v*, flatter
sodalach, -aiche *a* flattering, fawning, mealy-mouthed, snobbish, sycophantic
sodalachd *nf* snobbery
sodalaiche, -ean *nm* flatterer, sycophant
sodalan, -ain, -an *nm* snob
sòfa, -aichean *nf* sofa
sogan, -ain *nm* joy, delight □ *bu chòir fìor shogan a bhith orra ris* they ought to be really delighted with it □ *tha iad a'dèanamh sogan ris an naidheachd* they are overjoyed / delighted with the news □ *thog iad sogan orra* they became cheerful, they brightened up
sògh, sòigh *nm* luxury
sòghail, -e *a* gastronomic, luxurious, sumptuous, voluptuous □ *…far am faodadh duine oidhche (a) chur seachad gu sòghail* where a man might spend a night luxuriously □ *leabaidh mhòr shòghail* a great, sumptuous bed
sòghair, -ean *nm* epicure, epicurean
sòghalachd *nf* gastronomy, luxuriousness, luxury, sumptuousness □ *am measg sòghalachd is gach comhfhurtachd* amid luxury and every comfort □ *chaidh an t-sòghalachd agus an saidhbhreas adhartachadh* luxury and wealth were advanced
sòghmhor *a* luscious
soidealta *a* sheepish, bashful □ *"Dè rinn mi?" dh'fhaighnich e gu soidealta* "What did I do?" he asked sheepishly
soidhne, soidhnichean *nm* sign □ *soidhne rathaid* roadsign
sòidium *nf* sodium
soifistaiceach, -iche *a* (also **soifiostaigeach**) sophisticated □ *coluadair soifisticeach* a sophisticated society
soigh, -e, -ean □ see **saigh**
soilire *nm* celery
soilleir, -e *a* apparent, bright, clear, distinct, evident, explicit, flagrant, light (of colour), lucid, manifest, overt, perspicuous, plain □ *dèan soilleir* evince □ *bidh dealbh nas soilleire againn a dh'aithghearr air mar a chaidh gabhail ris* we shall have a clearer picture soon of how it was received □ *chan eil e gu lèir soilleir cuin a thòisich e* it isn't entirely clear when he began □ *dh'iarrainn a bhith (a') dèanamh soilleir gu bheil…* I would like to be making clear that — is… □ *le aodach ann an dathan nas soilleire…* with clothing in brighter

colours / wearing more brightly coloured clothing □ *bha a' mhadainn ciùin, soilleir* the morning was calm and clear

soilleireachadh, -aidh *nm* & *vn* of **soilleirich** demonstration, elucidation, enlightenment, explanation, illumination □ *bha e a' feuchainn ri soilleireachadh a dhèanamh air an dàn* he was trying to explain / throw some light upon the poem

soilleireachd *nf* brightness, clarity, clearness, intelligibility, light, lucidity

soilleirich, -eachadh *v* brighten, clarify, clear, clear up, demonstrate, elucidate, enlighten, explain, expound, gleam, illumine, illuminate, illustrate, light, lighten (make / become brighter), shine

soillse *nf indec* light

soillseach, -iche *a* light (i.e. concerning / consisting of light), luminous □ *bann an speactraim shoillsich* a band of the light spectrum

soillseachadh, -aidh *nm* & *vn* of **soillsich** brightening etc., illumination, illustration

soillsich, -eachadh *v* □ same as **soilleirich**

soineannta *a* naïve, serene, meek, gentle □ *tha iad uabhasach soineannta mu na tha seo a' ciallachadh dhaibh* they are awfully naïve about what this means to them

soineanntachd *nf* naïvety, serenity, calm, gentleness

soirbh, -e *a* easy, plain, simple □ *bàs soirbh* euthanasia □ *tha e soirbh a dhiochuimhneachadh gu bheil ...* it is easy to forget that ... is ... □ *bhiodh iad soirbh coimhead às an dèidh* they would be easy to look after (lit. they would be easy looking after them)

soirbh-dhùil *nf* optimism □ *am meadhan na soirbh-dhùile coitchinn ...* in the midst of the common optimism ... **s.-dhùileach** *a* optimistic □ *tha e ro shoirbh-dhùileach a bhith a' smaoineachadh gu bheil ...* it's too optimistic to think that ...

soirbheachadh, -aidh *nm* & *vn* of **soirbhich** prospering etc., prosperity, success □ *soirbheachadh a bhàrdachd* the success of his poetry □ *tha sinn a' guidhe gach soirbheachadh dhaibh* we wish them every success

soirbheachail, -e *a* prosperous, successful □ *aon de na taisbeanaidhean as soirbheachaile a chaidh a chur air dòigh anns an talla seo* one of the most successful exhibitions that has ever been put on in this hall □ *an dèidh seisean-obrach soirbheachail* after a successful work session

soirbheachd *nf* facility

soirbheas, -eis, -an *nm* 1. prosperity, success □ *tha sinn a' guidhe soirbheas dhaibh* we wish them success 2. wellbeing 3. breeze □ *soirbheas socair* gentle breeze □ *sheòl iad agus soirbheas fàbharach às an dèidh* they sailed with a favourable breeze behind them

soirbheasach, -aiche *adj* 1. prosperous, successful, thriving 2. fair, as a wind 3. favourable

soirbhich, -eachadh *v* facilitate, prosper, succeed, thrive (often used *impersonally*, followed by some form of **le**) □ *... agus shoirbhich leis gu tur ...* and he / it *masc* succeeded completely □ *ged a shoirbhich leis* ellipsis; though he succeeded ...

soirceas, -eis, -an *nm* circus

sòisealach, -aich, -aich *nm* socialist

sòisealach, -aiche *a* socialistic

sòisealachd *nf* socialism

sòisealta *a* social □ *na Saidheansan Sòisealta* (the) Social Sciences □ *bha feasgar sòisealta air a ullachadh* a social evening was arranged

soisgeul, -eil *nm* gospel □ *a' searmonachadh an t-soisgeil* preaching the gospel □ *an Soisgeul a rèir Eòin* the gospel according to St. John

soisgeulach, -aich, -aich *nm* □ see **soisgeulaiche**

soisgeulach, -aiche *a* evangelical □ *toiseach a' ghluasaid shoisgeulaich* the beginning of the evangelical movement

soisgeulaiche, -ean *nm* evangelist

soitheach, -ich, -ichean 1. (*nm*) dish (porcelain), vessel (dish), pitcher □ *dhòirt i am bainne anns an t-soitheach* she poured the milk into the dish □ *cò tha a' nighe nan soithichean?* who is washing the dishes? □ *thàinig i a-staigh 's i a' giùlan an t-soithich mhòir* she came in [and she] carrying the large dish □ *tubhailt shoithichean / searbhadair shoithichean* dish-cloth 2. (*nf*) vessel, ship □ *soitheach-giùlain phlèanaichean* aircraft carrier □ *soitheach solar èiginn* emergency supply vessel □ *soitheach pleadhaig* paddle-boat □ *soitheach-fànais* space-ship □ *chuir iad an luchd anns an t-soithich* they placed the cargo in the ship □ *sheòl an t-soitheach anns a' mhadainn* the vessel sailed in the morning □ *togail shoithichean* shipbuilding □ *gàrradh shoithichean* shipyard □ *rèis shoithichean* regatta □ note: Dwelly gives *masc* gender for all meanings, while MacLennan gives *fem* gender for all meanings □ the differentiation by gender is taken from Duncan Reid's Elementary course of Gaelic

soitheach-crèadha *nm* (also **s-criadha**) crock □ *soithichean-crèadha* crockery, earthenware **s.-fànais** *nf* space-ship **s.-leaghaidh** *nm* crucible **s.-luaithre** *nm* ashtray **s.-pronnaidh** *nm* mortar (vessel) **soithichean-dinneir** *n pl* dinner-service

soitheamh, -eimhe *a* docile, gentle, mild, tame, tractable

sòl *nm* sill *sòl na h-uinneige* window-sill □ also **sòla** *nf*

sòla, -achan *nf* sill □ *air sòla na h-uinneig(e)* on the window-sill

sòlaimeachadh, -aidh *nm & vn* of **sòlaimich** solemnizing

sòlaimich, -eachadh *v* solemnize

sòlaimte *a* solemn □ *bha aodann fada sòlaimte air* he had a long, solemn face

sòlaimteachd *nf* gravity (of an offence etc.), solemnity

solair, solar *v* cater, dig up (e.g. information), forage, procure, provide, purvey, recruit (soldiers etc.), supply □ *...gu lòn a sholar dhaibh fhèin...* (in order) to procure food for themselves □ *...a solaireas meas don roinn gu lèir...* which supplies fruit to the whole region (or: *a tha a' solar ...*)

solar, -air *nm & vn* of **solair** providing etc., provision, supply □ *...a' buntainn ri solar leabhraichean Gàidhlig...* pertaining to Gaelic book provision

solar-bùirn *nm* water supply

solarach, -aiche *a* provident

solarachadh, -aidh *nm & vn* of **solaraich** providing etc.

solaraich, -achadh *v* □ same as **solair**

solas, -ais, -an *nm* light, luminary □ *prìomh sholas / solas mòr* head-lamp □ *solais mhòra (càir)* headlights □ *solas gealaich* moonlight □ *ann an solas na gealaich* in the light of the moon / in the moonlight □ *ri solas na gealaich* by the light of the moon, by moonlight □ *solas nan rionnag* starlight □ *cuir air an solas* he put on the light □ *chuir e air an solas* he put on the light *cuir dheth an solas* put off the light □ *chuir i dheth an solas* she put off the light □ *solas an latha* daylight □ *ri solas an latha* in daylight / by the light of day □ *ri solas coinnle* by the light of a candle / by candlelight □ *ri solas an teine* by the light of the fire

solas-bhristeadh *nm* refraction

sòlas, -ais *nm* comfort, consolation, felicity, solace □ *thoir sòlas* solace □ *...a bheireadh*

sòlas don chridhe... which would give solace to the heart □ *bha an smaoin sin na shòlas nach bu bheag dhuinn* that thought was no small consolation to us

sòlasach, -aiche *a* comforting, delectable, delightful, felicitous □ *le a naidheachd shòlasaich* with his comforting news

solt □ see **solta**

solta *a* meek, quiet, harmless □ *cho solta ris an uan* as quiet as a lamb (lit. the lamb) □ note that **cho—ri** is often followed by a *def* noun, especially when the noun represents a class, but the phrase is often found also with an *indef* noun: *cho solta ri uan* as quiet as a lamb □ *cho solta ri leanabh* as meek as a baby etc. □ *bha e solt na dhòighean* he was quiet in his ways

somalta *a* complacent, good-natured □ *chan fhaod sinn a bhith somalta mu a dheidhinn* we can't be complacent about it

somaltachd *nf* complacency

---

son *nm* sake, cause, account – now usually always accompanied by **air** e.g. **airson** □ often found as **air son**, though **airson** is now recommended □ in speech (or a representation of speech) **airson** is often *abbr* to **son**: *an ann son gun tèid ar marbhadh a tha thu?* do you want to get us killed?)

When accompanied by a *pers pron / poss adj* in English, the following construction is used in Gaelic: *air mo shon* on my account, for me □ *air a shon* on his account, for him etc. □ *tha mi a' dèanamh seo air do shon* I'm doing this for you □ *...gun nì agad air a shon...* with nothing [in return / to show] for it (lit. without a thing at you for its sake) □ *tha mi uabhasach fhèin toilichte gun d'fhuair iad na bha iad a' strì air a shon* I'm extremely pleased that they got what they were fighting for

air mo shonsa (dheth) for my part, as far as I am / was concerned, as for me □ *...air mo shonsa dheth bha mi air a bhith air mo chois greis mhath* as for me, I had been up for a good while □ *air mo shon fhèin dheth...* as for myself *...air a shon sin* as a matter of fact / in fact / for that matter / nevertheless □ *...ach air a shon sin tha iomadh dòigh anns am faodadh* *sinn* ...... but in fact / nevertheless there are many ways in which we might ... **car son** the recommended form for this is one word: **carson** (q.v.)

sòn, sòin, -aichean *nm* zone □ *sòn aimsire* weather zone
sona *a* felicitous, happy □ *cha robh saoghal ro shona aige* he didn't have a very happy life □ *bhithinn glè shona an sin* I would be very happy there □ *a h-uile là sona dhuibh 's gun là idir dona dhuibh* may all your days be happy ones
sonaid, -ean *nf* sonnet
sonas, -ais, -an *nm* felicity, happiness, good luck, good fortune
sonàta *nf* sonata
sonn, suinn, suinn *nm* champion, hero □ *euchdan nan sonn seo* the deeds of these heroes
sonnach, -aich, -aich *nm* paling, pallisade
sonnag, -aige, -an *nf* a sort of chair made of twisted straw or bent
sònrachadh, -aidh *nm & vn* of **sònraich** stipulating etc., allocation (of expenditure), assignation, definition, designation, stipulation □ *chan fhurasta sònrachadh fhaighinn air an fhacal* it isn't easy to get a definition for the word
sònrachail, -e *a* definable
sònraich, -achadh *v* allocate, appoint, assign, define, depute, designate, intend, ordain, particularize, pick out, point out, select, specify □ ...*mus sònraich thu cungaidh*... before you specify a remedy □ *chaidh latha a shònrachadh airson na bainnse* a day was appointed for the wedding □ *shònraich e gu bheil*... he pointed out that... is ... □ *carson a chaidh esan a shònrachadh?* why had he been picked out / selected?
sònraichte *pp* certain, determinate, especial, main, notable, particular, positive, pre-eminent, prime, proper, remarkable, singular, special, specific □ *gu sònraichte* especially, principally □ *nam biodh tu airson tiodhlac a thoirt do chuideigin sònraichte* if you wanted to give a gift to someone special □ ...*ga dhèanamh na latha sònraichte dhan chloinn*... making it a special day for the children □ *aig àmannan sònraichte den bhliadhna* at certain times of the year □ *an nì sònraichte* the particular (as opposed to the general)

sop, suip, suip / -an *nm* wisp *sop às gach seid* a miscellany, a mixture
sopràno *nf* soprano
sòr, -adh *v* hesitate, begrudge, be sparing of □ *cha shòradh e spòrs a dhèanamh air* he wouldn't hesitate to make fun of him
sòradh, -aidh *nm & vn* of **sòr** hesitating, hesitation □ *gun sòradh* without hesitation □ *cha robh sòradh aige* he had no hesitation □ *cha do rinn e sòradh* he didn't hesitate
soraidh *nf* farewell – used thus: *soraidh (slàn) le*... farewell to..., adieu..., farewell (to), goodbye to... □ *leig an dithis eile soraidh leis* the other two said goodbye to him
sorcas □ same as **soirceas**
sorch, -an *nm* gantry
sorchan, -ain, -ain / -an *nm* trestle □ *bha togsaid mhòr air sorchan* there was a large hogshead on a trestle
sòrgam, -aim *nm* sorghum
sòrn, sùirn, sùirn *nm* flue □ *bha sòrn na h-àtha glè theth* the flue of the kiln was very hot
sòrnach *a* having a flue □ *teine sòrnach* a fireplace with a flue
sosaids, -ean *nm* sausage
spad, -adh *v* knock down, floor, flatten, kill □ *bhitheadh i air an spadadh* she would have flattened them □ *bha adhbhar aca uile a spadadh* they all had reason to kill him
spàgail *nf* waddle, waddling
spaglainn *nf* bombast, conceit, false pride, ostentation □ *dèan spaglainn* swagger
spàg-ri-tòn *nf* little grebe, dabchick
spaid, -e, -eachan *nf* spade
spaideal, -eil, -an *nm* spatula
spaideil, -e *a* smart (in appearance), well-dressed □ *bha i air leth spaideil na coltas* she was particularly smart in appearance □ *bha i air a sgeadachadh nas spaideile na na boireannaich eile* she was more smartly dressed than the other women □ ... *no ann an àiteigin spaideil mar sin*... or somewhere fancy like that □ *còmhradh spaideil a'bhaile mhòir* [the] fancy speech of the city □ ...*ma tha obair spaideil a dhìth air*... if he wants fancy work (i.e. a collar and tie job) □ ...*nam biodh e airson a bhith spaideil*... if he wanted to be smart
spaidhir, -e / spaidhreach, -ean *nf* fly (of trousers – 'spether' in Scots)
spaidsireachd *nf & vn* of **spaidsirich** parading, sauntering, strolling
spaidsirich, spaidsireachd *v* stroll, saunter, parade

spailpeil, -e *a* self-conceited, self-important □ *shuidh e air ais gu spailpeil* he sat back self-importantly

spailpean, -ein, -an *nm* fop

spailpeanach, -aich, -aich *nm* □ same as **spailpean**

spailpeanach, -aiche *a* foppish, conceited

spailpeanta *a* □ same as **spailpeanach**

spàin, -e, -ean *nf* spoon □ *làn na spàine* a spoonful (lit. [the] fill of the spoon) □ *chuir e ceithir làin na spàine don phoit* he put four spoonfuls into the pot □ *spàin adhairce* a horn spoon □ *spàin mhòr* a tablespoon □ *spàin bheag* a teaspoon

spàin-mìlsein *nf* dessert-spoon **s.-teatha** *nf* tea-spoon **s.-uighe** *nf* egg-spoon

Spàinneach *a* □ see **Spàinnteach**

Spàinnis *nf* Spanish

Spàinnteach, -ich, -ich *nm* Spaniard

Spàinnteach *a* Hispanic, Spanish

spairis(t)each, -iche *a* swaggering, strutting □ *thàinig e a-steach don t-seòmar le ceum spairiseach* he came into the room with swaggering step / he swaggered into the room

spairiseil *a* □ same as **spairis(t)each**

spàirn, -e, -ean *nf & vn* of **spàirn** struggling etc., effort, endeavour, exertion, strain, stress, struggle □ *dèan spàirn* exert, strive, struggle □ *le spàirn* with an effort / struggle □ *gun spàirn* effortless(ly), without effort □ *bha e ann an spàirnean a' bhàis* he was in his death throes (lit. in [the] throes of the death) □ *tha iad a' dèanamh spàirn airson a' chùis a leasachadh* they are striving to improve the circumstances □ *tha iad a' dèanamh spàirn an aghaidh a' chleachdaidh seo* they are struggling against this practice

spàirn, spàirn *v* strive, struggle, vie

spaisdirich / spaisdireachd □ see **spaidsirich / spaidsireachd** etc.

spàl, spàil, -an *nm/f* shuttle, spool □ *spàl siùbhlach* flying shuttle

spàl-fànais *nm* space shuttle **s.-ite** *nf* shuttlecock

spanair, -ean *nm* spanner

spang, -aing / -a, -an *nf* spangle

spàraig, -eadh *v* spar

spàraigeadh, -idh *nm & vn* of **spàraig** sparring

spàrdan, -ain, -an *nm* hen-roost

spàrr, sparradh *v* (usually without the accent in the *vn form*) compel, drive, enforce, force, press, propel, ram, stuff, thrust (upon), urge □ *spàrr a-steach* interpolate □ *bha Beurla ga sparradh air*

clann-sgoile English was forced upon school-children □ *chan eil e ceart gu bheil an gnàth-theagasg seo air a sparradh air gach neach anns an dùthaich* it isn't right that this dogma is thrust upon every person in the land □ *tha iad a' spàrradh an iartasan fhèin oirnn* they are forcing their own wishes upon us □ *... nuair a spàrras an èiginn iad* ... when necessity compels them

spàrr, -a, -an *nm* beam (of wood), joist, perch, roost (*pl* = **sparran**, without accent)

sparradh, -aidh *nm & vn* of **spàrr** compelling etc., propulsion, thrust

sparrag, -aige, -an *nf* bit (for a horse – not as common as **cabstair**) □ *chan eil air an t-srèin aon chuid sparrag no smeachan* on the bridle there is neither bit nor chin strap

spat *nf* spat (spawn of shellfish)

spatha, -achan *nf* spa

speach, -a, -an *nf* wasp

speachanta *a* waspish

speactram, -aim *nm* spectrum □ *bann an speactraim shoillsich* a band of the light spectrum

speal, -a, -an *nf* scythe

speal, -adh *v* scythe, cut with a scythe □ *thòisich mi ri spealadh an fheòir* I began to scythe the grass

spealadair, -ean *nm* mower, scytheman

spealg, speilge, -an *nf* splinter, chip, fragment □ *chaidh a' ghlainne na spealgan* the glass went into splinters / splintered / shattered

spealg, -adh *v* cleave, dash, shiver (break into fragments), splinter, split □ *spealg e a chlaigeann ris an ursainn* he split his head against the doorpost □ *spealg am peilear a' chreag* the bullet splintered the rock □ *spealg a' chreag leis a' pheilear* the rock splintered with the bullet

spealgadh, -aidh *nm & vn* of **spealg** splitting etc.

spealt, -adh *v* □ same as **spealg**

spealt, -a, -an *nf* lath

spealtadh, -aidh *nm* □ same as **spealgadh**

spealtag, -aige, -an *nf* sliver

spealtan, -ain, -an *nm* splint

spearrach, -aich, -aichean *nf* fetter □ *tha seo na spearraich air m'inntinn* this is a fetter on my mind

spèic, -e, -ean *nf* □ same as **spìc**

spèiceach *a* □ same as **spìceach**

spèil, -e, -ean *nf* skate (ice-skate)

spèil, -eadh *v* skate

spèileabord *nm* skateboard □ *thàinig e a-nuas an rathad air spèileabord* he came down the road on a skateboard

spèileadh, -idh *nm & vn* of spèil skating
spèileireachd *nf & vn* of spèileirich skating etc.
spèileirich, -eachd *v* skate, slide
speilg □ *dat sing & gen sing* respectively of spealg splinter
spèiliche, -ean *nm* skater
speilig, -eadh *v* spell
speiligeadh, -idh *nm & vn* of speilig spelling
speireag, -eig, -an *nf* sparrow hawk
speireag-ruadh *nf* kestrel (also clamhan-ruadh *nm*)
spèis, -e *nf* affection, liking, respect □ *tarraing spèis* endear □ *gun spèis* uninterested □ *bha spèis mhòr aca dha* they had a great affection for him □ *chan eil mòran spèis aige do chàil ach ball-choise* he has no great liking for anything but football □ *ghabh iad a leithid a spèis do Chalum* they took such a liking to Calum □ *bu mhòr mo spèis dhut* I was very fond of you □ *cha bu chòir dhuinn spèis a thoirt dha* we shouldn't pay any attention to him
speisealachadh, -aidh *nm* specialization
speisealaich, -achadh *v* specialize
speisealta *a* specialised
speiseanta *a* dapper, spruce
spèiseil, -e *a* 1. fond, loving 2. esteemed, estimable, endearing □ *... a tha cho spèiseil do chridhe nam ban ...* that is so endearing to the hearts of women (lit. to heart of the women)
speuclair, -ean *nm* spectacle *pl* = spectacles, glasses □ *chuir e air a speuclairean* he put on his spectacles □ *speuclairean dubha* dark glasses
speur, -a, -an *nm* sky
speur-sheòladair *nm* aeronaut s.-shoitheach *nf* spaceship
speuradair, -ean *nm* astrologer, astronaut, cosmonaut, meteorologist
speuradaireachd *nf* astrology, meteorology
speurair, -ean *nm* astronaut, spaceman
spìc, -e, -ean *nf* spike □ *spìcean iarainn* iron spikes □ *sàth spìc ann* spike
spìceach *a* spiky
spìd *e nf* 1. contempt, spite 2. haste, hurry, speed
spideag, -eige, -an *nf* nightingale
spidean, -ein *nm* pitch and toss
spìocach, -aiche *a* close-fisted, mean (not generous), miserly, niggardly, parsimonious, sparing, stingy □ *cha robh e spìocach leis an uisge-bheatha* he wasn't niggardly with the whisky
spìocaid, -ean *nf* tap, spigot

spìocaire, -ean *nm* miser, niggard, skinflint
spìocaireachd *nf* meanness, miserliness, niggardliness, parsimony, stinginess
spiocnard, -aird *nm* spikenard
spiocnaird *a* spikenard □ *dh'ung i Chriosta leis an oladh spiocnaird* she anointed Christ with the spikenard oil
spiol, -adh *v* nibble, pick (of meat off bones), pluck
spiolag, -aige, -an *nf* crumb, particle □ *gun spiolag feòla oirre* without a particle of flesh on her □ *spiolag tombaca* a chew of tobacco
spioladh, -aidh *nm & vn* of spiol plucking etc.
spiolg, -adh *v* husk, shell
spìon, -adh *v* pluck, tear / rip (out) by force, snatch, tug, wrench, wrest □ *spìon à freumhaichean* eradicate □ *spìon às a bhun / spìon à bun* root out, uproot □ *chaidh am preaslach a spìonadh às* the undergrowth was torn out □ *spìon e bhuam e* he snatched it from me
spìonadh, -aidh *nm & vn* of spìon snatching etc. □ *spìonadh às* extirpation
spionnadh, -aidh *nm* energy, force, pith (metaph.), power, strength, vigour □ *b'esan an t-aon duine anns an robh an spionnadh a bha riatanach* he was the only man in whom was the necessary strength
spiorad, -aid, -an *nm* morale, spirit (spiritous liquor, mind, mettle) □ *an Spiorad Naomh* the Holy Ghost
spioradachd *nf* spiritualism □ *bha i ri spioradachd* she practised spiritualism
spioradail, -e *a* ghostly, spiritual
spioradalachd *nf* spirituality
spìosrach, -aiche *a* spicy
spìosraich, -achadh *v* embalm
spìosradh, -aidh *nm* spice
spiris, -e, -ean *nf* hen-roost, perch, roost □ *cuir / rach air spiris* perch
splaidhs, -eadh *v* splice □ *dh'ionnsaich e dhaibh mar a splaidhseadh iad ròpa* he taught them how to splice a rope
splaidhseadh, -idh *nm & vn* of splaidhs splicing
splangaid *nf* mucus, phlegm, snot □ also sglongaid and splongaid
splaoid *nf* outing, joyride, fling (appears to be connected with a word for a thud / crash, a splat – or perhaps even splash) □ *bha fìor splaoid de Ghàidhlig againn air Telebhisean na h-Alba an t-seachdain sa chaidh* we had a veritable splash of Gaelic on Scottish TV this past week □ *... chan ann air sgàth splaoid a thèid*

a dhiochuimhneachadh a dh'aithghearr... and not for (the sake of) a fling which will soon be forgotten

spleadh, -adh *v* sprawl (fall / be sent sprawling) □ *chaidh a spleadhadh air a bheul fodha* he was sent sprawling face down

spleadh, -a, -an *nm* webbed foot

spleadhach, -aiche *a* splay-footed

spleogaig, -eadh *v* dress up □ *bha a'chlann uile air an spleogaigeadh* the children were all dressed up

spleogaigeadh, -idh *nm & vn* of **spleogaig** dressing up

spleuchd, -adh *v* gape, goggle, stare □ *bha i a'spleuchdadh air* she was staring at him

spliathach □ see **spleadhach**

spliuchan, -ain, -an *nm* tobacco pouch □ *chaidh an spliuchan mun cuairt o làimh gu làimh* the tobacco pouch went round from hand to hand

spliug, -a, -an *nm* snot

spliut, -a, -an *nm* □ same as **spleadh** *nm*

splongaid *nf* □ same as **splangaid**

spòg, -òige, -an *nf* 1. paw 2. radius, spoke 3. hand

spòld, -òild, -an *nm* joint (of meat)

spòlt, -adh *v* hack

spòltadh, -aidh *nm & vn* of **spòlt** hacking

spong, spuing, -an *nm* 1. match, tinder 2. sponge

spongach, -aiche *a* fungous

spor, -adh *v* spur

spor, spuir, spuirean / -an *nm* 1. (riding) spur 2. talon, claw 3. spur, incitement, encouragement 4. flint

sporadh, -aidh *nm & vn* of **spor** spurring, spur, incitement, encouragement, spur □... *a chum misneachd agus sporadh a thoirt dhaibh*... (in order) to give them encouragement and stimulation

sporan, -ain, -an *nm* purse, sporran, budget / finances (metaph.) □ *chaill mi mo sporan* I lost my purse □ *am faca tu mo sporan air a' bhord?* did you see my purse on the table? □ *sporan feannaig* mermaid's purse (egg case of skate or dogfish)

sporghail *nf* rustling noise, struggle, scramble □ *dèan sporghail* scramble *v* □ used as a *vn*: *bha cuimhne aige air a bhith a'sporghail a-null* he remembered scrambling / struggling over (from where he was)

spòrs, -a, -achan *nf* activities, fun, sport □ *bha beagan spòrs againn* we had a little fun □ *an aghaidh spòrsachan fala* against blood sports

spòrsach, -aiche *a* sporting (full of fun), playful □ *cha shòradh e spòrs a dhèanamh*

air he wouldn't hesitate to make fun of him □ *faigh spòrs air* to get fun from (at his expense)

spòrsail, -e *a* □ same as **spòrsach**

spot, -oit, -an *nm* spot, stain □ *spotan salach* dirty spots □ *cuir / fàg spot air* stain *v sa spot* immediately *adv*

spoth, -adh *v* castrate, emasculate, geld, spay

sprac, -a *nm* gumption □ *cha robh cion spraca air* he had no lack of gumption (lit. there wasn't a lack of gumption on him)

spracail, -e *a* strong, powerful □ *bha iad a' seinn gu spreigearra spracail* they were singing expressfully and powerfully

spràiceil, -e *a* harsh, severe □ *duine spràiceil* a harsh / severe man

spraidh, -eadh *v* □ same as **spreadh**

spraidheadh, -idh *nm* □ same as **spreadhadh**

spreadhadair, -ean *nm* explosive

spreadh, -adh *v* burst, explode (often **spreadh às a chèile**) □ *spreadh aon de na taidhrean* one of the tyres burst □...*mar bhom a dh'fhaodadh spreadhadh mionaid sam bith*... like a bomb that might explode any minute

spreadhadh, -aidh, -aidhean *nm & vn* of **spreadh** exploding etc., explosion, shot □ *spreadhadh tobar ola* blowout (oilwell)

spreag, -adh *v* □ same as **spreig**

spreagadh, -aidh *nm* □ same as **spreigeadh**

sprèidh, -e *nf* cattle □ *bha iad a' buachaileachd sprèidhe* they were herding cattle □ *chum iad an sprèidh gun iad a bhith air an goid* they kept the cattle from being stolen (lit. they kept the cattle without them being after their stealing)

spreig, -eadh *v* egg on, incite, induce, inspire, instigate, motivate, stimulate

spreigeach *a* active (gram.)

spreigeadh, -idh, -idhean *nm & vn* of **spreig** inspiring etc., excitement, impulse, inspiration, stimulus

spreigearra *a* expressive, impulsive □ *bha iad a' seinn gu spreigearra spracail* they were singing expressfully and powerfully

spreòd, -adh *v* 1. excite, incite, provoke 2. abuse, revile

spreòd, spreòid, -an *nm* bowsprit

spreòt, -adh *v* □ see **spreòd, -adh** *v*

spring, -ean *nf* spring (metal coil)

spriotrag, -aige, -an *nf* droplet

spriotrachadh, -aidh *nm & vn* of **spriotraich** spattering

spriotraich, -achadh *v* spatter

sproc *nm* □ same as **sprochd**

sprochd *nm indec* dejection, heaviness □ *fo sprochd* crestfallen, dejected □ *bha iad uile fo sprochd* they were all dejected □ *tha e air a bhith fo sprochd o chionn ghoirid* he has been down in the dumps recently □ *cuir fo sprochd* deject, depress

sprod, -oid, -an *nm* stick □ *chuir e na sprodan dinimit do na tuill* he put the sticks of dynamite into the holes (uncommon)

sprogail, -e *a* lively, active

sprogaill, -e, -ean *nf* dewlap, double chin

sprogan, -ain, -an *nm* double chin

spròt, adh *v* □ see **spreòd, -adh** *v*

sprùilleach, -ich *nm coll* crumbs, debris, refuse

sprùilleag, -eige, -an *nf* crumb

spruis *nf* imp □ *'s e droch spruis a th'ann* he's an imp of mischief

spuaic, -e, -ean *nf* daub □ *spuaic peanta* a daub of paint

spuaic, spuacadh *v* 1. splinter, maul, bruise, pulp 2. plaster, daub

spuacadh, -aidh *nm & vn* of **spuaic** splintering etc.

spùill □ see **spùinn**

spùilleadair, ean *nm* □ see **spùinneadair**

spùilleadh, -idh *nm* □ see **spùinneadh**

spuing □ *gen sing* of **spong** sponge etc.

spùinn, -eadh *v* despoil, plunder, prey, rob

spùinneadair, -ean *nm* brigand, marauder, plunderer, robber □ *spùinneadair mara* pirate

spùinneadh, -idh *nm & vn* of **spùinn** plundering etc., depredation, robbery

spuinnse, -ean *nf* sponge-cake

spuir, -ean *nf* claw, talon, spur (**spuir** is also the gen sing of **spor** *nm*)

spuirt *nf* energy, vim □ *bhuail mi e le barrachd spuirt* I struck it with more vim, more energetically

spùt *s* smallest particle □ *cha robh spùt cèille aige* he didn't have the smallest particle of sense

spùt, -a, -an *nm* gush, spout

spùt, -adh *v* gush, spout, spring (of liquid), squirt

spùtach *a* spouting, squirting

spùtadh, -aidh *nm & vn* of **spùt** spouting, gush

spùtan, -ain, -an *nm* jet (of liquid)

sràbh, sràibh, -an *nm* straw □ *cheannaich i pacaid shràbhan* she bought a packet of straws

sràc □ see **stràc**

srac, -adh *v* lacerate, mangle, rend, rip, tatter, tear, yank □ *shrac e an t-seic na pìosan* he tore the cheque into [its] pieces

sracadh, -aidh *nm & vn* of **srac** tearing etc., laceration, rent, tear

sracte *pp* rent, ripped, torn □ *bha aon mhuilcheann sracte chun na guailne* □ one sleeve was torn to the shoulder

srad, -adh *v* sparkle, emit sparks □ *a' sradadh uisge* sprinkling

sradag, -aige, -an *nf* spark □ *bha na sradagan a' tuiteam mu chuairt* air the sparks were falling around him □ *leig sradagan* spark *v*

sràid, -e, -ean *nf* street □ *an t-Sràid Mhòr* High Street □ but: *air an t-sràid mhòir* on the high street □ *a' gabhail sràide* strolling, sauntering

sràid-imeachd *nf* walk (as a *vn* = **a' gabhail sràide** above) **s.-thobar** *nm/f* hydrant

sràide *a* street □ *tha ainmean sràide ann an Gàidhlig a' gabhail àite nam ainmean Beurla* street names in Gaelic are replacing the English names □ *margaid sràide* a street market

sràideamachd *nf & vn* of **sràideamaich** strolling etc.- cf. **a' gabhail sràide** above

sràideamaich, -achd *v* stroll, saunter, pace

sraigh, -e *nf* cartilage of nose

srann, -ainn / -a, -an *nm/f* buzz, hum, snore, twang □ *dèan srann* snore, twang, whiz *v*

srannartaich *nf* snort □ as with many nouns denoting sounds, may be used as if it were a *vn*: *thòisich e air srannartaich* he began to snort

sraon, sraoin *nm* impetus, headway □ *bha sraon math aice* she had a good headway (of a boat)

sraonadh, -aidh *nm* □ same as **sraon**

srath, -a, -an *nm* strath (wide, flat-bottomed valley), vale, valley □ *srath aibhne* (geog.) river basin □ *chuireadh crodh air na srathan* cattle were put on the straths □ common in place names (see App. 12 sect. 4.0) □ note that there is no lenition of 'Srath' place names: *Oilthigh Srath Chluaidh* Strathclyde University

srathair, -e / srathrach, srathraichean *nf* pack saddle □ *bha an t-each seo math an acfhainn no an srathair* this horse was good in harness or pack saddle (where **an** in the latter two cases stands for **ann an**)

sreamadh, -aidh *nm* wrinkle □ *bha sreamadh beag air aodann* there was a little wrinkle on his face

sreamshuileach, -iche *a* rheumy

sreang, sreinge, -an *nf* string (general)

sreang-aodaich / s.-anairt clothes-line **s.-bogha** *nf* rest-harrow (plant) **s.-dhìreach / s.-riaghailt** *nf* plumbline

sreangach, -aiche *a* stringy
sreangachadh, -aidh *nm & vn* of **sreangaich** stringing etc.
sreangaich, -achadh *v* string, attenuate, draw into strings
sreath, -a, -an *nm/f* drill (of vegetables), layer, line (of writing), range, rank, reef (in a sail), row, series, tier □ *sreath bheanntan* mountain range □ *sreath dealain* electrical series □ *sreath-dhàn* poem sequence □ *às an t-sreath* exceptional □ *na shreath* seriatim □ *fear san t-sreath* an ordinary man □ *chaidh iad an cur an sreath a chèile* they were set in line, lined up □ *chuireadh sinn nar sreathan* we were lined up (lit. put in our rows) □ *tagh sreathan freagarrach às gach dàn* choose suitable lines from each poem □ *bha sreath de bheanntan a' ruith bhon àirde tuath gus an àirde deas* there was a range of mountains running from north to south □ *bha trì sreathan aca anns an t-seòl-mheadhain* they had three reefs in the mainsail □ *tha iad a' dèanamh sreatha de atharrachaidhean* they are making a series of changes □ *seo sreath phrògraman a chaidh a shealltainn an uiridh* this is a series of programmes which was shown last year □ *anns an t-sreatha chùil* in the back row □ *sreatha air shreatha* row upon row
sreath-cinn *nm/f* headline □ *leugh mi na sreathan-cinn* I read the headlines
sreathach *a* linear
sreathachadh, -aidh *nm & vn* of **sreathaich** ranking, stratification
sreathaich, -achadh *v* rank
sreathart □ see **sreothart**
sreing and **sreinge** □ *dat sing & gen sing* respectively of **sreang** string
sreothan, -ain *nm* semen
sreothart, -airt, -an *nm* sneeze □ *dèan sreothart* sneeze *v*
srian srèine, srèinean / srianan / sriantan *nf* 1. bridle, curb, rein □ *cùm srian air* bridle, keep a rein on, rein, restrict □ *leig srian fhosgailte leis* give him complete freedom 2. stripe, streak □ *bha srianan gorma buidhe is dearga air* there were blue, yellow and red stripes on it
srian, -adh *v* bridle, curb, restrain, control □ *chaidh an dealan a shrianadh às leth a' chinne-dhaonna* electricity was bridled on behalf of mankind
srianag, -aige, -an *nf* small strip □ *srianag àireamhan* number strip (school maths)

sriutan, -ain, -an *nm* screed [torrent of words etc.] □ *bha sriutan a' dòrtadh aiste* a torrent of words was flowing from her
sròl, -òil, -an *nm* satin □ *de shròl* satin *adj* □ *dà bhasgaid bheag de shròl* two little satin baskets □ *bogsa beag de shròl uaine* a little box of green satin
sròn, -òine, -an / sròintean *nf* 1. nose, promontory, snout, trunk (animal's trunk) □ *cuir sròn a-steach* nuzzle □ *bha sròn mhòr dhearg air* he had a large, red nose □ *an t-Sròn* Troon *Probhaist na Sròine* the Provost of Troon □ *Caisteal na Sròine* Urquhart Castle 2. toe (of boot / shoe) □ *phut mi e le sròin mo bhròige* I pushed it with the toe of my shoe 3. idiom: *gabh san t-sròin* be offended, resent □ *cha mhòr nach do ghabh e san t-sròin e* he almost took offence / was almost offended □ note also: ... *as bith dè chaidh san t-sròin aca* ... whatever [had] offended them
sròn-adharcach, -aich, -aich *nm* rhinoceros
s.-an-laoigh *nf* snapdragon
srònach, -aiche *a* nasal
srònachadh, -aidh *nm & vn* of **srònaich** nasalizing, nasalization
srònaich, -adh *v* nasalize
srùb, srùib, -an *nm* spout
srùb, -adh *v* imbibe, suck
srùb-uisge *nm* waterspout
srùbadh, -aidh *nm & vn* of **srùb** sucking etc., draught (of liquid)
srùbag, -aige, -an *nf* a 'drop' of tea, a 'cuppa'
srùban, -ain *nm* cockle □ *bha iad a' dèanamh air an tràigh a thogail an t-srùbain* they were making for the beach to gather [the] cockles □ ... *leis na bha e a' togail an t-srùbain* ... with which he was gathering cockles (lit. the cockle)
srubhan-na-muice *nm* wall hawkweed
srulag, -aige, -an *nf* runnel, streamlet
sruth, -adh *v* flow, stream, trickle □ *sruth a-mach* spring (of liquid) *v*
sruth, -a / -uith, -an / -ean *nm* current, flow, stream □ *sruth cuain* ocean current (geog.) □ *leis an t-sruth* adrift □ *rach leis an t-sruth* drift *v* □ *an aghaidh an t-srutha* against the odds □ *bha sruth às a shùilean* his eyes were streaming (lit. there was a stream from his eyes) □ *le sruithean fiara* with cross currents □ *bha an sruth leotha* the current was with them □ *Sruth a' Chamais* the Gulf Stream □ *sruth airgid* cash flow □ *leig e an saoghal leis an t-sruth* he gave in completely
sruth-chruthach *a* stream-lined
s.-dhiagram *nm* flow diagram **s.-lìonaidh**

nm flowing tide **s.-mhap** *nm* flow map (geog.) **s.-mara** *nm* current **s.-shoillseach** *a* fluorescent **s.-tràghaidh** *nm* ebb-tide
sruthach, -aiche *a* fluid, liquid
sruthadh, -aidh *nm & vn* of **sruth** streaming etc., effluent, flux
sruthadh-bùirn *nm* running water
sruthail, sruthladh *v* gargle, rinse
sruthlachadh, -aidh *nm & vn* of **sruthlaich** flushing (toilet)
sruthlaich, -achadh *v* flush (toilet)
sruthladh, -aidh *nm & vn* of **sruthail** gargling etc.
sruthan, -ain, -an *nm* brook, rivulet, streamlet
stà *nm* □ same as **stàth**
stàball, -aill, -aill *nm* □ *ghleidheadh na stàbaill deich eich air fhichead* the stables would hold thirty horses
stac, -aic / -a, -an / -annan *nm* stack
stac, -adh *v* stack
stacach *a* 1. abounding in cliffs, precipes 2. rugged, uneven
stad, stad *v* abide, stop, cease, call (of a train), desist, halt, hesitate, pause, rest, stall (of engine), stand, stop, wait □ *tha an trèana a' stad ann an...* the train calls at ... (lit. stops in) □ *stad e gu h-obann* he stopped suddenly □ is accompanied by **de** when a *vn* is used i.e. stop from doing something □ *stad i den ghàireachdaich* she stopped [from the] laughing □ *bha i air stad a chur* it had stopped snowing (here the **de** has been eroded to **a**) □ *stad iad a dh'iomradh le chèile* they both stopped rowing □ but note the construction when 'stop to do something' or 'stop at' is meant: *feumaidh sinn stad a dh'ithe a dh'aithghearr* we must stop to eat soon □ *ach cha do stad iad idir le bhith ag iomradh air dreasa a'bhoireannaich* but in no way did they stop at remarking on the woman's clothes □ *ach stad ort!* but stop!
stad *nm indec & vn* of **stad** stopping etc., abeyance, halt, interruption, pause, period (punctuation), stand, standstlll, stay, stop, stoppage, wait □ *na stad* in abeyance, static, stationery □ *bha a' chùis a-nis na stad* the matter was now in abeyance □ *gun stad* ceaseless, non-stop □ *cuir stad air* inhibit, stop □ *thig gu stad* land □ *stad beag* a pause
stad-bhreith *nf* reprieve **s.-bus / s.-bhus** *nm* bus stop **s.-cofaidh** *nm* coffee break □ *rè nan stadan-cofaidh* during the coffee breaks **s.-losgaidh** *nm* cease-fire **s.-phuing** *nf* full-stop **s.-uaireadair** *nm* stop-watch

stadas, -ais *nm* status □ *...a' cosnadh stadas don chànain...* winning status for the language
stadh, -adh *v* stretch, extend □ *stadh e e fhèin gu sgìth* he stretched himself wearily □ *...ga stadhadh fhèin...* stretching himself
stagh, -a, -an *nm* stay (naut.) □ *bha grèim aige air stagh* he had hold of a stay
stàid, -e, -ean *nf* furlong
staid, -e, -ean *nf* circumstance, posture, state, station □ *bha e ann an droch staid* he was in a bad state
staidhir □ see **staidhre**
staidhleas, -eis, -an *nm* stylus
staidhre, staidhrichean *nf* (*gen case* sometimes **staidhreach**) stairs □ *nuair a bha mi (a') dol sìos an staidhre* as I was going down the stairs □ *aig bonn na staidhre (ach)* at the foot of the stairs
staidhre-èalaidh *nf* fire-escape **s.-chùil** *nf* back stairs **s. ghluasadach** escalator
staidhrichean-dealain *pl* escalator (lit. electric stairs)
staigh □ see **a-staigh**
staigh-bhaile *nm* inner-city area (geog.)
staigh-thìr *nf* inland area (geog.)
stail, -e, -ean *nf* still, whisky-pot □ *taigh staile* distillery
stailc, -e, -ean *nf* strike (industrial etc.) □ *stailc choitcheann* general strike □ *an Stailc Mòr Nàiseanta* the Great National Strike □ *stailc acrais* hunger-strike □ *rach air stailc* strike (go on strike) □ *chan eil mi a' dol air stailc* I'm not going on strike □ *cuir stailc ann* jib *v*
stàile, stàilichean *nf* stall (in theatre / goods table, cattle-stall) □ *bha measan gan reic ann an stàilichean ri taobh an rathaid* fruit was being sold in stalls at the side of the road (lit. fruits were etc.)
stàilinn *nf* steel □ *stàilinn neo-mheirgeach* stainless steel □ *stailinn cruaidh* solid steel □ *den stàilinn* steel *adj* □ *mar stàilinn* steely
stailleart, -airt, -an *nm* spring-scale □ an alt. form of **steilleard**
staing, -e, -ean *nf* 1. ditch 2. difficulty □ *tha iad ann an staing an-dràsta* they are in difficulties just now □ *bha sinn san aon staing ri Calum* we were in the same difficulty as Calum □ *bithidh sinn ann am fìor dhroch staing* we will be in really bad trouble
stainnte *a* confined, narrow □ *beatha stainnte thruagh* a narrow, miserable life
stairirich *nf* brawl, rattle, rattling □ *chuala mi stairirich nan clachan-meallain air*

a' mhullach I heard the rattle of the hailstones on the roof □ *dèan stairirich* brawl

stàirn, -e *nf* clamour, crash, din, rattle □ *smaoinich mi gun dùisgeadh stàirn a chasan na mairbh* I thought the din of his feet would waken the dead

stairsneach, -ich, -ichean *nf* (also **stairseach**) threshold □ *bha e na sheasamh air an stairsnich* he was standing on the threshold

stais, -e, -ean *nf* moustache

stàit, -e, -ean *nf* polity, state (country etc.) □ *na Stàitean Aonaichte* The United States

stàit-shealbhaich *v* nationalize

stàitchiste *nf* exchequer

stàitealachd *nf* stateliness

stàiteil, -e *a* stately □ *le ceum stàiteil* with stately step

stàitire, -ean *nm* statesman □ *bha e araon na stàitire agus na sgoilear* he was both a statesman and a scholar

stàitireachd *nf* statesmanship

staitistear, -eir, -an *nm* statistician

staitisteil *a* statistical

staitistic *nf* statistics

stalc, -ailc *nm* 1. starch 2. stout, burly man

stalcaire, -ean *nm* idiot, blockhead, fool

stalcaireachd *nf* 1. foolishness 2. stalking □ *dèan stalcaireachd* stalk (of deer)

stalcanta *a* sturdy □ *thàinig duine stalcanta a-steach* a sturdy man entered □ *tha iad làidir stalcanta* they are strong and sturdy

stalla, -achan *nm* 1. cliff, precipice, rock 2. see **stàile**

stamag, -aige, -an *nf* palate (metaph.), stomach □ *chan eil stamag aige dha* he has no palate / stomach for it □ *bha pian aige na stamaig* he had a pain in his stomach

stamain, -ean *nm* stamen

stamh, -aimh *nm* tangle (seaweed)

stamh, -adh *v* □ see **stamhaich**

stamhnaich, -achadh *v* break (a horse)

stamhnadh, -aidh *nm* taming, breaking (of a horse)

stàmp, -adh *v* stamp (with feet), trample □ ... *le bhith a' stàmpadh air càch* ... by trampling on others □ *chunnaic e gun robh creutair air choreigin air a stàmpadh* he saw that some creature had trampled it

stampa, -aichean *nf* (postage) stamp □ *cuir stampa air* stamp (*v* – of letters) □ *gun stampa* unstamped

stàmpa, -aichean *nf* stamp (for making an inscription)

stàmpa-saoraidh *nm* frank □ *tha iad a' cleachdadh stàmpa-saoraidh sònraichte* they are using a special frank

stàmpadh, -aidh *nm* & *vn* of **stàmp** stamping (with the feet) etc.

stans *nm* stance

staoig, -ean *nf* chop, steak □ *staoig agus dubhagan* steak and kidneys

staoin, -e *nf* 1. tin (the metal) □ *chuir e tuthagan beaga de staoin oirre* he put little patches of tin on her (the boat) 2. pewter 3. juniper □ *caorainn staoine* juniper berries (also **aiteann**)

staoin, -e *a* shallow

staoineachd *nf* shallowness □ *faoineas is staoineachd nam meadhanan* the silliness and shallowness of the media

staoinseil *nf* tinsel

stapag, -aige *nf* cold water brose

staran, -ain, -an *nm* path □ *choisich mi gu slaodach suas an staran* I walked slowly up the path □ *staran leacan* a path of flagstones

starbhanaich *nf* rustling, rustle □ *dèan starbhanaich* rustle *v* □ *bha starbhanaich shèimh a' tighinn bho na craobhan* a gentle rustling was coming from the trees

stàrr, starradh *v* ram

starradh, -aidh *nm* 1. *vn* of **stàrr** ramming etc. 2. bar, hindrance, obstacle 3. jump, start □ *thug e starradh às* he gave a start

starram, -aim *nm* noise, din, tramping

starrag, -aige, -an *nf* hoodie crow

starsnach □ an alt. form of **stairs(n)each**

stàth *nm indec* avail, importance, purpose, use □ *gun stàth* null, unavailing, useless, waste *adj* □ *buadhan gun stàth* useless attributes □ *a bha gu beag stàth* which was to little use, avail etc.

steabhag, -aige, -an *nf* switch, small stick / staff, (riding) crop □ *fhuair mi stràc den steabhaig leathair aige* I received a slash of his leather crop □ *bha i a' bualadh brat-ùrlair le steabhaig* she was beating a carpet with a switch

steach □ see **a-steach**

steach-bhathar *nm* imported goods **s.-chur** *nm* input **s.-mhalairt** *nf* importing

steafag, -aige, -an *nf* □ same as **steabhag**

steall, -adh *v* splash, spout, spray, squirt □ *bha iad a' stealladh a' bhùirn air càch a chèile* they were splashing the water at (lit. on) each other □ *steallaidh e sàil anns an adhar* it squirts salt water into the air □ *bha an sluagh air a stealladh le gas mustard* the people were sprayed with mustard gas

steall, stèill / still, -an *nm/f* jet (of liquid), splash, squirt □ *chuir e steall math branndaidh anns a' ghlainne* he put a good splash of brandy in the glass □ *thuit e le stèill don lòn* it fell with a splash into the puddle

steall-phlèan *nm* jet □ *steall-phlèan cogaidh* jet fighter

stealladh, -aidh, -aidhean *nm & vn* of **steall** splashing etc. spurt (liquid), splash

steallair(e), -ean *nm* spray (device), syringe

steansail, -ean *nm* stencil

steansaileachadh, -aidh *nm & vn* of **steansailich** stencilling etc.

steàrnag, -aige, -an *nf* □ same as **steàrnal** and **steàrnan**

steàrnal, -ail, -an *nm* □ same as **steàrnag** and **steàrnan**

steàrnan, -ain, -an *nm* arctic tern □ *stèarnan beag* little tern □ *stèarnan dubh* black tern □ *stèarnan mòr* sandwich tern

steatasgop, -oip, -an *nm* stethoscope

stèic, -e, -ean *nf* steak (also **staoig**)

stèidh *v* □ see **stèidhich**

stèidh, -e, -ean *nf* base, basis, footing, foundation, found (of house), ground (foundation), groundwork, principle, remit □ *thoir an stèidh air falbh o* undermine □ *bha stèidh fharsaing aca* they had a wide remit

stèidheachadh, -aidh *nm & vn* of **stèidhich** basing etc., establishment, institute, institution □ *Stèidheachadh Foghlaim Inbhich* Adult Education Institute

stèidhealachd *nf* stability, steadiness, bottoming out (stats.) □ *co aige tha fhios nach bi stèidhealachd a' tachairt?* who knows that there won't be a bottoming out [occurring]?

stèidhich, -eachadh *v* base, establish, found, ground □ *bha e air a stèidheachadh am pàirt air …* it was based partly on … □ *sgrìobh sgeulachd air a stèidheachadh air …* write a story based upon … □ *tha iad air riaghailtean a stèidheachadh* they have drawn up guidelines

stèidhichte *pp* based, established, founded □ *leugh e na facail 'stèidhichte 1841'* he read the words 'established 1841' □ *bha an sgeulachd stèidhichte air an tachartas seo* the story was based upon this incident □ *an Eaglais Stèidhichte* the Established Church i.e. the Church of Scotland

stèidhte *pp* same as **stèidhichte** above

steigeach, -iche *a* sticky

steill □ *dat & gen sing* of **steall** squirt

stèill □ *dat & gen sing* of **stiall** strip

steilleard, -aird, -an *nm* steelyard (for weighing) – cf. **stailleart**

stèinn, -eadh *v* explain □ *bha e air a stèinneadh dhomh uair is uair* it was explained

to me time and again □ *nach eil mi air a bhith ga stèinneadh nad chluasan?* have I not been dinning it in your ears

steiplear, -eir, -an *nm* stapler

stèisean, -ein, -an *nm* station □ *stèisean bhusaichean* bus / coach station □ *stèisean cumhachd làn-mara* tidal power station □ *stèisean smalaidh* fire station

stèisean-peatroil *nm* filling-station, petrol-station

stèiseanair, -ean *nm* stationer □ *bha e na stèiseanair* he was a stationer

stèite *pp* = **stèidhte** = **stèidhichte**

steoc, -adh *v* stalk, strut □ *cò steoc a-steach ach Seòras fhèin?* who strutted in but George himself?

steòrn, -adh *v* guide, direct, regulate (not common) – cf. **Steòrnabhagh** Stornoway 'steerage bay'

steòrnadh, -aidh *nm & vn* of **steòrn** guiding etc., policy

steud, -a, -an *nf* steed

steud-each *nm* racer, steed

stiall, -adh *v* 1. streak, stripe 2. lash, scourge, beat □ *bha iad a' stialladh air a chèile* they were scourging each other

stiall, stèill, -an *nf* 1. streak, strip, stripe, tape □ *reub e an t-anart na stiallan* he tore the linen into [its] strips □ *cheangail i stiall de anart geal air a' mheanglan* she tied a strip of white linen on the branch □ *bha stiallan suithe air a h-aodann* there were streaks of soot on her face 2. scrap, shred □ *cha robh stiall air ach a bhriogais* he hadn't a scrap on but his trousers

stiallach, -aiche *a* striped, stripey, streaky □ *na seilleanan stiallach* the striped bees

stialladh, -aidh *nm & vn* of **stiall** streaking, striping etc., a beating, a sgourging etc. □ *bidh na brèicichean a' faighinn an stialladh* the brakes will be getting / taking a beating

stiallag, -aige, -an *nf* small strip, streak, stripe, slip

still □ *dat & gen sing* of **steall** squirt

stinleag, -eige, -an *nf* staple (nail)

stiocair, -ean *nm* sticker

stiocair-càir *nm* a car-sticker □ *stiocair-càir Gàidhlig* a Gaelic car-sticker

stìom, -a, -an(nan) *nf* 1. band, fillet, headband, snood, thread 2. streak □ *bha stìom rag ann* there was a stubborn streak in him

stìom-cheangail *nf* bandage **s.-oire** *nf* moulding

stioma *nm* steam

stìopall, -aill, -an *nm* steeple, spire

stiorap, -aip, -an *nm* stirrup

stireach, -iche *a* wispy □ *bha falt dubh stireach air* he had black, wispy hair
stirean, -ein, -an *nm* sturgeon
stiùbh *nm* □ also **stiubha** and **stiudha** stew
stiubh, -adh *v* stew □ *air a stiubhadh* stewed □ but see preceding entry
stiùbhard, -aird, -an *nm* steward
stiudha *nf* stew
stiudhaig, -eadh *v* stew
stiudhaigeadh, -idh *nm & vn* of **stiudhaig** stewing
stiùideo, stiùideothan *nf* studio □ *aig stiùideothan TBh. Alba ann an Glaschu* at the Scottish T.V. studios in Glasgow
stiùir, -eadh *v* conduct, control, direct, drive (a vehicle), guide, head, influence, lead, manage, pilot, rule, steer, supervise □ *dh'fheuch sinn ri a stiùireadh air falbh bhon chuspair* we tried to steer him away from the subject
stiùir, stiùireach, stiùirean / stiùirichean *nf* 1. helm, rudder □ *ceanglaichean na stiùireach* the bindings of the rudder □ *is esan a bha air an stiùir* it is he who was at (lit. on) the helm □ *gun stiùir oirre* rudderless 2. idiom: *thig an uisge na stiùireach do ... to* hold a candle to □ *cha tigeadh e an uisge na stiùireach do Dhùghall* he couldn't hold a candle to Dougal 3. *stiùir (coilich)* cock's tail □ *stiùir (giomaich)* lobster's tail
stiùireadair, -ean *nm* helmsman, steersmen, superintendent
stiùireadh, -idh *nm & vn* of **stiùir** steering etc., direction, guidance, guidelines instruction, management, steering □ *stiùireadh nàiseanta* national guidelines □ *fo stiùireadh Thòmais MhicDhòmhnaill* under the guidance / management etc. of Thomas MacDonald
stiùiriche, -ean *nm* director □ *thathas a' sireadh stiùiriche* a director is being sought □ *stiùiriche riaghlaidh* managing director
stiùiridh *a* steering □ *cuibheall / cuibhlestiùiridh* steering wheel
stiùrag, -aige *nf* gruel □ *stiùrag gun bhlas* a tasteless gruel
stob, stuib, -an *nm* 1. stake, pointed stick □ *pl* may = wickets (cricket) □ *stob reòta* icicle 2. stump of anything 3. prick, thorn 4. stob (awl)
stob, -adh *v* 1. prick, prod 2. push, thrust
stobach, -aiche *a* 1. like a stump 2. prickly, thorny 3. erect
stobag □ see **stoban**
stoban, -ain, -an *nm* a sharp pointed projection, or prickle

stòbh, -oibh, -an *nm* □ same as **stòbha**
stòbha, -achan *nf* stove □ *stòbha bhronnach* pot-bellied stove □ *stòbha connadhcruaidh* solid fuel stove □ *bha an stòbha fhathast gun tighinn don fhasan* the stove had not yet come into fashion □ *bha an cucair dealain a' tighinn an àite na stòbha* the electric cooker was replacing the stove
stoc, -adh *v* stock, fill up (shelves etc.)
stoc, stuic, stuic *nm* 1. butt (of a gun), stock (post etc.) 2. stump, (tree) trunk □ *bha e na shuidhe air stoc craoibhe* he was sitting on a tree stump 3. muffler, scarf 4. stock (goods / cattle etc.), livestock
stoc-bhrocair, -ean *nm* stockbroker
s.-craoibhe *nm* tree stump, tree trunk
s.-mhargaid *nf* stock-exchange **s.-roinn** *nf* (market) equity
stocachadh, -aidh *nm & vn* of **stocaich** stocking
stocaich, -achadh *v* stock
stocainn, -ean *nf* hose, sock, stocking □ *air ceann a dhà stocainn / air a cheann stocainnean* in his stocking soles
stocainnean-àrda *pl* tights
stoidhle, -ean *nf* patronymic, style (abstract) □ *'s e aotromas na stoidhle a bhuaileas oirnn* it's the lightness of the style which strikes us
stoidhl-sgrùdadh *nm* stylistics
stòir, -eadh *v* store
stòireadh, -idh *nm & vn* of **stòir** storing
stòiridh, -ean *nf* story
stoirm, -e, -ean *nf* storm □ *stoirm gainmhich* sandstorm □ *stoirm shneachda* snowstorm
stoirmeil, -e *a* boisterous (of weather), gusty, stormy
stòl, -a / -òil / -ùil, -an *nm* stool □ *air stòl an aithreachais* on the stool of repentance
stòl-coise *nm* footstool
stòlda *a* dispassionate, grave, sedate, serious, solemn, staid □ *bha e air fàs stòlda* he had become staid
stòp, stuip, -an *nm* stoup (liquid measure)
stop, -adh *v* bung (a barrel etc.), clog, stop up
stopadh, -aidh *nm & vn* of **stop** stopping up etc., stopper
stopadh-èadhair *nm* airlock
stòr, -òir, -òir *nm* fund, quarry (fig. = storehouse), repertoire, repository, source, store □ *stòr beul-aithris* oral source □ *stòr fhaicsinneach* visual source □ *stòr leasaichte* secondary source □ *stòr sgrìobhte* written source
stòr-amar *nm* reservoir **s.-dàta** *nm* database **s.-àirneis** *nm* furniture store **s.-fhacal** vocabulary

stòr, -òir, -òir *nm* high peak, tooth (uncommon)

stòr-fhiacail *nm* fang **s.-fhiaclach** *a* fanged

stòras, -ais, -an *nm* resource, reserves, store □ *stòras nàdarrach* natural resources □ *a' buileachadh stòrasan* allocating resources □ *stòras mèinnireach* (mineral) reserves □ *tha iad a' leasachadh stòrasan dualchasach nan Gaidheal* they are developing the cultural resources of the Gaels

stòthach, -aiche *a* stoic

stràc, -aic, -an *nm* accent, diacritic, stress mark, sign, stroke □ *stràc geur* acute accent □ *stràc trom* grave accent □ *stràc an droma* backstroke (swimming)

strac / stracadh *v* □ see **srac / sracadh**

stràic, -ean *nm* a 'stroke' of the strap / tawse □ *co meud stràic a fhuair thu?* how many of the belt did you get?

stràic, -e *nf* conceit, pride, haughtiness □ *is minic a thig stràic gu tubaist* pride often comes before a fall

stràiceil, -e *a* conceited, haughty, proud □ *bha e an dà chuid mòr agus stràiceil* he was both great and haughty □ *imich gu stràiceil* strut *v*

straighlich *nf* clatter, bustle, rattle

strata(i)speur, -a *nm* stratosphere

streap, streap / streapadh *v* ascend, clamber, climb, mount, scale, scramble □ *tha e a' streap ris an leth-cheud* he is getting on for fifty □ *a' streap nam beann* climbing (the) mountains / mountain climbing

streap *nm & vn* of **streap** climbing etc.

streapadair, -ean *nm* climber

streapadh, -aidh *nm* □ see **streap** *nm*

streapaiche, -ean *nm* climber □ *streapaiche (beinne)* mountaineer

strì, strì *v* – 1. (+ **an aghaidh / ri(s)** or their *cmpds* as required when followed by a noun / pronoun) compete, struggle, strive (against / with) □ *bha iad a' strì an aghaidh cultair tòrr nas cumhachdaiche agus nas treise* they were competing against a far more powerful and stronger culture □ also *strì ri chèile* compete □ *tha iad a' strì ri chèile* they are competing 2. (+ **ri** when followed by a *vn*) □ *bha e a' strì ri a ghuth a chumail ciùin* he was striving to keep his voice calm

strì *nf indec & vn* of **strì** struggling etc., ambition, conflict, contention, contest, controversy, emulation, feud, resistance, strife, striving, struggle □ *gun strì* without a struggle □ *dèan strì* (+ **ri(s)** as required) contend (with), emulate, strive (against / with), struggle (against / with), vie (with)

□ *'s ann uaithe sin a tha cuid den t-strì ag èirigh* it's from that that some of the controversy arises / stems

strianag, -aige, -an *nf* stripe

strianaich, -achadh *v* hatch (of a drawing)

strìl, -eadh *v* roll

strìoch, -a, -an *nf* hyphen, streak

strìochach, -aiche *a* streaky, stripey

strìochag, -aige, -an *nf* dash (punct.), tick (like so: ✓), small stroke, as on the letter **t**

strìochd, -adh *v* capitulate, cringe, knuckle (down to etc.), kneel (metaph.), submit, succumb, surrender, throw up the sponge, yield □ *... agus mar sin strìochd iad ...* and therefore they surrendered □ *... a thug orra strìochdadh dhuinn ...* which compelled them to surrender to us □ *dh'fheumadh iad strìochdadh dhaibh gu lèir* they had to surrender completely to them

strìochdach, -aiche *a* compliant

strìochdadh, -aidh *nm & vn* of **strìochd** surrendering etc., capitulation, compliance, surrender, submission □ *strìochdadh neochumhnantach* non-conditional surrender

strìochdaidh *a* of / concerning surrender, surrender □ *chuir iad an ainm ris na pàipearan strìochdaidh* they signed the surrender documents

strìopach, -aich, -aichean *nf* courtesan, harlot, prostitute, strumpet

strìopachail *a* whorish

strìopachas, -ais *nm* fornication, harlotry, prostitution, whoredom □ *dèan strìopachas* fornicate

strìopair, -ean *nm* whoremonger, pimp

strìtheach, -iche *a* competitive

striutan □ same as **sriutan**

stròc, -òic, -an *nm* stroke (med.)

stròic, -eadh *v* □ same as **srac**

stròic, -e-ean *nf* tatter

stròdhail *a* □ also **struidheil** □ *am mac stròdhail* the prodigal son

stròdhalachd *nf* □ also **struidhealachd** loose living, prodigality

strùb □ see **srùb**

structair, -ean *nm* structure □ *structair (cealla)* cell structure

structar □ see **structair**

struidh, -eadh *v* squander, waste □ *bha e a' struidheadh a theachd-an-tìr air* he was squandering his income on it

struidhealachd *nf* waste, squandering, extravagance, prodigality

strùidhear, -eir, -an *nm* prodigal, profligate, spendthrift, waster

struidheil, -e *a* extravagant, lavish, prodigal, squandering, wasteful □ *am Mac*

Struidheil The Prodigal Son □ *bha e ro struidheil* he was too extravagant

strùp, ùip, -an *nm* □ same as **srùb**

struth, -a, *nm/f* ostrich

stuadh, -aidh, -aidh / -an(nan) *nf* 1. arch, gable 2. large wave, billow, breaker

stuadhach, -aiche *a* wavy

stuagh □ see **stuadh**

stuaim *nf* abstemiousness, decorum, moderation, sobriety

stuama *a* abstemious, demure, moderate, modest, reserved, sober, temperate □ *dèan stuama* sober *v trans* □ *fàs stuama* sober *v intrans* □ *chaith e a bheatha gu stuama* he spent his life moderately □ *chuir e crìoch air an t-suipeir stuama* he finished the modest supper

stuamachd *nf* abstinence, gravity (of manner), sobriety, temperance

stùc, -ùic, -an / -annan *nf* horn (mountain), peak

stùcan, -ain, -an *nm* stook

stud, -a, -an *nf* stud (for shirt)

stuib □ *gen sing* of **stob** stub etc.

stuic □ *gen sing* and *nom & dat pl* of **stoc** stock etc.

stùic □ see **stùirc**

stuig, -eadh *v* goad, incite, prick, prompt, urge □ *stuig coin ann* set dogs upon □ *a' stuigeadh nan con ann* setting the dogs on him

stuip □ *gen sing* of **stòp** stoup

stùirc *nf* huff, angry scowl □ *tha stùirc oirre* she's in a huff

stùirceach, -iche *a* surly, morose, displeased-looking

stùr, stùir *nm* dust □ *glan stùr dhe* dust (clean dust from) □ *crath stùr air* dust (put a dusting on)

stuth, stuith, -an *nm* calibre (of character etc.), content, material, matter, stuff, substance, tissue □ *stuth amh* raw materials □ *stuth cealla* cell tissue □ *stuth ceimigeach* chemical substance / a chemical □ *stuthan dathaidh* dyes □ *stuth-giùlain (teas)* (heat) conductor □ *stuth-iomain* propellant □ *stuth-ionaid* substitute □ *stuth-mathachaidh* fertiliser □ *stuth-nighe shoithichean* washing-up liquid □ *stuth òil* booze □ *stuth sgaoilte* loose material □ *stuth-siabaidh* drifting material (geog.) □ *stuth tàthte* solid □ *stuth toirmisgte* contraband □ *stuthan sgrìobhaidh* stationery □ *tha stuth math anns an leabhar sin* there is good matter in that book □ *le stuth air choreigin* with some stuff or other □ *buaidh na h-inntinn thairis air an stuth* the effect of mind over matter

stuth-dhath *nm* pigment **s.-giùlain** *nm* conductor (of heat, electricity etc.) □ *chan eil ann ach stuth-giùlain* it is only a conductor **s.-glanaidh** *nm* detergent **s.-ionaid** *nm* substitute **s.-itheanaich** *nm* foodstuff □ *thàinig fìor ghainne de stuthan-itheanaich* there came [about] a real scarcity of foodstuffs **s.-leanmhainn** *nm* adhesive **s.-leughaidh** *nm* reading matter □ *stuth-leughaidh na feadhainn òga* the reading matter of the young (people) □ *a' cur a-mach stuthan-leughaidh* producing reading materials **s.-mathachaidh** *nm* fertiliser **s.-nearbhaichean** *nm* nerve tissue **s.-sgaoilidh** *nm* solute **s.-siabaidh** *nm* drifting material (geog.) **s.-taice** *nm* support material □ *na stuthan-taice* the support materials **s.-togaile** *nm* building materials

stùthach, -aiche *a* stumpy

stuthach, -aiche *a* material □ *beairteas an t-saoghail stuthaich* the wealth of the material world

stuthaig, -e *nf* starch

stuthaig, -eadh *v* starch

stuthaigeadh, -idh *nm & vn* of **stuthaig** starching, starch

stuthail, -e *a* having substance, pithy □ *feumaidh na puingean a bhith gu math stuthail mun gabh iad ùidh dhiubh* the points must be quite pithy before they take heed of them

suaib-chuthaich *nf* a touch of madness □ *is tric a bha suaib-chuthaich air leanabh bodaich* there has often been a touch of madness in an old man's child □ *bha suaib-chuthaich na shùilean* there was a touch of madness in his eyes

suaicheanta *a* notorious, notable, outstanding, remarkable □ *dealbhan suaicheanta* outstanding pictures □ *sgoilear suaicheanta* a notable scholar

suaicheantach *a* armorial

suaicheantas, -ais, -an *nm* badge, decoration, emblem, ensign, favour (token), hallmark, insignia, notoriety symbol (of), any distinguishing mark □ *suaicheantas rìoghail* regalia □ *cuir suaicheantas air* decorate (with medal etc.) □ *bha suaicheantas beag airgid air taobh deas a bhroillich* there was a small silver badge on the right side of his chest □ *bi na s(h)uaicheantas air* be a symbol of □ *tha e air a bhith na shuaicheantas air a' chompanaidh airson ceud bliadhna* it has been a symbol of the company for a hundred years / it has been synonmous with / a hallmark of the company for etc.

suaichnean, -ein, -an *nm* mascot
suaimhneach, -iche *a* content, peaceful, calm, tranquil □ *chaidil mi gu suaimhneach an oidhche sin* I slept peacefully that night □ *mheal iad iomadh latha sona suaimhneach* they enjoyed many a happy, content day
suaimhneachadh, -aidh *nm & vn* of **suaimhnich** placating etc.
suaimhneas, -eis *nm* calmness, composure, contentment, leisure, quietness, repose □ *...aig an robh an suaimhneas a bheireadh cothrom dha seo a dhèanamh...* who had the leisure which gave him the opportunity to do this
suaimhnich, -eachadh *v* placate □ *bhitheadh na diathan air an suaimhneachadh le iobairtean iomchaidh* the gods would be placated by fitting sacrifices
suain, -e *nf* sound, deep sleep, slumber □ *cha robh e fada gus an robh mi nam shuain* it wasn't long until I was fast asleep
suain, -eadh *v* entwine, swaddle, wrap round, wind, wreathe □ *shuain e am bann mun cuairt a shliasaid* he wrapped the bandage round his thigh
suaineach, -iche *a* sleepy, drowsy
Suaineach *a* Swedish
Suaineach, -ich, -ich *nm* Swede
suainealach, -aiche *a* hypnotic, narcotic
suainealaiche, -ean *nm* hypnotist
suainealas, -ais *nm* hypnotism
Suainis *nf* Swedish (lang.)
suainte *pp* wound, wreathed, entwined, wrapped round □ *bha bann dathte suainte mu a cheann* there was a coloured band wrapped round his head □ *bha e suainte na chuimhneachain* he was wreathed in his memories
suaip, -e *nf* resemblance, semblance, 'sweep' □ *tha suaip aige ri a cho-ogha* he has a resemblance to his cousin, he has a 'sweep' of his cousin
suaip *nf* swap □ *dèan suaip* make a swap □ *bha e soilleir gun deach suaip a dhèanamh* it was obvious a swap had been made
suaip, -eadh *v* barter, exchange, swop
suairce *a* affable, benign, courteous, good-natured, kind, urbane □ *is ann a bha e suairce na nàdar* he was affable in nature
suairceas, -eis *nm* courteousness, genteelness, gentleness
suaithneas, -eis *nm* badge, emblem – less common than **suaicheantas** except in the expression: *an Suaithneas Bàn* the White Cockade
suala *nm indec* swell (a state of the sea when there is a succession of long, unbroken waves in one direction) □ *tha droch shuala oirre* there a bad swell (on it – the sea)

suarach, -aiche *a* 1. base, contemptible, despicable, despised, ignoble, inconsiderable, indifferent, insignificant, light (of import), mean, negligible, paltry, petty, shabby, shoddy, sordid, tawdry, trashy, trifling, trivial, vile, of little worth □ *chan eil mi a' creidsinn gun dèanadh e rud cho suarach seo* I don't believe that he would do such a base thing □ *tha cuimhne againn uile air rudan suarach a rinneadh anns an àm a chaidh* we all remember despicable things that were done in the past 2. to no avail □ *...ach bu shuarach an t-saothair...* but the labour was to no avail 3. insignificant □ *is suarach cho math 's a tha e* it *masc* is not very good / not all that good
bi suarach mu be incurious / indifferent about □ *tha mi suarach mun chùis* I am indifferent about the matter
is suarach (cuideigin / rudeigin) leam I despise (someone / something) □ *bu shuarach leis na boireannaich a bha a' gabhail ceò* he despised women who smoked
cuir (cuideigin / rudeigin) suarach despise (someone / something) □ *bha iad a' cur suarach nan Gaidheal airson nach robh iad adhartach gu leòr* they despised the Highlanders because they weren't progressive enough □ *tha mi ga chur suarach* I despise him

suarachadh, -aidh *nm & vn* of **suaraich** debasing etc., debasement □ *suarachadh a brìgh nàiseanta* the debasement of her national essence
suarachas, -ais *nm* contempt, indifference, insignificance, littleness (of spirit etc.), lowness, meanness, pittance □ *cuir (rudeigin) an suarachas* make light of (something), treat (something) lightly, despise □ *...a' cur a h-uile nì an dara taobh mar gum bitheadh an suarachas...* setting everything aside as if [it were] in contempt □ *b'e sin dileab ar n-athraichean a chur an suarachas* that would be to make light of our ancestors' legacy □ *na cuir an oidhirpean an suarachas* don't make light of their endeavours

suaraich, -achadh *v* debase

suas *adv* up (motion to), upward(s) □ *a'dol suas is sìos* going up and down □ *suas ri* up to (a number / a person) □ *tha suas ri deich mìle a dh'astar eatorra* there are up to ten miles [of distance] between them □ but: *rach suas gu* go up to, increase to □ *chaidh an àireamh de bhuidhnean suas gu (a) deich* the number of teams increased to ten □ *suas gu àm dinneireach* up to dinnertime □ *suas gu lethcheud* to a maximum of fifty □ *chunnaic mi iad a'dol suas a'bhruthach* I saw them going up the slope □ *suas an staidhre* upstairs (motion) □ *bha e ag èaladh suas an staidhre* he was creeping up the stairs □ *bha iad a'spleuchdadh suas air* they were staring up at him □ *o seo suas* from this time forth / henceforth / henceforward □ *thuirt e gun d'fhuair e comharradh bho shuas* he said that he had received a sign from above □ *cuir suas* lift – but note: *air a chur suas* 'turned out' (dressed) □ *a' cur suas air (cuideigin)* praising (somebody) □ *thoir suas* deliver (give up) □ *cùm suas* uphold □ note also the idioms: *bha iad le chèile suas (ann) am bliadhnachan* they were both getting on [in years] □ *bhon bhliadhna 1066 suas* from the year 1066 onwards □ for further examples of the use of **suas** as an *adverb of movement* (see App. 4 Sect. 10.0)

suath, -adh *v* 1. dab, rub, wipe □ *shuath e am fallas bho aodann* he wiped the sweat from his face □ *bha e a' suathadh a bhrògan air a' bhrat* he was wiping his shoes on the mat □ ...*is e a' suathadh a làmhan gu toilichte*...[and he] rubbing his hands delightedly □ *a' suathadh (fhèithean)* massaging (muscles) 2. (+ **ann** / **ri**) contact, graze, impinge, lap, touch, wipe □ but also *suath air* touch upon □ *chan ionnsaich duine cànain sam bith gun a bhith suathadh ris na daoine a bhruidhneas i* a person will not learn any language without making contact with the people who speak it □ *tha na tachartasan seo a' suathadh anns a' bheatha againn fhèin* these events touch our own lives □ *tha e ag ràdh nach do shuath e innte* he says that he didn't touch her □ ...*mar gun suathadh tu ann an bioran-griosaich dearg-lasrach*...as if you were to touch a red-hot poker □ *bha an cat a' suathadh ann an casan na h-ighne* the cat was rubbing against the girl's leg □ *chan eil e ach a'suathadh air a'chuspair* he just touches upon the subject (lit. he is not but touching etc.)

suathadair, -ean *nm* masseur □ *bha e na shuathadair* he was a masseur

suathadh, -aidh *nm & vn* of **suath** rubbing etc., brush (light contact / (fig.) light skirmish) contact, dab, friction, massage, rub, touch □ *suathadh peant* lick of paint □ *suathadh bodhaig* massage

suathair, -ean *nm* wiper □ *suathairean na h-uinneige* the window wipers

suathan, -ain, -an *nm* rubber (eraser)

sùbailte *a* ductile, elastic, flexible, pliable, supple □ *dèan sùbailte* limber up □ *duine tana sùbailte* a thin, supple man □ *tha an siostam gu math sùbailte* the system is very flexible

sùbailteachd *nf* elasticity, flexibility, suppleness

subh, -uibh, -an *nm* berry

subh-craoibh *nm* raspberry **s.-làir** *nm* strawberry

subhach, -aiche *a* merry, cheerful, joyful, happy □ *bi subhach* celebrate

subhachas, -ais *nm* celebration, cheerfulness, festivity, happiness, joyfulness, joy, merriment, rejoicing □ *dèan subhachas* celebrate □ *tha àm ann airson subhachais* there is a time for rejoicing □ *ann an subhachas na h-òige* in the joy of youth □ *an subhachas is an dubhachas cuideachd* in happiness and in sadness too □ *tha an leabhar seo a' nochdadh mar shubhachas air*... this book appears as a celebration of...

subhailc, -e, -ean *nf* virtue (moral goodness)

subhailceach, -iche *a* virtuous

subsadaidh, -ean *nm* subsidy

subsaig, -e, -ean *nf* subject

subsaigeach, -iche *a* subjective

sùgach, -aiche *a* funny, gay, hale

sùgair, sùgradh *v* make merry, sport, flirt □ *bha e a' sùgradh ris na boireannaich* he was flirting with the women

sùgan, -ain, -an *nm* rope of twisted straw or heather

sùgh, -adh *v* absorb, lap, suck □ *sùgh às* soak away

sùgh, sùigh / -a *nm* essence, juice, sap □ *sùgh (feòla)* gravy □ *sùgh lìomhaidh* lacquer □ *sùgh teile* lime-juice □ *sùgh cuirp* lymph □ *sùgh meirbheach* gastric juices

sùghach, -aiche *a* absorbent

sùghadh, -aidh *nm & vn* of **sùgh** draining etc., backwash, reflux, suction □ *sùghadh (a-steach)* absorption □ *sùghadh fuaim* sound absorption □ *thug sùghadh na mara air ais mi* the reflux of the sea brought me back □ *sùghadh a-steach* absorption □ *bha* *an aois a' toirt sùghadh air* age was draining him / was sucking him dry

sùghalachd *nf* juiciness

sùghmhor, -oire *a* juicy, sappy, succulent □ *biadh sùghmhor blasta* succulent, delicious food

sùghor □ same as **sùghmhor**

sùgrach, -aiche *a* playful

sùgradh, -aidh *nm & vn* of **sùgair** flirting etc., dalliance, fun, joke, mirth, play, sporting □ *dèan sùgradh* toy □ *chan e sùgradh e a dhol am bad duine mar seo* it's no joke to tackle a man like this □ *chan eil an cuan na shùgradh idir* the sea's no joke

suibseig *nf* subject (gramm) □ also **subsaig**

suibseigeach *a* subjective □ also **subsaigeach**

suic □ *gen sing* and *nom & dat pl* of **soc** snout

suidh, suidhe *v* sit □ *suidh sìos ris an teine* sit down by (lit. against) the fire □ *suidh an àirde!* sit up! □ *shuidh e sìos* he sat down □ *bha e a' dol a shuidhe sìos gu obair nuair a …* he was going to sit down to work when … □ note that the *vn* is preceded by the appropriate forms of the *prep prons* of **ann** when 'sitting' denotes a state of being already seated □ *bha e na shuidhe aig an doras* he was sitting at the door (lit. he was in his sitting etc.) □ *bha mi nam shuidhe anns an oisinn* I was sitting in the corner □ *bha iad nan suidhe ris an loch* they were sitting by the loch □ note also: *dh'èirich e na shuidhe* he sat up (lit. he rose in his sitting) – but when sitting denotes an action the normal form of the *vn* is used: *"Cha tèid mi ann," ars esan, is e a' suidhe sìos a-rithist* "I shan't go," he said, [and he] sitting down again

suidhe *nf & vn* of **suidh** sitting, a sitting □ *dèan suidhe* sit, sit down, take a seat □ *an dèan thu suidhe?* will you (please) take a seat?

suidheach, -iche *a* sedentary

suidheachadh, -aidh *nm & vn* of **suidhich** appointment, arrangement, context, disposition, establishment, footing, imposition (typog.), insertion, installation, location, ordination, position, posture, sett / setting (in weaving), setting, settlement, site, situation □ *suidheachadh obrach* working conditions (i.e. physical conditions) □ *suidheachadh fàis* growing conditions □ *dè do bheachd air an t-suidheachadh seo?* what's your opinion of this situation? □ … *ann an a leithid de shuidheachadh …* in such a situation □ … *leis an t-suidheachadh anns an d'fhuair e e fhèin* because of the situation in which he found himself □ *feumar an suidheachadh a stèidheachadh* it is necessary to establish the context □ *na suidheachaidhean anns a bheil a' chànain air a cur an cèill* the contexts in which the language is expressed □ *cha robh e ann an suidheachadh sin a dhèanamh* he wasn't in a position to do that

suidheachan, -ain, -ain *nm* pew, seat □ *bha an suidheachan a' faireachdainn cruaidh fodha* the pew felt hard under him

suidhich, -eachadh *v* appoint, base, dispose, establish, fix, found, ground, implant, impose (typog.), insert, lodge, park, pitch, place, plant, put, set, settle, situate □ *air a shuidheachadh* situated, stationed (*masc* object) □ *suidhich mèinnean* mine (lay mines) □ *suidhich (fhèin)* pose (art.) □ *an do shuidhich thu air latha airson na bainnse?* did you settle upon a day for the wedding? □ *shuidhich e a shearmon air faclan Mhata* he based his sermon on the words of Matthew *"Uell, matà," ars esan, 's e ga shuidheachadh fhèin air creig …* "Well then," he said, settling himself on a rock …

suidhichte *pp* agreed, determinate, established, grave, permanent, serious, set, settled, situated, staid, standing, standard

suidht, -e, -ichean *nf* suite (furniture)

suids, -eadh *v* switch

suids-chlàr *nm* switchboard

suidse, -ichean *nf* switch

suidseadh, -idh *nm* switching

suigeart, -eirt *nm* cheerfulness

suigeartach, -aiche *a* blythe, cheerful, glad, joyful, light-hearted □ *is sinne a bha suigeartach* we were light-hearted □ *bha e a' feadaireachd gu suigeartach* he was whistling cheerfully

sùigh *v* □ same as **sùgh** *v*

suighear, -eir, -an *nm* sucker

sùighteach, -iche *a* absorbent

---

sùil, sùla, sùilean *nf* □ *gen pl* **shùl / shùilean**

1. eye □ *fo chomhair ar sùl* before our eyes □ *sùil airson sùla agus fiacaill airson fiacla* an eye for an eye and a tooth for a tooth □ *clach na sùla* eyeball □ *gun sùilean* eyeless □ *sùil fheargach* glare □ the *gen pl* may translate as an *adj* □ *shùilean* ocular □ *bha an duine a' beachdachadh air le sùilean làn mire* the man was watching

him with eyes full of mirth □ *thàinig na deòir na sùilean* [the] tears came [in]to her eyes □ *tha againn ri sùil a dhùnadh riutha an-dràsta 's a-rithist* we have to close an eye to them now and again □ *dh'amhairceadh i air leis an dà shùil mhòir ghuirm* she would look at him with [the] two large blue eyes □ *le sùilean ciùine gorma* with calm, blue eyes □ *le sùil ri pàigheadh* with an eye to payment / in expectation of payment (see 3.) 2. look, glance □ *sùil air ais* retrospect □ *thoir sùil (air)* look (at), glance (at), eye □ *bha e a' toirt sùil thar a ghuailne an còmhnaidh* he was continually looking over his shoulder □ *thoireamaid sùil air …* let us (take a) look at … □ *cha toireadh tu an dàrna sùil air am measg chàich* you wouldn't give him a second glance among others □ *chan eil tìd' againn sùil mhionaideach a thoirt air sin* we don't have time to take a detailed look at that □ *cùm sùil (air)* keep a watch (on), watch, supervise □ *cumail sùil air* watching □ *bidh sùil agam oirbhse!* I'll be watching you! □ *cha bhiodh sùil aig duine oirnn-se ach aig Alasdair* nobody would be looking at us but Alasdair □ *is fhiach iad sùil a thoirt orra* they are worth taking a look at □ *sùil dhan tug iad … when* they looked … 3. expectation □ *tha sùil agam ri …* I expect … □ *gheibh thu mealladh-dùil ma tha sùil agad ris a leithid* you'll be disappointed if you expect any such thing / such a thing □ *bha e na b'fheàrr na bha sùil aige ris* it was better than he had expected □ *gun sùil ris* unforeseen □ *cuir air shùilean / cuir air shùilibh* suggest □ *tha e a' cur air shùilean dhuinn …* he suggests to us … 4. fancy, notion □ *tha sùil agam ann an / tha mo shùil ann an* I have a fancy for (a person) □ *òganach aig an robh sùil ann am Màiri mo phiuthar …* a youth who had a fancy for my sister Mary

sùil-cait *nf* cat's-eye **s.-chritheach / s.-chruthaich** *nf* quagmire **s.-fhianais, -ean** *nf* eyewitness □ *rinneadh sinn nar sùil-fhianaisean air a mhòrachd* we were made (eye)witnesses of His Majesty

suilbhir, -e *a* cheerful, jovial, pleasant, sprightly □ *cha robh e suilbhir ris an duine* he wasn't pleasant to the man □ *tha aodann cruinn suilbhir aige* he has a round, cheerful face

suilbhireachd *nf* cheerfulness, joviality, sprightliness

sùileach, -iche *a* 1. eyed, eying 2. sharp-sighted

sùileachadh, -aidh *nm & vn* of **sùilich** expecting etc., anticipation

sùileachan, -ain *nm* eye-opener, lesson, moral (of a story etc.) □ *tha e na shùileachan dhuinn a bhith a' cluinntinn mu obair Dhè ann an àiteachan eile* it's an eye-opener for us to be hearing about God's work in other places □ *seo leabhar a bhios na fhìor shùileachan* this is a book which will be a real eye-opener □ *is e seo sùileachan na naidheachd* this is the lesson / moral of the tale

sùileag, -eige, -an *nf* 1. eyelet 2. earmark on sheep

suilfid *nf* sulphide □ *suilfid haidrodean* hydrogen sulphide

sùilibh – an old *dat pl form* of **sùil** used in the expression – *cur air shùilibh* suggestion

sùilich, -eachadh *v* expect, anticipate, look for (anticipate) + **(bh)o / air** from □ *cò shùilicheadh a leithid de rud bhuaithe?* who would expect such a thing from him? □ *dè a dh'fhaodas sinn a bhith a' sùileachadh bhuaithe?* what may we expect from it? □ *… mar a shùilicheadh sinn bhuaithe …* as we might expect (from him) □ *bha e aineolach air na bha iad a' sùileachadh air* he was ignorant of what they expected of him □ *tha iad ga sùileachadh orm* they expect it of me □ *cha bu chòir dhuinn a bhith a' sùileachadh atharrachaidhean mòra poileasaidh bhuapa* we ought not to expect great policy changes from them

sùim □ see **suim** below

suim, -e, -eannan *nf* (quite often **sùim**) 1. amount, sum, total □ *suim airgid* a sum of money □ *suim bhliadhnail* annuity □ *suim airgid* remittance □ *suim nan sgòran* total score □ *dè 'n t-suim de airgead a bhitheas againn?* what amount of money will we have (available)? □ *dh'fhàg e an dàrna leth den t-suim sin aig …* he left half that sum to … (see **dàrna** & **fàg**) 2. interest, attention, regard, esteem, respect □ *gabh suim de / ann / do* care, regard □ *cha robh suim sam bith aige anns a' ghnothaich* he had no interest in the matter □ *gun suim* unheeded □ ... *gun suim sam bith aige anns na bha sinn a' dèanamh* ... [he] having no interest in what we were doing □ *cha do ghabh e suim dha* he didn't take any interest in it / didn't pay it any regard etc. □ *bha suim aice do Dhia agus do a Fhìrinn* she had respect for God and his Word (lit. Truth)

suimeadh, -idh, -idhean *nm* addition, addition (sum)

suimeil, -e *a* respectful, attentive, regardful

suinn □ *gen sing* and *nom & dat pl* of **sonn** champion

suip □ *gen sing* and *nom & dat pl* of **sop** wisp

suipear *nf* □ see **suipeir**

suipearach *a* supper □ *nuair a dh'èirich iad bhon bhòrd shuipearach* when they rose from the supper table

suipeir, -e / suipearach, suipearan *nf* supper □ *Suipeir an Tighearna* Eucharist, Lord's Supper □ *gabh suipeir* sup

suirbhireachd *nf* survey □ *Suirbhireachd Chànan na h-Alba* Scottish Language Survey □ *Suirbhireachd Chànain na Gàidhlig* Survey of the Gaelic Language

suirghe *nf* courtship, love-making, romance (love romance), suit (= wooing), wooing □ *dèan suirghe (air)* court, woo □ *bha e a' dèanamh suirghe air nighean Chaluim* he was courting Calum's daughter □ sometimes used as a *vn*: *bha e a' suirghe air nighinn anns an ath shràid* he was wooing a lass in the next street

suirgheach, -ch, -ich *nm* □ see **suirghiche**

suirghiche, -ean *nm* suitor, wooer □ *dithis shuirghichean* a pair of lovers

suirichean-suirich *nm* burdock

suiridhe / suiridhiche □ see **suirghe / suirghiche**

suiridheach □ see **suirghe / suirghiche**

sùirn □ *gen sing* and *nom & dat pl* of **sòrn** flue

sùist, -e, -ean *nf* flail □ *bha an t-arbhar air a bhualadh le sùist* the corn was beaten by a flail

suiteas, -eis, -eis *nm* sweet (confection) – also *coll* sweets □ *a bheil suiteas agad?* do you have [any] sweets?

sùith(e) *nm* soot □ *cho dubh ris an t-sùithe* as black as [the] soot

sùitheach, -iche *a* sooty

sùl – *gen pl* of **sùil** □ sometimes translates as an *adj* = ocular

sùlag □ see **sùileag**

sùlair(e), -ean *nm* gannet, solan goose

sult, suilt *nm* fat, fatness, plumpness

Sultain(n), an t-Sultain(n) *nf* September

sultmhor, -oire *a* fat, corpulent, fleshy, lusty, plump □ *bha snodha-gàire air an aghaidh shultmhoir aige* there was a smile on his plump face

sultmhorachd *nf* fatness, corpulence, plumpness

sumag, -aige, -an *nf* saddle cloth

sùmainn, -e, -ean *nf* billow, swell (of sea)

Sumèirianach *a* Sumerian □ *clàr crèadha Sumèirianach* a Sumerian clay tablet

Sumèirianach, -aich, -aich *nm* Sumerian

sunais *nf* loveage

Sunnach *a* Sunni, Sunnite □ *na Turcaich Shunnach* the Sunni Turks □ *na Muslamaich Shunnach* the Sunni Muslims

sunnd *nm indec* alacrity, cheer, cheerfulness, good humour, heartiness, joy □ *bu mhor an sunnd is iad a' tilleadh* great was their cheer as they returned □ *cuir sunnd air (cuideigin)* cheer up (someone) □ *cha do chuir seo mòran sunnd air Calum* this didn't cheer Calum up much □ *bidh seo gar cumail ann an sunnd* this will keep us in good humour □ *bha e ann an deagh shunnd* he was in a good mood / in fine fettle □ *droch shunnd* bad humour □ *cha robh e ann an sunnd airson obair* he wasn't in the mood for working / he couldn't be bothered working

sunndach, -aiche *a* brisk, gay, hearty, light-hearted, lively

sunndachd *nf* briskness, liveliness

Suòmach, -aich, -aich *nm* Finn

Suòmach *a* Finnish

Suòmais *nf* Finnish (lang.)

sùrd, sùird *nm* alacrity, cheerfulness, liveliness, vigour □ *bha e air a dhèanamh le sùrd is snas* it was executed with vigour and polish

sùrdag, -aige, -an *nf* bound, caper, jump, leap, skip □ *dèan / geàrr sùrdag(an)* caper, leap, bound, prance, skip

sùrdagach, -aiche *a* prancing, rampant

sùrdail, -e *a* active, cheerful □ *bha guth sùrdail aige* he had a cheerful voice □ ... *a chumadh a inntinn sùrdail* which would keep his mind cheerful

surrag, -aige, -an *nf* 1. vent □ *ann an surragan nan teine-bheann* in the vents of the volcanoes 2. deep pool

susbaint, -e *nf* content, import, substance

susbainteach, -iche *a* substantial □ *obair shusbainteach* a substantial work

suth, -an *nm* embryo

sutha, suthaichean *nf* zoo

suthainn *a* eternal, everlasting □ *na faclan suthainn sin* those eternal words □ *gu suthainn sìor* for ever and ever

T, t

t' a form of *2nd pers sing poss adj* **do** thy, your □ formerly used before vowel sounds □ *t'aodann* your face □ *t'fhalt* your hair – not now recommended – use **d'** instead

t- □ see **an t-** under **an** *def art* the

ta / tà, ged ta (with or without an accent on ta – see **tha, ged tha** – also **ge-ta / ge-tà**)

tabh, taibh *nm* ocean, sea (poetical)

tàbh, tàibh *nm* spoon net, hand net for fishing

tàbhachd *nf* effect, effectiveness, efficiency, validity □ *bha neart agus tàbhachd na chainnt* there was strength and efficiency in his speech (the way he spoke)

tàbhachdach, -aiche *a* effective, efficient, effectual, substantial, valid □ *b'e seo a' chuid a bu tàbhachdaiche de a chuid saothrach* this was the most effective portion of his work

tabhail *nf* sense, understanding, wits □ *chaidh e dhe / bhàrr a thabhail* he went out of his wits

tabhainn □ see **tathainn**

tabhair, tabhairt □ *alt form* of *irreg v* **thoir** (q.v.)

tàbhairn, -ean *nm* tavern

tabhairt *nf & vn* of **tabhair**

tabhairteach *a* 1. bounteous, generous, liberal 2. dative (gram.)

tabhartaiche, -ean *nm* donor

tabhann *nm & alt vn* for **tathainn** □ see **tathann** *nm*

tabhannaich *nf* barking □ sometimes used as a *vn* □ *bha na coin a' tabhannaich* the dogs were barking

tabhartas, -ais, -an *nm* benefaction, contribution, donation, gift, grant, offering, presentation, remittance □ *thoir tabhartas* donate □ *...airson tabhartasan airgid dìreach a thoirt do......* to give direct grant aid to ...

tac *nf* 1. space, time □ see App. 10 Sect. 2(6) 2. lease, tack (farm) 3 tack (sailing) □ *dh'aithnich mi dè 'n tac a bha e (a') dol a ghabhail* I saw (realised) what tack he was going to take □ hence 'approach' to a problem □ *bha an tac seo mar phàirt de dh'innleachd làidir* this approach was part of a strong strategy □ also **taca** for this last meaning 4. vicinity, neighbourhood □ *bha e air tac an teine fhàgail* he had left the fireside □ *bhiodh iad gu tric nan suidhe an*

tac an teine they would often be sitting at the fireside – cf. **taic** Sect 2

taca, tacanan *nf* tack (naut.) □ *dèan taca* tack

taca 1. same as **taic** □ *gun taca* helpless 2. comparison as in the phrase *an taca ri(s)* compared with, in comparison with □ *an taca ris mar a bha* compared to what there used to be / it used to be etc.

tacaid, -e, -ean *nf* drawing-pin, hob-nail, stud, tack (nail), Scots 'tacket'

tacaideach, -iche *a* hob-nailed, tacked, full of tacks, 'tacketty' □ *brògan tacaideach* hob-nailed boots

tacaideachadh, -aidh *nm & vn* of **tacaidich** tacking

tacaidich, -eachadh *v* tack

tàcar-mara □ see **tàcar-mara**

tacan, -ain *nm* a little while □ *...co-dhiù car tacain...* at least for a little while □ also **tacan** *adv* awhile

tacarach, -aiche *a* prosperous

tàcar-mara *nm* seaspoil

tachair, tachairt *v* 1. happen, occur □ *cuin a thachair seo?* when did this happen? □ *...a thachair a bhith a' dol seachad...* who happened to be passing □ *tachair a-rithist* recur □ *tachraidh seo a-rithist is a-rithist* this will happen again and again □ *...mar as tric a thachras...* as often happens

tachair is also often used impersonally i.e. in the 3rd person *sing* with the *neuter pron* 'it' as the subject in English, but without a pronoun in Gaelic □ *thachair gun robh e anns a' bhaile aig an àm sin* [it] happened that he was in the town at that time / he happened to be etc. □ even when the subject is a *noun*, the *impers form* may be retained and the subject becomes an indirect object □ *thachair don mhinistear a bhith a' tadhal oirnn* the minister happened to be visiting us (lit. it happened to the minister to be etc.)

When the subject is a *pers pron* in English it takes the form of a *prep pron* in Gaelic □ *thachair dhomh a bhith nam sheasamh aig an doras* I happened to be standing at the door □ *thachair dhaibh a bhith a' dol seachad* they happened to be passing □ *... agus sin mar a thachair...* and that's what happened / that's how it turned out □ *...agus* *seo mar a thachair dha...* and that's what happened to him / that's how it turned out for him 2. encounter, meet, happen upon, chance upon (+ **ri(s)** or **air**) □ when used with **ri(s)** the subject and indirect object in the Gaelic version are frequently the reverse of the English □ *nuair a bha mi a' dol dhachaigh thachair bodach beag rium* as I was going home, I met a little old man □ *...nan tachradh e orra san tilleadh ...* if he met them [in the] returning □ *thachair mi air duine neònach an-diugh* I met a strange man today

tachais, tachas *v* scratch (an itch) □ *thachais e a cheann* he scratched his head

tàcharan, -ain, -an *nm* changeling (also **tàcharan-sìthe**)

tàcharan-sìthe *nm* changeling

tachartas, ais, -an *nm* adventure, episode, event, happening, incident, occurrence □ *bha e a' lorg tachartais* he was looking for adventure

tachas, -ais *nm & vn* of **tachais** itching, itch, itchiness □ *bha tachas uabhasach nam dhruim* there was a dreadful itchiness in my back

tachas-tioram, an tachas-tioram *nm* scurvy

tachasach, -aiche *a* itchy

tachd, -adh *v* choke, clog, smother, strangle, suffocate, throttle □ *bha faileadh na toite ga thachdadh* the smell of the smoke was choking him □ *thachd e i* he strangled her □ *theab e tachdadh* he almost choked

tachdte *pp* choked, strangled, suffocated, throttled □ *"Chan eil mi ga chreidsinn!" thuirt e ann an guth tachdte* "I don't believe it!" he said in a strangled voice

tachrais, tachras *v* wind (yarn etc.) □ *thòisich sinn air an snàth a thachras na bhuill* we began to wind the yarn into balls

tacsa *nm indec* support □ *an tacsa ri* near, close to, beside – cf. **an taic ri**

tacsaidh, -ean *nm* taxi

tacsail, -e *a* □ same as **taiceil** *a*

tadhail, tadhal *v* frequent, haunt, look in (on), visit (+ **air** or sometimes **ann an** etc. for places) □ *thadhail mi air bùth air a' Ghaidhealtachd* I visited a shop in the Highlands □ *...nuair a thig iad a thadhal oirnn...* when they come to visit us □ *tha bràthair mo mhàthair a' tadhal orm am bliadhna* my (maternal) uncle is visiting us this year □ *bha e a' tadhal anns an taigh-òsta* he was visiting the inn □ *tha mòran ann air am feum mi tadhal* there are many whom I must visit □ sometimes no *prep* is used: *an do thadhail sibhse riamh*

dùthaich Israel? did you ever visit the country of Israel? □ the *fut tense* and *imperf / cond tense* are usually shortened to **tadhlaidh** and **tadhlainn / tadhladh** respectively □ *cha robh grùnnd-iasgaich nach tadhladh iad* there wasn't a fishing ground they didn't frequent □ *...nuair a thadhladh e ann an taigh m'athar...* when he used to visit my father's house

tadhal, -ail, -an *nm & vn* of **tadhail** frequenting etc., goal (in a game), visit, visitation □ *rinn iad a' chùis trì tadhalan gu aon* they won three goals to one □ *chaill iad còig tadhalan gu dhà* they lost five goals to two □ *a' cur ceithir tadhail air na Sgitheanaich* scoring four goals against the Skyemen

tadhlair, -ean *nm* tangent

tafainn, tafann □ see **tathainn, tathann**

tagair, tagairt / tagradh *v* advocate, assert, claim, demand, dispute, maintain (of argument), plead, prosecute, sue □ *tagair fiachan dun* □ *...na fiachan a bha an t-uachdaran a' tagradh orra* the debts the landlord was claiming from (lit. on) them

tagairt *nf & vn* of **tagair** claiming etc., claim □ *tagairt lagha* litigation

tagh, -adh *v* choose, elect, opt, pick, select □ *tagh à / às* excerpt (*v*) □ *air a thaghadh* elected □ *...a chaidh a thaghadh* favoured □ *thagh e iad (chan ann air am meud ach) air am misneachd* he chose them (not for their size but) for their courage □ *...nuair a chaidh a thaghadh gu seinn...* when he was chosen to sing □ *bha e air suidheachain a thaghadh don dithis aca* he had picked out seats for the two of them

tagha *nm* best, choice (also **rogha** – often used together) □ *rogha is tagha fearainn* the best and choice of land

taghach *a* elective

taghadair, -ean *nm* elector

taghadaireachd *nf* electioneering

taghadh, -aidh, -aidhean *nm & vn* of **tagh** choosing etc., anthology, choice, election, pick, sample (= selection), selection □ *taghadh nàdarra* natural selection □ *taghadh pearsanta* a personal selection □ *taghadh (Pàrlamaid)* election □ *an Taghadh* the Elect, the Chosen □ *carson a dhèanadh tu an taghadh sin?* why would you make that choice? □ *ann a bhith a' dèanamh an taghaidh...* in making the choice... □ *bidh taghadh air a dhèanamh de na sgrìobhadairean as fheàrr* the best writers will be chosen (lit. a choice will be made of the writers that are best) □ *bha*

deagh thaghadh de phrògraman againn we had a good selection of programmes
taghaidh *a* electoral □ *guth taghaidh* suffrage
taghan, -ain, -an *nm* marten, polecat
taghta / taghte *pp* choice, chosen, elected, fine, select, selected, good enough □ *tha e taghta!* it's good enough! it will do! □ *"Taghta," ars esan* "Good enough," he said
tagrach, -aiche *a* assertive
tagradh, -aidh, -aidhean *nm & vn* of **tagair** advocacy, assertion, claim, demand, petition, plea, pleading, proposal, prosecution □ *tagradh gun chòir* misclaim □ *tagradh atharraichte* a modified proposal □ *tha tagradh a' dol air adhart aig toiseach gach bliadhna* a claim goes forward at the beginning of each year □ *dh'fhaighnich iad dheth an dèanadh iad tagradh às an leth ris an uachdaran* they asked him if he would make a plea on their behalf to the landlord □ *cha robh de chridhe aige (a) dhol an aghaidh tagraidhean na cloinne* he hadn't the heart to go against the children's pleas
tagraiche, -ean *nm* agent (legal), candidate
tagraidh *a* pleading, of pleading □ *thàinig pong tagraidh a-steach na ghuth* a note of pleading / a pleading note came into his voice
taibheartach, -aich, -aich *nm* benefactor
taibhse, -ean *nm/f* apparition, ghost, spectre
taibhseach, -iche *adj* ghostlike, spectral
taibhsear, -eir, -an *nm* visionary
taibhsearachd, an taibhsearachd *nf* [the] second sight
taibhseil *a* ghostly □ *chunnaic e cruth neulach taibhseil* he saw a pale, ghostly figure
taic, -e *nf* asset, bolster, buttress, patronage, prop, support □ *taic airgid* funding □ *le taic airgid bho ...* with funding from ... □ *taic fhiaclan* brace (dental) □ *cùm taic ri(s)* patronize, support, give support to □ *thuirt iad nach cumadh iad taic ri duine a bha cho meallta sin* they said that they wouldn't support a man who was as deceitful as that □ *cò bhitheas a' cumail taice riutha?* who will be supporting them? □ also *thoir taic do* □ *a' toirt taic do a chèile* supporting each other □ ... *na càirdean a chuir an taic ruinn* ... the friends who supported us (lit. put their support to us) □ *leig do thaic air / ri* depend upon, lean upon □ *faodaidh sinn ar taic a leigeil airsan cho cinnteach agus a leigeas sinn ar cudthrom air an talamh*

thioram we may depend upon him as surely as we will entrust our weight to the dry land □ *leig do thaic ri(s)* lean against □ *leig e a thaic ris a' bhalla* he leaned against the wall □ *seas ri taic* loll □ *bha e a' coiseachd an taic a' bhata* he was walking supported by the stick (i.e. he was using a walking stick) 2. contact □ *an taic + gen* in contact with, close to, near □ *bha am fearann an taic a' chladaich air a ghabhail a cheana* the land close to the shore was already taken □ *thàinig mi an taic na Gàidhlig gu math tràth* I came into contact with Gaelic quite early □ also *an taic ri* in contact with, close to, beside 3. comparison □ *an taic ri(s)* compared with, in comparison with (also **taca**)
taic, -eadh *v* support, bolster
taic-fhiaclan *nf* brace (dental)
t.-fhreumhan *pl* prop roots
taiceach, -iche *a* supportive □ *modhgabhail nas co-fhulangaiche agus taiciche* a more sympathetic and supportive approach
taicealachd *nf* firmness, solidity
taiceil, -e *a* 1. auxiliary □ *gnìomhair taiceil* auxiliary verb 2. firm, solid, substantial □ *bha an taigh na sheasamh gu taiceil air a' bhruaich* the house was standing solidly on the slope
tàidh, -ean *nm* this is the recommended spelling though **taidh** is also very common) tie □ *cha robh tàidh air* he had no tie on / he wasn't wearing a tie
tàidh-bogha *nm* bow-tie □ *bha tàidh-bogha mòr uaine air* he was wearing a large, green bow-tie □ also **bogh'-taidh**
taidh-cùn, -ùin, -an *nm* tycoon – no connection with the above, of course!
taidhle, -ean *nm* tile
taidhp, -eadh *v* type (on a keyboard)
taidhpeadh, -idh *nm & vn* of **tàidhp** typing
taidhr, -ean *nf* tyre
taig, -e *nf* attachment (emotional) □ *ghabh am pàiste taig air* the child formed an attachment to him
taifeid, -ean *nm* bowstring
taigeis, -e, -ean *nf* haggis

taigh, -e, -ean *nm* apartment, house □ *Taigh Iain Ghrota* John O' Groat's House □ *Taigh nan Cumantan* House of Commons □ *Taigh nam Morairean* House of Lords □ *taigh chailleachadubha* nunnery □ *taigh tìoraidh (feòir)*

silo □ *an taigh mòr* the laird's house and (colloquially) the asylum □ *taigh air leth* detached house □ *thoir taigh do* house (i.e. give a house to) □ *faigh taigh do* house (i.e. find a house for) □ *thoir / faigh taigh ùr do* rehouse □ *gun taigh* houseless □ *aig an taigh* in (at home) *adv* □ *on taigh* out (not at home) *adv* □ *taigh na cuibhle* wheel-house □ *thug e an taigh air* he went home **taigh-** □ the following are, of course, all masculine
taigh-adhlacaidh *nm* mausoleum **t.-aire** wake **t.-altraim** nursing-home **t.-aoigheachd** boarding house, guest-house **t.-aonaidh** Union (building) □ *Taigh-aonaidh nan Oileanach* [the] Students' Union **t.-bainne** dairy **t.-barraide** terraced house **t.-bàta** boat-house **t.-beag** privy, toilet (always *def*) □ *chaidh e don taigh-bheag* he went to the toilet **t.-bidhe** larder, restaurant **t.-ceàirde** factory □ *tha iad a' dùnadh nan taighean-ceàirde* they are closing the factories **t.-chearc** hen-house **t.-chon** kennel **t.-clàraidh** registry **t.-club** clubhouse **t.-cluiche** play-house, theatre □ *taigh-cluiche fosgailte* amphitheatre **t.-còmhnaidh** dwelling **t.-cuibhle** wheel-house **t.-cùinnidh** mint (for coinage) **t.-cùirte** court-house **T.-Cusbainn** Customs House **t.-cuthaich** madhouse, (lunatic) asylum **t.-dealaichte** detached house **t.-dhealbh** cinema, picture-house □ *bha iad anns an taigh-dhealbh* they were in the picture-house □ *chaidh iad gu na taighean-dealbh* they went to the cinemas **t.-drabhailt** hopper house **t.-dùthchail** cottage **t.-eiridinn** hospital, infirmary **t.-failcidh** bathroom **t.-fasgaidh** sheltered housing □ *tha i a' fuireach ann an taigh-fasgaidh* she lives in sheltered housing **t.-feachd** barrack **t.-fuine** bakery, bakehouse **t.-gèard** guard-house **t.-geata** gatehouse, lodge **t.-glainne** glasshouse, green-house **t.-gluasaid** mobile home **t.-grùide** brewery **t.-leaghaidh** foundry **t.-leanna** inn **t.-loidsidh** digs **t.-losgaidh** crematorium **t.-mhanach** abbey (of monks), monastery **t.-marbhaidh** abattoir, slaughterhouse **t.-mhèirleach** (also **mèirleach-taighe**) **t.-mòr** mansion (but see **an taigh mòr** above) **t.-nighe** laundry,

wash-house **t.-òsta** hotel, inn, tavern □ *fear an taigh-òsta* host □ *bha iad a' fuireach anns an taigh-òsta* they were staying in / at the hotel **t.-saillidh** salt-house **t.-samhraidh** summer-house **t.-seilge** lodge, hunting lodge **t.-seinnse** pub, public house **t.-sgàile** penthouse **t.-sgoile** school-house **t.-sìolaidh** filter plant **t.-siùrsachd** *nf* brothel **t.-sneachda** igloo **t.-solais** lighthouse **t.-staile** distillery **t.-stòir** storehouse **t.-talamhainn** souterrain, earth-house **t.-tasgaidh** depository, museum, warehouse **t.-tasgaidh-ealdhain** art gallery **t.-tionnsgain** factory **t.-toitidh** smokehouse **t.-tuathanais** farmhouse

---

taigheadas, -ais *nm* housing □ *pàtran taigheadais* housing pattern □ *air thaigheadas* domiciled □ *tha iad air thaigheadas ann an Ghlaschu* they are living / domiciled in Glasgow
taigheil *a* domestic
tailceas, -eis *nm* reproach
tailceasach, -aiche *a* reproachful
tàileasg, -eisg *nm* backgammon, chess, draughts (see **dàmais**)
tàille, air tàille + *gen* as a consequence of, because of, on account of □ *air tàille fuachd na gaoithe* because of the coldness of the wind □ *thàinig briseadh air a shlàinte air tàille tubaist* his health broke because of an accident (lit. there came a breaking on his health etc.) □ *air tàille 's cho iomraiteach 's a bha e ...* on account of how famous he was ... □ *air tàille a' ghnothaich sin ...* as a consequence of that affair ... □ as with all *cmpd preps*, when a *pers pron* is used in English a *poss adj* is used in Gaelic □ *air a thàille* because of him / it *masc* □ *air a tàille* because of her / it *fem* etc.
tàilleabh *nm* consequence, result □ same as **tàille** above □ mainly used in the phrase **air tàilleabh** + *gen* because of, on account of
tàilleabhachd *nf* apprenticeship
tàilleamh □ same as **tàille / tàilleabh** above
tàillear, -eir, -an *nm* tailor
tailm, -e, -ean *nf* catapult
tainead, -eid *nm* shallowness, thinness, degree of thinness □ *rach an tainead* become attenuated, become thinner □ *chaidh e an*

tainead it became attenuated / he became thinner

taing, -e *nf* thanks □ *thoir taing do* thank, give thanks to □ *thug mi taing dhaibh uile* I thanked them all □ ... *agus bheir sinn taing chridheil dhaibh* ... and we shall give them hearty thanks / shall thank them heartily □ *mòran taing* many thanks □ ... *a' toirt taing dha airson na rinn e as leth nan Gaidheal* ... thanking him for what he had done on behalf of the Gaels □ *taing dhut airson leigeil leinn sin a dhèanamh* thank you for allowing us to do that □ note also: *gun taing dhut* in defiance of you □ note also the idiom: *tha a thaing sin aig* ... thanks (for that are due) to ... □ *tha a thaing sin aig Daibhidh* thanks (for that) to David □ ... *ach cha robh a thaing sin aig Calum* ... [but] no thanks (for that) to Calum □ *a thaing sin, am pàirt, aig* ... thanks, in part to ...

taingealachd *nf* thankfulness, gratitude □ *bha a cridhe làn de thaingealachd* her heart was full of thankfulness

taingeil, -e *a* grateful, thankful □ *dèan taingeil sinn airson ràithean na bliadhna* make us thankful for the seasons of the year □ *tha mi glè thaingeil air a shon* I am very thankful for it *masc* □ *bha sinn taingeil a bhith a-muigh fon adhair* we were thankful to be outside under the sky

tàinig *past tense dep active of* **thig** (q.v.)

tàinistear, -eir, -ean *nm* regent

tàir, -eadh *v* obtain, get, manage □ *mun do thàir iad tighinn thuca fhèin* ... before they could come to themselves ... □ *mus do thàir mi mo chasan a thoirt a-staigh air an doras* ... before I could get my feet inside the door ... □ *tàir às* flee, escape □ the form **tàr** is also very common.

tair- *pref* denoting 'cross-', 'trans-'

tair-bhrid *nm* cross-breed **t.-dhealbh** *nm/f* cross-section **t.-sgrìobhadh** *nm* transcript, transcription **t.-thorrachadh** *nm* cross-fertilisation

tairbeart, -eirt, -an *nf* isthmus

tairbeartach, -aiche □ see **tairbheartach**

tairbhe *nf* advantage, benefit, profit, substance □ *bi na thairbhe do* profit □ *chailleamaid an tairbhe a tha againn* we would lose our advantage □ ... *ach ciod bu thairbhe sin dhomh?* ... but what advantage would that be to me? □ *is motha an tairbhe sealltainn romhainn na sealltainn às ar dèidh* it is more advantageous to look forward than to look back (lit. it is

greater the advantage to look before us than to look behind us)

tairbheach, -iche *a* advantageous, beneficial

tairbheachadh, -aidh *nm & vn of* **tairbhich** profiting

tairbheartach, -aiche *a* 1. beneficial □ *eòlas tairbheartach an lighiche* the beneficial knowledge of the physician 2. abundant, plentiful

tairbhich, -eachadh *v* profit

tàire, -e *nf* 1. contempt, disdain, disparagement, insult, scorn, slight, slur – note that the final **e** is often omitted, particularly before vowels □ *dèan tàir air* despise, insult, scorn □ *a bheil thu a' dèanamh tàir orra?* do you despise them? □ *diùlt le tàir* spurn □ *"Na bi cho gòrach," ars esan le tàir* "Don't be so silly," he said scornfully 2. difficulty, trouble □ *dèan tàir do* trouble, cause difficulty to □ *tha mi an dòchas nach bi cus tàire agaibh an lùib a' ghnothaich seo* I hope you won't be too troubled in connection with this matter □ *faigh tàire* have difficulty □ *mas e 's gum faigh thu tàire gar lorg* ... if you have any difficulty in finding us ... □ *bha i a' faighinn tàire leis* she was having difficulty with him □ *thoir tàir do* give difficulty / trouble to □ *thug seo tàir dhaibh* this gave them some difficulty

tàireil, -e *a* 1. mean, base, vile, contemptible 2. contemptuous, disdainful, scornful □ *their cuid gu tàireil gur h-e a tha sin a bhith ag àicheadh ar creidimh* some will say contemptuously that that is to be renouncing our faith □ *coluadair ghràisgeil thàireil* a vulgar, base society □ *bha na beachdan aca rudeigin tàireil tarcaiseach* their opinions were somewhat didainful and scornful

tairg, tairgse / tairgseadh / tairgsinn *v* bid, proffer, propose, tender □ *tairg barrachd* overbid □ *tairg do* offer (to) □ *thairg e toitean dhomh* he offered me a cigarette □ *thairg e fichead nota dhomh* he offered me twenty pounds □ *tha seo air a thairgse (adh) do neach sam bith* this is / has been offered to anyone □ *thairgeadh dhomh fhìn mu dheireadh e* it was offered to me in the end □ *tairg air (rudeigin)* make an offer for / bid for (something) □ *tairg air seo* make an offer for this

tairgse, -eachan *nf & vn of* **tairg** bid, bidding, offer, proposal, proposition, tender □ *thoir tairgse (air rudeigin)* bid, make a bid / offer (for something) □ *thug e tairgse air an taigh* he made an offer for the house

□ *cuir rudeigin an tairgse* + *gen case* offer something to someone □ *feumaidh sinn làn urram a thoirt dhaibh airson an obair seo a chur an tairgse leughadairean na Gàidhlig* we must give them full honour for offering this work to Gaelic readers

tairis, -e *a* compassionate, kind-hearted, lenient, soft □ *ghuidh e cho tairis air a shon* he prayed so compassionately for him

tàirneanach, -aich *nm* thunder (used in the form **an tàirneanaich** in Lewis) thunder □ *bha tàirneanaich is dealanaich ann an-raoir* there was thunder and lightning last night □ *is gann gun cluinneadh tu mothar an tàirneanaich* you could scarcely hear the roar of the thunder

tàirng, -eadh *v* □ see **tàirngnich**

tàirngean *pl* of obs. **tàirng**, used as *pl.* of **tarrag** a nail

tàirngnich, -eachadh *v* nail □ *bha e air a thàirgneachadh gu h-àrd ris a' bhalla* it was nailed up on the wall

tàirnich, -eachadh *v* □ see **tàirngnich**

tairngidh □ shortened form of *fut tense* of **tarraing** *v*

tàirnnte *pp* of **tarraing** drawn

tais, -e *a* damp, humid, moist, muggy, soft and moist, tender, warm and moist □ *tha a' chlòimh a' faireachdainn tais agus maoth ri do chraiceann* the wool feels soft and tender against your skin

tais-dhìonte *pp* damp-proof

taisbein, -adh *v* display, divulge, exhibit, indicate, manifest, present, produce, represent, reveal, show □ *a' taisbeanadh buadhannan inntinne a bhios* ... displaying qualities of mind which will be ... □ *thaisbein e tàlann sònraichte airson an dràma* he displayed a particular talent for [the] drama □ *tha e air a thaisbeanadh mar phàipear obrach* it is been presented as a working paper

taisbeanach, -aiche *a* clear, indicative, manifest, visionary □ *am modh tais-beanach* indicative mood □ *chuala mi iad cho taisbeanach 's ged nach biodh iad ach fichead slat bhuam* I heard them as clearly as if they were just twenty yards from me

taisbeanachd *nf* pageantry

taisbeanadh, -aidh, -aidhean *nm & vn* of **taisbein** displaying etc., appearance, demonstration, disclosure, display, exhibition, pageant, parade, representation, revelation, show □ *Fèill an Taisbeanaidh* Epiphany □ *gheibheadh e taisbeanadh air nithean a bha gu teachd* he would receive a revelation of things [which were] to come

taisbeanair, -ean *nm* indicator

taisbeantas, -ais, -an nm demonstration

taisbein □ see **taisbean**

taise *nf* moistness, softness

taiseachd *nf* dampness, humidity, moistness, moisture, softness □ *dìon-chùrsa taiseachd* damp-course □ *thàinig taiseachd air a sùilean* a moistness / softness came into (lit. upon) her eyes

taisead, -eid *nm* humidity

taisealach, -aiche *a* of large quantity, bulky

taisealan, ain *nm* reliquary □ *chunnaic sinn an taisealan san robh cnàmhan an naoimh air an glèidheadh* we saw the reliquary in which the bones of the saint were kept

taisg, tasgadh *v* conserve, deposit, enshrine, hoard, reserve, store, stow, treasure □ *taisg teine* conserve a fire by covering it

taisgear, -eir, -an *nm* depositor

taisgte *pp* stored

taisich, -eachadh *v* damp, dampen, moisten, relent, soften □ *thaisich seo a chridhe* this softened his heart

tàislich *nf* soft sound / movement *cha robh fiù 's tàislich fhèin ri chluinntinn* not even the softest sound was to be heard

taisteal, -eil, -an *nm* journey, travel

taistealaiche, -ean *nm* traveller, voyager

taithean, -ein *nm* lyme grass

taitinn, taitneadh / taitinn *v* please, give pleasure to, be agreeable to (+ **ri(s)** to) □ *thaitinn seo ris na bodaich* this pleased the old men □ ... *a thaitneadh ri leughadairean aig gach ìre* ... which would give pleasure to readers at every level □ *cha do thaitinn seo ris* this didn't please him □ *cha robh an teachdaireachd seo a' taitneadh riutha* this message wasn't pleasing them □ *cha do thaitinn an inntinn rithe* their minds were not agreeable to her

taitneach, -iche *a* agreeable, charming, nice, pleasant, satisfactory, sightly □ *bidh fuaim nas taitniche a' tighinn aiste a-nis* a more agreeable sound will come from it (*fem*) now □ *bha àm taitneach againn ann an Dùn Èideann* we had a pleasant time in Edinburgh □ *tha iad taitneach an leughadh* they are pleasant to read □ *tachartasan taitneach agus mì-thaitneach* pleasant and unpleasant events □ *ged is taitneach iad don t-sùil* ... though they are pleasing to the eye

taitneas, -eis, -an *nm* pleasure, delight, satisfaction

tàl, tàil, tàil *nm* adze □ *bha e air a shnaid-headh gu grinn le tàl* it was neatly hewn with an adze

talach *nm & vn* of **talaich** grudging etc.

talachadh, -aidh *nm & vn* of **talaich** grudging etc.

tàladh, -aidh, -aidhean *nm & vn* of **tàlaidh** attracting etc., attraction, lullaby (also **òran tàlaidh**)

talaich, talach / talachadh *v* complain, grudge, grumble (+ **air** or **mu** about) □ *chan eil mi a' talach air* I'm not complaining about it □ *cha robh e a' talach mun fhuaim* he wasn't complaining about the noise

tàlaidh, tàladh *v* 1. attract, coax, decoy, entice, lure, tempt □ *tha a' ghrian a' tàladh na talmhainn* the sun attracts the earth □ *tàlaidhidh na deilbh thu* the pictures will attract you □ *bu chleachdadh dha a bhith a' tàladh dhaoine a-steach don loch* it was his habit to be enticing people into the loch 2. caress, charm, fondle, soothe

tàlaidheach, -iche *a* attractive □ *àite cho tàlaidheach 's a chunnaic mi riamh* a place as attractive as I ever saw / as attractive a place as I ever saw

talamh, talmhainn, -an / -ean *nm* (but *nf* in *gen sing*) earth, ground, land, soil □ *Talamh* Earth □ *talamh àitich* arable land □ *talamh bàn* fallow ground □ *talamh fàs* wasteland □ *air thalamh* on earth □ *b'fheàrr leam a bhith an sin na 'n àite sam bith eile air thalamh* I would rather be there than (in) any other place on earth □ ... *'s gun i a' tuigsinn dè air thalamh a b'adhbhar don dol-a-mach aca* ... [and she] not understanding what on earth was the reason for their carry-on □ *fon talamh* subterranean □ *air cho bochd 's am bi an talamh* ... however poor the soil is ... □ *bha talamh math aige an sin* he had good land there □ *bha post na laighe air an talamh* there was a post lying on the ground □ *faodaidh sinn ar taic a leigeil airsan cho cinnteach agus a leigeas sinn ar cudthrom air an talamh thioram* we may depend upon him as surely as we will entrust our weight to the dry land □ *uachdar na talmhainn* the earth's surface

talamh-àitich *nm* arable land, cultivated / ploughed land **t.-toll** *nm* cavern

tàlann, -ainn, -ainn / -an *nm* talent □ *thaisbein e tàlann sònraichte airson na dràma* he displayed a particular talent for [the] drama □ *chan eil aon gun tàlann air choreigin* there is nobody without some talent

or other □ *bha e an seilbh air tàlannan gu mòr os cionn a' chumantais* he possessed talents far above the ordinary

tàlant, -aint, -an *nm* □ an *alt form* of **tàlann**

tàlantach, -aiche *a* talented, gifted □ *duine tàlantach* a gifted man

tàlas *rel fut* □ a shortened form of **tàlaidheas** – see **tàlaidh** □ *ma thàlas seo luchd turais don dùthaich seo* ... if this attracts tourists to this country ...

talla, tallachan *nm* hall □ *talla a' bhaile* town hall – but see below

talla-baile *nm* town hall **t.-ciùil** *nm* concert hall **t.-eaglais** *nm* church hall □ *tha iad an dùil talla-eaglais ùr a thogail* they expect / intend to build a new church hall

tallan, -ain, -ain / -an *nm* partition □ *bha tallain gan cur an àirde am broinn an talla* partitions were being put up inside the hall

talmhaidh, -e *a* earthly, mundane, terrestrial, worldly

tamall, -aill *nm* a while □ *car tamaill bhig* for a little while □ *rè tamaill* for a while □ *an ceann tamaill* after a while (all uncommon now)

tàmailt *nf* chagrin, disgrace, indignity, insult, shame □ *cuir fo thàmailt* stigmatize □ *gabh tàmailt dhe* resent □ *chaidh ùine mhòr seachad mun d'fhuair e thairis air an tàmailt* a long time passed before he got over the disgrace □ *cuir tàmailt air* shame (*v*) □ *'s e tàmailt a th' ann gu bheil* ... it's a shame / disgrace that ... is ...

tàmailteach, -iche *a* 1. disgraceful, shameful, scandalous □ *tha e gu math tàmailteach nuair a smaoinicheas duine air cho cruaidh agus a dh'oibrich iad* it is quite shameful when you think of how hard [and] they worked (lit. when a man will think etc.) 2. disgracing, insulting 3. indignant

tàmailtich, -eachadh *v* affront, disgrace, insult, shame □ *bhithinn air mo thàmailteachadh* I would be affronted □ *bha e air a thàmailteachadh* he had been insulted

tambairìn, -e, -ean *nf* tambourine

tàmh, -àimh *nm & vn* of **tàmh** residing etc., ease, inactivity, peace, quietness, recess (vacation), repose, rest □ *bi an tàmh* be idle, inert, quiet, at rest □ *cha robh sinn nar tàmh* we weren't idle / we didn't hang about □ *nuair a bhitheas daoine nan tàmh* when people are idle □ *bha e greis na thàmh* he was quiet for a while □ *gabh tàmh* repose □ *gun chadal gun tàmh* without sleep or rest □ *b'e sin an tàmh eile* some rest! (sarcastically) □ *rach mu thàmh*

go to bed, retire ... □ *mun rachadh an taigh mu thàmh* before the house retired □ *bha e a' dol a ghabhail mu thàmh* he was going to retire (to bed)
tàmh, tàmh *v* reside, live, stay, inhabit (+ **ann an**) □ *tha e a' toirt luaidh air na creutairean a tha a' tàmh ann* he mentions the creatures that live in it / inhabit it
tàmhach, -aiche *a* dormant, peaceful, quiet
tàmhachd *nf* inertia
tàmhadair, -ean *nm* tranquilizer
tamhasg, -aisg, -aisg *nm* 1. apparition, ghost, spectre (possibly derived from **an t-amhasg** boor, mercenary (soldier) 2. blockhead, fool
tana, taine *a* flimsy, gaunt, shallow, skinny, slender, slim, tenuous, thin
tanachadh, -aidh *nm & vn* of **tanaich** diluting etc., dilution
tanaich, -achadh *v* attenuate, become attenuated, cull, dilute, rarify, thin, become thinner, make thinner □ *bha e anns a' ghàrradh a' tanachadh ròsan* he was in the garden thinning roses
tanaichte *pp* diluted, thinned □ *fìon tanaichte* thinned / diluted wine
tànaiste, -ean *nm* tanist
tanalach, -aich *nm* shoal, shallows
tanca, -aichean *nf* cistern, tank (for liquids / mil.)
tancair, -ean *nm* tanker
tannasg, -aisg, -aisg *nm* ghost, shade, spectre, spirit

---

taobh, taoibh, -an *nm* – basically this word means 'side', and though it is used in a number of idiomatic phrases, it is never very far removed from this meaning. The main meanings of the noun on its own are:
1. flank, side □ *tha dà thaobh air* there are two sides to it □ *tha dà thaobh air a' bhonnach* there are two sides to the argument (lit. the bannock) □ *tha dà thaobh air a'mhuir* there are two sides to the sea □ *tha dà thaobh air a'mhaoil* there are two sides to the headland (proverb) □ *bha an similear a' claonadh an dara taobh* the chimney was leaning to one side (see **dara**) □ *cha robh mi a' gabhail taobh seach taobh* I wasn't taking one side more than the other / I wasn't taking sides □ *bha an nàimhdean air gach taobh dhiubh* their enemies were on each / every side

of them □ *thog sinn oirnn suas taobh na beinne* we set off up the side of the mountain / up the mountainside □ *air an taobh leis* on the starboard side □ *thug e buille air bhon taobh ìosal* he gave it a blow from the underside □ *ag obair taobh ri taobh* working side by side □ *tha e, taobh a mhàthar, de dhaoine a bhuineadh do theaghlach an rìgh* he is on his mother's side from people who belonged to the king's family □ *an taobh clì / an taobh ceàrr* the left (side) □ *taobh an fhasgaidh* the lee(-side) □ *taobh an fhuaraidh* the windward (side) □ *falbh o thaobh gu taobh* dodge (*v*) □ *air gach taobh* reciprocal □ *an comhair a thaoibh* sideways *adv* (of a *masc subj*) 2. partiality, liking □ *bha taobh aca ris* they had a partiality for him □ *bha truas agus taobh aige ris na croitearan* he had pity and a partiality for the crofters □ *gabh taobh* (+ *gen* or *poss adj*) discriminate in favour of, side with □ *ghabh e taobh nan croitearan* he sided with the crofters □ *ghabh e an taobh* he took their side / sided with them 3. way, direction □ *tha obair mònach a' dol an taobh sin cuideachd* peat-related work is going that way too (this could also be taken as 'in that area / therabouts too') □ *cha tug e sùil an taobh a bha mi* he didn't look my way / in my direction □ *chuala mi a-rithist gur ann à taobh Obair Dheadhain a bha e* I heard later that it was from Aberdeen way [that] he came □ ... *nuair a bhios e an taobh seo a-rithist ...* when he'll be this way (here / in this direction) again □ ... *no tilleadh air ais an taobh a thàinig iad ...* or go back the way they had come □ *an taobh seo* hither, this way *adv* □ *cha bhi iadsan a' tighinn an taobh seo idir* they won't be coming here (= hither) at all □ note also: *taobh + gen* via, by, by way of □ *thill sinn a Dhùn Èideann taobh Pheairt* we returned to Glasgow via Perth □ *a'tilleadh a Phort Rìgh (or Port Ruighe) taobh Dhun Bheagain* returning to Portree via Dunvegan
An extension of this is □ *gu a thaobh* towards him / it *masc* □ *gu a taobh* towards her / it *fem* □ *dè na faireachdainnean a tha agad gu a taobh?* what feelings do you have towards her?

4. angle, aspect, facet, point of view □ *...ach coimhead air on taobh seo...* but look at it from this angle / point of view / aspect □ *...bho thaobh nan daoine seo...* from these people's point of view 5. **taobh** may mean coast (only when used with compass directions e.g. east coast, west coast etc.) □ *air an taobh an iar* on the west coast □ *an taobh siar* the west □ *air taobh siar na mòrthir* on the west coast of the mainland □ *...a bhuineas do thaobh siar Rois...* who belongs to the west coast of Ross □ *air taobh an ear na Hearadh* on the east coast of Harris □ *chaidh iad do thaobh siar Chanada* they went to the west coast of Canada

taobh as already stated, is used in a number of idiomatic phrases. Some of these are shown below:

taobh a-muigh exterior, outside *noun* □ *air an taobh a-muigh* exterior *adj*, outward □ *chun / a chum an taobh a-muigh* outwards *adv* □ also often used as a *cmpd prep* □ *(an) taobh a-muigh* + *gen* (or **de** + *dat*) outwith, outside □ *(an) taobh a-muigh de na coimhearsnachdan dùmhlaichte sin* outwith these crowded areas

taobh a-staigh interior, inside *noun*, inner area □ also often used as a *cmpd prep* □ *(an) taobh a-staigh* + *gen* (or **de** + *dat*) within, inside □ *an taobh a-staigh na seachdain* within the week □ *taobh a-staigh (a) dhà no trì làithean* □ within two or three days □ *an taobh a-staigh de chòig bliadhna* within five years □ *cha do chuir mi mo shròn riamh an taobh a-staigh a dhorais* I have never put my nose inside his door

an dara taobh (lit. the second side) by *adv* □ *cuir an dara taobh* dispose, except, put by □ *chuir e beagan airgid an dara taobh* he put a little money by □ *cur an dara taobh* disposal

ri taobh *prep* + *gen* alongside, beside, by, at / by the side of □ *ri taobh an rathaid* by the roadside, at the side of the road, beside the road □ *ri taobh na mara* by the seaside, beside the sea □ *ri taobh an dorais* by the door □ *ri taobh na luinge* by the side of the ship, alongside the ship □ *ri taobh a-chèile* abreast, side by side

With a *pers pron* the construction is as follows:

ri (a) thaobh beside him / it *masc*, by his / its side etc. □ *ri (a) taobh* beside her / it *fem*, by her / its side etc. □ *shlaod e mi suas ri thaobh* he pulled me up beside him □ *bidh mise ri do thaobh* I'll be at your side / beside you. The contracted forms of these, **rim thaobh, rid thaobh, ri thaobh, ri taobh** etc. are frowned upon by some, particularly in writing

an taobh thall 'the far side' is found in a number of expressions □ *air taobh thall* + *gen* beyond, on the far side of □ *air taobh thall na gealaiche* on the far side of the moon □ *air taobh thall a' bhealaich* on the far side of / beyond the pass □ *gu taobh thall an loch* to the far side of the loch

a thaobh *adv* (short for **do thaobh**) 'aside' is used in a variety of constructions □ *cuir a thaobh* frustrate □ *rach a thaobh* digress, retire, swerve □ *thoir a thaobh* entice, persuade, seduce, side-track □ *toirt a thaobh* persuasion, seduction □ *thug e a thaobh mi* he took me aside □ *bheir seo daoine a thaobh* this will entice / persuade people □ *...agus e a' cur airgid a thaobh...* [and he] laying money aside / laying money by □ *chuir Iosa am buaireadh a thaobh le facal na fìrinne* Jesus put aside [the] disturbance with the gospel (lit. the word of the truth) □ sometimes *gu taobh* aside *adv* □ *cuir gu taobh* sequester, waive, set aside □ *tha iad nas buailtiche a bhith a' cur Gàidhlig gu taobh* they are more inclined to be setting Gaelic aside

a thaobh air *prep* apart from □ *a thaobh air a' bheagan Gàidhlig a tha beò fhathast ann an ceàrnan den eilean...* apart from the little Gaelic that still exists in parts of the island ...

a thaobh *prep* + *gen* about, apropos, concerning, with regard to, as regards, with reference to, in respect of, with respect to, vis-a-vis □ *a thaobh an t-Soisgeil* concerning the Gospel □ *...a thaobh gean-math Comhairle nan Eilean don Ghàidhlig...* concerning the goodwill of the Islands Council to Gaelic □ *a thaobh seo* in this respect □ *a thaobh sin* in that respect □ *thàinig caochladh mòr a thaobh sin air beatha an t-sluaigh* there came a great change

in that respect in (lit. on) the life of the people □ *a thaobh datha* as regards colour □ *chan eil adhbhar uallaich dha taobh* there's no reason for worry as far as she is concerned / with regard to her / about her etc.
a thaobh('s) *conj* because □ *chan ann a thaobh 's gun robh e ...* it isn't because he was *...* □ *ach chan ann a thaobh gun robh sinn ann an cunnart ...* but [it was] not because we were in danger
taobh, -adh *v* side + **ri(s)** with (or without a *prep*) □ *tha e air taobhadh ris na pàrantan anns a' chùis seo* he has sided with the parents in this matter
taobh-an-teine *nm* fireside □ *Gàidhlig taobh-an-teine* fireside Gaelic (lit. Gaelic of the fireside) **t.-chlàr** *nm* sideboard **t.-duilleige** *nm* page (of a book) – *abbr* thus: *tha t.30 gu lèir ann* there are 30pp. in it altogether **t.-loidhne** *nf.* x-axis on a graph **t.-rèilichean** *n pl* railway sidings **t.-sholas** *nm* side-lamp **t.-thromaich** *v* overbalance

taobhach *a* lateral
taobhaire, -ean *nm* linesman (sport)
taobhan, -ain, -ain / -an *nm* rafter □ *le taobhain daraich tarsainn a' mhullaich aige* with oak beams across its roof
taod, taoid, taoid *nm* head rope, halter, hawser
taod-teasairginn *nm* life-line □ *bha e ceangailte ri taod-teasairginn* he was attached to a life-line
taois, -e *nf* dough, leaven, paste, pulp □ *taois pàipear-balla* wallpaper paste
taoisg, taosgadh *v* □ see **taosg**
taoisinn, taoisneadh *v* knead □ *bha seo air a thaoisneadh* this was kneaded
taoisneachadh, -aidh *nm & vn* of **taois-nich** □ same as **taoisneadh**
taoisneadh, -idh *nm & vn* of **taoisinn** kneading
taoisnich, -eachadh *v* □ same as **taoisinn**
taoitear, -eir, -an *nm* tutor (in clan polity)
taom, -a, -an(nan) *nm* access (mental), fit, seizure □ *... nuair a bha e ann am fear de a thaoman ...* when he was in one of his fits
taom, -adh *v* bale (out), decant, empty, overflow, pour (*trans / intrans*), pour out □ *taom am bàta* bale the boat □ *a' taomadh thar an oir* pouring over the rim
taomadh, -aidh, -aidhean *nm & vn* of **taom** pouring etc., discharge (of liquid etc.), outbreak outburst, overflow, overflowing □ *bha*

am peile làn gu taomadh the pail was full to overflowing
taomaire, -ean *nm* pump
taoman, -ain, -an *nm* scoop, bailer □ *chuir e beagan tì don phoca le taoman* he put a little tea into the bag with a scoop
taosainn, taosnadh *v* □ see **taoisinn**
taosg, -adh *v* brim, overflow 2. pump out, drain, empty
taosg, -a, -an *nm* the fill of a measure, container, cart etc. □ *taosg an t-slaodair* the fill of the trailer
taosgach *a* brimming, overflowing □ *bha a shùilean taosgach* his eyes were brimming □ *bha an taigh-osta taosgach* the hotel was overflowing
taosgadh, -aidh *nm & vn* of **taoisg / taosg** pumping etc.
taosgair, -ean *nm* pump
taosgan, -ain, -an *nm* partial fill, load e.g. of a lorry, cart etc.
tap, -a, -aichean *nf* tap (for water etc.)
tapachd *nf* boldness, cleverness, courage, heroism, valour
tapadh, -aidh *nm* 1. cleverness, smartness 2. thanks – usually used as follows: *tapadh leat* thank you (i.e. thanks [be] with you) □ *tapadh leat airson fònadh* thanks for phoning □ *tapadh leat airson mo chuideachadh* thanks for helping me 3. same as **tapachd** □ *chaill iad an tapadh* they lost their courage
tapag, -aige, -an *nf* slip of the tongue □ *bha e an còmhnaidh ri tapagan* he was always making slips of the tongue
tapaidh, -e *a* burly, clever, courageous, hardy, heroic, smart
tàr □ see **tàir**
tar- *pref* denoting 'trans-', 'over-' (but see also **tair-**)
tar-chaochail *v* transmute **t.-chòmhdaich** *v* overlay **t.-chruthair** *nm* transformer **t.-chuir** *v* transmit **t.-chuirear** *nm* transmitter **t.-chur** *nm* transmission **t.-dhìreachdail** *a* transcendent □ *... a' sireadh fradharc tar-dhìreachdail ...* seeking transcendent vision □ *seo an linn as tar-dhìreachdaile ann an eachdraidh a' chinne-daonna* this is the most transcendental age in the history of mankind **t.-shruth** *v* overflow
tarag, -aige, -an *nf* nail (e.g. joiner's nail), tack □ *bha e an crochadh air taraig* it was hanging upon a nail □ *tarag cheithir òirlich* a four-inch nail (also **tarrag**)
Tarasach, -aich, -aich *nm* a native of Tarasay
Tarasach *a* of, belonging to or pertaining to Tarasay

tarbh, tairbh, tairbh *nm* bull □ *tarbh òg* bullock
tarbh-chù *nm* bulldog **t.-dallaig** *nm* blue shark **t.-mhadadh** *nm* bulldog **t.-shabaid** *nf* bullfight
tarbhach, -aiche *a* fertile, gainful, pregnant, productive, profitable
tarbhan-nathrach *nm* dragonfly
tarcais, -e *nf* contempt, scorn □ *tha thu gam sgrios le tarcais* you are destroying me with contempt □ *dèan tarcais air* sniff at
tarcaiseach, -iche *a* contemptuous, derogatory, disdainful, scornful □ *bha gàire tarcaiseach air aghaidh* there was a contemptuous laugh on his face □ *bha na beachdan aca rudeigin tàireil tarcaiseach* their opinions were somewhat didainful and scornful
targaid, -e, -ean *nf* butt (archery), target
tàrladh □ see **tàrlaidh**
tàrlaidh *def v fut tense* it happens, befalls **a thàrlas** *rel fut* which will happen □ *nach cuala tu mu dheidhinn na tubaistean a thàrlas nuair a bhitheas daoine a' dèanamh sin?* haven't you heard about the accidents that happen when people do that? **thàrladh** *imperf / cond tense* it happened, befell □ *thàrladh nach deach e ro fhada* it happened that he didn't go very far – uncommon, mostly biblical now
tàrlas □ see **tàrlaidh**
tarmac *nm* tarmac
tàrmachadh, -aidh *nm & vn* of **tàrmaich** originating etc., origin
tàrmachadh-ghnè *nm* origin of species
tàrmachan, -ain, -an *nm* ptarmigan □ *chan ann tric a chithear tàrmachan* a ptarmigan is not often seen
tàrmachan-tuinne *nm* ringed plover (also **trìlleachan-tràghad / trilleachan-tràighe** *nm*)
tàrmaich, -eachadh *v* accrue, breed, generate, hatch, originate □ *is ann air a' Ghaidhealtachd a thàrmaich fìor cheòl mòr na pìoba* it is in the Highlands that the true great music of the bagpipe originated
tàrr, tàrrsainn *v* 1. + **às** flee, escape □ *thàrr e às* he fled / he escaped 2. see **tàir** *v*
tarradheargan, -ain *nm* □ see **tarragan** *nm*
tarrag, -aige, -an / tarraigean / tàirngean *nf* nail (spike), stud
tarrag-aisil *nf.* linchpin
tarragan, -ain *nm* char (fish)
tarraing, tarraing *v* □ *fut tense* and *imperf / cond tense* often suffer syncope e.g. **tàirngidh, thàirngeadh**, while the *pp* is **tàirnnte** drawn 1. appeal, attract (including

magnetic attraction) □ *tarraing aire (bh)o* distract □ *tha thu a' tarraing m'aire bhon obair agam* you are distracting me from my work (lit. attracting my attention from my work) □ *tarraing deagh phrìs* fetch a good price □ *tarraing (air fhèin)* incur □ *tharraing e fearg a mhaighstir air fhèin* he incurred his master's anger □ *tharraing e an aire do neul dorcha air an fhàire* he drew their attention to a dark cloud on the horizon □ *bithidh tu air do tharraing thuice* you will be attracted to her / it *fem* □ *bha deatamachd na h-obrach gan tarraing chun na Beurla* the necessity of work attracted them to English □ *tha iad ag iarraidh cumhachd a tharraing thuca fhèin* they want to attract power to themselves 2. brew (of tea – *intrans*), distil □ *bha an tì a' tarraing* the tea was brewing □ *dèan an tì* infuse the tea □ *an do tharraing an tì fhathast?* has the tea brewed yet? 3. drag, draw, extract, haul, heave, pull, pump, tug – often accompanied by an approp. *prep / adv* □ *bha an cùrtair gun a tharraing* the curtain was undrawn □ *bha na cùrtairean air an tarraing* the curtains were drawn □ *tarraing anail* inhale □ *tarraing gu h-obann* jerk □ *tarraing air ais* retract, revoke □ *tarraing suas* draw up / marshal (troops etc.) □ *tharraing iad a-steach an cathraichean* they drew in their chairs … *is bitheamaid a' tarraing air an aon ràmh* … and let us pull together (lit. let's be pulling on the same oar) □ *tarraing à* (a) draw out of, abstract (*v*), tap □ *tha iad air an tarraing à trì buin* they are drawn from three sources □ *tharraing e a chlaidheamh às an truaill* he drew his sword from the sheath □ but note also: *tharraing e sgian ormsa* he drew a knife on me (b) chaff, tease □ *bha e a' tarraing aiste* he was teasing her 4. draw (with pencil etc.) □ *tarraing dealbh* depict, draw, limn, portray □ *tharraing e dealbh* he drew a picture 5. shuffle (of gait) draw away / out of etc. (with approp. *prep*) □ … *nuair a tharraing sinn a-mach às a' bhàgh* … when we drew out of the bay □ *feumaidh mi a bhith (a') tarraing* I'll need to go, 'head off'
tarraing, -e / tàirgne, tarraingean / tairgnean *nf & vn* of **tarraing** -drawing etc., and also: 1. draught (of liquid), haul, hitch, pull, traction, tug □ *tarraing analach* inspiration (breathing in) □ *tarraing na Talmhainn* gravity □ *tarraing obann* jerk □ *tarraing sìos* downward pull □ *thug*

e tarraing làidir air a' ghlainne uisge-bheatha he took a strong pull on the glass of whisky 2. remark mention, comment, reference, – usually in the phrase *thoir tarraing air* allude to, remark upon, refer to, comment upon, mention □ *thug e tarraing air an atharrachadh a thàinig air a' bhaile* he remarked upon the change that had come over the town □ ... *an duine air an tug mi tarraing roimhe* ... the fellow to whom I referred before / whom I mentioned before 3. appeal, attraction □ *bithidh iad seo nan tarraing don chloinn* these will appeal / be an attraction to the children 4. sketch (drawing) 5. distillation, extract □ *tha e a' sgrìobhadh air tarraing is coimeasgachadh uisge-bheatha* he is writing about the distillation and blending of whisky 6. note also the idiom: *tarraing às* banter, teasing

tarraing-banca bank draft

tarraingeach, -iche *a* attractive, catchy, magnetic □ *bha falt bàn tarraingeach oirre* she had attractive fair hair □ *bha e a' coimhead cho tarraingeach 's a bha e riamh* it was looking as attractive as ever □ *chan eil e cho tarraingeach do chloinn* it isn't so attractive to children

tarrangaich, -achadh *v* nail □ see **tàirngnich**

tàrrsainn *nm & vn* of **tàrr** salvage

tarsaing □ a common variation of **tarsainn** (q.v.) □ *rach tarsaing* cross (go across) □ *cuir tarsaing air* cross (put something across a gap / river etc.)

tarsainn *a* perverse, peevish, traverse □ *aig àmannan tha e glè tharsainn* at times he's very perverse

tarsainn *adv* across, transversely, obliquely – also *prep* across – though more usually now **tarsainn air** *prep* across, over □ *thug mi sùil luath tarsainn orra* I gave them a quick look over (lit. I gave a quick look over on them) □ ... *gun drochaid tarsainn orra* ... without a bridge over them □ *chuir e aon chas tarsainn air an tè eile* he crossed one leg over the other (one) □ *bha maide tarsainn air an doras* there was a stick across the door □ *tharraing e a làmh tarsainn air a sgòrnan* he drew his hand across his throat □ *chaidh a' chuideachd tarsainn air an abhainn* the company crossed the river

tarsannan, -ain, -an *nm* cross member, rafter, rung, spar, spoke, transom

tart, tairt *nm* drought (extreme thirst), thirst

tartar, -air, -an *nm* throb, throbbing, clatter, clash

tartarach, -aiche *adj* clamorous, loud, noisy

tartmhor *a* droughty, thirsty □ *bi tartmhor* thirst (*v*)

tartmhorachd *nf* thirstiness

tasgadair *nm* agent of deposition (geog.)

tasgadh, -aidh, -aidhean *nm & vn* of **taisg** hoarding etc., deposit, deposition, investment, reserve, reservoir □ *cuir an tasgadh* lay up

tasgaidh, -e, -ean *nf* treasure, hoard

tasg-lann *nf* archives library

tastan, -ain, -an *nm* shilling □ *bidh sin trì tastain* that will be three shillings □ *bonn dà thastan* a florin

tatadh, -aidh *nm & vn* of **tataidh** fondling etc.

tataidh, tatadh *v* □ same as **tàlaidh** *v*

tàth, -adh *v* 1. cement, splice, weld □ *tàth le prais* braze □ *tàth ri chèile* link *v* 2. stick, adhere *intrans*

tàthach, -aich *a* that sticks, cements

tàthachadh, -aidh *nm & vn* of **tàthaich** coalescing

tàthadh, -aidh *nm & vn* of **tàth** cementing etc., bonding, coalition, welding □ *tàthadh iarainn* soldering

tàthaich, -achadh *v* coalesce

tathaich, tathaich *v* frequent, haunt, visit (usually no *prep*, but sometimes **ann an** etc. is used of places □ ... *a tha a' tathaich nan rìoghachdan seo againne* ... which visit our countries □ *bha iad a' tathaich anns na h-eileanan* they were visiting the islands

tathainn, tathainn / tathann *v* offer □ *tha mi ag iarraidh obair a thathainn ort* I wish to offer you employment □ ... *nuair a thathainn i tì air* ... when she offered him tea □ *bithidh cùrsa ùr ga thathainn san Dàmhair* a new course will be offered in October

tàthan, -ain, -an *nm* hyphen

tathann, -ainn *nm* yelp □ *dèan tathann* yelp – also **tabhann**

tàthas, -ais *nm* tawse

tàthchuid, tàthchodach, tàthchodaichean *nf* ingredient

tàthte *pp* bonded, solid □ *còmhdaichte le leathar tàthte* bound in bonded leather

tatù, -ùthan *nm* tattoo

TBhA *abbr* for **Telebhisean na h-Alba** STV (Scottish Television)

td *abbr form* of **taobh-duilleige** *nm* page (of a book etc.), the plural being **tdd** □ *tha an fhreagairt air td 23* the answer is on page 23 □ *tha 30 tdd gu lèir ann* there are 30pp altogether in it

tè *indef pron fem* one (*fem* person / object) □ *nam biodh tu a' reic tè* if you were selling one (*fem* object) □ *aig toiseach na h-aona farpais agus aig deireadh na h-ath thè* at the end of [the] one competition and at the beginning of the next one □ *tè dhonn* brunette □ *tè de shliochd* (female) descendant □ *tè bheag* nip (of whisky) □ *tè eile* one more (*fem* person / object)

tè-eigin *indef pron* someone *fem*, some woman, some female – note that **eigin** usually now combines with words without the use of a hyphen, except where the leading word ends in a vowel – thus: **cuideigin** and **feareigin** (q.v.)

tea *nm* □ same as **teatha**

teabachdainn *nm* used as a *vn* □ *a' teabachdainn* hesitating, in two minds

teabadach, -aiche *a* hesitant □ *le ceuman teabadach* with hesitant steps □ *chuir e meur theabadach air* he put a hesitant finger on it

teabadaich *nf* lisping, faltering □ *anns an teabadaich* in a hesitating condition, in two minds—also **a' teabachdainn** in this last sense

teachd, teachd *v* fit in, have space or room for □ *cha teachd e an seo* it won't fit in here

teachd *nm & alt vn* of **thig** coming, arrival □ as a *vn* used only in a few set phrases □ *tha àm seinn nan eun air teachd* the time of the singing of the birds has come □ *a' feitheamh ri teachd an t-samhraidh* awaiting the arrival of summer □ *is esan a thug sin gu teachd* it was he that brought that about □ *teachd an làthair* appearance □ *ciad theachd a-mach* début □ *teachd a-nuas* descent □ *teachd a-steach* entrance, entry (coming in), income □ *teachd a-steach (do dhùthaich)* immigration □ *ri teachd* forthcoming, prospective □ *na linntean ri teachd* posterity □ *anns an àm ri teachd* in the time to come, in the future □ *gus teachd* imminent

teachd-an-tìr *nm* subsistence, livelihood, living □ *bha iad a' toirt an teachd-an-tìr bho mhuir is fearann* they were taking their livelihood from sea and land □ *faigh teachd-an-tìr* find / make a living / livelihood **t.-a-steach** *nm* income, revenue, takings □ *teachd-a-steach nàiseanta* national income **t.-geàrr** *nm* shortcoming □ *a' cur teachdan-geàrr às a leth* accusing him of shortcomings □ *bha iad a' feuchainn ri lorg fhaighinn air teachdan-geàrr* they were trying to find evidence (traces / vestiges) of shortcomings

teachdail *a* future (in grammar) □ *tràth teachdail* future tense

teachdaire, -ean *nm* courier, delegate, emissary, harbinger, herald, messenger, missionary, preacher □ *teachdaire a' Phàp* legate □ *teachdaire (on Phàpa)* nuncio

teachdair(e)-le-cumhachd *nm* plenipotentiary

teachdaireachd *nf* despatch, legation, message, mission, tidings □ *teachdaireachd bheòil* an oral message □ *thuirt e gun cuireadh e an teachdaireachd thuige* he said that he would would send the message to him □ *chuireadh e air teachdaireachd dìomhair* he was sent on a secret mission □ *tha teachdaireachd ann a seo do na h-uile duine* there's a message here for everybody

teacs(a), -aichean *nm* text

teacs-leabhar *nm* text-book

teacsail *a* textual

teadaidh, -ean *nm* teddy

teadhair, teadhrach, teadhraichean *nf* tether, rope □ *air theadhair* on a rope / on a tether □ *bha cù mòr aige air theadhair* he had a huge dog on a tether □ *air a cheangal le teadhair* fastened by a tether

teadharaich, -achadh *v* tether

teagaisg, teagasg *v* educate, initiate, instil, instruct, lecture, teach, train □ *...mar a chaidh (a) theagasg dhomh ...* as I was taught (lit. as was taught to me) □ *bhiodh e a' teasgasg dhaoine mar a dhèanadh iad dràibheadh* he used to teach people how to drive □ *bha iad a' teagasg cuid den t-sluagh ann an leughadh agus ann an sgrìobhadh* they were instructing some of the people in reading and in writing

teagaisg *a* pedagogic(al), teaching □ *cùrsa teagaisg* a teaching course

teagamh, -aimh, -an *nm* doubt, misgiving, scruple, suspense □ *gun teagamh* assuredly, doubtless, undoubted, undoubtedly □ *gun teagamh (sam bith)* without (any) doubt □ *cha robh teagamh air nach b'e seo an duine* there wasn't any doubt that this was the man (note that **teagamh** is followed by a *neg verb* – lit. that this wasn't etc.) □ *cha robh an teagamh bu lugha ann* there wasn't the slightest doubt □ *chan eil teagamh agam nach e an t-eilean seo an t-àite as bòidhche air an t-saoghal* I have no doubt that this island is the most beautiful place in the world □ *a dh'aindeoin a theagamhan* despite his misgivings □ *tha e ceart teagamh a bhith againn* it's right for us to have doubts / misgivings

Idioms: *cuir (rudeigin) an teagamh* doubt (something), question (= doubt) □ *cuir teagamh ann* demur, doubt □ *... ach chuir e teagamh ann ...* but he demur-red □ *cha tàinig e a-steach air teagamh a chur anns na h-òrduighean* it didn't occur to him to doubt the orders □ *cha bhiodh e ceart cus teagaimh a chur annta* it wouldn't be right to doubt them too much (lit. to put too much [of] doubt in them) □ *cuir (cuideigin) an teagamh* baffle (somebody) □ *bi an teagamh* boggle (*v*)

theagamh / a theagamh *adv* perhaps □ *theagamh gum b'e eud a bha ga bhioradh* perhaps it was envy that was vexing him

teagasg, -aisg *nm & vn* of **teagaisg** teaching etc., doctrine, instruction, moral, pedagogy, teaching, tuition □ *... airson an deagh theagaisg a fhuair e aige ...* for the fine teaching which he received from (lit. at) him

teagasgach *a* tutorial

teagmhach, -aiche *a* apocryphal, doubtful, dubious, questionable, quizzical, scrupulous, tentative □ *àite teagmhach* grey area □ *bha e glè theagmhach gum bitheadh iad air ais ro bhriseadh an latha* it was very doubtful that they would be back before daybreak □ *bha mi gu math teagmhach as a' chùis* I was rather doubtful of the matter

teaghlach, -aich, -aichean *nm* family, household □ *a bheil teaghlach agaibh?* do you have a family? □ *bha triuir de theaghlach aca* they had three of a family □ *bha seachdnar de theaghlach ann* there were seven of a family – but note the idiom: *bha iad ann seachdnar* there were seven of a family □ *thug an teaghlach orra dhachaigh* the family went home □ *cha robh duine teaghlaich aca* they had no family (lit. they didn't have a person of family at them) □ *... a' togail teaghlach ghillean ...* raising a family of boys □ *thug e seachad ainm gach duine teaghlaich a bha aca* he gave the name of every member of family they had

teaghlachail *a* domestic

teaghlachas, -ais *nm* domesticity

teallach, -aich, -aichean *nm* fireside, hearth □ *teallach ceàrdaich* forge

teama, -aichean *nf* theme □ *tha am fearealain a' sìor lorg teamaichean ùra* the artist is continually seeking new themes

teampall, -aill, -aill *nm* temple (relig.)

teanachd, teanachdadh / teanachdainn *v* save (very uncommon) □ *bha e air a theanachdainn* it had been saved

teanchair, -ean *nm* forceps, pincers, vice (instrument)

teanamant, -aint, -an *nm* tenement

teang-lann *nf* language laboratory

teanga, teangaidh, teangan(nan) *nf* □ *dat =* **teangaidh** language (speech), tongue, spit (of land) □ *leig teanga a-mach* loll the tongue □ *teanga daimh* ox-tongue □ *leig e ruith le a theanga* he let his tongue run away with him □ *leum mo theanga orm* my tongue slipped □ *bàrr na teangaidh* [the] tip of the tongue □ *bha e air bàrr mo theangaidh* it was on the tip of my tongue

teang'-a-chon *nf* hound's tongue (plant)

teanga-mhìn *nf* dead nettle **t.-na-nathrach** *nf* adder's tongue fern

teangach, -aiche *a* loquacious, talkative

teann, -adh *v* 1. begin, commence, start (+ **ri(s)** before a *vn*) □ *theann na cuileagan ri laighe air an uisge* the flies began to land on the water □ *dh'fheumadh e teannadh ri a theachd-an-tìr a chosnadh* he had to start to earn his livelihood □ *bha e a' teannadh ris an fhuachd fhaireachadh tron chòta* he was beginning to feel the cold through the coat 2. draw near, approach, verge (+ **air** or **ri / ris**) □ *chuir e fios thuca gun robh nàimhdean a' teannadh orra* he sent information that enemies were approaching them □ *theann iad na b'fhaisge air blàths an teine* they drew nearer the warmth of the fire 3. proceed, go □ *theann a ceum ris na cnuic* she walked towards the hillocks (lit. her step proceeded towards etc.)

teann, teinne *a* 1. near, close (+ **air** to) □ *bha e na shuidhe teann air an uinneig* he was sitting close to the window / near the window □ *... a bha aig a' cheann bu teinne orra ...* which was at the end nearer them 2. compact, costive, fast, firm, hard (also *adv* hard), intense, solid, taut, tense, tight □ *bha iad air an ceangail gu teann ri chèile* they were tied tied tightly together □ *gun a bhith teann* slack (of a rope etc.) □ *dèan* *teann* fix □ *glac teann* hug 3. austere, severe, strict, stringent 4. *adv* hardly, not likely □ *teann gu bheil!* not likely! you're joking!

teann-bheulach *a* close-mouthed □ *bha e glè theann-bheulach* he was very close-mouthed **t.-dhealbh** *nm/f* close up (photograph) **t.-stuth** *nm* solid

teannachadh, -aidh, -aidhean *nm & vn* of **teannaich** compressing etc., 1. brace, fastening 2. compression, constriction, contraction, shrinking, shrinkage 3. pressure, suspense, strain, tension □ *làn teannachaidh is togail* full of suspense and excitement

teannachadh-innidh *nm* constipation

teannaich, -eachadh *v* brace, clinch, compress, contract, crowd, fasten, harden, impact, jam, rivet, squeeze, strain (make painful, difficult etc.), shrink, tauten, tighten, make tight, become tight, tweak □ *teannaich le geinn* wedge □ *theannaich an ròpa gu h-obann* the rope tightened suddenly

teannaichte *pp* compressed, contracted, crowded etc.

teannaire, -ean *nm* strainer (for fence)

teanntachd *nf* austerity, difficulty, distress, strait(s), tension, trouble □ *bha e a-nis ann am fìor theanntachd* he was now in dire straits

teanntachd-cuim *nf* constipation

teanntachd-uachdair *nf* surface tension

teanor, -oir, -an *nm* tenor (mus.)

teans(a), -aichean *nm* chance (see **cothrom**)

teanta, -aichean *nf* tent

tèarainn, tèarnadh *v* 1. evade, escape 2. deliver, rescue, save □ *thàinig Iosa Crìosta don t-saoghal seo a thèarnadh pheacach* Jesus Christ came to this world to save sinners

tèarainte *pp* saved, safe, secure (note that there is only one **n**, while **tèarainn** has two) □ *tha i na cala thèarainte* it is a safe harbour □ *fhuair sinn tèarainte thairis* we got safely across □ *prìosan tèarainte* a secure prison

tèarainteachd *nf* safety, security □ *ràinig sinn ar ceann-uidhe an tèarainteachd* we reached our destination in safety □ ... *airson barrachd tèarainteachd* ... for greater security □ *cha robh nì a dhìth air a thaobh tèarainteachd* it lacked nothing with regard to security

tearb, -adh *v* separate (uncommon) □ ... *ma ghabhas iad an tearbadh o chàch* ... if they can be separated from the rest – used

of separating sheep (by dog) or of weaning lambs.

tearbadh, -aidh *nm & vn* of **tearb** separating etc.

tearc, teirce *a* few, rare, scant, scarce, sporadic, unfrequent □ *tha iad a' fàs nas teirce* they are growing scarcer □ *aig an àm ud bha lighichean tearc* at that time doctors were scarce □ *rudan tearca* scarce items □ *gu tearc* rarely, seldom □ but note that the **gu** is dropped when **tearc** is used with the *assertive verb*: *is tearc a chithear e* it is seldom seen (lit. it is seldom that it will be seen) □ *bu tearc a chìte feòil air a' bhòrd* meat was seldom seen on the table □ *is ann tearc a gheibhear e* it will rarely be found

tearc-eun *nm* phoenix

tearm, -aichean *nf* same as **teirm**

tearm, -aichean *nm* therm

tearmach *a* thermal

tèarmainn, tèarmann *a* protect, defend

tèarmann, -ainn *nm & vn* of **tèarmainn** protecting etc. protection, refuge, retreat, safeguard, sanctuary, shelter refuge □ *tèarmann ainmhidhean* game reserve □ *tha e na thèarmann do dh'eòin* it is a sanctuary for birds □ *dh'fheuch iad ri ionad tèarmainn fhaotainn* they tried to find a place of refuge □ *chan eil sinn air tèarmann èifeachdach a bhuileachadh orra* we have not granted them an effective refuge

tèarmannach, -aiche *a* protective

tearmas, -ais, -an *nm* thermos

tearmastad, -an *nm* thermostat

teàrn, -adh *v* □ an *alt form* of **teirinn** descend □ *theàrn an ceò air a' bheinn* the mist descended upon the mountain □ ... *mar a theàrnas seabhag às an adhar* ... as a hawk descends from the sky

teàrn, -adh *v* an *alt form* of **tèarainn** deliver

eàrnadh, -aidh, -aidhean *nm* 1. *vn* of **tèarainn** saving etc., deliverance, delivery, escape, rescue 2. *vn* of **teirinn** descending etc., declension, declivity, descent, gravitation

teàrnaidh *a* saving □ *gràs teàrnaidh Dhè* the saving grace of God

teàrr, tearradh *v* tar, cover with tar

teàrr, -a *nf* tar

teàrrach, -aiche *a* tarry

tearradh, aidh *nm & vn* of **teàrr** tarring

tearraidich, eachadh *v* examine, inspect

tearraideachadh *nm & vn* of **tearraidich** examination, inspection □ *rinn i tearraideachadh air* she inspected it

teàrrte *pp* tarred

teas *nm indec* heat, hotness □ *teas deàlrach* radiant heat □ *teas-chlach* igneous rock □ *teas na grèine / an teine* [the] heat of the sun / the fire □ *bha iad air an cur ris an teine airson teas a thoirt dhaibh* they were put up to the fire to give them heat □ *am fear nach cuir ri latha fuar cha bhuain e ri latha teth* he who does not sow in cold weather will not reap in hot weather (proverb)

teas-dhìon *nm* heatshield t.-ghràdh *nm* (emotional) devotion t.-lorg *nf* heat detection t.-mheidh *nf* thermometer

teasach, -aich, -aichean *nf* fever □ *an teasach bhuidhe* the yellow fever □ *an teasach dhearg* the scarlet fever □ *teasach an t-siataig* rheumatic-fever □ *an teasacheanchainne* meningitis

teasach *a* calorific

teasaich, -achadh *v* heat □ *theasaich e an t-uisge* he heated the water

teasairg, teasargainn / teasairginn *v* □ same as teasraig

teasairginn *nf & vn* of teasairg rescuing, rescue

teasargainn *nf* □ same as teasairginn

teasaras, -ais, -an *nm* thesaurus

teasg, -adh *v* amputate, cut off

teasgadh, -aidh *nm & vn* of teasg amputating etc., amputation

teasraig, teasraiginn / teasraigeadh *v* preserve, protect, save □ *tha seo na dhòigh air biadh a theasraigeadh* this is a way to preserve food □ *bu chòir dhuinn àiteachan mar seo a theasraigeadh* we ought to preserve places like this

teasraiginn □ *alt vn* of teasraig preserving etc.

teasòras, -ais, -an *nm* thesaurus

teatha, -achan *nf* (also tì) tea □ *cupa teatha* tea-cup

teich, -eadh *v* (often with air falbh) abscond, desert (army etc.), elope, escape, flee, fly, retreat, run, secede, step down, withdraw □ *fear a theich* deserter □ *teich air* escape from, flee from □ *ghlac mi caora a theich air mo nabaidh* I caught a sheep which had escaped from my neighbour □ *theicheadh iad le uamhann nuair a nochdadh e* they would flee in (lit. with) terror when he appeared □ *theich e orm* he fled from me □ *'s ann ri tèarainteachd a' bhaile a theich iad* it was to the security of the town that they fled □ *theich an cù orra* the dog ran away from them (see air)

teiche *nm* □ an *alt form* of teicheadh *nm*

teicheach *a* recessive

teicheadh, -idh *nm & vn* of teich desertion, escape, flight □ *cuir air teicheadh / cuir teicheadh air* put to flight / cause to flee □ *cuiridh sin teicheadh orra* that will put them to flight □ *chuir iad an nàimhdean air teicheadh* they put their enemies to flight

teichidh *a* escape □ *doras teichidh* loophole

teicneolach, -aich, -aich *nm* technician

teicneolach, -aiche *a* technical

teicneolaiche, -ean *nm* technician □ *teicneolaiche fuaim* a sound technician

teicneolas, -ais *nm* technology □ *teicneolas leusair* laser technology

tèid *fut dep form* of rach (q.v.)

tèile □ a form of tè eile (see tè)

teile, -ean *nf* lime tree, lime fruit, linden tree □ *sugh teile* lime juice

teile- *pref* tele-

teile-chlò-bhualadair / teile-chlòbhualtair / t.-chlòthair *nm* teleprinter t.-chomhluadar / t.-cho-luadar *nm* telecomrnunications t.-fhaireachdainn *nf* telepathy t.-fhios *nm* telecommunications

teileagraf, -an *nm* telegraph

teileagram, -aim, -an *nm* telegram

teilebhisean, -ein, -an *nm* television □ see telebhisean

teilefon, -oin, -an *nm* telephone

teilesgrìobhadh, -aidh *nm* teletext

teine, teintean *nm* fire □ *cuir na theine / cuir teine ri* fire, ignite □ *teine dealain* an electric fire □ *teine lasrach* blaze □ *teine gas* gas-fire □ *cuir na theine* inflame □ *gabh teine* take fire, kindle *intrans* □ *bha an teine air a dhol às* the fire had gone out □ *cuir an teine thuige* kindle the fire □ *cha robh an teine air a chur thuige* the fire had not been kindled □ *tha mi duilich nach eil teine air* I'm sorry there isn't a fire on □ *bha an teine a' gabhail* the fire was taking □ *bha an taigh na theine* the house was on fire □ *suidh sìos ris an teine* sit down at the fire

tein-aighear *nm* / tein-èibhinn bonfire

teine-chaithreamh *nm/f* fire-alarm t.-dè, an t.-dè St. Anthony's Fire, shingles, erysipelas t.-dhìonach *a* fire-proof t.-ghealan *nm* phosphorescence t.-mònach *nm* peat-fire □ *cho blàth ri teine-mònach* as warm as a peat-fire t.-sionnachain *nm* phosphorescence □ *chunnaic mi teine-sionnachain ann an uisge na stiùireach againn* I saw phosphorescence in our wake

teinn, -e *nf* adversity, distress, extremity, hardship □ *ann an teinn* in a jam / predicament □ *thàinig iad an seo an teinn* they

came here in distress □ *an aimsir carraid agus teinne* in time of trouble and distress
teinne *nf* intenseness, severity, solidity
teinneachadh, -aidh *nm & vn* of **teinnich** intensifying
teinnead, -eid *nm* tightness
teinnich, -eachadh *v* intensify
teinnteach, -iche *a* fiery, igneous □ *mar àmhainn theinntich* like a fiery furnace □ *ann am fàsach theinnteach gainmhich* in a fiery, sandy desert
teinnteach-dhearg *a* fiery-red □ *bha a' ghrian na ball mòr teinnteach-dhearg* the sun was a great fiery ball □ *'s e daoine teinnteach tuasaideach a th'annta* they are a fiery, quarrelsome people
teinntidh, -e *a* □ same as **teinnteach**
teintean, -ein, -an *nm* hearth □ *bha iad nan suidhe timcheall air cloich an teintein* they were sitting round the hearthstone
teip, teipichean *nf* tape □ *teip ciadameatair* centimetre tape □ *teipichean ionnsachaidh* learning tapes □ *teip steigeach* sticky tape
teip-chlàradair *nm* tape-recorder
teip-sùla *nm* videotape
teirce *nf* fewness, scarcity
teircead, -eid *nm* fewness, thinness
teirig, teireachdainn *v* 1. run out, be exhausted, be spent □ *... gus an do theirig a' mhin ...* until the meal ran out □ *... mun teirig a' ghineal seo ...* before this generation is spent 2. go □ *na teirig nas fhaide!* don't go any further! 2. see also **theirig** *def v*
teirinn, teàrnadh *v* alight, descend, come down, dismount, go down, gravitate □ *theirinn e am balla* he climbed down the wall □ *... is fhasa teàrnadh na dìreadh* descending is easier than ascending / it is easier to descend than to ascend □ *chuala mi iad a' teàrnadh na staidhre* I heard them coming down the stairs / downstairs
teirm, -ichean *nf* term (school, period of office, expression) □ *ann an teirm an t-samhraidh* in the summer term □ *rinn e liosta de theirmichean maraireachd* he made a list of nautical terms
teis-meadhan *nm* very centre, very middle □ *ann an teis meadhan + gen* at the heart of, in the very centre of □ *ann an teis-meadhan a' bhaile* in [the] very centre of the town □ usage appears to differ greatly, some people leniting the second element, some slenderising the second element, and some doing both! – thus you may find: **na theis-mheadhan / na theis-meadhain / na theis-mheadhain** for 'in its very

centre' *masc subj* – however, I suggest that neither is required: **na theis-meadhan**
teist, -e, -ean *nf* reputation, character □ *thoir teist air* describe the character of □ *tha e a' toirt teist air an àite* he describes the character of the place
teisteanas, -ais, -an *nm* certificate, evidence, reference, testimonial, testimony, voucher
teisteas, -eis *nm* attestation, credentials (also **litrichean teisteis** credentials), diploma
teisteachadh, -aidh *nm & vn* of **teistich** certifying
teisteil, -e *a* creditable
teistich, -eachadh *v* certify
telebhisean, -ein, -an *nm* television □ *air an telebhisean* on the television □ *is e seo linn an telebhisein* this is the age of television
teò, teòdhadh *v* □ see **teòdh**
teò-chridheach *a* affectionate, cordial, pitiful, warm-hearted **t.-chridheachd** *nf* cordiality, warm-heartedness **t.-thaigh** *nm* hothouse
teòclaid, -e, -ean *nf* chocolate
teodolait *nm* theodolite
teòdh, teòdhadh *v* heat, warm □ *teòdh ri(s)* warm to
teodhachd *nf* □ see **teothachd**
teòidh □ see **teò**
teoiric, -ean *nf* theory □ *teoiric na daimheachd* [the] theory of relativity
teoirim, -ean *nm* theorem
teòma *a* 1. willing, ready, apt □ *tha iad fada nas teòma a-nis gus a' Ghàidhlig a chleachdadh* they are far more willing now to use [the] Gaelic 2. adept, dexterous, expert, ingenious
teòmachd *nf* dexterity, expertness, ingenuity
teoraidh *nf* theory □ same as **teoric** *nf*
teothachadh, -aidh *nm & vn* of **teòthaich** warming
teothachd *nf* temperature
teothachd-fàis *nf* growing point **t.-meadhain** *nf* mean temperature
teothaich, -achadh *v* warm
teotha *comp of* **teth**
teth, teotha *a* hot (*pl form* is **teithe**) □ *sheòl iad mu dheas gu na tìrean teithe* they sailed south to the hot lands □ *anns na fàsaichean teithe* in the hot deserts □ *botal teth* hot-water-bottle
teud, -a, -an *nm/f* chord, string (of mus. instrument), wire □ *teud fìdhle* fiddle string
teudach *a* stringed (of instruments)
teudachadh, -aidh *nm & vn* of **teudaich** stringing

teudag, -aige, -an *nf* muscle fibre
teudaich, -achadh *v* string
teudaichte *pp* stringed
teum, -a, -annan *nm* 1. bite, snatch
2. whim, caprice (both uncommon now)
teum, -adh *v* 1. bite, nip, sting, wound
2. entice, beguile 3. splice, join □ *... tha e
a' teumadh saoghal an latha an-diugh ris
an t-saoghal a dh'fhalbh ...* it joins the
world of today to the world of the past (lit.
the world that has gone)
teumadh, -aidh *nm & vn* of **teum** biting
etc., nip
teusas, -ais *nm* thesis
tha *present tense* of *verb* **bi** (q.v.)
thà, ged thà *conj* though □ used elliptically,
as follows: *aon rud ged thà ...* one thing,
though ... □ *'s e a bha a' cur dragh air
mòran, ged thà, nach robh a leithid a rud
ann ri faclair Gàidhlig gu Gàidhlig* what
bothered many, though, was that there
wasn't such a thing as a Gaelic to Gaelic
dictionary
thàinig *past tense indep active* of *irreg v*
thig

---

thairis *adv* across, over □ *mum biodh
am mìos thairis* before the month was
(i.e. would be) over □ *cuir thairis*
1. export, transfer 2. overflow – also *bi
a' cur thairis* teem □ *bha an oifis a' cur
thairis le òrduighean* the office was
overflowing with orders □ *bha an t-àite
a-nis a' cur thairis le saighdearan* the
place was now teeming with soldiers □
tha e gu leigeil / gu toirt thairis he is
dead-beat □ *gabh thairis* take over □
bidh cuid dhiubh air an gabhail thairis
some of them will be taken over □ *rach
thairis* pass, transgress □ *thoir thairis*
1. transfer *v* 2. tire oneself out □ *thug e
thairis* he tired himself out □ *bha mi
air glan thoirt thairis* I was completely
exhausted □ *toirt thairis* transfer *noun*
3. *thoir thairis + inf* = give up, give
over, stop □ *thug e thairis a bhith a'
feuchainn ri a chuideachadh* he gave
up [being] trying to help him (see also
under **thoir**)
thall thairis *adv* overseas, abroad (see
thall)
a-nall thairis *adv* from overseas / from
abroad (see **a-nall**)
a-null thairis *adv* movement abroad /
movement overseas (see **a-null**)

---

thairis air 1. *prep* across, over □ *bha i
a' sealltainn thairis air mo ghualainn*
she was looking over my shoulder □
leum e thairis air an abhainn he
jumped across the river □ *tha thairis
air leth-cheud mìle ball againn* we
have over fifty thousand members □
rach thairis air exceed, transcend □
*thèid am beatha thairis air nithean
làitheil* their lives will transcend
everyday matters □ *rach thairis air*
cross (over) □ *chaidh sinn thairis air
an drochaid* we crossed (over) the
bridge □ *cha robh fhios againn gum
bitheadh ar slighean a' dol thairis air
a chèile a-rithist* we didn't know that
our paths would cross [each other]
again □ *bha sinn air a bhith thairis air
a seo a cheana* we had been over
this already □ *bha e a' dol thairis na
inntinn air a h-uile duine san àite* he
was going over in his mind every per-
son in the place □ *bha e an sàs ann am
mòran ghnothaichean ionadail thairis
air na bliadhnachan* he was engaged
in many local affairs over the years □
cuir / ruith thairis air overrun
2. *thairis air prep pron* over him / it *masc*

---

thairte *prep pron* of **thar** (q.v.) over her / it *fem*
thall *adv* on the other side, beyond,
yonder □ *air taobh thall + gen* beyond, on
the far side of □ *air taobh thall na gealaich*
on the far side of the moon □ *ceann thall*
extreme □ *aig a' cheann thall* in the long
run □ *mu dheireadh thall* eventually □
chaochail e thall an sin he died over there
(in a foreign country) □ *bha e thall an
Ameireaga* he was over in America □ *a
bheil thu a' faicinn an eilein sin thall?* do
you see that island over there? □ *bha iad
a' ruith thall 's a-bhos* they were running
hither and thither (lit. thither & hither) □
chì thu dealbh air an duilleig thall you
will see a picture over the page (lit. on
the page over) □ *bha sinn gus a bhith aig
a' cheann thall den bhealach* we were
almost at the far end of the pass □ but note
also: *bha sin na b'fheàrr dhuinn aig a'
cheann thall* that was better for us in the
long run
thalla *def v* □ in the imperative *form*
only (*pl & polite* **thallaibh**) 1. go, go
away □ *thalla 's faigh an t-òrd* go and get

the hammer 2. get away with you! (don't
talk nonsense etc.)
thàna □ a variant of **thàinig** *past tense
indep active* of *irreg v* **thig** (q.v.)

thar *prep + gen* across, beyond, over □
òirleach thar òirlich inch by inch □
thar tomhais beyond measure □ *thar
a' chumantais* out of the ordinary,
extraordinary □ *duine fad-lèirsinneach
thar a' chumantais* an extraordinarily
far-sighted man □ *thar a' chaolais* over
the strait □ ... *thar a h-uile nì eile* ...
above all else (lit. beyond every other
thing) □ ... *ach, thar gach nì, dh'iarra-
maid* ...... but, above all, we would
ask ... □ *thar chnoc is ghleann* over hill
and dale (lit. over hills and valleys) □
thar lear overseas □ *thar stoc / thar
bòrd* overboard □ note that the *gen
case* is not employed in the latter two
examples □ *thar a' chiad trì seach-
dainean den Iuchar* over the first three
weeks of July □ *tha e air a bhith a' toirt
an aire dhaibh thar nam bliadhnachan*
he has been observing them over the
years □ *fada thar crìochan an eilein* far
beyond the confines of the island □
rach thar pass, go beyond □ *rach thar
chrìochan* trespass □ *tha sin thar mo
chomais* that is beyond my power □
streap mi thar a' bhalla I climbed over
the wall □ *chaidh iad a-null thar an
aiseig* they went [across] over the
ferry / they crossed over the ferry □
thàinig e thar a' bhealaich he came
over the pass □ *chaidh iad thar na
crìche* they went over the border / they
crossed the border □ *nochd e thar
gualainn a' chnuic* he appeared over
the shoulder of the hill □ *chuir iad
acair thar an deiridh* they put an
anchor over the stern □ *thilg iad na
bogsaichean thar na cliathaich* they
threw the boxes over the side □ *sin
an cnap-starraidh thar am feum
sinn ar casan a thogail* that is the
stumbling block over which we must
lift our feet
thar forms its *prep prons* thus (though
they are now rather uncommon):
tharam over me **tharad** over you *sing*
thairis air over him / it *masc* **thairte**
over her / it *fem* **tharainn** over us

tharaibh over you *pl & polite* **tharta**
over them
The *emph forms* of the above are:
**tharamsa, tharadsa, thairis airsan,
thairtese, tharainne, tharaibhse,
thartasan**
thar a chèile *adv* 1. at variance, in
dispute (but see also below under
thar cheann) □ *tha daoine a' dol thar
a chèile a' deasbad mun chùis seo*
people are falling out over this matter
2. in disorder, in confusion, agitated □
cuir thar a chèile disarrange, confuse
cf. **troimh-chèile**
thar cheann *adv* on average, overall,
taken all together □ *tha na dàin, le
bhith gan gabhail thar cheann* ... the
poems, taking them overall ... -also
thar a chèile □ ... *ach thar a chèile is
e astar na gealaich bhuainn 240,000
mìle* ... but on average the distance of
the moon from us is 240,000 miles
thar is sometimes used instead of **air /
ar** in counting □ *deich thar fhichead*
thirty □ most commonly found with
the ordinal numbers: *an trìtheamh
salm thar an fhichead* the 23rd psalm
thar-a-chòrr / thar-a-chòir *a* superflu-
ous, too much **th.-astar-fuaim**
supersonic

**tharam / tharad / tharainn / tharaibh /
tharta** *prep prons* of **thar** (q.v.)
thatar / thathar / thathas it is being □ *mus
cuir mi mo chuibhreann fhèin ris na thatar
air a ràdh mar tha* ... before I add my own
tuppence worth to what has already been
said ... (see **bi**)
theab *def v* □ exists in the *past tense* only –
Active: **theab** did almost □ *theab
mi tuiteam* I almost fell □ *an do theab e
tuiteam?* did he almost fall? □ *theab
e bàsachadh* he almost died □ *O, theab mi
dìochuimhneachadh* Oh, I almost forgot □
theab thu mo bhualadh you almost hit me □
theab mi dhol ann I almost went (there) □
theab mi gun a dhol ann idir I almost
didn't go at all □ ... *far na theab i dhol air
na creagan* ... where she (the boat) almost
went on to the rocks □ *theab i an uinneag
a bhriseadh* she almost broke the window □
*theab mi buille a thoirt dha air clàr an
aodainn* I almost punched him right in the
face □ note: *theab nach deach e dhachaigh*

gun chas bhriste he almost went home with a broken leg □ the *Passive Voice* has two forms **theabas / theabadh** □ *theabas an glacadh uair no dhà* they were almost caught once or twice (lit. almost was done their catching) □ *an do theabas an glacadh?* were they almost caught? □ *theabadh a bhàthadh* he was almost drowned □ ... *far an do theabadh am faicinn* ... where they were almost seen □ note its use in the following proverb: *cha do rinn 'theab' cron riamh* 'almost' never did any harm
thèid *fut tense* of **rach** (q.v.)
their / theirteadh / theirear □ see. *irreg v* **abair**
theirig *def v* used in *imperative form* only (*pl* **theirigibh**) go – for other moods and tenses see *irreg v* **rach**

---

thig, tighinn *irreg v* 1. arrive, come
This *verb* is irregular in the Past tense, the Independent Future tense and the Relative future.

ACTIVE VOICE:

Past tense

1. Indep.: **thàinig e** he came
2. Dep.: **an tàinig i?** did she come?
   cha tàinig thu you didn't come
   nach tàinig iad? didn't they come?

Future tense

1. Indep.: **thig mi** I shall come
2. Dep. (reg.): **an tig iad? thig / cha tig.** will they come? yes / no.

Relative future: **ma thig e** if he comes

Imperfect / conditional tense

1. Indep.: **thiginn** I would come
   thigeadh tu you would come
2. Dep.: **an tiginn?** would I come?
   an tigeadh tu? would you come?
   cha tiginn I wouldn't come **cha tigeadh tu** you wouldn't come
   nach tiginn? wouldn't I come?
   nach tigeadh tu? wouldn't you come?

Basic examples: *thàinig e don doras* he came to the door □ *an tàinig Màiri an-raoir? thàinig / cha tàinig* did Mary arrive last night? yes / no □ *bha e a' tighinn na b'fhaisge* it was coming nearer □ *thig mi a-nochd* I shall come tonight □ *an tig iad a dh'aithghearr? thig / cha tig* will they come soon? yes / no □ *nach tig thu steach?* please come in / won't you come in? □ *cò a thig gu ar faicinn?* who will come to see us? □ *ma thig e, an tig ise cuideachd?* if he comes, will she come too? □ *dh'iarr e orm tighinn / dh'fhaighnich e dhiom an tiginn* he asked me if I would come □ *an tigeadh tu nan iarrainn ort?* would you come if I asked you? □ *is iomadh neach a thigeadh air chèilidh air* [it is] many a person [that] would come to visit him □ *a' tighinn* forthcoming etc. □ *ach cha robh freagairt a' tighinn* but no answer was forthcoming □ *ri thighinn* pending
Further Examples: *seo far a bheil thu tighinn a-staigh anns a' chùis* this is where you come in(to the matter) □ *bha i air tighinn thuice fhèin beagan* she had come to herself a little / recovered a little □ *bha mi air tighinn thairis orra mar thà* I had come across them already □ *thig air ais* come back, return □ *thàinig e air ais* he came back □ *san t-seisean seo tighinn* in the (lit. this) coming session / next session □ ... *mur tig iad le chèile gu còrdadh* ... if they don't both come to an agreement
thig is often used loosely with the meanings occur, arise etc. □ *gu fad-ùineach thig cothroman ann an turasachd* in the long term opportunities will arise in tourism □ *'s ann anns na h-Ealain a thig am fàs as nochdaidh* it's in the Arts that the most apparent growth will occur
Other Idioms:
thig (an cuimhne) recur
thig a-mach come out, issue (*intrans*)
thig a-nuas le come down with (i.e. bring down a club etc.) □ *bha e a' dol a thighinn a-nuas leis a' chuaille air a cheann* he was going to come down with the club on his head
thig a-steach air occur to, realise, strike one □ *thàinig e a-steach orm gum faca mi seo roimhe* it struck me that I had seen this before □ *thàinig*

e a-steach orm nach robh mi nam aonar I realised that I was not alone □ *thig seo a-steach oirnn ann an ceithir no còig bliadhna eile* we will realise this in another four or five years
thig a-steach come in, enter, encroach □ *a tha / bha* etc. *a' tighinn a-steach* incoming □ *bha aige ris a' phostachd a bha a' tighinn a-steach a chur an òrdugh* he had to sort the incoming mail
thig air 1. fall upon (lit. come upon, and hence: have to, be compelled to, be obliged to □ *thàinig air an eaglais fhàgail mus robh an t-seirbhis seachad* he had to leave the church before the service was over □ *thàinig orm an obair a chrìochnachadh* I was obliged to finish the job □ *thig oirnn fhalbh mu chòig uairean* we have / will have to leave about five o'clock 2. come over, affect, befall, bother, happen to, trouble □ *dè thàinig ort?* what came over you? □ *bha an tùchadh a'tighinn air* he was becoming hoarse (lit. the hoarseness was coming upon him) □ *bha atharrachadh neònach air tighinn air aodann* a strange change had come over his face □ *chan eil càil a' tighinn orm* there's nothing coming over me □ *bha an trom-laighe seo a' tighinn air cha mhòr a h-uile oidhche* this nightmare was troubling him almost every night □ *'s iomadh rud a thig air an laogh nach saoil a mhàthair* many a thing happens to the calf that his mother does not visualise (proverb, an alternative version being: *is minig a thàinig air laogh mear galar nach do shaoil a mhàthair* a lively calf has often taken a disease his mother never thought of) □ *nuair a thig air duine thig air uile* it never rains but it pours (proverb – lit. when it comes on one it comes on all) 3. mention, talk about □ *... gun tighinn air cion airgid ...* not to mention lack of money □ *ach cha b' ann air taibhsean a bha e tighinn* but it wasn't ghosts he was talking about
thig an aghaidh contravene
thig beò air live upon / exist upon □ *tha iad a' tighinn beò air duilleagan is cuileagan* they live on leaves and flies
thig do become, befit □ *chan ann dhuinn a thig e a bhith bruidhinn air dìoghaltas* it does not become us to be

speaking of revenge □ *... mar a thigeadh do dhuine reusanta ...* as would become / befit a reasonable man □ *tha an ad sin a' tighinn dhut / riut gu math* that hat suits you well
thig geàrr air miss (fall short of), want
thig gu accrue to, come to
thig ri(s) suit □ *tha e a' tighinn riut* it suits you □ *bha an dùthaich seo a' tighinn riutha* this country suited them □ *cha robh am fuachd a' tighinn ris* the cold didn't suit him □ *cha robh seo a' tighinn ri a chàil* this didn't suit his taste □ *... ma thuirt duine rudeigin nach tigeadh ris ...* if anyone said something that didn't suit him □ *thig ri chèile* get on (together) □ *bha iad a' tighinn ri chèile gu dòigheil* they were getting on (together) nicely
thig suas ri match, equal, come up to □ *cha robh tè eile a thigeadh suas rithe* there wasn't another woman to equal her
Note also: *cha tig as dhomh gun aontachadh ris na tha thu ag iarraidh* I cannot but agree to what you ask (it will not come out of it for me without agreeing etc.) □ see also **thuige**

---

thoir, toirt *irreg v* give, bring, take – the meaning is usually made clear by the *prep* used – see below
This *verb* is irregular in the Past tense, the Independent future, the Relative future and the Independent Imperfect / Conditional Tense.
Note that, for reasons of clarity, only those meanings based on 'give' are given in the following section.

ACTIVE VOICE:

Past tense

1. Indep.: **thug mi** I gave
2. Dep.: **an tug thu?** did you give? **cha tug mi** I didn't give **nach tug thu?** didn't you give?

Future tense

1. Indep.: **bheir mi** I shall give
2. Dep. (reg.): **an toir thu?** will you give? **cha toir mi** I will not

give **nach toir thu?** will you not give?

Relative future: – note that there is no special *rel fut tense* □ *seo am bòrd a bheir mi dhut* this is the table I will give [to] you.

Imperfect / conditional tense

1. Indep.: **bheirinn** I would give **bheireadh e** he would give
2. Dep. (reg.): **an toirinn?** would I give? **an toireadh tu?** would you give? **cha toirinn** I would not give **an toireadh e** would he give? **nach toireadh iad?** wouldn't they give?

PASSIVE VOICE:

Past tense

1. Indep.: **thugadh** (it) was given
2. Dep.: **an tugadh?** was (it) given?

Future tense

1. Indep.: **bheirear** (it) will be given
2. Dep.(reg.): **an toirear?** will (it) be given? **cha toirear** (it) will not be given **nach toirear?** won't (it) be given?

Relative future : **ma bheirear** if (it) will be given

Imperfect / conditional tense

1. Indep.: **bheirteadh** (it) would be given
2. Dep. (reg.) **an toirteadh?** would (it) be given? **cha toirteadh** (it) wouldn't be given **nach toirteadh?** wouldn't (it) be given?

Imperative mood

thoir dhomh give [to] me *sing* **thoiribh dhomh** give [to] me *pl & polite*

Basic examples: *thoir (rudeigin) do (chuideigin)* give, present (something) to (someone) □ *thug mi dha an t-airgead* I gave [to] him the money / I gave the money to him □ *an tug thu dha an leabhar? cha tug. cha tug mi*

dha an leabhar did you give him the book? no. I didn't give him the book □ *nach tug thu dha e? thug / cha tug* didn't you give it to him? yes / no □ *bheir mi dhaibh airgead* I shall give them money □ *an toir thu leat an cù a-nochd? cha toir. cha toir mi leam an cù a-nochd* will you bring / take the dog [with you] tonight? no. I won't bring / take the dog [with me] tonight □ *nach toir thu leat e?* won't you bring / take him? □ *bheirinn dhut e nam bitheadh e agam* I would give you it if I had it □ *bheireadh e dhi a h-uile càil a bhitheadh aige* he would give her everything he had □ *dh'fhaighnich e dhiom an toirinn dha airgead* he asked me if I would give him money □ *an toireadh tu cobhair dhaibh? cha toireadh. cha toirinn cobhair dhaibh* would you give them help? no I would not give them help □ *an toireadh esan (cobhair dhaibh)? cha toireadh. cha toireadh esan cobhair dhaibh* he (give them help)? no. he wouldn't help them □ *thugadh duais dha* a prize was given to him / he was given a prize □ *an tugadh leabhar dha?* was a book given to him? / was he given a book? □ *nach tugadh airgead dhi? thugadh / cha tugadh* wasn't money given to her? yes / no □ *bheirear airgead dhaibh* money will be given to them □ *an toirear duais dhut? bheirear / cha toirear* will a reward be given to you? / will you be given a reward? yes / no □ *cha toirear cuideachadh dhuinn* help will not be given to us / we will not be given help □ *nach toirear biadh dhaibh* won't they be given food? □ *ma bheirear cuideachadh dhaibh bidh iad taingeil* if help is (will be) given to them they will be thankful □ *is iad seo na leabhraichean a bheirear dhaibh mar dhuaisean* these are the books that will be given to them as prizes □ *bheirteadh mòran airgid dhaibh* they would be given a lot of money □ *an toirteadh duaisean dhaibh? bheirteadh / cha toirteadh* would rewards be given to them? yes / no □ *cha toirteadh mòran dhut* you wouldn't be given much □ *nach toirteadh iasg dhuinn?* wouldn't we be given fish? □ *thoir dhomh do chòta* give [to] me your coat *sing* □ *thoiribh dhomh ur còtaichean* give [to] me your coats *pl & polite* As stated above, the basic meanings of this *verb* are 'take' and 'give', the meanings usually being made clear by the *preps* used. However, **thoir** is also used in a number of idioms where these basic meanings are, perhaps, not quite so clear. In the following sections the various idiomatic usages will be grouped under the basic meanings of 'take', 'give' and 'others'

1. give: *thoir air ais (do)* restore, return, give back (to) □ *thoir gèill (do)* yield, submit (to) (lit. give submission to) □ *chan eil mi deònach gèill a thoirt do ainneart* I am unwilling to submit to force □ *thoir sanas* advertise □ *thoir breith air* pass judgement on (lit. give a judgement on) □ and similarly: *thoir binn a-mach air* pronounce judgement on, sentence □ *thoir breith an aghaidh* discriminate against □ *thoir (airgead) air* pay (money) for □ *thug e ceud not air* he paid (i.e. gave) a hundred pounds for it □ *bheir mi dhut leth-cheud sgillinn air* I'll give you 50 p for it □ *thoir (rudeigin) seachad (do)* give (something) up (to), give over (to), devote (to), peddle, present □ *bidh aon de na trì làithean air a thoirt seachad buileach do cheistean sàbhailteachd* one of the three days will be entirely devoted to safety questions □ *thoir thairis* overtire oneself, give up (lit. give over) □ *bha e a' smaoineachadh gun tug a chompanaich thairis* he thought that his companions had tired themselves out / had given up □ *cha mhòr nach robh mi air dùil a thoirt thairis* I had almost given up hope □ *thoir cobhair do* give help / assistance to, second □ *thoir rabhadh do* warn, give a warning to

thoir an aire (do) pay attention (to), notice (lit. give the attention (to) □ *thug mi an aire gun robh e na sheasamh an sin* I noticed he was standing there But note also **thoir fa-near** notice (from **fo'n aire** under the attention, observation etc.) □ *thug e fa-near gun robh fear eile ann* he noticed that there was another man there □ *thug mi fa-near gun robh e na b'fhaisge orm a-nise* I realised / became aware that he was nearer to me now □ but note

also: *bha iad a' feuchainn ri rudeigin a thoirt fa-near dhuinn* they were trying to bring something to our attention

thoir tarraing air allude to, remark upon, make a reference to □ *thug e tarraing air na h-atharrachaidhean a thàinig air a' bhaile* he remarked upon the changes that had come over the town

2. take: *thoir bho* take from □ *thug e an t-airgead bhuam* he took the money from me □ *thoir air ais (bho / o)* reclaim, withdraw, take back (from) □ *thoir car às* trick, deceive, dupe, cheat (lit. take a turn / trick from) □ *thug e an car asam* he tricked me □ *thoir air bòrd* take on board □ *... far an tug i air bòrd luchd ...* where she took on board a cargo □ *thoir ceum* step, take a step □ *thug e ceum eile* he took another step □ *thoir uachdar dhe* skim (take the top off) □ *thoir à / às* abstract, extract, take out of □ *thoir a dh'aindeoin* force □ and also: *thoir air falbh (bho / o)* bereave, deduct from, subtract, take away from, withdraw *trans* □ *thoir air falbh sia bho dheich* subtract six from ten □ *toirt air falbh* deduction

thoir (ùine / tìde) take / spend (time) □ *tha e a' toirt ùine mhòr* it takes a long time □ *thoir ùine ri* give time to, spend time on □ *dè an ùine a bheir thu ris an obair?* what time will you give to the job? / spend on the job / how long will the job take you? □ *bha e a' toirt fada gun tilleadh* he was taking a long time in returning – see **gun** (prep.) □ *thug iad seachdain an Ceap Breatann* they spent a week in Cape Breton □ *thug iad mìos a'falbh na dùthcha* they spent a month travelling the country □ *tha e air trì mìosan a thoirt an Leòdhas* he has spent three months on Lewis □ *thug iad tìde agus saothair gu'n dèanamh* they took time and labour to make

thoir (rudeigin / àiteigin) ort go to (something / somewhere) – lit. take something / somewhere upon you □ *thug e a leabaidh air* he went to bed □ *thug mi am monadh orm* I went to the moor

Some idioms employ *adverbs*:

thoir a-mach acquire, reach, attain, gain (lit. take out) give out, deliver □ *thug sinn a-mach ar ceann-uidhe* we reached our destination □ *bha iad air cala foistinneach a thoirt a-mach mar gum bitheadh* they had reached a peaceful harbour so to speak □ *mhiannaich e crùn athraichean a thoirt a-mach* he wished to gain the crown of his forefathers □ *tha e ag iar-raidh ceum oilthighe a thoirt a-mach* he wants to gain a university degree □ *dè an toradh a chaidh a thoirt a-mach?* what result has been gained? □ *thoir a-mach binn* judge, give / deliver a judgement

thoir às escape □ *thoir thu fhèin às* escape (lit. take yourself out of it) □ *thug iad iad fhèin às* they escaped

thoir a-staigh take in, cultivate, break in new ground

thoir a-steach bring in, introduce, usher in, offset □ *cha robh a' chroit a' toirt a-steach gu leòr* the croft wasn't bringing in enough

thoir suas cede, deliver (give up), resign □ *toirt suas* delivery

thoir air adhart induce

Other idioms employ *preps*:

thoir leat take away, bring, carry (a number in maths) □ *...seann bharaillean a bheir iad seachad do neach sam bith a bheir leotha iad...* old barrels which they will give to anyone who will take them away □ *thoir leat do spaid* bring your spade [with you] □ *an toir thu leat an cù?* will you bring the dog (with you)? □ *thoir an tuagh an seo* fetch / bring the axe here □ *thoir a-nall e* bring it over □ but note also: *thoir do chasan leat!* off you go! (lit. take your feet with you) □ *thug iad an casan leotha* they took to their heels

thoir (rudeigin) gu bring (something) to, take (something) to □ *feumaidh sinn ciorraman na cloinne a thoirt gu aire nam pàrantan* we must bring the faults of the children to the attention of the parents □ *is esan a thug sin gu teachd* it was he that brought that about (lit. brought to coming) □ *thug gnogadh aig an doras gu a chasan i* a knock at the door brought her to her feet □ *thoir gu buil* accomplish, achieve carry into effect, complete (i.e. bring to completion) □ *...nan toireadh iad gu buil e...* if they

completed it □ *thoir gu bun-tomhas* standardize □ *cha tug thu iomradh air dè bheireadh a-màireach thugad* you took no account of what the morrow would bring [to you]

thoir gu take to (take up as an occupation, pastime etc.) □ *thug iad gu seinn is gu dannsadh* they took to singing and dancing

thoir meaning 'give', 'take' or 'bring' used with some other *preps*: *bheir mise ort* I'll give you a good telling off □ *thoir fo ar comhair* bring to our attention, bring before us

Note also: *thoir beò* bring to life, animate (lit. bring alive) □ *tha beòthaichear a' toirt dealbhan beò* an animator brings pictures to life

3. meanings other than 'give', 'take' or 'bring':

thoir air

(a) + *vn* cause, compel, force, induce, make (compel) □ *thug mi orra an doras fhosgladh* I made them open the door □ *thug mi air an duine an sgian a thoirt dhomh* I compelled the man to give me the knife □ *tha e ag ràdh gun toir e oirnn smaoineachadh* he says that it will make us think □ *thug i air na boireannaich a cuideachadh* she enlisted the help of the women □ *thug sin orra turas fada a dhèanamh* that entailed them making a long journey □ sometimes without the *prep*: *...a thug oirre gun do thionndaidh i a ceann air falbh...* which caused her to turn her head away

But note also: *thoir (rudeigin) air (rudeigin / cuideigin)* cause something / someone to have (something) □ *thug seo gaoidean air a bhàrdachd* this caused his poetry to have blemishes (lit. this brought blemishes upon his poetry) □ *thoir fàs air* grow *trans*, nurture

(b) **thoir (ainm) air** call, give a name to, name, dub □ *is e Mairi a thug iad oirre* they called her Mary □ *thugadh 'Partaidh Tì Bhostoin' air an tachartas seo* this incident was dubbed 'The Boston Tea Party'

(c) **thoir (ùine) air** + *vn* take (time) to do something *thug e cairteal na h-uarach air faighinn deiseil* he took quarter of an hour to get ready.

Further examples: *feumaidh cur-seachad a bhith aig duine a bheir air falbh e bho uallaichean obrach* a man must have a hobby which will take him away from the responsibilities of his work □ *bheir an damhan-allaidh sìoda às a chorp fhèin* the spider takes silk out of his own body □ *bheir mi dhut leth-cheud sgillinn air* I'll give you 50 p for it □ *thoir do chuid do dhuine falamh is bheirear air ais i dùbailte* give your portion to an empty man and it shall be returned twofold (proverb) □ *an làmh a bheir is i a gheibh* the hand which gives [it is it which] will receive (proverb) □ *thoir tiotal don sgeulachd* give [to] the story a title □ *an e sin a bheireadh tu a chreidsinn orm?* is that what you would make me believe? □ *dè na h-adhbhair a bheireadh tu seachad air?* what reasons would you give for it? □ *bheireadh e gàire ort* it would make you laugh □ *bheirinn dhut e nam bit-headh e agam* I would give it to you if I had it

---

thu *pers pron* thee, thou, you *sing* □ *tha thu trang* you are busy □ *a bheil thu sgìth?* are you tired? □ *a bheil thu dol?* are you going? □ *breabaidh e thu* he will kick you □ *thu fhèin* yourself - note that, with the *Assertive Verb* and forms ending in **-a / -as / -adh** in the *Active Voice* only, the unlenited form **tu** is used: *an tu a tha ...?* is it you who ...? □ *ma chluinneas tu* if you [will] hear □ *an abradh tu?* would you say? □ *nach cuala tu?* did you not hear?
thubhairt / tubhairt *past tense act* of **abair** (q.v.) say
thud! *interj* tut!
thuca *prep pron* of **gu / chun** (q.v.) to them
thug *past tense indep active* of **thoir** (q.v.)
thugad *prep pron* of **gu / chun** (q.v.) towards you □ *tha seo thugad! / thugad seo!* look out! □ *iarraidh mi oirre fònadh air ais thugad* I'll ask her to phone you back (lit. phone back to you)
thugaibh *prep pron* of **gu / chun** (q.v.) to you *pl & polite*
thugainn 1. *prep pron* of **gu / chun** (q.v.) to, towards us 2. also used as a sort of verb: *thugainn!* come on! □ *thugainn thusa còmhla riumsa* you come with me

thugam *prep pron* of **gu / chun** (q.v.) to me etc. □ *cuir thugam* hand [to] me □ *thàinig mi thugam fhèin* I revived / I came to
thugar *alt form* of **thugadh** *past tense indep passive* of **thoir** (q.v.)
thuice *prep pron* of **gu / chun** (q.v.) to her / to it *fem*
thuige *prep pron* of **gu / chun** (q.v.) towards him □ *bha e a' cromadh thuige* it was descending towards him □ often used as an adverb: *cuir thuige* activate, prompt □ *dè chuir thuige thu gus a' bhàrdachd seo a dhealbhadh?* what prompted you to compose this poetry? □ *thuige is bhuaithe* off and on *adv* □ *thuige seo* by now, up to now, so far *adv* (see App. 6 Pronouns Sect. 7.0) □ *... ach thuige seo dh'fhairtlich oirnn seo a dhèanamh ...* but so far we have been prevented from doing this □ *... a chuireadh thuige an teine dhi ...* which would kindle the fire for her □ but note also: *thàinig e thuige fhèin* he came to himself
thuirt / tuirt *past tense act* of **abair** (q.v.) say
thun *prep* □ see **chun**
thusa *emph form* of the *pers pron* **thu** (q.v.)
tì, titheachan *nm* tea □ *dèan an tì* infuse the tea □ *an do tharraing an tì fhathast?* has the tea brewed yet?
tì *nm indec* purpose, intention □ *air tì* on purpose, designedly, bent upon, set on *adv* (uncommon) □ *tha e air tì dìnnear a chur romhainn nach diochuimhnich sinn* he is set on putting a dinner before us that we will not forget
tiamhaidh, -e *a* dismal, dreary, melancholy, pathetic, plaintive, wearisome □ *ceòl tiamhaidh* plaintive music □ *sgeul tiamhaidh* a melancholy tale □ *tuasaidean tiamhaidh* wearisome quarrels
tiamhaidheachd *nf* melancholy, dreariness, gloom, gloominess
ticead, -aid, -an *nm* ticket □ *an d'fhuair thu na ticeadan?* did you get the tickets? (also **ticeid / tiocaid**)
ticeard, -aird, -an *nf* ticket □ *bha e a' cur a-mach ticeardan* he was issuing tickets □ *fear togail thiceardan* ticket-collector
tìde, tìdeachan *nf* time □ *tha e iongantach mar a tha cùisean ag atharrachadh anns na tìdeachan seo* it's fantastic how things are changing in these times □ *tha tìde gu leòr ann* there is plenty of time *cosg tìde* waste of time □ *thug iad tìde agus saothair gan dèanamh* they took time and labour to make – for a full explanation of the

correct usage of this and other words for time, see App.10 Sect. 1.0

tìde-mhara *nf* tide

tig *fut tense dep* of *irreg v* **thig** (q.v.)

tigeir, -ean *nm* tiger

tighead, -eid *nm* stoutness, thickness □ *clach anns a bheil mu dhà throigh a thighead* a stone about two feet thick (lit. in which there is about two feet of thickness) – also **tiughad**

tigeadh *imperf / cond tense dep* of *irreg v* **thig** (q.v.)

tighearna, -an *nm* laird, lord □ *bha na tighearnan an sin* the lords were there □ *Tighearna nan Eilean* (the) Lord of the Isles □ *an Tighearna* the Lord □ *Suipear an Tighearna* the Lord's Supper □ *'s ann aig an Tighearna tha fios* the Lord knows

tighearnail *a* magisterial

tighearnas, -ais *nm* domain, lordship

tighinn *nf & vn* of **thig** coming etc. □ *tighinn a-steach* influx □ *tighinn gu fois* coming to rest, landing

tighinn-beò *nm* livelihood □ *cha robh an tighinn-beò aca ach bochd* their livelihood was [but] poor (where 'poor' is being emphasised)

tiginn *imperf / cond tense dep* of *irreg v* **thig** (q.v.)

tilg, tilgeil / tilgeadh *v* cast, fling, hurl, pitch, project (a film), retch, shoot, shy, sling, spew, throw, throw up, toss, vomit □ *tilg a-null 's a-nall* bandy □ *tilg a-mach* ejaculate, jettison, oust, throw out □ *tilg acair* moor □ *tilg sìos* overthrow, precipitate, prostrate, tumble □ *tilg air ais* reflect, repel, retort □ *tilgidh iad càch a chèile air ais* they will repel each other □ *tha a' ghealach a' tilgeil air ais solas na grèine* the moon reflects the light of the sun □ *tilg smugaid* spit □ *tilg air thraw at* □ *thilg e clach orm* he threw a stone at me □ *thilg e a-mach air a' mhuir iad* he threw them into the sea (lit. out on the sea) □ *thilg e urchair orra* he shot at them □ *tilg (rudeigin) air (cuideigin)* reproach (someone) with (something), cast up (something) to (someone)

tilgeadair, -ean *nm* (film) projector

tilgeadh, -idh *nm alt vn* of **tilg** throwing etc., throw

tilgte *pp* discarded, thrown, cast, removable □ *ùrlar tilgte* a removable bottom

Tìleach, -ich, -ich *nm* Icelander

Tìleach *a* Icelandic

Tìlis *nf* Icelandic (lang.)

till, -eadh *v* cause to return, come back, parry, reflect (of light etc.), rescind, return,

reverse, revert, turn □ *an dèidh dha tilleadh o bhith ag obair anns an achadh* … after [his] returning from [being] working in the field … □ *is ann mu dheich bliadhna an dèidh dha tilleadh a thachair seo* it was about ten years after he returned that this occurred □ *… nuair a tha a' chlann a' tilleadh don sgoil* … when the children are returning to school □ *… mar a thilleas sgàthan iomhaigh* … as a mirror reflects an image □ *feumaidh sinn tilleadh thuige* we must go back to him □ *till air ais* refer □ *till thugad fhèin* recover (senses etc.- cf. 'come to yourself') □ *cha do thill e thuige fhèin gu buileach a-riamh* he never fully recovered □ *'s ann a tha an leabhar seo mar uinneag air àm a dh'fhalbh 's nach till gu bràth* this book is like a window on a time which has gone and [which] will never return

tilleadh, -idh *nm & vn* of **till** returning etc., recession, reflection, return, reversal, turn □ *gun tilleadh* irrevocable □ *tilleadh fuaim* sound reflection □ *… nan tachradh e orra san tilleadh* … if he were to meet them [in the] returning □ *dh'innis iad dha nach robh tilleadh ri bhith ann* they told him that there was no turning back

tìm, -e, -ean / tìmeannan *nf* term, time □ *tomhais tìm* time (v) – for a full explanation of the correct usage of this and other words for time, see App. 10 Sect.1.0

tìmeil *a* sublunar, secular (in contradistinction to **spioradail**)

timcheall *adv* about, around, round □ *chaidh sinn timcheall* we went around – often combined with **air** to give *prep* **timcheall air** (see below)

timcheall *prep + gen* about, around – more usually **timcheall air** (see below)

timcheall air *prep + dat* about, around, round □ *chaidh e timcheall orra* he surrounded them □ *dhuin e a dhòrn gu teann timcheall air* he closed his fist tightly round it □ *bha iad nan suidhe timcheall air cloich an teintein* they were sitting round the hearthstone

mu thimcheall *prep + gen* about, round, round about – as with all *cmpd preps*, when a *pers pron* is employed in English, a *poss adj* is used in Gaelic: **mum thimcheall** about me **mud thimcheall** about you *sing* **mu thimcheall** about him / it *masc* **mu timcheall** about her / it *fem* **mu ar timcheall / mar timcheall** about us **mu ur thimcheall / mur timcheall** about you *pl & polite* **mun timcheall** about them □ *mu* *thimcheall (air) sin* thereabout □ *chan urrainn dhomh ach tuaiream a thoirt seachad mu a thimcheall* I can only hazard a guess about it – also **timcheall air** + *dat* **timcheall-gheàrr** *v* circumcise **t.-ghearradh** *nm & vn* of **timcheall-gheàrr** circumcising, circumcision **t.-mheud** *nm* girth (of measurement)

timcheallan, -ain, -an *nm* roundabout (road)

tinn, -e *a* ailing, ill, sick, unwell □ *tinn le gaol* lovesick □ *fàs tinn* sicken *intrans* □ *dèan tinn* sicken *trans* □ *bha i tinn leis an eagal* she was sick with fear □ *dh'fhàs e tinn* he became ill, grew sick

tinne, -ean *nf* link (of a chain)

tinneas, -eis, -an *nm* ailment, illness, sickness □ *tinneas Alzheimer* Alzheimer's disease □ *tinneas an t-siùcair* diabetes □ *tinneas na mara* seasickness □ *tinneas nan alt* arthritis, gout □ *luchd tinneis* the sick □ *an tinneas tuiteamach / an tinneas air ais* (also, simply, *an tinneas*) epilepsy *tinneas cridhe* heart-disease □ *gabh tinneas* sicken *intrans* □ *cuir tinneas air* infect

tinneas-an-rìgh *nm* king's evil, scrofula **t.-critheannach** *nm* ague **t.-dubh na sprèidhe** *nm* murrain **t.-mara** *nm* sea sickness **t.-plocach, an t.-plocach** *nm* mumps **t.-tuiteamach** *nm* epilepsy

tinsil, -e *nf* tinsel

tìoc, -a *nm* teak

tiodhlac, -aic, -an *nm* boon, donation, gift, gratuity, present □ *thoir tiodhlac* donate □ *tiodhlac spèis* presentation □ *thugadh dha tiodhlac spèis ann am buidheachas airson na rinn e* a presentation was made (lit. given) to him in gratitude for what he had done □ *is toigh leinn an Nollaig airson nan tiodhlacan a bhios sinn a'faighinn* we like Christmas for the gifts we get □ *fhuair e tiodhlac Nollaige a bharrachd am bliadhna* he received an extra Christmas present this year

tiodhlaic, tiodhlacadh *v* bury, inter

tiodhlacadh, -aidh, -aidhean *nm & vn* of **tiodhlac** burying etc., burial, funeral, interment

tiodhlacaidh *a* burial □ *seirbhis thiodhlacaidh* a burial service □ *bha an laoidh seo air a seinn aig an t-seirbhis thiodhlacaidh* this hymn was sung at the burial service

tiodhlaic, tiodhlacadh *v* bury, inter

tiog *nm* see **diog**

tiolp, -adh *v* snatch (steal), pilfer

tiom, -a *a* sensitive

tiomain, tiomnadh *v* bequeath □ *thiomain e dha an oighreachd* he bequeathed the estate to him

tiomnadh, -aidh, -aidhean *nm & vn* of **tiomain** bequeathing etc., bequest, testament, will (= testament) □ *an Seann Tiomnadh* The Old Testament □ *an Tiomnadh Nuadh* the New Testament

tiomnachadh, -aidh *nm & vn* of **tiomnaich** bequeathing

tiomnaich, -achadh *v* bequeath

tiompan, -ain, -an *nm* cymbal

tional, tional *v* assemble, collect, congregate, convene, gather, pick

tional, -ail, -an *nm & vn* of **tionail** collecting etc., collection □ *tional fiosrachaidh* data collection □ *bha tional air a ghabhail air an dol a-mach* a collection was made as the people were going out (lit. in the going out) □ *chaidh an tional an àird* the collection went up / increased

tionndadh, -aidh *nm & vn* of **tionndaidh** turning etc., turn, inversion □ *An Tionndadh Gnìomhachais* The Industrial Revolution □ *An Tionndadh Aiteachais* The Agrarian Revolution

tionndaidh, tionndadh *v* shunt, slew, turn, veer, wind □ *tionndaidh mun cuairt* wheel (*v*) □ *tionndaidh air falbh* divert □ *tionndaidh (o)* refrain (from) □ *tionndaidh tro ...* turn through

Some common examples: ... *agus a' tionndadh air a shàil dh'fhalbh e* ... and turning on his heel he left □ *thionndaidh e air a leth-thaobh* he turned on one side / his side □ *thionndaidh mi air mo chliathaich* I turned on my side □ *thionndaidh e air ais còmhla rithe* he turned back with her □ *thionndaidh na fir a-mach gus a siubhal* the men turned out to look for her □ *thionndaidh i a cùl rium* she turned her back to me □ *thionndaidh e earball ris a' ghaoith* he turned his tail to the wind □ *thionndaidh e (a) aire gu bhith na thidsear* he turned his attention to being a teacher □ *thionndaidh an riaghaltas sìos e* the government turned it down

tionndaidh air turn on (water, gas etc.) □ *chuala mi an t-uisge ga thionndadh air* I heard the water being turned on

tionndaidh ri turn to / turn on / upon (a person) □ *thionndaidh e ris an duine* he turned on the man

tionndaidh gu turn to, change to, become, cause to become, cause to change □ *thionndaidh na beanntan gu òr ann an solas grian an fheasgair* the hills turned to gold in the light of the evening sun □ *thion-ndaidh solas na grèine na h-eileanan gu òr* the sunlight turned the islands to gold □ *tionndaidh gu cloich* petrify (lit.) Note also the following: *tha aire an t-sluaigh a' tionndadh nas motha agus nas motha a dh'ionnsaigh ...* the people's attention is turning more and more towards ... □ *bha aca ri tionndadh chun na dighe airson faochaidh* they had to turn to drink for relief □ *thionndaidh e ris a' bhotal airson sòlais* he turned to the bottle for solace □ *thionndaidh e ri Calum* he turned to Calum

tionndaire, -ean *nm* transformer

tionnsgain, tionnsgnadh *v* contrive, devise, initiate, plan, plot, project □ *thionnsgain mi cunntas mo thurais a sgrìobhadh* I planned to write an account of my journey

tionnsgal, -ail, -an *nm* industry □ *àraich tionnsgal* industrialize

tionnsgalach, -aiche *a* industrial, ingenious, inventive, original □ *sgrìobhaiche tionnsgalach* an original writer

tionnsgalachd *nf* industrialism

tionnsgnadh, -aidh *nm & vn* of **tionnsgain** devising etc., initiation, initiative, project, projection □ *tha sgioba chòigneir ag obair gu làn-aimsireach air an tionnsgnadh seo* there is team of five working full-time on this project

tìor; -adh *v* dry (grain etc.)

tìoradh, -aidh *nm & vn* of **tìor** drying (as in a grain kiln)

tìorail, -e *a* snug, cosy □ *ann an taigh beag tìorail* in a cosy little house

tìoralachd *nf* warmth, mildness □ *dh'fhàg sinn blàths is tìoralachd a' chinn-a-deas* we left the warmth and mildness of the south

tioram, tiorma *a* droughty, dry, mealy

tioram-ghlan *v* dry-clean

tiorc, -adh *v* rescue from danger, deliver, save

tiorma *comp* of **tioram**

tiormach *a* dessicated

tiormachd *nf* aridity, drought, dryness

tiormadair, -ean *nm* dryer □ *bha na h-aodaichean air an tiormadair* the clothes were on the dryer □ *tiormadair gruaige* hair-dryer □ *tioramadair aodaich* spindrier

tiormaich, -achadh *v* dessicate, dry, parch □ *bha iad air an tiormachadh ris a' ghrèin* they were dried in the sun

tiormaichear, -eir, -an *nm* 1. an *alt* to **tiormadair** 2. *fut pass form* of **tiormaich**

tiormaichear-gruaig *nm* hairdrier

tiota *nm* instant, jiffy, moment (of time), second (of time) □ *bithidh mi air ais (ann) an tiota* I'll be back in a second

tiotal, -ail, -an *nm* caption, style, title (book etc.) □ *thoir tiotal do / cuir tiotal air* entitle (a book etc.) □ *thoir tiotal don sgeulachd* give the story a title □ *cuir tiotal ris an sgeulachd* add a title to the story

tìr, -e, -ean *nf* country, land, territory □ *air muir 's air tìr* on land and sea □ *cuir as an tìr* deport □ *air tìr* ashore *adv* □ *thig air tìr* land, come ashore □ *nuair a thàinig iad air tìr ...* when they came ashore ... □ *cuir air tìr* disembark *trans* □ *rach air tìr* disembark *intrans*, go ashore, land □ *fhuair sinn an cothrom a dhol air tìr* we got the chance to go ashore □ *cuiribh air tìr i* put her ashore □ *gu tìr* landward *adv* □ *Tìr a' Gheallaidh* Land of Promise □ *Tìr nan Òg* Land of the Ever-young

tìr-chumadh *nm* relief (geog.) **t.-chùnntas** *nm* topography (geog.) **t.-dhruidte** *pp* landlocked (geog.) **t.-eòlas** *nm* geography **t.-ghràdhaiche** *nm* patriot **t.-imrich** *nf* colony **t.-mòr** *nm/f* mainland □ *air tìr-mòr* on the mainland □ *thàinig iad à tìr-mòr* they came from the mainland □ note that the *def art* is not used in Gaelic in this phrase

tìreil *a* rural

Tiristeach, -ich, -ich *nm* native of Tiree, Tiree man □ *bha iad a' dol a-mach air na Tiristich* they were falling out with / quarrelling with the people of Tiree

Tiristeach *a* Tiree, of, belonging to or pertaining to Tiree

titheach, -iche *a* inclined, willing, eager, keen, bent on (with or without **air**) □ *bithidh sinn nas tithiche cobhair fhaighinn* we are (lit. will be) more inclined to obtain help □ *bha sinn uile titheach feuchainn* we were all willing / inclined to try □ *.. a bha e titheach air a reic ...* which he was willing to sell □ *bha i titheach air bhith dol a choimhead oirre* she was willing to [be going to] look in on her

tiùb, -aichean *nm* tube

tiugainn *def v* found in the imperative *form* only (pl. = **tiugainnibh**) come on! come along! let's go! □ *tiugainn a ghràidh* come along, darling

tiugh, tighe *a* buxom, dense, dull (of intellect), portly, stout, thick, viscid □ *fàs tiugh* thicken *intrans* □ *bha an ròpa seo na bu tighe* this rope was thicker □ *thuit an dorchadas na bu tighe* the darkness fell more thickly

tiughad, -aid *nm* thickness □ *bha na bal-
lachan deich troighean (ann) an tiughad*
the walls were ten feet in thickness □ *bha
iad trì cairteal na h-òirlich a thiughad*
they were three quarters of an inch in (lit.
of) thickness □ *bha e dhà no trì òirlich ann
an tiughad* it was two or three inches in
thickness (also **tighead**)
tiughachadh, -aidh *nm & vn* of **tiughaich**
thickening
tiughaich, -achadh *v* thicken (*trans / intrans*)
tiuilip, -ean *nf* tulip
tiùir □ see **tiùrr**
tiùrr, -an *nm* high-water mark on the
beach, sea-ware left by the tide, banks of
sand left by the sea - sometimes heap
(= **tòrr** of which it is a by-form) □ *fhuair
e pìos math fiodha anns an tiùrr* he found
a good piece of wood in the seaware □ *fea-
mainn às an tiùrr* seaweed from the fore-
shore □ *tiùrran matha de ghainmhich*
good banks of sand
Tiutonach *a* Teutonic
tlachd *nf* enjoyment, pleasure, relish □
gabh tlachd de / ann enjoy, love, relish □
*tha e an còmhnaidh na thlachd a bhith ga
leughadh* it's always a pleasure to be read-
ing it □ *daoine aig a bheil tlachd ann an
cànain nan Gaidheal* people who have
pleasure in the language of the Gaels □ *tha
iad a' gabhail tlachd ann* they take pleas-
ure in it □ *tha e na thlachd a bhith a' cluin-
ntinn mu dheidhinn na h-obrach a tha iad
a' dèanamh* it's a pleasure to be hearing
about the work they are doing □ *cha
toireadh seo tlachd do dhuine anns a'
bhaile* this wouldn't give pleasure to any-
one in the town □ *a' toirt mòran tlachd is
toil-inntinn dhuinn uile* giving much
pleasure and enjoyment to us all □ *tha iad
a' faotainn tlachd ann a bhith a' toirt
cuideachadh do chàch* they find pleasure
in helping others
tlachdmhor, -oire *a* pleasant, personable,
pleasing □ *…gus an coimheadadh i cho
tlachdmhor 's a b'urrainn dhi…* so that
she would look as personable as she could
□ *'s e leabhar tlachdmhor a tha seo* this is
a pleasant book
tlàth, -àithe *a* gentle, balmy, mellow, mild,
tender □ *gaoth thlàth* balmy wind □
gaothan tlàtha balmy winds □ *uisge tlàth*
gentle rain □ *dh'fhàs a sùilean na bu
tlàithe* her eyes became more tender
tlàth-ghaoth *nf* breeze, zephyr
tlàths, -àis *nm* balminess, gentleness, mel-
lowness, tenderness

tlus, -uis *nm* tenderness, compassion, pity
tlusail, -e *a* tender, delicate □ *tha na h-òrain
ghaoil aige tlusail agus blàth* his love
songs are tender and warm
tlusmhor, -oire *a* affectionate
tnù *nm* envy
tnùthail, -e *a* malicious, envious, malig-
nant □ *cha robh e na dhuine tnùthail no
cruaidh-chridheach* he wasn't a malicious
or hard-hearted man
tobar, tobrach, tobraichean *nf / * tobar,
-air, tobraichean *nm* well often used in
place names: *Tobar Mhoire* Tobermory
tobar-b(h)rùchdaidh *nm/f* gusher
tobar-ola *nm/f* oil-well □ *seo dùthaich nan
tobraichean-ola* this is the land of [the]
oil-wells
tòbha, -achan *nm* rope
tobha, -achan *nm* hoe □ *bha tobha gàraidh
aige na làimh* he had a garden hoe in his
hand (it is interesting to note that this is
really the English word 'hoe' which, when
it was first adopted into Gaelic was
assumed to begin with a **t**, as lenited **t**
i.e. **th**, has the sound **h**)
tobhaig, -eadh *v* hoe □ *bha e trang a'
tobhaigeadh nan luibhean* he was busy
hoeing the weeds
tobhaigeadh, -idh *nm & vn* of **todhaig**
hoeing
tobhta, -aichean *nf* ruin of a building (orig.
wall made of turf) □ *bha luachair agus
còinneach a'fàs anns an tobhta* there were
rushes and moss growing in the ruin
tobhta, -aichean *nm/f* rower's bench on
a boat, thwart □ *na suidh air an tobhta
thoisich* don't sit on the bow thwart □
shuidh e air an tobhta dheiridh he sat on
the stern thwart
tòc, tòcadh *v.* swell
tòcadh, -aidh, -aidhean *nm & vn* of **tòc**,
swelling etc., emotion □ *tha measgachadh
de thòcaidhean an seo* there is a mixture
of emotions here
tòcail, -e *a* emotional
tochail, tochladh *v.* quarry □ *…far an do
thochail iad clach-ghràin …* where they
quarried granite
tochar, -air *nm* □ see **tochradh**
tòchd *nm indec* stink
tochradh, -aidh, -aidhean *nm* dowry □ *cha
robh tochradh aice* she had no dowry
tòcte *pp* swollen
todha / todhaig / todhaigeadh □ see **tobha /
tobhaig / tobhaigeadh**
todhair, todhar *v* 1. bleach □ *chaidh
a dheagh thodhar 's a thiormachadh ris*

a' ghrèin it was well bleached and dried in the sun □ *fianach a bha air a thodhar leis a' ghrèin* moorgrass (which was) bleached by the sun 2. manure, fertilise

todhar, -air *nm & vn* of **todhair** manuring etc., dung, fertiliser, manure □ *cuir todhar air* fertilise, manure □ *todhar gallta* chemical / artificial fertiliser (also *todhar ceimigeach*)

tofaidh, -ean *nm* toffee

tofas, -ais *nm* topaz an *alt form* of **topas**

---

tog, togail *v* bring up, broach (a subject), build, collect (money – by going round), construct, dig up, excite, fabricate, gather, heave, learn, levy (mil.), lift, nourish, pick, pick up, raise, recruit (soldiers etc.), scoop, step up, take up, uplift (physically / spiritually) Basic examples: *thog e a' chlach* he raised / lifted up the stone □ *tha e a' togail taigh ùr* he is building a new house □ *ga thogail / gan togail* etc. under construction □ *tha tòrr buntàta againn ri thogail* we have a lot of potatoes to lift □ *thogadh e le seann chàraid* he was raised by an old couple □ *…a' togail teaghlach ghillean…* raising a family of boys □ *bha iad air an togail leis an naidheachd* they were uplifted by the news Further examples: *chaidh còrr is dà mhìle not a thogail aig fèill-reic* □ more than two thousand pounds were raised at a sale □ *tog fianais* give witness □ *tog fianais an aghaidh* protest against □ *tog greann air* □ ruffle □ *tog an luach* enhance □ *tog dealbh* photograph, take a photograph □ *thog e dealbh* he took a picture □ *tog dòchas* tantalize □ *an tog sinn thu, a Chaluim?* shall we give you a lift, Calum? □ *bha e a' dol a thogail a' mhàil* he was going to collect the rent □ *bha iad a' togail mun bhuntàta* they were earthing the potatoes (pulling up the earth around the stems so that the young potatoes are not exposed to the sun) □ *a bheil e comasach dhuibh na prògraman a thogail?* are you able to pick up the programmes? □ *am b'urrainn dhut a dhol don Phost-Oifis agus mo pheinnsean a thogail?* could you go to the post office and pick up my pension? □ *thog a' chonnspaid seo a ceann*

an dèidh dha a ràdh… this controversy arose (lit. raised its head) after he said… □ *'s e seo a bhitheas a' togail na h-aimhreit* it's this which is causing the contention As in English, 'pick up' may mean 'acquire / learn' □ *tha e air alt na h-obrach a thogail* he has picked up the knack of the work □ *tha e ag ràdh gu bheil cus duilgheadais co-cheangailte ri Gàidhlig a thogail* he says that there is too much difficulty connected with learning Gaelic □ *tha nithean ann a thogas iadsan bhuainne* there are things which they will pick up from us □ *thog mi na sgeulachdan seo aig diofar dhaoine anns an eilean* I picked these stories up from different people on the island □ *a' togail sgilean* acquiring skills □ note also: *thog mi ceàrr e* I picked him up wrongly, I misunderstood him

tog used with *preps, prep prons* or *advs*:
tog ort go, betake oneself, repair (= go) set off □ *thog e air suas taobh na beinne* he set off up the side of the hill □ also *tog air falbh* go away □ *bha iad uile air togail air falbh na choinneamh* they had all gone off to meet him

tog air build upon

tog às abstract, quote (v)

tog de stop (from), desist (from), cease (from) □ *tog dheth!* stop it! □ *tog de do bhrosgail* stop your flattery

tog rithe in the idiom: *'s fheàrr dhomh a bhith a' togail rithe* I'd better be heading off

tog suas elate, elevate, erect, heighten, hoist, uplift

tog a-mach go out □ *b'fheudar dhi togail a-mach a chosnadh airgid* she had to go out to earn money

---

togail *nf & vn* of **tog** raising etc. □ *togail chuideaman* weightlifting □ and also: 1. construction, erection, structure □ *togail shoithichean* shipbuilding □ *togail suas* edification, levy 2. culture, upbringing 3. excitement, 'lift' of spirits etc., tonic □ *làn teannachaidh is togail* full of suspense and excitement □ *'s e togail a tha ann a bhith faicinn an leasachaidh a tha (a') tachairt* it is a tonic to be seeing the improvement that is occurring □ *bidh togail againn an* *t-iarmad fhaicinn san ath dheasachadh* we'll look forward to seeing the remainder in the next issue □ *tha togail agam ri sin a dhèanamh / tha mi a' dèanamh togail ri sin a dhèanamh* I'm looking forward to doing that 4. heave, lift (including in a vehicle) □ *a bheil thu ag iarraidh do thogail?* do you want a lift? 5. withdrawal (of money) 6. acquisition □ *ann an togail cànain* in the acquisition of language

togair, togairt /togradh *v* incline, like, want, wish □ most commonly used in the *fut tenses* □ *faodaidh tu tighinn cho tric 's a thogras tu* you may come as often as you like □ *theirig thusa far an togair thu* go where you want □ *dèanadh iad mar a thogras iad* let them do as they wish □ *thoiribh leibh na thogras sibh* take as much as you want □ *faodaidh e dhol far an togair e* he may go where he wishes □ ... *rud sam bith a thogras tu sgrìobhadh* ... anything at all you wish to write □ note also: *ma thogair* it doesn't matter, no matter, who cares?

togalach, -aich, -aichean *nm* building, construction, edifice, erection (building), fabric (of building etc.)

togalach-uidhe *nf* terminal building

togalaichte *a* built-up

togarrach, -aiche *a* 1. desirous, keen, willing, wishful □ *bha e riamh togarrach air deasbad a chur air chois* he was always willing to get a discussion started □ *bha a spiorad fhathast togarrach* his spirit was still willing □ *rinn e seo gu togarrach* he did this willingly 2. inviting, enticing, alluring □ *'s e dùbhlan togarrach a th'ann* it's an inviting challenge 3. stimulating □ *cùrsaichean còmhraidh togarrach* stimulating conversational courses □ *nobhail beag togarrach* a small stimulating novel

togradh, -aidh, -aidhean *nm & vn* of **togair** wishing etc., bent, desire, inclination, longing, proclivity, purpose, wish □ *cha robh togradh sam bith air a dhol a shiubhal an t-saoghail* he had no desire to go and travel the world (lit. to go to travel)

togte *pp* raised, encouraged etc.

tocsaid *nf* □ see **togsaid**

togsaid, -ean *nf* butt, hogshead

toibheum, -eim, -an *nm* blasphemy □ *bi ri toibheum* blaspheme □ ... *mar gun robh e ri toibheum* ... as if he were blaspheming

toibheumach, -aiche *a* blasphemous □ *cha chòir dhut a bhith a' bruidhinn air cho toibheumach ri sin* you oughtn't to be talking about it as blasphemously as that

toigh *a* pleasant, agreeable □ now used only with the *assertive verb* as follows: *is toigh leam bainne* I like milk / I have a liking for milk (lit. milk is pleasing with me) □ but note: *is fìor thoigh leam bainne* I like milk very much □ *an toigh leat siùcar?* *'s toigh l' / cha toigh l'* do you like sugar? yes / no. □ *innis carson is toigh leat no nach toigh leat i* say why you like it or you don't like it (*fem* obj. e.g. **sgeulachd** a story) □ *am bu toigh leat deoch? bu toigh l' / cha bu toigh l'*. would you like a drink? yes / no. □ *bu toigh leis a h-uile duine e* everybody liked him □ note that **toigh** is often rendered as **toil** nowadays

toigheach, -iche *a* fond, desirous □ *chan eil mi glè thoigheach air ruma* I'm not very fond of rum

toil, -e 1. *nf* desire, inclination, pleasure, volition, will, wish □ *neart toile* willpower □ *cha robh e na aonar san toil sin* he wasn't alone in that desire / wish □ *cò a dh'fhanadh an sin dha thoil?* who would stay there willingly? □ *dhe a shaor thoil fhèin* of his own free will □ *mas e do thoil e* if it is your pleasure i.e. please (*pl & polite form = mas e bhur toil e*) □ *faodaidh sibh bruidhinn riutha mas e sin ur toil* you may speak to them if that your wish / if you wish □ *cuir a-nall an salann, mas e do thoil e* pass the salt, please □ *bha toil làidir aige* he had a strong will □ *do thoil fhèin* please yourself / suit yourself □ *bha toil aig mo mhàthair fios a bhith aice ciamar a chaidh dhuinn anns an sgoil* my mother liked to know how we got on (lit. how it it went for us) at school □ *bha toil mhòr agam a bhith ag èisteachd riutha* I took great pleasure in listening to them □ *bithidh e, ann an toil an Tighearna, a' bruidhinn aig coinneimh na h-òigridh* he will, God willing, be talking at the youth meeting □ *an aghaidh a thoile* against his will □ ... *far an do chluich iad gu an toil* ... where they played to their hearts' content 2. an *alt* spelling of **toigh** *a* (q.v.) e.g. *is toil leam* etc.

toileach, -iche *a* voluntary, willing □ *cridhe toileach* a willing heart □ *gu toileach* readily, willingly □ *rinn i seo gu toileach* she did this willingly □ ... *mar nach biodh e idir toileach* ... as if he were not at all willing

toileachadh, -aidh *nm & vn* of **toilich** pleasing etc., approval, gratification, indulgence, pleasure, satisfaction □ *tha mòran anns an leabhar seo a bheir toileachadh* there is much in this book which will give pleasure □ *dèan toileachadh ri* welcome □ *nì sinn toileachadh ri tuilleadh cuideachaidh* we will welcome more help □ *rinn sinn toileachadh mòr ris an aithris* we greatly welcomed the report □ *abair gun do rinn sinn toileachadh ris!* what a welcome we gave him! (see **abair**) □ ... *agus abair an toileachadh a rinneadh rium!* ... and what a welcome I got!

toileachas, -ais *nm* contentment, enjoyment, pleasure □ *fhuair iad toileachas ann an cuideachd a chèile* they found pleasure in each other's company □ ... *agus gus toileachas fhaotainn às a sin* ... and to get pleasure from that □ *bha e follaiseach gun tug e toileachas dha* it was evident that it gave him pleasure

toileachas-inntinn *nm* aesthetic pleasure

toilich, -eachadh *v* amuse, delight, gratify, humour, indulge, please, satisfy □ ... *a' toirt thuige gach rud a thoilicheadh e* ... bringing to him everything that would gratify him □ *faodaidh tu bhith cinnteach nach robh seo a' toileachadh duine sam bith eile* you may be sure that this wasn't pleasing anybody else

toilichte *pp* content, contented, glad, happy, pleased, satisfied □ *duine dàimheil toilichte* a friendly, contented man □ *toilichte (leis fhèin* etc.) smug □ *bha iad toilichte leis mar a bhathas a' dèiligeadh riutha* they were satisfied with the way (lit. with how) they were being treated □ *bha e toilichte le a chrannchur* he was satisfied with his lot □ *bhithinn glè thoilichte an sin* I would be very content there

toil-inntinn *nf* (mental) enjoyment, gladness, gratification, pleasure, satisfaction □ *tha iomadh toil-inntinn anns an àite sin* there are many pleasures in that place □ *bha e na thoil-inntinn mhòir dhomh a bhith a' leughadh na sgrìobh thu* it was a great pleasure for me to read what you wrote □ *cha robh mòran toil-inntinn aige às an latha brèagha* he didn't have much pleasure from the lovely day □ *a' toirt mòran tlachd is toil-inntinn dhuinn uile* giving much pleasure and enjoyment to us all

toill, toilltinn *v* 1. deserve, merit □ *thoill thu sin* you merited that □ *is geal a thoill thu e* you well deserved it (see **geal**) □ *'s tu thoill e!* you deserve a row / reproach! 2. fit (into a space) □ *cha toill sin anns a' bhogsa* that won't fit into the box

toillteanach, -aiche *a* deserving, meriting □ *toillteanach air peanas cruaidh* meriting

a severe penalty □ *toillteanach air a mharbhadh* deserving to be killed □ ... *toillteanach 's gun robh e air prìosan* ... deserving as he was of imprisonment (lit. prison)

toillteanas, -ais *nm* desert(s), merit, worthiness □ *a rèir an toillteanais* in accordance with their deserts □ *dealbh as lugha toillteanais* a painting of less merit

tòimhseachan, -ain, -an *nm* conundrum, puzzle, riddle □ *bha iad a' cur thòimhseachan air a chèile* they were asking each other riddles

tòimhseachan-tarsainn *nm* crossword (puzzle)

toimhsean *pl* of **tomhas**

toinisg, -e *nf* common sense, sense, wit □ *'s e duine gun mòran toinisg a th' ann* he's a man without much common sense

toinisgeil, -e *a* sensible □ *tha rudan glè thoinisgeil anns an aithisg seo* there are very sensible things in this report

toinn, toinneamh / toinneimh *v* spin, twine, twist, wreathe, wind □ *toinn mun cuairt* cling □ *tha iad air an toinneamh ri chèile gu teann* they are twisted tightly together □ *thoinn e suas don adhar* it spun up into the air

toinneadair, -ean *nm* winder

toinneamh, -eimh *nm & vn* of **toinn** twisting etc., twist □ *thoir às an toinneamh* unwind □ *thatar a' cur toinneamh ann* a twist is put into it

toinneimh □ same as **toinneamh**

toinnte *pp* 1. twisted, entwined, wound □ *tha an dà nì toinnte ri chèile* the two items are entwined 2. sensible □ *bha ise na bu toinnte na bha esan* she was more sensible than he was

toinntean, -ein, -an *nm* twine □ *bha am pairseal air a cheangal le toinntean* the parcel was tied with twine

tòir *nf* pursuit, chase, quest, search □ usually now only used in the foll. phrases: 1. **air tòir** *prep + gen* in pursuit of, after, in search of □ *chaidh e air tòir a chòta* he went looking for his coat □ *tha iad a' dol a-null thairis air tòir na grèine* they are going abroad in search of the sun □ *thàinig iad air tòir a' bheathaich* they came in pursuit of the animal □ as is usual with *cmpd preps*, the *poss adj* is used instead of a *noun* in the *gen case* when a *pers pron* is involved (see App. 7 Sect. 3.1) □ *tha iad air mo thòir* they are after me 2. **an tòir air** + *dat* with the same meanings as **air tòir** □ *bha iad an tòir air cumhachd* they

were after power □ *bha iad an tòir air na liughanan* they were after [the] lythe
toir *fut tense dep active* of **thoir** (q.v.)
toirbheartach, -aiche *a* munificent □ see **tairbheartach**
toirbheartas, -ais *nm* munificence
toircheas, -eis, -an *nm* foetus
tòireachadh, -aidh *nm& vn* of **tòirich** pursuing
toireadh *imperf / cond tense dep active* of **thoir** (q.v.)
tòirich, -eachadh *v* pursue
toirinn *imperf / cond tense dep active* of **thoir** (q.v.)
toirm, -e *nf* din, loudness, noise
toirm-spreadh *v* detonate **t.-spreadhadh** *nm* detonation
toirmeasg, -isg *nm & vn* of **toirmisg** forbidding etc., ban, exclusion, interdict, prohihition, stop
toirmeasgach, -aiche *a* exclusive, prohibitive
toirmisg, toirmeasg *v* ban, exclude, forbid, interdict, prohibit □ *tha e air a thoirmeasg dhutsa a bhith an seo* it is forbidden for you to be here
toirmisgeach *a* □ see **toirmeasgach**
toirmisgte *pp* forbidden, prohibited □ *tha sin toirmisgte* that is forbidden □ *am meas toirmisgte* the forbidden fruit
toirpead, -eid, -an *nm* torpedo
toirsgeir □ same as **toirsgian**
toirsgian, toirsgèin *nf* peat spade
toirt, -e *nf* importance, value □...*gu tomhas a dhèanamh air toirt a bhàrdachd...* (in order) to evaluate the importance of his poetry
toirt *nf & vn* of **thoir** taking □ *toirt air falbh* abduction, subtraction □ *toirt gu buil* achievement □ *toirt a-steach* introduction, intake □ *toirt fa-near* perception □ *toirt suas* resignation □...*a tha a' toirt air falbh* privative
toirteadh *imperf / cond tense dep passive* of **thoir** (q.v.)
toirteil, -e *a* 1. tasteful □ *tha na rannan toirteil* the verses are tasteful □ *bha i a' cosg aodach daor toirteil* she was wearing expensive, tasteful* clothes 2. stout, strong, substantial □ *bha coltas toirteil air aghaidh an togalaich fhathast* the building still had a substantial * appearance 3. corpulent, portly, stout, voluminous □ *bha i na boireannach toirteil* she was a stout* woman
* These examples show the problems inherent in using this word. In section 1. the

writer may have meant expensive, substantial clothes (e.g. heavy tweeds) In 2. the writer may well have intended the building to have a tasteful appearance, while in 3. the woman may have been large and strong rather than large and portly!

toiseach, -ich *nm* beginning, bow (of ship), front, genesis, preliminary, priority, prow, start (beginning), stem (of boat), van (front) □ *toiseach luinge* forecastle □ *fìor thoiseach* forefront □ *ciad thoiseach* rudiment □ *is e eagal an Tighearna toiseach a' ghliocais* fear of the Lord is the beginning of wisdom □ *o thoiseach* from the start / from the beginning □ *carson nach do leig e air o thoiseach mu na b'aithne dha?* why didn't he reveal from the start about what he knew? □ *o thoiseach a' mhìos seo* from the beginning of this month □ *o thoiseach na bliadhna* from the beginning of the year □ *o thoiseach gu deireadh* from beginning to end □ *toiseach a' chàir* the front of the car □ *(ann) an toiseach a' chàir* in the front of the car □ *anns an toiseach* in the front (i.e. of the car) □ *chan e bha seo ach toiseach tòiseachaidh* this was just the very beginning (lit. was not but the beginning of beginning) □ *aig toiseach gnothaich* first *adv*, initially, 'for a kick-off'
an toiseach *adv* at first at first, first, in the beginning □ *Albannach an toiseach, Breatannach a-rithist mar gum bitheadh* a Scot first, a Briton next as it were
an toiseach air *prep + dat* ahead of □ *bha iad an toiseach air an luing eile* they were ahead of the other boat □ *bha e an toiseach orm* he was ahead of me
air thoiseach *adv* ahead, before, foremost, first, fast (of a watch etc.), in front □ *bithidh feum orra anns na bliadhnachan air thoiseach* they will be needed in the years ahead □ *tha m' uaireadair air thoiseach* my watch is fast □ *is beag a bha fhios aige dè bha air thoiseach* little did he know what was ahead □ *air thùs is air thoiseach* first and foremost □ *rach air thoiseach* advance *v intrans*
air thoiseach air *prep + dat* in front of, before □ *mhothaich mi gun robh fear*

*eile mu cheud meatair air thoiseach
orm* I noticed that there was another
man about about a hundred metres
ahead of me □ *tha e fada air thoiseach
air rud sam bith eile* it's far ahead of
anything else □ *tha e a-nis leis an
dream ghràidh a tha air dol dhachaigh
air thoiseach oirnn* he is now with the
beloved people who have gone on
ahead of us i.e. who have died
air toiseach *adv* first □ *thàinig esan air
toiseach* he arrived first □ *faigh air
toiseach air* forestall
toiseach-catha *nm* battlefront

tòiseachadh, -aidh *nm & vn* of **tòisich**
beginning, commencement □ *chan e
tha seo ach toiseach tòiseachaidh* this is
just the very beginning (lit. is not but
a beginning of beginning) □ *'s e obair
latha tòiseachadh* it's a day's work getting
started – or – *obair latha – tòiseachadh*
a day's work – getting started (proverb) □
and also: *cha leasachadh air droch obair
latha a bhith fada gun tòiseachadh* it is no
improvement on a bad day's work to be
late in starting (proverb)
tòiseachail *a* incipient, preliminary
toiseachd, -an *nf* priority
toisich *a* fore, front □ *an roth thoisich* the
front wheel □ *bha clann air an t-sreath
thoisich* children were on the front line □
tha iad a' gabhail an àite thoisich they are
in the vanguard (lit. taking the front posi-
tion) □ *a' chas thoisich* the foreleg □ *crann
toisich* foremast
tòisich, -eachadh *v* begin, commence,
inaugurate, launch (an enterprise etc.),
originate, start □ *tòisich as ùr* resume □ …
a tha a' tòiseachadh incipient □ *'s dòcha
gur e rud beag a thòisich an teine* perhaps
it was a small thing which started the
fire □ may be accompanied by **air** + *vn*,
ri + *vn* or simply by the *vn* used as an *inf*
or a *pres part* thus: *thòisich e air seinn /
thòisich e ri seinn / thòisich e a' seinn* may
all be used in different areas for 'he started
to sing / he started singing', though the usage
with *air* seems to be most common □ …
nuair a thòisichear air do chàineadh …
when you begin to be reviled □ note the
verb may also be followed by *air* and
a noun: *cha mhòr gun do thòisich mi air
an obair nuair a nochd iad* I had hardly

started on the job when they showed up □
*thòisich iad air cuid den t-sluagh a bhual-
adh is a mharbhadh* they began to they
began to smite and kill some of the people
(Dwelly) □ *thòisich iad air na feusgain
a bhuain* they began to gather the mussels
tòisichear, -eir, -ean *nm* beginner □
freagarrach do thòisichearan suitable for
beginners
toit, -e *nf* reek, smoke, steam □ *cuir toit
dhe* reek, smoke (emit smoke) □ *cha tig às
a' phoit ach an toit a bhitheas innte* noth-
ing comes out of the pot but the smoke
that's in it
toit, -e, -ean *nf* small temporary rick (Uist)
□ *bha a' chlann a' cluich falach-fead
a-measg nan toitean* the children were
playing hide-and-seek among the ricks
toiteag, -eige, -an *nf* □ same as **toitean**
toitean, -ein, -an *nm* cigarette, 'fag'
toitreachadh, -aidh *nm & vn* of **toitrich-**
fumigating, fumigation
toitrich, -eachadh *v* fumigate
tòlair, -ean *nm* beagle, foxhound □ *bheir e
leis a' chreig thu mar a thug an sionnach
na tòlairean* he will lead you over the
precipice as the fox did the hounds (exam-
ple from Dwelly)
tolg, tuilg, -an *nm* hollow, dent □ see **tulg**
toll, tuill, tuill / -an *nm* hold (of ship), hole,
pit, puncture, (pit) shaft, socket □ *toll lorg*
bore hole □ *dèan toll* bore, knock a hole □
cuir tuill ann perforate □ *bha toll làimhe
air fhàgail air a' chliathaich* there was
a hand hole left in (lit. on) the side □ *bha
toll air* there was a hole in it □ *is uaisle toll
na tuthag ach 's fheàrr tuthag na toll*
a hole is more genteel than a patch but
a patch is better than a hole (proverb)
toll, -adh *v* bore, broach (barrel etc.), hole,
perforate, pierce, puncture □ *tholl tarag an
taidhr* a nail punctured the tyre □ *bha an
t-acras gam tholladh* I was feeling the
pangs of hunger □ *bha iad gan tolladh leis
an acras* they were famished, ravenous etc.
toll-analach *nm* blowhole (of a whale)
t.-dubh *nm* dungeon **t.-guail** *nm* coalpit,
coalmine □ *bha e ag obair anns na
tuill-ghuail* he was working in the pits
t.-iuchrach *nm* keyhole □ *chuir e an
iuchair anns an toll-iuchrach* he put the
key in the keyhole
tolladair, -ean *nm* drill (tool), punch (tool)
tolladh, -aidh, -aidhean *nm & vn* of **toll**
piercing etc., perforation, puncture
tolltach, -aiche *a* holed, full of holes
tolm, tuilm, -an *nm* hillock, knoll

tolman, -ain, -ain *nm* hillock, knoll
tom, tuim, toman(nan) *nm* clump, heap, hillock, knoll, mound □ *shuidh iad am fasgadh tuim* they sat down in the shelter of a knoll □ *tom fraoich* a clump of heather
tom-gainmhich *nm* sand dune
tomad, -aid, -an *nm* bulk, mass, quantity
tomadach, -aiche *a* ample, big, bulky, large, lumpish, massive, substantial, weighty □ *chan eil na h-adhbharan tomadach gu leòr* the reasons aren't substantial enough □ *bha am poca ro thomadach* the sack was too bulky
tomaltach, -aiche *a* brawny
tomàto, -othan *nm* tomato
tombaca *nm* tobacco
tomh, -adh *v* point, direct (something) towards, aim (something) at, present (arms) (+ **air** / **ri** = at, to) □ ... *agus a' tomhadh a chorraig, thuirt e ...... and, pointing his finger, he said ...* □ *thomh e air an duine* he pointed to (lit. on) the man □ *thomh e a' phrosbaig air an luing choimhich* he directed the telescope towards the strange ship
tomhais, tomhas *v* calculate, gauge, guess, measure, survey, weigh □ *tomhais (doimhneachd)* fathom, sound (take depth) □ *tomhais tìm time v* □ *tomhaisidh mi an làr dhut* I'll measure the floor for you □ *feumaidh sinn uilinn a' thilgidh a thomhas* we must calculate the angle of trajectory □ *thomhais e na siùcairean is chuir e iad ann am poca* he weighed the sweets and put them in a bag □ *tomhais dè thachair!* guess what happened! □ *cha tomhais sibh dè rinn e* you won't guess what he did

tomhas, -ais, toimhsean *nm* & *vn* of **tomhais** calculating etc., calculation, dimension, dose, gauge, guess, mean, measure, measurement, mensuration, scale (of measurement), size, standard, survey □ *tomhas lèigh* scruple □ *tomhas trì-cheàrnach* trigonometry □ *gun tomhas* infinite □ *thar tomhais* beyond measure □ ... *ann an tomhas co-dhiu ...* in some measure at any rate □ *chan eil an teagamh as lugha nach do chuidich iad (ann) an tomhas mòr ann a bhith ...* there isn't the slightest doubt that they helped in a large measure in being ... □ *tha dùil aca ri tomhas de fhaochadh* they expect a measure of relief □ *tha tomhas nach gann de*

ghnìomh ann there is no small measure of action in it □ *chì sibh (ann) an tomhas air choreigin am piseach a tha air tighinn orra* you will see in some measure or other the success that they have had (lit. that has come upon them) □ *chosg iad tomhas dhe an cuid airgid fhèin* they spent some / a proportion of their own money □ ... *na toimhsean a rèir a bheil sinn a' meas a chuid saoithreach ...* the standards by which we judge his work □ *chithear toimhsean mar seo nan adhartas nàdarra* measures like this will be seen as a natural progress □ the *pl* may also mean 'faculties', 'mental judgement' □ *a rèir ar toimhsean-ne* according to our faculties □ *bha seo fìor a thaobh Chaluim ann an tomhas mòr* this was true of Calum to a high degree
gabh tomhas is used in a number of constructions □ ... *a ghabhas tomhas* measurable □ *bha againn ri toimhsean a ghabhail* we had to take measurements
dèan tomhas air gauge □ *agus bheireadh sin cothrom dhaibh tomhas nas buadhmhoire a dhèanamh air an adhartas* and this would allow them to gauge more effectively their progress
tomhas-ìre *nm* grade (educ.) **t.-lìon-aidh** *nm* capacity, volume **t.-uisge** *nm* rain gauge

tòn, -òine, -an *nf* backside, buttock
tòna, -achan *nf* tone
tònail *a* tonal
tonn, tuinn, tuinn / tonnan *nm* / *f* (*fem gen* is **tuinne**) billow, wave (sea / scientific) □ *tonn teasa* heat-wave □ *bha tonn an dèidh tuinn a' bualadh air a' chladach* wave after wave was striking (upon) the beach □ *bha am bàta beag a' gleac an aghaidh nan tonn* the little boat was struggling against the waves
tonn-adhair *nm* airwave **tonn fuaime** *nm* sound wave **t.-luasgadh** *nm* undulation **t.-taomaidh** *nm* tidal wave **t.-tillidh** *nm* backwash
tonna, -achan *nf* □ see **tunna**
tonnach, -aiche *a* wavy
tonnag, -aige, -an *nf* cape (clothing)
tonsail, -e, -ean *nf* tonsil
topag, -aige, -an *nf* lark (bird) (also **uiseag**)

topan, -ain, -ain *nm* crest, tuft □ *le topan leathrach donn* with a brown leather tuft
topanach crested (bird), tufted
tora, -achan *nm* auger, wimble
torach, -aiche *a* fertile, fruitful, productive □ *dèan / fàs torach* fructify (*trans / intrans* respectively) □ *gleanntan leathann torach* wide, fertile valleys
torachadh, -aidh *nm & vn* of **toraich** fertilizing, fertilization
tòrachd *nf* pursuit, chase
torachas, -ais *nm* fertility
toradh, -aidh, -aidhean *nm* consequence, effect, fruit(s) (end product), growth, issue, output, proceeds, produce, product, production, result(s), yield □ *mar thoradh air a' cho-dhùnadh seo...* as a consequence of this decision...□ *chan fhaca e toradh a shaothrach* he did not see the fruits of his labour □...*ach a bharrachd air na toraidhean neo-chòrdail sin... ...* but in addition to these discordant effects... □ *a thoradh* because *conj* □ *tha seo gu h-àraid annasach a thoradh gur e Sasannach a th'ann* this is particularly unusual because he is an Englishman □ *bha e ainmeil a thoradh mar a thachair* he was famous because of what had happened
toraich, -achadh *v* □ see **torraich**
Tòraidh, -ean *nm* Conservative, Tory
Tòraidh *a* Conservative, Tory
toran, -ain, -ain *nm* loop-hole
torc, tuirc, tuirc *nm* boar
tormachan-tuinne *nm* rock pippet
torman, -ain *nm* wild clary, vervain sage
torman, -ain *nm* drone, murmur □ *dèan torman* hum, murmur □ *chuala mi torman na h-aibhne* I heard the murmur of the river
tornàdo, -othan *nm* tornado
tòrr, -a, -an *nm* 1. heap, mass (great quantity), mound, tip (coal-tip etc.) □ *cha robh air fhàgail ach tòrr ìosal dubh* there was nothing left but a low, black mound □ *bha a' chlann a' cluich air tòrr connlaich* the children were playing on a heap of straw 2. a lot, much □ *bha e tòrr na b'inntinniche na càch* he was far / much more interesting than the others □ *tha tòrr dhiofaran ann* there are a lot / many differences [in it] □ *tòrr mòr* a great deal
tòrr, -adh *v* 1. heap up, pile up, hoard □ *a' tòrradh airgid* hoarding money 2. teem □ *bha fhalt air a thòrradh le miallan* his hair was teeming with lice (lit. was heaped with etc.) 3. bury
tòrr-guail *nm* coal-tip

torrach, -aiche *a* fecund, fertile, big (with child), pregnant, prolific □ *talamh torrach* rich soil □ *fàs torrach* conceive (see also **torach**)
torrachadh, -aidh *nm & vn* of **torraich** fertilizing, impregnation
torrachas, -ais *nm* fertility, gestation
tòrradh, -aidh, -aidhean *nm & vn* of **tòrr** burying etc., funeral, burial □ *rinn iad an t-ullachadh àbhaisteach airson an tòrraidh* they made the usual preparations for the funeral
torraich, -achadh *v* fertilize
torrann, -ain, -an *nm* peal, thunder (loud noise) □ *cha b'urrainn dhomh nì a chluinntinn ach torrann an easa* I could hear nothing but the thunder of the waterfall
torrann-sgòth *nf* thundercloud
torrannach, -aiche *a* thunderous □ *eas torrannach* a thunderous waterfall
tosg, tuisg / toisg, tuisg / -an *nm* tusk
tosgair(e), -ean *nm* ambassador, envoy
tosgaireachd *nf* embassy
tost, toist *nm* toast (toasted bread)
tost *nm indec* quiet, quietness, rest (pause), silence, stillness □ *tost!* quiet!, silence! *interj* □ *bi nad thost* be quiet (lit. be in your quietness etc.) □ *bha i na tost mionaid* she was quiet for a minute □...*nuair a bhiodh na deisciopail nan tost...* when the disciples were (used to be) quiet
tostach, -aiche *a* dumb, mute, peaceful, quiescent, quiet, silent, reticent, taciturn
tostachd *nf* dumbness, muteness, quietness, peacefulness, silence □ *tha e a-nis air tostachd cheithir bliadhna a thoirt gu ceann* he has now ended four years' silence
tostachadh, -aidh *nm & vn* of **tostaich** hushing
tostaich, -achadh *v* hush
tostaigeadh, -idh *nm & vn* of **tostaig**, toasting
trabhaic / trabhaig *nf* □ see **trafaig**
tràchd, -an *nf* dissertation, tract
tràchdas, -ais, -an *nm* memoir, thesis, treatise
tractar, -oir, -an *nm* tractor
tradisean, -ein, -an *nm* tradition
tradiseanta *a* traditional □ *gu tradiseanta* traditionally
trafaig, -e *nf* traffic □ *solais na trafaig* traffic lights
tràghadh, -aidh *nm & vn* of **tràigh** ebbing, draining etc., ebb □ *tha e cho cinnteach ri tràghadh is lìonadh na mara* it is as sure as the ebb and flow of the sea □ *thàinig seòrsa de thràghadh spioradail orra* a sort of spiritual ebb affected them

traidiseanta traditional □ see **tradiseanta**
tràigh, -e / tràgha / tràghad, tràighean *nf*
beach, seabeach, shore, strand *air an tràigh*
on the beach
tràigh, -eadh *v* ebb, subside
tràigh-cheum, tràigh-cheuma, tràigh-cheumannan *nm* beach path, shore path
tràigheadh, -idh *nm & vn* of **tràigh**
subsiding etc., subsidence
tràill,(-e), -ean *nm/f* addict, drudge, slave,
thrall
tràilleachd *nf* □ see **tràillealachd**
tràillealachd *nf* addiction, drudgery,
enslavement, servility, servitude, slavery
tràilleil *a* servile, slavish
tràilleachadh, -aidh *nm & vn* of **tràillich**
enslaving
tràillich, -eachadh v. enslave
traingead, -eid *nm* busyness □ *traingead*
nan sràidean the busyness of the
streets
trainnse, trainnsichean / trainnseachan
nf trench □ *anns na trainnsichean* in the
trenches (of World War 1)
traisg, trasgadh *v* fast
tràlair, -ean *nm* trawler
trama, -aichean *nm* tram
tramasgal, -ail *nm* □ see **treamsgal**
trang, trainge *a* busy □ *bha e trang aig a*
leasanan he was busy at his lessons □ *am*
port as trainge air an t-saoghal the busiest
port in the world □ *is ann an sin bu trainge*
(a) bhiodh iad it was then they would be
busiest / be at their busiest
trannsa, -achan *nf* aisle, corridor, lobby,
passage
traogh, traoghadh *v* dessicate, drain, dry
up (of a well etc.) ebb, exhaust, subside □
thraogh an fhuil às aodann the blood
drained from his face □ *thraogh e a'*
ghlainne he drained the glass □ *bha an*
fhuil air traoghadh às aodann the blood
had drained from his face □ *thraogh*
tobraichean a' bhaile the town wells dried
up □ Note also: *tha a' phoit air traoghadh*
the pot has boiled dry
traoghadh, -aidh *nm & vn* of **traogh** drain-
ing etc., exhaustion □ *chan eil tuil air nach*
tig traoghadh there isn't a flood which will
not subside
Traoidheanach *a* Trojan □ *an t-each*
Traoidheanach the Trojan horse □ *an*
Cogadh Traoidheanach the Trojan War
Traoidheanach, -aich, -aich *nm* Trojan
traoit, -ean *nm* treat □ *bha traoit againn aig*
deireadh an latha we had a treat at the end
of the day

traon, traoin, traoin *nm* landrail,
corncrake □ also **trean-ri-trean**
traon-breac *nm* spotted crake
tras-cheasnaich *v* heckle
trasg, traisg *nf* fast □ *là na traisg* fast-day
trasgadh, -aidh *nm & vn* of **traisg**
fasting, fast
trasnadh, -aidh *nm* transit
trasnan, -ain, -an *nm* crossbeam
trast *a* diagonal – as an *adv* = across,
athwart, crosswise, diagonally, traverse
trast-dhealbh *nm/f* tracing (drawing)
trast-thomhas *nm* diameter
trastach *a* transitional
trastan, -ain, -an *nm* diagonal
trastanach *a* diagonal □ *bidh am pìos seo*
a' gluasad gu trastanach this piece moves
diagonally
trat, -a, -an *nm* trait □ *...a tha air leth*
sgileil air tratan is annasan a cho-luchd
dùthcha a chur an cèill... who is particu-
larly skilful at expressing the traits and
peculiarities of his fellow countrymen

---

tràth, tràithe *a* early, soon □ *... anns na*
bliadhnachan tràtha sin... in those
early years □ *tràth agus gun robh e...*
early as it was...□ frequently used as
an *adv*, but note that **gu** is not emplo-
yed □ *dh'èirich e tràth an-diugh* he rose
early today □ *dh'èirich e tràth / glè*
thràth an ath mhadainn he rose early /
very early the next morning □ *bha e air*
a chois glè thràth sa mhadainn he was
up very early in the morning □ *chan eil*
e comasach dhomh cho tràth seo an
dèidh toiseach na h-obrach beachd
a thoirt air na cùisean seo it's not pos-
sible for me, so early / soon after the
commencement of the work, to pass an
opinion on these matters
The *comp form* is frequently used □ *na*
bu tràithe air an linn seo earlier this
century □ *chaochail e na bu tràithe*
dhen bhliadhna seo he died earlier this
year □ but note also: *na bu tràithe dhen*
bhliadhna earlier in (lit. of) the year
(after a *verb* in the *past tense*) □ *...*
caran na bu tràithe na bha iad an dùil...
somewhat earlier than they (had)
expected □ *nas tràithe is nas tràithe*
earlier and earlier (after a *verb* in the
present tense) □ *chaidh iad an sin na*
bu tràithe air a' bhliadhna they went
there earlier in the year

mu thràth *adv* already □ *…a tha anns an eilean mu thràth…* which are already on (lit. in) the island □ *thuirt e gun robh iad air ceumannan a ghabhail mu thràth* he said they had already taken steps

tràth, tràith, -an *nm* 1. season, tense, time □ *tràth bidhe* meal (meal-time) □ *tràth cadail* bedtime □ *tràth dìnneireach* dinnertime □ *tràth suipearach* suppertime □ *aig tràth-suipearach* at suppertime □ *an tràth làthaireach* present tense □ *an tràth teachdail* future tense □ *an tràth coileanta* perfect tense □ *an tràth caithte* past tense □ *an tràth cumhach* conditional tense □ *an tràth neo-choileanta* imperfect tense 2. 'diet' (sufficient for one meal) meal, mealtime □ *bha a bhiadh ga thoirt thuige a h-uile tràth* his food was brought to him every mealtime □ *thug e dhaibh càl air gach tràth* he gave them them kale at every meal □ *tràth bhuntàta* a 'diet' of potatoes

tràth-nòin *nm* afternoon

tràthail *a* opportune, punctual, seasonable, timely

tre *prep + dat + len* □ same as **tro / troimh** through □ *…a choisinn e tre a bhàs…* which he won through his death □ *tre neach eile* vicarious □ *caillear comharraidhean tre dhroch litreachadh* marks will be lost through bad spelling

tre-shoillseach *a* translucent **t.-rèididheachadh** *nm* irradiation

treabh, -adh *v* plough, till □ *am fear nach treabh ri latha fuar, cha bhuain e ri latha teth* the man who will not plough on a cold day will not reap on a hot day (proverb)

treabhadh, -aidh *nm & vn* of **treabh** ploughing, tillage □ *'s e farmad a nì treabhadh* it is envy which gets ploughing done i.e. people are spurred on by others' success (proverb)

treabhaiche, -ean *nm* husbandman, ploughman, tiller (of soil)

treabhailt, -ean *nf* hopper

treabhta *pp* ploughed, tilled

trealaich, -e, -ean or **treallaich, -ean** *nf* 1. accessory (item), kit, lumber, luggage, paraphernalia, trash □ **treallaichean** *pl* also = baggage, kit (dress etc.), luggage,

moveables, outfit 2. (in Lewis) a good deal, a fair amount

treamsgal, -ail *nm* balderdash, litter, slag, spoil (from a mine / pit etc.) □ *tòrran mòra de thramasgal* great heaps of spoil □ *dèan treamsgal* litter (*v*)

trèan, -adh *v* train

trèan(a), -aichean *nf* train (railway train) □ *trèan bathair* goods train □ *air an trèan(a)* by train *chaidh sinn air an trèan* we went by train

trean-bàta *nf* boat train

trean-ri-trean *nm* corncrake, landrail

trèanadh, -aidh *nm & vn* of **trèan** training □ *trèanadh le cuideaman* weight training

treas *a* third □ *treas cuid* a third □ *an treas cuid* the third part □ *anns an treas àite* thirdly □ *an treas oidhche* the night after tomorrow night

treas-deug *a* thirteenth **t.-tarraing** *nf* distillation

trèat, -an *nm* see **traoit**

treibhdhireach, -iche *a* faithful, loyal, sincere □ *bha e treibhdhireach gu leòr* he was sincere enough

treibhdhireas, -eis *nm* faithfulness, integrity, loyalty, probity, sincerity □ *tha mi cinnteach às a threibhdhireas* I am certain of his sincerity

trèicil *nm* treacle

trèig, trèigsinn (sometimes **trèigeadh**) *v* abandon, desert, forego, forsake, leave, quit, relinquish, repudiate □ *trèig (leannan)* jilt

trèigeadh, -idh *nm & vn* of **trèig** abandoning etc., renunciation

trèigear, -eir, -an *nm* renegade

trèigsinn *nm & vn* of **trèig** abandoning etc., desertion

trèigte *pp* abandoned, derelict, desolate (persons), forsaken, left

trèilear, -eir, -an *nm* trailer

trèine *nf* strength, vigour □ *trèine (a neart)* prime

trèineadh, -idh *nm* training

trèinidh *a* training □ *ag ullachadh phrògraman trèinidh* preparing training programmes

treis *nf* □ same as **greis**

treise *nf* bodily strength, vigour □ *nuair a bha e aig àird a threise* when he was in his heyday

trèithe, -ean *nf* trait

treòir, -e *nf* 1. energy, power, strength, vigour □ *bha e a'gluasad fo a threòir fhèin* it was moving under its own power □ *làn càil agus treòir* full of strength and

vigour □ *thug e leis ar treòir* it took away our
vigour 2. direction, guidance □ *…ach chan
fhaigh sinn treòir a thaobh ciamar a bhios
seo air a dhèanamh …* but we do not receive
guidance regarding how this will be done
treòireach,-iche *a* 1. instructive 2. vigorous
treòireachail *a* inductive
treòrachadh, -aidh *nm & vn* of **treòraich** *
guiding etc., guidance □ *tha treòrachadh
air a thoirt seachad do luchd teagaisg*
guidance has been given to teachers □ *…
a bheireadh treòrachadh dhaibh …* which
would give them guidance
treòraich, -achadh *v* conduct, guide, influ-
ence, lead, pilot, steer □ *bha an seòmar far
an robh e air a threòrachadh glè bheag* the
room to which he was conducted was very
small □ *threòraich e i gu far an robh na
caileagan eile* he led her to where the
other girls were □ *chaidh ar treòrachadh
le duine mòr ruadh* we were guided by
a large red-headed man
treòraiche, -ean *nm* guide, regulator
treubh, -a, -an *nf* tribe □ *ghlac iad bànrigh
na treubha seo* they captured the queen of
this tribe
treubh, -adh *v* □ see **treabh**
treubhach, -aiche *a* brave, valiant, valor-
ous □ *bha e dìleas treubhach* he was faith-
ful and brave □ *bha duais air a toirt dhi
airson a' ghnìomh threubhaich a rinn i*
a reward was given to her for the brave
deed [that] she performed
treubhaiche, -ean *nm* □ see **treabhaiche**
treubhantas, -ais *nm* bravery, valour, hero-
ism □ *choisinn a treubhantas cliù dhi*
her heroism earned her renown
treud, -a / trèid, -an *nm* flock □ *treud
chaorach* a flock of sheep
treun, trèine / treasa *a* potent, strong □ *le
a dhà làimh thrèin* with his two strong
hands □ *tha iad de na daoine as trèine (a)
tha anns an dùthaich* they are some of the
strongest men in the land (see **de**)
treun *nf* strength, acme (of strength) □ usu-
ally only in the expression *ann an treun a
neirt* at the acme of his strength (see also **trèine** *nf*)
treuntas, -ais *nm* prowess, resource
treun-ri-treun *nm* □ see **trean-ri-trean**

---

trì *a* three □ *trì cairtealan* three-
quarters □ *trì uairean* thrice □ when
not accompanied by a *noun*, the form
is **a trì** □ *co mheud craobh a tha ann?*

tha (a) trì how many trees are there?
there are three
trì no ceithir 'three or four' is followed
by *de* and a *noun* □ *bithidh ugh aice ann
an trì no ceithir de nid* she (the cuckoo)
will have an egg in three or four [of]
nests □ *a h-uile mios bithidh sinn a'
faighinn trì no ceithir de litrichean*
every month we [will] receive three or
four letters □ *bha iad nan seasamh trì
no ceithir a lathaichean* they were
standing three or four days (where **a** is
an *abbr form* of **de**)
a trì deug thirteen (when unaccompa-
nied by a *noun*) □ *co mheud each a tha
ann? tha a trì deug.* how many horses
are there? thirteen / there are thirteen
trì—deug thirteen (when accompanied
by *noun*) □ *co mheud each a tha ann?
tha trì eich dheug.* how many horses
are there? there are thirteen horses □
*co mheud craobh a tha ann? tha trì
craobhan deug* how many trees are
there? there are thirteen trees □ for *len*
or lack of it on **deug** see App. 11
trì fichead sixty, threescore □ *trì fichead
saighdear* sixty soldiers □ *trì fichead 's
a deich* seventy □ *na trì ficheadan* the
sixties □ *an fheadhainn a chaidh àrach
anns na trì ficheadan* those who were
brought up in the sixties
trì-
trì-bhileach *nf* 1. valerian 2. trefoil
t.-bhliadhnail *a* triennial **t.-chasach** *nm*
tripod **t.-chasach** *a* three-legged □ *an
rèis thrì-chasach* the three-legged race □
stòl trì-chasach a three-legged stool **t.-
cheàrnach** *a* triangular **t.-cheàrnag**
nf triangle □ *trì-cheàrnag le oisean
dìreach* a right-angled triangle **t.-deug**
thirteen (when used without a noun) **t.-
dhualach** *a* three-ply **t.-earrannach**
a tripartite **t.-fhoghar** *nm* triphthong
t.-fillte *pp* threefold, treble, triple
t.-lobhtach *a* three-storied □ *togalach
mòr trì-lobhtach* a great three-storied
building **t.-rothach** *nm* tricycle
t.-shiollach *a* trisyllabic **t.-shliosach**
a three-sided, trilateral

---

triall, triall *v* commute (by train etc.),
depart, journey, travel, traverse, troop □
triall air èiginn trudge (*v*) □ *thriall sinn na
mìltean tron bhaile* we travelled for miles

through the town □ *thug e fa-near gun robh iad air triall* he noted that they had departed

triall *nm indec & vn* of **triall** travelling etc., journey, travel □ *bha an triall athaiseach* the journey was slow □ *triall a-mach à* exodus

triallaire, -ean *nm* traveller, voyager

trian *nm indec* third, third part □ *dà thrian* two thirds □ *tha trian a bharrachd de bhuill againn am bliadhna* we have a third more [of] members this year

Trianaid *nf* Trinity

triantan, -ain, -an *nm* triangle □ *triantan ceart-cheàrnach* right-angled triangle □ *triantan ionnan-thaobhach* equilateral triangle □ *triantan co-chasach* isosceles triangle □ *triantan le ceàrn fharsaing* obtuse-angled triangle □ *triantan neo-chothromach* scalene triangle

triantanach *a* triangular □ *priosam triantanach* triangular prism

triantanachadh, -aidh *nm & vn* of **triantanaich** triangulating, triangulation □ *carragh triantanachaidh* triangulation pillar

triantanachd *nf* trigonometry □ *a' fuasgladh cheistean ann an cruinneadaireachd agus triantanachd* solving problems in geometry and trigonometry

triantanaich, -achadh *v* triangulate

triath, -a, -an *nm* chief (of a clan), lord, noble □ *an triath 's an tuath* the chief and the peasantry □ *Triath nan Eilean* Lord of the Isles

tric *a* frequent □ *gu tric* frequently, often, repeatedly □ the **gu** is often omitted: *am bi thu a' tighinn an seo tric?* do you come here often? – and always when used with **cho** or with the *assertive verb* □ *bha mi a' tighinn dhachaigh cho tric 's a b'urrainn dhomh* I was going home as often as I could □ *dè cho tric 's a bhitheas sin a'tachairt?* how often is that happening? □ *chan ann tric a chithear tàrmachan* a ptarmigan is not often seen □ *...mar as tric a thachras...* as often happens □ *... nuair a bha an t-uisge ann, mar bu tric a bha...* when there was rain, as there often was / as often was the case □ often used in the *comp / sup form* □ *mar as trice* mostly □ *...agus nas trice b'ann mun Fhèis a bhitheadh iad a'bruidhinn...* and most often / usually it would be about the Festival they would be talking □ *seo an dòigh as trice thatar a'leantainn* this is the method most often pursued

tricead, -eid, -an *nm* frequency □ *tricead àrd* high-frequency

trìd *prep + gen* through, because of, on account of (generally biblical / devotional contexts) □ *trìd na tàmailt a fhuair e dh'fhàg e* on account of the insult he received he left □ *trìd Iosa Crìost ar Tighearna* through Jesus Christ our Lord □ *trìd-san gu robh sinn uile a' dèanamh aiseirigh* through him may we be resurrected

trìd-dheatachadh *nm* transpiration **t.-dheataich** *v* transpire **t.-shoilleir** *a* pellucid, transparent **t.-shoillse** *nf* transparency

trìlleachan, -ain, -ain *nm* 1. oyster catcher (also **gille-Brìde** *nm*) 2. plover (see **feadag**)

trìlleachan-beag *nm* turnstone (also **gobhlachan** *nm*) **t.-tràghad / t.-tràighe** *nm* ringed plover (also **tàrmachan-tuinne** *nm*)

trillsean, -ein, -an *nm* torch

triobailte *pp* treble

triobhuail, triobhualadh *v* vibrate

triobhualadh, -aidh, -aidhean *nm & vn* of **triobhuail** vibrating, vibration □ *dh'fhairich mi na triobhualaidhean tron fhiodh* I felt the vibrations through the wood

trìoblachadh, -aidh *nm & vn* of **trìoblaich** tripling

trìoblaich, -achadh *v* triple

trìoblaid, -e, -ean *nf* mischief, tribulation, trouble, illness, disease □ *aig àm trioblaid* in time of trouble □ *cha do sguir mo thrìoblaidean le sin* my troubles didn't stop with that

trìoblaideach, iche 1. distressing, troublesome *dh'fhàs na creachan na bu trice agus na bu trìoblaidiche* the raids became more frequent and more troublesome 2. distressed, troubled

triom *nm indec* mood, trim □ *cha robh e ann an triom airson obair* he wasn't in the mood for working / he couldn't be bothered working

trìthead *s and a* thirty in new style of counting □ *trìthead 's a còig* thirty-five □ *trìthead sgillinn 's a còig / trìthead 's a còig sgillinn* 35p

trithear, -eir, -an *nm* triad

trìtheachadh, -aidh *nm & vn* of **trìthich** triplicating

trìthich, -eachadh *v* triplicate

triubhas, -ais, -an *nm* 1. breeches, trews, trousers 2. fish roe

triùir *nf* three (of persons), trio, triplets + *gen pl* or **de** + *dat* or the relevant *prep poss adjs* of **de** or **aig** □ *rug mi dha*

triùir mhac I bore him three sons (lit.
a threesome of sons) □ *thàinig triùir de na
saighdearan dearga* three of the redcoats
came □ sometimes the two methods are
mixed □ *bha triùir de ghillean agus
ceathrar chaileagan ann* there were three
girls and four boys □ may be used without
a noun: □ *bha triùir againn nar seasamh
anns an doras* three of us were standing in
the doorway □ *a bheil clann agaibh? tha,
tha triùir agam.* do you have [any] chil-
dren? yes, I have three □ *bha sinn ann
triùir* there were three of us in the family
triullainn *a* confused, tangled □ *thèid iad
triullainn ort* they will become tangled,
you'll get them in a tangle (lit. they will go
tangled on you)
triuthach, an triuthach, na triuthaich *nf*
whooping cough

---

tro *prep + dat + len* a form of **troimh** –
now recommended – through (both
physically & by reason of) □ also has
the form **tre** (q.v.)
The *prep prons* are formed thus:
tromham through me **tromhad**
through you **troimhe** through him / it
masc **troimhpe** through her / it *fem*
tromhainn through us **tromhaibh**
through you *pl & polite* **tromhpa**
through them
The *emph forms* of these are:
**tromhamsa, tromhadsa, troimhesan,
troimhpese, tromhainne, tromhaibhse,
tromhpasan** respectively
Some common examples: *thàinig an cù
a-steach tro tholl* the dog entered
through a hole □ *bha againn ri dol tro
thunail fhada* we had to go through
a long tunnel □ *chaidh e tro challaid
sgithich* it went through a hawthorn
hedge □ *rinn e a shlighe tro shràidean
dorcha* he made his way through dark
streets □ *tro bhliadhnachan gun àireamh*
through countless years □ *chuala e
fuaim a chuir gaoir tro a fheòil* he
heard a sound which sent a shiver
through his flesh
cuir tro-chèile agitate, complicate,
confound, confuse, embarrass, fluster
□ *faigh tro* penetrate □ *siubhail tro*
wade
tro combines with the *def art* thus: *tron
toll* through the hole □ *tron latha* by
day □ *tron oidhche* by night, through

the night □ *bha snighe (a') tighinn tron
mhullach* there was a leak coming
through the ceiling □ may be placed in
an emphatic position: *tron bhealach
a ghabh e* through the pass he went
tro may also precede the *interr
part* thus: *an cunnart tro an tug iad a-
mach an ceann-uidhe* the danger
through which they reached their des-
tination □ *dh'innis e dhuinn mu na
gàbhaidhean tro an deach e* he told us
about the perils through which he had
passed
tro may also precede the relative pro-
noun thus: ... *nan robh thu air a dhol
tro na chaidh sinne troimhe* ... if you
had gone through what we had [gone
through]
The following *prep poss adjs* may be
found, but it is now recommended that
these be written in full. **trom +
len** through my **trod +** *len* through
your *sing* **tro a +** *len* through his
tro a (without *len* and **tro a
h-** before vowels) through her **tro
ar** through our **tro ur** through your
pl & polite **tron** (**trom** before **b, f, m,
p**) through their. The full forms are:
tro mo, tro do, tro a + *len*, **tro a**
(without *len* and **tro a h-** before vow-
els), **tro ar, tro ur, tro an** (**tro am**
before **b, f, m, p**)
The shortened form is also used in com-
bination with the *def art* □ *tron
t-seachdain* through the week □ *cuiridh
iad cùrsa air dòigh dhut tron phost*
they will arrange a course for you
through the post
tro-chèile *nf* agitation, confusion,
dementia, disorder, ferment, muddle,
tangle, turmoil, welter □ *tro-chèile
(inntinn)* psychosis
tro-chèile *a* confused, tangled, untidy □
*bha m' inntinn cho tro-chèile 's nach
do dh'fhan mi ris a' bhus* my mind was
so confused that I didn't wait for the
bus □ *anns na bliadhnachan tro-chèile
an dèidh a' chogaidh* in the confused
years after the war □ *cuir tro-chèile*
confuse, complicate, disconcert,
muddle □ *bha iad air an cur tro-chèile*
they were confused □ *cur tro-chèile*
upset *noun* **t.-fhaicsinneach /
t.-lèirsinneach** *a* see-through, trans-
parent **t.-lot** *v* transfix

trobhad *def v* (used in the imperative mood only) come, come on *pl & polite* = **trobhadaibh** □ *trobhad an seo a Sheumais* come here, James

tròcair, -e *nf* compassion, leniency, mercy, pity, quarter (mercy) □ *bha iad a' sealltainn le tròcair air* they were looking at him compassionately (lit. with compassion)

tròcaireach, -iche *a* clement, compassionate, lenient, merciful

troch, -a, -an *nm* trough

trod, troid *nm & vn* of **troid** scolding etc., row, telling off, ticking off, quarrel, wrangle □ *dèan trod* quarrel, wrangle (*v*) □ *bhitheadh trod gàbhaidh ann* there would be a terrible row □ *bha trod eadar an dithis aca gun sgur* there was endless quarrelling between the pair of them

trod *v* □ see **troid** *v*

trodach, -aiche *a* pugnacious

troich, -ean *nm/f* dwarf, pygmy

troicheil *a* dwarfish

troid, trod *v* + **ri(s)** chide, quarrel, reprove, scold, upbraid, wrangle □ *an ann a' dol a thòiseachadh a' trod rithe a bha e?* was he going to start reproving her? □ *thòisich mo mhàthair air trod rium* my mother began to scold me (see **tòisich**) □ *is tric a bhitheadh e a' trod ri muinntir an eilein* he would often be quarrelling with the people of the island

Troidheanach *nm & a* □ see **Traoidheanach**

troigh, -e, -ean *nf* foot (usually a measure, but may also mean part of the body) □ *taobh-a-staigh na troighe* instep □ *bha am balla seachd troighean air àirde* the wall was seven feet in height □ *bha sleagh shia troighean na làimh* he had a six foot spear in his hand (lit. a spear of six feet □ note the preceding *adj* is *lenited* instead of the *noun*) □ *troigh air throigh* foot by foot □ *ceithir troighean agus trì òirlich* four feet three inches

troighean, -ein, -an *nm* pedal

troilidh, -e, -ean *nf* trolley

troimh *prep + dat + len* □ the contracted form **tro** (q.v.) is now recommended

troimh-a-chèile, troimhe chèile / troimh-chèile *nf* □ see **tro-chèile**

troimhe / troimhpe *prep prons* of **tro** / **troimh** (q.v.)

trom, truime *a* cheerless, cumbersome, heavy, leaden, lethargic, lifeless, lumpish, onerous, phlegmatic, ponderous, pregnant, sluggish, sound (deep), stodgy, turgid, unwieldy, weighty □ *thuit an t-uisge gu*

trom the rain fell / came down heavily □ *bi an trom ghaol dote* □ *tha am bogsa trom* the box is heavy □ *bha e trom air òl* he indulged in drink □ *bha e uabhasach trom air an tombaca / an deoch* he was very heavy on the tobacco / on the drink (i.e. he smoked / drank very heavily) □ *dhùisg e an dèidh cadal trom gun bhruaillean* he awoke after a heavy untroubled sleep □ *thuit an t-uisge gu trom* the rain fell heavily □ *shuidh e sìos gu trom* he sat down heavily □ note also: *nach tu tha trom air!* my, aren't you hard on him!

trom- *pref* indicating 'sore(ly)','heavy' / 'heavily' etc.

trom-bhreitheach *a* hypercritical **t.-chadal** *nm* heavy sleep **t.-cheannach** *a* drowsy **t.-chudromach** *a* welter-weight **t.-ghoint** *a* sorely wounded **t.-ghràdhaich** *v* adore **t.-inntinneach** *a* dull, lownspirited **t.-laighe, -ean** *nm/f* incubus, nightmare □ *bha an trom-laighe seo a' tighinn air cha mhòr a h-uile oidhche* this nightmare was troubling him almost every night **t.-neul** *nm* coma

tromachadh, -aidh *nm & vn* of **tromaich** burdeninig etc.

tromaich, -achadh *v* 1. clog, dull, oppress 2. become heavier □ *bha an t-uisge a' tromachadh* the rain was beoming heavier 3. make heavier 4. burden, load

trom(a)lach, -aich *nm/f* bulk, largest part, majority, preponderance □ *bha tromalach na feachda (ann) an Inbhir-Nis* the bulk of the force was in Inverness □ *tha an tromalach dheth a' buntainn ri litreachas ann an Albais* the bulk of it pertains to literature in Scots

tromb, truimb, -an *nf* Jew's harp

trombaid, -e, -ean *nf* trump (mus.), trumpet

trombòn, -òin, -an *nm* trombone

tromhad / tromham / tromhaibh / tromhainn / tromhpa *prep prons* of **tro** / **troimh** (q.v.)

tropaig, -e, -ean *nf* tropic □ *na Tropaigean* the Tropics □ *Tropaig Chansar* Tropic of Cancer □ *Tropaig Chapricorn* Tropic of Capricorn

tropaigeach, -iche *a* tropical

trophaidh, -ean *nm* trophy □ *tha iad airidh air an trophaidh a thog iad mar dhuais* they are worthy of the trophy that they lifted / picked up as a prize

Tropospeur, -a *nm* Troposphere

trosg, truisg, truisg *nm* cod

trostan, -ain, -an *nm* (also **tròstan**) 1. stilt □ *bha na balaich a' cluich air trostanan* the boys were playing on stilts 2. crutch, support

trotail *nf* trotting, jogging □ *bha am bodach na throtail nam dhèidh* the old man was trotting after me

trotan *nm* canter, trot, trotting pace □ *dèan trotan* trot (*v*)

truacanta *a* compassionate, humane, merciful, pitiful □ *duine uasal truacanta* a gentlemanly, humane man

truacantas, -ais *nm* pity

truagh, -aighe *a* abject, deplorable, forlorn, miserable, piteous, poor, sad, wretched □ *rud beag truagh* pittance □ *bha samhradh truagh againn a' bhliadhna sin* we had a poor summer that year □ note also: *'s truagh sin* that's a pity □ *is truagh nach do rugadh dall mi!* it's a pity I wasn't born blind! □ *is truagh leam an-dràsta nach do dh'èist sinn ris* I think it a pity now that we didn't listen to him

truaghag, -aige, -an *nf* □ *fem* counterpart of **truaghan** below

truaghan, -ain, -ain *nm* poor fellow, poor soul, weakling, wretch etc. □ *o an truaghan!* oh the poor soul!

truaighe *nf* misery, wretchedness □ often used in the phrase *mo thruaighe!* alas! □ *mo thruaighe don fhear a dhèanadh sin!* woe betide the one who'd do that!

truaill, -e, -ean *nf* scabbard, sheath □ *tharraing e a chlaidheamh às a thruaill* he drew his sword from its sheath / he unsheathed his sword □ *cuir an truaill sheathe* □ *chuir e a chlaidheamh an truaill a-rithist* he sheathed his sword again

truaill, -eadh *v* adulterate, corrupt, debase, debauch, defile, deflower, deprave, dirty, infect, pervert, pollute, prostitute, ravish, seduce, soil, sully, taint, vitiate

truaill-chainnt *nf* slang

truailleachadh, -aidh *nm & vn* of **truaillich** *v* degrading etc.

truailleachd *nf* corruption, degeneracy, degradation, depravity

truailleadh, -idh *nm vn* of **truaill** adulterating etc, adulteration, adultery, debasement, defilement, depravation, impurity, pollution, ravishment, rape, seduction, taint, vulgarization □ *gun truailleadh* unadulterated, unsullied, unpolluted etc. □ *truailleadh uisge* water pollution □ *tha truailleadh san àrainneachd a tha eagalach* there is fearful pollution of (lit. in) the environment □ *tha sinn a' smaoineachadh air truailleadh na h-àrainneachd mar gum biodh*

*e a' ciallachadh a-mhàin ... * we think of pollution as if it meant only ...

truaillich, -eachadh *v* degrade

truaillidh *a* bastard (metaph.), nasty

truaillidheachd □ same as **truailleachd**

truaillte *pp* adulterated, corrupt, debased, impure, polluted □ *dh'fhàs ar nàdar uile gu lèir truaillte* our nature became completely debased

truas, -ais *nm* clemency, compassion, pity, ruth □ *gabh truas* relent □ *gabh truas de / ri* pity □ *ghabh e truas mòr dhith / rithe* he pitied her greatly (lit. took great pity from her / towards her) □ *bha truas aige rithe* he was sorry for her (lit. there was pity at him towards her □ *... seach gu bheil truas agam rium fhèin* ... because I am sorry for myself □ note also: *cuir truas air (cuideigin)* make (someone) pity you – lit. put pity on (someone) □ *a bheil i a' cur truas ort?* is she putting pity on you? i.e. do you pity her? / are you sorry for her?

truasail, -e *a* compassionate, pitiful

truca, -aichean *nf* truck

trùghal; -ail; -an *nm* trowel

trùghan;-ain; -an *nm* trowel

truidhleis *nf* see **truileis** *nf*

truileis *nf* junk, mess, trash

truimb □ *gen sing* of **tromb** Jew's harp

truime *nf* dullness, heaviness, indulgence

truimeach-air-shearrach / truimeach-air-thearrach *adv* □ same as **dromach-air-shearrach**

truimead, -eid *nm* [degree of] heaviness, heaviness, weightiness □ *a' dol an truimead* becoming heavier □ *... ach tha e a dhà thruimead nuair a thig e a-mach a-rithist ...* but it is twice as heavy when it comes out again □ *tha cudthrom na talmhainn a cheithir fichead uiread ri truimead na gealaich* the weight of the earth is eighty times the heaviness of the moon

truinnsear, -eir, -an *nm* plate, trencher

truis, -eadh *v* gather up, muster, roll up, scrape together, truss, tuck (up) □ *thruis mi muilichinnean mo lèine* I rolled up the sleeves of my shirt □ *thruis e a mhuilichinnean* he tucked up his sleeves

truisg □ *gen sing* and nom & dat pl of **trosg** cod

truisich, -eachadh *v* □ same as **truis**

trumpa, -achan *nf* trump (cards)

trùp, trùip, -an *nm* troop

trùpair, -ean *nm* trooper

trus, -adh *v* □ same as **truis**

trusadh, -aidh *nm & vn* of **trus** gathering (of sheep)

trusaiche, -ean *nm* collector, gatherer □ *'s e sealgairean agus trusaichean na coilltean a tha annta* they are forest hunters and gatherers □ *trusaiche beul-aithris* a folklorist

trusgan, -ain, -an *nm* 1. apparel, attire, clothes, clothing, dress, gear, kit (dress etc.), robe, vestment □ *pl* means 'sets of clothes' □ *caileag / gille trusgain* model (female / male respectively) 2. lady's mantle (plant)

trusgan-armachd *nm* suit of armour □ *bha an seòmar làn de thrusganan-armachd* the room was full of suits of armour

trustair, -ean *nm* dirty brute, filthy fellow etc. □ *a thrustair ghrànnda!* you filthy, ugly brute!

trustaireachd *nf* nastiness

tuagh, -aighe, -an *nf* axe □ *leag e a' chraobh leis an tuaigh* he felled the tree with the axe □ *gheuraich mi na tuaghan* I sharpened the axes □ *casan nan tuagh* the handles of the axes

tuagh-chatha *nf* battle-axe

tuagh-chogaidh *nf* □ same as **tuagh-chatha**

tuaileas, -eis *nm* defamation, scandal, libel □ *thuirt e gu robh iadsan a' togail tuaileis na aghaidh-san* he said that they were raising a libel against him

tuaileasach, -aiche *a* defamatory

tuaineal, -eil *nm* maze, stupor, vertigo □ *cuir na thuaineal* stun □ *cuir tuaineal air* stupify

tuainealach, -aiche *a* dizzy, giddy

tuainealaich *nf* dizziness, giddiness □ *bi san tuainealaich* stagger (*v*) also used as a *vn bha e a'tuainealaich 's e a'dol dhachaigh* he was staggering [as he was] going home

tuaireabadh, -aidh *nm* mischief, nuisance

tuaiream, -eim, -an *nm* approximation, conjecture, guess, random, venture □ *thoir tuaiream (seachad) / dèan tuaiream* guess, conjecture, hazard a guess □ *chan urrainn dhomh ach tuaiream a thoirt seachad mu a thimcheall* I can only hazard a guess about it □ *air thuaiream* at random, by chance, approximately, at a guess □ *cha b'ann air thuaiream a bhuail iad air an eilean bheag seo* it was not at random that they hit upon this small island □ also **mu thuaiream** (see **mu** for further examples)

tuaireamach, -aiche *a* random □ *a'gluasad gu tuaireamach* moving randomly

tuairisg *nf* minute (of meeting)

tuairisgear-cogaidh *nm* war-correspondent

tuairisgeul, -eil, -an *nm* account, description, reference □ *thoir tuairisgeul air* describe

tuairisgeulach, -aiche *a* descriptive □ *le iomadh facal tuairisgeulach* with many a descriptive word

tuairmeas, -eis *nm* same as **tuaiream** □ *le beagan saothrach agus mòran tuairmeis* with a little work and a lot of conjecture / guesswork □ *air thuairmeas* same as **air thuaiream** *adv* □ *bha iad a'siubhal air an aon bhus air thuairmeas* they were, by chance, travelling on the same bus □ *loisg e orra air thuairmeas* he fired at them at random / haphazardly □ *thòisich iad air am marbhadh air thuairmeas le puinnseanan* they began to kill them haphazardly with poisons □ *dèan tuairmeas* conjecture (*v*)

tuairmse *nm* □ same as **tuaiream** approximation etc. □ *tuairmse sìde / tuairmse air an t-sìde* weather forecast □ *bha deagh thuairmse againn dè thachair* we had a good idea what happened (idea = guess etc.) □ *tha mi an dòchas gun toir seo tuairmse dhuibh air na tha a' tachairt* I hope this will give you an idea of what is happening □ *thoir tuairmse air* estimate □ *mu thuairmse* approximately, at a guess etc. □ *mu thuairmse dà fhichead bliadhna air ais* approximately forty years ago (see **mu** for further examples)

tuairmseach *a* approximate

tuairmsear, -eir, -an *nm* forecaster □ *tuairmsear sìde* weather forecaster

tuairnear, -eir, -an *nm* turner

tuaist, -ean *nm* 1. stupid person, oaf 2. midget, dwarf

tuaisteach, -iche *a* stupid

tuaistear, -eir, -an *nm* clown, fool

tuam, -an *nm* sepulchre, tomb, vault

tuama, -an *nf* □ see **tuam**

tuamach *a* sepulchral

tuar, -air, -an *nm* 1. appearance, complexion, feature, hue, mien, tint □ *cha toigh leam an tuar a tha ort idir* I don't like your colour at all (lit. the colour that is on you) □ *bha tuar a chraicinn cho donn ris an leathar* the complexion of his skin was as brown as [the] leather □ *air thuar* having the appearance, seeming *adv* □ *bha a' chùis seo air thuar a bhith cho annasach rithe* this case had the appearance of being / promised to be as unusual as it □ as an extension of this meaning we may say that something which gives the appearance of or seems to be is also about to be, and so we have: *bha an teine air thuar a dhol bàs* the fire was about to die (go out) □ *bha mi air thuar tionndadh is innse dhaibh nach robh mi…* I was on the point of turning and saying to them that I was not ... □ *bha e air thuar faighneach dhiubh dè bha cho eibhinn mun chùis* he was on the point of asking them what was so funny about the matter □ and hence: 2. augury, portent,

tuarach, -aiche *a* portentous

tuarastal, -ail *nm* earnings, emolument, fee, pay, stipend, wage(s) □ *gun tuarastal* unpaid □ *tuarastal bliadhna* salary □ *thug obair na ceilpe cosnadh is tuarastal dhaibh* the kelp work gave them employment and wages □ *fhuair e fichead not mar thuarastal* he received twenty pounds as wages □ **air thuarastal** *adv* for wages, employed □ *bha iad ag obair air thuarastal* they were working for wages □ *bha sgioba beag air thuarastal aig an uachdaran* the laird employed a small crew

tuarastalachadh, -aidh *nm* & *vn* of **tuarastalaich** hiring etc.

tuarastalaich, -achadh *v* engage, fee, hire, hire for a fee

tuarastalaiche, -ean *nm* employee □ *tuarastalaichean na buidhne* the employees of the firm / the firm's employees

tuasaid, -e, -ean *nf* brawl, contention, fight, quarrel, scrap (fight), scuffle, squabble, tussle □ *chaidh an tuasaid air adhart* the fight went on □ *tuasaidean tiamhaidh* wearisome quarrels

tuasaideach, -iche *a* contentious, quarrelsome □ *'s e daoine teinnteach tuasaideach a th'annta* they are a fiery, quarrelsome people

tuasaideachd *nf* quarrelsomeness

tuath, an àirde tuath / an taobh tuath the north □ *mu thuath* in the north, northward *adv* □ *a' ghaoth a tuath* the north-wind □ *tuath air* north of □ for more detail of how **tuath** is used, see App. 9 Sect. 1.0

tuath, -a *nf* 1. folk, tenantry, peasantry □ *an triath 's an tuath* the chief and the peasantry / tenantry 2. country, countryside □ *air an tuath* landward *adv* □ note also the modernism *tuath cheòl* country music

tuath-cheatharn, -airn *nf* peasantry, tenantry □ *neach den tuath-cheathairn* one of the peasantry

tuathach, -aiche *a* northern

tuathach, -aich,-aich *nm* 1. northerner 2. (localised) person from North Uist

tuathal *a* 1. anti-clockwise, counter-clockwise 2. unlucky, ill-omened (uncommon in this meaning now, but see App. 9 Sect. 5) 3. confused, agitated □ *chuir e tuathal mi* it confused me, knocked me 'all wrong'

tuathanach, -aich, -aich *nm* farmer, yeoman □ *tuathanach truga* truck farmer (geog.)

tuathanachas, -ais *nm* agriculture, farming □ the following are geographical terms: *tuathanachas bainne* dairy-farming □ *tuathanachas dian* intensive farming □ *tuathanachas gràin ranntrach* extensive cereal / grain farming □ *tuathanachas malairteach* commercial farming □ *tuathanachas measgaichte* mixed farming □ *tuathanachas mheasan* fruit farming □ *tuathanachas neo-mhalairteach* subsistence farming □ *tuathanachas sgaoilte* extensive farming

tuathanas, -ais, -an *nm* farm, farmstead □ *rugadh e air tuathanas* he was born on a farm □ *tuathanas bainne* dairy-farm

tuba, -achan *nf* tub □ *lìon e an tuba le uisge* he filled the tub with water

tubaist, -e, -ean *nf* accident, mischance, mishap □ *droch thubaist* catastrophe □ ... *ach chuir tubaist do chas Sheumais crìoch air a sheòladaireachd* but an accident to James' leg put an end to his seafaring

tubaisteach *a* accidental, casual

tubhailt(e), -ean *nf* 1. towel □ *tubhailt aodainn* face-towel 2. tablecloth

tubhailt-bùird *nf* table-cloth

tubhailt-shoithichean *nf* dish-cloth

tubhairt an *alt form* of **tuirt** □ see **abair**

tùc, -a, -an *nm* plug (for the draining hole in a boat)

tucaid, -e, -ean *nf* dovecote (Scots 'doocot')

tùchadh, an tùchadh hoarseness □ *bha an tùchadh a'tighinn air* he was becoming hoarse (lit. the hoarseness was coming upon him)

tùchanach, -aiche *a* hoarse, husky □ *ann an guth tùchanach* in a hoarse / husky voice

tudan, -ain, -an *nm* small haystack / stack

tuga, -aichean *nf* tug (naut.)

tugadh *past tense dep pass* of *irreg v* **thoir**

tugainn □ see **tiugainn**

tugaist, an tugaist *alt form* of **an tugadh** – *past tense dep pass* of **thoir**

tugh, -adh *v* thatch

tughadair, -ean *nm* thatcher

tughadh *vn* of **tugh** thatching, thatch

tughaidh *a* thatched, of thatch □ *mullach tughaidh* a thatched roof □ *taigh tughaidh* a thatched house

tughte *pp* thatched □ *taigh beag tughte* a small thatched house

tug *past tense dep active* of **thoir** (q.v.)

tugte, an tugte *alt form* of **an tugadh** – *past tense dep pass* of **thoir**

tuig, tuigsinn *v* assume, comprehend, conceive, deduce, know (= understand), perceive, realize, understand □ *chan eil mi a' tuigsinn carson* I cannot conceive why □ *tuig gu math* appreciate □ *tuig (bho)* understand from □ *tuigidh tu uaithe seo nach eil e ...* you will understand from this that he isn't ... □ ... *ach chan eil e ra thuigsinn bho seo gu bheil e ...* but it is not to be understood from this that it is ... □ also *tuig à / às* □ *tha mi a' tuigsinn às a sin gum bi e a' tighinn dhachaigh a dh'aithghearr* I understand from that that he will be coming home soon □ *chan fheumar a thuigsinn gur iad an fheadhainn a b'fheàrr* it needn't be assumed that they were the best ones □ *tuigear on a sin gu bheil ...* it will be understood from that that ... is

tuigse *nf* comprehension, consideration, discernment, discerning, knowledge, intelligence, perception, realization, (artistic) taste, understanding □ *tha e ri a thuigse* it is implied

tuigseach, -iche *a* bright (of intellect), considerate, intelligent, judicious, perceptive, understanding □ *bhitheadh sinn na bu tuigsiche nar dèiligeadh ri daoine eile* we would be more understanding in our dealing(s) with other people □ *tha e a'sgrìobhadh ann an dòigh a tha tuigseach agus geur-chuiseach* he writes in a way which is is intelligent and perceptive

tuigsinn *nf & vn* of **tuig** understanding etc., recognition (of facts, situation etc. – same as **tuigse**

tuil, -e, tuiltean *nf* deluge, downpour, flood, torrent □ *tuil bheum* flashflood □ *thàinig an t-uisge na thuil* the rain fell / came down heavily □ *dhòirt an t-uisge na thuiltean* the rain came down in torrents □ *bha tuiltean ann an iomadh àite* there were floods in many places □ *bha na faclan a' sruthadh bhuaipe nan tuil* the words were pouring from her in a flood (lit. in their flood) □ *chan eil tuil air nach tig traoghadh* there isn't a flood which will not subside □ *an Tuil Ruadh* the Deluge / the Flood

tuil-dhoras *nm* flood-gate, sluice **t.-sholas** *nm* flood-light

tuileachadh, -aidh *nm & vn* of **tuilich** flooding etc., saturation

tuilg □ *gen sing* of **tolg** hollow

tuilich, -eachadh *v* flood, overflow, saturate

tuill □ *gen sing* and *nom & dat pl* of **toll** hole

tuilleadh *nm indec* more, extra □ ... *agus chan eil feum air tuilleadh anns an t-saoghal ...* and there is no need for [any] more in the world □ *dè tuilleadh a tha ri ràdh?* what more is to be said? □ often followed by a *noun* in the *gen case* □ *cha robh mi airson tuilleadh obrach a chur orra* I didn't want to give them extra work □ *nì sinn toileachadh ri tuilleadh cuideachaidh* we will welcome more assistance □ ... *agus cho math ri tuilleadh soillseachaidh ......* and as well as more enlightenment ... □ *bidh tuilleadh aire ga thoirt anns an ath chaibidil do na cùisean sin* more attention will be given in the next chapter to these issues □ *tha tuilleadh is tuilleadh de luchd turais ga tathaich* more and more tourists are visiting it □ the *def art* is often used – *cha robh an tuilleadh foighidinn aca* their patience was exhausted

tuilleadh agus / is / 's 1. more than □ *cleachdaidh mi samhla a chleachd e e fhèin tuilleadh is aon uair* I'll use an allegory that he himself used more than once 2. too □ *tha thu tuilleadh is ladarna* you are too bold □ *tha e tuilleadh agus furasta a bhith (a' gearan* it's too easy [to be] complaining □ *'s ann a bha crochadh tuilleadh is math dha* hanging was too good for him □ *bha e tuilleadh agus goirid* it was too short □ *cha robh rathad tuilleadh is garbh ri a shiubhal* there was no road too rough to be traversed □ *bha i tuilleadh is tro-chèile gus facal a ràdh* she was too confused to say a word

An extension of this is **tuilleadh 's a' chòir** more than the just quantity i.e. excess, overmuch, too much / too many / more than enough □ *tha e ag ràdh gu bheil tuilleadh 's a chòir ann* he says that there is more than enough □ *chan eil e math do dhuine a bhith tuilleadh 's a' chòir faiceallach* it's not good for a man to be too cautious □ *bha cudthrom a' bhogsa tuilleadh 's a' chòir airson aon duine* the weight of the box was too much for one man □ *iarr / cuir tuilleadh 's a' chòir* overcharge □ *dèan tuilleadh 's a' chòir* overdo

tuilleadh *adv* more, any more □ *tha fhios agam nach eil gaol agad orm tuilleadh* I know that you don't love me any more □ *tha mise ro shean airson saighdearachd tuilleadh* I'm too old for soldiering any more □ *... gus nach bi a' Ghàidhlig ann tuilleadh ...* until Gaelic is no more (lit. is not in it any more) □ *cha tàinig e tuilleadh* he didn't come any more □ *tuilleadh is tuilleadh tha na h-ùghdarrasan a' faicinn gu bheil e ...* more and more do the authorities realise that it is ... □ *seadh, is dè tuilleadh?* yes, and what else? (i.e. more) □ *cò tuilleadh?* who else?

a thuilleadh *adv* additional, extra, in addition, moreover □ *fear a thuilleadh* an additional one, another one (in addition)

a thuilleadh air 1. *prep + dat* as well as, in addition to, beyond (except), plus, other than □ *air cuid dhiubh bha siùil a thuilleadh air ràimh* on some of them there were sails as well as oars 2. *adv* besides □ *a thuilleadh air gu bheil ...* apart from the fact that ... is / ... other than that ... is □ *a thuilleadh (air sin)* forby besides

---

tuillidh □ see **tuilleadh**
tuilm □ *gen sing* of **tolm** knoll
tuim □ *gen sing* of **tom** heap etc.
tuineachadh, -aidh, -aidhean *nm* settlement □ *tuineachadh cruinn* nucleated settlement □ *tuineachadh sgaoilte* dispersed settlement □ *tuineachadh sgapte* scattered settlement □ *tuineachadh sreathach* linear settlement (all geog.)
tuineachas, -ais, -an *nm* colony □ *stèidhich iad tuineachas aig bun na h-aibhne* they founded a colony at the mouth of the river
tuineal, -eil *nm* □ see **tuaineal, -eil** *nm*
tuinich, -eachadh *v* colonize, dwell, settle
tuiniche, -ean *nm* dweller
tuinnteas, -eis *nm* conjunctivitis
tuirc □ *gen sing* and *nom & dat pl* of **torc** boar
tuirc-ghorm *nm* turquoise
tuirc-ghorm *a* turquoise □ *bha clach bheag thuirc-ghorm aige na làimh* he had a small turquoise stone in his hand
tuireadh, -idh, -idhean *nm* dirge, elegy, lament, mourning □ *dèan tuireadh* bewail, lament
tuireasg, -isg, -an *nm* 1. saw 2. axe
tuireil, -e *a* stout, robust □ *boireannach mòr tuireil* a large robust woman

tuirleig, -ean *nm* waterspout
tuirling, tuirling *v* alight, descend, dismount □ *thuirling tùirse air a chridhe* sorrow alighted on his heart
tùirse *nf* sorrow
tuirseach, -ich *nm* greater stitchwort, satinflower, moonflower
tuirt *past tense dep act* of *irreg v* **abair**
tùis, -e, -ean *nf* frankincense, incense
tuiseal, -eil *nm* case (gram.) □ *an tuiseal ainmneach* nominative case □ *an tuiseal cuspaireach* accusative case □ *an tuiseal seilbheach / an tuiseal ginideach* genitive case □ *an tuiseal tabhartach* dative case □ *an tuiseal gairmheach* vocative case
tuisealach *a* case (gram.) □ *an siostam tuisealach* the case system
tuisealadh, -aidh *nm* declension
tuisealaich, -achadh *v* decline (gram.)
tùisear, -eir, -an *nm* censer □ *mar cheò tùiseir* like censer smoke
tuisg □ *gen sing* and *nom & dat pl* of **tosg** tusk
tuisleach, -iche *a* stumbling □ *thàinig e gu tuisleach a-nuas an rathad* he came stumblingly up the road
tuisleachadh, -aidh *nm & vn* of **tuislich** stumbling etc.
tuisleadh, -idh *nm* fall, hitch, slip, stumble, stumbling, trip
tuislich, -eachadh *v* 1. falter, slip, stumble, trip □ *bha e a' tuisleachadh air na clachan* he was tripping on the stones 2. jostle □ *bha e air a thuisleachadh a-null 's a-nall* he was jostled to and fro
tuit, tuiteam *v* 1. drop, fall, lapse, sag, tumble □ *thuit e* he fell □ *thòisich prìs a' chruithneachd ri tuiteam* the price of wheat began to fall □ *thuit a' phrìs* the price dropped □ *thuit e marbh* he dropped dead □ *theab i tuiteam* she almost fell □ *tuit (na chlod)* slump (v.) □ *thuit e ormsa an obair a chrìochnachadh* it devolved on me to finish the task / it fell to me etc. □ *tuit bhuaithe* decline, degenerate, go downhill □ *bha i air tuiteam bhuaithe* she had declined, gone downhill □ *... (a tha) air tuiteam bhuaithe* degenerate *adj* □ *tuit am broinn a chèile* collapse *v* (of a building etc.) □ *thuit mullach na bàthcha na broinn* the roof of the byre fell in[to it] / collapsed □ *thuiteadh fear dhiubh le creig* one of them would fall over a cliff □ *thuit an cadal orm* [the] sleep fell upon me □ *tuitidh an teaghlach às a chèile* the family will fall apart 2. **tuit (do)** happen (to),

befall, chance □ *...ach mar a thuit cha tàinig seo gu buil...* but as it happened this was not achieved □ *nan tuiteadh dha facal tuaisteach a ràdh...* if he happened to say something stupid ...

tuiteam, -eim, -an *nm & vn* of **tuit** falling etc., degeneracy, downfall, fall, lapse, precipitation, tumble □ *tuiteam ann an luach* depreciation □ *tuiteam bhuaithe* deterioration □ *tuiteam sìos* prostration □ *tuiteam air ais* relapse □ *tuiteam na h-Ìmpire Ròmanaich* the fall of the Roman Empire

tuiteamach, -aiche *a* casual, contingent, epileptic, fortuitous, haphazard, incidental □ *tinneas tuiteamach* epilepsy

tuiteamas, -ais, -an *nm* chance (happening), event, freak, happening, incident, luck, vicissitude □ *...nuair a chuala e mun tuiteamas seo ...* when he heard about this incident □ *chomharraich e tuiteamasan a bheatha* it marked the events of his life

tul- *pref* denoting 'absolute(ly)', 'complete(ly)', 'downright', 'entire(ly)', 'whole', 'wholly'

tul-bhreug *nf* an absolute / downright lie **t.-chasg / -chasgadh** *nm* checkmate **t.-fhìrinn** *nf* the whole / absolute truth □ *tha mi ag innse dhut nach eil ann ach an tul-fhìrinn* I'm telling you that it's nothing but the whole truth

tulach, -aich, -aichean *nm* hillock

tulagan □ an *alt vn* to **tulg** rocking etc.

tulchuis, e *nf* common sense, intelligence (same as **toinisg**)

tulchuiseach, -iche *a* intelligent, shrewd □ *'s fheudar dha bhith ealanta tulchuiseach* he has to be intelligent and shrewd

tulg, tuilg *nm* hollow, dent □ *bha na sùilean aige nan tulgan dorcha* his eyes were dark hollows □ *cuir tulg / tulgan ann* dent *v* □ *bha e air tulg a chur sna phannal* he had dented the panel

tulg, -adh / tulagan *v* jolt, rock, swing □ *thòisich e air a' chlach a thulgadh* he began to rock the boulder □ *bha am bàta a' tulgadh o thaobh gu taobh* the boat was rocking from side to side

tulgach, -aiche *a* lurching

tulgadh, -aidh *nm & vn* of **tulg** rocking etc., jolt

tum, -adh *v* dip, duck (put under water), immerse, plunge, submerge □ *thum am bàta sìos don t-sloc* the boat dipped down

into the trough □ *bha e cho fliuch is ged a bhitheadh e air a thumadh anns an abhainn* he was as wet as though he had been dipped in the river

tumadh *vn* of **tum** dipping etc., dip, ducking, immersion, plunge □ *cha do rinn mi ach corra thumadh ann* I've just had (lit. made) a few dips into it (i.e. the book)

tunail, -e, -ean *nf* tunnel

tungaidh *a* dank, musty

tungstan, -ain *nm* tungsten

tunna, -aichean *nf* tun, ton, tonne

tunnacail *nf* waddling □ *dèan tunnacail* waddle (*v*)

tunnachas, -ais *nm* tonnage

tunnag, -aige, -an *nf* duck (domestic) □ *bha ugh mòr tunnaig aige na làimh* he had a large duck egg in his hand

tungstan, -ain *nm* tungsten

tur *a* stark (absolute) □ *gu tur* absolutely, completely, downright, outright, quite, utterly □ *tha e gu tur ceàrr* he is absolutely wrong □ *bha mi gu tur aineolach air an dùthaich seo* I was utterly ignorant about this country □ *rud a tha gu tur ùr* something which is completely new

tur-smachdach *a* totalitarian

tùr, tùir *nm* sense, commonsense □ *chan eil smod tùir ann* there isn't a particle of sense in him □ *...duine anns a bheil tùr is mothachadh...* a man in whom there is sense and sensibility

tùr, tùir, tùir *nm* tower □ *tùr bloigheachaidh* fractioning tower

tùr-chrann *nm* tower crane **t.-cluig** *nm* belfry, bell tower **t.-thaigh** *nm* tower block **t.-stiùiridh** *nm* control tower

turach-air-tharach *adv* topsy-turvy □ *'s ann rudeigin turach-air-tharach a bha an eachdraidh* their history was somewhat topsy-turvy □ cf **truimeach-air-thearrach** etc.

turadh, -aidh *nm* drought, dry / fine weather □ *bha turadh ann* it was dry □ *tha turadh ann* it's fine □ *mhair turadh fad na h-ùine* it stayed fine all the time (lit. that weather lasted etc.) □ *tha e na thuradh* it's dry (it's not raining)

turaid, -e, -ean *nf* tower, turret

turaideach, -each *a* turreted □ *togalach mòr turaideach* a great turreted building

tùrail, -e *a* sensible, understanding □ *bha aon duine a bha na bu tùraile na càch* there was one man who was more sensible than the rest

turas, -ais, -ais / tursan *nm* 1. excursion, expedition, journey, passage, tour, trip □ *thug sin orra turas fada a dhèanamh* that entailed them making a long journey 2. occasion, time □ *air a h-uile turas* on every occasion, every time □ also used as an *adv* 'on one occasion', 'once' □ *bha e turas a' searmonachadh air Sabaid Comanachaidh* he was once preaching on a Communion Sunday □ for more information about the use of **turas** meaning time / occasion see App.10 Sect. 2.0

turas-adhair *nm* flight **t.-latha** *nm* day trip **t.-lìbhrigidh** *nm* (delivery) round **t.-mara** *nm* voyage

turasach, -aich, -aich *nm* tourist □ *na turasaich Fhrangach* the French tourists

turasachd *nf* tourism

turban, -ain, -an *nm* turban

Turcach, -aich, -aich *nm* Turk

Turcach *a* Turkish

turcais, -ean *nf* pincers, tweezers

turchair, turchairt *v* □ same as **tachair**, but less common □ *thurchair dhaibh a thighinn dhachaigh aig an aon àm* they happened to come home at the same time □ *...a thurchair a bhith (a') dol seachad* ...who chanced to be passing □ *nan turchradh dhuinn a bhith*...if we happened to be...□ *thurchair mi air* I met him by chance / I chanced on it

turchairt *nm & vn* of **turchair** happening, fluke, windfall

turchairteas, -eis *nm* chance, coincidence

tùrn, tùirn, tùirn / -an *nm* turn (of work), a job

turrabanaich, turrabanaich *v* rock, shake, vibrate

turrabanaich *nf & vn* of **turrabanaich** *v* constant shaking / rocking

turrach-air-tharrach *adv* topsy-turvy

turraisg, -ean *nf* dumpling (foolish woman) □ *chan eil innte ach turraisg* she's just a dumpling

turram, -aim *nm* murmur □ *chuala e turram na rainich sa ghaoith* he heard the murmur of the bracken in the wind

turramanaich □ see **turrabanaich**

turpantain *nm* turpentine

tursa, -achan *nm* megalith, menhir, monolith □ *tursachan* *pl* standing stones □ *Tursachan Chalanais* the Standing Stones of Calanais

tùrsach, -aiche *a* lamentable, low, sad, sorrowful

turtur, -uir, -an *nf* turtle

tùs, tùis *nm* beginning, inception, infancy, origin, source, van (front) □ *is mise an tùs agus a' chrìoch* I am the beginning and the end □ *o thùs gu èis* from beginning to end / from start to finish □ *air thùs* first, originally □ *chan eil fhios agam co às a thàinig iad air thùs* I don't know where they came from originally □ *air thùs is air thoiseach* first and foremost *adv* □ *bha e air thùs is air thoiseach na eachdraiche* he was first and foremost a historian □ *air tùs* *prep + gen* in the prior / earlier part of □ *air tùs mo bheatha* in the earlier part of my life □ *air tùs an airm* in the van of the army □ *bho thus* from the start

tùs *a* prime □ *choisinn i an tùs urram* she got a first / 1st class honours

tùs-abairt *nf* premise **t.-aimsir** *nf* epoch **t.-amas** *nm* priority □ *tha iad an urra ri tùsamasan a shocrachadh a thaobh ionmhais* they are responsible for determining funding priorities (lit. priorities with regard to funding) **t.-cheann-uidhe** *nm* primary objective **t.-chothrom** *nm* priority □ *gheibh iad tùs-chothrom a thaobh taic* they will receive priority for support □ *tha tùs-chothroman eadar-dhealaichte aca* they have different priorities **t.-feachda** *nm* vanguard **t.-ghinean** *nm* embryo **t.-ghinteachd** *nf* primogeniture **t.-ionmhas** *nm* start-up funding **t.-leabhar** *nm* primer **t.-obair** *nf* preliminary **t.-phroisect** *nm* pioneering project

tusa *emph form* of **thu** (q.v.)

tùsach, -aiche *a* primitive □ *tha an sluagh deireannach tùsach* the people are backward and primitive

tùsail *a* initial, original □ *an t-ainm tùsail* the original name

tùsaire, -ean *nm* pioneer □ *feumaidh sinn cuimhneachadh air tùsaire eile* we must remember another pioneer

tùsalachd *nf* originality □ *chan eil tùsalachd sam bith anns a' bhàrdachd seo* there isn't any originality in this poetry

tùsanach, -aich, -aich *nm* aborigine

tuthag, -aige, -an *nf* patch □ *chuir e tuthagan beaga de staoin oirre* he put little patches of tin on her (the boat) □ *is uaisle toll na tuthag ach 's fheàrr tuthag na toll* a hole is more genteel than a patch but a patch is better than a hole (proverb)

U, u

uabhar, -air *nm* haughtiness, pride □ *dhùisg seo uabhar Chaluim* this aroused Calum's pride □ *bha uabhar na ghiùlan* there was pride / haughtiness in his bearing

uabhas, -ais, -an *nm* 1. consternation, dismay, horror □ *cuir uabhas air* appal 2. enormity, great quantity, great deal, an awful lot □ *bha an t-uabhas a' dol air adhart ma tha* a great deal was going on, then □ *bha e soilleir gun cosgadh e an t-uabhas dhaibh seo a dhèanamh* it was evident that it would cost them an enormous amount to do this □ *cha robh an suidheachadh seo a' dèanamh an t-uabhas feum(a)* this situation wasn't doing an awful lot of good □ *tha an t-uabhas obrach ri a dhèanamh fhathast* there's a lot of work still to be done □ *fhreagair an t-uabhas dhiubh gu fàbharach* the overwhelming majority of them replied favourably □ *tha an t-uabhas de dhuilgheadasan ann* there is a lot of inherent difficulties

uabhasach, -aiche *a* atrocious, awful, dire, dreadful, enormous, prodigious, terrible, tremendous □ *cha dìochuimhnicheadh e an oidhche uabhasach ud a-chaoidh* he would never forget that dreadful night □ also used as an *adv* awfully, terribly, dreadfully (all meaning 'exceedingly') □ *cha robh e air a bhith a' dèanamh uabhasach math an sin* he had not been doing very well there

uachdar, -air, -an *nm* 1. roof, surface, top, upper (of a shoe), upside □ *bha e a' fleodradh air uachdar na mara* it was floating on the surface of the sea □ *an uachdar (adv)* on the surface / top etc. □ *cùm an uachdar* buoy up *v* □ *thig an uachdar* emerge, surface *v* □ *thàinig an cràdh an uachdar* the pain came to the surface / surfaced 2. cream (milk product) □ *bha cuileag anns an uachdar* there was a fly in the cream □ *uachdar a' bhainne* the top / cream of the milk

uachdar-fhiaclan *nm* toothpaste

uachdarach, -aiche *a* superficial, superior, topmost, upper □ *as uachdaraiche* uppermost □ *chuala sinn fuaim bho cheann uachdarach na coille* we heard a sound from the upper end of the wood

uachdarachd *nf* superiority, sovereignty

uachdaran, -ain, -an *nm* laird, landlord, lord, proprietor

uachdaranachd *nf* supremacy, sovereignty, dominion

uachdrach *a* □ see **uachdarach** □ *as uachdraiche* uppermost

uachdranachd *nf* dominion □ *uachdranachd laghail* jurisdiction

uaibh *prep pron* of **o** (q.v.) from you *pl*

uaibhreach, -iche *a* haughty, proud, vain □ *Alasdair Uaibhreach* Alexander the Great

uaibhreach, -ich, -ich *nm* proud person □ *pl* = the proud *tha Dia a' cur an aghaidh nan uaibhreach* God opposes the proud

uaigh, -e, -ean *nf* grave

uaigneach, -iche *a* 1. private, privy, secret □ *gu h-uaigneach agus gu follaiseach* privately and publicly □ *a' Chomhairle Uaigneach* the Privy Council 2. remote, deserted, lonely, lonesome, solitary □ *cuir air eilean uaigneach* maroon *v* □ *bha iad a' còmhnaidh (ann) an àite uaigneach* they were living in a remote place □ *is e sin a dh'fhàg na glinn seo cho uaigneach fàsail* that's what caused these glens to be so deserted and desolate 4. dismal

uaigneachd *nf* loneliness, privacy

uaigneas, -eis *nm* 1. secrecy, privacy □ *ann an uaigneas* in secret 2. recess, remoteness, loneliness, lonesomeness, solitude □ *chan fhaca mi a shamhail air luime agus uaigneas* I haven't seen its equal for bareness and lonesomeness

uaill, -e *nf* vanity, pride □ *dèan uaill à* boast of, glory in, pride oneself on □ *na dèanaibh uaill à daoine* do not boast of men (Cor. 3. 22) □ *is bàrd e a bu chòir gach Gaidheal uaill a dhèanamh às* he is a poet in whom every Gael should take pride

uailleil, -e *a* vain, proud □ *bha e uailleil às a dhaoine* he was proud of his people

uaim *nf* 1. alliteration 2. seam

uaine *a* green, yellow-green □ *bha dreasa uaine oirre* she was wearing a green dress □ *dè an dath a tha seo? tha dath uaine / tha uaine* what colour is this? it's [a] green [colour] / [it's] green (when indicating the colour itself, not the object)

uaine *nf* green □ *dè an dath a tha air? tha uaine* what colour is it? (i.e. the object indicated) green / it's green □ *dè an dath*

as fheàrr leat? is fheàrr leam uaine which colour do you prefer? I prefer green
uainead, -eid *nm* greenness
uainfheòil, -eòla *nf* lamb (the meat)
uaipe *prep pron* of **o** (q.v.) from her / it *fem* □ *fhuair mi litir uaipe* I got a letter from her
uainn *prep pron* of **o** (q.v.) from us

---

uair, -e / uarach, uairean *nf* 1. hour □ *seachd uairean (a thìde)* seven hours [of time] □ *a thìde* is here used to make it clear that **uairean** is being used with the meaning of 'hours' □ *gach uair / san uair* hourly, per hour, by the hour □ *tha an duine pàighte san uair* the man is paid hourly □ *tha iad pàighte aig sia notaichean san uair* they are paid at six pounds per hour □ *bha iad pàighte san uair* they were paid by the hour □ *air an uair* on time □ *cha robh duine nach robh air an uair* there was nobody who wasn't on time □ *a bheil na h-uairean fada?* are the hours long? □ *...a chum gum faigheadh e uair no dhà a chadal ...* so that he could get an hour or two of sleep □ *...airson mu uair a thìde gu leth ...* for about one and a half hours / an hour and a half 2. time (of the clock / o'clock) □ *dè an uair a tha e?* what time is it? (lit. what hour is it?) □ *(tha e) uair* (it is) one o' clock □ *(tha e) dà uair* (it 's) two o'clock □ *(tha e) deich uairean* (it's) ten o'clock □ *aig trì uairean (air an uaireadair)* at three (o'clock) □ *dè an uair aig am bi iad ag èirigh?* at what time do they get up? □ *seall an uair a tha e!* look what time it is / look at the time! □ *air trèana nan deich uairean* on the ten o'clock train □ but note also: *a' feitheamh ri bus sia uairean* waiting for the six o'clock bus □ *cha robh an obair ullamh ro thrì uairean an ath mhadainn* the work wasn't finished before three o'clock the next morning □ *bho 7 gu 10 (seachd gu deich) uairean feasgar* from 7 to 10 (o'clock) in the evening □ *leth uair an dèidh a h-ochd* half past eight □ *uair fhigearail* digital time □ *aig na h-uairean as motha tha daoine a' coimhead* at peak viewing times □ for further details about the use of **uair** to tell time see App. 10 Sect. 1.0 □ but

note also: *uairean* time (as a subdivision of school maths) 3. time (in a sequence e.g. first time etc.) □ *a' chiad uair bho dh'fhalbh e, agus gu mì-fhortanach an aon uair* the first time since he left, and unfortunatly the only time □ see App. 10 Sect. 1.0 for more detail of the use of **uair** with the meaning 'time' 4. (occasionally) weather *thàinig an droch uair orra* they met bad weather
uair / uairean may = times (in a multiplicative sense) □ *bidh na molaidhean ga dhèanamh dà uair nas dorra tidsearan a tharraing* the recommendations will make it twice (i.e. two times) as difficult to attract teachers (also see App. 10. Sect. 1.0)
an uair sin (sometimes written **an uairsin**) *adv* then (at that time) □ *an uairsin chaidh iad dhachaigh* then they went home □ may be preceded by the *prep* **(bh)o** □ *chan fhaca mi e bhon uairsin* I haven't seen him since (then) □ *tha iad bhon uairsin air a bhith a' beachdachadh air a' cheist seo* they have subsequently been giving consideration to this problem □ *ach is fhada bhon uairsin* but that's a long time ago (when reminiscing etc.) □ *a Chaluim! 's fhada bhon uairsin!* Calum! it's been a long time! / long time no see! etc. (when meeting someone whom one hasn't seen for some time)
an ceart uair *adv* presently, right now, right away □ often written as one word **ceartuair** □ *ach coma dhethsan an ceartuair* but never mind it just now □ *bithidh Calum a-nuas an ceartuair* Calum will be down presently, right away (from upstairs)
an uair a *conj* when □ *an uair a bha sinn deiseil chaidh sinn dhachaigh* when we were finished / ready we went home □ often *abbr* to **nuair** (q.v.)
uair *adv* once (also **aon uair**) □ *chuir e uair pasgan thugam* he once sent me a package □ *uair a bha mi a' gabhail an aiseig ...* once when I was taking the ferry ... □ *chunnaic mi e uair no dhà* I saw him once or twice □ *bha sealgair ann uair ...* there was once a hunter ... □ *chì sinn e uair sa bhliadhna* we see him once a year (lit. in the year) □ *uair eile* again, once again, once more, yet again □ *dh'èigh e uair*

eile he called once again □ *uair den robh e / uair dhan robh e* once upon a time □ note also: *uair dha robh saoghal / uair den t-saoghal / uair dhen t-saoghal* once upon a time □ *bha uair a bha dòchas aige* he once had hope / he had had hope once □ **uair** may be stressed thus: *bhiodh sinn uile na b'fheàrr dheth ged nach robh e air a dhèanamh aon uair fhèin gun tighinn air a bhith ga dhèanamh a-rithist!* we would all be better off if he hadn't done it once let alone doing it again! Some other adverbial expressions: *air uair* sometimes □ *air uair eile* at other times □ *uair is uair* again and again / time and again □ *uair sam bith* (at) any time, whenever □ *uair sam bith a dh'fheuch e* ... whenever he tried ... *thigibh a chèilidh oirnn* (or *thigibh air chèilidh oirnn*) *uair sam bith* come and visit us any time □ *uair seach an uair* occasionally □ note also the negative usage: ... *agus cha bhiodh e deiseil uair sam bith* ... and he would never be ready (i.e. at any time)

uair-a-thìde *a* hour-long □ *prògram uair-a-thìde* an hour-long programme

uaireach *a* horal, hour(ly)
uaireadair, -ean *nm* 1. watch (timekeeper) □ *uaireadair làimhe* wristlet watch □ *tha d' uaireadair air deireadh* your watch is slow 2. clock (less common in this meaning now than 'watch') □ *uidheam uaireadair* clockwork □ *a' dol cho rèidh ri uaireadair* going like clockwork
uaireadair-cuthaige *nm* cuckoo clock
u.-grèine *nm* sun-dial
uaireadairiche, -ean *nm* watchmaker
uaireannan *adv* sometimes, occasionally □ ... *ach uaireannan bithidh mi a' bruidhinn cus* ... but sometimes I talk too much
uaireigin *adv* once, sometime □ *chan eil an obair cho pailt agus a bha i uaireigin* work isn't so plentiful as it was once □ *bha ministear ann uaireigin a bhitheadh* ... there was once a minister who would be ... □ *uair no uaireigin* sometime or other *adv*
uairaibh, air uairaibh *adv* sometimes □ *air uairaibh bithidh sinn nas fhadalaiche na bhitheas dùil againn* sometimes we are later than we expect
uaisle *nf* gentility

uaisleachadh, -aidh *nm & vn* of **uaislich** ennoble, ennoblement
uaisleachd *nf* nobleness
uaislean *pl* of **uasal** = gentry, nobility, nobles
uaislich, -eachadh *v* ennoble
uait *prep pron* of **o** (q.v.) from you *sing*
uaithe *prep pron* of **o** (q.v.) from him / it *masc* □ *uaithe sin* therefrom *adv*
uaithne, -ean *nm* consonance, internal rhyme
uallach, -aich, -aichean *nm* 1. burden, encumbrance, load, workload □ *meudaichidh uallach na h-obrach* the workload will increase □ ... *a tha a' cur na h-uiread uallaich air tidsearan* ... which puts such a workload on teachers □ *dh'fhàs uallach nan ràtaichean ro throm* the burden of the rates became too heavy □ *chan eil an tuarastal mòr a-rèir an uallaich* the salary isn't great in proportion to the workload (but meanings 2 & 3 would also fit) □ *bha i na h-uallach air a muinntir* she was a burden to her people 2. worry, trouble, concern, stress (worry) □ *tha uallach air mòran mun chuspair seo* many are troubled about this subject □ *tha iad a' gabhail uallach mu chosgais an taisbeanaidh* they are worried about the cost of the exhibition □ *ghabh e uallach mòr mun chùis* he was greatly concerned about the matter 3. responsibility □ *tha e na uallach air a' chomhairle a' cheist seo fhuasgladh* it is a responsibility of the council to resolve this problem □ *'s ann air Calum a tha uallach prògram a chur ri chèile* it is Calum's responsibility to put a programme together □ *dh'fhàg e uallach an tuathanais aige* he left the responsibility of the farm to him (lit. at him) □ *a' sìor ghabhail orra fhèin an uallaich airson* ... increasingly assuming the responsibility for ...
uallach, -aiche, *a* 1. airy, light 2. giddy (of character) 3. cheerful 4. proud
uallachail, -e *a* depressing, burdensome □ *'s e rud uallachail a tha ann a bhith gun obair* it's a depressing thing to be without work
uallachadh, -aidh *nm & vn* of **uallaich** burdening
uallaich, -achadh *v* burden
ualras, -ais, -an *nm* walrus
uamh, uaimhe / uamha, -ean / -an *nf* cave, cavern
uamhalt, -a *a* lonely, solitary, eerie
uamhann, -ainn *nm* dread, horror, terror □ *ghlac uamhann iad gu lèir* terror seized them completely □ *fo uamhann* aghast

uamhas / uamhasach etc. □ see uabhas / uabhasach etc.
uamhraidh, -e *a* 1. full of caves, cave-like, and hence: 2. gloomy, fearful (full of fear) □ *ann an guth ìosal uamhraidh* in a low, fearful voice
uan, uain, uain *nm* lamb □ *aig àm breith nan uan* at lambing time (lit. at [the] time of bearing of the lambs)
uanan, -ain, -an *nm* yeanling
uapa *prep pron* of **o** (q.v.) from them
uasal, uasail, uaislean *nm* esquire (in title on a letter), noble, nobleman *pl* = nobility, gentry
uasal, uaisle *a* 1. grand, highminded, noble □ *duine uasal* gentleman □ *bean uasal* gentlewoman *a mhnathan 's a dhaoin' uaisle!* ladies and gentlemen! 2. proud (+ **à** / **às** of) □ *tha mi uasal asad* I am proud of you □ *a bheil thu uasal às?* are you proud of him / it? *masc* □ *dh'fhaodadh iad a bhith uasal asta fhèin* they ought to be proud of themselves
uasal-chàirdeas *nm* condescension
ubag, -aig, -an *nf* charm, enchantment, incantation
ubh □ an older spelling of **ugh** – not recommended
ubhal, -ail, ùbhlan *nm* apple □ *bha iad a' goid nan ùbhlan air* they were stealing apples from him □ *thoir dhomh dà phunnd ùbhlan* give me two pounds of apples
ubhal-bhrìgh *nf* cider u.-ghort *nm* □ see ubhalghort
ubhalghort, -oirt, -ean *nm* orchard
ucas, -ais *nm* coal-fish, saithe
ucas-fiadhain *nm* common mallow u.-frangach *nm* dwarf mallow
uchd *nm indec.* bosom, lap □ *chuir mi am bogsa na h-uchd* I placed the box in her lap □ *thuit an cupa nam uchd* the cup fell into my lap
Note the following idioms: *bha e air a bhith an uchd a' chatha* he had been in the thick of the battle □ also: *ri uchd a' bhlàir* in the thick of the battle □ *ri uchd bàis* on the point of death □ *bha m'anail nam uchd* I was breathless / panting □ *bha a h-anail na h-uchd* she was breathless / panting etc.
uchd-bhalla *nm* parapet u.-mhacachd *nf* adoption u.-mhacaich *v* adopt (a child, but also used metaphorically) □ *chaidh (a) uchd-mhacachadh le cairdean* he was adopted by relatives □ ... *nuair a bhitheas sinn ag uchd-mhacachadh beachdan den leithid* ... when we adopt such ideas (lit. ideas of the kind)

uchdach, -aich *nm* ascent, brae
uchdail *a* pectoral
uchdan, -ain, -an *nm* 1. bib 2. terrace, embankment *bha an talamh air a chur air dòigh ann an uchdanan* the land was arranged in terraces
ucsa *nm* □ same as **ucas**
ud! ud! *interj* come now! now! now! tut, tut!
ud *dem pron* that, yonder □ indicates something further off than **sin** □ *tha am feur goirid tioram ud glè shleamhainn* that short, dry grass is very slippery □ note that **ud** comes last in a group of *adjs*
udag, -aige *nf* upset, flutter, fluster, stew
udal, -ail *nm* fluctuating, oscillating, wavering □ *rach air udal* begin to fluctuate, oscillate or waver
udalan, -ain, -an *nm* swivel □ *cha chinn còinneach air cloich an udalain* moss does not grow on the stone which is always turning / being turned i.e. a rolling stone gathers no moss
ùdlaidh, -e *a* dark, gloomy □ *anns an àite ùdlaidh ud* in that gloomy place □ *anns an dùthaich sin gheibhear creagan casa is coireachan ùdlaidh* in that countryside will be found steep crags and gloomy corries
uèill *interj* well
uèir, -e, -ean *nf* wire □ *uèir chòmhdaichte* insulated wire □ *uèir bhiorach / ghathach* barbed wire □ *uèir mhogallach* netting wire □ *uèir treòrachaidh* lead (wire) □ *bha iad air an cuairteachadh le feansaichean uèir bhiorach* they are surrounded by fences of barbed-wire / barbed-wire fences
ugan, -ain, -nan *nm/f* 1. upper part of the chest, fore part of the neck, throat □ *bha e a' fàsgadh na h-ugain agam* he was squeezing my neck □ *bha iad an ugannan a chèile* they were at each other's throats 2. collarbone □ *bha iad air bhog chun nan ugannan ann am fiachan* they were [afloat] up to the collarbones in debt i.e. up to the neck in debt
ugh, uighe, -ean *nm* egg □ *tha a' chuthag a' breith an uighe aice ann an nead eòin eile* the cuckoo lays her egg in another bird's nest □ *uighean air am bruich (cruaidh)* (hard) boiled eggs □ *uighean pronn* scrambled eggs □ *ugh na Càisge / na Càsga* the / an Easter egg □ *cha tig ugh mòr à nead an dreathain-duinn* a big egg won't come from the wren's nest (proverb) □ *biodh iadsan a' bruidhinn 's bidh na h-uighean againne* let them do the talking and we'll have the eggs (proverb)

ugh-chruth *nm* oval **u.-lann** *nf* ovary
ughag, -aige, -an *nf* ovary
ughagan, -ain *nm* custard
ùghdar, -air, -an *nm* author, composer (of literature)
ùghdarail *a* authentic
ùghdarraichte *pp* authorized, licensed
ùghdarras, -ais, -an *nm* authority, command, commission, control *abstr*, sanction □ *Ùghdarras nan Deuchainnean an Alba* Scottish Qualifications Authority □ *thoir mar ùghdarras* quote □ *thoir ùghdarras do* authorise, delegate, empower □ *gun ùghdarras* unauthorised □ *ùghdarrasan ionadail* local authorities □ *dè 'n t-ùghdarras air a bheil sibh a' dèanamh seo?* on whose authority are you doing this? □ *bha iad fo ùghdarras an airm* they are under the army's control
ùghdarrasail *a* authoritative
uibhir *nf indec* □ same as **uimhir**
uibhreachd, cuir uibhreachd (air) find something odd / unusual (about), notice a change in someone □ *chan eil duine ann a chuireas uibhreachd am bi mi ann no às* there's nobody who'll notice whether I'm there or not □ *cha robh mi a' cur uibhreachd air seach duine eile* I wasn't noticing anything odd about him compared to any other man □ *chuir mi uibhreachd mhòr air* I noticed a big change in him □ *cha chuireadh e uibhreachd orm* it wouldn't surprise me
ùidh, -e, -ean *nf* interest, inclination □ *gun ùidh* uninterested □ *ghabh mi ùidh air leth anns a' chuspair seo* I took a particular interest in this subject □ *thog mi ùidh ann an ... * I developed an interest in ... □ *thog iad ùidh dhaoine thall's a-bhos* they roused people's interest everywhere □ *bha e a' bruidhinn air na cuspairean anns an robh ùidh aige* he was talking about the subjects which interested him □ *na daoine aig a bheil ùidh anns na h-aon rudan ... * the people who have the same interests □ *tha seo a' cuideachadh le ùidh dhaoine a dhùisgeadh sa Ghàidhlig* this helps to arouse people's interest in [the] Gaelic □ *bha ùidh mhòr aig Seumas annta* James had a great interest in them / J. was greatly interested etc. □ *dè a' bhàrdachd bu mhotha a ghlac d'ùidh?* what poetry most caught your interest? □ *bha iad a' nochdadh ùidhe ann an cultur nan dùthchannan eile* they were showing interest in the other countries' culture □ *bha barrachd ùidh aige ann an leabhraichean na bha aige*

ann an obair fearainn he had more interest in books than he had in farm work (lit. land work) □ *...do dhaoine aig a bheil ùidhean sònraichte ...* to people who have special interests □ *tha measgachadh de rudan ri fhaotainn anns am bi ùidh agaibh 's dòcha*, there is an assortment of items available in which you may have an interest
uidh, -e *nf* degree, step, journey, terminus □ uncommon now except occasionally in the phrase *uidh ar n-uidh* by degrees, step by step, little by little, gradually □ *rinn iad a' chùis uidh ar n-uidh air an nàimhdean* they gradually gained the upper hand over their enemies / gradually gained predominance over etc. □ also forms part of *cmpd* noun **ceann-uidhe** (q.v.) destination (lit. end-of-journey)
ùidheachail, -e *a* same as **ùidheil**
uidheam, -eim, -an *nm/f* apparatus, engine, equipment, gadget, gear, harness, instrument, mechanism, resources (equipment in schools etc.) set (piece of equipment), tackle □ *uidheam cladhach* excavator □ *cuir an uidheam* fit *v* □ *uidheam sàbhailteachd* safety gear □ *uidheam teasachaidh* heater □ *uidheam togail* lifting gear / lifting tackle □ *uidheam telebhisein* television set □ *uidheam caithris* surveillance equipment □ *chuir iad a-mach aithris air uidheam Gàidhlig ann an sgoiltean* they put out a report on Gaelic resources in schools □ *is e uidheam air a dealbh glè innleachdach a tha innte* it's a particularly ingeniously designed piece of equipment
uidheam-dìon *nf* defence mechanism **u.-innealach** *nf* machine-tool **u.-innleadair** *nm* mechanical engineer **u.-ithe** *nf* cutlery **u.-meudachaidh** *nf* enlarger (photog.) **u.-sgaoilidh** *nf* distributor (of an engine), transmitter **u.-smachd** *nf* control(s) (concrete)
uidheamachadh, -aidh *nm & vn* of **uidheamaich** preparing etc., preparation, qualification
uidheamaich, -achadh *v* equip, prepare, rig, trim □ *bha iad ag uidheamachadh airson an allabain* they were preparing for their wanderings
uidheamaichte *pp* prepared, equipped, qualified □ *cha robh iad uidheamaichte airson an tachartais seo* they were not prepared for this event □ *seo obair airson a bheil sinn air leth uidheamaichte* this is a task for which we are particularly prepared / equipped □ *'se th'ann nach eil daoine uidheamaichte ann* the fact is that there aren't qualified people (available)

ùidheil, -e *a* interesting □ *tha dealbhannan ùidheil ann* there are interesting pictures in it □ *làn de dh'fhiosrachadh ùidheil* full of interesting information
uidhir *nf* □ see **uimhir**
uige *nf* gauze
uigheagan *nm* □ see **ughagan**
uil- *pref* □ see under **uile-** below
uilc *gen sing* of **olc** evil

---

uile *a & indef pron* all, entire, every, total □ *bha iad uile sgìth* they were all tired □ *anns a bheil àite againn uile a chum math nan uile* in which we all have a place (i.e. part / role) for the good of all □ *'s e sin uile e* that's it all / that's the lot □ *an e sin uile e? sin uile e* is that [it] all? that's [it] all □ *bha seo a' falach a h-aghaidh uile ach na sùilean* this was hiding her whole face except for the eyes □ *bha giamh annta uile* they all had a defect / there was a defect in all of them □ *bha gaol aige orra uile* he loved them all □ *is fheàirrde a' bhliadhna uile reothadh anns a' Ghearran* the whole year is better of frost in February / the whole year profits from etc. □ *ach is e an ath thogalach as motha dhiubh uile* but the next building is the biggest of them all □ causes lenition when preceding a noun (but see following section) □ *nì sinn ar n-uile dhìcheall* we'll do our utmost □ *le ur n-uile chridhe* with all your heart □ *gràdhaichidh tu an Tighearna do Dhia le d' uile chridhe, agus le d' uile neart, agus le d' uile inntinn* you will love the Lord your God with all your heart, and with all your strength, and with all your mind
a h-uile *a & indef pron* every □ generally does not cause lenition □ *a h-uile latha* every day □ *tha a h-uile fear ag obair gu trang* everyone is working busily □ *a h-uile duine riamh* everyone without exception □ *cha tàinig a h-uile iomradh am follais fhathast* every report hasn't been published yet / not every report etc. □ *bha eathar a' tighinn a-nall a h-uile earrach* a boat came over every spring □ *bha a h-uile dùil againn an aithris fhoillseachadh an t-seachdain seo* we had every expectation of publishing the report this week □ *thàinig a h-uile duine* all / everyone

came □ *dh'fheuch e a h-uile dòigh air faighinn às* he tried every way to escape □ *ach a h-uile uair thàinig e aghaidh ri aghaidh ri…* but every time he came face to face with … often **h** is inserted between **uile** and a vowel □ *a h-uile h-oidhirp* every attempt □ *anns a h-uile h-oisean* in every corner What appears to be a *def art* comes between **a h-uile** and a preceding *prep* □ *le dealbhan den a h-uile seòrsa* with pictures of every kind □ *daoine den a h-uile cumadh agus dath* people of every shape and colour □ *tha rudeigin ann dhan a h-uile aois* there is something in it for every age (level)
na h-uile *indef pron* all, everyone □ *thàinig na h-uile* all / everyone came □ *bha na h-uile anns an eaglais* everyone was in church □ *na h-uile a bha a-staigh* all who were within □ *bidh na dorsan fosgailte do na h-uile aig a h-uile àm* the doors will be open to all at all times □ *tha an sgadan os cionn nan uile* the herring is above all □ *tha an Slànaighear saor do na h-uile* the Saviour is free to all □ *bu toigh leam beannachdan na Bliadhna Ùire a ghuidhe do na h-uile* I would like to wish New Year greetings to everybody
gach sometimes precedes **uile** for emphasis □ *chaidh gach uile seòrsa nì annasach innse dhomh le mo sheanair* all sorts of extraordinary things were told to me by my grandfather □ *bha ainm air gach uile fheart bhig dhen tìr* each and every land feature had a name
uile *adv* quite, completely, wholly □ *feumaidh sinn dèanamh uile chinnteach gum bi an t-seirbhis seo cho coilionta 's a ghabhas* we must make quite certain that this service is as complete as possible □ *uile gu lèir* altogether, completely, entirely, in all, wholly *adv* □ *tha ceud sgoilear aca uile gu lèir* they have a hundred pupils altogether □ *bha iad uile gu lèir an eisimeil na chuireadh an t-eilean dheth de bhàrr* they were entirely dependent on what crop the island produced (lit. what the island put from it of a crop)
uil(e)- *pref* 'all-', 'omni-', 'pan-' □ may prefix any suitable adjective or noun, and only a comparatively small selection is given here

uil-eaglaiseil *a* ecumenical **u.-fhiosrach** *a* all-knowing, omniscient **u.-ìoc** *nm* panacea □ *an t-uil-ìoc* mistletoe **uile-bheist, -ean** *nm* monster **u.-bhuadhach** *a* all-triumphant, all-victorious **U.-Cheilteach** *a* Pan-Celtic **u.-choitcheann** *a* universal **u.-choitcheannas** *nm* universality □ *a bheil thu a' tuigsinn a' choitcheannais a tha air an cùl?* do you understand the universality behind them? **u.-chuairteach** *a* cylindrical **u.-chumhachd** *nm* omnipotence **u.-chumhachdach** *a* all-powerful, almighty, omnipotent **u.-chumhachdach, an t-U.-chumhachdach** *nm* the Almighty **u.-itheach** *a* omnivorous □ *beathach uile-itheach* an omnivorous animal **u.-làthaireach** *a* omnipresent, ubiquitous □ *na freiceadan uile-làthaireach* the omnipresent guards **u.-làthaireachd** *nf* omnipresence **u.-lèirsinneach** *a* all-seeing **u.-mhargadh** *nm* hypermarket **u.-shluigeach** *a* omnivorous

---

uileann, uilinn / uilne, uilnean *nf* elbow □ *dh'èirich e air a uilinn* he raised himself up on his elbow (lit. rose on his elbow) □ ... *bho na h-uilnean gu bàrr nam meuran* ... from the elbows to the tip of the fingers □ *chuir e (a) uilnean air a' chunntair* he put his elbows on the counter □ *alt na h-uilne* elbow-joint □ *cuir uileann ann an duine* give someone the cold shoulder □ *chuir e uileann annam* he gave me the cold shoulder
uilebheist, -ean *nm* monster
uilinn *dat sing* or *alt nom form* of **uileann**
uilinn, -e, -ean *nf* angle □ *thomhais e uilinn a' thilgidh* he calculated the angle of trajectory
ùill, -eadh *v* oil
ùilleachadh, -aidh *nm & vn* of **ùillich** lubrication
ùilleadh, -idh *nm & vn* of **ùill** oiling, oil
ùilleag, -eige *nf* oily surface on water □ *ùilleag ola* oil slick
uilleann, -inn *nf* honeysuckle
ùillich, -eachadh *v* lubricate, oil
ùillidheachd *nf* oiliness
uilnich, -eachadh *v* elbow
uilt *gen sing* of **alt** joint etc.
uillt *gen sing* and *nom & dat pl* of **allt** stream etc.

uime *prep pron* of **mu** (q.v.) about him / it *masc* □ *uime sin* 1. consequently, then, therefore *adv* (see App. 6 Pronouns Sect. 7.0) 2. wherefore *rel pron*
uimhir *nf* (also **uibhir**) 1. number, quantity, amount □ *seo an uimhir as motha de a dhàintean a gheibhear ann an aon leabhar* this is the largest amount of his poems which will be found in one book 2. so much, so many □ *bha uimhir de shoirbheachadh leis a' chiad cho-chruinneachadh agus nach robh dàil ann a bhith a' foillseachadh an dara fir* there was so much success with the first collection that there was no delay in publishing the second one □ *dhèanadh e uimhir den obair agus dhèanainn-sa a' chuid eile* he would do so much of the work and I would do the rest □ *cha robh uimhir de chraobhan an seo* there weren't so many trees here □ *nan robh fios agam cha robh mi air uimhir a ràdh rithe* if I had known I wouldn't have said so much to her □ *dè b'urrainn dhasan a dhèanamh an aghaidh uimhir?* what could he do against so many? □ *cha deach aige air uibhir agus a' chlach a ghluasad!* he couldn't so much as budge the stone! 3. as much, as many □ *uimhir eile* double *noun*, as much again □ *thoir / dèan uimhir eile* double *v* □ *a dhà uimhir* double (the amount) □ *cha robh uimhir an làthair aig a' choinneimh seo is a bha dùil* there weren't as many present at this meeting as was expected □ *fhuair mi uimhir 's a b'urrainn dhomh a ghiùlan* I got as much / as many as I could carry □ *tha fhios agad a-nise air uimhir 's a tha agamsa mun chùis* you now know as much as I do about the affair □ *tha a cheart uimhir de luach anns an fhear seo 's a tha anns an fhear eile* there's just as much value in this one as there is in the other one □ *cha robh fios aig duine eile air uimhir ris* nobody else had as much knowledge of it as he (lit. nobody else had knowledge of it as much as he) □ *sheall iad a cheart uimhir de choibhneas* they showed just as much kindness □ *sin uimhir 's a chunnaic mi riamh* that's as many as I've ever seen □ but note also: *bha e a' smaoineachadh air a' mhìle uimhir a dh'fhaodadh a bhith aige* he was thinking of the thousand times as much that he might have had □ *cha robh faisg uimhir a dhaoine anns an t-seòmar seo* there weren't nearly as many people in this room

Note also: *bha na h-uimhir aca ann* there were so many of them, a fair number of them □ *an sin nochd a h-uimhir de dhaoine* then there appeared a large number of people / ever so many people □ *nuair a chluinneas sinn na h-uimhir mu ...* when we hear so much about ...

uimh(i)reachd □ see **uibhreachd**

uimhreachail *a* numerical

uimpe *prep pron* of **mu** (q.v.) about her / it *fem*

ùine, ùineachan *nf* age, duration, period, time □ *ùine ann am mionaidean* duration in minutes (school maths) □ *ùineachan draibhidh* drive times □ *gabh ùine* linger □ *(ann) an ùine gheàrr / ann an ùine ghoirid adv* in a short time, soon □ *anns an ùine ghoirid a tha mi air a bhith an sàs ann an ...* in the short time that I have been engaged in ... □ *agus am beagan ùine ...* and in a short time / in a while ... □ *tha ùine gu leòr ann* there is plenty of time □ *cuir seachad (an) ùine* while away the time □ *bha e ag iarraidh na b'fhaide de dh'ùine bhith aige còmhla riutha* he wanted to have more time with them □ *cha robh cus ùine aige co-dhiù* he didn't have too much time anyway □ *tha an ùine a' ruith oirnn* time is running out on us □ *dè an ùine a bha e anns a' phoileas?* how long was he in the police? □ for greater detail about this and other words meaning 'time' see App. 10. Sect. 1.0

ùine-mhara *nf* sea-time □ *chuireadh seo gu mòr ris an ùine-mhara aca* this would add greatly to their sea-time

ùineach *a* periodical

uinge, uingichean *nf* ingot □ *chuir iad clachan an àite nan uingichean a bha anns a' bhogsa* they replaced the ingots in the box with stones (lit. put stones in place of etc.)

ùinich, -e *nf* bustle, stir □ *is an sin a chunnaic sinn an ùinich 's an othail* [it's] then we saw a bustle and a stir

uinneag, -eige, -an *nf* window □ *leòsan na h-uinneige* window-pane □ *sòl na h-uinneige* window-sill □ *uinneag àrd-dorais* fanlight □ *uinneag bàta* port-hole □ *uinneag bhannach* casement window □ *uinneag cearcaill* bay window □ *uinneag chrochte* sash window □ *uinneag còmhlaidh* swivel window □ *uinneag dà-ghlainne / uinneag dà-ghlainneach* double glazed window □ *uinneag mullaich* dormer window □ *sheall mi a-mach air uinneig a' bhàta* I looked out through the

port-hole □ *bha i na seasamh aig an uinneig* she was standing at the window

uinneag-toisich *nf* windscreen (of vehicle)

uinnean, -ein, -an *nm* onion

uinnleag, -eige *nf* a dig with the elbow

uinnlean □ see **uileann**

uinnlich, -eachadh *v* elbow □ also **uilnich**

uinnseann, -ein *nm* ash tree, ash wood □ *tha a' chas air a dèanamh de dh'uinnseann* the handle is made of ash

ùir, -e / ùireach (sometimes **ùrach**) *nf* earth, mould, soil □ *lìon e a' bheàrn le clachan beaga, morghan agus ùir* he filled the gap with small stones, gravel and earth □ *shiolaidh an t-uisge air feadh na h-ùireach* the water drained away through the earth □ *leag e gu ciùin don ùir i* he lowered her gently into the earth □ *ùir mhònach* peat dross □ *an àite na h-ùir mònach* instead of / in place of the peat dross

uircean, -ein, -an *nm* young pig, piglet

uircean-gini *nm* guinea-pig □ *is sinne na h-uirceannan-gini* we are the guinea-pigs

ùird *gen sing* and *nom & dat pl* of **òrd** hammer

uiread *nm indec* much, many, as much, as many, so much, so many, quantity, modicum, number □ *bha uiread ri a dhèanamh is gun do chuir e eagal orm* there was so much to do that it scared me □ *uiread eile* as many again, as much again

uiread agus as much as □ *cha do rinn e uiread dheth 's a dh'fhaodadh e* he didn't make as much of it as he might [have done] □ *cha do rinn e uiread agus sgrìobhadh thuice* he didn't so much as write to her □ *cha dh'fhàgadh uiread is a h-aon dhiubh* not so much as one of them was left □ *bha e gun uiread agus lèine ri a chraiceann* he was without as much as a shirt to his skin □ *gun uiread agus fianaisean a ghairm ...* without so much as calling witnesses □ *carson uiread sin?* why that much? / why so many as that? □ note that, as with **cho** (q.v.), **ri** is omitted before **seo / sin**

But note that, when 'as much as' is used in comparison **ri** is used □ *cha d'fhuair iad uiread ruinn* they didn't get as much / many as we [did]

uiread may be followed by **de** + *dat* or by the *gen*:
1. **uiread** + **de** + *dat* □ *tha e iongantach gun do rinn e uiread de obair ionmholta anns an ùine sin* it is amazing that he performed so much praiseworthy work in that time □ *...a bha a' cur uiread de dhragh air...* which was bothering him so much / giving him so much bother 2. **uiread** + *gen case* □ *bha uiread fiodha 's a dhèanadh aon sgeilp* there was as much wood as would make one shelf □ *chan eil uiread iarraidh air a-nis* there isn't as much demand for it now
uiread may also be used with a *poss adj* and **ceart, leth** or a *number* followed by a *noun* in the *genitive case* or a *noun* preceded by *de* as follows:... *agus a cheart uiread bhoireannach / de bhoireannaich ...* and just as many women □ *tha iad a' dèanamh a leth uiread de mhearachdan a-nise* they are making half as many mistakes now □ *bithidh iad a' cur a-mach a leth uiread eile de phrògraman Gàidhlig* they'll be producing half again as many Gaelic programmes □ *tha (a) dhà uiread de bhuill aig a' chlub seo 's a tha aig an fhear eile* this club has twice as many members as the other one has □ *tha cudthrom na talmhainn a cheithir fichead uiread ri truimead na gealaich* the weight of the earth is eighty times the heaviness of the moon □ *bha a thrì uiread de thidsearan a' tighinn a-mach às na colaistean air na bha ann de dh'àiteachan dhaibh* there were three times as many teachers coming out of the colleges as there were places for them
na h-uiread may be found with the same meanings □ *chan eil na h-uiread dheth ga oibreachadh 's a chleachd* there isn't as much of it worked as there used to be (i.e. the land) □ *tha iad air ar cur anns na h-uiread de dhuilgheadas* they have put us in so much difficulty □ *tha iad a' dèanamh na h-uiread de mholaidhean* they make a number of recommendations □... *còmhla ris na h-uiread de chomataidhean eile...* along with a number of other committees

uireas *nf indec* all (poss. derived from **uile 's**) □ *bainne no uisge uireas tha sinn ag òl* milk or water is all we drink
uireasach, -aiche *a* inadequate
uireasachd *nf* inadequacy
uireasbhach, -aiche *a* defective, wanting
uireasbhaidh *nf* defect, lack, poverty, privation, want □ *cò a b'urrainn dol na b'ìsle ann am bochdainn agus uireasbhaidh na mise?* who could descend further into poverty and want than I? □ *bha iomadh uireasbhaidh air na togalaichean* the buildings had many defects
uireasbhaidheach, -ich *a* defective, maimed
uirgheall, -ill *nm* elocution, expression (eloquence), utterance (bold and emphatic)
uiridh, an uiridh *adv* last year (see **an-uiridh** under **an-**)
uirigh, -e, -ean *nf* couch, pallet □ *bha e na laighe air uirigh* he was lying on a couch
uirsgeil *nm* a spreading (of dung, hay etc.) □ *beartaichidh uirsgeil mòintich fonn a tha bochd* a spreading of peat will enrich soil which is poor
uirsgeul, uirsgeòil, -an *nm* fable, fiction, myth (in the sense of a story without substance) □ *fhuair iad a-mach nach robh ann ach uirsgeul* they discovered that it was just a myth
uirsgeulach, -aiche *a* fabulous, fictitious □ *caractaran uirsgeulach* fictitious characters
ùis, -e *nf* use □ *tha mi a' dèanamh ùis dheth* I am making use of it □ *airson ùis fhèin a-mhàin* for his own use only – uncommon
uiseag, -eige, -an *nf* lark, skylark
uiseag-chabach *nf* tufted lark
ùiseil, -e *a* serviceable, useful □ *...ged a bha e ùiseil a bhith a' coimhead air...* though it was useful to be looking at it □ *'s e leabhar beag gu math ùiseil a tha seo* this is quite a useful little book
uisge, uisgean / uisgeachan *nm* 1. water □ *crath uisge air* dabble, sprinkle with water □ *dh'òl e an t-uisge* he drank the water □ *an toir thu dhomh glainne uisge?* will you give me a glass of water? □ *dhòirt i an t-uisge don tuba* she poured the water into the tub □ *rach fon uisge* dive, submerge □ *chaidh e fon uisge* he dived □ *chaidh am bàt'-aiginn fon uisge* the submarine dived / submerged □ *uisge na stiùireach* wake of a vessel (also *uisge-stiùireach*) □ *bha e a' beachdachadh air uisge na stiùireach aca* he was observing their wake (to judge their speed etc.) □ *thraogh na h-uisgeachan* the waters subsided □

...gan treòrachadh ri taobh uisgeachan ciùine... leading them by still waters 2. rain □ *uisge searbhagach* acid rain □ *tha an t-uisge ann* it's raining (always with the def art in this idiom) □ *thàinig an t-uisge na thuil* the rain came [down] in torrents □ *thuit an t-uisge gu trom* the rain fell heavily □ *an rud a thig leis a' ghaoith, falbhaidh e leis an uisge* what comes with the wind will go with the rain (proverb) □ *anns an uisge 's anns a' ghaoith* in the rain and the wind □ *bidh iad a' fuireach gus an tèid an t-uisge às* they wait until the rain goes off □ *uisge nan seachd sian* (see **sian**) rainstorm □ *bha uisge nan seachd sian ann* it was raining cats and dogs / there was a rainstorm 3. wave (rare in this meaning) □ *dh'èirich uisge mòr* a great wave arose □ *chaidh an sgioba a shlugadh anns na h-uisgeachan* the crew was swallowed up in the waves / the waters
uisge-adhair *nm* rainwater **u.-beatha** *nm* whisky □ *dhòirt e an t-uisge-beatha anns a' ghlainne* he poured the whisky into the glass □ *bha fàileadh an uisge-bheatha air (a) anail* there was the smell of whisky on his breath □ *thug e glainne uisge-bheatha an urra dhuinn* he gave a glass of whisky to each of us **u.-bheatha** *a* whisky □ *thog e am botal uisge-bheatha* he raised the whisky bottle **u.-beatha-braiche** *nm* malt whisky **u.-dhathan** *n pl* water-colours **u.-dhìonach** *a* waterproof **u.-dhruim** *nm* watershed **uisg-fhuaraichte** *pp* water-cooled **u.-stiùireach** *nm* wake (of a vessel)
uisgeachadh, -aidh *nm & vn* of **uisgich** irrigating etc., irrigation
uisgich, -eachadh *v* irrigate, sprinkle, water
uisgidh *a* watery, waterish □ *grian uisgidh a' gheamhraidh* the watery winter sun
ùisnich, -eachadh *v* use, employ □ *dh'ùisnicheadh àireamh sgoiltean na sglèatan* a number of schools used to use the slates
Uibhisteach, -ich, -ich *nm* Uist person
Uibhisteach *a* of, belonging to or pertaining to Uist
ulag, -aige, -an *nf* pulley
ulaidh, -e, -ean *nf* 1. hoard, treasure 2. darling
ulfhart, -airt *nm* howl □ *dèan ulfhart* howl *v*
ullachadh, -aidh, -aidhean *nm & vn* of **ullaich** preparing etc., preparation, provision □ *gun ullachadh* extempory, impromptu, unrehearsed □ *labhair gun ullachadh* extemporise □ *rinneadh an*

t-ullachadh àbhaisteach airson an tòrraidh the usual preparation was made for the funeral □ *tha iad air ullachadh a dhèanamh airson a' gheamhraidh* they have made provision for winter □ *bha ullachadh mòr air a dhèanamh latha ron àm* great preparations were made a day before the time □ *bu chòir pailteas ullachaidh a dhèanamh airson...* plenty of preparation should be made for...□ *chì thu am piseach a tha air tighinn air na h-ullachaidhean a tha gan dèanamh* you'll see the success with which the preparations that are being made have met (lit. the success which has come upon etc.) □ *tha an t-ullachadh seo air a chur sìos anns an Leabhar Làimhe* the following provision is set out in the Handbook
ullachadh-sgeòil *nm* setting the scene
ullaich, -achadh *v* get ready, prepare, provide, qualify □ *ullaich graf* plot a graph □ *bha aice ris an dinnear ullachadh* she had to prepare the dinner □ *bha na mnathan air biadh ullachadh do na ceudan* the women had prepared food for [the] hundreds □ *...nuair a bha sinn ag ullachadh airson ar n-eallach a leigeil sìos...* when we were preparing to let down our burden □ *tha cùrsa Gàidhlig ga ullachadh an-dràsta* a Gaelic course is being prepared right now □ *bha cuirm mhòr ga h-ullachadh* a great feast was being prepared
ullachail *a* preparatory
ullamh, -aimhe *a* 1. done, mature, ready, prepared, finished □ *ullamh airson na poite* ready for the pot □ *bha e ullamh dheth* he was done with it □ *nuair a bha e ullamh den cheasnachadh* when he was finished with the questioning □ *nuair a bha e ullamh a sgrìobhadh an leabhair* when he was finished writing the book (here **a** = **de**) 2. handy, ready, prone to □ *tha sinn ro ullamh air a bhith a' cur sìos air càch* we are too ready to be reviling others
ullamhachd *nf* readiness
ulpag, -aige, -an *nf* boulder
ultach, -aich, -aichean *nm* armful, bundle □ *thàinig i a-staigh le ultach mòna* she came in with an armful of peat □ *ultach connaidh* an armful / bundle of firewood
Ultach, -aich, -aich *nm* Ulsterman
Ultach *a* of, belonging to or pertaining to Ulster
umad / umam / umaibh / umainn *prep prons* of **mu** (q.v.)
ùmaidh, -ean *nm* blockhead, clot, dolt, dunce, fool, idiot
ùmaidh, -e *a* stupid, doltish, dull (of mind)

ùmaidheachd *nf* doltishness, stupidity, blockheadedness

umha *nm indec* bronze □ due to ambiguity it is now rarely used in the meaning 'brass' or 'copper', **pràis** being used for 'brass' and **copar** for 'copper', but the following example should be noted: *umha a nì fuaim* sounding brass

umhail, -e *nf* heed, attention, notice □ *cha do ghabh mi mòran umhail dheth* I did not pay him much attention / I didn't take much notice of him / I didn't pay him much heed □ also *cuir umhail air* pay attention to, heed, notice □ *chuireadh e an umhail bu mhotha oirre* he would give her the greatest attention □ *chuir mi an umhail dha e* I brought it to his attention (pointing out a fault) □ *chuir mi umhail air* I saw a change in him □ *tha fhios agam gun do chuir e umhail orm* I know [that] he noticed me / saw a change in me

umhail, -e *a* dutiful, humble, meek, obedient, reverent, subject, submissive □ *gu h-umhail rinn i mar a chaidh iarraidh oirre* meekly / submissively etc. she did as she was asked (lit. as was asked on her) □ *feumaidh tu bhith umhail dha anns gach nì* you must be obedient to him in everything □ *bha a mac umhail dhi* her son was obedient to her

umhal, -aile *a* □ see **umhail**

ùmhlachd *nf* allegiance, bow (in obeisance / salutation), deference, homage, humility, meekness, reverence, submission, tribute □ *thoir ùmlachd do* obey, pay homage to, give obeisance to, give allegiance to □ *cha tug e ùmhlachd don àithne seo* he did not obey this command □ *thug na cinn-cinnidh ùmhlachd don rìgh* the chieftains made obeisance to the king / bowed to the king □ *nì iad ùmhlachd dhomh* they will bow to me / pay homage to me etc.

ùmhlaich, -achadh *v* 1. humble, subdue, conquer 2. submit, obey + **do** to □ *chan ùmhlaich sinn gu bràth don fheadhainn a tha a' toirt ionnsaigh oirnn* we shall never submit to those who are attacking us

umpa *prep pron* of **mu** (q.v.) about them

ung, -adh *v* anoint

ungadh, -aidh *nm & vn* of **ung** anointing, salve, ointment, unction

Ungaireach, -ich, -ich *nm* Hungarian

Ungaireach *a* Hungarian

Ungrainis *nf* Hungarian (lang.)

ùnnlagh *nm indec* fine □ *cuir / leag ùnnlagh air* fine (v) □ *chuir iad ùnnlagh air* they fined him

ùnnsa, -achan *nm* ounce

ùpraid, -e, -ean *nf* commotion, confusion, din, fuss, tumult, uproar □ *bha mi toilichte a bhith air falbh bho ùpraid a' bhaile mhòir* I was glad to be away from the din of the city

ùpraidiche, -ean *nm* hooligan

ur *poss adj* your *pl & pol* □ *ur taigh* your house □ *ur sùilean* your eyes □ becomes **ur n-** before a vowel □ *le ur n-uile chridhe* with all your heart

ùr, ùire *a* fresh (food etc.), modern, new, recent □ *ùr o* hot from □ *ùr on chlò* hot from the press □ *A' Bhliadhna Ùr* The New Year □ *còta ùr* a new coat □ *bainne ùr* fresh milk □ *ìm ùr* fresh butter □ *càraichean ùra* new cars □ *anns a' bhliadhna ùir* in the new year □ *...anns am bi sgrùdadh air a dhèanamh air leabhar ùr air choreigin...* in which a review will be made of some new book or other □ *bha an Dara Cogadh Mòr ùr nan inntinn* the Second World War was fresh in their minds □ *bha seo ùr dha* this was new to him □ *cho ùr 's a ghabhas* as new as can be / brand new / spanking new □ *gu h-ùr* newly

ùr may accompany *vn*'s as follows: *mar duine air ùr dhalladh* like a newly blinded man □ *bonnach air ùr fhuine* a newly baked bannock □ *dà bhradan air an ùr thoirt às an uisge* two salmon newly taken from the water □ *bha iad air ùr tighinn bho dheas* they had newly come from the south □ *nuair a bha e air ùr phòsadh* when he was newly married

as ùr *adv* (once) again, anew, afresh □ *dhearbh iad fhèin nan gaisgich as ùr* they proved themselves heroes once again □ *dè tha (a') dol?* *chan eil càil as ùr* what's doing? nothing new (lit. what's going [on]?)

ùr-chleasaiche *nm* conjurer, juggler **ù.-chreideach** *nm* novice **ù.-fhàs** *nm* bloom, prime **ù.-ghnàthachadh** *nm* innovation □ *bha seo na ùr-ghnàthachadh glè mhòr* this was a great innovation **ù.-ghnàthadair** *nm* innovator **ù.-ghnàthaich** *v* innovate **ù.-labhrach** *a* rhetorical **ù.-labhradh** *nm* / **ùr-labhairt** *nf* rhetoric **ù.-nodha** *a* modern, split-new, brand-new

urabhallach *nf* blue buttons, blue bonnets, devil's bit scabious (flower)
ùrachadh, -aidh *nm & vn* of **ùraich** renewing etc., renewal, refreshment □ *is ùrachadh atharrachadh* a change is refreshing
ùrach-bhallach *nf* spotted orchis
ùrachd *nf* freshness, novelty
ùraich, -achadh *v* freshen, modernise, purify, refresh, renew, renovate, revive □ *dh'ùraich seo an dòchas* this renewed their hope □ *... nuair a thig na ceadan gu bhith air an ùrachadh ...* when the licences come to be renewed
uraidh, an uraidh *adv* last year see **an-uiridh** under **an-**
ùrail *a* □ same as **ùrar**
ùralachd *nf* freshness
urànium *nm* uranium
ùrar *a* fresh (usually of vegetation) □ *bha am feur a' fàs ùrar uaine* the grass was growing fresh and green
urchair, urchrach, urchraichean *nf* cast (of a weapon), missile, projectile, report (from a gun), shot □ *urchair gunna* gunshot □ *cuir urchair ann* load (of a gun) □ *dìreach urchair chloiche bhon taigh* only a stone's throw from the house
urchall, -aill, -an *nm* inhibition
urchasg, -aisg, -an *nm* antidote
ùrlar, -air, -an *nm* floor, ground (in piping), motif (music), theme (music) □ *cuir ùrlar ann* floor *v* □ *clàr ùrlair* floor-board □ *leag ùrlar* pave □ *na laighe air an ùrlar* lying on the floor □ *air a' cheathramh ùrlar* on the fourth floor
ùrnaigh, -e, -ean *nf* devotion (relig.), prayer □ *ùrnaigh choitcheann* liturgy □ *tha m'ùrnaigh ri Dia gun ...* I pray to God that ... (lit. my prayer to God is that ...) □ *chumadh coinneamhan ùrnaigh* prayer meetings were held □ *dèan ùrnaigh* pray □ *rinn i ùrnaigh ri Dia* she prayed to God □ note also: *chuir e suas ùrnaigh a bha freagarrach airson latha cho mòr* he offered up a prayer which was fitting for so great a day (lit. put up a prayer) □ in common with many other *nouns*, **ùrnaigh** may be used as a *vn* □ *bu chòir dhuinn uile a bhith ag ùrnaigh airson sluagh na dùthcha sin* we all ought to be praying for the people of that country
urra, urracha / urraidhean *nf* 1. character, individual, one, person, personage □ *mar urra ann an leabhar* like a character in a book □ *urra mòr* important person (*pl* = *urracha mòra*) □ *na h-urracha mòra* the elite, the hierarchy, the top people,

V.I.P.'s, top brass, the powers-that-be, 'big bugs', the 'high heid yins' etc. □ *bha an seòmar-searraidh làn de urracha mòra* the lounge was full of V.I.P.'s □ *urraidhean na fine* the clan elite 2. **an urra ri** (a) dependent upon, up to □ *tha e an urra ruinn a-nise* it is up to us now □ *tha e an urra riut fhèin* it's up to you □ *tha seo an urra ri cho luath 's a thèid aca air a dhèanamh* this depends on how quickly they manage to do it (b) in charge of, responsible for □ *bha mi an urra ri Oifis a' Phuist* I was in charge of the Post Office □ *bha e an urra ri taigh-solais* he was in charge of a lighthouse (c) entrusted to *bha Oifis a' Phuist an urra rium* the Post Office was in my charge / I was in charge of the Post Office □ 3. **an urra** *adv* each □ *thug e glainne uisge-bheatha an urra dhuinn* he gave a glass of whisky to each of us / he gave us each a glass of whisky
urra, gun urra □ see **urrainn**

---

urrainn *nf* 1. ability □ used with the assertive *verb* as follows: *is urrainn dhomh* I can, I am able (often shortened to *'s urrainn*, and always when saying 'yes')
Basic examples: *'s urrainn dhomh grèim a chumail air an fhàradh dhut* I can hold the ladder for you □ *an urrainn dhut a' chlach seo a thogail? 's urrainn / chan urrainn* can you / are you able to lift this stone? yes / no □ *cha b'urrainn dha an sgeilp a ruigsinn* he couldn't reach the shelf □ *cha b'urrainn dha (a') dol às àicheadh nach robh i bòidheach* he couldn't deny that she was pretty (see **àicheadh**)
urrainn used in dependent constructions □ *bha e ag ràdh gum b'urrainn dha sin a dhèanamh* he was saying that he could do that □ *chan eil sinn ann an suidheachadh far an urrainn dhuinn leigeil le seo tachairt* we are not in a position where we can let this happen □ and also, of course, in the *neg forms* of these constructions □ *chaidh innse dhi nach b'urrainn dhi leanabh a bhith aice* she was told that she couldn't have a child □ *chan urrainn e bhith nach ann le fhios a bha seo a' dol air adhart* it cannot be that it was with his knowledge that this was going on

urrainn is often found in *relative con-*
structions □ *bha e a' feuchainn ri*
daoine fhaighinn a b'urrainn dhaibh
an obair a ghabhail os làimh he was
trying to find people who could under-
take the work □ *bha iad a' feuchainn*
ris na b'urrainn dhaibh a dhèanamh
de obair they were trying to do what
work they could (lit. to do what they
could of work) □ *a bheil daoine agad*
as urrainn dhaibh seo a dhèanamh? do
you have people who could do this? □
cò 's urrainn a ràdh? who can say? □
lean e air na b'urrainn dha de dhragh
is de chall a chur air an nàmhaid he
continued to inflict upon the enemy as
much trouble and damage as he could
(lit. continued what he could of trouble
and loss to put upon the enemy) □ ...
na daoine sin nach b'urrainn dhomh a
ràdh ri an làthaireachd ach tàmailt...
those people whose presence I can
only call an insult (lit. those people
that I cannot say to their presence but
an insult) □ *dè b'urrainn dhasan a*
dhèanamh an aghaidh uimhir? what
could he do against so many? □ *fhuair*
mi uimhir 's a b'urrainn dhomh a
ghiùlan I got as much / as many as I
could carry □ *cò a b'urrainn dha dol*
na b'ìsle ann am bochdainn agus
uireasbhaidh na mise? who could
descend further into poverty and want
than I?
In common with other *verbs / verbal*
constructions, the *prep* is omitted
when the construction is *impersonal* □
...ach chan urrainn nach eil ceangal
eadar e fhèin agus ... ... but there must
be a connection between himself and
... □ *cha b'urrainn a bhith aig a' chùis*
ach an aon chrìoch the matter could
have only one ending □ *bha fhios aice*
nach b'urrainn gun robh an t-sabaid
furasta she knew that the fighting
couldn't have been easy
As **urrainn** is not a *verb*, it cannot have
a *future passive form* – yet one exists!
□ *chan urrainnear a' bhliadhna sin a*
leigeil seachad gun a comharrachadh
that year cannot be allowed to pass
without marking it
Note also: *cha b'urrainn dhut gun*
mothachadh dha you couldn't help but
notice it / you couldn't help noticing it
(lit. you couldn't without noticing it) □

cha b'urrainn dhomh gun gàire
a dhèanamh I couldn't help laughing /
I had to laugh □ *cha b'urrainn dha gun*
a bhith a' ruith is a' leum he couldn't
help running and jumping
urrainn *a* able □ *an urrainn iad sin a*
dhèanamh? can they do that? □ *is*
urrainn mi a' chraobh sin a dhìreadh
I can climb that tree □ not so common
as **is urrainn dhomh** etc. (see above)
2. (a) author □ *gun urrainn* anonymous □
sgeul gun urrainn an anonymous
story □ *thuirt e nach robh annainn ach*
rothan fiaclach gun urrainn ann an
inneal he said *that* we were nothing
but anonymous cogs in a machine
(b) authority □ *air an urrainn fhèin* on
their own authority, on their own ini-
tiative, off their own bat □ *cò urrainn*
nas fheàrr na esan? who is a better
authority than he? □ note that **urrainn**
is often shortened to **urra**

urrais *a* insurance □ *airgead urrais* insur-
ance □ *...an deidh a chur fo airgead*
urrais airson a luach ... after insuring it
for its value / after being insured for its
value *masc obj* □ *Buidheann an Airgid*
Urrais Insurance Company
urram, -aim *nm* deference, dignity, honour,
regard, respect, reverence □ *cuir urram air*
honour *v* □ *thoir urram do* regard, respect
v □ *thoir àrd urram do* revere □ *urram don*
t-Sàbaid respect for the Sabbath □ *'s e M.A*
le urram a' chiad chlas (ann) am Beurla a
thug e a-mach he gained a first-class M.A.
honours degree in English □ *b'e urram*
mòr a bh'ann dhomhsa a bhith ... it was a
great honour for me to be ... □ *is urram*
dhomhsa gun do dh'iarradh ormsa ... I am
greatly honoured that I was asked ... (lit. it
is a great honour to me that etc.) □ *feu-*
maidh sinn làn urram a thoirt dhaibh we
must give them full honour
urramach, -aiche *a* of account, dignified,
honorary, honourable, respectable, rev-
erend, venerable □ *is ann o dhaoine urra-*
mach a thàinig e he came of (lit. from)
respectable people □ *bithidh an*
t-Urramach Dòmhnall Dòmhnallach a'
bruidhinn aig a' choinneimh the Reverend
Donald MacDonald will be speaking at
the meeting □ *an t-Athair Urramach*
Dòmhnall Dòmhnallach the Reverend
Father Donald MacDonald

urramachadh, -aidh *nm & vn* of **urramaich** dignifying etc.

urramaich, -achadh *v* dignify, venerate

urramaichte *pp* dignified

urras, -ais, -an *nm* assurance, bail, bond, insurance, bail, guarantee, indemnity, security, sponsor, surety, trust □ *airgead urrais* insurance □ *urras nàiseanta* national insurance □ *thoir urras air* bail *v* □ *fuasgladh air urras* bail *noun* □ *theirig an urras air* bank on, indemnify □ *faigh / thoir urras air* insure □ *rach an urras* guarantee, warrant □ *thèid mi an urras nach bi sibh a dhìth cobhair* I'll guarantee / warrant [that] you won't lack assistance □ *cha robh sin na urras air càil* that was no guarantee of anything □ *rach an urras air* sponsor *v* □ *bha daoine a' dol an urras oirnn airson gach mìle a choisich sinn* people were sponsoring us for every mile we walked □ *urras carthannach* a charitable trust □ *Urras Bùth-obrach film Dhùn Èideann* Edinburgh film Workshop Trust

urrasachd *nf* sponsorship □ *fhuair sinn urrasachd an ceangal ris a' Mhòid Nàiseanta* we received sponsorship in connection with the National Mod

urrasachadh, -aidh *nm & vn* of **urrasaich** warranting

urrasachd *nf* trusteeship

urrasaich, -achadh *v* warrant

urrasaiche, -ean *nm* underwriter

urrasair, -ean *nm* insurer, sponsor, trustee □ *airgead o shanasan agus urrasairean agus eile* money from advertisements and sponsors etcetera

ursainn, -ean *nf* doorpost, jamb □ *bha pleit beag pràise ri taobh na h-ursainn* there was a small, brass plate beside the doorpost

ùruisg, -ean *nm* water spirit, brownie

usaideach, -iche *a* complaining, querulous

usgar, -air, -an *nm* jewel (also **usgar, usgrach, usgraichean** *nf*)

usgar-bràghad *nm* necklace

uspag, aige, -an *nf* 1. breeze, gust, puff 2. start, sudden movement

ùtraid, -e.-ean *nf* access road i.e. 'outroad' – also **ùdrathad** □ *chunnaic e cuideigin air an ùtraid* he saw someone on the access road

ùth, -a, -an(nan) *nm* udder □ *bha an ùthan làn* their udders were full

ùthan, -ain *nm* cyst

V, W, X, Y and Z

There are, traditionally, no letters **v, w, x, y** and **z** in Gaelic, and this causes difficulties with the adoption of English or other foreign words into Gaelic. In the days when only a few Gaels spoke English, imported words were fairly readily absorbed, particularly if they began with a **v** sound e.g. it was assumed by Gaelic speakers that a word such as 'vicar' was simply **biocair** lenited. Similarly with **bearbhain** vervain, **biocant** viscount, **biotailt** victuals, the words **bolcàno** volcano, **bolcànach** volcanic, (and later, **bolcanaich** vulcanize). The word 'velvet', however, became **meileabhaid**.

Later borrowings appear to be occupying a halfway house with such spellings as **Bheiniseach** Venetian, **bheirmilean** vermilion, and **bhòidse** voyage.

The loan words listed below, however, generally retain the **v**, though some do have alternative spellings.

The only examples of words beginning with **w** being naturalised which spring readily to mind are **Bhaltair** for Walter, and the borrowed words **burmaid** wormwood, and **buaic** wick.

The letter **x** is occasionally naturalised as in **sèileafon** for 'xylophone' and likewise **z** often becomes **s** as in **sionc** zinc, **sip** zip and **sutha** zoo.

The sound of the letter **y** as in 'yacht' is variously reproduced as **ia, ie, io** or **iu**. This includes the letter **j** sounded as **y** e.g. **Ianuari** *nm* January **Iava, an Iava** *nf* Java **iubaili** *nf* jubilee **Iugo-slàbhach** *a* Jugoslav **Iehòbha** *nm* Jehovah **Ierusalem** *nm* Jerusalem **iòga** *nf* yoga etc.

V, v

The following have appeared from time to time in the literature, but, in most cases, the word may either be spelt without the use of **v**, or an alternative word is available.

vals *nf* waltz (**uals**)
vàcuum *nm* vacuum (**fàslach**)
vana *nf* (motor) van (**bhana**)
vandal *nm* vandal (**milltear**)
vandalachd *nf* vandalism (**millteachd**)
vàsa *nf* vase (**bhàsa, stamha** or **soir**)
vasalain *nm* vaseline (**bhasalain**)
Vatacain, am Vatacain *nm* the Vatican (**a' Bhatacan**)
veactair, -ean *nm* vector (**bheactair**)
vealarach *a* velar (**bhealarach**)
Veanas *nm* Venice (**Bheanas**)
veastraidh, -ean *nm* vestry (**bheastraidh**; **creacar** is found in Dwelly, but appears not to be used)

veat *nm* vet **lèigh-ainmhidhean** *nm* / **dotair-bheathach** *nm* / **lighiche-sprèidhe** *nm*
Vènas *nf* Venus (**Bhèineas**)
Victoria Victoria (**Bhioctoria**)
vioras, -ais, -an *nm* virus (**bhìoras**)
vìosa *nf* visa (**bhìosa**)
vitimin *nf* vitamin (**bhiotamain** or **beòthag**)
vodca *nm* vodka (**bhodca**)
volt *nm* volt (**bholta**)
voltachd *nf* voltage (**bholtachd**)
vòta *nf* vote (**bhòt** / **bhòta**) □ *bhòta rèitich* casting vote □ *thoir bhòta* vote □ *thoir bhòta air falbh bho* disfranchise
vòtadh, dèan vòtadh *v* vote (**dèan bhòtadh**)
vòtaidh, guth vòtaidh suffrage **guth bhòtaidh**

W, w

See note above

Y, y

yac, -a, -an *nm* yak iac

X, x

x-ghath *nm* x-ray (most people just say 'x-ray')
x-ghathachadh *nm* & *vn* of **x-ghathaich** x-raying
x-ghathaich, -achadh *v* x-ray

Z, z

See note above

Appendix 1: The Gaelic Verb

The Spelling Rule to which reference is made several times in the following appendix, is explained in the section *Spelling and Pronunciation*.

1.0   The verb *bi*

1.1   *Independent (or affirmative) form*

1.1.1   *Present tense*

tha mi	I am	**tha sinn**	we are
tha thu	you are (*sing*)	**tha sibh**	you are (*pl & polite*)
tha e	he is, it is	**tha iad**	they are
tha i	she is, it is		

1.1.2   *Past tense*

bha mi	I was	**bha sinn**	we were
bha thu	you were (*sing*)	**bha sibh**	you were (*pl & polite*)
bha e	he was, it was	**bha iad**	they were
bha i	she was, it was		

1.1.3   *Future tense*

bithidh mi	I shall, will be
bithidh tu	you shall, will be
bithidh e, i	he, she, it shall be
etc.	

1.1.4   *Imperfect / conditional tense*

bhithinn	I would be
bhitheadh tu	you will be
bhitheadh e, i.	he, she would be
bhitheamaid	we would be
etc.	

1.2   *Imperative mood*

bitheam	let me be	**bitheamaid**	let us be
bi	be (*sing*)	**bithibh**	be (*pl & polite*)
bitheadh e, i	let him, her, it be	**bitheadh iad**	let them be

1.3   Verbal noun

(bith)*   (being)   **a bhith**   to be

* Note that the verbal noun of **bith** is always lenited and is never used as a present participle.

1.4   Dependent form

1.4.1   Present tense

i) Interrogative
a bheil mi?   am I?
a bheil thu?   are you? (*sing*)
etc.

ii) Negative
chan eil mi   I am not
chan eil thu   you are not
etc.

iii) Negative interrogative
nach eil mi?   am I not?
nach eil thu?   are you not? (*sing*)
etc.

1.4.2   Past tense

i) Interrogative
an robh mi?   was I?
an robh thu? etc. were you? (*sing*)
                       etc.

ii) Negative
cha robh mi   I was not
cha robh thu   you were not (*sing*)
etc.

iii) Negative interrogative
nach robh mi?   was I not?
nach robh thu?   were you not? (*sing*)
etc.

1.4.3   Future tense

i) Interrogative
am bi mi?   shall, will I be?
am bi thu?   shall, will you be? (*sing*)
                 etc.

ii) Negative
cha bhi mi   I shall, will not be
cha bhi thu   you shall, will not be
etc.   (*sing*)

iii) Negative interrogative
nach bi mi?   shall, will I not be?
nach bi thu? (*sing*)   shall, will you not be?
etc.

1.4.4   Imperfect / conditional tense

i) Interrogative
am bithinn?   would I be?
am bitheadh tu?   would you be? (*sing*)
am bitheadh e, i would he, she, it be?
etc.

ii) Negative
cha bhithinn   I would not be
cha bhitheadh tu   you would not be
cha bhitheadh e, i he, she, it would
etc.   not be

iii) Negative interrogative
nach bithinn?   would I not be?
nach bitheadh tu?   would you not be? (*sing*)
nach bitheadh e, i? would he, she, it not be?
etc.

1.4.5   Relative future form

i) Affirmative

ma bhitheas mi, tu etc.	If I, you etc., shall, will be
ged a bhitheas mi, tu etc.	although I, you etc., shall, will be
a bhitheas	who, which, that shall, will be

ii) Negative

Note that the Relative future has only an affirmative form. Negative constructions use the dependent form with **nach** or (in the case of **ma**) **mur**.

nach bi	who, which, that shall, will not be
mur bi mi, thu etc.	if I, you etc. shall, will not be
ged nach bi mi, thu etc.	although I, you, etc. shall, will not be

1.4.6   Subordinate clauses

All Subordinate clauses in Gaelic, including conditional and relative clauses (other than the relative future) use one of the preceding forms when **bi** is used. The interrogative particle is, of course, omitted.

The following table shows, along the top, the relative pronouns and conjunctions used, either alone or in combination, to introduce subordinate clauses.

The forms of the verb **bi** are shown on the left side of the table. The forms used with each pronoun or conjunction are shown by a tick (✓).

The table above applies to all other verbs, but note that **nan** and **gun** become **nam** and **gum** before **b, f, m** and **p**, while the simple form **gu** is not used.

Further information may be found in Appendix 5 – Conjunctions, and under each relative pronoun or conjunction in the main dictionary.

	a (rel.)	ma	ged a	mur	mura	ged nach	nan	nam	gu	gum
tha	✓	✓	✓							
bha	✓	✓	✓							
bhithinn	✓	✓	✓							
bhitheadh	✓	✓	✓							
bhitheas	✓	✓	✓							
eil				✓		✓				
bheil				✓					✓	
bi				✓	✓					✓
robh				✓	✓	✓			✓*	
bithinn /				✓	✓	✓		✓		✓
bitheadh				✓	✓	✓		✓		✓

* often **gun robh**

2.0 Assertive verb

2.1 *Independent form*

2.1.1 *Present tense*

is mi	it is I	**is sinn**	it is we
is tu	it is you (*sing*)	**is sibh**	it is you (*pl & polite*)
is e	it is he, it	**is iad**	it is they
is i	it is she, it		

2.1.2 *Past tense and imperfect / conditional tense*

bu mhi	it was I	**bu sinn**	it was we
bu tu	it was you (*sing*)	**bu sibh**	it was you
b' e	it was he, it	**b' iad**	it was they
b' i	it was she, it		

2.2 Dependent form

2.2.1 *Present tense*

i) Interrogative

am mi?	is it I?	**an sinn?**	is it we?
an tu?	is it you? (*sing*)	**an sibh?**	is it you?
an e?	is it he, it?	**an iad?**	is it they?
an i?	is it she, it?		

ii) Negative

cha mhi	it is not I	**cha sinn**	it is not we
cha tu	it is not you (*sing*)	**cha sibh**	it is not you (*pl & polite*)
chan e	it is not he, it	**chan iad**	it is not they
chan i	it is not she, it		

iii) Negative interrogative

nach mi?	is it not I?	**nach sinn?**	is it not we?
nach tu?	is it not you? (*sing*)	**nach sibh?**	is it not you? (*pl & polite*)
nach e?	is it not he, it?	**nach iad?**	is it not they?
nach i?	is it not she, it?		

2.2.2 *Past tense and imperfect / conditional tense*

i) Interrogative

am bu mhi?	was it I?	**am bu sinn?**	was it we?
am bu tu?	was it you? (*sing*)	**am bu sibh?**	was it you? (*pl & polite*)
am b' e?	was it he, it?	**am b' iad?**	was it they?
am b' i?	was it she, it?		

ii) Negative

cha bu mhi	it was not I	**cha bu sinn**	it was not we
cha bu tu	it was not you (*sing*)	**cha bu sibh**	it was not you (*pl & polite*)
cha b' e	it was not he, it	**cha b' iad**	it was not they
cha b' i	it was not she, it		

iii) Negative interrogative

nach bu mhi?	was it not I?	**nach bu sinn?**	was it not we?
nach bu tu?	was it not you? (*sing*)	**nach bu sibh?**	was it not you? (*pl & pol.*)
nach b' e?	was it not he, it?	**nach b' iad?**	was it not they?
nach b' i?	was it not she, it?		

3.0   Impersonal form

3.1   Independent form: present, past and future tenses

Present		Past		Future	
thatar	it is being	**bhatar**	it was being	**bitear**	it will be
or					
thathar	″	**bhathar**	″	**bithear** (most commom)	″
or					
thathas	″	**bhathas**	″	**bitheas** (uncommon)	″

3.2   Dependent form: present, past and future tenses

i) Interrogative

Present		Past		Future	
am beilear?	is it being?	**an robhar?** (uncommon)	was it being?	**am bithear?** (most common)	will it be?
or					
am beileas?	″	**an robhas?** (most common)	″	**am biteas?**	″
etc.					

ii) Negative

Present		Past		Future	
chan eilear	it is not being	**cha robhas**	it was not being (most common)	**cha bhithear** (most common)	it won't be
etc.					

iii) Negative interrogative

Present		Past		Future	
nach eilear?	is it not being?	**nach robhas?**	was it not being?	**nach bithear?**	Won't it be?
etc.					

The verb **bi** and the assertive verb **is** (also known as the *Copula*) are both given in full in the dictionary under the appropriate entries. All forms are also given in their correct alphabetical position with a reference back to the root of the verb.

4.0   The regular verb – active voice

4.1   The Gaelic verb is remarkably regular

Apart from the verb 'to be', ten irregular verbs and a small number of defective verbs, all Gaelic verbs form their moods and tenses in an easily recognisable pattern.

4.2   Regular verbs may be divided into three groups, showing initial differences rather than terminal differences. They are:

a)   verbs which begin with a consonant which may be lenited, including **f** when followed by a consonant.

b)   verbs which begin with a vowel or **f** followed by a vowel (lenited **f** i.e. **fh** being generally silent, and always so in regular verbs, so that the verb appears to begin with a vowel in pronunciation).

c)   verbs which begin with non-leniting consonants i.e. **sg**, **sm**, **sp** and **st** (see Appendix 8 Lenition), to which we may add verbs beginning with **l**, **n** or **r** which change in sound, but do not show lenition in writing.

An example of each of these types will be shown under each mood or tense. In addition, as verb terminations vary slightly in accordance with the Spelling Rule, examples of verbs with a slender final vowel and verbs with a broad final vowel will be shown under verbs beginning with a leniting consonant.

4.3 Present tense

Other than the verb 'to be', Gaelic verbs do not have a simple present tense. A compound present tense is formed by using the tenses of the verb 'to be'with the verbal noun of the required verb (see the section on Verbal nouns following).

4.4 Past tense

4.4.1 Independent form

This is the same as the root form, lenited where possible. The form is identical in all persons.

buail	strike	**breab**	kick
bhuail mi	I struck	**bhreab mi**	I kicked
bhuail thu	you struck (*sing*)	**bhreab thu**	you kicked (*sing*)
etc.		etc.	

Verbs beginning with a vowel (or **f** before a vowel) are preceded by **dh'**:

dh'òl iad they drank		**dh'fhuirich sinn** we waited	

Verbs beginning with **l, n** or **r** show no change in writing, while **sg, sm, sp** and **st** do not change at all.

lean mi	I followed	**ruith e**	he ran
nochd i	she appeared	**sguab mi**	I swept
sgàin e	it burst	**smàil iad**	they extinguished
speal sinn	we scythed	**stàmp iad**	they trampled

4.4.2 Dependent form

i) Interrogative
In all instances, the interrogative is the same as independent form, but preceded by **an do**.

an do bhreab thu?	did you kick? (*sing*)	**an do dh'fhalbh iad?**	did they depart?
an do dh'òl thu?	did you drink? (*sing*)	**an do fhreagair sibh?**	did you answer? (*pl*)
an do nochd i?	did she appear?	**an do sguab thu?**	did you sweep? (*sing*)
an do sgàin e?	did it burst?	**an do smàil iad?**	did they extinguish?
an do speal sibh?	did you scythe? (*pl*)	**an do stàmp iad?**	did they trample?

ii) Negative
In all instances, the negative is the same as independent form, but preceded by **cha do**.

cha do bhuail mi	I didn't strike	**cha do dh'fhuirich e**	he didn't stay
cha do dh'òl sinn	we didn't drink	**cha do fhreagair i**	she didn't answer
cha do nochd i	she didn't appear	**cha do sguab thu**	you didn't sweep
cha do sgàin e	it didn't burst	**cha do smàil iad**	they didn't extinguish
cha do speal sibh	you didn't scythe	**cha do stàmp iad**	they didn't trample

iii) Negative interrogative
In all instances, the negative interrogative is the same as independent form, but preceded by **nach do**.

nach do bhreab e?	didn't he kick?	**nach do dh'fhalbh i?**	didn't she depart?
nach do dh'òl thu?	didn't you drink?	**nach do fhreagair sibh?**	didn't you answer?
nach do bhuail e?	didn't he strike?	**nach do dh'fhuirich e?**	didn't he stay?
nach do dh'òl thu?	didn't you drink?	**nach do fhreagair i?**	didn't she answer?
nach do nochd i?	didn't she show?	**nach do sguab sibh?**	didn't you sweep?
nach do sgàin e?	didn't it burst?	**nach do smàil iad?**	didn't they extinguish?
nach do speal e?	didn't he scythe?	**nach do stàmp iad?**	didn't they trample?

4.5 Future tense

4.5.1 Independent form

In all instances, the independent form is the root of the verb with the suffix **-aidh** or **-idh** according to the Spelling Rule.

buailidh mi	I shall, will strike	**falbhaidh sinn**	we shall depart
breabaidh tu	you shall, will strike	**fuirichidh mi**	I shall, will stay.
òlaidh sinn	we shall, will drink.	**freagairidh* e**	he shall, will answer
nochdaidh i	she shall, will appear	**sguabaidh tu**	you shall, will sweep
sgàinidh e	it shall, will burst	**smàilidh iad**	they shall, will extinguish
spealaidh sibh	you shall, will scythe	**stàmpaidh iad**	they shall, will trample

*Some verbs, because of length, sound combinations, or other reasons, usually suffer syncope in the future tense and in the Imperfect / Conditional tense e.g.

freagair	answer	**freagraidh e**	he will answer
foghainn	suffice	**foghnaidh iad**	they will suffice
coisinn	earn, win	**coisnidh iad**	they will win

4.5.2 Dependent form

i) Interrogative
This is simply the root of the verb preceded by the interrogative particle **an** (**am** before verbs beginning with **b, f, m** or **p**).

cuir	put	**an cuir mi?**	shall, will I put?
buail	strike	**am buail e?**	will he strike?
bris	break	**am bris iad?**	will they break?
an òl iad?	shall, will they drink?	**am fuirich sinn?**	shall, will we wait?
an lean mi?	shall, will I follow?	**an ruith e?**	shall, will he run?
an nochd i?	shall, will she appear?	**an sguab mi?**	shall, will I sweep?
an sgàin e?	shall, will it burst?	**an smàil iad?**	shall, will they extinguish?
an speal sinn?	shall, will we scythe?	**an stàmp iad?**	shall, will they trample?

ii) Negative

cha bhuail mi	I shan't, won't strike	**cha sguab mi**	I shan't, won't sweep
cha chuir mi	I shan't, won't put	**cha smàil iad**	they shan't, won't extinguish

cha fhreagair e	he shan't, won't answer	**cha speal sinn**	we shan't, won't scythe
cha lean mi	I shan't, won't follow	**cha stàmp iad**	they shan't, won't trample
cha nochd i	she shan't, won't appear	**cha tadhail e**	he will not visit
cha ruith e	he shan't, won't run	**chan fhuirich sinn**	we shan't, won't wait
cha sgàin e	it shan't, won't burst	**chan òl iad**	they shan't, won't drink

iii) Negative interrogative

nach òl iad?	shan't, won't they drink?	**nach fhuirich sinn?**	shan't, won't we wait?
nach lean mi?	shan't, won't I follow?	**nach ruith e?**	shan't, won't he run?
nach nochd i?	shan't, won't she appear?	**nach sguab thu?**	shan't, won't you sweep?
nach sgàin e?	shan't, won't it burst?	**nach smàil iad?**	shan't, won't they extinguish?
nach speal sinn ?	shan't, won't we scythe?	**nach stàmp iad?**	shan't, won't they trample?

4.6   Imperfect / conditional tense

4.6.1   Independent form

cuir	put	**òl**	drink
chuirinn	I would put	**dh'òlainn**	I would drink
chuireadh tu	you would put	**dh'òladh tu**	you would drink
etc.		etc.	
glas	lock	**fàg**	leave
ghlasainn	I would lock	**dh'fhàgainn**	I would leave
ghlasadh tu	you would lock	**dh'fhàgadh tu**	you would leave
etc.		etc.	
freagair	answer	**lean**	follow
fhreagairinn*	I would answer	**leanainn**	I would follow
fhreagaireadh tu*	you would answer	**leanadh tu**	you would follow
etc.		etc.	

*Most normally **fhreagrainn**, **fhreagradh tu** etc. (see note in Future tense above.)

4.6.2   Dependent form

i) Interrogative

an cuirinn?	would I put?
an cuireadh tu?	would you put?
am blaisinn?	would I taste?
am blaiseadh tu?	would you taste?
an òlainn?	would I drink?
an òladh tu?	would you drink?
am fàgainn?	would I leave?
am fàgadh tu?	would you leave?

ii) Negative

cha chuirinn	I wouldn't put
cha chuireadh tu	you wouldn't put
cha bhlaisinn	I wouldn't taste
cha bhlaiseadh tu	you wouldn't taste
chan òlainn	I wouldn't drink
chan òladh tu	you wouldn't drink
chan fhàgainn	I wouldn't leave
chan fhàgadh tu	you wouldn't leave

iii) Negative interrogative

nach cuirinn?	wouldn't I put?	**nach òlainn?**	wouldn't I drink?
nach cuireadh tu?	wouldn't you put?	**nach òladh tu?**	wouldn't you drink?
nach blaisinn?	wouldn't I taste?	**nach fhàgainn?**	wouldn't I leave?
nach blaiseadh tu?	wouldn't you taste?	**nach fhàgadh tu?**	wouldn't you leave?

4.7 The relative future form

i) Affirmative

a chuireas who, which, that will put
ma dh'òlas sibh if you will drink
ged a chanas tu though you (will) say
etc.

ii) Negative

Note that the relative future has only an Affirmative form. Negative constructions use the dependent form with **nach** or (in the case of **ma**) **mur.**

Nach cuir	who, which, that shall, will not put
mur òl mi, thu etc.*	if I, you etc. shall, will not drink
ged nach can mi, thu etc.	although I, you, etc. shall, will not say

*or **mura h-òl mi, thu** etc.

4.8 Imperative mood

The forms of the imperative mood are shown here with a slender vowel verb and a broad vowel verb.

Verb with a slender vowel

buaileam	let me strike	**buaileamaid**	let us strike
buail	strike	**buailibh**	strike
buaileadh e, i	let him, her strike	**buaileadh iad**	let them strike

Verb with a broad vowel

togam	let me lift	**togamaid**	let us lift
tog	lift	**togaibh**	lift
togadh e, i	let him, her lift	**togadh iad**	let them lift

The negative of the imperative mood is formed by preceding the appropriate form by **na** e.g.

na tog	do not lift	**na buaileamaid**	let us not strike

5.0 The regular verb – passive voice

5.1 Present tense – see 4.1 the regular verb

5.2 Past tense

5.2.1 Independent form

buail	strike	**breab**	kick
bhuaileadh mi	I was struck	**bhreabadh mi**	I was kicked
bhuaileadh tu	you were struck	**bhreabadh tu**	you were kicked
etc.		etc.	
òl	drink	**fàg**	leave
dh'òladh e	it *masc* was drunk	**dh'fhàgadh mi**	I was left
dh'òladh i	it *fem* was drunk	**dh'fhàgadh tu**	you were left
etc.		etc.	
freagair	answer	**fosgail**	open
fhreagradh i	it (was answered)	**dh'fhosgladh e**	it was opened
etc.			

5.2.2   Dependent form

i) Interrogative

an do bhreabadh tu?	were you kicked?	**an do dh'fhàgadh iad?**	were they left?
an do dh'òladh e?	was it drunk?	**an do fhreagradh i?**	was it answered?

ii) Negative

cha do bhuaileadh mi	I was not struck	**cha do dh'fhàgadh iad**	they were not left
cha do dh'òladh e	it was not drunk	**cha do fhreagradh i**	it was not answered

iii) Negative interrogative

nach do bhreabadh e?	wasn't he kicked?	**nach do dh'fhàgadh iad?**	were they not left?
nach do dh'òladh e?	wasn't it drunk?	**nach do fhreagradh i?**	wasn't it answered?

5.3   Future tense

5.3.1   Independent form

buailear mi	I shall, will be struck	**fosglar e**	it shall, will be opened
òlar i	it *fem* shall, will be drunk	**freagrar i**	it shall, will be answered

5.3.2   Dependent form

i) Interrogative
This is the same as the independent form preceded by the interrogative particle **an** (**am** before verbs beginning with **b, f, m** or **p**).

an cuirear e?	shall, will it be put?	**am brisear iad?**	will they be broken?
an òlar e?	will it *masc* be drunk?	**am fosglar e?**	will it *masc* be opened?

ii) Negative

cha chuirear e	it will not be put	**chan òlar i**	it will not be drunk
cha tilgear e	it will not be thrown	**cha fhreagar i**	it will not be answered

iii) Negative interrogative

nach cuirear e?	shall, will it not be put?	**nach brisear iad?**	will they not be broken?
nach buailear e?	will he not be struck?	**nach fosglar e?**	will it not be opened?

5.4   Imperfect / conditional tense

It should be noted that the forms shown in 5.4.1 and 5.4.2 below are rarely seen in actual use.

5.4.1   Independent form

buail	strike	**fosgail**	open
bhuailteadh mi	I would be struck	**dh'fhosgailteadh e**	it would be opened
bhuailteadh tu etc.	you would be struck	**dh'fhosgailteadh iad** etc.	they would be opened

òl	drink	**freagair**	answer
dh'òltadh e	it *masc* would be drunk	**fhreagairteadh e**	it would be answer
dh'òltadh i etc.	it *fem* would be drunk	**fhreagairteadh iad** etc.	they would be answer

5.4.2 Dependent form

i) Interrogative

buail	strike
am buailteadh mi?	would I be struck?
am buailteadh tu? etc.	would you be struck?
òl	drink
an òltadh e?	would it *masc* be drunk?
an òltadh i? etc.	would it *fem* be drunk?
fosgail	open
am fosgailteadh e?	would it be opened?

ii) Negative

buail	strike
cha bhuailteadh mi	I would not be struck
cha bhuailteadh tu etc.	you would not be struck
òl	drink
chan òltadh e	it *masc* would not be drunk
chan òltadh i etc.	it *fem* would not be drunk
fosgail	open
chan fhosgailteadh e etc.	it would not be opened

iii) Negative interrogative

buail	strike
nach buailteadh mi?	would I not be struck?
nach buailteadh tu? etc.	would you not be struck?
òl	drink
nach òltadh e?	would it *masc* not be drunk?
nach òltadh i? etc.	would it *fem* not be drunk?
fosgail	open
nach fosgailteadh e?	would it not be opened?

5.5 Relative future form

There is not a special relative future form in the passive voice. The regular future tense is used instead.

5.6 Imperative mood

buailtear mi	may I be struck
buailtear thu	may you be kicked
breabtar mi	may I be kicked
òltar e	may it be drunk
fosgailtear e etc.	may it be opened

6.0 Past participle passive

The past participle passive is generally formed by adding **te** to the root irrespective of the spelling rule:

buail	strike	**buailte**	struck
fosgail	open	**fosgailte**	open(ed)

This is used like an adjective:

bha e leònte	he was wounded
bha an uinneag fosgailte	the window was open
uinneag fhosgailte	an open window

7.0 The verbal noun

7.1 Forms

Unlike the other parts of the regular verb, the Verbal Noun is not always formed in a regular and predictable way. The most common forms of the Verbal Noun are shown below.

7.1.1. The majority of verbs add **adh** to the root. This is done in a variety of ways

i) Simply adding **adh** or **eadh** according to the Spelling Rule:
   leugh read   **leughadh** reading   **till** return   **tilleadh** returning

ii) Broadening the final vowel of the root before adding **-adh:**
   buail strike   **bualadh** striking **ionnsaich** teach **ionnsachadh** teaching
   tòisich begin   **tòiseachadh** beginning

iii) Dropping the final vowel of the root before the consonants **l, n** or **r** and making other necessary spelling adjustments according to the Spelling Rule:
   fosgail open   **fosgladh** opening   **coisinn** earn   **cosnadh** earning
   ionaltair graze   **ionaltradh** grazing

7.1.2 Some verbs ending in **(a)ich** add **(e)achd** to the root:

coisich walk   **coiseachd** walking   **buannaich** gain   **buannachd** gaining

7.1.3 Examples of other verbal noun endings are shown below:

Root	Verbal noun	Meaning	Root	Verbal noun	Meaning
tuig	tuigsinn	understand	beuc	beucaich	bellow
fan	fantainn	stay	mèil	mèilich	bleat
ceil	ceiltinn	hide	laigh	laighe	lie
tog	togail	lift	greas	greasad	hasten
tilg	tilgeil	throw	caidil	cadal	sleep
seas	seasamh	stand	èist	èisteachd	listen
feith	feitheamh	wait	agair	agairt	claim

7.2 Usage

The Gaelic verbal noun is used in four main ways:

7.2.1 In some usages it resembles the English present participle, in which case it is preceded by **a'** (**ag** before vowels), with nouns governed by the participle being in the genitive case, though this latter rule now generally applies only to definite nouns

Bha na fir ag obair anns an achadh.
The men were working in the field (lit. the men were at working etc.)

Tha e a' geàrradh an fhiodha.
He is cutting the wood (lit. he is at cutting of the wood)

Bha i a' glanadh uinneag. (older form **bha i a' glanadh uinneige**)
She was cleaning a window.

A few verbal nouns are preceded by the prepositional possessive adjectives of **ann** ie. **nam, nad** etc. (formerly **'nam, 'nad** etc. – see Appendix 3 Section 5.0).

bha e na chadal.	he was sleeping.
tha i na seasamh.	she is sitting.
bha a' chlann nan ruith.	the children were running.
bha an cù na laighe air an ùrlar.	the dog was lying on the floor.
bha iad nan suidhe anns an doras.	they were sitting in the doorway.

When the word governed by the verbal noun is a personal pronoun in English, the prepositional possessive adjectives of **aig** i.e. **gam., gad** etc. are used (formerly **'gam., 'gad** etc. – see Appendix 3 Section 5.0).

Bha iad an còmhnaidh gam bhreabadh.
They were always kicking me. (lit. at my kicking)

When the personal pronoun refers to the subject of the sentence, the verb may have a passive meaning.

Bha am bàta ga bhriseadh.	The boat was being broken.
Tha a' chlach ga togail.	The stone is being lifted.

7.2.2   In some respects the verbal noun resembles the English infinitive mood in usage

In general, the verbal noun is preceded by **a** (**a dh'** before vowels or **fh** followed by a vowel) and lenited where possible.

cuir	put	**a chur**	to put	**fuirich**	wait	**a dh'fhuireach**	to wait
òl	drink	**a dh'òl**	to drink	**ruith**	run	**a ruith**	to run

But after auxiliary verbs and other intransitive verbs the verbal noun is usually unlenited and on its own:

Feumaidh sinn falbh.
We must go.

Nouns governed by the verbal noun precede it:

Dh'iarr e orm an doras a dhùnadh.
He asked me to close the door.

Except when the verbal noun is preceded by a verb implying purpose:

Chaidh e a dhùnadh an dorais.
He went to close the door. (note that the noun is in the genitive case)

Verbal nouns may be preceded by an adjective or adjectival phrase:

Cha robh e comasach dhaibh dol (or a dhol or dhol) na b'fhaide.
It wasn't possible for them to go [any] further.

When a personal pronoun is used in English a possessive adjective is used in Gaelic:

Tha e glè dhoirbh am faicinn.
It's very difficult to see them. (lit. it's very difficult their seeing)

Verbal nouns may be preceded by prepositions. Though the preposition may cause lenition it does not cause a change of case:

Tha i math air fuineadh.
She is good at baking.

Cha b'urrainn dhut gun mothachadh dha.
You couldn't help noticing it. (lit. you couldn't without noticing to it)

Note that **ri** may cause the verbal noun to be passive:

Cha robh duine ri fhaicinn.
There wasn't a man to be seen.

When an auxiliary verb preceding a verbal noun is passive, in the English version the infinitive is in the passive:

Feumar a thuigsinn gur h-e duine mòr a bh'ann.
It must be understood that he was a big man.

Faodar a ràdh gun robh i ceàrr.
It may be said that she was wrong.

*7.2.3   The verbal noun, preceded by certain auxiliary verbs or by the preposition **air** or an **dèidh** (both meaning 'after') is used to form compound tenses. The verbal noun is usually unlenited when directly following **air***

Tha iad air tighinn dhachaigh mu dheireadh thall.
They have come home at long last.

Bha iad air tighinn dhachaigh mu dheireadh thall.
They had come home at long last.

Bhitheadh duine sam bith air an dearbh rud a dhèanamh.
Anyone would have done the very same thing.

As with 1 and 2 above, a possessive adjective is used where English uses a personal pronoun:

Bha iad air a bhriseadh.
They had broken it. (lit. they were after its breaking)

*7.2.4   The verbal noun is frequently used with all tenses of the verb **rach** 'go' to form a passive voice*

Chaidh an t-airgead a chall.
The money was lost. (lit. the money went to losing)

Thèid an uinneag a bhriseadh.
The window will be broken / The window will get broken.

Rachadh am bàthadh.
They would be drowned.

8.0   The irregular verbs

There are only ten irregular verbs in Gaelic. These are:

abair	say	**faigh**	find, get
beir	bear	**rach**	go
cluinn	hear	**ruig**	reach
dèan	do, make	**thig**	come
faic	see	**thoir**	give, take, bring

These irregular verbs are all given in full in the dictionary under the above entries. All irregular forms are also given in their correct alphabetical position with a reference back to the root of the verb as shown above.

9.0   Defective auxiliary verbs

Auxiliary verbs are verbs which are used along with other verbs, altering or extending the meaning. Both regular and irregular verbs may be used as auxiliary verbs, and these usages are shown under the approriate verb. The following, however, are defective verbs. That is, only a few tenses are used.

The defective auxiliary verbs are:

feum   must   **faod**   may

These both have only future and imperfect / conditional forms and are used with the verbal noun or preceding a noun clause. The forms are given in full, with numerous examples, in the dictionary under the above entries.

10.0 Other defective verbs

Defective verbs are verbs which have only some of their forms (usually the past tenses or the imperative mood). The main defective verbs are:

arsa	said	**theirig**	Go
siuthad!	go on!	**thugad!**	look out!
thalla!	go away!	**tiugainn / tugainn**	come along
trobhad	come here, come on	**theab**	did almost
ar leam*	I think / thought, it seems / seemed to me		

*not a verb, strictly speaking.

These are all given in full in the dictionary with examples of usage.

Appendix 2: The Gaelic Noun

1.0 Introduction

Any attempt to categorise or define Gaelic nouns in detail could be likened to creating a mosaic composed of a large number of coloured tiles. When viewed from a distance, the mosaic appears to have an easily distinguishable pattern comprising a few, quite distinct colours, but when examined more closely, is seen to contain very many tiles which have more than one colour, and which are linked by those colours to one or more of the main coloured areas of the pattern. Viewed closely in this way, the pattern is lost, and there appears only to be confusion.

Therefore, to continue the simile, though it is possible to set out Gaelic nouns in a broad pattern, the more accurate one tries to make the picture, the more confusing the final result appears, and the more the viewer's attention is drawn from the overall pattern.

It is for this reason, in addition to considerations of space, that only a comparatively brief outline of the noun is given, with some indication of the irregularities and variations that are to be encountered.

All nouns in the main body of the dictionary are shown with their genitive singular and nominative plural forms where these exist. It will be seen from the information given in this appendix that this is all that is required, with regard to the great majority of nouns, to deduce the remaining forms. Where irregularities occur, these are indicated. In this way, it is hoped that, as the student progresses, he / she will be able, gradually and naturally, to place these nouns in their correct positions in the pattern.

2.0 Noun types

Many attempts have been made in grammar books or primers to place Gaelic nouns in *Declensions* or *Orders*, each 'ordering' being, apparently, different from the previous one. It is with some trepidation, therefore, that I have created yet one more, though it is in the earnest hope and belief that it will bring a measure of clarity and simplification to the complexity of the subject. In this outline I refer to *Types* rather than to *Declensions* or *Orders*. The nouns have been placed in these Types to a large extent according to how the genitive singular is formed and, to a lesser extent, according to how the plural is formed.

The Noun Types are shown in tables at the head of each section below. The abbreviations *nom*, *gen* and *dat* stand for nominative, genitive and dative cases respectively. It should be noted that in Gaelic there is no difference in form between the nominative and accusative cases, and it should be understood that the abbreviation *nom* and the form given opposite it stand for *both* these cases.

2.1 Case

2.1.1   The nominative, accusative, genitive and dative cases

The nominative case is, of course, used when the noun is the subject of the sentence, or is in apposition to a preceding noun. The accusative case is used when the noun is the object of the verb. It may also be used after a small number of prepositions. The genitive case shows possession and is also used after some, mostly compound, prepositions. The dative case is used with most simple prepositions. In order to avoid confusion, though every noun in the dative case in the tables has been shown with a typical preposition, care has been taken to choose examples where no lenition occurs.

2.1.2   The vocative case

Gaelic nouns have another case which has not been shown here. This is the vocative case which is used when someone is being addressed. Since it is mainly used with people and, to a lesser extent, animals, it has been omitted in order to simplify the tables. Basically, in the singular masculine noun, the vocative case takes the same form as the genitive case lenited* and is preceded by the particle a e.g. **a bhalaich!** boy! **a Sheumais!** James! **a chait!** cat! The vocative case of feminine singular nouns has the same form as the singular nominative form, lenited* and preceded by the particle a e.g. **a chailleach!** old woman! **a chaileag!** girl! Adjectives take the appropriate form e.g. **a bhalaich bhig!** little boy! **a chailleach ghòrach!** foolish old woman!

In the plural, all nouns which have their genitive plural the same as the nominative singular (but lenited*) have the same form with a final a affixed e.g. **a bhalacha!** boys! **a chata!** cats! Before a vowel or a silent combination of letters the introductory a is dropped e.g. **fheara!** men! Nouns which have their genitive plural in the same form as the nominative plural (but lenited*) have the vocative case in the same form e.g. **a chaileagan!** girls! Again, the adjective takes the appropriate form e.g. **a bhalacha beaga!** little boys! **a chata matha!** good cats! **a chaileagan glice!** wise girls!

It should be noted here that the exclamation mark is for demonstration purposes only, and is not obligatory. Its use would depend on the tone employed e.g. **A Sheumais, an cuala tu sin?** James, did you hear that? For more information on the use of the vocative case with Proper Nouns, see Appendix 12 Proper Nouns Section 1.0.

* according to the rules with regard to lenition – see Appendix 8 Lenition.

Let us now examine each type separately. It should be noted that only the indefinite noun is shown here. The definite article and its effect on the noun is dealt with later.

2.2   Type 1 masculine

balach m. boy

		Singular		Plural
nom	**balach**	a boy	**balaich**	boys
gen	**balaich**	of a boy	**bhalach**	of boys
dat	**(le) balach**	(by) a boy	**(le) balaich**	(by) boys

Nouns of this type are masculine. This is a very common type, with the majority of masculine nouns belonging to it.

The distinctive feature of this type of noun is that the genitive case is formed by the introduction of the letter **i** into the last vowel (a process known as 'slenderisation'). It should also be noted that the nominative plural is the same as the genitive singular, and that the genitive plural is the same as the nominative singular lenited. The dative singular and dative plural cases are identical to the nominative singular and nominative plural cases respectively.

2.2.1   Some nouns in Type 1, however, suffer a vowel change when i is introduced

The accompanying table *Table of Vowel Changes in Type 1 Nouns* (Fig. 1) shows all the possible vowel changes with representative examples.

For example, if we refer to the table we can see that the combination of the letters **a + i** most commonly undergoes no change, as shown by the example **cat** which becomes **cait** in the genitive, but may occasionally suffer a vowel change like that in which **crann** changes to **cruinn** or in which **falt** changes to **fuilt**. In one case, as shown in the 'odd nouns' at the bottom of the table, **a + i** gives **i** as in **mac** which changes to **mic**.

Vowel Combination	No Vowel Change			Vowel Change			Comments on Incidence
à + I	bàs	bàis	death				fairly low
à + I				càrn	cùirn	heap	rare
a + I	cat	cait	cat				very common
a + I				crann	croinn	mast	rare
a + I				falt	fuilt	hair	rare
ea + i				each	eich	horse	very common
ea + i				breac	bric	trout	very common
ia + i				iasg	èisg	fish	low but very consistent
ua + i	uan	uain	lamb				low but very consistent
ò + I	bròn	bròin	grief				quite rare
ò + I				bòrd	bùird	table	rare
o + I				corp	cuirp	body	common
o + I	lon	loin	elk				quite rare
ao + i	aol	aoil	lime				low but consistent
eò + i				ceòl	ciùil	music	very rare
ìo + i				sìol	sìl	seed	rare
u + I	cùl	cùil	back				low but consistent
u + I	bun	buin	base				low but consistent
eu + i				feur	feòir	grass	low but consistent
eu + i				meug	meig	whey	quite rare
eu + i				eug	èig	death	rare
Odd nouns:	gèadh	geòidh	goose	nèamh	nèimh		heaven
	mac	mic	son				

Figure 1 Table of vowel changes in Type 1 nouns.

2.2.2   Some variation also occurs in plural forms of Type 1 nouns, some of which are more consistent than others

i) Polysyllabic nouns, and all verbal nouns ending in **-adh**, have their plural in **-aidhean**:
bacadh   bacaidhean   obstruction   **manadh   manaidhean**   omen

ii) – while those ending in **-eadh** have a plural form ending in **-idhean**:
baisteadh   baistidhean   baptism   **cuireadh   cuiridhean**   invitation

iii) All trades or occupations ending in **-ear** have a plural form in **-an**:
muillear   muillearan   miller   **saighdear   saighdearan**   soldier

But most nouns ending in **-ar** tend to have this plural ending:
adhbhar   adhbharan   reason   **ùghdar   ùghdaran**   author

– though it should be understood that many of the latter may be found with the 'normal' form of the plural e.g. **adhbhair** 'reasons'.

iv) Similarly, many other Type 1 nouns tend to add **-an** to the plural:
inneal	**innealan**	machine	**prìosan**	**prìosanan**	prison
einnsean	**einnseanan**	engine	**sèillean**	**sèilleanan**	bee
bòtann	**bòtannan**	boot	**losgann**	**losgannan**	frog / toad

v) A number of words, mostly imported from English, have a plural ending in **-aichean**:
càr	**càraichean**	car	**bàr**	**bàraichean**	bar
flùr	**flùraichean**	flower	**clas**	**clasaichean**	class

2.2.3   As a <u>general rule</u>, Type 1 nouns which have the nominative plural different from the genitive singular have the genitive plural the same as the nominative plural (lenited, where possible, when indefinite)

mhanaidhean	of omens	**nam manaidhean**	of the omens
chuiridhean	of invitations	**nan cuiridhean**	of the invitations
shaighdearan	of soldiers	**nan saighdearan**	of the soldiers
mheadhanan	of media	**nam meadhanan**	of the media
chàraichean	of cars	**nan càraichean**	of the cars

However, there are many exceptions, and two forms may exist:

muinntir nan eilean   the people of the islands
muinntir nan eileanan beaga   the people of the small islands

2.3   Type 2(a) feminine

glas f. lock (of a door)

	Singular			Plural	
nom	**glas**	a lock	**glasan**	locks	
gen	**glaise**	of a lock	**ghlas** (or **ghlasan**)	of locks	
dat	**(ann an) glais**	(in) a lock	**(ann an) glasan**	(in) locks	

Type 2(a) nouns are all feminine. Like Type 1 they have a broad final vowel into which **i** is introduced to form the genitive case. In addition, there is an **e** augment. The dative case is also slenderised. Other than a few irregular nouns, this is the only type of noun which undergoes any change in the dative case. The plural is formed by adding **an** to the nominative singular form. Like Type 1 nouns, the genitive plural is like the nominative singular* lenited (where possible) and, as in all nouns, the nominative and dative plurals are identical.

2.3.1   As in Type 1, the introduction of the i into the vowel may cause a vowel change

These are shown in *Table of Vowel Changes in Type 2(a) Nouns* (Fig. 2). It will be noted, however, that not only is the number of possible changes less than for that of Type 1, but that the general incidence is much less. It will be seen, for example, that **a + i** rarely changes, but that **ea + i** frequently becomes **ei** or **i**.

Vowel Combination	No Vowel Change			Vowel Change			Comments on Incidence
a + I	**làmh**	**làimhe**	hand				uncommon
a + I	**slat**	**slaite**	rod				very common
a + I				**cas**	**coise**	foot	rare
ea + I				**creag**	**creige**	rock	very common
ea + I				**cearc**	**circe**	hen	very common
ia + I				**grian**	**grèine**	sun	low but very consistent
ua + I	**tuagh**	**tuaighe**	axe				low but very consistent
o + I	**pòg**	**pòige**	kiss				quite rare
o + I				**long**	**luinge**	ship	rare
ao + I	**gaoth**	**gaoithe**	wind				rare
io + I				**crìoch**	**crìche**	end	very rare
eu + I				**breug**	**brèige**	lie	quite rare

Odd nouns:	**fidheall**	**fidhle**	fiddle	**meur**	**meòir**	finger
	glùn	**glùine**	knee	**muc**	**muice**	pig

Figure 2 Table of vowel changes in Type 2(a) nouns.

It should also be noted that the **e** augment is frequently omitted in nouns of more than one syllable, particularly when the noun is indefinite. For example, **uinneige** 'of a window' is usually written and spoken as **uinneig**.

2.3.2   As with Type 1 nouns, some nouns of this type show variation in the formation of the genitive plural

Nouns ending in –**ag** consistently have their genitive in the same form as the nominative plural (lenited, where possible, in the indefinite noun). Variations occur in some other nouns of this type, though not always consistently. The presence of an adjective also causes variation in these nouns (see **craobh** in the main body of dictionary).

2.4   Type 2(b) feminines only

eaglais f. church

		Singular		Plural
nom	**eaglais**	a church	**eaglaisean**	churches
gen	**eaglaise**	of a church	**eaglaisean**	of churches
dat	**(air) eaglais**	(on) a church	**(air) eaglaisean**	(on) churches

Type 2(b) nouns are all feminine. Unlike Type 2(a) nouns, they have a slender final vowel, and suffer no change with the introduction of **i**. The **e** augment is still added, however, with the exceptions as noted above. There is also, of course, no change in the dative case, and the plural cases, in accordance with the spelling rule*, have the termination **-ean**. Note also that, in common with most nouns having a plural form with **-ean**, the genitive plural is the same as the nominative plural. This would normally be lenited where possible, as in all nouns.

*See the section *Spelling and Pronunciation.*

2.5 Type 2(c) masculines only

taigh *m.* house

	Singular			Plural	
nom	**taigh**	a house	**taighean**	houses
gen	**taighe**	of a house	**thaighean**	of houses
dat	**(ann an) taigh**	(in) a house	**(ann an) taighean**	(in) houses

Type 2(c) nouns are all masculine, but behave in all respects like Type 2(b) nouns, except of course, with regard to the definite article. These nouns are the only masculine nouns to take the **e** augment and are very limited in number.

2.6 Type 2(d) masculines with final slender vowel, and feminines ending with -e

2.6.1 Masculines with a slender final vowel

cìobair m. shepherd

	Singular			Plural	
nom	**cìobair**	a shepherd	**cìobairean**	shepherds
gen	**cìobair**	of a shepherd	**chìobairean**	of shepherds
dat	**(ri) cìobair**	(to) a shepherd	**(ri) cìobairean**	(to) shepherds

2.6.2 Feminines with final e

slige f. shell

	Singular			Plural	
nom	**slige**	a shell	**sligean**	shells
gen	**slige**	of a shell	**shligean**	of shells
dat	**(ann an) slige**	(in) a shell	**(ann an) sligean**	(in) shells

Type 2(d) nouns may be masculine or feminine. They are characterised by any slender final vowel in masculine nouns, and a final **e** in feminine nouns. In all respects they behave like Type 2(b) orType 2(c) nouns but, of course, cannot show any change in the genitive singular with regard to masculine or feminine nouns, or show a change in the dative singular with regard to feminine nouns.

2.7 Type 2(e) masculine and feminine nouns ending in -chd

cumhachd f. power

	Singular			Plural	
nom	**cumhachd**	(a) power	**cumhachdan**	powers
gen	**cumhachd**	of (a) power	**chumhachdan**	of powers
dat	**(le) cumhachd**	(by) (a) power	**(le) cumhachdan**	(by) powers

Type 2(e) may be masculine or feminine nouns ending in **-chd**. A very many abstract feminine nouns ending in **achd** such as **cumhachd** 'power' belong to this group. There is no change in any of the singular cases, and the plural simply adds **an**, with the genitive plural being the same as the nominative plural lenited.

2.8 Type 3 masculine and feminine nouns ending in a broad vowel (a, o or u)

balla m. a wall

	Singular			Plural
nom	balla	a wall	ballachan	walls
gen	balla	of a wall	bhallachan	of walls
dat	(air) balla	(on) a wall	(air) ballachan	(on) walls

Type 3 may be masculine or feminine. They are characterised by ending in a broad final vowel. There is no change in any of the cases in the singular, and the plural adds an to the nominative singular, with ch, th or nn inserted before the an. For example, balla gives ballachan as shown, while teanga 'tongue' gives teangannan and cnò 'nut' gives cnòthan.

2.9 Type 4(a) mostly feminine

sùil f. an eye

	Singular			Plural
nom	sùil	an eye	sùilean	eyes
gen	sùla	of an eye	shùl (or shùilean)	of eyes
dat	(ann an) sùil	(in) an eye	(ann an) sùilean	(in) eyes

Type 4(a) nouns are mostly feminine. A characteristic of these nouns is that though the nominative singular has a slender final vowel, this is broadened in the genitive. That is almost all the nouns of this small group have in common, as in some instances the nominative and dative plurals have an ean ending, as with sùilean, while in others the ending may be an or annan. Likewise, in some instances the genitive plural may be like the nominative plural lenited or may have a single broad vowel as with shùl.

2.10 Type 4(b) masculines and feminines

guth m. a voice

	Singular			Plural
nom	guth	a voice	guthan	voices
gen	gutha	of a voice	ghuthan	of voices
dat	(le) gutha	(by) a voice	(le) guthan	(by) voices

Type 4(b) nouns may be either masculine or feminine, and tend to be rather more regular than many of the nouns so far studied. The main characteristic of these nouns is that they have a single broad vowel or vowel group and end in a consonant. The genitive singular is formed by adding an a augment. The plural is normally formed by adding an or annan to the nominative singular but variants do occur. The genitive plural is like the nominative plural lenited.

Type 5 nouns all have a consonantal augment in the genitive case. These are divided below into four distinct types:

2.11 Type 5(a) feminine nouns only

cathair f. a chair

	Singular			Plural
nom	cathair	a chair	cathraichean	chairs
gen	cathrach	of a chair	chathraichean	of chairs
dat	(air) cathair	(on) a chair	(air) cathraichean	(on) chairs

Type 5(a) nouns are all feminine. The main feature of this type is that the nominative singular, which has a slender final vowel, either drops or modifies that vowel and adds ach or each according to the spelling rule*. The plural is usually formed by adding ean to the ach ending which has been slenderised to aich.

*See the section Spelling and Pronunciation.

2.12 Type 5(b) "kinship" nouns

athair a father

	Singular			Plural
nom	**athair**	a father	**athraichean**	fathers
gen	**athar**	of a father	**athraichean**	of fathers
dat	**(ri) athair**	(to) a father	**(ri) athaichean**	(to) fathers

Type 5(b) are usually referred to as the 'kinship' nouns as the group contains only the nouns **athair** father **màthair** mother **piuthar** sister **bràthair** brother **seanair** grandfather and **seanmhair** grandmother. The last two are derived from **sean athair** and **sean mhàthair** 'old father' and 'old mother' respectively.

They are declined in a very similar manner to those in Type 5(a), the main difference being that the genitive singular simply broadens the final vowel. Some of the plurals vary slightly. **Piuthar** has some marked differences from the rest.

2.13 Type 5(c) nouns which add nn

guala *nf* * shoulder

	Singular			Plural
nom	**guala / gualainn***	a shoulder	**guailnean**	shoulders
gen	**gualainn / guailne**	of a shoulder	**ghuailnean**	of shoulders
dat	**(air) gualainn**	(on) a shoulder	**(air) guailnean**	(on) shoulders

Type 5(c) nouns suffix an **nn** in the genitive case. These are few in number, the most common being **àra** kidney, **brà** quern, **gobha** smith **talamh** earth, **brù** belly, **Alba** Scotland and **dìle** flood.

*Now more usually **gualainn**

2.14 Type 5(d) nouns which add ad

tràigh f. beach

	Singular			Plural
nom	**tràigh**	a beach	**tràighean**	beaches
gen	**tràghad**	of a beach	**thràighean**	of beaches
dat	**(air) tràigh**	on a beach	**(air) tràighean**	on beaches

Type 5(d) nouns are even more uncommon than Type 5(b). They include only **bràigh** neck, brae and the word **teanga** tongue which is often classed along with it though the final **d** is lenited i.e **teangaidh** (both *gen* and *dat* singular) e.g. **air bàrr mo theangaidh** 'on the tip of my tongue'. However, **teanga** is now often not declined in the singular. **Bràigh** is now more often used with the meaning 'upper end' as in **bràigh a' ghlinne** 'the top of the glen' and **bràigh na staidhre** 'the top (landing) of the stairs'. The *gen sing* **bràghad** also occurs as a *nom masc noun* meaning 'neck' and may be seen in the place name **Bràghad Albann** 'Breadalbane'.

2.15 Irregular nouns

In addition to the foregoing, there is a small number of irregular nouns which are in common use. These are shown in full below.

cù m. dog

	Singular			Plural
cù	a dog		**coin**	dogs
coin	of a dog		**chon**	of dogs
(le) cù	(with) a dog		**(le) coin**	(with) dogs

sgian f. knife

	Singular		Plural
sgian	a knife	**sgeanan**	knives
sgeine	of a knife	**sgeanan**	of knives
(le) sgithinn	(with) a knife	**(le) sgeanan**	(with) knives

bò f. cow

	Singular		Plural
bò	cow	**bà**	cows
bà	cow	**bhò**	cows
(le) boin	(by) a cow	**(le) bà**	(by) cows

beinn f. mountain

	Singular		Plural
beinn	a mountain	**beanntan**	mountains
beinne	of a mountain	**bheann (or bheantan)**	of mountains
(air) beinn	(on) a mountain	**(air) beanntan**	(on) mountains

deoch f. drink

	Singular		Plural
deoch	a drink	**deochan(nan)**	drinks
dighe / dibhe	of a drink	**dheochan(nan)**	of drinks
(le) deoch	with a drink	**(le) deochan(nan)**	with drinks

caora f. sheep

	Singular		Plural
caora	a sheep	**caoraich**	sheep
caorach	of a sheep	**chaorach**	of sheep
(le) caora	with a sheep	**(le) caoraich**	with sheep

3.0 Compound nouns

Compound nouns are to be found in a number of forms, some behaving quite differently from others.

They fall into two broad categories.

3.1. Those in which the first element modifies the second

3.1.1 A very common form, and one of the simplest to handle, is the prefixed noun

The first element modifies the second, which is declined normally, and which gives the compound its gender. The second element may or may not be lenited depending on the prefix. The first element is affected by the definite article, possessive adjectives etc.

Examples:

	ath-nuadhachadh *nm*	renewal	**ana-cainnt** *nf*	abuse (verbal)
nom	**an t-ath-nuadhachadh**	the renewal	**an ana-cainnt**	the abuse
gen	**an ath-nuadhachaidh**	of the renewal	**na h-ana-cainnte**	of the abuse
dat	**(tron) ath-nuadhachadh**	(through) the renewal	**leis an ana-cainnt**	(because) of the abuse

Examples of usage:

Ach dè tha ag adhbharachadh an ath-nuadhachaidh seo?
But what is causing this renewal?

Bu chòir dhuinne ar co-chreutairean a chuideachadh.
We should help our fellow creatures.

Chuir a' mhì-thaingealachd seo iongnadh orm.
This ingratitude surprised me.

Cha b' fhada gus an robh an t-ath-sgrìobhadh deiseil.
It wasn't long until the transcript was ready.

Bha iad uile trang a' sgrùdadh an ath-sgrìobhaidh
They were all busy examining the transcript.

3.1.2   Very similar to the above is the compound in which an adjective
       precedes a noun

The first element modifies the second, does not itself decline, but is affected by the definite article, possessive adjectives etc. The second element is lenited where possible, is declined normally, and gives the compound its gender.

Examples:

àrd-mhanach *nm* prior

nom	**an t- àrd-mhanach**	the prior	**na h- àrd-mhanaich**	the priors
gen	**an àrd-mhanaich**	of the prior	**nan àrd-mhanach**	of the priors
dat	**(ris) an àrd-mhanach**	(to) the prior	**(ris) na h-àrd-mhanaich**	(to) the priors

caol-shràid *nf* lane

nom	**a' chaol-shràid**	the street	**na caol-shràidean**	the streets
gen	**na caol-shràide**	of the street	**nan caol-shràidean**	of the streets
dat	**(anns) a' chaol-shràid**	in the street	**(anns) na caol-shràidean**	in the streets

claon-bhreith	*nf*	bias, prejudice	**deagh-ghean**	*nf*	goodwill
beò-ghainmheach	*nf*	quicksand	**dubh-fhacal**	*nm*	paradox, puzzle
mòr-choille	*nf*	forest	**dian-chabhag**		haste, urgency

Examples of usage:

Chunnaic mi an t- àrd-mhanach an-dè.
I saw the prior yesterday.

Fhuair mi an leabhar seo na laighe anns a' chaol-shràid.
I found this book lying in the lane.

Bha iad air chall anns a' mhòr-choille.
They were lost in the forest.

3.1.3   Compound nouns composed of two nouns, in which the first noun describes the
       second, behave in exactly the same way as those in Section 2 above

Examples:

leabhar -chùnntas	*nm*	book-keeping	**bun-sgoil**	*nf*	primary school
bròn-chluich	*nf*	tragedy (play)	**cuairt-shlugan**	*nm*	whirlpool
inntinn-eòlaiche	*nm*	psychologist	**gnùis-bhrat**	*nm*	veil

Examples of usage:
Tha e anns a' bhun-sgoil.
He's in the primary school. (i.e. he's attending it)

Thomhais i fad a' ghnùis-bhrait.
She measured the length of the veil.

Bha sinn a' leughadh na bròn-chluiche sin an-uiridh.
We were reading that tragedy last year.

3.1.4   A much less common type has a noun in the genitive case preceding a noun in the
       nominative case. Again, these behave as in Section 2 above. If the first noun is
       feminine, it loses its e increase

Examples:

coin-bhile	*nf*	dogwood	**cois-cheum**	*nf*	step, path
coin-fhiacail	*nf*	canine tooth	**cois-shluagh**	*nf*	infantry

It should be noted that **laoigh-fheòil** veal, **mairt-fheòil** beef, **muic-fheòil** pork and **muilt-fheòil** mutton, which really belong to this group, are now written as **laoighfheòil, mairtfheòil, muicfheòil** and **muiltfheòil** respectively.

Examples of usage:

Bha e a' sguabadh a' chois-cheum.
He was sweeping the path.

3.2 Those in which the second element modifies the first

3.2.1 Compound nouns in which the second element is an adjective. These cause no difficulty as the compound declines like any normal noun-adjective group

Examples:

coileach-dubh *nm*	a blackcock		
coileach-dubh	a blackcock	**coilich-dhubha**	blackcocks
coilich-dhuibh	of a blackcock	**choileach-dubha**	of blackcocks
(air) coileach-dubh	(on) a blackcock	**(air) coilich-dhubha**	(on) blackcocks
an coileach-dubh *nm*	the blackcock		
an coileach-dubh	the blackcock	**na coilich-dhubha**	the blackcocks
a' choilich-dhuibh	of the blackcock	**nan coileach-dubha**	of the blackcocks
(air) a' choileach-dhubh	(on) the blackcock	**(air) na coilich-dhubha**	(on) the blackcocks
feannag-ghlas *nf*	a hoodie crow		
feannag-ghlas	a hoodie crow	**feannagan-glasa**	hoodie crows
feannaig-glaise	of a hoodie crow	**fheannagan-glasa**	of hoodie crows
(air) feannaig-ghlais	(on) a hoodie crow	**(air) feannagan-glasa**	(on) hoodie crows
an fheannag-ghlas *nf*	the hoodie crow		
an fheannag-ghlas	the hoodie crow	**na feannagan-glasa**	the h. crows
na feannaig-glaise	of the h. crow	**nam feannagan-glasa**	of the h. crows
(air) an fheannaig-ghlais	(on) the h. crow	**(air) na feannagan-glasa**	(on) the h. crows

Other examples:

bràthair-bochd	*nm*	friar	**cas-chrom**	*nf*	foot-plough
breac-feusagach	*nm*	barbel	**duilleag-bhàite**	nf	water-lily
cluaran-deilgneach	nm	spear thistle	**lèabag-mhòr**	nf	plaice

Examples of usage:

Tha e a' sgrùdadh cleachdaidhean a' coilich-dhuibh
He is studying the habits of the blackcock.

Fhuair sinn nead na feannaig-glaise.
We found the hoodie crow's nest.

3.2.2 Compound nouns in which both elements are nouns. The second noun is always in the genitive case. If it is in the genitive plural it is always lenited where possible, but if it is in the genitive singular it is lenited like any adjective accompanying a noun. The first noun declines regularly, but usually drops any -e increase

taigh-solais *nm*	lighthouse		
taigh-solais	a lighthouse	**taighean-solais**	lighthouses
taigh-solais	of a lighthouse	**thaighean-solais**	of lighthouses
(air) taigh-solais	(on) a lighthouse	**(air) taighean-solais**	(on) lighthouses

an taigh-solais *nm*	the lighthouse		
an taigh-solais	the lighthouse	na taighean-solais	the lighthouses
an taigh-solais	of the lighthouse	nan taighean-solais	of the lighthouses
(air) an taigh- sholais	(on) the lighthouse	(air) na taighean- solais	(on) the lighthouses

cearc-fhraoich *nf*	a moorhen		
cearc-fhraoich	a moor-hen	cearcan-fraoich	moor-hens
circ(e)-fraoich	of a moor-hen	chearcan-fraoich	of moor-hens
(air) circ-fhraoich	(on) a moor-hen	(air) cearcan-fraoich	(on) moor-hens

a' chearc-fhraoich *nf*	the moorhen		
a' chearc-fhraoich	the moor-hen	na cearcan-fraoich	the moor-hens
na circ(e)-fraoich	of the moor-hen	nan cearcan-fraoich	of the moor-hens
(air) a' chirc- fhraoich	(on) the moor-hen	(air) na cearcan- fraoich	(on) the moor-hens

taigh-chearc *nm*	hen-house (where **chearc** is *gen pl*)		
taigh-chearc	a henhouse	taighean-chearc	henhouses
taigh-chearc	of a henhouse	taighean-chearc	of henhouses
(air) taigh- chearc	(on) a henhouse	(air) taighean- chearc	(on) henhouses

an taigh-chearc *nm*	the hen-house		
an taigh-chearc	the henhouse	na taighean-chearc	the henhouses
an taigh-chearc	of the henhouse	nan taighean-chearc	of the henhouses
(air) an taigh- chearc	(on) the henhouse	(air) na taighean- chearc	(on) the henhouses

Further Examples:

baga-guailne	*nm*	shoulder bag	bean-ghlanaidh	*nf*	cleaning woman
bioran-fuilt	*nm*	hairpin	clach-ghainmhich	*nf*	sandstone
caisteal-gainmhich	*nm*	sandcastle	crith-thalmhainn	*nf*	earthquake

Examples of usage:

Bha an tuil cho millteach ris a' chrith-thalmhainn.
The flood was as destructive as the earthquake.

Tha crithean-talmhainn gu math cumanta anns an t-Seapan.
Earthquakes are quite common in Japan.

3.3. Other types of compound noun

Other apparent compounds are simply a governing noun with one or more dependent nouns connected by hyphens. Often at least one of the nouns is modified. These are subject to the rules governing such noun groups.

    These groups are largely (though not exclusively) used in the nomenclature of animals and plants.

Examples:

bean-na bainnse	the bride	dallag-an-fhraoich	shrew (animal)
lus-a' bhainne	milkwort	luibh-a'-chait	cudweed
breac-an-t-sìl	pied wagtail	cas-na-tunnaig	wild mustard, charlock

Some more elaborate examples:

lus-leth-an-t-samhraidh	wallflower
lus-teang-an-daimh	small bugloss

creamh-na-muice-fiadhaich	asparagus, hart's tongue
meas-an-tuirc-allta	marsh St. John's wort
cnàimh-caol na lurgann	fibula
eun-dubh-an-sgadain	black guillemot
lus-nam-braoileag	red whortleberry
creithleag-nan-each	horsefly
lili-nan-lòn	lily of the valley
lus-nan-gràn-dubh	alexanders (a flower)
figheadair-nan-casa-fada	daddy-long-legs
crotal-nam-madadh-ruadh	club moss

Examples of usage:

Bha bean-na-bainnse a' smèideadh ri fear-na-bainnse.
The bride was waving to the groom.

Bidh lus-a' bhainne ag itheadh chuileagan.
The milkwort eats flies.

Bha e air cnàimh-caol a lurgann a bhriseadh.
He had broken his fibula. (Lit. [the] thin bone of his shank)

Bha a' chlann a' ruith figheadairean-nan-casa-fada.
The children were chasing (the) daddy-long-legs.

4.0   The definite article

The base form of the definite article is **an**. This form, however, varies according to the gender, case, number and the initial letter of the accompanying noun. The following table shows all the possible forms before vowels and various classes of consonants in both masculine and feminine nouns.

4.1   Masculine

a) Vowels: **a, e, i, o, u**

Singular					Plural	
Nom		*Gen*	*Dat*		*Nom & Dat*	*Gen*
an t-each	the horse	**an eich**	**don each**	**air an each**	**na h-eich**	**nan each**

b) Gutturals: **c, g**

Singular					Plural	
Nom		*Gen*	*Dat*		*Nom & Dat*	*Gen*
an cat	the cat	**a' chait**	**don chat**	**air a'chat**	**na cait**	**nan cat**
an gille	the lad	**a' ghille**	**don ghille**	**air a' ghille**	**na gillean**	**nan gillean**

c) Dentals and liquids: **d, t, l, n, r**

Singular				Plural	
Nom		*Gen*	*Dat*	*Nom & Dat*	*Gen*
an duine	the man	an duine	don duine	aig an duine	na daoine	nan daoine
an toll	the hole	an tuill	don toll	anns an toll	na tuill	nan toll
an laogh	the calf	an laoigh	don laogh	air an laogh	na laoigh	nan laogh
an nead	the nest	an nid	don nead	anns an nead	na nid	nan nead
an ràmh	the oar	an ràimh	don ràmh	air an ràmh	na ràmhan	nan ràmh

d) Labials: **b, p, m**

Singular				Plural	
Nom		*Gen*	*Dat*	*Nom & Dat*	*Gen*
am bàrd	the poet	a' bhàird	don bhàrd	aig a' bhàrd	na bàird	nam bàrd
am mart	the cow	a' mhairt	don mhart	aig a' mhart	na mairt	nam mart
am peann	the pen	a' phinn	don pheann	air a' pheann	na pinn	nam peann

e) **f**

Singular				Plural	
Nom		*Gen*	*Dat*	*Nom & Dat*	*Gen*
am fear	the man	an fhir	don fhear	aig an fhear	na fir	nam fear

f) **s** followed by a vowel or by a liquid **sa, se, si, so, su, sl, sn, sr**

Singular				Plural	
Nom		*Gen*	*Dat*	*Nom & Dat*	*Gen*
an saor	the joiner	an t-saoir	don t-saor	aig an t-saor	na saoir	nan saor
an sloc	the pit	an t-sluic	don t-sloc	anns an t-sloc	na sluic	nan sloc
an snàth	the thread	an t-snàtha	don t-snàth	aig an t-snàth	na snàthan	nan snàthan
an sruth	the stream	an t-srutha	don t-sruth	aig an t-sruth	na sruthan	nan sruthan

g) s followed by **sg, sm, sp, st**

Singular				Plural	
Nom		*Gen*	*Dat*	*Nom & Dat*	*Gen*
an sgadan	the herring	an sgadain	don sgadan	aig an sgadan	na sgadain	nan sgadan
an smàl	the stain	an smàil	don smàl	air an smàl	na smàil	nan smàl
an sporan	the purse	an sporain	don sporan	air an sporan	na sporain	nan sporan
an stoc	the trunk	an stuic	don stoc	air an stoc	na stuic	nan stoc

4.2   Feminine

a) Vowels: **a, e, i, o, u**

Singular				Plural	
Nom		*Gen*	*Dat*	*Nom & Dat*	*Gen*
an earb	the roe	na h-earba	don earb	aig an earb	na h-earban	nan earb

b) Gutturals: **c, g**

Singular				Plural	
Nom		*Gen*	*Dat*	*Nom & Dat*	*Gen*
a' chearc	the hen	na circe	don chirc	air a' chirc	na cearcan	nan cearc
a' ghaoth	the wind	na gaoithe	don ghaoith	aig a' ghaoith	na gaothan	nan gaoth

c) Dentals and liquids: **d, t, l, n, r**

Singular				Plural	
Nom		*Gen*	*Dat*	*Nom & Dat*	*Gen*
an duais	the prize	na duaise	don duais	aig an duais	na duaisean	nan duaisean
an tìr	the land	na tìre	don tìr	aig an tìr	na tìrean	nan tìrean
an luch	the mouse	na lucha	don luch	aig an luch	na luchan	nan luch
neas	weasel	na nise	don nis	aig an nis	na neasan	nan neas
an reul	the star	na rèile	don rèil	aig an rèil	na reultan	nan reul

d) Labials: **b, p, m**

Singular					Plural	
Nom		*Gen*	*Dat*		*Nom & Dat*	*Gen*
a' bhreug	the lie	**na brèige**	**don bhrèig**	**aig a' bhrèig**	**na breugan**	**nam breug**
a' phìob	the pipe	**na pìoba**	**don phìob**	**aig a' phìob**	**na pìoban**	**nam pìob**
a' mheidh	the balance	**na meidhe**	**don mheidh**	**air a' mheidh**	**na meidhean**	**nam meidhean**

e) **f**

Singular					Plural	
Nom		*Gen*	*Dat*		*Nom & Dat*	*Gen*
an fhras	the shower	**na froise**	**don fhrois**	**aig an fhrois**	**na frasan**	**nam fras**

f) **s** followed by a vowel or by a liquid **sa, se, si, so, su, sl, sn, sr**

Singular					Plural	
Nom		*Gen*	*Dat*		*Nom & Dat*	*Gen*
an t-sail	the beam	**na saile**	**don t-sail**	**air an t-sail**	**na sailean**	**nan sailean**
an t-slat	the rod	**na slaite**	**don t-slait**	**air an t-slait**	**na slatan**	**nan slat**
an t-sneadh	the nit	**na sneadha**	**don sneadh**	**aig an t-sneadh**	**na sneadhan**	**nan sneadh**
an t-sròn	the nose	**na sròine**	**don t-sròin**	**aig an t-sròin**	**na sròinean**	**nan sròn**

g) **s** followed by **sg, sm, sp, st**

Singular					Plural	
Nom		*Gen*	*Dat*		*Nom & Dat*	*Gen*
an sgoil	the school	**na sgoile**	**don sgoil**	**aig an sgoil**	**na sgoiltean**	**nan sgoiltean**
an smid	the syllable	**na smide**	**don smid**	**aig an smid**	**na smidean**	**nan smidean**
an spàin	the spoon	**na spàine**	**don spàin**	**aig an spàin**	**na spàinean**	**nan spàinean**
an stoirm	the storm	**na stoirme**	**don stoirm**	**aig an stoirm**	**na stoirmean**	**nan stoirmean**

It should be noted that **a'** may be used to show elision of the **n** (in informal speech) before any of the consonants e.g. *Bidh iad a' cumail a' leth* eile. They will be retaining the other half. This is not good practice.

4.3 Other uses of the definite article

As well as simply preceding a definite noun, as in English, the definite article is also used with the noun:

a) when it is accompanied by the *dem prons* **seo, sin** or **ud**:
an cù seo this dog **an cù sin** that dog **an cù ud** that dog (yonder)

b) when used with **aig** and its *prep prons* to express possession:
a' bhò agamsa my cow **a' bhò aig Seumas** James' cow

c) when it is accompanied by the *interr prons* **dè? cò? cia? ciod e?**:
Dè 'n uair a tha e? What time is it?
Dè 'n dath a tha air seo? What colour is this?
Cò an dealbh a b' fheàrr leat?
Which picture did you prefer?

d) when the noun represents a class, type or species:
Is e an t-òr agus an t-airgead a bha iad ag iarraidh
It was gold and silver that they were after
Bha iad an tòir air na liughanan
They were after lythe
Bha iad a' goid nan ùbhlan air
They were stealing apples from him
Bha cion an uisge agus a' bhidhe ann
There was a lack of water and food
Tha a' bhiorach dèidheil air an rionnach
The dogfish is fond of mackerel

This is particularly common in similes:

Bha a h-aodann cho geal ris an t-sneachda
Her face was as white as snow

e) commonly with abstract nouns:
Chan e dìth na cèille a-mhàin a tha ga chumail air ais
It isn't only lack of sense that's holding him back.
Cha dèan an gràdh ràiteachas.
Love does not boast.
Dh'fhàs e dall leis an aois.
He became blind with age.

f) in titles of rank, such as captain, commander etc. when accompanied by a name:
An Rìgh Seumas a sia.
King James the sixth.
An t-Easbaig Dòmhnall MacDhòmhnaill.
Bishop Donald McDonald.
Mhìnich an Commandair Seagha an suidheachadh.
Commander Shaw explained the situation.
Nochd iad air beulaibh an t-Siorraim Chaimbeil.
They appeared before Sheriff Campbell
This applies to Mrs and Miss, but not to Mr.
Thàinig Maighstir MacLeòid, a' Bhean-phòsta Nic a' Phearsain agus A' Mhaighdeann NicNèill a-steach.
Mr MacLeod, Mrs MacPherson and Miss MacNeill entered.

g) before **baile, eaglais, sgoil** and **taigh** when used with various prepositions, where English does not use the definite article:
Bha mi anns a' bhaile an-raoir
I was in town last night.
An robh e anns an eaglais an-diugh?
Was he in church today?
Cha robh e anns an sgoil an-dè.
He wasn't in school yesterday.
A bheil e aig an taigh?
Is he at home?
But note **aig baile** 'at home' (in town)

h) before **ath** meaning 'next':
An ath sheachdain
Next week
An ath bhliadhna
Next year

i) unlike the English usage, the definite article is always repeated in lists:
na bàird 's na soisgeulaich
the poets and (the) evangelists

4.4 The definite article is not used:

a) with the governing word when one noun governs another in the genitive:
earball a' chait the tail of the cat / the cat's tail
earbaill nan cat the tails of the cats / the cats' tails

b) with the indefinite pronoun **càch** = the others / the rest:
Càit a bheil càch? Where are the others / the rest?

c) when a first name is used with the name of a trade:
Iain gobha John the blacksmith
Seòras saor George the joiner

But note:
Iain Domhnallach, an gobha John MacDonald, the blacksmith
Seòras Caimbeul, an saor George Campbell, the joiner

Appendix 3: The Gaelic Adjective

1.0 Introduction

Like the noun, the adjective is inflected for case and number, but may also change initially according to the gender of the noun.

Since the vocative case of common nouns, particularly when accompanied by an adjective, is quite rare, it has not been shown in the following tables. Information about the vocative case is given in Appendix 2: the Gaelic noun, Section 2.1.2 and Appendix 12, Sections 1.2 and 1.3.

1.1 Types of adjective

Adjectives may be divided into four classes.

1.1.1 Adjectives which have a broad root vowel

When accompanied by a masculine noun, the inflections in the singular are like those of Type 1 nouns, and when accompanied by feminine nouns they are like those of Type 2 nouns. After a plural noun they have an **a** augment.

Mòr great

	Singular		plural
	masculine	feminine	common
nom	**mòr**	**mhòr**	**mòra**
gen	**mhòir**	**mòire**	**mòra**
dat	**mòr**	**mhòir**	**mòra**

1.1.2 Vowel change when i is introduced

As with Type 1 and Type 2 nouns, certain vowels or vowel groups may change when the **i** is introduced. These changes are very similar to those shown in the *Table of vowel changes in Type 1 nouns* (Fig. 1) e.g.

geal white

	Singular		Plural
	masculine	feminine	common
nom	**geal**	**gheal**	**geala**
gen	**ghil**	**gile**	**geala**
dat	**gil**	**ghil**	**geala**

Note that, like polysyllabic Group 2 nouns, polysyllabic adjectives (usually ending in **ach / mhor**) tend to drop the **e** augment.

1.1.3   Adjectives which have a slender root vowel

These are inflected in the same way as those in 1.1.1, but, of course, cannot show slenderisation:

glic wise
Singular   Plural

	masculine	feminine	common
nom	glic	ghlic	glice
gen	ghlic	glice	glice
dat	glic	ghlic	glice

*1.1.4   Adjectives with **a** augment in the feminine singular*

A very few adjectives which have a broad root vowel do not decline in the singular, though they do have an **a** augment in the feminine singular instead of an **e**. They also show the **a** augment in the plural.

bochd poor
Singular   Plural

	masculine	feminine	common
nom	bochd	bhochd	bochda
gen	bhochd	bochda	bochda
dat	bochd	bhochd	bochda

1.1.5   No inflection in the singular

Some adjectives do not inflect in the singular or show a change in the plural, though they do lenite where necessary.

ceàrr wrong
Singular   Plural

	masculine	feminine	common
nom	ceàrr	cheàrr	ceàrr
gen	cheàrr	ceàrr	ceàrr
dat	ceàrr	cheàrr	ceàrr

2.0   Adjectives declined with an indefinite noun

2.1   *Masculine*

cat mòr   a big cat
Singular   Plural

	masculine	
nom	cat mòr	cait mhòra
gen	cait mhòir	fchat mòra
dat	cat mòr	cait mhòra

2.2   *Feminine*

cearc bhàn   a white hen
Singular   Plural

nom	cearc bhàn	cearcan bàna
gen	circe bàine*	chearcan bàna
dat	circ bhàin	cearcan bàna

Note:

a)   *this shows the traditional agreement after a feminine noun in the *gen case*, both *def* and *indef*, but nowadays the adjective usually agrees as for a masculine noun in the *gen case* e.g. **circe bhàin, na circe bhàin**

b) with the definite article, the dative masculine singular is lenited e.g. **don chat mhòr** to the big cat. This is the only difference between adjectives accompanying a definite or an indefinite noun.

c) where a noun has the last vowel slender in the plural, the adjective is lenited, but where the plural ends in **an** there is no lenition e.g. **na h-eich dhubha** the black horses **na caileagan mòra** the big girls **na h-eich thinne** the sick horses **na caileagan tinne** the sick girls

d) It must be noted, however, that the lenition after a plural noun occurs only after a noun ending in a slender vowel, and has nothing to do with the noun being *masculine / feminine* e.g. **caora** *fem.* a sheep **na caoraich mhòra** the great sheep **bàta** *masc.* a boat **na bàtaichean beaga** the little boats

e) polysyllabic adjectives do not increase after a plural noun e.g. **balaich chrùbach** lame boys; **caileagan crùbach** lame girls

f) as a <u>general</u> rule, nouns which have a plural ending in **an**, but which have the genitive plural the same as the nominative singular, have the genitive plural the same as the nominative plural when accompanied by an adjective e.g.

   i) **na cearcan bàna** the white hens **a' biadhadh nan cearc** feeding the hens **a' biadhadh nan cearcan bàna** feeding the white hens

   ii) **na h-eileanan beaga** the small islands; **muinntir nan eilean** the people of the islands **muinntir nan eileanan beaga** the people of the small islands

   iii) **a-measg nam beann** amidst the mountains; **a-measg nam beanntan binneanach** amidst the pinnacled mountains

g) when an adjective forms part of the predicate it retains the simple form: **caileag mhath** a good girl but **tha a' chaileag math** the girl is good

h) final **n** in a noun traditionally prevents lenition in a following adjective beginning with **d** or **t**:

   i) **Mo nighean donn bhòidheach** My pretty brown-haired maiden

   ii) **Tha an duthaich seo làn de bheanntan àrda is de ghlinn domhainn** This country is full of high mountains and deep valleys

   iii) **Anns an Eilean Dubh, buntàta an Eilean Duibh.** In the Black Isle, Black Isle potatoes. – but this rule is often disregarded nowadays.

i) adjectives modifying more than one noun agree with the nearest noun: **Cha robh athair no màthair ghaolach aige** He had no loving father or mother

j) In some areas the dative case is being modified e.g. **don chaileag bheag** instead of **don chaileig bhig** to the little girl

k) Though the majority of adjectives follow their nouns, some always precede their nouns. Most notable of these are:

ath	next	**deagh**	good	**droch**	bad
fìor	true	**sàr**	excellent	**seann**	old

These generally lenite their nouns where possible, but see exceptions under the appropriate entries in the dictionary:

   i) **Bha e a-mach ro cheann na h-ath bhliadhna.** It was out before the end of the following year.

   ii) **Bha deagh shlàinte aige a-riamh.** He always enjoyed good health.

   iii) **Is e fìor dhroch bhalach a th'ann.** He's a very bad boy.

   iv) **Bha iad a' cur a-mach an sàr dhàintean.** They were producing their excellent poems.

   v) **Air a' bhalla bha dealbh seann bhoireannaich.** On the wall was the picture of an old woman.

l) mòr is often used before a noun for emphasis:
    Tha mòr fheum air leabhraichean.
    There is a great need of books. Cf. **cruaidh**

3.0 Comparison of adjectives

3.1 Regular adjectives

Gaelic adjectives have only one degree of comparison, the Comparative, which is used to express both Comparative and Superlative degrees. This takes a form which is identical to the genitive feminine singular of the simple adjective e.g.

bàn	fair	**bàine**	fairer
geal	white	**gile**	whiter
glic	wise	**glice**	wiser

3.2 Irregular adjectives

As in English, the most commonly used adjectives tend to be irregular. Some irregular adjectives are shown below, though it must be pointed out that some of these merely suffer from syncope e.g. **mìlse** is simply a shortened form of **milise** which would be the form one would expect.

Adjective		Comparative	
beag	small	**lugha***	smaller
cumhang	narrow	**cuinge**	narrower
duilich	difficult	**dorra / duilghe**	more difficult
furasta	easy	**fasa**	easier
goirid / geàrr	short	**giorra**	shorter
iomhainn	loved	**annsa**	more loved
làidir	strong	**treasa***	stronger
leathann	broad	**leatha**	broader
math	good	**feàrr**	better
milis	sweet	**mìlse**	sweeter
mòr	big	**mò / motha**	bigger
olc / dona	bad	**miosa**	worse
reamhar	fat	**reamhra**	fatter
teth	hot	**teotha**	hotter
tioram	dry	**tiorma**	drier

*the normal forms **bige** and **làidire** are also found.

It should also be noted that, unlike regular adjectives, where the comparative / superlative form corresponds to the genitive feminine singular of the simple adjective, these irregular forms are used as comparatives and superlatives only. The genitive singular of the simple forms is quite normal. e.g. **a' chearc mhòr** the big hen **na circe mhòir / mòire** of the big hen **a' chaileag mhath*** the good girl **na caileige mhaith / maithe*** of the the good girl.

*see Sect. 2.2 Note a)

3.3 Comparison may be expressed in three ways

3.3.1 By the use of as (a + is) the relative form of the assertive verb

Is e Seumas as àirde na Somhairle.
James is taller than Sorley. (lit. It is James that is taller than Sorley)

In the past tense this would be:

B'e Seumas a b'àirde na Somhairle.
James was taller than Sorley. (lit. It was James who was taller etc.)

3.3.2 More directly by placing the comparative adjective immediately after is or bu

Is treasa Somhairle na Seumas.
Sorley is stronger than James. (lit. is stronger Sorley than James).
And in the past tense:

Bu treasa Somhairle na Seumas.
Sorley was stronger than James.

3.3.3 By using the verb bi in any tense or mood, the comparative adjective being preceded by nas (na + is 'what is') or by na bu 'what was'

Tha Seònaid nas bàine na Mòrag.
Janet is fairer than Morag. (lit. Janet is what is fairer (haired) than Morag.)
Bha aodann na bu duibhe na 'n sùithe.
His face was blacker than [the] soot.

Note that both the verb **bi** and the assertive verb may be used in the same sentence, the latter being used for emphasis:
Tha Màiri àrd, ach is i Mòrag as àirde.
Mary is tall, but *Morag* is taller. (lit. ... but it is [she] Morag that is taller.)

Am bi Sìne nas àirde na (a) peathraichean?
Will Jean be taller than her sisters?

3.4 Comparative constructions may be used to make incomplete comparisons

Chan fhaigheadh e na b'fhaide
He could not get any further (than he already had)

Bha iad na b'fheàrr dheth (na bha sinne)
They were better off (than we were)

3.5 The superlative

The comparative form is also used as the superlative. In this function it is used only with the assertive verb.

Is e Ruaraidh as òige.
Roderick is the youngest.* (lit. it is Roderick that is youngest.)
Is i Màiri as sìne den triùir.
Mary is the oldest of the three.

* Note that, depending on context, this might mean 'Roderick is the younger'.

4.0 Possessive adjectives

4.1 One way of showing possession is by the use of possessive adjectives

	Singular		Plural
mo	my	**ar**	our
do	your	**bhur/ur**	your
a	his; her	**an; am**	their

Mo, do and **a** meaning *his / its masc* lenite the following consonant where possible, and also elide before a vowel or **fh** followed by a vowel. **A** meaning *her / its fem* does not lenite and is separated from a vowel by **h-**, while **ar** and **bhur / ur** are separated from a following vowel by **n.**

mo mhac	my son	**do mhac**	your son	**a mac**	his son	**a mac**	her son
m'each	my horse	**d'each***	your horse	**each****	his horse	**a h-each**	her horse
m'fhalt	my hair	**d'fhalt***	your hair	**fhalt**	his hair	**a falt**	her hair
ar n-each	our horse	**ur n-each**	your horse				

*Sometimes written as e.g. **t'each** and **t'fhalt**, though this is not now recommended.
** In older writings the missing **a** is represented by an apostrophe: **'each** his horse.

4.2 Emphatic possessive adjectives

These possessive adjectives are made emphatic by suffiixing the following noun by **sa, san, se** or **ne**. It should be noted that these are identical to those used for personal pronouns (see above) except for the *1st person sing* (see Appendix 6 Section 1.0).

mo chat-sa	my cat	**ar cat-ne**	our cat
do chat-sa	your cat	**ur cat-ne**	your cat
a chat-san	his cat	**an cat-san**	their cat
a cat-se	her cat		

5.0 Prepositional possessive adjectives

Simple prepositions may combine with possessive adjectives to form prepositional possessive adjectives, the most important ones being those formed from **aig, ann** and **gu**. The *prep poss adjs* of **gu** are used only with verbal nouns, but those of the other two, and of most other simple prepositions, may be used with any nouns, including verbal nouns.

The forms of these prepositional possessive adjectives are given, where appropriate, with the simple prepositions in the dictionary. See also Appendix 1 Verbs, Section 7.2 In most cases, all that happens is that a vowel is elided.

e.g. **gu:** (before a verbal noun this usually has the meaning "about to", "with the intention of")

gum bhreabadh, (about) to kick me	**gar cluinntinn,** to hear us
gud bhualadh, (about) to strike you	**gur faicinn,** to see you
ga phutadh, (about) to push him	**gan cuideachadh,** to help them
ga putadh, (about) to push her	**gam briseadh, to** break them

However, with **aig** (or **ag**) and **ann**, the changes are more marked.

Aig:

gam at my	**gar** at our
gad at your	**gur** at your
ga at his	**gan** at their
ga at her	**gam** at their

Ann:

nam in my	**nar** in our
nad in your	**nur** in your
na in his	**nan** in their
na in her	**nam** in their

Here are some examples with other prepositions:
far comhair, before us (under our observation); **le ur cead, fom chasan**, under my feet; with your permission; **rim bheò** during my life(time)
   A full list of possible forms (with a word of caution) is shown in Fig. 3.

	mo	do	a	ar	ur	an /am
aig	*gam*	*gad*	*ga*	*gar*	*gur*	*gan /gam*
ann	*nam*	*nad*	*na*	*nar*	*nur*	*nan /nam*
bho	*bhom*	*bhod*	*bho a*	*bho ar*	*bho ur*	*bho an /am*
de	*dem*	*ded*	*de a*	*de ar*	*de ur*	*de an /am*
do	*dom*	*dod*	*do a*	*do ar*	*do ur*	*do an /am*
fo	*fom*	*fod*	*fo a*	*fo ar*	*fo ur*	*fo an /am*
gu	*gum*	*gud*	*ga*	*gar*	*gur*	*gun /gum*
le	*lem*	*led*	*le*	*le ar*	*le ur*	*len /lem*
mu	*mum*	*mud*	*mu a*	*mu ar*	*mu ur*	*mun /mum*
ri	*rim*	*rid*	*ri*	*ri ar*	*ri ur*	*rin /rim*

Figure 3 Table of prepositional possessive adjectives.

Some of the lesser-used forms are considered ugly by some, who advocate the use of the full form e.g. **le mo / le do** etc., and care should be exercised in their use.

Appendix 4: Adverbs

1.0 Any suitable *adjective* may be made into an *adverb* by preceding
it by the particle gu

mall	slow	**gu mall**	slowly
math	good	**gu math**	well

1.1 When the adjective begins with a vowel, an h- *is inserted between it and* gu

àraidh	special	**gu h-àraidh**	especially
obann	sudden	**gu h-obann**	suddenly

This also applies to past participles: **gu fosgailte** openly. It should be noted that **gu** is not
repeated in lists of adverbs □ *sheas a' chraobh gu dìreach, dàna, calma ris a' ghaoith* the
tree withstood the wind uprightly, boldly, bravely.

Note that **gu math** is also used to qualify *adjs* with the meanings 'fairly', 'quite',
'rather', 'considerably', 'somewhat', 'very' □ *tha e gu math àrd* it's fairly high.

Note also: **gu seachd àraidh** most particularly.

1.2 In some circumstances, the gu *is regularly or usually dropped. This occurs*

a)   with some adjectives:
moch and **anmoch**: *air a chuairteachadh moch is anmoch* conducted early and late
i.e. morning and evening
ceart right, correct □ *bha e ceart mar a thuirt thu* it was exactly as you said
dìreach direct □ *rinn e dìreach air an t-solas* he made directly for the light
trast means diagonal, but as an *adv* means across, athwart, crosswise, diagonally,
traversely
tràth early *Dh'èirich mi tràth an-diugh*. I rose early today.
Similarly, **deiseal** means 'in the direction of the sun', 'sunwise' but is also used adver-
bially □ *bha iad a' dol deiseal mun taigh* they were going sunwise round the house
tarsainn means 'traverse', but as an adverb means 'across', 'transversely', 'obliquely'
glan clean, pure □ *chòrd sin rium glan* I really enjoyed that
b)   when the adverb itself qualifies an adjective □ *cha bhiodh e buileach fìor a ràdh gu
bheil e ...* it wouldn't be completely true to say that it is ... □ *geamhradh fuathasach
fuar* a dreadfully cold winter □ *cha robh e air a bhith a' dèanamh uabhasach math an
sin* he had not been doing terribly well there. Cf. also **fìor, anabarrach**
c)   when the adverb itself is qualified □ *cho luath 's a fhuair sinn àite suidhe* as soon as
we got a seat □ *tha an t-eun seo cho ainmig ra fhaicinn* this bird is so seldom seen
d)   after the assertive verb □ *is minig a bha mi air a' mhuir ri droch thìde* I've often been
on the sea in bad weather □ *bu treun a ghleachd iad* it is bravely that they struggled
□ *... agus a bhith a' dol nas fhaide ...* and to go further
e)   in some common expressions □ *tha mi an dòchas gun dèan cuideigin feum dheth luath
no mall* I hope someone will make use of it sooner or later

2.0 A few adjectives precede a verb / adjective as an intensifying adverb

deagh fine, good □ *bha e air a dheagh chur air* he was well dressed □ *deagh-aithnichte* well-known

dian fervent, intense etc. □ *a' dian chòmhradh* talking furiously

sìor continual, incessant □ *tha ar ceann-uidhe a' sìor fhàs nas soilleire* our destination is continually becoming clearer

grad is rather more specialised, being often used before the past tense of a verb □ *ghrad dh'èirich a' ghaoth* the wind rose suddenly (It should be noted that **grad** is lenited as if it were part of the verb, though the verb itself is also lenited)

làn full □ *bha e làn deiseil air son cleasan sam bith a dh'fhaodadh iad fheuchainn air* he was fully prepared for any tricks they might try on him

cianail melancholy, sorrowful etc. □ *bha an t-sìde cianail fuar* the weather was exceedingly cold (**garbh** is used similarly in the Ness district of Lewis)

3.0 Many adverbs are preceded by *a* and are lenited where possible

a chlisge / a chlisgeadh	suddenly	**a chòrr**	extra, left over
a thaobh	aside	**a theagamh**	perhaps
a bharrachd	over*	**a thuilleadh**	in addition, moreover*
a bhàrr**	besides, over	**a dhìth**	lacking, missing, wanting
a thuilleadh (air sin)	forbye	**a latha**	by day
a Shàbaid	on Sundays	**a sheachdain**	on weekdays

3.1 Some of these are often used without the a e.g. theagamh

With **dhachaigh** home, homeward(s) the **a** has been dropped completely □ *chaidh sinn dhachaigh* we went home.

*These often translate as an adjective □ *fear a bharrachd* an additional one □ *fear a thuilleadh* an additional one, another one (in addition).

Notice also: **a bhàrr (air seo) moreover □ **a bhàrr air sin** besides that, furthermore.

3.2 Those beginning with a vowel are preceded by a dh'

a dh'aon àm	simultaneously	**a dh'oidhche**	by night
a dh'aon bhàgh	expressly, all at once	**a dh'aithghearr**	soon
a dh'easbhaidh	missing, lacking	**a dh'aon bheum**	expressly, all at once
a dh'aon rùn	by design, designedly	**a dh'aon ruith**	at once, immediately
a dh'aon(a) gnotha(i)ch		purposely, by express purpose	
a dh'aon(a) chrìch		expressly, for the sole purpose	
a dh'aindeoin in the phr. **a dheòin no a dh'aindeoin**		willy-nilly, nolens volens	
a dh'aon oidhche		in (the course of) one night	

Note: *bha iad ag obair a latha is a dh'oidhche* they were working day and night.

4.0 Many adverbs are prefixed by *a-*

a-nis(e)	now, next	**a cheana**	already
a-rithist / a-rìs	again, later	**a-nochd**	tonight
a-raoir / an-raoir	last night	**a-mhàin**	alone, only
a-riamh	ever, never (ref. to the past)		
a-rèist	then (= in that case)		
a-màireach	tomorrow, on the morrow		

| a-chaoidh | ever (with ref. to the *fut*) |
| a-ghnàth | continually, always |

5.0   Very many adverbs consist of *air* and a noun, the *air* causing lenition in many cases (see *air prep* in the dictionary)

air chuthach	frantic, furious	air bhàinidh	furious
air bhiod	agog, on tenterhooks	air bhog	afloat, floating
air bhior /	on tenterhooks	air bhraise	agog
air bhioran			
air bhonn /	afoot	air cheann	on end
air bonn			
air bhrath	to be found	air chluainidh	retired
air choreigin	or other	air chrith	shaking
air fhad	lengthwise	air chuimhne	remembered
air chuairt	on a journey	air dhàil	on credit
air chùl	behind	air fheabhas	however good
air fhaobhar	edgeways / edgewise	air chall	lost
air thùs	first, originally	air chois	afoot, on foot
air ghlugaman	in an unstable condition	air thuar	seeming
air mhàgaran	on all fours, crawling	air thoiseach	ahead, in front

air chomas	able
air thuairmeas / air thuaiream	approximately, at a guess
air fhiaradh / air fiaradh	askew, at an angle
air choigrich	among strangers, abroad
air bhoil	demented, distracted (of wits)

5.1   *In some cases two nouns are linked together by* air

car air char*	rolling, tumbling
làmh air làimh	hand in hand
mean air mhean	by degrees, gradually
beag air bheag**	little by little, gradually
turach-air-tharach	topsy-turvy
dromach-air-shearrach	topsy-turvy
truimeach-air-shearrach	topsy-turvy

To which we might add **ioc-ar-nac** *adv* willy-nilly (uncommon).

*also **car ma / mu char**

also **beag is beag

5.2   *Many, however, have no lenition*

air allaban	wandering	air oir	edgewise
air adhart	forward(s), onward(s)	air tìr	ashore
air iomrall	astray	air aineol	as a stranger
air bòrd	on board, aboard	air ais	ago, back, fro
air falbh	away, off, gone	air uair*	sometimes
air fleòdradh	afloat, floating	air fleod	afloat
air deireadh	behind, last, late	air làimh	by the hand
air iomadan	adrift	air fad	downright, in all, altogether
air uairibh	sometimes	air gnothach	on an errand/on business
air seachran	astray	air èiginn	scarcely, with difficulty

air fàrsan	roaming, roving	**air tì**	on purpose, designedly
air aghaidh**	forward, ahead	**air toiseach**	first
air leth†		exceptional(ly), individual(ly)	
air cheann gnothaich		on an errand / on business	

*Note also *air uair eile* at other times □ *uair is uair* again and again / time and again.

also **an aghaidh

†often translating as an *adj* e.g. *cànanaiche air leth* an exceptional linguist

5.3   In a few instances a possessive adjective is required before the noun

air a chois up (*masc subj*) □ *bha e air a chois tràth* he was up early □ *bha i air a cois tràth* she was up early

air a cheann-dìreach headfirst (*masc subj*) □ *air a ceann-dìreach* headfirst (*fem subj*)

air a bheul fodha face down (*masc subj*) **air am beul fòdhpa** face down (*3rd person pl subj*)

5.4   Some phrases require a definite article

air an dòigh seo / sin so (= therefore), thus
air an tuath landward
air na barrachan *adv* high and dry
air a' bhlàr-a-muigh *adv* outdoor(s), al fresco (also **air a' chnoc**)

Notice also: **air làrna-mhàireach** *adv* on the morrow, the following morning.

6.0   The preposition *ann*, usually abbreviated to *an / am*, is frequently associated with adverbs

an seo*	here, hither	**an impis**	on the point of, about to
an siud	over there, yonder	**an asgaidh***	free, gratis, for nothing
am fad	in length / long	**am bliadhna**	this year
am falach	in hiding, hidden	**am feast(a)**	ever, never (after *neg* verb)
an làthair	extant, present	**an còmhnaidh**	always, continually, habitually
an sin*	there, therein, then	**an dubhar**	hidden, secret (fig.)
an cèin	overseas, abroad	**am bitheantas**	frequently, commonly
an toiseach	at first, first	**an sàs**	aground, engaged, stuck
an àird(e)	up (motion to – the **e** is often omitted)		

*These may be found as **ann a sheo**, **ann a shin** and **ann a shiod** in the Hebrides.

6.1   Some of the constructions are a little more elaborate

an comhair a thaoibh sideways (of a *masc subj*)
an comhair a chùil backwards (of a *masc subj*)
an comhair a chinn headlong (of a *masc subj*)
san àite sin there / in that place
an ìre mhath moderately, pretty, quite
[ann] an ùine gheàrr soon
an àite sin instead
sa spot / sa bhad immediately
an deireadh a' bhàta / na luinge astern (already there)
an còmhdhail to meet □ *thàinig an duine am chòmhdhail* the man came to meet me
nam dhùisg, nad dhùisg etc. awake, wakeful □ *bha mi nam dhùisg greis mhath* I was awake a good while □ *bha i na làn dùisg a-nise* she was fully awake now

7.0   **A few adverbs incorporate the definite article or what is, rightly or wrongly, generally thought of as being the definite article**

an uiridh / an uraidh	last year	a' bhòn-dè	the day before yesterday
an-diugh	today, nowadays	an-dràsta	now, just now
an-earar	the day after tomorrow	a' bhòn-raoir	the night before last
a' bhòn-uiridh*	the year before last	am fear**	each (*masc subj*)
an-dè	yesterday	an ath oidhche	tomorrow night
an treas oidhche	the night after tomorrow night		

*also **a' bhèan-uiridh**

also **an tè each (*fem subj*) **an aon** each (*masc / fem subj*) **an urra** each (*masc / fem subj*)

7.1   *To these may be added*

an ceart uair	presently, right now, right away
an uair sin / an uairsin*	then (at that time)
an dara taobh	by (lit. the second side)
an taobh seo	hither, this way

*Note also **on nuair sin** = since then.

8.0   **Simple adverbs**

eadhon	even	fhathast	hitherto, still (of time), yet
araon	both	glè	exceedingly, very
ro	too / very (with *adjs*)	rù-ra	haphazard, jumbled
seachad	by, over, past	thairis	across
timcheall	about, around, round	uile	quite, completely, wholly
cho	so, as, such (exclam.)	còmhla	together, simultaneously*
daonnan	always, incessantly	idir	at all, on any account
fiù ('s)	even	uaireannan	sometimes, occasionally
ionnas / ionns / ions			almost

*Note also **cruinn còmhla / cruinn cothrom còmhla** all together, in a body.

9.0   **The *3rd person sing* forms of the prepositional pronouns are frequently used adverbially**

air on □ *cuir air an solas* put on the light
ann there, present etc. □ *a bheil thu dol ann?* are you going (there)?
às off, out □ *chaidh a' mhaidse às na mheòirean* the match went out in his fingers
(b)huaithe into decline, downhill (fig.) □ *tha na bailtean seo air a dhol bhuaithe* these
townships have declined
dheth off □ *cuir dheth an solas* put off the light
fo under □ *chaidh am bàta fodha* the boat went under, sank
roimhe before □ *chan fhaca mi e riamh roimhe* I had never seen him before (in some areas
   reimhid *is the form used* □ *bha siud ann reimhid = bha siud ann roimhe* there was
   once ... / once upon a time there was ...
thuige □ *thuige is bhuaithe* off and on □ *thàinig mi thuige* I revived / I came to □ *thuige*
   seo so far, up to now
Note also **co-dhiù** (from **co dhiubh** which of them?) anyway, at least, at any rate, besides,
   in any case, at all events, however

10.0 Adverbs of motion and rest

A number of adverbs, not shown above, concern the concepts of 'in motion' or 'at rest'. In Gaelic the words for 'up', -down', 'over', in(side) and out(side), vary according to the following criteria:

	At rest		In motion	
		Moving away from	Moving towards	
shìos	below, down	sìos	down	a-nìos	up, from below
shuas	above, aloft, up	suas	up, upward(s)	a-nuas	down, from above
a-staigh	in(side)			a-steach	in(side)
a-muigh	out(side)	a-mach	out(side)		
a-bhos	over (here), on this side				
thall	over (there), on the other side	a-null	over	a-nall	over (from yonder)

Note: **a-staigh** in some dialects denotes motion – *thig a-staigh* come in.

Reference should now be made to the diagram in Fig. 4 which you may wish to imagine as two sets of ladders, one going up from, and one going down from S, and a bridge crossing from S to the word **thall**. Remember that all the examples given are from the point of view of **Seòras** (George). The letter 'S' in the diagram stands for subject (or **Seòras!**).

Tha Seòras air taobh a-bhos na drochaid.
George is on this side of the bridge. (this side from his point of view)

Tha duine eile air taobh thall na drochaid.
There is another person on the far side of the bridge. (or 'over the bridge' from George's point of view)

Tha càr a' dol a-null air an drochaid.
A car is going over the bridge. (away from George)

Tha bus dearg a' tighinn a-nall.
A red bus is coming over. (from the other side, towards George)

Tha Seòras a' dìreadh suas.
George is climbing up. (from his own point of view)

Tha duine eile a' dìreadh a-nìos.
Another man is climbing up. (lit. 'from down' – and towards George)

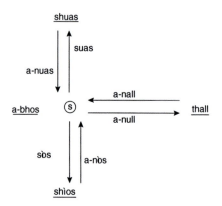

Figure 4 Adverbs of motion and rest (a) at, to or from a point.

Tha clach mhòr a' tuiteam a-nuas.
A big stone is falling down. (lit. 'from up' – and towards George)

Tha balach beag a' dìreadh sìos.
A small boy is climbing down. (from George's and his own point of view)

Tha luidhear shuas air mullach an togalaich.
There is a chimney up on top of the building. (at rest – not moving up)

Tha duine àrd shìos air an làr.
There is a tall man down on the ground. ('at rest')

Some more examples:

Trobhad a-nìos an seo. Come up here.

Bithidh Calum a-nuas an ceartuair
Calum will be down right away. (from upstairs)

Bha am ball shuas air mullach an taighe.
The ball was up on the roof of the house.

Chaidh e a-null chun na h-uinneig.
He went over to the window.

Thàinig e a-nall chun na h-uinneig.
He came over to the window.

Dh'èigh e a-nuas rium.
He shouted down to me.

Thàinig iad o thaobh thall a' bhealaich.
They came over the pass. (from the far side of the pass)

A bheil thu a' faicinn na creige mòire ud shìos?
Do you see that large rock down there?

Bha a' chlann a' ruith a-null's a-nall.
The children were running to and fro.

Sheall e suas le iongnadh.
He looked up in surprise.

Tha suas ri deachnar dhaoine anns gach buidhinn.
There are up to ten people in each team.

Note: **a-nuas** is used in some dialects for both **a-nios** and **a-nuas** i.e. motion from below or from above.
sìos, suas etc. are frequently used as prepositions. The nouns following these words may be assumed to be in the accusative case which, of course is identical to the nominative, or basic form of the noun.

Choisich e sìos an staidhre.
He walked downstairs.

Ruith e suas an staidhre.
He ran upstairs.

Thuit e a-nuas an staidhre.
He fell down the stairs. (towards the relater)

Thàinig i a-nìos an staidhre.
She came upstairs.

Bha i a' coimhead a-mach air an uinneig shuas an staidhre fhad 's a bha mi shìos an staidhre.
She was looking out of the upstairs window while I was downstairs.

Note also: **thall thairis** overseas, abroad
a-bhàn *adv* down, downwards (irrespective of direction) □ *chaidh sinn uile a bhàn chun a'chladaich* we all went down to the beach
thall 's a-bhos here and there
a-null 's a-nall hither and thither
a-nall thairis from overseas / from abroad
a-null thairis abroad / overseas (going there)

In the preceding pages the word 'subject' is frequently used. It must be understood that this need not necessarily mean the grammatical subject of any particular sentence, but may mean the relater of the incident i.e. the speaker / writer. (See **Thuit e a-nuas an staidhre** above.)

In(side) and out(side).

The following notes are with reference to the table above and to Fig. 5 which represents a room or building with three openings which could be either doors or windows.

Tha Seumas a-staigh.
James is inside. (at rest)

Tha a charaid a-muigh.
His friend is outside. (no motion)

Tha caraid Sheumais a' tighinn a-steach.
James' friend is coming in(side) (motion)

Thilg Seumas an damhan-allaidh a-mach air an uinneig.
James threw the spider out through the window.

Thàinig seillean a-steach air an uinneig eile.
A bee came in through the other window.

Further examples:
A bheil Calum a-staigh?
Is Calum in?

Thig a-steach*
Come in.

Gabh a-mach!
Get out(side)!

Cheannaich e glas a chum mèirlich a chumail a-muigh.
He bought a lock to keep thieves out.

Nach eil eagal ort gum faigh iad a-mach?
Aren't you scared they'll find out? (or 'get out')

Shìn e a-mach a làmh.
He stretched out his hand.

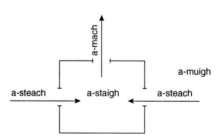

Figure 5 Adverbs of motion and rest (b) inside, outside, into or out of a place.

*Thig a-staigh is also very common for 'come in'.

These adverbs are frequently combined with other words to form compound nouns and compound prepositions.

Dè an dol-a-mach a tha seo?
What carry-on is this? (also **dol air adhart**)

Sa chiad dol-a-mach.
At the outset.

Bhon chiad dol-a-mach.
From the outset.

11.0 Adverbs of direction, based on the words below, are dealt with in detail in App. 9. Points of the compass

deas	south	**iar**	west
ear	east	**tuath**	north

12.0 Many adverbial phrases are composed of a preposition + a noun

a) **mu** (in some cases written as **ma**)

ma sgaoil *	free, loose, released, out	**mu rèir**	free (at liberty)
mu chuairt	about, approximately, around	**mu seach**	alternately, in turn, turn about
mu dheireadh**	last, at last	**mu thràth**	already
mun cuairt	around, about	**ma làimh**	indifferent, so-so

*Also **fa sgaoil** **also **bho dheiradh**

Note also:
mu dheireadh thall eventually, at long last
mu thimcheall sin thereabout

b) **mar**

mar an ceudna	likewise, too	**mar-aon/maraon**	as one, as a team, in concert, together
mar siud	thus, in yon way	**mar seo**	thus, in this way
mar sin	thus, in that way		

c) **fo** – often written as **fa-**

fa-dheòidh	at length, at last, ultimately, finally	**fo chùram**	anxious, troubled
fa-near*	under consideration	**fo làimh****	in hand

*from **fo'n aire** under the attention
More usually **os làimh as in **gabhail os làimh** undertaking

d) **gu**

gu ìre	to a certain extent	**gu beagnaich**	pretty well
gu ìre bhig	almost, slightly	**gu suthainn sìor**	forever
gu suthainn	forever	**gu bràth**	forever
gu siorraidh bràth	forever	**gu deireadh a' bhàta/na luinge**	astern (going there)
gu a chùl	completely, every inch, through and through (*masc subj*)	**gu lèir/uile** **gu lèir***	completely, entire(ly)
gu leòr*	enough, sufficiently		

*frequently need to be translated as an adjective or noun

air feadh an t-saoghail gu lèir throughout the whole world
a bheil airgead gu leòr agad? *do you* have plenty of money?

e) **os**
   os ìseal / os ìosal y   covertly, quietly, privately   **os làimh**   in hand

f) **(bh)o**
   (bh)o chionn   since, ago   **o shean**   of old
   o chèin   from abroad / from overseas

g) various prepositions
   on taigh out (not at home)
   aig an taigh in (at home)
   aig toiseach gnothaich first *adv*, initially, 'for a kick-off'
   thar cheann / thar a chèile on average, overall
   chun / a chum an taobh a-muigh outwards
   eadar-a-chor / eadar-dhà-chor *adv* in two minds □ *bha mi eadar-a-chor co-dhiù dh'fhalbhainn no dh'fhuirichinn* I was in two minds whether I should go or stay
   da-rìribh / dha-rìribh / da-rìreadh in earnest
   às a' chumantas abnormal out of the ordinary
   cèile is found in the form **a chèile** *adv* & *pron* both, together, each other, one another where the *len* is caused by the usually suppressed *poss adj* The preceding preposition varies according to the verb. e.g. **le chèile, ri chèile thar a chèile** etc.

h) a few particularly associated with **sin**:

às	**às a sin / às an àite sin**	from there, thence
le	**le sin / leis a sin**	thereby, therewith etc.
mar	**mar sin**	then (= therefore), so
o	**o sin**	thence, therefrom
an dèidh	**an dèidh sin***	after(wards), then (afterwards)
"	**an dèidh sin / na dhèidh sin**	notwithstanding

* also **an dèidh làimhe**

Notice also:

uime sin	then, so	**on àm sin**	thenceforth
o sin suas / o sin a-mach	thenceforward	**uaithe sin**	therefrom

13.0 Adjectives nouns and pronouns used in compound adverbs

13.1 The adjective fad(a) is used with a number of adverbs to form other adverbs

fad às	distant, far-off	**fad air falbh**	far away / far off
fad air ais	backward, old-fashioned	**fad a-mach**	distant (of relationship)

13.2 Similarly with the noun leth

leth an rathaid	halfway / midway	**leth na slighe**	halfway
leth-char	somewhat	**leth-taobh**	(one) side

13.3 A number of adverbs are associated with làmh hand

ro làimh	previously, beforehand	**an dèidh làimh**	after(wards), subsequent(ly)
air a làimh fhèin*	for himself, on his own account	**ro làimh**	beforehand, previously
ri làimh	to hand, available	**cùl na làimhe**	in reserve

*Cf. **air a cheann fhèin**

Note also **aghaidh ri aghaidh** *adv* face to face, vis-a-vis and **bun-os-cionn** head over heels, topsy-turvy, upside-down.

13.4 A few nouns are used as modifiers, and often translate as adverbs

beagan	a little, somewhat	**caran**	a little bit, rather, somewhat
rud beag	a little / somewhat	**rud eile**	another thing ..., furthermore
mòran	much, a lot		

13.5 A number of nouns are used on their own as adverbs:

cuideachd also, jointly, too □ *chaidh e ann cuideachd* he went there too
tacan awhile. But note also □ ... *co-dhiù car tacain* ... at least for a little while
tuilleadh more, any more □ *tha fhios agam nach eil gaol agad orm tuilleadh* I know that you don't love me any more
turas on one occasion, once □ *bha e turas a' searmonachadh air Sabaid Comanachaidh* he was once preaching on a Communion Sunday
uair on one occasion, once □ *chunnaic mi e uair 's e a' sabaid anns an t-sràid* I saw him once, [as he was] fighting in the street

13.6 A few indefinite pronouns are employed as adverbs

latha-eigin	some day	**an àiteigin**	somewhere
uaireigin	sometime	**rudeigin**	somewhat
air choreigin	or other	**am badeigin**	somewhere

14.0 The numerals are used with uair to make adverbs of frequency

aon uair once **dà uair** twice **trì uairean** thrice etc. Note also the following usage: **aon** some, about, approximately, fully □ *aon ochd bliadhna mun tàinig e an seo* some eight years before he came here.

15.0 A few verbal constructions are used as adverbs:

dh'fhaoite, ma dh'fhaoite (gu(n)) perchance, perhaps, possibly **cha mhò / ni mò** neither, nor **as ùr** anew, afresh **'s e sin / is e sin / sin ri ràdh** namely, viz.

Appendix 5: Conjunctions

1.0 There are many different types of subordinate clauses in English, but these can all be rendered in Gaelic by only three main types of clause. These are

1.1 Co-ordinate clauses

Co-ordinate clauses use the independent form of the verb, and are introduced by the conjunctions:

ach but **agus** and **oir** for

Tha e mòr agus tha e làidir.
He is big and he is strong.

Tha e beag ach tha e làidir.
He is small but he is strong.

Chan urrainn dha tighinn oir tha e tinn.
He cannot come for he is ill.

Bithidh e aig an taigh no bithidh e anns an eaglais.
He'll be at home or he'll be in the church / at church.

1.1.1 Co-ordinate clauses use the simple future tense

Tha Iain a' tighinn dhachaigh agus bidh Seònaid air a dòigh.
John is coming home and Janet will be pleased.

1.2 Relative clauses

1.2.1 Relative clauses are introduced by relative pronouns, and most interrogative pronouns (see App.6 Pronouns). In addition many compound conjunctions contain the relative pronoun *a* e.g.

Chunnaic sinn iad nuair a bha sinn anns a' mhonadh.
We saw them when we were on the moor.

On a bha e cho beag cha b'urrainn dha an sgeilp a ruigsinn.
Since he was so little he couldn't reach the shelf.

Ged a bha e àrd, cha b'urrainn dha an sgeilp a ruigsinn.
Though he was tall, he couldn't reach the shelf.

Chan fhaca i e on a dh'fhalbh e.
She hasn't seen him since he left.

Bha am baile mar a bha e riamh.
The town was as it always had been.

Ma tha seo ceàrr, cuir ceart e.
If this is wrong, put it right.

Bhruidhinn mi ris nuair a thill e.
I spoke to him when he returned.

Cho fad 's / fhad 's a bha e aig an taigh cha b'urrainn do dhuine sam bith a bheul fhosgladh.
As long as / while he was at home nobody could open his mouth.

1.2.2 Relative clauses use a special form of the future called the relative future (see Appendix 1 – The Gaelic verb, Sections 1.4.5 and 4.7)

Ma dùineas tu an doras fosglaidh mi na h-uinneagan.
If you shut the door, I will open the windows.

Ged a bhitheas e air ais a dh'aithghearr, cha bhi mi an seo.
Though he will be back soon, I won't be here.

1.3 Dependent clauses

1.3.1 Dependent clauses use the dependent form of the verb, whether positive or negative

Seo an t-àite far an d'fhuair mi an sgian.
This is the place where I found the knife.

Nan coiticheamaid iad, dh'fhuiricheadh iad.
If we were to persuade them, they would stay.

Chuala mi iad mun do ràinig mi an taigh.
I heard them before I reached the house.

Fuiricheamaid an seo gus an till iad.
Let's stay here until they return.

Mur dèan e sin, nì mi e.*
If he doesn't do that, I will do it.

*It should be noted that **mur** does not need **an**, but is followed by **a** i.e. **mura** (see dictionary entry).

*1.3.2 Many dependent clauses are introduced by compound conjunctions based on **gun / gum** which themselves are made up of the preposition **gu** and the interrogative particle **an***

Tha e ag ràdh gun do rinn iad seo.
He says that they did this.

Bha i ag ràdh gum bitheadh iad a' tighinn a dh'aithghearr.
She was saying that they would be coming soon.

A thaobh gun robh e sgìth den obair, chaidh e dhachaigh.
Because he was tired of the work, he went home.

A chionn gun do chaill i an iuchair, cha b'urrainn dhi an doras fhosgladh.
Because she had lost the key, she couldn't open the door.

Sheall i orm mar gun robh mi às mo chiall.
She looked at me as if I was out of my senses.

Thug mi an t-òrd dha air chùmhnant gun toireadh e air ais dhomh an ath latha.
I gave him the hammer on condition that he returned it to me the next day.

Bha i diombach dhiom airson gun do dhìochuimhnich mi cairt a chur thuice.
She was displeased with me because I had forgotten to send her a card.

Chaidh e am falach air eagal gun tilleadh iad.
He went into hiding for fear that they would return.

Thug e airgead dha a chum 's gun ceannaicheadh e biadh.
He gave him money so that he could buy food.

1.4 Both relative clauses and dependent clauses are made negative by the use of the conjunction **nach**

Thuirt e nach bitheadh e a' ceannachd an taighe.
He said that he wouldn't be buying the house.

Sin rud nach dèanainn a-chaoidh.
That's something I would never do.

Cha deach e don dannsa a chionn 's nach robh airgead aige.
He didn't go to the dance because he didn't have any money.

Appendix 6: Pronouns

1.0 Personal pronouns

Singular			Plural		
simple		emphatic	simple		emphatic
mi	I	mise	sinn	we	sinne
thu (tu)	you	thusa (tusa)	sibh	you	sibhse
e	he	esan	iad	they	iadsan
i	she	ise			

1.1 The personal pronouns are used after the verb

Tha mi sgìth I am tired **A bheil thu sgìth?** Are you tired?
Chan eil sinn We aren't going **Cha robh iad aig** They weren't at home
 a' dol ann.   **an taigh.**
etc.

1.2 The emphatic particles

The emphatic particles **-se, sa, -san** and **-e** are added to the personal pronouns as shown above. These, as the name implies, serve to lay emphasis on the *pronouns* □:

Cha bhac mise thu
I won't hinder you

Bha na daoine mòran na bu bhochda na bha sinne
The people were much poorer than *we* were

Tha nithean ann a thogas iadsan bhuainne
There are things which *they* will pick up from *us*

Is ise mo phiuthar.
She's my sister.

An dara cuid thusa no mise
Either *you* or *I*

An do thadhail sibhse riamh dùthaich Israel?
Did *you* ever visit the country of Israel?

Ach, ma leig mise leis, cha do leig esan
But even though *I* left it alone, *he* didn't
etc.

The forms **tu** and **tusa** are used with the *Assertive Verb* and forms ending in **-a / -as / -adh, -aidh, -idh** in the *Active Voice* only.

2.0   Possessive pronouns – see possessive adjectives – Appendix 3 Section 4.0

3.0   Demonstrative pronouns

seo	this (near at hand)	**sin**	that (further away)
siud	that (far away over there)		
tha seo math	this is good	**thuit sin**	that fell
seall siud	look at that		

3.1   Sin, seo and siud are often used with the assertive verb understood

Sin an taigh anns an d'rugadh mi. That's the house in which I was born.
Seo an leabhar air an robh mi a' bruidhinn. This is the book I was talking about.

*3.2   The definite article, the demonstrative pronoun and a noun are used
together to represent the demonstrative adjective*

an cù seo	this dog	**an cat sin**	that cat	**a' bho (si)ud**	that cow (over there)

4.0   Relative pronouns

There are three relative pronouns:
a   who; which; that
na   what; that which
nach   that not; who not; which not

Sin am fear a rinn seo. That's the man who did this.
Sin am fear a bhreab e.* That's the man who kicked him.
Cùm na tha anns a' bhogsa. Keep what is in the box.
Sin am balach nach do choisinn duais That's the boy who didn't win a prize.

* Note: As there is no distinction between the nominative and accusative case of the
  relative pronouns, this example could also mean 'That's the man whom he kicked.'

5.0   Interrogative pronouns

5.1   All Interrogative pronouns are based on the three words cò, cia and ciod

a)   **Cò?** Who? Which?
     Cò tha aig an doras? Who is at the door?
     It it used with a number of prepositions, in which case it loses its stress:
     Co leis a tha an sgian seo? Whose knife is this?
     Co dhiubh a rinn seo? Which of them did this? (usually of two)
     Co aca a rinn seo? Which of them did this? (usually of more than two)
     Co às a thàinig iad? Where did they come from?
     Co bhuaithe a thàinig a t-airgead sin? Where did that money come from?
     Co dha a bha e na bhuannachd? To whom was it a gain?

b)   **Cia** is now usually only found in combination:
     Cia mheud fear a bha anns an talla? (also **co mheud?** / **cia meud** / **co meud**)*
     How many men were in the hall?
     Cia lìon is an equivalent of **cia mheud** used in the Bible.
     Ciamar a tha thu?** How are you?
     Cuin a bhitheas tu [a'] tighinn air ais? When will you be coming back?
     Cait a bheil thu [a'] dol?** Where are you going?
     *The noun following **cia mheud?** / **co mheud?** etc. is in the *nom sing*
     also **dè mar a tha thu?
     ***This is the only interrogative to be followed by the dependent form of the verb.

c)   **Ciod?** 'What?' is seldom now used, having been replaced by its derivatives **gu dè?** and by (much the most common) **dè?**
Dè tha thu ag iarraidh? What do you want?
Carson a thuirt thu sin? Why did you say that?
Note that all these interrogatives may be used in Indirect Questions:
Dh'innis e dhomh dè bha e ag iarraidh.
He told me what he wanted.
Dh'fhaighnich e dhiom co mheud ugh [a] bha anns a' bhasgaid.
He asked me how many eggs were in the basket.
Am faca tu cò bha anns a' chàr?
Did you see who was in the car?

6.0   Indefinite pronouns

6.1   **Fear** *man,* **tè** *female,* **neach** *one, a person* and **aon** *one are all used as indefinite pronouns either by themselves or in combination with some of the other indefinite pronouns shown below*

a)   **Càch** The rest, the others.
      Thàinig càch a-steach. The others came in.
b)   **Càch-a-chèile** Each other.
      Cha robh iad a' bruidhinn ri càch a-chèile.
      They weren't talking to each other.
c)   **Cuid** Some (often used with **dhiubh** or **aca** i.e. some of them).
      Bha cuid aca anns an t-sabhal agus cuid eile anns an achadh.
      Some of them were in the barn and some others in the field.
d)   The word **eigin,** a shortened form of the noun **eiginn** 'necessity' is often affixed to certain nouns to make them indefinite:

cuideigin	someone (*common*)	**feareigin**	someone (*masc* or *common*)
tè-eigin	someone *fem*	**rudeigin**	something
Tha cuideigin a' tighinn.	Someone is coming.		
Bha rudeigin anns a' bhogsa.	There was something in the box.		

6.2   *The indefinite pronouns* **gin** *'anyone, anything, any' and* **càil, nì, sian, stuth** *(Islay) and* **dad** *all meaning 'anything', in common with all indefinite pronouns, have no negative counterparts. They are made negative by being used with a negative verb*

A bheil gin anns a' phoca?   Are there any in the bag?
Chan eil gin aca.   They don't have any / They have none.
A bheil thu ag iarraidh càil?   Do you want anything?
Chan eil mi ag iarraidh càil.   I don't want anything / I want nothing.

6.3   *The phrases* **sam bith** *and* **air bith,** *which are derived from* **bith** *'existence', are used with nouns or indefinite pronouns*

Cha robh rud sam bith ann.
There wasn't anything there / There was nothing there.

6.4   *The expressions* **uile, a h-uile** *and* **na h-uile,** *are used with the meaning 'all'*

Bha iad uile air dol dhachaigh.
They had all gone home.
Thàinig a h-uile duine a-staigh / Thàinig na h-uile a-staigh.
Everyone / All came in.

Prepositions		Singular				Plural		
		1st Person Personal pronoun **mi**	2nd Person Personal pronoun **thu**	3rd Person *masc* Personal pronoun **e**	3rd Person *fem* Personal pronoun **i**	1st Person Personal pronoun **sinn**	2nd Person Personal pronoun **sibh**	3rd Person Personal pronoun **iad**
aig	at	**agam** at me	**agad** at you	**aige** at him	**aice** at her	**againn** at us	**agaibh** at you	**aca** at them
air	on	**orm** on me	**ort** on you	**air** on him	**oirre** on her	**oirnn** on us	**oirbh** on you	**orra** on them
ann	in	**annam**	**annad**	**ann**	**innte**	**annainn**	**annaibh**	**annta**
às	out of	**asam**	**asad**	**às**	**aiste**	**asainn**	**asaibh**	**asta**
bho	from	**bhuam**	**bhuait /bhuat**	**bhuaithe**	**bhuaipe**	**bhuainn**	**bhuaibh**	**bhuapa**
o	"	**uam**	**uait /uat**	**uaithe**	**uaipe**	**uainn**	**uaibh**	**uapa**
de	of, off	**dhiom***	**dhiot***	**dheth***	**dhith**	**dhinn**	**dhibh**	**dhiubh**
do	to	**dhomh***	**dhuit /dhut***	**dha***	**dhi**	**dhuinn**	**dhuibh**	**dhaibh**
fo	under	**fodham**	**fodhad**	**fodha**	—	**fodhainn**	**fodhaibh**	**fodhpa**
eadar	between	—	—	—	**foidhpe**	**eadarainn**	**eadaraibh**	**eatorra**

		thugam	thugad	thuige	thuice	thugainn	thugaibh	thuca
gu /thun **	to	thugam	thugad	thuige	thuice	thugainn	thugaibh	thuca
chun **	"	chugam	chugad	chuige	chuice	chugainn	chugaibh	chuca
le	with	leam	leat	leis	leatha	leinn	leibh	leotha /leò
mu	about	umam	umad	uime	uimpe	umainn	umaibh	umpa
ri	to	rium	riut	ris	rithe	ruinn	ribh	riutha
ro (roimh)†	before	romham	romhad	roimhe	roimhpe	romhainn	romhaibh	romhpa
tro (troimh)†	through	tromham	tromhad	troimhe	troimhpe	tromhainn	tromhaibh	tromhpa
thar	over	tharam	tharad	thairis air	thairt	tharainn	tharaibh	tharta
Emphatic forms ⇨		agamsa	agadsa	aigesan	aicese	againne	agaibhse	acasan
		ormsa etc.	ortsa etc.	airsan etc.	oirrese etc.	oirnne etc.	oirbhse etc.	orrasan etc.

Figure 6 Table of Prepositional Pronouns

*though found in older texts, the unlenited forms of these are no longer used.
the form **thun is not used now, but, conversely, the forms **thugam** etc. are more common than the forms **chugam** etc.
† the simplified forms **ro** and **tro** are used now.

6.5   Feadhainn, *gen* feadhna, *a noun meaning 'people', is used indefinitely with the meaning 'some'*

Tha feadhainn aca aig an taigh agus tha feadhinn eile anns an sgoil.
Some of them are at home and some others are at school.

7.0   Prepositional pronouns

A particular feature of Gaelic is the prepositional pronoun which, as the name suggests, is formed from a combination of a simple preposition and the personal pronouns.

For example **aig** 'at' combines with **mi** 'me' to give **agam** 'at me'. These prepositional pronouns are used in a great many idiomatic expressions and examples of usage will be found under the simple preposition in the main body of the dictionary. A complete Table of Prepositional Pronouns is given in Fig. 6.

It should be noted that it is the prepositional pronoun which is used with demonstrative pronouns, not the simple preposition e.g.

thuige seo up to now, hitherto **bhuaithe sin** from that **uime sin** consequently, then, therefore

It should also be noted that the prepositional pronoun is frquently made emphatic by the addition of suffixes as shown at the bottom of the table. These are identical to those used for personal pronouns (see above) except for the *1st person sing.*

8.0   Prepositional possessive adjectives – see Appendix 3 Section 5.0

Appendix 7: Prepositions

1.0 **Gaelic prepositions may be divided into two main groups, simple prepositions and compound prepositions**

1.1 Simple prepositions

A table of Simple Prepositions is shown in Fig. 7. The table is divided into three main areas, those which cause the noun to be in the dative case, those which cause the noun to be in the genitive case and those which take the noun in the accusative case.

1.1.1 *Prepositions which take a noun in the dative case are by far the most common, as can be seen in the table. These, however, may be further divided into sub-groups*

a) **Air** 'on' and **aig** 'at' do not generally* cause lenition.

air bòrd	on a table	**air a' bhòrd**	on the table	**air an doras**	on the door
aig balach	at a boy	**aig a' bhalach**	at the boy	**aig an doras**	at the door

* **Air** may cause lenition in certain adverbial expressions. See **air** in the dictionary and Appendix 4: Adverbs, Section 5.0

b) The second group consists of prepositions which have two forms, one used before indefinite nouns and the other before definite nouns.

ann am bogsa	in a box	**anns a' bhogsa**	in the box
ann an toll	in a hole	**anns an toll**	in the hole
ann an càr	in a car	**anns a' char**	in the car

It should be noted that **ann an** becomes **ann am** before **b, f, m** and **p**. It should also be noted that the **an** of **ann an** is really just a reduplication of **ann**, while the **an** which sometimes follows **anns** is the definite article which does not cause lenition in nouns beginning with **d** or **t** and does not itself change in form.

Similar in behaviour are:

à baile	from a town	**às a' bhaile**	from the town
ri duine	to a man	**ris an duine**	to the man
le bata	with a stick	**leis a' bhata**	with the stick

But note that **gu** is followed by the dative case while **gus** takes the accusative case.

gu crìch	to an end	**gus a' chrìoch**	to the end
gu mullach na beinne	to the top of the hill	**gus a' mhullach**	to the top

c) All the remaining prepositions which take the dative case, leaving aside **gun** and **mar** for the moment, cause the following noun to lenite where possible. Incidentally, it should be noted that these all end with a vowel sound.

de fhiodh	of wood	**den fhiodh**	of the wood
do bhaile	to a town	**don bhaile**	to the town
fo bhòrd	under a table	**fon bhòrd**	under the table

Dative					Accusative			
	ann an/anns							
		à/às		gu/gus				seach
	le/leis		ri/ris				eadar	
			de					
aig		do		mar				
			fo					
air		mu		(bh)o			chun	
			gun		rè			trìd
		ro*		tro*			thar	
					Genitive			

Figure 7 Table of simple prepositions.
*formerly written **roimh** and **troimh** respectively.

mu chuspair	about a subject	**mun chuspair**	about the subject
ro chogadh	before a war	**ron chogadh**	before the war
tro dhoras	through a door	**tron doras**	through the door
bho thaigh	from house to house	**bhon taigh**	from the house
gu taigh			

Note that these prepositions combine with the definite article, even before nouns which are lenited.

De and **do** are often shortened to **a dh'**, **dh'** or even **a**. See under **de** or **do** in the dictionary.

Roimh, roimhn and **troimh, troimhn** are usually now in the form **ro, ron** and **tro, tron**.

Bho is often found in the form **o**.

1.2 **mar,** *like* **gu** / **gus,** *takes an indefinite noun in the dative case, but a definite noun in the accusative case*

mar chloich   like a stone   **mar a' chlach**   like the stone*
*i.e. like stone (the material)

1.3 **gun** *is rather unusual in that some use it with the dative case while others use the accusative (see entry in dictionary). It lenites, but not* **d, t, n, l, r** *or* **s**

gun bhròig   without a shoe   **gun mhnaoi**   without a wife
gun dragh   without trouble   **gun saothair**   without labour

Note that, instead of using a conjunction, as in English, the preposition **gun** is repeated:

gun nàire gun athadh without modesty or shame

1.4 The only two prepositions which regularly take the accusative are seach and eadar

Seach may mean 'past' as in **seach a' chlach** past the stone, but now more often means 'compared to, rather than' etc. It does not lenite its noun. The meaning 'past' is now more often expressed by **seachad air** which takes the dative case.

seach iomadh eun eile compared / in contrast to many other birds
do dhuine seach duine to one man rather than another

1.4.1 eadar has two separate meanings. With one meaning it causes no lenition, while in another meaning it does

a) **eadar** between. There is no lenition after it.
eadar a'chlach agus a' chraobh between the stone and the tree
eadar mi fhìn is tu fhèin between you and me (lit. between myself and yourself)
eadar na ballachan between the walls

b) **eadar ... agus ...** both ... and ... In this meaning it causes lenition.
eadar mhath is olc both good and evil

1.5 The four remaining prepositions are all followed by the genitive case, and are, incidentally, with the possible exception of chun, the least commonly used of the simple prepositions

Rè often appears to cause lenition, but this is simply the normal indefinite genitive plural.
rè thrì bliadhna the duration of three years
rè shia mhìosan for / during six months
Compare:
Cha do ghabh e àite rè bliadhnachan a' chogaidh. It didn't take place during the years of the war / the war years.
rèmìogan an t-samhraidh during the summer months

Thar over, beyond
fada thar crìochan an eilein far beyond the confines of the island
thar tomhais beyond measure
thar an aiseig over the ferry

Thar has largely been supplanted by **thairis air** which is followed by the dative case.

Trid through, on account of
trìd na tàmailt a fhuair e on account of the insult he received
trìd Iosa Crìost ar Tighearna through Jesus Christ our Lord

Chun is used only with a definite noun and implies going as far as a place, but not into it.
chun na mara to the sea
suas chun an Taigh Mhòir up to the Big House (the Laird's house, the manor etc.)
chun nan glùinean up to the knees

Many of the prepositions above, particularly **aig** and **air**, are used in numerous idiomatic constructions, and reference should be made to the main body of the dictionary for a full description of these.

2.0 Prepositional pronouns

Most of the above prepositions also form what are known as prepositional pronouns. An account of these will be found in Appendix 6 Pronouns.

3.0   Prepositional possessive adjectives (See Appendix 3 Adjectives; Section 5.0)

4.0   Compound prepositions

a chum	for the purpose of	an coinneamh	to meet
a dh'ionnsaigh	towards	an dèidh	after
a rèir	according to	an làthair	in the presence of
a thaobh	regarding	às aonais	without
air cùlaibh	behind	às eugmhais	without
air feadh	amongst	às leth	on behalf of
air muin	on top of	còmhla ri(s)	along with
air sgàth	for the sake of	cuide ri(s)	along with
air son*	for	fa / mu chomhair	opposite
air tòir	in pursuit of	mu choinneamh	opposite
am fianais	in the presence of	mu dheidhinn	concerning
am measg	among	mu thimcheall	regarding
an aghaidh	against	mun cuairt	around
an àite	in place of	os cionn	above
an ceann	within	gu ruige	as far as, upto

*When accompanied by a noun, this is nearly always written as one word, but when accompanied by a possessive adjective (see below) it is written as two separate words.

4.1 *Compound prepositions are nearly always followed by a noun in the genitive case. The only exceptions in the list above are* còmhla ri(s) *and* cuide ri(s), *both meaning 'along with', which are followed by the dative case.* Mun cuairt *is often accompanied by* air *and takes the dative case.* Gu ruige *takes the accusative case*

With regard to those prepositions which take the genitive case, if a personal pronoun is used in English a possessive adjective (see App. 3 Adjectives) is used in Gaelic. The construction used depends on the composition of the compound preposition. Fuller examples will be found under the main element of the preposition, e.g. for **air cùlaibh**, see **cùlaibh**.

Examples:

air mo chùlaibh behind me
os ar cionn overhead i.e. over our heads / above us
air ar son for our sake
nar measg in our midst, among us
mu do dheidhinn about / concerning you *sing*
dha taobh concerning / regarding her / it *fem*
nam àite in my place / in place of me / instead of me
nan aghaidh against them / in opposition to them

The rules of lenition for possessives apply in these cases.
air muin an eich on the horse's back
air a mhuin on his back

Appendix 8: Lenition

1.0 **Lenition is, in simple terms, a softening of the sound of a consonant. This change is normally shown by the insertion of the letter h after the affected consonant**

1.1 *With regard to lenition, all the letters of the Gaelic alphabet, excluding h itself, may be divided into four groups*

These are:

a)   The vowels **a, e, i, o** and **u** and the consonant pairs **sg, sm, sp** and **st** which never lenite.

b)   The consonants **b, c, f, g, m, p** and **s** which lenite after a word causing lenition or as a result of case. The letter **s** is exempt in some situations, notably in the words **seo** this, **sin** that, **siud** that yonder (which, in most areas, are not lenited, and usually are not in writing), **sinn** we, **sibh** you and the *emphatic particles* **-sa, -se** and **-san** which are never lenited. Likewise, **gach** 'each' is never lenited. Nor are **bu**, the *imperf/cond tense* of the *assertive verb*, and the *poss adjs* **mo** and **do**. Other exemptions are pointed out in the dictionary where appropriate. The combination **fh** is usually silent, except in the words **fhathast** 'still', 'yet', **fhèin** 'self' and **fhuair** 'got' where **fh** has the sound **h** as in English.

c)   The consonants **d** and **t** are not lenited after **cha** or **bu** and traditionally do not lenite each other, though this old rule is now not always strictly obeyed. Final **n** traditionally prevents lenition of a following **d, t, l, n** or **s** e.g. **nighean donn bhòidheach** a pretty brown-haired girl, though, again, this is not always strictly obeyed. For example, **mòran daoine** and **is urrainn domh** are now more commonly **mòran dhaoine** and **is urrainn dhomh**.

d)   The consonants **l, n,** and **r** do not show lenition in writing, but do alter in sound. e.g.

lean	follow	**lean mi**	I followed	**nigh**	wash
nigh mi	I washed	**ruith**	run	**ruith mi**	I ran

For the situations in which words lenite, see adjectives, adverbs, nouns, numerals, prepositions, pronouns and verbs in the appropriate Appendix.

Appendix 9: The Points of the Compass

1.0 In Fig. 8 you will see a compass rose showing the cardinal points

1.1 Basically, the terms for the cardinal points are constructed upon the word **àird** meaning quarter (of the heavens) or direction (by the compass). It is from this word that the Scots word 'airt', as in Burns' 'O a' the airts the wind can blaw', derives. It may be seen with these meanings in the following:

Thàinig iad às gach àird.
They came from every direction /quarter.
Chan eil e gu diofar cia an àird om bi a' ghaoth a' sèideadh.
It doesn't matter from which direction the wind is blowing.

1.2 Thus, 'the north' should, strictly speaking, be **an àird tuath** and 'the south' **an àird deas** i.e. 'the north airt' and 'the south airt' respectively, and will be found in this form in dictionaries. In speech, however, a 'bridging vowel' is inserted between the two main elements, and this is now represented in writing as **an àirde tuath** and **an àirde deas**.

1.3 'East' and 'west' are **an àirde an ear** and **an àirde an iar**, being 'the direction from the east' and 'the direction from the west' respectively.

1.4 All the above constructions are frequently shortened to **tuath, deas, an ear** and **an iar**.

1.5 When referring to a continent etc., the expressions **an taobh tuath, an taobh deas, an taobh an ear** and **an taobh an iar**, meaning 'the north side /country / coast' etc. are commonly used.

1.6 Alternatives for 'north' and 'south' of a country, an island, a loch etc. are **an ceann-a-tuath** and **an ceann-a-deas** meaning 'the north end' and 'the south end'respectively. The **-a-** represents the 'bridging vowel' to which reference has already been made.

1.7 Some confusion may arise from the fact that **an** in these expressions may have different meanings in different situations. In the expression **an àirde an iar**, the first **an** is the definite article 'the', while the second **an** is really **on (o + an)** 'from the'. In such constructions **an ear** and **an iar** may be thought of as indeclinable adjectives i.e. adjectives which do not change in form.
However, in this sentence –

Bha iad a' fuireach an taobh an iar na dùthcha.
They were living in the west of the country.
– the first **an** is now a shortened form of **ann an** 'in'.

1.8 Adverbs of rest and motion also show considerable variation. **Mu thuath** may mean 'northwards' or 'in the north' while **mu dheas** may mean 'southwards' or 'in the south'. However 'eastwards' is **chun na h-àirde an ear** while 'in the east' is **san (àirde an) ear**. Similarly, 'westwards' is **chun na h-àirde an iar** and 'in the west' is **san (àirde an) iar**.

1.9 When indicating 'motion towards' **gu** may be used instead of **chun** in the following way:

gu tuath, gu deas for 'northwards /to the north' etc., but **an ear** and **an iar** is more common.

Note also that 'northwards' and 'southwards' are frequently rendered as **sìos gu tuath** and **suas gu deas** respectively. Yes, 'down north' and 'up south'!

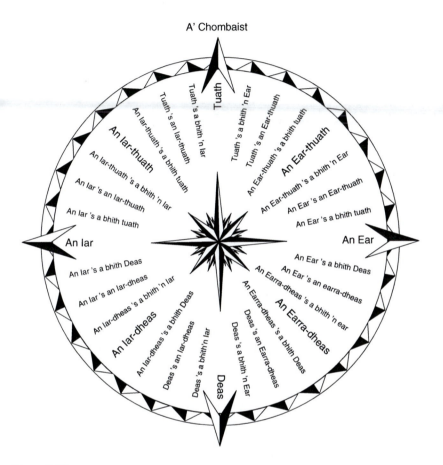

Figure 8 The compass

1.10   To a greater or lesser degree, all prepositions implying movement to or from are used with expressions of direction. The prepositions **à** /**às** 'from out of' and **(bh)o** 'from, away from' are very common, while **ri** 'to, towards' and **a dh'ionnsaigh** 'towards' are rather less common. The use of the preposition **do** appears to be rare in these circumstances. Some examples are:

Bha an abhainn a' ruith bho dheas gu tuath.
The river ran from south to north.
Bha gaoth làidir a' sèideadh on àirde an ear.
A strong wind was blowing from the east.
Thàinig sgaoth mòr às an àirde an iar.
A great swarm came out of the west.
Theich iad ri tuath.
They fled northwards.
– though **ri** may not necessarily imply movement:
Bha na treubhan a bha a' fuireach ri tuath car nàimhdeil.
The tribes which were living to the north were somewhat hostile.

Do should be treated with caution, as this preposition implies not only movement 'towards', but also 'into' a place:

B'fheàrr dhaibh dol air ais don taobh tuath.
It would be better for them to go back (in)to the north country.

1.11 **Ann an /anns** (often abbreviated to **an** and **san**) may, as we have seen, be used with adverbial expressions of 'rest'.

San taobh an iar.
In the west.
Ann an ceann-a-deas an eilein.
In the south (end) of the island.

1.12 **Air** is used only with **taobh**:

Air taobh tuath agus an iar an eilein.
On the north and west coasts of the island.

1.13 In certain circumstances these words may, as they may also in English, be used without a preposition:

Bha mi deas is tuath, an iar 's an ear.
I was south and north, west and east.
An iar tha beanntan àrda agus an ear tha còmhnardan mòra.
West there are high mountains and east there are great plains.

1.14 A position 'north of', 'south of' etc. is expressed as follows:

Tha seann eaglais dà mhìle deas air a' bhaile.
There is an old church two miles south of the town.
Trì mìle an iar air an taigh-òsta tha loch farsaing domhainn.
Three miles west of the hotel there is a wide, deep loch.

2.0 Adjectives and nouns derived from adverbs of direction

2.1 The words **tuathach, deasach, searach** and **siarach** may be used as nouns or adjectives meaning 'northern(er), southern(er), eastern(er) and western(er)' respectively.

2.2 **Siar** and **sear** are adjectives used in certain place names e.g. **an Taobh Siar** the West Coast, **na h-Eileanan Siar** the Western Isles, **an Taobh Sear** the East Coast, **an Cuan Siar** the Western Ocean i.e. the Atlantic.

3.0 Generally, place names containing the element 'North', 'South', 'East' or 'West' show the following pattern

Ameireaga-a-Deas	South America	**Afraca-an-Ear**	East Africa
Afraca-a-Deas	South Africa	**Afraca-an-Iar**	West Africa
Uibhist-a-Tuath	North Uist	**Eirinn-a-Tuath**	Northern Ireland.

But note:

na h-Innseachan	The West Indies	**na h-Innseachan**	the East Indies
an Iar		**an Ear**	

na h-Innseachan alone, incidentally, means 'India'.

3.1 The adverbs **mu thuath** and **mu dheas** are quite frequently used as alternatives to **-a-tuath** and **-a-deas** e.g. **Afraca mu Dheas** South Africa and **Ameireaga mu Thuath** North America.

4.0 The other cardinal points

4.1 The four main intervening cardinal points are:

an ear-thuath	the north-east	**an earra-dheas**	the south-east
an iar-dheas	the south-west	**an iar-thuath**	the north-west

These may also be used in their fuller form i.e. **an àirde an ear-thuath** etc.

4.2   The next eight intervening minor cardinal points are:

tuath 's an ear-thuath	NNE	**an ear 's an ear-thuath**	ENE
an ear 's an earra-dheas	ESE	**deas 's an earra-dheas**	SSE
deas 's an iar-dheas	SSW	**an iar 's an iar-dheas**	WSW
an iar 's an iar-thuath	WNW	**tuath 's an iar-thuath**	NNW

4.3   The remaining sixteen intervening minor cardinal points are:

tuath 's a bhith 'n ear	N by E	**an ear-thuath 's a bhith tuath**	NE by N
an ear-thuath 's a bhith 'n ear	NE by E	**an ear 's a bhith tuath**	E by N
an ear 's a bhith deas	E by S	**an earra-dheas 's a bhith 'n ear**	SE by E
an earra-dheas 's a bhith deas	SE by S	**deas 's a bhith 'n ear**	S by E
deas 's a bhith 'n iar	S by W	**an iar-dheas 's a bhith deas**	SW by S
an iar-dheas 's a bhith 'n iar	SW by W	**an iar 'sa bhith deas**	W by S
an iar 's a bhith tuath	W by N	**an iar-thuath 's a bhith 'n iar**	NW by W
an iar-thuath 's a bhith tuath	NW by N	**tuath 's a bhith 'n iar**	N by W

All these intervening points are used in the same way as the major points e.g.

san ear-thuath   in the north-east   **gun ear-thuath**   to the north-east etc.

5.0   Etymological notes

It may appear odd to the student that, in English, the intervening cardinal points give prominence to North and South, while, in Gaelic, prominence is given to East and West. (cf. **an ear-thuath** and 'north-east'). The reason is that the cardinal points in Gaelic are derived from sun-worship, where the worshipper would face the rising sun. **Ear** really means 'before', 'in front of', indicating the sun in the east, while **iar** means 'behind' indicating the position behind you as you face the east. The latter is, incidentally, the origin of the modern Gaelic **air** when it has the meaning 'after' as in:

Air do Shìne an doras a ghlasadh, thug i a leabaidh oirre.
After Jean had locked the door, she went to bed.

Tuath means 'left' and **deas** means 'right' (while facing the rising sun). The latter word, of course, still has this meaning:

an làmh dheas the right hand
le meuran na làimhe deise with the fingers of the right hand.

It is interesting to note that the adjective **tuathal** (from **tuath**) means 'unlucky, unfortunate'. We may compare this with the English word 'sinister', which is Latin for 'left'.

Note also that **deiseal** may mean 'sunwise', 'clockwise', while **tuathal** may mean 'anticlockwise'. The idea of good and bad luck relating to left and right is exemplified in two old customs:

a)   young boys, observing the traditions of **a' Challainn**, the old New Year, moving sunwise or clockwise when encircling the houses visited.
b)   fishing boats leaving harbour going astern on occasion in order to avoid turning to port before heading out to sea.

An extended meaning of **tuathal** is 'confused', 'agitated', e.g.

Chuir e tuathal mi.
It confused me, knocked me 'all wrong'

Appendix 10: Time

1.0 Words for 'time'

There are five main words to express the idea of 'time' and, though they all have some similarities, there are subtle differences between them. These are given below, with examples of usage.

There is also a number of other words which may be used to express the idea of 'time / times' in one sense or another, and these follow on at the end of the section.

'Time' in the sense of telling the time is dealt with in Section ii) Time of the Clock.

1.1 Àm

The word **àm** denotes a period of time which is never defined in terms of length, but which is otherwise very specific. It may be made specific:

1) by the use of **aig** 'at' followed by:

   a) the definite article or a demonstrative adjective.
   Bha mi 'nam mhaighstir-sgoile aig an àm.
   I was a schoolmaster at the time.
   Aig an àm ud bha e a' fuireach ann am baile beag bòidheach.
   At that time he was living in a pretty little town.

   b) an indefinite noun accompanied by an indefinite pronoun.
   Chan fhuirichinn an sin aig àm sam bith den latha.
   I wouldn't stay there at any time of the day.

2) by the use of **àm** followed by a noun in the genitive case (with or without **aig**):
   Aig àm ar sgeòil bha Calum na sheòladair.
   At the time of our story Calum was a sailor.
   Tha mòran uan ri am faicinn (ann) an àm an earraich.
   There are many lambs to be seen in [the] springtime.
   B' e àm an neadachaidh a bha ann nuair a bha sinn ann.
   It was nesting time when we were there.
   Fhritheil mi seirbhisean an sin aig àm na Caisge / Càsga agus aig àm na Nollaige.
   I attended services there at Eastertime and at Christmastime.

3) by the use of **àm** followed by **de** 'of' and a noun, when the time is considered as part of a larger unit of time:
   Dè tha a dhìth ort mun àm seo a dh' oidhche? / de'n oidhche
   What do you want at (lit. about) this time of night?
   Mun àm ud den bhliadhna tha an dùthaich glè bhrèagha.
   At that time of the year the country(side) is very pretty.

4) by the use of a limiting or specifying adjective such as **sònraichte, àraidh** both meaning 'certain' (i.e. special), specific, and **freagarrach, iomchaidh**, both meaning 'suitable', 'meet', 'fitting', 'decent' etc.:

Aig amannan sònraichte den bhliadhna bithidh eòin a' tighinn an seo bho dhùthchannan cèine.
At certain times of the year birds come here from foreign countries.
Dè an t-àm as freagarraiche airson na coinneimh?
What is the most suitable time for the meeting?
Feumaidh tu bhith dhachaigh aig àm iomchuidh.
You must be home at a decent time.

5) by the use of the definite article followed by a construction involving a verbal noun phrase, aig or ann with the underlying meaning 'fit, proper, fit etc. time', but without adjectives:
Seo an t-àm gu Oidhche Challainn a chumail.
This is the time to keep (i.e. celebrate) Hogmanay.
Nuair a thig an t-àm bithidh sinn deiseil.
When the time comes we shall be ready.
Nach eil an t-àm aig Barabal a bhith a-staigh?
Isn't it time for Barbara to be in?
Tha an t-àm air tighinn airson an t-airgead a roinn.
The time has come to share (out) the money.
Note also:
Tha e na làn àm agad an tuasaid seo a thoirt gu crìch.
It's high time you brought this quarrel to an end. (lit. it's in its full time at you etc.)

6) by the use of descriptive adjectives (but not those specifying length / duration):
'Se àm trang a tha ann don sgoil.
It's a busy time for the school.
Ràinig iad Dùn Eideann (ann) an deagh àm.
They reached Edinburgh in good time.
'Se droch àm den bhliadhna a tha ann gu dearbh.
It's a bad time of the year indeed.
Bhuail e air inntinn gum bu mhath an t-àm dha faotainn a-mach dè bha air tachairt.
It struck him that it would be a good time for him to find out what had happened.

7) by the use of phrases meaning 'such a time' or 'a time like this':
Chan eil mi ag iarraidh dragh a chur ort aig a leithid seo de àm.
I don't want to bother you at such a time.
Chan eil fhiosam dè a' bhuaidh a bhitheas orra aig àm den t-seòrsa seo.
I don't know what the effect will be on them at a time like this. (lit. a time of this sort)

8) by the use of adjectives meaning 'the same' or 'the very same':
Bithidh iad a' tighinn an seo aig na h-aon àmannan a h-uile seachdain.
They come here at the same times every week. (Note the fut. tense indicating 'habitual' action)
Aig an aon àm agus a bha na h-atharrachaidhean seo a' gabhail àite ...
At the same time as these changes were taking place ...
Note: aon meaning 'one' is the only numerical adjective used with àm and is always accompanied by aig:
Aig aon àm bha mi a' smaoineachadh gur e duine math a bh' ann.
At one time I thought he was a good man.

9) by describing the time period with a relative clause, àm being definite or indefinite as required:
Bha e ag innse sgeulachdan mu àm nach till ruinn.
He was telling stories about a time which will not return to us.
Tha ùidh aige anns an àm a dh'fhalbh agus anns an àm (a) tha làthair.
He is interested in the past and in the present.(lit. the time that has gone and the time that is present -see Note iii following).
Bha àm ann nuair a bha a' Chruithnis 'ga labhairt an seo.
There was a time when Pictish was (being) spoken here.

Note:
i) **anns / ann an** are frequently used with the type of construction shown above, with the meaning 'during the period that / while'. **Anns** and the definite article may be shortened to **san:**
San àm a bha e beò agus tacan math às a dhèidh ...
During the time he was alive and for a good time after it ... (for **tacan** see 'Other Words for Time Section 7).
ii) **(ann) an àm** means 'in time' (to do something)
Ràinig iad an t-àite (ann) an àm (an duine a shàbhaladh).
They reached the spot in time (to save the man).
iii) 'the future' is **an t-àm ri teachd**
Tha mi an dòchas gum bi nithean fada nas fheàrr 'san àm ri teachd.
I hope things will be much better in the future.
iv) **o àm gu àm** meaning 'from time to time'
Bithidh mi a' tadhal orra o àm gu àm.
I visit them from time to time.
v) **ri àm** meaning 'during'
Ri àm na gaillinn as seirbhe
During the bitterest gale.

1.2 Uair

The word **uair** means both 'hour' and 'time'. In the former meaning it is used to ask and tell the time. In this section we shall not be dealing with this aspect of the word, but only with its usage as a word denoting 'time(s)'.

uair is used when the time mentioned is considered as part of a series or of a repetition. This may be shown in a number of ways:

1) by the use of ordinal adjectives such as first, second, hundredth, last etc.
Bha Calum anns a' bhaile-mhòr an-dè airson na ciad uair(e) an còrr is fichead bliadhna. (note that many people would say / write **airson a' chiad uair** – see **ciad**)
Calum was in the city yesterday for the first time in more than twenty years.
Cha b' e seo a' chiad uair no an uair mu dheireadh a thachair e rium. (see **ciad** and **tachair**)
This wasn't the first time or the last time that I had met him.

2) by the use of numerical adjectives such as one, two, three etc.
Ma chuala mi an sgeul seo aon uair chuala mi ceud uair e.
If I heard this story once I heard it a hundred times. (See **ceud**)
Bha na binichean air an lìonadh dà uair 'san latha.
The bins were filled twice a day.

3) by any other means which express or imply a series, repetition or contrast.
Bha na spreaghaidhean na b' fhaide air falbh an uair ud.
The explosions were further away that time.
Chuala mi e a' bruidhinn air an rèidio grunn uairean.
I have heard him speaking on the radio a number of times.
Gach uair a chithinn e bhitheadh e air fàs na bu mhotha.
Each time I saw him, he had grown bigger.
Theirte gum bitheadh an t-each-uisge ra fhaicinn air uair na dhuine agus air uair na each.
It was said that the water horse was to be seen at times as a man and at times as a horse. (also 'at one time ... at another / sometimes ... sometimes').
'Sometimes' appears in a variety of forms:
Bha e doirbh a thuigsinn uaireannan.
It was difficult to understand him sometimes.

Cha robh i 'gam thuigsinn air uairean.
She did not understand me sometimes / at times
Bhitheadh iad a' tadhal oirnn air uairibh.
They used to visit us sometimes.
Some other usages of **uair** are:
Agus, gu dearbh, b' ann an uair a dh'eubh e.
And, indeed, it was [just] in time that he shouted.
Seallaidh mi e dhut uaireigin.
I'll show it to you sometime.
Feumaidh sinn dol suas an sin uair air choreigin.
We must go up there sometime or other.

1.3 Ùine

The word **ùine** is used for a space of time, or for time as a usable commodity. It is defined only in terms of duration, and never of quality.

1)   as a space of time:
     Ann an ùine gu math goirid cha robh duine ra fhaicinn.
     In quite a short time there wasn't a person to be seen.
     Bha e air falbh ùine mhòr.
     He was gone a long time. (lit. a great time)
     Anns an ùine o dh'fhàg e tha an eaglais air a bhith bàn.
     In the time since he left the church has been without a minister. (see **bàn**)
     Ùine an dèidh seo dh'fhàg e a' choimhearsnachd.
     Some time after this he left the district. (Note that Gaelic does not always use a word for 'some')
     Fad na h-ùine seo bha e fon choill.
     All this time he was / had been an outlaw. (see **fo**)

2)   as a commodity which one may have, give, take, need, spend, waste, etc. (or where such usefulness is implied):
     Cha robh ùine aige airson na pàipearan sin a sgrùdadh.
     He had no time to examine those papers.
     Tha ùine gu leòr ann.
     There is plenty of time.
     Thug e do na h-oileanaich aige a' chuid a b' fheàrr de a ùine is de a thalannan.
     He gave [to] his students the best part of his time and [his] talents.
     Chaith e an ùine sin 'ga dheasachadh fhèin airson nan deuchainnean.
     He spent that time preparing himself for the examinations.
     Cha do chaill mi mòran ùine a' lìonadh mo cheasaichean.
     I didn't lose much time packing my cases.
     Tha iad a' ruith a-null 's a-nall gun ùine airson bruidhinn ri càch.
     They are running hither and thither with no time for talking to others.

3)   as something which passes:
     Mar a chaidh an ùine seachad dh'fhàs e na bu mhì-fhoighidniche (is na bu mhì-fhoighidniche).
     As the time passed, he grew more (and more) impatient.
     Ruith an ùine seachad gus an robh an t-àm ann a dhol dhachaigh.
     The time ran past until it was time to go home. (see **àm** Sect. 5)
     Bha an ùine air ruith.
     The time had run out / passed.

4)   'in time' with the meaning 'in course of time':
     Bha dòchas aige gum bitheadh e ri ùine na mhaighstir-luinge.
     He hoped that in (course of) time he would be a ship's master.

1.4 Tìde

The word **tìde** is used, for the most part, in the same circumstances as the word **ùine**.

1) as a space of time:
   Aig ceann na tìde sin bha iad deiseil.
   At the end of that time they were ready.
   Chaochail Seumas beagan tìde air ais.
   James died a short time ago. (lit. a little time back)
   Bha e a' bruidhinn fad na tìde.
   He was talking all [of] the time.

2) as a commodity to be spent, wasted, passed etc.:
   Chuir e seachad a' chuid a b' fheàrr den tìde a' leughadh a leabhraichean.
   He spent most of the time (lit. the best part of the time) reading his books.
   B' urrainn dhut sin a dhèanamh gun mòran tìde a chall.
   You could do that without losing much time.
   Ciamar a bha e a' caitheamh a thìde?
   How was he spending his time?
   Nì sinn sin ma bhitheas de thìde againn.
   We shall do that if we have enough time. (see **de**)
   Gabhaibh ur tìde.
   Take your time.
   Cha do chosg e mòran tìde a' dèanamh air a' bhàta.
   He didn't waste much time making for the boat.
   Thuirt mi rithe gum feumainn tìde airson smaoineachadh mun cheist.
   I said to her that I would need time to think about the problem.
   Cha robh an còrr aige ri dhèanamh le a thìde.
   He had nothing else to do with his time.

3) as something which passes:
   Cha do dh'fhairich iad an tìde a' dol seachad idir.
   They were not (at all) aware of the time passing.
   Bha an tìde air ruith a-mach.
   (The) time had run out.

4) like **àm, tìde** may be used to imply 'high' time:
   Tha a thìde aig Raibeart a bhith pòsta.
   It's (high) time Robert was married. (lit. it's its time at Robert to be married)
   Ach bha a thìde aice sgioblachadh beag a dhèanamh.
   But it was time she did a little tidying up.
   Sometimes **làn** is used:
   Tha mi a' smaoineachadh gu bheil làn thìde ann dòighean ùra a lorg air cumhachd fhaighinn.
   I think it's high time to find new ways of obtaining power.

5) some other usages:
   Tha (a) dhìol tìde aige a-nise gu bhith a' gabhail aithreachais airson a dhòbheartan.
   He has all the time he needs now to repent his misdeeds. (see 'Other Words for Time' Section 14 – **dìol**)
   Tha dòchas againn gun cluinn sinn mun deidhinn ann an tìde.
   We hope we shall hear about them in time (i.e. in sufficient time.)
   Sheas e air a' chnoc far an togtadh ri tìde taigh mòr brèagha.
   He stood on the hill where there would be built, in (course of) time, a big fine house.
   Tre / tro thìde bhiodh seòmar-ionnlaid anns gach taigh.
   In time (lit. through time) there would be a bathroom in every house.
   Bithidh mi a' sgrìobhadh thugad ma cheadaicheas an tìde dhomh.
   I shall be writing [to] you if time allows [to me] / if time permits.

Tha sinn an dòchas gum mair an gnàths seo beò ged is e tìde a dh'innseas.
We hope that this custom will survive though [it is] time [that] will tell.
Thàinig e on chlò mu bhliadhna na tìde seo.
It it was printed / published about a year ago (lit. it came from the press about a year of this time).
Rugadh e dà cheud bliadhna na tìde seo.
He was born two hundred years ago.

6) a usage that is unique to **tìde** is to stipulate the meaning 'hours' or 'o'clock' when using **uair**:
Chuir e seachad trì uairean a thìde anns an taigh-tasgaidh.
He spent three hours [of time] in the museum.
Bithidh mi air ais ann an leth uair a thìde.
I will be back in half an hour's time.

1.5 Tìm

This word is less frequently used than the previous four and, though it has some usages in common with **ùine** and **tìde**, its main use nowadays is as a word meaning time at its most abstract i.e. as a dimension, or as a personification of time.

1) as usable time or a period of time:
Nach taitneach an obair sin airson cur seachad tìm?
Is that not a pleasant task for passing time? (lit. is it not pleasant that task etc.)
Chleachd e a thìm ann a bhith a' glanadh a' ghàrraidh.
He employed his time in weeding (lit. cleaning) the garden.
Bha fhios aige nach robh tìm ann airson leum bhàrr a' bhàta mun do bhuail i.
He knew that there was no time to jump from the boat before she struck.
Bha ceann a thìmse air tighinn.
The end of his time (of imprisonment, service etc.) had come. (see the suffix -se)

2) as abstract or personified time:
Ma ghabhas sinn ceum air ais ann an tìm ....
If we (will) take a step back in time ....
Tha an camara, mar gum bitheadh, air tìm a stad.
The camera has, as it were, stopped time.
Bha tìm air iomadh atharrachadh a dhèanamh.
Time had wrought many changes.
Tha iad a' feuchainn ris an droch là a chur cho fada bhuapa ann an tìm 's a ghabhas.
They are trying to put the evil day as far from them in time as possible. (see **gabh**)

3) it is occasionally used in a historical sense:
B' iad seo fasain nan tìmeannan anns an robh e beò.
Those were the fashions of the times in which he lived.

2.0 Other words for 'time'

In addition to the five words already given for 'time' there is a number of words which are less commonly used or are mainly used in rather special circumstances.
In some situations, Gaelic may not use a word for 'time' at all, though it is used in the English version, or may use a word which has nothing to do with time.

1) **aimsir**
This word may mean 'time', 'weather' or 'season' (especially in the sense 'appropriate / fit season'). In usage it has similarities to all the words studied except **uair**, though in most instances it has an underlying meaning of 'historical time'.
Bha an sluagh borb aineolach anns an aimsir a chaidh seachad.
The people were barbaric and ignorant in the past.

Bha an caisteal mar theachdaire bhon t-seann aimsir.
The castle was like a messenger from the old time(s).
Cha robh iad mar thogalaichean mòra na h-aimsire seo.
They were not like the great buildings of these times. (i.e. of today)

2) **linn**
Linn may mean a space of time, times, age, era or century. It is frequently used in the form **ri linn** followed by a noun in the *gen* case with the meaning 'during the time of'.
Rachamaid air ais gu linn nan Ròmanach.
Let us go back to the time of the Romans / to Roman times.
Bha daoine a' fuireach an seo ri linn an t-Seann Tiomnaidh.
People were living here in Old Testament times.
Bithidh sinn a' gabhail ceum air ais gu linn nuair a bha na Cruithnich a' tàmh ann an Albainn.
We shall be stepping back to a time / age when the Picts inhabited Scotland.

3) **turas**
This word really means 'a turn'. In usage it is very similar to **uair** in that it stands for 'time in a series'.
Tha còig àil aca sa bhliadhna agus deichnear air a h-uile turas.
They have five broods per year and ten (offspring) every time.
Mar a thuirt mi an turas mu dheireadh chan esan as coireach ri seo.
As I said last time, he is not to blame for this.
B' e sin a' chiad turas a chunnaic mi e.
That was the first time I saw him / it. (see **ciad**)
Note also:
Bha e turas a' searmonachadh anns an eaglais ainmeil sin.
He was once preaching in that famous church.

4) **tràth** is not now commonly used on its own, but is occasionally encountered in association with other nouns to indicate ' -time'.
Cuin a tha an tràth-dinneireach?
When is dinner-time?
Thachair e rium anns an tràth-nòin.
I met him in the afternoon. (see **tachair**)
Choisich sinn anns an tràth-feasgair chiùin.
We walked in the calm eventide.
Chan eil tràth-bidhe sàmhach a-riamh anns an taigh seo.
There's never a quiet meal-time in this house.
Note also:
Cha d'fhuair iad air ais ann an tràth.
They didn't get back in time.
It is perhaps worth noting here that the phrase **an tràth seo** (not now used) has been transmuted into **an-dràsta**, just now, at present.

5) **greise** and **greiseag** both mean 'a short time / while'.
Sheall e sìos air a' bhaile greiseag.
He looked down upon the town for a while / short time.
An ceann greise dh'èirich e agus chaidh e a-mach.
After a while he rose and went out.

6) **tac** is very limited in usage.
Dè tha thu ag iarraidh mun tac seo den mhadainn?
What do you want at (lit. about) this time of [the] morning?
Tha iad daonnan glè thrang mun tac seo den bhliadhna.
They are always very busy at / around this time of the year.
Note: **tac seo** is frequently represented as **tac-sa** e.g. **mun tac-sa (a) dh' oidhche** at / about this time of night, and the svarabhakti vowel is sometimes written e.g. **mun taca ud den mhadainn** at / about that time of the morning.

7) **tacan** is a diminutive form of the above, and is used with the meaning 'while / short time'. One example has already been given under **àm** (Sect. 9 Note (1)).
Fanamaid tacan anns an Òban.
Let us stay a while in Oban.

8) **tamall** is now uncommon, but is used in the same way as **tacan**.
an ceann tamaill after a while
rè tamaill for a while
car tamaill bhig for a short while

9) **seal** is likewise rarely seen.
mun t-seal seo de a bheatha about this time of his life

10) **siubhal**, basically meaning 'travelling / a journey' may also mean 'time' in the following situation:
Is fheudar don a h-uile duine a bhith fad an t-siubhail ri leasachadh a thàlannan.
Every man ought to be improving his talents all the time. (lit. it is behoving to every man to be all the time at improving his talents)

11) **mithich** means 'fit time', 'high time', and is usually now met only in such constructions as:
Is mithich dhomh bhith (a') falbh.
It's high time I was going / leaving.
Is mithich dhut a bhith (a') dol dhachaigh.
It's high time you were going home.

12) 'times' in a multiplicative sense may be expressed in a number of ways:
Tha cudthrom na talmhainn a cheithir fichead uiread ri truimead na gealaich.
The weight of the earth is eighty times the weight of the moon.
Tha am màl a thrì uibhir 's a bha e.
The rent is three times as much as it was.
Tha prisean còig tursan / turais nas àirde a-nise.
Prices are five times higher now.

13) **o chionn** is derived from a word meaning 'time' (**cian**) and can be said, loosely, to mean 'ago':
o chionn fhada long ago / a long time ago
o chionn ghoirid a short time ago / recently
o chionn nan cian a long, long time ago
Connected with this, but not so common, is **a chianamh** meaning 'a little time ago / recently':
Chunnaic mi e a chianamh.
I saw him recently. (just a little while ago)

14) **dìol** is rather more difficult to explain. Basically it means 'satiety / satisfaction / abundance' and can be seen clearly enough with this meaning in:
Tha a dhìol ùine aige. He has plenty of time. (see also **tìde** – section 5)
The same basic meaning can be seen in:
Ghabh e a dhìol ùine ag èirigh which literally means 'He took his satisfaction of time rising' i.e. 'He took his time getting up' with an underlying meaning of 'deliberately and defiantly'.

15) sometimes, in the phrase 'a long time', the word for time is omitted:
Ach is dòcha gur fada gus an tachair sin.
But perhaps it will be a long time before that happens.
'S fhada o bha mi a' feitheamh ri cothrom den t-seòrsa seo.
I have been waiting a long time for an opportunity like this. (lit. it is long since I have been waiting …)
Ach is fhada bhon uair sin.
But it's a long time since then.

Intensive variations of the preceding are: *is fhada 's is cian bhon uair sin* and *'s fhada bhon dà latha sin*

O chionn fhada an t-saoghail ...

Long, long ago (a common beginning to folk tales etc.)

16)   occasionally, in the Gaelic idiom, the main word has little or nothing to do with time:

Tha iad uile air chùl an t-seanchais.

They are all behind the times.

Chan eil (gnothach) agam air daoine dha leithid.

I have no time for people like him. (or **Tha mi coma de dhaoine dha leithid**)

3.0   Time of the clock

Dè an uair a tha e? What time is it?

3.1   How to use the tables

Table 1. shows the simplest form of time by the clock. For example to say, "It is five o'clock." one simply says **"Tha e còig uairean."**

In Table 2. the second column is entirely interchangeable. For example, the table shows **"Tha e còig mionaidean gu uair."** "It is five minutes to one.", but one could also say, **"Tha e còig mionaidean gu seachd, gu naoi."** etc. "It is five minutes to seven, to nine." etc.

Table 3. shows the minutes after the hour and, again, the second column is completely interchangeable. For example, the table shows **"Tha e còig mionaidean an dèidh seachd."** "It is five past seven.", but one could also say, **"Tha e còig mionaidean an dèidh aon uair deug."** "It is five past eleven."

3.2   Table 1. Hours of the clock

Tha e ...	It is ...
uair	one o'clock
dà uair	two o'clock
trì uairean	three o'clock
ceithir uairean	four o'clock
còig uairean	five o'clock
sia uairean	six o'clock
seachd uairean	seven o'clock
ochd uairean	eight o'clock
naoi uairean	nine o'clock
deich uairean	ten o'clock
aon uair deug	eleven o'clock
dà uair dheug	twelve o'clock

3.3   Table 2. Minutes to the hour

Tha e ...	It is ...	
còig mionaidean gu	uair	5 to 1
deich mionaidean gu	(a) dhà	10 to 2
cairteal gu	trì	1/4 to 3
fichead mionaid gu	ceithir	20 to 4
còig mionaidean fichead gu *	còig	25 to 5
	sia	– to 6
	seachd	– to 7
	ochd	– to 8
	naoi	– to 9
	deich	– to 10
	aon uair deug	– to 11
	dà uair dheug	– to 12

* see the note following Table 3

3.4   Table 3. Minutes after the hour

Tha e ...	It is ...	
còig mionaidean an dèidh	seachd	5 past 7
deich mionaidean an dèidh	ochd	10 past 8
cairteal an dèidh	naoi	1/4 past 9
fichead mionaid an dèidh	deich	20 past 10
còig mionaidean fichead an dèidh *	aon uair deug	25 past 11
leth uair an dèidh	dà uair dheug	1/2 past 12
”	uair	– past 1
”	(a) dhà	– past 2
”	trì	– past 3
”	ceithir	– past 4
”	còig	– past 5
”	sia	– past 6

*Note that the new system of counting being currently used in schools would also apply here. Hence fichead is còig mionaidean gu ... and fichead is còig mionaidean an dèidh ...

3.5   Some further examples

Bha e ochd uairean a dh'oidhche.
It was eight o'clock at night.

Thàinig e air ais aig trì uairean sa mhadainn.
He returned at three o'clock in the morning.
The word **uairean** may be omitted just as 'o'clock' may be in English.

Dh'fhalbh e mu chòig.
He left about five.

Sheòl am bàta aig meadhon oidhche / meadhon latha.
The boat sailed at midnight / midday.

4.0   The calendar

4.1   Làithean na seachdain(e) *The days of the week*

Diluain *nm*	Monday	Dihaoine *nm*	Friday
Dimàirt *nm*	Tuesday	Disathairne *nm*	Saturday
Diciadain *nm*	Wednesday	Didòmhnaich *nm*	Sunday
Diardaoin *nm*	Thursday	Là na Sàbaid *nm*	The Sabbath Day*

*also **An t-Sàbaid** *nf* The Sabbath

Some examples

Is e Disathairne a bha ann.
It was [a] Saturday

O Dhiardaoin gu Diluain.
From Thursday to Monday
Note that days of the week do not normally need a preposition for 'on'.
Thàinig e dhachaigh Dimàirt. He came home onTuesday
Chan fhaca mi e Disathairne. I didn't see him on Saturday.
– but **air** is used when indicating an 'indefinite' day e.g. *air Diluain* on a Monday.

4.2   Mìosan na bliadhna *The months of the year*

It should be noted that the following calendar is a comparatively modern introduction. The old calendar consisted of periods based upon the weather and the agricultural year.

A particular period might not commence until the correct type of weather associated with it had arrived. Thus, **Gearran** (now February) may well have included part of present-day March.

am Faoilteach **nm*	January	**an t-Iuchar** *nm*	July
an Gearran *nm*	February	**an Lùnastal** *nm*	August
am Màrt *nm*	March	**an t-Sultain(n)** *nf*	September
an Giblean *nm*	April	**an Dàmhair** *nf†*	October
an Cèitean *nm* **	May	**an t-Samhain(n)** *nf*	November
an t-Òg-mhios *nm*	June	**an Dùbhlachd** *nf††*	December

*also **am Faoilleach** *nm* **also **a' Mhàigh** *nf†* also **an Dàmhar** *nm* †† also **an Dùdlachd** *nf*

Some examples
Is e an Dùdlachd a bh'ann.
It was December

Chì mi thu a-rithist anns an Dàmhair.
I'll see you again in October

Bidh mi air ais sa Ghearran.
I'll be back in February

Anns an Òg-mhios.
In June

Deireadh an Iuchair.
The end of July.

4.3   Ràithean na bliadhna *The seasons of the year*

an t-earrach *nm*	the spring	**am foghar** *nm*	the autumn
an samhradh *nm*	the summer	**an geamhradh** *nm*	the winter

Some examples:

as t-earrach / 'san earrach	in (the) spring
anns an t-samhradh / as t-samhradh / a shamhradh	in (the) summer
[ann] an àm an earraich	in springtime
anns a' gheamhradh / a gheamhradh	in the winter / in winter
as t-fhoghar	in (the) autumn

Bha iad a' coiseachd còig mile don sgoil a shamhradh is a gheamhradh.
They walked five miles to school summer and winter

4.4   Làithean àraidh *Special days*

a' Bhliadhna Ùr	the New Year	**Oidhche Shamhna**	Hallowe'en
Là na Bliadhna Ùire	New Year's Day	**Nollaig**	Christmas
a' Chàisg	Easter	**Là Nollaige**	Christmas Day
Dihaoine na Càisge†	Good Friday	**Oidhche Challainn**	Hogmanay
a' Chaingis *n,*	Pentecost, Whitsuntide	**Lùnastal** *	Lammas
an Carghas	Lent	**Là Bealltainn****	May Day

Bannag / Oidhche nam Bannag is an old name for Christmas Eve, though both terms were also applied to New Year's Eve in some areas.
* also August
****Là Buidhe Bealltainn** is a common expression for this
† also **Dihaoine Ceusta** i.e. Friday of Crucifixion

Some common expressions connected with the above:

aig àm na Nollaige	at Christmas time	**Oidhche Nollaig**	Christmas Eve
aig àm na Càisge	at Eastertime	**aig deireadh a' Charghais**	at the end of Lent
Dihaoine na Càisge	Good Friday	**Càisg nan Iùdhach**	Passover
air Là na Caingis	On the Day of Pentecost	**ugh na Càisge**	the / an Easter egg

4.5 Fèilltean *Festivals*

Fèill Anndrais	St. Andrew's Day	30th November
Fèill an Taisbeanaidh*	Epiphany	6th January
Fèill Brìghde	Candlemas	2nd February
Fèill Eòin	Midsummer	22nd June
Fèill Mìcheil	Michaelmas	29th September
Fèill Màrtainn	Martinmas	11th November
Fèill nan Naomh Uile	All Saints' Day	1st November
Fèill Pàdraig	St. Patrick's Day	17th March
Fèill Peadair	St. Peter's Day	29th June

Note that **fèill** does not *lenite* a *proper noun* following it (Dwelly) It may be preceded by **là** e.g. **Là Fhèill Brìghde, Là Fhèill Pàdruig** etc.
*also **Là nan Trì Rìghrean**

4.6 *Other expressions denoting calendar time*

seachdain	a week	**oidhche**	night
feasgar	afternoon, evening	**madainn**	morning
mìos	a month	**meadhan-latha**	midday, noon
bliadhna	a year	**meadhan-oidhche**	midnight
là / latha	a day	**mionaid**	a minute
linn	a century	**cola-deug** *	fortnight
dìog *nm* / **tiota** *nm*	a second		

*also **ceala-deug** (from **ceithir-là-deug**)

Some examples:
Bhon t-Seachdamh Linn Dheug
From the Seventeenth Century (Abbreviated: **Bhon L. 17**mh From the 17th C).

Na linntean ri teachd
Posterity

Bidh mi a' fuireach an seo cola-deug
I'll be staying here a fortnight

A' mhadainn an-diugh
This morning

Like **là / latha**, **feasgar** does not need **air**:
Chunnaic mi e feasgar Diluain I saw him on Monday afternoon / evening
– unless they are particularised e.g. **air latha àraidh, air feasgar àraidh** i.e. on a certain day, on a particular evening etc.

Other common expressions are:

aig an aon àm	at the same time	**fad an latha**	all day
an ath-oidhche	tomorrow night	**fad ceithir làithean**	for four days
an ath-sheachdain	next week	**fad na h-oidhche**	all night
ann an greiseig	in a while	**fad na h-ùine**	all the time
car greiseig	for a while	**tron latha**	during the day
dè 'n là a th'ann?	what day is it?	**tron oidhche**	during the night
an t-seachdain seo	this week	**anns a' mhionaid**	at once

an t-seachdain seo chaidh	last week
còig turais 'san latha	five times a day
madainn a-màireach	tomorrow morning
an t-seachdain seo tighinn	this coming week
taobh a-staigh dhà no trì làithean	within two or three days
tha e deich bliadhna (a dh'aois)	he is ten (years old)
a h-uile latha den t-seachdain	every day of the week

dh'èirich mi tràth anns a' mhadainn an-diugh
I rose early this morning (often **sa mhadainn** etc.)

dà oidhche 'san t-seachdain fad naoi seachdainean
two nights a week for nine weeks

Many other adverbial expressions connected with time will be found in Appendix 4
Adverbs.

Appendix 11: Numerals

1.0   The Gaelic counting system, old and new

Introduction

The traditional system of counting in Gaelic is a vicenary system as opposed to the decimal system used by most European countries. That is, it is based upon twenty instead of upon ten.

As the English system is shorter and more convenient, many Gaelic speakers tend to slip into this when dealing with larger numbers e.g.

Rugadh m'athair ann *an eighteen ninety-seven*
My father was born in 1897
– rather than:

Rugadh m'athair anns a' bhliadhna ochd ceud deug ceithir fichead 's a seachd deug

However, though the question was raised from time to time, the situation was never felt to be so pressing that action was taken. It is only recently, with the increase in Gaelic medium education, in which pupils can be envisaged switching from Gaelic to English or vice versa as their age, stage of development or needs dictate, with the additional complication of the use of calculators and computer programmes, that sufficient impetus has been supplied to take the final small, but important, step into decimalisation.

The new system can be expected to replace the old one in course of time, but the process will be a long and gradual one. Though pupils practised in the new system will gradually progress through their appropriate educational establishments, and will eventually take their places in the Gaelic speaking community, many people outside the field of education will continue to use the system they have been acustomed to using, whether the full, traditional system, or a mixture of Gaelic and English. For this reason, and because, in addition, the traditional system may be encountered in literature, at least a nodding acquaintance with it would be desirable.

Both systems are set out below.

2.0   The traditional Gaelic counting system

2.1   *Cardinal numbers accompanied by a noun*

a)   The first ten numerals are as follows:

1. aon (bhreac)	one (trout)	6. sia (bric)	six (trout)
2. dà (bhreac)	two (trout)	7. seachd (bric)	seven (trout)
3. trì (bric)	three (trout)	8. ochd (bric)	eight (trout)
4. ceithir (bric)	four (trout)	9. naoi (bric)	nine (trout)
5. còig (bric)	five (trout)	10. deich (bric)	ten (trout)

Note:
The numerals come before the noun.
Aon lenites all consonants where possible except **d, t** and **s**, e.g.:

aon chat	one cat	**aon duine**	one man
aon taigh	one house	**aon saighdear**	one soldier

The numbers 3 to 10 take a plural noun, although some commonly counted items remain in the singular no matter what the number e.g.:

ceithir bliadhna	four years	**trì latha deug**	thirteen days
sia duine deug	sixteen men	**còig mìle air fhichead**	twenty-five miles

Dà lenites all consonants where possible, and takes a form of the noun which which represents the old dual case, but to all intents and purposes is like the dative singular aspirated.
When the phrase is accompanied by an adjective this takes the nominative form aspirated, e.g.

> **dà chat mhòr** two big cats
> **dà phiseig bheag** two little kittens

– but, if the whole phrase is in the dative, the form is as follows:

> **le dà chat mhòr** by two big cats
> **le dà phiseig bhig** by two little kittens

– and similarly if the whole phrase is in the genitive:

> **earbaill an dà chait mhòir** the tails of the two big cats

b)   For the numerals from 11 to 19 Gaelic adds **deug** (equivalent to English 'teen') to the numerals shown above, with the noun sandwiched between.

11. aon (bhreac) deug	eleven (trout)	**16. sia (bric) dheug**	sixteen (trout)
12. dà (bhreac) dheug	twelve (trout)	**17. seachd (bric) dheug**	seventeen (trout)
13. trì (bric) dheug	thirteen (trout)	**18. ochd (bric) dheug**	eighteen (trout)
14. ceithir (bric) dheug	fourteen (trout)	**19. naoi bric) dheug**	nineteen (trout)
15. Còig (bric) dheug	fifteen (trout)	**20. fichead (breac)**	twenty (trout)

Deug is lenited

1.   after **aon** if the noun is feminine and does not end in **d, t, l, n, r**, or **s**

aon cù deug	eleven dogs	**aon ugh deug**	eleven eggs
aon chraobh dheug	eleven trees	**aon chearc dheug**	eleven hens
aon chas deug	eleven legs	**aon uair deug**	eleven hours*

*or 'eleven o'clock'
2.   after **dà** wherever possible

dà each dheug	twelve horses	**dà uair dheug**	twelve hours*

*or 'twelve o'clock'.
3.   in numbers 13 to 19 if the noun has a slender final vowel

trì eich dheug	thirteen horses	**trì cupannan deug**	thirteen cups

Note also that **fichead** takes the noun in the nominative singular.

c) From 21 to 29 the numerals 1 to 9 are added on to twenty e.g. **aon air fhichead** 'twenty one' means 'one upon twenty'.

21. **aon (bhreac) air fhichead***	twenty-one (trout)
22. **dà (bhreac) air fhichead**	twenty-two (trout)
23. **trì (bric) air fhichead**	twenty-three (trout)
24. **ceithir (bric) air fhichead**	twenty-four (trout)
25. **còig (bric) air fhichead**	twenty-five (trout)
etc.	etc.

*or **breac air fhichead**
An alternative, and shorter, method has been:

ceithir (bric) fhichead twenty four (trout)

The word **fichead** is here lenited as it follows a plural with a slender final vowel. A plural ending in a broad final vowel does not cause lenition:

sia cearcan fichead twenty-six hens

But note:

dà chirc fhichead twenty-two hens (where **circ** is lenited after **dà**)

d) The pattern continues with 'ten upon twenty' etc.

30. **deich (bric) air fhichead**	thirty (trout)
31. **aon (bhreac) deug air fhichead**	thirty one (trout)
32. **dà (bhreac) dheug air fhichead**	thirty two (trout)
33. **trì (bric) dheug air fhichead**	thirty three (trout)
34. **ceithir (bric) dheug air fhichead**	thirty four (trout)
35. **còig (bric) dheug air fhichead**	thirty five (trout)
etc.	etc.

e) At 40 the pattern changes to 'two twenty (trout)' and continues with 'two twenty (trout) and one' up to 49.

40. **dà fhichead (breac)**	forty (trout)
41. **dà fhichead (breac) 's a h-aon**	forty one (trout)
42. **dà fhichead (breac) 's a dhà**	forty two (trout)
43. **dà fhichead (breac) 's a trì**	forty three (trout)
44. **dà fhichead (breac) 's a ceithir**	forty four (trout)
45. **dà fhichead (breac) 's a còig**	forty five (trout)
etc.	

f) Fifty becomes 'forty and ten' and continues with 'forty and eleven' etc.

50. **dà fhichead (breac) 's a deich ***	fifty (trout)
51. **dà fhichead (breac) 's a h-aon deug**	fifty one (trout)
52. **dà fhichead (breac) 's a dhà dheug ****	fifty two (trout)
53. **dà fhichead (breac) 's a trì deug**	fifty three (trout)
54. **dà fhichead (breac) 's a ceithir deug**	fifty four (trout)
55. **dà fhichead (breac) 's a còig deug**	fifty five (trout)
etc.	

*or **leth-cheud (breac)**
for **a dhà, a trì etc. see Cardinal Numbers without a Noun below

g) Sixty is 'three twenty' and the pattern continues as for forty and fifty up to seventy-nine. Then eighty is 'four twenty' and, again, the pattern is continued up to ninety-nine.

60. trì fichead (breac)	sixty (trout)
61. trì fichead (breac) 's a h-aon, etc.	sixty-one (trout)
70. trì fichead (breac) 's a deich etc.	seventy (trout)
80. ceithir fichead (breac), etc.	eighty (trout)
90. ceithir fichead (breac) 's a deich etc.	ninety (trout)

h) from 100 to 199 the noun follows one hundred and the rest of the numeral follows the same pattern as for 1–19, but thereafter the counting continues in twenties.

100. ceud (breac)	one / a hundred (trout)
101. ceud (breac) 's a h-aon, etc.	a hundred and one (trout)
110. ceud (breac) 's a deich etc.	a hundred and ten (trout)
120. sia fichead (breac)	a hundred and twenty (trout)
130. sia fichead (breac) 's a deich etc.	a hundred and thirty (trout)
140. seachd fichead (breac)	a hundred and forty (trout)
150. seachd fichead (breac) 's a deich etc.	a hundred and fifty (trout)
160. ochd fichead (breac)	a hundred and sixty (trout)
170. ochd fichead (breac) 's a deich etc.	a hundred and seventy (trout)
180. naoi fichead (breac)	a hundred and eighty (trout)
190. naoi fichead (breac) 's a deich etc.	a hundred and ninety (trout)

Like **fichead, ceud** takes the nominative singular form of the noun.
i) The 'hundreds' all follow the same pattern:

200. dà cheud (breac)	two hundred (trout)
300. trì cheud (breac)	three hundred (trout)
400. ceithir cheud (breac)	four hundred (trout)
500. còig cheud (breac)	five hundred (trout)
600. sia ceud (breac)	six hundred (trout)
700. seachd ceud (breac)	seven hundred (trout)
800. ochd ceud (breac)	eight hundred (trout)
900. naoi ceud (breac)	nine hundred (trout)

j) The numbers 1,000 to 10,000 are equally straightforward:

1 000	**mìle (breac)**	a thousand (trout)
2 000	**dà mhìle (breac)**	two thousand (trout)
3 000	**trì mìle (breac)**	three thousand (trout)
10 000	**deich mìle (breac)**	ten thousand (trout)
100 000	**ceud mìle (breac)**	a hundred thousand (trout)
1 000 000	**millean (breac)**	a million (trout)

2.2 Cardinal numbers without a noun

When a numeral is not accompanied by a noun, the numeral is preceded by **a** (**a h-** before vowels) up to thirty-nine. From forty onwards numerals with or without a noun are identical.

1. a h-aon	**14. a ceithir deug**
2. a dhà	**15. a còig deug**
3. a trì	**16. a sia deug**
4. a ceithir	**17. a seachd deug**
5. a còig	**18. a h-ochd deug**
6. a sia	**19. a naoi deug**
7. a seachd	**20. a fichead**
8. a h-ochd	**21. a h-aon air fhichead**
9. a naoi	**22. a dhà air fhichead**
10. a deich	**23. a trì air fhichead**
11. a h-aon deug	**31. a h-aon deug air fhichead**
12. a dhà dheug	**32. a dhà dheug air fhichead**
13. a trì deug	**40. dà fhichead**

e.g. **Co mheud ugh a tha air fhàgail? Chan eil a h-aon.**

> How many eggs are left? Not one.
> **Co mheud cearc a tha anns an taigh-chearc? Tha a h-aon air fhichead.**
> How many hens are there in the henhouse? Twenty-one.

2.3 Ordinal numbers with a noun

a)   1st to 10th:

a' cheud (fhear)	the first (one)	**an siathamh (fear)**	the sixth (one)
an dara (fear)*	the second (one)	**an seachdamh (fear)**	the seventh (one)
an treas (fear)**	the third (one)	**an t-ochdamh (fear)**	the eighth (one)
an ceathramh (fear)	the fourth (one)	**an naoidheamh (fear)**	the ninth (one)
an còigeamh (fear)	the fifth (one)	**an deicheamh (fear)**	the tenth (one)

*or **an dàrna (fear)**
or **an trìtheamh (fear)

The preposition **thar** is often used instead of **air**, particularly with the ordinal numbers
an còigeamh fear thar an fhichead the 25th one.
an siathamh fear thar an t-sia fichead the 126th one

b)   The pattern continues with:

an t-aona (fear) deug	the eleventh (one)
an dara (fear) deug	the twelfth (one)
am ficheadamh (fear)	the twentieth (one)
an t-aona (fear) fichead	the twenty-first (one)
an dara (fear) fichead	the twenty-second (one)
an dà fhicheadamh (fear)	the fortieth (one)
an dà thicheadamh (fear) 's a h-aon	the forty-first (one)
an leth-cheudamh (fear)	the fiftieth (one)
an leth-cheudamh (fear) 's a h-aon	the fifty-first (one)
an ceudamh (fear)	the hundredth (one)
an ceudamh (fear) 's a h-aon	the hundred and first (one)
an sia ficheadamh (fear) 's a h-aon	the hundred and twenty-first (one)
am mìleamh (fear)	the thousandth (one)

2.4 Numerical nouns

Gaelic also has numerical nouns ranging from one to ten, and used only of persons. From **dithis** upwards, they govern the genitive plural case, e.g. **dithis mhac** two sons.

aonar	one person	**sianar**	six persons
dithis	two persons	**seachdnar**	seven persons
triùir	three persons	**ochdnar**	eight persons
ceathrar	four persons	**naoinear**	nine persons
còignear	five persons	**deichnear**	ten persons

2.5 Dates

These take the following form, with the words in brackets being optionally omitted in English:

Anns a' bhliadhna ochd ceud deug trì fichead 's a deich.

In (the year) eighteeen (hundred and) seventy.

Anns a' bhliadhna naoi ceud deug trì fichead 's a còig.

In (the year) nineteeen (hundred and) sixty-five.

Anns a' bhliadhna sia ceud deug 's a fichead.

In (the year) sixteen (hundred and) twenty.

2.6 Some further phrases:

Tha mi ag iarraidh dusan ugh.
I want a dozen eggs (Note that **dusan** is followed by the nominative singular of the noun)
Tha e mu ochd òirlich gu leth a dh' fhaid.
It is about eight and a half inches in length / long.
Note that **gu** here is an old preposition, otherwise obsolete, meaning 'with'.

Co mheud iasg a tha anns a' bhasgaid? Chan eil ach a h-aon / Tha sia ann (or **Sia** alone).
How many fish are there in the basket? There is only one / There are six.

3.0   The new Gaelic counting system

3.1   The new system is based on tens, and is much simplified

a)   It is identical to the old system as far as twenty.
b)   From twenty-one to twenty-nine the forms are:

fichead 's h-aon	21	**fichead's a sia**	26
fichead 's a dhà	22	**fichead's a seachd**	27
fichead 's a trì	23	**fichead's a h-ochd**	28
fichead 's a ceithir	24	**fichead's a naoi**	29
fichead 's a còig	25		

c)   Above twenty-nine, old resurrected decimal forms (or newly-coined ones) are employed. These are:

trithead	30	**seasgad**	60	**naochad**	90
ceathrad	40	**seachdad**	70		
caogad	50	**ochdad**	80		

Fichead (20) and **ceud** (100) have not changed.

3.2   Without a noun, the numbers from 30 to 39 are as follows

trithead	30	**trithead 's a còig**	35
trithead's h-aon	31	**trithead 's a sia**	36
trithead's a dhà	32	**trithead 's a seachd**	37
trithead's a trì	33	**trithead 's a h-ochd**	38
trithead's a ceithir	34	**trithead 's a naoi**	39

3.3   With a noun, these would be

trithead sgillinn	30 p	**trithead 's a còig sgillinn**	35 p
trithead 's h-aon sgillinn	31 p	**trithead 's a sia sgillinn**	36 p
trithead 's a dhà sgillinn	32 p	**trithead 's a seachd sgillinn**	37 p
trithead 's a trì sgillinn	33 p	**trithead 's a h-ochd sgillinn**	38 p
trithead 's a ceithir sgillinn	34 p	**trithead 's a naoi sgillinn**	39 p

Or:

trithead sgillinn	30 p	trithead sgillinn 's a còig	35 p
trithead sgillinn 's h-aon	31 p	trithead sgillinn 's a sia	36 p
trithead sgillinn 's a dhà	32 p	trithead sgillinn 's a seachd	37 p
trithead sgillinn 's a trì	33 p	trithead sgillinn 's a h-ochd	38 p
trithead sgillinn 's a ceithir	34 p	trithead sgillinn 's a naoi	39 p

It should be noted that, as with the old system, commonly counted objects or units are normally in the singular.

3.4   Some random examples, without a noun, are

caogad	50	seachdad's a còig	75
caogad 's a h-aon	51	ochdad's a sia	86
seasgad'a dhà	62	ochdad's a seachd	87
seasgad 's a trì	63	naochad's a h-ochd	98
seachdad 's a ceithir	74	naochad's a naoi	99

3.5   With a typical noun, these would be

caogad meatair	50 m	seachdad 's a còig meatair	75 m
caogad 's a h-aon meatair	51 m	ochdad 's a sia meatair	86 m
seasgad 's a dhà mheatair	62 m	ochdad 's a seachd meatair	87 m
seasgad 's a trì meatair	63 m	naochad 's a h-ochd meatair	98 m
seachdad 's a ceithir meatair	74 m	naochad 's a naoi meatair	99 m

Or:

caogad meatair	50 m	seachdad meatair 's a còig	75 m
caogad meatair 's a h-aon	51 m	ochdad meatair 's a sia	86 m
seasgad meatair 's a dhà	62 m	ochdad meatair 's a seachd	87 m
seasgad meatair 's a trì	63 m	naochad meatair 's a h-ochd	98 m
seachdad meatair 's a ceithir	74 m	naochad meatair 's a naoi	99 m

3.6   The higher numbers are equally straightforward

ceud, seachdad 's a ceithir	174	sia ceud, seasgad 'a dhà	662
dà cheud, seasgad 's a trì	263	seachd ceud, ochdad's a seachd	787
trì cheud, caogad 's a h-aon	351	ochd ceud, naochad 's a naoi	899
ceithir cheud, ochdad 's a sia	486	naoi ceud is caogad	950
còig cheud, naochad 's a h-ochd	598	mìle	1000

3.7   With a typical noun this would be

ceud, seachdad 's a ceithir cilo	174 kilos	sia ceud, seasgad 'a dhà chilo	662 kilos
dà cheud, seasgad 's a trì cilo	263 kilos	seachd ceud, ochdad 's a seachd cilo	787 kilos
trì ceud, caogad 's a h-aon chilo	351 kilos	ochd ceud, naochad 's a naoi cilo	899 kilos
ceithir ceud, ochdad 's a sia cilo	486 kilos	naoi ceud is caogad cilo	950 kilos
còig ceud, naochad 's a h-ochd cilo	598 kilos	mìle cilo	1000 kilos

3.8   And further, with or without a noun

mìle, dà cheud 's a ceithir cilo	1204 kilos
dà mhìle, trì cheud's a h-aon chilo	2301 kilos
còig mìle deug, ceithir cheud's a seachd cilo	15407 kilos
dà mhìle air fhichead, sia ceud, ceathrad's a còig cilo	22645 kilos
etc.	etc.

3.9 With regard to the numbering of years, the patterns are correspondingly simplified

1834 may be rendered as:

> **ochd deug, trithead 's a ceithir** i.e. eighteen thirty-four

or:

> **ochd ceud deug, trithead 's a ceithir** i.e. eighteen hundred [and] thirty-four

4.0 Decades may be described using plural forms of the 'tens'

anns na naochadan in the nineties **na ficheadan** the twenties etc.

Appendix 12: Proper Nouns

1.0 Forenames and by-names

1.1 Proper nouns in Gaelic decline differently from other nouns. Here are typical personal names, masculine and feminine, with an appropriate adjective

1.2 Masculine

	Calum Mòr	Big Calum
nom	Calum Mòr	Big Calum
voc.	a Chaluim Mhòir	O Big Calum!
gen	Chaluim Mhòir	of Big Calum
dat	(aig) Calum Mòr	(at) Big Calum

Note:

- names beginning with a vowel, such as **Alasdair, Iain** etc. are not preceded by **a** in the *voc case*
- in the *voc* & *gen* cases, the final consonant of both the noun and the adjective is preceded by **i** and palatalised. Both are also lenited where possible
- the adjective agrees as for a masculine indefinite noun

Some examples:

a) **Seumas Ruadh** Red-haired James; **taigh Sheumais Ruaidh** the house of Red-haired James
b) **Calum Bàn** Fair-haired Calum; **bean Chaluim Bhàin** the wife of Fair-haired Calum
c) **A Thearlaich, am faca tu Ruaraidh Mòr o chionn ghoirid? Chunnaic mi e ann an achadh Shìm Bhig an-dè.**
   Charles, have you seen Big Rory recently? I saw him in Little Simon's field yesterday.
d) **Dòmhnall Ailean Dhòmhnaill na Bainich**
   Donald Allan, son of Donald, son of the weaveress (composer of *Gruagach Òg an Fhuilt Bhàin*)

1.3 Feminine

	Ceiteag Bhàn	Fair-haired Kate
nom	Ceiteag Bhàn	Fair-haired Kate
voc.	a Cheiteag Bhàn	O Fair-haired Kate!
gen	Ceiteig Bàine	of Fair-haired Kate
dat	(aig) Ceiteig Bhàin	(at) Fair-haired Kate

Note:

- feminine proper names are preceded by **a** in the *voc case*, except where the name begins with a vowel, and are lenited where possible

- in the *voc case* no **i** is inserted, nor does palatalisation occur in either noun or adjective. Both, however, are lenited where possible
- in the *gen case*, both words have an **i** inserted and are palatalised, but there is much variation with regard to lenition of the adjective, some names having the adjective lenited e.g. **Màiri Bhàin** of Fair-haired Mary
- for further information on the use of the voc case with normal nouns and proper nouns, see Appendix 2 Section 2.1.2

1.4 List of forenames

1.4.1 Masculine

Àaron, Aaroin	Aaron □ *thòisich Clann Israel ri gearan an aghaidh Mhaois agus Àaroin* the Children of Israel began to grumble against Moses and Aaron
Adaidh	Addie (a pet /contracted form of Adhamh below
Adhamh	Adam
Ailean, Ailein	Alan, Allan etc.
Aindrea /	Andrew □ *An Naomh* Aindrea/*An Naomh Anndrais*
Anndra/Anndrais	St Andrew □ *Eaglais Naoimh Anndrais* St Andrews Church
Alasdair	Alasdair, Alastair, Alexander
Amhlaidh	Aulay
Aonghas, -ais	Angus (Aeneas often given as an equivalent)
Artair	Arthur
Bhaltair	Walter
Cailean, Chailein	Colin
Calum, Chaluim	Calum, Malcolm □ *Calum a' Chinn Mhòir* Malcolm Canmore □ *b'i Mairead ban-rìgh Chalum a' Chinn Mhòir* Margaret was Malcolm Canmore's queen □ *Calum na Gealaich* the Man-on-the-Moon
Caomhainn	Kevin
Cathal, Chathail	Cathal
Coinneach, Choinnich	Kenneth
Colla	Coll
Colum Cille, Choluim Chille	Columba □ *I Choluim Chille* Iona
Comhnall, Chomhnaill	Conal etc.
Crìsdean, Chrìsdein	Christopher
Daibhidh, Dhaibhidh	David, Davie
Dànaidh, Dhànaidh	Danny
Daniel, Dhaniel	Daniel
Deòrsa, Dheòrsa	George – an alt. form of **Seòras** (esp. for kings)
Diarmad, Dhiarmaid	Dermot, Diarmid etc.
Dòmhnall, Dhòmhnaill	Donald □ *a Dhòmhnaill!* Donald! □ *sin taigh Dhòmhnaill* that's Donald's house □ *Dòmhnall Dubh* Satan
Donnchadh, Dhonnchaidh	Duncan
Dùghall, Dhùghaill	Dougal, Dugald
Dùghlas, Dhùghlais	Douglas
Eachann, Eachainn	Hector
Eanraig	Henry
Eideard	Edward
Eirdsidh	Archie
Eòghann, Eòghainn	Ewan, Hugh (though this latter is now more commonly **Uisdean**)
Eòin	John (in the Bible), Jonathan generally (which is **Ianatan** in the Bible)
Eubha	Eve

Fearchar, Fhearchair	Farquhar
Fearghas, Fhearghais	Fergus
Fionnlagh, Fhionnlaigh	Finlay
Frang, Fhraing	Frank
Frangan, Fhrangain	Francis □ *Frangan o Assisi* Francis of Assisi (also **Prainnseas**)
Friseal, Fhriseil	Fraser
Gilleasbaig, Ghilleasbaig	Archibald, Gillespie
Gillebrìde /Gillebeart, Ghillebrìde /Ghillebeart	Gilbert
Gillìosa, Ghillìosa	Gillies
Goiridh, Ghoiridh (also **Goraidh, Ghoraidh**)	Geoffrey etc., Godfrey
Gòrdan, Ghòrdain	Gordon
Grannd, Ghrannd	Grant
Greum, Ghreum	Graeme, Graham etc.
Griogair, Ghriogair	Gregor(y), Grigor
Harailt	Harold
Horas, Horais	Horace
Iàcob, Iàcoib	Jacob
Iagan, Iagain	a diminutive form of **Iain** used in some areas e.g. Barra, S. Uist
Iain	John, Iain, Ian, Jock, Jack etc. □ *taigh Iain* Ian's house
Iomhair	Ivor, Edward (the latter is now usually **Eideard**), Evander □ *Righ Iomhair* King Edward
Iòna	Jonah
Iòsaph	Joseph
Labhrann, Labhrainn	Lawrence □ *Abhainn Naoimh Labhrainn* St. Lawrence River
Lachlann, Lachlainn	Lachlan
Lùcas, Lùcais	Luke
Luthais	Lewis (personal name)
Mànas, Mhànais	Magnus
Maoilios, Mhaoilis	Myles (forename)
Maoldònaich, Mhaoldònaich	Ludovic
Maolmhuire, Mhaolmhuire	Myles
Maolruibh, Mhaolruibh	Milroy
Marcas, Mharcais	Mark
Màrtainn, Mhàrtainn	**Martin** □ *Màrtainn Lùtair* **Martin Luther**
Mata, Mhata	Matthew
Mìcheal, Mhìcheil	Michael □ *Fèill Mìcheil* Michaelmas note that names are not lenited after **fèill**
Murchadh, Mhurchaidh	Murdo, Murdoch
Neacal, Neacail	Nicol, Nicholas etc.
Niall, Nèill	Neil etc.
Oilbhreis	Oliver
Pàdraig, Phàdraig	Patrick, Peter
Para, Phara	a pet/contracted form of **Pàdraig** above □ *Para Shandaidh (Neil Munro's Para Handy)* Sandy's Pat/Pete
Pàrlan, Phàrlain	Bartholemew
Peadair, Pheadair	Peter
Pòl, Phòil	Paul
Prainnseas, Phrainnseis	Francis (also **Frangan**)
Raghnall, Raghnaill	Ranald, Ronald
Raibeart, Raibeirt,	Robert
Risteard	Richard

Rob

Rob □ *Rob Ruaidh* Rob Roy □ *Rob Donn* Rob Donn,
a well-known Gaelic poet (lit Brown Rob) □ *bàrdachd*
Rob Dhuinn Rob Donn's poetry

Ruairidh/Ruaraidh   Roderick, Rory, Derrick etc.
Samuel   Samuel
Sandaidh, Shandaidh   Sandy □ see **Para** above
Seoc, Sheoc   Jack, Jock □ *Seoc an Aonaidh* Union Jack
Seonaidh, Sheonaidh   Johnnie
Seòras, Sheòrais   George □ *a Sheòrais!* George!
Seumas, Sheumais   James □ *a Sheumais!* James! □ *taigh Sheumais* James'
                            house □ The voc. form of this has given us the name
                            Hamish
Sìm, Shìm   a common form of **Sìomon** Simon
Sìomon, Shìomoin   Simon (often just **Sìm**)
Solamh, Sholaimh   Solomon
Somhairle, Shomhairle   Samuel, Sorley (from Somerled)
Stiùbhard, -aird   Stuart/Stewart (both forename and surname)
Teàrlach, Theàrlaich   Charles
Tòmas, Thòmais,   Thomas
Torcall, Thorcaill,   Torquil
Tormod, Thormoid   Norman
Uilleam, Uilleim   William □ *athair Uilleim* William's father □ Uilleim!
                            William!
Ùisdean, Ùisdein   Hugh

1.4.2 Feminine

Ailis   Alice
Anna   Anna, Anne, Annie
Baraball, Barabaill   Barbara
Beasag, Beasaig,   Bessy, Betsie, Betty
Beathag, Beathaig   Becky, Rebecca
Bhioctoria   Victoria
Cairistìona   Christine
Caitlin   Kathleen
Caitrìona/Catriona   Catherine etc., Catrina etc.
Ceit   Kate, Katie
Ceiteag   Katie/Katy, Kitty
Ciorstaidh/Curstaidh   Kirsty
Cotrìona   Catherine etc. (on Lewis)
Deirdre   Deirdre
Dìorbhail   Dorothy
Doirin   Doreen
Dolag, Dolaig   Dolly (the pet name)
Ealasaid   Elizabeth
Èibhlin   Evelyn
Eilidh   Ellen, Helen
Eubha   Eva, Eve
Fionnghal   a female name dreived from **fionn** + **guala**, meaning
                            'fair-shouldered' and traditionally Anglified as Flora
                            (as in *Fionnghal NicDhòmhnaill* Flora MacDonald) –
                            there is a modern tendency to equate it with Fiona which
                            is not a Gaelic, or even a Scottish name, but was an
                            invention in a novel. It may, however, have been based on
                            Fionnghal.

Floireans	Florence
Flòraidh	Flora – but see **Fionnghal** above
Frangag, Frangaig	Frances
Giorsal, Giorsail	Grace
Iseabail – (also **Isbeil**)	Isobel, Isabella etc.
Lìosa	Lisa
Magaidh	Maggie
Màili	Molly, May
Mairead	Margaret
Màiri	Mary
Marsaili	Marjory
Moire	Mary (in the Bible and in a number of place names) □ *Moire Mhàthair* Madonna □ *Tobar Moire* Tobermory (Mary's Well)
Mòr, Mòir	Marion
Mòrag, Mòraig,	Morag, Marion, Sarah
Nansaidh	Nancy
Oighrig	Effie, Euphemia, Henrietta, Etta
Olibhia	Olivia
Peanaidh	Penny
Peigi	Peggy □ *a Pheigi!* Peggy! (voc. case)
Raonaid/Raghnaid	Rachel
Seasaidh	Jessie
Seonag, Seonaig	Joan, Johanna
Seònaid	Janet, Jessie
Sìle	Judith, Julia, Celia, Cecilia, Cecily, Cicily etc. and from which is derived Sheila
Sìlis, Sìlis (also **Sìleas, Sìleis**)	Julia
Simeag, Simeig	Jemima
Sìne, Sìne	Jane, Jean, Jenny and from which is derived Sheena □ *a Shìne!* Jean!
Sìneag, Sìneig	Jeannie
Siùsaidh	Susan, Susie
Sorcha	Claire, Clara etc., Sorche
Teàrlag, Teàrlaig	Caroline, Charlotte
Una	Una, Winifred, Agnes

2.0   Surnames

The section on Forenames should also be consulted.

2.1   Introduction

*2.1.1   Surnames beginning with '**Mac**' have the second element lenited unless they begin with **c** or **g**. Feminine surnames begin with **Nic***

Ruaraidh MacDhòmhnaill	Rory MacDonald	**Màiri NicDhòmhnaill**	Mary MacDonald
Seumas MacCoinnich	James MacKenzie	**Mòrag NicCoinnich**	Morag MacKenzie
Iain MacCormaig	John MacCormack	**Sìne NicCormaig**	Jean MacCormack

2.1.2   When possessive both names are in the gen case, and both are lenited where possible

Bean Thòmais MhicDhòmhnaill	The wife of Thomas MacDonald
Taigh Màiri NicDhòmhnaill	Mary MacDonald's house
Bràthair Sìne NicCormaig	Jean MacCormack's brother

2.1.3   The following differences should be noted

Seumas MacCoinnich	James MacKenzie
Seumas, mac Choinnich	James, son of Kenneth
Beathag NicGriogair	Betty MacGregor
Beathag, nighean Ghriogair	Betty, daughter of Gregor

Note: **Cailean Caimbeul Ghlinn Iubhair** Colin Campbell of Glenure **Gleann** often takes the *gen* even when followed by another noun in the *gen*.

2.1.4   Many surnames do not have the Mac element

Bochanan	Buchanan	**Caimbeul**	Campbell	**Camshron**	Cameron

These are attached to first names as adjectives and decline and lenite as such.

Cailean	Colin	**taigh Chailein**	Colin Cameron's
Camshron	Cameron	**Chamshroin**	house
Sìne Chamshron	Jean Cameron	**cù Sìne Chamshroin**	Jean Cameron's dog

2.1.5   A number of Mac surnames also have the adjectival form

Pòl Dòmhnallach	Paul MacDonald	**bò Phòil Dhòmhnallaich**	Paul MacDonald's cow
Màiri Dhòmhnallach	Mary MacDonald	**cù Màiri Dhòmhnallaich**	Mary MacDonald's dog

2.1.6   These, and the surnames mentioned in 2.1.2 above, may also have a nominal form ending in -ach

Caimbeulach	a Campbell	**na Caimbeulaich**	the Campbells
Dòmhnallach	a MacDonald	**na Dòmhnallaich**	the MacDonalds
Siosalach	a Chisholm	**na Siosalaich**	the Chisholms
Granndach	a Grant	**na Granntaich**	the Grants

In addition, the definite singular is used for someone to whom reference has already been made:

Chaidh an Dòmhnallach a-steach is dhùin e an doras.

MacDonald went in and closed the door.

2.2   List of surnames

Bochanan	Buchanan
Buidheach/Mac'IlleBhuidh	Bowie
Caimbeul	Campbell
Camshron	Cameron
Càtanach	Cattanach
Ceallach	Kelly □ *Seumas Ceallach is Mairead Cheallach* James Kelly and Margaret Kelly
Ceanadach	Kennedy □ *Sìne Cheanadach* Jean Kennedy
Coineagan	Cunningham □ *Mairead Choineagan* Margaret Cunningham
Crombail	Cromwell
Cuimein/Cuimeineach	Cumming □ *na Cuineinich* the Cummings
Deòir/Deòireach	Dewar
Dòmhnallach	MacDonald
Druiminn/Druimineach	Drummond

Dunaidh — Downie
Foirbeis/Foirbeiseach — Forbes
Friseal/Frisealach — Fraser
Geadais — Geddes
GillAndrais — Gillanders
GillEasbaig — Gillespie
GilleChriosd — Gilchrist
Gobha — Gow
Gobhanach — a Smith □ *bha Gobhanaich eile a'fuireach ann aig an àm sin* other Smiths were living in it at that time
Gòrdan/Gòrdanach — Gordon
Grannd — Grant
Greumach — Graham
Guinne/Gunnach — Gunn
Gutraidh — Guthrie □ *Mairi Ghutraidh* Mary Guthrie
Lùtair — Luther □ *Màrtainn Lùtair* Martin Luther
Mac a' Bhiocair — MacVicar
Mac a' Bhreatannaich — Galbraith
Mac a' Bhruthainn — MacBrayne, Brown
Mac a' Chlèirich — Clark etc., MacClery
Mac a' Chombaich — Colqhoun
Mac a' Ghniomhaid — Agnew
Mac a' Ghobhainn — MacGowan, Smith
Mac a' Ghreidheir — Grieve
Mac a' Lìos — Lees
Mac a' Mhaoilein — MacMillan (also **MacMhaoilein**)
Mac a' Phearsain — MacPherson
Mac a' Phì — MacPhee
Mac an Aba — Macnab
Mac an Deòir — Macindeoir, Dewer
Mac an Duibh — (= **Mac Iain Duibh**) Macindoe
Mac an Fhigheadair — MacNider
Mac an Fhleisteir — Fletcher, Leslie
Mac an Iasgair — Fisher
Mac an Lamhaich — Lennie
Mac an Lèigh — Livingston(e), MacLeay, (Beaton on Islay)
Mac an Luaimh — Mulloy
Mac an Rothaich — Munro (also **Rothach**)
Mac an Ruaidh (= **Mac Iain Ruaidh**) — Macanroy, Macinroy
Mac an Tòisich — Mackintosh, Macintosh
Mac an t-Sagairt — MacTaggart
Mac an t-Saoir — Macintyre
Mac an Uidhir — (= **Mac Iain Uidhir**) MacNair
Mac na Carraige — Craig
Mac na Ceàrdaich — Sinclair
Mac'Ill'Anndrais — Anderson, MacAndrew, Gillanders
Mac'Ill'Eathainn — Maclean (but note *Somhairle MacGillEain* Sorley Maclean)
Mac'Ill'Fhinnein — MacLennan □ *faclair Mhic'ill Fhinnein* MacLennan's dictionary
Mac'Ill'Fhinntain — MacLinton
Mac'Ill'Fhionndaig — MacClintock
Mac'Ill'Iosa — MacLeish
Mac'Ill'Oig — Young □ *Dubhghlas Mac'Ill'Oig* Douglas Young
Mac'Ille na Brataich — Bannerman
Mac'IlleBhàin — Bain, Whyte

Mac'IlleBhuidh/Buidheach	Bowie
Mac'IlleChiar	Kerr
Mac'IlleDhuibh	Black, Blackie, Dow
Mac'IlleMhìcheil	Carmichael
Mac'IlleMhòire	Gilmour
Mac'IlleNaoimh	MacNiven
Mac'IlleRiabhaich	Darach/Darroch etc., Reoch
Mac'IlleRuaidh	Gilroy, MacIroy
MacAdaidh	MacCadie
MacAdhaimh	Macadam, MacCaw
MacAilein	MacAllan
MacAilpein	MacAlpine
MacAlasdair	MacAlister, MacAndie
MacAmhlaidh	MacAulay
MacAoidh	MacKay
MacAonghais	MacInnes, MacAinsh
MacArtair	MacArthur
MacAsgaill	MacAskill
MacBhàtair	Watson
MacBheatha	MacBeth
MacBheathain	MacBain, MacBean, MacVean
MacCaluim	MacCallum
MacCaog	MacCaig
MacCardaidh	MacHardy
MacCathachaidh	MacCarthy
MacCathail	MacAll, MacCall, MacKail
MacCathbharra	MacAffer, MacCaffer
MacCinidh	MacKenna, Mackinnie
MacCnaimhin	MacNevin
MacCodrum	MacCodrum
MacCoinnich	Mackenzie
MacColla	MacColl
MacCòmhghan	MacCowan (also **MacGobhainn**)
MacCorcadail	MacCorquodale
MacCormaig	MacCormack
MacCreamhain	Crawford
MacCruimein	MacCrimmon
MacCuinn	MacQueen
MacCullach	MacCulloch (also **MacLulaich**)
MacDhòmhnaill	Macdonald
MacDhonnchaidh	Robertson, MacConnachie
MacDhubhaich	MacDuff
MacDhùghaill	MacDougall, MacDowell
MacDhunlèibhe	Livingstone (also **Mac an Lèigh**) □ *Daibhidh MacDhunlèibhe* David Livingstone
MacDiarmaid	MacDermid
MacEachairn	MacEchern, MacKechnie
MacEalar	Mackellar
MacEanraig	Henderson, Mackendrick
MacEòghainn	MacEwan
MacFhearchair	Farquharson, MacErchar, MacFarquhar, Mackerchar
MacFhearghais	Ferguson
MacFhiongain	Mackinnon
MacFhionnlaigh	Finlayson, MacInlay, Mackinlay
MacFhitheachain	MacIchan, Mackichan
MacFhlaithBheartaich	MacLarty, MacLaverty

MacGhearailt	Fitzgerald
MacGill'Earnain	MacLearnan
MacGill'Fhaolagain	Mackilligan
MacGill'Fhiontag	MacLintock
MacGill'Onaidh	MacGillony
MacGilleBhràth	MacGillivray
MacGilleChrìosd	MacGilchrist
MacGlaisein	MacGlashan
MacGobhainn	MacCowan (also **MacCòmhghan**), MacGowan
MacGriogair	MacGregor
MacGuaire	MacQuarrie, MacGuire, MacQuarrie, curry
MacGumaraid	Montgomery
MacIain	Johnson, MacIan □ *Somhairle MacIain* Samuel Johnstone
MacIlleSheathnaich	Shaw
MacIomhair	MacIver
MacIonmhainn	Love (in Arran acc. to Dw.)
MacIosaig	MacIsaac, Mackessack
MacLabhrainn	MacLaren
MacLachlainn	MacLachlan
MacLagain	MacLagan
MacLaomainn	Lamont
MacLeòid	MacLeod
MacLiuthar	McLure
MacLùcais	Luke, MacLucas
MacLughaidh	MacCluie, MacClew, MacLoy
MacLulaich	MacCulloch (also **MacCullach**)
MacMhaighstir	MacMaster
MacMhaoilein	Macmillan
MacMhaoirn	Mearns
MacMharais	MacVarish
MacMhàrtainn	MacMartin
MacMhata	Mathewson
MacMhathain	Macmathon, Matheson
MacMhìcheil	MacMichael
MacMhoirein	Morrison (Islay)
MacMhuirich	Currie (also MacPherson), MacVurich
MacMhurchaidh	MacMurchy
MacNeacail	Nic(h)olson
MacNeachdainn	MacNaughton
MacNèill	MacNeill, MacNeil
MacNeis	MacNeish
MacNiallghuis	MacNeilage
MacPhàdraig	Paterson, MacPhatrick
MacPhaidein	MacFadyen
MacPhail	MacPhail
MacPhàrlain	MacFarlane
MacPheidearain	MacPhedran
MacPhilip	Mackillop
MacRaibeirt	MacRobbie
MacRaonaill	MacRanald
MacRath	Macrae
MacRìgh	MacNee
MacRuairidh	MacRury
MacSheòrais	MacGeorge
MacShimidh	Jamieson
MacShithich	Keith

MacSuain	MacSween, MacSwan
MacSual	Maxwell
MacThàmhais	MacTavish
MacTheàrlaich	MacKerlich
MacThomaidh	MacCombie
MacThòmais	Thomson
MacUalraig/MacUaraig	Kennedy
MacUilleim	MacWilliam
MacUisdein	Hutcheson
MacUrardaidh	Mackirdy
Maollosa	Mellis
Mèinnearach	Menzies
Moireach	Murray
Moireasdan	Morrison
Peutan	Beaton
Ros, Rosach	Ross
Rothach	Munro (also **Mac an Rothaich**)
Sailcirc	Selkirk □ *Alasdair Sailcirc* Alexander Selkirk
Seagha	Shaw
Seaghach /na Seaghaich	a Shaw, the Shaws (also **MacIlleSheathnaich**)
Siosal /Siosalach, na Siosalaich	Chisholm, the Chisholms
Stiùbhart	Stewart, Stuart
Tuairnear	Turner
Urchardan	Urquhart

3.0   List of place names – national and international

It should be noted that, in place names preceded by the definite article, the article has a capital letter. This is how they appear in lists, labels etc. But, in context, the article has a small letter.

e.g. **An Fhraing** France; **anns an Fhraing** in France; **fìonan na Frainge** the wines of France **anns an Òban** in Oban etc.

Abhainn Naoimh Labhrainn	the St. Lawrence River
Aetiòp, An Aetiop *nf*	Ethiopia
Afraca *nf*	Africa
Afraca-a-Deas *nf*	South Africa
Àirdean Abrahaim	the Heights of Abraham
Àisia, An Àisia *nf*	Asia
Alba, *gen* **Albann,** *dat*	these are the traditional cases e.g. *rìghrean*
Albainn *nf* Scotland	*na h-Albann* the kings of Scotand □ *ann an Albainn* in Scotland □ *bha a shaothair air sgàth na h-Albann mìorbhaileach* his labour on Scotland's behalf was marvellous □ but nowadays **Alba** may be used for all cases e.g. *ged a thogadh mi ann an Sasainn, rugadh mi ann an Alba* though I was brought up in England, I was born in Scotland □ *Banca (Rìoghail) na h-Alba* (Royal) Bank of Scotland □ *Eaglais na h-Alba* Church of Scotland □ *fear-labhairt air Cùisean Dachaigh na h-Alba* spokesman for Scottish Home Affairs □ *Comhairle Dualchas na h-Alba* Scottish Heritage Agency
Alba Nuadh	Nova Scotia
Albàinia *nf*	Albania

Albainn	*dat* case of **Alba**
Ameireaga *nf*	America
Antartaig, An Antartaig *nf*	Antarctic □ *Cearcall na h-Antartaig* the Antarctic Circle
Antartaiga *nf*	Antarctica
Aràibia *nf*	Arabia □ *Aràibia Saudach* Saudi Arabia
Artaig, An Artaig *nf*	the Arctic
Astràilia *nf*	Australia
Baile Atha Cliath	Dublin
Beilg, A' Bheilg, *gen* **na Beilge** *nf*	Belgium
Beul Feirste	Belfast
Breatann, Bhreatainn *nm*	Britain □ *air feadh Bhreatainn* throughout Britain
Breatann, A' Bhreatann Bheag, na Breatainn Bhig	Britanny
Bruiseal, A' Bhruiseal *nf*	Brussels
Bulgaire, A' Bhulgaire *nf*	Bulgaria □ *'s ann as a' Bhulgaire a tha e* he comes from Bulgaria
Canada	Canada □ *rannsaich Alasdair MacCoinnich a' cheàrn seo de Chanada* Alexander McKenzie explored this region of Canada □ *bha a bhràthair air a dhol a Chanada* his brother had gone to Canada □ *bha mi a' leughadh sgeulachdan mun luchd-àiteachaidh ann an Canada* I was reading stories about the settlers in Canada □ *còmhnardan mòra Chanada* the great plains of Canada □ *chaidh iad do thaobh siar Chanada* they went to the west coast of Canada
Caolas na Frainge	English Channel
Ceap Breatainn	*Eilean Cheap Breatainn* Cape Breton Island □ *a-measg Gàidheil Cheap Breatainn* among the Gaels of Cape Breton
Ceinia, A' Cheinia *nf*	Kenya
Ciaraighe *nf*	Kerry □ *Siorramachd Chiaraighe* County Kerry
Cill-Àrnaidh/Cill Àirne	Killarney
Còrn, A' Chòrn *nf*	Cornwall
Cuan, An Cuan Innseanach	the Indian Ocean □ *sheòl sinn don a' Chuan Innseanach* we sailed (in) to the Indian Ocean
Cuan, An Cuan Sèimh	the Pacific Ocean
Cuan, An Cuan a Tuath	the North Sea
Cuan, An Cuan Siar	the Atlantic
Cuimrigh, A' Chuimrigh *nf*	Wales
Danmhairg, An Danmhairg *nf*	Denmark
Dùn nan Gall	Donegal
Eadailt, An Eadailt *nf*	Italy
Ear-Mheadhan, An t- Ear-Mheadhan	the Middle East □ *anns an Ear-Mheadhan* in the Middle East
Eastoinia, An Eastoinia *nf*	Estonia
Eilbheis, An Eilbheis *nf*	Helvetia, Switzerland
Eilean Cheap Breatainn	Cape Breton Island
Eilean, Eileanan Fàro	Faroe Islands
Eilean Mhanainn	Isle of Man
Eilean, Eileanan a' Chaolais	Channel Islands □ *fear de Eileanan a' Chaolais* one of the Channel Islands
Èiphit, An Èiphit *nf*	Egypt

Èirinn *nf* – *gen* na h-Èireann — Ireland □ *sluagh na h-Èireann* the people of Ireland

Eòrpa, An Roinn-Eòrpa *nf* — Europe □ *a'faighinn a-staigh do dhùthchannan na Roinn-Eòrpa an Ear* getting into the countries of Eastern Europe

Fionnlainn, An Fhionnlainn *nf* — Finland (also **Suòmi**)

Flannras — Flanders

Fraing, An Fhraing *nf* — France

Freaslainn, An Fhreaslainn *nf* — Friesland

Gaillibh — see **Gaillimh**

Gaillimh *nf* — Galway – also **A' Ghailmhinn**

Gailmhinn, A' Ghailmhinn — Galway -also **Gaillimh**

Gearmailt, A' Ghearmailt *nf* — Germany

Graonlainn, A' Ghraonlainn *nf* — Greenland (also **Grìonlainn**)

Grèig, A' Ghrèig *nf* — Greece

Grìonlainn, A' Ghrìonlainn *nf* — Greenland (also **Graonlainn**)

Hanòbhar — Hanover

Iàbha, An Iàbha *nf* — Java □ *prìomh-choilltean na h-Iàbha* the jungles of Java

Iar-Mhainistir — Westminster □ *Abaid na h-Iar-Mhainistir* Westminster Abbey

Iarac, An Iarac *nf* — Iraq □ *sluagh na h-Iaraic* the people of Iraq

Iarain, An Iarain *nf* — Iran (also **Iaràn, -àin**) □ *cànan na h-Iarain* the language of Iran

Ierusalem *nm* — Jerusalem

Ind-Innse, An Ind-Innse *nf* — Indonesia

Ind-Shìne, An Ind-Shìne *nf* — Indo-China

Innis Tile *nf* — Iceland

Innseachan, na h-Innseachan — India □ *na h-Innseachan an Ear* the West Indies

Iòrdan, -ain *nm* — Jordan

Iosrael *nf* — Israel

Isealtìr, An Isealtìr *nf* — The Netherlands

Iugo-slàbhia *nf* – also Iùgoslabhia/Iugo-Slàibhe *nf* — Jugoslavia

Laighean *nm* — Leinster

Laitbhe, An Laitbhe *nf* — Latvia – also **Laitbhia, An Laitbhia**

Laitbhia, An Laitbhia *nf* — Latvia

Laplainn, An Laplainn *nf* — Lapland

Libia *nf* — Libya

Liotuània *nf* — Lithuainia □ *rugadh e ann Liotuània* he was born in Lithuania

Lochlann *nm/f* — Norway, Scandinavia □ the meaning 'Norway' is rare nowadays □ see **Nirribhidh**

Lucsamburg *nf* — Luxembourg

Luimneach — Limerick

Lunnainn — London

Manainn, Eilean Mhanainn — Isle of Man

Mòrna s. — Mourne □ *Beanntan Mhòrna* the Mountains of Mourne

Mosgo s. — Moscow

Muir, am Muir Dubh/A' Mhuir Dhubh — the Black Sea □ *cladaichean na Mara Duibhe* the shores of the Black Sea

Muir, Am Muir Meadhan-thìreach/ A' Mhuir Mheadhan-thìreach — the Mediterranean

Mumhan *nf* — Munster

Nirribhidh *nf* — Norway

Olaind, An Olaind *nf*	Holland
Ostair, An Ostair *nf*	Austria □ *bha cuid dhiubh anns an Ostair* some of them were in Austria
Pacastan, -ain *nf*	Pakistan
Paileastain *nf*	Palestine
Pairios *nm*	Paris
Pòlainn, A' Phòlainn *nf*	Poland
Portagail, A' Phortagail *nf*	Portugal
Port Làirge	Waterford
Pruisia *nf*	Prussia
Reinn, An Reinn *nf*	the Rhine
Rìoghachd Aonaichte, An Rìoghachd Aonaichte	the United Kingdom
Ròimh, An Ròimh *nf*	Rome
Roinn, An Roinn Eòrpa	Europe
Romàinia *nf*	Roumania
Rubha na h-Adhairc	Cape Horn □ *chuir e Rubha na h-Adhairc fodha iomadh uair* he weathered Cape Horn many a time (see **cuir fodha**)
Ruisia *nf*/An Ruis *nf*	Russia
Sagsainn *nf*	Saxony
Sasainn *nf*	England
Seapan, An t-Seapan *nf*	Japan
Seic, An t-Seic *nf*	Czechoslovakia □ *anns an t-Seic* in Czechoslovakia
Seòirsia *nf*	Georgia
Siameuca *nf*	Jamaica
Sile, An t-Sile *nf*	Chile
Sìna s.	China
Sineubha	Geneva
Sionann *nf*	Shannon
Slobhenia/Sloibhinia *nf*	Slovenia
Spàinn, An Spàinn *nf*	Spain
Sruth a' Chamais	the Gulf Stream
Stàitean, na Stàitean Aonaichte	the United States
Suain, An t-Suain *nf*	Sweden
Sudan, An t-Sudan, na Sudain *nf*	the Sudan
Sumèiria *nf*	Sumeria
Suòmi *nf*	Finland
Talamh An Èisg	Newfoundland
Tansainìa	Tanzania
Teamhair *nf*	Tara
Teaga-Slobhaige, An Teaga-Slobhaige	Czechoslovakia
Teamhair *nf*	Tara
Tiobraid-Arann	Tipperary
Tìr Eòghainn	Tyrone
Tuirc, An Tuirc *nf*	Turkey
Ulaidh s.	Ulster
Ungair, An Ungair *nf*	Hungary
Uruguaigh	Uruguay

4.0   List of place names – Scotland

Abhainn	River – see under second element e.g. **Abhainn Chluaidh** under **Cluaidh**
Ach na Sìne	Achnasheen
Agaidh, An Agaidh Mhòr	Aviemore (not **Aghaidh**)

Aic, Loch Aic	Loch Eck
Ailiginn	Alligin
Àir	*Inbhir Ai*r Ayr *Siorramachd Air* Ayrshire
Alanais	Alness
Allt Beithe, An t-Allt Beithe	Aultbea
Allt Èireann	Auldearn (near Nairn) □ *Blàr Allt Èireann* Battle of Auldearn
Allt nam Bonnach	Bannockburn
Aonach, An t-Aonach Mòr	Aonach Mor
Apainn, An Apainn	Appin □ *Port na h-Apann* Port Appin □ *Mort na h-Apann* the Appin Murder □ *a' fuireach san Apainn* living in Appin
Arainn	Arran □ *ann an Arainn* in Arran
Àrasaig	Arisaig
Arcaibh	Orkney
Àrdail, Srath Àrdail	Strath Ardle
Àrd Bhearaig	Berwick Law
Àrd nam Murchan	Ardnamurchan
Àrdruigh	Airdrie
Àros	Aros
Asainn/Asainte	Assynt
Àth, An t-Ath Leathann	Broadford
Àth Tharracail	Acharacle
Bac, am Bac	Back (Lewis)
Bàgh a' Chaisteil	Castlebay
Baghasdail, Loch Baghasdail	Lochboisdale
Bàgh nan Eag	Nigg □ *gàrradh Bàgh nan Eag* the Nigg (oil) yard
Bàideanach	Badenoch □ *fear/tè a Bàideanach* a native of Badenoch □ *a mhuinntir Bhàideanach* belonging to Badenoch (of persons) □ *ann am Bàideanach is Srath Spè* in Badencoch and Strathspey
Bail' Ailein	Balallan
Bail' a' Chaolais	Ballachulish
Bail' a' Cheusadain	Bellahouston
Bail' an Luig	Ballinluig
Bail' an t-Sealgair	Hunterston
Bail' Ùr an t-Slèibhe	Newtonmore
Baile an Truiseil	Ballantrushal (Lewis)
Baile Bhòid	Rothesay
Baile Dhubhthaich	Tain
Baile Ghobhainn	Govan
Baile MacDhuibh	Dufftown
Baile MhicAra	Balmacara
Baile Mhoireil	Balmoral
Baile nan Granndach	Grantown (on Spey)
Baile Raghnaill	Balranald
Banbh	Banff □ *Siorrachd Bhanbh* Banffshire
Barbhas	Barvas (Lewis)
Barraigh	Barra
Bas, am Bas *nm*	The Bass Rock
Bealladair	Ballater
Beannachar	Banchory
Bearaig s	Berwick □ *Siorrachd Bhearaig* Berwickshire
Beàrnaraigh *nf*	Bernera(y)
Beinn a' Bhaghla/Beinn nam Faodhla	Benbecula

Beinn a' Bhragaidh	Ben Vrackie
Beinn eadar dà Loch	see **Meudarloch**
Beinn Fhada	Ben Attow
Beinn Ladhair	Ben Lawers
Beinn Laomainn	Ben Lomond
Beinn Mhicdhuibhe	Ben Macdhui
Beinn Nibheis	Ben Nevis
Bhatarsaigh	Vatersay
Blàr, am Blàr Dubh	Muir of Ord (lit. the black moor)
Blàr an Athall	Blair Atholl (Blair in Atholl)
Blàr Goibhre	Blairgowrie
Blàran, am Blàran Odhar	Bettyhill
Bòd	Bute □ *Baile Bhòid* Rothesay □ *Caolas Bhòid* The Kyle of Bute □ *Eilean Bhòid* The Island of Bute
Bodach Hòdhaigh	The Old Man of Hoy
Bogha, am Bogha Mòr	Bowmore
Both-Chuidir *nf*	Balquhidder
Bràcadal, -ail	Bracadale □ *ann an eaglais Bhràcadail* in Bracadale church □ *Loch Bhràcadail* Loch Bracadale
Bradhagar	Bragar (Lewis)
Bràigh Mhàrr	Braemar
Breascleit	Breasclete
Bruaich, A' Bhruaich	the Broch i.e. Fraserburgh
Brùra	Brora
Buachaille Èite Mòr	Buachaille Etive Mòr (the big herdsman of Etive)
Buichead, Gleann Buichead	Glen Bucket
Bun-Ilidh	Helmsdale
Calasraid	Callander
Canaidh	Canna
Canàl Spianaigh	Spynie Canal
Cananaich, A' Chananaich	Fortrose
Caol a' Chùirn	Kilchurn
Caol a' Ghearastain	Caol (by Fort William)
Caol Acain	Kyleakin
Caol an t-Snàimh	Colintraive
Caol Arcach, An Caol Arcach	The Pentland Firth
Caol Loch Aillse	Kyle of Lochalsh
Caol Reatha/Caol Reith	Kylerhea
Caolas Chrombaidh	Cromarty Firth
Caolas Mhoireibh/Linne Mhoireibh	Moray Firth
Càradal, -ail	Carradale □ *muinntir Chàradail* the people of Carradale
Carbh, An Carbh *nm*	Cape Wrath (also **Parbh, am Parbh** *nm*)
Càrlabhagh	Carloway
Cataibh	Sutherland
Cathair Chaldaidh	Kirkcaldy
Ceairsiadar	Kershader (Lewis)
Cealsach	Kelso
Ceann a' Ghiusaich	Kingussie (end of the pine-wood)
Ceann Chàrdainn	Kincardine
Ceann Loch Bearbhaidh	Kinlochbervie
Ceann Loch Chill Chiarain	Campbeltown
Ceann Loch Èire	Lochearnhead
Ceann Loch Gilp	Lochgilphead

Ceann Loch Lìobhainn	Kinlochleven
Ceann Loch Mhùideairt	Kinloch Moidart
Ceann Phàdraig	Peterhead
Ceann Rois	Kinross *Siorramachd Cheann Rois* Kinross-shire
Ceannanas *nm*	Kells
Ceathramh, An Ceathramh Mòr	Kirriemuir
Ceitirein, Loch Ceitirein	Loch Katrine
Cill Brìghde	Kilbride
Cill Chuibeirt	Kirkcudbright *Siorramachd Chill Chuibeirt* Kirkcudbrightshire
Cill Chuimein	Fort Augustus
Cill Fhinn	Killin □ *bhuineadh e do Chill Fhinn* he belonged to Killin
Cill Mheàrnag	Kilmarnock
Cill Mhìcheil	Kirkmichael
Cill Mhuire	Kilmorie
Cill Rìmhinn	St Andrews
Clach na h-Aire	Clachnaharry
Clachmannan	Clackmannan *Siorramachd Chlachmannan* Clackmannanshire
Cluaidh	Clyde □ *mu dheas air Forcha is Cluaidh* south of Forth and Clyde □ *faodaidh e rathad fhaighinn do Chluaidh* it may find its way to the Clyde □ *Abhainn Chluaidh* the River Clyde □ *sheòl iad gu deas gu ruig Abhainn Chluaidh* they sailed south as far as the River Clyde □ *tha e a'dòrtadh a-steach do Abhainn Mhòr Chluaidh* it pours into the Great River Clyde □ *Bruach Chluaidh* Clydebank *Srath Chluaidh* Strathclyde □ *Oilthigh Srath Chluaidh* Strathclyde University – note that there is no *len* of **Srath** place names
Cnoc, Cnuic Lombair Mhòir	the Lammermuirs □ *...am measg Cnuic Lombair Mhòir* ... among the Lammermuirs
Cnòideart	Knoydart □ *an mòr-roinn Chnòideirt* in the region of Knoydart
Coire Bhreacain	Corrievreckan (a whirlpool between Jura and Scarba)
Coire Ghearraig	Corryarrick Pass
Colbhasa	Colonsay
Col	Coll (Lewis)
Cola	Coll (Argyle)
Comhainn, Gleann Comhainn	Glen Coe
Còmhall	Cowal □ *ann an Còmhall* in Cowal
Comraich, A' Chomraich	Applecross
Conon, Gleann Chonoin	Glen Conon
Craichidh	Crathie
Craoibh	Crieff
Creag, Creagan Shalasburaidh	Salisbury Crags
Creag Ealasaid	Ailsa Craig
Creuran, Loch Creuran	Loch Creran
Critheann Làraich	Crianlarich
Crois na Cille	Chapelcross
Crombadh	Cromarty □ *Caolas Chrombaidh* Cromarty Firth
Cromòr	Cromor (Lewis)

Cuaich, Gleann Cuaich	Glen Quoich
Cuan, An Cuan Barrach	the Little Minch (between Skye and Barra)
Cuan, An Cuan Sgith	the Little Minch (between Skye and Lewis)
Cuan, Cuan Uidhist	the Little Minch (between Skye and Uist)
Cùil-lodair	Culloden
Cuilbin	Culbin □ *Tràigh Chuilbin* Culbin Sands
Cuileann, An Cuileann/An Cuiltheann	the Cuillin
Cùl Choinnich	Cockenzie
Cùlbàicidh	Culbokie
Cumradh	Cumbrae
Cunndainn	Contin
Dà Ruadhail, Gleann Dà Ruadhail	Glendaruel
Dail an Rìgh	Dalry
Dail-bho-thuath	North Dell
Dàl Riata	Dalriada
Dalabrog	Daliburgh □ *ann an ospadal Dhalabroig* in Daliburgh hospital
Dè	Dee
Deathan	Don
Dèir	Deer □ *Leabhar Dhèir* the Book of Deer
Deiseirigh, Gleann Deiseirigh	Glen Dessary
Diùra/Diùraigh	Jura □ *ann an Diùraigh* on Jura □ *air cladaichean Dhiùraigh* on the shores of Jura
Dòrnoch	Dornoch □ *Caolas Dhòrnaich* the Dornoch Firth
Drochaid a' Bhanna	Bonar Bridge
Drochaid an Tuirc	Brig o' Turk (lit. Bridge of the Boar)
Drochaid Charra	Carrbridge
Drochaid Neithich	Nethybridge
Drochaid Ruaidh	Roy Bridge
Drochaid Sguideil	Conon Bridge
Drochaid Theimhil	Tummel Bridge
Druim na Drochaid	Drumnadrochit (lit. ridge of the bridge)
Dùn Bheagain	Dunvegan □ *aig ceadha Dhùn Bheagain* at Dunvegan quay
Dùn Bhlathainn	Dunblane
Dùn Bhrannraidh	Branderburgh
Dùn Breatann	Dumbarton *Siorramachd Dhùn Breatainn*
Dùn Chailleann	Dunkeld
Dùn Dèagh	Dundee
Dùn Èideann	Edinburgh □ *ghabh mi cuairt air feadh Dhùn Èideann I* took a walk through Edinburgh □ *Caisteal Dhùn Èideann* Edinburgh Castle
Dùn Omhainn	Dunoon
Dùn Phàrlain	Dunfermline
Dùn Phris	Dumfries *Siorramachd Dhùn Phris* Dumfries-shire
Dùn Rath/Dùn Reatha	Dounreay
Dùthaich MhicAoidh	North Sutherland (lit. the Mackay country)
Eadhair, Srath Eadhair	Strathyre
Eaglais, An Eaglais Bhreac	Falkirk □ *Blàr na h-Eaglaise Brice* the Battle of Falkirk □ *an cuala tu mun Eaglais Bhric?* have you heard of Falkirk?
Earraghaidheal	Argyll *Siorramachd Earraghaidheal* Argyllshire
Eibhneart, Loch Eibhneart	Loch Eynort
Eige	Eigg

Eilean, An t-Eilean Fada	The Long Island – a poetic name for the Outer Hebrides
Eilean a' Cheò	The Isle of Mist – a poetic name for Skye
Eilean an Fraoich	The Isle of the Heather – a poetic name for Lewis
Eilean, na h-Eileanan a-staigh	the Inner Hebrides
Eilean, na h-Eileanan a-muigh	the Outer Hebrides
Eilean, na h-Eileanan Flannach	the Flannan Isles
Eilean, An t-Eilean Dubh	Black Isle □ *mu choinneamh an Eilean Duibh* opposite the Black Isle □ *anns an Eilean Dubh* in the Black Isle
Eilean, An t-Eilean Sgiathanach/Sgitheanach	Skye, the Isle of Skye □ *Ceann a Deas an Eilein Sgiathanaich* the South of Skye
Eilean Dhiùraigh	Island of Jura □ *ann an Eilean Dhiùraigh* on the Island of Jura
Eilean Idhe/Eilean I	Iona
Eilean Leòdhais	(The Island of) Lewis
Eilean nam Muc	(The Isle of) Muck
Eilean nan Caorach	Fair Isle
Eilean Ruma	(The Isle of) Rum
Eilean Thiridhe	(The Island of) Tiree
Eilge, Gleann Eilge	Glen Elg
Eilginn	Elgin
Eirisgeigh	Eriskay
Eòlagearraidh	Eoligarry (Barra)
Fàrfar	Forfar
Farragaig, Srath Fharragaig	Errogie
Farrais	Forres
Fartairchill	Fortingall
Fàs Leathann, am Fàs Leathann *nm*	Faslane □ *anns an Fhàs Leathann* in Faslane
Feàrnaid, Gleann Feàrnaid	Glen Fernate
Fìn, Loch Fìn/ Fìne, Loch Fìne	Loch Fyne
Fìobha	Fife
Fionghuin, Gleann Fhionghuin	Glenfinnan
Fleòid, Srath Fhleòid	Strath Fleet
Foithir	Foyers □ *tha stèisean dealain aig Foithir air bruaichean Loch Ni*s there is an electricity station at Foyers on the banks of Loch Ness
Foirthe	Forth □ *mu dheas air Foirthe is Cluaidh* south of Forth and Clyde
Frith Eadraig	Ettrick Forest
Froisbheinn, An Fhroisbheinn	Rosven
Gaidhealtachd, A' Ghaidhealtachd *nf*	The Highlands, Gaeldom □ *air a' Ghaidhealtachd/air Ghaidhealtachd* in the Highlands *air Ghaidhealtachd is anns na h-eileanan* in the Highlands and [in the] islands – but note that **ann an** and its compounds may also be used □ *... nuair a bhios sibh a' fuireach sa' Ghaidhealtachd ...* when you are living in the Highlands □ *air feadh na Gaidhealtachd* throughout the Highlands □ *Bòrd Leasachaidh na Gaidhealtachd is nan Eileanan* Highlands and Islands Development Board □ *Roinn na Gaidhealtachd* the Highland Region
Gairbheach, cath Gairbheach	the Battle of Harlaw □ *chuireadh cath Gairbheach anns a' bhliadhna mìle, ceithir*

ceud agus a h-aon deug the Battle of Harlaw was fought in the year one thousand four hundred and eleven/in 1411

Gall-Ghaidhealtachd, A' **Ghall-Ghaidhealtachd** *nf* Galloway – also **Gallghallaibh/**
Gallaibh
Gallghallaibh
Gallghaidhealaibh
Caithness
Galloway – also **Gallghaidhealaibh/ Gall-Ghaidhealaibh**

Galltachd, A' Ghalltachd
the Lowlands (of Scotland) □ *air Ghalltachd* in the Lowlands (see also **Gaidhealtachd)**

Gearastan, An Gearastan
Fort William (lit. the Garrison)
Geàrrloch, An Geàrrloch
Gairloch
Geàrr Loch
Gare Loch
Giofnaig
Giffnock
Giogha
Gigha
Glaschu
Glasgow *ann am baile Ghlaschu* in the city of Glasgow
Gleann
Glen – see under second element e.g. **Gleann Iubhair** under **Iubhair**
Goirtlig
Gorthleck
Goillspidh
Golspie
Grabhair
Gravir (Lewis)
Grèineatobht
Greneitote (N. Uist)
Grianaig
Greenock
Hamhaig
Hawick
Hearadh, na Hearadh
Harris □ *clò na Hearadh* Harris tweed
Hìonnasdail, Gleann Hìonnasdail
Glen Hinnisdal
Hiort, Hirt
St. Kilda □ *chaidh iad air cuairt gu ruige Hiort* they went on a voyage to St. Kilda □ *thug iad leotha ministear ùr Hirt* they brought [with them] the new minister of St. Kilda
Hòdhaigh
Hoy □ *Bodach Hòdhaigh* Old Man of Hoy
I/I Chaluim Chille
Iona (also **Eilean I**)
Ile, Gleann Ile
Glen Isla
Ìle
Islay
Inbhir Aora
Inveraray
Inbhir Àir
Ayr
Inbhir Chèitein
Inverkeithing
Inbhir Chip
Inverkip
Inbhir Garbhain
Girvan
Inbhir Garradh
Invergarry □ *buinnidh e do dh'Inbhir Garradh* he belongs to Invergarry
Inbhir Gòrdain
Invergordon
Inbhir Lòsaidh
Lossiemouth
Inbhir Nàrann
Nairn
Inbhir Nis
Inverness *Siorramachd I.* Inverness-shire
Inbhir Pheofharain
Dingwall
Inbhir Sìn
Invershin
Inbhir Snàthaid
Inversnaid
Inbhir Theòrsa
Thurso
Inbhir Uaraidh
Inverurie
Inbhir Ùige
Wick
Innse Gall *n pl*
the Hebrides □ *ann an Innse Gall* in the Hebrides □ *thar Innse Gall* over the Hebrides
Iù, Loch Iù
Loch Ewe
Iubhair, Gleann Iubhair
Glenure □ *Cailean Caimbeul Ghlinn Iubhair* Colin Campbell of Glenure

Labhair, Beinn Labhair	Ben Lawyers
Lacasaidh	Laxay (Lewis)
Lacasdal	Laxdale ((Lewis)
Lann Annaid	Longannet
Lann-fionnan	Lumphanan
Lannraig	Lanark □ *Siorramachd Lannraig* Lanarkshire □ *tha e a' fuireach ann an Siorramachd Lannraig* he lives in Lanarkshire □ *Lannraig Ur* New Lanark
Laomainn	*Beinn Laomainn* Ben Lomond □ *Loch Laomainn* Loch Lomond
Latharna	Lorne
Leanndraig	Lanark – see **Lannraig**
Learaig/Liùrabhaig	Lerwick □ *sheòl sinn gu Learaig* we sailed to Lerwick
Leitir Iù	Letterewe
Leòdhas *nm*/Eilean Leòdhais *nm*	Lewis/(the island) of Lewis
Leumrabhagh	Lemreway (Lewis)
Lingreabhagh	Lingerbay
Linne, An Linne Latharnach	the Firth of Lorne
Linne Chluaidh	Firth of Clyde
Linne Dhubh, An Linne Dhubh	Loch Linnhe
Linne Foirbhe	Firth of Forth
Linne Glas, An Linne Ghlas	the Clyde estuary
Linne Mhoireibh/Caolas Mhoireibh	Moray Firth
Linne Thatha	Firth of Tay
Lìobhait, Gleann Lìobhait	Glenlivet
Liobhan, Gleann Liobhan	Glen Lyon
Lìomhann, Gleann Lìomhann	Glen Leven
Lionacleit	Linaclete
Lios Mòr	Lismore
Lite	Leith
Liùrabhaig/Learaig	Lerwick
Loch	If not shown below, look under second element of the name
Loch, Sgìre nan Loch	the Lochs district (Lewis)
Loch Abhainne	Loch Avon
Loch an Inbhir	Lochinver
Loch-a-Tuath	Broadbay (Lewis)
Loch-Abar	Lochaber
Locha, Srath Locha	Straloch
Lòchaidh	*Loch Lòchaidh* Loch Lochy *Gleann Lòchaidh* Glen Lochy *Eas Lòchaidh* Falls of Lochy
Lochan, Na Lochan,	Lochs (Lewis)
Lodainn an Ear	East Lothian
Lodainn an Iar	West Lothian
Lodainn Meadhanach	Midlothian
Lòsaidh, Abhainn Lòsaidh	River Lossie
Lòsaidh, Ceann Lòsaidh	Kinloss
Lòsaidh, Inbhir Lòsaidh	Lossiemouth
Machair Aonghais	Angus (the district)
Machair, a' Mhachair Ghallda	the Lowlands (of Scotland)
Machair Rois	Easter Ross
Madadh, Loch nam Madadh	Lochmaddy
Mallaig	Mallaig
Manachain, A' Mhanachain	Beauly (also **Manachain MhicShimidh**)

733   Appendix 12: proper nouns

Maoil, A' Mhaoil	the Minch
Maruibhe, Loch Maruibhe	Loch Maree
Meudarloch (Beinn eadar dà Loch)	Benderloch
Meallan Champsaidh	Campsie Fells
Miughalaigh	Mingulay
Mogastobht	Mugstat, Skye
Monadh, am Monadh Ruadh	Cairngorms
Moreibh	Moray □ *Caolas Mhoreibh/Linne Mhoireibh* Moray Firth *Siorramachd Mh.* Morayshire
Muideart	Moideart
Muile	Mull *Eilean Mhuile* the Isle of Mull
Muileann Dhaibhidh	Milngavie
Mùrlaig, Loch Mhùrlaig	Loch Morlich
Narann	Inbhir Narann Nairn Siorramachd N. Nairnshire
Nis, Loch Nis	Loch Ness
Òban, An t-Òban	Oban (often *An t-Òban Latharnach*)
Obar Bhrothaig	Arbroath
Obar-Dheathain	Aberdeen □ *Siorramachd Obair-Dheathain* Aberdeenshire
Obar Dhobhair	Aberdour
Obar Liobhaite	Aberlady
Obar Neithe /Obair Neithich ???	Abernethy
Obar Pheallaidh	Aberfeldy
Obar Phuill	Aberfoyle
Obha, Loch Obha	Loch Awe
Ogaill, Gleann Ogaill	Glen Ogle
Omhaich, Loch Omhaich	Loch Oich
Orasaigh	Oronsay
Ormacleit	Ormacleit (S. Uist)
Pabaigh	Pabbay
Pabail	Bayble (Lewis)
Paislig	Paisley
Parbh, am Parbh *nm*	Cape Wrath (also **Carbh, An Carbh** *nm*)
Peabail	Paible (N. Uist)
Peairt	Perth □ *Siorramachd Pheairt* Perthshire
Peothair, Srath Pheothair	Strathpeffer
Ploc Loch Aillse	Plockton
Pòl Iù	Poolewe
Port an t-Stròim	Strome Ferry
Port Cheiseig	Kessock Ferry
Port Ilein	Port Ellen (Islay)
Port Mo Cholmaig	Portmahomack
Port na Ban-righinn a tuath /a deas	North/South Queensferry
Port na h-Abhainne	Portnahaven
Port nan Long	Newtonferry
Port-rìgh/Portruighe	Portree
Port-sgioba	Port Charlotte (Islay)
Preastabhaig s.	Prestwick
Raithneach	Rannoch
Rathairsaigh	Raasay
Rinn-friù s.	Renfrew □ *rugadh e ann an Siorramachd Rinn-friù* he was born in Renfrewshire
Ròghadal, -ail	Rodel □ *ann am baile Ròghadail* in the village of Rodel

Roinn	Region – an administrative area of the UK. The term no longer used, but the Scottish Regions are given here for historical interest
Roinn a' Mhonaidh	Grampian (Region)
Roinn Dhùn Phris agus Ghallaibh	Dumfries and Galloway (Region)
Roinn Fiobha	Fife (Region)
Roinn Lodainn	Lothian (Region)
Roinn Mheadhanach, An Roinn Mh.	Central (Region)
Roinn na Gaidhealtachd	Highland (Region)
Roinn nan Crìochan	Borders (Region)
Roinn Srath Chluaidh	Strathclyde
Roinn Taobh Tatha	Tayside (Region)
Ros Cuibhne s.	Roskeen
Ros Mhaircnidh	Rosemarkie
Ros *nm*	Ross (the place) *Siorramachd Rois* Ross-shire *Machair Rois* Easter Ross
Rosail	Rosehall (Sutherland)
Rosborg s.	Roxburgh *Siorramachd Rosborg*
Ruadh Ghleann	Rutherglen
Ruaidh, Gleann Ruaidh	Glen Roy
Rubha Aird Drìseig	Ardrishaig
Rubha Bhurg	Burghead
Ruma	Rum
Sabhal Mòr Ostaig	the Gaelic College in Skye (lit. the great barn of Ostaig)
Sailcirc s.	Selkirk *Siorramachd Shailcirc* Selkirkshire
Sealtainn *nm*	Shetland
Seann Chathair	Sanquhar
Seile, Gleann /Loch Seile	Glen /Loch Shiel
Sgàin *nm*	Scone
Sgalpaigh	Scalpay
Sgìr Àrd, An Sgìr Àrd	Rogart
Siadar	Shader
Sianta, Loch Shianta	Holy Loch
Sìdh Chailleann	Schiehallion
Sìdh-bheannan, na Sìdh-bheannan *pl*	the Sidlaws
Sìora, Gleann Sìora	Glen Shira
Siorramachd	Shire – see under second element of name
Sìth, Gleann Sìth	Glen Shee
Siurn, Loch Shiurn	Loch Hourne
Snìosort	Snizort
Sòthaigh s.	Soay
Srath	wide, flat-bottomed river valley – if not shown below, see under second element e.g. **Srath Chluaidh** under **Cluaidh**
Spè	*Srath Spè* Strathspey *Taobh Spè* Speyside
Srath Mòr, An Srath Mòr	Strathmore
Sròn, An t-Sròn	Troon □ *Probhaist na Sròine* the Provost of Troon
Sròn, An t-Sròn Reamhar	Stranraer
Sròn an t-Sìthein	Strontian
Sruighlea	Stirling *Siorramachd Shruighlea* Stirlingshire
Stafainn s.	Staffin
Stalc, Caisteal Eilean nan Stalc	Stalker Castle
Steinnseal	Stenscholl
Steòrnabhagh	Stornoway
Suaineabost	Swainbost (Lewis)

Suaineart, Loch Suaineart	Loch Sunart
Sùdraichean, na Sùdraichean	The Souters (cliffs at the mouth of the Cromarty Firth)
Taigh an Droma	Tyndrum
Tairbeart, An Tairbeart	Tarbert □ *Tairbeart na Hearadh* Tarbert in Harris □ *Tairbeart Loch Fìne* Tarbert Loch Fyne □ *chun an Tarbeirt* to Tarbert
Tatha s.	*Loch Tatha* Loch Tay *Abhainn Thatha* River Tay *Linne Thatha* Firth of Tay
Tìr a' Mhurain	The Land of Maram Grass – a poetic name for North Uist
Tìr an Eòrna	The Land of Barley – a poetic name for Tiree
Tiriodh, Tiridhe	Tiree
Tobar Mhoire	Tobermory
Tobha Mòr	Howmore □ *faisg air eaglais Thobha Mhòir* near Howmore church
Toirbheartan	Torridon □ *Loch Thoirbheartain* LochTorridon □ *eachdraidh Thoirbheartain* the history of Torridon
Tom an t-Sabhail	Tomintoul
Tòrr an Eas	Torness
Tròndarnais	Trotternish
Tuaidh	*Abhainn Thuaidh* the River Tweed □ *Srath Thuaidh* Tweeddale
Turaid, Gleann Turaid	Glen Turret
Uachdar Ard-dobhair	Auchterarder
Uibhist s.	Uist □ *Uibhist-a-Deas* South Uist □ *Uibhist-a-Tuath* North Uist □ *thàinig iad as na h-Uibhistean* they came from the Uists
Uidhist	see **Uibhist**
Uigton	Wigtown *Siorramachd Uigton* Wigtownshire
Ulbha s.	Ulva □ *bha an dachaigh ann an Ulbha faisg air Muile* their home was in Ulva near Mull
Ullapul	Ullapool
Urchaidh, Gleann Urchaidh	Glen Orchy

5.0   Commonly used names from Biblical, mythological, astronomical and historical sources

Abharsair, An t-Abharsair	Satan
Bhènas *nf*	Venus (goddess and planet)
Calbharaigh	Calvary
Èden s.	Eden
Eòin	John (this is the form in the Bible)
Esàias	Ezias
Eubha	Eve
Fiann, An Fhiann *gen* **na Fèinne** *nf*	The Fenians □ *b'esan an gaisgeach bu trèine den Fhèinn uile* he was the strongest warrior of all the Fenians
Galile	Galilee □ *tìr Ghalile* the land of Galilee
Hèrod, Hèroid	Herod
Hòmair	Homer
Iàcob, Iàcoib	Jacob
Iehòbha	Jehovah
Ieremias	Jeremiah
Iob	Job
Iorcal, Iorcail	Hercules

Iòsaph	Joseph
Iosua	Joshua
Isaiah	Isiah
Iùdas, Iùdais	Judas
Iùno	Juno
Iupadar, -air *nm*	Jupiter (deity & planet)
Lùcas, Lùcais	Luke
Maois, Mhaois	Moses □ *bha Maois agus Àaron a' treorachadh Chloinn Israeil tro fhasach Shinài* Moses and Aaron were leading the children of Israel through the Sinai Desert □ *thòisich Clann Israel ri gearan an aghaidh Mhaois agus Àaroin* the Children of Israel began to grumble against Moses and Aaron
Marcas, Mharcais	Mark
Màrt, àirt *nm*	Mars (the planet)
Mata, Mhata	Matthew
Mesiah	Messiah
Mearcair *nm*	Mercury (the planet)
Nàsaret	Nazareth □ *Iosa o Nasaret* Jesus of Nazareth
Neiptiùn, -iùin	Neptune (planet & deity)
Pàrras, -ais *nm*	Paradise
Pluta *nm*	Pluto (deity and planet)
Reul an Fheasgair	the Evening Star (usually Venus)
Reul an Iuchair	the Dog Star
Reul-iùil, An Reul-iùil	the Pole star
Reul na Maidne	the Morning Star (usually Venus)
Rocabarra	mythological rock which, when it appears for the third time, will signal the end of the world
Sàtan	Satan
Sion *nf*	Zion
Slànaighear, An Slànaighear, an t-Slànaigheir	the Messiah, the Saviour
Solamh, Sholaimh	Solomon
Tìr a' Gheallaidh	Land of Promise
Tìr nan Òg	Land of the Ever-young
Traoidh *nf*	Troy

6.0 Patronymics of Clan Chiefs

Am Moireach	Duke of Atholl
Fear Chìosmuil	MacNeill of Barra
Mac Cailein Mòr	Duke of Argyll
Mac Chailein Mhic Dhonnachaidh	Earl of Breadalbane
Mac Dhòmhnaill Dhuibh	Cameron of Lochiel
Mac Gillle Chaluim	MacLeod of Raasay
Mac Iain	MacDonald of Glencoe
Mac Mhic Ailein	MacDonald of Clanranald
Mac Mhic Alasdair	MacDonald of Glengarry
MacShimidh	Lord Lovat (Fraser)
Morair Ghallaibh	Earl of Caithness
Siosalach Shrathghlais	Chisholm of Chisholm
Triath Dhubhairt	MacLean of Duart (Mull)

Printed in the United States
140453LV00002B/29/A

9 780415 297615